David Vaughan

Paris 1985

L'OPÉRA AU PALAIS GARNIER

(1875-1962)

Toute information sur nos éditions vous sera donnée
sur simple demande faite aux

EDITIONS SLATKINE – 7, Quai Malaquais – 75006 **PARIS**

ISBN 2-05-000214-9

Stéphane WOLFF

L'OPÉRA
AU
PALAIS GARNIER
(1875-1962)

LES ŒUVRES
LES INTERPRÈTES

DISCOGRAPHIE d'André Lejeune
Documentation photographique de Satar

———

Les chapitres concernant la Danse et les Danseurs
ont été réalisés avec la collaboration de
Maurice Tassart

Présentation d'Alain GUEULLETTE

SLATKINE
ressources

PARIS - GENÈVE

Réimpression de l'édition de Paris, 1962

actuels du documentaliste. Elles expliquent et excusent aisément les erreurs de détail que l'on peut relever ça et là. Un travail de mise au point a été effectué pour cette nouvelle édition, sous forme d'un *errata* que l'on trouvera ci-après, encore incomplet sans doute, mais qui rectifie une large part des petites inexactitudes de l'ouvrage, tout en respectant scrupuleusement la présentation du texte dans sa forme originale.

Avant que le scribe ne s'efface — très vite — derrière le caractère encyclopédique de son ouvrage, il nous présente, en quelques pages introductives, un bref historique de l'Opéra de Paris; fort à la fois de sa modestie et de sa passion, l'homme ne se prive pas de dire — avec pondération dans la forme, mais une grande véhémence quant au fond — ce qu'il pense des modes d'organisation successifs du Palais Garnier : il prône la troupe permanente, avec des interprètes titulaires de leurs rôles, s'inquiète des disparités d'intentions entre metteur en scène, décorateur et chef d'orchestre (certaines expériences récentes lui donnent encore raison sur ce point !), déplore le transfert à l'Opéra d'une partie du répertoire d'*opéra-comique* (dont il avait précédemment établi un panorama analogue) et rend un vif hommage au grand directeur que fut Jacques Rouché de 1914 à 1944. Il ne sort de sa réserve que pour vitupérer la *Réunion des théâtres lyriques nationaux*, née d'une loi qui "a tué l'Opéra (et avec lui l'Opéra-comique)"; cette loi est — selon lui — la source de tous les maux qui ont accablé le Palais Garnier de 1945 à 1962, même s'il porte au crédit de ces années "de beaux spectacles" et "quelques nobles créations". Il rêve à la résurrection d'un Opéra dans toute sa majesté, son autonomie et la spécificité de son rôle : l'Opéra est, pour Stéphane Wolff, une sorte de temple prestigieux et sélectif, gardien de l'héritage et n'intégrant à son répertoire que des chefs-d'œuvre indiscutables, dans des conditions d'exécution qui, pour être inaccessibles au reproche, exigent la présence d'une équipe qui soit "bien à lui, uniquement à lui".

Nombreux sont ceux qui taxeront de passéisme l'essentiel d'une telle vision : la rapidité de déplacement des "grandes voix", connues par le disque, la radio et la télévision, les exigences conséquentes du public, la désaffection envers une large partie du répertoire français traditionnel (fréquemment liée, d'ailleurs, à une méconnaissance de ses richesses), l'évolution contemporaine de la conception scénique ont modifié les critères de production et les pôles d'intérêt du théâtre lyrique. Dans ce nouveau contexte, les réalisations du Palais Garnier depuis une quinzaine d'années ont globalement témoigné — et souvent avec éclat — d'une véritable renaissance, en même temps que d'une reconstitution du répertoire largement ouverte au patrimoine lyrique international. Il n'en reste pas moins que les difficultés de fonctionnement rencontrées en cours de route témoignent du bien-fondé de certaines des critiques de Stéphane Wolff.

* * *

Les usages possibles du précieux inventaire qu'il a établi ne se limitent pas — et de loin — à la simple consultation ponctuelle. Chacun aura loisir d'y retrouver, au gré de ses sujets d'intérêts particuliers, tel ou tel aspect de la vie du Palais Garnier.

Ainsi le *calendrier* qui termine l'ouvrage (assorti du report aux détails donnés sur les représentations de chacune des œuvres) permet aisément de découvrir les attachements inébranlables du public, en même temps que ses capacités d'évolution.

De même est-il facile, au prix de quelque attention, de reconstituer, par exemple, l'introduction — rapide ou tardive — du répertoire lyrique international, les plus riches périodes de créations contemporaines, les politiques successives en matière de distributions (rôles attitrés ou distributions "au coup par coup"), le rythme de renouvellement des mises en scène et décors, les visites des grandes compagnies étrangères, etc...

Ces quelques points, parmi bien d'autres, démontrent assez la double richesse de cette mine de données, à la fois histoire de l'Opéra de Paris et instrument d'analyse et de réflexion sur l'évolution du théâtre lyrique en France.

Les amateurs "d'opéra" et de "danse", en plaçant cet ouvrage dans leur bibliothèque, ne pourront éprouver qu'un regret : son interruption en 1962. Ils seront nombreux à souhaiter l'actualisation d'un tel travail, rejoints en cela par tous les gens de métier. Mais quand trouvera-t-on un nouveau bénédictin, aussi passionné et dévoué, pour assumer une telle tâche ?

Alain GUEULLETTE

AVANT-PROPOS

Les anciens acteurs sont pour moi des monstres sacrés ; leur souvenir évoque en moi un tel respect que, même aujourd'hui, je n'ose encore y toucher.

Aussi, lorsque Stéphane WOLFF vint me proposer, un beau jour de printemps de l'année 1954, d'établir une encyclopédie de l'Opéra, j'acceptai avec enthousiasme, mais un enthousiasme nuancé d'une certaine appréhension. WOLFF venait de terminer un ouvrage du même genre sur l'Opéra-Comique. Il semblait donc qu'il put mener à bien une entreprise aussi considérable. Mais, retrouver la trace de toutes les œuvres et de tous les artistes affichés au Palais Garnier depuis sa création en Janvier 1875 jusqu'à nos jours me paraissait une tâche irréalisable. Il n'existait, à ma connaissance, aucune documentation précise en dehors des travaux de la précieuse Bibliothèque dont les archives étaient, par la faute des directions de nos théâtres, assez incomplètes.

WOLFF, plein de courage, s'installa dans un coin poussiéreux de l'administration, sans bureau attitré, sans crédits, et commença son travail au milieu de l'indifférence générale. Patiemment, il retraça, sans laisser dans l'ombre aucun détail, la vie de tous les ouvrages créés ou repris sur notre grande scène lyrique nationale pendant plus de quatre vingt cinq années – de la rampe à gaz à la sonorisation !

C'est ainsi que vous apprendrez, comme je l'ai appris moi-même, que Mademoiselle Ada ADINI fut la créatrice de LA DUCHESSE D'ETAMPES et que Victor MAUREL fut le créateur du rôle de Iago. Vous y trouverez leurs interprètes, metteurs en scène, chefs d'orchestre. Vous y trouverez même le numéro du disque sur lequel a été enregistré l'air de votre choix par votre chanteur préféré. C'est à ne pas croire !

Ne raillons point et rendons grâce, au contraire, à la patiente ferveur de Stéphane WOLFF qui nous remet en mémoire tant de grands — et de petits — exploits oubliés. Sans ce travail, certains n'eussent laissé aucune trace, et c'eut été dommage.

Une encyclopédie comme celle qui vous est proposée doit trouver sa place dans la bibliothèque de tous ceux pour qui l'Art Lyrique constitue une raison de vivre. Pour moi, je me réjouis d'avoir encouragé cet effort, et je félicite l'auteur de l'avoir mené à son terme d'une façon aussi magistrale.

Maurice LEHMANN
Administrateur honoraire à la R.T.L.N.

PRÉFACE

Stephane Wolff, historiographe averti des Théâtres Lyriques Nationaux, me demande de présenter le livre qu'il vient de consacrer à l'Académie Nationale de Musique, Théâtre de l'Opéra, où j'ai passé près de cinquante années de ma vie d'artiste, comme chef d'orchestre et directeur de la Musique, et où j'ai dirigé plus de cent ouvrages, opéras ou ballets. Ce sont des souvenirs chers à mon cœur de musicien.

En arrivant à l'Opéra, j'ai eu tout d'abord comme directeur Pedro Gailhard jusqu'en 1908, ensuite André Messager et enfin, en 1914, Jacques Rouché. J'étais donc placé pour suivre l'épanouissement de l'œuvre wagnérienne et de l'Ecole contemporaine. Il n'y avait, à cette époque, que six ouvrages de Wagner au répertoire de l'Opéra : LOHENGRIN, LA WALKYRIE, TANNHAUSER, LES MAITRES CHANTEURS, SIEGFRIED et TRISTAN qui, peu à peu, prirent la place du PROPHETE et des HUGUENOTS de Meyerbeer, de GUILLAUME TELL de Rossini jusqu'à l'ARMIDE de Gluck et LE FREISCHUTZ de Weber. Gounod résistait toujours avec FAUST et ROMEO, Massenet et Saint-Saëns tenaient tête à l'orage, le premier avec LE CID, THAIS et ARIANE, le second avec son chef d'œuvre SAMSON ET DALILA. Je n'aurais garde d'oublier l'HAMLET d'Ambroise Thomas, SIGURD et SALAMMBO de Reyer, PATRIE de Paladilhe, THAMARA de Bourgaut-Ducoudray. Dans le répertoire italien, Donizetti disparut rapidement avec LA FAVORITE et LUCIE DE LAMMERMOOR, alors que Verdi continuait à attirer les foules avec RIGOLETTO, AIDA et OTHELLO. A ce vaste répertoire s'ajoutaient quelques ballets : COPPELIA de Léo Delibes, LA KORRIGANE de Charles-Marie Widor, LA MALADETTA de Paul Vidal et enfin le ravissant ballet de Messager LES DEUX PIGEONS. Je dois dire qu'à cette époque on travaillait beaucoup à l'Opéra. On répétait même le dimanche en soirée. Le bon Pedro Gailhard, à la voix tonitruante (il avait été un chanteur remarquable) venait tous les jours à l'avant-scène pour faire travailler « ses » artistes car, en ces temps lointains, nul n'avait le droit de chanter en dehors de l'Opéra, de se faire engager en province ou à l'étranger. Ne l'ai-je pas vu, pendant près de deux mois, faire travailler la cantatrice Marthe Chenal, qui devait débuter dans Brunhilde de SIGURD ?

Gailhard mettait lui-même en scène tous les nouveaux ouvrages, par exemple : L'ETRANGER de Vincent d'Indy, MESSIDOR d'Alfred Bruneau, ASTARTE de Xavier Leroux. Il faut aussi se souvenir qu'il prit l'initiative de donner, tous les dimanches, un concert symphonique, en matinée, dans lequel on ne jouait absolument que de la musique française en première audition, on croit rêver !... C'est ainsi qu'il fit connaître la SYMPHONIE EN UT de Paul Dukas, LA NUIT DE NOEL (épisode dramatique de la guerre 1870-71) de Gabriel Pierné, SAINT GEORGES, oratorio de Paul Vidal, et la SULAMITE d'Alfred Bachelet, que précédait, dans le même programme, ma suite d'orchestre A LA VILLA MEDICIS – mon premier envoi de Rome – que j'ai eu la joie de diriger moi-même au bel orchestre de l'Opéra. On ne voit plus cela aujourd'hui : les jeunes compositeurs qui entrent dans la carrière sont vraiment des héros, puisquils sont si rarement accueillis dans les salles de concert et les théâtres.

Dès son arrivée à la direction de l'Opéra, André Messager ne voulut s'entourer que de chefs d'orchestre compositeurs : ce furent Paul Vidal, Henri Rabaud, Bachelet et moi-même. Prêchant d'exemple, Messager montait au pupitre en dirigeant L'OR DU RHIN et LE CREPUSCULE DES DIEUX ; il eut le souci de rajeunir les effectifs des chœurs et de l'orchestre dont il avait pu constater lui-même les défaillances. Il fut le premier à jouer Rameau en présentant notre grand classique français dans son œuvre maîtresse HYPPOLITE ET ARICIE. Parmi les œuvres contemporaines françaises dont il fut le promoteur, citons : GWENDOLINE de Chabrier, FERVAAL de Vincent d'Indy, LE MIRACLE de Georges Hue, SCEMO d'Alfred Bachelet, MONNA VANNA d'Henry Février qui alternèrent sur l'affiche avec DEJANIRE de Saint-Saëns et tout le répertoire wagnérien. Avant de quitter sa direction si féconde, Messager eut à cœur de monter lui-même PARSIFAL de Wagner, en Janvier 1914 qui fut son chant du cygne.

La guerre de 1914-18 venait d'être déclarée quand Jacques Rouché fut appelé à prendre la direction de l'Opéra. Heure difficile entre toutes. Par suite de la mobilisation générale, le théâtre fut fermé. La plus grande partie des artistes, des musiciens et des choristes était sous les drapeaux. Pour assurer l'existence du personnel féminin et de tous ceux que leur âge retenait à Paris, Jacques Rouché eut l'idée d'organiser des spectacles coupés qui furent donnés d'abord dans la Salle du Trocadéro, puis, l'année suivante, à l'Opéra où l'on reprit successivement FAUST, SAMSON, THAIS et tout le répertoire. Mais le fait le plus marquant fut la remise à la scène de CASTOR ET POLLUX de Rameau, en 1918, dans une présentation tellement somptueuse que Jacques Rouché en fut très vivement critiqué. Cependant il obéissait aux directives du chef du gouvernement, Georges Clémenceau, qui disait : chacun dans son domaine particulier doit travaillller à la gloire de notre pays.

La paix revenue, la vie musicale reprit son cours normal à l'Opéra, et pendant une période d'un quart de siècle la scène du Palais Garnier vit naître plus de cent ouvrages différents, opéras ou ballets, tous mis en chantier par Jacques Rouché. Chaque semaine, il réunissait ses chefs de service pour leur dicter ses intentions, ses projets, qu'il avait préparés minutieusement. Parmi les grandes créations, je citerai : ANTAR de Gabriel Dupont, PADMAVATI d'Albert Roussel, SAINT-CHRISTOPHE de Vincent d'Indy, OEDIPE-ROI de Georges Enesco, L'ARLEQUIN de Max d'Olonne, GUERCŒUR d'Albéric Magnard, LA CHARTREUSE DE PARME de Henri Sauguet, d'après le roman de Stendhal, UN JARDIN SUR L'ORONTE d'Alfred Bachelet et LE MARCHAND DE VENISE de Reynaldo Hahn. Sans compter parmi les reprises : ASCANIO de Saint-Saëns, LE ROI D'YS d'Edouard Lalo, PENELOPE de Gabriel Fauré, ARIANE ET BARBE-BLEUE de Paul Dukas et MAROUF d'Henri Rabaud. Enfin, parmi les œuvres étrangères, BORIS GODOUNOV de Moussorgsky, LE CHEVALIER A LA ROSE de Richard Strauss, FALSTAFF et LA TRAVIATA de Verdi, TURANDOT de Puccini.

D'autre part, le grand mérite de Jacques Rouché a été de donner un grand essor à la troupe chorégraphique, notamment en inaugurant les soirées de ballets, dans lesquelles firent leur apparition : LES IMPRESSIONS DE MUSIC HALL et CYDALISE ET LE CHEVREPIED de Gabriel Pierné, LA TRAGEDIE DE SALOME de Florent Schmitt, SIANG-SIN, ballet chinois de Georges Hue ainsi que les reprises de SYLVIA de Léo Delibes et LA FETE CHEZ THERESE de Reynaldo Hahn. Tout cet immense travail Jacques Rouché le fit simplement, sans orgueil ni emphase, en grand mécène qu'il était.

Après la seconde guerre mondiale il fut contraint d'abandonner ses fonctions de directeur, en laissant une tâche difficile à ses successeurs. Maurice Lehmann et Georges Hirsch eurent le courage de l'entreprendre, malgré les charges nouvelles dont furent accablés les Théâtres Lyriques Nationaux. Nous devons au premier les reprises des INDES GALANTES de Rameau, d'OBERON de Weber et de LA FLUTEE ENCHANTEE de Mozart, dont la magnificence des spectacles a fait sensation. Quant à Georges Hirsch, il nous a révélé JEANNE AU BUCHER, chef d'œuvre de Paul Claudel et Arthur Honegger dans une mise en scène particulièrement noble et émouvante de Jan Doat, sans oublier la reprise du MARTYRE DE SAINT SEBASTIEN de Claude Debussy qui fut particulièrement réussie, et BOLIVAR de Darius Milhaud.

Et j'en arrive ainsi à mon dernier souvenir, puisque en 1952 a sonné pour moi l'heure de la retraite, après 50 ans de ma vie dédiées entièrement à cette glorieuse maison.

Henri BUSSER
de l'Institut

L'OPÉRA DE PARIS

Vouloir conter l'histoire de « l'Opéra de Paris » en quelques pages me semble d'une audace difficile, et délicate. Il en serait d'ailleurs de même si on la voulait conter en plusieurs volumes. C'est qu'au fur et à mesure que l'on remonte dans le passé, on trouve de moins en moins d'éléments anecdotiques, et l'on est forcément obligé de se cantonner dans des faits précis : des dates essentielles, des créations indiscutables, des distributions définitives.

Mais la vie intime du théâtre reste souvent insaisissable, ne laissant apparaître que ses résultats, bons ou mauvais, ses échecs ou ses réussites.

Au demeurant la vie de l'Opéra de Paris fut toujours dominée par des luttes intestines, des jalousies, des intrigues, des questions matérielles. On a facilement l'impression, en regardant les difficultés de toutes sortes dans lesquelles se débat aujourd'hui notre « Académie Nationale de Musique et de Danse », que jamais on n'avait pu voir ça. Eh bien si, on a toujours vu ça, et ce depuis 1672, date de l'inauguration de la salle de la Bouteille, première salle de l'Opéra.

Dès 1672 en effet, l'atmosphère de l'Opéra fut empoisonnée par des désaccords intérieurs, des intérêts divergents. Les premiers directeurs associés ne purent s'entendre, et le premier commanditaire tenta de garder pour lui les bénéfices. Cela se termina par la mise en prison du sieur Cambert – d'ailleurs le plus honnête des trois, et le seul artiste – et la faillite de ses vainqueurs malgré un départ excellent, pécuniairement parlant. Dès ce jour il eut été logique d'admettre que, pour diriger l'Opéra de Paris, il fallait un homme et un seul, évidemment compétent, et non un groupe d'hommes dont les bonnes volontés s'émoussent forcément à l'usage.

Si l'on regarde rapidement l'histoire de l'Opéra, on s'aperçoit en effet que ses grandes époques sont celles qu'un seul personnage dominait. Lully d'abord qui, en quinze années de dictature (1672-1687) créa vingt ouvrages nouveaux, tous signés de lui. Ajoutons qu'il créa également, au bénéfice de l'Académie, une école de musique pour forger des instrumentistes et des chanteurs, et même une école de danse d'où sortit la première étoile féminine, Mlle Fontaine, qui débuta en 1681 dans le TRIOMPHE DE L'AMOUR.

Après Lully, l'Opéra connut des périodes heureuses, d'autres bien malencontreuses. Ces dernières en majorité, parce que les directeurs successifs manquaient d'autorité, ou de compétence. N'est pas directeur de l'Opéra qui veut ! Mais lorsque, périodiquement, la charge de l'Académie fut prise en mains par des personnalités politiques, ce fut chaque fois la catastrophe, artistiquement et financièrement parlant.

Le premier essai de ce genre eut lieu en 1749 lorsque la Ville de Paris prit en régie l'administration de l'Opéra, la confiant au Prévôt des marchands. Douze ans plus tard il la cédait aux musiciens Rebel et Francœur qui rendirent à la première scène française un lustre qu'elle avait perdu.

Sous la révolution, La Municipalité de Paris s'empara à son tour des raînes du théâtre en 1790, pour les abandonner en 1793 aux « Artistes associés » qui l'exploitèrent sous l'autorité de la Commune de Paris.

Mais dès l'An VI on revint au système du directeur personnel et responsable, bénéficiant d'une aide de l'Etat compensant un cahier des charges. Et, en fin de compte, ce fut ce système qui donna les meilleurs résultats, bien que trop souvent les directeurs, en difficulté pécuniaire, devaient céder leurs places à des candidats audacieux, souvent trop sûrs d'eux, qui échouaient à leur tour.

Il est à remarquer que, depuis toujours, le directeur de l'Opéra est, pour trop de gens qui l'entourent, l'homme à abattre. Le jour de sa nomination, bien sûr, tout le monde le flatte et se courbe devant lui. Mais quelques mois plus tard il est, pour la majorité du monde lyrique de la capitale, l'homme à remplacer au plus vite. Et ceci se comprend aisément puisque ce directeur n'aura pu satisfaire tous les désirs dont il est entouré. Alors ses amis s'éparpillent et se transforment en adversaires parce qu'il n'a pas joué une de leurs œuvres, parce qu'il n'a pas engagé un, ou une, de leurs favoris, ou pour bien d'autres reproches toujours faciles à énoncer.

Il faut donc, à un directeur de l'Opéra, beaucoup d'autorité et de prestige pour pouvoir se maintenir au milieu de tant et tant de détracteurs visant sa place pour eux-mêmes ou pour un ami.

Certains y ont réussi cependant : Rebel et Francœur se maintinrent dix ans (1757-1767), Dauvergne onze (1779-1790) ; Véron – qui fut un des plus célèbres – cinq ans (1831-1835) ; Duponchel huit, mais en deux périodes ; enfin Emile Perrin, nommé en 1862, ne vit son mandat s'interrompre que par la disparition de l'Empire en 1870. Mais il avait apporté à l'Opéra L'AFRICAINE, LA SOURCE, DON CARLOS, HAMLET, FAUST et COPPELIA...

Au Palais Garnier, plus particulièrement, nous avons vu le grand Jacques Rouché conserver la direction du théâtre durant plus d'un quart de siècle (1915-1945), ce qui lui permit de donner à la première scène française une place internationale qu'elle n'avait jamais occupée et que, malheureusement, elle a perdu quelque peu.

Parallèlement à ces changements continuels de directeurs, d'autres tracas encombrent continuellement l'activité saine d'un théâtre comme l'Opéra : ce sont les luttes intérieures entre les artistes. Sans doute cette agitation, cette fébrilité perpétuelle se sont-elles accrues de nos jours. Mais elle fut toujours de règle, et, si elle s'est développée, c'est que l'organisation de la troupe de l'Académie s'est modifiée avec le temps.

A l'origine, tout était simple : il n'y avait pas de chanteurs puisqu'il n'existait pas d'œuvres à chanter. Du jour où l'Opéra fut fondé et que les auteurs se mirent en devoir de composer des ouvrages, il fallut bien des interprètes. Avec eux nacquirent les soucis de prestige, les désirs d'exclusivité, la concurrence plus ou moins loyale, les appuis, les faveurs.

Du temps de Lully, forcément, cette lutte entre artistes fut assez restreinte, mais elle existait néanmoins et ne pouvait que se développer. Longtemps d'ailleurs elle resta assez localisée, en ce sens que les artistes étaient relativement assez peu nombreux.

Jusqu'au Palais Garnier, on peut même dire jusqu'au début de ce siècle, la troupe de l'Opéra appartenait à l'Opéra et ne cherchait pas à s'éparpiller, comme aujourd'hui, à travers la France et de monde. On y entrait soit jeune, à la fin de ses études musicales, soit après une carrière extérieure dont celle de l'Opéra devait devenir la consécration.

Dans le premier cas, les artistes débutaient dans les petits emplois. Certains les conservaient toute leur vie, d'autres s'en échappaient un jour ou l'autre pour de plus grands, mais ils n'abordaient ceux-ci qu'avec l'expérience apportée par ceux-là.

Dans le second cas, il s'agissait d'artistes ayant su s'imposer sur les grandes scènes provinciales ou étrangères et arrivant à Paris avec tout un passé déjà glorieux.

D'ailleurs grands et petits rôles étaient glorieux à l'Opéra, et surtout stables. Il est intéressant de parcourir les vieilles affiches, les vieilles chroniques. On s'aperçoit alors que les changements de distributions d'une œuvre sont excessivement rares. Il faut l'occasion d'une reprise après une longue interruption pour qu'une pièce change d'interprètes. Ou le départ de l'un d'eux. Cette stabilité était d'un grand avantage, parce que les petits rôles étaient parfaitement sus, que l'homogénéité d'une distribution ne se perdait pas, et que les spectacles de l'Opéra bénéficiaient d'une certitude consciencieuse.

Les premiers plans étaient, en ces époques heureuses, titulaires de leurs rôles. S'ils étaient malades ou absents, on ne jouait pas la pièce. A moins qu'ils n'aient formellement autorisé leurs remplacements par un de leurs confrères. Et c'est ce qui explique la quantité de changements de programmes que l'on découvre en feuilletant les archives d'autrefois.

Les luttes intestines étaient donc réduites à la possession d'un rôle comme titulaire, et, ma foi, les occasions de candidatures se trouvaient assez espacées.

Aujourd'hui l'Opéra ne dispose pratiquement plus que d'une troupe fixe très réduite, enrichie d'éléments « en représentation » chaque année plus importants. La plupart des artistes français appartiennent maintenant à l'Opéra sous une forme ou sous une autre, ce qui ne veut pas dire d'ailleurs qu'ils y chantent. Mais cette situation provoque une concurrence redoublée, des déceptions continuelles, donc des intrigues, des passe-droits de plus en plus nombreux. Tout cela, évidemment, au détriment du théâtre pur.

D'autres éléments d'équilibre ont également disparu avec le temps. Par exemple, jadis, les auteurs écrivaient des pièces pour des artistes déterminés, parce qu'ils étaient quasiment sûrs d'en pouvoir disposer étant donné que les chanteurs de l'Opéra ne chantaient jamais ailleurs qu'à l'Opéra. Sinon pour « représenter » l'Opéra quelque part, ou pendant les périodes de longs congés qui leur étaient accordés précisément pour le rayonnement hors Paris du prestige de l'Académie.

Les auteurs donc, en écrivant leurs œuvres, savaient à qui les confier et travaillaient en connaissance de cause, souvent en collaboration avec ces interprètes eux-mêmes. Et ces auteurs, du reste, étaient des écrivains, les compositeurs n'intervenant qu'après coup, mais non sans connaître les voix auxquelles ils allaient devoir confier leur musique.

Ce détail a son importance. D'abord parce qu'aujourd'hui une œuvre est surtout le fruit d'un musicien, qui la compose en vase clos, devant sa table et son piano. Si la direction de l'Opéra l'accepte d'aventure, et si cette même direction – ou une de celles qui lui succèdent – décide un jour de la monter, l'œuvre est confiée simultanément à un metteur en scène, un décorateur, un chef d'orchestre. Ces trois personnalités s'intéressent à elle chacun pour soi, acceptent sans mot dire les interprètes qu'on leur aura désignés au gré des disponibilités du moment, et travaillent sans presque se consulter.

Ainsi naîtra une création réalisée sans directives communes, et surtout sans l'avis de l'auteur. Il en résultera, après bien des répétitions houleuses où chacun aura voulu imposer son propre point de vue, un échec de plus au théâtre lyrique.

Jadis, il n'en était pas ainsi. On commandait une pièce à monsieur Scribe, monsieur Scribe l'écrivait, décidait de ses interprètes, donnait aux décorateurs ses instructions, imposait ses éléments de mise en scène et s'assurait que le compositeur, dont on ne parlait guère d'ailleurs, ne modifiait pas l'atmosphère de son ouvrage et ne faisait pas chanter à ses chanteurs des phrases inchantables dans des situations anormales.

On créait LES HUGUENOTS de Scribe beaucoup plus que ceux de Meyerbeer, comme on avait créé autrefois l'ORPHEE de Moline bien plus que celui du Chevalier Gluck, ou le VAISSEAU FANTOME de Wagner (Wagner écrivain). Car la musique de Wagner avait été refusée et la partition du VAISSEAU confiée à Diestch.

Ce n'est que de nos jours que l'on a rendu aux compositeurs leur place exacte dans le succès d'un Opéra. On ne les ignorait pas jadis, bien sûr, mais ils ne faisaient que « mettre en musique » un ouvrage et, dans l'esprit du public, ils n'étaient pas l'essentiel. Même du temps de Lully où, malgré sa dictature, on jouait des œuvres de Quinault, « mises en musique » par Lully.

L'importance donnée aujourd'hui aux compositeurs a développé parallèlement celle du chef d'orchestre, et celles des interprètes qui se doivent de devenir des solfégistes de premier ordre. Mais le théâtre lyrique y a perdu, car les auteurs − hommes de théâtre − ne sont plus là pour imposer leurs expériences. Mais ceci est un autre sujet...

Jusqu'au début de ce siècle enfin, l'Opéra de Paris ne créa jamais d'œuvres étrangères. Evidemment il y eut Gluck, Meyerbeer, Rossini, Verdi, qui sais-je encore ! Mais ce n'était pas des œuvres considérées comme étrangères puisque leurs auteurs étaient français. Je précise, leurs auteurs du livret. Déjà la musique n'avait pas de patrie. Ceci confirme bien l'importance primordiale donnée alors aux écrivains sur les compositeurs.

Je ne pense pas utile de prolonger plus avant ce bavardage à bâton rompu sur le passé de l'Opéra dont je voulais simplement signaler combien il était jalonné de difficultés de toutes sortes. La vie de l'Opéra de Paris n'est tissée que d'intrigues diverses, et si on lui doit l'éclosion de chefs d'œuvre dont on parle toujours, parce qu'ils sont à la base de sa richesse, on lui doit une multitude de demi-réussites, de succès momentanés, et d'échecs. Mais de ceux-ci on ne parle plus, et pour cause.

Deux ouvrages seulement, à l'Opéra, ont franchi le cap de la 1.000ᵉ : ce sont FAUST et LES HUGUENOTS...

*
*

Au Palais Garnier, depuis 1875, rien ne devait changer : les luttes intestines continuent en s'accentuant peut-être, les directeurs se renouvèlent, les triomphes se créent à coup de publicité, s'évanouissent aussi vite qu'ils sont nés, et les œuvres nouvelles ne s'imposent pas.

Contrairement au passé, aucune œuvre créée au Palais Garnier ne s'est maintenue à l'affiche. Plus grave, les succès d'antan, devenus des piliers solides de l'Académie, se sont effacés l'un après l'autre et il ne reste plus au répertoire qu'une dizaine d'ouvrages qui s'y usent peu à peu.

La raison de cette décadence, les uns veulent la trouver dans une désaffection du public, les autres dans l'absence de chanteurs parmi les jeunes générations, les autres enfin dans les charges matérielles de plus en plus accrues.

Pour moi, je pense que tout le mal réside dans l'organisation actuelle de ce théâtre, et dans rien d'autre. Car si le public néglige l'Opéra, c'est que l'Opéra ne fait rien pour l'attirer ; si les chanteurs font défaut, c'est que personne ne s'occupe sérieusement de les éduquer ; si les charges augmentent, c'est que les économies sont mal réparties.

Les charges augmentent ?

En 1878, Madame Gabrielle Krauss touchait 12.500 francs-or par mois, soit 2 millions 500 mille francs d'aujourd'hui : quel est l'artiste qui touche cette somme actuellement au Palais Garnier ?

Il est vrai qu'en 1878 les musiciens de l'orchestre ne percevaient 300 francs-or par mois pour 234 services dans l'année, c'est-à-dire 7.000 nouveaux francs actuels pour 194 représentations et 40 répétitions par an. Les Choristes, eux, ne recevaient que 3.000 nouveaux francs par an (1.500 francs-or). Mais « l'Administration » du théâtre, réduite à ses besoins stricts, ne coûtaient, en 1878 toujours, que 2.075 francs-or par mois, soit 4.150 nouveaux francs 1960.

Seulement en 1878, le directeur travaillait à son compte.

Il était responsable pécuniairement, et ses déficits éventuels n'étaient pas remboursés par l'Etat qui se contentait d'octroyer une subvention.

Aujourd'hui, le directeur est appointé. Il n'a pas à tenir compte des recettes puisqu'il ne les perçoit pas et ne les gère pas. Il n'a pas plus à tenir compte des dépenses, puisqu'il se contente de les proposer et, si elles sont acceptées, de les laisser payer par l'Etat.

C'est cette absence de responsabilité qui fausse tout le problème de la vie artistique et matérielle de l'Opéra de Paris. Et l'on ne peut en incriminer qui que ce soit, car la situation présente, comme son développement dangereux, ne sont pas le fait d'un homme ou d'un autre, mais d'une Loi qui a créé « la Réunion des Théâtres Lyriques Nationaux », unissant les destins de deux salles faites pour se concurrencer loyalement, non pour se gêner mutuellement tout au long d'une petite guerre sourde qui se livre en coulisses au détriment de l'art lyrique français et de ses véritables défenseurs.

Mais ici aussi j'entre dans un sujet qui n'est pas le nôtre.

Contentons-nous de parcourir l'activité du Palais Garnier de 1875 à nos jours.

**
*

Depuis l'incendie du Palais Royal, le 8 juin 1781, l'idée de construire un grand Opéra à Paris germait dans l'esprit de nos Gouvernants. Les projets d'un vaste édifice furent nombreux, mais jamais adoptés, pour des raisons essentiellement pécuniaires. Ce furent à l'éclectisme et à la volonté de Napoléon III que nous devons de posséder aujourd'hui le plus beau théâtre lyrique du monde.

Le 29 septembre 1860, la construction d'une salle d'Opéra fut officiellement déclarée d'utilité publique. Le plan du nouveau théâtre fut mis au concours en fin de la même année. Cent soixante dix projets furent soumis à un jury sévère qui n'en retint que cinq. Ce fut, en fin de compte, celui de Charles Garnier qui l'emporta à l'unanimité des voix.

Napoléon, qui avait le goût du faste, désirait que le nouvel Opéra soit installé au centre d'une place majestueuses, face à une large artère le reliant à la fois à la Comédie Française et au Palais des Tuileries. Ainsi aurait-il pu, en spectaculaires cortèges, se rendre aisément de son domicile au théâtre. Deux projets furent étudiés, plaçant l'un et l'autre le Palais Garnier en bordure des grands boulevards, le premier entre les rues Le Peletier et Drouot (où se trouvait la salle qui avait brûlé en 1873), le second où il fut effectivement construit. Les deux nécessitaient le percement d'une avenue qui faillit être parallèle à la rue de Richelieu. Ce fut cependant le plan du Baron Haussman, alors Préfet de Paris, que l'on adopta, et la butte Sainte-Anne fut nivelée pour percer l'avenue de l'Opéra.

Napoléon III avait le goût du faste, mais aussi la hantise des attentats. Aussi ne faut-il pas s'étonner si, dans les conditions du concours, avait été prévue l'obligation d'aménager une entrée spéciale pour l'Empereur. Garnier la conçut large et dégagée pour en faciliter la surveillance. Elle conduisait à des salons particuliers qui pouvaient servir aux réceptions impériales, et permettait d'atteindre directement la spacieuse avant-scène réservée par tradition aux Souverains

Cependant cette entrée, au coin des rues Scribe et Auber, fort élégante avec ses rampes d'accès et sa voûte en rotonde, n'a, depuis son inauguration par le Maréchal Mac Mahon, pratiquement plus été utilisée. Nos Présidents de la République, plus démocrates, et peut-être moins inquiets, lui ont préféré l'entrée des abonnés, rue Gluck, ou tout simplement la porte principale. D'ailleurs, l'arrivée de nos Présidents et de leurs invités de marque ne manque pas d'allure avec le public éparpillé autour de l'escalier d'honneur où les gardes républicains, en culottes blanches, font la haie, sabre au clair.

Quant aux grands salons de réception, puisqu'ils devenaient inutiles, Charles Nuitter y fit majestueusement installer la Bibliothèque et le Musée de l'Opéra.

**
*

La scène actuelle, par un hasard amusant, occupe exactement l'emplacement du petit théâtre privé que la Guimard avait fait construire autrefois en son hôtel de la Chaussée d'Antin.

Les terrassements du Palais Garnier commencèrent en juillet 1861 ; la première pierre extérieure fut posée, en grande pompe, le 21 juillet 1862. La façade du bâtiment fut offerte aux Parisiens le 15 août 1867. Pendant le siège de 1870, l'Opéra servit de magasin à vivres, et, lors des combats de la Commune, il fut utilisé comme poste avancé par les troupes régulières.

Long de cent soixante douze mètres soixante dix, large de cent vingt quatre quatre vingt cinq, il mesure en hauteur soixante neuf mètres dix du sol de la place au faîte de la lyre d'Apollon qui coiffe le pignon de la scène. La profondeur de ses fondations est de dix mètres treize.

La scène, du plateau au gril, est haute de trente six mètres. Elle est profonde de vingt six et large, magasins de décors compris, de cinquante trois. Le Théâtre de la Comédie Française, en entier, pourrait tenir dans les limites du plateau.

LE PALAIS GARNIER

et
Jacques ROUCHÉ

SON DIRECTEUR PRESTIGIEUX DE 1915 A 1945

Pierre GAILHARD

Jacques IBERT

Quelques-uns des
"Grands Patrons"
du Palais Garnier

Maurice LEHMANN

André MESSAGER

et Georges AURIC
qui vient de leur
succéder en 1962

Reynaldo HAHN

Henri BUSSER

Quatre Directeurs de l'Opéra

Philippe GAUBERT

Emmanuel BONDEVILLE

Trente peintres et soixante treize sculpteurs ont participé à la décoration du monument.

Le mardi 5 janvier 1875, à 20 heures 10, le Directeur, Monsieur Halanzier, frappait lui-même les trois coups du spectacle d'inauguration qui s'honorait des débuts de Madame Gabrielle Krauss. Le Président de la République était présent, ainsi que le Lord Maire de Londres, le jeune Roi d'Espagne Alphonse XII, et toutes les personnalités intellectuelles et politiques de la capitale. Ils applaudirent un acte de LA JUIVE, la Bénédiction des poignards des HUGUENOTS et le charmant ballet de Léo Delibes (chef de chant dans la Maison) LA SOURCE. Ils auraient du applaudir un acte de FAUST et un acte d'HAMLET, mais, pour des raisons de préséance, Madame Christine Nilsson avait refusé de paraître en scène... Respectueuse des traditions, la soirée inaugurale avait connu comme les autres ses difficultés tumultueuses d'élaboration.

Ayant estimé trop dangereuse une installation électrique, le théâtre avait été équipé au gaz. Quelques piles permettaient seulement le fonctionnement de sonneries intérieures, et des effets appréciés de « clair de lune » sur le plateau. Dès 1881 cependant, la salle fut équipée de globes électriques, mais ce n'est qu'en 1887 que la scène, à son tour, bénéficia de la nouvelle invention. Que de merveilleuses réalisations lumineuses ont été possibles depuis !

En 1875 donc, le nouvel Opéra était inauguré. Mais il avait tout à créer. Il possédait sans doute un répertoire de quelque soixante ouvrages, une quarantaine d'artistes consacrés, mais il ne disposait d'aucun décor et de très peu de costumes. L'incendie de 1873 était passé par là, et d'ailleurs les dimensions du nouveau bâtiment exigeaient que la question soit entièrement repensée.

Monsieur Halanzier, directeur, s'attela à la tâche, réalisant peu à peu ses besoins scéniques. Aussi chaque reprise fut-elle un peu comme une création, et il ne put, la première année, présenter que dix ouvrages, huit lyriques (LA JUIVE, LES HUGUENOTS, HAMLET, FAUST, LA FAVORITE, GUILLAUME TELL, LE TROUVERE) et deux ballets (LA SOURCE, COPPELIA).

Halanzier fut certainement un des directeurs les plus heureux au Palais Garnier, en ce sens qu'il y fit fortune. Il bénéficiait évidemment de la curiosité générale, chaque parisien, chaque provincial ou chaque étranger de passage voulant visiter le grand escalier. Halanzier organisa même des visites dominicales du nouveau monument. Mais il n'empêche que malgré les frais considérables qu'il devait entreprendre pour la remise en place de son répertoire, il gagna de l'argent. Il en gagna tellement que l'Etat envisagea de diminuer sa subvention, ou de lui réclamer la moitié de ses bénéfices ! D'avoir trop bien réussi, Halanzier dut se défendre devant les Membres de l'Assemblée Nationale lors de la discussion du budget en fin 1875. Il leur fit remarquer en passant : « Le maximum des recettes, Messieurs, qui sait combien il durera ? Supposez, pour un instant, une calamité publique, une épidémie, ou simplement un été très chaud : nous voilà tout de suite bien loin du maximum des recettes ; et nous restons en présence d'un chiffre de frais journaliers considérables, parce qu'il est en proportion des besoins de la nouvelle salle. Le maximum des recettes peut faiblir, le chiffre des frais est immuable ; je me trompe : il peut varier aussi, mais seulement pour grossir ».

Monsieur Halanzier ne se trompait pas. On lui conserva cependant sa subvention, mais dès 1879, on le remercia : vraiment il réussissait trop bien...

Avec des hauts et des bas, jusqu'à la guerre de 1940, l'Opéra poursuivit néanmoins sa mission de premier théâtre lyrique français dans des conditions artistiques excellentes. Il disposait d'ailleurs d'un élément de stabilité morale et culturelle – financière aussi en partie – c'étaient les Abonnés.

Les Abonnés, à l'Opéra, pendant des siècles ce fut quelque chose. Les plus importants possédaient leurs loges en toute propriété, et pouvaient en disposer à leur gré pour leurs amis. D'ailleurs les loges de l'Opéra se prolongent d'une arrière-loge où les abonnés, chaque soir, recevaient leurs invités, jouaient au whist ou devisaient. Ils ne s'intéressaient au spectacle qu'au moment du ballet, ou pour écouter la débutante dans son grand air. Le reste du temps, ils circulaient dans le théâtre, ayant accès aux loges d'artistes, au merveilleux foyer de la danse. Ils créaient véritablement l'ambiance, donnaient le ton, imposaient leurs volontés du bel canto et du beau théâtre. Ils étaient souvent à l'origine des succès ou des cabales, et la chute de TANNHAUSER reste dans tous les souvenirs. Au demeurant ils étaient chauvins et n'acceptaient guère l'installation au répertoire d'œuvres étrangères, surtout allemandes. Monsieur Halanzier, pour sa part, en dix ans de direction, ne présenta jamais un ouvrage qui ne fut pas signé d'auteurs français.

Avec le temps, les abonnés perdirent sans doute beaucoup de leurs droits. Ils cessèrent en particulier d'être propriétaire de leurs places et consentirent à n'être plus « abonnés » que certains soirs pour leurs catégories réservées. Mais ils étaient là, maintenant leurs traditions d'élégance, de bon goût, de bon travail. Leur disparition après la création de cette « Réunion des Théâtres Lyriques Nationaux » a porté un grand coup au prestige de l'Opéra, et à son évolution au travers des créations et reprises imposées chaque année par les traditions et le cahier des charges.

Il est vrai que l'Etat, prenant en mains la direction du théâtre, supprima en même temps que les Abonnés, le cahier des charges...

**
*

Monsieur Halanzier avait été remplacé par Monsieur Vaucorbeil qui était un homme du Ministère. Sa gestion fut assez malheureuse, mais il mourut subitement alors que son mandat n'était pas achevé. C'est lui qui, se trouvant à l'Education Nationale, fit campagne pour la création du ROI D'YS à l'Opéra, mais refusa l'ouvrage dès qu'il fut nommé directeur.

C'est lui aussi qui, le 19 avril 1881, invita quelques privilégiés à écouter, dans les deuxièmes dessous reliés à la scène par des fils téléphoniques, la représentation des HUGUENOTS. Cette expérience sensationnelle fut étendue le mois suivant : quatre microphones Ader placés dans le trou du souffleur, permirent de suivre le spectacle du magasin de décors de la rue Richer. Le « théâtrophone » était inventé. Il ne nous surprendrait guère aujourd'hui, cependant ce n'est que le 19 août 1932 qu'un premier essai de radiodiffusion fut tenté. On jouait ce soir-là MAROUF avec Marcelle Denya, Léon Ponzio, Albert Huberty et Grommen.

**
*

En 1884 un ancien savetier, devenu basse au demeurant célèbre, Pèdro Gailhard, se vit confier les destinées du Palais Garnier. Il fut beaucoup critiqué, beaucoup admiré, mais dirigea le théâtre avec énormément de fermeté, et, les faits sont là, avec brio. Il avait, en acceptant la direction, abandonné sa carrière de chanteur pour ne la reprendre qu'un soir, dans le trou du souffleur : il chanta en effet le rôle de « Mazetto » de DON JUAN cependant que l'interprète, aphone, le mimait sur scène...

C'est lui qui, le 22 février 1887, inaugura les spectacles de matinées avec FAUST : il n'y en avait encore jamais eues à l'Opéra. Les critiques s'élevèrent véhémentement contre cette pratique qui devait, selon elles, amener au Palais Garnier un public d'enfants et de vieillards incompatible avec le cadre solennel du lieu.

En 1891, il eut le courage de monter LOHENGRIN : il y eut des boules puantes dans la salle, et l'hostilité des manifestants sur·la place obligea une intervention armée.

En 1894, le 6 janvier, il eut à subir l'incendie du magasin de décors de la rue Richer. De ce fait, il dut interrompre les représentations d'une grande partie de son répertoire, obligé de reconstruire les décors disparus. Et c'est ainsi que certains ouvrages ne reparurent jamais plus à l'Opéra, parce qu'on ne les remonta point.

En 1905 il fit inscrire le nom du chef d'orchestre sur les affiches. Ceci ne s'était encore jamais fait, et d'ailleurs ne se concevait pas : il n'y avait à l'Académie, jusqu'alors, que deux batteurs de mesure en fonction, le « Chef » et son adjoint. C'était toujours le « Chef », connu de tout Paris, qui dirigeait les créations, les reprises importantes, les Galas. Pour les représentations de tous les jours, il conduisait les ouvertures, le ballet, un acte ou deux, mais passait volontiers la baguette à son lieutenant dans le courant du spectacle...

Le 1er février 1907, une grave commission de musiciens décida de l'emplacement définitif du pupitre du chef d'orchestre qui fut placé là où nous avons l'habitude de l'apercevoir. Auparavant, il siégeait contre le trou du souffleur, le chef ayant ses musiciens derrière lui, se retournant face au public pour diriger les ouvertures.

**
*

C'est en 1908 qu'André Messager et Broussan prirent la direction du théâtre. Direction riche musicalement parlant, qui eut l'honneur d'amener à l'Opéra un répertoire contemporain de qualité, et presque tout le répertoire wagnérien. Mais direction matériellement difficile qui s'interrompit au moment de la déclaration de guerre, en 1914, au lendemain du triomphe de PARSIFAL.

Un personnage important du théâtre devait disparaître sous la direction Messager, c'était le chef de claque. Sol et Laget en furent les derniers titulaires, bien que son existence se poursuivit dans la clandestinité jusqu'au seuil de la guerre de 1939. Au début du siècle encore, et pour cent cinquante francs-or (10.000 francs d'aujourd'hui) le chef de claque assurait, avec son équipe éparpillée dans la salle, le départ des applaudissements pour l'artiste qui le payait. Si un chanteur, qui n'avait pas acheté sa claque, répondait cependant à des bravos spontanés, il devait une compensation de cinquante francs au chef de claque. Cette méthode a évité de nombreux « bis » de la part d'artistes quelque peu soucieux de leur argent.

Et puis, ce fut la guerre 1914-1918. Jacques Rouché fut nommé directeur à la veille de sa déclaration. Il devait quitter sa direction au lendemain de la libération de Paris en 1944, non sans avoir été l'objet d'attaques peu élégantes dont il fut d'ailleurs libéré par un tribunal de circonstance chargé de juger l'activité de « collaborateurs » sous l'occupation allemande.

**
*

Jacques Rouché fut, sans aucun doute, le plus grand directeur du Palais Garnier. Il le dirigea avec autorité, avec foi, avec compétence. Comme il était fortuné, il ne réclama jamais un centime en plus de la subvention prévue, et, s'il se trouvait en face d'un déficit, il le comblait de ses deniers, simplement parce qu'il estimait que c'était là son devoir puisqu'il le pouvait faire.

Lui ne s'est certes pas enrichi à la tête de l'Opéra, mais il a enrichi l'Opéra qui n'a connu, durant les trente années de sa direction, que des soirées de qualité. Il était le « Chef », et ne s'entourait que de très peu de collaborateurs, mais de collaborateurs sûrs, dont il avait su juger les compétences, et qui lui obéissaient sans réserve parce que ses ordres, comme ses directives, avaient leurs valeurs intrinsèques. Il a porté l'Opéra, et son merveilleux prestige, à bout de bras, sans faiblesse, même aux instants les plus pénibles, comme durant cette période d'occupation allemande qui l'obligeait, au risque de sa vie, de camoufler des existences juives, de défendre des intérêts français, de maintenir l'intégrité d'un théâtre qui, devant l'ennemi, représentait malgré tout une puissance intellectuelle nationale.

Ses premières représentations, il les réalisa au Trocadéro car les autorités militaires avaient fermé le Palais Garnier dès août 1914. Mais si son personnel homme faisait la guerre, il fallait bien assurer la vie du personnel féminin, et Jacques Rouché reprit courageusement ses représentations, d'abord sous forme de spectacles coupés, puis, revenu dans le théâtre ouvert à nouveau, avec des ouvrages intégralement représentés.

En 30 ans, Jacques Rouché a provoqué et assuré la création à l'Opéra, de 71 ouvrages lyriques et de 73 ballets ; les reprises d'une dizaine de grands classiques comme ALCESTE, FIDELIO, CASTOR ET POLLUX, LES TROYENS ou GISELLE ; il a accueilli les merveilleuses manifestations de la Compagnie des Ballets russes de Serge de Diaghilew, les réalisations de madame Ida Rubinstein. Il a surtout donné à l'Opéra une impulsion de travail créateur extraordinaire, et ce sans imposer plus d'heures de présence que les conventions collectives, au demeurant non écrites, n'en décidaient. Mais il avait créé une ambiance, et chacun, du premier plan au plus humble machiniste, était fier d'appartenir à la grande famille de l'Opéra.

Il était le « patron », respecté comme respectable, et la Maison effectuait tout tranquillement, au cours des neuf mois de saison, ses créations et reprises au rythme jamais ralenti d'une par quinzaine. L'été, les vacances étant distribuées par roulement, on jouait le bon répertoire pour les touristes du monde entier.

Ce fut indiscutablement la plus belle époque du Palais Garnier.

Chose cependant curieuse, de tout cet effort, de toutes ces réalisations, il ne reste plus rien aujourd'hui. L'Opéra, en 1960, a pratiquement abandonné son répertoire. Il ne joue plus aucun ouvrage dont il ait été le créateur. Il lui en restait un, THAIS, il l'a effacé. Tous les autres, il les avait adoptés après leur réussite sur d'autres scènes françaises ou étrangères. Mais il les a abandonné aussi, ne conservant guère que FAUST, RIGOLETTO, LA TRAVIATA... Et s'il reprend LUCIE DE LAMMERMOOR, c'est dans une réalisation importée avec des décors empruntés à l'étranger.

L'on ne peut évidemment pas féliciter l'Opéra de Paris d'avoir profité de la « Réunion des Théâtres Lyriques Nationaux » pour s'emparer d'œuvres comme CARMEN ou TOSCA qui ne lui appartiennent pas, et qui d'ailleurs, si bien montées furent-elles, sont plutôt dépaysées en ses murs.

*
* *

Après le départ de Jacques Rouché, après la guerre de 1939 par conséquent, le système de cette fameuse « Réunion », créée en 1938, fonctionna selon les règles par sa Loi édictées.

C'est en fait un système de Régie directe de l'Etat, avec une multitude d'Administrateurs, de Directeurs, de Conseillers à tous les échelons, – aucun ne disposant d'ailleurs de la moindre autorité, ni de la moindre responsabilité – et de nombreux contrôleurs de toutes sortes qui interrogent, vérifient, rédigent des rapports.

En vingt ans de ce régime, l'Opéra de Paris est devenu ce qu'il est : une troupe trop nombreuse pour un répertoire trop restreint. Les efforts portés avec facilité sur des réalisations chorégraphiques. Les dissensions intérieures, les idées magnifiques, le désordre dans leurs tentatives de réalisations. S'ajoutent à cela la perte de la foi, l'absence d'ambiance, de conscience peut-être. S'ajoutent à cela les grèves surprises, les grèves tout court, le travail dans l'indolence selon les règles des bonnes administrations de fonctionnaires. On pense à sa retraite, mais le prestige de la musique et du théâtre lyrique français sont bien absents de la Maison.

A qui la faute ? Je le répète, à la Loi qui a imposé la « Réunion » parce qu'elle a supprimé l'Opéra.

Ce n'est pas que ceux qui furent, et sont chargés de faire fonctionner cette étrange machine qu'est l'absurde « Réunion », n'aient pas tenté de lui donner une vie propre, et de lui apporter des victoires. Aussi bien je ne veux pas écrire ici que tout est perdu, d'autant qu'il existe des hommes qui tentent de tout sauver malgré tout.

Depuis vingt ans, nous avons quand même eu à l'Opéra de beaux spectacles, avec de beaux artistes. Nous avons eu aussi quelques nobles créations comme BOLIVAR, JEANNE AU BUCHER, quelques prestigieuses reprises comme LES INDES GALANTES. Mais ces réussites sont noyées dans trop de représentations à la sauvette, assurées par des artistes perpétuellement en tournées personnelles et venant chanter à Paris entre deux trains ou deux avions.

Tout cela n'arrange pas les choses. Un homme comme Maurice Lehmann fit l'impossible pour redresser la Maison. Il y réussit en grande partie, mais au prix d'une fatigue telle, de luttes telles, qu'il finit par interrompre ses efforts continuellement noyés dans l'indifférence anonyme des pouvoirs publics.

**
*

Les éléments de ce livre nous exposeront les richesses de l'Opéra de Paris, richesses en œuvres, richesses en artistes. Ils nous montreront ce qu'il a fait, ce qu'il possède, donc ce qu'il peut faire.

On ne me fera pas croire que ce qui fut possible jadis ne le serait plus en 1962. Mais pour cela il faut que l'Opéra redevienne l'Opéra, et ne soit plus une « Réunion » administrative sans âme et sans personnalité.

Une Loi a tué l'Opéra (et avec lui l'Opéra-Comique), une autre peut les ressusciter.

Mais nous pensons aussi qu'en attendant cette Loi nouvelle, une bonne équipe de cadres sûrs, bien conduite par un Chef de goût, connaissant quelque peu la vie lyrique, peut sauver l'Opéra, tout au moins dans l'immédiat.

Car l'Opéra, en fin de compte, est un très grand personnage que n'atteignent pas les discussions mesquines, les organisations paperassières où les rénovations spectaculaires.

L'Opéra de Paris, qu'on le veuille ou non, n'existe que par son passé. C'est ce qu'il a fait qui forgea sa personnalité, sa richesse, et ce qu'il fera demain ne sera vraiment valable que si ce futur peut s'intégrer dans son passé.

L'Opéra n'existe que par son répertoire célèbre, que par ses artistes prestigieux, par les légendes que ces artistes provoquèrent. On ne peut pas les sacrifier, on ne peut que les prolonger.

A plusieurs reprises déjà, on a vu des équipes jeunes et dynamiques vouloir tout bouleverser pour sauver l'Opéra d'un marasme momentané. Ces initiatives ont toujours sombré dans de cuisants échecs lorsqu'elles ne respectaient pas le passé.

Car l'Opéra, c'est « l'Opéra ». Ce sont ses murs intangibles, ses dimensions majestueuses. N'y réussissent que les œuvres conçues pour de telles dimensions, que les artistes formés pour de telles œuvres. On n'improvise rien à l'Opéra, ni un spectacle, ni un interprète. Encore moins un directeur.

Ce qui ne veut pas dire que l'Opéra doive rester confiné dans son passé statique, dans ses traditions prétentieuses. Non : il ne doit jamais cessé d'œuvrer, d'évoluer, mais en fonction de sa noble mission musicale, lyrique et chorégraphique qui elle, ne se modifie pas, en ce sens qu'elle ne peut tendre que vers les chefs d'œuvre, vers les monstres sacrés, vers une stabilité. Ceci n'est pas réalisable dans le désordre des révolutions de salon, mais bien à la lumière des expériences et des valeurs d'antan.

L'Opéra sera pour longtemps sauvé lorsqu'un « Patron » ne cherchera plus à mélanger les répertoires et les artistes de deux scènes aux destins différents et tout aussi importants. Car le « Palais Garnier » se doit d'avoir sa troupe propre, bien à lui, uniquement à lui, ne travaillant que pour lui et pour son propre patrimoine.

L'Opéra sera pour longtemps sauvé le jour où les jeunes débutants salueront respectueusement, dans les couloirs, les vieux interprètes qu'ils y rencontrent, au lieu de les tutoyer et de se croire déjà leurs égaux.

Chacun peut espérer devenir un « monstre sacré ». Mais il ne le sera vraiment qu'en s'installant dans le passé, dans ce merveilleux passé de trois siècles qui a effacé sans rémission toutes les initiatives déconcertantes, toutes les médiocrités.

Son avenir, que je lui souhaite immense et riche, c'est précisément dans ce passé, dans « son » passé, que l'Opéra le découvrira.

S. W.

Il se trouvera certainement des lecteurs insatisfaits qui constateront que la présente documentation est incomplète.

Aussi bien ne doivent-ils pas oublier, en consultant ces pages, qu'elles ne concernent essentiellement le Théâtre National de l'Opéra que depuis son installation au Palais Garnier. Elles ne signalent donc que les ouvrages et artistes ayant été affichés entre le 8 janvier 1875 et le 31 décembre 1961.

Cependant nous avons pensé qu'il pouvait être utile, à l'occasion, de signaler certains détails antérieurs ou postérieurs à cette période, voire extérieurs au Théâtre de l'Opéra proprement dit. Mais nous n'avons pas pour autant établi une documentation s'étalant sur la vie entière de notre première scène nationale.

Des erreurs ont pu se glisser dans notre travail, ou des omissions. Que ceux qui les relèveraient nous les signalent : nous en tiendrons compte pour une seconde édition.

★

En regard de chaque œuvre figure le nombre total de ses représentations sur la scène de l'Opéra au 31 décembre 1961.

Ces chiffres ne sont pas forcément en concordance avec ceux reproduits sur les affiches du théâtre. Je m'excuse auprès de la Régie du Palais Garnier, mais les chiffres du présent ouvrage sont, sinon rigoureusement exacts, tout au moins très proches de la réalité.

★

LES ŒUVRES
ET LEURS INTERPRÈTES
_____

LES ŒUVRES LYRIQUES

Dans ce chapitre figurent tous les ouvrages lyriques ayant été représentés au moins une fois à l'Opéra de Paris entre le 8 janvier 1875 et le 31 décembre 1961, soit un total de 228 se répartissant ainsi :

    33 ouvrages du répertoire antérieur à 1875
    89 ouvrages entrés au répertoire depuis 1875
    78 créations mondiales
    28 ouvrages représentés occasionellement

L'AFRICAINE

484 représentations
dont 259 au Palais Garnier

Opéra en 5 actes d'Eugène Scribe — Musique de Giacomo MEYERBEER

Créé à Paris, à l'Académie Impériale de Musique (Salle Le Peletier), le 28 Avril 1865. — Mise en scène de Georges COLLEUILLE. Chorégraphie de Louis MERANTE.

Mme Marie SASS (Sélika), Marie BATTU (Inès), LEVIEILLY (Anna).

MM. NAUDIN - débuts - (Vasco de Gama), FAURE (Nélusko), BELVAL (don Pèdro), WAROT (don Alvar), CASTELMARY (l'Amiral don Diègo), DAVID (le Grand Inquisiteur), OBIN (le Grand Brahmine), CLEOPHAS (un Huissier), KOENIG (un Prêtre), GRISY, AIMES, MERMAND, TISSERE, FLEURY, PORTEHAUT, MECHELAERE (les Matelots), VIDAL, NOIR, DELAHAYE, GEORGET, MOURET (les Evêques).

Ballet du 4ᵉ acte dansé par Mlle MARQUET et M. CORNET.

Chef d'Orchestre : Georges HAINL

Les 50ᵉ et 100ᵉ représentations eurent lieu respectivement, avec les créateurs, les 1ᵉʳ Septembre 1865 et 9 Mars 1866.

Au cours de l'année 1865, l'AFRICAINE fut créée successivement au Covent Garden de Londres (22 Juillet), à l'Opéra de Berlin (18 Novembre), au Théâtre Royal de la Monnaie de Bruxelles (30 Novembre) et à l'Opéra de New York (1er Décembre).

Première fois au Palais Garnier le 17 Décembre 1877 (226ᵉ représentation) — Mise en scène de Adolphe MAYER, Chorégraphie de Louis MERANTE.

Mme Gabrielle KRAUSS (Sélika), DARAM (Inès), LONATI (Anna).

MM. SALOMON (Vasco de Gama), LASSALLE (Nélusko), BOUDOU-RESQUE (don Pèdro), LAURENT (don Alvar), BATAILLE (l'Amiral don Diègo), MENU (Grand Inquisiteur), GASPARD (Grand Brahmine), MERMAND (un Huissier), SAPIN (un Indien), HAYET, SOYER, MONTVAILLANT, LAFFITTE, LEJEUNE, GARET, VALLET (les Matelots), FRERET, BOUSSAGNOL, AUGUEZ, JOLIVET (les Evêques).

Ballet du 4ᵉ acte dansé par Mlles MERANTE et SANLAVILLE.

Chef d'Orchestre : Charles LAMOUREUX (débuts)

Décors de Lavastre aîné et Carpezat (1ᵉʳ acte), Daran (2ᵉ acte), J. B. Lavastre (3ᵉ acte), Rubé et Chaperon (4ᵉ acte), Chéret (5ᵉ acte) — Costumes de Eugène Lacoste.

ıL'incendie du magasin de décors, le 6 Janvier 1894, ayant détruit ceux de l'AFRICAINE, l'ouvrage cessa d'être représenté pour n'être repris qu'en 1902.

Principales représentations au Palais Garnier :

	300e le 22-12-1879	reprise 23-7-1883 318e	400e fêtée 7-1-1888 398e	reprise 28-2-1902 472e
Sélika	KRAUSS	DUFRANE	ADINI	J. MARCY
Inès	F. DUVERNOY	LUREAU	LUREAU	DEREIMS
Anna	SOUBRE	MIRANE	NASTORG	MATHIEU
Vasco	VILLARET	DEREIMS	DE RESZKE	AFFRE
Nélusko	AUGUEZ	LASSALLE	BÉRARDI	NOTÉ
don Pèdro ...,..	BOUDOURESQUE	BOUDOURESQUE	PLANCON	CHAMBON
don Alvar ...	LAURENT	LAURENT	TEQUI	LAFFITTE
Amiral	BONNEFOY	PLANCON	BATAILLE	BAER
Inquisiteur	MENU	DUBULLE	CREPEAUX	PATY
Brahmine	BATAILLE	GASPARD	BALLARD	A. GRESSE
Ballet	PARENT	BUSSY	BERNAY	REGNIER
	MERANTE	MERCEDES	ROUMIER	VIOLLAT
Chef Orch.	DE MONTJAU	E. ALTES	VIANESI	TAFFANEL

484e et dernière représentation à l'Opéra le 8 Novembre 1902, avec les interprètes de la reprise de 1902, sauf : Mmes Lucienne BREVAL (Sélika), DE NOCE (Inès), M. DENOYE (le Grand Inquisiteur).

Autres interprètes des principaux rôles à l'Opéra :

Sélika : Mmes Marie BATTU (1867), HISSON (1872), FRANCHINO (1872), MAUDUIT (1873), DE RESZKE (1878), DE STUCKLE (1879), MONTALBA (1880), DUVIVIER (1883), Hélène RICHARD (1886), LITVINNE (1889), Nina PACK (1890), FIERENS (1890).

Inès : Mmes LEVIEILLI (1866), Fidès DEVRIES (1872), DE VERE (1881), HAMANN (1883), D'ERVILLY (1885), BOSMAN (1890), MARCY (1892), LOVENTZ (1892).

Vasco : MM. WAROT (1865), MORERE (1867), Léon ACHARD (1873), VERGNET (1878), MIERZWINSKY (1879), JOURDAIN (1880), ESCALAIS (1885), GAYARRE (1886), COSSIRA (1888), MURATET (1888), DUC (1890), IBOS (1892), GIBERT (1893), G. DUBOIS (1902).

Nélusko : MM. CARON (1865), DUMESTRE (1866), GASPARD (1867), DAVID (1867), DEVOYOD (1867), PONSARD (1867), ROUDIL (1872), COUTURIER (1877), MELCHISSEDEC (1883), Maurice RENAUD (1891), DUFRICHE (1892), BARTET (1893).

don Pèdro : MM. DAVID (1866), PONSARD (1872), BERARDI (1877), GIRAUDET (1880), DUBULLE (1883), HOURDIN (1884), Léon GRESSE (1886).

Abandonnée par l'Opéra, l'AFRICAINE fut reprise à Paris, sur d'autres scènes lyriques, en particulier à la Gaîté, le 11 Février 1910, avec Mmes LITVINNE (Sélika), CHAMBELLAN (Inès), MM. AFFRE (Vasco), NOTE (Nélusko), SYLVAIN (don Pèdro), SARDET (don Alvar), ALBERTY (l'Amiral), sous la direction de A. AMALOU.

Sa dernière apparition parisienne eut lieu, également à la Gaîté-Lyrique, en janvier 1918 avec Mmes COMES (Sélika) LOWELLY (Ines), MM. CAZE-NAVE (Vasco) BOULOGNE (Nélusko) A. HUBERTY (don Pèdro) L. MARIE (don Alvar) sous la direction de G. BERGALONE.

AIDA

Opéra en 4 actes et 7 tableaux — Poème de Mariette Bey, mis en vers par Camille du Locle et Charles Nuitter.

Musique de Giuseppe VERDI

Cet ouvrage fut commandé par le Vice-Roi d'Egypte, Ismaïl Pacha, pour être créé le 24 décembre 1871, soir de l'inauguration du nouveau théâtre du Caire. Il le fut en effet à cette date, mais dans la traduction italienne de Antonio Ghislanzoni.

Sa première représentation dans la version française originale eut lieu à la Monnaie de Bruxelles.

A Paris, Verdi ayant d'abord refusé que son œuvre fut montée par l'Opéra, c'est l'éphémère Théâtre Lyrique Ventadour qui présenta le premier la version française de l'ouvrage.

	LE CAIRE	MILAN	PARIS	LONDRES
	(création)	Scala	Italiens	Covent Garden
	24-12-1871	7-2-1872	22-4-1876	22-6-1876
Aïda	POZZONI-ANASTASI	STOLZ	STOLZ	PATTI
Amnéris	E. GROSSI	WALDEMANN	WALDEMANN	GINDELE
Rhadamès	MONGINI	FANIELLI	MASINI	NICOLINI
Amonasro	STELLER	PANDOLFINI	PANDOLFINI	GRAZIANI
Chef Orch. ...	BOTTESINI	G. VERDI	G. VERDI	BEVIGNANI

	BRUXELLES	PARIS	NEW YORK
	Monnaie	Ventadour	Metropolitan
	15-1-1877	1-8-1878	12-11-1886
Aïda	FURSCH-MADIER	E. AMBRE	HERBERT-FORSTER
Amnéris	BERNARDI	BERNARDI	L. HOMER
Rhadamès	TOURNIE	NOUVELLI	C. ZOBEL
Amonasro	DEVOYOD	AUBERT	ROBINSON
Chef Orch.	J. DUPONT	LUIGINI	A. SEIDL

Première fois au Palais Garnier le 22 Mars 1880, dans une mise en scène de REGNIER et MAYER.

Mmes KRAUSS (Aïda), BLOCH (Amnéris), HOWE (la grande Prêtresse).

MM. SELLIER (Rhadamès), MAUREL (Amonasro), BOUDOURESQUE (Ramphis), MENU (le Roi), SAPIN (le Messager).

Ballet du 2e acte réglé par Louis MERANTE, dansé par Mlles Léa PIRON, Anna MERANTE et le Corps de Ballet.

Chef d'Orchestre : Giuseppe VERDI

Décors de Daran (1er tableau), Rubé et Chaperon (2e et 7e tableaux), J. B. Lavastre (3e et 4e tableaux), Chéret (5e tableau), Lavastre aîné et Carpezat (6e tableau).

Costumes de Eugène Lacoste, avec le concours de M. Maspéro, égyptologue.

Les trompettes de Sax furent spécialement conçues et réalisées en vue de cette première représentation à l'Opéra.

N. B. — Le 15 Octobre 1881, la salle du Palais Garnier fut pour la première fois éclairée électriquement. On jouait AIDA.

Principales représentations au Palais Garnier :

	100e 18-10-1884	Reprise 16-3-1887 108e	Reprise 23-9-1895 171e	Reprise 21-12-1908 249e
Aïda	KRAUSS	KRAUSS	BREVAL	BORGO
Amnéris	H. RICHARD	H. RICHARD	HEGLON	PASSAMA
Prêtresse	VAUTIER	PLOUX	AGUSSOL	AGUSSOL
Rhadamès	SELLIER	J. DE RESKE	ALVAREZ	ESCALAIS
Amonasro	MELCHISSEDEC	MELCHISSEDEC	RENAUD	NOTE
Ramphis	BOUDOURESQUE	L. GRESSE	L. GRESSE	D'ASSY
le Roi	DUBULLE	DUBULLE	DUBULLE	PATY
Messager	SAPIN	SAPIN	GALLOIS	LE RIGUER
Ballet	SANLAVILLE	ROUMIER	CHABOT	G. COUAT
Chef Orch.	E. ALTES	E. ALTES	P. VIDAL	P. VIDAL

Il est intéressant de signaler ici les représentations de AIDA données au théâtre du Chatelet, par la troupe du Metropolitan de New York à partir du 21 Mai 1910 :

Mmes Emmy DESTINN (Aïda), Louise HOMER (Amnéris).

MM. Enrico CARUSO (Rhadamès), Pasquale AMATO (Amonasro), Andrès de SEGUROLA (Ramphis), ROSSI (le Roi).

Chef d'Orchestre : Arturo TOSCANINI

	300e 10-2-1913	Reprise 4-3-1917 316e	400e 28-2-1925	Reprise 12-6-1933 457e
Aïda	M. COMES	BOURDON	CROS	CIGNA
Amnéris	LAPEYRETTE	CHARNY	M. CARON	I. POPOVA
Prêtresse	LAUTE-BRUN	LAUTE-BRUN	MARILLIET	MARILLIET
Rhadamès	MAJERSKY	FRANZ	DUTREIX	LUCCIONI
Amonasro	DUCLOS	NOTE	LANTERI	FORMICHI
Ramphis	A. GRESSE	A. HUBERTY	MAHIEUX	A. HUBERTY
le Roi	CERDAN	A. GRESSE	NARCON	NARCON
Messager	REVOL	L. DUFRANE	MADLEN	MADLEN
Ballet	MEUNIER	BARBIER	SIMONI	HUGHETTI
Chef Orch.	P. VIDAL	A. VIGNA	G. GROVLEZ	M. CORDONE

La reprise de 1939 eut lieu dans des décors de Souverbie et une mise en scène de Pierre CHEREAU. Les trompettes de Sax furent à cette occasion remplacées par des trompettes plus modernes, à trois pistons, réalisées par Couesnon. La chorégrahie du ballet fut réglée par Albert AVELINE.

	Reprise 9-1-1939 485e	500e 17-1-1940	Reprise 23-4-1945 540e	600e 12-4-1952
Aïda	HOERNER	VOLFER	HOERNER	HOERNER
Amnéris	ANDURAN	ANDURAN	LEFORT	BOUVIER
Prêtresse	DONIAU-BLANC		DONIAU-BLANC	DESMOUTIERS
Rhadamès	LUCCIONI	KRIFF	LUCCIONI	LUCCIONI
Amonasro	BECKMANS	CAMBON	NOUGARO	BIANCO
Ramphis	MEDUS	A. HUBERTY	MEDUS	MEDUS
le Roi	PERNET	DUTOIT	FROUMENTY	ETCHEVERRY
Messager	DESHAYES	DELORME	DESHAYES	ROUQUETTY
Ballet	DYNALIX		VAUSSARD	GERODEZ
Chef Orch	FOURESTIER	RUHLMANN	FOURESTIER	FOURESTIER

En janvier 1940 la durée des spectacles ayant été réduite par ordre de la Défense passive, la 500e d'AIDA eut lieu sans fastes et avec des coupures, intéressant en particulier les interventions de la Grande Prêtresse et celles du corps de ballet.

Interdit fin 1956, par la Direction des Arts et Lettres, au moment de l'opération aéro-navale de Port-Saïd, l'ouvrage fut repris le 12 Janvier 1958 (636e représentation) avec :

Mmes CAMART, puis SARROCA à partir du 2ᵉ Acte (Aïda), GORR (Amnéris), DESMOUTIERS (Grande Prêtresse).

MM. FINEL (Rhadamès), BIANCO (Amonasro), SERKOYAN (Ramphis), VAILLANT (le Roi), ROUQUETTY (le Messager).

Chef d'Orchestre : Louis FOURESTIER

La 656ᵉ et dernière eut lieu le 22 Janvier 1961 avec :

Mmes SARROCA (Aïda), GORR (Amnéris), BROUDEUR (Grande Prêtresse),

MM. BOTIAUX (Rhadamès), BIANCO (Amonasro), SAVIGNOL (Ramphis), FROUMENTY (le Roi), ROUQUETTY (le Messager), sous la direction de FOURESTIER.

Autres interprètes dans les principaux rôles à l'Opéra :

Aïda : Mmes MONTALBA (1880), ADINI (1887), DUFRANE (1887), FIERENS (1890), LAFARGUE (1895), GRANDJEAN (1895), PICARD (1897), CHARLES (1899), DEMOUGEOT (1903), BARON (1908), LITVINNE (1908), FEART (1908), MERENTIE (1908), MARIGNAN (1909), Aurora MARCIA (1910), DAUMAS (1912), LESENNE (1912), KOUSNIETZOFF (1913), Carmen MELIS (1916), GOZATEGUI (1917), LUBIN (1917), ALLIX (1918), MUZIO (1920), Maria LLACER (1922), JAKOWLEFF (1925), Kséniz BELMAS (1926), BONAVIA (1926), TIRARD (1927), PAPE (1927), ROSELLE (1929), RETHBERG (1930), DAVID (1931), Marjorie LAWRENCE (1933), VERNET (1935), LUCAZEAU (1945), YOSIF (1947), SEGALA (1948), Selma KAYE (1948), RINELLA (1950), ARAUJO (1953), MONMART (1954), TEBALDI (1959).

Amnéris : Mmes BARBOT (1881), ENGALLY (1882), FIGUET (1883), MARET (1887), RAUNAY-DUMENY (1888), LANDI (1888), MOUNIER (1889), VIDAL (1889), DURAND-ULBACH (1890), DOMENECH (1890), DESCHAMPS-JEHIN (1892), DUFRANE (1895), FLAHAUT (1898), B. SOYER (1899), ARBELL (1904), MARGYLL (1906), PAQUOT D'ASSY (1908), CHARBONNEL (1908), CALVET (1911), BONNET-BARON (1913), CHARNEY (1917), BOREL (1917), DAUMAS (1917), GUERRINI (1917), COURSO (1918), ROYER (1918), TODOROVA (1921), SADOWEN (1922), MONTFORT (1923), MATZENAUER (1924), FROZIER-MAROT (1926), CARO (1926), TESSANDRA (1933), MANCEAU (1933), BACHILLAT (1935), ALMONA (1935), SCHENNEBERG (1940), MISTRAL (1942), Marjorie LAWRENCE (1946), CHABAL (1947), HARSHAW (1948), COUDERC (1949), Y. PONS (1949), DISNEY (1950), SCHARLEY (1952), DELVAUX (1955), LIPTON (1958), BUMBRY (1960).

Rhadamès : MM. DEREIMS (1882), CAYLUS (1885), MURATET (1887), DEVILLIERS (1887), COSSIRA (1888), DUC (1890), ENGEL (1892), AFFRE (1895), COURTOIS (1897), HANS (198), ROUSSELIERE (1901), SCAREMBERG (1906), GAUTIER (1908), ALTCHEWSKY (1909), MURATORE (1909), ALBANI (1910), GILION (1911), FONTAINE (1911), MAGNERE (1911), CAZENAVE (1912), GRANAL (1913), A. BASSI (1913), LAFITTE (1915), ELIA (1917), SULLIVAN (1917), CARRERE (1918), FONTANES (1918), DARMEL (1918), GOFFIN (1921), VERDIER (1921), DE EGUILEOR (1922), CANALTA (1922), BERGAMASCHI (1923), Eric AUDOUIN (1923), PERRET (1924), DE LAFUENTE (1925), THILL (1925), MORINI (1929), LAZZARO (1929), LAURI-VOLPI (1929), LINDI (1930), KAISIN (1931), MAISON (1935), SAINT-CRICQ (1935), NEQUECAUR (1940), MEGRET (1943), VERDIERE (1947), TYGESEN (1947), VITOU (1948), GENIN

(1949), BURDINO (1949), GALLIA (1950), JOBIN (1951), PENNO (1954), CAMPAGNANO (1954), OUZOUNOV (1958), LABO (1959).

Amonasro : MM. Jean LASSALLE (1881), BERARDI (1887), DUFRICHE (1892), BARTET (1897), RIDDEZ (1902), DINH-GILLY (1904), TEISSIE (1909), ROSELLY (1912), ROOSEN (1913), LESTELLY (1916), STABILE (1917), ROUARD (1920), CARBELLY (1923), SEVEILHAC (1924), MAURAN (1924), KAKTINS (1925), DOUBROWSKY (1926), FRANCI (1926), BROWN-LEE (1930), ENDREZE (1931), SINGHER (1933), FOREST (1933), Louis RICHARD (1935), BORTHAYRE (1951), ROTHMULLER (1952), E. BLANC (1954).

★

L'AIGLON
38 représentations

Drame musical en 5 actes de Henri Cain, d'après le poème de Edmond Rostand.

Musique de Arthur HONEGGER et Jacques IBERT

Créé à l'Opéra de Monte-Carlo le 11 Mars 1937, dans une mise en scène de Pierre CHEREAU.

Mmes Fanny HELDY (le Duc de Reichstadt), Maria BRANEZE (Thérèse de Lorget), GADSEN (Marie-Louise), LAIGNELOT (Comtesse de Camérata), SHIRMAN (Fanny Elsler).

MM. Vanni MARCOUX (Séraphin Flambeau), ENDREZE (Prince de Metternich), MARVINI (Maréchal Marmont), FRAIKIN (Frédéric de Gentz), Victor PUJOL (l'Attaché Militaire), CRESEOLE (le Chevalier de Prokesch-Osten), BARONE (le Comte de Sedlinsky).

Chef d'Orchestre : F. WOLFES

N. B. — M. Julien LAFONT a doublé Vanni MARCOUX à la seconde représentation.

Première fois à Paris, au Palais Garnier, le 31 Août 1937. — Mise en scène de Pierre CHEREAU — Décors et costumes dessinés par Pedro Pruna — Projections lumineuses de Ernest Klausz.

Mmes HELDY (le Duc de Reichstadt), COURTIN (Thérèse de Lorget), VOLFER (Marie-Louise), MORERE (la Comtesse de Camérata), RICQUIER (Fanny Elsler), LUMIERE (Isabelle), LAFON (une Marquise).

MM. Vanni MARCOUX (Séraphin Flambeau), ENDREZE (Prince de Metternich), NARCON (Maréchal Marmont), NORE (Frédéric de Gentz), CHASTENET (l'Attaché Militaire), CLAVERE (Chevalier de Prokesch-Osten), GOURGUES (Comte de Sedlinsky), FOREST (un Officier), ARNAULD et FRASCHER (deux Vénitiens), DEMAGNY (un Matassin), PIERROTET (Polichinelle), LAFON (Pierrot), DUVAL (Arlequin), COTTEL (un Prélat), GORLIER (un Gilles).

Danses réglées par Paul GOUBE, dansées par Mlle Geneviève KERGRIST, M. Max BOZZONI et le Corps de Ballet.

Chef d'Orchestre : François RUHLMANN

Reprise le 19 Décembre 1952 (27e représentation) dans une mise en scène de Max DE RIEUX.

Mmes Geori BOUE (Duc de Reichstadt), BERTON (Thérèse de Lorget), CASTELLI (Marie-Louise), CHALANDA (Comtesse de Camérata), Janine

COLLARD (Fanny Elsler); Geneviève SERRES (Isabelle) BONNY-PEL-LIEUX (une Marquise).

MM. HUC-SANTANA (Séraphin Flambeau), BOURDIN (Prince de Metternich), DEPRAZ (Maréchal Marmont), ROUQUETTY (Frédéric de Gentz), GIRAUDEAU (l'Attaché Militaire), CLAVERE (Chevalier de Prokesch-Osten), CHASTENET (Comte de Sedlinsky), PETITPAS (un Officier, Polichinelle), MICHEL et FOREL (deux Vénitiens), DESHAYES (un Matassin), MASSARD (Arlequin), DUMANY (un Prélat), MAX-CONTI (un Gilles).

Danses réglées par Albert AVELINE, dansées par Mlles Madeleine LAFON, Claude BESSY, Josette CLAVIER, M. Jean-Paul ANDREANI.

Chef d'Orchestre : André CLUYTENS

38ᵉ et dernière représentation le 23 Mars 1953, avec la distribution de la reprise, sauf : Mme DESMOUTIERS (Marie-Louise), MM. VAILLANT (Séraphin Flambeau), CHARLES-PAUL (Maréchal Marmont) et Robert BLOT au pupitre.

Autres interprètes des principaux rôles à l'Opéra :

Duc de Reichstadt —	Mme CHALANDA	(1953)
Thérèse de Lorget —	Mme MAHE	(1937)
Séraphin Flambeau —	M. ETCHEVERRY	(1937)
Frédéric de Gentz —	M. Raoul GILLES	(1938)

★

ALCESTE
380 représentations
dont 62 au Palais Garnier

Opéra en 3 actes de Ramiero de Calzabigi — Traduction Française du Bailli du Rollet.

Musique de Christophe-Willibald GLUCK

Créé à Vienne, le 26 Décembre 1767, par : Mme Antonia BERNASCONI (Alceste), MM. Giuseppe TIBALDI (Admète), LASCHI (le Grand Prêtre).

Première fois à Paris, à l'Académie Royale de Musique (seconde salle du Palais Royal), dans une version remaniée par Gluck, le 23 Avril 1776, en présence de Sa Majesté la Reine Marie-Antoinette. — Décors de Machy.

Mme LEVASSEUR (Alceste).

MM. LEGROS (Admète), GELIN (le Grand Prêtre), LARRIVEE (Hercule), MOREAU (Apollon), THIROT (Evandre).

Ballet : Mlles ALLARD, PESLIN, MM. VESTRIS père et fils.

Chef d'Orchestre : Pierre MONTAN-BERTON

Première fois au Palais Garnier, le 2ᵉ tableau du 1ᵉʳ acte seulement, le 11 Novembre 1900 (319ᵉ représentation).

Mme Aïno ACKTE (Alceste).

MM. DELMAS (le Grand Prêtre), DOUAILLIER (l'Oracle).

Chef d'Orchestre : Edouard MANGIN

Ce second tableau, seul, a été représenté 7 fois en 1900 et 1901.

Pratiquement dédaignée par l'Opéra depuis 1866, l'œuvre de Gluck entre au répertoire de l'Opéra-Comique le 30 Mai 1904, dan une mise en scène d'Albert CARRE, des décors de Lucien Jussaume et des costumes de Charles Bianchini.

Elle fut créée au Théâtre Royal de la Monnaie, à Bruxelles, le 14 Décembre 1904 ; au Covent-Garden de Londres, en 1937, et au Metropolitan Opéra de New York, le 24 Janvier 1941.

	OPERA-COMIQUE 30-5-1904	MONNAIE 14-12-1904	COVENT GARDEN 6.5.1937	METROPOLITAN 24-1-1941
Alceste	LITVINNE	LITVINNE	LUBIN	M. LAWRENCE
Admète	L. BEYLE	DALMORES	JOUATTE	MAISON
Gd Prêtre	DUFRANNE	BOURBON	SINGHER	WARREN
Evandre	CARBONNE	FORGEUR	GOURGUES	DE PAOLIS
Chef Orch.	A. LUIGINI	S. DUPUIS	Ph. GAUBERT	E. PANIZZA

Cependant, le Palais Garnier reprenait l'ouvrage intégralement le 8 Février 1926 (326ᵉ représentation à l'Opéra), dans une mise en scène de Pierre CHEREAU, des décors de Mouveau et Allégri. Mme NIJINSKA avait réglé la chorégraphie.

Reprises des :	8-2-1926 (326ᵉ)	27-4-1928 (334ᵉ)	23-10-1936 (353ᵉ)	13.1.1941 (369ᵉ)
Alceste	LUBIN	DE MEO	LUBIN	HOERNER
Coryphée	MARILLIET	MARILLIET	MARILLIET	CARRIER
id.	COURSO	COURSO	BACHILLAT	RICQUIER
Nourrice	KERVAL	KERVAL	NOTICK	NOTICK
Admète	THILL	THILL	JOUATTE	JOUATTE
Gd Prêtre	DUCLOS	DUCLOS	SINGHER	BECKMANS
Evandre	MADLEN	MADLEN	GOURGUES	GOURGUES
Hercule	MORINI	MORINI	CHASTENET	DELORME
Apollon	DALERANT	CAMBON	CAMBON	CAMBON
Div. Infernale .	NARCON	NARCON	NARCON	MEDUS
l'Oracle	NARCON	NARCON	NARCON	MEDUS
Hérault	DALERANT	DALERANT	CH. PAUL	CH. PAUL
Coryphée	CAMBON	CAMBON	NOGUERA	NOGUERA
Ballet	FRANCK	FRANCK	BINOIS	BINOIS
	ELLANSKAIA	ELLANSKAIA	DYNALIX	DYNALIX
	DUPREZ	DUPREZ	DUPREZ	DUPREZ
Chef Orch.	RUHLMANN	RUHLMANN	GAUBERT	GAUBERT

La 380ᵉ et dernière eut lieu le 13 Août 1944, au Grand Amphithéâtre de la Sorbonne, le Palais Garnier ayant été fermé par ordre de la défense passive.

Mmes LUBIN (Alceste), CARRIER, RICQUIER (2 Coryphées), NOTICK (la Nourrice).

MM. JOUATTE (Admète), BECKMANS (Grand Prêtre), BREGERIE (Evandre), DUTOIT (Divinité Infernale, l'Oracle), DESHAYES (Hercule), CAMBON (Apollon), FOREST (le Hérault), GICQUEL (un Coryphée).

Ballet : Mlles BINOIS et LASCAR — Chef d'Orch. RUHLMANN.

Autres interprètes des principaux rôles à l'Opéra :

Alceste : Mmes LAGUERRE (1776), MAILLARD (1797), CHOLLET (1805), JAUNARD (1805), BRANCHU (1825), VIARDOT (1861), GUEYMARD-LAUTERS (1863), BATTU (1866).

Admète : MM. LAINE (1797), NOURRIT (1825), MICHOT (1861), VILLARET (1866), RAMBAUD (1928), ANSSEAU (1929).

Grand Prêtre : M. LEFEBVRE (1797), CHERON (1805), PREVOST (1825), CAZEAUX (1861), DAVID (1866), LANTERI (1928), ROUARD (1929), CAMBON (1944).

Evandre : MM. ADRIEN (1797), TREVAUX (1825), KOENIG (1861), LE CLEZIO (1932), CHASTENET (1938).

★

LES AMANTS DE RIMINI
3 représentations (3ᵉ acte)

Opéra en 4 actes et 5 tableaux, poème et musique de Max d'OLLONNE.
Cet ouvrage n'a jamais été représenté intégralement.

Création au Palais Garnier, à Paris, du 2ᵉ tableau au 3ᵉ acte dans une mise en scène de MERLE-FOREST, le 2 Mars 1916.

Mme Yvonne GALL (Francesca), M. Léon LAFFITTE (Paolo).

Chef d'Orchestre : Gabriel GROVLEZ

★

L'AMOUR DE DANAE
1 représentation

Comédie Mythologique en 3 actes de Josef Grégor.

Musique de Richard STRAUSS

La répétition générale de cet ouvrage eut lieu au Festival de Salzbourg en Juin 1944. Mais les événements militaires de cette époque empêchèrent que fut donnée la première représentation.

La création n'eut lieu que huit ans plus tard, toujours au Festival de Salzbourg, le 14 Août 1952, dans une mise en scène de Rudolf HARTMANN, des décors et costumes de Emil Preetorius, avec :

Mme Annelies KUPPER (Danaé), Annie FELBERMAYER (Xantho), Dorothée SIEBERT (Semele), Esther RETHY (Europa), Georgine MILINKOVIC (Alcmène), Sieglinde WAGNER (Léda).

MM. Paul SCHOEFFLER (Jupiter), Josef TRAXEL (Mercure), Laszlo SZEMERE (Pollux), Josef GOSTIC (Midas), August JARSCH, Erich MAJKUT, Harald PROGLHUF, Franz BIERBACH (les 4 Rois).

Chef d'Orchestre : Clemens KRAUSS

Le 25 Septembre 1952, l'ouvrage fut créé à Vienne, avec la distribution ci-dessus, sauf : Mme Hilda ROSSEL-MADJAN (Léda), MM. Julius PATZAK (Mercure), August JARESCH (Pollux), et Murray DICKIE (le 1er Roi).

Première fois à Paris, au Palais Garnier, le 16 Mai 1953, par les Artistes, les Chœurs et l'Orchestre de l'Opéra de Vienne :

Mme A. KUPPER (Danaé), FELBERMAYER (Xantho), D. SIEBERT (Semele), E. RETHY (Europa), MILINKOVIC (Alcmène), ROSSEL-MADJAN (Léda),

MM. A. POELL (Jupiter), J. PATZAK (Mercure), L. SZEMERE (Pollux), J. GOSTIC (Midas), M. DICKIE, E. MAJKUT, H. PROGLOHF, F. BIERBACH (les 4 Rois).

Chef d'Orchestre : Clemens KRAUSS

L'AMOUR DES TROIS ORANGES   2 représentations

Opéra en 4 actes et 10 tableaux d'après la comédie de Carlo Gozzi,

Poème et Musique de Serge PROKOFIEFF

Créé le 30 Décembre 1921, à l'Opéra de Chicago.

Première fois en Europe, à l'Opéra de Cologne, en 1925, avec Mme FOERSTER dans le rôle de la Princesse Clarisse.

Première fois à la Scala de Milan le 30 Décembre 1947, dans une mise en scène de Giogo STREHLER.

Première fois en français, le 5 Avril 1952, à l'Opéra de Monte-Carlo, dans une mise en scène de Maurice BESNARD, des décors de Paul Roux et une chorégraphie de Marika de BESOBRASOVA.

	CHICAGO 30-12-1921	MILAN 30-12-1947	MONTE-CARLO 6-4-1952
La Princesse ..	PAVLOSKA	G. TUMIATI	COUDERC
Fata Morgana .	KOSHETZ	M. MINAZI	DUVAL
Sméraldine	FALCO	E. TICOZI	JACQUES
Roi de Trèfle .	DUSSEAU	R. ARIE	MEDUS
Le Prince	MOJICA	E. RENZI	ONCINA
Léandre	DUFRANNE	E. CAMPI	CLAVENSY
Truffaldino ...	O. DUA	DEL SIGNORE	COURET
Pantalone	DEFRERE	S. COLOMBO	CLEMENT
Tschelio	E. COTREUIL	D. CASELLI	GIOVANETTI
Chef Orch.	PROKOFIEFF	A. QUESTA	A. WOLFF

Première fois à Paris, au Palais Garnier, le 27 Juin 1956, par les Artistes, Chœurs et Orchestre de l'Opéra National de Ljubljana — Mise en scène de Kinko LESKOVSEK, décors de Maks Kavcik, costumes de Mija Jarc — Chorégraphie de Slavko ERZEN.

Mmes STRITAR (Princesse Clarisse), GERLOVIC (Fata Morgana), MLEJNIK (Sméraldine), GLAVAK, ZIHERL et HOCEVAR (les 3 Oranges).

MM. KOROSEK (le Roi de Trèfle), LIPUSCEK (le Prince), CUDEN (Truffaldino), SMERKOLJ (Pantalone), MERLAK (Léandre), LUPSA (Kréonta), SHTRUKELJ (le Maître des Cérémonies), CAR (le Héraut).

Chef d'Orchestre : Bogo LESKOVIC

L'ANNEAU DU NIBELUNG   8 exécutions intégrales

Tétralogie en un prologue et trois journées.

Poème et musique de Richard WAGNER.

Première exécution intégrale au Théâtre de Bayreuth en Août 1876.

Prologue — L'OR DU RHIN   13 Août

Mmes Friederick GRUN (Fricka), Marie HAUPT (Fréia), Luise JAIDE (Erda), Lillie LEHMANN (Woglinde), Marie LEHMANN (Wellgund), Minna LAMMERT (Flosshilde).

MM. Frantz BETZ (Wotan), Eugen GURA (Donner), Georg UNGER (Froh), Heinrich VOGL (Loge), Albert EILERS (Fasolt), Franz von REICHEN-BERG (Fafner), Carl HILL (Alberich), Carl SCHLOSSER (Mime).

lère Journée — LA WALKYRIE   14 Août

Mmes Joséphine SCHEFZKY (Sieglinde), Amalie MATERNA (Brünnhilde), Friederick GRUN (Fricka), Lillie LEHMANN (Helmwige), Marie HAUPT (Gerhilde), Marie LEHMANN (Ortlinde), Luise JAIDE (Waltraute).

Antonie AMANN (Siegrune), Hedwig REICHER-KINDERMANN (Grimguerde), Johanna JACHMANN-WAGNER (Schwartleite), Minna LAMMERT (Rosse-weisse).

MM. Albert NIEMANN (Siegmund), Josef NIERING (Hounding), Frantz BETZ (Wotan).

2ème Journée — SIEGFRIED   15 Août
Mme Luise JAIDE (Erda), Amalie MATERNA (Brünnhilde), Marie HAUPT (la Voix de l'Oiseau).

MM. Georg UNGER (Siegfried), Carl SCHLOSSER (Mime), Frantz BETZ (Wotan), Carl HILL (Alberich), Franz von REICHENBERG (Fafner).

3ème Journée — LE CREPUSCULE DES DIEUX   17 Août
Mme Amalie MATERNA (Brünnhilde), Mathilde WECKERLIN (Gutrune), Luise JAIDE (Waltraute), JACHMANN-WAGNER, SCHEFZKY, GRUN (les Nornes), Lillie LEHMANN, Marie LEHMANN, Minna LAMMERT (les Filles du Rhin).

MM. Georg UNGER (Siegfried), Eugen GURA (Gunther), Gustav SIEHR (Hagen), Carl HILL (Alberich).

Chef d'Orchestre : Hans RICHTER

Première exécution intégrale au Covent Garden de Londres, les 5, 6, 8 et 9 Mai 1882, sous la direction de Anton SEIDL.

Première exécution intégrale au Metropolitan-Opéra de New York, les 4, 5, 8 et 11 Mars 1889, sous la direction de Anton SEIDL.

Première exécution intégrale à Paris, au Palais Garnier, en Juin 1911.

Prologue — L'OR DU RHIN   10 Juin

Mmes MATY (Fricka), CAMPREDON (Fréïa), CHARNY (Erda), GALL (Woglinde), LAUTE-BRUN (Wellgund), LAPEYRETTE (Flosshilde).

MM. DELMAS (Wotan), ROSELLY (Donner), NANSEN (Froh), VAN DYCK (Loge), A. GRESSE (Fasolt), JOURNET (Fafner), DUCLOS (Albe-rich), FABERT (Mime).

1re Journée — LA WALKYRIE   11 Juin

Mmes DAUMAS (Sieglinde), BREVAL (Brünnhilde), MATY (Fricka), LAUTE-BRUN (Helmwige), CARO-LUCAS (Guerhilde), CAMPREDON (Ortlinde), GOULANCOURT (Waltraute), DUBOIS-LAUGER (Siegrune), CHARNY (Grimguerde), LAPEYRETTE (Schwartleite), OLIVIER (Ross-weisse).

MM. SWOLFS (Siegmund) JOURNET (Hounding), DELMAS (Wotan).

2e Journée — SIEGFRIED   13 Juin

Mmes CHARNY (Erda), GRANDJEAN (Brünnhilde), MENDES (Voix de l'Oiseau).

MM. DALMORES (Siegfried), DELMAS (Wotan), FABERT (Mime), DUCLOS (Alberich), PATY (Fafner).

3e Journée — LE CREPUSCULE DES DIEUX   15 Juin

Mmes GRANDJEAN (Brünnhilde), BOURDON (Gutrune), LAPEY-RETTE (Waltraute), MATY, DAUMAS, DUBOIS-LAUGER (Les Nornes), GALL, LAUTE-BRUN, LAPEYRETTE (Les Filles du Rhin).

MM. VAN DYCK (Siegfried), DANGES (Gunther), A. GRESSE (Hagen), DUCLOS (Albérich), DELRIEU et BARUTEL (2 Guerriers).

Chef d'Orchestre : Félix WEINGARTNER

Seconde exécution intégrale en Juin 1911, sous la direction de Arthur NIKISCH.

3ᵉ et 4ᵉ exécutions intégrales en Juin 1912 (Direction WEINGARTNER, Mai 1913 (Direction MESSAGER).

Il n'y eut plus d'exécutions intégrales de la Tétralogie au Palais Garnier avant Mai 1955.

(**5ᵉ exécution intégrale,** dans une mise en scène de Karl SCHMID-BLOSS) :

Prologue — L'OR DU RHIN   7 Mai

Mmes MALANIUK (Fricka), WEISZ (Freïa), SIEWERT (Erda), VON KRUYSWICK (Woglinde), DEMMER (Wellgund), ASSERSSON (Flosshilde).

MM. S. BJOERLING (Wotan), PETER (Donner), BLESSIN (Froh), SUTHAUS (Loge), GREINDL (Fasolt), ERNSTER (Fafner), NIEDLINGER (Alberich), KUEN (Mime).

1ʳᵉ Journée — LA WALKYRIE   11 Mai

Mmes RYSANEK-GROSSMANN (Sieglinde), MOEDL (Brünnhilde), MALANIUK (Fricka), VON KRUYSWICK (Helmwigue), SCHUENEMANN (Gerhilde), CERKAL (Ortlinde), DEMMER (Waltraute), ASSERSSON (Siegrune), MALANIUK (Grimguerde), SIEWERT (Schwartleite), KURZ (Rossweisse).

MM. SUTHAUS (Siegfried), S. BJOERLING (Wotan), GREINDL (Hounding).

2ᵉ Journée — SIEGFRIED   13 Mai

Mmes MOEDL (Brünnhilde), SIEWERT (Erda), HOLLWEG (Voix de l'Oiseau).

MM. ALDENHOFF (Siegfried), S. BJOERLING (Wotan), KUEN (Mime), NIEDLINGER (Alberich), ERNSTER (Fafner).

3ᵉ Journée — LE CREPUSCULE DES DIEUX   18 Mai

Mmes MOEDL (Brünnhilde), ISENE (Gutrune), MALANIUK (Waltraute), SIEWERT, MALANIUK, ISENE (les Nornes), MOOR, DEMMER, ASSERSSON (les Filles du Rhin).

MM. TREPTOW (Siegfried), SCHOEFFLER (Gunther), GREINDL (Hagen), NIEDLINGER (Alberich), CHARLES-PAUL et FINEL (deux Guerriers).

Chef d'Orchestre : Hans KNAPPERTSBUSCH

6ᵉ exécution intégrale fin Mai 1955.

Les 7ᵉ et 8ᵉ eurent lieu en Mai 1957, avec les artistes de la 5ᵉ, sauf :

OR DU RHIN : Mmes CAVELTI (Fricka), SOMMERSCHUH (Woglinde), SCHAERTEL (Wellgund), SCHUBERT (Flosshilde).

MM. SCHOEFFLER (Wotan), TRAXEL (Froh), VAN MILL (Fasolt), WIEMANN (Fafner).

LA WALKYRIE : Mmes VARNAY (Brünnhilde) et des Artistes de l'Opéra dans « Les Walkyries ».

MM. PEASE (Wotan), WEBER (Hounding).

SIEGFRIED : Mmes VARNAY (Brünnhilde), SCHECH (Gutrune).
MM. BEIRER (Siegfried), PERNERSTORFER (Alberich).
Chef d'Orchestre : Hans KNAPPERTSBUSCH

★

ANTAR   40 représentations
Opéra en 4 actes et 5 tableaux de Chékri-Ganem
Musique de Gabriel DUPONT

Créé à Paris, à l'Académie Nationale de Musique, (Palais Garnier) le
14 Mars 1921 — Mise en scène de MERLE-FOREST.
Mmes HELDY (Abla), COURSO (Selma), LAUTE-BRUN (Léïla, une
Voix de Pâtre), LAVAL (Neda), BARDOT (la Mère d'Antar).
MM. FRANZ (Antar), ROUARD (Cheyboub), DELMAS (Malek), NOTE
(Amarat), RAMBAUD (Zobéir), NARCON (un Vieux Berger), SORIA et
Yves NOEL (Deux Bergers).
Au 3e tableau, danses réglées par Léo STAATS, dansées par Mlles
Camille BOS, Y. DAUNT, DELSAUX et le Corps de Ballet.
Chef d'Orchestre : Camille CHEVILLARD

Décors — 1er et 2e actes : Charles Dufresne et Paquereau, 3e et 4e actes :
Ronsin, Marc-Henri et Laverdet. — **Costumes :** Maxime Dethomas.
Reprise du 25 Janvier 1924 (22e représentation).
Mmes interprètes qu'à la création, sauf :
Mmes BERTHON (Abla), HARAMBOURE (Léïla, une voix de Pâtre),
COSSINI (la Mère d'Antar).
MM. CARBELLY (Amarat), BRUYAS (2e Berger).
Chef d'Orchestre : Henri BUSSER

Reprise du 25 Février 1946 (28e représentation).
Mise en scène de Pierre CHEREAU — Décors de Mme Yvonne Mariette.
Mmes SEGALA (Abla), MAHE (Selma), SAINT-ARNAUD (Léïla, une
Voix de Pâtre), MATHOT (Neda), BOUVIER (la Mère d'Antar).
MM. LUCCIONI (Antar), BECKMANS (Cheyboub), ETCHEVERRY
(Malek), CHARLES-PAUL (Amarat), RAMBAUD (Zobéir), HUC-SANTANA
(un vieux berger), DESHAYES et PETITPAS (deux bergers).
Danses réglées par M. GSOVSKY, dansées par Mlles Micheline BARDIN,
IVANOFF, DYNALIX, KREMPF, MM. RITZ, BOZZONI, RENAULT et
le Corps de Ballet.
Chef d'Orchestre : Louis FOURESTIER

40e et dernière représentation le 17 Juin 1946, avec les interprètes de
la reprise ci-dessus, sauf : Mme MISTRAL (la Mère d'Antar), MM. FRON-
VAL (Antar), CLAVERE (Cheyboub).

Autres interprètes des principaux rôles à l'Opéra :
Abla : Mmes LAVAL (1922), MONSY (1924), LUCAZEAU (1946).
Cheyboub : DUCLOS (1921).
Malek : NARCON (1921), BORDON (1924), FROUMENTY (1946).
Amarat : CERDAN (1921).

★

ANTIGONE   17 représentations

Tragédie musicale en 3 actes de Jean Cocteau, d'après Sophocle.

Musique de Arthur HONEGGER

La Tragédie, avec musique de scène de Arthur HONEGGER, fut créée à Paris, en 1921, par Charles DULLIN, au Théâtre de l'Atelier.
La Tragédie musicale fut créée à Bruxelles, au Théâtre Royal de la Monnaie, le 28 Décembre 1927, dans une mise en scène de Georges DALMAN, un décor de Délescluze et des costumes de Thiriar.
Elle fut donnée, en langue allemande, à Essen, le 11 Janvier 1928.

Première fois à Paris, au Palais Garnier, le 26 Janvier 1943 — Décor, costumes et mise en scène de Jean COCTEAU.

Une reprise eut lieu le 8 Février 1952, avec une « récitante » confiée à Mme Suzanne CHAUVELOT.

La dernière représentation à l'Opéra eut lieu le 23 Février 1953.

| | BRUXELLES 28-12-1927 Création | P A L A I S   G A R N I E R | | |
		26-1-1943 (1e)	8-2-1952 (12e)	23-2-1953 (17e)
Antigone	BALLARD	SCHENNEBERG	BOUVIER	G. SERRES
Ismène	DEULIN	MAHE	CRESPIN	GUIHARD
Eurydice	GERDAY	DUMAN	RICQUIER	RICQUIER
Créon	COLONNE	BECKMANS	BECKMANS	CLAVERE
le Garde	MAUDIER	FRONVAL	FRONVAL	GIRAUDEAU
Tirésias	YOVANOVITCH	FROUMENTY	FROUMENTY	MEDUS
Hémon	GILSON	NOGUERA	NOGUERA	NOGUERA
Messager	SALES	CAMBON	CAMBON	CAMBON
Coryphée	DORLEY	JUYOL	DESMOUTIERS	DESMOUTIERS
id.	LAMPRENNE	LEFORT	CHABAL	CHABAL
id.	CHANTRAINE	DUTOIT	SAVIGNOL	SAVIGNOL
id.	LENS	CHASTENET	CHASTENET	DESHAYES
Chef Orch.	DE THORAN	FOURESTIER	FOURESTIER	FOURESTIER

Autres interprètes des principaux rôles à l'Opéra :
Créon : M. NOUGARO (1943).
Hémon : M. CHARLES-PAUL (1944).
Tirésias : M. PACTAT (1943).

★

ARIANE   75 représentations

Opéra en 5 actes de Catulle Mendès
Musique de Jules MASSENET

Créé à Paris, à l'Académie Nationale de Musique (Palais Garnier), **le 28 Octobre 1906.** Mise en scène de Pèdro GAILHARD. Décors de Jambon et Bailly (1er, 2e et 5e actes), Amable (3e et 4e actes). Costumes de Bétout. — Chorégraphie de J. HANSEN.

Pour la reprise de 1937, les décors et les costumes étaient signés de Souverbie, la mise en scène de Pierre CHEREAU. Chorégraphie de Serge LIFAR.

	28-10-1906 (création)	26-8-1907 (50e)	Reprise 21-2-1937 (62e)	Dernière 27-8-1937 (75e)
Ariane	BREVAL	MERENTIE	LUBIN	HOERNER
Phèdre	GRANDJEAN	GRANDJEAN	FERRER	M. SOYER
Perséphone ...	ARBELL	ARBELL	LAPEYRETTE	MONTFORT
Eunoé	MENDES	LAUTE-BRUN	MAHE	HOLNAY
Cypris	DEMOUGEOT	DEMOUGEOT	GERVAIS	MARILLIET
Chromis	LAUTE-BRUN	MATHIEU	RICQUIER	RICQUIER
Thésée	MURATORE	MURATORE	THILL	JOBIN
Périthous	DELMAS	DELMAS	SINGHER	CLAVERE
Chef Nef	TRIADOU	CERDAN	CLAVERE	BUSSONNET
Phéréklos	STAMLER	STAMLER	CAMBON	FOREST
3 Furies	ZAMBELLI BEAUVAIS BILLON	G. COUAT BOUISSAVIN GUILLEMIN	CHAUVIRE DARSONVAL GOUBE	CHAUVIRE DARSONVAL GOUBE
3 Grâces	SANDRINI BARBIER MEUNIER	MEUNIER L. COUAT URBAN	KERGRIST DYNALIX GRELLIER	KERGRIST DYNALIX GRELLIER
Chef Orch.	P. VIDAL	P. VIDAL	P. PARAY	RUHLMANN

N. B. — A la création, figuraient également 6 Vierges (Mmes ROEHM, SOLARI, LEYNEL, ROGER, LAFON, DAURIGNIES) et 6 Ephèbes (Mmes LEPAGE, NOTICK, DOYEN, DODUN, GLAUSER, CAUSSET). A la reprise de 1937, ces personnages ne figurent plus dans la distribution mais, par contre, on y remarque deux sirènes (Mmes DONIAU-BLANC et BACHILLAT) et deux Matelots (MM. MADLEN et NOGUERA).

Autres interprètes des principaux rôles à l'Opéra :

Ariane : Mme CHENAL (1907).
Phèdre : Mme FEART (1906).
Perséphone : Mme FLAHAUT (1907).
Thésée: M. DUBOIS (1907).
Périthous: MM. BARTET (1907), CERDAN (1908), ETCHEVERRY (1937).

ARIANE ET BARBE-BLEUE 48 représentations

Conte en 3 actes de Maurice Maeterlink
Musique de Paul DUKAS

Créé à Paris, au Théâtre National de l'Opéra-Cmoique, le 10 Mai 1907, dans une mise en scène de Albert CARRE, des décors de Lucien Jusseaume et des costumes de Marcel Multzer.

	PARIS OPERA-COMIQUE 10-5-1907	BRUXELLES MONNAIE 2-1-1909	NEW YORK METROPOLITAN 29-3-1911	LONDRES COVENT GARDEN 20-4-1937
Ariane	G. LEBLANC	FRICHE	FARRAR	LUBIN
Nourrice	C. THEVENET	LUCEY	WICKHAM	LAPEYRETTE
Barbe-Bleue ...	F. VIEUILLE	ARTUS	ROTHIER	ETCHEVERRY
Chef Orch.	RUHLMANN	S. DUPUIS	TOSCANINI	GAUBERT

Avant d'entrer au répertoire de l'Opéra, l'œuvre fut encore créée à la Scala de Milan, en 1911, par Mme PIERICH et M. LUDIKAR (Direction : Tullio SERAFIN) et à Buenos-Ayres, en 1934, par Mme BUNLET et M. ROMITO (Direction PANIZZA).

Première fois au Palais Garnier, le 23 Janvier 1935 — Mise en scène de Pierre CHEREAU — Décors de Georges Mouveau.

	21-1-1935 (1e)	12-5-1939 (22e)	21-11-1945 (27e)	19-1-1952 (46e)
Ariane	LUBIN	LUBIN	JUYOL	JUYOL
La Nourrice ..	LAPEYRETTE	SCHENNEBERG	BOUVIER	BOUVIER
Sélysette	ALMONA	ALMONA	RICQUIER	RICQUIER
Ygraine	GERVAIS	GERVAIS	MAHE	DESMOUTIERS
Mélisande	DONIAU-BLANC	DONIAU-BLANC	JOACHIM	LE CLERE
Bellangère	RENAUDIN	MAHE	COUVIDOUX	MONMART
Alladine	A. BOURGAT	LAFON	LASCAR	JHANINE
Barbe-Bleue ..	ETCHEVERRY	ETCHEVERRY	ETCHEVERRY	ETCHEVERRY
Vieux Paysan .	MEDUS	MEDUS	PHILIPPE	MEDUS
un Paysan ...	CHASTENET	DELORME	CHASTENET	CHASTENET
id.	FOREST	FOREST	GICQUEL	PETITPAS
id.	MADLEN	MADLEN	BREGERIE	ROUQUETTY
Chef Orch.	GAUBERT	PARAY	FOURESTIER	FOURESTIER

La 48e et dernière représentation au Palais Garnier eut lieu le 24 Mars 1952, avec les interprètes de la reprise, sauf Mme VARENNE (Ariane).

Autres interprètes des principaux rôles à l'Opéra :

Ariane : Mme BUNLET (1935).

Barbe-Bleue : MM. DUTOIT (1940), HUC-SANTANA (1952).

★

L'ARLEQUIN
14 représentations

Comédie Lyrique en 5 actes et 6 tableaux de Jean Sarment

Musique de Max d'OLLONNE

Créée à Paris, à l'Académie Nationale de Musique (Palais Garnier), le 22 Décembre 1924 — Mise en scène de Pierre CHEREAU, Décors et Costumes de Valdo-Barbey.

Mmes DENYA (Christine), LAPEYRETTE (la Vieille Femme), MARIL-LIET (une Jeune Femme).

MM. VANNI-MARCOUX (Giuseppe Giovani Marino, ou l'Arlequin), A. HUBERTY (le Roi), RAMBAUD (Beppo), FABERT (don Sanche de Véra), BORDON (Lopez), MADLEN (le Ministre des Réjouissances), GUYARD (le Ministre de la Justice), ERNST (l'Ambassadeur de France), DELMONT (le Médecin), LEJEUNE (le Héraut, Luca), LAURENT (l'Officier), CHA-MARAT - débuts - (l'Aubergiste), COTTEL (le Grand Magister).

Chef d'Orchestre : François RUHLMANN

Reprise du 14 Mars 1927 (11e représentation).

Même distribution qu'à la création, sauf Mlle LLOBERES (une Jeune Femme) et M. MAGUENAT (l'Arlequin).

14e et dernière, le 30 Mars 1927, avec les interprètes de la reprise.

★

A R M I D E   399 représentations
dont 62 au Palais Garnier

Opéra en 5 actes de Philippe Quinault

Musique de Christophe-Willebald GLUCK

Créé à Paris, à l'Académie Royale de Musique (seconde Salle du Palais Royal), le 23 Septembre 1777.

Mmes LEVASSEUR (Armide), DURANCY (la Haine), CHATEAUNEUF (Sidonie), LE BOURGEOIS (Phénice), SAINT-HUBERTI - débuts - (un Démon, un Plaisir), GAVAUDAN (une Naïade, Lucinde).

MM. LEGROS (Renaud), GELIN (Hidraot), LAINE (le Chevalier Danois), LARRIVEE (Ubalde), TIROT (Artémidor), DURAND (Aronte).

Ballets réglés par NOVERRE, dansés par Mlles GUIMARD, HASSELIN, MM. VESTRIS, GARDEL et le Corps de Ballet.

Chef d'Orchestre : Louis-Joseph FRANCOEUR

Première fois au Palais Garnier, le 12 Avril 1905 (338ᵉ représentation à l'Opéra), dans une mise en scène de Pèdro GAILHARD.

Ballets réglés par J. HANSEN — Décors de Carpezat (1ᵉʳ acte), **Amable** (2ᵉ et 5ᵉ actes), Jambon et Bailly (3ᵉ et 4ᵉ actes) — Costumes de Charles Bianchini et Bétout.

Reprises des :	12-4-1905 (338ᵉ)	17-2-1909 (388ᵉ)	17-2-1913 (394ᵉ)
Armide	BREVAL	BORGO	MERENTIE
la Haine	FEART	LE SENNE	DAUMAS
Sidonie	LINDSAY	LAUTE-BRUN	LAUTE-BRUN
Phénice	DUBEL	CARLYLE	DUBOIS-LAUGER
la Naïade	VERLET	GALL	B. MENDES
Lucinde	DEMOUGEOT	CAMPREDON	TECLAR
un Plaisir	AGUSSOL	COURBIERES	COURBIERES
l'Amante **Heureuse**	B. MENDES	COURBIERES	COURBIERES
l'Echo	MATHIEU	MATHIEU	MATHIEU
Mélisse	VIX	(rôle coupé à la 2ᵉ représentation)	
Renaud	AFFRE	MURATORE	ALTCHEWSKY
Hidraot	DELMAS	DANGES	DANGES
Chevalier Danois .	SCAREMBERG	DUBOIS	DUBOIS
Ubalde	DINH-GILLY	DUCLOS	DUCLOS
Artémidor	CABILLOT	GONGUET	GONGUET
Aronte	RIDDEZ	TRIADOU	TRIADOU
un Officier	RAGNEAU	RAGNEAU	CHAPPELON
id.	STAMLER	DINARD	REY
Ballets	ZAMBELLI	ZAMBELLI	ZAMBELLI
	SANDRINI	A. BONI	A. BONI
Chef Orchestre ...	TAFFANEL	H. BUSSER	P. VIDAL

La 399ᵉ et dernière représentation à l'Opéra eut lieu le 29 Mars 1913, avec la distribution de la reprise de 1913, sauf :

Mmes KIRSCH (Armide), CARO-LUCAS (la Haine).

Autres interprètes des principaux rôles à l'Opéra :

Armide : Mmes SAINT-HUBERTI (1790), ARMAND (1805), MAILLARD (1811), GRASSARI (1825), DORUS-GRAS (1837), LITVINNE (1907), CHENAL (1910).

la Haine : Mmes CHOLLET (1805), BRANCHU (1811), JAWURECK (1821), QUINEY (1825).

Renaud : MM. DUFRENNE (1805), LAYS (1811), A. NOURRIT (1825).

Hidraot : MM. DERIVIS (1805), DABADIE (1825), NOTE (1905), DIHN-GILLY (1907).

Chevalier Danois : NOURRIT (1811), MASSOL (1825).

★

ASCANIO   41 représentations

Opéra en 5 actes et 7 tableaux de Louis Gallet, d'après le drame « Benvenuto Cellini » de Paul Meurice.

Musique de Camille SAINT-SAENS

Créé à Paris, à l'Académie Nationale de Musique (Palais Garnier), le 21 Mars 1890 — Mise en scène de Pèdro GAILHARD.

Mmes ADINI (Duchesse d'Etampes), EAMES (Colombe), BOSMAN (Scozzone), NASTORG (une Ursuline).

MM. LASSALLE (Benvenuto Cellini), COSSIRA (Ascanio), PLANCON (François 1er), BATAILLE (Charles-Quint), MARTAPOURA (un Mendiant), CREPEAUX (Pagolo), GALLOIS (d'Estourville), TEQUI (d'Orbec).

Ballet réglé par J. HANSEN, dansé par Mlles DESIRE (l'Amour), CHABOT (Psyché), LOBSTEIN (Vénus), INVERNIZZI (Junon), KELLER (Pallas), MM. VASQUEZ (Bacchus), PLUQUE (le Maître de Jeu).

Chef d'Orchestre : Augusto VIANESI

Décors : Lavastre et Carpezat (1, 2, 4, 5 et 7es tableaux), Rubé, Chaperon, et Jambon (3e et 6e tableaux) — Costumes de Charles Bianchini.

Reprise du 9 Novembre 1921 (35e représentation).

Mise en scène de MERLE-FOREST — Décors de Bailly et Dethomas.

Mmes DEMOUGEOT (Duchesse d'Etampes), MONSY (Colombe), CHARNY (Scozzone), KERVAL (une Ursuline).

MM. JOURNET (Benvenuto Cellini), GOFFIN (Ascanio), NARCON François Ier), CERDAN (Charles-Quint), COUZINOU (un Mendiant), MA-HIEUX (Pagolo), DUBOIS (d'Estourville), SORIA (d'Orbec).

Ballet réglé par Léo STAATS, dansé par Mlles Carlotta ZAMBELLI (l'Amour), Anna JOHNSSON (Psyché), Camille BOS (Vénus), Y. DAUNT (Junon), Y. FRANCK (Pallas) et le Corps de Ballet.

Chef d'Orchestre : Reynaldo HAHN

41e et dernière représentation le 19 Décembre 1921, avec les interprètes de la reprise, sauf M. TEISSIE (Charles-Quint).

Autres interprètes des principaux rôles à l'Opéra :

Duchesse d'Etampes : Mmes d'ERVILLY (1890), GALL (1915).

Colombe d'Estourville : Mmes AGUSSOL (1890), LOVENTZ (1890).

Scozzone : Mmes PACK (1890), DOMENECH (1890).

Benvenuto Cellini : MM. BERARDI (1890), NOTE (1915).

Ascanio : MM. AFFRE (1890), CAZENAVE (1915).

★

ASTARTE   23 représentations

Opéra en 4 actes et 5 tableaux de Louis de Gramont

Musique de Xavier LEROUX

Créé à Paris, à l'Académie Nationale de Musique (Palais Garnier) le 15 Février 1901 — Mise en scène de Pèdro GAILHARD.

Mmes HEGLON (Omphale), GRANDJEAN (Déjanire), HATTO (Iole), NIMIDOFF (Cléanthis), VAN PARYS (Myrtha), Berthe MENDES (Séano), MATHIEU (une Suivante).

MM. ALVAREZ (Hercule), DELMAS (Phur), LAFFITTE (Hylas), CABILLOT (Chorilas), NIVETTE (Euphémor), David DEVRIES (un Suivant).

Danses réglées par J. HANSEN, dansées par Mlles IXART, CARRE, COUAT, BARBIER et le Corps de Ballet.

Chef d'Orchestre : Paul TAFFANEL

Décors : Jambon et Bailly (1er et 2e actes), Amable (3e acte), Carpezat (4e acte, les deux tableaux) — **Costumes :** Charles Bianchini.

23e et dernière représentation le 11 Novembre 1901 avec les créateurs, sauf Mme CARRERE (Iole), MM. AFFRE (Hercule), BARTET (Phur), CABILLOT (Hylas), GALLOIS (Chorilas).

★

ASTUCE FEMININE   5 représentations

Opéra-bouffe en 3 tableaux de Metastase

Musique de Domenico CIMAROSA

Créé à Naples, au Théâtre del Fondo, en 1793.
Première fois à Paris, au Théâtre Italien, le 21 Octobre 1802.

Première fois au Palais Garnier, le 27 Mai 1920, par la Compagnie de M. Serge de DIAGHILEW, dans une version « Opéra-Ballet » arrangée et ochestrée par Ottorino RESPIGHI — Rideau, décors et costumes de José-Maria Sert — Mise en scène et Chorégraphie de Léonide MASSINE.

Mmes Mafalda de VOLTRI (Bellina), ROMANITZA (Ersilia), ROSOWSKA (Léonora).

MM. MASINI-MERALLI (Romualdo), ANGLADO (Filandro), DE VECCHI (Giampaolo).

Danses :   Pas de 3 : Mlles NENTCHINOVA, RADINA, M. SLAVINSKY.
Pas de 6 : Mlles KLEMENTOVITCH, WASILEWSKA, BEWICKE, MM. KREMNEV, ZVEREW, NOVAK.
Tarentelle : Mlle SOKOLOWA, M. WOIZIKOWSKY.
Contredanse : Le Corps de Ballet.
Pas de 2 : Mlle KARSAVINA, M. IDZIKOWSKY.

Chef d'Orchestre : Ernest ANSERMET

★

L'ATLANTIDE   20 représentations

Drame lyrique en 4 actes et 9 tableaux de Francis Didelot, d'après le roman de Pierre Benoit.

Musique de Henri TOMASI

Créé au Théâtre Municipal de Mulhouse, en Février 1954, dans une mise en scène de Jean MERCIER et des décors d'Eugène Ruch.

Première fois près de Paris, au Casino Municipal d'Enghien, en Juillet 1955.

Premières fois, le même soir 26 Février 1956, en Allemagne, à Gelsen-kirchen (mise en scène de Gustav Deharde) et en Belgique, au Théâtre Royal de la Monnaie (mise en scène de Roger LEFEVRE et J.-J. ETCHEVERRY).

	MULHOUSE 2-1954	ENGHIEN 6-1955	GELSENKIRCHEN 26-2-1956	BRUXELLES 26-2-1956
Antinéa	PAGAVA	TCHERINA	PALAR	BERDEL
Tanit-Zerga ...	ANGELICI	DORIA	WARNER	POLIART
St-Avit	BARNIER	JOBIN	ESSER	FLETA
Morhange	DOUCET	ROUX	ZELL	LAFFONT
Le Mesge	GIOVANETTI	GIOVANETTI	NIENSTEIDT	GHISLAIN
ben Cheik	HERENT	LOREAU	MÖHLER	TREMPONT
Chef Orch.	H. TOMASI	ETCHEVERRY	ROMANSKY	DEFOSSEZ

Première fois à Paris, à l'Académie Nationale de Musique (Palais Garnier) le 10 Octobre 1958 — Décors et costumes de Douking — Chorégraphie de Serge LIFAR, (variation d'Antinéa de George SKIBINE) — Mise en scène de José BECKMANS.

Mmes Claude BESSY (Antinéa), GABRIEL (Tanit-Zerga).

MM. FINEL (Saint-Avit), ROUX (Morhange), VAILLANT (Ceghir ben Cheik), GIRAUDEAU (Le Mesge).

Chef d'Orchestre : Louis FOURESTIER

20ᵉ et dernière le 25 Juillet 1959, avec les créateurs, sauf Mme BROU-DEUR (Tanit-Zerga), MM. LUCCIONI junior (St Avit), FAGIANLLI (Morhange) et SAVIGNOL (ben Cheik).

Autres interprètes des principaux rôles à l'Opéra :

Antinéa : Mlle Claire MOTTE (1959).
Tanit Zerga : Mme ANGELICI 1958).
Morhange : FAGGIANELLI (1958).
Ceghir ben Cheik : GIOVANETTI (1959).
Le Mesge : ROMAGNONI (1958).

★

BACCHUS   6 représentations

Opéra en 4 actes et 7 tableaux de Catulle Mendès

Musique de Jules MASSENET

Créé à Paris, à l'Académie Nationale de Musique (Palais Garnier), le 2 Mai 1909 — Mise en scène de Paul STUART.

Mmes BREVAL (Ariane), ARBELL (la Reine Amahelli), LAUTE-BRUN (Kéléyi), KERVAL (Manthara).

MM. MURATORE (Bacchus), GRESSE (le Révérend), DUCLOS (Silène), TRIADOU (Mahouda), NANSEN (Fourna), CERDAN (Ananda), DELMONT, EZANNO, NARCON (Trois Moines).

Rôles déclamés : Mmes Lucie BRILLE (Clotho), Renée PARNY (Perséphone), M. DE MAX (Antéros).

Danses réglées par Léo STAATS :

Acte 2 : Mlle BERTHON, LEFEVRE, BACKER (les Muses).

Acte 3 : « Les Mystères Dyonisiaques » : Mlles ZAMBELLI (la Bacchante), Léa PIRON (le Jeune Hindou), SIREDE (la Vigne), COUAT (1re Chasseresse), BARBIER (1re Bacchante), MEUNIER et BILLON (Hindoues), DELSAUX (la Victime), MM. Léo STAATS (le Bacchus), Charles JAVON (Silène), Jules JAVON (Hybris).

Chef d'Orchestre : Henri RABAUD

Décors : Amable et Cioccari (1er acte, 1er tableau du 3e acte), Rochette et Landrin (2e et 4e actes), Mouveau et Demoget (2e tableau du 3e acte).

Costumes de Pinchon.

6e et dernière représentation, le 19 Mai 1909, avec les créateurs.

LE BAL MASQUE   19 représentations

Opéra en 3 actes de Antonio Somma d'après le « Gustave III » de Scribe

Musique de Giuseppe VERDI

Cet ouvrage devait être créé au Théâtre San Carlo de Naples, mais la censure royale s'y étant opposé, il le fut au Théâtre Apollo à Rome.

Donné à Paris, dans sa version originale, au Théâtre des Italiens, il fut repris au Théâtre Lyrique de la Place du Châtelet, dans la version française de Edouard Duprez.

	ROME	PARIS	LONDRES	
	Apollo 17-2-1859	Italiens 13-1-1861	Lyceum 1861	Covent Garden 27-6-1861
Amélia	DEJEAN	PENCO	TIETJENS	PENCO
Ulrica	SCOTTI	ALBONI	LEMAIRE	DIDIEE
Oscar	SBRESCIA	BATTU	GUISSIER	CARVALHO
Gustave III ...	FRASCINI	MARIO	GIUGLINI	MARIO
Renato	GIRALDONI	GRAZIANI	SEDIE	GRAZIANI
Chef Orch.	X...	BONETTI	X...	COSTA

	PARIS	BRUXELLES	NEW YORK	FLORENCE
	Th. Lyrique 17-11-1869	Monnaie 5-3-1872	Metropolitan 11-12-1889	Festival 1935
Amélia	MEILLET	ROSE	Lillie LEHMANN	CIGNA
Ulrica	BORGHESE	VON EDELSBERG	SONNTAG-HULL	GRANI
Oscar	DARAM	NORDET	FRANCK	BUADES
Gustave III ...	MASSY	WAROT	PEROTTI	LAURI - VOLPI
Renato	LUTZ	LASSALLE	REICHMANN	BORGIOLI
Chef Orch.	PASDELOUP	SINGLEE	A. SEIDL	T. SERAFIN

Première fois au Palais Garnier, par les Artistes, les Chœurs et l'Orchestre du Théâtre San Carlo de Naples, le 1er Juillet 1951 — Décors de Christini — Chorégraphie de GALLIZIA — Mise en scène de Carlo PICCINATO.

Mmes D. MARTINI (Amélia), E. STIGNANI (Ulrica), A. NONI (Oscar).

MM. TAGLIAVINI (Gustave III), SILVERI (Renato), GAUDIOSO (Silvano), ROMANI (Comte Horn), TAJO (Comte Ribbing), DELLA PERGOLA (un Juge), AVOLANTI (un Serviteur).

Chef d'Orchestre : Gabriele SANTINI

Reprise du 17 Novembre 1958, (3ᵉ représentation) dans la version originale, mais par la troupe de l'Opéra — Décors de G. Wakhévitch — Chorégraphie de Harald LANDER — Mise en scène de Margharita WALLMANN.

Mmes CRESPIN (Amélia), SCHARLEY (Ulrica), MESPLE (Oscar).

MM. LANCE (Gustave III), BIANCO (Renato), MARS (Silvano), FROUMENTY (Comte Horn), SAVIGNOL (Comte Ribbing), ROUQUETTY (un Juge), GOURGUES (un Serviteur).

Chef d'Orchestre : Pierre DERVAUX

Reprise du 29 décembre 1961 (19ᵉ représentation), avec les interprètes ci-dessus, sauf Mme ESPOSITO (Oscar), MM. E. BLANC (Renato), CHAPUIS (Horn).

Autres interprètes des principaux rôles à l'Opéra :
Amélia : Mme MAS (1958), MONTEIL (1962).
Ulrica : Mme CHABAL (1959), KAHN (1962).
Gustave III : M. VANZO (1959).
Renato : M. BORTHAYRE (1958).

★

LES BARBARES   32 représentations

Tragédie Lyrique en 3 actes de Victorien Sardou et P. B. Gheusi

Musique de Camille SAINT-SAENS

Créée à Paris, à l'Académie Nationale de Musique (Palais Garnier) le 20 Octobre 1901 — Mise en scène de Pèdro GAILHARD — Décors de Jambon et Bailly, costumes de Charles Bianchini.

Mmes HATTO (Floria), HEGLON (Livie), VINCENT (une Femme).

MM. VAGUET (Marcomir), DELMAS (Scaurus), ROUSSELIERE (le Veilleur), RIDDEZ (Hildibrath), GALLOIS et CANCELIER (2 Hommes du Peuple).

Ballet réglé par J. HANSEN : Mlle TORRE et le Corps de Ballet.

Chef d'Orchestre : Paul TAFFANEL

28ᵉ et dernière représentation intégrale, le 15 Décembre 1902, avec les créateurs, sauf MM. ROUSSELIERE (Marcomir), BAER (Scaurus) et CABILLOT (le Veilleur).

Cependant, le 2ᵉ acte fut représenté seul au cours de Galas :
le 19 Juin 1913 : Mme DEMOUGEOT (Floria), M. FONTAINE (Marcomir), sous la direction de Camille SAINT-SAENS,
le 22 Avril 1914 : Mme HATTO (Floria), M. FONTAINE (Marcomir), sous la direction de l'Auteur.

Enfin, à deux reprises, au cours de la saison 1915-1916, avec Mme HATTO (Floria), M. LAFFITTE (Marcomir), sous la direction de Henri BUSSER.

LE BARBIER DE SEVILLE

32 représentations
dont 25 au Palais Garnier

Opéra-Comique en 4 actes de Sterbini, d'après Beaumarchais

Musique de Gioacchino ROSSINI

Ecrit en sept jours, cet ouvrage fut créé au Théâtre Argentina de Rome,
le 5 Février 1816 sous la direction de ROSSINI (Cependant , la Romance
d'Almaviva au 1er acte et le finale en forme de Boléro du 2ème sont de
GARCIA. Les récitatifs sont de ZAMBONI).
Première fois à Paris, au Théâtre Italien, le 26 Octobre 1811.
Première fois en français (version Castil-Blaze) à l'Opéra de Lyon.

	ROME	LONDRES		NEW YORK
	Th. Argentina 5-2-1816	Haymarket 1818	Covent Garden 1818	Opéra 1819
Rosine	GEORGI-RIGHETTI	FODOR	DICKONS	LEESUG
Almaviva	GARCIA	GARCIA	JONES	PHILIPS
Figaro	ZAMBONI	NALDI	LISTON	X...
Bartholo	BOTTILELLI	ALBROSETTI	ISAACS	X...
Bazile	VITARELLI	ANGRISANI	FAWCETT	X...

	PARIS	LYON	BRUXELLES	PARIS
	Italiens 26-10-1819	19-9-1821	3-10-1821	Odéon 6-5-1824
Rosine	R. DE BEGNIS	FOLLEVILLE	CAZOT	MONTANO
Almaviva	GARCIA	DAMOREAU	DESFOSSES	LECOMTE
Figaro	PELLEGRINI	DERUBELLE	d'ARBOVILLE	LEON
Bartholo	GRAZIANI	MICALEF	EUGENE	CAMOIN
Bazile	DE BEGNIS	DUPORT	MARGAILLAN	VALERE

Première fois à l'Académie Royale de Musique à Paris (Salle Le Peletier), le 14 Janvier 1828, à l'occasion d'un Gala à bénéfice.

Mmes SONTAG (Rosine), ROSSI (Marceline).

MM. BORDOGNI (Almaviva), GALLI (Figaro), GRAZIANI (Bartholo),
LEVASSEUR (Bazile), AULETTI (l'Officier).

Chef d'Orchestre : François-Antoine HABENECK

Répété à l'Opéra-Comique en 1834, pour les débuts d'INCHINDI dans
le rôle de Figaro, l'ouvrage fut interdit par la Société des Auteurs, l'Opéra-
Comique n'ayant pas alors le droit de représenter des traductions.

En Janvier 1856, LE BARBIER DE SEVILLE était en même temps représenté au Théâtre Lyrique du Boulevard du Temple (version de Castil-
Blaze) et au Théâtre des Italiens (version originale). Le Théâtre Lyrique
du Châtelet l'adoptait le 2 Novembre 1868, et celui du Château-d'Eau le
14 Août 1879.

	TEMPLE	ITALIENS	CHATELET	CHATEAU d'EAU
	4-1-1856	18-1-1856	2-11-1868	14-8-1879
Rosine	E. CAYE	BORGHI-MANO	F. DEVRIES	SEVESTE
Almaviva	L. ACHARD	MARTO	BLUM	LEROY
Figaro	MEILLET	GRAZIANI	AUBERY	QUEYREL
Bartholo	PRILLEUX	ZOCCHINI	WARTEL	SOTO
Bazile	FLORELA	BAILLOU	LABAT	X...

Ayant décidé d'inscrire l'œuvre à son répertoire, l'Opéra la met en
répétitions et l'annonce, en Octobre 1882, avec la distribution suivante :

Mmes NORDICA et GRISWOLD (Rosine).

MM. DEREIMS (Almaviva), MELCHISSEDEC (Figaro), BOUDOU-
RESQUE (Bartholo) et Pèdro GAILHARD (Bazile), sous la direction de
Ernest ALTES.

Mais les représentations n'eurent pas lieu.

Cependant, LE BARBIER DE SEVILLE entre au répertoire de l'Opéra-Comique, le 8 Novembre 1884 :
Mmes VAN ZANDT remplacée au 2ème acte par Cécile MEZERAY (Rosine), PIERRON (Marceline).
MM. DEGENNE (Almaviva), Max BOUVET (Figaro), Lucien FUGERE (Bartholo), Hippolyte BELHOMME (Bazile).

Chef d'Orchestre : Jules DANBE

Première fois au Palais Garnier (8e représentation à l'Opéra de Paris), le 19 Mai 1912, par les Artistes de l'Opéra de Monte-Carlo.

Mmes DE HIDALGO (Rosine), Mary GURARD (Marceline).

MM. SMIRNOFF (Almaviva), Titta RUFFO (Figaro), CHALMIN (Bartholo), CHALIAPINE (Bazile), Charles DELMAS (Pédrille), PROFERISCE (un Officier).

Chef d'Orchestre : A. POME

L'ouvrage fut ensuite répété, en vue de trois représentations annoncées pour les 7, 12 et 17 Février 1919, avec les interprètes ci-dessous :
Mmes Raymonde VECART (Rosine), T. BERTINI (Marceline).
MM. G. PAGANELLI (Almaviva), BATTISTINI (Figaro), D. CARNE-VALLI (Bartholo), Vanni MARCOUX (Bazile), ERNST (Pédrille), Louis MARIE (un Officier).

Chef d'Orchestre : Arturo VIGNA

Une indisposition de M. BATTISTINI fit avorter ce projet.

L'œuvre reparut cependant au Palais Garnier, d'abord en italien, le 4 Avril 1930, avec les Artistes de la Compagnie de Mme Conchita SUPER-VIA ; puis le 18 Mai 1933, en français (version Castil-Blaze, complétée par Jean Chantavoine), dans une mise en scène de Jacques ROUCHE, utilisant un plateau tournant, des décors et costumes de Ch. Martin ; enfin, le 13 Août 1936, dans la version habituelle de Castil-Blaze, pour les représentations de l'Opéra, salle du Théâtre Sarah-Bernhardt.

Reprises des :	4-4-1930 (11e)	18-5-1933 (15e)	13-8-1936 (23e)
Rosine	SUPERVIA	HELDY	BROTHIER
Marceline	NEVESO	LAPEYRETTE	MONTFORT
Almaviva	EDERLE	VILLABELLA	VILLABELLA
Figaro	PONZIO	PONZIO	PONZIO
Bartholo	SCATTOLA	HUBERTY	HUBERTY
Bazile	BETTONI	PERNET	PERNET
Pédrille	DE MUREL	MOROT	MOROT
un Officier	MADLEN	MADLEN	MADLEN
l'Alcade	GUYARD	FOREST	LEJEUNE
un Notaire	DELMONT	FROUMENTY	ERNST
Chef Orch.	A. PADOVANI	M. CORDONE	RUHLMANN

La 32e et dernière représentation eut lieu, au Théâtre des Champs-Elysées, le 15 Janvier 1937, avec les interprètes de la reprise de 1936, sauf Mme Solange DELMAS (Rosine) et M. Louis ARNOULT (Almaviva).

Autres interprètes des principaux rôles à l'Opéra :

Rosine : CINTI-DAMOREAU (1828), DORUS-GRAS (1831), BOSIO (1853), Margherita PERRAS (1936).
Almaviva : MM. A. NOURRIT (1828), RUBIN (1837), DUPREZ (1841), CHAPUIS (1853), MANURITA (1936).
Bazile : MM. HURTEAUX (1831), OBIN (1853), Vanni MARCOUX (1936).
Figaro : MM. DABADIE (1828), TAMBURINI (1837), BARROILHET (1841), MORELLI (1853).

BEATRICE 1 représentation

Opéra en 3 actes de Félix Rutten
Musique de Guillaume LANDRE
Créé à l'Opéra Royal de La Haye, en fin 1925.

Première fois à Paris, au Palais Garnier, le 19 Février 1926, par la troupe de l'Opéra Royal de la Haye et les créateurs de l'ouvrage. Mise en scène de Alexandre POOLMAN.

Mmes Hélène HORNEMAN (Sœur Béatrice), POOLMAN-MEISSNER (la Voix Céleste), Tiny SCHEFFELAER (Machtold), Gusta SCHEEP-MAKER (l'Hôtesse), ANDRIESSEN (la Mère Supérieure), LAMBRECHT (un Enfant de Chœur), Gwendoline HUYSERS (une Sœur).

MM. Jules MOES (Chevalier Valentin), KUBBINGA (le Jardinier), G. ZALSMAN (le Prêtre), John ISEKE (Edgard).

Chef d'Orchestre : Albert VAN RAALTE

BOLIVAR 22 représentations

Opéra en 3 actes et 10 tableaux — Texte de Jules Supervielle — Livret de Mme Madeleine Milhaud.

Musique de Darius MILHAUD

Créé à Paris, à l'Académie Nationale de Musique (Palais Garnier), le 12 Mai 1950 — Mise en scène Max DE RIEUX — Décors et Costumes de Fernand Léger.

Mmes MICHEAU (Manuela), BOUVIER (Précipitation), CROISIER (Maria Térèsa), CHABAL (Missia), DESMOUTIERS (Bianca), COUVIDOUX (une Femme).

MM. BOURDIN (Bolivar), MEDUS (Bovès), FROUMENTY (l'Aveugle), GIRAUDEAU (Nicador), CHARLES-PAUL (le Moine), ROUX (l'Evêque), PHILIPPE (le Délégué, un Laboureur, un Officier), André NOEL (le Visitador), MAX-CONTI (le Maire, un Conjuré), MICHEL (Dominguez, Ibarra), ROUQUETTY, GICQUEL (deux Laboureurs, deux Officiers), FOREL (le Peintre), DESHAYES et PETITPAS (deux Soldats), GOURGUES (un Musicien, un Homme du Peuple).

Danses réglées par Serge LIFAR, dansées par Mlle Paulette DYNALIX, MM. LEGRAND, DUPREZ et le Corps de Ballet.

Chef d'Orchestre : André CLUYTENS

Reprise du 9 Décembre 1955 (20ᵉ représentation).

Même distribution qu'à la création, sauf :

Mmes MONMART (Maria-Thérèsa), RICQUIER (Missia), FOURRIER (une Femme).

MM. SAVIGNOL (Bovès), SOIX (le Délégué, un Officier), PHILIPPE (un Laboureur), HECTOR (le Visitador, Dominguez), GIANNOTTI (Ibarra), CLAVERE (le Peintre, un Officier), VANZO, ALVES (deux Soldats).

Danses : Mlle Micheline GRIMOIN, MM. DUTHOIT, POMIE.

22ᵉ et dernière, le 23 Décembre 1955, avec la distribution de la reprise.

Autres interprètes des principaux rôles à l'Opéra :

Manuela : Mlle BOURSIN (1950).
Précipitation : Mme RICQUIER (1950).
Maria-Thérèsa : Mme GAUDINEAU (1950).
Bolivar : M. BIANCO (1951).
Bovès : M. MORLIER.
Le Visitador : M. COURET (1950).

★

BORIS GODOUNOV   240 représentations

Drame musical en 8 tableaux, tiré des scènes dramatiques de Pouchkine et Karamsine — Musique de Modeste MOUSSORGSKY (instrumentation de Rimsky-Korsakov).

Créé au Grand Théâtre de Saint-Pétersbourg, le 27 Janvier 1874 par Mme PLATONOVA (Marina), MM. MELNIKOV (Boris), KOMISSARJEWSKY (Dimitri), PETROW (Varlaam), SOBOLEW (Missaïl).

Première fois à Paris, au Palais Garnier, le 19 Mai 1908, dans la version originale, par la Troupe de l'Opéra Impérial de Moscou (sans le tableau de l'auberge).

Mise en scène de Alexandre SANINE — Décors de Alexandre Golovine et Alexandre Benois — Costumes de Bilibine.

Mmes ERMOLENKO (Marina), TOUGARINOVA (Fédor), PETRENKO (la Nourrice), Dagmara RENINE (Xénia).

MM. Fédor CHALIAPINE (Boris), Dimitri SMIRNOW (Dimitri), KASTORSKY (Pimen), CHARONOW (Varlaam), ALTCHEWSKY (Chouisky), CHOUPRINIKOW (l'Innocent), KRAVTCHENKO (Missaïl), KEDROW et TOLKATCHEW (les Exempts).

Chœurs de l'Opéra Impérial de Moscou

Chef d'Orchestre : Félix BLUMENFELD

L'œuvre fut donnée au Metropolitan-Opera de New York, le 18 Mars 1913. Elle reparut à Paris, au Théâtre des Champs-Elysées le 22 Mai 1913.

La version française qu'en tira Michel Delines fut créée au Grand Théâtre de Lyon. Les Champs-Elysées à Paris la donnèrent en Novembre 1913 (sans les scènes de Marina).

	LYON 26.1.1913	NEW YORK 19-3-1913	PARIS (Champs Elysées) 22-5-1913	PARIS (Champs Elysées) 7-11-1913	BRUXELLES 12-12-1921
Marina	CATALAN	L. HOMER	NICOLAEWA		L. BERGE
Fédor	MATY	A. CASE	DAWIDOWA	R. FEART	PRICK
Hôtesse	MIRAL	J. MAUBOURG	DAWIDOWA	C. THEVENET	RICHARDSON
Nourrice	MIRAL	M. DUCHENE	PETRENKO	C. THEVENET	S. BALLARD
Xénia	NELSEN	L. SPARKES	BRIAN	ROMANITZA	DESCHENE
Boris	AQUISTAPACE	A. DIDUR	CHALIAPINE	GIRALDONI	ARNAL
Dimitri	VERDIER	P. ALTHOUSE	DAMAEW	TIRMONT	PERRET
Pimen	GLOSSET	L. ROTHIER	P. ANDREEW	H. ALBERS	CHANTRAINE
Varlaam	TEISSIÉ	DE SEGUROLA	BELLAMINE	A. BOYER	A. BOYER
Chouisky	REVIALDI	A. BADA	N. ANDREEW	LHEUREUX	ARNAUD
Chef Orch.	RYDER	TOSCANINI	E. COOPER	INGHELBRECHT	C. de THORAN

Reprise au Palais Garnier, le 8 Mars 1922 (8ᵉ représentation), dans la version française de Michel Delines, complétée par Louis Laloy. — Mise en scène de Alexandre SANINE — Décors d'après les maquettes de Golovine.

Mmes LUBIN (Marina), LAPEYRETTE (l'Hôtesse), MONTFORT (la Nourrice), COURSO (Fédor), LAVAL (Xénia).

MM. Vanni MARCOUX (Boris), SULLIVAN (Dimitri), A. HUBERTY (Pimen), A. GRESSE (Varlaam), FABERT (Prince Chouisky), RAMBAUD (l'Innocent), SORIA (Missaïl), CARBELLY (le Héraut), MAHIEUX (l'Exempt), BRUYAS (Lovitzky), ERNST (Tcherniakovsky), GONGUET (Kroutchov, un Boyard).

« Polonaise » du 2ᵉ acte réglée par Léo STAATS

Chef d'Orchestre : Serge KOUSSEVITSKY

Reprises des :	50ᵉ Repr 6-8-1924	16-4-1928 (74ᵉ)	100ᵉ Repr. (3-10-1930)	22-3-1937 (111ᵉ)
Marina	DE SADOWEN	FERRER	FERRER	FERRER
Hôtesse	DUBOIS-LAUGER	LAPEYRETTE	LAPEYRETTE	LAPEYRETTE
Nourrice	MONTFORT	MONTFORT	MONTFORT	MONTFORT
Fédor	COURSO	COURSO	COSSINI	RICQUIER
Xénia	LAVAL	LAVAL	LAVAL	MAHE
Boris	MAHIEUX	V. MARCOUX	PERNET	PERNET
Dimitri	DUTREIX	RAMBAUD	KAISIN	ROUQUETTY
Pimen	F. BORDON	PEYRE	BORDON	FROUMENTY
Varlaam	A. GRESSE	NARCON	A. HUBERTY	A. HUBERTY
Chouisky	DUBOIS	FABERT	FABERT	de TREVI
Innocent	SORIA	DUBOIS	DE LEU	NORE
Missaïl	REGIS	SORIA	DUBOIS	GILLES
Héraut	CARBELLY	CARBELLY	DALERANT	CH. PAUL
Exempt	ERNST	ERNST	NEGRE	CAMBON
Lovitsky	DELMONT	CAMBON	CAMBON	ERNST
Tcherniakovsky	ERNST	ERNST	NEGRE	FOREST
Kroutchov	MADLEN	MADLEN	MORINI	MADLEN
Un Boyard	MADLEN	MADLEN	MADLEN	MADLEN
Polonaise	X...	DENIZARD	LEBERCHER	S. LIFAR
Chef Orch.	DEFOSSE	SZIFER	SZIFER	GAUBERT

La reprise de 1937 eut lieu avec le tableau de « Rangoni » qu'interprètait José BECKMANS. Pour la reprise de 1944, ce fut CHARLES-PAUL qui chanta ce rôle.

En 1949, l'œuvre fut reprise dans une mise en scène de Vanni MARCOUX et des décors de Yves BONNAT. Le tableau de « Rangoni », de nouveau abandonné, ne reparaît qu'en 1960, avec René BIANCO.

	27-11-1944 (131ᵉ)	8-8-1949 (186ᵉ)	17-4-1953 (206ᵉ)	8-4-1960 (238ᵉ)
Marina	HOERNER	CHAUVELOT	SARROCA	CRESPIN
Hôtesse	BOUVIER	DISNEY	BOUVIER	COUDERC
Nourrice	MISTRAL	CHABAL	SCHARLEY	KAHN
Fédor	RICQUIER	CAUCHARD	CAUCHARD	SABRAN
Xénia	MAHE	SABATTIER	ANGELICI	BERTON
Boris	ETCHEVERRY	HUC-SANTANA	CHRISTOFF	CANGALOVIC
Dimitri	ROUQUETTY	ARNOULT	LUCCIONI	FINEL
Pimen	FROUMENTY	SAVIGNOL	VAILLANT	SERKOYAN
Varlaam	MEDUS	MEDUS	BIANCO	CLAVENSY
Chouisky	RAMBAUD	GIRAUDEAU	GIRAUDEAU	GIRAUDEAU
Innocent	DE LEU	DELORME	ARNOULT	AMADE
Missaïl	GILLES	GOURGUES	ROUQUETTY	ROUQUETTY
Héraut	FOREST	CAMBON	CAMBON	BORTHAYRE
Exempt	CAMBON	PETITPAS	CH. PAUL	MAX-CONTI
Lovitsky	GICQUEL	DESHAYES	ROUX	FOREL
Tcherniakovsky	PETITPAS	PETITPAS	SERKOYAN	GRIFFONI
Kroutchov	BREGERIE	ROUQUETTY	CHASTENET	CHAUVET
Un Boyard	BREGERIE	CHASTENET	DESHAYES	GOURGUES
Chef Orch.	FOURESTIER	A. WOLFF	SEBASTIAN	O. DANON

Autres interprètes des principaux rôles à l'Opéra :

Marina : Mmes BEAUJON (1922), CROS (1922), KOCHITZ (1925), CARO (1925), TIKHONOVA (1926), TIRARD (1926), M. T. HOLLEY (1932), DE MONIGHETTI (1933), DJANEL (1937), VOLFER (1945), COURTIN (1945), CORKE (1946), GILLY (1948), G. SERRES (1955).

l'Hôtesse : Mad. CARON (1923), ANTONOWITCH (1926), COUVIDOUX (1937), SCHENNEBERG (1945), PONS (1951), GORR (1953), DELVAUX (1955).

Boris : MM. Thadde ORDA (1922), AQUISTAPACE (1922), ARNAL (1923), ZALESKI (1925), Albert HUBERTY (1925), MOSJOUKINE (1926), ZESSE- WITCH (1926), GOT (1929), BECKMANS (1945), CABANEL (1945), RICO (1947), PETROV (1954), VAILLANT (1954), ROSSI-LEMENI (1954), ARIE (1955,) SAVIGNOL (1956), SZEKELY (1956).

Dimitri : MM. GRANAL (1925), RITCH (1925), PERRET (1926), VER- GNES (1932), CHASTENET (1946), VERDIERE (1947), KRIFF (1956), LUCCIONI junior (1958), CHAUVET (1962).

Pimen : MM. ZAPOROJETZ (1909), KONDRATIEFF (1926), MEDUS (1937), DUTOIT (1945), DEPRAZ (1953).

Varlaam : MM. ZAPOROJETZ (1926), CLAVERIE (1929), PHILIPPE (1946), PACTAT (1956).

Prince Chouisky : MM. DAVIDOW (1909), SORIA (1925), d'ARIAL (1926), LE CLEZIO (1932), CHASTENET (1945), LE BRETON (1948), RIALLAND (1955).

★

BRISEIS   11 représentations

Drame Lyrique en 3 actes d'Ephraïm Mikhael et Catulle Mendès

Musique d'Emmanuel CHABRIER

(le 1er acte seul est achevé et fut représenté)

Première audition aux Concerts Lamoureux, à Paris, le 31 Janvier 1893, avec Mmes Eléonore BLANC (Briséis), CHRETIEN (Thanaste), MM. ENGEL (Hylas), GHASNE (le Catéchiste), NICOLAOU (Strakolès), sous la direction de Charles LAMOUREUX.

Première représentation à la scène, au Palais Garnier, le 4 Mai 1899.

Mise en scène de LAPISSIDA — Décors de Jambon et Bailly.

Mmes BERTHET (Briséis), CHRETIEN-VAGUET (Thanasto).

MM. VAGUET (Hylas), BARTET (le Catéchiste), FOURNETS (Stra- koklès).

Chef d'Orchestre : Paul TAFFANEL

Reprise du 4 Novembre 1916 (8ᵉ représentation).

Mmes GALL (Briséis), DEMOUGEOT (Thanasto).

MM. LAFFITTE (Hylas), LESTELLY (le Catéchiste), A. GRESSE (Stra- koklès).

Chef d'Orchestre : Camille CHEVILLARD

11ᵉ et dernière le 21 Novembre 1916, avec :

Mmes BUGG (Briséis), BOURDON (Thanasto) et les interprètes de la reprise.

Autres interprètes à l'Opéra :
Briséis : Mme CARRERE (1899).
le Catéchiste : M. COUZINOU (1916).
Strakoklès : M. DELMAS (1916).

★

BROCELIANDE   11 représentations
Prélude féérique en un acte de Fernand Gregh
Musique de André BLOCH

Créé à Paris, à l'Académie Nationale de Musique (Palais Garnier) le 19 Novembre 1925. — Mise en scène de Pierre CHEREAU.

Mmes LAPEYRETTE (la Fée Carabosse), FERRER (la Fée Ormonde), LAVAL (la Fée Roselys), BONAVIA (la Fée Ondine), COURSO (la Fée Marimonde), CARO (la Fée Liliane), LALANDE, MARILLIET, BARTHE et REX (les Grenouilles).

MM. THILL (le Crapaud), MAURAN (l'Ambassadeur), MORIN (Récitant).

Danse réglées par Léo STAATS, dansées par Mlles KERVAL, BADY, SALOMON, MM. Paul BARON, CUVELIER.

Chef d'Orchestre : Philippe GAUBERT

11ᵉ et dernière représentation, le 3 Décembre 1926, avec les créateurs, sauf Mme DUBOIS-LAUGER (la Fée Ondine), MM. DUBOIS (le Crapaud), LEJEUNE (le Récitant) et l'Auteur au Pupitre.

Autres interprètes à l'Opéra :
La Fée Carabosse : Mme FROZIER-MARROT (1926).

★

LA BURGONDE   11 représentations
Opéra en 4 actes de Emile Bergerat et Camille Sainte-Croix
Musique de Paul VIDAL

Créé à Paris, à l'Académie Nationale de Musique (Palais Garnier) le 23 Décembre 1898. — Mise en scène de LAPISSIDA — Chorégraphie de J. HANSEN.

Mmes BREVAL (Hilda), HEGLON (Pyrrha), SAUVAGET (Ruth).

MM. ALVAREZ (Gauthier), DELMAS (Attila), VAGUET (Zerkan), NOTE (Hagen), BARTET (Bérik), DOUAILLIER (Arverne).

Ballet : Mlles HIRSCH, LOBSTEIN, SALLE, GIRODIER, HOQUANTE.

Chef d'Orchestre : Paul TAFFANEL

Décors : Jambon et Bailly (1er, 2e et 3e actes), Carpezat (4e acte).

Costumes : Charles Bianchini.

11e et dernière représentation, le 25 Juin 1899, avec les créateurs, sauf Mme BEAUVAIS (Ruth), M. SIZES (Hagen) et l'Auteur au pupitre.

★

LES BURGRAVES

2 représentations

Drame Lyrique en 4 actes tiré de la trilogie de Victor Hugo

Musique de Léo SACHS

Créé à Paris, au Théâtre des Champs-Elysées, le 18 Juin 1924. Mise en scène de A. DUREC. Décors de Jambon, Amable et Carpezat. Costumes de Granier.

Mmes Suzanne BALGUERIE (Guanhumara), CESBRON-VISEUR (Régina), Suzanne GARDINE (Lupus), Yvonne ORLY (Gorlois).

MM. Francisque DELMAS (Job), Hector DUFRANNE (le Mendiant), Léon LAFFITTE (Otbert), G. de POUMAYRAC (Hatto), Daniel VIGNEAU (Magnus), FLAVIEN (le Capitaine), André BALBON (Platon, Jossius), André PHILIPPE (Gilisson), LA TASTE (Kuntz), FORTI (Teudon), F. JULIEN (Haquin), Louis MARIE (Gondarius), G. HENRI (Gerhard, Hermann), R. LUBIN (Giannilaro), Jean VIEUILLE (Karl, Darius), STEPHANE (Silvann).

Au 2ème acte, « La Fête des Vendanges », réglée par Mme SBERNA-GRILLIERES, dansée par Mlle A. LEIBOWITZ et M. TROYANOFF.

Chef d'Orchestre : Paul PARAY

Première fois au Palais Garnier, le 24 Février 1927, à l'occasion d'un gala au profit de la Fondation Victor Hugo.

Mise en scène de Pierre CHEREAU — Décors de Korovine.

Mmes BALGUERIE (Guanhumara), CESBRON-VISEUR (Régina), BARTHE (Lupus), LALANDE (Gorlois), COURSO (Edwige), TESSANDRA et LLOBERES (deux Burgraves).

MM. BOURBON (Job), DELMAS (le Mendiant), FONTAINE (Otbert), DUCLOS (Hatto), VIGNEAU (Magnus), CAMBON (le Capitaine), CARBELLY (Platon, Jossius), DALERANT (Gilisson, Kuntz), MADLEN (Teudon), SORIA (Haquin), GUYARD (Gondarius), DELBOS (Gerhard), MORINI (Giannilaro, Karl), ERNST et Raoul GILLES (deux Burgraves), RAYBAUD (Silvann).

Au 2e acte, « La Fête des Vendanges » réglée par Nicolas GUERRA, dansée par Mlles LORCIA, DAMAZIO et M. Serge PERETTI.

Chef d'Orchestre : Philippe GAUBERT

✶

CARMEN
99 représentations

Opéra-Comique en 4 actes de Henry Meilhac et Ludovic Halévy, d'après la nouvelle de Prosper Mérimée.

Musique de Georges BIZET

Créé à Paris, au Théâtre National de l'Opéra-Comique, le 3 Mars 1875, dans une mise en scène de Charles PONCHARD, des décors et costumes signés de Detaille et Clairin.

Durant sa longue carrière de 85 années à la Salle Favart, CARMEN, à l'occasion de deux Galas, fut représentée deux fois au Palais Garnier. D'abord le 11 Novembre 1900 (le 2ème acte seulement) puis, intégralement, le 29 Décembre 1907.

	OPERA-COMIQUE 3-3-1875 Création	O P E R A 11-11-1900 2e acte	21-12-1907 Gala	OPERA-COMIQUE 3-5-1959 2942e et dern.
Carmen	GALLI-MARIE	DELNA	MERENTIE	ANDREANI
Micaela	CHAPUY	X...	THIERRY	GUIOT
Frasquita	DUCASSE	TIPHAINE	BAKKERS	SICOT
Mercédès	CHEVALIER	DELORN	DANGES	SPANELLYS
don José	LHERIE	MARECHAL	SALIGNAC	RANCK
Escamillo	BOUHY	DUFRANNE	NOTE	ROUX
Dancaïre	POTEL	CAZENEUVE	CAZENEUVE	A. NOEL
Remendado ...	BARNOLT	MESMAECKER	MESMAECKER	RALLIER
Zuniga	DUFRICHE	ROTHIER	GUILLAMAT	SMATI
Moralès	DUVERNOY	VIANNENC	VIGNEAU	GRIFFONI
Lilas Pastia ...	NATHAN	GOURDON	GOURDON	GIRAUD
la Flamenca ..	BLANDINI	J. CHASLE	R. BADET	E. CORTEZ
Chef Orch.	DELOFFRE	LUIGINI	P. VIDAL	CRUCHON

Le 10 Novembre 1959, en présence de Monsieur le Général de Gaulle, Président de la République, CARMEN entrait au répertoire du Théâtre National de l'Opéra (3e représentation au Palais Garnier) avec les récitatifs d'Ernest Guiraud — Décors et costumes de Mlle Lila de Nobili — Chorégraphie de Lele de TRIANA — Mise en scène de Raymond ROULEAU.

	10.11.1959 3e	21.5.1960 50e	1.10.1960 58e à l'Opéra & 3.000e à Paris	31.1.1962 100o
Carmen ..	RHODES	SCHARLEY	KAHN	ANDREANI
Micaela ...	GUIOT	ANGELICI	GUIOT	GUIOT
Frasquita .	SPANELLYS	C. DUMAS	SPANELLYS	HARBELL
Mercédès .	BERBIE	BROUDEUR	BERBIE	BERBIE
don José ..	LANCE	HUYLBROCK	FINEL	LANCE
Escamillo	MASSARD	MASSARD	MASSARD	FAGGIANELLI
Dancaïre .	J.C. BENOIT	THIRACHE	J.C. BENOIT	J.C. BENOIT
Rémendado	St COME	ROMAGNONI	St COME	St COME
Zuniga ...	FAGGIANELLI	FOREL	FOREL	FOREL
Moralès ...	GERMAIN	GRIFFONI	GERMAIN	GENTY
la Flamenca	SOL Y SOMBRA	SOL Y SOMBRA	SOL Y SOMBRA	SOL Y SOMBRA
Chef d'orch.	:R. BENZI	FOURESTIER	FOURESTIER	FOURESTIER

N. B. — La 3.000e représentation de l'œuvre à Paris, étant passée inaperçue de la Régie du Théâtre, ne donna lieu à aucune manifestation.

Autres interprètes des principaux rôles à l'Opéra :

Carmen : Mmes BUMBRY (1960), G. SERRES (1961).

Micaela : Mmes JAUMILLOT (1959), SICOT (1959), LEGER (1960), IBANEZ (1961), DEBATISSE (1961), SAUTEREAU (1961), MALIPONTE (1962).

don José : MM. GOUTTEBROZE (1959), DEL MONACO (1960), MAC ALPINE (1961).

Escamillo : MM. BACQUIER (1959), GIOVANETTI (1959), HAAS (1960).

CASTOR ET POLLUX

376 représentations
dont 52 au Palais Garnier

Tragédie Lyrique en 5 actes et un Prologue de Gentil-Bernard

Musique de Jean-Philippe RAMEAU

Créée à Paris, à l'Académie Royale de Musique (première salle du Palais Royal) le 24 Octobre 1737.

Personnages du Prologue : Mmes EREMANS (Minerve), FEL (l'Amour), RABOU (Vénus), M. LE PAGE (Mars).

Personnages de la Tragédie : Mmes PELISSIER (Télaïre), ANTIER (Phoebé), MM. TRIBOU (Castor), CHASSE (Pollux), DUN (Jupiter).

Personnages de la Danse : Mlles SALLE (l'Ombre Heureuse), MARIETTE (l'Ombre Affligée), CARVILLE (Hébé), M. JAVILLIER (le Soleil).

Chef d'Orchestre : François FRANCŒUR

Le Prologue cessa d'être représenté en 1764 et ne fut jamais repris. L'ouvrage fut arrêté à sa 324ème représentation, le 7 Février 1785, salle de la Porte St-Martin.

Cependant, la tragédie de Gentil-Bernard fut reprise le 14 Juin 1791 avec une partition nouvelle de Pierre CANDEILLE qui obtint 120 représentations.

Elle fut une seconde fois reprise le 19 Août 1806, avec une troisième partition, signée de WINTER, mais sans succès (13 représentations).

Ce n'est qu'en 1918 que, sous l'impulsion de Jacques ROUCHE, la partition de RAMEAU réapparut à l'Opéra de Paris.

Première fois au Palais Garnier, le 21 Mars 1918 (325e représentation) — Mise en scène de Jacques ROUCHE — Décors et costumes de Drésa.

Mmes LUBIN (Télaïre), VALLANDRI - débuts - (Phoebé), LAVAL - débuts - (Suivante d'Hébé, Ombre Heureuse), MOURGUES, CHOCQUET, BLOUME, BOURGOGNE, CHAMBET, BONNEVILLE, ROGER, R. SILVA, PERRET, DELMAS (Suivantes d'Hébé), HAMELIN, NOTICK, DOYEN, NARCON (Spartiates).

MM. PLAMONDON (Castor), LESTELLY (Pollux), André GRESSE (Jupiter), CHEYRAT, CLAUDIN, DELRIEU (Spartiates).

« Divertissements » réglés par Nicolas GUERRA (sauf l'entrée des Furies au 3e acte, par Mlle T. ERB), dansés par :

Mlles Aïda BONI (l'Ombre Heureuse), DUMAS (l'Ombre Affligée), JOHNSONN (Hébé), SCHWARZ, J. LAUGIER (deux Spartiates), G. FRANCK (Vénus), BOS (la Terre), MAUPOIX (Mercure), S. KUBLER (Mars), GARNIER (Saturne), BRANA (Uranus), DE CRAPONNE (la Comète), M. Albert AVELINE (le Soleil).

Chef d'Orchestre : Alfred BACHELET

	Reprise du 15-10-1930 358e	Reprise du 1-4-1935 365e	Dernière le 26-10-1940 376e
Télaïre	LUBIN	LUBIN	LUBIN
Phoebé	CAMPREDON	GALL	HOERNER
Suivante	MARILLIET	DELMAS	DELMAS
Castor	VERGNES	VILLABELLA	JOUATTE
Pollux	ROUARD	ROUARD	ENDREZE
Jupiter	CLAVERIE	CLAVERIE	CLAVERIE
Danses	ZAMBELLI	C. BOS	C. BOS
	C. BOS	LORCIA	LORCIA
	PERETTI	PERETTI	PERETTI
Chef Orch.	GAUBERT	GAUBERT	GAUBERT

Autres interprètes des principaux rôles à l'Opéra :

Télaïre : Mmes Sophie ARNOULD (1764), LEVASSEUR (1778), Alice DAUMAS (1919), Françoise ROSAY (1919), HATTO (1921), LAUTE-BRUN (1921), RITTER-CIAMPI (1922), HOERNER (1935).

Phoebé : Mmes CHEVALLIER (1764), DU PLANT (1778), BERTHON (1918), LAVAL (1922), DONIAU-BLANC (1935).

Castor : MM. PILLOT (1764), LEGROS (1778), LAFFITTE (1918), RAMBAUD (1922).

Pollux : MM. GELIN (1764), TEISSIE (1920), SINGHER (1935), CAMBON (1936).

★

LA CATALANE   9 représentations

Drame Lyrique en 4 actes de Paul Ferrier et Louis Tiercelin, d'après « Terra Beixa » de Angel de Guiméra.

Musique de Fernand LE BORNE

Créé à Paris, à l'Académie Nationale de Musique (Palais Garnier) le 24 Mai 1907 — Mise en scène de Pèdro GAILHARD — Décors de Amable et Cioccari, costumes de Bétout.

Mmes GRANDJEAN (Anita), MARTYL (Inès), LAUTE-BRUN (Antonia), GOULANCOURT (Pépa), MATHIEU (Francisca), BEAUVAIS (Térésa), MANCINI (Resa), AGUSSOL (une Etoile).

MM. MURATORE (Andès), DELMAS (Miguel), NUIBO (Gaspard), TRIADOU (Blas), DELPOUGET (Matéo), STAMLER (Pérès).

Ballet réglé par J. HANSEN, dansé par Mlles ZAMBELLI, BEAUVAIS, G. COUAT, MEUNIER, M. CLERET et le Corps de Ballet.

Chef d'Orchestre : Paul VIDAL

9e et dernière le 25 Décembre 1907 avec les créateurs, sauf : Mme DEMOUGEOT (Anita), MM. BARTET (Miquel), NANSEN (Gaspard).

✸

LE CHANT DE LA CLOCHE   4 représentations
                                               (2e tableau)

Légende dramatique en un prologue et sept tableaux
Poème et musique de Vincent d'INDY

Première audition à Paris, en 1896, aux Concerts Lamoureux, avec Mme BRUNET-LAFLEUR (Léonore), et M. Ernst VAN DYCK (Wilhelm), sous la direction de Charles LAMOUREUX.

Première représentation à Bruxelles, au Théâtre Royal de la Monnaie le 21 Décembre 1912 :

Mmes Fanny HELDY (Léonore), BARDOT (la Mère), GIANINI, CARLI (Deux Esprits de Rêve).

MM. GIROD (Wilhelm), DUA (Martin Pyk), DOGNIES (Kaspar Bitterli), DEMARCY (Heinrich Dumm, un Prêtre), DANLEE (Jonas Harkopf), GROMMEN (Maître Dietrich), BOUILLEZ (le Doyen des Maîtres), DUFRANNE (Johann, un Héraut).

Chef d'Orchestre : Sylvain DUPUIS

Première fois à Paris, au Palais Garnier, (2ᵉ tableau seulement), le 13 Janvier 1916 — Mise en scène de O. LABIS.

Mme LUBIN (Léonore), M. LAFFITTE (Wilhelm).

Chef d'Orchestre : Camille CHEVILLARD

✶

LE CHANT DU DEPART

120 représentations
dont 4 au Palais Garnier

Hymne patriotique et guerrier — Paroles de Marie-Joseph Chénier

Musique de Etienne-Nicolas MEHUL

Créé à Paris, à l'Académie Nationale de Musique (Salle Montansier) le 29 Septembre 1794, dans une mise en scène de Pierre GARDEL.

Mme MAILLARD, M. LAYS, les Chœurs et le Corps de Ballet.

Chef d'Orchestre : Jean-Baptiste REY

Première fois au Palais Garnier, le 14 Juillet 1883 (117ᵉ représentation) dans une mise en scène de REGNIER.

Mme Alphonsine RICHARD, M. BOUDOURESQUE et les Chœurs.

Chef d'Orchestre : MADIER DE MONTJAU

120ᵉ et dernière à l'Opéra, le 29 Juin 1939.

M. Charles CAMBON et les Chœurs.

Chef d'Orchestre : Philippe GAUBERT

★

LA CHARTREUSE DE PARME

8 représentations

Opéra en 4 actes et 11 tableaux de Armand Lunel, d'après le roman de Stendhal.

Musique de Henri SAUGUET

Créé à Paris, à l'Académie Nationale de Musique (Palais Garnier), le 16 Mars 1939 — Mise en scène de Pierre CHEREAU. — Décors et costumes de Jacques Dupont.

Mmes LUBIN (Gina, Duchesse de Sanseverina), COURTIN (Clelia Conti), HAMY (Théodolinde), LALANDE (une Voix).

MM. JOBIN (Fabrice del Dongo), ENDREZE (Comte Mosca), A. HUBERTY (Général Fabio Conti), GOURGUES (Ludovic), FOREST (Barbone),

PACTAT (un Maréchal des Logis), CAMBON (une Voix), MADLEN et PETITPAS (Deux Gendarmes), ERNST (un Geôlier), DE LEU (un Serviteur), DESHAYES et DUVAL (deux Invités).

Au 3e tableau du 1er acte, « Danses » réglées par Albert AVELINE, dansées par Mlles SCHWARZ, DYNALIX, GRELLIER et le Corps de Ballet.

Chef d'Orchestre : Philippe GAUBERT

8e et dernière représentation, le 9 Juin 1939, avec les créateurs, sauf : Mme DOSIA (Gina) et Louis FOURESTIER au pupitre.

Autres interprètes des principaux rôles à l'Opéra :
Gina, Duchesse de Sanseverina : Mme DONIAU-BLANC.

★

LA CHAUVE - SOURIS

7 représentations

Opérette en 3 actes de Karl Haffner et Richard Genée, d'après « Le Réveillon » de Meilhac et Halévy.

Musique de Johann STRAUSS Junior

A Paris, l'ouvrage fut d'abord représenté en 1877 dans une version française de Alfred Delacour, au Théâtre Lyrique de la Renaissance, sous le titre de « La Tzigane ». Puis, cette fois sous le titre « LA CHAUVE SOURIS », dans la version française de Paul Ferrier, il fut représenté au Théâtre des Variétés, en 1904.

Le Metropolitan de New York le présenta, dans sa version originale, le 16 Février 1905.

	VIENNE 5-4-1874	PARIS 31-10-1877	PARIS 2-4-1904	NEW YORK 16-2-1905
Arlette	GEISTENGER	d'ASCO	SAULIER	M. SEMBRICH
Mme Gaillardin	NITTINGWE	Z. BOUFFAR	THEVENET	B. ALTEN
Le Prince	Mr. HIRSCH	Mr. URBAIN	LAVALLIERE	E. WALKER
Gaillardin	SZIKA	ISMAEL	BRASSEUR	A. DIPPEL
Tourillon	RUBINGER	BERTHELIER	M. DEARLY	O. GORITZ
Alfred	LEBRECHT	CALISTE	PICCALUGA	A. REISS
le Geôlier	ROTT	WILLIAM	PRINCE	E. GRETER
Ivan	X...	X...	CLAUDIUS	J. BAYER
Chef Orch.	J. STRAUSS	DE MONTJAU	BODANSKY	N. FRANCO

Le Palais Garnier l'abrita à son tour, le 17 Septembre 1941. Mais ce fut une troupe allemande, du Deutsches Opernhaus de Berlin, qui vint lui imposer sept représentations organisées par les autorités d'occupation et strictement réservées au personnel civil et militaire stationné dans la capitale. La mise en scène était signée de Wilhelm RODE, les décors et costumes de Bemmo von Arent, la Chorégraphie de Rudolph KOLLING.

Mmes M. PFAHL (Rosalinde), Elisabeth SCHWARZKOPF (Adèle), HAGEMANN (le Prince).
MM. WORLE (Gabriel), WOCKE (Franck), Walter LUDWIG (Alfred), KANDL (le Geôlier), SPERING (Ivan).

Chef d'Orchestre : Arthur GRUBER

★

LE CHEVALIER A LA ROSE

186 représentations

Comédie musicale en 3 actes de Hugo von Hofmannsthal — Traduction française de Jean Chantavoine.

Musique de Richard STRAUSS

Créée au Théâtre Royal de Dresde, le 26 Janvier 1911, dans une mise en scène de Max REINHARDT, des décors de Roller et des costumes de Fante par :

Mmes SIEMS (la Maréchale), von der OSTEN (Octave), RAST (Sophie).

M. PERRON (le Baron Ochs), sous la direction de von SCHUCH.

Premières fois à l'Opéra de Vienne et à la Scala de Milan, en 1911, au Covent Garden de Londres et au Metropolitan-Opera de New York, en 1913, à la Monnaie de Bruxelles, le 15 Décembre 1927.

	VIENNE 1911	MILAN 1911	LONDRES 1913	NEW YORK 9-12-1913	BRUXELLES 15-12-1927
La Maréchale .	WEIDT	AGOSTINELLI	SIEMS	HEMPEL	BONAVIA
Octave	FÖRSTEL	BORI	DER OSTEN	OBER	MERTENS
Sophie	G. SCHODER	FERRARIS	DUX	CASE	CLAIRBERT
Baron Ochs ...	MAYR	LUDIKAR	KNÜPFER	GORITZ	VAN OBBERGH
Chef Orch.	SCHUCH	X...	BEECHAM	HERTZ	DE THORAN

Première fois à Paris, au Palais Garnier, le 8 Février 1927. — Mise en scène de Jacques ROUCHE, décors et costumes de Drésa.

Mmes CAMPREDON (la Maréchale), LUBIN (Octave), LAVAL (Sophie), LAPEYRETTE (Annina), G. HAMY - débuts - (Demoiselle Marianne), BARTHE (une Modiste), KERVAL (une Veuve Noble), GOUTS, MARTIN, TEXIER (Trois Orphelines Nobles), GOULOUAND (un petit nègre), LEROY (un Flûtiste).

MM. Albert HUBERTY (le Baron Ochs), FABERT (de Faninal), WARNERY (Valzacchi), NARCON (le Commissaire), MADLEN (l'Intendant de la Maréchale), Raoul GILLES (l'Intendant de Faninal, un Marchand d'Animaux), GUYARD (un Notaire), SORIA (un Aubergiste), DELBOS (un Chanteur), ERNST (un Domestique), FEROUELLE (un Coiffeur), F. BARON (un Savant), CUVELIER (le Chef des Cuisines), PANCOTTI, LANDRAL, COTTEL, PICAT (les Laquais de la Maréchale), CASTEL, BERGERIOUX, DELMONT, CHARVIGNY (les Laquais de Lercheneau).

Chef d'Orchestre : Philippe GAUBERT

50e représentation, le 6 Avril 1929, avec les créateurs, sauf :

Mmes TIRARD (la Maréchale), JABODON, MESLIN, DESCAMPS (Trois Orphelines Nobles) et M. MADLEN (l'Intendant de la Maréchale, un Aubergiste).

La 100e eut lieu le 27 Juillet 1934 mais, par suite d'une erreur de la Régie, elle ne fut fêtée que le 19 Juin 1935, soir de la 104e exacte, avec les créateurs, sauf : MM. DE LEU (l'Intendant de la Maréchale), FOREST (un Notaire), MADLEN (un Aubergiste), José LUCCIONI (un Chanteur).

	Reprise 24-2-1941 110e	Reprise 30-5-1949 145e	Reprise 15-3-1957 150e	Reprise 26.1.1962 187e
La Maréchale .	LUBIN	H. KONETZNI	CRESPIN	SCHWARZKOPF
Octave	COURTIN	R. STEVENS	SARROCA	SARROCA
Sophie	MICHEAU	J. MOOR	MICHEAU	BERTON
Annina	LAPEYRETTE	D.-HEMANN	DARBANS	ANDREANI
Marianne	HAMY	J. BARTON	ALLARD	SPANELLYS
une Modiste ..	St-ARNAUD	SABATTIER	CAUCHARD	JAUMILLOT
une Veuve	BONNEVILLE	MORICE	MORICE	MORICE
3 Orphelines .	DESCOMBES	J. CELLIER	HARBELL	HARBELL
	M. SERRES	MAS	COLLARD	BROUDEUR
	MARCHAL	COUVIDOUX	FOURRIER	FOURRIER
Baron Ochs ...	A. HUBERTY	E. LIST	ALVARY	LANGDON
de Faninal	NOGUERA	ROTHMUELLER	NOGUERA	LAFFAGE
Valzacchi	R. GILLES	G. HARTIG	RIALLAND	RIALLAND
Commissaire ..	PETITPAS	PETITPAS	FAGGIANELLI	J. MARS
Int. Maréchale.	MADLEN	ROUQUETTY	ROUQUETTY	ROUQUETTY
Int. Faninal ..	DE LEU	CHASTENET	GOURGUES	GOURGUES
Notaire	FOREST	PHILIPPE	PHILIPPE	FOREL
Aubergiste	MADLEN	DESHAYES	CHASTENET	ANDREOZZI
Chanteur	ROUQUETTY	ROMAGNONI	VANZO	VANZO
Domestique ...	ERNST	FOREL	MAX-CONTI	MAX-CONTI
Marchand	DE LEU	MICHEL	BOTIAUX	GOURGUES
Chef Orch.	GAUBERT	FOURESTIER	FOURESTIER	FOURESTIER

N.-B. — Pour la reprise de 1957, dans la mise en scène de José BECK-MANS, le décor du 2e acte a été refait par Wladimir JEDRINSKY.

Autres interprètes des principaux rôles à l'Opéra :

La Maréchale, Princesse de Werdenberg : Mmes Lotte LEHMANN (1928), HOERNER (1936), Maria REININIG (1949), LUCAZEAU (1957), MONMART (1958).

Octave, le Chevalier : Mmes FERRER (1927), DE MEO (1928), JERITZA (1928), HOLLEY (1931), Martha ROHS (1942), GORR (1958).

Sophie : Mmes NESPOULOUS (1927), E. SCHUMANN (1928), HEDOUIN (1929), BROTHIER (1933), MORERE (1935), S. RENAUX (1936), St-ARNAUD (1942), DELLA-CASA (1949), DORIA (1957), CHALANDA (1957).

Annina : Mmes FROZIER-MARROT (1927), ANDAY (1928), TESSANDRA 1(1928), ALMONA (1928).

Baron Ochs : MM. BORDON (1928), MAYR (1928), GRIEBEL (1942), FROUMENTY (1957), MEDUS (1957), CLAVENSY (1959).

de Faninal : MM. MAURAN (1927), MADIN (1928), FROUMENTY (1935), MOROT (1935), CHARLES-PAUL (1943), KALMANN (1949), CLAVERE (1957).

Valzacchi : MM. GALLOZ (1928), Ch. COTTA (1942).

le Chanteur : MM. PATAKY (1928), P. H. VERGNES (1929), JOBIN (1930), RAMBAUD (1934), CHASTENET (1935), JOUATTE (1936), GOURGUES (1941), NORE (1942), PONCET (1957), DEL MONTE (1959), CADIOU (1959), GOUTTEBROZE (1959).

Le Maître Richard STRAUSS dirigea son œuvre au Palais Garnier le 29 Octobre 1930.

LE CID   152 représentations

Opéra en 4 actes et 10 tableaux de Louis Gallet, Ennery et Edouard Blau d'après G. de Castro et Corneille.

Musique de Jules MASSENET

Créé à Paris, à l'Académie Nationale de Musique (Palais Garnier), le 30 Novembre 1885 — Mise en scène de Pèdro GAILHARD.

Mmes F. DEVRIES (Chimène), BOSMAN (l'Infante).

MM. J. de RESZKE - débuts - (Rodrigue) E. de RESZKE (don Diègue), PLANCON (don Gormas), MELCHISSEDEC (le Roi), LAMBERT (l'Ombre de St-Jacques), BALLEROY - débuts - (l'Envoyé Maure), GIRARD (don Arias), SENTEIN - débuts - (don Alonzo).

« Divertissement » réglé par Louis MERANTE, dansé par Mlles Rosita MAURI, HIRSCH, KELLER, M. L. MERANTE et le Corps de Ballet.

Chef d'Orchestre : Jules GARCIN.

Décors : 1er et 2e tableaux : Carpezat — 3e et 4e tableaux : Robecchi et Amable — 5, 6, 7 et 8es tableaux : Rubé, Chaperon, Jambon — 9e et 10e tableaux : J.-B. Lavastre — Costumes : M. le Comte Lepic.

50e, le 8 Novembre 1886, avec les créateurs, sauf : Mme Rose CARON (Chimène), MM. BALLEROY (le Roi), BOUTENS (l'Envoyé Maure).

	Reprise 16-1-1893 85e	1-10-1900 100e	Reprise 11-5-1905 108e	Reprise 24-9-1919 148e
Chimène	R. CARON	BREVAL	MERENTIE	J. BOURDON
L'Infante	BOSMAN	BOSMAN	VERLET	BUGG
Rodrigue	SALEZA	ALVAREZ	ALVAREZ	FRANZ
don Diègue ...	PLANCON	DELMAS	DELMAS	JOURNET
don Gormas ..	FOURNETS	FOURNETS	NIVETTE	A. GRESSE
le Roi	G. BEYLE	NOTE	D. GILLY	NOTE
St-Jacques	EUZET	NIVETTE	TRIADOU	MAHIEUX
Envoyé Maure.	DOUAILLIER	DOUAILLIER	DOUAILLIER	Y. NOEL
don Arias	GALLOIS	GALLOIS	GALLOIS	GONGUET
don Alonzo ...	LACOME	DENOYE	DENOYE	ERNST
Ballet	R. MAURI	ZAMBELLI	ZAMBELLI	ZAMBELLI
	VASQUEZ	LADAM	STAATS	AVELINE
Chef Orch.	DE MONTJAU	P. VIDAL	P. VIDAL	G. GROVLEZ

N. B. — Pour la reprise de 1905 : Décors de Carpezat (1er et 4e actes), Amable (2e), Chaperon fils (1er tableau du 4e), Jambon et Bailly (2e tableau du 4e).

La 152e et dernière eut lieu le 24 Novembre 1919 avec les interprètes de la reprise, sauf Mmes Marie SIMON - débuts - (Chimène), LAUTE-BRUN (l'Infante), M. DELMAS (don Diègue).

Autres interprètes des principaux rôles à l'Opéra :

Chimène : Mmes BOSMAN (1885), ADINI (1887), GRANDJEAN (199), DEMOUGEOT (1911), LE SENNE (1912), DAUMAS (1916).

L'Infante : Mmes d'ERVILLY (1885), PLOUX (1886), MARCY (1893), DUBEL (1905), MENDES (1911).

Rodrigue : MM. DUC (1886), FONTAINE (1912), LAFFITTE (1915).

don Diègue : MM. Léon GRESSE (1886), André GRESSE (1905).

don Gormas : MM. BATAILLE (1886), BALLARD (1889), PATY (1901), MARVINI (1911), CERDAN (1911), A. HUBERTY (1917).

Le Roi : MM. MARTAPOURA (1887), LAMBERT (1899), RIDDEZ (1905), ROSELLY (1911), COUZINOU (1916).

★

LA CLOCHE DU RHIN

9 représentations

Opéra en 3 actes de Montorgueil et P. B. Gheusi

Musique de Samuel ROUSSEAU

Créé à Paris, à l'Académie Nationale de Musique (Palais Garnier), le 8 Juin 1898 — Mise en scène de LAPISSIDA — Décors de Amable, costumes de Charles Bianchini.

Mmes Aïno ACKTE (Herwine), HEGLON (Liba).

MM. VAGUET (Konrad), NOTE (Hermann), BARTET (Hato).

Chef d'Orchestre : Paul TAFFANEL

9e et dernière, le 19 Novembre 1898, avec les créateurs, sauf : Mme Eva DUFRANE (Liba).

★

LE COBZAR

6 représentations

Drame Lyrique en 3 actes de Paul Milliet et Mme Hélène Vacaresco

Musique de Mme Gabrielle FERRARI

Créé à l'Opéra de Monte-Carlo, le 16 Février 1909, dans une mise en scène de CHALMIN et un décor de Visconti.

Mmes M. CARRE (Iana), DE KOWSKA (la Tzigane), TESORONI (Nédelia), LIERY (le Berger).

MM. ALTCHEWSKY (Stan), DINH-GILLY (Pradéa).

Chef d'Orchestre : Léon JEHIN

Première fois à Paris, au Palais Garnier, le 30 Mars 1912 — Mise en scène de Paul STUART, décors de Rochette et Landrin, costumes de Pinchon.

Mme HATTO (Iana), LAPEYRETTE (la Tzigane), GOULANCOURT (Nédelia), DUBOIS-LAUGER (Viorica).

MM. MURATORE (Stan), NOTE (Pradéa), HANSEN (le Berger).

Ballet réglé par Ivan CLUSTINE, dansé par Mlle Aïda BONI et le Corps de Ballet.

Chef d'Orchestre : Henri RABAUD

6e et dernière représentation, le 4 Mai 1912, avec les créateurs, sauf M. Robert LASSALLE (Stan).

LE COMTE ORY

433 représentations
dont 48 au Palais Garnier

Opéra en deux actes de Scribe et Delestre-Poirson

Musique de Gioacchino ROSSINI

Composé à l'occasion du sacre de Charles X, cet ouvrage fut créé au cours de l'été 1825 au Théâtre Italien de Paris par :

Mmes CINTI-DAMOREAU, PASTA ; MM. BORDOGNI, LEVASSEUR et PELLEGRINI.

Remanié par ses auteurs, il entra à l'Académie Royale de Musique (Salle Le Peletier), le 20 Août 1828, dans une mise en scène de Adolphe NOURRIT.

Première fois au Palais Garnier, le 25 Octobre 1880, et dernière à l'Opéra le 18 Janvier 1884. —Décors de Lavastre aîné et Carpezat (1er acte) Rubé et Chaperon (2e acte). — Mise en scène d'Adolphe MAYER.

	SALLE LE PELETIER		PALAIS GARNIER	
	20-8-1828	29-8-1831	29-10-1880	18-1-1884
	Première	(100e)	(386e)	(433e)
la Comtesse	CINTI-DAMOREAU	DABADIE	DARAM	ISAAC
Isolier	JAWURECK	JAWURECK	JANVIER	JANVIER
Ragonde	MORI	GOSSELIN	N. GRENIER	VIDAL
Comte Ory	A. NOURRIT	A. NOURRIT	DEREIMS	DEREIMS
Gouverneur	LAVASSEUR	HORTEAUX	BOUDOURESQUE	DUBULLE
Raimbaud	DABADIE	DABADIE	MELCHISSEDEC	MELCHISSEDEC
Chef Orch.	HABENECK	HABENECK	E. ALTES	DE MONTJAU

N.-B. — Cet ouvrage, abandonné par l'Opéra, ne reparut à Paris qu'en juillet 1958, lorsque le Festival de Glyndebourne vint le représenter au Théâtre des Nations, avec :

Mmes BARABAS (la comtesse), CADONI (Isolier), — MM. ONCINA (Comte Ory), X. DEPRAZ(le Gouverneur), BLANCKENBURG (Raimbaud), sous la direction de Vittorio GUI.

Autres interprètes des principaux rôles à l'Opéra :

La Comtesse : DORUS-GRAS (1831), FALCON (1834), LAVRY (1835), FLECHEUX (1835), NAU (1839), DOBRE (1844), DUSSY (1857), DELISLE (1859), VANDENHEUVEN-DUPREZ (1861), HAMAKERS (1863), DE MAESSEN (1864), DE VERE (1880), LACOMBE-DUPREZ (1881).

Isolier : Mmes CAYOT (1836), FLECHEUX (1836), ELIAN (1838), SARAH (1842), STOLTZ (1847), DE ROISSY (1843), NAU (1844), D'HALBERT (1845), HEBERT-MASSY (1861), SAINT-AGUET (1863), LEVIEILLI (1865), MIRAME (1881).

Le Comte Ory : MM. LAFONT (1831), A. DUPONT (1832), MARIE (1839), OCTAVE (1841), POULTIER (1842), PAULIN (1845), MATHIEU (1846), BARBOT (1847), BOULO (1853), DUFRENE (1858,) HAYET (1861), PESCHARD (1862), WAROT (1863).

François RUHLMANN

Camille CHEVILLARD

Les Chefs d'orchestre

Alfred BACHELET

Paul VIDAL

Louis FOURESTIER

André CLUYTENS

Richard BLAREAU

Les Che

Robert BLOT

Felix LEROUX
(Chef de chant)

Albert WOLFF

Pierre DERVAUX

d'orchestre

Les Directeurs de la scène

José BECKMANS

Pierre CHEREAU

André LEJEUNE

Ivan CLUSTINE

Louis MERANTE

Les grands Maîtres de la danse

Carlotta ZAMBELLI
et Albert AVELINE

Ida RUBINSTEIN

Serge LIFAR

Le Gouverneur : MM. HURTEAUX (1831), DERIVIS (1831), **EUZET** (1834), SERDA (1835), BOUCHE (1841), BREMOND (1844), OBIN (1844), ALIZARD (1847), GENIBREL (1848), CAZEAUX (1859), BONNESSEUR (1866).

Raimbaud : MM. F. PREVOT (1834), MASSOL (1835), MOLINIER (1845), CANAPLE (1845), PORTHEAUT (1845), MARIE (1857), BONNESSEUR (1863), DUMESTRE (1864), CARON (1866).

★

LE COQ D'OR   61 représentations

Conte-fable-opéra en 3 tableaux de Vladimir Ivanovitch Bielsky, d'après Pouchkine.

Musique de Nicolas RIMSKY-KORSAKOV

Créé à l'Opéra Impérial de Moscou, le 7 Octobre 1909.

Première fois à Paris, au Palais Garnier, le 24 Mai 1914, par la Compagnie des Ballets Russes de Serge de Diaghilew et dans une version où les rôles sont interprétés en double par un Artiste du chant et par un Artiste de la danse.

Mise en scène de Alexandre SANINE — Danses et groupes composés et réglés par Michel FOKINE — Décors et costumes dessinés par Mlle Nathalie Gontcharova.

	Artistes du Chant	Artistes de la Danse
Reine de Chemakha	A. DOBROWOLSKA	Thamar KARSAVINA
Intendante Amelfa	E. PETRENKO	JEZIERSKA
Voix du Coq d'Or	NICOLAEWA	
le Roi Dodon	B. PETROFF	A. BOULGAKOV
l'Astrologue	J. ALTCHEWSKY	E. CECCHETTI
Général Polkan	A. BELIANINE	KOWALSKY
Prince Guidon		S. GRIGORIEFF
Prince Afron		M. FROHMAN

Chœurs de l'Opéra Impérial de Moscou

Chef d'Orchestre : Pierre MONTEUX

Reprise par la Troupe de l'Opéra, le 12 Mai 1927, avec les paroles françaises de Calvocoressi, dans une mise en scène de Pierre CHEREAU —

Décors et costumes dessinés par Alexandre Benois — Danses réglées par Albert AVELINE.

	Reprise du 12-5-1927 (4e)	50e le 5-10-1932	Reprise du 19-6-1936 (51e)	Reprise du 28-4-1947 (59e)
La Reine	RITTER-CIAMPI	NORENA	RITTER-CIAMPI	BOVY
Intendante ...	TESSANDRA	TESSANDRA	SCHENNEBERG	SCHENNEBERG
Cop d'Or	MARILLIET	MARILLIET	HAMY	E. LAURENCE
Roi Dodon ...	A. HUBERTY	A. HUBERTY	A. HUBERTY	FROUMENTY
Astrologue	RAMBAUD	RAMBAUD	RAMBAUD	RAMBAUD
G¹ Polkan	GROMMEN	GROMMEN	PACTAT	MEDUS
Guidon	MADLEN	MADLEN	MADLEN	ROUQUETTY
Afron	GUYARD	CAMBON	CAMBON	GICOUEL
Danses	J. GIRO	SALOMON	SUBRA	JHANINE
Chef Orch.	TCHEREPNINE	SZYFER	P. PARAY	R. BLOT

61ᵉ et dernière, le 24 Mai 1947, avec les interprètes de la reprise de **1947.**

Autres interprètes des principaux rôles à l'Opéra :

La Reine Chemakha : Mme MARCIGNY (1936).

L'Intendante : Mmes DUBOIS-LAUGER (1927), MANCEAU (1928), COU-VIDOUX (1936).

L'Astrologue : MM. William MARTIN (1927), Raoul GILLES (1928), Jean MICHEL (1947).

★

LE CREPUSCULE DES DIEUX   78 représentations

Drame musical en un Prologue, 3 actes et 7 tableaux, constituant la 3ᵉ journée de l'ANNEAU DU NIEBELUNG.

Poème et Musique de Richard WAGNER

Créé à Bayreuth, dans le cadre de l'ANNEAU DU NIEBELUNG, le 17 Août 1876.

Première fois à Londres, au Her Majesty's Theatre, en 1882 ; à New York, au Metropolitan-Opera en 1888 (sans les scènes de Waltraute).

Première fois en français (dans la version Alfred Ernst) au Théâtre Royal de la Monnaie, à Bruxelles, en 1901.

Première fois à Paris, au Théâtre du Château-d'Eau (dans la version Alfred Ernst) le 17 Mai 1902.

	BAYREUTH 17-8-1876	LONDRES 9-5-1882	NEW YORK 25-1-1888	BRUXELLES 24-12-1901	PARIS 17-5-1902
Brunnhilde	MATERNA	VOGEL	Lillie LEHMANN	F. LITVINNE	F. LITVINNE
Gutrune	WECKERLIN	SCHREIBER	SEIDL-KRAUSS	Cl. FRICHE	J. LECLERC
Waltraute	JAIDE	KINDERMANN		J. D'HASTY	OLITZKA
Siegfried	G. UNGER	VOGEL	A. NIEMANN	DALMORES	DALMORES
Gunther	E. GURA	WIEGAND	A. ROBINSON	H. ALBERS	H. ALBERS
Hagen	G. SIEHR	BIBERTI	E. FISCHER	BOURGEOIS	VALLIER
Alberich	C. HILL	SCHELPER	VON MILDE	VIAUD	CHALLET
Chef Orch.	H. RICHTER	A. SEIDL	A. SEIDL	Ph. FLON	A. CORTOT

Première fois au Palais Garnier (version Alfred Ernst) le 23 Octobre 1908, dans une mise en scène de Paul STUART. — Décors de Carpezat (Prologue et 1ᵉʳ t. du 1ᵉʳ acte), Dubosq et Belluot (2ᵉ t. du 1ᵉʳ acte et 3ᵉ acte), Jambon et Brilly (2ᵉ acte) — Costumes de Pinchon.

	23-10-1908 Première	2-3-1925 (38ᵉ)	18-2-1928 (46ᵉ)	16-6-1931 (51ᵉ)
Brunnhilde	GRANDJEAN	DEMOUGEOT	BUNLET	LEIDER
Gutrune	FEART	CROS	CAMPREDON	HEIDERSBACH
Waltraute	LAPEYRETTE	LAPEYRETTE	LAPEYRETTE	OLSZEWSKA
3 Filles du Rhin	GALL	MARILLIET	LAVAL	MARILLIET
	LAUTE-BRUN	REX	TIRARD	TIRARD
	LAPEYRETTE	COURSO	COURSO	MANCEAU
3 Nornes	CHARBONNEL	MONTFORT	MONTFORT	MONTFORT
	CARO-LUCAS	COSSINI	COSSINI	MAHIEUX
	A. BARON	BONAVIA	LALANDE	COSSINI
Siegfried	VAN DYCK	FRANZ	FRANZ	MELCHIOR
Gunther	DINH-GILLY	CARBELLY	CARBELLY	JANSSEN
Alberich	DUCLOS	DUCLOS	DUCLOS	DUCLOS
Hagen	DELMAS	DELMAS	JOURNET	ANDRESEN
Chef Orch.	MESSAGER	GAUBERT	GAUBERT	BLECH

La 50ᵉ eut lieu le 14 Avril 1928, avec les interprètes de la reprise de 1928, sauf M. MAURAN (Gunther).

	24-4-1933 (53ᵉ)	16-1-1950 (65ᵉ)	18-5-1955 (74ᵉ)	24-5-1957 (75ᵉ)
Brunnhilde	LUBIN	FLAGSTAD	MOEDL	VARNAY
Gutrune ..	HOERNER	DOREE	ISENE	SCHECH
Waltraute .	LAPEYRETTE	CAVELTI	MALANIUK	MALANIUK
3 Filles du .	MORERE	CROISIER	MOOR	SOMMERSCHUK
Rhin	DONIAU-BLANC	B. PELLIEUX	DEMMER	SCHAERTEL
	MANCEAU	DISNEY	ASSERSON	SCHUBERT
3 Nornes ..	MONTFORT	CHABAL	SIEWERT	SIEWERT
	RICQUIER	RICQUIER	MALANIUK	MALANIUK
	HOLLEY	CAMART	ISENE	SCHECH
Siegfried .	FRANZ	LORENZ	TREPTOW	BEIRER
Gunther ..	SINGHER	SCHOEFFLER	SCHOEFFLER	SCHOEFFLER
Alberich ..	DUCLOS	CH. PAUL	NEIDLINGER	PERNERSTORFER
Hagen	JOURNET	WEBER	GREINDL	GREINDL
Chef Orch.	GAUBERT	SEBASTIAN	KNAPPERTSBUSCH	KNAPPERTSBUSCH

N.-B. — La reprise de 1950 eut lieu dans la mise en scène de M. TIET-JEN.

Reprise du 6 avril 1962 (79ᵉ représentation) dans des décors de Maurice Brunet, des costumes de Mme Renée Trosseau et une mise en scène de José BACKMANS.

Mmes GROB-PRANDL (Brunnhilde), STRAUSS (Gutrune), HOFF-MANN (Waltraute), BROUDEUR, BOHE, GUIOT (3 Filles du Rhin), BOËSE, HOFFMANN, STRAUSS (3 Nornes).

MM. BEIRER (Siegfried), STEWART (Gunther), METTERNICH (Alberich), GREINDL (Hagen), HURTEAU, ROUQUETTY (2 Guerriers).

Chef d'horchestre : Georg SEBASTIAN

Autres interprètes des principaux rôles à l'Opéra :

Brunnhilde : Mmes LITVINNE (1909), BREVAL (1912), BORGO (1912), LAWRENCE (1933), BRAUN (1950).

Gutrune : Mmes BOURDON (1910), HENRIQUEZ (1913), BONAVIA (1925), HOLLEY (1933), MAC-ARDEN (1933, BRIVKALNE (1958).

Waltraute : Mmes PAQUOT d'ASSY (à la générale), CHARBONNEL (1908), BOYER DE LAFORY (1909), VHITA (1933), BACHILLAT (1934), KLOSE (1950), GORR (1958).

Siegfried : MM. GODART (1908), ALTCHEWSKY (1911), VERDIER (1912), DALMORES (1913), DE TREVI (1933).

Gunther : MM. DANGES (1908), TEISSIE (1911), ROSELLY (1912), FROUMENTY (1934), REHFUSS (1950), HERWIG (1958).

Alberich : MM. NUCELLY (1908), BECK (1911), NOGUERA (1950).

Hagen : MM. A. GRESSE (1909), A. HUBERTY (1933), ERNSTER (1958).

★

LA DAME DE MONSOREAU
8 représentations

Opéra en 4 actes et 7 tableaux, dont un Prologue, de Maquet, d'après le roman d'Alexandre Dumas et Maquet.

Musique de Gaston SALVAYRE

Créé à Paris, à l'Académie Nationale de Musique (Palais Garnier) le 30 Janvier 1888 — Mise en scène de Pèdro GAILHARD.

Mmes BOSMAN (Diane), SAROLTA (Jeanne), MARET (Gertrude), CANTI (un Page).

MM. Jean de RESZKE (Bussy), DELMAS (Monsoreau), BERARDI (Henry III), IBOS (Duc d'Anjou), MURATET (St-Luc), MARTAPOURA (Quèlus), SAPIN (Maugiron), DUBULLE (Aurilly), WARMBRODT (d'Epernon), BOUTENS (Schomberg), TEQUI (Antraguet), LAMBERT (Livardot, un Prêtre), CREPEAUX (Ribérac), BALLEROY (Chicot), BATAILLE (Gorenflot), MALVOT (Lahurière), VOULET (Bonhomet), GIRARD (un Huissier).

Ballet réglé par J. HANSEN, dansé par Mlle SUBRA, M. VASQUEZ et le Corps de Ballet.

Chef d'Orchestre : Auguste VIANESI

Décors : Rubé, Chaperon et Jambon (1er tableau), Poisson (2e et 3e tableaux), Carpezat (4e et 7e tableaux), Lavastre (5e et 6e tableaux).

8e et dernière, le 27 Février 1888, avec les créateurs, sauf MM. MARTAPOURA (Henry III) et SENTEIN (Quélus).

★

LA DAMNATION DE FAUST
353 représentations

Légende dramatique d'après Gœthe

Poème et Musique de Hector BERLIOZ

Créé en oratorio à Paris, au Théâtre National de l'Opéra-Comique le 6 Décembre 1846 avec Mme DUFLOT-MAILLARD (Marguerite), MM. ROGER (Faust), HERMANN-LEON (Méphistophélès), HENRY (Brander), sous la direction de Hector BERLIOZ.

L'œuvre est exécutée en 1847 à St-Pétersbourg, Moscou, Riga et Berlin, sous la direction de Berlioz, en 1848, à Londres.

Première fois au théâtre, dans l'adaptation scénique de Raoul Gunsbourg, à l'Opéra de Monte-Carlo, le 18 Février 1893 :

Mme Rose CARON (Marguerite).

MM. Jean de RESZKE (Faust), Maurice RENAUD (Méphistophélès), ILLY (Brander).

Chef d'Orchestre : Léon JEHIN

Première fois à l'Opéra (Palais Garnier) mais en oratorio, le 21 Février 1897 avec :

Mme Lucienne BREVAL (Marguerite).

MM. VAGUET (Faust), FOURNETS (Méphistophélès), PATY (Brander).

Chef d'Orchestre : Paul VIDAL

Première fois à la scène, dans l'adaptation de Raoul Gunsbourg, à Paris, le 7 Mai 1903, au Théâtre Sarah Bernhardt ; à Bruxelles, au Théâtre Royal de la Monnaie, le 21 Février 1906 ; à New York, au Metropolitan-Opera, le 7 Décembre 1906 : à Rouen, au Théâtre des Arts, le 14 février 1908.

	SARAH BERNHARDT 7-5-1903	BRUXELLES 21-2-1906	NEW YORK 7-12-1906	ROUEN 14.2.1908
Marguerite	Emma CALVE	F. ALDA	FARRAR	D'HEILLSON
Faust	CAZENEUVE	DALMORES	ROUSSELIERE	AUDOIN
Méphisto	M. RENAUD	ALBERS	PLANCON	DANSE
Brander	CHALMIN	BELHOMME	CHALMIN	MILLAT
Chef Orch.	E. COLONNE	S. DUPUIS	A. VIGNA	STEVENS

Au Palais Garnier cependant, l'œuvre reparaissait le 29 avril 1906 en oratorio, avec Mme BREVAL (Marguerite), MM. PLAMONDON (Faust), DELMAS (Méphistphélès), NIVETTE (Brander), sous la direction de Félix WEINGARTNER.

Première fois à la scène, au Palais Garnier, le 5 Juin 1910, dans une mise en scène de Paul STUART — Décors de Demoget, Rochette et Landrin — Costumes de Pinchon — Chorégraphie de Mme STICHEL.

	Reprise du 5-6-1910 (6e)	Reprise du 11-2-1919 (44e)	23-5-1919 (50e)	21-3-1924 (100e)
Marguerite	GRANDJEAN	CHENAL	LUBIN	VALLIN
Faust	FRANZ	LAFFITTE	FRANZ	LAFFITTE
Méphisto	RENAUD	RENAUD	A. GRESSE	A. GRESSE
Brander	CERDAN	CHALMIN	CERDAN	NARCON
Récitant			MAHIEUX	MAHIEUX
Chef Orch.	H. RABAUD	RUHLMANN	CHEVILLARD	RUHLMANN

Pour la reprise de 1933, mise en scène de Pierre CHEREAU, Chorégraphie de Mlle BOURGAT — Décors lumineux de Ernest Klausz.

	Reprise du 22-3-1933 (110e)	1-6-1940 (200e)	25-11-1950 (300e)	Reprise du 10-12-1956 (331e)
Marguerite	FERRER	FERRER	MAS	SARROCCA
Faust	G. THILL	JOUATTE	FRONVAL	FINEL
Méphisto	PERNET	CABANEL	SANTANA	SAVIGNOL
Brander	NARCON	NARCON	PHILIPPE	PACTAT
Récitant		CAMBON	PETITPAS	FOREL
Chef Orch.	GAUBERT	PARAY	FOURESTIER	FOURESTIER

353e et dernière, le 11 Octobre 1959, avec les interprètes de la reprise de 1956, sauf M. CHAPUIS (Brander) et Pierre DERVAUX au pupitre.

Autres interprètes des principaux rôles à l'Opéra :

Marguerite : Mmes DEMOUGEOT (1910), BOURDON (1910), TECLAR (1913), KIRSCH (1913), BUGG (1919), BERTHON (1919), DAUMAS (1919), LEROY (1919), HATTO (1919), ISNARDON (1921), CESBRON-VISEUR (1924), GALL (1924), HOERNER (1934), MARTINELLI (1936), BUNLET (1937), GILLY (1939), VERON-GRUNWALD (1939), COURTIN (1939), JUYOL (1944), DESMOUTIERS (1947), YOSIF (1947), CHAUVELOT (1948), Mireille SABATIER (1952), GORR (1957), RHODES (1958), MONMART (1958), CRESPIN (1959).

Faust : MM. ALTCHEWSKY (1910), DUBOIS (1910), Robert LASSALLE (1912), FONTAINE (1913), SULLIVAN (1920), DARMEL (1921), ANSSEAU (1923), Eric AUDOIN (1923), GRANAL (1924), MAISON (1933), SAINT-CRICQ (1933), DE TREVI (1933), LUCCIONI (1934), ROUQUETTY (1939), KRIFF (1939), RIALLAND (1950), JOBIN (1952), VERDIERE (1952), CHAUVET (1959).

Méphistophélès : MM. DANGES (1910), MARVINI (1911), JOURNET (1913), CERDAN (1914), V. MARCOUX (1924), BECKMANS (1937), SINGHER (1939), ETCHEVERRY (1945), RICO (1947), CLAVERIE (1949), VAILLANT (1957).

★

DARIA

8 représentations

Drame musical en 2 actes de Aderer et Ephraïm

Musique de Georges MARTY

Créé à Paris, à l'Académie Nationale de Musique (Palais Garnier) le 24 Janvier 1905 — Mise en scène de Pèdro GAILHARD — Décors de Jambon et Bailly — Costumes de Charles Bianchini.

Mme Geneviève VIX - débuts - (Daria).

MM. DELMAS (Yvan), ROUSSELIERE (Boris), DINARD (le Pope), GALLOIS et STAMLER (deux Bûcherons), DONVAL (un Piqueur), CABILLOT (un Garde).

Danses réglées par J. HANSEN, dansées par Mlles MEUNIER, BARBIER, MM. Léo STAATS, REGNIER et le Corps de Ballet.

Chef d'Orchestre : Paul VIDAL

8ᵉ et dernière, le 11 Mars 1905, avec les créateurs, sauf M. DUBOIS (Boris).

Autres interprètes des principaux rôles à l'Opéra :
Daria : Mlle DEMOUGEOT (1905).

★

DEIDAMIE

12 représentations

Opéra en 2 actes de E. Noël — Musique de Henri MARECHAL

Créé à Paris, à l'Académie Nationale de Musique (Palais Garnier) le 15 Septembre 1893 — Mise en scène de LAPISSIDA.

Mme CHRETIEN (Déïdamie).

MM. VAGUET (Achille), RENAUD (Ulysse), DUBULLE (le Roi), BALAS, BOCQUEREL, BOUISSAVIN, DESLAURIERS, GRAUX, NARCON, PERRIN (les Chefs Grecs).

Ballet réglé par J. HANSEN : Mlles OTTILINI, SALLE.

Chef d'Orchestre : Paul VIARDOT

12ᵉ et dernière, le 25 Mai 1894, avec les créateurs, sauf MM. NOTE (Ulysse), BALLARD (le Roi).

Autres interprètes des principaux rôles à l'Opéra :
Ulysse : M. Gaston BEYLE (1893).
Achille : M. GOGNY (1893).

★

DEJANIRE 17 représentations

Tragédie Lyrique en 4 actes de Louis Gallet et C. Saint-Saëns

Musique de Camille SAINT-SAENS

Créée sous forme de Tragédie antique, avec chant, le 28 Août 1898, aux Arènes de Béziers, puis à Paris, au Théâtre de l'Odéon, le 11 Novembre 1898. Créée dans sa forme lyrique à l'Opéra de Monte-Carlo, le 14 Mars 1911.

Première fois au Palais Garnier, le 22 Novembre 1911 — Mise en scène de Paul STUART — Chorégraphie de Yvan CLUSTINE — Décors de Rochette, Landrin et Mouveau — Costumes de Pinchon.

	BEZIERS 28-8-1898	PARIS-ODEON 11-11-1898	MONTE-CARLO 14-3-1911	O P E R A 22-11-1911
Déjanire	LAPARCERIE	LAPARCERIE	LITVINNE	LITVINNE
Iole	SEGOND-WEBER	SEGOND-WEBER	Y. DUBEL	GALL
Phénice	DE FEHL	DE FEHL	G. BAILAC	CHARNY
Hercule	DARMEL	DORIVAL	MURATORE	MURATORE
Philoctète	A. GHASNE	VALMONT	DANGES	DANGES
Chef Orch.	SAINT-SAENS	COLONNE	L. JEHIN	MESSAGER

Le divertissement, à l'Opéra, était dansé par Mlles Blanche KERVAL, DELSAUX, B. MANTE, S. MANTE et le Corps de Ballet.

17e et dernière représentation à l'Opéra, le 2 Juillet 1913, avec les créateurs, sauf Mme DEMOUGEOT (Déjanire), M. DUCLOS (Philoctète) et Paul VIDAL au pupître.

★

DIALOGUES DES CARMELITES 27 représentations

Opéra en 3 actes et 12 tableaux. Texte de Georges Bernanos.

Musique de Francis POULENC

Créé le 26 Janvier 1957 au Théâtre de la Scala, à Milan, dans une traduction de Flavio Testi. Mise en scène de Marguerite WALLMANN, décors de Georges Wakhévitch.
Mmes Virginia ZEANI (Blanche), Eugenia RATTI (Constance), Gianna PEDERZINI (la Prieure), Giliola FRAZZONI (Mère Marie), Leyla GENZHER (la Nouvelle Prieure).
MM. Nicola FILACURIDI (le Chevalier), Dino MANTOVANI (le Marquis), Alvinio MISCIANO (l'Aumonier).
Chef d'Orchestre : Nino SANZOGNO

Première fois à Paris, au Palais Garnier, le 21 Juin 1957 — Mise en scène de Maurice JACQUEMONT — Décors et costumes dessinés par Suzanne Lalique.

Mmes Denise DUVAL (Blanche de la Force), Liliane BERTON (Constance), SCHARLEY (la Prieure), GORR (Mère Marie), CRESPIN (la nouvelle Prieure), FOURRIER (Mère Jeanne), DESMOUTIERS (Sœur Mathilde), REICHEN et TAINSY (deux vieilles Dames), GUENOT, GRANDVIERES, ROTH, DELANCAY, LEROY, PETIT-DERVAL, LECONTRE, LUMIERE, LEHOUCQ, POYAU, JOURNEAUX (les Sœurs du Carmel).

MM. GIRAUDEAU (le Chevalier), DEPRAZ (le Marquis de la Force), RIALLAND (l'Aumonier), BIANCO (le Geôlier), ROMAGNONI et CHARLES-PAUL (deux Commissaires du Peuple), MARS (l'Officier), FOREL (Thierry), MAX-CONTI (le Médecin), LEPROUX (un Vieux Monsieur).

Chef d'Orchestre : Pierre DERVAUX

27ᵉ et dernière, le 2 Octobre 1959, avec les interprètes de la création sauf, Mmes MESPLE (Constance), G. SERRES (Sœur Marie), MONMART (Nouvelle Prieure), ALLARD (Sœur Mathilde), CLERY et LEFEVE (deux Vieilles Dames), MM. FINEL (le Chevalier), FROUMENTY (le Marquis), LAFFAGE (le Geôlier), HURTEAU (2ᵉ Commissaire), GIBERT (un Vieux Monsieur).

Chef d'Orchestre : Robert BLOT

Autres interprètes des principaux rôles à l'Opéra :
Blanche : Mme CUMIA (1958).
la Prieure : Mme S. MICHEL (1958).
la Nouvelle Prieure : Mme LUCAZEAU (1957).
le Chevalier : MM. KRIFF (1958), LUCCIONI Junior (1958).
l'Aumonier : M. ROUQUETTY (1958).

★

LES DIEUX SONT MORTS   5 représentations

Drame Lyrique en 2 actes d'Eugène Berteaux

Musique de Charles TOURNEMIRE

Créé à Paris, à l'Académie Nationale de Musique (Palais Garnier) le 19 Mars 1924 — Mise en scène de Pierre CHEREAU — Décors de Landrin et Mouveau.

Mmes FERRER - débuts - (Chryséis), MARILLIET (Dilyla), COSSINI (la Mère de Chryséis).

MM. ROUARD (Pan), RAMBAUD (Eugoras), PEYRE (Zeus).

Danses réglées par Mlle C. BROOK.

Chef d'Orchestre : François RUHLMANN

5ᵉ et dernière, le 14 Avril 1924, avec les créateurs.

★

DJELMA   8 représentations

Opéra en 3 actes de Charles Lomon — Musique de Charles LEFEBVRE

Créé à Paris, à l'Académie Nationale de Musique (Palais Garnier) le 25 Mai 1894 — Mise en scène de LAPISSIDA — Décors de Jambon, costumes de Charles Bianchini.

Mmes Rose CARON (Djelma), HEGLON (Ourvaci).
MM. SALEZA (Nouraly), M. RENAUD (Raïm), DUBULLE (Kayram), DOUAILLIER (Tschady).

Danses réglées par J. HANSEN, dansées par Mlles SANDRINI, VAN-GOELHEN, H. REGNIER et le Corps de Ballet.

Chef d'Orchestre : Edouard MANGIN

8ᵉ et dernière, le 29 Décembre 1894 avec Mmes BOSMAN (Djelma), BEAUVAIS (Ourvaci).

MM. VAGUET (Nouraly), BARTET (Raïm) et les autres rôles par les créateurs.

Autres interprètes des principaux rôles à l'Opéra :
Djelma : Mme CHRETIEN (1894).

DON JUAN

452 représentations
dont 243 au Palais Garnier

Opéra en 2 actes de Lorenzo da Ponte, d'après une nouvelle espagnole de Tirso di Molina.

Musique de Wolfgang-Amadeus MOZART

Créé à Prague, au Théâtre Italien, le 4 Novembre 1787, sous la direction de MOZART.
Première fois à Paris, au Théâtre des Italiens, salle de l'Odéon, le 12 Octobre 1811, dans la version originale.
Première fois en français, dans une version en 4 actes de Castil-Blaze, au Théâtre Lyrique de l'Odéon, à Paris, le 24 Décembre 1827.
Une troupe allemande représenta l'ouvrage, dans la version allemande de Rochlitz et Schmidt, à l'Opéra-Comique à Paris, le 26 Mai 1831.

	PRAGUE 4-11-1787 Création	P A R I S		
		ITALIENS 12-10-1811	ODEON 24-12-1827	OPERA-COMIQUE 26-5-1831
Anna	SAPORITI	BARILLI	MONDOVIL	DEVRIENT
Elvire	MICELLI	FESTA	BUFFARDIN	ROSNER
Zerline	BONDINI	NERI	SCHUTZ	PISTRICH
don Juan	BASSI LUIGI	TACHINARDI	LECOMTE	FISCHER
Ottavio	BAGLIONI	ANGRISANI	DUPREZ	HAITZINGER
Leporello	PONZIANI	BARILLI	MONDOVIL	KREPS
Mazetto	LOLLI	PORTO	LEON	WIEZER
Commandeur .	ROBBI	BENELLI	LECLERE	FURST

Cependant, l'œuvre de Mozart était entrée à l'Académie Impériale de Musique à Paris (salle Montansier), le 17 Septembre 1805, mais dans une version déformée, comportant un arrangement de Thuring et Baillot pour les paroles, et de KALKBRENNER pour la musique.

Les interprètes de cette création en France étaient :

Mmes PELET (dona Anna), ARMAND (dona Elvire), FERRIERE (Zerline).

MM. ROLAND (don Juan), LAFORET (don Ottavio), HUBY (Leporello), DERIVIS (Mazetto), BERTIN (le Commandeur).

Danses réglées par Pierre GARDEL, dansées par Mlles VESTRIS, GARDEL, TAGLIONI, MM. Auguste VESTRIS, BRANCHU, BEAUPRE.

Chef d'Orchestre : Jean-Baptiste REY

Première fois à l'Académie Royale de Musique (salle Le Peletier) le 10 Mars 1834, avec la partition originale de Mozart, et dans une version en 5 actes de Castil-Blaze père, Henri Castil-Blaze et Emile Deschamps — Mise en scène d'Adolphe NOURRIT.

Mmes FALCON (dona Anna), DORUS-GRAS (dona Elvire), CINTI-DAMOREAU (Zerline).

MM. Adolphe NOURRIT (don Juan), LAFOND (don Ottavio), LE-VASSEUR (Leporello), DABADIE (Mazetto), DERIVIS (le Commandeur).

Chef d'Orchestre : François-Antoine HABENECK

100ᵉ représentation le 12 Mai 1866.

Mmes SASS (Anna), MAUDUIT (Elvire), BATTU (Zerline).

MM. FAURE (don Juan), VILLARET (Ottavio), OBIN (Leporello), CARON (Mazetto), DAVID (Commandeur).

Chef d'orchestre : Georges HAINL.

De ce jour, l'ouvrage se maintint au répertoire de l'Opéra de Paris, mais non sans paraître sur d'autres scènes lyriques de la capitale : au Théâtre Lyrique du Châtelet, le 8 Mai 1866 ; à l'Opéra-Comique, les 17 Novembre 1896 et 30 Avril 1912.

	THEATRE LYRIQUE 8-5-1866	OPERA-COMIQUE 17-11-1896	30-4-1912
Anna	CHARTON-DEMEURE	MARCY	ESPINASSE
Elvire	Christine NILSSON	MARIGNAN	VIX
Zerline	MIOLAN-CARVALHO	DELNA	MATHIEU-LUTZ
don Juan	BARRE	MAUREL	PERIER
Ottavio	MICHOT	CLEMENT	FRANCELL
Leporello	TROY	FUGERE	F. VIEUILLE
Mazetto	LUTZ	BADIALI	DELVOYE
Commandeur .	DEPASSIO	A. GRESSE	PAYAN
Chef Orch.	DELOFFRE	J. DANBE	R. HAHN

Première fois au Palais Garnier, le 29 Novembre 1875 (210ᵉ représentation à l'Opéra) dans la version de Castil-Blaze et Emile Deschamps — Mise en scène de Léon CARVALHO — Décors de Cambon (1ᵉʳ tableau du 1ᵉʳ acte et 4ᵉ acte), Lavastre et Desplechins (1ᵉʳ tableau du 2ᵉ acte et 2ᵉ acte) — Chorégraphie de Louis MERANTE.

Mmes Gabrielle KRAUSS (dona Anna), GUEYMARD-LAUTERS (dona Elvire), MIOLAN-CARVALHO (Zerline).

MM. FAURE (don Juan), VERGNET (don Ottavio), Pèdro GAILHARD (Leporello), CARON (Mazetto), GASPARD (le Commandeur).

Chef d'Orchestre : Ernest DELDEVEZ

Reprises des :	26-10-1887 (287ᵉ)	26-10-1896 (296ᵇ) 300ᵉ le 7-11-1896	8-10-1902 (341ᵉ)	8-5-1928 (353ᵉ)
Anna	ADINI	R. CARON	GRANDJEAN	DE MEO
Elvire	LUREAU	BOSMAN	HATTO	BORN
Zerline	BOSMAN	BERTHET	CARRERE	SCHUMANN
don Juan	LASSALLE	RENAUD	DELMAS	DUHAN
Ottavio	J. DE RESZKE	VAGUET	VAGUET	TAUBER
Leporello	E. DE RESZKE	DELMAS	A. GRESSE	MAYR
Mazetto	SENTEIN	BARTET	BARTET	MADIN
Commandeur .	BATAILLE	CHAMBON	CHAMBON	MARKHOFF
Chef Orch.	VIANESI	P. VIDAL	P. VIDAL	F. SCHALK

En 1934, l'ouvrage fut présenté dans une nouvelle version d'Adolphe Boschot et une mise en scène de Pierre CHEREAU — Décors lumineux de Ernest Klausz.

En 1956, il fut repris dans des décors et costumes dessinés par Jacques Marillier, et dans une mise en scène de José BECKMANS.

Reprises des :	14-3-1934 (354ᵉ)	1-12-1941 (377ᵉ)	25-10-1946 (390ᵉ)	21-12-1956 (420ᵉ)
Dona Anna ..	LUBIN	LUBIN	FERRER	CRESPIN
Dona Elvire ..	RITTER-CIAMPI	HOERNER	HOERNER	BRUMAIRE
Zerline	DELMAS	MAHE	MAHE	MICHEAU
Don Juan	A. PERNET	BECKMANS	PERNET	E. BLANC
Ottavio	VILLABELLA	JOUATTE	JOUATTE	GIRAUDEAU
Leporello	CABANEL	CABANEL	CABANEL	NOGUERA
Mazetto	MOROT	MOROT	NOGUERA	MASSARD
le Commandeur	MEDUS	MEDUS	SANTANA	CHAPUIS
Chef Orch. ....:	B. WALTER	H. RABAUD	M. FRANCK	FOURESTIER

Reprise du 23 Novembre 1960 (448e représentation) : Mmes STICH-RANDALL - débuts - (dona Anna), BRUMAIRE (dona Elvire) SABRAN (Zerline), MM. BACQUIER (don Juan), VANZO (Ottavio), NOGUERA (Leporello), GERMAIN (Mazetto), CHAPUIS (Commandeur).

Chef d'Orchestre : Maurice LE ROUX (débuts)

Autres interprètes des principaux rôles à l'Opéra :

Donna Anna : Mmes STOLTZ (1838), DORUS-GRAS (1841), HISSON (1869), ARNAL (1872), VIDAL (1873), FERUCCI (1874), DUFRANE (1887), LAFARGUE (1896), FEART (1902), Marjorie LAWRENCE (1934), GIAN-NINI (1936), SEGALA (1942), VARENNE (1947), CROISIER (1949), MON-MART (1957), LUCAZEAU (1957), MAS (1959).

Dona Elvire : Mmes DABADIE (1834), WIDEMAN (1838), HEINEFFE-TER (1841), DEVRIES (1872), FURSCH-MADIER (1876), FOUQUET (1876), BAUX (1876), FRANCK-DUVERNOY (1880), HAMMAN (1880), DUFRANE (1881), d'ERVILLY (1887), GANNE (1897), DARCEY (1898), DEMOUGEOT (1902), KONETZNI (1936), DELPRAT (1942), COUR-TIN (1946), BONI (1947), CUMIA (1957), GUIOT (1961).

Zerline : Mmes JAWURECK (1834), NAU (1836), ARNAUD (1870), THI-BAULT (1871), LORY (1874), DARAM (1876), HEILBRON (1880), VACHOT (1880), GRISWOLD (1881), DE VERE (1881), ISAAC (1884), SAROLTA (1887), VERLET (1904), SCHOENE (1936), TOUZET (1942), SAINT-AR-NAUD (1947), SABATTIER (1947), PASTOR (1957), RENAUX (1957), LE-GER (1957).

don Juan : MM. DERIVIS (1837), BARROILHET (1841), BOUHY (1879), MAUREL (1880), NOTE (1897), PINZA (1936), ETCHEVERRY (1942), ROUX (1957).

don Ottavio : MM. A. DUPONT (1834), WARTEL (1834), NAUDIN (1866), WAROT (1867), COLIN (1867), BOSQUIN (1872), ACHARD (1874), DE-REIMS (1881), IBOS (1887), L. BEYLE (1897), LAFFITTE (1899), SCA-REMBERG (1904), DUBOIS (1904), RAMBAUD (1934), BORGIOLI (1936), CORAZZA (1961).

Leporello : MM. DERIVIS (1834), SERDA (1838), ALIZARD (1841), CAS-TELMARY (1868), BERARDI (1879), FOURNETS (1897), LAZZARI (1936), CLAVERIE (1942), GIOVANETTI (1957), LINSOLAS (1960).

★

DON PASQUALE   1 représentation
(1er acte)

Opéra-Bouffe en 3 actes d'après « Sir Marcantonio » de Pavesi — Poème et Musique de Gaetano DONIZETTI

Créé à Paris, au Théâtre des Italiens, le 3 Janvier 1843.
Première fois en français, dans la version de Gustave Vaez et Adolphe Royer, le 4 Août 1843, au Théâtre Royal de la Monnaie, à Bruxelles.
Première fois en français à Paris (même version) au Théâtre Lyrique du Châtelet, puis à l'Opéra-Comique (salle du Châtelet).

	Th. ITALIEN 3-1-1843	BRUXELLES 4-8-1843	Th. LYRIQUE 9-9-1864	OPERA-COMIQUE 20-6-1896
Norina	G. GRISI	VILLIOMI	de MAESSEN	PARENTANI
don Pasquale ..	LABLACHE	ZELGER	ISMAEL	FUGERE
Ernesto	MARIO	LABORDE	GILLAND	CLEMENT
Malatesta	TAMBURINI	ALIZARD	TROY	BADIALI
Chef Orch.	DONIZETTI	HANSSENS	DELOFFRE	J. DANBE

Première fois au Palais Garnier, (le 1er acte seulement), à l'occasion d'un Gala des Auteurs Dramatiques, le 5 Février 1916.

Mme Elvira de HIDALGO (Norina).

MM. Guglielmo NIOLA (don Pasquale), Fernando CARPI (Ernesto), Giuseppe DANISE (le Docteur Malatesta).

Chef d'Orchestre : Arturo VIGNA

★

DON QUICHOTTE   1 représentation (5ᵉ acte)

Comédie héroïque en 5 actes de Henri Cain, d'après Jacques Le Lorrain

Musique de Jules MASSENET

Créée à l'Opéra de Monte-Carlo, le 19 Février 1910, dans une mise en scène de Raoul GUNSBOURG, par :
Mme Lucy ARBELL (Dulcinée), MM. CHALIAPINE (don Quichotte), André GRESSE (Sancho). Chef d'Orchestre : Léon JEHIN
Première fois à Paris, au Théâtre Lyrique de la Gaîté, le 29 Décembre 1910 :
Mme ARBELL (Dulcinée), MM. MARCOUX (don Quichotte), FUGERE (Sancho). Chef d'Orchestre : A. AMALOU.

Première fois au Palais Garnier (le 5ᵉ acte seulement) le 10 Décembre 1911, au cours du Gala organisé pour le 10ᵉ anniversaire des 30 ans de Théâtre.

MM. Vanni MARCOUX (don Quichotte), André GRESSE (Sancho).

Chef d'Orchestre : A. AMALOU

★

LE DRAC   5 représentations

Opéra féérique en 3 actes et 6 tableaux, d'après le drame de George Sand et Paul Meurice — Poème de Louis Gallet.

Musique de Paul et Lucien HILLEMACHER

Créé au Théâtre de Karlsruhe, en Novembre 1896, dans la version allemande de Mme Emma Klingenfeld.
Mmes MOTTL (le Drac), MEYER (Fleur de Mer), NOE (Francine), TOMSCHICK (Cyanée).
MM. POKORNY (Bernhard), BUSSARD (Lesquinade), NEBE (Andréas), HAAG (un Marin).

Chef d'Orchestre : Félix MOTTL

Première fois à Paris, au Palais Garnier, le 29 Juin 1942, dans une mise en scène de Pierre CHEREAU, des décors et costumes réalisés d'après les maquettes de Souverbie.

Mmes SEGALA (le Drac, Fleur de Mer), COURTIN (Francine), BOU-VIER (Cyanée).

MM. BECKMANS (Bernhard), RAMBAUD (Lesquinade), FROUMENTY (Andréas), PETITPAS (un Marin).

Chef d'Orchestre : Louis FOURESTIER

5ᵉ et dernière, le 4 Janvier 1943, avec les créateurs, sauf Mme Renée MAHE (Francine).

LA DUCHESSE DE PADOUE

4 représentations

Action dramatique en 2 actes de Paul Grosfils, d'après le roman d'Oscar Wilde.

Musique de Maurice LE BOUCHER

Créée à Paris, à l'Académie Nationale de Musique (Palais Garnier) le 15 Octobre 1931 — Mise en scène de Pierre CHEREAU — Décors de Numa.

Mme FERRER (Béatrice).

MM. De TREVI (Guido), PERNET (le Duc), A. HUBERTY (Moranzone), SINGHER (Ascanio), Raoul GILLES (Canutto), CAMBON (Vitellozo), DALERANT (Palainolio), BOINEAU (Maffia), ERNST (Bardi).

Chef d'Orchestre : Philippe GAUBERT

4e et dernière, le 13 Novembre 1931, avec les créateurs, sauf M. BORDON (le Duc).

★

ELEKTRA

18 représentations

Tragédie en un acte de Hugo von Hofmannsthal, d'après Sophocle — Traduction française de Gauthiers-Villars.

Musique de Richard STRAUSS

Créée au Grand Théâtre de Dresde, le 25 Janvier 1909. Première fois dans la version française, le 26 Mai 1910, au Théâtre Royal de la Monnaie, à Bruxelles.

	DRESDE Gd Théâtre 25-1-1909	LONDRES Covent Garden 19-2-1910	BRUXELLES Monnaie 26-5-1910	NEW YORK Metropolitan 3-12-1932
Clytemnestre ..	SCHUMANN-HEINK	MILDENBURG	CROIZA	KAPPEL
Elektra	KRULL	E. WALKER	FRICHE	BRAZELL
Chrysothémis .	SIEMS	F. ROSE	BERAL	JUNBERG
Aegisthe	SEMBACH	d'OISLY	SWOLFS	LAUBENTHAL
Oreste	PERRON	WEIDEMANN	BILLOT	SCHORR
Chef Orch.	VON SCHUCH	BEECHAM	S. DUPUIS	BODANZKY

Première fois à Paris, à l'Académie Nationale de Musique (Palais Garnier) le 25 Février 1932, dans une mise en scène de Jacques ROUCHE, un décor et des costumes dessinés par René Piot.

Mmes LAPEYRETTE (Clytemnestre), LUBIN (Elektra), HOERNER (Chrysothémis), REX (la Confidente), MANDRAL (la Porteuse de Traîne), LALANDE (la Surveillante), MONTFORT, MANCEAU, TESSANDRA, HAMY, MARILLIET (5 Servantes).

MM. LE CLEZIO (Aegysthe), SINGHER (Oreste), FROUMENTY (le Précepteur d'Oreste), LUCCIONI (un Jeune Serviteur), ERNST (un vieux serviteur), les 30 Athlètes de Charles REISS.

Chef d'Orchestre : Philippe GAUBERT

Reprise le 13 Mai 1953, (17e représentation), avec les Artistes, les Chœurs et l'Orchestre de l'Opéra de Vienne, dans une mise en scène de Adolf ROTT, des décors et costumes de Robert Kautsky.

Mmes HONGEN (Clytemnestre), GOLTZ (Elektra), ZADEK (Chrysothémis), BOESCH (la Confidente), BRAUN (la Porteuse de Traîne), MOSER (la Surveillante), ROSSEL-MADJAN, BATTIC, KALIN, SEIDL, FELBER-MEYER (cinq Servantes).

MM. LORENZ (Aegysthe), SCHOEFFLER (Oreste), BIERBACH (le Précepteur d'Oreste), KLEIN (un Jeune Serviteur), PROGLHOF (un Vieux Serviteur).

Chef d'Orchestre : Karl BOHM

Autres interprètes des principaux rôles à l'Opéra :
Clytemnestre : Mme MONTFORT (1932).
Oreste : M. CAMBON (1932).

L'ENFANT ET LES SORTILEGES   14 représentations
Fantaisie lyrique en deux parties de Colette
Musique de Maurice RAVEL

Créée à l'Opéra de Monte-Carlo, en 1925, dans une mise en scène de Raoul GUNSBOURG, une chorégraphie de BALANCHINE et des décors de Visconti.
Première fois à Paris, à l'Opéra-Comique, dans une mise en scène de Gabriel DUBOIS, une chorégraphie de Louise VIARD et des décors de Deshays et Arnaud. La reprise de 1950 fut faite dans des décors de Michel Terrasse, une chorégraphie de Jean-Jacques ETCHEVERRY et une mise en scène de Louis MUSY.
A Bruxelles, la mise en scène fut signée par DALMAN, la chorégraphie par F. AMBROISINY et les décors par Jean Delescluzes.

	MONTE-CARLO	PARIS	BRUXELLES	PARIS
	Opéra 3-1925	Opéra-Comique 1-2-1926	Monnaie 11-2-1926	Opéra-Comique 17-5-1950
L'Enfant	GAULEY	GAULEY	MERTENS	ANGELICI
la Maman	ORSOLI	CALVET	BALLARD	MICHEL
le Feu	MATHILDE	FERALDY	CLAIRBERT.	S. DELMAS
la Princesse ...	BILHON	FERALDY	CLAIRBERT	R. TARN
le Rossignol ...	FOLIGUET	FERALDY	CLAIRBERT	DUPLEIX
la Chatte	DUBOIS-LAUGER	DUCUING	MARECHAL	LEGOUHY
l'Horloge	WARNERY	BOURDIN	SALES	THIRACHE
le Chat	WARNERY	BOURDIN	DECOCK	THIRACHE
Arithmétique ..	FABERT	HERENT	CLAUDEL	LE PRIN
le Fauteuil	J. LAFONT	GUENOT	RAIDICH	TUBIANA
Chef Orch.	SABATTA	A. WOLFF	BASTIN	CLUYTENS

Première fois au Palais Garnier, le 17 Mai 1939 — Décors et costumes de Paul Colin — Chorégraphie de Serge LIFAR — Mise en scène de Jacques ROUCHE.

Mmes COURTIN (l'Enfant), S. DELMAS (le Feu, la Princesse, le Rossignol), MONTFORT (la Maman), RICQUIER (la Tasse Chinoise), COUVIDOUX (la Libellule), ALMONA (la Chatte), CARRIER (une Pastourelle, la Chauve-Souris), SCHENNEBERG (le Pâtre, l'Ecureuil), LALANDE (la Chouette, la Bergère).

Mlle KERGRIST (la Cendre).

MM. CLAVERE (l'Horloge), NOGUERA (le Chat), CHARLES-PAUL (le Fauteuil), CLAVERIE (l'Arbre), GILLES (le Vieillard arithmétique), DE LEU (la Rainette), NORE (la Théière).

Chef d'Orchestre : Philippe GAUBERT

Reprise du 4 Mars 1960 (7ᵉ représentation) dans des décors et costumes de François Ganeau — Chorégraphie de Michel DESCOMBEY — Mise en scène de Michel CROCHOT.

Mmes OGEAS (l'Enfant), A. SIMON (le Feu, le Rossignol), SAUTE-REAU (la Princesse, la Chauve-Souris), GAYRAUD (la Maman, la Libellule, la Chouette), ANDREANI (la Tasse Chinoise), SABRAN (la Chatte), MESPLE (une Pastourelle), SPANELLYS (le Pâtre), BERBIE (l'Ecureuil, la Bergère).

Mlle SOUHARD (la Cendre).

MM. GERMAIN (l'Horloge, le Chat), FAGGIANELLI (le Fauteuil, l'Arbre), GIRAUDEAU (le Vieillard arithmétique, la Rainette), AMADE (la Théière).

Chef d'Orchestre : Manuel ROSENTHAL

Autres interprètes des principaux rôles à l'Opéra :

l'Enfant : Mme BROUDEUR (1960).
la Chatte : Mme SPANELLYS (1960).
la Princesse : Mmes JAUMILLOT (1960), GUIOT (1960).

★

UN ENLEVEMENT AU SERAIL   47 représentations

Opéra-bouffe en 3 actes de Stéphanie le jeune, d'après la pièce de Bretzner.

Musique de Wolfgang-Amadeus MOZART

Créé au Burgtheater de Vienne, le 12 Juillet 1782.
Première fois à Paris, dans la version originale, le 26 Septembre 1798, au Lycée des Arts.
Première fois dans la traduction de Prosper Pascal, au **Théâtre Lyrique du Boulevard du Temple**, à Paris, le 11 Mai 1859.
Première fois dans la version française de Kufferath et Solvay, le 15 Février 1902, au Théâtre Royal de la Monnaie, à Bruxelles.

	VIENNE 16-7-1782	LONDRES 24-11-1827	PARIS 11-5-1859	BRUXELLES 15-2-1902
Constance	CAVALIERI	HUGUES	MEILLET	A. VERLET
Blondine	TEYBER	VESTRIS	D. UGALDE	L. LANDOUZY
Belmont	ADEMBERGER	SAPIO	MICHOT	L. DAVID
Osmin	FISCHER	WRENN	BATAILLE	BELHOMME
Pédrille	X...	PENSON	FROMANT	FORGEUR
Chef Orch.	MOZART	HAENDEL	DELOFFRE	S. DUPUIS

Première fois au Palais Garnier, le 1ᵉʳ Décembre 1903, dans la version française de Kufferath et Solvay — Mise en scène de LAPISSIDA — Décors de Jambon et Bailly.

Mmes LINDSAY (Constance), VERLET (Blondine).

MM. AFFRE (Belmont), A. GRESSE (Osmin), LAFFITTE (Pédrille), DOUAILLIER (Sélim).

Chef d'Orchestre : Paul VIDAL

Reprises des :	7-11-1921 (11ᵉ)	13-5-1928 (26ᵉ)	27-2-1929 (27ᵉ)	18-5-1941 (30ᵉ)
Constance	RITTER-CIAMPI	NEMETH	RITTER-CIAMPI	E. BERGER
Blondine	ROMANITZA	SCHUMANN	E. NORENA	I. ARMGART
Belmont	DUTREIX	PATAKY	E. RAMBAUD	ROSWAENGE
Osmin	A. GRESSE	ZEC	A. GRESSE	MANOWARDA
Pédrille	RAMBAUD	GALLOS	R. GILLES	ZIMMERMANN
Sélim	MAHIEUX	MUZARELLI	GUYARD	X...
Chef Orch.	R. HAHN	HEGER	RUHLMANN	J. SCHULLER

N. B. — La reprise de 1928 fut faite par les artistes de l'Opéra de Vienne ; celle de 1941 par les artistes de l'Opéra de Berlin, mise en scène de WOLF-VOELKER.

Reprise du 6 Avril 1951 (32ᵉ représentation) dans la traduction d'Adolphe Boschot et J. G. Prod'homme — Mise en scène de Max DE RIEUX — Décors de Claude Dauphin — Chorégraphie de Albert AVELINE.

Mmes S. DELMAS (Constance), N. RENAUX (Blondine).

MM. L. DE LUCA (Belmont), MEDUS (Osmin), GIRAUDEAU (Pédrille), ROUX (Sélim).

Chef d'Orchestre : Louis FOURESTIER

47ᵉ et dernière, le 28 Juin 1953, avec les interprètes de la reprise, sauf : Mme Mado ROBIN (Constance), MM. LEGAY (Belmont), RIALLAND (Pédrille) et George SEBASTIAN au pupitre.

Autres interprètes des principaux rôles à l'Opéra :

Constance : Mmes VECART (1923), ROMANITZA (1923), HEDOIN (1929), MICHEAU (1951).

Blondine : Mmes LAVAL (1923), TURBA-RABIER (1951).

Belmont : MM. D. DEVRIES (1904), RIALLAND (1951).

Osmin : M. PHILIPPE (1951).

Pédrille : M. SORIA (1922).

★

ESCLARMONDE

27 représentations

Opéra romanesque en 4 actes et 8 tableaux de Louis de Gramont et Alfred Blau.

Musique de Jules MASSENET

Créé à Paris, au Théâtre National de l'Opéra-Comique (Salle du Châtelet), le 15 Mai 1889, dans une mise en scène de Charles PONCHARD et une chorégraphie de Mlle MARQUET.
Première fois à Bruxelles, au Théâtre Royal de la Monnaie, le 27 Novembre 1889.
Première fois à St-Pétersbourg, à l'Opéra Impérial, le 16 Janvier 1892, avec Sybil SANDERSON ; puis à Rouen, au Théâtre des Arts, le 13 décembre 1893 avec Mme PRIOLLAUD.

Première fois au Palais Garnier, le 24 Décembre 1923, dans une mise en scène de Pierre CHEREAU — Danses réglées par Mlle C. BROOKE — Décors de Paquereau, Simas et Bailly — Costumes de Dethomas.

Pour la reprise de 1931, les danses furent réglées par Albert AVELINE.

	OPERA-COMIQUE 15-5-1889	MONNAIE 27-11-1889	P A L A I S 24-12-1923	G A R N I E R 11-11-1931
Esclarmonde ..	SANDERSON	DE NUOVINA	HELDY	RITTER-CIAMPI
Parséis	NARDI	DURAND-ULBACH	COURSO	MANCEAU
Chev. Roland .	GIBERT	IBOS	FRANZ	THILL
Emp. Phorcas.	TASKIN	SENTEIN	DELMAS	A. HUBERTY
Evêque de Blois	BOUVET	BOUVET	ROUARD	BROWNLEE
Enéas	BOUDOURESQUE	ISOUARD	DUBOIS	LE CLEZIO
Cléomer	HERBERT	CHALLET	A. HUBERTY	GROMMEN
Envoyé Sarrazin	TROY	COGNY	GUYARD	FROUMENTY
Héraut Bysantin	CORNUBERT	DEBARDY	SORIA	BOINEAU
Chef Orch.	J. DANBE	J. DUPONT	GAUBERT	RUHLMANN

27ᵉ et dernière, le 2 Juin 1934, avec les interprètes de la reprise, sauf : Mme RICQUIER (Parséis), MM. SINGHER (Evêque de Blois), NARCON (Cléomer), FOREST (l'Envoyé Sarrazin).

Le troisième tableau fut représenté isolément, le 4 Juin 1942, à l'occasion d'un « Gala Massenet », avec Mme DOSIA (Esclarmonde) et M. FRONVAL (Roland), sous la direction de François RUHLMANN.

Autres interprètes des principaux rôles à l'Opéra :

Esclarmonde :   Mme MONSY (1923).

Chevalier Roland :   MM. PERRET (1925), LUCCIONI (1933).

Empereur Phorcas : M. A. GRESSE (1924).

Evêque de Blois : M. CAMBON (1933).

★

ESTHER, PRINCESSE D'ISRAEL   9 représentations

Tragédie lyrique en 3 actes de André Dumas et Sébastian-Charles Leconte.

Musique de Antoine MARIOTTE

Créé à Paris, à l'Académie Nationale de Musique (Palais Garnier) le 28 Avril 1925 — Mise en scène de Pierre CHEREAU — Décors et Costumes dessinés par René Piot.

Mmes GALL (Esther), DENYA (Sita, Lyda), LALANDE (Thamar), COURSO (Amensé, Mnasis), FROZIER-MARROT (Hylas).

MM. FRANZ (Mardochée), ROUARD (Assérus), DUCLOS (Aman), DALERANT (le Héraut), CAMBON (le Scribe), MADLEN (le Chef du Palais), REGIS (un Officier, un Blessé).

Au 2ᵉ acte, « Ballet des Roses » réglé par Léo STAATS, dansé par Mlle Jeanne SCHWARZ, Olga SOUTZO, Suzanne LORCIA et le Corps de Ballet.

Chef d'Orchestre : François RUHLMANN

9ᵉ et dernière, le 29 Juin 1925, avec les créateurs, sauf M. PERRET (Mardochée).

Autres interprètes des principaux rôles à l'Opéra :
Esther : Mme BERTHON (1925).

✶

L'ETRANGER   39 représentations

Action musicale en 2 actes — Poème et musique de Vincent d'INDY

Créée à Bruxelles, au Théâtre Royal de la Monnaie, le 7 Janvier 1903. Mise en scène de Charles de BEER, décors de A. Duboscq, costumes de La Gye.
Mmes Claire FRICHE (Vita), RIVAL (la Mère de Vita), SERENO (Madeleine).
MM. ALBERS (l'Etranger), HENNER (André), COLSEAU (le vieux Pierre).

Chef d'Orchestre : Sylvain DUPUIS

Première fois à Paris, au Palais Garnier, le 1er Décembre 1903 — Mise en scène de LAPISSIDA — Décors de Jambon et Bailly — Costumes de Charles Bianchini.

Mmes BREVAL (Vita), GOULANCOURT (la Mère de Vita), MATHIEU (Madeleine), BEAUVAIS (une Vieille), PREVOST (une Jeune Femme), LAUTE-BRUN (1re Ouvrière, 1re Jeune Fille), LAFON-DUPIRE (2e Jeune Fille), BOURGEOIS (2e Ouvrière), MANDIN (3e Jeune Fille).

MM. DELMAS (l'Etranger), LAFFITTE (André), GALLOIS (le Vieux Pierre), GONGUET (un Jeune Homme), DOUAILLIER (un Pêcheur), STAMLER (le Contrebandier, un vieux Pêcheur), LACOME (un Vieux Marin).

Chef d'Orchestre : Paul VIDAL

Reprises des :	13-4-1916 (21e)	31-10-1934 (25e)	29-4-1944 (31e)	30-11-1951 (36e)
Vita	BREVAL	LUBIN	FERRER	CRESPIN
la Mère	COSSET	MONTFORT	MISTRAL	BOUVIER
Madeleine	HARAMBOURG	DONIAU-BLANC	RICQUIER	RICQUIER
une Vieille	DOYEN	ALMONA	ALMONA	MATTIO
Jeune Femme ..	HAMELIN	VIAL	CLERY	CHAUVELOT
Ire Ouvrière ..	NOTICK	HAMY	HAMY	COUVIDOUX
2e Ouvrière ...	BONNEVILLE	MARILLIET	B-PELLIEUX	COLLARD
Ire Jeune Fille	NOTICK	HAMY	COUVIDOUX	MONMART
2e Jeune Fille .	BONNEVILLE	MARILLIET	DESCAMPS	B-PELLIEUX
3e Jeune Fille .	HAMELIN	VIAL	CARRIER	DESMOUTIERS
l'Etranger	DELMAS	A. PERNET	NOUGARO	BECKMANS
André	L. DUFRANNE	LE CLEZIO	FRONVAL	FRONVAL
Vieux Pierre ..	GONGUET	GILLES	GILLES	RAMBAUD
Jeune Homme.	LACOME	CHASTENET	DELORME	CHASTENET
un Pêcheur ...	NARCON	MEDUS	PETITPAS	PETITPAS
Contrebandier.	ERNST	ETCHEVERRY	PHILIPPE	PHILIPPE
Vieux Pêcheur.	ERNST	FOREST	GICQUEL	MAX-CONTI
Vieux Marin ..	NARCON	ERNST	A. RICHARD	A. RICHARD
Chef Orch.	V. d'INDY	GAUBERT	RUHLMANN	FOURESTIER

Les mises en scène furent assurées, pour la reprise de 1934, par Pierre CHEREAU, pour celle de 1951, par José BECKMANS.

39e et dernière, le 3 Mars 1952, avec les interprètes de la reprise de 1951, sauf Mme CHABAL (la Mère de Vita).

Autres interprètes des principaux rôles à l'Opéra :
Vita : GRANDJEAN (1904), DEMOUGEOT (1914), VERNET (1934).
La Mère de Vita : Mmes BONNET-BARON (1914), MONTAZEL (1916).
L'Etranger : M. Albert HUBERTY (1917).
André : MM. DUBOIS (1904), DESHAYES (1944).

✦

EUGENE ONEGUINE   3 représentations

Opéra en 3 actes et 7 tableaux de Tchaïkovsky et Shilovsky, d'après Pouchkine.

Musique de Piotr-Illitsch TCHAIKOVSKY

Créé par les élèves du Collège Impérial de Musique de Moscou, le 29 Mars 1879. Première fois à l'Opéra Impérial de Moscou, le 21 Janvier 1881.
Première fois à l'Olympic Theater de Londres en 1892 puis, en France, à l'Opéra de Nice, le 7 Mars 1895, dans une version de M. C. Delines.
Première fois à Paris, au Théâtre Sarah Bernhardt, le 23 Mai 1911 par la troupe de l'Opéra Impérial de Moscou : Mme TCHEKOSKOIA (Tatiana), MM. BAKLANOFF (Onéguine), BOLCHANOFF (Lensky), MARIA-CHEFF (Prince Gremin), sous la direction de Ivan PALISTINE.

Première fois au Palais Garnier (2e et 3e tableaux du 1er acte seulement), le 9 Décembre 1915, dans la version française de Michel Delines, et pour la réouverture du Palais Garnier (premier spectacle de guerre).

Mmes GALL (Tatiana), LAPEYRETTE (la Niania).

MM. LESTELLY (Eugène Oneguine), LAFFITTE (Lensky).

Chef d'Orchestre : Camille CHEVILLARD

Après trois représentations de ce premier acte, l'Opéra se désintéressa de l'ouvrage qui réapparut, à l'Opéra-Comique, le 12 Mai 1955, dans une mise en scène de Louis MUSY avec :
Mme Geori BOUE (Tatiana), MM. BOURDIN (Eugène Oneguine), Jean GIRAUDEAU (Lensky), Xavier DEPRAZ (Prince Gremmin).

Chef d'Orchestre : Jean FOURNET

✶

FALSTAFF

18 représentations

Comédie Lyrique en 3 actes et 6 tableaux de Arrigo Boïto, tirée des « Joyeuses Commères de Windsor » et du « Henry IV » de Shakespeare. Version française de Paul Solanges et Arrigo Boïto.

Musique de Giuseppe VERDI

Créée à la Scala de Milan, le 5 Février 1893.

	MILAN Scala 5-2-1893	PARIS Opéra-Comique 18-4-1894	LONDRES Covent Garden 20-5-1894	NEW YORK Metropolitan 4-2-1895
Alice Ford	ZILLI	GRANDJEAN	ZILLI	EAMES
Nanette	STEHLE	LANDOUZY	OLGHINA	DE LUSSAN
Quickly	PASQUA	DELNA	RAVOLI	SCHALCHI
Meg Page	GUERRINI	CHEVALIER	KITZU	DE VIGNE
Falstaff	V. MAUREL	V. MAUREL	PESSINA	V. MAUREL
Ford	PINI-CORSI	SOULACROIX	PINI-CORSI	CAMPANARI
Fenton	GARBIN	CLEMENT	BEDUSCI	RUSSITANO
Chef Orch.	MARSCHERONI	DANBE	MANCINELLI	MANCINELLI

| | PARIS
Châtelet
8-6-1910 | BRUXELLES
Monnaie
17-12-1920 | P A R I S | |
			Opéra-Comique 17-5-1952	Th. des Nations 12-5-1958
Alice Ford	ALTEN	HEILBRONNER	GRANDVAL	LIGABUE
Nanette	ALDA	LUART	MICHEAU	SCIUTTI
Quickly	HOMER	RICHARDSON	POWERS	DOMINGUEZ
Meg Page	MAUBOURG	TERKA-LYON	S. MICHEL	CADONI
Falstaff	SCOTTI	A. HUBERTY	L. MUSY	G. EVANS
Ford	CAMPANARI	CHARMAT	JEANTET	BORIELLO
Fenton	JADLOWKER	RAZAVET	AMADE	ONCINA
Dr. Caïus	BADA	DOGNIES	RIALLAND	CUENOD
Pistolet	ROSSI	MAUDIER	DEPRAZ	STEFANONI
Bardolphe	REISS	BOYER	HERENT	CARLIN
Chef Orch.	TOSCANINI	DE THORAN	CLUYTENS	V. GUI

N. B. — En 1958, au Théâtre des Nations, l'œuvre fut présentée par le Festival de Glyndebourne.

Première fois au Palais Garnier, le 3 Avril 1922, dans une mise en scène de MERLE-FOREST — Chorégraphie de Mlles PASMANIK et HOWARTH.

Mmes ALLIX (Alice Ford), LAVAL (Nanette), LAPEYRETTE (Mrs Quickly), ARNE (Meg Page).

MM. A. HUBERTY (Sir John Falstaff), DUCLOS (Ford), RAMBAUD (Fenton), DUBOIS (Dr. Caïus), NARCON (Pistolet), FABERT (Bardolphe).

Chef d'Orchestre : Arturo VIGNA

18ᵉ et dernière, le 4 Juillet 1935 (l'ouvrage n'avait plus été représenté depuis 1926), à l'occasion d'un Gala franco-italien :

Mmes TASSINARI (Alice Ford), TELLINI (Nanette), CATTANEO (Mrs Quickly), PALOMBINI (Meg Page).

MM. STABILE (Sir John Falstaff), BADINI (Ford), EBERLE (Fenton), ZAGONARA (Dr. Caïus), LAZZARI (Pistolet), NESSI (Bardolphe).

Chef d'Orchestre : Tullio SERAFIN

Autres interprètes des principaux rôles à l'Opéra :
Alice Ford :   Mmes BEAUJON (1924), TIRARD (1926).
Nanette :   Mme HARAMBOURE (1924).
Mrs Quickly : Mme MONTFORT (1922), RICHARDSON (1924).
Ford :   M. TEISSIE (1922).
Dr. Caïus :   M. SORIA (1924).

✱

FAUST   2.397 représentations (dont 2.233 au Palais Garnier)

Opéra en 5 actes de Jules Barbier et Michel Carré, d'après le premier « Faust » de Gœthe.

Musique de Charles GOUNOD

Créé à Paris, au Théâtre Lyrique du Boulevard du Temple, le 19 Mars 1859 (57 représentations).
Première fois à Bruxelles, au Théâtre Royal de la Monnaie, le 25 Février 1861.
Repris à Paris, au Théâtre Lyrique du Châtelet, le 18 Décembre 1862, dans une version remaniée (249 représentations).
Première fois au Théâtre Lyrique de la Salle Ventadour à Paris, le 16 Mars 1868 (8 représentations). Il y eut donc 314 représentations de FAUST à Paris, avant l'entrée de l'ouvrage à l'Opéra.

	THEATRE LYRIQUE Bd du Temple 19-3-1859	BRUXELLES Monnaie 25-2-1861	THEATRES LYRIQUES	
			Châtelet 18-12-1862	Ventadour 16-3-1868
Marguerite	CARVALHO	BOULART	CARVALHO	CARVALHO
Siébel	FAIVRE	DUPUY	FAIVRE	DUCASSE
Marthe	DUCLOS	MEURIOT	DUCLOS	DUCLOS
Faust	BARBOT	JOURDAN	MONTJAUZE	MASSY
Méphisto	BALANQUE	BATAILLE	BALANQUE	TROY
Valentin	REYNALD	CARMAN	REYNAL	BARRE
Wagner	CIBOT	BORSARY	WARTEL	GUYOT
Chef Orch.	DELOFFRE	HANSSENS	DELOFFRE	DELOFFRE

Entre temps, l'ouvrage fut créé à Londres, au Théâtre de Leurs Majestés, le 11 Juin 1863 (Mme TIETJENS, MM. GIUGLINI, SANTLEY), puis, au Covent Garden, le 2 Juillet 1863 (Mme CARVALHO, MM. TAMBELICK, FAURE).

La première à New York, à l'Académie de Musique, eut lieu le 26 Novembre 1863, avec Mme KELLOG, MM. MAZZOLENI, BIACHI.

Première fois à l'Académie Impériale de Musique (salle Le Peletier) le 3 Mars 1869, avec, pour la première fois, le ballet « la Nuit de Walpurgis », réglé par JUSTAMANT. Les décors sont de Despléchins, Cambon, Rubé, Chaperon et Lavastre.

Mmes Christine NILSSON (Marguerite), MAUDUIT (Siébel), DESBORDES (Dame Marthe).

MM. COLIN (Faust), FAURE (Méphistophélès), DEVOYOD (Valentin), GASPARD (Wagner).

Ballet : Mlles FIORETTI, FONTA, FIOCRE.

Chef d'Orchestre : Georges HAINL

50e représentation, le 6 Septembre 1869, avec les créateurs, sauf Mme MIOLAN-CARVALHO (Marguerite).

100e, le 12 Novembre 1871 avec :

Mmes F. DEVRIES (Marguerite), ARNAUD (Siébel), DESBORDES (Marthe).

MM. BOSQUIN (Faust), GAILHARD (Méphisto), CARON (Valentin), GASPARD (Wagner).

Chef d'Orchestre : Ernest DELDEVEZ

Après l'incendie de la Salle Le Peletier, FAUST fut donné Salle Ventadour. C'est là que « Marguerite » fut chanté par Adeline PATTI (18-10-1874).

FAUST au Palais Garnier

Au cours d'un Gala, le 30 Mai 1875, au profit des œuvres des Pupilles de la Guerre, le 3e acte, la scène de la prison et le trio du 5e acte furent représentés dans un décor de « Guillaume Tell »,ceux de l'Opéra n'étant pas encore prêts, avec Mme CARVALHO (Marguerite), MM. VERGNET (Faust), Pèdro GAILHARD (Méphisto) et MANOURY (Valentin).

L'œuvre fit son entrée au Palais Garnier, le 6 Septembre 1875, dans une mise en scène de Léon CARVALHO, une Chorégraphie de JUSTAMANT et des décors de Cambon et Daran (1er et 3e actes), Lavastre et Despléchins (2e et 4e actes), Rubé et Chaperon (5e acte).

Elle fut remontée au Palais Garnier, le 4 Décembre 1893, dans une mise en scène nouvelle de LAPISSIDA, une Chorégraphie de HANSEN et des décors de Carpezat (1er acte) Rubé et Chaperon (2e et 4e), Cornil (3e), Frémont (5e).

La première matinée qui fut donnée au Palais Garnier, le 22 Février 1887, fut consacrée à FAUST.

	Première Palais Garnier 6-9-1875 (167e)	500e OPERA 23-11-1887 (500e)	1.000e PARIS 14-12-1894 (680e)	1.000e OPERA 28-7-1905 (1.000e)
Marguerite	CARVALHO	LUREAU	Rose CARON	LINDSAY
Siébel	DARAM	SAROLTA	AGUSSOL	D'ELTY
Marthe	GEISMAR	CANTI	DESCHAMPS-JEHIN	BEAUVAIS
Faust	VERGNET	J. DE RESZKE	ALVAREZ	SCAREMBERG
Méphisto	P. GAILHARD	E. DE RESZKE	F. DELMAS	A. GRESSE
Valentin	MANOURY	MELCHISSEDEC	M. RENAUD	TRIADOU
Wagner	GASPARD	LAMBERT	DOUAILLIER	CANCELIER
Ballet	FONTA	BERNAY	HIRSCH	VIOLLAT
	Z. MERANTE	ROUMIER	ZAMBELLI	BARBIER
	MONTAUBRY	HIRSCH	PIODI	ROUMIER
Chef Orch.	DELDEVEZ	VIANESI	TAFFANEL	P. VIDAL

La 500ᵉ fut, en réalité, fêtée le 4 Novembre 1887, avec la même distribution que pour la véritable 500ᵉ, sauf Mme PLOUX (Siébel).

Pour l'inauguration de leur direction, MM. Broussan et Messager présentèrent FAUST, le 25 Janvier 1908, dans de nouveaux décors signés de Carpezat, Amable et Cioccari (1ᵉʳ acte), Simas (2ᵉ acte), Amable, Cioccari, Carpezat, Jambon et Bailly (3ᵉ acte), Ronsin (4ᵉ et 5ᵉ actes). Les costumes sont de Pinchon. Mise en scène de Paul STUART. Chorégraphie de Léo STAATS.

Le 19 Mars 1909, on donnait FAUST en Gala pour fêter le cinquantenaire de sa création au Théâtre Lyrique.

Le Palais Garnier ayant été fermé au moment des hostilités en 1914, FAUST fut représenté par l'Opéra dans la salle du Trocadéro, le 29 Avril 1915. La reprise au Palais Garnier eut lieu le 24 Avril 1916.

	25-1-1908 (1.075ᵉ)	19-3-1909 (1.114ᵉ)	29-4-1915 (1.251ᵉ)	24-4-1916 (1.252ᵉ)
Marguerite	J. HATTO	Z. BROZIA	M. BUGG	L. EDVINA
Siébel	N. MARTYL	COURBIERES	COURBIERES	COURBIERES
Marthe	GOULANCOURT	GOULANCOURT	DOYEN	BONNET-BARON
Faust	MURATORE	MURATORE	LAFFITTE	GAUTIER
Méphisto	DELMAS	JOURNET	A. GRESSE	A. GRESSE
Valentin	DANGES	DUCLOS	LESTELLY	COUZINOU
Wagner	LEQUIEM	CHAPPELON	CHAPPELON	ERNST
Ballet	ZAMBELLI	A. BONI	JOHNSSON	JOHNSSON
	BARBIER	BARBIER	BARBIER	SCHWARZ
	URBAN	L. PIRON	SCHWARZ	VALSI
Chef Orch.	P. VIDAL	BACHELET	H. BUSSER	H. BUSSER

Par la suite, FAUST fut donné de façon constante et régulière.

	8-3-1919 (1.300ᵉ)	26-3-1922 (1.400ᵉ)	29-3-1925 (1.500ᵉ)	5-11-1927 (1.600ᵉ)	13-9-1930 (1.700ᵉ)
Marguerite	BUGG	CROS	LAVAL	NESPOULOUS	BERTHON
Siébel	COURBIERES	COURBIERES	LALANDE	Y. GERVAIS	LALANDE
Marthe	BONNET-BARON	MONTFORT	COSSINI	MONTFORT	MONTFORT
Faust	FRANZ	SORIA	TRANTOUL	THILL	VERGNES
Méphisto	MARCOUX	A. GRESSE	A. GRESSE	JOURNET	BORDON
Valentin	Y. NOEL	TEISSIE	MAURAN	MAURAN	CAMBON
Wagner	ERNST	EZANNO	ERNST	R. LUBIN	NEGRE
Ballet	J. SCHWARZ	C. BOS	CRAPONNE	C. BOS	LAMBALLE
	C. BOS	ROUSSEAU	DAMAZIO	LORCIA	BARBAN
	FRANCK	CRAPONNE	DELSAUL	ELLANSKAIA	SIMONI
Chef Orch.	H. BUSSER	H. BUSSER	H. BUSSER	H. BUSSER	G. GROVLEZ

Le 22 Janvier 1932, l'œuvre était présentée dans sa version originale, celle de la création au Théâtre Lyrique, en 1859, dans une mise en scène de Jacques ROUCHE, et sans ballet :

Mmes Mignon NEVADA (Marguerite), GERVAIS (Siébel), MONTFORT (Dame Marthe).

MM. VILLABELLA (Faust), André PERNET (Méphistophélès), SINGHER (Valentin), NARCON (Wagner), MADLEN, BOINEAU et FOREST (3 Etudiants).

Chef d'Orchestre : Henri BUSSER

Cette version ne fut donnée que 4 fois ; dès le 27 Février, FAUST réapparaissait tel qu'il fut créé à l'Opéra.

La 2.000ᵉ à Paris fut fêtée le 31 Décembre 1934 (c'était la 1.809ᵉ à l'Opéra), au cours d'un Gala particulièrement somptueux.

En 1939, le Palais Garnier fut à nouveau fermé au début des hostilités, mais l'Opéra donna le 11 Novembre une représentation de FAUST à la salle Favart, représentation gratuite, uniquement réservée aux militaires. Elle eut lieu en matinée.

	1.800e le 23-7-1934	2.000e à Paris 31-12-1934	1.900e le 25-3-1939	Salle Favart 11-11-1939 (1914e)
Marguerite	MORERE	GALL	HOERNER	CARRIER
Siébel	GERVAIS	FERRER	MAHE	St-ARNAUD
Marthe	MONTFORT	LAPEYRETTE	COUVIDOUX	COUVIDOUX
Faust	VILLABELLA	THILL	ROUQUETTY	GOURGUES
Méphisto	BORDON	PERNET	RICO	BECKMANS
Valentin	CAMBON	ROUARD	SINGHER	CAMBON
Wagner	ERNST	NARCON	FOREST	ERNST
Ballet	BOS LAMBALLE DIDION	BOS LORCIA LAMBALLE	S. SCHWARZ LAMBALLE SIMONI	LAMBALLE BARBAN DYNALIX
Chef Orch.	H. BUSSER	GAUBERT	FOURESTIER	FOURESTIER

La 2.000e à l'Opéra, le 11 Février 1944, donna lieu à une distribution multiple, modifiée à chaque tableau :

Mmes BOUE, SEGALA et HOERNER (Marguerite), St-ARNAUD et MONDA-MILLION (Siébel), BOUVIER (Dame Marthe).

MM. JOUATTE, NORE, RAMBAUD et ROUQUETTY (Faust), CABANEL, ETCHEVERRY, BECKMANS, CLAVERIE et FROUMENTY (Méphisto), NOUGARO et CAMBON (Valentin), PHILIPPE (Wagner).

Ballet : Mlles CHAUVIRE, DYNALIX, BINOIS.

Chefs d'Orchestre : RUHLMANN et FOURESTIER

L'ouvrage fut remonté le 13 Avril 1956, dans des décors et costumes dessinés par Walkhevitch, une mise en scène nouvelle de Max DE RIEUX et une Chorégraphie de Albert AVELINE. C'était la 2.241e à l'Opéra.

	2.100e le 28-5-1949	2.200e le 5-4-1954	2.241e le 13-4-1956	2.300e le 27-1-1958
Marguerite	G. BOUE	SEGALA	G. BOUE	SEGALA
Siébel	St-ARNAUD	LECLERE	GABRIEL	PASTOR
Marthe	RICQUIER	G. SERRES	S. MICHEL	G. SERRES
Faust	ROMAGNONI	NORE	NORE	LANCE
Méphisto	ETCHEVERRY	VAILLANT	DEPRAZ	SAVIGNOL
Valentin	BIANCO	MASSARD	E. BLANC	LAFFAGE
Wagner	PETITPAS	SOIX	ALVES	FOREL
Ballet	BARDIN MOREAU BOURGEOIS	LAFON DYNALIX CLAVIER	VAUSSARD BESSY GRIMOIN	AMIEL RAYET MOTTE
Chef Orch.	BLOT	BLOT	FOURESTIER	DERVAUX

Le Centenaire de la Création a été fêté le 23 Mars 1959 (2.336e) à l'Opéra avec une distribution multiple variant à chaque tableau :

Mmes BRUMAIRE, CUMIA et SEGALA (Marguerite), SPANELLYS et PASTOR (Siebel), S. MICHEL (Dame Marthe).

MM. FINEL, LANCE et NORE (Faust), VAILLANT et SAVIGNOL (Méphisto), BACQUIER (Valentin), HURTEAU (Wagner).

Ballet : Mlles VAUSSARD, LAFON, AMIEL, LEROY et BERTHEAS.

Chef d'Orchestre : Louis FOURESTIER

2.400e, sous la direction de Louis FORESTIER, le 25 Mars 1962 avec Mmes LE BRIS (Marguerite), SPANELLYS (Siebel), FOURRIER (Marthe), MM. GOUTTEBROZE (Faust), SERKOYAN (Méphisto), FAGGIANELLI (Valentin) et VAN DAMM (Wagner) — Ballet : Melles COLLEMENT, VLASSI, EVEN.

Autres interprètes des principaux rôles à l'Opéra :

Marguerite : Mmes HISSON (1869), Marie ROZE (1869), THIBAULT (1871), Maria DERIVIS (1873), FOUQUET (1874), FURSCH-MADIER (1874), DE RESZKE (1875), DARAM (1877), HEILBRON (1879), VACHOT (1880), BALDI (1880), GRISWOLD (1881), Gabrielle KRAUSS (1882), NORDICA (1882), ISAAC (1883), BOSMAN (1886), LEISINGER (1887), DARCLEE (1888), EAMES (1889), MELBA (1890), MARCY (1892), CARRERE (1892), BERTHET (1894), ADAMS (1896), LOVENTZ (1896), Aïno ACKTE (1897), CHARLES (1900), DEREIMS (1901), DEMOUGEOT (1903), FARRAR (1905), VIX (1906), DUBEL (1906), VERLET (1907), CHENAL (1907), LAUTE-BRUN (1907), KOUSNIETZOFF (1908), HENRIQUEZ (1908), GARDEN (1908), VISCONTI (1910), KAISER (1910), CAMPREDON (1910), ALE-XANDROWICZ (1910), MENDES (1910), DELISLE (1911), HEMMLER (1911), LORRAINE (1913), LUBIN (1916), FER (1917), BORGO (1917), BOURDON (1918), BLOT (1918), VECART (1918), ALLIX (1919), MASON (1920), VALLIN (1920), DE LUZA (1920), HELDY (1921), RITTER-CIAMPI (1921), HERLEROY (1921), MONSY (1923), BEAUJON (1924), CESBRON-VISEUR (1924), LECUYER (1924), BONAVIA (1925), MAC-CORMICK (1927), DENYA (1927), TIRARD (1928), DE MEO (1928), MARILLET (1929), NORENA (1929), d'ALIGNAN (1929) GERVAIS (1933), BAL-GUERIE (1933), BRANCA (1935), DELPRAT (1937), DELMAS (1938), BONNY-PELLIEUX (1938), VOLFER (1939), BOVY (1939), Solange RE-NAUX (1940), LEQUENNE (1944), DOSIA (1944), LUCAZEAU (1945), GRANDVAL (1946), LUCCIONI (1947), JUYOL (1947), MOIZAN (1949), LOS ANGELES (1949), CAMART (1949), CRESPIN (1952), CASTELLI (1957), MONMART (1958), MONTEIL (1958), JAUMILLOT (1959), GUIOT (1959), K. POPOVA (1959), SARROCA (1961).

Docteur Faust : MM. GRISY (1871), PRUNET (1872), Léon ACHARD (1874), BERTIN (1879), DEREIMS (1879), LAURENT 1880), JOURDAIN (1881), LAMARCHE (1882), SELLIER (1884), CAYLUS (1885), MURATET (1886), JEROME (1888), COSSIRA (1889), VAGUET (1890), ENGEL (1892), DUPEYRON (1894), ANSALDY (1896), AFFRE (1896), DUFFAUT (1897), SALEZA (1898), ROUSSELIERE (1901), Gaston DUBOIS (1902), RIDDEZ (1908), ALTCHEWSKY (1908), GODART (1909), CAMPA-GNOLA (1910), CHAH-MOURADIAN (1911), R. LASSALLE (1911), FON-TAINE (1911), DUTREIX (1913), GOFFIN (1919), SULLIVAN (1919), Eric AUDOIN (1923), GRANAL (1923), William MARTIN (1927), KAISIN (1928), CHAMLEE (1929), MAISON (1929), ROGATCHEWSKY (1931), GENIN (1931), JOBIN (1931), LAURI-VOLPI (1935), ALTERY (1941), GIRIAT (1943), LEROY (1945), LUCCIONI (1946), TALEYRAC (1948), L. de LUCA (1949), HECTOR (1954), DI STEFANO (1954), HUYLBROCK (1955), LAROZE (1955), BLONDEL (1959), BOTIAUX (1960), LEGAY (1961).

Méphistophélès : MM. CASTELMARY (1869), BOUHY (1871), BATAILLE (1876), BERARDI (1878), LORRAIN (1879), Victor MAUREL (1880), PLAN-CON (1883), DUBULLE (1884), ISNARDON (1892), FOURNETS (1892), CHAMBON (1896), BAER (1903), CERDAN (1910), MARVINI (1911), Albert HUBERTY (1916), ARNAL (1923), MAHIEUX (1923), AQUISTAPACE (1923), PEYRE (1926), Claude GOT (1929), KIPNIS (1930), MOROT (1931), PACTAT (1938), MEDUS (1947), HUC-SANTANA (1947), FRANZINI (1948), Michel ROUX (1950), Ivan PETROV (1954), ARIE (1955), GUIAOUROV (1958), HURTEAU (1961).

Valentin : MM. ROUDIL (1872), COUTURIER (1878), AUGUEZ (1879), BERARDI (1886), MARTAPOURA (1886), CLAYES (1889), DOUAILLIER (1891), GRIMAUD (1892), Gaston BEYLE (1892), CASTEL (1892), BARTET (1893), NOTE (1894), SIZES (1897), RIDDEZ (1900), DINH GILLY (1903), NUCELLY (1908), RIGAUX (1909), BECK (1911), CARRIE (1911), ROSELLY (1913), ROOSEN (1913), BESSERVE (1922), CARBELLY (1922), DALERANT (1924), LANTERI (1924), BROUET (1928), ENDREZE (1929), FOREST (1933), CHARLES-PAUL (1935), CLAVERE (1936), BUSSONNET (1937), COTTA (1938), NOGUERA (1942), LAGARDE (1943), GICQUEL (1945), DENS (1947), BOURDIN (1949), ORDA (1949), BORTHAYRE (1951), PEYROTTES (1956), GRIFFONI (1960).

★

LA FAVORITE

692 représentations
dont 250 au Palais Garnier

Opéra en 4 actes d'Alphonse Royer et Gustave Newenhuysen, dit Waez

Musique de Gaetano DONIZETTI

Créé à Paris, à l'Académie Royale de Musique (Salle Le Peletier), le 2 Décembre 1840.

Mmes STOLTZ (Léonore), ELIAN (Inès).

MM. DUPREZ (Fernand), BARROILHET - débuts - (Alphonse XI, Roi de Castille), LEVASSEUR (Balthazar), WARTEL (don Gaspard), MOLINIER (un Seigneur).

Divertissement réglé par MABILLE, dansé par Mlles NOBLET, A. DUPONT, BLANGY et le Corps de Ballet.

Chef d'Orchestre : François-Antoine HABENECK

100ᵉ représentation, le 18 Février 1849 avec :

Mmes MASSON (Léonore), PONCHARD (Inès),

MM. DUPREZ (Fernand), PORTEHAUT (Alphonse), BREMOND (Balthazar), KOENIG (Gaspard).

Chef d'Orchestre : Narcisse GIRARD

Première fois au Palais Garnier, le 21 Janvier 1875, dans une mise en scène de Léon CARVALHO, Chorégraphie de J. HANSEN.

	25-1-1875 (443ᵉ)	21-7-1879 (500ᵉ)	25-5-1888 (600ᵉ)	3-2-1896 Reprise (639ᵉ)
Léonore	R. BLOCH	H. RICHARD	H. RICHARD	DESCHAMPS-JEHIN
Inès	ARNAUD	SOUBRE	SAROLTA	AGUSSOL
Fernand	ACHARD	BOSQUIN	IBOS	ALVAREZ
Alphonse	FAURE	BOUHY	MELCHISSEDEC	RENAUD
Balthazar	MENU	MENU	DUBULLE	L. GRESSE
don Gaspard ..	SAPIN	SAPIN	SAPIN	GANDUBERT
un Seigneur ..	ROMAN	GIRARD	GIRARD	LAFAYE
Ballet	RIGHETTI SANLAVILLE	SANGALLI MAURI	MAURI SUBRA	ZAMBELLI SANDRINI
Chef Orch.	DELDEVEZ	E. ALTES	VIANESI	TAFFANEL

N.-B. — Reprise de 1896 : Décors de Chaperon et fils, Jambon et Bailly, Amable, Carpezat, Rubé et Moisson — Mise en scène de LAPISSIDA.

Reprises des :	18-9-1899 (668ᵉ)	30-11-1904 (671ᵉ)	21-4-1917 (680ᵉ)	692ᵉ et dernière 25-8-1918
Léonore	M. DELNA	ROYER	SYLVA	DAUMAS
Inès	AGUSSOL	LAUTE-BRUN	LAUTE-BRUN	LAUTE-BRUN
Fernand	ALVAREZ	AFFRE	LAFFITTE	LAFFITTE
Alphonse	RENAUD	NOTE	BATTISTINI	LESTELLY
Balthazar	L. GRESSE	CHAMBON	A. HUBERTY	A. HUBERTY
don Gaspard ..	CABILLOT	GALLOIS	L. DUFRANNE	L. DUFRANNE
Ballet	DESIRE	ZAMBELLI	ZAMBELLI	ZAMBELLI
	VANGOETHEN	SANDRINI	AVELINE	AVELINE
Chef Orch.	MANGIN	VIDAL	A. VIGNA	RUHLMANN

Autres interprètes des principaux rôles à l'Opéra :

Léonore : Mmes JULIENNE (1849), FROGER (1850), ALBONI (1850), COURTOT (1852), TEDESCO (1852), DUEZ (1853), WERTHEIMBER (1854), BORGHESE (1855), BORGHI-MANO (1856), ARTOT (1858), SANNIER (1859), CSILLAG (1859), BARBOT (1860), VIARDOT (1862), GUEYMARD-LAUTERS (1862), TALVO-BEDHONI (1863), FIGUET (1884), DOMENECH (1890, DUFRANNE (1896), LAPEYRETTE (1918).

Fernand : MM. MARIE (1843), GARDONI (1845), BORDAS (1847), POULTIER (1848), ESPINASSE (1849), ROGER (1849), MAIRALT (1851), DELAGRAVE (1851), GUEYMARD (1852), NERI-BARALDI (1855), REYNOLD (1856), SAPIN (1859), MICHOT (1860), RENARD (1860), DULAURENS (1862), MORERE (1864), VILLARET (1869), RICHARD (1872), SALOMON (1875), VERGNET (1876), DEREIMS (1879), SELLIER (1884), MURATET (1886), COSSIRA (1888), BERNARD (1888), VAGUET (1892), ENGEL (1892), ANSALDY (1896), SULLIVAN (1916).

Alphonse : MM. CANAPLE (1843), LATOUR (1844), DESTERBERG (1849), BEAUCE (1849), LAURENT (1851), BERNARDI (1851), GRIGNON (1851), MARIE (1851), MORELLI (1851), BONNEHEE (1853), BUSSINE (1857), DUMESTRE (1857), CARON (1864), DEVOYOD (1870), ROUDIL (1871), MANOURY (1874), V. MAUREL (1882), BERARDI (1885), MARTAPOURA (1886), DUFRICHE (1892), G. BEYLE (1892), BARTET (1896), TEISSIE (1918).

Balthazar : MM. DERIVIS (1841), BOUCHE (1843), SERDA (1845), BESSIN (1846), GENIBREL (1848), OBIN (1851), COULON (1854), BELVAL (1856), CAZAUX (1860), BONNESSEUR (1863), DAVID (1864), PONSARD (1870), ECHETTO (1871), BOUDOURESQUE (1875), GIRAUD (1881), GIRAUDET (1882), HOURDIN (1884), PLANÇON (1891), A. GRESSE (1916).

★

FEDORA   1 représentation

Drame Lyrique en 3 actes de A. Calautti, d'après V. Sardou

Musique de Umberto GIORDANO

Créé à Milan, au Théâtre Lyrique, le 17 Novembre 1898, par Mme Gemma BELLINCIONI (Fédora), MM. Enrico CARUSO (Loris), Delfino MENOTTI (de Sirieix), sous la direction de l'Auteur.

Première fois à Paris, au Théâtre Italien (Salle Sarah Bernhardt), le 13 Mai 1905.

Mmes Lina CAVALIERI (Princesse Fédora), BARONE (Comtesse Olga), GIUSSANI (Dimitri).

MM. Enrico CARUSO (Comte Loris Opanov), Titta RUFFO (de Sirieix), BADA (Désiré), PAROLI (Baron Rouvel), LUPPI (Cyril), WIGLEY (Borov), WUHLMANN (Grech), RESCHIGLIAN (Lorek).

Chef d'Orchestre : Rodolfo FERRARI

Première fois au Palais Garnier (le 2ᵉ acte seulement) le 20 Octobre 1910, au cours d'un Gala au bénéfice du Monument Sardou.

Mmes Lina CAVALIERI (Princesse Fédora), HEILBRONNER (Princesse Olga).

MM. DE LUCIA (Comte Loris Ipanov), VAURS (de Sirieix), Raymond GILLES (Désiré), PASQUIER (Cyril), PAYAN (Grech).

Chef d'Orchestre : Umberto GIORDANO

★

FERVAAL

10 représentations

Action musicale en 3 actes et un Prologue

Poème et musique de Vincent d'INDY

Créée à Bruxelles, au Théâtre Royal de la Monnaie, le 12 Mars 1897, par Mmes Jeanne RAUNAY (Guilhen), ARMAND (Kaïto), MM. IMBART DE LA TOUR (Fervaal), SEGUIN (Arfagard), MILCAMPS (un Berger), sous la direction de Philippe FLON.

Première fois à Paris, au Théâtre National de l'Opéra-Comique, (Salle du Châtelet), le 10 Mai 1898, dans une mise en scène d'Albert CARRE, avec Mmes Jeanne RAUNAY (Guilhen), DHUMONT (Kaïto), MM. IMBART DE LA TOUR (Fervaal), Gaston BEYLE (Arfagard), CARBONNE (Leensmor), ISSAUREL (un Berger), sous la direction d'André MESSAGER.

Première fois au Palais Garnier, le 31 Décembre 1912, dans une mise en scène de Paul STUART et des décors de Simas (1ᵉʳ acte), Rochette et Landrin (2ᵉ et 3ᵉ actes) — Costumes de Pinchon.

Mmes BREVAL (Guilhen), CHARNY (Kaïto).

MM. MURATORE (Fervaal), DELMAS (Arfagard), DUTREIX (Lennsmor), CERDAN (Grypuig), DELRIEU (Ferkemnat), DURAND (Geywhir), TRIADOU (Gwelkingubar, un Paysan), VARELLY (Edwig), CHAPPELON (Penvald), EZANNO (Helwrig), DELMONT (Beddre), NANSEN (Ilbert, Doussah), DUBOIS (Chennos, un Paysan), REY (le Messager, un Paysan), GONGUET (un Berger, un Barde, un Paysan), TAVEAU (Buduann, un Paysan).

Chef d'Orchestre : André MESSAGER

10ᵉ et dernière représentation, le 27 Octobre 1913, avec les créateurs, sauf : Mme DEMOUGEOT (Guilhen), M. COUZINOU (Geywihr) et Henri RABAUD au pupitre.

Autres interprètes à l'Opéra :

Guilhen : Mme HATTO (1913).

Le maître Vincent d'INDY a dirigé son œuvre le 10 Juin 1913.

★

LES FETES d'HEBE   228 représentations
                                                    aucune au Palais Garnier

Opéra-ballet en 3 entrées et un Prologue de Gontier de Mondorge

Musique de Jean-Philippe RAMEAU

Créé à Paris, à l'Académie Royale de Musique (1re Salle du Palais Royal) le 21 Mai 1739.

Prologue : Mmes FEL (Hébé), BOURBONNOIS (l'Amour),
            M. CUVILLIER (Momus).

1re Entrée : Mme EREMANS (Sapho),
            MM. JELYOTTE (Thélème), DUN (Hymas).

2e Entrée : Mme PELISSIER (Iphise),
            M. LE PAGE (Tirtée).

3e Entrée : Mlle MARIETTE (Aeglé),
            MM. JELYOTTE (Mercure), DUN (Eurilas).

Danses : Mlle DORIVAL, M. DUPRE et le Corps de Ballet.

Chef d'Orchestre : CHERON.

228e et dernière représentation, le 9 Mai 1765, dans la Salle des Tuileries.

Depuis cette date, l'ouvrage ne fut plus représenté. Cependant, le « Prologue » seul fut repris, par la troupe de l'Opéra, pour deux représentations données les 27 et 29 Juin 1950, sur la scène du Théâtre de la Reine au Petit Trianon, à Versailles.

Mise en scène de Louis MUSY, Chorégraphie de Albert AVELINE, décor et costumes de Jacques Dupont.

Mmes LUCCIONI (Hébé), ALARIE (l'Amour).

M. AMADE (Momus).

Mlles TOUMANOVA (1re Thessalienne), VAUSSARD (le Zéphyr), MOREAU, BOURGEOIS, DAYDE (3 Grâces), M. Jean-Paul ANDREANI (1er Thessalien).

Chef d'Orchestre : Roger DESORMIERE

FIDELIO   94 représentations

Opéra-comique en 3 actes de Josef Sonnleithner et Georges Friedrich Treitschke, d'après « Léonore », mélodrame de Bouilly, mis en musique par Gaveaux.

Musique de Ludwig Van BEETHOVEN

Créé le 20 Novembre 1805, au Théâtre An der Wien, à Vienne, sous le titre de « Léonore ou l'Amour Conjugal », avec :

Mmes Anna MILDER (Léonore), Louise MULLER (Marceline),

MM. DEMMER (Florestan), MEIER (Jacquino), ROTHE (Pizzaro), WEINKOPF (don Fernand) et CACHE (Rocco), sous la direction de BEETHOVEN.

Première fois à Prague, en 1805, mais avec une ouverture différente. Repris à Vienne, le 20 Mars 1806, sous le titre de « FIDELIO », dans une version en deux actes, avec une ouverture d'une troisième manière, celle qui fut d'ailleurs conservée.

A Paris, l'œuvre fut créée en 1825, au Théâtre Lyrique de l'Odéon, dans une version française de Castil-Blaze. Elle fut donnée salle Favart, en 1831, dans sa version originale, par une troupe allemande en saison ; puis, dans une version italienne, en 1852 aux Italiens.

Le Théâtre Lyrique du boulevard du Temple l'adopta en 1860 dans une version française de G. Antheunis, puis l'Opéra-Comique, en 1898, dans celle de Jules Barbier et Michel Carré.

	Odéon 1825	Salle Favart 12-5-1831	Th. Italien 29-1-1852	Th. Lyrique 5-5-1860	Opéra-Comique 30-12-1898
Léonore ...	MEYSSIA	DEVRIENT	CRUVELLI	VIARDOT	Rose CARON
Marceline .	DORGEBRAY	PISTRICH	CORBARI	FAIVRE	LAISNE
Florestan .	CŒURIOT	HAITZINGER	CALZOLARI	GUARDI	VERGNET
Jacquino .	BIZOT	WIESER	SOLDI	FROMANT	CARBONNE
Pizzaro ...	MARGAILLAN	FISCHER	BELLETI	SERENE	BOUVET
Fernando .	BERNARD	FURST	SUSINI	VANAUD	A. GRESSE
Rocco	CAMOIN	KREBS	FORTINI	BATAILLE	G. BEYLE
Chef Orch.	X...	X...	VIANESI	DELOFFRE	MESSAGER

Première fois au Palais Garnier, le 15 Février 1926, par la troupe de l'Opéra Royal de la Haye.

Repris le 6 Mai 1928, par les Artistes et l'orchestre de l'Opéra de Vienne. Repris le 4 Juin 1936, par les Artistes de l'Opéra de Vienne.

Première fois par la Troupe de l'Opéra, dans la Salle du Théâtre des Champs-Elysées, le 13 Janvier 1937. Mise en scène de Pierre CHEREAU, décors et projections lumineuses de Klausz. Version française de Maurice Kufferath.

	15-2-1926 (1e)	6-5-1928 (3e)	4-6-1936 (4e)	13-1-1937 (6e)
Léonore	POOL-MEISSNER	L. LEHMANN	L. LEHMANN	LUBIN
Marceline	FULDAUER	E. SCHUMANN	L. SCHOENE	L. SCHOENE
Florestan	CHRIS DE VOS	R. TAUBER	VOLCKER	JOUATTE
Jacquino	J. R. SCHULZE	GALLOS	VERNICK	NORE
Pizzaro	HELVOIRT-PEL	JERGER	SCHEIDL	BECKMANS
Fernando	John ISEKE	MARKHOFF	ETTL	ETCHEVERRY
Rocco	KUBBINGA	HAYR	BAUMANN	FROUMENTY
Prisonnier ...	VAN DEN PLOEG	VERNICK	GOURGUES	GOURGUES
id.	ALEXANDERS	ETTL	MEDUS	MEDUS
Chef Orch.	VAN RAALT	F. SCHALK	Bruno WALTER	Ph. GAUBERT

	28.10.1940 (21e)	26-12-1942 (50e)	9-3-1955 (81e)	20-5-1960 (84e)
Léonore	LUBIN	HOERNER	BROUWENSTIJN	BROUWENSTIJN
Marceline	MAHÉ	MAHE	SAILER	SAILER
Florestan	JOUATTE	JOUATTE	WINDGASSEN	BEIRER
Jacquino	RAMBAUD	RAMBAUD	PFEIFLE	DICKIE
Pizzaro	BECKMANS	CH-PAUL	NEIDLINGER	BIANCO
Fernando	PACTAT	PACTAT	SCHIRP	SERKOYAN
Rocco	A. HUBERTY	FROUMENTY	VON ROHR	GREINDL
Prisonnier ...	GOURGUES	DELORME	BLESSIN	CHAUVET
id.	MEDUS	PETITPAS	WOHLGEMUTH	HURTEAU
Chef Orch.	GAUBERT	RABAUD	LEITNER	KNAPPERTSBUSCH

N. B. — Reprise de 1955 avec les Artistes et les Chœurs de l'Opéra de Stuttgart : décors, costumes et mise en scène de Wieland WAGNER. Un récitant (M. Jean BERGER) présentait les tableaux.

Autres interprètes des principaux rôles à l'Opéra :

Léonore : Mme MONMART (1960), MAS (1960).

Marceline : Mmes SAINT-ARNAUD (1947), SABATIER (1948), GUIOT (1960), LEGER (1960), SAUTEREAU (1961).

Florestan : M. FRONVAL (1961), CHAUVET (1960), RIALLAND (1961).
Jacquino : MM. DERENNE (1947), GIRAUDEAU (1948), CADIOU (1960).
CORAZZA (1960).
Fernando : M. DUTOIT (1943).
Rocco : MM. MOROT (1937), MEDUS (1946).

★

LE FIFRE ENCHANTE   Aucune au Palais Garnier

Opéra-comique en un acte de Nuitter et Tréfeu

Musique de Jacques OFFENBACH

Créé à Ems en 1867.
Première fois à Paris, au Théâtre des Bouffes-Parisiens, le 30 Septembre 1868.
Mmes PERIER (Caroline), FONTI (Rigobert), GILBERT (Mme Robin), MUNIER (Laroze), GAYET (Latulipe), CHRISTIANE (Lavaleur), LEDUC (Lespérance).
MM. BONNET (Popolinet), MONTBART (Robin).

Chef d'Orchestre : JACOBY

Bien que jamais affiché au Palais Garnier, cet ouvrage y fut travaillé, en vue de la représentation donnée, par les Artistes de l'Opéra, le 24 Octobre 1927, dans les Salons de l'Hôtel Claridge à Paris, au cours d'un Gala organisé en l'honneur de Sa Majesté le Roi Fouad d'Egypte.

Mise en scène de Pierre CHEREAU

Mmes RITTER-CIAMPI (Caroline), DENYA (Rigobert), LAPEYRETTE (Mme Robin), LALANDE (Laroze), REX (Latulipe), LLOBERES (Lavaleur), GERVAIS (Lespérance).
MM. André BAUGÉ (Popolinet), FABERT (Robin).

Chef d'Orchestre : Gabriel GROVLEZ

★

LA FILLE DE MADAME ANGOT   1 représentation (2e acte)

Opéra-Comique en 3 actes de Clairville, Sirodin et Koning

Musique de Charles LECOCQ

Créé à Bruxelles, le 4 Décembre 1872 par :
Mmes DESCLAUZAS (Mlle Lange), LUIGINI (Clairette), DELORME (Amaranthe).
MM. WIDMER (Ange Pitou), JOLY (Pomponnet), CHARLIER (Larivaudière), TOUZE (Trénitz), ERNOTTE (Louchard), sous la direction de WARNOTZ.
Première fois à Paris, au Théâtre des Folies Dramatiques, le 21 Février 1873, avec :
Mmes DESCLAUZAS (Mlle Lange), PAOLA-MARIE (Clairette), TOUDOUZE (Amaranthe).
MM. MENDASTI (Ange Pitou), DUPIN (Pomponnet), LUCO (Larivaudière), AYME (Trénitz), LEGRAIN (Louchard).

Première fois au Palais Garnier, le 2e acte seulement, le 28 Avril 1912, à l'occasion d'un Gala organisé par l'Aviation Française.
Mmes GALLOIS (Mlle Lange), Edmée FAVART (Clairette).
MM. SARDET (Ange Pitou), GILLY (Pomponnet), ALBERTI (Larivaudière), DESIRE (Trénitz), DOUCET (Louchard).

Chef d'Orchestre : André MESSAGER

LA FILLE DE ROLAND

12 représentations

Tragédie musicale en 4 actes de Paul Ferrier, d'après Henry de Bornier.

Musique de Henri RABAUD

Créée à Paris, au Théâtre National de l'Opéra-Comique, le 16 Mars 1904, dans une mise en scène d'Albert CARRE.
Première fois à Bruxelles, au Théâtre Royal de la Monnaie, le 7 Octobre 1921, dans une mise en scène de Pierre CHEREAU.

Première fois au Palais Garnier, le 27 Octobre 1922. Mise en scène de Pierre CHEREAU — Décors de Paquereau.

	OPERA-COMIQUE 16-3-1904 Création	BRUXELLES 7-10-1921	PALAIS 27-10-1922 (1e)	GARNIER 11-1-1926 (12e)
Berthe	CARRE	HEILBRONNER	LUBIN	BONAVIA
Geoffroy	BERIZA	PRICK	COSSINI	MARILLIET
Théobalt	DUMESNIL	DARYSE	REX	REX
Gérald	L. BEYLE	PERRET	FRANZ	FRANZ
Amaury	H. DUFRANNE	CARRIE	ROUARD	ROUARD
Charlemagne ..	F. VIEUILLE	ARNAL	DELMAS	DELMAS
Ragenhardt ...	SIZES	MAUDIER	FABERT	FABERT
Duc de Nayme	ALLARD	DECOCK	A. GRESSE	A. GRESSE
Hardré	VIGUIE	SMEETS	COMBES	DALERANT
Radbert	HUBERDEAU	CHANTRAINE	F. BORDON	BORDON
			SORIA	SORIA
Une Voix				
Un Serviteur ..		VINCK	ERNST	ERNST
Un Garde		VAN DEN EYNDE	BRUYAS	GUYARD
Neuthold ...		ROBERT	TREGUY	TREGUY
Chef Orch.	MESSAGER	DE THORAN	GAUBERT	RUHLMANN

★

LA FILLE DU FAR-WEST

6 représentations
(dont 3 du 2e acte, seul)

Opéra en 3 actes, tiré du roman de David Bélasco, par Guelfo Civinini et Carlo Zangarini.

Musique de Giacomo PUCCINI

Créé à New York, au Metropolitan-Opera, le 12 Décembre 1910.
Première fois en Europe, à l'Opéra de Monte-Carlo, le 2 Avril 1912, dans une mise en scène de CHALMIN et des décors de Visconti, décors lumineux de Frey.

Première fois à Paris, au Palais Garnier, par les Artistes de l'Opéra de Monte-Carlo, le 16 Mai 1912.

	NEW YORK (12-12-1910)	MONTE-CARLO (2-4-1912)	PALAIS GARNIER (16-5-1912)
Minnie	M. MATTFELD	P. RANDACCIO	Carmen MELLIS
Wowle	E. DESTINN	N. LOLLINI	N. NOLLINI
Dick Johnson .	E. CARUSO	G. MARTINELLI	E. CARUSO
Jack Rance ...	P. AMATO	BORGHESE	Titta RUFFO
Sonora	DINH-GILLY	A. ALLARD	A. ALLARD
Ashby	A. DIDUR	BUCUCCI	BECUSSI
Jack Walace ..	DE SEGUROLA	ALBERTHAL	LECONTE
Larkens	B. BEGUE	CHALMIN	GOVONI
Nick	A. REISS	Ch. DELMAS	Ch. DELMAS
Trin	A. BADA	PROFERISCE	PROFERISCE
Sid	G. ROSSI	STEPHAN	STEPHAN
Betto	RESCHIGLIAN	GASPARINI	GASPARINI
Harry	P. AUDISIO	MUSSO	MUSSO
Joe	G. HALL	SIDERO	SIDERO
Happy	PINI-CORSI	GARZO	GARZO
Billy	G. BOURGEOIS	NIMLACHI	NIMLACHI
José Castro ...	E. MISSIANO	AGUADO	FLORIN
Un Postillon ..	L. BELLEM	SIGNORETTI	SIGNORETTI
Chef Orch.	TOSCANINI	ARMANI	T. SERAFIN

Reprise, à l'Opéra, le 2ᵉ acte seulement, le 16 Mars 1916.
Mmes Carmen MELLIS (Minnie), GAULEY-TEXIER (Wowkle).
MM. Amadeo BASSI (Dick Johnson), Viglione BORGHESE (Jack Rance), NARCON (Sonora), ERNST (Ashby), GONGUET (Jack Walace), LACOME (Larkens).

Chef d'Orchestre : Rodolfo FERRARI

Ce deuxième acte fut donné le 4 Mai 1916, dans la version française de Maurice Vaucaire, avec les interprètes de la reprise, sauf :
Mme Claire FRICHE (Minnie), MM. SULLIVAN (Dick Johnson), LES-TELLY (Jack Rance), sous la direction de Henri BUSSER.

✦

LE FILS DE L'ETOILE   26 représentations
Drame musical en 5 actes de Catulle Mendès
Musique de Camille ERLANGER

Créé à Paris, le 17 Avril 1904, à l'Académie Nationale de Musique (Palais Garnier) — Mise en scène de LAPISSIDA — Décors de Amable, costumes de Charles Bianchini.

Mmes BREVAL (Séphora), HEGLON (Lilith), DEMOUGEOT (Beltis), BEAUVAIS (une Servante).
MM. ALVAREZ (Bar-Kokéba), DELMAS (Akiba), CABILLOT (un Messager), J. HANSEN (Julius Séverus).
Danses réglées par J. HANSEN, dansées par Mlles Carlotta ZAMBELLI (la Danseuse), Léa PIRON (le Poète) et le Corps de Ballet.

Chef d'Orchestre : Paul TAFFANEL

26ᵉ et dernière, le 30 Janvier 1905, avec les créateurs, sauf : MM. SCA-REMBERG (Bar-Kokéba), BARTET (Akiba), LADAM (Julius Séverus).

Autres interprètes des principaux rôles à l'Opéra :
Sophora : Mme Agnès BORGO (1904).
Julius Séverus : Léo STAATS (1904).

★

FLEUR DE PECHER   1 représentation
Conte lyrique en un acte de Louis Payen
Musique de Mme G. P. SIMON

Créé au Casino Municipal de Nice, en Mars 1922, dans une mise en scène de Armand CARTEL.
Mme LE HANTEC (Fleur de Pêcher).
MM. SANTALOUNA (Tsaï), REGIS (Tsiéou), BLANC (Tchang Oey), DARVEZ (le Juge).

Chef d'Orchestre : Eugène PICHERAN

Première fois à Paris au Palais Garnier, le 24 Février 1925, à l'occasion d'un Gala organisé par le Cercle Militaire.
Mme Louise BARTHE (Fleur de Pêcher).

MM. Georges THILL (Tsaï), SORIA (Tsiéou), BORDON (Tchang Oey), CUVELIER (le Juge), P. BARON (le Bourreau).

Chef d'Orchestre : Philippe GAUBERT

LA FLUTE ENCHANTEE

382 représentations
dont 254 au Palais Garnier

Opéra en deux actes de Emmanuel Schikaneder

Musique de Wolfgang-Amadeus MOZART

Créé à Vienne, au Théâtre An der Wien, le 30 Septembre 1791, par Mmes Josefa HOFER (la Reine de la Nuit), Nanetta GOTTLIEB (Pamina), MM. SCHACK (Tamino), GERLS (Sarastro), SCHIKANEDER (Papageno).

Première fois à Paris, à l'Académie Nationale de Musique (Salle Montansier), le 20 Août 1801, dans une version française en 4 actes de Morel Lechnitch, empruntant de la musique à Haydn, et sous le titre de « Les Mystères d'Isis ».

Mmes MAILLARD (La Reine de la Nuit), HENRY (Pamina), DUFRESNE (Papagéna).

MM. LAYNE (Tamino), CHERON (Sarastro), ARMAND (Papagéno), LAYS (Monostatos).

Ballets réglés par Pierre GARDEL : Milles CLOTILDE, GARDEL, TAGLIONI, MM. AUMER, BEAUPRE.

Chef d'Orchestre : Jean-Baptitse REY.

128ᵉ et dernière représentation, le 2 Mai 1827.

Première fois au Théâtre Lyrique du Châtelet, à Paris, et dans une version en 4 actes et 11 tableaux de Nuitter et Beaumont, le 23 Février 1865. Mise en scène de Léon CARVALHO.

Première fois, dans la même version, au Théâtre National de l'Opéra-Comique, à Paris, le 3 Avril 1879, et au Théâtre Royal de la Monnaie, à Bruxelles, le 10 Janvier 1880.

L'Opéra-Comique, le 31 Mai 1909, présentait, dans une mise en scène d'Albert CARRE, une version en 4 actes et 16 tableaux de Paul Ferrier et Alexandre Brisson.

La Monnaie, de son côté, créait une version en 2 actes et 16 tableaux de J. G. Prodhomme et J. Kienlin, en 1912, dans une mise en scène de Maurice KUFFERATH et des décors de Delescluze.

	TH. LYRIQUE 23-2-1865	OPERA-COMIQUE 3-4-1879	31-5-1909	TH. DE LA MONNAIE 10-1-1880	20-12-1912
Reine Nuit	NILSSON	VAUCHELET	KORSOFF	DEVRIES	PORNOT
Pamina	CARVALHO	CARVALHO	M. CARRE	E. WARNOTS	ROLLET
Papagena	D. UGALDE	DUCASSE	MATHIEU-LUTZ	LONATI	SIMYNE
Tamino	MICHOT	TALAZAC	CLEMENT	RODIER	GIROD
Sarastro	DEPASSIO	GIRAUDET	NIVETTE	L. GRESSE	GROMMEN
Papageno	TROY	FUGERE	FUGERE	SOULACROIX	PONZIO
Monostatos ...	LUTZ	QUEULAIN	CAZENEUVE	DAUPHIN	DUA
Chef Orch.	DELOFFRE	LAMOUREUX	RUHLMANN	J. DUPONT	O. LOHSE

Le 8 Octobre 1912, la Gaîté Lyrique, à Paris, reprenait la version de Nuitter et Beaumont, dans une mise en scène de O. LABIS :

Mmes VERLET (Reine de la Nuit), LAMBERT-VUILLAUME (Pamina), GUIONIE (Papagena).

MM. GILLY (Tamino), SYLVAIN (Sarastro), FUGERE (Papageno), Eric AUDOIN (Monostatos).

Chef d'Orchestre : A. AMALOU

Première fois au Palais Garnier, le 22 Décembre 1922 (129ᵉ représentation à l'Opéra de Paris), dans la version Prodhomme et Kienlin — Mise en scène de Pierre CHEREAU — Décors d'après les maquettes de Drésa.

Mmes MONSY (Reine de la Nuit), RITTER-CIAMPI (Pamina), DA-VELLI (Papagéna), BEAUJON, MARILLIET, COURSO (Trois Dames), REX, LALANDE, COSSINI (Trois Enfants).

MM. RAMBAUD (Tamino), A. HUBERTY (Sarastro), AQUISTAPACE (Papagéno), FABERT (Monostatos), NARCON (un Prêtre), PODESTA, PEYRE (Deux Hommes Armés), P. MORIN (l'Orateur), VERDIER (2ᵉ Prêtre, un Esclave), BUVAT (un Esclave).

Chef d'Orchestre : Reynaldo HAHN

Pour la reprise du 22 Décembre 1954, l'œuvre fut montée dans une version de Jean Sarment, une mise en scène de Maurice LEHMANN et des décors de Chapelain-Midy. Deux récitants (Mlle CHAMBORD et M. Jean BERGER) présentaient le spectacle.

Reprises des :	11-12-1935 (187ᵉ)	3-8-1939 (197ᵉ)	10-8-1945 (235ᵉ)	22-12-1954 (339ᵉ)
Reine de la Nuit	LALANDE	S. DELMAS	M. ROBIN	M. ROBIN
Pamina	RITTER-CIAMPI	D-BLANC	JOURFIER	MICHEAU
Papagéna	MAHE	MAHE	MAHE	D. DUVAL
Trois Dames ..	MORERE	MORERE	MORERE	CASTELLI
	RICQUIER	RICQUIER	LUCAZEAU	MELVAT
	SCHENNEBERG	SCHENNEBERG	ALMONA	SCHARLEY
Trois Enfants .	RENAUDIN	VOLFER	St-ARNAUD	CAUCHARD
	COURTIN	COURTIN	COURTIN	L. BERTON
	BACHILLAT	COUVIDOUX	BEAUMELLE	COLLARD
Tamino	JOUATTE	JOUATTE	JOUATTE	GEDDA
Sarastro	HUBERTY	HUBERTY	MEDUS	ARIE
Papagéno	CABANEL	CABANEL	CABANEL	GERMAIN
Monostatos	MOROT	MOROT	NOGUERA	HOLLAND
un Prêtre	NARCON	NARCON	CAMBON	FROUMENTY
Homme Armé .	ROUQUETTY	GOURGUES	DESHAYES	ROUQUETTY
id. .	PACTAT	PETITPAS	PETITPAS	DEPRAZ
l'Orateur	LEJEUNE	GAYAN	GAYAN	HECTOR
Un Esclave ...	SYLVER	TAILLADE	BROUSSE	SALAS
id. ...	MAZE	MAZE	HANEL	BREZE
id. ...	LEJEUNE	GAYAN	GAYAN	CABANIS
2ᵉ Prêtre	SYLVER	TAILLADE	BROUSSE	FAGGIANELLI
Chef Orch.	R. HAHN	F. ZWEIG	R. HAHN	SEBASTIAN

La 382ᵉ et dernière eut lieu le 27 Avril 1959 avec :

Mmes Mado ROBIN (Reine de la Nuit), BRUMAIRE (Pamina), N. RE-NAUX (Papagéna), CHALANDA, JAUMILLOT, COLLARD (Trois Dames), SICOT, CAUCHARD, FOURRIER (Trois Enfants).

MM. GIRAUDEAU (Tamino), CHAPUIS (Sarastro), GERMAIN (Papagéno), FAGGIANELLI (Monostatos), FROUMENTY (un Prêtre), GOUR-GUES et HURTEAU (Deux Hommes Armés), RALLIER (l'Orateur), BREZE, CABANIS, SALAS (Trois Esclaves).

Chef d'Orchestre : Robert BLOT

Autres interprètes des principaux rôles à l'Opéra :

Reine de la Nuit : Mmes DE HIDALGO (1923), CAMPREDON (1923), ROMANITZA (1924), HEDOIN (1927), STACH (1929), MATHOT (1942), DORIA (1947), DONEDDU (1947), Suzanne ROBERT (1948), A. MIGLIETTI (1948), BOURSIN (1949), Wilma LIPP (1953).

Pamina : Mmes BERTHON (1923), CESBRON-VISEUR (1923), DENYA (1924), Lotte SCHOENE (1929), JOUGLET (1939), MONDA-MILLION (1943), Maud SABATIER (1947), Maria BRANEZE (1947), CROIZIER (1950), Irmgard SEEFRIED (1953), ANGELICI (1956).

Papagéna : Mmes LAVAL (1923), DENYA (1924), CARRIER (1940), St-ARNAUD (1947), CAUCHARD (1949), GAUDINEAU (1950), Emmy LOOSE (1953), LEGER (1959).

Tamino : MM. SIMONEAU (1949), ARNOULT (1950), Anton DERMOTA (1953), RIALLAND (1959).

Sarastro : MM. GROMMEN (1929), DUTOIT (1946), SERKOYAN (1952), Ludwig WEBER (1953), Gottlob FRICK (1953).

Papagéno : MM. BORDON (1923), Emile COLONNE (1929), L.NOGUERA (1945), Erich KUNZ (1953).

Monostatos : MM. SORIA (1925), BUSSONNET (1939), Raoul GILLES (1940), CHARLES-PAUL (1944), Jean VIEUILLE (1950), CLAVERE (1950), Peter KLEIN (1953), RIALLAND (1955), LAMANDER (1959).

★

LA FORET   7 représentations
Légende musicale en 2 actes de Laurent Tailhade
Musique de Augustin SAVART

Créé à Paris, à l'Académie Nationale de Musique (Palais Garnier) le 13 Février 1910 — Mise en scène de Paul STUART — Chorégraphie de Mme STICHEL — Décors de Rochette — Costumes de Pinchon.

Mmes GRANDJEAN (Némorosa), LAPEYRETTE (Jeanne), LAUTE-BRUN (le Hêtre), CAMPREDON (le Tilleul), KAISER (le Bouleau), CARLYLE (le Chêne), MANCINI (le Cyprès).

M. DELMAS (Pierre).

Chef d'Orchestre : Paul VIDAL

7e et dernière, le 6 Avril 1910, avec les créateurs.

★

FRANCOISE DE RIMINI   41 représentations
Opéra en 4 actes, avec prologue et épilogue, de Jules Barbier et Michel Carré.
Musique de Ambroise THOMAS

Créé à Paris, à l'Académie Nationale de Musique (Palais Garnier), le 14 Avril 1882 — Mise en scène de REGNIER et MAYER.

Mmes Caroline SALLA - débuts - (Francesca), Hélène RICHARD (Ascanio), BARBOT (Virgile).

MM. SELLIER (Paolo), LASSALLE (Malatesta), Pèdro GAILHARD (Guido), GIRAUDET (Dante), LAMBERT (un Officier).

Ballet réglé par Louis MERANTE, dansé par Mlle Rosita MAURI, M. Louis MERANTE et le Corps de Ballet.

Chef d'Orchestre : Ernest ALTES

Décors : Lavastre Jeune (1er et 2e tableaux), Lavastre Aîné et Carpezat (3e tableau), Daran (4e tableau), Rubé et Chaperon (5e tableau).

Costumes de Eugène Lacoste.

41e **et dernière,** le 12 Décembre 1884, avec les créateurs, sauf :
Mmes ISAAC (Francesca), FIGUET (Ascanio), VIDAL (Virgile).
MM. DUBULLE (Guido), DESMET (Dante).

Autres interprètes des principaux rôles à l'Opéra :
Virgile : M. CARON (1882).
Malatesta : M. MELCHISSEDEC (1882).
Guido : M. LORRAIN (1882).
Dante : M. DUBULLE (1882).

★

FREDEGONDE   9 représentations
Drame Lyrique en 5 actes de Louis Gallet
Musique de Ernest GUIRAUD, terminée par Camille Saint-Saëns

Créé à Paris, à l'Académie Nationale de Musique (Palais Garnier le 18 Décembre 1895 — Mise en scène de LAPISSIDA.

Mmes BREVAL (à la générale le 14 Décembre), LAFARGUE (à la 1re), (Brunhilda), HEGLON (Frédégonde).

MM. ALVAREZ (Mérowig), M. RENAUD (Hilpérik), VAGUET (Fortunatus), FOURNETS (Prétextat), BALLARD (Lendéric), LACOME (un Serviteur), EUZET, DENOYE, PALIANTI, CANCELIER (4 Seigneurs), GALLOIS, IDRAC, M. DEVRIES, LAFAYE (4 Clercs).

Danses réglées par J. HANSEN : Mlles HIRSCH, SANDRINI et le Corps de Ballet.

Chef d'Orchestre : Paul TAFFANEL

Décors : Chaperon et fils (1er acte), Carpezat (2e acte), Jambon et Bailly (3e acte), Amable (4e et 5e actes).

Costumes de Charles Bianchini.

9e **et dernière,** le 14 Février 1896, avec les créateurs, sauf : Mme BREVAL (Brunhilda) et M. CHAMBON (Prétextat).

Autres interprètes des principaux rôles à l'Opéra :
Fortunatus : M. GANDUBERT (1895).

★

LE FREISCHUTZ   234 représentations
                                   dont 130 au Palais Garnier
Opéra en 3 actes de Johann-Friedrich Kind
Musique de Carl-Maria von WEBER

Créé à Dresde en 1819, puis à Berlin le 18 Juin 1821 par Mmes SEIDLER (Agathe), EUNICK (Annette), MM. STUMER (Max), et BLUME (Gaspard) sous la direction de C. M. WEBER.

Première fois à Paris, sous le titre de « Robin des Bois », dans une version de Sauvage et Castil-Blaze, le 7 Décembre 1824, au Théâtre Lyrique de l'Odéon.

Première fois à Paris, dans la version originale, au Théâtre de l'Opéra-Comique (Salle Favart), par une troupe allemande en représentations, en Mai 1831.

Repris à l'Opéra-Comique le 15 Janvier 1835, dans la version française de Sauvage et Castil-Blaze, toujours sous le titre de « Robin des Bois ».

Repris au Théâtre Lyrique du Châtelet, le 2 Décembre 1866, dans la version française de Emilien Pacini et Hector Berlioz.

	ODEON 7-12-1824	OPERA-COMIQUE 5-1831	15-1-1835	Th. LYRIQUE 8-12-1866
Agathe	LETELLIER	DEVRIE.\T	HEBERT-MASSY	CARVALHO
Annette	VALERE	PISTRICH	CASIMIR	DARAM
Max	EDOUARD	HAIZINGER	DESROSEL	MICHOT
Gaspard	VALERE	KREPS	BOULARD	TROY
Kilian	BERNARD	WIESER	VICTOR	TROY fils
Kouno	LECOMTE	FURST	JANSENNE	NEVEU
Ottokar	LATAPPY	GLICMAN	LEON	LEGRAND

Cependant, l'Opéra de Paris (Salle Le Peletier) avait créé l'ouvrage le 7 Juin 1841, dans la version française de Emilien Pacini et Hector Berlioz — Décors de Philastre et Cambon.

Mmes STOLTZ (Agathe), NAU (Annette).

MM. MARIE (Max), BOUCHE (Gaspard), MASSOL (Kilian), F. PREVOST (Kouno), WARTEL (Ottokar), GOYON (Samiel), ALIZARD (l'Ermite).

Chef d'Orchestre : François-Antoine HABENECK

La 100ᵉ représentation fut donnée le 30 Juin 1873 avec :

Mmes F. DEVRIES (Agathe), ARNAUD (Annette), MM. SYLVA (Max), GAILHARD (Gaspard), CARON (Kilian), BATAILLE (Kouno), HAYET (Ottokar), FRERET (Samiel), AUGUEZ (l'Ermite), sous la direction de DELDEVEZ.

Première fois au Palais Garnier, le 3 Juillet 1876, (version Pacini et Berlioz), avec le ballet « L'Invitation à la Valse » que dansèrent Mlles FONTA, PARENT et FATOU, sur une chorégraphie de Louis MERANTE. Mise en scène de Adolphe MAYER — Décors de Daran (1ᵉʳ et 3ᵉ actes), Despléchins (2ᵉ acte).

	3-7-1876 (105ᵉ)	22-10-1886 (198ᵉ)	27-10-1905 (204ᵉ)	29-10-1926 (226ᵉ)
Agathe	BAUX	R. CARON	GRANDJEAN	LUBIN
Annette	DARAM	SAROLTA	HATTO	LAVAL
Max	SYLVA	SELLIER	ROUSSELIERE	VERDIERE
Gaspard	GAILHARD	DELMAS	DELMAS	HUBERTY
Kilian	CARON	CARON	DINH-GILLY	PEYRE
Kouno	GASPARD	BATAILLE	DELPOUGET	RAYBAUD
Ottokar	HAYET	SAPIN	RIDDEZ	CAMBON
Samiel	FRERET	CREPEAUX	DENOYE	R. LUBIN
l'Ermite	LAFFITTE	LAFFITTE	DAVEY	ERNST
Chef Orch.	DELDEVEZ	DE MONTJAU	TAFFANEL	RUHLMANN

Pour la reprise de 1905 : Décors de Amable, Costumes de Bétout — Chorégraphie de J. HANSEN — Mise en scène de LAPISSIDA.

Pour la reprise de 1926, donnée dans une adaptation de André Coeuroy, la mise en scène fut assurée par Pierre CHEREAU.

234ᵉ et dernière représentation à l'Opéra le 9 Juin 1927, avec les interprètes de la reprise précédente.

A signaler les représentations de cette œuvre données, à partir du 1er Avril 1913, au Théâtre des Champs-Elysées, dans la version de Georges Servières avec une mise en scène de Ernest VAN DYCK :

Mmes FEART (Agathe), VORSKA (Annette), MM. SENS (Max), BLANCARD (Gaspard), sous la direction de Félix WEINGARTNER.

Autres interprètes des principaux rôles à l'Opéra :

Agathe : Mmes NATHAN (1842), MEQUILLET (1844), BETTY (1845), BEAUSSIRE (1846), JULIENNE (1850), LA MORLIERE (1851), POINSOT (1852), HISSON (1870), CARVALHO (1873), KRAUSS (1877), FRANCK-DUVERNOY (1880), HOWE (1880), MONTALBA (1882), DUFRANNE (1883).

Annette : Mmes DOBRE (1843), DE ROISSY (1846), HEBERT-MASSY (1850), PETIT-BRIERE (1850), DUSSY (1853), MAUDUIT (1870), BLUM (1879), JANVIER (1880), MIRANE (1883), THURINGER (1884), CHENAL (1906).

Max : MM. MENGHIS (1845), MASSET (1850), CHAPUIS (1853), VILLARET (1870), BOSQUIN (1870), VERGNET (1877), LAURENT (1880), SALOMON (1883), DUBOIS (1906).

Gaspard : MM. BREMOND (1844), SERDA (1845), GUIGNOT (1853), DAVID (1870), CASTELMARY (1870), BERARDI (1879), LORRAIN (1880), PLANCON (1883), A. GRESSE (1906).

★

LES GIRONDINS   3 représentations (4e acte)

Drame Lyrique en 4 actes et 6 tableaux de André Lénéka et Paul de Choudens.

Musique de Fernand LE BORNE

Créé au Grand Théâtre de Lyon, le 25 Mars 1905, par :

Mmes MAZARIN (Laurence), HEINDRICKX (Artémise).

MM. VERDIER (Ducos), DANGES (Varlet), ROSELLY (Fonfrède), BOUDOURESQUE (Richard), GOURNAC (Robespierre), sous la direction de Philippe FLON.

Première fois à Paris, au Théâtre Lyrique de la Gaîté, le 12 Janvier 1912 : Mmes Aurora MARCIA (Laurence), Renée DANTHESSE (Artémise), MM. SALIGNAC (Jean Ducos), BOULOGNE (Varlet), Georges PETIT (Fonfrède), ALBERTI (Richard), RENOUX (Robespierre).

Chef d'Orchestre : A. AMALOU

Première fois au Palais Garnier, le 4e acte seulement, le 26 Mars 1916. Mise en scène de O. LABIS.

Mme DEMOUGEOT (Laurence).

MM. LAFFITTE (Jean Ducos), DELMAS (Fonfrède), GONGUET (Vergnius), ERNST (Gensonne), LACOME (l'Abbé Fruchet).

Chef d'Orchestre : Alfred BACHELET

★

GIUDITTA

1 représentation (3ᵉ tableau)

Opéra-comique en 3 actes et 5 tableaux de André Mauprey, d'après Paul Knepler et Fritz Lohner.

Musique de Franz LEHAR

Créé à Bruxelles, au Théâtre Royal de la Monnaie, le 17 Mai 1935, dans une mise en scène de Georges DALMAN.

Mmes Kate WALTER-LIPPERT (Giuditta), Suzanne de GAVRE (Anita), LECLERCQ (Lolitta).

MM. José JANSON (Octavio), Emile COLONNE (Manuel), V. MAYER (Séraphin), F. TOUTEHEL (Marcelin), A. BOYER (Cévenol).

Chef d'Orchestre : Maurice BASTIN

Première fois au Palais Garnier, (le 3ᵉ tableau seulement), le 26 Décembre 1935, au cours d'un Gala au bénéfice de la Caisse de Retraite.

Mme Jarmila NOWOTNA (Giuditta).

MM. Richard TAUBER (Octavio), Otto FASSEL (Marcelin).

Chef d'Orchestre : Franz LEHAR

★

GOYESCAS

7 représentations

Scènes lyriques en 3 actes de P. Périquet — Traduction française de Louis Laloy.

Musique de Enrique GRANADOS

Créées à New York, au Metropolitan-Opera, le 28 Janvier 1916, par :

Mmes Anna FITZIU (Rosario), Flora PERINI (Pepa).
MM. Giovanni MARTINELLI (Fernando), Jim CERDAN (Paquito), Max BLOCH (le Chanteur).

Chef d'Orchestre Gaetano BAVAGNOLI

Première fois au Palais Garnier, le 17 Décembre 1919, dans une mise en scène de MERLE-FOREST. — Décors des 1er et 2e actes de Ignacio Zuloaga, du 3e acte de Maxime Dethomas.

Mmes CHENAL (Rosario), LAPEYRETTE (Pépa).

MM. LAFFITTE (Fernando), CERDAN (Paquito).

Chef d'Orchestre : Camille CHEVILLARD

7ᵉ et dernière, le 7 Mars 1920, avec :

Mmes ISNARDON (Rosario), COURSO (Pépa).

MM. GOFFIN (Fernando), CERDAN (Paquito), sous la direction de Gabriel GROVLEZ.

★

GRAZIELLA
2 représentations (2ᵉ acte)

Poème romantique en 5 actes de Henri Cain et Raoul Gastambide, d'après le roman de Lamartine. - Musique de Jules MAZELLIER

Créé au Théâtre des Arts, à Rouen, le 6 mars 1913 :
Mmes Julienne MARCHAL (Graziella), D'OLIVEIRA (Gastana), CLOU-ZET-CLAVERIE (Beppo).
MM. PASCUAL (le Poète), Jules TORDO (Cecco), AUMONIER (Andréa).

Chef d'Orchestre : Théodore MATHIEU

Première fois à Paris, au Palais Garnier (le 2ᵉ acte seulement) le 6 Avril 1916, dans une mise en scène de O. LABIS.

Mme CHENAL (Graziella), M. LAFFITTE (le Poète).

Chef d'Orchestre : Henri BUSSER

Cet ouvrage a été repris, dans son intégralité, le 18 Mars 1925, au Théâtre National de l'Opéra-Comique, avec :
Mmes Yvonne BROTHIER (Graziella), PERELLI (Gastana).
MM. MARCELIN (le Poète), SAUVAGEOT (Cecco), F. VIEUILLE (Andréa), G. GENIN (Beppo), sous la direction de Maurice FRIGARA et dans une mise en scène d'Albert CARRE.

★

GRISELIDIS
8 représentations

Conte lyrique en 3 actes et un prologue de Armand Silvestre et Eugène Morand.

Musique de Jules MASSENET

Créé à Paris, au Théâtre National de l'Opéra-Comique, le 20 Novembre 1901, dans une mise en scène d'Albert CARRE.
Mmes Lucienne BREVAL (Grisélidis), THIPHAINE (Fiamina), DAFFE-TYE (Bertrade).
MM. FUGERE (le Diable), DUFRANNE (Marquis de Saluces), MARE-CHAL (Alain), JACQUIN (le Prieur), HUBERDEAU (Gondebaud).

Chef d'Orchestre : André MESSAGER

Première fois au Palais Garnier, le 29 Novembre 1922, dans une mise en scène de Pierre CHEREAU.

Mmes DAVELLI - débuts - (Grisélidis), HARAMBOURE (Fiamina), LAVAL (Bertrade), petit Henry MAUCOURIER (Loys).

MM. AQUISTAPACE (le Diable), COUZINOU (Marquis de Saluces), ANSSEAU (Alain), NARCON (le Prieur), MAHIEUX (Gondebaud).

Au 2ᵉ acte, « Danse des Esprits » réglée par DE MONTOLIU, dansée par Mlles BRANA, A. BOURGAT et le Corps de Ballet.

Chef d'Orchestre : Philippe GAUBERT

Décors et rideau d'avant-scène d'après les maquettes de Raymond Legueult et Maurice Brianchon.

8ᵉ et dernière, le 11 Mars 1923, avec Mmes CESBRON-VISEUR (Grisélidis), MM. BORDON (le Diable), TEISSIE (Marquis de Saluces), DUTREIX (Alain), BRUYAS (Gondebaud) et, dans les autres rôles, les créateurs.

Cet ouvrage a été repris par l'Opéra-Comique, le 30 Octobre 1942, avec :
Mme Ellen DOSIA (Grisélidis), MM. BECKMANS (le Diable), MUSY (Marquis de Saluces) et L. ARNOULT (Alain), sous la direction de Eugène BIGOT.

★

GUERCOEUR   12 représentations

Tragédie en musique en 3 actes et 5 tableaux, paroles et musique de
Albéric MAGNARD

**Créée à Paris, à l'Académie Nationale de Musique (Palais Garnier), le
21 Avril 1931**, dans une mise en scène de Pierre CHEREAU, avec des décors
et costumes dessinés par André Boll.

Personnages Célestes :

Mmes GALL (Vérité), HOERNER (Bonté), MORERE (Beauté), **LA-
PEYRETTE** (Souffrance), MANCEAU (l'Ombre d'une Femme), **LAVAL**
(l'Ombre d'une Vierge), - M. Raoul JOBIN (l'Ombre d'un Poète).

Personnages Humains :

Mme FERRER (Gisèle),
MM. ENDREZE (Guercoeur), FORTI (Heurtal).

Personnages Allégoriques :

Mmes MORERE, MARILLIET, HAMY, MAHIEU, LALANDE, BLAN-
CHARD, TESSANDRA, MANCEAU (les Illusions d'amour),
Mmes LAVAL, MORTIMER, MAHE, GERVAIS, ROUARD, REX,
MONTFORT, MARIN (les Illusions de Gloire).

Chef d'Orchestre : François RUHLMANN

12e et dernière, le 8 Mars 1933, avec les créateurs, sauf :

Mmes DONIAU-BLANC (Bonté), TESSANDRA (l'Ombre d'une Femme),
MM. Raoul GILLES (l'Ombre d'un Poète), SINGHER (Guercoeur).

Autres interprètes des principaux rôles à l'Opéra :
Vérité : Mme CROS (1931). - **Bonté :** Mme MAHIEU (1931).
Souffrance : Mme COSSINI (1931).

★

GUILLAUME TELL   911 représentations
                                  dont 327 au Palais Garnier

Opéra en 4 actes de Hippolyte Bis et Jouy
Musique de Gioacchino ROSSINI

**Créé à Paris, à l'Académie Royale de Musique (Salle Le Peletier) le
3 Août 1829.**

	3-8-1829 Première	20-8-1856 (317e)	22-5-1868 (500e)	2-9-1870 (528e)
Mathilde	CINTI-DAMOREAU	DUSSY	BATTU	CARVALHO
Jemmy	DABADIE	RIBAULT	LEVIEILLI	FURSCH-MADIER
Edwige	MORI	ELMIRE	BLOCH	BLOCH
Arnold	A. NOURRIT	GUEYMARD	VILLARET	COLIN
Guillaume	DABADIE	BONNEHEE	FAURE	FAURE
Walter	LEVASSEUR	BELVAL	BELVAL	DAVID
Gessler	PREVOST	GUIGNOT	DAVID	CASTELMARY
Ruodi	A. DUPONT	AIMES	GRISY	GRISY
Melchtal	BONEL	COULON	PONSARD	PONSARD
Rodolphe	MASSOL	KOENIG	KOENIG	SAPIN
Leuthold	F. PREVOT	F. PREVOT	GASPARD	GASPARD
un Chasseur ..	POUILLEY	FRERET	FRERET	FRERET
Chef Orch.	HABENECK	N. GIRARD	G. HAINL	G. HAINL

La 100e avait eu lieu le 17 Septembre 1834, avec les créateurs, sauf : Mme
FALCON (Mathilde), GOSSELIN (Edwige) et M. DERIVIS (Melchtal).
La 528e, le 2 Septembre 1870, fut une représentation de clôture, par
suite de mobilisation.

Première fois au Palais Garnier, le 26 Févrirer 1875, dans une mise en scène de Léon CARVALHO et des décors de Rubé et Chaperon (1er acte), Cambon (2e acte), Lavastre et Despléchins (3e acte), Chéret (4e acte).

Reprises des :	26-2-1875 (585e)	21-6-1880 (627e)	29-2-1892 Gala Centenaire Rossini	6-3-1899 (785e)
Mathilde	BELVAL	DARAM	BOSMAN	BOSMAN
Jemmy	ARNAUD	PLOUX	BREVAL	AGUSSOL
Edwige	GEISMAR	BARBOT	DESCHAMPS-JEHIN	FLAHAUT
Arnold	SALOMON	MIERZWINSKY	DUC	AFFRE
Guillaume	FAURE	MELCHISSEDEC	BERARDI	RENAUD
Walter	BELVAL	BOUDOURESQUE	L. GRESSE	L. GRESSE
Gessler	BATAILLE	BATAILLE	DELMAS	CHAMBON
Ruodi	BOSQUIN	LAURENT	AFFRE	LAFFITTE
Melchtal	GASPARD	GASPARD	PLANCON	DELPOUGET
Rodolphe	SAPIN	SAPIN	VAGUET	CABILLOT
Leuthold	AUGUEZ	AUGUEZ	RENAUD	DOUAILLIER
un Chasseur ..	FRERET	LAFFITTE	DOUAILLIER	CANCELIER
un Pasteur ...	JOLIVET	JOLIVET	PIROIA	DENOYE
Chef Orch.	DELDEVEZ	E. ALTES	COLONNE	P. VIDAL

Pour la reprise de 1899, décors nouveaux de Rubé et Moisson (1er acte), Jambon et Bailly (2e et 4e actes), Carpezat (3e acte) et mise en scène nouvelle de LAPISSIDA.

Reprises des :	9-11-1916 (867e)	24-9-1920 (882e)	21-10-1929 (886e)	Dernière 4-6-1932 (911e)
Mathilde	GALL	BUGG	BEAUJON	NORENA
Jemmy	G. MANNY	LAUTE-BRUN	J. LAVAL	J. LAVAL
Edwige	GAULEY-TEXIER	GAULEY-TEXIER	TESSANDRA	TESSANDRA
Arnold	GAUTIER	SULLIVAN	THILL	SULLIVAN
Guillaume	LESTELLY	NOTE	JOURNET	JOURNET
Walter	HUBERTY	HUBERTY	GROMMEN	HUBERTY
Gessler	A. GRESSE	A. GRESSE	PERNET	PERNET
Ruodi	L. DUFRANNE	A. COMBES	VERGNES	RAMBAUD
Melchtal	NARCON	NARCON	NARCON	NARCON
Rodolphe	GONGUET	GONGUET	MADLEN	MADLEN
Leuthold	LACOME	GODARD	DALERANT	DALERANT
un Chasseur ..	BONAFE	ERNST	NEGRE	FOREST
Chef Orch.	CHEVILLARD	CHEVILLARD	RUHLMANN	RUHLMANN

Autres interprètes des principaux rôles à l'Opéra :

Mathilde : Mmes JAWURECK (1831), DORUS-GRAS (1832), NAU (1836), DOBRE (1842), DE ROISSY (1842), D'HALBERT (1845), GRIMM (1848), LABORDE (1852), HAMAKERS (1856), THOMSON (1858), HILLEN (1859), MARCHISIO (1860), VANDENHEUVEL-DUPREZ (1861), DE TAISY (1861), PASCAL (1864), DEVRIES (1871), FOUQUET (1874), THIBAULT (1874), DE RESZKE (1875), FRANCK-DUVERNOY (1878), LACOMBE-DUPREZ (1881), DE VERE (1881), LUREAU-ESCALAIS (1883), HAMMAN (1883), ISAAC (1885), D'ERVILLY (1886), LOVENTZ (1891), LUCAS (1900), DE NOCE (1901), DEMOUGEOT (1903), CAMPREDON (1909), B. MENDES (1910), DELISLE (1912), FER (1916), RITTER-CIAMPI (1921), HEDOUIN (1930).

Arnold : MM. LAFOND (1832), RAGUENOT (1836), DUPREZ (1837), DELAHAYE (1842), MARIE (1842), POULTIER (1844), MATHIEU (1845), ESPINASSE (1849), MAIRALT (1850), RENARD (1857), WICARD (1860),

DULAURENS (1861), SELLIER (1878), ESCALAIS (1883),) BERNARD (1888), PAOLI (1899), JAUME (1906), ANSALDY (1907), GILION (1910), FONTAINE (1912), CHARAT (1918), CARRERE (1921), GRANIER (1929), LAURI-VOLPI (1930).

Guillaume : MM. DERIVIS (1832), F. PREVOT (1835), MASSOL (1836), MOLINIER (1837), ALIZARD (1841), BARROILHET (1842), CANAPLE (1842), LATOUR (1845), PORTHEAUT (1846), ROMMY (1847), MARIE (1848), OBIN (1852), MORELLI (1852), MERLY (1853), DUMESTRE (1857), CAZAUX (1858), DEVOYOD (1868), ROUDIL (1871), J. LASSALLE (1872), COUTURIER (1875), BALLARD (1889), BARTET (1907), CARBELLY (1908), CARRIE (1912), TEISSIE (1916), VALMORAL (1921), ROUARD (1929), BROWNLEE (1929).

Walter : MM. HURTEAUX (1832), SERDA (1836), BOUCHE (1842), BRE-MOND (1845), ALIZARD (1848), DEPASSIO (1852), COULON (1860), PONSARD (1871), MENU (1875), DUBULLE (1880), GIRAUDET (1881), HOURDIN (1884), PLANCON (1888), CHAMBON (1893), PATY (1901), NIVETTE (1903), D'ASSY (1908), JOURNET (1910), H. LEGROS (1921).

Gessler : SERDA (1837), ALIZARD (1837), MOLINIER (1840), SAINT-DENIS (1842), BREMOND (1843), ARNOUX (1845), BESSIN (1847), PERIE (1849), COULON (1860), BORCHARD (1862), BONNESSEUR (1863), TISSERE (1869), L. GRESSE (1876), MENU (1880), LORRAIN (1880), NEVEU (1881), DUBULLE (1882), PLANCON (1885), BALLARD (1888), PATY (1899), DELPOUGET (1907), NEGRE (1929).

GWENDOLINE   38 représentations

Opéra en 3 actes de Catulle Mendès
Musique de Emmanuel CHABRIER

Créé à Bruxelles, au Théâtre Royal de la Monnaie, le 10 Avril 1886. Joué ensuite à Carlsruhe (1889), Munich (1890), et première fois en France au Grand Théâtre de Lyon (Avril 1893).

	BRUXELLES 10-4-1886	CARLSRUHE 30-5-1889	MUNICH 28-11-1890	L Y O N 19-4-1893
Gwendoline ...	THURINGER	MAILHAC	TERMINA	VEYREIDEN
Harald	BERARDI	RATHJENS	BRUCKS	MONDAUD
Armel	ENGEL	OBERLANDER	MIKOREY	DUPUY
Chef Orch.	J. DUPONT	F. MOTTL	H. LEVI	A. LUIGINI

Première fois à Paris, au Palais Garnier, le 27 Décembre 1893. Mise en scène de LAPISSIDA, décors de Amable et Gardy, costumes de Charles Bianchini.

Mme BERTHET (Gwendoline).

MM. RENAUD (Harald), VAGUET (Armel), DOUAILLIER (Aella), LAURENT (Erick), LACOME (un Danois), DHORNE, PERRIN, BALAS (3 Saxons).

Mmes MATHIEU, PREVOST, LAFLECHE, DENIS, BOURGEOIS, DODUN, NIZET, DUPUY, GLAUZER (les suivantes de Gwendoline).

Chef d'Orchestre : Edouard MANGIN

Reprise de 1911, dans une mise en scène de Paul STUART et des décors de Amable et Cioccari (1er et 3e actes), Rochette et Landrin (2e acte) — Costumes de Pinchon.

Reprises des :	3-5-1911 (15e)	26-11-1926 (24e)	10-5-1941 (31e)	Dernière 12-10-1941 (38e)
Gwendoline ..	KOUSNIETZOFF	NESPOULOUS	S. RENAUX	A. VOLFER
Harald	DUCLOS	ROUARD	BECKMANS	BECKMANS
Armel	CAMPAGNOLA	RAMBAUD	JOUATTE	FRONVAL
Aella	EZANNO	ERNST	PETITPAS	PETITPAS
Erick	GONGUET	MADLEN	MADLEN	DELORME
un Danois	LACOME	R. LUBIN	FOREST	A. RICHARD
Chef Orch.	MESSAGER	RUHLMANN	GAUBERT	GAUBERT

Autres interprètes des principaux rôles à l'Opéra :
Gwendoline : Mmes MARCY (1894), CAMPREDON (1912).
Harald : M. NOTE (1894).
Armel : M. Robert LASSALLE (1912).

★

HAMLET

384 représentations
dont 275 au Palais Garnier

Opéra en 5 actes de Michel Carré et Jules Barbier,
d'après le drame de Shakespeare

Musique de Ambroise THOMAS

Créé à Paris, à l'Académie Impériale de Musique (Salle Le Peletier) le 9 Mars 1868 — Mise en scène de COLEUILLE — Chorégraphie de PETIPA.

Mmes NILSSON (Ophélie), GUEYMARD-LAUTERS (la Reine).

MM. FAURE (Hamlet), BELVAL (le Roi), COLLIN (Laerte), DAVID (l'Ombre du Feu Roi), GRISY (Marcellus), CASTELMARY (Horatio), PONSARD (Polonius), GASPARD et MERMAND (Deux Fossoyeurs).

Pantomime : Mlle MARQUET (la Reine), MM. CORALI (le Traître), CORNET (le Roi), REMOND (le Directeur).

Fête du Printemps : Mlles FIORETTI, E. FIOCRE et le Corps de Ballet.

Chef d'Orchestre : Georges HAINL

La 100e représentation était affichée le 28 Novembre 1873, mais l'Opéra ayant brûlé le matin même, elle ne fut donnée que le 23 Mars 1874, soir de la reprise de l'œuvre à la Salle Ventadour.

Mmes FIDES-DEVRIES (Ophélie), GUEYMARD-LAUTERS (la Reine).

MM. FAURE (Hamlet), BELVAL (le Roi), BOSQUIN (Laerte), BATAILLE (le Spectre), GRISY (Marcellus), GASPARD (Horatio), FRERET (Polonius), AUGUEZ et MERMAND (Deux Fossoyeurs).

Pantomime : Mlle MARQUET (la Reine), MM. PLUQUE (le Traître), CORNET (le Roi), REMOND (le Directeur).

Fête du Printemps : Mlles BEAUGRAND, MONTAUBRY et le Corps de Ballet.

Chef d'Orchestre : Ernest DELDEVEZ

Première fois au Palais Garnier, le 31 Mars 1875 (110ᵉ représentation) — Mise en scène de Léon CARVALHO. Divertissement réglé par PETIPA, Pantomime par L. MERANTE — Décors de Rubé et Chaperon (1ᵉʳ et 5ᵉ actes), Cambon (2ᵉ acte), Lavastre et Depléchins (3ᵉ et 4ᵉ actes).

Mme MIOLAN-CARVALHO (Ophélie), GUEYMARD-LAUTERS (la Reine).

MM. FAURE (Hamlet), GAILHARD (le Roi), VERGNET (Laerte), BATAILLE (le Spectre), GRISY (Marcellus), GASPARD (Horatio), DIEU (Polonius), AUGUEZ et MERMAND (Deux Fossoyeurs).

Pantomime : Mlle MARQUET (la Reine), MM. PLUQUE (le Traître), CORNET (le Roi), REMOND (le Directeur).

Fête du Printemps : Mlles BEAUGRAND, BARTOLETTI et le Corps de Ballet.

Chef d'Orchestre : Ernest DELDEVEZ

Reprises des :	12-8-1878 (145ᵉ)	5-3-1888 (228ᵉ)	21-5- 1896 (277ᵉ)	25-9-1908 (306ᵉ)
Ophélie	DARAM	LUREAU	MELBA	GARDEN
la Reine	R. BLOCH	RICHARD	DESCHAMPS-JEHIN	PAQUOT d'ASSY
Hamlet	BOUHY	LASSALLE	RENAUD	RENAUD
le Roi	MENU	PLANCON	L. GRESSE	d'ASSY
Laerte	BOSQUIN	MURATET	VAGUET	DUBOIS
Spectre	BATAILLE	BATAILLE	CHAMBON	DELPOUGET
Marcellus	GRISY	GIRARD	GANDUBERT	NANSEN
Horatio	GASPARD	BOUTENS	DOUAILLIER	PATY
Polonius	FRERET	CREPEAUX	DENOYE	CERDAN
Fossoyeur	AUGUEZ	LAMBERT	CANCELIER	CHAPPELON
id.	MERMAND	MALVAUT	CABILLOT	GONGUET
Pantomine :				
la Reine	MARQUET	INVERNIZZI	ROBIN	L. PIRON
le Traître	PLUQUE	AJAS	HOQUANTE	GIRODIER
le Roi	CORNET	PLUQUE	DE SORIA	FEROUELLE
le Directeur ..	REMOND	DE SORIA	AJAS	BOURDEL
Fête du Printemps :				
	BEAUGRAND	SUBRA	SUBRA	ZAMBELLI
	SANLAVILLE	SANLAVILLE	SALLE	SALLE
Chef Orch.	LAMOUREUX	DE MONTJAU	MANGIN	P. VIDAL

Reprises des :	25-10-1911 (318ᵉ)	1-4-1917 (329ᵉ)	11-12-1933 (359ᵉ)	Dernière 28-9-1938 (384ᵉ)
Ophélie	CAMPREDON	CAMPREDON	RITTER-CIAMPI	S. DELMAS
la Reine	LAPEYRETTE	LAPEYRETTE	LAPEYRETTE	ALMONA
Hamlet	M. RENAUD	LESTELLY	SINGHER	SINGHER
le Roi	JOURNET	A. HUBERTY	A. HUBERTY	ETCHEVERRY
Laerte	R. LASSALLE	L. DUFRANNE	LE CLEZIO	GOURGUES
Spectre	A. GRESSE	A. GRESSE	NARCON	NARCON
Marcellus	NANSEN	GONGUET	MADLEN	GILLES
Horatio	REY	ERNST	MEDUS	MEDUS
Polonius	DELPOUGET	LACOME	FOREST	CH-PAUL
Fossoyeur	CHAPPELON		DE LEU	DE LEU
id.	GONGUET		MOROT	BUSSONNET
Pantomine :				
la Reine	SIREDE	KERVAL	CHARRIER	THUILLAND
le Traître	GIRODIER	RAYMOND	LEGRAND	LEGRAND
le Roi	FEROUELLE	FEROUELLE	FEROUELLE	FEROUELLE
le Directeur ..	BOURDEL	J. JAVON	PONTI	DUPREZ
Fête du Printemps :				
	A. BONI	A. BONI		THUILLAND
	L. PIRON			
Chef Orch.	P. VIDAL	H. BUSSER	RUHLMANN	FOURESTIER

N. B. — Pour la reprise de 1933 : Mise en scène de Pierre CHEREAU dans des décors projetés de Ernest Klausz. — Le Ballet de « la Fête du printemps » est coupé.

Autres interprètes des principaux rôles à l'Opéra :

Ophélie : Mmes SESSI (1872), DE RESZKE (1875), HEILBRON (1880), GRISWOLD (1881), NORDICA (1882), ISAAC (1883), BERTHET (1892), Emma CALVE (1899), BROZIA (1909), VUILLAUME (1909), LIPKOWSKA (1913), Berthe MENDES (1913), BARIENTOS (1915), VECART (1918), ALEXANDROVICZ (1919), HELDY (1925), NORENA (1934).

la Reine : Mmes MAUDUIT (1868), BARBOT (1878), FIGUET (1884), MOUNIER (1889), PACK (1889), Renée VIDAL (1890), DOMENECH (1890), Eva DUFRANE (1896), HEGLON (1900), CHARBONNEL (1908), FLAHAUT (1909), CHARNY (1913), MONTAZEL (1917), BOREL (1917), BEAUMONT (1917), DAUMAS (1917), ROYER (1919), SCHENNEBERG (1937).

Hamlet : MM. MAUREL (1879), BERARDI (1888), CLAYES (1889), Gaston BEYLE (1892), NOTE (1896), DUCLOS (1910), DANGES (1911), Tita RUFFO (1911), BAKLANOFF (1913), BATTISTINI (1917), COUZINOU (1917), ROUARD (1919), ENDREZE (1937), BECKMANS (1937).

le Roi : MM. PONSARD (1872), BERARDI (1878), DUBULLE (1879), GIRAUDET (1881), HOURDIN (1884), CHAMBON (1900), PATY (1909), André GRESSE (1915), BERNASCONI (1938).

Laerte : MM. MORERE (1868), SAPIN (1870), DULAURENS (1872), LAURENT (1879), JOURDAIN (1881), TEQUI (1882), PIROIA (1884), WARNBRODT (1888), JEROME (1889), AFFRE (1891), VILLA (1892), GAUTIER (1896), Léon BEYLE (1898), LAFFITTE (1899), DUTREIX (1913), Louis MARIE (1918), CHASTENET (1934), NORE (1937).

★

HELENE   7 représentations

Drame lyrique en un acte

Poème et Musique de Camille SAINT-SAENS

Créé à l'Opéra de Monte-Carlo, le 18 Février 1904, par :
Mmes Nelly MELBA (Hélène), BLOT (Vénus), HEGLON (Pallas) et M. ALVAREZ (Pâris), sous la direction de Léon JEHIN.
Première fois à Paris, au Théâtre National de l'Opéra-Comique, le 18 Janvier 1905, avec Mmes Mary GARDEN (Hélène), SAUVAGET (Vénus), RIVAL (Pallas) et M. Edmond CLEMENT (Pâris), sous la direction d'Alexandre LUIGINI.

Première fois au Palais Garnier, le 20 Juin 1919, dans une mise en scène de MERLE-FOREST — Costumes de Maxime Dethomas.

Mmes DEMOUGEOT (Hélène), BUGG (Vénus), ROYER (Pallas).

M. FRANZ (Pâris).

Chef d'Orchestre : Camille CHEVILLARD

7° et dernière le 29 Décembre 1919, avec les créateurs.

Autres interprètes au Palais Garnier :

Pallas : Mmes LAPEYRETTE (1919), ARNE (1919).

Pâris : M. DARMEL (1919).

★

H E L L E 24 représentations

Opéra en 4 actes de Camille du Locle et Charles Nuitter

Musique de Alphonse DUVERNOY

Créé à Paris, à l'Académie Nationale de Musique (Palais Garnier) **le 24 Avril 1896** — Mise en scène de LAPISSIDA — Chorégraphie de J. HANSEN.

Mmes Rose CARON (Hellé), BEAUVAIS (Myrrha), MATHIEU (une Prêtresse), DENIS (une Jeune Fille).

MM. ALVAREZ (Jean), DELMAS (Gauthier), FOURNETS (Roger), EUZET et GALLOIS (2 Paysans), M. DEVRIES (un Bourgeois).

Divertissement : « Le Mystère de St-Jean » : Mme VINCENT (Hérodiade), MM. CABILLOT (Jean-Baptiste), DOUAILLIER (Hérode).

Danses : Mlles ZAMBELLI (Salomé), CHABOT (Balkis), WALKER (Hérodiade), LABATOU (l'Ange), M. HOQUANTE (un Licteur).

Chef d'Orchestre : Paul TAFFANEL

Décors de Amable (1er acte), Jambon et Bailly (2e acte), Carpezat (3e acte), Rubé et Moisson (4e acte) — **Costumes** de Bianchini.

Reprise du 14 Septembre 1900 (23e représentation).

Distribution de la création, sauf : Mme Aïno ACKTE (Hellé) et M. PATY (Roger).

24e et dernière, le 19 Septembre 1900, avec les interprètes de la reprise.

Autres interprètes au Palais Garnier :
Hellé : Mme LAFARGUE (1896).
Roger : MM. DUBULLE (1896), DELPOUGET (1896).

N. B. — Le 20 Mai 1896, au cours d'une représentation de HELLE, un des contre-poids soutenant le grand lustre tomba sur les stalles d'amphithéâtre, tuant une spectatrice et blessant deux spectateurs.

H E N R Y   V I I I 87 représentations

Opéra en 4 actes et 6 tableaux de Léonce Détroyat et Armand Sylvestre

Musique de Camille SAINT-SAENS

Créé à Paris, à l'Académie Nationale de Musique (Palais Garnier) **le 5 Mars 1883** — Mise en scène de REGNIER et MAYER — Chorégraphie de Louis MERANTE — Décors de Lavastre aîné et Carpezat (1er acte), J. B. Lavastre (2e acte et 2e tableau du 4e acte), Rubé et Chaperon (les 2e tableau du 3e acte et 1er tableau du 4e acte) — Costumes d'Eugène Lacoste.

Le 19 Juillet 1889, l'ouvrage fut monté dans une version en 3 actes, le ballet étant réglé par J. HANSEN.

Le 18 Juin 1909, il retrouvait sa version originale, le ballet étant réglé par Léo STAATS.

	5-3-1883 Première	17-5-1886 (34e)	19-7-1889 (42e)	29-5-1891 (50e)
Catherine d'Aragon	G. KRAUSS	R. CARON	ADINI	R. CARON
Anne de Boleyn ..	RICHARD	RICHARD	RICHARD	DOMENECH
Lady Clarence	NASTORG	NASTORG	NASTORG	NASTORG
Henry VIII	LASSALLE	LASSALLE	BERARDI	BERARDI
don Gomès	DEREIMS	SELLIER	MURATET	AFFRE
le Légat	BOUDOURESQUE	HOURDIN	BATAILLE	BATAILLE
Duc de Norfolk ..	LORRAIN	PLANCON	PLANCON	BALLARD
Comte de Surrey ..	SAPIN	SAPIN	LAFFITTE	GALLOIS
Archevêque	GASPARD	BALLEROY		
Garter	MALVAUT	MALVAUT	ROLES COUPES	
l'Huissier	BOUTENS	BOUTENS		
un Officier	GESTA	FLAJOLLET		
Seigneur	PIROIA	VOULET	VOULET	VOULET
id.	GIRARD	GIRARD	GIRARD	M. DEVRIES
id.	LAMBERT	LAMBERT	LAMBERT	RAGNEAU
id.	PALIANTI	CREPEAUX	CREPEAUX	CREPEAUX
Ballet	SUBRA	SUBRA	SUBRA	MAURI
	SANLAVILLE	SANLAVILLE	HIRSCH	HIRSCH
	Mr. SORIA	Mr. SORIA	Mr. VASQUEZ	Mr. HANSEN
Chef Orch.	E. ALTES	GARCIN	VIANESI	DE MONTJAU

	18-5-1903 (54e)	18-6-1909 (65e)	1-12-1917 (74e)	Dernière 9-5-1919 (87e)
Catherine d'Aragon	BREVAL	LITVINNE	DEMOUGEOT	DEMOUGEOT
Anne de Boleyn ..	HEGLON	LAPEYRETTE	BONNET-BARON	BONNET-BARON
Lady Clarence	MATHIEU	MANCINI	HARAMBOURE	COSSET
Henry VIII	DELMAS	M. RENAUD	BATTISTINI	LESTELLY
don Gomès	DUBOIS	DUBOIS	SULLIVAN	LAFFITTE
le Légat	NIVETTE	JOURNET	A. GRESSE	A. GRESSE
Duc de Norfolk ..	BAER	LEQUIEN	ERNST	A. NARCON
Comte de Surrey ..	CABILLOT	NANSEN	L. DUFRANNE	NANSEN
Archevêque	GONGUET	GONGUET	DEL VAL	DELMONT
Garter	RAES	REGIS	CAMARGO	GONGUET
l'Huissier	STAMLER	REVOL	BONAFE	GODARD
un Officier	BAUDIN	ROLLAND	GONGUET	CLAUDIN
Seigneur	CANCELIER	REVOL	CHEYRAT	CHEYRAT
id.	BARRE	ROLLAND	BARUTEL	BARUTEL
id.	PALIANTI	CHAPPELON	TAVEAU	TAVEAU
Ballet	SANDRINI	A. BONI	A. BONI	J. SCHWARZ
	HIRSCH	LOBSTEIN	J. DUMAS	J. DUMAS
	Mr. HANSEN	Mr. STAATS	Mr. AVELINE	Mr. AVELINE
Chef Orch.	TAFFANEL	P. VIDAL	RUHLMANN	RUHLMANN

Reprise de 1909 : Décors de Carpezat, Jambon et Bailly — Costumes de Charles Bianchini — Chorégraphie de Léo STAATS — Mise en scène de Paul STUART.

Le 28 Juin 1922, au cours d'un Gala, le 2e tableau du 4e acte fut représenté seul avec Mmes DEMOUGEOT (Catherine) ROYER (Anne) HARAMBOURE (Lady Clarence), MM. ROUARD (Henry VIII), GOFFIN (don Gomez), sous la direction de Henri BUSSER.

Autres interprètes des principaux rôles à l'Opéra :
Catherine d'Aragon : Mmes DUFRANE (1888), GRANDJEAN (1903).
Anne de Boleyn : Mme CHARBONNEL (1909).
don Gomès : MM. IBOS (1888), CAZENAVE (1915).
Le Légat : (Cardinal Campeggio) : MM. DUBULLE (1883), DENOYE (1892), CERDAN (1909).

★

HERODIADE
192 représentations

Opéra en 4 actes et 7 tableaux de Paul Milliet et Henri Grémont
Musique de Jules MASSENET

Créé à Bruxelles, au Théâtre Royal de la Monnaie, le 19 Décembre 1881.
Première fois à Paris, au Théâtre des Italiens (Salle du Théâtre des
Nations), le 1er Février 1884, dans une traduction italienne de Zonardi.
Repris à Paris, dans la version originale, au Théâtre Lyrique de la Gaîté,
les 18 Octobre 1903 et 30 Septembre 1911.

	BRUXELLES 19-12-1881	THEATRE ITALIEN 1-2-1884	GAITE 19-10-1903	LYRIQUE 30-9-1911
Salomé	DUVIVIER	DEVRIES	CALVE	BROZIA
Hérodiade	DESCHAMPS-JEHIN	TREMELLI	PACARY	FIERENS
Jean	VERGNET	J. DE RESZKE	JEROME	AFFRE
Hérode	MANOURY	V. MAUREL	M. RENAUD	BOULOGNE
Phanuel	L. GRESSE	E. DE RESZKE	FOURNETS	KARDEC
Chef Orch.	J. DUPONT	GIALDINI	LUIGINI	AMALOU

Première fois au Palais Garnier, le 22 Décembre 1921 — Mise en scène
de MERLE-FOREST, décors de Georges Mouveau.

Mmes HELDY (Salomé), CHARNY (Hérodiade), LAVAL (une Jeune
Babylonienne).

MM. FRANZ (Jean), ROUARD (Hérode), JOURNET (Phanuel), CAR-
BELLY (Vitellius), MAHIEUX (le Grand Prêtre), SORIA (une Voix).

Au 3e acte, « Danse sacrée » réglée par Mlles PASMANIK et HOWARTH,
dansée par Mlles DELSAUX, Y. FRANCK et BRANA, aux 2e et 4e actes,
« Divertissements » réglés par Léo STAATS, dansés par Mlles VALSI, DE
CRAPONNE, H. DAUWE et LEONCE.

Chef d'Orchestre : Philippe GAUBERT

Reprises des :	14-3-1926 (100e)	9-3-1945 (180e)	9-11-1947 (192e)
Salomé	BERTHON	BOUE	BONNY-PELLIEUX
Hérodiade	FROZIER-MAROT	BOUVIER	BOUVIER
Babylonienne .	BARTHE	CARRIER	DESMOUTIERS
Jean	PERRET	J. LUCCIONI	VERDIERE
Hérode	DUCLOS	BECKMANS	DENS
Phanuel	BORDON	CABANEL	HUC-SANTANA
Vitellius	CAMBON	CAMBON	CLAVERE
Grand Prêtre .	DALERANT	PHILIPPE	PHILIPPE
une Voix	REGIS	DELORME	DELORME
Divertissement.	BRANAT	VAUSSARD	VAUSSARD
	A. BOURGAT	GERODEZ	LAUVRAY
Chef Orch.	H. BUSSER	RUHLMANN	RUHLMANN

Autres interprètes des principaux rôles à l'Opéra :

Salomé : Mmes ISNARDON (1922), CROS (1922), PANIS (1922), GALL
(1924), NESPOULOUS (1924), KIRSCH (1924), LECUYER (1926), BEAU-
JON (1926), MAC CORMICK (1927), MARILLIET (1927), PAPE (1927),
LEMPERS (1927), LAWRENCE (1933), VERNET (1934), DJANEL (1935),
Solange RENAUX (1935), VOLFER (1936), LEYMO (1937), Ellen DOSIA
(1945), DELPRAT (1945), D. DUVAL (1947).

Hérodiade : Mmes GRYALIS (1922), MONTFORT (1922), TODOROVA
(1922), COURSO (1923), Mad. CARON (1923), CARO (1923), ROYER (1924),
DE SADOWEN (1924), GOZATEGUI (1924), TESSANDRA (1927), MAN-
CEAU (1933), BACHILLAT (1934), ALMONA (1935), M. SOYER (1936),
SCHENNEBERG (1936), Renée GILLY (1936), MISTRAL (1945), CHABAL
(1947).

Jean : MM. SULLIVAN (1922), CAZENAVE (1922), CARRERE (1922), GOFFIN (1922), ANSSEAU (1922), DUTREIX (1923), TRANTOUL (1925), THILL (1925), MORINI (1926), E. AUDOIN (1927), KAISIN (1930), DE TREVI (1931), FRONVAL (1945).

Hérode : MM. TEISSIE (1922), MAGUENAT (1922), ROUGENET (1923), LANTERI (1924), BROWNLEE (1927), NOUGARO (1932), CAMBON (1933), VIGNEAU (1933), L. RICHARD (1933), ENDREZE (1935).

Phanuel : MM. A. HUBERTY (1922), ARNAL (1923), A. GRESSE (1923), BORDON (1923), PEYRE (1923), GROMMEN (1927), FOREST (1934), FROUMENTY (1935), LAPEYRE (1935).

★

L'HEURE ESPAGNOLE   85 représentations

Comédie musicale en un acte de Franc-Nohain

Musique de Maurice RAVEL

Créée à Paris, au Théâtre National de l'Opéra-Comique, le 19 Mai 1911, dans une mise en scène d'Albert CARRE

	OPERA-COMIQUE 19-5-1911	LONDRES 24-7-1919	NEW YORK 28-1-1920	MILAN 1929
Concepcion ...	G. VIX	DONALDA	Y. GALL	SUPERVIA
Gonzalve	COULOMB	DUA	WARNERY	MENESCALDI
Ramiro	J. PERIER	MAGUENAT	MAGUENAT	DAMIANI
don Inigo	DELVOYE	COTREUIL	COTREUIL	BACCALONI
Torquemada ..	CAZENEUVE	A. GILLY	DEFRERE	X...
Chef Orch.	RUHLMANN	P. PITT	HASSELMANS	SANTINI

Première fois au Palais Garnier, le 5 Décembre 1921 — Mise en scène de MERLE-FOREST — Décor de André Maré.

Mme Fanny HELDY (Concepcion).

MM. FABERT (Gonzalve), COUZINOU (Ramiro), A. HUBERTY (don Inigo), G. DUBOIS (Torquemada).

Chef d'Orchestre : Philippe GAUBERT

	25-10-1931 (50e)	28-12-1938 (61e)	24-1-1958 (71e)	4-3-1960 (75e)
Concepcion ...	HELDY	HELDY	D. DUVAL	BERBIE
Gonzalve	FABERT	NORE	GIRAUDEAU	VANZO
Ramiro	COUZINOU	BECKMANS	MASSARD	BACQUIER
don Inigo	A. HUBERTY	A. HUBERTY	CLAVENSY	CLAVENSY
Torquemada ..	GILLES	GILLES	A. NOEL	GIRAUDEAU
Chef Orch.	GAUBERT	GAUBERT	DERVAUX	ROSENTHAL

Reprise de 1958 : décor de Mme Roland-Manuel — Mise en scène L. MUSY.
Reprise de 1960 : décor de J. D. Malclès — Mise en scène de M. CROCHOT.

Entre temps, cet ouvrage est retourné à l'Opéra-Comique, le 7 Novembre 1945, avec Mme DOSIA (Concepcion), MM. ARNOULT (Gonzalve), BECKMANS (Ramiro), GUENOT (don Inigo) et PAYEN (Torquemada), sous la direction de Roger DESORMIERE.

Autres interprètes au Palais Garnier :

Concepcion : Mmes DJANEL (1940), SPANELLYS (1960).

Gonzalve : MM. WARNERY (1923), ARNOULT (1934), RAMBAUD (1940), AMADE (1960), CORAZZA (1960).

Ramiro : MM. DUCLOS (1922), MAGUENAT (1927), GRIFFONI (1960).

don Inigo : M. MAHIEUX (1924).

Torquemada : MM. SORIA (1924), HERENT (1934).

HIPPOLYTE ET ARICIE   140 représentations
                                            dont 10 au Palais Garnier

Opéra en 5 actes et un Prologue de l'Abbé Pellegrin
Musique de Jean-Philippe RAMEAU

Créé à Paris, à l'Académie Royale de Musique, (1re Salle du Palais Royal), le 1er Octobre 1733.

Prologue : Mme EREMANS (Diane), MM. JELYOTTE (l'Amour), DUN (Jupiter).

Tragédie : Mmes PELISSIER (Aricie), ANTIER (Phèdre), MONVILLE (Oenone), PETITPAS (Prêtresse de Diane, une Matelotte, une Chasseresse, une Bergère).

MM. TRIBOU (Hippolyte), CHASSE (Thésée), DUN (Pluton), GUIGNIER, JELYOTTE, CUVILLIER (les Parques).

Ballet : Mlles MARIETTE, CAMARGO, MM. DUPRE, DUMOULIN. (Maître de Ballet : DUPRE).

Chef d'Orchestre : François FRANCOEUR

Première fois au Palais Garnier, le 13 Mai 1908 (131e représentation à l'Opéra), dans une version revisée par le Maître Vincent d'INDY — Mise en scène de Paul STUART.

Mmes GALL (Aricie), BREVAL (Phèdre), HATTO (Diane), MASTIO (l'Amour), CARO-LUCAS (Oenone), LAUTE-BRUN (Grande Prêtresse), COURBIERE (une Prêtresse), MATHIEU (une Matelotte).

MM. PLAMONDON (Hippolyte), DELMAS (Thésée), André GRESSE (Pluton), NUCELLY (Jupiter), GONGUET, CORPAIT, CERDAN (les Parques), NANSEN (Mercure), TRIADOU (Arcas), DUBOIS (Tisiphone).

Divertissement réglé par Léo STAATS, dansé par Mlles Aïda BONI (une Chasseresse), Georgette COUAT (une Matelotte), BARBIER (une Prêtresse), MM. AVELINE et FEROUELLE (2 Esprits infernaux) et le Corps de Ballet.

Chef d'Orchestre : Paul VIDAL

Décors de Jusseaume (Prologue et 2e acte), Rochette et Landrin (1er) Carpezat (3e), Ronsin (4e et 5e) — Costumes de Pinchon.

140e et dernière, le 14 Juillet 1908, avec les interprètes de la reprise au Palais Garnier, sauf :

Mme MERENTIE (Phèdre) et MM. ALTCHEWSKY (Hippolyte), LEQUIEN (Pluton).

★

LES HUGUENOTS   1.120 représentations
                                         dont 568 au Palais Garnier

Opéra en 5 actes de Scribe de E. Deschamps
Musique de Giacomo MEYERBEER

Créé à Paris, à l'Académie Royale de Musique (Salle Le Peletier) le 29 Février 1836 — Mise en scène de Adolphe NOURRIT — Décors de Sochan, Feuchères, Dieterle, Despleschins.

Mmes FALCON (Valentine), DORUS-GRAS (la Reine Marguerite de Valois), FLECHEUX (le Page Urbain), GOSSELIN et LAURENT (2 Dames d'Honneur).

MM. Adolphe NOURRIT (Raoul de Nangis), LEVASSEUR (Marcel), DERIVIS (le Comte de Nevers), SERDA (le Comte de St-Bris), TREVAUX (de Tavannes), MASSOL (de Cossé), WARTEL (de Thoré), A. PREVOST (de Retz), F. PREVOT (de Méru), WARTEL (Boisrosé), BERNADET (Maurevert), CHARPENTIER (Léonard), ALIZARD (le Crieur).

Ballet réglé par TAGLIONI, dansé par Mlles FORSTER, ROLAND, MONTESSU, BLAGY, MM. MAZILLIER, QUEYRAU.

Chef d'Orchestre :François-Antoine HABENECK

	100e 10-7-1839	Reprise 13-11-1868 (427e)	500e 24-4-1872	14-10-1874 (545e)
Valentine	STOLTZ	Marie SASSE	GYEYMARD	A. PATTI
Marguerite	DORUS-GRAS	Marie BATTU	THIBAULT	BELVAL
Urbain	ELIAN	LÉVIELLI	ARNAUD	ARNAUD
Raoul	DUPREZ	VILLARET	VILLARET	VILLARET
Marcel	LEVASSEUR	BELVAL	PONSARD	BELVAL
Nevers	DERIVIS	FAURE	CARON	LASSALLE
St-Bris	SERDA	DAVID	GAILHARD	GAILHARD
Tavannes	ALEXIS	GRISY	GRISY	GRISY
Cossé	MASSOL	KOENIG	HAYET	HAYET
Thoré	TREVAUX	CARON	GASPARD	GASPARD
de Retz	MARTIN	GASPARD	JOLIVET	JOLIVET
de Méru	F. PREVOT	PONSARD	FRERET	FRERET
Boisrosé	WARTEL	HAYET	SAPIN	SAPIN
Maurevert	ALIZARD	MECHELAERE	DELRAT	AUGUEZ
Léonard	CHARPENTIER	CLEOPHAS	CLEOPHAS	MERMAND
Le Crieur	HENS	MERMAND	MERMAND	DIEU
Ballet	NOBLET FORSTER ROLAND	VILLIER BEAUGRAND FIOCRE	BEAUGRAND FIOCRE PARENT	FONTA PARENT FATOU
Chef Orch.	HABENECK	G. HAINL	DELDEVEZ	DELDEVEZ

Première fois au Palais Garnier, le 26 Avril 1875 — Mise en scène de Léon CARVALHO — Chorégraphie de Louis MERANTE — Décors de Rubé et Chaperon (1er et 5e actes), Lavastre et Despléschins (2e acte), Cambon (3e acte), Daran (4e acte).

	26-4-1875 (533e)	Reprise 7-6-1897 (903e)	1.000e 21-3-1903	Reprise 18-7-1913 (1.072e)
Valentine	G. KRAUSS	BREVAL	BREVAL	LE SENNE
Marguerite	CARVALHO	BERTHET	DEREIMS	B. MENDES
Urbain	DARAM	CARRERE	AGUSSOL	LAUTE-BRUN
une Dame	N. GRENIER	VINCENT	VINCENT	HAMELIN
id.	HUSTACHE	MATHIEU	MATHIEU	COSSET
Raoul	VILLARET	ALVAREZ	AFFFRE	ALTCHEWSKY
Marcel	BELVAL	L. GRESSE	CHAMBON	PATY
Nevers	FAURE	M. RENAUD	NOTE	ROSELLY
St-Bris	GAILHARD	DELMAS	A. GRESSE	LASKIN
Tavannes	GRISY	GAUTIER	CABILLOT	NANSEN
Cossé	HAYET	GALLOIS	GALLOIS	REVOL
Thoré	GASPARD	PALIANTI	PALIANTI	CERDAN
de Retz	JOLIVET	DOUAILLIER	DOUAILLIER	DELPOUGET
de Méru	FRERET	DENOYE	DENOYE	CHAPPELON
Boisrosé	ROMAN	CABILLOT	BARRE	GONGUET
Maurevert	AUGUEZ	EUZET	LACOME	VARELLY
Léonard	MERMAND	LAFAYE	BAUDIN	TRIADOU
Le Crieur	DIEU	CANCELIER	CANCELIER	EZANNO
Ballet	FONTA PARENT SANLAVILLE	HIRSCH SALLE Mr. LADAM	HIRSCH L. PIRON Mr. LADAM	G. COUAT PIRON Mr. CLERET
Chef Orch. ...	DELDEVEZ	TAFFANEL	TAFFANEL	P. VIDAL

N. B. — Le soir de la 700ᵉ représentation (19 Avril 1881) donnée avec Mmes MONTALBA, DE VERE, JANVIER, MM. VILLARET, BOU-DOURESQUE et GAILHARD, Monsieur VAUCORBEIL, Directeur de l'Opéra, invita quelques amis à écouter la représentation dans les seconds dessous du théâtre où elle fut retransmise par téléphone. C'était la première expérience de retransmission d'un spectacle.

Pour la reprise de 1897, la mise en scène fut signée de LAPISSIDA, la chorégraphie de J. HANSEN et les nouveaux décors de Chaperon et fils (1er acte), Jambon et Bailly (2ᵉ acte), Carpezat (3ᵉ acte), Amable (4ᵉ acte), Rubé et Moisson (5ᵉ acte) — Les Costumes étaient de Charles Bianchini.

	Reprise 10-9-1920 (1.079ᵉ)	Reprise 13-1-1930 (1.093ᵉ)	Reprise 23-3-1936 (1.109ᵉ)	Dernière 22-11-1936 (1.120ᵉ)
Valentine	GOZATEGUI	Y. GALL	G. HOERNER	G. HOERNER
Marguerite	ALEXANDROWICZ	E. NORENA	S. DELMAS	S. DELMAS
Urbain	LAUTE-BRUN	J. LAVAL	S. RENAUX	R. MAHE
une Dame ...	COSSET	HAMY	ARTY	BARRIE
id.	NOTICK	J. MANCEAU	AUGROS	AUGROS
Léonard	HARAMBOURE	LALANDE	LALANDE	LALANDE
Raoul	SULLIVAN	SULLIVAN	G. THILL	R. JOBIN
Marcel	A. HUBERTY	A. HUBERTY	A. HUBERTY	A. HUBERTY
Nevers	TEISSIE	ROUARD	SINGHER	ENDREZE
St-Bris	A. GRESSE	A. PERNET	A. PERNET	ETCHEVERRY
Tavannes	G. DUBOIS	R. GILLES	R. GILLES	R. GILLES
Cossé	SORIA	DE LEU	CHASTENET	CHASTENET
Thoré	NANSEN	VERDIERE	GOURGUES	GOURGUES
de Retz	MAHIEUX	Ch. CAMBON	Ch. CAMBON	CH-PAUL
de Méru	ERNST	ERNST	ERNST	ERNST
Boisrosé	GONGUET	MORINI	DELRIEU	MADLEN
Maurevert	NARCON	NEGRE	NOGUERA	NOGUERA
Le Crieur	EZANNO	GUYARD	FOREST	FOREST
Ballet	A. JOHNSSON	C. BOS SOUTZO	BARBAN BINOIS	BARBAN BINOIS
	Mr. RICAUX	Mr. DUPREZ	Mr. GOUBE	Mr. GOUBE
Chef Orch.	H. BUSSER	RUHLMANN	RUHLMANN	RUHLMANN

Autres interprètes des principaux rôles à l'Opéra :

Valentine : Mmes LEBRUN (1838), NATHAN (1842), MEQUILLIET (1842), BEAUSSIRE (1845), ROSSI-CACCIA (1846), BETTI (1846), DAMERON (1846), JULIENNE (1846), VANGELDER (1848), DE LA MORLIERE (1854), LAFONT (1856), MEDORI (1856), MOREAU-SAINTI (1856), BARBOT (1858), LAFORET (1859), BRUNET (1860), TIETJENS (1863), LICHTMAY (1865), REBOUX (1869), HISSON (1869), ARNAL (1872), FERUCCI (1873), FURSCH-MADIER (1875), DE RESZKE (1876), MIOLAN-CARVALHO (1877), LESLINO (1879), DE STUCKLE (1879), Eva DUFRANE (1881), DUVIVIER (1883), LEROUX (1884), Rose CARON (1886), DE LAFERTRILLE (1887), ADINI (1887), F. LITVINNE (1889), Nina PACK (1889), FIERENS (1890), TANESY (1892), CHRETIEN (1893), GANNE (1897), PICARD (1897), MARCY (1899), LAFFARGUE (1899), GRAND-JEAN (1902), FEART (1903), BORGO (1904), MERENTIE (1906), DEMOUGEOT (1906), A. BARON (1908), Minna SCALAR (1909), SALVATINI (1914), CLAESSENS (1921), J. CROS (1921), L. PANIS (1930), Marjorie LAWRENCE (1936), M. BUNLET (1936).

La Reine Marguerite de Valois : Mmes NAU (1836), DOBRE (1845), HEBERT-MASSY (1848), LABORDE (1850), PONCHARD (1854), DELLY (1854), FORTUNI (1855), HAMAKERS (1857), MENDEZ (1857), DUSSY (1857), VANDENHEUVEN-DUPREZ (1860), REY-BALIA (1861), DE MAE-

SEN (1864), MOISSET (1875), GRABOW (1875), DARAM (1875), FRANCK-DUVERNOY (1878), HAMANN (1879), VACHOT (1879), LACOMBE DU-PREZ (1881), LUREAU (1882), A. ISAAC (1884), D'ERVILLY (1885), LO-VENTZ (1890), CARRERE (1892), DE NOCE (1898), LUCAS (1899), VER-LET (1904), DUBEL (1907), MIRANDA (1908), CAMPREDON (1908), HEMPEL (1910), CHRISTIAN (1914), MONSY (1921), HEDOUIN (1930), RITTER-CIAMPI (1936).

Raoul de Nangis : MM. MARIE (1843), MENGHIS (1844), ESPINASSE (1845), BORDAS (1847), GUEYMARD (1848), ROGER (1850), BEAUCHE (1852), PUGET (1857), WICART (1860), MICHOT (1861), MARIO (1862), MORERE (1864), COLIN (1868), DELABRANCHE (1869), Léon ACHARD (1873), MIERZWINSKY (1874), SALOMON (1875), SELLIER (1883), ES-CALAIS (1884), DUC (1886), DEVILLERS (1887), COSSIRA (1888), IBOS (1892), DUPEYRON (1893), SCAREMBERG (1904), L. LAFFITTE (1904), GAUTIER (1908), FONTAINE (1911), GRANAL (1913), DARMEL (1914), FRANZ (1925).

Marcel : MM. DERIVIS fils (1836), SERDA (1836), BOUCHE (1843), AR-NOUX (1845), OBIN (1850), DEPASSIO (1852), CAZAUX (1859), DAVID (1863), VIDAL (1871), MENU (1873), BOUDOURESQUE (1876), BERARDI (1877), DUBULLE (1880), GIRAUDET (1880), HOURDIN (1884), VERIN (1888), E. DE RESZKE (1889), Pol PLANCON (1892), NIVETTE (1902), d'ASSY (1907), JOURNET (1909), H. LEGROS (1921), GROMMEN (1930).

Comte de Nevers : MM. MASSOL (1836), MOLINIER (1837), CANAPLE (1842), PORTHEAUT (1846), MARIE (1850), LYON (1851), CLEOPHAS (1857), DUMESTRE (1859), BORCHARDT (1862), BONNESSEUR (1862), CASTELNAUDARY (1868), Victor MAUREL (1869), DEVOYOD (1869), MANOURY (1875), MELCHISSEDEC (1879), BERARDI (1885), MARTA-POURA (1888), CLAYES (1889), G. BEYLE (1892), RIDDEZ (1901), BAR-TET (1903), DANGES (1908), BOULOGNE (1908), DIHN-GILLY (1908), LESTELLY (1913), ROOSEN (1914), DUCLOS (1920), MAURAN (1930).

Comte de Saint-Bris : MM. PREVOST (1836), ALIZARD (1837), BOUCHE (1842), BREMOND (1843), GUIGNOT (1852), MERLY (1853), COULON (1854), CAZAUX (1859), BONNESSEUR (1862), CASTELNAUDARY (1863), PONSARD (1871), BATAILLE (1871), L. GRESSE (1875), BERARDI (1876), AUGUEZ (1877), LORRAIN (1879), DUBULLE (1882), Pol PLANCON (1883), BALLARD (1892), FOURNETS (1893), DELPOUGET (1894), BAER (1902), MARVINI (1911), CERDAN (1913), CABANEL (1936).

★

ICARE   3 représentations
Epopée lyrique en 3 tableaux de Henri Cain
Musique de Henry DEUTSCH DE LA MEURTHE
(Orchestration de Camille Erlanger)

Créée à Paris, à l'Académie Nationale de Musique (Palais Garnier), le 19 Décembre 1911, à l'occasion d'un Gala organisé par l'Aviation Française.

Mmes GRANDJEAN (le Génie de la Science), CHENAL (la Nymphe des Bois), CAMPREDON, GALL, HENRIQUEZ, MATI, LAPEYRETTE, LAUTE-BRUN (les Nymphes).

MM. MURATORE (Icare), DELMAS (Dédale).

Chef d'Orchestre : Camille ERLANGER

N. B. — La 3e représentation eut lieu au Théâtre antique d'Orange le 24 août 1919 avec Mmes DEMOUGEOT, CHARNY, COURSO ; MM. FRANZ, CERDAN, et NARÇON sous la direction de Camille CHEVILLARD.

L'ILE DESENCHANTEE   7 représentations

Drame musical en 2 actes de Mme Maria Star (Ernesta Stern), tiré des « Grandes Légendes de France » de Edouard Schuré.

Musique de Henry FEVRIER

Créé à Paris, à l'Académie Nationale de Musique (Palais Garnier) le 19 Novembre 1925 — Mise en scène de Pierre CHEREAU — Décors de Guirand de Scévola.

Mmes BOURDON (Francolle), CARO (Romersla), FROZIER-MARROT (Swanilda), LLOBERES, REX, LALANDE et BARTHE (les Sènes).

M. FRANZ (Solnik).

Danses réglées par Léo STAATS, dansées par Mlles GENCY, DEMESSINE et le Corps de Ballet.

Chef d'Orchestre : François RUHLMANN

7e et dernière, le 28 Décembre 1925, avec les créateurs.

★

L'ILLUSTRE FREGONA   24 représentations

Zarzuela en 3 actes, avec danses, tirée de la nouvelle de Cervantès

Paroles et Musique de Raoul LAPARRA

Créée à Paris, à l'Académie Nationale de Musique (Palais Garnier) le 16 Février 1931 — Mise en scène de Jacques ROUCHE — Décors de G. Mouveau — Costumes de J. Pagès.

Mmes HELDY (la Frégona), LAPEYRETTE (la Galléga), HAMY (la Arguello), MONTFORT (Tia Juana), SANTELMO (la Carmencita).

MM. VILLABELLA (Tomas), FABERT (Lope), A. HUBERTY (El Sevillano), GROMMEN (le Corregidor de Tolède), BORDON (don Diègo), CLAVERIE (Barrabas), JOBIN (Perriquito), NARCON (don Juan), WARNERY (l'Alguazil).

Danses castillanes dans les 1er et 3e actes réglées par Juan MARTINEZ, dansées par Mmes SANTELMO, MARTINEZ, MM. Juan MARTINEZ, JUANITO, CORTIJO, Mlles SEVILLANITA, SERRANITA, SANCHA, SANTAMARIA, FLORITA.

Chef d'Orchestre : François RUHLMANN

Reprise du 21 Février 1940 (20e représentation).

Même distribution qu'à la création, sauf :

Mmes CARRIER (la Frégona), LA JOSELITO (Carmencita).

MM. RAMBAUD (Tomas), GILLES (Lope), TOMATIS (le Corrégidor), A. RICHARD (don Diègo), DUTOIT (Barrabas), GOURGUES (Perriquito), CAMBON (l'Alguazil).

Danses : Melles JOSELITO, MM. CORTIJO PALACIOS, José TORRES.

24e et dernière, le 7 Avril 1940, avec les interprètes de la reprise.

Autres interprètes au Palais Garnier :
La Frégona : Mmes GERVAIS (1931), NESPOULOUS (1931).
Lope : M. WARNERY (1931) — Perriquito : M. LE CLEZIO (1931).

LES INDES GALANTES

431 représentations
dont 246 au Palais Garnier

Opéra-Ballet en 4 entrées et un Prologue de Fuselier

Musique de Jean-Philippe RAMEAU

Créé à Paris, à l'Académie Royale de Musique (1re Salle du Palais Royal) le 23 Août 1735 (l'œuvre ne comportant alors que 3 entrées).

Prologue : « Le Palais d'Hébé »
Mmes EREMANS (Hébé), PETITPAS (l'Amour),
M. CUIGNIER (la Guerre).

1re Entrée : « Le Turc Généreux »
Mme PELISSIER (Emilie),
MM. JELYOTTE (Valère), DUN (Osman).

2e Entrée : « Les Incas »
MM. JELYOTTE (don Carlos), DE CHASSE (Huascar).
Mme ANTIER (Phani),

3e Entrée : « Les Fleurs »
Mmes PETITPAS (Fatima), EREMANS (Zaïre),
MM. TRIBOU (Tacmas), PERSON (Ali).

Danses des différentes entrées réglées par DUPRE et dansées par Mlles MARIETTE, LEBRETON, SALLE, MM. DUPRE, MALTAYRE, DUMOULIN, JAVILLIER et le Corps de Ballet.

Chef d'Orchestre : CHERON

La 3e entrée, « Les Fleurs », ayant déplu au public, fut remaniée et présentée dans une nouvelle version dès la 4e représentation avec Mmes PETITPAS (Fatima), EREMANS (Atalide), BOURBONNOIS (Roxane) et M. TRIADOU (Tacmas).

A la reprise du 10 Mars 1736, (30e représentation), une 4e Entrée, « les Sauvages », fut ajoutée :
Mme PELISSIER (Zima), MM. JELYOTTE (Damon), DUN (don Alvar).

L'œuvre fut jouée pour la 185e et dernière fois en 1761.

Toutefois, certaines entrées furent ultérieurement reprises isolément : le Prologue en 1762 (20 représentations) et en 1771 (26), « les Incas » en 1771 (11 représentations) et « les Sauvages » en 1773 (22 représentations).

Le 30 Mai 1925, le Théâtre National de l'Opéra-Comique, à Paris, présenta la 3e Entrée, « les Fleurs », dans une version remaniée par Paul DUKAS, un décor de Lucien Jusseaume et une mise en scène d'Albert CARRE avec :
Mmes Yvonne BROTHIER (Zaïre), Antoinette REVILLE (Fatima).
MM. VILLABELLA (Tacmas) et Emile ROUSSEAU (Ali), sous la direction de Maurice FRIGARA.

Reprise à l'Opéra, et première fois au Palais Garnier (186ᵉ représentation) le 18 Juin 1952, avec les préludes parlés de René Fauchois, une révision musicale de Paul DUKAS et Henri BUSSER — Décors de Arbus, Jacques Dupont, Wakhévitch, Carzou, Fost, Moulène et Chapelain-Midy — Mise en scène de Maurice LEHMANN.

Prologue : « Le Palais d'Hébé »
Mmes CASTELLI (Hébé), JOURFIER (l'Amour), BOUVIER (Bellone).
Danses réglées par A. AVELINE : Mlles VAUSSARD, MM. BOZZONI et J. P. ANDREANI.

1ʳᵉ Entrée : « Le Turc Généreux »
Mme BRUMAIRE (Emilie),
MM. GIRAUDEAU (Valère), HUC-SANTANA (Osman).
Danses réglées par A. AVELINE : Melle BOURGEOIS, M. LEGRAND.

2ᵉ Entrée : « Les Incas »
Mme FERRER (Phani),
MM. NORE (don Carlos), BIANCO (Huascar).
Danses réglées par S. LIFAR : Mlles VYROUBOVA, MM. LIFAR, BOZZONI.

3ᵉ Entrée : « Les Fleurs »
Mmes MICHEAU (Fatima), DUVAL (Zaïre).
MM. GIRAUDEAU (Tacmas), JANSEN (Ali).
Danses réglées par H. LANDER : Mlles BARDIN (la Rose), DAYDE (le Papillon), MM. RITZ (Zéphir), RENAULT (le Persan), J. P. ANDREANI (Borée), Mlle DYNALIX.

4ᵉ Entrée : « Les Sauvages »
Mme BOUE (Zima),
MM. LUCCIONI (Adario), JOBIN (Damon), BOURDIN (Alvar).
Danses réglées par S. LIFAR : Mlles DARSONVAL, LAFON, GUILLOT, MM. KALIOUJNY, EFIMOFF.
Les récitants : Mme Jacqueline CHAMBORD, M. Jean BERGER.

Chef d'Orchestre : Louis FOURESTIER

Reprise du 29 septembre 1961 (421ᵉ représentation) :
Prologue : Mmes CASTELLI (Hébé), BERTON (l'Amour), SCHARLEY (Bellone).
1ʳᵉ Entrée : Mme BRUMAIRE (Emilie), MM. LEGAY (Valère), DEPRAZ (Osman).
2ᵉ Entrée : Mme SARROCA (Phani), MM. CHAUVET (Carlos), BIANCO (Huascar).
3ᵉ Entrée : Mmes MESPLE (Fatima), DUVAL (Zaïre), MM. AMADE (Tacmas), JANSEN (Ali).
4ᵉ Entrée : Mme MONMART (Zima), MM. LUCCIONI (Adario), GARDES (Damon), LAFFAGE (Alvar).
Danses : Mlles TALLCHIEFF, VAUSSART, AMIEL, MOTTE et RAYET
Récitants : Mme Nicole MEROUZE et M. Jean BERGER
Chef d'orchestre : Louis FOURESTIER

N. B. — A peu-près tous les Artistes du chant et de la danse onté été affichés dans cet ouvrage de 1952 à 1961.

IPHIGENIE EN TAURIDE

407 représentations
dont 1 au Palais Garnier

Tragédie lyrique en 4 actes de Pierre Guillard, d'après Euripide

Musique du Chevalier Christophe Willibald GLUCK

Créée à Paris, à l'Académie Royale de Musique (2ᵉ Salle du Palais Royal) le 18 Mai 1779.

Mmes LEVASSEUR (Iphigénie), CHATEAUVIEUX (Diane).

MM. L'ARRIVEE (Oreste), LEGROS (Pylade), MOREAU (Thoas), CHERON (un Ministre du Sanctuaire), LAINE (un Scythe).

Ballet : Mlles GUIMARD, HEINEL, MM. VESTRIS, GARDEL, DAUBERVAL.

Chef d'Orchestre : Louis-Joseph FRANCOEUR.

406ᵉ et dernière (Salle Le Peletier) le 5 Juin 1829.

Abandonnée par l'Opéra, l'œuvre fut cependant reprise à Paris, d'abord par le Théâtre Lyrique du Châtelet (1868), puis par celui de la Renaissance (1899), enfin par l'Opéra-Comique (1900).

	CHATELET 26-12-1868	RENAISSANCE 7-12-1899	OPERA-COMIQUE 18-6-1900
Iphigénie	LACAZE	J. RAUNAY	Rose CARON
Oreste	AUBERY	SOULACROIX	Max BOUVET
Pylade	BOSQUIN	COSSIRA	Léon BEYLE
Thoas	CAILLOT	BALLARD	H. DUFRANNE
Chef Orch.	PASDELOUP	J. DANBE	G. MARTY

Première fois au Palais Garnier, et unique représentation (407ᵉ) le 27 Juin 1931, avec le concours de la Société Wagner d'Amsterdam — Mise en scène de Pierre CHEREAU — Décors et costumes de la Société Wagner, d'après les maquettes de Wijdeveld.

Mmes LUBIN (Iphigénie), CASSUTO (Diane), MAHE (une Femme Grecque), A. M. DUBOIS, ISELIN, BACHILLAT et GALDEMAS (les Prêtresses).

MM. SINGHER (Oreste), DE TREVI (Pylade), CLAVERIE (Thoas), MOROT (le Ministre du Sanctuaire), CATHELAT (un Scythe).

« Danses des Scythes » réglée par A. AVELINE, dansée par MM. LEBERCHER, SERRY, Paul GOUBE, Roger RITZ.

Chœurs de la Société Wagner, chef : Hans CLEUVER.

Chef d'Orchestre : Pierre MONTEUX

La même année, 1931, et le 18 Avril, l'Opéra-Comique reprenait également cet ouvrage avec Mme BALGUERIE (Iphigénie), MM. MUSY (Oreste), MICHELETTI (Pylade), A. ALLARD (Thoas), sous la direction d'Albert WOLFF.

Autres interprètes des principaux rôles à l'Opéra :

Iphigénie : Mmes NAUDET (1803), JANNARD (1808), LEROUX (1811).

Oreste : MM. LAINE (1803), LAFONT (1808), NOURRIT père et fils (1811).

Pylade : MM. BERTIN (1803), DERIVIS (1811), Adolphe NOURRIT (1821).

Thoas : MM. DERIVIS (1803), BONEL (1811).

IPHIGENIE EN TAURIDE

36 représentations
dont 2 du 3ᵉ acte
au Palais Garnier

Opéra en 4 actes de Dubreuil, d'après Euripide

Musique de Nicolas PICCINI

Créé à Paris, à l'Académie Royale de Musique (2ᵉ Salle du Palais Royal) le 22 Janvier 1781.

Mmes LAGUERRE (Iphigénie), GAVAUDAN (Diane).

MM. L'ARRIVEE (Oreste), LEGROS (Pylade), LAIS (Thoas), LAINE (un Prêtre).

Ballet : Mlle GUIMARD, MM. GARDEL, d'AUBERVAL.

Chef d'Orchestre : Jean-Baptiste REY

Première fois au Palais Garnier (le 3ᵉ acte seulement), le 22 Mars 1916, dans une mise en scène de O. LABIS.

Mmes CHENAL (Iphigénie), LAUTE-BRUN (Diane), BONNET-BARON (Femme Grecque), GAULEY-TEXIER, HARAMBOURE (Prêtresses).

MM. André GRESSE (Oreste), Léon LAFFITTE (Pylade).

Chef d'Orchestre : Alfred BACHELET

★

L'ITALIENNE A ALGER

2 représentations

Mélodrame en 2 actes et 6 tableaux de Angelo Anelli

Musique de Gioachino ROSSINI

Créé à Venise, au Théâtre San Benedetto, le 22 Juin 1813 :
Premières fois à Paris, au Théâtre des Italiens, le 1er Février 1817, Mme MORANDONI (Isabelle), M. GARCIA (Lindore),
A Bruxelles, au Théâtre Royal de la Monnaie, le 18 Octobre 1835, Mmes LAVRY (Isabelle), STOLZ (Elvire), MM. MARQUILLY (Lindore), RENAUD (Mustafa), Chef d'Orch. C. L. HANSSENS,
A New York, au Metropolitan-Opera, le 5 Décembre 1919, Mmes BESANZONI (Isabelle), SUNDELLIUS (Elvire), MM. Ch. HACKETT (Lindore), A. DIDUR (Mustafa), Chef d'Orch. Gennaro PAPI.

Première fois au Palais Garnier, le 2 Avril 1930, par la Compagnie Lyrique de Mme Conchita Supervia.

Mmes Conchita SUPERVIA (Isabelle), Wanda SORGI (Elvire), Maria NEVESO (Zulma).

MM. Nino EDERLE (Lindore), Vincenzo BETTONI (Mustafa), Carlo SCATTOLA (Taddeo), Mario GUBIANI (Haly).

Chef d'Orchestre : Alfred PADOVANI

✱

LE JARDIN DU PARADIS
27 représentations

Conte lyrique en 4 actes et 8 tableaux de Robert de Flers et G. A. de Caillavet, d'après Andersen.

Musique de Alfred BRUNEAU

Créé à Paris, à l'Académie Nationale de Musique (Palais Garnier) le 29 Octobre 1923, en présence de Monsieur le Président de la République — Mise en scène de Pierre CHEREAU — Décors de Drésa.

Mmes HELDY (Arabella), GALL (la Fée), LAPEYRETTE (la Sorcière), MARILLIET (une Jeune Fille), DENYA (un Poète), REX (l'Elue), MOURGUES, CHOQUET, BIBELIN, DELMAS, JANIN, DUMAS, ROUGIER, LAPIERRE, BILLARD, BONNEVILLE, COSSET, MARCHAND (les Suivantes de la Princesse).

MM. FRANZ (le Prince Assur), ROUARD (Eusèbe), FABERT (Mégélius), RAMBAUD (le Vent d'Est), A. HUBERTY (le Vent du Nord), NARCON (le Vent du Sud), SORIA (le Vent d'Ouest), DUBOIS (le Héraut d'Armes), DALERANT (un Vieillard), REGIS (le Héraut du Paradis).

Danses réglées par Léo STAATS, dansées par Mlles LAMBALLE, LERVILLE, ROLA, BREVIER, MM. DENIZARD, PERETTI et le Corps de Ballet.

Chef d'Orchestre : Philippe GAUBERT

Reprise du 20 Septembre 1926 (22ᵉ représentation).

Distribution de la création, sauf :

Mmes BERTHON (Arabella), HARAMBOURE (la Fée),

M. THILL (le Prince Assur), MAURAN (Eusèbe), ERNST (le Vent du Sud), MADLEN (le Héraut du Paradis).

Chef d'Orchestre : François RUHLMANN

27ᵉ et dernière, le 24 Novembre 1926, avec les interprètes de la reprise, mais sous la direction de Henri BUSSER.

Autres interprètes au Palais Garnier :

La Fée : Mme BEAUJON (1924).

La Sorcière : Mmes GRYALIS (1923), MONTFORT (1925).

Le Prince Assur : M. LAFFITTE (1924).

Eusèbe : M. DUCLOS (1924).

★

UN JARDIN SUR L'ORONTE   12 représentations

Drame lyrique en 4 actes et 8 tableaux de Franc-Nohain, d'après le roman de Maurice Barrès.

Musique de Alfred BACHELET

Créé à Paris, à l'Académie Nationale de Musique (Palais Garnier) le 3 Novembre 1932, en présence de Monsieur le Président de la République — Mise en scène de Pierre CHEREAU — Décors et costumes de René Piot.

Mmes BALGUERIE (Oriante), FERRER (Isabelle), MAHE (Zobéïde), RICQUIER - débuts - (Badoura).

MM. DE TREVI (Guillaume), SINGHER (l'Emir), ENDREZE (le Prince d'Antioche), NARCON (l'Evêque), LUCCIONI (l'Ecuyer), LE CLEZIO, MOROT, GILLES et NOUGARO (4 Marchands), MADLEN, ETCHEVERRY (2 Guetteurs), ERNST, FOREST (2 Gardes).

Au 4e acte, danses réglées par Léo STAATS, dansées par Mlles Olga SOUTZO (un Chevalier), DIDION (une Bergère), BINOIS (une Jeune Fille) — Mlle J. SIMONI et P. GOUBE (la Guigue).

Chef d'Orchestre : Philippe GAUBERT

12e et dernière, le 26 Février 1934, avec les créateurs, sauf : MM. FROUMENTY (Prince d'Antioche), MADLEN (l'Ecuyer), DE LEU, FOREST (3e et 4e Marchands) et l'Auteur au Pupitre.

N. B. — Le rôle du Prince d'Antioche fut également tenu par M. John BROWNLEE (1933).

★

JEANNE D'ARC   15 représentations

Opéra en 4 actes et 6 tableaux
Paroles et Musique de A. MERMET

Créé à Paris, à l'Académie Nationale de Musique (Palais Garnier), le 5 Avril 1876. — Mise en scène de Adolphe MAYER — Chorégraphie de Louis MERANTE.

Mmes KRAUSS (Jeanne d'Arc), DARAM (Agnès Sorel), SAUNE (un Page).

MM. FAURE (Charles VII) — MANOURY avait chanté le rôle à la répétition générale —, SALOMON (Gaston de Metz), GAILHARD (Richard), CARON (Maître Jean), MENU (Jacques d'Arc), GASPARD (Ambroise de Lhoré), BATAILLE (un Sergent de Bande), GALLY - débuts - (le Bar de Duc), FRERET (de Gaucourt), LONATI et MONTVAILLANT (2 Officiers).

Danses : Mlles Laure FONTA, Amélie COLOMBIER, Louise MARQUET, SANLAVILLE, MONTAUBRY et le Corps de Ballet.

Chef d'Orchestre : Ernest DELDEVEZ

Décors : Cheret (1er tableau), Lavastre et Despléchins (2e tableau), Rubé et Chaperon (3e et 4e tableaux), Cambon et Carpezat (5e et 6e tableaux)
Costumes de Frémiet et Lacoste.

15e et dernière, le 27 Novembre 1876, avec les créateurs, sauf : MM. LASSALLE (Charles VII), AUGUEZ (le Bar de Duc), Mme LONATI (le Page).

★

JEANNE D'ARC   4 représentations

Drame lyrique en 3 actes, un prologue et 9 tableaux

Poème anglais et Musique de Raymond ROZE

Créé à Londres, au Théâtre de Covent Garden, le 1er Novembre 1913 :
par Mme Liliane GRANFELT (Jeanne), MM. Raoul TORRENT (Comte de
Dunois), Norman WILLIAMS (Jacques d'Arc), Charles MOTT (Duc de Bourgogne), Henry RABKE (Charles VII), sous la direction de l'Auteur, et dans
une mise en scène de T. C. FAIRBAIRN.

Première fois à Paris, au Palais Garnier, dans la version française de
J. Couturier, le 24 Novembre 1917, à l'occasion d'un Gala au bénéfice des
Croix-Rouges franco-britanniques — Mise en scène de Raymond ROZE et
Léo DEVAUX — Chorégraphie de Nicolas GUERRA — Costumes dessinés
par Perey Anderson.

Mmes CHENAL (Jeanne d'Arc), Nady BLANCARD (Ysabeau de Ba-
vière), CARLE (Raymond, page de Jeanne), Olga SOUTZO (Agnès Sorel),
L. MARION (le Sosie), DUMONT, COSSET, ROSAY, GUILLON (les Voix
de Jeanne).

MM. FRANZ (Comte de Dunois), DELMAS (Jacques d'Arc), NOTE
(duc de Bourgogne), RAMBAUD (Durand Lazare), SIZES (Charles VII),
LESTELLY (Gérard Machet), ERNST (Sire de la Trémouille), BONAFE
(La Hire), DEL VAL (un Soldat anglais), Jehan ADES (le Maître des Cérémonies), Georges WAGUE (le Bouffon), PATY (Règnault de Chartres).

Danses : Mlles ZAMBELLI, BOS, MM. A. AVELINE et le Corps de
Ballet.

Chef d'Orchestre : Raymond ROZE

4e **et dernière,** le 29 Novembre 1917, avec les créateurs, sauf : Mme
Germaine LUBIN (Jeanne d'Arc).

JEANNE D'ARC   2 représentations

Drame lyrique en un prologue et 3 actes de Témistocle Solera

Musique de Giuseppe VERDI

Créé à Milan, au Théâtre de la Scala, le 15 Février 1845, avec :
Mme Erminia FREZZOLINI (Jeanne), MM. Antonio POGGI (Charles VII),
Filippo COLLINI (Jacques).

Première fois à Paris, au Théâtre des Italiens, le 28 Mars 1868, avec
Mme Adelina PATTI (Jeanne), MM. NICCOLINI (Charles VII) et STELLER
(Jacques).

Première fois au Palais Garnier, le 30 Juin 1951, par les Artistes les
Chœurs et l'Orchestre du Théâtre San Carlo de Naples — Mise en scène de
Enrico FRIGERIO — Décors de Cesare Cristini.

Mme Renata TEBALDI (Jeanne).

MM. Gino PENNO (Charles VII), Ugo SAVARESE (Jacques), DELLA
PERGOLA (Delil), Italo TAJO (Talbot).

Chef d'Orchestre : Gabriele SANTINI

★

JEPHTE   2 représentations

Oratorio en 4 parties — Musique de Georg-Friedrich HAENDEL

Créé au concert, à Londres, en 1751.

Première fois dans une forme scénique, en 1959, à l'Opéra de Suttgart, à l'occasion des fêtes du bi-centenaire de Haendel. C'est cette adaptation à la scène qui fut représentée à Paris par le Théâtre de Stuttgart et ses artistes.

Première fois à Paris, à l'Académie Nationale de Musique (Palais Garnier), le 10 Octobre 1959, par la troupe de l'Opéra de Stuttgart — Texte de Thomas Morel, adapté pour la scène par Caspar Neher et Gunther Rennert, d'après la version allemande de Hermann Stephani — Mise en scène et chorégraphie de Gunther RENNERT — Décor et costumes de Caspar Neher.

Mmes F. SAILER (Iphis), M. BENCE (Storge).

MM. J. TRAXEL (Jephta), R. WOLANSKY (Hamor), F. LINKE (Zebul), F. WUNDERICH (un Prophète).

Chef d'Orchestre : Ferdinand LEITNER

★

JOSEPH   21 représentations

Drame en 3 actes mêlé de chants de Alexandre Duval

Musique de Etienne-Nicolas MEHUL

Créé à Paris, au Théâtre Impérial de l'Opéra-Comique (Salle Feydeau), le 17 Février 1807.

Première fois à Bruxelles, au Théâtre Royal de la Monnaie, le 6 Janvier 1808.

Repris à Paris, au Théâtre Lyrique du Châtelet, le 13 Janvier 1862, puis à l'Opéra-Comique, les 18 Août 1866 et 15 Juin 1899 (l'année où l'Opéra l'adoptait à son tour).

	OPERA-COMIQUE 17-2-1807	BRUXELLES 6-1-1808	TH. LYRIQUE 13-1-1862	OPERA-COMIQUE 18-8-1866	15-6-1899
Benjamin .	GAVAUDAN	LANGLADE	A. FAIVRE	M. ROSE	VAUCHELET
Joseph	ELLEVIOU	DAMOREAU	GIOVANNI	CAPOUL	TALAZAC
Jacob	SOLIE	ADOLPHE	J. PETIT	BATAILLE	COBALET
Siméon ...	GAVAUDAN	FOUCHET	LEGRAND	PONCHARD	CARROUL
Chef Orch.	X...	BORREMANS	DELOFFRE	DELDEVEZ	J. DANBE

Première fois au Palais Garnier, le 26 Mai 1899, avec les récitatifs de Armand Sylvestre, mis en musique par Bourgault-Ducoudray — Mise en scène de I APISSIDA — Décors de Jambon et Bailly — Costumes de Charles Bianchini.

Mmes Aïno ACKTE (Benjamin), AGUSSOL, MATHIEU, SAUVAGET (3 Jeunes Filles).

MM. VAGUET (Joseph), DELMAS (Jacob), NOTE, (Siméon), DOU-AILLIER (Utobal), DELPOUGET (Ruben), CABILLOT (Nephtali), PATY (Dan), LAURENT (Zabulon), ROGER (Lévi), BARRAU (Issachar), LACOME (Aser), BAUDIN (Gad), PALIANTI (Judas), GALLOIS (un Officier).

Chef d'Orchestre : Paul VIDAL

Reprise du 7 Juin 1946, (16ᵉ représentation) avec les récitatifs de Henri RABAUD — Mise en scène de Pierre CHEREAU — Danses réglées par Serge PERETTI.

Mmes St-ARNAUD (Benjamin), MORERE, ATTY, BONNY-PELLIEUX (3 Jeunes Filles).

MM. RAMBAUD (Joseph), ENDREZE (Jacob), FRONVAL (Siméon), CAMBON (Utobal), DESHAYES (Ruben), BREGERIE (Nephtali), PHILIPPE (Dan), CHARLES-PAUL (Zabulon), HUC-SANTANA (Lévi), NOGUERA (Issachar), LEROY (Aser), CLAVERE (Gad), DUTOIT (Judas), PETITPAS (un Officier).

Chef d'Orchestre : Reynaldo HAHN

21ᵉ et dernière, le 20 Octobre 1946, avec les interprètes de la reprise, sauf : Mmes DESMOUTIERS et LAURENCE (1ʳᵉ et 3ᵉ Jeunes Filles), MM. PETITPAS (Lévi), MAX-CONTI (un Officier) et D.E. INGHEL-BRECHT au pupitre.

Autres interprètes au Palais Garnier :

en 1899 : Mmes CARRERE (Benjamin), BEAUVAIS et MENDES (2ᵉ et 3ᵉ Jeunes Filles), MM. DENOYE (Dan), DELIT (Zabulon), CHEYRAT (Lévi).

en 1946 : M. ROUQUETTY (Aser).

★

LES JOYAUX DE LA MADONE   17 représentations

Scènes de la vie populaire napolitaine en 3 actes de Zangarini et Golisciani.

Musique de Ermano WOLF-FERRARI

Créées à Berlin, au Kurfuersten-Opéra, le 23 Décembre 1911, dans la version allemande de Liebstockl.
Première fois en 1912 à Chicago et New York, avec Mme WHITE (Maliella), MM. BASSI (Gennaro) et SAMMARCO (Raphael) ; puis à Londres au Covenet-Garden, avec Mme EDVINA (Maliella), MM. MARTINELLI (Gennaro) et SAMARCO (Raphael), sous la direction de Gennaro PAPI.

Première fois à Paris, au Palais Garnier, le 12 Septembre 1913, dans la version française de René Lara. — Mise en scène de Paul STUART — Chorégraphie de Yvan CLUSTINE.

Mmes VALLY - débuts - (Maliella), CHARNY (Carméla), CAMPREDON (Stella), LAUTE-BRUN (Concetta), TECLAR (Seréna), DURIF et MARIE-HUBERT (2 Marchandes), Georgette COUAT (Grazia).

MM. CAMPAGNOLA (Gennaro), MARCOUX (Raphael), DUBOIS (Biaso), DUTREIX (Tolonno), TRIADOU (Rocco), GONGUET (Ciccilio), NANSEN, VARELLY, REVOL, DELPOUGET, EZANNO, REY, CHAPPELON (les Camorristes).

Au 3ᵉ acte, divertissement : Mlles DELSAUX, MM. MILHET, EVEN.

Chef d'Orchestre : Carmelo PREITE (débuts)

Décors de Ronsin, Marc-Henri et Laverdet (1ᵉʳ acte), Mouveau (2ᵉ acte), Rochette (3ᵉ acte) — Costumes de Pinchon.

17ᵉ et dernière, le 1ᵉʳ Juillet 1914, avec les créateurs, sauf : Mmes BONNET-BARON (Carmela), MM. FONTAINE (Gennaro), G. PETIT (Raphael), NANSEN (Bisao), DELRIEU (1ᵉʳ Camorriste) et Roberto MO-RANZONI au pupitre.

Gabrielle KRAUSS

Adelina PATTI

Jean LASSALLE

MELCHISSEDEC

Christine
NILSSON

Rose CARON

MIOLAN-CARVALHO

Jean de RESZKE

Les Grand

Henri SELLIER

Aïno ACKTE

Sibyl
SANDERSON

BOUDOURESQUE

Adèle ISAAC

oix de la fin du XIX° siècle

Maria LUREAU-ESCALAIS

Victor MAUREL

Felia LITVINE

SCAREMBERG

ALVAREZ

AFFRE

Ernst VAN DYCK

Maurice
RENAUD

Marie DELNA

JUDITH DE BETHULIE   2 représentations

Scène dramatique de Mme Roussel-Despierres

Musique de Mme Armande de POLIGNAC

Créée à Paris, à l'Académie Nationale de Musique (Palais Garnier) le 26 Mars 1916 — Mise en scène de O. LABIS.

Mme Félia LITVINNE, M. Louis LESTELLY

Chef d'Orchestre : Gabriel GROVLEZ

★

LA JUIVE   562 représentations
dont 196 au Palais Garnier

Opéra en 5 actes de Scribe — Musique de Fromenthal HALEVY

Créé à Paris, à l'Académie Royale de Musique (Salle Le Peletier) le 23 Février 1835 — Mise en scène de Adolphe NOURRIT — Chorégraphie de TAGLIONI.

Mmes FALCON (Rachel), DORUS-GRAS (Eudoxie).

MM. A. NOURRIT (Eléazar), LEVASSEUR (Duc de Brogni), LAFOND (Léopold), DABADIE (Ruggiero), F. PREVOT (Albert), DERIVIS Fils (un Héraut), TREVAUX (un Officier), MASSOL, A. PREVOST, A. DUPONT et WARTEL (4 Hommes du Peuple), POUILLEY (un Familier du St-Office), HENS (un Majordome).

Ballet : Miles NOBLET, LEROUX, M. MAZILLIER.

Chef d'Orchestre : François-Antoine HABENECK

100° représentation, le 5 Juin 1840, avec :

Mmes STOLTZ (Rachel), DORUS-GRAS (Eudoxie).

MM. DUPREZ (Eléazar), ALIZARD (Duc de Brogni), A. DUPONT (Léopold), MASSOL (Ruggiero), F. PREVOST (Albert).

Chef d'Orchestre : François-Antoine HABENECK

Le 5 Janvier 1875, pour la soirée d'inauguration du Palais Garnier, les 1er et 2e actes furent représentés avec :

Mmes KRAUSS - débuts - (Rachel), BELVAL (Eudoxie).

MM. VILLARET (Eléazar), BELVAL (Duc de Brogni), VERGNET (Léopold), GASPARD (Ruggiero), AUGUEZ (Albert), sous la direction de Ernest DELDEVEZ.

Le 8 Janvier, l'œuvre jouée intégralement, inaugurait les représentations publiques du nouvel Opéra de Paris : Décors de Lavastre et Despléchins (1er acte), Chéret (2e acte), Cambon (3e acte), Rubé et Chaperon (4e et 5e actes) — Chorégraphie de Louis MERANTE — Mise en scène de Léon CARVALHO.

	8-1-1875 368e	9-6-1879 432e	500e fêtée 20-6-1886 495e	1-12-1886 500e	11-7-1888 501e
Rachel	KRAUSS	DE RESZKE	R. CARON	D'ALVAR	DUFRANNE
Eudoxie ..	BELVAL	DUVERNOY	LUREAU	D'ERVILLY	D'ERVILLY
Eléazar ...	VILLARET	VILLARET	DUC	ESCALAIS	DUC
Brogni	BELVAL	BOUDOURESQUE	L. GRESSE	L. GRESSE	PLANCON
Léopold ..	BOSQUIN	BOSQUIN	BERTIN	MURATET	TEQUI
Ruggiero .	GASPARD	GASPARD	BALLEROY	BALLEROY	RAGNEAU
Albert	AUGUEZ	AUGUEZ	LAMBERT	LAMBERT	LAMBERT
Héraut	DIEU	LAFFITTE	LAFFITTE	LAFFITTE	SAPIN
Officier ...	ROMAN	SAPIN	SAPIN	GIRARD	MALVAUT
Familier ..	MOURET	THUILLARD	DE SOROS	BOUTENS	BELBEDER
Majordome	FLEURY	DEVRIES	CREPEAUX	CREPEAUX	CREPEAUX
Hommes	HAYET	GRISY	VOULET	VOULET	VOULET
du Peuple	MERMAND	MERMAND	HELIN	HELIN	HELIN
id.	SAPIN	GIRARD	GIRARD	MALVAUT	GALLOIS
id.	FRERET	MECHELAERE	MECHELAERE	MECHELAERE	MECHELAERE
Ballet	FONTA	FONTA	FATOU	FATOU	ROUMIER
	FIOCRE	MARQUET	ROUMIER	ROUMIER	HIRSCH
	PARENT	MERANTE	MERCEDES	MERCEDES	DESIRE
Chef Orch.	DELDEVEZ	LAMOUREUX	GARCIN	GARCIN	VIANESI

Reprise du 3 Avril 1933, (545e représentation) dans une mise en scène de Pierre CHEREAU.

Mmes HOERNER (Rachel), GUYLA (Eudoxie).

MM. FRANZ (Eléazar), A. HUBERTY (Brogni), RAMBAUD (Léopold), CLAVERIE (Ruggiero), FROUMENTY (Albert), FOREST (un Hérault), MADLEN (un Officier).

Ballet réglé par A. AVELINE : Mlle Camille BOS.

Chef d'Orchestre : François RUHLMANN

562e et dernière, le 9 Avril 1934, avec les interprètes de la reprise de 1933, sauf Mme Marjorie LAWRENCE (Rachel).

Ecarté par l'Opéra pendant 40 années (de 1893 à 1933), l'œuvre d'Halévy connut plus d'une reprise au cours de cette période, sur diverses scènes lyriques de la capitale. A signaler, en particulier, celle du 10 Octobre 1910, au Théâtre Lyrique de la Gaîté, avec :

Mmes Félia LITVINNE (Rachel), CHAMBELLAN (Eudoxie).

MM. ESCALAIS (Eléazar), KARDEC (Duc de Brogni), GENICOT (Léopold), PETIT (Ruggiero), BARREAU (Albert).

Chef d'Orchestre : A. AMALOU

Autres interprètes des principaux rôles à l'Opéra :

Rachel : Mmes LEBRUN (1838), JULLIAN (1841), NATHAN (1842), MOREL (1842), MEQUILLET (1842), BEAUSSIRE (1845), JULIENNE (1845), BETTY (1845), PRETI (1846), ROSSI-CACCIA (1846), MOISSON (1846), DAMERON (1847), POINSOT (1851), CRUVELLI (1855), LAFONT (1855), DONATI (1856), MOREAU-SAINTI (1857), RIBAULT (1858), REY (1859), BARBOT (1860), BRUNET (1860), SASS (1860), MAUDUIT (1866), DEVRIES (1872), STERNBERG (1873), BAUX (1876), HOWE (1880), MONT-ALBA (1883), ADINI (1888), LITVINNE (1889), FIERENS (1890), TANESY (1893), DAVID (1933).

Eudoxie : Mmes JAWURECK (1835), NAU (1836), DOBRE (1842), DE ROISSY (1846), RABI (1846), HEBERT-MASSY (1848), MULDER (1849), FELIX (1849), DUSSY (1855), POUILLEY (1855), DELISLE (1857), HAMA-KERS (1858), VANDENHEUVEN-DUPREZ (1860), LEVIEILLI (1866), ARNAUD (1873), DEVRIES (1873), DARAM (1875), VERGIN (1876), FOU-QUET (1876), HAMANN (1879), PLOUX (1881), LACOMBE-DUPREZ

(1882), JANVIER (1882), BOSMAN (1891), LOVENTZ (1892), CARRERE (1892), MARCY (1893), LALANDE (1933).

Eléazar : MM. MARIE (1841), ESPINASSE (1849), MAIRALT (1851), GUEYMARD (1855), WICART (1855), RENARD (1856), LABAT (1861), SALOMON (1875), SYLVA (1875), SELLIER (1883), BERNARD (1888), PAULIN (1892), DUPEYRON (1892), SULLIVAN (1933), YCHE (1933).

Cardinal Brogni : MM. DERIVIS (1835), SERDA (1836), INCHINDI (1841), BOUCHE (1842), BREMOND (1842), LAGET (1845), BESSIN (1846), ANCONI (1847), OBIN (1851), DEPASSIO (1854), COULON (1858), MECHELAERE (1860), VIDAL (1861), PONSARD (1873), MENU (1873), BERARDI (1876), DUBULLE (1880), GIRAUDET (1880), FABRE (1889), CHAMBON (1890).

Léopold : MM. WARTEL (1835), WERMEULIN (1841), OCTAVE (1842), MENGHIS (1844), PAULIN (1845), BARBOT (1848), FLEURY (1851), BOULO (1855), DUFRESNE (1860), DULAURENS (1862), WAROT (1863), GRISY (1864), LAURENT (1879), JEROME (1889), AFFRE (1890), VILLA (1893), GILLES (1933).

★

K E R K E B, Danseuse Berbère   26 représentations

Drame musical en un acte de Michel Carré, d'après une nouvelle de Mme Elissa Rhaiss.

Musique de Marcel SAMUEL-ROUSSEAU

Créé à Paris, à l'Académie Nationale de Musique (Palais Garnier) le 6 Avril 1951 — Décor et costumes de Jean Souverbie — Mise en scène de Max DE RIEUX.

Mme Geori BOUE (Kerkeb), BOUVIER (Nedjma), CROISIER (Doudja), DESMOUTIERS (Henna), CHAUVELOT (Fathma).

M. BOURDIN (Sid-Haffid), Habib BENGLIA (Knett).

Chef d'Orchestre : Louis FOURESTIER

Reprise du 2 Novembre 1956 (21e représentation).

Mmes SARROCA (Kerkeb), BOUVIER (Nedjma), MELVAT (Doudja), DESMOUTIERS (Henna), ALLARD (Fathma).

MM. BIANCO (Sid-Haffid), Roland LAIGNEZ (Knett).

Chef d'Orchestre : Louis FOURESTIER

26e et dernière le 12 juillet 1958 avec les interprètes de la reprise, sauf Mmes G. SERRES (Nedjma) et PASTOR (Henna).

Autres interprètes à l'Opéra :

Kerkeb : Mmes LUCCIONI (1951), MAS (1951).

Doudja : Mmes MONMART (1951), COLLARD (1952).

Henna : Mme GABRIEL (1956).

Fathma : Mme RICQUIER (1953).

★

LA KHOVANTCHINA   8 représentations

Drame musical populaire en 4 actes et 5 tableaux de Stassof, Musique de Modeste MOUSSORGSKY, terminée et orchestrée par Rimsky-Korsakov.

Créé à St-Pétersbourg le 21 février 1886, par une troupe d'amateurs, puis à Moscou en 1897, également par des amateurs.

Première fois à l'Opéra Impérial de St-Pétersbourg, le 7 Novembre 1911, avec Fédor CHALIAPINE, dans le rôle de Dosiféi, Mme ZERUEVA (Marfa), MM. LOBINSKY (Chaklowitz), SHARONOFF (Ivan), sous la direction de A. COATES.

Première fois à Paris, en russe, au Théâtre des Champs-Elysées, le 5 Juin 1913, avec une révision de Igor Strawinsky et Maurice Ravel, dans une mise en scène d'Alexandre SANINE.
Mmes PETRENKO (Marfa), BRIAN (Emma).
MM. CHALIAPINE (Dosiféi), Paul ANDREEW (Chaklowitz), ZAPORO-JETZ (Ivan Khovansky), DAMAEV (André Khovansky), BOLCHAKOV (Kouska), Nicolas ANDREEW (le Clerc).

Chef d'Orchestre : Emile COOPER

Première fois au Palais Garnier, dans la traduction française de R. et M. d'Harcourt, le 13 Avril 1923 — Décors de Th. Fédorowsky — Mise en scène de Alexandre SANINE.

Mmes CHARNY (Marthe), LAVAL (Emma), CROS (Suzanne).

MM. JOURNET (Dosiféi), DUCLOS (Chaklowitz), A. HUBERTY (Ivan Khovansky), GOFFIN (André Khovansky), DALERANT (Kouzka), FABERT (le Clerc), BRUHAS (Vasonoview), MAHIEUX, P. COMBES, DUBOIS (Trois Streltzy), PODESTA (Strechniew).

Au 3ᵉ acte, « Danses des Persanes » réglées par Léo STAATS.

Chef d'Orchestre : Serge KOUSSEVITZKY

8ᵉ et dernière, le 3 Juillet 1924, avec les interprètes de la création à l'Opéra, sauf :

Mme Cécile REX (Emma).

MM. Fédor CHALIAPINE (Dosiféi), PODESTA (André Khovansky), MAHIEUX (Kouzka), ERNST (Varsoniview), PEYRE, MADLEN, G. DUBOIS (Trois Streltzy).

Chef d'Orchestre : Henry DEFOSSE

Autres interprètes au Palais Garnier :
Dosiféi : MM. MAHIEUX (1923), COUZINOU (1923).

★

KITEGE   2 auditions

« Légende de la ville invisible de Kitège et de la Vierge Fevronia ». Opéra en 4 actes et 6 tableaux de Wladimir Bielsky.

Musique de RIMSKY-KORSAKOV

Créé au Théâtre Marie de St-Pétersbourg, le 7 Février 1907.

Première fois à Paris, au Palais Garnier, en oratorio, le 6 Juillet 1926.
Mmse Xénia DERJINSKAIA (Fevronia), Ellen SADOWEN (le Jouvenceau), ANTONOVITCH (Alconos, Oiseau du Paradis), DE GONITCH (Sirine, Oiseau du Paradis).

MM. Kapiton ZAPOROJETZ (Prince Ioury), VESELOVSKY (Prince Vsevolod, son fils), BOLCHAROV (Grischka Kouterma), KAIDANOV (Bédiaj), KONDRATIEFF (Bouronday), DOUBROVSKY (Fédor Pojarok), BRAMINOV (le Joueur de Tympanon), D'ARIAL (le Montreur d'Ours, un brave homme), OKOROTCHENKOV (un Mendiant, un brave homme).

Chœurs mixtes russes, direction J. ARISTOFF

Chef d'Orchestre : Emil COOPER

Cet ouvrage fut pour la première fois représenté à Paris, au Théâtre National de l'Opéra-Comique, le 6 Mars 1935, par la troupe de l'Opéra Russe de Paris.

★

LANCELOT   8 représentations

Drame lyrique en 4 actes et 6 tableaux de Louis Gallet et Edouard Blau.

Musique de Victorin JONCIERES

Créé à Paris, à l'Académie Nationale de Musique (Palais Garnier) le 7 Février 1900 — Mise en scène de Pèdro GAILHARD.

Mmes Marie DELNA (Guinèvre), BOSMAN (Elaine).

MM. VAGUET (Lancelot), Maurice RENAUD (Arthus), FOURNETS ((Alain de Dinan), BARTET (Markhoel), LAFFITTE (Kaddio), LACOME et PELOGA (2 Serviteurs), GALLOIS, ROGER, DELIT, BAUDIN, BARRAU, DHORME, LABERE, FOURCADE, CANCELIER, DENOYE et PALIANTI (les Chevaliers Pairs).

Danses réglées par J. HANSEN, dansées par Mlles SANDRINI, ROBIN et le Corps de Ballet.

Chef d'Orchestre : Paul VIDAL

Décors : Carpezat (1er et 2e actes), Amable (3e acte et 2e tableau du 4e), Chaperon fils (1er tableau du 4e acte) — Costumes : Ch. Bianchini.

8e et dernière, le 24 Avril 1900, avec les créateurs, sauf : Mme Berthe SOYER (Guinèvre).

★

LA LEGENDE DE SAINT CHRISTOPHE   19 représentations

Légende en 3 actes et 8 tableaux — Poème et Musique de Vincent d'INDY

Créée à Paris, à l'Académie Nationale de Musique (Palais Garnier) le 6 Juin 1920 — Décors de Maurice Denis — Mise en scène de MERLE-FOREST.

Mmes LUBIN (Nicéa, la Reine de Volupté), COURBIERES, DAGNEL-LY, HARAMBOURE (3 Esprits célestes), KRIEGER (Voix de l'Enfant Jésus).

MM. FRANZ (Auférus), DELMAS (l'Ermite), ROUARD (le Roi de l'Or), RAMBAUD (le Prince du Mal), A. HUBERTY (l'Historien), NARCON (le Souverain Pontife), Yves NOEL (un Marchand), L. MARIE (un Amant), GONGUET (un Officier, un Archer), SORIA (un Homme), NANSEN (un Important), EZANNO (un Empereur), ERNST (un Bourgeois), MAHIEUX (le Hérault).

Mlle Y. DAUNT (la Danseuse), petite MONTJARET (l'Enfant Jésus).
MM. GUILLEMIN (le Capitaine des Archers), BOURDEL (le Bourreau),
Jules JAVON (un Mire).

Chef d'Orchestre : François RUHLMANN

19° et dernière, le 6 Décembre 1922, avec les créateurs, sauf : MM. A.
GRESSE (l'Ermite), BRUYAS (un Marchand), SORIA (un Amant), G. DU-
BOIS (un Important), DENIZARD (le Capitaine des Gardes), P. BARON
(le Bourreau), sous la direction de Gabriel GROVLEZ.

Autres interprètes des principaux rôles à l'Opéra :

Nicéa : Mme J. HATTO (1920).

Auférus : M. DARMEL (1920).

l'Historien : M. A. NARCON (1920).

Le Maître Vincent d'INDY dirigea son œuvre le 8 Octobre 1920.

LOHENGRIN   621 représentations

Opéra en 3 actes et 5 tableaux — Poème et Musique de Richard WAGNER

Créé au Hof-Theatre de Weimar, le 28 Août 1850.

Premières fois, à Bruxelles (Théâtre Royal de la Monnaie), le 22 Mars
1870 ; à New York (Academy of Music), en 1871 ; à Londres (Covent Garden),
en 1875 ; à New York (Metropolitan-Opera), le 7 Novembre 1883 ; à Paris
(Eden-Théâtre), le 30 Avril 1887; à Rouen (Théâtre des Arts), le 7 Février 1891.

	WEIMAR 28-8-1850	BRUXELLES 22-3-1870	LONDRES 8-5-1875
Elsa	AGTHE	STERNBERG	ALBANI
Ortrude	FASZTLINGER	DERASSE	d'ANGERI
Lohengrin	BECK	BLUM	NICOLINI
de Telramund .	VON WILDE	TROY	V. MAUREL
le Roi	BATSCH	PONS	SEIDERMAN
Chef Orch.	Franz LISZT	RICHTER	VIANESI

	NEW YORK 7-11-1883	PARIS 30-4-1887	ROUEN 7-2-1891
Elsa	NILSSON	F. DEVRIES	Jane GUY
Ortrude	FURSCH-MADIER	DUVIVIER	DE BERIDEZ
Lohengrin	CAMPANINI	VAN DYCK	RAYNAUD
de Telramund .	KASCHMANN	BLAUWAERT	MONDAUD
le Roi	NOUARA	COUTURIER	LEQUIEN
Chef Orch.	VIANESI	LAMOUREUX	Ph. FLON

Première fois au Palais Garnier, le 16 Septembre 1891, dans la version
française de Charles Nuitter — Mise en scène de LAPISSIDA — Décors de
Lavastre et Carpezat (1er et 3° actes), Amable et Gardy (2° acte) — Costumes
de Charles Bianchini.

Mmes Rose CARON (Elsa), FIERENS (Ortrude).

MM. VAN DYCK (Lohengrin), M. RENAUD (Frédéric de Telramund),
DELMAS (le Roi), DOUAILLIER (le Héraut).

Chef d'Orchestre : Charles LAMOUREUX

	50e le 28-3-1892	100e le 28-4-1894	Reprise le 17-5-1922 (333e)	400e le 5-8-1926
Elsa	R. CARON	R. CARON	F. HELDY	MARILLIET
Ortrude	DOMENECH	DUFRANE	GRIALYS	CARO
Lohengrin	VERGNET	ALVAREZ	FRANZ	FRANZ
de Telramund .	DUFRICHE	NOTE	DUCLOS	MAURAN
le Roi	DELMAS	CHAMBON	DELMAS	PEYRE
le Héraut	VALLIER	DOUAILLIER	DALERANT	CAMBON
Chef Orch.	COLONNE	TAFFANEL	CHEVILLARD	RUHLMANN

	500e le 20-8-1934	Reprise le 16-5-1947 (553e)	Reprise le 22-8-1954 (604e)	Reprise le 17-4-1959 (620e)
Elsa	HOERNER	HOERNER	MONMART	CRESPIN
Ortrude	LAWRENCE	GILLY	COUDERC	GORR
Lohengrin	SAINT-CRICQ	JOBIN	VERDIERE	KONYA
de Telramund .	SINGHER	NOUGARO	BIANCO	BIANCO
le Roi	FROUMENTY	FROUMENTY	SAVIGNOL	VON ROHR
le Héraut	CAMBON	CAMBON	MASSARD	MASSARD
Chef Orch.	J. E. SZYFER	FOURESTIER	CLUYTENS	KNAPPERTSBUSCH

Autres interprètes des principaux rôles à l'Opéra :

Elsa : Mmes BOSMAN (1891), ISSAURAT (1892), DUFRANE (1892), Lola BEETH (1892), BERTHET (1893), CHRETIEN (1893), GRANDJEAN (1896), NORDICA (1897), Aïno ACKTE (1898), KROUSCENISKA (1902), NORIA (1903), DUBEL (1904), LINDSAY (1906), KOUSNIETZOFF (1908), MASTIO (1908), HATTO (1908), SCALAR (1909), GALL (1910), FEART (1910), DORLIAC (1911), BOURDON (1912), LORRAINE (1912), PANIS (1912), TECLAR (1913), BERTHON (1922), LUBIN (1922), MAC ARDEN (1923), BONAVIA (1924), LAVAL (1924), NESPOULOUS (1927), Lotte LEHMANN (1929), DE MEO (1929), FAYE (1933), MULLER (1933), VOLFER (1937), DELPRAT (1939), YOSIF (1947), FERRER (1947), VARENNE (1953), VE-CRAY (1953).

Ortrude : Mmes DUFRANE (1892), DESCHAMPS-JEHIN (1893), BOUR-GEOIS (1896), PICARD (1898), CHRETIEN-VAGUET (1900), GOULAN-COURT (1901), CARO-LUCAS (1905), ROYER (1905), FEART (1906), PA-QUOT d'ASSY (1907), DURIF (1909), MANCINI (1909), DAUMAS (1910), MATI (1911), LE SENNE (1912), GOZATEGUI (1922), BEAUMONT (1924), FROZIER-MARROT (1925), MAHIEU (1926), POOLMAN-MEISSNER (1926), DAVID (1931), KALTER (1932), HOLLEY (1933), CLERY (1935), Marg. SOYER (1936), VERON-GRUNWALD (1939), BOUVIER (1952), JUYOL (1952), DELVAUX (1956).

Lohengrin : MM. AFFRE (1891), ENGEL (1891), MURATET (1892), J. DE RESZKE (1893), DUPEYRON (1893), GIBERT (1893), VAGUET (1896), CASSET (1903), SCAREMBERG (1903), FEODOROW (1908), GODART (1908), ALTCHEWSKY (1910), G. DUBOIS (1911), FONTAINE (1911), MAGNERE (1912), VERDIER (1912), R. LASSALLE (1913), DARMEL (1914), GOFFIN (1922), ANSSEAU (1923), E. AUDOIN (1923), TRANTOUL (1923), LAFFITTE (1924), DUTREIX (1924), GRANAL (1924), THILL (1926), SULLIVAN (1929), DE TREVI (1931), ROGATCHEWSKY (1931), MELCHIOR (1932), YCHE (1933), MAISON (1933), BURDINO (1937), FANIARD (1937), JOUATTE (1938), FRONVAL (1947), HECTOR (1955).

Frédéric de Telramund : MM. BERARDI (1892), G. BEYLE (1892), BAR-TET (1897), RIDDEZ (1903), CHAMBON (1905), V. BECK (1908), BOU-LOGNE (1908), DANGES (1908), DINH-GILLY (1908), ROSELLY (1912),

CARRIE (1912), BOURBON (1914), TEISSIE (1922), LANTERI (1924), BROWNLEE (1927), ENDREZE (1930), CAMBON (1933), ROUGENET (1933), BLOUSE (1935), L. RICHARD (1935), BECKMANS (1937), CHARLES-PAUL (1948).

le Roi : MM. PLANCON (1891), BALLARD (1892), E. DE RESZKE (1893), DELPOUGET (1894), FOURNETS (1899), A. GRESSE (1901), NIVETTE (1903), RIDDEZ (1905), LEQUIEN (1908), JOURNET (1908), CERDAN (1910), LASKIN (1913),A. HUBERTY (1922), H. LEGROS (1923), MAHIEUX (1923), GROMMEN (1927), BERNASCONI (1935), BORDON (1935), PACTAT (1939), VAILLANT (1954).

★

LUCIE DE LAMMERMOOR

315 représentations
dont 46 au Palais Garnier

Opéra en 3 actes de Cammarano, d'après une nouvelle de Walter Scott

Musique de Gaetano DONIZETTI

Créé au Théâtre San Carlo de Naples, le 26 Septembre 1835.
Premières fois à Paris (Théâtre Italien), le 12 Décembre 1837 ; (Théâtre Lyrique Ventadour), le 10 Août 1839 ; à Bruxelles (Théâtre Royal de la Monnaie), le 5 Septembre 1839, dans la version français de Gustave Vaez et Alphonse Royer.

	NAPLES 26-9-1835	PARIS 12-12-1837	PARIS 10-8-1839	BRUXELLES 5-9-1839
Lucie	PERSIANI	PERSIANI	A. THILION	JAWURECK
Edgard	DUPREZ	RUBINI	RICCIARDI	ALBERT
Asthon	COSSELI	TAMBURINI	HURTEAUX	CANAPLE
Raymond	PORTO	MORELLI	ZELGER	BAPTISTE

Première fois à l'Opéra de Paris (Salle Le Peletier), le 19 Avril 1838 des scènes du 2e acte avec : MM. DUPREZ (Edgard) et SERDA (Asthon).

Le 24 Avril 1841, au cours d'un Gala au bénéfice de Duprez, les 3e et 4e actes sont représentés avec Mme DORUS-GRAS (Lucie), MM. DUPREZ (Edgard), MASSOL (Asthon), ALIZARD (Raymond), sous la direction de François-Antoine HABENECK.

Première fois intégralement à l'Académie Royale de Musique (Salle Le Peletier) le 20 Février 1846, dans la version française de Royer et Vaez.

Mme NAU (Lucie).

MM. DUPREZ (Edgard), BARROILHET (Asthon), BREMOND (Raymond), PAULIN (Arthur), CHENET (Gilbert).

Chef d'Orchestre : François-Antoine HABENECK

100e, le 28 Juillet 1852, avec : Mme NAU (Lucie), MM. MATHIEU (Edgard), LYON (Asthon), GUIGNOT (Raymond), FLEURY (Arthur), KOENIG (Gilbert), sous la direction de Narcisse GIRARD.

Première fois au Palais Garnier, le 9 Décembre 1889 (270e représentation) dans une mise en scène de Pèdro GAILHARD.

Mmes Nelly MELBA (Lucie), DENIS (Alisa).

MM. COSSIRA - remplacé au milieu du 1er acte par ENGEL dont ce furent les débuts - (Edgard), BERARDI (Asthon), BALLARD (Raymond), WARNERODT (Arthur), GALLOIS (Gilbert).

Chef d'Orchestre : Augusto VIANESI

Après 13 représentations, l'ouvrage est abandonné par l'Opéra, mais il reparaît sur différentes scènes lyriques de la capitale, en particulier aux Variétés, à la Renaissance, à la Gaîté et aux Champs-Elysées.

	VARIETES 4-7-1896	RENAISSANCE 20-10-1899	GAITE 21-4-1908	CHAMPS-ELYSEES 10-4-1913
Lucie	HORWITZ	LECLERC	VERLET	BARRIENTOS
Edgard	ENGEL	COSSIRA	FEODOROFF	CICCOLINI
Asthon	DEVOYOD	SOULACROIX	NOTE	RIMINI
Raymond	CARLOW	SUREAU	MARY	AVEZZO
Chef Orch.		J. DANBE	AMALOU	X...

Cependant, l'œuvre revient au Palais Garnier en 1935.

	15-5-1935 (283e)	3-10-1947 (295e)	1-6-1951 (300e)	25-4-1960 (301e)
Lucie	Lily PONS SCHENNEBERG	S. DELMAS CHABAL	S. DELMAS CHABAL	SUTHERLAND KAHN
Edgard	BORGIOLI	TRAVERSO	DE LUCA	VANZO
Asthon	BROWNLEE	BROWNLEE	BIANCO	MASSARD
Raymond	HUBERTY	HUC-SANTANA	HUC-SANTANA	ROULEAU
Arthur	AGNELOTTI	CHASTENET	ROUQUETTY	CHAUVET
Gilbert	MADLEN	GOURGUES	GOURGUES	GOURGUES
Chef Orch.	BELLEZA	FOURESTIER	FOURESTIER	DERVAUX

Autres interprètes des principaux rôles à l'Opéra :

Lucie : Mmes DE ROISSY (1846), RABI (1847), BESSIN (1847), HEBERT-MASSY (1847), NORBET (1848), DE LAGRANGE (1849), LABORDE (1850), BIANCA (1854), DUSSY (1854), FORTUNI (1854), DELISLE (1857), HA-MAKERS (1859), VANDENHEUVEN-DUPREZ (1860), DE TAISY (1861), DE MAESEN (1864), BOVY (1936), MESPLE (1960).

Edgard : MM. BETTINI (1846), POULTIER (1848), ESPINASSE (1848), MASSET (1850), GUEYMARD (1850), DELAGRAVE (1851), ROGER (1853), BRIGNOLI (1854), PUGET (1856), RENARD (1858), SAPIN (1859), MI-CHOT (1860), DUFRENE (1861), DULAURENS (1861), MORERE (1864), DELABRANCHE (1866), AFFRE (1890), WESSELOWSKY (1938), Lauri VOLPI (1948).

Asthon : MM. PORTHEAUT (1846), MONNAC (1847), LEFORT (1848), LAURENT (1850), MARIE (1851), MASSOL (1853), BONNEHEE (1854), BUSSINE (1857), DUMESTRE (1858), CARON (1862), BECKMANS (1936), DENS (1948).

Raymond : MM. ARNOUX (1846), DUCELIER (1847), PERIE (1859), COULON (1861), MECHELEARE (1864), MARS (1960), CHAPUIS (1960), SERKOYAN (1960).

★

MADAME BUTTERFLY 1 représentation
(2e et 3e actes)

Tragédie Japonaise en 3 actes de Illica et Giacosa — Paroles françaises de Paul Ferrier.

Musique de Giacomo PUCCINI

Créée à la Scala de Milan, le 17 Février 1904, par :
Mmes Rosina STORCHIO (Cio-cio-san), GIACONIA (Suzuki).
MM. ZENATELLO (Pinkerton), G. DE LUCA (Sharpless), PINI-CORSI (Goro), sous la direction de Cleofonte CAMPANINI.

	LONDRES COVENT GARDEN 10-7-1905	PARIS OPERA-COMIQUE 28-12-1906	NEW YORK METROPOLITAN 11-2-1907	BRUXELLES MONNAIE 29-10-1909
Cio-cio-san ...	E. DESTINN	M. CARRE	G. FARRAR	DORLY
Souzuki	LEJEUNE	B. LAMARE	L. HOMER	SYMIANE
Pinkerton	E. CARUSO	Ed. CLEMENT	E. CARUSO	SALDOU
Sharpless	A. SCOTTI	J. PERIER	A. SCOTTI	DE CLERY
Goro	X...	CAZENEUVE	A. REISS	DUA
Chef Orch.	CAMPANINI	RUHLMANN	A. VIGNA	S. DUPUIS

Première fois au Palais Garnier, (les 2° et 3° actes seulement) le 26 Juin 1928, à l'occasion d'une représentation de Gala.

Mmes HELDY (Cio-cio-san), ESTEVE (Souzouki), GERVAIS (Kate), la petite DORIS (l'Enfant).

MM. VILLABELLA (Pinkerton), COUZINOU (Sharpless), DUBOIS (Goro), GILLES (Yamadori).

Chef d'Orchestre : François RUHLMANN

★

LE MAGE   31 représentations

Opéra en 5 actes et 6 tableaux de Jean Richepin

Musique de Jules MASSENET

Créé à Paris, à l'Académie Nationale de Musique (Palais Garnier) le 16 Mars 1891 — Mise en scène de LAPISSIDA.

Mmes FIERENS (Varedha), LUREAU-ESCALAIS (Anahita).

MM. VERGNET (Zarastra), DELMAS (Amrou), MARTAPOURA (le Roi), AFFRE (un Prisonnier), DOUAILLIER (un Héraut), VOULET (un Chef iranien), RAGNEAU (un Chef Touranien).

Ballet réglé par J. HANSEN, dansé par Mlle Rosita MAURI et le Corps de Ballet.

Chef d'Orchestre : Augusto VIANESI

Décors : 1er, 2° et 3° tableaux : Amable et Gardy — 4° tableau : Lemeunier, 5° et 6° tableaux : Lavastre et Carpezat — Costumes : Bianchini.

31° et dernière représentation, le 11 Octobre 1891 :

Mmes DOMENECH (Varédha), LOVENTZ (Anahita).

MM. VERGNET (Zarastra), DUBULLE (Amrou), MELCHISSEDEC (le Roi), PIROIA (un Prisonnier), BALLARD (un Héraut), VOULET (un Chef Iranien), RAGNEAU (un Chef touranien).

Chef d'Orchestre : MADIER DE MONTJAU

Autres interprètes des principaux rôles à l'Opéra :

Anahita : Mme BOSMAN (1891).

Zarastra : MM. DUC (1891), ESCALAIS (1891).

le Roi : M. DOUAILLIER (1891).

★

LES MAITRES CHANTEURS DE NUREMBERG   191 représentations

Drame poétique et musical en 3 actes et 4 tableaux

Poème et Musique de Richard WAGNER

Créé au Théâtre Royal de Munich, le 21 Juin 1868.

Mmes MALLINGER (Eva), Sophie DIETZ (Magdelaine).

MM. NACHBAUER (Walther), BETZ (Hans Sachs), SCHLOSSER (David), HOLTZEL (Beckmesser), BAUSEWEIN (Pogner), HEINRICH (Vogelgesang), SIGL (Nachtigall), FISCHER (Fritz Kothner), WEIRTSTERFER (Zorn), BEPPE (Eislinger), VOPPL (Möser), ZHOMS (Ortel), GRASSER (Schwarz), HAPN (Foltz), F. LANG (le Veilleur de Nuit).

Chef d'Orchestre : Hans de BULOW

Premières fois, à Bruxelles (Théâtre Royal de la Monnaie), version française d'Alfred Ernst, le 7 Mars 1885 ; à New York (Metropolitan-Opera), le 4 Janvier 1886 ; à Bayreuth (Théâtre du Festival), le 23 Juillet 1888 ; en France, à Lyon, (Grand Théâtre, version française d'Alfred Ernst), le 30 Décembre 1896.

	BRUXELLES 7-3-1885	NEW YORK 4-1-1886	BAYREUTH 23-7-1888	LYON 30-12-1896
Eva	R. CARON	SEIDL-KRAUS	BETTAQUE	L. JANSSEN
Magdelaine ...	DESCHAMPS-JEHIN	H. BRANDT	G. STAUDIGL	E. COSSIRA
Walther	JOURDAIN	A. STITT	H. GUDEHUS	COSSIRA
Hans Sachs ...	SEGUIN	E. FISCHER	F. PLANK	G. BEYLE
David	DELAQUERRIERE	KRAMER	HEDMONDT	HYACINTHE
Beckmesser ...	SOULACROIX	O. KEMLITZ	FRIEDRICH	DELVOYE
Pogner	DURAT	J. STAUDIGL	GILLMEISTER	CHALMIN
Chef Orch.	J. DUPONT	L. DAMROSCH	H. RICHTER	MIRANNE

Première fois à Paris, au Palais Garnier, le 10 Novembre 1897 dans une traduction française d'Alfred ERNST. — Décors de Amable, costumes de Charles Bianchini — Mise en scène de LAPISSIDA.

	10-11-1897 Première	27-3-1906 (69e)	17-2-1911 (81e)	28-12-1912 (100e)
Eva	BREVAL	BREVAL	GALL	GALL
Magdelaine ...	GRANDJEAN	CARO-LUCAS	DAUMAS	GOULANCOURT
Walther	ALVAREZ	ALVAREZ	FRANZ	FRANZ
Hans Sachs ...	DELMAS	DELMAS	DELMAS	DELMAS
David	VAGUET	NUIBO	CAMPAGNOLA	DUBOIS
Beckmesser ...	RENAUD	RIDDEZ	RIGAUX	RENAUD
Pogner	L. GRESSE	CHAMBON	JOURNET	JOURNET
Vogelgesang ..	CABILLOT	CABILLOT	WARELLY	WARELLY
Nachtigall ...	DOUAILLIER	DOUAILLIER	TRIADOU	TRIADOU
Kothner	BARTET	BARTET	GONGUET	ROSELLY
Zorn	LAURENT	GONGUET	TEISSIE	GONGUET
Eislinger	DUPIRE	DUPIRE	NANSEN	NANSEN
Möser	GALLOIS	GALLOIS	REVOL	REVOL
Ortel	DELPOUGET	DELPOUGET	DELPOUGET	DELPOUGET
Schwarz	DENOYE	DENOYE	EZANNO	EZANNO
Foltz	PATY	STAMLER	CHAPPELON	CHAPPELON
Veilleur	CANCELIER	CANCELIER	CERDAN	CERDAN
Chef Orch.	TAFFANEL	P. VIDAL	MESSAGER	H. RABAUD

	5-3-1923 (108ᵉ)	22-10-1930 (139ᵉ)	4-6-1948 (172ᵉ)	31-10-1952 (187ᵉ)
Eva	LUBIN	LUBIN	SEGALA	BOUE
Magdelaine ...	COURSO	MONTFORT	BOUVIER	GORR
Walther	FRANZ	FRANZ	VERDIERE	JOBIN
Hans Sachs ...	DELMAS	JOURNET	FROUMENTY	VAILLANT
David	RAMBAUD	RAMBAUD	GIRAUDEAU	GIRAUDEAU
Beckmesser ...	COUZINOU	FABERT	BECKMANS	BOURDIN
Pogner	A. HUBERTY	GROMMEN	MEDUS	DEPRAZ
Vogelgesang ..	DUBOIS	DUBOIS	ROUQUETTY	ROUQUETTY
Nachtigall	ERNST	ERNST	GICQUEL	ROUX
Kothner	CARBELLY	CLAVERIE	PHILIPPE	PHILIPPE
Zorn	GONGUET	MORINI	CHASTENET	CHASTENET
Eislinger	REGIS	MADLEN	GOURGUES	RALLIER
Möser	SORIA	JOBIN	DESHAYES	DESHAYES
Ortel	MAHIEUX	FROUMENTY	MAX-CONTI	MAX-CONTI
Schwarz	BORDON	NEGRE	PETITPAS	PETITPAS
Foltz	COMBES	CAMBON	CAMBON	SERKOYAN
Veilleur	DALERANT	DALERANT	ENIA	MASSARD
Chef Orch.	CHEVILLARD	GAUBERT	FOURESTIER	SEBASTIAN

N. B. — Reprise de 1952, mise en scène de Max de RIEUX.

191ᵉ et dernière le 6 décembre 1952 avec les interprètes de la reprise, sauf Mme RICQUIER (Magdelaine) et M. VERDIÈRE (Walther).

Autres interprètes des principaux rôles à l'Opéra :

Eva : Mmes BOSMAN (1898), HATTO (1901), LINDSAY (1906), ISNARDON (1923), BONAVIA (1926), LAVAL (1927), FERRER (1932), Lotte LEHMANN (1934), Maria MULLER (1936), CAMART (1949), MAS (1949).

Magdelaine : Mmes BEAUVAIS (1898), G. LEJEUNE (1911), CHARNY (1913), TESSANDRA (1932), BERGLUND (1934).

Walther : MM. COURTOIS (1898), VAGUET (1900), MURATORE (1906), DUBOIS (1906), E. AUDOIN (1927), THILL (1933), Max LORENZ (1934), DE TREVI (1937), TALEYRAC (1949).

Hans Sachs : MM. A. HUBERTY (1932), BOCKELMAN (1934), PROHASKA (1936).

Beckmesser : MM. NOTE (1898), SIZES (1913), MAURAN (1927), Armand CRABBE (1933), FUSCH (1934), NOGUERA (1949).

David : MM. L. BEYLE (1898), L. LAFFITTE (1898), FABERT (1911), ZIMMERMANN (1934).

Pogner : MM. André GRESSE (1926), NARCON (1933), KIPNIS (1934), L. HOFFMANN (1936), SAVIGNOL (1948).

★

MANON

4 représentations
(St-Sulpice)

Opéra-Comique en 5 actes et 6 tableaux de Henri Meilhac et Philippe Gilles, d'après l'Abbé Prévost.

Musique de Jules MASSENET

Créé à Paris, au Théâtre National de l'Opéra-Comique, le 19 Janvier 1844. Mise en scène de Charles PONSARD.

Premières fois à Bruxelles, (Théâtre Royal de la Monnaie), le 15 Mars 1884 ; à Londres (Covent-Garden), en 1891 ; à New York (Metropolitan-Opera), le 16 Janvier 1895.

	PARIS 19-1-1884	BRUXELLES 15-3-1884	LONDRES 19-5-1891	NEW YORK 16-1-1895
Manon	HEILBRONN	ARNAUD	SANDERSON	SANDERSON
des Grieux ...	TALAZAC	RODIER	VAN DYCK	J. DE RESZKE
le Comte	COBALLET	SCHMIDT	ISNARDON	PLANCON
Lescaut	TASKIN	SOULACROIX	DUFRICHE	ANCONA
Chef Orch. ...	J. DANBE	J. DUPONT	MANCINELLI	BEVIGNANI

Au Palais Garnier, seul le tableau de Saint-Sulpice a été représenté à quatre reprises, au cours de Galas à bénéfice :

	10-12-1911	1-6-1926	10-11-1927	1-6-1943
Manon	EDVINA	HELDY	GUYLA	HELDY
des Grieux ...	MURATORE	THILL	KAISIN	LUCCIONI
le Comte		JOURNET	TUBIANA	
le Sacristain ..	DONVAL	ERNST	ERNST	GILLES
Chef Orch. ...	MESSAGER	RUHLMANN	RUHLMANN	FOURESTIER

MANON LESCAUT
1 représentation (4e acte)

Drame lyrique en 4 actes de Illica, Oliva, Marco Fraga et Giulio Ricordi, d'après l'Abbé Prévost.

Musique de Giacomo PUCCINI

Créé au Théâtre Reggio, à Turin, le 1er Février 1893, par : Mme CESIRA-FERRANI (Manon), MM. CREMONINI (des Grieux), MORO (Lescaut) et POLINI (Géronte), sous la direction de POME.

Premières fois, en France, à Nice (Casino Municipal), le 19 Mars 1906, dans la version française de Maurice Vaucaire ; à New York, Metropolitan-Opera, le 18 Janvier 1907 ; à Paris (Théâtre du Châtelet), par la Troupe du Metropolitan, le 13 Juin 1910 ; à Bruxelles (Théâtre Royal de la Monnaie), le 10 Février 1911.

	NICE 19-3-1906	NEW YORK 18-1-1907	PARIS 13-6-1910	BRUXELLES 10.2.1911
Manon	Ch. WYNS	CAVALIERI	L. BORGI	DORLY
des Grieux ...	CONSTANTINO	E. CARUSO	E. CARUSO	GIROD
Lescaut	DUTILLOY	A. SCOTTI	P. AMATO	PONZIO
Géronte	ROUGON	A. ROSSI	PINI-CORSI	LA TASTE
Chef Orch. ...	X...	A. VIGNA	TOSCANINI	S. DUPUIS

Première fois au Palais Garnier (le 4e acte seulement) le 12 Mars 1916, dans une mise en scène de O. LABIS.

Mme Carmen MELIS (Manon).

MM. Amadeo BASSI (des Grieux), Viglione BORGHESE (Lescaut).

Chef d'Orchestre : Rodolfo FERRARI

Cet ouvrage a été repris au Casino Municipal d'Enghien, le 21 Juin 1955, avec : Mme Clara PETRELLA (Manon), MM. BERGONZI (Des Grieux), MANTOVANI (Lescaut), DELLAMANGAS (Géronte), sous la direction d'ARGEO.

★

LE MARCHAND DE VENISE   32 représentations

Opéra en 3 actes et 5 tableaux d'après « Shylock » de Shakespeare.
Adaptation en vers de Miguel Zamacoïs.

Musique de Reynaldo HAHN

Créé à Paris, à l'Académie Nationale de Musique (Palais Garnier) le
21 Mars 1935 — Décors et costumes dessinés par Yves Alix — Mise en
scène de Pierre CHEREAU.

Mmes HELDY (Portia), MAHE (Nérissa), RENAUDIN (Jessica), MARIL-
LIET (une Gouvernante), VIAL (une Servante), NATHAN, HOLNAY, CLE-
RY, DOULS, LUMIERE (les Masques).

MM. André PERNET (Shylock), SINGHER (Bassanio), CABANEL
(Antonio), LE CLEZIO (Gratiano), CHASTENET (Lorenzo), NARCON (le
Doge), RAMBAUD (Prince d'Aragon), MOROT (Tubal), ETCHEVERRY
(Prince du Maroc), GILLES (le Masque, 1er Vénitien), GOURGUES (2e
Vénitien), DE LEU (Salarino, un Page), ERNST (l'Audiencier), PACTAT,
MEDUS (2 Juifs), FOREST (un Serviteur), MADLEN (3e Juif, un Gondolier).

MM. ANGLES, HONTARREDE, DEMAGNY (les Masques), LAN-
DRAL, PIERROTET (2 serviteurs).

Chef d'Orchestre : Philippe GAUBERT

N.B. — le Maître Reynaldo HAHN a dirigé son œuvre le 3 mai 1935.

Reprise du 18 Novembre 1949 (29e représentation), dans une mise en
scène de Max DE RIEUX.

Mmes Denise DUVAL (Portia), DISNEY (Nérissa), CAUCHARD (Jessica), JOSSELIN, GUIBON, GRANDVIERES, LEROY, PETIT, JOURNAUX,
VINCENT, FRAISE, MARCHAL, FIORY, ANGERLY (les Masques).

MM. NOGUERA (Shylock), JEANTET (Bassanio), FROUMENTY (An-
tonio), GIRAUDEAU (Gratiano), MICHEL (Lorenzo), PHILIPPE (le Doge),
RAMBAUD (Prince d'Aragon), MEDUS (Tubal), HUC-SANTANA (Prince du
Maroc), ROUQUETTY (le Masque), DESHAYES, GOURGUES (2 Vénitiens),
RALLIER (Salarino), MAX-CONTI (l'Audiencier), GICQUEL, DELORME
(2 Juifs), PETITPAS (le Grand de Venise), DECARLI (l'Eunuque).

MM. SOUCHOY, DAGUIER, TERFOU, ROUET, D'ARCY, BOUVIER,
POUSSIER, ROUSTAN (les Masques).

Chef d'Orchestre : D. E. INGHELBRECHT

32e et dernière, le 19 Février 1950, avec les interprètes de la reprise,
sauf :

Mme RICQUIER (Nérissa).

MM. COURET (Prince d'Aragon), ROUX (Prince du Maroc), GIAN-
NOTTI (2e Juif) et Maurice FRANCK au pupitre.

Autres interprètes des principaux rôles à l'Opéra :

Portia : Mme FERRER (1939).

Nérissa : Mme COURTIN (1935).

Shylock : M. ETCHEVERRY (1939).

Bassanio : M. CHARLES-PAUL (1935).

Gratiano : M. NORE (1935).

★

MARIA DI ROHAN

1 représentation,
plus deux fois le 2° acte

Mélodrame en 3 actes de Salvadore Cammarano
Musique de Gaetano DONIZETTI

Créé à Vienne, au Théâtre de la Porte Carinzia, le 5 Juin 1843.

Première fois à Paris, au Théâtre des Italiens, le 20 Novembre 1843 avec : Mmes GRISI (Maria), BRANBILLA (Armande de Gondi), MM. RONCONI (Duc de Chevreuse), SALVI (Henri Cholais), RIZZI (de Suze).

Première fois en français (version de Lockroy et Ed. Badon), au Théâtre Royal de la Monnaie, à Bruxelles, le 9 Janvier 1845 : Mmes JULLIAN (Maria), ROUVROY (Armande de Gondi), MM. LABORDE (Duc de Chevreuse), LAURENT (Henri Cholais), FERNANDO (Vicomte de Suze), MILLET (de Fiesque), sous la direction de Ch. HANSSENS.

Première fois au Palais Garnier, le 22 Mars 1917, à l'occasion d'un Gala au bénéfice des mobilisés de l'Opéra :

Mmes Edith LYS (Maria), Nerina LOLLINI (Armande de Gondi).

MM. BATTISTINI (Duc de Chevreuse), Vittorio RE (Henri Cholais), BONAFE (Vicomte de Suze), NARCON (de Fiesque), CAMARGO (Aubry), LACOME (un Familier), HACKETT (un Domestique).

Chef d'Orchestre : Arturo VIGNA

Après cette unique représentation, le 2° acte seul fut repris le 10 Février 1918, dans la version française de Lockroy et Badon.

Mme Raymonde VECART (Maria).

MM. BATTISTINI (Duc de Chevreuse), Louis DUFRANE (Henri Cholais), NARCON (de Fiesque), CAMARGO (Aubry), ERNST (Familier).

Chef d'Orchestre : Arturo VIGNA

★

MAROUF

124 représentations

Opéra en 5 actes tiré des « Mille et Une nuits », d'après la traduction du Docteur J. C. Mardrus — Poème de Lucien Népoty.

Musique de Henri RABAUD

Créé à Paris, au Théâtre National de l'Opéra-Comique, le 15 Mai 1914, dans une mise en scène de Pierre CHEREAU, par :

Mmes Marthe DAVELLI (la Princesse), TIPHAINE (Fattoumah).

MM. Jean PERIER (Marouf), F. VIEUILLE (le Sultan), DELVOYE (le Vizir), VIGNEAU (Ali), sous la direction de François RUHLMANN.

L'ouvrage fut, en 1917, créé successivement à Milan (Théâtre de la Scala) par Mme Ninon VALLIN et M. MACNEZ, sous la direction de E. PANIZZA ; à Buenos-Ayres (Théâtre Colon) par Mme Ninon VALLIN et M. Armand CRABBE ; à New York (Metropolitan-Opera), par Mme Francès ALDA, MM. Giuseppe DE LUCA et Léon ROTHIER, sous la direction de Pierre MONTEUX.

Première fois à Bruxelles, au Théâtre Royal de la Monnaie, le 8 Mai 1919, dans une mise en scène de Pierre CHERÉAU, avec :

Mmes Emma LUART (la Princesse), Abby RICHARDSON (Fattoumah).

MM. Thomas SALIGNAC (Marouf), VAN OBBERGH (le Sultan), DE CLERY (le Vizir), SERVAIS (Ali), sous la direction de CORNEIL DE THORAN.

Première fois au Palais Garnier, le 21 Juin 1928, dans une mise en scène de Pierre CHEREAU — Décors et costumes dessinés par Quelvée.

Mmes DENYA (la Princesse), CARO (Fattoumah).

MM. THILL (Marouf), JOURNET (le Sultan), A. HUBERTY (le Vizir), MAURAN (Ali), GILLES (le Fellah, un Muezzin, un Homme de Police), NARCON (le Pâtissier), SORIA, ERNST (2 Marchands), RAYBAUD (le Kâdi), MADLEN (le Chef des Marins, un Muezzin, un Homme de Police), DELBOS (l'Anier), CAMBON et GUYARD (2 Mameluks).

Aux 3ᵉ et 5ᵉ tableaux, « Divertissements » réglés par Nicolas GUERRA, dansés par Mlles CERES, GELOT, BINOIS, M. Serge PERETTI et le Corps de Ballet.

Chef d'Orchestre : François RUHLMANN

La reprise du 2 Novembre 1939 eut lieu à l'Opéra-Comique (le Palais Garnier ayant été fermé par ordre de la défense passive). Il n'y avait pas de spectateurs : la représentation fut simplement radiodiffusée.

100ᵉ représentation, le 27 Février 1943 mais, par suite d'une erreur de la Régie, elle ne fut fêtée que le 4 Avril, soir de la 102ᵉ exacte. Cette représentation fut d'ailleurs interrompue durant une heure par suite d'une alerte aérienne sur la capitale.

L'ouvrage ne fut plus représenté à l'Opéra depuis le 6 Février 1950.

	6-5-1932 (50ᵉ)	2-11-1939 (83ᵉ)	27-2-1943 (100ᵉ)	11-2-1949 (115ᵉ)	6-2-1950 (Dernière)
Princesse	NESPOULOUS	COURTIN	DOSIA	BOUE	D. DUVAL
Fattoumah	HAMY	CARO	HAMY	HAMY	LEGOUHY
Marouf	DE TREVI	THILL	BOURDIN	BOURDIN	GIRAUDEAU
Sultan	BORDON	DUTOIT	DUTOIT	PERNET	SAVIGNOL
Vizir	A. HUBERTY	A. HUBERTY	A. HUBERTY	PHILIPPE	PHILIPPE
Ali	CLAVERIE	CAMBON	CLAVERIE	NOGUERA	NOGUERA
Fellah	GILLES	GILLES	CHASTENET	LE BRETON	RIALLAND
Pâtissier	NARCON	NARCON	CAMBON	CAMBON	CAMBON
Kâdi	FOREST	ERNST	A. RICHARD	MAX-CONTI	MAX-CONTI
Chef Marin	MADLEN	MADLEN	DESHAYES	DESHAYES	DESHAYES
Anier	MORINI	GOURGUES	DESHAYES	ROUQUETTY	ROUQUETTY
Marchand	LE CLEZIO	GILLES	GILLES	CHASTENET	CHASTENET
id.	ERNST	ERNST	PETITPAS	PETITPAS	PETITPAS
Muezzin	GILLES	DELORME	St-COME	GOURGUES	GOURGUES
id.	MADLEN	MADLEN	DELORME	DELORME	MICHEL
Mameluck	CAMBON	CAMBON	PHILIPPE	MAX-CONTI	MAX-CONTI
id.	FROUMENTY	NARCON	A. RICHARD	GICQUEL	GICQUEL
H. Police	GILLES	DELORME	GILLES	GOURGUES	GOURGUES
id.	MADLEN	GILLES	DE LEU	DELORME	MICHEL
Chef Orch.	SZYFER	RUHLMANN	RUHLMANN	FOURESTIER	FOURESTIER

Autres interprètes des principaux rôles à l'Opéra :

La Princesse Saamcheddine : Mmes GERVAIS (1928), GALL (1931), Solange RENAUX (1934).

Marouf : MM. RAMBAUD (1928), CHAMLEE (1929), A. BAUGE (1929), PONZIO (1930), VILLABELLA (1932), JOBIN (1949).

Le Sultan : MM. GROMMEN (1928), MOROT (1933), ETCHEVERRY (1945).

Le Vizir : MM. GOT (1930), MEDUS (1943), CHARLES-PAUL (1945).

Ali : MM. ASCANI (1933), BUSSONNET (1937), VIGNEAU (1940).

LE MAS

8 représentations

Pièce lyrique en 3 actes

Poème et Musique de Joseph CANTELOUBE DE MALARET

Créée à Paris, à l'Académie Nationale de Musique (Palais Garnier) le 27 Mars 1929 — Mise en scène de Pierre CHEREAU — Décors de G. Mouveau, costumes de Victor Fonfreide.

Mmes LAVAL (Marie), TESSANDRA (Rouzil), MANCEAU (une Jeune Fille).

MM. RAMBAUD (Jean), A. HUBERTY (le Grand Père), CAMBON (Gabel), GOT (un Vieux Mendiant), BROUET (un Vieux Moissonneur).

Mmes HAMY, LALANDE, MORTIMER, MANCEAU (les Bergers).

Mme LLOBERES, MM. VERGNES, MADLEN, DELBOS, NEGRE, ERNST (les Moissonneurs).

Chef d'Orchestre : Philippe GAUBERT

8° et dernière, le 20 Juin 1929 avec les créateurs, sauf :

Mmes MANCEAU (Rouzil), DOULS (une Jeune Fille), MM. VERGNES (un Vieux Moissonneur), GUYARD (un Moissonneur).

★

LES MATINES d'AMOUR

6 représentations

Fabliau-miracle en 3 images de Raoul Gastambide

Musique de Jules MAZELLIER

Créé à Paris, à l'Académie Nationale de Musique (Palais Garnier) le 6 Décembre 1927 — Mise en scène de Pierre CHEREAU — Décors et costumes dessinés par Ernotte.

Mmes NESPOULOUS (la Vierge), FERRER (Magdalaine).

MM. BORDON (le Diable), RAMBAUD (Théophilus), DUCLOS (Joffroy), NARCON (le Prieur), GILLES (Frère Alléaume), ERNST (2° Diable).

Chef d'Orchestre : Philippe GAUBERT

6° et dernière, le 11 Janvier 1928 avec les créateurs, sauf Mme HARAMBOURE (la Vierge).

★

MAVRA

7 représentations

Opéra en un acte d'après « La Petite Maison Kolomna », nouvelle de Pouchkine — Poème de Boris Kokhno.

Musique de Igor STRAVINSKY

Créé à Paris, à l'Académie Nationale de Musique (Palais Garnier) le 3 Juin 1922, par la Compagnie des Ballets Russes de Serge de DIAGHILEW — Mise en scène et chorégraphie de Bronislava NIJINSKA — Décor et costumes de Léopold Survage.

Mmes Oda SLOBODSKA (Paracha), Helen DE SADOWEN (la Mère), Zoia ROSOVSKA (la Voisine).

M. Stéphan BELINA (Vasili) et le Corps de Ballet des Ballets Russes.

Chef d'Orchestre : Grégor FITELBERG.

MAXIMILIEN
7 représentations

Opéra historique en 3 actes et 9 tableaux, d'après Franz Werfel — Livret de R. S. Hoffman. Adaptation française de Armand Lunel.

Musique de Darius MILHAUD

Créé à Paris, à l'Académie Nationale de Musique (Palais Garnier) le 5 Janvier 1932 — Mise en scène de Pierre CHEREAU — Décors et costumes de Pruna.

Mmes LUBIN (l'Impératrice Charlotte), FERRER (Princesse Salm-Salm), MAHE (une Voix).

MM. PERNET (Maximilien), DE TREVI (Perfirio Diaz), GILLES (Colonel Lopez), ENDREZE (Conseiller Herzfeld), SINGHER (Maréchal Bazaine), NARCON (Cardinal Labatista), DALERANT (Riva Palacio), MOROT (le Maire), ERNST (Mariono Escobèdo), MADLEN (Thomas Méja), FOREST, BOINEAU (2 Voix).

Au 2ᵉ tableau, « Danses » par Mlle TENIRA, VAHINETUA.

Chef d'Orchestre : François RUHLMANN

7ᵉ et dernière, le 29 Janvier 1932, avec les créateurs.

★

MEDEE
3 représentations

Opéra en 3 tableaux de Mme Madeleine MILHAUD

Musique de Darius MILHAUD

Créé à Anvers, à l'Opéra Royal Flamand, le 7 Octobre 1939, dans une traduction flamande de L. Baeyers et une mise en scène de Hendrick CASPEELE, par Mmes VAN HOECKE (Médée), CALEWAERT (Creuse), DE BORGER (la Nourrice), MM. DAGO MEYBERT (Jason), VAN AERT (Créon), sous la direction de Hendrick DIELS.

Première fois à Paris, au Palais Garnier, dans la version originale le 8 Mai 1940 — Mise en scène de Charles DULLIN — Décor et costumes dessinés par André Masson — Chorégraphie de Serge LIFAR.

Mmes FERRER (Médée), MICHEAU - débuts - (Creuse), LAPEYRETTE (la Nourrice).

MM. DE TREVI (Jason), ENDREZE (Créon).

Chef d'Orchestre : Philippe GAUBERT

3ᵉ et dernière, le 25 Mai 1940, avec les créateurs.

★

MEFISTOFELE

2 représentations

Opéra en 3 actes et 9 tableaux, dont un prologue et un épilogue, d'après le « Faust » de Gœthe.

Poème et Musique de Arrigo BOITO

Créé à Milan, au Théâtre de la Scala, le 5 Mars 1868, par Mme REBOUX-RIBELLI (Marguerite), MM. Marcello JUNCA (Méfistofele), Gérolino SPA-LAZZI (Faust), sous la direction de l'Auteur.

Repris à Bologne en 1875, avec Mme BORGHI-MANO, MM. NANETTI, CAMPANINI, l'ouvrage fut créé en 1880 à Londres (Théâtre de Leurs Majestés) et à New York (Académie de Musique) ; le 19 Janvier 1883 à Bruxelles (Théâtre Royal de la Monnaie) et le 23 Février 1895 à Monte-Carlo (Opéra) ; ces deux dernières créations dans la version française de Paul Milliet.

	LONDRES	NEW YORK	BRUXELLES	MONTE-CARLO
Marguerite ...	NILSSON	VALERIA	DUVIVIER	DE NUOVINA
Mefistofele	NANNETTI	NOVARA	L. GRESSE	L. GRESSE
Faust	CAMPANINI	I. CAMPANINI	JOURDAIN	GILBERT
Chef Orch.	ARDITI	C. CAMPANINI	J. DUPONT	L. JEHIN

Première fois à Paris, au Palais Garnier, le 2ᵉ acte seulement, le 5 Avril 1883, au cours d'un Gala au profit des Inondés d'Alsace Lorraine.

Mmes ISAAC (Marguerite), BARBOT (Dame Marthe).

MM. GAILHARD (Mefistofele), DEREIMS (Faust).

Chef d'Orchestre : Ernest ALTES

Le 8 Décembre 1908, le tableau de la prison fut représenté au cours d'un Gala consacré aux différents Faust, avec Mme Zina BROZIA (Marguerite).

Première fois intégralement en France, au Théâtre des Arts de Rouen le 3 mars 1909 avec Mmes GRIPPON (Marguerite-Hélène), FIERENS (Marthe-Panthalis), MM. PASCUAL (Faust), BAEIL (Mefistofele), RADOUX (Wagner-Nerée), sous la direction de Théodore MATHIEU.

Première fois intégralement à Paris, au Palais Garnier, le 9 Mai 1912, dans la version originale, par les Artistes de l'Opéra de Monte-Carlo — Décors de Visconti — Projections de Frey — Mise en scène de CHALMIN.

Mmes AGOSTINELLI (Marguerite), DRUETTI (Hélène de Troie), LOL-LINI (Dame Marthe), MATTEI (Panthalis).

MM. CHALIAPINE (Mefistofele), SMIRNOFF (Faust), Charles DEL-MAS (Wagner), ALZIARDI (Nérée).

Au 7ᵉ tableau, « Danses Grecques » : Mlle Thamara de SWIRSKY.

Chef d'Orchestre : Tullio SERAFIN

Le prologue seul a été redonné au cours d'un Gala, le 19 Mars 1953, avec M. Georges VAILLANT (Mefistofele) et les Chœurs, sous la direction de Pierre DERVAUX.

Négligé par l'Opéra, cet ouvrage fut représenté à Paris, en Décembre 1919, au Théâtre Lyrique du Vaudeville, avec :

Mmes Edith MASON (Marguerite, Hélène), Suzanne BROHLY (Dame Marthe, Panthalis).

MM. VANNI-MARCOUX (Mefistofele), DARDANI (Faust), sous la direction d'Armand FERTE.

★

LA MEGERE APPRIVOISEE   13 représentations

Comédie lyrique en 4 actes de Henri Cain et Edouard Adenis, d'après l'adaptation de P. Delair de l'œuvre de Shakespeare.

Musique de Charles SILVER

Créée à Paris, à l'Académie Nationale de Musique (Palais Garnier) le 30 Janvier 1922 — Mise en scène de MERLE-FOREST — Décors de Paquereau, costumes de Maxime Dethomas. — Chorégraphie de Léo STAATS.

Mmes CHENAL (Catharina), MONSY (Bianca), DUBOIS-LAUGER (Curtis), REX (Nicole), LALANDE (Marietta).

MM. ROUARD (Petrucchio), RAMBAUD (Lorenzo), A. HUBERTY (Baptista), DUBOIS (Biondello), ERNST (Gremio), SORIA (le Tailleur, Nathaniel), BRUYAS (Tranio, Filippo), P. COMBES (le Cuisinier).

Chef d'Orchestre : Henri BUSSER

Reprise du 24 Décembre 1925 (10e représentation), avec la même distribution, sauf : Mmes VIX (Catharina), LAVAL (Bianca), MM. MORINI (le Tailleur), MADLEN (Nathaniel), CAMBON (Tranio, Filippo), GUYARD (le Cuisinier).

13e et dernière, le 13 Janvier 1926, avec les interprètes de la reprise.

N. B. — Le rôle de « Lorenzo » fut également chanté par M. SORIA en 1922.

★

MESSIDOR   16 représentations

Drame lyrique en 4 actes et un prologue de Emile Zola.

Musique de Alfred BRUNEAU

Créé à Paris, à l'Académie Nationale de Musique (Palais Garnier) le 19 Février 1897 — Mise en scène de Pèdro GAILHARD — Chorégraphie de J. HANSEN.

Mmes DESCHAMPS-JEHIN (Véronique), BERTHET (Hélène).

MM. ALVAREZ (Guillaume), DELMAS (Mathias), RENAUD (le Berger), NOTE (Gaspard), GALLOIS (un Prêtre).

Ballet : Mlles SUBRA (la Reine), ZAMBELLI (l'Amante), ROBIN (l'Or),

Chef d'Orchestre : Paul TAFFANEL

Décors : Rubé et Moisson (1er acte), Chaperon et fils (2e acte), Amable (3e acte), Jambon et Bailly (4e acte) — Costumes : Charles Bianchini.

Reprise du 22 Février 1917 (12e représentation).

Mmes LAPEYRETTE (Véronique), GALL (Hélène).

MM. FRANZ (Guillaume), DELMAS (Mathias), PLAMONDON (le Berger), NOTE (Gaspard).

Ballet (décor et costumes de René Piot) : Mlle ZAMBELLI (la Reine), Aïda BONI (l'Amante), DELSAUX (l'Or).

Chef d'Orchestre : François RUHLMANN

16e et dernière, le 28 Avril 1917, avec les interprètes de la reprise, sauf Mme PHILIPPOT (Véronique), MM. LAFFITTE (Guillaume) et A. HUBERTY (Gaspard).

N. B. — Le rôle de « Véronique » fut également chanté par Mme Lise CHARNY en 1917, celui de « Mathias » par M. BARTET en 1897.

MIARKA   7 représentations

Comédie lyrique en 4 actes et 5 tableaux de Jean Richepin

Musique de Alexandre GEORGES

Créée à Paris, au Théâtre National de l'Opéra-Comique, le 7 Novembre 1905, dans une mise en scène d'Albert CARRE, par :

Mmes HEGLON (la Vougne), M. CARRE (Miarka), MM. LUCAZEAU (le Roi), Jean PERIER (Gleude), sous la direction d'Alexandre LUIGINI.

Première fois au Palais Garnier, le 16 Janvier 1925, dans une version en 3 actes — Mise en scène de Pierre CHEREAU — Décors de Cillard.

Mmes CHARNY (la Vougne), GALL (Miarka).

MM. DUTREIX (le Roi), DUCLOS (Gleude), DALERANT (un Vieux Romané), MADLEN (un Jeune Romané).

Au 2e acte, « Divertissement » réglé par Léo STAATS, dansé par Mlles DELSAUX, Y. FRANCK, BRANA, ELLANSKAIA, A. BOURGAT, MANTOUT, M. R. PACAUD et la classe de Rythmique.

Chef d'Orchestre : Henri BUSSER

7e et dernière, le 1er Avril 1925, avec les créateurs, sauf François RUHLMANN au pupitre.

N. B. — Le rôle de « Miarka » fut également chanté par Mme LAVAL.

★

MIGUELA   1 représentation

Opéra en 3 actes — Musique de Théodore DUBOIS

Cet ouvrage n'a jamais été représenté intégralement.

Première audition, en oratorio, le 2e tableau du 3e acte seulement, sous le titre de CIRCE, aux Concerts Lamoureux, le 23 Février 1896, avec Mme Jane MARCY (Miguela), MM. LAFARGE (Fray Juanito), BAILLY (Hernandez), BLANCARD (Fray Domingo), sous la direction de Charles LAMOUREUX.

Première fois au Palais Garnier (Prélude et 2e tableau de l'acte 3 seulement), le 18 Mai 1916, dans une mise en scène de O. LABIS.

Mme Marcelle DEMOUGEOT (Miguela).

MM. CAMARGO (Fray Juanito), LESTELLY (Hernandez), NARCON (Fray Domingo).

Chef d'Orchestre : Henri BUSSER

★

LE MIRACLE
30 représentations

Drame lyrique en 5 actes de P. B. Gheusi et A. Mérane

Musique de Georges HUE

Créé à Paris, à l'Académie Nationale de Musique (Palais Garnier), le 30 Décembre 1910 — Mise en scène de Paul STUART.

Mmes CHENAL (Alix, la Courtisane), BAILAC (Bérangère), GOULAN-COURT, OLIVIER (2 Religieuses), COURBIERES (un Escholier), NOTICK (une Femme du Peuple).

MM. MURATORE (Maître Loys), A. GRESSE (l'Evêque), DANGES (Gaucher d'Arcourt), FABERT (Pibrac-le-bancal), TEISSIE (Tirso), CERDAN (le Syndic), GONGUET (le Porteur d'Eau).

« Divertissement » réglé par Mme STICHEL, dansé par Mlles Aïda BONI (la Bohémienne), Léa PIRON (le Montreur d'Ours), M. AVELINE (le Dompteur) et le Corps de Ballet.

Chef d'Orchestre : Paul VIDAL

Décors de Bailly (sauf le 2e acte de Rochette et Landrin) — Costumes de Pinchon.

Durant la guerre 1914-18, le second acte fut repris seul le 20 Juin 1916 et représenté isolément 4 fois :

Mmes HATTO (Alix), BONNET-BARON (Bérangère).
MM. LAFFITTE (Maître Loys), GONGUET (Porteur d'Eau).

Chef d'Orchestre : Camille CHEVILLARD

Reprise de l'œuvre intégralement, le 18 Novembre 1927 (24e représentation) — Mise en scène de Pierre CHEREAU — Chorégraphie de Nicolas GUERRA.

Mmes BOURDON (Alix), TESSANDRA (Bérangère), CASTELAIN, DUBOIS-LAUGER (2 Religieuses), BARTHE (un Escholier).

MM. THILL (Maître Loys), A. HUBERTY (l'Evêque), DUCLOS (Gaucher d'Arcourt), FABERT (Pibrac-le-Bancal), DALERANT (Tirso), CAMBON (le Syndic), MADLEN (le Porteur d'Eau).

« Divertissement » : Mlles Camille BOS (la Bohémienne), O. SOUTZO (le Montreur d'Ours), M. DENIZART (le Dompteur).

Chef d'Orchestre : Philippe GAUBERT

30e et dernière, le 8 Janvier 1928, avec les interprètes de la reprise, sauf : Mmes MAHIEU (Alix), LLOBERES (un Escholier), MM. GROMMEN (l'Evêque), CAMBON (Tirso), GUYARD (le Syndic) et Henri BUSSER au pupitre.

Autres interprètes des principaux rôles à l'Opéra :

Alix, la Courtisane : Mmes PANIS (1911), VALLY (1914).

Bérangère : Mme COURSO (1927).

Maître Loys : M. William MARTIN (1927).

l'Evêque : M. CERDAN (1911).

Gaucher d'Arcourt : MM. CARRIE (1911), COUZINOU (1913).

Pibrac-le-Bancal : M. NANSEN (1911).

Tirso : M. TRIADOU (1913).

★

MONNA VANNA   80 représentations

Drame lyrique en 4 actes et 5 tableaux de Maurice Maeterlink
Musique de Henri FEVRIER

Créé à Paris, à l'Académie Nationale de Musique (Palais Garnier) le 10 Janvier 1909 — Mise en scène de Paul STUART — Décors de Rochette et Landrin — Costumes de Pinchon.

	10-1-1909 Première	13-5-1914 (26e)	2-2-1918 (29e)	1-2-1922 (50e)
Monna Vanna .	BREVAL	HATTO	CHENAL	LUBIN
Prinzivalle	MURATORE	MURATORE	SULLIVAN	SULLIVAN
Marco	DELMAS	A. GRESSE	A. GRESSE	A. GRESSE
Guido	MARCOUX	BOURBON	SIZES	A. HUBERTY
Trivulzio	CERDAN	CERDAN	NARCON	NARCON
Védio	NANSEN	NANSEN	L. DUFRANNE	SORIA
Torello	TRIADOU	TRIADOU	GODARD	BRUYAS
Borso	GONGUET	GONGUET	GONGUET	GONGUET
Chef Orch.	P. VIDAL	CATHERINE	GROVLEZ	GAUBERT

	30-5-1924 (52e)	3-5-1929 (55e)	20-1-1937 (64e)	9-8-1946 (71e)
Monna Vanna .	BOURDON	BOURDON	FERRER	FERRER
Prinzivalle	MURATORE	ANSSEAU	DE TREVI	FRONVAL
Marco	A. GRESSE	A. HUBERTY	A. HUBERTY	FROUMENTY
Guido	MARCOUX	MARCOUX	MARCOUX	BECKMANS
Trivulzio	NARCON	NARCON	NARCON	CLAVERIE
Védio	SORIA	MADLEN	MADLEN	DESHAYES
Torello	BRUYAS	NEGRE	NOGUERA	NOGUERA
Borso	THILL	DELBOS	R. GILLES	BREGERIE
Chef Orch.	GROVLEZ	GROVLEZ	RUHLMANN	RUHLMANN

80e et dernière, le 16 Mai 1949, avec les interprètes de la précédente reprise, sauf : MM. PHILIPPE (Trivulzio), MAX-CONTI (Torello), DELORME (Borso) et Louis FOURESTIER au pupitre.

Autres interprètes des principaux rôles à l'Opéra :

Monna Vanna : Mmes GARDEN (1909), ISNARDON (1919), COURTIN (1946).

Prinzivalle : MM. DARMEL (1918), FRANZ (1919), MAISON (1929), FONTAINE (1930), JOBIN (1937).

Marco Colonna : MM. LEQUIEN (1909), CERDAN (1910), MEDUS (1946).

Guido Colonna : MM. H. DUFRANNE (1909), DANGES (1912), JOURNET (1920).   ★

LA MONTAGNE NOIRE   12 représentations

Drame lyrique en 4 actes, paroles et musique de Augusta HOLMES

Créé à Paris, à l'Académie Nationale de Musique (Palais Garnier) le 8 Février 1895 — Décors de Jambon, costumes de Ch. Bianchini — Mise en scène de LAPISSIDA.

Mmes BREVAL (Yamina), HEGLON (Dara), BERTHET (Héléna), MATHIEU (une Esclave).

MM. ALVAREZ (Mirko), RENAUD (Aslar), L. GRESSE (Père Saval), DOUAILLIER, GALLOIS, LAURENT, IDRAC, DEVRIES, DENOYE, PALIANTI, CANCELIER (les Chefs).

Chef d'Orchestre : Paul TAFFANEL

12e et dernière, le 26 Avril 1895, avec les créateurs, sauf :
Mmes HEGLON (Yamina), DUFRANNE (Dara), LOVENTZ (Héléna).
MM. BARTET (Aslar), CHAMBON (Père Saval).

LA MUETTE DE PORTICI

489 représentations
dont 34 au Palais Garnier

Opéra en 5 actes de Eugène Scribe et Germain Delavigne

Musique de Daniel-Esprit AUBER

Créé à Paris, à l'Académie Royale de Musique (Salle Le Peletier) le 29 Février 1828.

Mmes NOBLET (Fénéla), CINTI-DAMOREAU (Elvire), LAROTTE (Dame d'Honneur).

MM. Adolphe NOURRIT (Mazaniello), DABADIE (Pietro), Alexis DUPONT (Alphonse), PREVOST (Borella), F. PREVOST (Selva), MASSOL (Lorenzo), POUILLEY (Moreno).

Ballet réglé par AUMER, dansé par Mlles LEGALLOIS, JULIA, ELIE, MM. SIMON, DAUMONT, CAPELLE, COULON et le Corps de Ballet.

Chef d'Orchestre : François-Antoine HABENECK

100° représentation, le 23 Avril 1830, avec les créateurs, sauf Mme JAWURECK (Elvire) et M. LAFOND (Mazaniello).

Cet ouvrage fut créé à Bruxelles, au Théâtre Royal de la Monnaie, le 12 Février 1829, par : Mme MARTIN (Fénéla), DORUS-GRAS (Elvire), MM. SIRAN (Mazaniello), CASSEL (Piètro), FOUCHET (Alphonse), DESSESARTS (Borella), sous la direction de Charles HANSSENS.

Ayant été interdit par les autorités, il fut repris le 25 Août 1830, et cette reprise fut l'occasion du déclenchement de la Révolution belge.

Première fois au Palais Garnier (le 2° acte seulement), le 29 Janvier 1877, à l'occasion de l'anniversaire de Auber :

Mlle Laura FONTA (Fénélla).

MM. VILLARET (Mazaniello), LASSALLE (Pietro), GASPARD (Borella).

Chef d'Orchestre : Ernest DELDEVEZ

Première fois intégralement au Palais Garnier, le 8 Septembre 1879 (457° représentation à l'Opéra) — Décors de Lavastre jeune (1er acte), Daran (2° et 4° actes), Rubé et Chaperon (3° et 5e actes) — Mise en scène de REGNIER et MAYER.

Mmes Rosita MAURI (Fénélla), DARAM (Elvire), SOUBRE (Dame d'Honneur).

MM. VILLARET (Mazaniello), LASSALLE (Piètro), BOSQUIN (Alphonse), GASPARD (Borella), H. DEVRIES (Selva), GIRARD (Lorenzo), MECHELAERE (Moreno).

Ballet réglé par Louis MERANTE, dansé par Mlles RIGHETTI, A. MERANTE, MM. VASQUEZ, CORNET et le Corps de Ballet.

Chef d'Orchestre : Charles LAMOUREUX

489e et dernière, le 15 Février 1882.

Mmes SANLAVILLE (Fénélla), LACOMBE-DUPREZ (Elvire), NASTORG (Dame d'Honneur).

MM. VILLARET (Mazaniello), LASSALLE (Piètro), LAURENT (Alphonse), GASPARD (Borella), NEVEU (Selva), GIRARD (Lorenzo), LAFFITTE (Moréno).

Chef d'Orchestre : Ernest ALTES

Autres interprètes des principaux rôles à l'Opéra :

Fénélla : Mlles LEGALLOIS (1832), TAGLIONI (1834), AUGUSTA (1835), Fany ELSLER (1837), BLANGY (1837), VOLNYS (1838), MARIA (1838), MARQUET (1842), STOLTZ (1843), ROBERT (1848), EMAROT (1854), CERRITO (1854), VERNON (1863), GUIRAUD (1863), FIOCRE (1866), SALVIONI (1867), HERIVEAU (1868).

Elvire : Mmes DORUS-GRAS (1831), DEMERIE-GLOSSOP (1831), NAU (1836), DOBRE (1842), DE ROISSY (1843), D'HALBERT (1848), PONCHARD (1849), HEBERT-MASSY (1849), LABORDE (1851), POUILLEY (1854), HAMAKERS (1863), VANDENHEUVEN-DUPREZ (1863), DE TAISY (1865), BATTU (1865), ARNAUD (1870), HAMMAN (1879).

Mazaniello : MM. WARTEL (1834), DUPREZ (1837), TEYSSERE (1839), POULTIER (1842), MATHIEU (1846), BARBOT (1849), CHAPUIS (1851), GARDONI (1854), GUEYMARD (1863), DULAURENS (1863), MICHOT (1863), WAROT (1867), COLLIN (1870), SELLIER (1879).

Piètro : MM. POUILLEY (1830), F. PREVOT (1835), MASSOL (1836), MOLINIER (1837), ALIZARD (1840), PORTHEAUT (1846), GUIGNOT (1849), MERLY (1851), CAZAUX (1863), BONNESSEUR (1863), FAURE (1863), DEVOYOD (1867), CARON (1870), AUGUEZ (1879).

★

M Y R I A L D E   2 représentations (5e acte)

Conte lyrique en 5 actes et 6 tableaux, d'après un conte d'Andersen.
Paroles et Musique de Léon MOREAU

Créé à Nantes, au Théâtre Graslin, le 9 Novembre 1912 par :
Mmes BATHORI-ENGEL (Myrialde), Lily DUPRE (Maya), SANCYA (Gorauck).
MM. RUBEAU (Béryl), GRIMAUD (Loreano) et EURYALE (Miris) sous la direction de Fritz ERNALDY.

Première fois à Paris, au Palais Garnier (le 5e acte seulement) le 2 Avril 1916, dans une mise en scène de MERLE-FOREST.
Mmes LAPEYRETTE (Myrialde), BOURDON (Maya), NOTICK (Gorauck).

Chef d'Orchestre : Alfred BACHELET

★

N A I L A   5 représentations

Conte lyrique en 3 actes de Maurice Léna
Musique de Philippe GAUBERT

Créé à Paris, à l'Académie Nationale de Musique (Palais Garnier) le 6 Avril 1927 — Décors de G. Mouveau (1er et 3e actes) et René Piot (2e acte) — Mise en scène de Pierre CHEREAU.

Mmes NESPOULOUS (Naïla), LAPEYRETTE (Féridjé).
MM. THILL (Rahman), ROUARD (Kadour), MADLEN, GILLES et DELBOS (3 Prêtres).

Au 2e acte, danses réglées par Mme Bronislava NIJINSKA, dansées par Mlles Y. FRANCK, MORENTE, BOURGAT et le Corps de Ballet.

Chef d'Orchestre : Philippe GAUBERT

5e et dernière, le 2 Mai 1927 avec les créateurs, sauf M. GUYARD (2e Prêtre).

LA NAISSANCE DE LA LYRE   9 représentations

Conte antique en un acte et 3 tableaux de Théodore Reinach

Musique de Albert ROUSSEL

Créé à Paris, à l'Académie Nationale de Musique (Palais Garnier) le 30 Juin 1925 — Décors de Legueult, Brianchon, Chevalier et Oudot — Mise en scène de Pierre CHEREAU.

Mmes Jeanne DELVAIR (la Nymphe Kylléné), DENYA (la petite Hermès).

MM. RAMBAUD (Apollon), FABERT (Silène), REGIS et ERNST (2 Choreutes).

Danses réglées par Mme Bronislava NIJINSKA, dansées par Mlle DE CRAPONNE et le Corps de Ballet.

Chef d'Orchestre : Philippe GAUBERT

9ᵉ et dernière, le 9 Novembre 1925, avec les créateurs, sauf Mme Vera KORENE (la Nyphe Kylléné).

★

LA NAVARRAISE   1 représentation

Episode lyrique en 2 actes de Jules Claretie et Henri Cain

Musique de Jules MASSENET

Créé à Londres, au Théâtre du Covent-Garden, le 20 Juin 1894.
Premières fois à Bruxelles (Théâtre de la Monnaie) le 26 Novembre 1894 ; à Paris (Opéra-Comique) le 3 Octobre 1895 ; à New York (Metropolitan-Opéra) le 30 Novembre 1921.

	LONDRES 20-6-1894	BRUXELLES 26-11-1894	PARIS 3-10-1895	NEW YORK 30-11-1921
Anita	CALVE	LEBLANC	CALVE	FARRAR
Araquil	ALVAREZ	BONNARD	JEROME	CRIMI
Garrido	PLANCON	SEGUIN	BOUVET	ROTHIER
Remiggio	GILIBERT	JOURNET	MONDAUD	D'ANGELO
Chef Orch.	Ph. FLON	Ph. FLON	J. DANBE	A. WOLFF

Première fois au Palais Garnier, le 29 Juillet 1924, au cours d'un Gala offert par la Presse française aux Membres des Advertising Clubs des Etats-Unis.

Mme Claudia VICTRIX (Anita).

MM. MARCELIN (Araquil), A. HUBERTY (Garrido), TUBIANA (Remiggio), PUJOL (Ramon), GUENOT (Bustamente).

Chef d'Orchestre : André BALBIS

★

NERTO   7 représentations

Drame lyrique en 4 actes de Maurice Léna, d'après Mistral

Musique de Charles-Marie WIDOR

Créé à Paris, à l'Académie Nationale de Musique (Palais Garnier) le 23 Octobre 1924 — Décors de Numa et Chazot (1er, 2e et 3e actes), Chadel (4e acte), costumes de Chadel — Mise en scène de Pierre CHEREAU.

Mmes HELDY (Nerto), HARAMBOURE (l'Orgueil), COSSINI (la Luxure), DENYA (la Colère, une Voix), LALANDE (l'Avarice), CARO (la Gourmandise), COURSO (la Paresse), REX (une Marchande).

MM. TRANTOUL (Rodrigue), ROUARD (le Baron Pons), ERNST, MADLEN, (Deux Marchands), GUYARD (un Moine), REGIS (l'Abbé des Béjaunes), CAMBON (une Voix), THILL (une Voix), P. BARON (le Pape Benoit XII), CUVELIER (Satan).

Aux 2e et 4e actes, danses réglées par Léo STAATS, dansées par Mlles Jeanne SCHWARZ (la Zinguarella), ELLANSKAIA (la Volupté), LICINI (le Diamant) et le Corps de Ballet.

Chef d'Orchestre : Philippe GAUBERT

7e et dernière, le 19 Novembre 1924, avec les créateurs, sauf Mme DUBOIS-LAUGER (la Gourmandise), M. BRULFER (l'Abbé des Béjaunes).

Autres interprètes à l'Opéra :
Nerto : Mme FERRER (1924).

★

LES NOCES CORINTHIENNES   6 représentations

Tragédie lyrique en 3 actes et un prologue de Anatole France

Musique de Henri BUSSER

Créé à Paris, au Théâtre National de l'Opéra-Comique, le 10 Mai 1922 par Mmes GALL (Daphné), CHARNY (Kallista), ESTEVE (la Saga). MM. TRANTOUL (Hippias), F. VIEUILLE (Théognis), ALLARD (Hermas), sous la direction d'Albert WOLFF.

Première fois au Palais Garnier, le 22 Avril 1949 — Arrangements décoratifs de Maurice Moulène, costumes de H. R. Fost — Mise en scène de Max DE RIEUX.

Mmes CROISIER (Daphné), BOUVIER (Kallista), CHABAL (la Saga), MAS - débuts - (la Muse), COUVIDOUX (Phrygia), GRANDVIERES (Kharito).

MM. KRIFF (Hippias), FROUMENTY (Théognis), NOGUERA (Hermas), PHILIPPE (le Pêcheur).

Au 2e acte, « Divertissement » réglé par Albert AVELINE, dansé par Mlle Paulette DYNALIX et le Corps de Ballet.

Chef d'Orchestre : Henri BUSSER

6e et dernière, le 25 Février 1950, avec les créateurs, sauf M. GIRAUDEAU (Hippias).

★

LES NOCES DE FIGARO

6 représentations
dont 1 au Palais Garnier

Opéra-bouffe en 4 actes de Lorenzo da Ponte, d'après la comédie de Beaumarchais.

Musique de W. A. MOZART

Composé à la demande de l'Empereur Joseph II, cet ouvrage fut créé au Burgtheater de Vienne, le 28 Avril 1786, par Mmes LASCHI (la Comtesse), STORACE (Suzanne), BUSSANI (Chérubin), GOTTLIEB (Marceline), MM. MANDINI (Almaviva), BENUCCI (Figaro), BUSSANI (Bartholo), KELLY (Bazile), sous la direction de MOZART.

Première fois à Paris, au Théâtre National de l'Opéra (Salle de la Porte St-Martin), dans une version française de Notaris et sous le titre de « Le Mariage de Figaro », le 20 Mars 1793.

Abandonné par l'Opéra après cinq représentations, l'ouvrage fut cependant repris à Paris, dans la version italienne, le 23 Décembre 1807, au Théâtre des Italiens.

Une version française de Castil-Blaze fut représentée à Nîmes, le 31 Décembre 1818, puis à Bruxelles, au Théâtre Royal de la Monnaie, le 11 Avril 1822.

Le Théâtre Lyrique du Boulevard du Temple, à Paris, remonta l'œuvre dans une version française de Jules Barbier et Michel Carré, le 8 Mai 1858. Cette version fut adoptée par l'Opéra-Comique le 24 Février 1872.

Le 5 Mars 1919, l'Opéra-Comique nous offrait une version de Paul Ferrier avec, en place des récitatifs, le texte de Beaumarchais rétabli.

La version de Jules Barbier et Michel Carré fut, avec quelques modifications, rétablie en 1936 au Théâtre de la Porte St-Martin par la Compagnie des Artistes de l'Opéra-Comique associés.

Enfin, une version d'Adolphe Boschot fut adoptée par la Salle Favart pour la reprise de l'ouvrage, le 11 Septembre 1940.

	Th. ITALIENS 23-12-1807	NIMES 31-12-1818	BRUXELLES 11-4-1822	Th. LYRIQUE 8.5.1858
La Comtesse ..	CAPRA	CAZAL	CAZOT	C. DUPREZ
Suzanne	CRESPI-BIANCHI	EDOUARD	LEMESLE	D. UGALDE
Chérubin	BARILLI	OLIVIER	F. LINSEL	M. CARVALHO
Marceline	SEVELTI	LIZES	ROUSSELOIS	GIRARD
Almaviva	BIANCHI	ARCILLA	EDOUARD	BALANQUE
Figaro	BARILLI	MONROSE	d'ARBOVILLE	MEILLET
Bartholo	TARULLI	CHAPISEAU	EUGENE	WARTEL
Bazile	CARMANINI	LIZES	BERNARD	LEGRAND
Chef Orch.	X...	X...	BORREMANS	DELOFFRE

	OPERA-COMIQUE 24-2-1872	5-3-1919	Pte St-MARTIN 29-5-1936	OP.-COMIQUE 11-9-1940
La Comtesse ..	M. BATTU	R. CIAMPI	R. CIAMPI	B. DELPRAT
Suzanne	CICO	VALLANDRI	E. LUART	R. MAHE
Chérubin	M. CARVALHO	Ed. FAVART	Y. BROTHIER	J. ROLLAND
Marceline	DECROIX	BILLA-AZEMA	M. MATHIEU	J. TOUREL
Almaviva	MELCHISSEDEC	PARMENTIER	R. LAIGNEZ	P. CABANEL
Figaro	BOUHY	F. VIEUILLE	R. BOURDIN	R. BOURDIN
Bartholo	NATHAN	L. AZEMA	H. AUDOIN	L. GUENOT
Bazile	POTEL	DE CREUS	Ch. FRIANT	Ed. RAMBAUD
Chef Orch.	DELOFFRE	P. VIDAL	FOURESTIER	R. HAHN

Cependant, l'œuvre réapparaissait, pour un soir, à l'Opéra (au Palais Garnier), le 10 Mai 1928, dans la version allemande de Hermann Lévi, avec la troupe et l'orchestre de l'Opéra de Vienne — Mise en scène de Lothaire WALLERSTEIN.

Mmes BORN (la Comtesse), Elisabeth SCHUMANN (Suzanne), HELLETSGRUBER (Chérubin), KITTEL (Marceline), CLAUS (Barberine).

MM. DUHAN (Almaviva), JERGER (Figaro), MARKHOFF (Bartholo), WERNIGK (Bazile), ETTL (Antonio), GALLOS (Brid'Oison).

Chef d'Orchestre : Robert HEGER.

NORMA   2 représentations

Opéra en 4 actes et 5 tableaux de Belmontet et Felice **Romani**, d'après le drame de Alexandre Saumet.

Musique de Vincenzo BELLINI

Créé à Milan, au Théâtre de la Scala, le 26 Décembre 1831, sous la direction de l'Auteur.

Premières fois à Londres (Théâtre Haymarket) en 1833 ; à Paris (Théâtre des Italiens) le 8 Décembre 1835 ; puis au Théâtre Lyrique le 8 Mai 1883 ; à New York, au Metropolitan, le 27 Février 1890.

	MILAN 26-12-1831	LONDRES 1833	PARIS ITAL. 8-12-1835	PARIS LYR. 8-5-1883	NEW YORK 27-3-1890
Norma	G. PASTA	G. PASTA	G. GRISI	CALDERAZZI	LEHMANN
Adalgisa ..	G. GRISI	DE MERIC	ASSANDRI	GILBERT	B. FRANCK
Pollione ..	DONZELLI	DONZELLI	RUBINI	VAN LOO	P. KALISCH
Oroveso ...	NEGRINI	GALLI	LABLACHE	LUCKX	E. FISCHER

Première fois au Palais Garnier, le 11 Juin 1935, par la troupe, les Chœurs et l'Orchestre du Théâtre Communal de Florence — Décors de Casorati.

Mmes Gina CIGNA (Norma), Gianna PEDERZINI (Adalgisa), UMBERTI (Clotilde).

MM. Francesco MERLI (Pollione), Tancredi PASERO (Oroveso), Lamberto BERGAMINI (Flavio).

Chef d'Orchestre : Vittorio GUI

NUMANCE   9 représentations

Opéra en 2 actes et 5 tableaux de Salvador de Madariaga, d'après Cervantès.

Musique de Henry BARRAUD

Créé à l'Académie Nationale de Musique à Paris (Palais Garnier) le 15 Avril 1955 — Décors et costumes de Souverbie — Mise en scène de Max DE RIEUX.

Mmes SARROCA (Lyra), GORR (la Femme de Théogène), COUDERC (la Guerre).

MM. E. BLANC (Théogène), BIANCO (Scipion), HECTOR (Morandre), GIRAUDEAU (le Mort), DEPRAZ (Marquin), MASSARD (le Harpiste), VANZO (Viriato), CHARLES-PAUL (Serve), SERKOYAN (Caïus Marius), SOIX, FINEL, MAX-CONTI (3 Soldats).

Danses réglées par Mme Léone MAIL.

Chef d'Orchestre : Louis FOURESTIER

9ᵉ et dernière, le 27 Novembre 1955, avec les créateurs, sauf : Mmes MONMART (Lyra), RICQUIER (la Femme de Théogène), DESMOUTIERS (la Guerre), M. MEDUS (Marquin).

★

OBERON ou « le Cor Magique »   67 représentations

Opéra romantique en 3 actes de J. R. Planché et Ch. M. von Weber, d'après Wieland.

Musique de Charles-Marie von WEBER

Créé à Londres, au Théâtre de Covent Garden, dans la version originale anglaise, le 12 Avril 1826.

Première fois à Leipzig, dans la version allemande de Th. Hell, avec récitatifs de Franz Wullmer, le 23 Décembre 1826. C'est cette version qui fut présentée à Paris (à l'Opéra-Comique) le 23 Mai 1831, par une troupe allemande en saison.

Première fois à New York, en 1828, à l'Académie de Musique, et repris au Metropolitan-Opéra, le 28 Décembre 1918, dans une version d'Arthur Bodanzky.

Une version de Gustave Muller fut représentée à Vienne, mais Bruxelles (Théâtre Royal de la Monnaie) adopta la version française de Nuitter, Beaumont et Chazot, le 16 Novembre 1863.

	LONDRES 12-4-1826	PARIS 23-5-1831	BRUXELLES 16-11-1863	NEW YORK 28-12-1918
Rézia	PATON	DEVRIENT	BOULART	R. PONSELLE
Fatima		SCHMIDT	FAIVRE	GENTLE
Puck	VESTRIS	SCHNEIDER	BORGHESE	R. DELAUNOIS
Obéron	BLAND	Mme ROSNER	AUJAC	ALTOUSE
Huon	BRAHAM	HAIZINGER	JOURDAN	G. MARTINELLI
Shérasmin		WIEZER	MEILLET	A. REISS
Chef Orch.	WEBER	X.	HANSSENS	BODANZKY

A Paris, le Théâtre Lyrique du Boulevard du Temple présentait OBERON en français, le 27 Février 1857, dans la version de Nuitter, Beaumont et Chazot. Cette version fut reprise au Théâtre Lyrique du Châtelet le 16 Mai 1863, puis à celui de la Gaîté, le 8 Juin 1876. Le Théâtre Lyrique de la Renaissance, le 10 Avril 1899, donnait une version de Michel Carré et Durdilly.

	TEMPLE 27-2-1857	CHATELET 16-5-1863	GAITE 8-6-1876	RENAISSANCE 10-4-1899
Rézia	ROSSI-CACCIA	Del. UGALDE	SALLA	MARTINI
Fatima	GIRARD	GIRARD	SABLAIROLLES	LEBEY
Puck	BORGHESE	DUBOIS	THOMAS	MARTY
Obéron	FROMANT	LEGRAND	RICHARD	REGIS
Huon	MICHOT	MONTJAUZE	MONTAUBRY	DELAQUERRIERE
Shérasmin	GRILLON	RIBES	LEPERS	CHALMIN
Chef Orch.	DELOFFRE	DELOFFRE	VIZENTINI	J. DANBE

Première fois au Palais Garnier, le 12 Février 1954, dans l'adaptation française de Kufferath et Henri Cain, avec les récitatifs de F. Wullner — Révision musicale de Henri BUSSER — Décors et costumes de Jean-Denis Malclès — Mise en scène de Maurice LEHMANN.

Mmes ARAUJO (Rézia), Denise DUVAL (Fatima), SCHARLEY (Puck), CASTELLI (une Naïade), CAUCHARD (un Troll).

MM. GEDDA (Huon de Bordeaux), ROMAGNONI (Obéron), BOUR-DIN (Shérasmin), MEDUS (le Calife), ROUQUETTY (le Prince Babékan), CHARLES-PAUL (Almanzor), MASSARD (Abdalah), DESHAYES et MAX-CONTI (2 Jannissaires), CHASTENET et PHILIPPE (2 Pirates).

Danses réglés par Albert AVELINE, Serge LIFAR et Harald LAN-DER, dansées par Mlles VAUSSARD, BARDIN, VYROUBOVA, DAYDE, LAFON, DYNALIX, CLAVIER, GUILLOT, MM. M. RENAULT, FRAN-CHETTI et le Corps de Ballet.

Chef d'Orchestre : André CLUYTENS

50° représentation, le 30 Avril 1955, avec les créateurs, sauf :
Mmes SARROCA (Rézia), ANDREANI (Fatima), GUIHARD (une Naïade).

MM. GERMAIN (Shérasmin), CHASTENET (Babékan), CLAVERE (Almanzor), FINEL (1er Jannissaire), VANZO et SOIX (Deux Pirates).

67° et dernière représentation, le 30 Avril 1956.
Mmes MONMART (Rézia), ANDREANI (Fatima), G. SERRES (Puck), GUIHARD (une Naïade), CAUCHARD (un Troll).

MM. GEDDA (Huon), ROMAGNONI (Obéron), GERMAIN (Shérasmin), SERKOYAN (le Calife), ROUQUETTY (Babékan), CHARLES-PAUL (Almanzor), CLAVERE (Abdalah), GOURGUES et MAX-CONTI (2 Jannissaires), CHASTENET et PHILIPPE (2 Pirates).

Chef d'Orchestre : André CLUYTENS

Autres interprètes des principaux rôles à l'Opéra :
Rézia : Mmes MELVAT (1956), CRESPIN (1956).
Fatime : Mme A. GABRIEL (1956).
Puck : Mme GORR (1954).
Huon de Bordeaux : M. NORE (1954).
Shérasmin : M. NOGUERA (1954).

★

OEDIPE   11 représentations
Tragédie Lyrique en 4 actes et 6 tableaux de Edmond Fleg
Musique de Georges ENESCO

Créé à Paris, à l'Académie Nationale de Musique (Palais Garnier) le 10 Mars 1936 — Décors et costumes d'après les maquettes de André Boll. Mise en scène de Pierre CHEREAU.

Mmes FERRER (Jocaste), MONTFORT (la Sphinge), COURTIN (Antigone), ALMONA (Mérope), MARILLIET (une Thébaine), ROLLAND, LOMES, MARIN (3 Femmes du Palais), DASSAS (Ismène), NOTICK (la Nourrice), GERVAIS, LALANDE, RICQUIER, VOLFER, JUILLERAC, BRANCA, HAMY, BLANCHARD, BEAUMELLE, NATHAN, CLERY, LUMIERE, JANNETEAU (les Vierges Thébaines), HOLNAY et BACHILLAT (2 Thébaines).

MM. André PERNET (Oedipe), ETCHEVERRY (Tirésias), FROUMENTY (Créon), DE TREVI (le Berger), NARCON (le Grand Prêtre), CLAVERIE (Phorbas), MEDUS (le Veilleur), CAMBON (Thésée), CHASTENET (Laïos), MADLEN, NORE, GOURGUES, FOREST, CHARLES-PAUL et NOGUERA (les Thébains).

Au 1er acte, danses réglées par Albert AVELINE, dansées par le Corps de Ballet.

Chef d'Orchestre : Philippe GAUBERT

11° et dernière, le 25 Juin 1937, avec les créateurs, sauf :
Mme VOLFER (Jocaste), MM. CHARLES-PAUL (Créon), NOGUERA (Phorbas).

OEDIPE A COLONNE

581 représentations
dont 2 (2° acte)
au Palais Garnier

Opéra en 3 actes de Guillard

Musique de Antonia SACCHINI

Créé à la Cour de Versailles, le 4 Janvier 1786, puis à Paris, à l'Académie Royale de Musique (Salle de la Porte St-Martin), le 1er Février 1787 — Divertissement réglé par GARDEL l'Aîné.

	Création 1-2-1787	Reprises à l'Opéra : 1821	1827	1843
Antigone	CHERON	ALBERT	DABADIE	DORUS-GRAS
Polynice	LAINE	LAFEUILLADE	PREVOST	MASSOL
Oedipe	CHERON	DERIVIS	DABADIE	LEVASSEUR
Thésée	CHARDINY	LAYS	A. NOURRIT	CANAPLE
Chef Orch.	J. B. REY	R. KREUTZER	HABENECK	HABENECK

579° et dernière, le 15 Mai 1844, avec Mme DOBRE (Antigone), MM. MASSOL (Polynice), SERDA (Oedipe, KOENIG (Thésée), sous la direction de HABENECK.

Première fois au Palais Garnier, le 2° acte seulement, le 27 Février 1916, dans une mise en scène de O. LABIS.

Mme CAMPREDON (Antigone).

MM. DELMAS (Oedipe), PLAMONDON (Thésée), GONGUET (Coryphée).

Chef d'Orchestre : Gabriel GROVLEZ

★

L'OFFRANDE A LA LIBERTE

151 représentations
dont 3 au Palais Garnier

Scènes patriotiques de Pierre Gardel

Musique de François-Joseph GOSSEC

Créées à Paris, à l'Académie Nationale de Musique (Théâtre des Arts, Salle Montansier) le 30 Septembre 1792 — Mise en scène de Pierre GARDEL et création au théâtre de « La Marseillaise » orchestrée par Gossec.

Mme MAILLARD (la Liberté), M. LAINE (le Conscrit), toute la troupe et les Chœurs.

Chef d'Orchestre : Jean-Baptiste REY

Reprise du 11 Mars 1915 (Salle du Trocadéro) pour la seconde matinée donnée par l'Opéra depuis la déclaration de guerre, le Palais Garnier étant fermé (149e représentation à l'Opéra) — Mise en scène de O. LABIS.

Mmes LAPEYRETTE (la Marseillaise), BUGG (la Belle Gabrielle), BOURDON (la Belle Aude), BONNET-BARON (la Belle Bourbonnaise), LE SENNE (la Charité).

MM. NOTE (le Conscrit), LESTELLY (Thomas).

Danses réglées par Léo STAATS, dansées par Mlle URBAN, M. Léo STAATS et le Corps de Ballet.

Chef d'Orchestre : Henri BUSSER

Première fois au Palais Garnier, le 14 Juillet 1939 (151e représentation), dans une mise en scène de Pierre CHEREAU.

Mmes HOERNER (la Marseillaise), Fany ROBIANNE (la Liberté).

MM. DESHAYES (le Conscrit), BECKMANS (Thomas).

Chef d'Orchestre : Louis FOURESTIER

L'OR DU RHIN   83 représentations

Opéra en 2 actes et 4 tableaux constituant le Prologue de « L'Anneau du Nibelung ».

Poème et Musique de Richard WAGNER

Créé au Théâtre Royal de Munich le 22 Septembre 1869.
Première fois dans le cycle de « l'Anneau du Nibelung » au Théâtre de Bayreuth, le 13 Août 1876.
Première fois au Metropolitan-Opera de New York, le 11 Janvier 1889.
Première fois en français, dans la version de Alfred Ernst, au Théâtre Royal de la Monnaie, à Bruxelles, le 31 Octobre 1898.

	MUNICH 22-9-1869	BAYREUTH 13-8-1876	NEW YORK 11-1-1889	BRUXELLES 31-10-1898
Fricka	S. STEHL	F. GRUN	MORAN-OLDEN	KUTSCHERA
Fréïa	MULLER	M. HAUPT	BETTAQUE	GOTTRAND
Erda	SEEHOFER	L. JAIDE	REIL	ILLYNA
Wotan	KINDERMANN	F. BETZ	FISCHER	SEGUIN
Donner	HEINRICH	E. GURA	GRIENAUER	WHITEHILL
Froh	NACHBAUR	G. UNGER	MITTELHAUSER	DISY
Loge	H. VOGL	H. VOGL	ALVARY	IMBART
Alberich	FISCHER	C. HILL	BECK	H. DUFRANNE
Mime	SCHLOSSER	SCHLOSSER	SELOMAYER	CAZENEUVE
Fasolt	VESSER	A. EILERS	MODLINGER	GILIBERT
Fafner	BAUSEWEIN	REICHENBERG	WEISS	M. JOURNET
Chef Orch.	F. WULLNER	H. RICHTER	A. SEIDL	Ph. FLON

Une audition à deux pianos fut donnée de cet ouvrage au Palais Garnier, le 6 Mai 1893, dans la version de Alfred Ernst.

Mmes R. RICHARD (Erda, Flosshilde), BOSMAN (Fricka, Wellgund), MARCY (Fréïa, Woglinde).

MM. FOURNETS (Wotan, Donner), VAGUET (Loge, Froh, Mime), M. RENAUD (Alberich).

Aux pianos d'accompagnement : Raoul PUGNO et Claude DEBUSSY.

Première fois au Palais Garnier, (version Alfred Ernst) le 14 Novembre 1909 — Décors de Belluot, Mouveau et Demoget — Costumes de Pinchon — Mise en scène de Paul STUART.

Mmes DEMOUGEOT (Fricka), CAMPREDON (Fréïa), CHARBONNEL (Erda), GALL (Woglinde), LAUTE-BRUN (Wollgund), LAPEYRETTE (Flosshilde).

MM. DELMAS (Wotan), VAN DICK (Loge), DUCLOS (Alberich), FABERT (Mime), NOTE (Donner), NANSEN (Froh), A. GRESSE (Fasolt), JOURNET (Fafner).

Chef d'Orchestre : André MESSAGER

Reprises des :	7-10-1921 (22e)	50e le 3-3-1933	3-11-1941 (67e)	7-5-1955 (80e)
Fricka	LAPEYRETTE	LAPEYRETTE	BOUVIER	MALANIUK
Fréïa	BERTHON	GERVAIS	BONNY-PELLIEUX	WEISZ
Erda	MONTFORT	MONTFORT	MONTFORT	SIEWERT
Woglinde	LAVAL	MORERE	CARRIER	KRUYSWICK
Wellgrund	LAUTE-BRUN	DONIAU-BLANC	DONIAU-BLANC	DEMMER
Flosshilde	COURSO	RICQUIER	RICQUIER	ASSERSON
Wotan	DELMAS	JOURNET	CABANEL	S. BJOERLING
Loge	LAFFITTE	FABERT	DE TREVI	SUTHAUS
Alberich	DUCLOS	DUCLOS	NOGUERA	NEIDLINGER
Mime	RAMBAUD	RAMBAUD	RAMBAUD	KUEN
Donner	CERDAN	CLAVERIE	PACTAT	PETER
Froh	DUBOIS	CHASTENET	GOURGUES	BLESSIN
Fasolt	A. GRESSE	NARCON	ETCHEVERRY	GREINDL
Fafner	A. HUBERTY	A. HUBERTY	A. HUBERTY	ERNSTER
Chef Orch.	CHEVILLARD	GAUBERT	RUHLMANN	KNAPPERTSBUSCH

83e et dernière, le 6 Mai 1957, dans le cadre de la Tétralogie (voir plus haut : l'ANNEAU DU NIEBELUNG).

Autres interprètes des principaux rôles à l'Opéra :

Fricka : Mmes LE SENNE (1910), MATI (1911), KIRSCH (1913), MONTFORT (1923), CARO (1938), CAVELTI (1957).

Fréïa : Mmes ROMANITZA (1922), MONSY (1923), MAC ARDEN (1924), HAMY (1928), VOLFER (1942).

Erda : Mmes LACOMBE-OLIVIER (1910), CHARNY (1911), COURSO (1923), COSSINI (1929), ALMONA (1938), LEFORT (1941).

Wotan : M. CLAVERIE (1938), HOTER (1955), SCHOEFFLER (1957).

Loge : MM. ROUSSELIERE (1912), SWOLFS (1913), VERDIER (1921), FORTI (1929), DE TREVI (1935).

Alberich : MM. DANGES (1910), PERNERSTOFFER (1955).

Mime : MM. NANSEN (1909), GILLES (1929), ZIMMERMANN (1955).

★

L'ORFEIDE   Aucune représentation

Trilogie lyrique — Poème et Musique de Gian-Francesco MALIPIERO

Cette œuvre qui comprend trois parties :

1 — LA MORT DES MASQUES   2 — SEPT CHANSONS
3 — ORPHEE ou la 8e CHANSON

fut créée au Théâtre Municipal de Düsseldorf, le 31 Octobre 1915.

Seul, le second volet fut représenté au Palais Garnier.

(Voir plus loin : SEPT CHANSONS).

ORPHEE et EURYDICE

301 représentations
(Aucune au Palais Garnier)

Opéra en 4 actes de Raniero de Calzabigi

Musique de Christophe-Willibald GLUCK

Créé à Vienne, au Théâtre de la Hofburg, le 2 Octobre 1762, par Mmes BIANCHI (Eurydice), CLAVARAU (l'Amour) et M. Gaetano GUADAGNI (Orphée).

Première fois à Paris, à l'Académie Royale de Musique (seconde salle du Palais Royal), le 1er Août 1774, dans la traduction de Moline.

Mmes Sophie ARNOULD (Eurydice), LEVASSEUR (l'Amour), M. LEGROS (Orphée).

Ballet : Mlles GUIMARD, HAINEL, MM. VESTRIS, GARDEL.

Chef d'Orchestre : Louis-Joseph FRANCOEUR

299e et dernière à l'Opéra (Salle Le Peletier) le 24 Mars 1838, avec :

Mmes DABADIE (Eurydice), JAWURECK (l'Amour), M. DUPREZ (Orphée), sous la direction de François-Antoine HABENECK.

Abandonné par l'Opéra, l'ouvrage fut repris dans différents théâtres de la capitale, toujours dans la traduction française de Moline. Hector Berlioz le revisa musicalement pour la reprise de 1859 où le rôle d'Orphée fut confié à une Contralto. Paul Vidal le revisa à son tour pour celle de 1921 où le rôle principal fut rendu à un ténor.

	TH. LYRIQUE 19-11-1859	OPERA-COMIQUE 6-3-1896	GAITE LYR. 21-11-1907	OPERA-COMIQUE 11-10-1921
Orphée	VIARDOT	DELNA	DELNA	ANSSEAU
Eurydice	SASS	MARIGNAN	VALLANDRI	VALLANDRI
l'Amour	MARIMON	LECLERC	D'OLLIGE	BROTHIER
Chef Orch.	BERLIOZ	J. DANBE	A. AMALOU	A. WOLFF

L'œuvre fut reprise par le Théâtre National de l'Opéra pour une unique représentation au Théâtre Antique d'Orange, le 31 Juillet 1939 (300e représentation par l'Opéra), dans une mise en scène de André LEJEUNE.

Mmes HOERNER (Eurydice), J. ROLLAND (l'Amour), S. DELMAS (l'Ombre Heureuse).

MM. Louis ARNOULT (Orphée).

Danses réglées par Serge LIFAR, dansées par le Corps de Ballet.

Chef d'Orchestre : Philippe GAUBERT

Le 2e acte fut donné seul au cours d'un Gala le 1er juin 1943, avec Mme Hélène BOUVIER (Orphée), sous la direction de Louis FOURESTIER.

L'œuvre fut reprise à l'Opéra-Comique le 4 novembre 1959 dans une mise en scène de Michel CROCHOT, avec Mmes GORR - remplacée au 2e acte par Simone COUDERC - (Orphée), MICHEAU (Eurydice), L. BERTON (l'Amour), sous la direction de Louis de FROMENT.

Autres interprètes des principaux rôles :

Eurydice : Mmes LAGUERRE (1778), BRANCHUT (1812), ALBERT (1814), PAULIN (1816).

L'Amour : Mmes St-HUBERTI (1778), GRANIER (1812), CAZAT (1816).

Orphée : MM. LAINE (1778), NOURRIT (1812), Adolphe NOURRIT (1831), POULTIER (1838).

★

ORSOLA

5 représentations

Drame lyrique en 3 actes de P. B. Gheusi
Musique de Paul et Lucien HILLEMACHER

Créé à Paris, à l'Académie Nationale de Musique (Palais Garnier) le 21 Mai 1902 — Décors de Carpezat, Costumes de Ch. Bianchini — Mise en scène de LAPISSIDA.

Mmes Aïno ACKTE (Thisbé), HEGLON (Orsola).

MM. DUBOIS (Silvio), DELMAS (l'Evêque), NOTE (Scopas), BARTET (le Duc), LAFFITTE (Toretti), BAER (Ercole), DOUAILLIER (Andréa), CANCELIER, DENOYE, NIVETTE (3 soldats).

Chef d'Orchestre : Paul VIDAL

5e et dernière, le 22 Juin 1902, avec les créateurs, sauf M. André GRESSE (l'Evêque).

★

OSSIAN ou « Les Bardes »

65 représentations
(Aucune au Palais Garnier)

Opéra en 5 actes de Dercy et J. N. Deschamps
Musique de Jean-François LESUEUR

Créé à Paris, à l'Académie Impériale de Musique (Salle Montansier) le 10 Juillet 1804.

Mmes ARMAND (Rosmala), JANNARD (une Calédonienne).

MM. LAINEZ (Ossian), CHERON (Duntalmo), LAIS (Hydala), ADRIEN (Rosmar), ROLAND (Mornal), BERTIN (Salgar), ELOY (un Soldat), MARTIN (un Barde).

Ballets réglés par GARDEL et MILON, dansés par Mlles GARDEL, CLOTILDE, ROSIERE, MM. MILON, AUMER, BIANCHU, BEAUPRE et le Corps de Ballet.

Chef d'Orchestre : Jean-Baptiste REY

Première fois au Palais Garnier, LE SOMMEIL d'OSSIAN (extrait du 4e acte) le 25 Mai 1916 — unique représentation —

Mme HARAMBOURE, M. COUZINOU et les Chœurs de l'Opéra.

Chef d'Orchestre : Gabriel GROVLEZ

N. B. — « Le Sommeil d'Ossian », extrait du 4e acte, avait été **créé seul** au cours d'un Concert spirituel à l'Opéra (Salle Montansier) le 24 Germinal, an X (1802).

OTHELLO

169 représentations

Drame Lyrique en 4 actes de Arrigo Boïto, d'après Shakespeare
Musique de Giuseppe VERDI

Créé à Milan, au Théâtre de la Scala, le 5 février 1887.

Mmes PANTALEONI (Desdémone), PETROVIC (Emilia).

MM. TAMAGNO (Othello), Victor MAUREL (Iago), PAROLI (Cassio), FORNARI (Rodrigo), NAVARRINI (Ludovico), LIMONTA (Montano).

Chef d'Orchestre : FERRARIO

Premières fois à New York en 1888 ; à Londres (Lyceum Théâtre) en 1889 ; à Nice - en italien - en 1891 ; à Londres (Covent Garden) en 1891 et à New York (Metropolitan Opéra) en 1892.

	NEW YORK 1888	LONDRES 1889	NICE 1891	LONDRES 1891	NEW YORK 1892
Desdémone	TETRAZZINI	CATANEO	MURASNI	ALBANI	ALBANI
Othello ..	MARCONI	TAMAGNO	TAMAGNO	DE RESZKE	DE RESZKE
Iago	GALASSI	V. MAUREL	V. MAUREL	V. MAUREL	E. CAMERA
Chef Orch. X...		FACCIO	MASCHERONI	MANCINELLI	L. SAAR

Première fois à Paris, au Palais Garnier, le 10 Octobre 1894, dans la version française de Arrigo Boïto et du Locle, en présence de Monsieur le Président de la République et du Maître Giuseppe VERDI, élevé ce soir-là à la dignité de Grand Croix de la Légion d'Honneur — Mise en scène de LAPISSIDA.

Mmes Rose CARON (Desdémone), HEGLON (Emilia).

MM. SALEZA (Othello), MAUREL (Iago), VAGUET (Cassio), LAURENT (Rodrigue), L. GRESSE (Ludovic), DOUAILLIER (Montano), CANCELIER (un Hérault).

Danses réglées par J. HANSEN : Mlles SANDRINI, VIOLLAT, BLANC, H. REGNIER et le Corps de Ballet.

Chef d'Orchestre : Paul TAFFANEL

Décors : Jambon et Bailly (1er acte), Amable et Gardy (2e acte), Carpezat (3e acte), Rubé et Chaperon (4e acte). — Costumes : Charles Bianchini.

Reprises des :	6-11-1903 (36e)	22-1-1919 (48e)	6-5-1931 (55e)	28-1-1935 (77e)
Desdémone ...	GRANDJEAN	BUGG	GALL	GALL
Emilia	GOULANCOURT	LAPEYRETTE	LAPEYRETTE	ALMONA
Othello	ALVAREZ	FRANZ	FRANZ	St-CRICQ
Iago	DELMAS	RENAUD	MARCOUX	SINGHER
Cassio	LAFFITTE	DUBOIS	VERGNES	LE CLEZIO
Rodrigue	CABILLOT	MARIE	GILLES	GILLES
Ludovico	NIVETTE	A. HUBERTY	NARCON	NARCON
Montano	DOUAILLIER	NARCON	DALERANT	FROUMENTY
un Hérault	CANCELIER	GODARD	ERNST	ERNST
Chef Orch.	TAFFANEL	A. VIGNA	Ph. GAUBERT	RUHLMANN

Reprises des :	8-5-1943 (93e)	17-10-1949 (126e)	7-10-1955 (143e)	25-11-1960 (164e)
Desdémone ...	BOUE	DELIA-RIGAL	CRESPIN	CRESPIN
Emilia	BOUVIER	BOUVIER	COUDERC	G. SERRES
Othello	LUCCIONI	LORENZ	LUCCIONI	LUCCIONI
Iago	BECKMANS	SCHOEFFLER	BIANCO	BIANCO
Cassio	NORE	GIRAUDEAU	RIALLAND	CORAZZA
Rodrigue	BREGERIE	ROUQUETTY	ROUQUETTY	ROUQUETTY
Ludovico	MEDUS	MEDUS	SAVIGNOL	SERKOYAN
Montano	CAMBON	PHILIPPE	PHILIPPE	MARS
un Hérault	PETITPAS	PETITPAS	ALVES	FOREL
Chef Orch.	FOURESTIER	FOURESTIER	SEBASTIAN	FOURESTIER

N. B. — 100e, le 8 Novembre 1943, avec les interprètes de la reprise de 1943, sauf : MM. NOUGARO (Iago), CHASTENET (Cassio), GICQUEL (Hérault).

Autres interprètes des principaux rôles à l'Opéra :

Desdémone : Mmes BOSMAN (1894), LAFARGUE (1895), ALDA (1910), Rosa RAISA (1914), HOERNER (1931), NORENA (1931), NEVADA (1932), VOLFER (1944), DOSIA (1945), LUCAZEAU (1946), BONNY-PELLIEUX (1947), CASTELLI (1952), SEGALA (1953), MONMART (1959), GEORGUIGVA (1959).

Othello : MM. DUPEYRON (1894), TAMAGNO (1897), FONTANA (1914), DARMEL (1919), CARRERE (1919), MELCHIOR (1931), DE TREVI (1931), MARTINELLI (1937), MEGRET (1947), DEL MONACO (1954), GUICHANDOT (1957), BEIRER (1957), VINAY (1958), OUZOUNOV (1959).

Iago : MM. COUZINOU (1916), ENDREZE (1931), TIBETT (1937), CLAVERE (1946), DENS (1947), NOGUERA (1951), BARSAC (1952).

Cassio : MM. FUSCO (1914), GONGUET (1916), JOBIN (1931), DESHAYES (1946), GEDDA (1957), VANZO (1957), MICHEL (1958).

★

L'OURAGAN

3 représentations du 3e acte

Drame lyrique en 4 actes de Emile Zola

Musique de Alfred BRUNEAU

Créé à Paris, au Théâtre National de l'Opéra-Comique, le 29 Avril 1904, dans une mise en scène de Albert CARRE.
Mmes J. RAUNAY (Jeannine), Marie DELNA (Marianne), GUIRAUDON (Lulu), MM. MARECHAL (Landry), H. DUFRANNE (Gervais), J. BOURBON (Richard).

Chef d'Orchestre : Alexandre LUIGINI

Première fois au Palais Garnier (le 3e acte seulement), le 17 Février 1916 — Mise en scène de O. LABIS.

Mmes M. BUGG (Jeannine), Marie DELNA (Marianne).

MM. Léon LAFFITTE (Landry), DELMAS (Gervais), LESTELLY (Richard).

Chef d'Orchestre : Camille CHEVILLARD

★

PADMAVATI   39 représentations

Opéra-Ballet en 2 actes de Louis Laloy
Musique de Albert ROUSSEL

Créé à Paris, à l'Académie Nationale de Musique (Palais Garnier),
le 1ᵉʳ Juin 1923 — Décors et costumes de Valdo Barbey — Mise en scène
de Pierre CHEREAU.

Mmes LAPEYRETTE (Padmavati), LAVAL (Nakämti), DAGNELLY
(une Femme du Peuple), MARILLIET et LALANDE (2 Femmes du Palais),
DENYA (une Jeune Fille).

MM. FRANZ (Ratan-Sen), ROUARD (Alaouddin), FABERT (le Brah-
mane), DALERANT (Gora), PODESTA (Badal), DUBOIS (un Guerrier),
SORIA (Veilleur), REGIS (un Marchand), PEYRE (un Artisan), NARCON (un
Prêtre).

Danses réglées par Léo STAATS : Mlles A. JOHNSSON (une Femme
du Palais), J. SCHWARZ (une Esclave), LORCIA (Kali), BOURGAT (Douga),
M. G. RICAUX (un Guerrier).

Chef d'Orchestre : Philippe GAUBERT

Reprise du 9 Décembre 1946 (31ᵉ représentation)

Mmes BOUVIER (Padmavati), MAHE (Nakämti), HAMY (une Femme
du Peuple), CHABAL et DESMOUTIERS (2 Femmes du Palais), VAREZ
(une Jeune Fille).

MM. FRONVAL (Ratan-Sen), CLAVERE (Alaouddin), RAMBAUD (le
Brahmane), CAMBON (Gora), DESHAYES (Badal), ROUQUETTY (un Guer-
rier), BREGERIE (le Veilleur), GOURGUES (un Marchand), PETITPAS (un
Artisan), PHILIPPE (un Prêtre).

Danses réglées par Robert QUINAULT : Mlles KREMPFF (une Femme
du Palais), G. GUILLOT (une Esclave), M. LAFON (Kali), SIANINA (Douga), M. LEGRAND (un Guerrier).

Chef d'Orchestre : Maurice FRANCK

39ᵉ et dernière, le 9 Juin 1947, avec les interprètes de la reprise.

Autres interprètes des principaux rôles à l'Opéra :
Padmavati : Mmes MONTFORT (1923), FROZIER-MARROT (1927).
Ratan-Sen : MM. DUTREIX (1923), VERDIERE (1927).
Alaouddin : M. MAURAN (1925).
le Brahmane : M. BASCOUL (1923).

★

PAILLASSE   131 représentations

Drame lyrique en 2 actes — Poème et musique de Ruggiero LEONCAVALLO

Créé à Milan, au Théâtre del Verme, le 17 Mai 1892, cet ouvrage fut,
dès 1893, représenté à New York (Opera-House) puis Metropolitan Opéra, et
Londres (Covent Garden).

	MILAN 17-5-1892	LONDRES 19-5-1893	NEW YORK 15-6-1893	NEW YORK 22-12-1893
Nedda	STEHLE	MELBA	KRONOLD	MELBA
Tonio	GIRAUD	DE LUCIA	MONTEGRIFFO	DE LUCIA
Canio	V. MAUREL	ANCONA	CAMPANARI	ANCONA
Chef Orch.	TOSCANINI	BEVIGNANI	HINRICHS	MANCINELLI

Sa version française, d'Edmond Crosti, fut créée à Bordeaux (Grand Théâtre), en 1894 ; puis à Bruxelles (Théâtre Royal de la Monnaie) en 1895. Elle ne fut représentée à Paris qu'en 1899, en privé, au Cercle de l'Union Artistique.

L'Opéra ne monta l'ouvrage qu'en 1902, mais l'Opéra-Comique l'adoptait dès 1910. La même année, le Metropolitan-Opéra venait en donner quelques représentations, en italien, au Théâtre du Châtelet.

	BORDEAUX 26-11-1894	BRUXELLES 12-2-1895	CERCLE UNION 12-1899	OPERA-COMIQUE 13-1-1910	CHATELET 22-5-1910
Nedda	PERNYN	SIMONNET	DE NUOVINA	LAMARE	ALTEN
Canio	VILLA	BONNARD	LUBERT	SALIGNAC	CARUSO
Tonio	CLAVERIE	SEGUIN	SEGUIN	ALBERS	AMATO
Chef Orch.	HARING	Ph. FLON	VIZENTINI	HASSELMANS	PODESTI

Première fois au Palais Garnier, le 14 Décembre 1902 — Décor de Jambon et Bailly, costumes de Bianchini — Mise en scène de LAPISSIDA. Mmes Aïno ACKTE (Nedda).

MM. J. DE RESZKE (Canio), DELMAS (Tonio), LAFFITTE (Beppe), DINH-GILLY (Sylvio), GALLOIS et CANCELIER (2 Paysans).

Chef d'Orchestre : Paul VIDAL

	Reprise 1-3-1920 (46e)	100e le 9-3-1927	Reprise 28-3-1931 (116e)	Dernière 20-11-1936 (131e)
Nedda	ISNARDON	J. LAVAL	BEAUJON	NESPOULOUS
Canio	LAFFITTE	THILL	DE TREVI	LUCCIONI
Tonio	ROUARD	ROUARD	PERNET	PERNET
Sylvio	TEISSIE	CAMBON	CAMBON	CAMBON
Beppe	DUBOIS	SORIA	GILLES	CHASTENET
Paysan	EZANNO	GUYARD	GUYARD	ERNST
id.	GONGUET	MADLEN	MADLEN	MADLEN
Chef Orch.	A. VIGNA	BUSSER	BUSSER	GAUBERT

Autres interprètes des principaux rôles à l'Opéra :

Nedda : Mmes HATTO (1902), NORIA (1903), DE LUZA (1920), HELDY (1920), DAVELLI (1923), DENYA (1923), BERTHON (1927), MORERE (1931).

Canio : MM. ROUSSELIERE (1903), ALVAREZ (1906), DARMEL (1920), LAPPAS (1920), GOFFIN (1920), RAMBAUD (1920), ANSSEAU (1923), FONTAINE (1923), PERRET (1926), KAISIN (1929).

Tonio : MM. BARTET (1902), CERDAN (1920), JOURNET (1920), VALMORAL (1921), LANTERI (1926), BROWNLEE (1934).

★

PALESTRINA 13 représentations

Légende musicale en 3 actes — Poème et Musique de Hans PFITZNER

Créée au Prinzezgententheater de Munich, le 12 Juin 1917, dans une mise en scène de Hans PFITZNER qui dirigea la représentation du 11 Septembre.

Mmes Maria IVOGUN (Ighino), Emmy KRUGER (Silla).

MM. Karl ERB (Palestrina), Fritz FEINHALS (Cardinal de Boromeo), Paul KUHN (Bernardo Novagiero), Frederic BRODERSEN (Cardinal Morone), Paul PENDER (le Pape Pie IV), Léo SCHUTZENDORF (Graf Luna).

Chef d'Orchestre : Bruno WALTER

Première fois à Paris, au Palais Garnier, dans la traduction française de Roger Fernay, le 30 Mars 1942 — Décors et costumes dessinés par Adolf Mahnke — Mise en scène de Bruno VON NIESSEN.

Mmes COURTIN (Ighino), SCHENNEBERG (Silla), LEFORT (le Spectre de Lucrèce), SAINT-ARNAUD (un Jeune Docteur, un Ange), MAHÉ et HAMY (2 Anges).

MM. DE TREVI (Palestrina), BECKMANS (Cardinal de Boromée), FANIARD (Bernardo Novagiero), CAMBON (Cardinal Morone), DUTOIT (le Pape Pie IV), GILLES (Graf Luna), MEDUS (Cardinal Madruscht), RAMBAUD (Evêque de Budoja), PACTAT (Cardinal de Lorraine), CLAVERIE (Evêque de Prague), ETCHEVERRY (Evêque de Cadix), CHARLES-PAUL (Evêque de Severolus), GOURGUES (Patriarche d'Assyrie), DESHAYES (Evêque d'Imola), DE LEU (Dandini Grossetto), DELORME (Evêque de Fiesole), PETITPAS (Evêque de Feltre), DELORT et VAUTHRIN (2 Evêques), GAYAN (Masarelli, Giuseppe), CLAVAUD (Général des Jésuites).

MM. NORE, RAMBAUD, CHASTENET, CHARLES-PAUL, CAMBON, CLAVERE, FROUMENTY, ETCHEVERRY, DUTOIT (les Spectres des anciens Maîtres), SAINT-COME, DESHAYES, MEDUS, PETITPAS, GICQUEL (les Chanteurs de Ste-Marie Majeure).

Chef d'Orchestre : Bertil WETZELSBERGER

13ᵉ et dernière, le 13 Décembre 1942, avec les créateurs, sauf : Mme COUVIDOUX (un Jeune Docteur), MM. FRONVAL (Palestrina), FOREST (Graf Luna), MEDUS (le Pape Pie IV), DUTOIT (un Chanteur, - à la place de Médus -) et Louis FOURESTIER au pupitre.

★

PARSIFAL   89 représentations

Drame sacré en 3 actes — Poème et Musique de Richard WAGNER

Créé au Théâtre de Bayreuth, le 26 Juillet 1882.

Premières fois, à New York (Metropolitan-Opéra) le 24 Décembre 1903 ; à Bruxelles (Théâtre Royal de la Monnaie) le 5 Janvier 1914 (dans la version française de Mme J. Gauthier et M. Maurice Kufferath) ; à Londres (Covent Garden) le 2 Février 1914 (en allemand).

	BAYREUTH 26-7-1882	NEW YORK 24-12-1903	BRUXELLES 5-1-1914	LONDRES 2-2-1914
Kundry	A. MATERNA	TERNINA	L. PANIS	M. DAVEY
Parsifal	H. GUDEHUS	BURGSTALLER	H. HENSEL	H. HENSEL
Amfortas	REICHMANN	VAN ROOY	ROUARD	VON DER OSTEN
Titurel	KINDERMANN	JOURNET	GROMMEN	A. KIESS
Gurnemanz ...	SCARIA	BLASS	BILLOT	BENDER
Klingsor	C. HILL	O. GORITZ	BOUILLIEZ	KNÜPFER
Chef Orch.	H. LEVI (°)	A. HERTZ	O. LOHSE	BODANZKY

° Richard Wagner dirigea la 16ᵉ représentation, dernière de l'année 1882.

Première fois au Palais Garnier, dans la version française de Alfred Ernst, le 4 Janvier 1914 — Décors de Simas (1er et 3ᵉ actes), Rochette (2ᵉ acte) — Costumes de Pinchon — Mise en scène de Paul STUART.

Mme Lucienne BREVAL (Kundry).

Mmes LAUTE-BRUN (1er Ecuyer), MONTAZEL (2ᵉ Ecuyer), GALL, LAUTE-BRUN, CAMPREDON, DAUMAS, BUGG, LAPEYRETTE (les Enchanteresses de Klingsor), DOYEN (une Voix).

MM. FRANZ (Parsifal), LESTELLY (Amfortas), A. GRESSE (Titurel), DELMAS (Gurnemanz), JOURNET (Klingsor).

MM. NANSEN (3e Ecuyer), REVOL (4e Ecuyer), DUTREIX (1er Chevalier), CERDAN (2e Chevalier), TRIADOU, EZANNO, DELPOUGET, GONGUET, CHAPPELON, COUZINOU, DELRIEU (les Chevaliers).

Chef d'Orchestre : André MESSAGER

Reprises des :	12-4-1924 (36e)	19-10-1928 (59e)	23-1-1933 (72e)	24-3-1954 (87e)
Kundry	DEMOUGEOT	BOURDON	L. PANIS	M. MÖDL
1er Ecuyer	CARO	REX	MAHE	PLUMACHER
2e Ecuyer	DENYA	LALANDE	LALANDE	BAUER
Filles-Fleurs ..	BERTHON	TIRARD	MORERE	O. MOLL
id. ..	MONSY	MARILLIET	MARILLIET	SAILER
id. ..	CARO	CARO	DONIAU-BLANC	PLUMACHER
id. ..	CROS	DE MEO	RICQUIER	WISSMANN
id. ..	LAUTE-BRUN	LAVAL	S. RENAUX	WACHMANN
id. ..	COURSO	TESSANDRA	I. POPOVA	P. BAUER
Parsifal	FRANZ	FRANZ	THILL	WINDGASSEN
Amfortas	ROUARD	ROUARD	SINGHER	NEIDLINGER
Titurel	NARCON	NARCON	NARCON	SENTPAUL
Gurnemanz ...	DELMAS	JOURNET	JOURNET	VON ROHR
Klingsor	HUBERTY	HUBERTY	HUBERTY	H. CRAMER
3e Ecuyer	SORIA	SORIA	LE CLEZIO	FISCHER-S
4e Ecuyer	THILL	GILLES	GILLES	K. RIESER
1er Chevalier .	MADLEN	MADLEN	MADLEN	T. SCHABO
2e Chevalier ..	MAHIEUX	CAMBON	CAMBON	G. SCHOTT
Chef Orch.	GAUBERT	GAUBERT	GAUBERT	LEITNER

N. B. — Pour la reprise de 1954, qui eut lieu avec les Artistes et les Chœurs de l'Opéra de Stuttgart, décors et costumes de Heinrich Wendel — Mise en scène de Kurt PUHLMANN.

Autres interprètes des principaux rôles à l'Opéra :

Kundry : Mmes MAHIEU (1928), LUBIN (1931).

Parsifal : MM. VAN DYCK (1914), DARMEL (1914), LAFFITTE (1924), MELCHIOR (1931), DE TREVI (1933).

Amfortas : M. SELLIER (1914).

Gurnemanz : MM. GROMMEN (1931), KIPNIS (1933), PERNET (1933), FROUMENTY (1935).

Klingsor : M. CERDAN (1914).

★

PATRIE !   93 représentations

Opéra en 5 actes et 6 tableaux de Victorien Sardou et Louis Gallet
Musique de Emile PALADILHE

Créé à Paris, à l'Académie Nationale de Musique (Palais Garnier), le 16 Décembre 1886 — Mise en scène de Pèdro GAILHARD.

Mmes G. KRAUSS (Dolorès), BOSMAN (Rafaela), DUMENIL (Gudule). (Duc d'Albe), MURATET (de la Trémoille), BERARDI (Jonas), DUBULLE.

MM. LASSALLE (Comte de Rysoor), DUC (Karloo), E. DE RESZKE (Noircarmès), SENTEIN (Rincon), SAPIN (Vargas), CREPEAUX (Delrio), BALLEROY et BOUTENS (2 Officiers), GIRARD (Miguel), LAFFITTE (Galéna).

Ballet réglé par Louis MERANTE : Mlles J. SUBRA (l'Abondance), TORRI - débuts - (l'Espagne), DOUCET (la Paix), HAYET (la Justice), MM. VASQUEZ (l'Esclave), PRINCE (la Farce) et le Corps de Ballet.

Chef d'Orchestre : Jules GARCIN

Décors : Poisson (1er acte), Robecchi et Amable (2e et 5e), Rubé, Chaperon et Jambon (3e), J. B. Lavastre (4e).

50e représentation, le 4 Mai 1888, avec les créateurs, sauf :
Mme Eva DUFRANNE (Dolorès), MM. Pol PLANCON (Duc d'Albe), MARTAPOURA (Jonas), LAMBERT (Rincon) et Augusto VIANESI au pupitre.

	7-1-1891 (58e)	28-10-1907 (74e)	7-12-1916 (85e)	8-9-1919 (dernière)
Dolorès	ADINI	GRANDJEAN	BREVAL	DAUMAS
Rafaela	BOSMAN	N. MARTYL	CAMPREDON	LAUTE-BRUN
de Rysoor	LASSALLE	DELMAS	DELMAS	JOURNET
Karloo	DUC	MURATORE	FRANZ	DARMEL
Duc d'Albe ...	PLANCON	CHAMBON	A. GRESSE	A. GRESSE
la Trémoille ..	VAGUET	DUBOIS	L. DUFRANNE	DUBOIS
Jonas	DOUAILLIER	BARTET	BONAFE	Y. NOEL
Noircarmes	BALLARD	DELPOUGET	NARCON	MAHIEUX
Rincon	LAMBERT	DOUAILLIER	A. HUBERTY	DRUINE
Vargas	VOULET	GALLOIS	GONGUET	GONGUET
Delrio	CREPEAUX	DENOYE	ERNST	ERNST
Miguel	IDRAC	BAUDIN	CAMARGO	NOURY
Galena	LAFFITTE	RAGNEAU	DEL VAL	GODARD
Officier	RAGNEAU	CERDAN	LACOME	LACOME
id.	PALIANTI	CANCELIER		
Ballet	J. SUBRA	SANDRINI	A. JOHNSSON	ZAMBELLI
	VASQUEZ	VASQUEZ	A. AVELINE	A. AVELINE
Chef Orch.	DE MONTJAU	P. VIDAL	H. BUSSER	BACHELET

N. B. — Reprise de 1907 : décors de Rubé et Moisson (1er et 5e actes), Amable (2e), Chaperon et fils (3e), Carpezat (4e) — Costumes de Charles Bianchini.

Autres interprètes des principaux rôles à l'Opéra :

Dolorès : Mmes DUFRANNE (1887), d'ALVAR (1887), LE SENNE (1916), LUBIN (1917), CROS (1917).

Rafaela : Mmes SAROLTA (1887), LOVENTZ (1891), BUGG (1916), BERTHON (1919).

Comte de Rysoor : MM. MELCHISSEDEC (1887), BERARDI (1887), NOTE (1900).

Karloo : MM. SELLIER (1887), ALVAREZ (1900), LUCAS (1900), LAFFITTE (1915).

Duc d'Albe : M. DUBULLE (1887).

★

PEER GYNT   12 représentations

Opéra en 3 actes, 9 tableaux et un prologue d'après Ibsen
Poème et Musique de Werner EGK

Créé le 26 Novembre 1938, au Preussische Staatsoper de Berlin, dans une mise en scène de WOLF-VÖLKER, et sous la direction musicale de l'auteur, par : Mmes Käte HEIDERSBACH (Solveig), Beate ASSERSON (Aase), Hilde SCHEPPAN (Ingrid), MM. Mathieu AHLERSMEYER (Peer Gynt), Gustav RÖDIN (le Vieux Roi), Walter GROSSMANN (l'Inconnu), Wilhelm HILLER (le Président), Benno ARNOLD (Mads).

Première fois à Paris, au Palais Garnier, le 4 Octobre 1943, dans l'adaptation française de André Coeuroy — Décors et costumes de P. Lavailley — Mise en scène de Pierre CHEREAU.

Mmes SEGALA (Solweig), LEFORT (Aase), BONNY-PELLIEUX (Ingrid), DENYS - débuts - (la Femme Rousse), JUYOL, COURTIN, MATTIO (3 Oiseaux Noirs), DARBANS (la Femme du Bailli).

MM. BECKMANS (Peer Gynt), RAMBAUD (le Vieux Roi), ETCHEVERRY (l'Inconnu), MEDUS (le Président), PHILIPPE (le Fermier, 1er Marchand), FOREST (le Forgeron, 2e Marchand), CHASTENET (le Chef Troll), SAINT-COME (Mads), BREGERIE (le Bailli), DESHAYES (3e Marchand), DELORME (un Vieil Homme, un Garçon).

Danses réglées par Serge LIFAR : Mlles S. SCHWARZ, M. BARDIN, IVANOFF, MM. Serge LIFAR, Serge PERETTI, R. RITZ.

Chef d'Orchestre : Werner EGK

12e et dernière, le 11 Mars 1944, avec les créateurs, sauf : MM. DUTOIT (le Président), DESHAYES (le Chef Troll), BREGERIE (le Bailli, 3e Marchand) et Louis FOURESTIER au pupitre.

Autres interprètes des principaux rôles à l'Opéra :
Aase : Mme BOUVIER (1944).
Peer Gynt : M. NOUGARO (1943).

★

PENELOPE   27 représentations

Drame lyrique en 3 actes de René Fauchois

Musique de Gabriel FAURE

Créé à l'Opéra de Monte-Carlo, le 4 Mars 1913.
Première fois à Paris, au Théâtre des Champs-Elysées, le 10 Mai 1913.
Premières fois, au Théâtre Royal de la Monnaie, à Bruxelles, le 1er Décembre 1913 ; au Théâtre National de l'Opéra-Comique, le 20 Janvier 1919.
63e et dernière à l'Opéra-Comique le 19 mars 1927.

	MONTE-CARLO 4-3-1913	CHAMPS-ELYSEES 10-5-1913	BRUXELLES 1-12-1913	OPERA-COMIQUE 20-1-1919	19.3.1927
énélope .	BREVAL	BREVAL	CROIZA	LUBIN	BALGUERIE
uryclée ..	RAVEAU	THEVENET	DE GEORGIS	THEVENET	CALVET
lysse	ROUSSELIERE	MURATORE	DARMEL	ROUSSELIERE	OGER
umée	BOURBON	BLANCARD	BOUILLIEZ	F. VIEUILLE	F. VIEUILLE
hef Orch.	L. JEHIN	HASSELMANS	DE THORAN	RUHLMANN	A. WOLFF

Première fois au Palais Garnier, le 2e acte seulement, le 28 Mai 1935, à l'occasion d'un Festival Fauré :

Mmes LUBIN (Pénélope), CERNAY (Euryclée).

MM. DE TREVI (Ulysse), SINGHER (Eumée), CHASTENET (un Pâtre).

Chef d'Orchestre : Philippe GAUBERT

Première fois intégralement au Palais Garnier, le 14 Mars 1943 — Décors et costumes dessinés par Lecaron — Mise en scène de Pierre CHEREAU.

Mmes LUBIN (Pénélope), LEFORT (Euryclée), SAINT-ARNAUD (Mélantho, un Pâtre), RICQUIER (Cléone), ALMONA (Alkandre), HAMY (Philo), BONNY-PELLIEUX (Lydie), COUDERC (Eurymone).

MM. JOUATTE (Ulysse), CABANEL (Eumée), ROUQUETTY (Antinoüs), CHARLES-PAUL (Eurymaque), CAMBON (Ctésippe), GOURGUES (Léodès), DESHAYES (Pisandre).

Danses réglées par Albert AVELINE : Mlles BINOIS, LASCAR.

Chef d'Orchestre : François RUHLMANN

27° et dernière (au Théâtre Royal de Liège), le 19 Janvier 1951.

Mmes JUYOL (Pénélope), LEFORT (Euryclée), COLLARD (Mélantho, un Pâtre), RICQUIER (Cléone), CHAUVELOT (Alkandre), DESMOUTIERS (Philo), BONNY-PELLIEUX (Lydie), COUVIDOUX (Eurymone).

MM. FRONVAL (Ulysse), FROUMENTY (Eumée), ROUQUETTY (Antinoüs), CHARLES-PAUL (Eurymaque), GICQUEL (Ctésippe), GOURGUES (Léodès), CHASTENET (Pisandre).

Chef d'Orchestre : Paul BASTIDE

Autres interprètes des principaux rôles à l'Opéra :
Pénélope : Mmes COURTIN (1945), FERRER (1947).
Euryclée : Mmes DARBANS (1944), CHABAL (1947), DISNEY (1949).

★

PERKAIN   6 représentations

Légende lyrique de P. B. Gheusi, d'après P. Harispe

Musique de Jean POUEIGH

Créé au Grand Théâtre de Bordeaux, le 16 Janvier 1931, dans une mise en scène de O. GUICHARD par :
Mme E. d'ARDENNE (Gatchucha).
MM. SINGHER (Perkain), CUBERO (le Commissaire de la Convention), REYBAUD (Dominique Iharour), BENOIT (Kurutchet le Gaucher), sous la direction de Henri MORIN.

Première fois au Palais Garnier, le 25 Janvier 1934 — Décors et costumes dessinés par Ramiro Arrue — Mise en scène de Pierre CHEREAU.

Mmes NESPOULOS (Gatchucha), MAHE (Mayalléna), BACHILLAT (Karméla), POPOVA (la Gitane), HAMY (une Bergère).

MM. SINGHER (Perkain), DE TREVI (le Commissaire de la Convention), ETCHEVERRY (Dominique Iharour), FABERT (Kurutchet-le-Gaucher), GILLES (le Barde), LE CLEZIO (Pierre d'Assance), CLAVERIE (le Catalan), DE LEU (l'Officier), CAMBON (le Chevrier), MADLEN (le Crieur de jeu).

Danses réglées par Léo STAATS : Mlle Nati MORALES, MM. GOUBE, P. DUPREZ et le Corps de Ballet.

Chef d'Orchestre : François RUHLMANN

6° et dernière, le 7 Mars 1934, avec les créateurs, sauf :
MM. LE CLEZIO (le Commissaire de la Convention), DE LEU (Pierre d'Assance, l'Officier).

★

PERSEE ET ANDROMEDE
ou « Le Plus Heureux des Trois »

11 représentations

Opéra en 2 actes de Nino, tiré des « Moralités légendaires » de Jules Laforgue.

Musique de Jacques IBERT

Créé à Paris, à l'Académie Nationale de Musique (Palais Garnier), le 15 Mai 1929 — Décors et costumes dessinés par Daragnès — Mise en scène de Pierre CHEREAU — Chorégraphie de Léo STAATS.

Mmes HELDY (Andromède), MANCEAU (Thétis), MARILLIET, LA-LANDE, MORTIMER, DOULS, LUMIERE (les Néréides).

MM. VILLABELLA (Persée), André PERNET (le Monstre).

Mlles ELLANSKAIA et Alice BOURGAT (les Furies).

Chef d'Orchestre : Henri BUSSER

11e et dernière, le 22 Janvier 1930, avec les créateurs, sauf :

Mmes HAMY et MESLIN à la place de Mmes MARILLIET et LU-MIERE.

N. B. — Le rôle de « Persée » fut également chanté par M. VERGNES (1930).

★

PETER GRIMES

2 représentations

Opéra en un prologue, 3 actes et un épilogue, de Montagu Slater, d'après le poème de George Crabbe, « le Bourg ».

Musique de Benjamin BRITTEN

Créé à Londres, par le Sadler's Wells Company, le 7 Juin 1945, avec : Mmes Joan CROSS (Ellen), Blanche TURNER et Minnia BOWER (ses Nièces), Valetta IACOPI (Mrs Sedley), Edith COATES (Auntie).
MM. Peter PEARS (Peter Grimes), Roderick JONES (le Capitaine), Owen BRANNIGAN (Swallow), Morgan JONES (Boles), Tom CULBERT (le Pasteur), Edmund DONLEVY (Ned Keene), sous la direction de Reginald GODDALL et dans une mise en scène de Eric CROZIER.
Premières fois, à Stockholm en 1945 ; à Zurich, en 1946 ; à Berlin, à Milan en 1947 ; à New York en 1948.

Première fois à Paris, au Palais Garnier, le 11 Juin 1948, par la Troupe du Théâtre Covent-Garden de Londres. — Décors et costumes de Tanya Moiseiwitch — Mise en scène de Tyrone GUTHRIE.

Mmes Doris DOREE (Ellen), Muriel RAE et Muriel BURNETT (ses Nièces), Constance SHACKLOCK (Mrs Sedley), Hilde BUCHEL (Auntie, l'Aubergiste).

MM. Richard LEWIS (Peter Grimes), Tom WILLIAMS (le Capitaine, Balstrode), Owen BRANNIGAN (Swallow), Hubert NORVILLE (Bob Boles), Rhydderch DAVIS (Hobson), David TREE (le Pasteur), Graham CLIFFORD (Ned Keene), Dorek NORTH (l'Apprenti).

Les Chœurs du Covent-Garden, Chef : Douglas ROBINSON.

Chef d'Orchestre : Karl RAMKL

Une version française de cet ouvrage, signée de Roger Lalande, a été créée à Strasbourg, le 29 Mars 1949, sous la direction de Frédéric ADAM, avec Mmes Mireille SABATTIER (Ellen Orford), Edith COATES (Auntie), MM. Roger BARNIER (Peter Grimes) et Yves NOEL (Capitaine Balstrode), dans une mise en scène de Roger LALANDE.

POLYEUCTE   29 représentations

Opéra en 5 actes de Jules Barbier et Michel Carré, d'après la tragédie de Corneille.

Musique de Charles GOUNOD

Créé à Paris, à l'Académie Nationale de Musique (Palais Garnier), le 7 Octobre 1878 — Mise en scène de Adolphe MAYER.

Mmes G. KRAUSS (Pauline), CALDERON (Stratonice).

MM. SALOMON (Polyeucte), LASSALLE (Sévère), BERARDI (Félix), BOSQUIN (Sextus), BATAILLE (Siméon), MENU (Albin), AUGUEZ (Néarque), GASPARD (un Centurion).

« Fête Païenne » réglée par Louis MERANTE, dansée par Mlles Rosita MAURI - débuts -, Louise MARQUET et le Corps de Ballet.

Chef d'Orchestre : Charles LAMOUREUX

Décors : Daran (1er acte), Chéret (2e acte), Rubé et Chaperon (3e acte), Lavastre et Carpezat (4e acte), J. B. Lavastre (5e acte).

Costumes : Eugène Lacoste.

29e et dernière, le 22 Mars 1879, avec les créateurs, sauf :
Mmes DE RESZKE (Pauline), SOUBRE (Stratonice).
MM. SELLIER (Polyeucte), GASPARD (Félix), H. DEVRIES (un Centurion).

★

LE PRINCE IGOR   Aucune représentation

Opéra en 4 actes et un prologue de Stassof, d'après une chanson de geste russe « le Dit de la campagne d'Igor ».

Musique de Alexandre BORODINE
achevée par Glazounov (prélude et 3e acte) et Rimsky-Korsakov

Créé au Théâtre Marie de St-Petersbourg, le 23 Octobre 1890, par : Mmes OLGUINA (Jaroslavna), SLAWINA (Kontchakouna), MM. MELKINOFF (Prince Igor), VASSILIEFF (Vladimir Igorewitch), DUGOSNOVITCH (Prince Galitzky), STAWRISKY (Kontchak), sous la direction de NAPRAVNIK.

Première fois à Paris, le 19 Mai 1909, des scènes choisies, au Théâtre du Châtelet, par la Troupe de l'Opéra Impérial de Moscou :
Mmes PETRENCHKO (Kontchakouvna), MM. CHARONOW (Prince Igor),

Chef d'Orchestre : Nicolas TCHEREPNINE

Première fois en français, dans la version de Jules Ruelle, le 14 Novembre 1924, au Théâtre Royal de la Monnaie, à Bruxelles ; puis, dans la même version, au Grand Théâtre de Bordeaux, le 23 Novembre 1927.
Première fois intégralement à Paris, en russe, au Théâtre National de l'Opéra-Comique, par la Troupe de l'Opéra russe de Paris, le 23 Mai 1932.
Repris à Paris le 13 Mai 1956, par la Troupe de l'Opéra de Belgrade, au Cours du Festival de Paris, au Théâtre des Champs-Elysées.

	BRUXELLES 14-11-1924	BORDEAUX 23-11-1927	OPERA-COMIQUE 25-5-1932	CHAMPS-ELYSEES 13-5-1956
Jaroslavna	M. SOYER	Nina KOCHITZ	MONIGUETTI	HEYBALOVA
Kontchakovna .	MERTENS	PHILIPPS	LIPINA	MILADINOVIC
Prince Igor	ROOSEN	ROUGENET	JURENIEFF	POPOVIC
Vladimir	ROGATCHEWSKY	LEONOFF	PERTOVITCH	DRAGO STARC
Pr. Galitzky ..	VAN OBBERGH	ROMETTE	CHALIAPINE	Z. CVEJIC
Kontchak	RICHARD	JOUKOVITCH	ZASSEVITCH	CANGALOVIC
Chef Orch. ...	DE THORAN	AGRENEFF	H. STEIMAN	O. DANON

Cet ouvrage n'a jamais été représenté au Palais Garnier qui n'en a donné que le ballet sous le titre « Danses Polovtsiennes du Prince Igor » — voir plus loin au chapitre des œuvres chorégraphiques.

LA PRINCESSE LOINTAINE

6 représentations

Pièce en 4 actes d'Edmond Rostand, adaptée à la scène lyrique par G. M. Witkowsky et Henri Cain.

Musique de Georges-Martin WITKOWSKY

Créée à Paris, à l'Académie Nationale de Musique (Palais Garnier), le 22 Mars 1934 — Décors et costumes dessinés par Charlemagne — Mise en scène de Pierre CHEREAU.

Mmes BALGUERIE (Melissinde), ALMONA (Sorismonde), DESCAMPS (le Mousse).

M.. SINGHER (Bertrand), LE CLEZIO (Joffroy Rudel), FABERT (Squarciafico), FROUMENTY (Frère Trophime), ETCHEVERRY (Erasme), DE LEU (François, 1er Pèlerin), GILLES (Bistaigne, 2e Pèlerin), FOREST (Bruno, 3e Pèlerin), ERNST (Pergofat, 4e Pèlerin), CAMBON (le Patron), MADLEN (le Pilote), MEDUS (le Héraut), COTTEL (le Chevalier aux armes vertes), DEMOULIN (Nickolose, un Valet).

Chef d'Orchestre : Philippe GAUBERT

6e et dernière, le 14 Mai 1934, avec les créateurs.

Cet ouvrage a été repris par l'Opéra de Lyon le 1er Février 1935 avec Mme BALGUERIE et M. SINGHER, sous la direction de WIERSSEGERS.

★

LA PRISE DE TROIE

26 représentations

Poème lyrique en 3 actes et 5 tableaux constituant la première partie des « Troyens ».

Paroles et Musique de Hector BERLIOZ

Créé à l'Opéra de Nice, le 28 Janvier 1891 par Mme TYLDA (Cassandre), LAS NIEVES (Ascagne), MM. MANOURY (Chorèbe), DUPUIS (Enée), ARMAND (Priam) et LISOTY (Panthée).

Première fois à Paris, à l'Académie Nationale de Musique (Palais Garnier) le 15 Novembre 1899 — Mise en scène de LAPISSIDA.

Mmes DELNA (Cassandre), FLAHAUT (Andromaque), AGUSSOL (Ascagne), BEAUVAIS (Hécube), MATHIEU (Polyxène), HANAUER (Astyanax).

MM. RENAUD (Chorèbe), LUCAS (Enée), CHAMBON (l'Ombre d'Hector), DELPOUGET (Priam), DOUAILLIER (Panthée), CABILLOT (Hélénus), PATY (un Chef Grec), PELOGA (un Soldat troyen).

Ballet réglé par J. HANSEN, dansé par le Corps de Ballet.

Chef d'Orchestre : Paul TAFFANEL

Décors : 1er et 2e tableaux : Jambon et Bailly ; 3e, 4e, 5e tableaux : Amable

Costumes : Charles Bianchini.

Reprise, dans une version légèrement modifiée, le 12 Décembre 1932 (17ᵉ représentation) — Décors et costumes de René Piot — Mise en scène de Pierre CHEREAU.

Mme FERRER (Cassandre), LAVAL (Ascagne), RICQUIER (Hécube).

MM. SINGHER (Chorèbe), DE TREVI (Enée), ETCHEVERRY (l'Ombre d'Hector), MOROT (Priam), CLAVERIE (Panthée), CHASTENET (Hélénus), FOREST (un Soldat troyen).

Mlles Y. FRANCK (Andromaque), M. BARDIN (Astyanax).

Chef d'Orchestre : Philippe GAUBERT

Reprise du 25 Novembre 1938 (23ᵉ représentation), dans une version à nouveau remaniée, avec les interprètes de 1932, sauf :

Mmes Renée MAHE (Ascagne), Y. GERVAIS (Hécube), J. COURTIN (Andromaque).

MM. R. RICO (Priam), CHARLES-PAUL (Panthée).

Mlle Zizi JEANMAIRE (Astyanax).

26ᵉ et dernière, le 16 Décembre 1938, avec les interprètes de la reprise précédente, sauf M. Georges JOUATTE (Enée) et François RUHLMANN au pupitre

Autres interprètes des principaux rôles à l'Opéra :

Cassandre : Mmes HEGLON (1900), M. T. HOLLEY (1933).

Chorèbe : M. Charles CAMBON (1933).

Enée : M. José LUCCIONI (1932).

★

LE PROPHETE   573 représentations
                                        dont 252 au Palais Garnier

Opéra en 5 actes de Scribe — Musique de Giacomo MEYERBEER

Créé à Paris, à l'Académie Royale de Musique (Salle Le Peletier) le 16 Avril 1849.

Mmes Pauline VIARDOT (Fidès), CASTELLAN (Berthe), PONCHARD, COURTOT (2 Néophytes), BENGRAFF, PRINTEMPS, VAILLANT (3 Paysannes).

MM. ROGER (Jean de Leyde), LEVASSEUR (Zacharie), BREMOND (Oberthal), EUZET (Mathisen), GUEYMARD (Jonas), PAULIN (un Soldat), F. PREVOST, KOENIG (2 Paysans), MOLINIER (le Hérault), GENIBREL (le Sergent d'Armes), GUIGNOT (un Officier), DUCELIER, HENS (Deux Bourgeois), QUERIAU, ADICE LENFANT (3 Seigneurs), CORNET (1 Pâtre).

Ballets : Mlles PLUNKETT, ROBERT, MM. PETIPA, THEODORE.

Chef d'Orchestre : Narcisse GIRARD

N. B. — Le soir de cette création, Léo Delibes figurait un Enfant de Chœur.

La 100ᵉ eut lieu le 30 Juillet 1851.

Mmes MASSON (Fidès) POINSOT (Berthe).

MM. CHAPUIS (Jean), LEVASSEUR (Zacharie), BREMOND (Oberthal), GUIGNOT (Mathisen), KOENIG (Jonas).

Chef d'Orchestre : Narcisse GIRARD

Première fois au Palais Garnier, le 16 Août 1876 (322ᵉ représentation), dans une mise en scène de Adolphe MAYER.

Chorégraphies réglées par L. MERANTE, dansées par le Corps de Ballet et : « Rédowa » : Mlle RIGHETTI, M. REMOND. « Les Patineurs » : Mlle BUISSERET, M. AJAS. « La Frileuse » : Mlle Zina MERANTE, M. VASQUEZ.

Décors : Chéret (1ᵉʳ et 2ᵉ actes), Lavastre et Despléchins (3ᵉ acte), Lavastre aîné et Carpezat (4ᵉ acte), Rubé et Chaperon (5ᵉ acte).

Principales représentations au Palais Garnier :

	Reprise 16-8-1876 (322ᵉ)	18-7-1881 (400ᵉ)	Reprise 23-5-1887 (423ᵉ)	Reprise 12-9-1892 (465ᵉ)
Fidès	R. BLOCH	A. RICHARD	A. RICHARD	D. JEHIN
Berthe	FURSCH-MADIER	PLOUX	DUFRANNE	BOSMAN
Jean	VILLARET	SELLIER	DE RESZKE	DUC
Zacharie	MENU	GIRAUDET	DUBULLE	L. GRESSE
Oberthal	BATAILLE	LORRAIN	PLANCON	PLANCON
Mathisen	GASPARD	GASPARD	BALLEROY	BALLARD
Jonas	LAURENT	LAURENT	TEQUI	AFFRE
Chef Orch.	DELDEVEZ	ALTES	DE MONTJAU	COLONNE

N.-B. — Pour la reprise de 1903, dans une mise en scène de LAPISSIDA, les décors furent signés de Jamton et Bailly (1ᵉʳ acte) Chaperon et fils (2ᵉ et 5ᵉ) Rubé et Moisson (3ᵉ) Carpezat (4ᵉ) — les costumes étaient de Charles Bianchini.

	Reprise 9-5-1898 (472ᵉ)	10-2-1899 (500ᵉ)	Reprise 5-10-1903 (536ᵉ)	Reprise 26-2-1912 (570ᵉ)
Fidès	DELNA	DELNA	HEGLON	LAPEYRETTE
Berthe	BOSMAN	GRANDJEAN	R. FEART	M. COMES
Jean	ALVAREZ	FEODOROFF	ALVAREZ	FRANZ
Zacharie	L. GRESSE	L. GRESSE	CHAMBON	JOURNET
Oberthal	FOURNETS	FOURNETS	A. GRESSE	A. GRESSE
Mathisen	BARTET	DOUAILLIER	DOUAILLIER	ROSELLY
Jonas	CABILLOT	CABILLOT	CABILLOT	NANSEN
Chef Orch.	TAFFANEL	TAFFANEL	MANGIN	P. VIDAL

573ᵉ et dernière, le 29 Mars 1912, avec les interprètes de la reprise.

Abandonné par l'Opéra, LE PROPHETE fut repris pour la dernière fois à Paris en Février 1918 au Théâtre Lyrique de la Gaîté avec Mmes MONTA-ZEL (Fidès), LAUTE-BRUN (Berthe), MM. CAZENAVE (Jean), A. HUBER-TY (Zaccharie), Max MARRIO (Oberthal), DELVAL (Mathisen), L. MARIE (Jonas), sous la direction de Gabriel BERGALONNE.

Autres interprètes des principaux rôles à l'Opéra :

Fidès : Mmes ALBONI (1850), TEDESCO (1851), WERTHEIMBER (1854), SAUNIER (1854), STOLTZ (1855), BORGHI-MANO (1856), ARTOT (1858), CSILLAG (1859), GUEYMARD (1866), LEAVINGTON (1873), A. BARBOT (1877), FIGUET (1884), R. VIDAL (1889), FLAHAUT (1899), B. SOYER (1901), PASSAMA (1906), PAQUOT d'ASSY (1907).

Berthe : Mmes JULIENNE (1850), HEBERT-MASSY (1850), Marie DUSSY (1852), MENDES (1857), G. BARBOT (1858), HAMA-KERS (1859), Amélie REY (1860), MAUDUIT (1866), ARNAUD (1873), BAUX (1876), L. MENDES (1879), JANVIER (1883), VAUTIER (1884), BRON-VILLE (1888), Nina PACK (1890), CARRERE (1892), DEMOUGEOT (1905), MASTIO (1908).

Jean de Leyde : MM. GUEYMARD (1850), SYLVA (1872), VERGNET (1878), SALOMON (1879), LUCAS (1899).

Zacharie : MM. GENIBREL (1850), DERIVIS (1851), DEPASSIO (1851), OBIN (1852), COULON (1854), BELVAL (1857), CAZAUX (1859), DAVID (1870), PONSARD (1871), BERARDI (1876), NIVETTE (1903), PATY (1908).

Oberthal : MM. MERLY (1852), COULON (1854), BORCHARDT (1862), CASTELMARY (1866), CARON (1871), AUGUEZ (1877), DELPOUGET (1899), LEQUIEN (1908), CERDAN (1912).

★

REBECCA   21 représentations

Scène biblique en un acte de Paul Collin

Musique de César FRANCK

Première audition au Concert, le 15 Mars 1881.

Créée à Paris, à l'Académie Nationale de Musique (Palais Garnier) le 25 Mai 1918 — Mise en scène de MERLE-FOREST.

Mme Madeleine BUGG (Rébecca).

MM. LESTELLY (Eliézar), FEROUELLE (Bathuel).

Chef d'Orchestre : Camille CHEVILLARD

21e et dernière, le 11 Janvier 1922 avec : Mme LAVAL (Rébecca), M. A. HUBERTY (Eliézar).

Autres interprètes à l'Opéra :
Eliézar : M. TEISSIE (1920).

★

LA REINE BERTHE   5 représentations

Opéra en 2 actes de Jules Barbier

Musique de Victorin JONCIERES

Créé à Paris, à l'Académie Nationale de Musique (Palais Garnier), le 27 Décembre 1878 — Mise en scène de Adolphe MAYER.

Mmes DARAM (Berthe), BARBOT (Aliste), BLUM (un Page), NIVET-GRENIER (Gertrude).

MM. VERGNET (Pépin le Bref), GAILHARD (Simon), CARON (Enguerrand).

Chef d'Orchestre : Charles LAMOUREUX

Décors : Chéret (1er acte), Rubé et Chaperon (2e acte) — **Costumes :** Eugène Lacoste.

5e et dernière, le 20 Janvier 1879, avec les créateurs.

★

LA REINE DE CHYPRE   152 représentations
                                      dont 34 au Palais Garnier

Opéra en 5 actes de Saint-Georges — Musique de Fromenthal HALEVY

   Créé à Paris, à l'Académie Royale de Musique (Salle Le Peletier), le 22 Décembre 1841.

   Mmes STOLTZ (Catarina Cornaro), WILDEMANN (la Gondolière).

   MM. DUPREZ (Gérard de Coucy), BARROILHET (Jacques de Lusignan), MASSOL (Mocénigo), BOUCHE (Andrea Cornaro), WARTEL (Strozzi), F. PREVOST (un Héraut d'Armes), OCTAVE, CHARPENTIER (2 Seigneurs), MARTIN, SAINT-DENIS, HENS (3 officiers).

   Ballet réglé par MAZILIER, dansé par Mlles LEROUX, DUMILATRE, FITZJAMES, MM. Marius PETIPA, MABILLE et le Corps de Ballet.

           Chef d'Orchestre : François-Antoine HABENECK

   100e représentation, le 17 Mai 1854, avec Mmes TEDESCO (Catarina), PRINTEMPS (la Gondolière), MM. ROGER (Gérard), BONNEHEE (Lusignan), MASSOL (Mocénigo), HENS, DONZEL (2 Seigneurs), CANNAPLE, NOIR (2 Officiers), sous la direction de Narcisse GIRARD.

   Première fois au Palais Garnier, le 6 Août 1877 (119e représentation) dans une mise en scène de Adolphe MAYER.

   Mme Rosine BLOCH (Catarina Cornaro).

   MM. VILLARET (Gérard de Coucy), LASSALLE (Jacques de Lusignan), CARON (Mocénigo), MENU (Andrea Cornaro), SAPIN (Strozzi), GASPARD (un Héraut d'Armes), GRISY, MONTVAILLANT (Seigneurs Vénitiens), LONATI, LAFFITTE (2 Officiers), FRERET, HELIN (2 Cypriotes).

   Ballets réglés par Louis MERANTE, dansés par, au 3e acte « Les Courtisanes » : Mlles RIGHETTI, FATOU, PARENT, PIRON — au 4e acte, « La Cypriole » : Mlle Laure FONTA et M. VASQUEZ.

              Chef d'Orchestre : Ernest ALTES

Décors : de Lavastre aîné et Carpezat (1er acte), Daran (2e acte), Chéret (3e acte), Rubé et Chaperon (4e acte), J. B. Lavastre (5e acte) — **Costumes** de Lacoste.

   152e et dernière, le 20 Juillet 1878, avec les interprètes de la reprise, sauf M. BERARDI (Andrea Cornaro).

Autres interprètes des principaux rôles à l'Opéra :

Catarina Cornaro : Mmes MONDUTAIGNY (1847), MASSON (1847), ELMIRE (1856), LA POMMERAYE (1857), BORGHI-MANO (1858), A. RICHARD (1878).

Gérard de Coucy : MM. MARIE (1843), BORDAS (1847), SALOMON (1877).

Jacques de Lusignan : MM. LATOUR (1844), PORTHEAUT (1845), MASSOL (1851), MANOURY (1877).

★

LES RENDEZ-VOUS BOURGEOIS   1 représentation

Opéra-Comique en 1 acte de Hoffmann - Musique de NICOLO-ISSOUARD

> Créé à Paris, au Théâtre Impérial de l'Opéra-Comique (Salle Feydeau), le 9 Mai 1807, par : Mmes SAINT-AUBIN (Julie), PELLET (Reine), MOREAU (Louise), MM. JULIET (Dugravier), MOREAU (Jasmin), PAUL (Charles), LESAGE (Bertrand), HUET (César).

Première fois au Palais Garnier, le 18 Mars 1899, à l'occasion d'un Gala de l'Association des Artistes dramatiques et avec la Troupe du Théâtre National de l'Opéra-Comique — Mise en scène de Albert CARRE.

Mmes Esther CHEVALIER (Julie), PIERRON (Reine), VILMA (Louise).

MM. GOURDON (Dugravier), BERNAERT (Jasmin), THOMAS (Charles), BARNOLT (Bertrand), DUFOUR (César).

Chef d'Orchestre : GIANNINI

LE RETOUR   3 représentations

Drame lyrique en 2 actes — Poème et Musique de Max d'OLLONE

> Créé au Théâtre Municipal d'Angers, le 13 Février 1913, par : Mme Suz. CESBRON (Blanche), MM. BECKER (le Grand-Père), FRAIKIN (Jean), COLONNE (Hugues), LASSALLE (le vieux Jacques), sous la direction de l'Auteur.

Première fois à Paris, au Palais Garnier, le 6 Juin 1919, dans une mise en scène de MERLE-FOREST.

Mme LUBIN (Blanche).

MM. A. GRESSE (le Grand-père), RAMBAUD (Jean), Yves NOEL (Hugues), NARCON (le Vieux Jacques).

Chef d'Orchestre : François RUHLMANN

3e et dernière, le 16 Juillet 1919, avec les créateurs, sauf : Mme Alice ALLIX (Blanche) et l'Auteur au pupitre.

RIGOLETTO   983 représentations

Opéra en 4 actes de Piave, d'après « Le Roi s'Amuse » de Victor Hugo
Musique de Giuseppe VERDI

> Créé au Théâtre de la Fenice, à Venise, le 11 Mars 1851.
> Première fois à Paris, au Théâtre des Italiens, le 19 Janvier 1857.
> Premières fois en français, dans la version de Edouard Duprez, le 22 Novembre 1858, au Théâtre Royal de la Monnaie, à Bruxelles ; et le 24 Décembre 1863 à Paris, au Théâtre Lyrique du Châtelet.

	VENISE 11-3-1851	PARIS ITAL. 19-1-1857	BRUXELLES 22-11-1858	PARIS LYR. 24-12-1863
Gilda	BRAMBILLA	FREZZOLINI	VANDENHAUTE	L. DE MAESSEN
Madeleine	CASALONI	ALBONI	MEURIOT	DUBOIS
le Duc	MIRATE	MARIO	WICART	MONJAUZE
Rigoletto	VARESI	CORSI	CARMAN	ISMAEL
Sparafucile ...	PONS	ANGELINE	DE POITIER	WARTEL
Chef Orch.	X...	X...	HANSSENS	DELOFFRE

Première fois à l'Opéra de Paris, - le 3e acte seulement - le **5 Avril** 1883, à l'occasion d'un Gala :

Mme Adèle ISAAC (Gilda).

MM. LASSALLE (Rigoletto), MECHELAERE (Monterone).

Chef d'Orchestre : MADIER DE MONTJAU

Première fois intégralement au Palais Garnier, le 27 Février 1885, dans la version française de Edouard Duprez — Mise en scène de Pèdro GAILHARD — Costumes de M. le Comte Lepic.

Mmes G. KRAUSS (Gilda), A. RICHARD (Madeleine), VIDAL (la Comtesse, Johanna), HERVEY (un Page).

MM. DEREIMS (Duc de Mantoue), LASSALLE (Rigoletto), BOUDOURESQUE (Sparafucile), GASPARD (Monterone), BOUTENS (Marcello), SAPIN (Borsa), DESMET (Ceprano).

Chef d'Orchestre : Ernest ALTES

	14-9-1888 (50e)	23-12-1892 (100e)	Reprise 26-10-1900 (138e)	Reprise 1-12-1902 (141e)
Gilda	LUREAU	BERTHET	V. EIGHENA	BERTHET
Madeleine	A. RICHARD	HEGLON	B. SOYER	B. SOYER
la Comtesse ..	DUMESNIL	VINCENT	BEAUVAIS	BEAUVAIS
Johanna	CANTI	CANTI	VINCENT	VINCENT
un Page	TEDESCHI	LAFLECHE	MATHIEU	MATHIEU
le Duc	MURATET	AFFRE	VAGUET	VAGUET
Rigoletto	LASSALLE	BERARDI	RIDDEZ	J. NOTE
Sparafucile ...	L. GRESSE	DUBULLE	DELPOUGET	BAER
Monterone ...	BATAILLE	BALLARD	DOUAILLIER	DOUAILLIER
Marcello	LAMBERT	GRIMAUD	CANCELIER	CANCELIER
Borsa	VOULET	LAURENT	GALLOIS	GALLOIS
Ceprano	CREPEAUX	DENOYE	DENOYE	PALIANTI
Chef Orch.	VIANESI	DE MONTJAU	MANGIN	MANGIN

Le Gala du 11 Juin 1908 fut donné au bénéfice de la Caisse des Pensions de la Société des Auteurs. Celui de 1912 (12 Mai) le fut avec le concours de la troupe de l'Opéra de Monte-Carlo.

	Reprise 31-1-1908 (165e)	GALA 11-6-1908 (171e)	GALA 12-5-1912 (228e)	Reprise 16-4-1916 (272e)
Gilda	MIRANDA	MELBA	NEJDANOVA	GALL
Madeleine	FLAHAUT	PETRANKO	LOLLINI	LAPEYRETTE
la Comtesse ..	COURBIERES	COURBIERES	CARLOTTA	COSSET
Johanna	GOULANCOURT	GOULANCOURT	GIRARD	HARAMBOURE
un Page	MATHIEU	MATHIEU	GERVAIS	DOYEN
le Duc	MURATORE	CARUSO	CARUSO	SULLIVAN
Rigoletto	NOTE	RENAUD	TITA RUFFO	NOTE
Sparafucile ...	PATY	A. GRESSE	DE LUNA	A. GRESSE
Monterone ...	CERDAN	CERDAN	CLAUZURE	NARCON
Marcello	NUCELLY	NUCELLY	TARAGO	ERNST
Borsa	NANSEN	NANSEN	Ch. DELMAS	GONGUET
Ceprano	DELPOUGET	DELPOUGET	DELESTAN	BONAFE
Chef Orch.	P. VIDAL	T. SERAFIN	L. JEHIN	H. BUSSER

	14-11-1918 (300e)	24-7-1924 (400e)	10-8-1925 (500e fêtée)	20-3-1929 (500e)
Gilda	VECART	CAMPREDON	MONSY	NORENA
Madeleine	ARNE	COSSINI	FROZIER-MARROT	MONTFORT
la Comtesse ..	DAGNELLY	LALANDE	REX	REX
Johanna	BARDOT	DUBOIS-LAUGER	DUBOIS-LAUGER	BLANCHARD
un Page	COSSET	LALANDE	LALANDE	LLOBERES
le Duc	LAFFITTE	DUTREIX	THILL	W. MARTIN
Rigoletto	RENAUD	DUCLOS	DUCLOS	BROWNLEE
Sparafucile ...	A. GRESSE	A. GRESSE	MAHIEUX	A. GRESSE
Monterone ...	NARCON	MAHIEUX	NARCON	NARCON
Marcello	ERNST	ERNST	ERNST	ERNST
Borsa	GONGUET	REGIS	REGIS	MADLEN
Ceprano	GODARD	GUYARD	CAMBON	CAMBON
Chef Orch.	RUHLMANN	GROVLEZ	BUSSER	BUSSER

N. B. — La Régie de l'Opéra ayant tenu compte des représentations données au Théâtre lyrique, la 500e à Paris fut fêtée le 10 août 1925. En fait, elle n'eut lieu, pour l'Opéra, que le 20 mars 1929.

	17-5-1935 (600ᵉ)	19-1-1943 (700ᵉ)	31-10-1949 (800ᵉ)	24-8-1956 (900ᵉ)
Gilda	L. PONS	MATHOT	VAN HERCK	DORIA
Madeleine	ALMONA	LEFORT	CHABAL	LEFORT
la Comtesse ..	HAMY	LALANDE	DEBIERRE	DESMOUTIERS
Johanna	BACHILLAT	COUVIDOUX	CROISIER	FOURRIER
un Page	LALANDE	St-ARNAUD	CAUCHARD	SPANELLYS
le Duc	BORGIOLI	NORE	ROMAGNONI	ROMAGNONI
Rigoletto	BROWNLEE	BECKMANS	BIANCO	E. BLANC
Sparafucile ..	A. HUBERTY	MEDUS	HUC-SANTANA	SERKOYAN
Monterone	NARCON	PACTAT	PHILIPPE	PHILIPPE
Marcello	ERNST	A. RICHARD	MAX-CONTI	CLAVERE
Borsa	MADLEN	DE LEU	ROUQUETTY	ROUQUETTY
Ceprano	ETCHEVERRY	GICQUEL	GICQUEL	CHARLES-PAUL
un Officier ...	FOREST	GICQUEL	CHASTENET	CHASTENET
Chef Orch.	BELLEZA	RUHLMANN	FOURESTIER	DERVAUX

Autres interprètes des principaux rôles à l'Opéra :

Gilda : D'ERVILLY (1885), LOVENTZ (1892), ADAMS (1895), SANDER-SON (1895), DEREIMS (1903), VERLET (1904), BROZIA (1908), KURZ (1909), VUILLAUME (1909), B. MENDES (1910), HEMPEL (1910), ALEX-ANDROWICZ (1910), HEMMLER (1912), LIPKOWSKA (1913), CAPSIR (1917), BERTHON (1917), GALZY (1919), BORELLO (1919), MASON (1920), RITTER-CIAMPI (1921), ROMANITZA (1921), DE HIDALGO (1922), G. WALSKA (1923), HARAMBOURE (1923), TOTTI DEL MONTE (1924), MELUIS (1924), DI VEROLI (1926), MARCHAL (1926), HEDOUIN (1927), LALANDE (1929), D'ALIGNAN (1930), GUGGLIELMETTI (1931), BIDU SAYAO (1931), CLAIRBERT (1933), DELMAS (1934), BOVY (1935), GATTI (1935), BAUGE (1936), PERRAS (1936), BONNY-PELLIEUX (1938), MI-CHEAU (1940), MONDA-MILLION (1945), M. ROBIN (1945), TURBA-RABIER (1945), M. L. CIONI (1947), GRANDVAL (1947), DONEDDU (1947), BOURSIN (1949), MORALES (1952), ESPOSITO (1959), MESPLE (1960), SILVY (1960).

Madeleine : Mmes FIGUET (1885), LEAVINGTON (1889), RAUNAY (1889), PACK (1889), R. VIDAL (1890), DURAND-ULBACH (1890), BEAUVAIS (1895), LACOMBE-OLLIVIER (1896), ARBELL (1904), DE BUCK (1908), CHARBONNEL (1908), BOYER DE LAFORY (1909), CHARNY (1910), BAILAC (1911), CALVET (1912), BONNET-BARON (1913), COURSO (1918), Mad. CARON (1923), TESSANDRA (1927), MANCEAU (1929), RICHARD-SON (1931), BACHILLAT (1936), SCHENNEBERG (1936), COUVIDOUX (1938), MISTRAL (1945), ATTY (1946), VAREZ (1947), PALOMBINI (1947), LEROY-THIEBAULT (1950), DISNEY (1950), SCHARLEY (1951), CHAU-VELOT (1952), G. SERRES (1952), GORR (1953), MICHEL (1955), COU-DERC (1956), DE PENNAFORT (1958), KAHN (1959).

le Duc de Mantoue : MM. BERTIN (1885), IBOS (1885), JEROME (1889), SCAREMBERG (1903), RIDDEZ (1908), GAUTIER (1908), ALTCHEWSKY (1908), DUBOIS (1909), SOUBEYRAN (1909), SMIRNOW (1909), CAM-PAGNOLA (1910), R. LASSALLE (1911), FONTAINE (1911), BASSI (1913), GRANAL (1914), RE (1917), RAMBAUD (1918), GOFFIN (1921), HACKETT (1922), PANIGEL (1922), TRANTOUL (1922), Eric AU-DOIN (1924), GRANVILLE (1924), PERRET (1924), SORIA (1925), PACEL-LA (1926), KAISIN (1928), GILLES (1928), VILLABELLA (1929), LAZZARO (1929), VERGNES (1929), LAURI-VOLPI (1930), JOBIN (1930), GENIN (1932), LUCCIONI (1932), GIGLI (1934), DE MURO (1936), BURDINO (1936), CHASTENET (1936), ROUQUETTY (1936), MANURITA (1936), SINNONE (1937), KIEPURA (1939), NECQUECAUR (1941), ALTERY (1941),

SAINT-COME (1942), GUILHEM (1943), GIRIAT (1944), YACCAZI (1946), MORARO (1947), TRAVERSO (1947), Libero DE LUCA (1948), MALLA-BRERA (1949), LAROZE (1952), RAIMONDI (1953), GEDDA (1956), VAN-ZO (1956), GIRAUDEAU (1957), GOUTTEBROZE (1959), CADIOU (1960), BOTIAUX (1960), BLONDEL (1961).

Rigoletto :   MM. MELCHISSEDEC (1885), SIZES (1897), DANGES (1909), TEISSIE (1910), CARRIE (1910), ROOSEN (1913), LESTELLY (1914), BAT-TISTINI (1917), ROUARD (1919), COUZINOU (1920), IVANTZOFF (1921), BAKLANOFF (1921), MAGUENAT (1922), LANTERI (1923), SCHWURTZ (1923), URBANO (1924), SARROBE (1924), MAURAN (1924), RODRIGO (1926), ZALESKI (1926), NOUGARO (1930), ENDREZE (1931), SINGHER (1931), ROUGENET (1932), CAMBON (1932), L. RICHARD (1933), ASCA-NI (1933), MUSY (1936), TIBETT (1937), NOGUERA (1938), CLAVERE (1938). FOREST (1941), BARSAC (1944), CORTIS (1947), DENS (1947), BORTHAYRE (1952), ROTHMULLER (1952), VALDENGO (1953), TOR-RES (1953), Aldo PROTTI (1954), MASSARD (1958), BACQUIER (1959), HAAS (1960), DUBUC (1960).

Sparafucile : MM. PLANCON (1885), FABRE (1891), PATY (1898), LEQUIEN (1908), MARCOUX (1909), JOURNET (1910), VALLIER (1910), MARVINI (1912), LASKIN (1913), KARDEC (1914), H. LEGROS (1921), AQUISTAPACE (1922), PEYRE (1924), ZAPOROJETZ (1926), NEGRE (1929), GROMMEN (1930), MOROT (1932), BERNASCONI (1937), ETCHEVERRY (1938), DUTOIT (1939), TOMATIS (1940), BADIOLI (1947), A. RICHARD (1950), RICO (1950), SAVIGNOL (1951), X. DEPRAZ (1952), CHAPUIS (1959), HURTEAU (1960), DEVERCORS (1961).

★

ROBERT LE DIABLE   751 représentations
                                dont 175 au Palais Garnier

Opéra en 5 actes d'Eugène Scribe et Germain Delavigne
Musique de Giacomo MEYERBEER

Créé à Paris, à l'Académie Royale de Musique (Salle Le Peletier), le 21 Novembre 1831 — Décors de Cicéri — Mise en scène de Adolphe NOURRIT.

Mmes DORUS-GRAS (Alice), CINTI-DAMOREAU (Isabelle), LAVRY (une Dame d'Honneur).

MM. Adolphe NOURRIT (Robert), LAFOND (Raimbaut), LEVAS-SEUR (Bertram), PREVOST (l'Ermite), ALEXIS (le Prévôt du Palais), MAS-SOL (le Hérault d'Armes), HURTAUX (Alberti), F. PREVOST, WARTEL, POUILLEY, TREVAUX (les Chevaliers).

Ballet réglé par TAGLIONI, dansé par Mlle TAGLIONI (Hélèna), Mlles LEGALLOIS, MONTESSU, NOBLET, M. PERROT et le Corps de Ballet.

Chef d'Orchestre : François-Antoine HABENECK

100° représentation, le 20 Avril 1834, avec les créateurs, sauf : Mme LAURENT (une Dame d'Honneur), MM. A. DUPONT (Raimbaut), WARTEL (le Prévôt du Palais), DERIVIS (Alberti).

La 500e fut fêtée le 13 Novembre 1867, avec Mmes MAUDUIT (Alice), Marie BATTU (Isabelle), MM. GUEYMARD (Robert), GRISY (Raimbaut), BELVAL (Bertram), FRERET (Alberti), Mlle FONTA (Hélèna), sous la direction de Georges HAINL.

Première fois au Palais Garnier, le 6 Décembre 1876 (577ᵉ représentation) dans une mise en scène de Adolphe MAYER — Décors de Chéret (1ᵉʳ acte), Carpezat et Lavastre (2ᵉ acte), Rubé et Chaperon (3ᵉ acte), Lavastre jeune (5ᵉ acte).

Mmes Gabrielle KRAUSS (Alice), MIOLAN-CARVALHO (Isabelle), GRANIER (une Dame d'Honneur).

MM. SALOMON (Robert), VERGNET (Raimbaut), BOUDOURESQUE (Bertram), GASPARD (Alberti), SAPIN (le Hérault d'Armes), GRISY (le Prévôt du Palais), MERMAND (l'Ermite).

Ballet réglé par Louis MERANTE, dansé par Mlle Laura FONTA (Hélèna), Mlles PARENT, FATOU, PALLIER, A. MERANTE et le Corps de Ballet.

Chef d'Orchestre : Ernest DELDEVEZ

	600ᵉ le 12-3-1877	Reprise 27-6-1881 (631ᵉ)	700ᵉ le 7-7-1886	751ᵉ et dernière 28-8-1893
Alice	G. KRAUSS	DUFRANE	DUFRANE	CHRETIEN
Isabelle	CARVALHO	DE VERE	LUREAU	LOVENTZ
Dame	GRANIER	GRANIER	GRANIER	MATHIEU
Robert	SYLVA	VILLARET	ESCALAIS	DUC
Raimbaut	VERGNET	DEREIMS	TEQUI	VAGUET
Bertram	BOUDOURESQUE	BOUDOURESQUE	L. GRESSE	L. GRESSE
Alberti	AUGUEZ	GASPARD	LAMBERT	DOUAILLIER
le Hérault	SAPIN	SAPIN	SAPIN	GALLOIS
Prévôt	GRISY	GRISY	VOULET	LACOME
l'Ermite	MERMAND	BONNEFOY	BOUTENS	DENOYE
Hélèna	L. FONTA	RIGHETTI	FATOU	LOBSTEIN
Chef Orch.	E. ALTES	E. ALTES	GARCIN	DE MONTJAU

Autres interprètes des principaux rôles à l'Opéra :

Alice : Mmes FALCON (1832), FLECHEUX (1835), STOLTZ (1837), PAUN (1838), RIEUX (1839), NATHAN (1842), DE ROISSY (1842), BEAUSSIRE (1845), BETTY (1845), DAMERON (1846), ROSSI-CACCIA (1846), RABI (1847), JULIENNE (1848), GRIMM (1848), CASTELLAN (1848), POINSOT (1851), LAGRUA (1852), STELLER (1853), CRUVELLI (1854), LAFONT (1856), RIBAULT (1856), DUSSY (1858), SASS (1860), REY-BALLIA (1861), NILSSON (1870), FURSCH-MADIER (1874), BAUX (1877), DE RESZKE (1878), LEROUX (1884), LUREAU (1884), DE LAFERTILE (1887), BRONVILLE (1888), BOSMAN (1891), FIERENS (1892).

Isabelle : Mmes JAWURECK (1832), DORUS-GRAS (1833), NAU (1836), ELIAN (1840), DOBRE (1842), DE ROISSY (1842), D'HALBERT (1846), PRETI (1846), HEBERT-MASSY (1848), DE LAGRANGE (1848), PETIT-BRIERE (1850), LABORDE (1851), DUSSY (1851), DELISLE (1858), HA-MAKERS (1859), VANDENHEUVEL-DUPREZ (1860), DE TAISY (1862), PASCAL (1864), THIBAULT (1871), DEVRIES (1871), BELVAL (1874), DARAM (1877), FRANCK-DUVERNOY (1879), LACOMBE-DUPREZ (1881), ISAAC (1884), D'ERVILLY (1884), CARRERE (1892), MARCY (1892).

Robert : MM. LAFOND (1833), DUMAS (1836), MARIO (1838), RAGUE-NOT (1842), DUPREZ (1843), POULTIER (1844), MARIE (1844), GARDONI (1845), BORDAS (1847), BETTINI (1848), MATHIEU (1852), ARMANDI

(1856), RENARD (1860), DULAURENS (1861), MORERE (1864), COLIN (1870), JOURDAIN (1881), LAMARCHE (1881), BERNARD (1888), DUPEY-RON (1892).

Raimbaut : MM. WARTEL (1832), BOULO (1840), CARLO (1841), WER-MELIN (1842), OCTAVE (1842), MENGHIS (1844), KOENIG (1845), PAU-LIN (1845), DUFRENE (1846), BARBOT (1849), FLEURY (1850), AIMES (1851), HAYET (1861), BOSQUIN (1872), LAURENT (1881), PIROIA (1884), WARMBRODT (1888), JEROME (1890).

Bertram : MM. DERIVIS (1832), HURTEAUX (1832), SERDA (1835), BOUCHER (1841), BREMOND (1844), ARNOUX (1845), BESSIN (1846), ALIZARD (1847), GENIBREL (1848), DEPASSIO (1851), COULON (1855), CAZAUX (1864), DAVID (1864), PONSARD (1872), GIRAUDET (1881), CHAMBON (1892).

Héléna : Mlles ELSLER (1835), FITZJAMES (1836), FABRI (1845), PLUN-KETT (1846), EMAROT (1847), ZINA (1862), MERANTE (1864), DESIRE (1888).

★

LE ROI ARTHUS   2 représentations (3ᵉ acte)

Drame lyrique en 3 actes et 6 tableaux
Poème et Musique de Ernest CHAUSSON

Créé à Bruxelles, au Théâtre Royal de la Monnaie, le 30 Novembre 1903,
dans une mise en scène de Charles DE BEER, avec : Mme PAQUOT d'ASSY
(Genièvre), MM. ALBERS (Arthus), DALMORES (Lancelot), VALLIER (Allan)
et FORGEUR (Lyonel), sous la direction de Sylvain DUPUIS.

Première fois au Palais Garnier, le 30 Mars 1916 (3ᵉ acte seulement) dans une mise en scène de O. LABIS.

Mmes HATTO (Genièvre), COURBIERES, MONTAZEL, HARAMBOU-RE (les Suivantes).

MM. LESTELLY (Arthus), SULLIVAN (Lancelot), NARCON (Allan), GONGUET (Lyonel), ERNST (un Ecuyer), LACOME, DUFRANE, BONA-FE, CAMARGO (4 Soldats).

Chef d'Orchestre : Vincent d'INDY

★

LE ROI DE LAHORE   57 représentations

Opéra en 5 actes de Louis Gallet — Musique de Jules MASSENET

Créé à Paris, à l'Académie Nationale de Musique (Palais Garnier), le 27 Avril 1877, dans une mise en scène de Adolphe MAYER.

Mmes DE RESZKE (Sita), FOUQUET (Kaled).

MM. SALOMON (Alim), LASSALLE (Scindia), BOUDOURESQUE (Timour), MENU (Indra), AUGUEZ (un Chef), GRISY, SAPIN, MERMAND, LONATI, MONTVAILLANT, FRERET (les Radjahs).

Divertissement du 3ᵉ acte, « le Paradis d'Indra » réglé par Louis ME-RANTE, dansé par Mlles RIGHETTI, A. MERANTE, PARENT, FATOU, SANLAVILLE, PIRON, MONTAUBRY, MOLLAR, LAPY, LARIEUX.

Chef d'Orchestre : Ernest DELDEVEZ

Décors : Daran (1er acte, 1er tableau), Rubé et Chaperon (2e tableau et 5e acte), Chéret (2e acte), J. B. Lavastre (3e acte), Lavastre aîné et Carpezat (4e acte).

57e et dernière représentation, le 7 Mars 1879, avec les créateurs, sauf : Mmes BAUX (Sita), BLUM (Kaled), MM. BERARDI (Timour), BATAILLE (Indra), H. DEVRIES (un Chef).

Autres interprètes au Palais Garnier :
Kaled : Mme LINA-BELL (1877).
Alim : M. VERGNET (1877).

★

LE ROI DE PARIS   9 représentations

Opéra en 3 actes de Henri Bouchut — Musique de Georges HUE

Créé à Paris, à l'Académie Nationale de Musique (Palais Garnier), le 26 Avril 1901 — Mise en scène de Victor CAPOUL — Décors de Carpezat, Amable et Chaperon — Costumes de Bianchini.

Mmes BOSMAN (Jeanne), MENDES, SIREDE, VINCHELIN, PIRON, MANTE, NEETENS, L. MENDES, DE SAUNOY, QUINAULT (les Pages).

MM. VAGUET (Henri III), DELMAS (Duc de Guise), NOTE (Longnac), NIVETTE (un Ligueur), CANCELIER (Corban).

Danses réglées par J. HANSEN, dansées par le Corps de Ballet.

Chef d'Orchestre : Edouard MANGIN

9e et dernière, le 21 Juin 1901, avec les créateurs.

★

LE ROI D'YS   125 représentations

Opéra en 3 actes et 5 tableaux de Edouard Blau

Musique de Edouard LALO

Créé à Paris, au Théâtre National de l'Opéra-Comique, (Salle du Châtelet), le 7 Mai 1888, dans une mise en scène de Charles PONCHARD.

Premières fois, à Bruxelles, (Théâtre Royal de la Monnaie), le 7 Février 1889 ; à Londres (Covent-Garden) le 17 Juillet 1901 ; à New York (Metropolitan Opera) le 5 Janvier 1922.

490e et dernière à l'Opéra-Comique le 6 Janvier 1940.

	OPERA-COMIQUE 7-5-1888	BRUXELLES 7-2-1889	LONDRES 17-1-1901	NEW YORK 5-1-1922	OP.-COMIQUE 6-1-1940
Rosenn ...	SIMONNET	J. DUPONT	ADAMS	ALDA	JOACHIM
Margared .	DESCHAMPS-JEHIN	BOON	PAQUOT d'ASSY	PONSELLE	GILLY
Mylio	TALAZAC	ROUYER	JEROME	B. GIGLI	MICHELETTI
Karnac	BOUVET	CARDONI	SEVEILHAC	DANISE	MUSY
le Roi	COBALET	M. RENAUD	PLANCON	ROTHIER	GUENOT
St-Corentin	FOURNETS	TALAZAC	JOURNET	ANANIAN	PAYEN
Jahel	BUSSAC	D-ULBACH	X...	PICCO	POUJOLS
Chef Orch.	J. DANBE	LANDOUZY	FLON	A. WOLFF	G. CLOEZ

Première fois au Palais Garnier, le 6 Janvier 1941 — Mise en scène de Pierre CHEREAU — Décors et costumes dessinés par Jean Souverbie.

	6-1-1941 Première	30-10-1944 (50e)	10-2-1950 (100e)	25-8-1954 (125e)
Rosenn	S. RENAUX	DOSIA	CROISIER	CASTELLI
Margared	M. FERRER	BOUVIER	JUYOL	JUYOL
Mylio	ALTERY	NORE	NORE	NORE
Karnac	BECKMANS	NOUGARO	BIANCO	BORTHAYRE
le Roi	CABANEL	CABANEL	FROUMENTY	FROUMENTY
St-Corentin ...	PACTAT	CAMBON	CAMBON	MASSARD
Jahel	FOREST	DESHAYES	PETITPAS	DESHAYES
Chef Orch.	RUHLMANN	RUHLMANN	INGHELBRECHT	CLUYTENS

Autres interprètes des principaux rôles à l'Opéra :

Rosenn : Mmes MAHE (1941), BOUE (1942), ROLLAND (1943), SAINT-ARNAUD (1943), BONNY-PELLIEUX (1945), JOACHIM (1946), Denise DUVAL (1949), SEGALA (1951), GRANDVAL (1952).

Margared : Mmes SCHENNEBERG (1941), GILLY (1941), MISTRAL (1944), LEFORT (1954).

Mylio : MM. ROUQUETTY (1941), GOURGUES (1943), GIRIAT (1943), FRONVAL (1945), ROMAGNONI (1947), TALEYRAC (1948), KRIFF (1949), LAROZE (1952).

Karnac : MM. CHARLES-PAUL (1941), MUSY (1941).

Le Roi : MM. PETITPAS (1941), CLAVERIE (1941), PACTAT (1942), PHILIPPE (1942), SAVIGNOL (1949).

★

ROLANDE ET LE MAUVAIS GARCON   16 représentations

Opéra en 5 actes de Lucien Népoty — Musique de Henri RABAUD

Créé à Paris, à l'Académie Nationale de Musique (Palais Garnier) le 22 Mai 1934 — Mise en scène de Pierre CHEREAU.

Mmes FERRER (Rolande), RENAUX (Rosette), COURTIN - débuts - (le Page), GERVAIS (Pernette), RICQUIER (Guillemette).

MM. THILL (Gaspard), André PERNET (le Prince Richard), A. HU-BERTY (Pescalou), LE CLEZIO (l'Etranger), GILLES (Manné), NARCON (le Capelan), CHASTENET, MADLEN, FOREST, MEDUS (4 Officiers).

Chef d'Orchestre : Philippe GAUBERT

Décors dessinés par Germaine de France (1er, 2e et 5e actes) et Emile Bertin (3e et 4e actes).

Reprise du 24 Novembre 1937 (13e représentation).

Les créateurs, sauf : MAHE (Rosette), MM. DE TREVI (Gaspard), ETCHEVERRY (le Prince Richard), CHASTENET (l'Etranger), GOURGUES (1er Officier). L'auteur au pupitre.

16e et dernière, le 8 Janvier 1938, avec les interprètes de la reprise, sauf Mme SCHENNEBERG (le Page).

Autres interprètes au Palais Garnier :

Rosette : Mme RENAUDIN (1935).
Le Page : Mme MAHE (1934), BACHILLAT (1934).
Guillemette : Mme ALMONA (1934).
le Capelan : M. MOROT (1934) - rôle supprimé en 1937 -

ROMA   20 représentations

Opéra tragique en 5 actes de Henri Cain, d'après « Rome vaincue » de Alexandre Parodi.

Musique de Jules MASSENET

Créé à l'Opéra de Monte-Carlo, le 17 Février 1912, dans une mise en scène de CHALMIN — Décors de Visconti.

Première fois à Paris, au Palais Garnier, le 24 Avril 1912, dans une mise en scène de Paul STUART — Décors de Simas (1er acte), Rochette et Landrin (2e, 3e et 5e actes), Bailly (4e acte) — Costumes de Pinchon.

Première fois à Bruxelles, au Théâtre Royal de la Monnaie, le 15 Janvier 1913.

Reprise au Palais Garnier, le 29 Décembre 1917 (19e représentation).

	MONTE-CARLO 17-2-1912	P A R I S 24-4-1912	BRUXELLES 15-1-1913	P A R I S 29-12-1917
Fausta	KOUSNIETZOFF	KOUSNIETZOFF	HELDY	LUBIN
Posthumia	ARBELL	ARBELL	DE GEORGIS	LAPEYRETTE
Junia	GUIRAUDON	CAMPREDON	BERELLY	BERTHON
Gde Vestale ..	PELTIER	LE SENNE	CHARNEY	DAUMAS
Galla	DOUSSOT	COURBIERES	CAMBON	COURBIERES
Lentulus	MURATORE	MURATORE	DARMEL	LAFFITTE
Fabius	DELMAS	DELMAS	E. BILLOT	DELMAS
Vestapor	NOTE	NOTE	BOUILLIEZ	NOTE
L. Cornélius ..	CLAUZURE	JOURNET	GROMMEN	A. GRESSE
Caïus	SKANO	CARRIE	DEMARCY	ERNST
Vieillard	GASPARINI	REY	DANLEE	BONAFE
Chef Orch.	L. JEHIN	P. VIDAL	S. DUPUIS	H. BUSSER

20e et dernière, le 8 Janvier 1918, avec les interprètes de la reprise, sauf Mme DAGNELLY (Grande Vestale).

Autres interprètes des principaux rôles à l'Opéra :

Fausta : Mme GALL (1912).

Junia : Mme HEMMLER (1912).

La Grande Vestale : Mme DUBOIS-LAUGER (1913).

Galla : Mme LEJEUNE (1912).

Fabius : M. MARVINI (1912).

Vestapor : M. DUCLOS (1912), ROOSEN (1913).

Caïus : M. TRIADOU (1912).

★

ROMEO ET JULIETTE   620 représentations

Opéra en 5 actes et 8 tableaux de Jules Barbier et Michel Carré, d'après Shakespeare.

Musique de Charles GOUNOD

Créé à Paris, au Théâtre Lyrique du Châtelet (qui le représente 102 fois), le 27 Avril 1867 :

Mmes MIOLAN-CARVALHO (Juliette), DARAM (Stéfano), DUCLOS (Gertrude).

MM. MICHOT (Roméo), CAZAUX (Frère Laurent), TROY (Capulet), PUGET (Tybalt), BARRE (Mercutio).

Chef d'Orchestre : DELOFFRE

Première fois à Bruxelles (Théâtre de la Monnaie), le 18 Novembre 1867. Première fois à l'Opéra-Comique, à Paris (2ᵉ salle Favart), le 27 Décembre 1873, et dernière fois à l'Opéra-Comique (291ᵉ représentation, salle du Châtelet), le 27 Décembre 1887.
Première fois à New York (Metropolitan-Opéra), le 14 Décembre 1891.

	BRUXELLES 18-11-1867	P A R I S 27-12-1873	(Opéra-Comique) 27-12-1887	NEW YORK 14-12-1891
Juliette	DANIELE	CARVALHO	ISAAC	E. EAMES
Stéfano	DUMESTRE	DUCASSE	DEGRANDI	DE VIGNE
Roméo	JOURDAN	DUCHESNE	LUBERT	J. DE RESZKE
Frère Laurent .	JAMET	ISMAEL	FUGERE	E. DE RESZKE
Capulet	DELAUNAY-R.	MELCHISSEDEC	BOUVET	MAGINI-COLETTI
Tybalt	LAURENT	BACH	HERBERT	CAPOUL
Mercutio	BARBET	DUVERNOY	TROY	MARTAPOURA
Chef Orch.	HANSSENS	DELOFFRE	J. DANBE	VIANESI

Première fois au Palais Garnier, le 28 Novembre 1888 — Mise en scène de Pèdro GAILHARD.

Mmes Adellina PATTI (Juliette), AGUSSOL (Stéfano), CANTI (Gertrude), NASTORG (Manuella), TEDESCHI (Pepita).

MM. J. DE RESZKE (Roméo), MELCHISSEDEC (Mercutio), E. DE RESZKE (Frère Laurent), DELMAS (Capulet), MURATET (Tybalt), LAMBERT (Gregorio), TEQUI (Benvolio), WARMBRODT (Pâris), BALLARD (Duc de Vérone), CREPEAUX (Frère Jean).

Ballet réglé par J. HANSEN : Mlle Rosita MAURI, M. VASQUEZ.

Chef d'Orchestre : Charles GOUNOD

Décors : Poisson (Prologue et 1er acte), Rubé, Chaperon et Jambon (2ᵉ et 5ᵉ actes), Carpezat (3ᵉ acte), Lavastre (4ᵉ acte).

	29-10-1892 (100ᵉ)	Reprise 5-11-1916 (323ᵉ)	9-11-1939 (500ᵉ)	21-8-1953 (600ᵉ)
Juliette	BERTHET	CAMPREDON	S. DELMAS	MICHEAU
Stéfano	DARTOY	LAUTE-BRUN	MAHE	L. BERTON
Gertrude	CANTI	MONTAZEL	SCHENNEBERG	RICQUIER
Roméo	ALVAREZ	SULLIVAN	G. THILL	LUCCIONI
Mercutio	G. BEYLE	COUZINOU	SINGHER	MASSARD
Frère Laurent .	PLANCON	A. GRESSE	DUTOIT	FROUMENTY
Capulet	FOURNETS	A. HUBERTY	ENDREZE	CAMBON
Tybalt	AFFRE	L. DUFRANNE	GILLES	RIALLAND
Grégorio	GRIMAUD	ERNST	ERNST	PETITPAS
Benvolio	GALLOIS	R ô l e s u p p r i m é		
Pâris	M. DEVRIES	GONGUET	DELORME	DESHAYES
Le Duc	BALLARD	rôle coupé	CAMBON	PHILIPPE
Frère Jean ...	DENOYE	rôle coupé	rôle coupé	rôle coupé
Ballet	DESIRE VASQUEZ	JOHNSSON DUPREZ	LORCIA PERETTI	Ballet coupé
Chef Orch.	COLONNE	RUHLMANN	GAUBERT	FOURESTIER

620ᵉ et dernière, le 13 Janvier 1958 : Mmes BRUMAIRE (Juliette), SPANELLYS (Stéfano), G. SERRES (Gertrude), MM. NORE (Roméo), MASSARD (Mercutio), HUC-SANTANA (Frère Laurent), FAGGIANELLI (Capulet), KRIFF (Tybalt), FOREL (Grégorio), LAMANDER (Pâris), MARS (le Duc).

Chef d'Orchestre : Louis FOURESTIER

Abandonné par l'Opéra, l'ouvrage est retourné à l'Opéra-Comique qui, en le reprenant le 10 Septembre 1959 (292ᵉ représentation dans ce théâtre), fêtait la 1.000ᵉ à Paris (exactement 1.014ᵉ) avec Mmes MICHEAU (Juliette), SABRAN (Stéfano), MM. HUYLBROCK (Roméo), BACQUIER (Mercutio), DEPRAZ (Frère Laurent), ROUX (Capulet), CADIOU (Tybalt), sous la direction de Jésus ETCHEVERRY. Mise en scène de Marcel LAMY.

Autres interprètes des principaux rôles à l'Opéra :

Juliette : Mmes DARCLEE (1889), EAMES (1889), LUREAU (1889), MELBA (1889), LOVENTZ (1892), MARCY (1893), CARRERE (1893), SANDERSON (1894), ADAMS (1895), ACKTE (1897), BESSIE-ABOTT (1901), NORIA (1903), LINDSAY (1904), VERLET (1905), FARRAR (1906), DUBEL (1906), GARDEN (1908), BROZIA (1908), VUILLAUME (1908), KOUSNIETZOFF (1908), LIPKOWSKA (1909), GALL (1909), VISCONTI (1910), B. MENDES (1910), ALEXANDROWICZ (1911), HEMMLER (1912), VALLY (1914), GILLS (1916), FER (1917), BERTHON (1917), LUBIN (1917), VECART (1918), MASON (1920), HELDY (1920), MONSY (1924), RITTER-CIAMPI (1925), HARAMBOURE (1925), MAC-CORMICK (1926), LAVAL (1928), NORENA (1928), HEDOIN (1928), S. RENAUX (1935), GATTI (1935), BOVY (1935), DOSIA (1940), BOUE (1944), BONNY-PELLIEUX (1945), BONI (1947), JOURFIER (1947), VAN HERCK (1948), LUCCIONI (1950), CHALANDA (1956).

Roméo : MM. COSSIRA (1889), AFFRE (1890), VERGNET (1893), SALEZA (1894), IBOS (1901), ROUSSELIERE (1903), SCAREMBERG (1903), ALTCHEWSKY (1908), GAUTIER (1908), FRANZ (1909), SMIRNOW (1909), MURATORE (1909), CAMPAGNOLA (1910), FONTAINE (1911), R. LASSALLE (1912), LAFFITTE (1916), SULLIVAN (1916), MISCHALEON (1918), GOFFIN (1919), RAMBAUD (1921), HACKETT (1922), ANSSEAU (1922), TRANTOUL (1923), W. MARTIN (1928), KAISIN (1928), MAISON (1929), VERGNES (1931), VILLABELLA (1931), BURDINO (1932), GENIN (1933), JOBIN (1935), ALTERY (1940), GIRIAT (1944), ROMAGNONI (1947), KEN NEATE (1956).

Mercutio : MM. MARTAPOURA (1888), DUFRICHE (1892), GRIMAUD (1892), NOTE (1894), RIDDEZ (1901), DINH-GILLY (1903), TRIADOU (1908), DANGES (1908), ROSELLY (1911), Y. NOEL (1917), SELLIER (1918), TEISSIE (1920), DALERANT (1923), BESSERVE (1923), MAURAN (1926), ASCANI (1933), CHARLES-PAUL (1935), CLAVERE (1935), ENDREZE (1939), BECKMANS (1944), NOUGARO (1944), NOGUERA (1946), JEANTET (1952).

Frère Laurent : MM. DUBULLE (1889), L. GRESSE (1894), CHAMBON (1895), DELPOUGET (1895), DELMAS (1900), NIVETTE (1902), D'ASSY (1908), PATY (1908), JOURNET (1909), MARVINI (1911), NARCON (1914), LESTELLY (1917), A. HUBERTY (1918), GROMMEN (1926), MOROT (1933), TOMATIS (1940), MEDUS (1944), CABANEL (1944), ETCHEVERRY (1944), PHILIPPE (1949), SAVIGNOL (1950).

★

ROSSIGNOL
2 représentations

Opéra en 3 actes de I. Stravinsky et S. Mitousoff, d'après une conte d'Andersen.

Musique de Igor STRAVINSKY

Créé à Paris, à l'Académie Nationale de Musique (Palais Garnier) le 26 Mai 1914, par la Compagnie des Ballets Russes de Serge de DIAGHILEW — Mise en scène d'Alexandre SANINE — Danses composées et réglées par Alexandre ROMANOV — Décors et costumes d'Alexandre Benois.

Mmes DOBROWLSKA (le Rossignol), PETRENKO (la Mort), BRIAN (la petite cuisinière).

MM. ANDREJEW (l'Empereur de Chine), WARFOLOMEEV (le Pêcheur), GOULAIEW (le Bonze), BELIALINE (le Premier Chambellan), Mme MAMSINA, MM. CHARONOW, Fédor ERNST (les Ambassadeurs).

Danses : Mlle FOKINA II (la Danseuse), M. Max FROHMAN (le Danseur) et le Corps de Ballet des Ballets Russes.

Chœurs de l'Opéra Impérial de Moscou.

Chef d'Orchestre : Pierre MONTEUX

★

SADKO
1 audition

Opéra en 7 tableaux de Vladimir Bielsky et Rimsky-Korsakov
Musique de Nicolas-Andréovitch RIMSKY-KORSAKOV
Créé à l'Opéra Impérial de Moscou, le 26 Décembre 1897.

Première fois à Paris, au Palais Garnier, le 26 Avril 1927, en oratorio.

Mmes Nina KOCHITZ (Volkhova), TIKHANOVA (Lioubava), ANTONOTOVITCH (Niejata).

MM. BAIDAROFF (Sadko), JOUKOVITCH (l'Océan), LEDNOFF (l'Apparition), BRAMINOFF (Daouda, un Varègue), LAVRETZKY (Sopiel, un Hindou), CHOUMOFF (Foma), NADEJINE (Luca).

Orchestre Colonne, Chœurs de l'Opéra Russe de Paris.

Chef d'Orchestre : Cyrille SLAVINSKY d'AGRENEFF

★

SALAMINE
8 représentations

Tragédie lyrique en 3 actes de Théodore Reinach, d'après « Les Perses » d'Eschyle.
Musique de Maurice EMMANUEL

Créé à Paris, à l'Académie Nationale de Musique (Palais Garnier), le 17 Juin 1929 — Décors dessinés par Azéma — Mise en scène de Pierre CHEREAU.

Mme Marisa FERRER (la Reine).

MM. FRANZ (Xerxès), FABERT (le Coryphée), A. PERNET (le Messager), NARCON (l'Ombre de Darius).

Mmes MARILLIET, LALANDE, MANCEAU, LUMIERE, MM. GILLES, VERGNES, MADLEN, GUYARD, ERNST, NEGRE (les Dignitaires de la Cour).

Danse funèbre réglée par Nicolas GUERRA, dansée par Mlle Y. FRANCK (une Danseuse Mariandyne) et le Corps de Ballet.

Chef d'Orchestre : Philippe GAUBERT

8e et dernière, le 13 Novembre 1929, avec les créateurs.

★

Lucienne **BREVAL**

Mary **GARDEN**

Tita RUFFO, CARUSO et CHALIAPINE

Marthe CHENAL

Lucy ARBELL

Jeanne HATTO

Marguerite MERENTIE

André GRESSE

Louise GRANDJEAN

Les gran

Henri STAMLER

Marcelle DEMOUGEOT

Charles ROUSSELIERE

NIVETTE

Lucien MURATORE

Francisque
DELMAS

oms de

avant-guerre 1914

Jean NOTE

Maria KOUSNIETZOFF

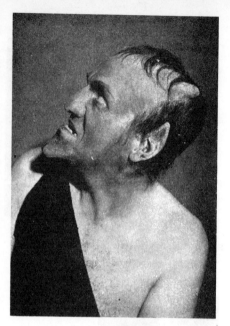

André PERNET

Albert
HUBERTY

VANI-MARCOUX

Marcel
JOURNET

NARÇON

Edouard
ROUARD

SALAMMBO

196 représentations

Opéra en 5 actes et 7 tableaux de Camille du Locle, d'après Gustave Flaubert.

Musique de Ernest REYER

Créé à Bruxelles, au Théâtre Royal de la Monnaie, le 10 Février 1890, par Mme Rose CARON (Salammbô), MM. SELLIER (Mathô), VERGNET (Shahabarim), Maurice RENAUD (Hamilcar), SENTEIN (Narr'Havas), Max BOUVET (Spendius), PEETERS (Giscon) et CHALLET (Autharite), sous la direction de Edouard BARWOLF.

Première fois en France, au Théâtre des Arts de Rouen, le 23 Novembre 1890, avec Mme Eva DUFRANE (Salammbô), MM. RAYNAUD (Mathô) LE-PRESTRE, (Shahabarim) MONDAUD, (Hamilcar) LEQUIEN (Narr'Havas), sous la direction de Philippe FLON.

Première fois à Paris, au Palais Garnier, le 16 Mai 1892 — Mise en scène de LAPISSIDA — Divertissement réglé par J. HANSEN.

Mme Rose CARON (Salammbô), VINCENT (Taanach).

MM. SALEZA - débuts - (Mathô), VERGNET (Shahabarim), RENAUD (Hamilcar), DELMAS (Narr'Havas), G. BEYLE - débuts - (Spendius), DU-BULLE (Giscon), BALLARD (Autharite), GALLOIS (Grand Prêtre de Khamon), M. DEVRIES (Grand Prêtre de Melkarth), DOUAILLIER (Grand Prêtre d'Eschoum), DENOYE (Grand Prêtre de Moloch), VOULET (un Prêtre).

Divertissement du 4e acte : Mlle HIRSCH et le Corps de Ballet.

Chef d'Orchestre : Edouard COLONNE

Décors de Carpezat (1er et 5e actes), Rubé et Chaperon (2e acte), Amable et Gardy (3e et 4e actes) — **Costumes** de Eugène Lacoste.

	Reprise 20-9-1899 (80e)	27-6-1900 (100e)	Reprise 21-5-1919 (154e)	Reprise 3-6-1938 (175e)
Salammbô	BREVAL	HATTO	CHENAL	LUBIN
Taanach	VINCENT	BEAUVAIS	LAUTE-BRUN	COUVIDOUX
Mathô	SALEZA	LUCAS	FRANZ	LUCCIONI
Shahabarim ...	VAGUET	VAGUET	LAFFITTE	JOUATTE
Hamilcar	RENAUD	RENAUD	RENAUD	BECKMANS
Narr'Havas ...	DELMAS	DELMAS	DELMAS	PERNET
Spendius	SIZES	DOUAILLIER	NOEL	CLAVERE
Giscon	PATY	DELPOUGET	NARCON	BERNASCONI
Autharite	DOUAILLIER	NIVETTE	ERNST	RICO
Gd. P. Khamon	ROGER	GALLOIS	GONGUET	GOURGUES
Gd. P. Melkarth	BAUDIN	BAUDIN	OBEIN	NORE
Gd. P. Eschoum	DELIT	LACOME	EZANNO	MEDUS
Gd. P. Moloch	DENOYE	DENOYE	MAHIEUX	NOGUERA
un Prêtre	EUZET	BERQUIER	CAMARGO	DE LEU
Ballet	DESIRE	DESIRE	J. SCHWARZ	LORCIA
	LADAM	LADAM	G. RICAUX	PERETTI
Chef Orch.	TAFFANEL	TAFFANEL	RUHLMANN	RUHLMANN

Pour la reprise de 1938, les décors étaient de Souverbie, la Chorégraphie de Albert AVELINE et la Mise en scène de Pierre CHEREAU.

196e et dernière, le 26 Février 1943, avec les interprètes de la reprise de 1938, sauf MM. NOUGARO (Hamilcar), PACTAT (Narr'Havas), MEDUS (Giscon), PHILIPPE (Autharite), DESHAYES, DELORME, PETITPAS et A. RICHARD (les 4 Grands Prêtres) et Eugène BIGOT au pupitre.

Autres interprètes des principaux rôles à l'Opéra :
Salammbô : Mmes BOSMAN (1892), BORGO (1904), MERENTIE (1907), DEMOUGEOT (1910), ROSAY (1919), FERRER (1938).

Mathô : MM. DUPEYRON (1892), SELLIER (1892), ROUSSELIERE (1902), ALVAREZ (1906), LAFFITTE (1919), DARMEL (1920), DE TREVI (1938).

Shahabarim : MM. AFFRE (1892), DUPEYRON (1892), SCARAMBERG (1904), DUBOIS (1904), NANSEN (1907), GAUTIER (1908), FEODOROW (1908), ALTCHEWSKY (1910), RAMBAUD (1919), ROUQUETTY (1938).

Hamilcar : MM. G. BEYLE (1892), NOTE (1893), BARTET (1902), BOULOGNE (1908), LESTELLY (1919), ROUARD (1919), SINGHER (1938).

Narr'Havas : MM. BALLARD (1892), BARTET (1899), BAER (1902,) RIDDEZ (1904), CERDAN (1910), DRUINE (1919), ETCHEVERRY (1938).

★

S A L O M E   9 représentations

Tragédie lyrique en un acte d'Oscar Wilde

Musique de Antoine MARIOTTE

Créée à Lyon, au Grand Théâtre, le 20 Octobre 1908, par Mmes DE WAILLY (Salomé), SOINI (Hérodias), MM. COTREUIL (Hérode), AUBER (Iokanaan), GRILLIERES (le Capitaine des Gardes), sous la direction de l'Auteur.

Première fois à Paris, au Théâtre Municipal de la Gaîté, le 22 Avril 1910, par Mmes BREVAL (Salomé), COMES (Hérodias), MM. Jean PERIER (Hérode), SEVEILHAC (Iokanaan), André GILLY (le Capitaine des Gardes), Danses des Sept Voiles : Mlle TROUHANOVA — Chef d'Orchestre : A. AMALOU.

Première fois au Palais Garnier, le 2 Juillet 1919, dans une mise en scène de MERLE-FOREST.

Mmes BREVAL (Salomé), LAPEYRETTE (Hérodias), COURBIERES (le Page d'Hérodias).

MM. A. GRESSE (Hérode), CERDAN (Iokanaan), Louis MARIE (le Capitaine des Gardes), NARCON et EZANNO (2 Soldats), BOURDEL (le Bourreau).

Danse des Sept Voiles : Mlle DELSAUX.

Chef d'Orchestre : François RUHLMANN

9ᵉ **et dernière,** le 26 Janvier 1920, avec les créateurs, sauf : Mmes ISNARDON (Salomé), COURSO (Hérodias), M. TEISSIE (Iokanaan).

Autres interprètes à l'Opéra :
Salomé : Mme de WAILLY (1919).

★

S A L O M E   117 représentations

Drame musical en un acte d'Hedwig Lachmann, d'après la tragédie d'Oscar Wilde.

Musique de Richard STRAUSS

Créé au Grand Théâtre de Dresde, le 9 Décembre 1905.
Premières fois, à New York (Metropolitan) le 22 Janvier 1907 ; à Paris, en Mars 1907, au Petit Théâtre ; à Bruxelles (Théâtre Royal de la Monnaie), le 25 Mars 1907 ; à Paris, au Théâtre du Châtelet, le 8 Mai 1907.

	DRESDE 3-12-1905	NEW YORK 22-1-1907	P A R I S 3-1907	BRUXELLES 25-3-1907	P A R I S 8-5-1907
Salomé	WITTICH	FREMSTAD	ISNARDON	MAZARIN	DESTINN
Hérodias ..	CHAVANNE	WEED	G. REACHE	LAFFITTE	SENGERN
Hérode ...	BURRIAN	BURRIAN	SIZES	SWOLFS	BURRIAN
Iokanaan .	PERRON	VAN ROOY	VIGNEAU	PETIT	FEIHNALS
Narraboth .X...		DIPPEL	PAULET	NANDES	MILLER
Chef Orch.	VON SCHUCH	HERTZ	W. STARAM	S. DUPUIS	R. STRAUSS

Première fois au Palais Garnier, le 3 Mai 1910, dans la version française de J. de Marliave et Pèdro Gailhard — Décor de Rochette et Landrin, costumes de Pinchon — Mise en scène de Paul STUART — Danse des Sept Voiles réglée par Mme STICHEL.

Mmes Mary GARDEN (Salomé), LE SENNE (Hérodias), BAILAC (Page).

MM. MURATORE (Hérode), DUFRANNE (Iokanaan), DUBOIS (Narraboth), FABERT, NANSEN, WARELLY, GONGUET, DELPOUGET (5 Juifs), DELRIEU, CERDAN (2 Nazaréens), BERNARD (un Cappadocéen), LEQUIEN, EZANNO (2 Soldats), REVOL (un Esclave).

Danse des Sept Voiles dansée par Mme Mary GARDEN.

Chef d'Orchestre : André MESSAGER

	Reprise 17-5-1926 (50e)	Reprise 21-11-1934 (75e)	29-8-1938 (100e)	Reprise 26-10-1951 (104e)
Salomé	VIX	LAWRENCE	DJANEL	I. BORKH
Hérodias	CARO	CARO	CARO	M. KLOSE
un Page	COURSO	ALMONA	ALMONA	LEROY-THIEBAULT
Hérode	FONTAINE	DE TREVI	DE TREVI	M. LORENZ
Iokanaan	ROUARD	BROWNLEE	BECKMANS	WELITSCH
Narraboth	RAMBAUD	RAMBAUD	RAMBAUD	WITTRISCH
1er Juif	DUBOIS	LE CLEZIO	DE LEU	ZIMMERMANN
2e Juif	SORIA	CHASTENET	CHASTENET	CHASTENET
3e Juif	REGIS	GILLES	GILLES	DESHAYES
4e Juif	MORINI	GOURGUES	GOURGUES	MICHEL
5e Juif	NARCON	NARCON	NARCON	FOREL
1er Nazaréen ..	MADLEN	MADLEN	MADLEN	RIALLAND
2e Nazaréen ..	GUYARD	CLAVERIE	CLAVERIE	K. BOEHME
Cappadocéen ..	LUBIN	FOREST	FOREST	MAX-CONTI
1er Soldat	CARBELLY	MEDUS	PACTAT	CHARLES-PAUL
2e Soldat	ERNST	ERNST	ERNST	M. ROUX
un Esclave	DELRIEU	DE LEU	DE LEU	Mme RICQUIER
Chef Orch.	Ph. GAUBERT	Ph. GAUBERT	FOURESTIER	SEBASTIAN

La reprise de 1951 eut lieu dans une mise en scène de M. TETJEN.

Reprise du 17 Octobre 1958 (108e représentation). Mise en scène de José BECKMANS.

Mmes RHODES (Salomé), GORR (Hérodias), KAHN (un Page).

MM. VINAY (Hérode), BIANCO (Iokanaan), FINEL (Narraboth), MICHEL, CHASTENET, ROUQUETTY, ROMAGNONI, SERKOYAN (5 Juifs), GOURGUES et SAVIGNOL (2 Nazaréens), MAX-CONTI (un Cappadocéen), HURTEAU et CHAPUIS (2 Soldats), LAMANDER (un Esclave).

Chef d'Orchestre : André CLUYTENS

117e et dernière, le 6 Avril 1959, avec les interprètes de la reprise cidessus, sauf : Mme G. SERRES (Hérodias), MM. LUCCIONI (Hérode), RALLIER (2e Juif), CHAUVET (un Esclave) et FOURESTIER au pupitre.

Autres interprètes des principaux rôles à l'Opéra :

Salomé : Mmes G. BELLINCIONI (1911), KOUSNIETZOFF (1912), Maria LABIA (1913), Pauly DREESEN (1929), Marcelle BUNLET (1934).

Hérodias : Mmes DUBOIS-LAUGER (1913), TESSANDRA (1929), MA-HIEU (1935), SCHENNEBERG (1936), MILLINKOVIC (1952), DESMOU-TIERS (1958).

Hérode : MM. DALMORES (1913), FORTI (1930).

Iokanaan : MM. DANGES (1911), J. NOTE (1912), SINGHER (1937), HERMANN (1952).

Narraboth : MM. R. LASSALLE (1911), RIALLAND (1958), LUCCIONI Junior (1959).

N. B. — Le Maître Richard STRAUSS a dirigé son œuvre au Palais Garnier, le 5 Novembre 1930.

★

LA SAMARITAINE
7 représentations

Drame lyrique en 3 actes d'Edmond Rostand

Musique de Max d'OLLONE

Créé à Paris, à l'Académie Nationale de Musique (Palais Garnier), le 23 Juin 1937 — Mise en scène de Pierre CHEREAU — Projections de Klausz.

Mmes HOERNER (Photine), MAHE, RICQUIER, ALMONA (3 Femmes), COUVIDOUX (une Servante), VOLFER et COURTIN (2 Jeunes Filles).

MM. André PERNET (Jésus), DE TREVI (le Centurion), A. HUBERTY (le Prêtre), BUSSONET (Aziel), NARCON (Pierre), GOURGUES (un Jeune Homme), PACTAT (un Ancien), NORE (Jean), MOROT (André), CHARLES-PAUL (Jacques), FOREST (Nathanael), ERNST (Judas), GILLES, NOGUE-RA, MADLEN, MEDUS (4 Marchands), AIRIL (le Choer), COTTEL (l'Aveugle), BOULE (le Paralytique), IMMOF et RODON (2 Enfants).

Chef d'Orchestre : Max d'OLLONE

7ᵉ et dernière, le 19 Mars 1938, avec les créateurs, sauf : MM. Charles COTTA (André), DE LEU (le Choer).

★

SAMSON ET DALILA
945 représentations

Opéra en 3 actes et 4 tableaux de Ferdinand Lemaire

Musique de Camille SAINT-SAENS

Première audition à Paris, au Concerts Colonne (1er acte seulement), le 26 Mars 1875.

Créé au Théâtre Grand-Ducal de Weimar, le 2 Décembre 1877, dans une traduction allemande de Richard Pohl.

Premières fois en France, au Théâtre des Arts de Rouen, le 3 Mars 1890 ; à Paris, pour l'inauguration du Théâtre Eden, le 31 Octobre 1890.

	CONCERTS COLONNE	WEIMAR	ROUEN	PARIS
Dalila	BRUAUT	VON MULLER	BOSSY	R. BLOCH
Samson	CAISSO	FERENCY	LAFARGE	TALAZAC
Grand Prêtre .	MANOURY	MILDE	MONDAUD	BOUHY
Chef Orch.	COLONNE	Ed. LASSEN	G. MARIE	G. MARIE

Première fois au Palais Garnier, le 23 Novembre 1892, dans une mise en scène de LAPISSIDA — Décors de Amable et Gardi (1er et 2ᵉ actes), Carpezat (3ᵉ acte) — Costumes de Charles Bianchini.

Mme Blanche DESCHAMPS-JEHIN (Dalila).

MM. VERGNET (Samson), LASSALLE (le Grand Prêtre), FOURNETS (Abimélech), CHAMBON (le Vieillard Hébreu), GALLOIS (un Messager), LAURENT, DOUAILLIER (2 Philistins).

Au dernier tableau, « Bacchanale » réglée par J. HANSEN, dansée par Mlles LAUS, TORRI et le Corps de Ballet.

Chef d'Orchestre : Edouard COLONNE

	5-10-1898 (100ᵉ)	Reprise 9-4-1916 (396ᵉ)	25-2-1922 500 ᵉexacte	28-6-1922 500ᵉ fêtée (505ᵉ)
Dalila	HEGLON	LAPEYRETTE	MONTFORT	CHARNY
Samson	COURTOIS	LAFFITTE	CAZENAVE	FRANZ
Grand Prêtre .	NOTE	DELMAS	DUCLOS	JOURNET
Abimélech	DELPOUGET	NARCON	MAHIEUX	NARCON
Vieillard	L. GRESSE	A. GRESSE	A. HUBERTY	A. HUBERTY
Messager	GALLOIS	GONGUET	GONGUET	GONGUET
Philistin	LACOME	LACOME	BRUYAS	BRUYAS
Philistin	LAURENT	ERNST	ERNST	ERNST
Bacchanale ...	LOBSTEIN TORRI	KUBLER DELSAUX	DELSAUX BRANA	DELSAUX BRANA
Chef Orch.	TAFFANEL	BACHELET	GAUBERT	GAUBERT

	30-1-1926 (600ᵉ)	19-10-1930 (700ᵉ)	Reprise 2-7-1934 (736ᵉ)	14-10-1935 GALA (745ᵉ)
Dalila	FROZIER-MARROT	MONFORT	I. POPOVA	LAPEYRETTE
Samson	PERRET	FRANZ	FRANZ	THILL
Grand Prêtre .	COUZINOU	CLAVERIE	CLAVERIE	BROWNLEE
Abimélech	BORDON	BORDON	FROUMENTY	PERNET
Vieillard	NARCON	GROMMEN	NARCON	HUBERTY
Messager	MADLEN	MADLEN	MADLEN	ROUQUETTY
Philistin	GUYARD	GUYARD	FOREST	AIRIL
Philistin	CAMBON	CAMBON	CAMBON	CAMBON
Bacchanale ...	DELSAUX BRANCA	FRANCK ELLANSKAIA	SOUTZO BINOIS	SOUTZO BINOIS
Chef Orch.	RUHLMANN	SZYFER	GAUBERT	GAUBERT

A l'occasion du Centenaire de Camille Saint-Saëns, l'ouvrage fut remonté le 14 Octobre 1935, avec des décors et des costumes signés de Larthe, et dans une mise en scène de Pierre CHEREAU.

	Reprise 21-3-1938 (761ᵉ)	3-4-1940 (800ᵉ)	Reprise 31-1-1954 (922ᵉ)	Reprise 17-6-1960 (934ᵉ)
Dalila	ANDURAN	BOUVIER	COUDERC	SCHARLEY
Samson	LUCCIONI	FRONVAL	VERDIERE	DEL MONACO
Grand Prêtre .	SINGHER	ENDREZE	BIANCO	BIANCO
Abimélech	FROUMENTY	DUTOIT	SOIX	MARS
Vieillard	BERNASCONI	NARCON	MEDUS	CHAPUIS
Messager	NORE	DELORME	BONOMO	CHAUVET
Philistin	AIRIL	ERNST	CHASTENET	RANCK
Philistin	BUSSONNET	CAMBON	MAX-CONTI	HURTEAU
Bacchanale ...	S. SCHWARZ BINOIS	CHAUVIRE DUPREZ	DYNALIX LACOTTE	MOTTE A. LABIS
Chef Orch.	GAUBERT	PARAY	CLUYTENS	FOURESTIER

Pour la reprise de 1960, décors de Maurice Brunet, chorégraphie de George SKIBINE — Mise en scène de José BECKMANS.

Autres interprètes des principaux rôles à l'Opéra :

Dalila: Mmes PASSAMA (1893), DELNA (1899), FLAHAUT (1899), B. SOYER (1901), ARBELL (1903), MARGYL (1905), BAILAC (1907), CHARBONNEL CROIZA (1908), LITVINNE (1909), LACOMBE-OLIVIER (1910), CALVET (1912), BOREL (1914), MONTAZEL (1916), ROYER (1916), COURSO (1917), ARNE (1920), TODOROVA (1921), Mad. CARON (193), MOTZEMAUER (1924), DE SADOWEN (1924), GRIALYS (1926), TESSANDRA (1926), CARO (1927), ANDAY (1928), RAVEAU (1929), MANCEAU (1932), ALMONA (1934), SCHENNEBERG (1937), JONUSKAITE (1939), LEFORT (1941), DUMAN (1942), CHABAL (1947), HARSHAW (1948), DISNEY (1949), GORR (1952), DELVAUX (1956).

Samson : MM. ALVAREZ (1893), DUPEYRON ((893), LAFARGE (1896), RAYNAL (1897), AFFRE (1898), ROUSSELIERE (1900), CASSET (1902), GAUTIER (1908), RIDDEZ (1908), GODARD (1908), CORPAIT (1909), ALTCHEWSKY (1910), SWOLFS (1910), FONTAINE (1911), R. LASSALLE (1912), VERDIER (1912), MAJERSKY (1912), GRANAL (1913), DARMEL (1914), DUTREIX (1914), SULLIVAN (1916), CARRERE (1919), ANSSEAU (1923), MURATORE (1924), E. AUDOIN (1925), MORINI (1926), FANIARD (1930), DE TREVI (1931), SAINT-CRICQ (1932), YCHE (1935), KRIFF (1938), MAISON (1939), VITOU (1948), LE MOAN (1950), JOBIN (1950), BEIRER (1960).

Grand Prêtre : MM. G. BEYLE (1893), M. RENAUD (1893), BARTET (1897), RIDDEZ (1902), BOULOGNE (1908), BECK (1908), TEIS-SIE (1908), DANGES (1910), ROSELLY (1910), ROUARD (1912), LES-TELLY (1913), ROOSEN (1913), Y. NOEL (1914), CERDAN (1921), CAR-BELLY (1922), ARNAL (1923), LANTERI (1923), PEYRE (1925), DALE-RANT (1925), NOUGARO (1932), BECKMANS (1938), CAMBON (1942), CHARLES-PAUL (1945), BORTHAYRE (1952), MASSARD (1952), E. BLANC (1956).

★

S A P H O   48 représentations
                                                 dont 29 au Palais Garnier

Opéra en 3 actes d'Emile Augier — Musique de Charles GOUNOD

Créé à Paris, à l'Académie Nationale de Musique (Salle Le Peletier), le 16 Avril 1851.

Mmse Pauline VIARDOT (Sapho), POINSOT (Glycère).

MM. GUEYMARD (Phaon), BREMOND (Pythias), MARIE (Alcée), AIMES (un Pâtre), F. PREVOST (le Grand Prêtre), KOENIG (un Héraut), DONZEL, HENS, GOYON, ROBERT, CHAZOTTE, NOIR, ALEXANDRE, BERAULT (les Coryphées).

Chef d'Orchestre : Narcisse GIRARD

Première fois au Palais Garnier, le 2 Avril 1884 (20ᵉ représentation) dans une version nouvelle en 4 actes et 5 tableaux — Mise en scène de Adolphe MAYER. *Décors et costumes de Gustave Moreau.*

Mmes KRAUSS (Sapho), A. RICHARD (Glycère), DUMENIL (Oenone), NASTORG (une Femme du Peuple).

MM. DEREIMS (Phaon), GAILHARD (Pythéas), MELCHISSEDEC (Alcée), PLANCON (Pittocus), PIROIA (un Pâtre), PALIANTI (le Grand Prêtre), SAPIN (Agathon), GIRARD (Erates), LAMBERT (Cynèque), MAL-VAUT, BOUTENS (2 Hérauts).

Ballet réglé par Louis MERANTE, dansé par Mlle SUBRA, M. VAS-QUEZ et le Corps de Ballet.

Chef d'Orchestre : Charles GOUNOD

48ᵉ et dernière, le 29 Décembre 1884, avec les interprètes de la reprise, sauf MM. DUBULLE (Pythéas), CARON (Alcée) et Ernest ALTES au pupitre.

Autres interprètes des principaux rôles à l'Opéra :

Sapho : Mmes MASSON (1851), ARTOT (1858), DUFRANNE (1884).

Glycère : Mmes RIBAULT (1858), FIGUET (1884).

Phaon : M. SAPIN (1858).

Pythéas : M. MARIE (1858).

★

SCEMO   6 représentations

Drame lyrique en 3 actes et 5 tableaux de Charles Méré
Musique de Alfred BACHELET

Créé à l'Académie Nationale de Musique (Palais Garnier), le 6 Mai 1914 — Mise en scène de Paul STUART.

Mmes GALL (Francesca), BONNET-BARON (Fiordalice), LAUTE-BRUN (Benedetta), KIRSCH (Michelina), MONTAZEL (Antona), COSSET (Chilina), NOTICK (une Femme).

MM. ALTCHEWSKY (Scèmo), LESTELLY (Giovann'Anto), A. GRESSE (Arrigo di Leca), NARCON (Tomato), CERDAN (Pasquale), TRIADOU (Cappato), GONGUET, EZANNO, CHAPPELON (3 Bergers), REVOL (Veilleur de Nuit), REY, VARELLY (2 Hommes).

Au 4ᵉ tableau, « Danses » réglées par Yvan CLUSTINE.

Chef d'Orchestre : André MESSAGER

Décors : Pinchon et Mouveau (1ᵉʳ et 3ᵉ tableaux), Gardère et Lailhaca (2ᵉ), Mouveau (4ᵉ et 5ᵉ) — **Costumes** de Pinchon.

6ᵉ et dernière, le 30 Mai 1914, avec les créateurs.

Cet ouvrage a été repris au Théâtre National de l'Opéra-Comique, le 20 Mai 1926, avec : Mmes Marg. SOYER (Francesca), ESTEVE (Fiordalice), GARCIA (Benedetta), MM. FRIANT (Scèmo), BECKMANS (Giovann'Anto), DUPRE (Arrigo), sous la direction de l'Auteur.

★

SEPT CHANSONS   1 représentation

Sept expressions dramatiques - Poème et Musique de Francesco MALIPIERO

Constitue le second volet de « L'ORFEIDE », trilogie créée au Théâtre Municipal de Düsseldorf, le 31 Octobre 1915.

Première fois à Paris, au Palais Garnier, le 10 Juillet 1920, dans la version française de Henry Prunières — Décors d'après les maquettes de Valdo Barbey. — Mise en scène de MERLE-FOREST — Chorégraphie de Léo STAATS.

Les Vagabonds : M. TEISSIE (le Chanteur de Complainte), Mlles Y. FRANCK (une Jeune Femme), MATHIEU (une Passante), MM. BOURDEL l'Aveugle), PELLETIER, CUVELIER, FAIVRE (Passants).

à Vêpres : M. Armand NARCON (un Moine), Mlle KERVAL (une Femme), M. JAVON (un Moine).

le Retour : Mme LAPEYRETTE (la Mère), M. ANTONY (le Fils).

l'Ivrogne : M. ROUARD (l'Ivrogne), Mlle MANTOUT (une Femme), MM. PACAUD (l'Amoureux), FEROUELLE (un Vieillard).

la Sérénade : M. DUTREIX (l'Amoureux), Mlle BRANA (Jeune Fille).

le Sonneur : M. DUCLOS (le Sonneur).

le Matin des Cendres : M. Yves NOEL (l'Eteigneur de Lanternes), M. MOUDON (un Paillasse).

Chef d'Orchestre : Gabriel GROVLEZ

★

LA SERVANTE MAITRESSE   43 représentations
                                       dont 1 au Palais Garnier

Opéra-Comique en 2 actes du Docteur Jacopo-Angiolo Nelli

Musique de Jean-Baptiste PERGOLESE
(l'ouverture, ajoutée par la suite, serait de Paganelli)

Créé à Naples, au Théâtre San Bartolomeo, le 28 Août 1733, par :
Mme Laura MONTI (Zerbine) et M. Giacchino CORRADO (Pandolphe).
Première fois à Paris, au Théâtre Italien, le 4 Octobre 1746.

Première fois à l'Académie Royale de Musique (1re Salle du Palais Royal), le 2 Août 1752, par une troupe italienne de passage à Paris. Cette représentation se trouve à l'origine de la fameuse « Guerre des Bouffons ». Une reprise eut lieu en 1778.

Premières fois en français, dans la version de Baurans, au Théâtre Italien (Hôtel de Bourgogne), le 14 Août 1754.

A l'occasion du Bi-centenaire de Pergolèse, le Théâtre de l'Hôtel des Modes à Paris le représentait, le 3 Janvier 1910.

	OPERA 2-8-1752	ITALIENS 14-8-1754	OPERA-COMIQUE 12-8-1862	H. des MODES 3-1-1910
Zerbine	A. TONELLI	FAVART	GALLI-MARIE	G. FERAUD
Pandolphe ...	MANELLI	ROCHARD	GOURDON	Raym. GILLES
Scapin	COSINI	X...	BERTHELLIER	GUIMINEL

Première fois au Palais Garnier, le 13 Mai 1928 (43e représentation à l'Opéra), par la troupe de l'Opéra de Vienne.

Mme Elisabeth SCHUMANN (Zerbine).
MM. MAYR (Pandolphe), MADIN (Scapin).

Chef d'Orchestre : Robert HEGER

SIBERIA   7 représentations

Drame lyrique en 3 actes de Luigi Illica
Musique de Umberto GIORDANO

Créé à Milan, au Théâtre de la Scala, le 19 Novembre 1903 par :
Mme Rosina STORCHIO (Stephana), MM. G. ZENATELLO (Wassili),
DE LUCA (Gléby), A. PINI-CORSI (Alexis), sous la direction de Cleofonte
CAMPANINI.

Première fois à Paris, au Théâtre Sarah Bernhardt, le 4 Mars 1905, par une
troupe italienne : Mme A. PINTO (Stephana), MM. A. BASSI (Wassili), Tita
RUFFO (Gléby), L. GENZARDI (Alexis), sous la direction de Cleofonte
CAMPANINI.

Première fois au Palais Garnier, dans une adaptation française de Paul
Milliet, le 9 Juin 1911 — Mise en scène de Paul STUART.

Mmes Lina CAVALIERI (Stephana), LEJEUNE (Nikona), CAMPRE-
DON (la Petite Fille).

MM. MURATORE (Wassili), DANGES (Gléby), DUBOIS (Alexis), CER-
DAN (Walitzi), NANSEN (le Cosaque), TRIADOU (l'Invalide), CARRIE
(Miskinsky, le Banquier), REVOL (Ivan, le Sergent), LEQUIEN (le Capi-
taine), GONGUET (Lispravnick), EZANNO (l'Inspecteur).

Chef d'Orchestre : Paul VIDAL

Décors : Mouveau et Demoget (1er acte), Rochette et Landrin (2e et 3e
actes) — Costumes de Pinchon.

7e et dernière, le 2 Novembre 1912, avec les créateurs, sauf : Mme
HATTO (Stephana), MM. DELPOUGET (le Capitaine), TRIADOU (Miskinsky, le Banquier).

★

SIEGFRIED   103 représentations

Drame lyrique en 3 actes et 4 tableaux, constituant la « 2e journée »
de l'Anneau du Nibelung.

Poème et Musique de Richard WAGNER

Créé au Théâtre du Festival de Bayreuth, dans le cadre de la Tétralogie,
le 16 Août 1876.

Premières fois à New York (Metropolitan-Opéra), le 3 Novembre 1887 ;
à Bruxelles (Théâtre Royal de la Monnaie, version française de Alfred Ernst),
le 12 Janvier 1891 ; à Londres (Covent Garden), le 13 Juin 1892 ; en France
(au Théâtre des Arts de Rouen, dans la version de Ernst), le 17 Février
1900 et dans une mise en scène de O. LABIS.

	BAYREUTH 16-8-1876	NEW YORK 3-11-1887	BRUXELLES 12-1-1891	LONDRES 13-6-1892	ROUEN 17-2-1900
Erda	JAIDE	BRANDT	MORELLI	SUCHER	ROMAIN
Brunehilde	MATERNA	L. LEHMANN	LANGLOIS	SCHUMANN	BOSSY
Voix Oiseau	HAUPT	SEIDL-KRAUS	CARRERE	TRAUBMANN	LEMAIGNAN
Siegfried ..	UNGER	Max ALVARY	LAFARGE	ALVARY	DALMORES
Wotan	BETZ	FISCHER	BOUVET	GRENGG	GRIMAUD
Mime	SCHLOSSER	FERENCZY	ISOUARD	LIEBAN	STUARD
Alberich ..	HILL	VON MILDE	BADIALI	LOUENT	de St-POL
Fafner	REICHENBERG	ELMBLAD	VERIN	WIEGANT	VINCHE
Chef Orch.	H. RICHTER	A. SEIDL	Ph. FLON	MAHLER	A. AMALOU

Première fois au Palais Garnier, le 31 Décembre 1901, dans la version d'Alfred Ernst — Mise en scène de Victor CAPOUL, décors de Amable, costumes de Charles Bianchini.

Mme HEGLON (Erda), GRANDJEAN (Brunehilde), BESSIE-ABOTT (Voix de l'Oiseau).

MM. J. DE RESZKE (Siegfried), F. DELMAS (Wotan), L. LAFFITTE (Mime), J. NOTE (Albérich), PATY (Fafner).

Chef d'Orchestre : Paul TAFFANEL

	21-5-1909 (31e)	18-3-1921 (41e)	11-10-1926 (49e)	27-12-1938 (90e)	17-11-1950 (92e)
Erda	CHARBONNEL	LAPEYRETTE	MONTFORT	HAMMER	KLOSE
Brunehilde	GRANDJEAN	DEMOUGEOT	BOURDON	LUBIN	BRAUN
VoixOiseau	LAUTE-BRUN	LAVAL	HARAMBOURE	M. BOCKOR	BOURSIN
Siegfried ..	ROUSSELIERE	VERDIER	FRANZ	SATTLER	LORENZ
Wotan	DELMAS	DELMAS	DELMAS	HOTTER	FRANTZ
Mime	FABERT	LAFFITTE	FABERT	ZIMMERMANN	ZIMMERMANN
Alberich ..	DUCLOS	DUCLOS	DUCLOS	FUCH	CHARLES-PAUL
Fafner	CERDAN	NARCON	NARCON	MEDUS	L. WEBER
Chef Orch.	MESSAGER	CHEVILLARD	GAUBERT	FURTWAENGLER	SEBASTIAN

La reprise de 1950 eut lieu dans une mise en scène de M. TIETJEN.

Reprise du 13 Mai 1955 (96e représentation), dans le cadre de l'AN-NEAU DU NIBELUNG (voir ce titre).

103e et dernière, le 30 Novembre 1959 :

Mmes SIEWERT (Erda), VARNAY (Brunehilde), HOLLWEG (Voix de l'Oiseau), MM. FEIERSINGER (Siegfried), UHDE (Wotan), KUEN (Mime), METTERNICH (Alberich), SERKOYAN (Fafner).

Chef d'Orchestre : Richard KRAUS

Autres interprètes des principaux rôles à l'Opéra :
Erda : Mmes B. SOYER (1902), FLAHAUT (1902), CHARNY (1911), COURSO (1921), COSSINI (1929), ALMONA (1934), SCHARLEY (1958).
Brunehilde : Mmes Lina PACARY (1909), LITVINNE (1909), BREVAL (1912), CLAESSENS (1921), PANIS (1931), BUNLET (1934), JUYOL (1951), MOEDL (1955).
Siegfried : MM. DALMORES (1911), MELCHIOR (1930), DE TREVI (1930), ALDENHOFF (1955), BEIRER (1955).
Wotan : MM. A. GRESSE (1902), JOURNET (1928), A. HUBERTY (1929), CLAVERIE (1934), S. BJOERLING (1955).
Mime : MM. RAMBAUD (1921), WARNERY (1931).

★

SIGURD

252 représentations

Opéra en 4 actes et 9 tableaux de Camille du Locle et Alfred Blau

Musique de Ernest REYER

Créé à Bruxelles, au Théâtre Royal de la Monnaie, le 7 Janvier 1884, par Mmes Rose CARON (Brunehilde), BOSMAN (Hilda), DESCHAMPS-JEHIN (Uta), MM. JOURDAIN (Sigurd), M. DEVRIES (Gunther), L. GRESSE (Hagen). M. RENAUD (le Grand Prêtre), sous la direction de Joseph DUPONT.

Première fois à Paris, au Palais Garnier, le 12 Juin 1885 — Décors de Rubé, Chaperon et Jambon (1er et 4e actes), Lavastre (2e acte), Carpezat (3e acte) — Costumes de Charles Bianchini — Mise en scène de LAPISSIDA.

Mmes Rose CARON - débuts - (Brunehilde), BOSMAN - débuts - (Hilda), A. RICHARD (Uta).

MM. SELLIER (Sigurd), LASSALLE (Gunther), L. GRESSE (Hagen), BERARDI (le Grand Prêtre), VOULET - débuts - (Irnfrid), GIRARD (Hawart), CREPEAUX (Ramunc), LAMBERT (Rudiger).

Danses réglées par Anna MERANTE : Mlles HIRSCH, MERCEDES, BERNAY.

Chef d'Orchestre : Jules GARCIN

	30-12-1891 (100e)	Reprise 13-1-1905 (177e)	Reprise 1-12-1923 (226e)	Reprise 17-10-1934 (243e)
Brunehilde	R. CARON	BREVAL	BOURDON	LAWRENCE
Hilda	BOSMAN	DEMOUGEOT	BEAUJON	MORERE
Uta	HEGLON	B. SOYER	COURSO	MONTFORT
Sigurd	SELLIER	AFFRE	FRANZ	LUCCIONI
Gunther	RENAUD	NOTE	ROUARD	SINGHER
Hagen	L. GRESSE	CHAMBON	DELMAS	A. HUBERTY
Grand Prêtre .	DUFRICHE	A. GRESSE	DUCLOS	CABANEL
Irnfrid	PIROIA	CABILLOT	DUBOIS	CHASTENET
Hawart	IDRAC	GALLOIS	GUYARD	MADLEN
Ramunc	CREPEAUX	DENOYE	PEYRE	MEDUS
Rudiger	LAMBERT	DOUAILLIER	MAHIEUX	FOREST
Chef Orch.	LAMOUREUX	P. VIDAL	RUHLMANN	RUHLMANN

Le Président de la République assistait à la reprise de 1923, au cours de laquelle Madame Rose CARON, créatrice du rôle de « Brunehilde », couronna le buste de Reyer.

Pour la reprise de 1934, la mise en scène fut signée de Pierre CHEREAU, cependant qu'Albert AVELINE avait réglé la chorégraphie du ballet. — Décors projetés de Ernest Klausz.

252e et dernière représentation, le 18 Octobre 1935, avec les interprètes de la reprise de 1934.

Autres interprètes des principaux rôles à l'Opéra :

Brunehilde : Mmes d'ERVILLY (1885), BOSMAN (1886), ADINI (1888), MARTINI (1894), CHRETIEN (1895), GRANDJEAN (1896), HATTO (1899), CHENAL (1905), BORGO (1906), LE SENNE (1912), LITVINNE (1916), HOERNER (1935).

Hilda : Mmes PLOUX (1885), PACK (1891), AGUSSOL (1891), DUFRANNE (1894), GANNE (1895), DARCEY (1897), LUCAS (1899), ROYER (1905), DUBEL (1905), LAUTE-BRUN (1909), DUBOIS-LAUGER (1910), MAC ARDEN (1924), DENYA (1925), VERNET (1934).

Uta : Mmes FIGUET (1885), RAUNAY (1888), DOMENECH (1890), DESCHAMPS-JEHIN (1893), DUFRANE (1897), ARBELL (1905), FLAHAUT (1906), PAQUOT d'ASSY (1907), LAPEYRETTE (1909), CHARBONNEL (1909), CHARNY (1910), ALMONA (1934), MANCEAU (1935).

Sigurd : MM. ESCALAIS (1885), MURATET (1888), DUC (1890), SALEZA (1893), DUPEYRON (1894), ANSALDY (1895), COURTOIS (1896), GAUTIER (1896), ALVAREZ (1896), LUCAS (1899), GARAIT (1903), CASSET (1903), GRANAL (1910), SULLIVAN (1916), PERRET (1924), SAINT-CRICQ (1934).

Gunther : MM. MELCHISSEDEC (1885), BERARDI (1887), BARTET (1895), RIDDEZ (1906), CARBELLY (1906), DANGES (1909), CARRIE (1912), TEISSIE (1924), BROWNLEE (1934), L. RICHARD (1935).

Hagen : MM. BERARDI (1885), PLANCON (1885), NIVETTE (1903), A. GRESSE (1905), JOURNET (1923).

LE SOMMEIL D'OSSIAN
voir plus haut « O S S I A N »

★

LE SORTILEGE
5 représentations

Conte de fées en 3 actes et 6 tableaux de Maurice Magre

Musique de André GAILHARD

Créé à Paris, à l'Académie Nationale de Musique (Palais Garnier), le 29 Janvier 1913 — Mise en scène de Paul STUART — Décors de Bailly, décors lumineux d'Eugène Frey — Costumes de Pinchon.

Mmes MERENTIE (Angèle), COURBIERES (Geneviève), LAUTE-BRUN, DOYEN (Deux Fées), TECLAR, DURIF, CALVET (3 Ondines), GAULEY-TEXIER, DUBOIS-LAUGER (2 Laveuses).

MM. MURATORE (Gall), MARVINI (le Buisson), CERDAN (le Laboureur), TRIADOU (le Mendiant Bossu).

Divertissement réglé par Yvan CLUSTINE, dansé par Mlle Marthe LEQUIEN (une Fée) et le Corps de Ballet.

Chef d'Orchestre : Henri BUSSER

5e et dernière représentation, le 14 Avril 1913, avec les créateurs, sauf M. Robert LASSALLE (Gall).

★

LA STATUE
10 représentations

Opéra en 3 actes et 7 tableaux de Jules Barbier et Michel Carré

Musique de Ernest REYER

Créé à Paris, au Théâtre Lyrique du Boulevard du Temple, le 11 Avril 1861.

Première fois à Bruxelles, au Théâtre Royal de la Monnaie, le 20 Mars 1865.

Repris à Paris, au Théâtre National de l'Opéra-Comique (2e Salle Favart), le 20 Avril 1878.

Première fois au Palais Garnier, le 6 Mars 1903, dans une mise en scène de LAPISSIDA — Chorégraphie de J. HANSEN.

	TH. LYRIQUE 11-4-1861	BRUXELLES 20-3-1865	OP.-COMIQUE 20-4-1878	PALAIS GARNIER 6-3-1903
Margyane	BARETTI	MOREAU	CHEVRIER	ACKTE
Sélim	MONJAUZE	WICART	TALAZAC	AFFRE
Amgiad	BALANQUE	ROUDIL	DUFRICHE	DELMAS
Kaloum	WARTEL	D'ORGEVAL	MARIS	BARTET
Mouck	GIRARDOT	HOLTZEM	BARNOLT	LAFFITTE
Ali	MARTIN			GALLOIS
Chef Orch.	DELOFFRE	HANSSENS	J. DANBE	TAFFANEL

10e et dernière, le 14 Juillet 1903, avec les créateurs, sauf Mme HATTO (Margyane).

★

S T R A T O N I C E   14 représentations

Opéra en 1 acte de Louis Gallet — Musique de FOURNIER-ALLIX

Créé à Paris, à l'Académie Nationale de Musique (Palais Garnier), le 9 Décembre 1892 — Mise en scène de LAPISSIDA — Décor de Carpezat, costumes de Charles Bianchini.

Mme BOSMAN (Stratonice).

MM. VAGUET (Antiochus), G. BEYLE (Cratès), DUBULLE (le Roi).

Chef d'Orchestre : MADIER DE MONTJAU

14° et **dernière**, le 4 Mars 1893, avec les créateurs.

★

T A B A R I N   6 représentations

Opéra en 2 actes de Paul Ferrier — Musique de Emile PESSARD

Créé à Paris, à l'Académie Nationale de Musique (Palais Garnier), le 12 Janvier 1885 — Mise en scène de Pèdro GAILHARD.

Mme DUFRANNE (Francisquine), HERVEY (Alyson).

MM. MELCHISSEDEC (Tabarin), DEREIMS (Gauthier), DUBULLE (Mondor), SAPIN (Nicaise), LAMBERT (un Sergent), MECHELAERE (Maillefer), GIRARD (Jehan).

Divertissement réglé par Louis MERANTE, dansé par Mlles ROUMIER, OTTOLINI et le Corps de Ballet.

Chef d'Orchestre : MADIER DE MONTJAU

Décors de J. B. Lavastre (1er acte), Rubé, Chaperon et Jambon (2e acte) — **Costumes** de Eugène Lacoste.

6e et **dernière**, le 9 Février 1885, avec les créateurs.

★

T A N N H A U S E R   342 représentations

Opéra en 3 actes — Paroles et Musique de Richard WAGNER

Créé au Théâtre Royal de Dresde, le 19 Octobre 1845, par :
Mmes Johanna WAGNER (Elisabeth), SCHRODER-DEVRIENT (Vénus).
MM. TICHATSCHEK (Tannhauser), MITTERWURZER (Wolfram)
DETTMER (le Landgrave), sous la direction de l'Auteur.

Première fois à Paris, à l'Académie Impériale de Musique (Salle Le Peletier), le 13 Mai 1861, dans la version française de Charles Nuitter.

Mmes SASSE (Elisabeth), TEDESCO (Vénus), REBOUX (un Pâtre), GRANIER, CHRISTIAN, VOGLER, ROUAUD (les Pages).

MM. NIEMANN - débuts - (Tannhauser), MORELLI (Wolfram), CAZAUX (le Landgrave), COULON (Bitterolf), KOENIG (Heinrilch), FRERET (Reinmar), AIMES (Walther).

Ballet réglé par Marius PETIPA, dansé par Mlles ROUSSEAU, TROISVALLETS, STOIKOFF (les 3 Grâces) et le Corps de Ballet.

Chef d'Orchestre : Louis-Philippe DIETSCH

Décors de Chambon, Thierry, Despléchins et Rubé.

Première fois à :	BRUXELLES Th. de la Monnaie 20-2-1873	LONDRES Covent Garden 1876	NEW YORK Metropolitan 17-11-1884	BAYREUTH Festival 22-7-1891
Elisabeth	M. BATTU	ALBANI	SEIDL-KRAUS	DE ANNA
Vénus	HAMAKERS	D'ANGERI	A. SLACH	P. MAILHAC
Tannhauser ...	WAROT	CARPI	A. SCHOTT	M. ALVARN
Wolfram	ROUDIL	V. MAUREL	ROBINSON	REICHMANN
Landgrave	BERARDI	CAPPONI	J. KOGEL	G. DÖRING
Chef Orch.	J. DUPONT	VIANESI	L. DAMROSCH	H. LEVI

Reprise à l'Opéra de Paris (4e représentation) et première fois au Palais Garnier, le 13 Mai 1895, dans la version de Charles Nuitter — Mise en scène de LAPISSIDA.

Mmes Rose CARON (Elisabeth), BREVAL (Vénus), AGUSSOL (un Pâtre), PREVOST, GRANDJEAN, NARCON, MURIEL (les Pages).

MM. VAN DYCK (Tannhauser), RENAUD (Wolfram), DELMAS (le Landgrave), DOUAILLIER (Bitterolf), GALLOIS (Heinrilch), DUBULLE (Rienmar), VAGUET (Walther).

Ballet réglé par Mlle ZUCCHI, dansé par Mlles ZUCCHI, CARRE, ROBIN (les 3 Grâces) et le Corps de Ballet.

Chef d'Orchestre : Paul TAFFANEL

Décors de Amable (1er tableau du 1er acte), Jambon (2e tableau du 1er acte et 3e acte), Carpezat (2e acte) — Costumes de Charles Bianchini.

La 100e représentation — qui n'eut lieu que le 11 Janvier 1901 — fut fêtée le 26 Novembre 1900, avec Mmes Aïno ACKTE (Elisabeth), GRAND-JEAN (Vénus), MM. ALVAREZ (Tannhauser), RENAUD (Wolfram), CHAM-BON (le Landgrave), sous la direction de Paul TAFFANEL.

Reprises des :	12-10-1925 (243e)	17-3-1930 (272e)	2-5-1936 (316e)	4-6-1956 (321e)
Elisabeth	LUBIN	L. LEHMANN	LUBIN	LUCAZEAU
Vénus	CARO	MAHIEU	M. SOYER	GORR
un Pâtre	NOTICK	LALANDE	MAHE	HARBELL
un Page	LALANDE	AUGROS	AUGROS	DE PONDEAU
id.	LAFONT	LEMAIRE	GELLY	HARBELL
id.	DOYEN	LAPIERRE	LAPIERRE	GABRIEL
id.	COSSET	COSSET	DOULS	COLLARD
Tannhauser ...	FRANZ	KIRSCHOFF	DE TREVI	VERDIERE
Wolfram	ROUARD	ROUARD	BROWNLEE	E. BLANC
Landgrave	A. HUBERTY	A. HUBERTY	A. HUBERTY	FROUMENTY
Bitterolf	CARBELLY	CAMBON	CLAVERIE	FAGGIANELLI
Heinrilch	SORIA	MADLEN	MADLEN	ROUQUETTY
Reinmar	ERNST	ERNST	ERNST	SERKOYAN
Walther	G. DUBOIS	MORINI	R. GILLES	RIALLAND
Chef Orch.	GAUBERT	RUHLMANN	GAUBERT	SEBASTIAN

342e et dernière, le 4 Mai 1959 :

Mmes SYNEK (Elisabeth), GORR (Vénus), PASTOR (un Pâtre), BROU-DEUR, PASTOR, SPANELLYS et COLLARD (les Pages).

MM. BEIRER (Tannhauser), WAECHTER (Wolfram), VON ROHR (Landgrave), FAGGIANELLI (Bitterolf), ROUQUETTY (Heinrilch), SER-KOYAN (Reinmar), CHAUVET (Walther).

Chef d'Orchestre : Hans KNAPPERTSBUSCH

Autres interprètes des principaux rôles à l'Opéra :

Elisabeth : Mmes BOSMAN (1895), LAFARGUE (1895), HATTO (1901), FEART (1903), LINDSAY (1905), CHENAL (1906), FARRAR (1907), ME-RENTIE (1908), BORGO (1908), HENRIQUEZ (1908), DEMOUGEOT (1909), BOURDON (1910), PANIS (1911), DORLIAC (1911), DAUMAS (1911), MAZARIN (1911), KIRSCH (1912), DUBEL (1913), BONAVIA (1925), CROS (1926), RETHBERG (1930), HOERNER (1930), MULLER (1933), MON-MART (1956), SARROCA (1957), CRESPIN (1957).

Vénus : Mmes BEETH (1895), CARRERE (1895), COROT (1895), DE-MOUGEOT (1903), MANCINI (1907), CAMPREDON (1908), FOREAU (1908), CARLYLE (1908), LITVINNE (1909), DUBOIS-LAUGER (1910), CARO-LUCAS (1910), HENRIQUEZ (1911), FERRER (1926), HOLLEY (1931), HELM (1931), WRAY (1931), RUENGER (1933), LEYMO (1934), DESMOUTIERS (1956).

Tannhauser : MM. SALEZA (1895), DUPEYRON (1895), GIBERT (1898), GARAIT (1903), CASSET (1903), SCAREMBERG (1904), DUBOIS (1907), ALTCHEWSKY (1909), E. AUDOIN (1925), STRACK (1930), SULLIVAN (1930), THILL (1930), FORTI (1930), MELCHIOR (1931), FANIARD (1934), ANSSEAU (1934), VERCAMMEN (1956).

Wolfram : MM. BARTET (1895), NOTE (1902), DINH-GILLY (1906), ALBERS (1908), DANGES (1908), DUFRANNE (1909), WHITEHILL (1909), ROSELLY (1910), DUCLOS (1911), LESTELLY (1913), JANSSEN (1931), SINGHER (1934), BECKMANS (1935), BORTHAYRE (1956).

le Landgrave : MM. FOURNETS (1899), A. GRESSE (1901), NIVETTE (1904), D'ASSY (1907), MARCOUX (1908), JOURNET (1909), PEYRE (1925), GROMMEN (1927), MOROT (1934), BORDON (1934), SAVIGNOL (1956).

★

LA TENTATION DE SAINT ANTOINE   7 représentations

Mystère en 3 parties et 10 tableaux, dont un prologue

Poème et Musique de Raoul BRUNEL

Créé à Paris, à l'Académie Nationale de Musique (Palais Garnier), le 8 Mai 1930 — Mise en scène de Pierre CHEREAU — Décors de G. Mouveau.

Mmes FERRER (la Reine de Saba), LAPEYRETTE (la Mort), GERVAIS (une Bayadère), MANCEAU (l'Ange), BERANGER (une Voix).

MM. JOURNET (Antoine), FRANZ (Satan), FABERT (1er Démon), GROMMEN (2e Démon), NARCON (le Pontife).

Au 6e tableau, « Divertissement », réglé par Léo STAATS : Mlles S. LORCIA, Lucienne LAMBALLE, Yvonne FRANCK, Valéria ELLANSKAIA, Alice BOURGAT et le Corps de Ballet.

Chef d'Orchestre : François RUHLMANN

7e et dernière, le 4 Juin 1930, avec les créateurs.

★

THAIS

683 représentations

Comédie lyrique en 3 actes et 7 tableaux de Louis Gallet, d'après le roman d'Anatole France.

Musique de Jules MASSENET

Créé à Paris, à l'Académie Nationale de Musique (Palais Garnier), le 16 Mars 1894 — Mise en scène de LAPISSIDA.

Mmes Sybil SANDERSON - débuts - (Thaïs), MARCY (Crobyle), HEGLON (Myrtale), BEAUVAIS (Albine), B. MENDES (la Charmeuse).

MM. DELMAS (Athanael), ALVAREZ (Nicias), DELPOUGET (Palémon), EUZET (un Serviteur), MARTIN (un Homme du Peuple), BALAS, BOURGEOIS, DENOYE, M. DEVRIES, GALLOIS, IDRAC, LACOME, LAURENT, PALIANTI, PERRIN, DHORNE (les Cénobites).

Au 2ᵉ acte, « Ballet de la Tentation » réglé par J. HANSEN : Mlle Rosita MAURI et le Corps de Ballet.

Chef d'Orchestre : Paul TAFFANEL

Décors : Jambon et Bailly (1ᵉʳ, 5ᵉ, 6ᵉ et 7ᵉ tableaux), Carpezat (2ᵉ, 3ᵉ et 4ᵉ tableaux). **Costumes** de Charles Bianchini

N. B. — Le 13 Avril 1898, l'ouvrage fut présenté avec un acte et un divertissement nouveaux.

Reprises des :	9-3-1901 (47ᵉ)	27-1-1904 (58ᵉ)	17-6-1907 (69ᵉ)	25-8-1910 (100ᵉ)
Thaïs	BERTHET	BERTHET	CAVALIERI	KOUSNIETZOF
Crobyle	VAN PARYS	AGUSSOL	LAUTE-BRUN	LAUTE-BRUN
Myrtale	BEAUVAIS	BEAUVAIS	DURIF	DURIF
Albine	TALEMA	GOULANCOURT	GOULANCOURT	GOULANCOURT
Charmeuse	B. MENDES	B. MENDES	AGUSSOL	CAMPREDON
Athanael	DELMAS	DELMAS	DELMAS	DELMAS
Nicias	VAGUET	LAFFITTE	DUBOIS	DUBOIS
Palémon	DELPOUGET	DELPOUGET	DELPOUGET	DELPOUGET
Serviteur	CHRISTIN	CHRISTIN	CHRISTIN	GONGUET
Chef Orch.	TAFFANEL	TAFFANEL	P. VIDAL	H. RABAUD

	21-5-1916 (143ᵉ)	12-1-1924 (300ᵉ)	10-10-1927 (400ᵉ)	7-11-1931 (500ᵉ)
Thaïs	M. CARRE	KOUSNIETZOF	BERTHON	GERVAIS
Crobyle	LAUTE-BRUN	DENYA	BARTHE	MASSON
Myrtale	DURIF	LALANDE	LALANDE	LALANDE
Albine	MONTAZEL	Mad. CARON	MONTFORT	MONTFORT
Athanael	DELMAS	COUZINOU	BROWNLEE	BORDON
Nicias	SULLIVAN	DUTREIX	GILLES	GILLES
Palémon	ERNST	BORDON	RAYBAUD	CAMBON
Serviteur	GONGUET	GONGUET	GUYARD	BOINEAU
Chef Orch.	RUHLMANN	GAUBERT	GROVLEZ	GROVLEZ

	1-6-1934 500ᵉ fêtée	12-10-1939 (557ᵉ)	11-12-1944 (600ᵉ)	3-2-1951 (648ᵉ)
Thaïs	S. RENAUX	GALL.	VOLFER	BOUE
Crobyle	MARILLIET	HAMY	HAMY	GAUDINEAU
Myrtale	ALMONA	RICQUIER	RICQUIER	RICQUIER
Albine	MONTFORT	COUVIDOUX	LEFORT	CHABAL
Athanael	BORDON	SINGHER	CABANEL	BIANCO
Nicias	GILLES	RAMBAUD	NORE	MICHEL
Palémon	FROUMENTY	CAMBON	PHILIPPE	PHILIPPE
Serviteur	ERNST	MADLEN	DESHAYES	FOREL
Chef Orch.	RUHLMANN	PARAY	RUHLMANN	BLOT

N. B. — Le rôle de « La Charmeuse » fut supprimé à partir de 1916. La reprise de 1939 eut lieu à l'Opéra-Comique, le Palais Garnier ayant été fermé par ordre de la défense passive.

683ᵉ et dernière, le 20 Août 1956 :

Mmes CHALANDA (Thaïs), BERTON (Crobyle), GABRIEL (Myrtale), DELVAUX (Albine).

MM. BIANCO (Athanael), RIALLAND (Nicias), PHILIPPE (Palémon), CHASTENET (un Serviteur).

Chef d'Orchestre : Jean FOURNET

Autres interprètes des principaux rôles à l'Opéra :

Thaïs : Mmes CARRERE (1901), VERLET (1905), DUBEL (1906), GARDEN (1908), BROZIA (1908), ACKTE (1910), VALLY (1913), BUGG (1913), EDVINA (1916), FER (1916), CHENAL (1917), LUBIN (1918), VISCONTI (1919), VALLIN (1920), Françoise ROSAY (1920), VECART (1920), RITTER-CIAMPI (1921), BEAUJON (1921), HARAMBOURE (1922), ALEXANDRO-WICZ (1922), ROOSEVELT (1922), VALLY (1923), VIX (1924), HELDY (1925), NESPOULOUS (1925), COHN (1926), CORTOT (1926), VICTRIX (1926), GUYLA (1934), DJANEL (1935), BOVY (1939), DOSIA (1940), M. LUCCIONI (1945), BONNY-PELLIEUX (1946), DE PHILIPPE (1947), D. DUVAL (1947), BRUMAIRE (1948), SEGALA (1955).

Athanael : MM. BARTET (1894), M. RENAUD (1908), ALBERS (1908), DANGES (1908), ROSELLY (1911), H. DUFRANNE (1911), MARCOUX (1913), LESTELLY (1913), JOURNET (1914), BATTISTINI (1917), CERDAN (1919), TEISSIE (1920), FORMICHI (1922), BALDOUS (1922), BESSERVE (1922), G. BECKMANS (1922), ARNAL (1923), ROUGENET (1923), ROUARD (1923), LANTERI (1924), DALERANT (1924), MAURAN (1926), PERNET (1928), NOUGARO (1931), MOROT (1934), ENDREZE (1935), PACTAT (1942), CLAVERIE (1946), BOURDIN (1947), DENS (1947), ROUX (1951), VAILLANT (1953), SAVIGNOL (1953).

★

THAMARA   11 représentations

Opéra en 2 actes et 4 tableaux de Louis Gallet

Musique de BOURGAULT-DUCOUDRAY

Créé à Paris, à l'Académie Nationale de Musique (Palais Garnier), le 28 Décembre 1891 — Mise en scène de LAPISSIDA — Chorégraphie de J. HANSEN. Décors de Carpezat, costumes de Bétout.

Mme DOMENECH (Thamara).

MM. ENGEL (Nour-Eddin), DUBULLE (le Grand Prêtre), DOUAILLIER (Khirvan), IDRAC (un Officier).

Chef d'Orchestre : MADIER DE MONTJAU

Reprise du 23 Janvier 1907 (6ᵉ représentation) :

Mme HATTO (Thamara).

MM. AFFRE (Nour-Eddin), CERDAN - débuts - (le Grand Prêtre), DIHN-GILLY (Khirvan), STAMLER (un Officier).

Chef d'Orchestre : Henri BUSSER

Le rôle du « Grand Prêtre » fut également interprété par M. BALLARD. **11ᵉ et dernière, le 14 Juillet 1907,** avec les interprètes de la reprise.

THEODORA

5 représentations (2e acte)

Drame musical en 3 actes et 6 tableaux de Victorien Sardou et Paul Ferrier

Musique de Xavier LEROUX

Créé à l'Opéra le Monte Carlo, le 19 Mars 1907 — Décors de Visconti — Mise en scène de CHALMIN :

Mmes HEGLON (Théodora), FRICHE (Tamyris), DURIF (Antonina). MM. ROUSSELIERE (Andréas), M. RENAUD (Justinien), Max BOUVET (Marcellus), ANANIAN (Faber).

Chef d'Orchestre : Léon JEHIN

Première fois au Palais Garnier, - le 2e acte seulement - le 20 Octobre 1910, à l'occasion d'un Gala au bénéfice du Monument Sardou.

Mme HEGLON (Théodora).

MM. MURATORE (Andréas), DUCLOS (Justinien).

Chef d'Orchestre : Xavier LEROUX

Reprise du 2e acte (2e représentation), le 6 Février 1916 :

Mme LAPEYRETTE (Théodora).

MM. DARMEL (Andréas), GONGUET (Justinien).

Chef d'Orchestre : Alfred BACHELET

★

THERESE

1 représentation (2e acte)

Drame en 2 actes de Jules Claretie — Musique de Jules MASSENET

Créé à l'Opéra de Monte-Carlo, le 7 Février 1907.

	MONTE-CARLO Opéra 7.2.1907	ROUEN Th. des Arts 10.11.1909	PARIS Op.-Comique 19.5.1911
Thérèse	L. ARBELL	SOINI	L. ARBELL
Armand	Ed. CLEMENT	BRUZZI	Ed. CLEMENT
Thorel	DUFRANNE	SAIMPREY	ALBERS
Chef. d'orch.	L. JEHIN	Th. MATHIEU	RUHLMANN

Première fois au Palais Garnier (le 2e acte seulement), le 10 Décembre 1911, au cours d'un Gala organisé pour le 10e anniversaire de l'œuvre des « Trente Ans de Théâtre ».

Mme Lucy ARBELL (Thérèse).

MM. SENS (Armand), ALBERS (André Thorel), BELHOMME (Morel).

Chef d'Orchestre : François RUHLMANN

★

LA TOSCA

32 représentations

Opéra en 3 actes de Illica et Giacosa, d'après Victorien Sardou, Version française de Paul Ferrier.

Musique de Giacomo PUCCINI

Créé à Rome, au Théâtre Constanzi, le 14 Janvier 1900.

	ROME Constanzi 14-2-1900	MILAN Scala 1900	LONDRES Covent Garden 12-7-1900	NEW YORK Metropolitan 4-2-1901	BRUXELLES Monnaie 2-4-1904
Tosca ..	DARCLEE	DARCLEE	TERNINA	TERNINA	PAQUOT d'ASSY
avaradossi ..	DE MARCHI	BORGATTI	DE LUCIA	CREMONINI	DALMORES
arpia	GIRALDONI	GIRALDONI	SCOTTI	SCOTTI	ALBERS
hef Orch. ..	MUGNONE	TOSCANINI	MANCINELLI	MANCINELLI	DUPUIS

Première fois à Paris, au Théâtre National de l'Opéra-Comique, le 13 Octobre 1903, dans une mise en scène de Albert CARRÉ.
Mme Claire FRICHE (Tosca).
MM. BEYLE (Cavaradossi), DUFRANNE (Scarpia), HUBERDEAU (Angelotti), DELVOYE (le Sacristain), SIZES (Spoletta).
Chef d'Orchestre : André MESSAGER

Première fois au Palais Garnier, le 24 Novembre 1925, à l'occasion d'un Gala.

	24-11-1925 Première	12-5-1928 (2e)	19-12-1958 2e acte seul
Tosca	VICTRIX	JERITZA	CALLAS
Pâtre	MART	X...	
Cavaradossi ...	LAFUENTE	KIEPURA	LANCE
Scarpia	LAFONT	JERGER	Tito GOBBI
Angelotti	MORTURIER	ETTL	
Sacristain	GUENOT	MARIN	
Spoletta	d'ARJAC	WERNICK	RIALLAND
Sciarrone	GENIN	MUZZARELLI	HURTEAU
le Geôlier	Ray. GILLES	MUZZARELLI	
Chef Orch.	A. BALBIS	HEGER	SEBASTIAN

Reprise du 10 Juin 1960 (4e représentation) dans une mise en scène de Roger BARSACQ — Décors et costumes de Jacques Noël.
Mmes Renata TEBALDI (Tosca), BROUDEUR (le Pâtre).
MM. LANCE (Cavaradossi), BACQUIER (Scarpia), SERKOYAN (Angelotti), THIRACHE (le Sacristain), RIALLAND (Spoletta), HURTEAU (Sciarrone), CHAPUIS (le Geolier).
Chef d'Orchestre : Georges PRETRE

Autres interprètes des principaux rôles à l'Opéra :
Tosca : Mmes CASTELLI (1960), SARROCA (1960), CRESPIN (1960), MAS (1960), CARTERI (1961).
Cavarodossi : MM. FINEL (1960), LUCCIONI (1960), BOTIAUX (1960), CHAUVET (1960), PREVEDI (1962).
Scarpia : M. BIANCO (1960), HAAS (1961).

★

LA TOUR DE FEU   36 représentations

Drame lyrique en 3 actes — Poème et Musique de Sylvio LAZZARI
Créé à Paris, à l'Académie Nationale de Musique (Palais Garnier), le 12 Janvier 1928 — Décors et costumes de Maxime Dethomas — Mise en scène de Pierre CHEREAU — Danses du 1er acte réglées par Nicolas GUERRA.

	12-1-1928 Première	4-1-1933 (22e)	17-4-1939 (25e)	22-8-1945 (30e)
Naïc	HELDY	FERRER	FERRER	COURTIN
Yves	G. THILL	DE TREVI	DE TREVI	FRONVAL
don Jacintho ..	JOURNET	JOURNET	ENDREZE	BECKMANS
Yann	CLAVERIE	CLAVERIE	CLAVERIE	FROUMENTY
Chef Orch.	RUHLMANN	RUHLMANN	RUHLMANN	RUHLMANN

36ᵉ et dernière, le 2 Septembre 1946, avec les interprètes de la reprise, sauf : M. CAMBON (don Jacintho) et Louis FOURESTIER au pupitre.

Autres interprètes à l'Opéra :

Naïc : Mme Solange RENAUX (1933).
Yves : M. KAISIN (1930).
don Jacintho : MM. BROWNLEE (1928), ETCHEVERRY (1933).

★

LA TRAVIATA

224 représentations

Opéra en 4 actes de Francesca-Maria Piave, d'après « La Dame aux Camélias » de Alexandre Dumas fils — Version française d'Edouard Duprez.

Musique de Giuseppe VERDI

Créé à Venise, au Théâtre de la Fenice, le 6 Mars 1853.
Premières fois, à Londres (Théâtre de Leurs Majestés) en 1856 ; à Bruxelles (Théâtre Royal de la Monnaie), le 20 Octobre 1865 ; à New York (Metropolitan) le 5 Novembre 1883.

	VENISE 6-3-1853	LONDRES 1856	BRUXELLES 20-10-1865	NEW YORK 5-11-1883
Violetta	SALVINI	PICCOLOMINI	ARTOT	SEMBRICH
Rodolphe	L. GRAZIANI	CALZOLARI	JOURDAN	V. CAPOUL
d'Orbel	F. VARESI	BENEVENTATO	MONNIER	LABLACHE
Chef Orch.	X...	X...	HANSSENS	VIANESI

A Paris : Première fois au Théâtre Italien, le 6 Décembre 1856 ; première fois en français, au Théâtre Lyrique du Châtelet, le 27 Octobre 1864, puis à celui du Château d'Eau, le 14 Juin 1881.
Première fois au Théâtre National de l'Opéra-Comique (2ᵉ Salle Favart), le 12 Juin 1886.

	ITALIENS 6-12-1856	CHATELET 27-10-1864	CHATEAU d'EAU 14-6-1881	OPERA-COMIQUE 12-6-1886
Violetta	PICCOLOMINI	NILSSON	CORDIER	SALLA
Rodolphe	MARIO	MONJAUZE	PELLIN	TALAZAC
d'Orbel	GRAZIANI	LUTZ	PARAVEY	Max BOUVET
Chef Orch.	X...	DELOFFRE	X...	J. DANBE

Première fois au Palais Garnier, le 24 Décembre 1926, dans une mise en scène de Pierre CHEREAU. Décors et costumes de Mme Préveraud de Sonneville.

Mmes HELDY (Violetta), TIRARD (Clara), REX (Annette), TESSANDRA (une Bohémienne).

MM. THILL (Rodolphe), ROUARD (d'Orbel), NARCON (Docteur Germont), GILLES (le Vicomte de Létorrière), BORDON (la Baron Raynal), RAYBAUD (le Marquis d'Orbigny), MADLEN (un Domestique).

Danses du 3ᵉ acte réglées par Léo STAATS : Mlles LORCIA, DAMAZIO SIMONI, MM. PERETTI, DUPREZ, PACAUD et le Corps de Ballet.

Chef d'Orchestre : Henri BUSSER

	24-12-1933 (50e)	Reprise 22-3-1941 (71e)	Reprise 26-2-1951 (78e)	1-2-1952 (100e)
Violetta	HELDY	HELDY	S. DELMAS	VAN HERCK
Clara	LALANDE	LALANDE	BONNY-PELLIEUX	BONNY-PELLIEUX
Annette	HAMY	HAMY	COUVIDOUX	COUVIDOUX
Bohémienne ..	BACHILLAT	COUVIDOUX	RICQUIER	RICQUIER
Rodolphe	VILLABELLA	BURDINO	L. DE LUCA	RIALLAND
d'Orbel	BROWNLEE	ENDREZE	BIANCO	BORTHAYRE
Docteur	ETCHEVERRY	ETCHEVERRY	PHILIPPE	PHILIPPE
Vicomte	GILLES	GILLES	ROUQUETTY	ROUQUETTY
le Baron	BORDON	DUTOIT	CHARLES-PAUL	CHARLES-PAUL
Marquis	ERNST	MEDUS	M. ROUX	FOREL
Domestique ...	MADLEN	MADLEN	DESHAYES	DESHAYES
Chef Orch.	H. BUSSER	RUHLMANN	FOURESTIER	SEBASTIAN

N. B. — Reprise de 1961 : Décors de Erté, Mise en scène de Max DE RIEUX.

La 200e représentation à l'Opéra eut lieu le 3 Octobre 1959, avec : Mmes BRUMAIRE (Violetta), JAUMILLOT (Clara), G. SERRES (Annette), FOURRIER (la Bohémienne).

MM. CADIOU (Rodolphe), BORTHAYRE (d'Orbel), HURTEAU (le Docteur), FOREL (le Baron), RALLIER (le Vicomte), MAX-CONTI (le Domestique), sous la direction de Robert BLOT.

Autres interprètes des principaux rôles à l'Opéra :

Violetta : Mmes MICHEAU (1951), MORALES (1952), MATHOT (1955), DORIA (1956), ZEANI (1957), CHALANDA (1957), ESPOSITO (1959), CASTELLI (1959), CARTERI (1961), DE PONDEAU (1962).

Rodolphe : MM. RAMBAUD (1928), KAISIN (1930), DE TREVI (1930), VERGNES (1932), ARNOULT (1934), GIGLI (1934), NORE (1936), ALTERY (1941), GIRAUDEAU (1952), LEGAY (1952), SIMONEAU (1953), GEDDA (1956), FLETA (1957), GRAY (1957), VANZO (1957), FINEL (1958).

d'Orbel : MM. COUZINOU (1927), LANTERI (1928), PONZIO (1930), BAUGE (1930), DELDI (1934), HIRRIGARAY (1934), BECKMANS (1936), CLAVERE (1952), NOGUERA (1953), E. BLANC (1955), MASSARD (1957), BACQUIER (1958).

★

LE TRIBUT DE ZAMORA

50 représentations

Opéra en 4 actes de Ennery et Brésil

Musique de Charles GOUNOD

Créé à Paris, à l'Académie Nationale de Musique (Palais Garnier), le 1er Avril 1881 — Mise en scène de Adolphe MAYER.

Mmes KRAUSS (Hermosa), DARAM (Xaïma), JANVIER (Inglésia).

MM. SELLIER (Manoel Diaz), LASSALLE (Ben Saïd), MELCHISSEDEC (Hadjar Ben Saïd), GIRAUDET (Ramire II), SAPIN (le Cadi), MERMAND (l'Alcade Maior), LAMBERT (un Soldat Maure), BONNEFOY (un Vieillard).

Danses réglées par Louis MERANTE : Mlles INVERNIZZI, SANLAVILLE, PIRON, FATOU.

Chef d'Orchestre : Charles GOUNOD

Décors : Rubé et Chaperon (1er et 4e actes), J. B. Lavastre (2e acte), Lavastre aîné et Carpezat (3e acte) — **Costumes** Eugène Lacoste.

Reprise du 13 Mars 1885 (48ᵉ représentation) :

Mmes DUFRANNE (Hermosa), ISAAC (Xaïma), HERVEY (Iglésia).

MM. SELLIER (Manoel Diaz), MELCHISSEDEC (Ben Saïd), CARON (Hadjar ben Saïd), DUBULLE (Ramire II), SAPIN (le Cadi), GIRARD (l'Alcade Maior), LAMBERT (un Soldat maure), MECHELAERE (un Vieillard).

Ballet : Mlles FATOU, SANLAVILLE, PIRON.

Chef d'Orchestre : MADIER DE MONTJAU

50ᵉ et dernière, le 25 Mars 1885, avec les interprètes de la reprise.

Autres interprètes à l'Opéra :

Hermosa : Mmes MONTALBA (1881), LACOMBE-DUPREZ (1882).

Xaïma : Mme DUFRANNE (1881).

Iglésia : Mme PLOUX (1881).

Manoel Diaz : MM. JOURDAIN (1881), DEREIMS (1882).

Hadjar ben Saïd : M. LORRAIN (1881).

l'Alcade : M. PIROIA (1882).

★

TRISTAN ET ISOLDE   146 représentations

Drame lyrique en 3 actes — Paroles et Musique de Richard WAGNER

Créé au Théâtre de la Cour, à Munich, le 10 Juin 1865, puis au Théâtre du Festival de Bayreuth, le 25 Juillet 1886.

	MUNICH 10-6-1865	LONDRES 1882	BAYREUTH 25-7-1886	NEW YORK 1-12-1886
Isolde	SCHNORR	SUCHER	MALTEN	Lillie LEHMANN
Brangaene	JEINET	BRANDT	STAUDIGL	BRANDT
Tristan	SCHNORR	WINKELMANN	GUDEHUS	NIEMANN
Kurwenaal	MITTERWURZER	LANDAU	PLANK	ROBINSON
Roi Marke	ZOTTMAYER	GURA	SIEHR	FISCHER
Chef Orch.	DE BULOW	RICHTER	H. LEVI	A. SEIDL

	LONDRES Covent Garden 15-6-1892	BRUXELLES Monnaie 21-3-1894	AIX-les-BAINS Grand Cercle 10-9-1897	PARIS Nouveau Théâtre 28-10-1899	Château d'Eau 3-6-1902
Isolde	SUCHER	TANESY	CHRETIEN	LITVINNE	LITVINNE
Brangaene	SCHUMANN-HEINK	WOLF	DESCHAMPS-J.	BREMA	OLITZKA
Tristan	ALVARY	COSSIRA	COSSIRA	GILBERT	DALMORES
Kurwenaal	KNAPT	SEGUIN	ALBERS	SAIMPREY	ALBERS
Roi Marke	X...	LEQUIEN	BOUSSA	VALLIER	DARAUX
Chef Orch.	G. MAHLER	Ph. FLON	L. JEHIN	LAMOUREUX	A. CORTOT

N. B. — Les versions françaises sont signées de Victor Wilder à Bruxelles, Victor Muller à Aix-les-Bains et Alfred Ernst à Paris.

Première fois au Palais Garnier, dans la version française d'Alfred Ernst le 11 Décembre 1904 — Mise en scène de Pèdro GAILHARD — Décors de Jambon et Bailly, costumes de Charles Bianchini.

Mmes GRANDJEAN (Isolde), FEART (Brangaene).

MM. ALVAREZ (Tristan), DELMAS (Kurwenaal), A. GRESSE (le Roi Marke), CABILLOT (Mélot), DONVAL (un Pâtre), TRIADOU (le Pilote), G. DUBOIS (Matelot).

Chef d'Orchestre : Paul TAFFANEL

	19-10-1910 (50e)	Reprise 26-2-1930 (76e)	Reprise 28-2-1936 (98e)	21-6-1938 100e fêtée (107e)
Isolde	NORDICA	LUBIN	LUBIN	LUBIN
Brangaene	LE SENNE	VHITA	LAWRENCE	M. KLOZE
Tristan	VAN DYCK	FRANZ	DE TREVI	J. SATTLER
Kurwenaal	DANGES	DUCLOS	ENDREZE	JANSSEN
Roi Marke	A. GRESSE	A. HUBERTY	FROUMENTY	ALSEN
Mélot	NANSEN	VERDIERE	CAMBON	CAMBON
un Pâtre	GONGUET	MADLEN	MADLEN	MADLEN
le Pilote	TRIADOU	NEGRE	NOGUERA	NOGUERA
un Matelot	GONGUET	VERGNES	CHASTENET	CHASTENET
Chef Orch.	MESSAGER	GAUBERT	P. PARAY	FÜRTWAENGLER

La reprise de 1936 eut lieu dans la version de Gustave Samazeuilh. Mise en scène de Pierre CHEREAU.

La 100e exacte eut lieu le 11 Mars 1936 avec les interprètes de la reprise.

Entre temps l'ouvrage fut représenté à l'Opéra-Comique, dans la version française de Maurice Léna et Jean Chantavoine, le 26 Mai 1925 avec Mmes BALGUERIE (Isolde), SIBILLE (Brangaene), MM. RALF (Tristan), ALBERS (Kurwenaal), F. VIEUILLE (Roi Marke), sous la direction de D. E. INGHEL-BRECHT ; puis le 23 Mai 1926, avec les mêmes interprètes, sauf M. OGER (Tristan), et Albert WOLFF au pupitre.

	Reprise 22-5-1941 (111e)	Reprise 23-6-1948 (113e)	Reprise 13-2-1953 (140e)	Reprise 11-5-1956 (142e)
Isolde	LUBIN	FLAGSTAD	GROB-PRANDL	VARNAY
Brangaene	KLOZE	HARSHAW	MILINKOVIC	MALANIUK
Tristan	LORENZ	LORENZ	LORENZ	SUTHAUS
Kurwenaal	PROHASKA	SCHOEFFLER	NEIDLINGER	SCHOEFFLER
Roi Marke	MANOWARDA	WEBER	WEBER	WEBER
Mélot	NEUMANN	A. RICHARD	CAMBON	MASSARD
un Pâtre	ZIMMERMANN	DELORME	ROUQUETTY	ROUQUETTY
le Pilote	FLEISCHER	PHILIPPE	PHILIPPE	ALVES
un Matelot	ARNOLD	DESHAYES	RIALLAND	RIALLAND
Chef Orch.	VON KARAJAN	SEBASTIAN	SEBASTIAN	KNAPPERTSBUSCH

146e et dernière, le 21 Avril 1958 :

Mmes VARNAY (Isolde), GORR (Brangaene).

MM. BEIRER (Tristan), VON ROHR (Kurwenaal), WIENER (le Roi Marke), MASSARD (Mélot), ROUQUETTY (un Pâtre), MARS (le Pilote), RIALLAND (un Matelot).

Chef d'Orchestre : Hans KNAPPERTSBUSCH

Autres interprètes des principaux rôles à l'Opéra :

Isolde : Mmes LITVINNE (1907), FREMSTAD (1910), DEMOUGEOT (1912), MERENTIE (1913), POOLMAN-MEISSNER (1926), WILDBRUNN (1928), LEIDER (1930), BUNLET (1936), JUYOL (1949).

Brangaene : Mmes CARO-LUCAS (1905), PAQUOT d'ASSY (1908), HO-MER (1910), DUBOIS-LAUGER (1911), A. DAUMAS (1913), HORNEMAN (1926), R. ANDAY (1928), TESSANDRA (1931), OLSZEWSKA (1931), S. KALTER (1933), RUENGER (1934), M. SOYER (1936), E. CAVELTI (1949), H. BOUVIER (1949), Y. PONS (1950).

Tristan : MM. BURRIAN (1910), VERDIER (1912), URLUS (1926), GRAA-RUD (1928), MELCHIOR (1930), FORTI (1931), A. FISCHER (1938), FRONVAL (1949), FANIARD (1950).

Kurwenaal : MM. BARTET (1905), BECK (1908), BOULOGNE (1908), H. DUFRANNE (1909), HINCKLEY (1910), ROSELLY (1913), CERDAN (1913), VAN HELVOIRT-PEL (1926), JERGER (1928), NISSEN (1930), BROWNLEE (1931), SCHORR (1935), HANZ (1935), BECKMANS (1949), R. BIANCO (1949).

le Roi Marke : MM. PATY (1908), CERDAN (1913), A. NARCON (1914), KUBBINGA (1926), MAYR (1928), KIPNIS (1930), André PERNET (1931), ANDRESEN (1931), LIST (1935).

★

LE TROUVERE

244 représentations
dont 24 au Palais Garnier

Opéra en 4 actes de Salvatore Cammarano, d'après le drame espagnol de Antonio Garcia Gutierrez.

Musique de Giuseppe VERDI

Créé au Théâtre Apollo à Rome, le 17 Janvier 1853.

Premières fois, à Paris au Théâtre Italien, le 23 Décembre 1854 ; à Londres (Covent-Garden), à New York (Metropolitan Opera) en 1855 ; à Bruxelles (Théâtre Royal de la Monnaie, version française de E. Pacini), le 20 Mai 1856.

	ROME 17-1-1853	PARIS 23-12-1854	LONDRES 10-5-1855	NEW YORK 1855	BRUXELLES 20-5-1856
Léonore ...	PENCO	FREZZOLINI	NEY	STEFFANONE	C-BORCHARD
Azucena ..	GOGGY	BORGHI-MANO	P. VIARDOT	VESTVALI	WICART
Manrique .	BOUCARDE	BOUCARDE	TAMBERLICK	BRIGNOLI	CARMAN
de Luna ..	GUICCIARDI	QUESNE	TAGLIAFICO	AMODIO	DE HANSSENS
Chef Orch.	X...	X...	COSTA	X...	VANDENHAUTE

Première fois à l'Académie Impériale de Musique (Salle Le Peletier) à Paris, dans la version française de E. Pacini, le 12 Janvier 1857 en présence de LL. AA. Impériales — Décors de Thierry, Cambon, Despléchins, Nolau et Rubé.

Mmes GUEYMARD-LAUTERS (Léonore), BORGHI-MANO (Azucena), DAMERON (Inès).

MM. GUEYMARD (Manrique), BONNEHEE (de Luna), DERIVIS (Fernand), SAPIN (Ruiz), FRERET (un Bohémien), CLEOPHAS (un Messager).

Ballet : Mlles ZINA, POUSSIN, SCHLOSSER, MM. MERANTE, MILLOT.

Chef d'Orchestre : Narcisse GIRARD

100ᵉ représentation le 8 Février 1863, avec Mmes GUEYMARD-LAUTERS (Léonore), WERTHEIMBER (Azucéna), MM. DULAURENS (Manrique), BONNEHEE (de Luna), BONNESSEUR (Fernand), sous la direction de Jean-Philippe DIETSCH.

Première fois au Palais Garnier, le 4ᵉ acte seulement, le 3 Juillet 1875, à l'occasion d'un Gala : Mme GUEYMARD-LAUTERS (Léonore), MM. SYLVA (Manrique), CARON (de Luna).

Chef d'Orchestre : Ernest ALTES.

Première fois au Palais Garnier, (222ᵉ représentation), le 31 Mai 1904 — Mise en scène de LAPISSIDA.

Mmes GRANDJEAN (Léonore), FLAHAUT (Azucena), GOULANCOURT (Inès).

MM. ALVAREZ (Manrique), NOTE (de Luna), CHAMBON (Fernand), CABILLOT (Ruiz), CANCELIER (un Bohémien), GALLOIS (un Messager).

Danses réglées par J. HANSEN : Mlles ZAMBELLI, SANDRINI, M. LADAM et le Corps de Ballet.

Chef d'Orchestre : Paul TAFFANEL

Reprise du 4 Juillet 1923 (239ᵉ représentation) — Mise en scène de Pierre CHEREAU.

Mmes DEMOUGEOT (Léonore), MONTFORT (Azucena), DENYA (Inès).

MM. CARRERE (Manrique), ROUARD (de Luna), A. HUBERTY (Fernand), GONGUET (Ruiz), ERNST (un Bohémien), A. COMBES (le Messager).

Danses réglées par Léo STAATS : Mlles J. SCHWARZ, PIEROZZI, M. G. RICAUX et le Corps de Ballet.

Chef d'Orchestre : Henri BUSSER

244ᵉ et dernière, salle du Trocadéro, le 27 Octobre 1923 :

Mmes CROS (Léonore), MONTFORT (Azucena), MARILLIET (Inès).

MM. TALRICK - débuts - (Manrique), TEISSIE (de Luna), A. GRESSE (Fernand), REGIS (Ruiz), ERNST (un Bohémien), GONGUET (le Messager).

Chef d'Orchestre : Henri BUSSER

Autres interprètes des principaux rôles à l'Opéra :

Léonore : Mmes LAFON (1857), D. UGALDE (1858), ALTES-RIBAULT (1859), REY (1859), SASSE (1861), PASCAL (1865), HISSON (1868), FEART (1904), MELIS (1916).

Azucena : Mmes DE LA POMMERAYE (1858), LABLACHE (1858), AUDIBERT (1858), MARCHISIO (1860), VIARDOT (1861), TEDESCO (1861), GODFREND (1862), DORY-ROTTGER (1863), SANNIER (1864), R. BLOCH (1865), BARBOT (1872), LEAVINGSTON (1873), B. SOYER (1904).

Manrique : MM. SAPIN (1857), ROGER (1858), MICHOT (1860), MORERE (1861), VILLARET (1863), DELABRANCHE (1865), MAZZOLENI (1869), TRINQUIER (1872), ROUSSELIERE (1904), SULLIVAN (1916), BASSI (1916), RODIER (1923).

Comte de Luna : MM. DUMESTRE (1858), ROUDIL (1859), V. MAUREL (1868), DEVOYOD (1868), COULON (1870), DINH-GILLY (1904), BORGHESE (1916), LANTERI (1923).

Fernand : MM. COULON (1858), DAVID (1864), CASTELMARY (1865), PONSARD (1871), ECHETTO (1872), NIVETTE (1904), H. LEGROS (1923).

★

LES TROYENS

39 représentations

Poème lyrique en 5 actes et 9 tableaux
Paroles et Musique de Hector BERLIOZ

L'importance de cet ouvrage a longtemps rebuté les scènes lyriques qui prirent l'habitude de le représenter en deux parties. La première sous le titre de « LA PRISE DE TROIE » (voir plus haut), la seconde, sous celui de « LES TROYENS A CARTHAGE » (voir plus loin).

Cependant, l'œuvre fut créée intégralement au Théâtre Grand-Ducal de Karlsruhe, le 6 Février 1890, dans la version allemande de O. Neitzel et sous la direction musicale du Maître MOTTL, avec Mme REUSS-BELCE (Cassandre), MAILHAC (Didon).

L'opéra de Paris créa LA PRISE DE TROIE le 15 Novembre 1899. Le 5 Juillet 1919, aux arènes de Nîmes, il présentait LES TROYENS A CARTHAGE qu'il devait reprendre à Paris en 1930.

Enfin, il créa LES TROYENS intégralement, au Palais Garnier, le 10 Juin 1921, dans une mise en scène de MERLE-FOREST — Décors de René Piot, costumes de Dethomas — La Chorégraphie de « La Chasse Royale », au 5ᵉ tableau, était signée de Mlles PASMANIK et HOWARTZ. celle du « Divertissement », au 6ᵉ tableau, de Léo STAATS.

	10-6-1921 Première	Reprise 15-2-1929 (21ᵉ)	Reprise 5-6-1939 (27ᵉ)	17-3-1961 (34ᵉ)
Didon	GOZATEGUI	FERRER	ANDURAN	CRESPIN
Cassandre	ISNARDON	LUBIN	FERRER	G. SERRES
Anna	ARNE	TESSANDRA	ALMONA	E. KAHN
Ascagne	LAVAL	LAVAL	CARRIER	BROUDEUR
Hécube	DAGNELLY	GERVAIS	GERVAIS	J. COLLARD
Enée	FRANZ	FRANZ	DE TREVI	CHAUVET
Chorèbe	ROUARD	ROUARD	SINGHER	MASSARD
Hylas	DUTREIX	GILLES	GILLES	CORAZZA
Narbal	NARCON	NARCON	PACTAT	VAILLANT
Jopas	SORIA	VERGNES	DESHAYES	RIALLAND
Panthée	EZANNO	CLAVERIE	CLAVERIE	SAVIGNOL
Priam	MAHIEUX	GOT	RICO	SERKOYAN
Ombre d'Hector	ERNST	ERNST	ERNST	CHAPUIS
Helenus	SORIA	DELBOS	CHASTENET	ROUQUETTY
Mercure.......	BRUYAS	GUYARD	FOREST	
Chasse Royale .	Y. DAUNT DELSAUX	ELLANSKAIA A. BOURGAT	S. BINOIS LASCAR	SOUARD M. MAYER
Divertissement	A. JOHNSSON J. SCHWARZ	DE CRAPONNE S. LORCIA	Y. CHAUVIRE G. KERGRIST	
Chef Orch.	GAUBERT	GAUBERT	GAUBERT	DERVAUX

En 1940, le 7ᵉ tableau fut repris seul et représenté par 3 fois, avec Mmes ANDURAN, ALMONA et M. Raoul GILLES, sous la direction de François RUHLMANN.

Pour la reprise de 1961 : Décors et costumes de Piero Zuffi — Chorégraphie de Harald LANDER pour la « Chasse royale » et de Mme Léone MAIL pour le « Divertissement » — Mise en scène de Mme Margherita WALLMANN.

★

LES TROYENS A CARTHAGE

11 représentations

Opéra constitué par les trois derniers actes des « Troyens »
Poème et Musique de Hector BERLIOZ

Créé à Paris, au Théâtre Lyrique du Châtelet, le 4 Novembre 1863, par Mme CHARTON-DEMEUR (Didon), MM. MONJAUZE (Enée), CABEL (Hylas), PETIT (Narbal), DE QUERCY (Jopas), PERONT (Panthée), sous la direction de DELOFFRÉ.

Première fois au Théâtre National de l'Opéra-Comique (Salle du Châtelet), le 9 Juin 1892 :
Mme Marie DELNA (Didon), MM. LAFFARGE (Enée), CLEMENT (Hylas), LORRAIN (Narbal), Léon DAVID (Jopas), BOUDOURESQUE (Panthée).

Chef d'Orchestre : Jules DANBE

Première fois à Bruxelles (Théâtre Royal de la Monnaie), le 27 Décembre 1906 :
Mme Claire CROIZA (Didon), MM. Léon LAFFITTE (Enée), DOGNIES (Hylas), BLANCARD (Narbal), NANDES (Jopas), FRANCOIS (Panthée), sous la direction de Sylvain DUPUIS.

Première fois par l'Opéra de Paris, aux Arènes de Nîmes, le 5 Juillet 1919, dans une mise en scène de MERLE-FOREST, avec :

Mme GOZATEGUI (Didon), M. FRANZ (Enée), sous la direction de François RUHLMANN.

Première fois au Palais Garnier (3° représentation), le 14 Novembre 1930 — Mise en scène de Pierre CHEREAU — Décors de René Piot.

Mmes FERRER (Didon), MANCEAU (Anna), LAVAL (Ascagne), LUMIERE (nue Ombre).

MM. Georges THILL (Enée), GILLES (Hylas), NARCON (Narbal), R. JOBIN (Jopas), CLAVERIE (Panthée), NEGRE (Priam), ERNST et GUYARD (2 Soldats), FROUMENTY (une Sentinelle).

« La Chasse Royale » réglée par Léo STAATS : Mlles ELLANSKAIA, A. BOURGAT — « Divertissement » : Mlles LORCIA, R. CERES.

Chef d'Orchestre : François RUHLMANN

Autres interprètes des principaux rôles à l'Opéra : (« Les Troyens » et « Les Troyens à Carthage » réunis) :
Didon : Mmes GRIALYS (1921), CARO (1929), SCHENNEBERG (1940). MAS (1961).
Cassandre : Mme COURSO (1921).
Enée : MM. VERDIER (1921), SULLIVAN (1921).
Chorèbe : MM. TEISSIE (1921), DUCLOS (1921), CAMBON (1929), BECKMANS (1939), HAAS (1961).

★

TURANDOT   14 représentations

Drame lyrique en 3 actes et 5 tableaux de Giuseppe Adami et Renato Simani

Musique de Giacomo PUCCINI

(le dernier duo et la scène finale ont été parachevés par Franco Alfano)

Créé à Milan, au Théâtre de la Scala, le 25 Avril 1926.
Premières fois, à New York (Metropolitan Opera), le 16 Novembre 1926 ; à Bruxelles (Théâtre Royal de la Monnaie), version française de Paul Spaak, le 17 Décembre 1926 ; à Buenos-Ayres (Théâtre Colon), en 1926, et à Londres (Covent Garden), le 7 Juin 1927.

	MILAN 25-4-1926	NEW YORK 16-11-1926	BRUXELLES 17-12-1926	LONDRES 7-6-1927
Princ. Turandot	R. RAISA	JERITZA	BONAVIA	SCACCIATI
Liu	ZAMBONI	ATTWOOD	TALIFERT	L. SCHOENE
le Prince	M. FLETA	LAURI-VOLPI	VERTENEUIL	MERLI
Timour	G. RIMINI	LUDIKAR	L. RICHARD	MATORI
Chef Orch.	TOSCANINI	T. SERAFIN	DE THORAN	BELLEZA

Première fois à Paris, à l'Académie Nationale de Musique (Palais Garnier), dans la version de Paul Spaak, le 29 Mars 1928 — Mise en scène de Pierre CHEREAU — Décors et costumes de Drésa.

Mmes BEAUJON (la Princesse Turandot), DENYA (Liu).

MM. Georges THILL (le Prince Inconnu), NARCON (Timour), COUZINOU (Ping), WARNERY (Pang), GILLES (Pong), CAMBON (l'Empereur Altoum), DALERANT (un Mandarin), DELANNE (le Prince de Perse), MADLEN (une Voix).

Chef d'Orchestre : Philippe GAUBERT

14e et dernière, le 14 Janvier 1929, avec les créateurs, sauf :

Mme MARILLIET (Liu) et J. E. SZYFER au pupitre.

N. B. — Le rôle de « Liu » fut également chanté par Mme Marthe NESPOULOUS (1928).

LE VAISSEAU FANTOME   88 représentations

Opéra romantique en 3 actes — Poème et Musique de Richard WAGNER

Richard Wagner, séjournant à Paris, avait présenté son œuvre à l'Opéra. Elle fut refusée, mais le directeur lui acheta son livret, chargeant DIETSCH d'écrire une autre partition.

Et c'est ainsi que le VAISSEAU FANTOME fut créé à l'Opéra de Paris, le 9 Novembre 1842, poème de Richard Wagner (traduction de P. Foucher) musique de Louis-Philippe DIETSCH, par :

Mme DORUS-GRAS (Minna), MM. CANAPLE (Troil), MARIE (Magnus), PREVOST (Barlow), OCTAVE (Eric), sous la direction de HABENECK.

L'ouvrage obtint 12 représentations.

L'œuvre de Wagner fut créée au Théâtre Royal de Dresde, le 2 Janvier 1843, sous la direction de l'Auteur, et avec comme interprètes :

Mmes SCHRODER-DEVRIENT (Senta), WÄCHTER (Marie).

MM. WÄCHTER (le Hollandais), RISSE (Daland), REINHOLD (Erick), BIELEZIZKY (le Pilote).

Première fois en français, dans la version de Charles Nuitter, le 6 Avril 1872, au Théâtre Royal de la Monnaie, à Bruxelles.

	BRUXELLES Monnaie 6-4-1872	NEW YORK Metropolitan 27-11-1889	LILLE Opéra 28-1-1893	PARIS Opéra-Comique 17-5-1897
Senta	STERNBERG	WIESNER	TYLDA	MARCY
Marie	EDELSBERG	HUHN	ZEVORT	DELORN
le Hollandais ..	D'ORGEVAL	REICHMANN	COBALET	BOUVET
Daland	WAROT	FISCHER	DULLIN	BELHOMME
Erik	VIDAL	KALISH	SOUBEYRAN	JEROME
le Pilote	BARBET	MITTELHAUSER	VASSORT	CARBONNE
Chef Orch.	SINGELEE	A. SEIDL	SINSOILLIEZ	J. DANBE

Première fois au Palais Garnier, le 27 Décembre 1937 — Décors et costumes de Olivier Rabaud — Mise en scène de Pierre CHEREAU.

Miles HOERNER (Senta), SCHENNEBERG (Marie).

MM. SINGHER (le Hollandais), BERNASCONI (Daland), JOUATTE (Erik), CHASTENET (le Pilote), GOURGUES (le Timonier).

Chef d'Orchestre : Philippe GAUBERT

	22-1-1944 (50e)	Reprise 16-8-1946 (56e)	Reprise 19-6-1953 (71e)	Reprise 9-6-1956 (78e)
Senta	HOERNER	HOERNER	CAMART	SARROCA
Marie	SCHENNEBERG	ALMONA	SCHARLEY	SCHARLEY
le Hollandais ..	BECKMANS	BECKMANS	BIANCO	BIANCO
Daland	MEDUS	MEDUS	MEDUS	MEDUS
Erik	ROUQUETTY	JOUATTE	VERDIERE	GIRAUDEAU
le Pilote	CHASTENET	CHASTENET	RIALLAND	RIALLAND
le Timonier ...	DELORME	DELORME	ROUQUETTY	GOURGUES
Chef Orch.	RUHLMANN	RUHLMANN	SEBASTIAN	FOURESTIER

88e et dernière, le 9 Mai 1960 :
Mmes VARNAY (Senta), SCHARLEY (Marie).

MM. HOTTER (le Hollandais), VAN MILL (Daland), BEIRER (Erik),
PASKUDA (le Pilote), ROUQUETTY (le Timonier).

Chef d'Orchestre : Hans KNAPPERTSBUSCH

Autres interprètes des principaux rôles à l'Opéra :
Senta : Mmes VOLFER (1939), YOSIF (1947), MONMART (1956).
le Hollandais : M. CAMBON (1942).
Daland : MM. SERKOYAN (1956), SAVIGNOL (1957).
Erik : M. FINEL (1956).

★

VERCINGETORIX   9 représentations

Epopée Lyrique en 4 actes de Etienne Clémental et J. Louwyck

Musique de Joseph CANTELOUBE de MALARET

Créée à Paris, à l'Académie Nationale de Musique (Palais Garnier), le 22
Juin 1933 — Décors dessinés par Etienne Clémental — Mise en scène de
Pierre CHEREAU.

Mmes NESPOULOUS (Mélissa), LAWRENCE (Keltis), LAPEYRETTE
(la Grande Druidesse), MAHE, HOLLEY, RICQUIER, TESSANDRA,
ALMONA, MANCEAU, MONTFORT (les Druidesses), MAHE (Epone),
FRANCK (une Femme).

MM. Georges THILL (Vercingétorix), André PERNET (Gobannit),
SINGHER (Ségovax), LE CLEZIO (Régulus), ASCANI - débuts - (Durnac),
GILLES (Vercassilaun), MOROT (Cavaros), FROUMENTY (Critognat), ET-
CHEVERRY (Viridomar), CHASTENET (Tarcillos, un Soldat), ERNST (un
Vieillard, un Soldat), MADLEN, FOREST, DE LEU (3 Soldats).

Chef d'Orchestre : Philippe GAUBERT

9e et dernière, le 13 Décembre 1933, avec les créateurs, sauf :
Mme MAHIEU à la place de Mme Holley, et M. DE LEU (Tarcillos).

N. B. — Le rôle de « La Grande Druidesse » a été également chanté par
Mme RICQUIER (1933), remplacée alors dans le sien par Mme DONIAU-
BLANC.

★

LA VESTALE

216 représentations
dont 1 au Palais Garnier

Opéra en 3 actes de Jouy — Musique de Gasparo SPONTINI

Créé à Paris, à l'Académie Impériale de Musique (Salle Montansier), le 15 Décembre 1807.

Mmes BRANCHU (Julia), MAILLART (la Grande Vestale).

MM. LAINE (Licinius), LAYS (Cinna), DERIVIS (le Grand Pontife).

Ballet réglé par Pierre GARDEL : Mlles CLOTILDE, GARDEL, CHE-VIGNY, MM, BEAULIEU, BRANCHU et le Corps de Ballet.

Chef d'Ochestre : Jean-Baptiste REY

L'ouvrage fut joué chaque année jusqu'en 1835. Une reprise en fut faite le 17 Mars 1854 (207ᵉ représentation) avec :

Mmes CRUVELLI (Julia), POINSOT (la Grande Vestale).

MM. ROGER (Licinius), BONNEHEE (Cinna), OBIN (le Grand Prêtre), sous la direction de Narcisse GIRARD.

Première fois au Palais Garnier (216ᵉ représentation à l'Opéra), le 14 Janvier 1909, par les Artistes de la Scala de Milan, et au bénéfice des Sinistrés de la Calabre — Mise en scène de Napoleone CAROTINI — Décors de Victorio Rota, costumes de G. Palanti — Chorégraphie de Achille COPPINI.

Mmes MAZZOLENI (Julia), MICUCCI (la Grande Vestale).

MM. E. DE MARCHI (Licinius), R. STRACCIARI (Cinna), N. DE ANGELIS (le Grand Pontife), V. MENTASTI (le Chef des Aruspices), C. THOS (un Consul).

Chef d'Orchestre : Edouard VITALE

Autres interprètes des principaux rôles à l'Opéra :

Julia : Mmes GRANIER (1811), HIMM (1811), FAY (1920), SAINLAVILLE (1821), DABADIE (1825), FALCON (1834).

Licinius : MM. L. NOURRIT (1820), A. NOURRIT (1834), MERLY (1854).

Cinna : MM. ALBERT (1811), DUPARC (1811), DABADIE (1834).

★

LA VIE DE BOHEME

1 représentation (3ᵉ acte)

Opéra-Comique en 4 actes de Giacosa et Illica, d'après Murger
Version française de Paul Ferrier
Musique de Giacomo PUCCINI
Créé au Théâtre Reggia, à Turin, le 1er Février 1896.

	TURIN Th. Reggia 1-2-1896	LONDRES Covent Garden 2-10-1897	PARIS Opéra-Comique 13-6-1898	BRUXELLES Monnaie 25-10-1900	NEW YORK Metropolitan 26-12-1900
Mimi	CESARI-FERANI	ESTY	GUIRAUDON	THIERY	MELBA
Musette	PASINI	McDONALD	TIPHAINE	MAUBOURG	OCCHIOLINI
Rodolphe	GORGA	SALVI	MARECHAL	DAVID	SALEZA
Marcel	WILMANT	MAGGI	BOUVET	BADIALI	CAMPANARI
Schaunard	MAZZARA	TILBURY	FUGERE	CHALMIN	GILIBERT
Colline	PINI-CORSI	DEVER	ISNARDON	DANLEE	JOURNET
Chef Orch.	TOSCANINI	JACQUINOT	A. LUIGINI	Ph. FLON	MANCINELLI

Première fois au Palais Garnier, (le 3ᵉ acte seulement), le 19 Juin 1910, au cours d'un Gala à bénéfice, par les Artistes du Metropolitan-Opéra de New York.

Mmes FARRAR (Mimi), ALTEN (Musette).

MM. CARUSO (Rodolphe), SCOTTI (Marcel).

Chef d'Orchestre : V. PODESTI

★

LA VIE POUR LE TZAR   Aucune représentation

Opéra en 4 actes et un épilogue — Texte écrit après la partition par G. F. Rozen.

Musique de Michael Ivanovitch GLINKA

Créé à l'Opéra Impérial de St-Pétersbourg, le 27 Novembre 1836, avec O. PETROF (Ivan Soussanine).
Première fois en France, à l'Opéra de Nice, le 30 Janvier 1890 avec : Mmes d'ALBA (Antonida), DARCLEE (Wania).
MM. DEVOYOD (Ivan Soussanine), CHEVALIER (Borodine).
Ballet dansé par Mlle ZUCCHI.

Première fois à Paris, au Palais Garnier, le Ballet seulement, le 19 Mai 1892.

Voir aux Ballets : « La Vie pour le Tzar »

★

LE VIEIL AIGLE   5 représentations

Drame lyrique en un acte d'après une légende de Gorki

Poème et Musique de Raoul GUNGSBOURG
(Instrumentation de Léon JEHIN)

Créé à l'Opéra de Monte-Carlo, le 13 Février 1909, par : Mme CARRE (Zina), MM. CHALIAPINE (le Khan Asvab), ROUSSELIERE (Tolaïk), sous la direction de Léon JEHIN.

Première fois au Palais Garnier, le 26 Juin 1909, au cours d'un Gala à bénéfice.

Mme CARRE (Zina).

MM. Fédor CHALIAPINE (le Khan Asvab), ROUSSELIERE (Tolaïk), MARVINI (un Esclave).

Chef d'Orchestre : Léon JEHIN

Reprise du 13 Mai 1914 (2ᵉ représentation) :

Mme Andrée VALLY (Zina).

MM. M .RENAUD (le Khan Asvab), FRANZ (Tolaïk), REY (un Esclave).

Chef d'Orchestre : Alphonse CATHERINE

5ᵉ et dernière, le 3 Juin 1914, avec les interprètes de la reprise, sauf M. Robert LASSALLE (Tolaïk).

★

VIRGINIE   7 représentations

Comédie lyrique en 3 actes de Henri Duvernois
Musique de Alfred BRUNEAU

Créée à Paris, à l'Académie Nationale de Musique (Palais Garnier), le 6 Janvier 1931 — Mise en scène de Pierre CHEREAU — Décors et costumes de M. Martin.

Mmes BROTHIER - débuts - (Virginie Déjazet), MORTIMER (Rosette).
MM. VILLABELLA (Marcel), ROUARD (Senneval), A. HUBERTY (le Comte), RAMBAUD (Théodore), GILLES (Amaury), DALERANT (Gaspard), FROUMENTY (le Maître), NEGRE (le Dieu), GUYARD (l'Huissier).

Mmes HAMY, REX, BLANCHARD, MARIN (les Grisettes).
MM. LUCCIONI, JOBIN, BOINEAU, ERNST, GUYARD (Rapins).

Au 2ᵉ acte, « Divertissement » réglé par Albert AVELINE : Mlles Camille BOS (une Marguerite), Suzanne LORCIA (une Fleur Rare), CEBRON (la Rosée), M. Serge PERETTI (le Papillon) et le Corps de Ballet.

Chef d'Orchestre : Philippe GAUBERT

7ᵉ **et dernière,** le 2 Février 1931, avec les créateurs.

LA VISION DE MONA   4 représentations

Légende lyrique en 2 actes de Desuaux-Vérité et Fragerolle
Musique de Louis DUMAS

Créée à Paris, à l'Académie Nationale de Musique (Palais Garnier), le 15 Octobre 1931 — Mise en scène de Pierre CHEREAU — Décors de Darlot.
Mmes LAPEYRETTE (Mona), LAVAL (Françoise), MARILLIET et LALANDE (2 Islandaises).
MM. RAMBAUD (Jean-Louis), PERNET (Jozon), SINGHER (Jobie), MADLEN et FOREST (2 Islandais), ERNST (un Passant).
Chef d'Orchestre : Henri BUSSER
4ᵉ **et dernière,** le 7 Novembre 1931, avec les créateurs.

★

LA WALKYRIE   527 représentations

Drame lyrique en 3 actes, constituant la 1ʳᵉ journée de l'ANNEAU DU NIEBELUNG.

Poème et Musique de Richard WAGNER

Créé au Théâtre de la Cour, à Munich, le 26 Juin 1870.
Première fois, dans le cadre de l'ANNEAU DU NIEBELUNG, le 14 Août 1876, à Bayreuth. Première fois en français, dans la version de Victor Wilder, le 9 Mars 1887, à Bruxelles.

	MUNICH Th. de la Cour 26-6-1870	BAYREUTH Festival 14-8-1876	NEW YORK Metropolitan 30-1-1885	BRUXELLES Monnaie 9-3-1887	LONDRES Covent Garden 29-6-1892
Brunnhilde	STEHLE	MATERNA	MATERNA	LITVINNE	ANDRIESSEN
Sieglinde .	VOGL	SCHEFZKY	SEIDL-KRAUS	MARTINI	BETTAQUE
Fricka	KAUFFMANN	GRUN	BRANDT	BALENSI	SCHUMANN-HEINK
Siegmund .	VOGL	NIEMANN	SCOTT	ENGEL	ALVARY
Hounding .	BAUSEWEIN	NIERING	KOGEL	BOURGEOIS	WIEGAND
Wotan	RINBERMANN	BETZ	STAUDIGL	DELMAS	REICHMANN
Chef Orch.	WULLNER	RICHTER	L. DAMROSCH	J. DUPONT	G. MAHLER

Première fois à Paris, à l'Académie Nationale de Musique (Palais Garnier), dans la version française de Victor Wilder, le 12 Mai 1893 — Décors de Rubé et Chaperon (1er acte), Jambon (2e acte), Carpezat (3e acte) — Costumes de Charles Bianchini — Mise en scène de LAPISSIDA.

	12-5-1893 Première	13-3-1899 (100e)	10-12-1910 (200e)	5-1-1921 (229e)
Brunnhilde	BREVAL	BREVAL	BREVAL	DEMOUGEOT
Sieglinde .	R. CARON	MARCY	BOURDON	LUBIN
Fricka	DESCHAMPS-JEHIN	FLAHAUT	MATY	LAPEYRETTE
Guerhilde .	CARRERE	MATHIEU	CARO-LUCAS	LAVAL
Helwigue .	MARCY	DE NOCE	LAUTE-BRUN	LAUTE-BRUN
Ortlinde ..	BERTHET	DARCEY	CAMPREDON	HARAMBOURE
Waltraute .	AGUSSOL	AGUSSOL	GOULANCOURT	LEROY
Siegrune ..	JANSSEN	SAUVAGET	DUBOIS-LAUGER	DUBOIS-LAUGER
Rossweisse	FAYOLLE	BEAUVAIS	LACOMBE-OLIVIER	DAGNELLY
Grimguerde	VINCENT	VINCENT	CHARNY	ARNE
Schwertleite	HEGLON	DUPUY	LAPEYRETTE	ROYER
Siegmund .	VAN DYCK	COURTOIS	FRANZ	FRANZ
Hounding .	L. GRESSE	L. GRESSE	LEQUIEN	A. GRESSE
Wotan	DELMAS	DELMAS	JOURNET	DELMAS
Chef Orch.	COLONNE	TAFFANEL	MESSAGER	CHEVILLARD

	6-8-1925 (300e)	29-8-1932 (400e)	8-7-1938 (439e)	11-3-1941 (456e)
Brunnhilde ...	BOURDON	CROS	LAWRENCE	ZWINGENBERG
Sieglinde	FERRER	HOERNER	FERRER	SCHEIBENHOFER
Fricka	CARO	TESSANDRA	SCHENNEBERG	ZIEGLER
Guerhilde	MARILLIET	MASSON	MAHE	SCHMITT
Helwigue	LAUTE-BRUN	MORERE	MORERE	SCHIMPRE
Ortlinde	NESPOULOUS	HAMY	HAMY	DIETRICH
Waltraute	ARNE	MAHIEU	LALANDE	SCHMUCK
Siegrune	REX	MANCEAU	RICQUIER	LANDERICH
Rossweisse	FROZIER-MARROT	LUMIERE	SCHENNEBERG	SCHUBERT
Grimguerde ...	CARO	TESSANDRA	ALMONA	SCHREIBER
Schwertleite ..	MONTFORT	MONTFORT	MONTFORT	ZIEGLER
Siegmund	FRANZ	FORTI	MAISON	FASSNACHT
Hounding	MAHIEUX	GROMMEN	MEDUS	HOLZLIN
Wotan	DELMAS	PERNET	PERNET	SCHWESKA
Chef Orch.	BUSSER	SZYFER	GAUBERT	ELMENDORFF

La reprise de 1941 fut faite avec les artistes de l'Opéra de Manheim, dans une mise en scène de Friederich BRANDENBURG.

	9-1-1948 (461e)	13-9-1950 (500e)	20-6-1956 (516e)	7-9-1958 Dernière
Brunnhilde ...	JUYOL	JUYOL	LUCAZEAU	VARNAY
Sieglinde	FERRER	VARENNE	CRESPIN	CRESPIN
Fricka	CHABAL	BOUVIER	GORR	SCHARLEY
Guerhilde	B-PELLIEUX	B-PELLIEUX	B-PELLIEUX	B-PELLIEUX
Helwigue	SEGALA	CAMART	ALLARD	ALLARD
Ortlinde	HAMY	MAS	DESMOUTIERS	DESMOUTIERS
Waltraute	CHAUVELOT	CHAUVELOT	DISNEY	G. SERRES
Siegrune	RICQUIER	RICQUIER	RICQUIER	RICQUIER
Rossweisse	SCHENNEBERG	COUVIDOUX	CHABAL	GAYRAUD
Grimguerde ...	CHABAL	Y. PONS	DARBANS	DARBANS
Schwertleite ..	DISNEY	DISNEY	LEROY-THIEBAULT	KAHN
Siegmund	FRONVAL	FRONVAL	FRONVAL	FRONVAL
Hounding	HUC-SANTANA	MEDUS	MEDUS	MEDUS
Wotan	ETCHEVERRY	FROUMENTY	VAILLANT	HUC-SANTANA
Chef Orch.	SEBASTIAN	SEBASTIAN	SEBASTIAN	CLUYTENS

La reprise de 1948 fut mise en scène par Pierre CHEREAU, dans des décors projetés de Klausz ; celle de 1956 fut signée de Pierre FROUMENTY.

Le 20 mars 1961, le 1er acte fut représenté seul avc Mme CRESPIN (Sieglinde), MM. Hans BEIRER (Siegmound), SERKOYAN (Hounding) sous la direction de Louis FOURESTIER.

Autres interprètes des principaux rôles à l'Opéra :

Brunnhilde : Mmes DUFRANNE (1893), CHRETIEN-VAGUET (1893), BOURGEOIS (1894), CANNE (1896), PICARD (1898), MARCY (1901), GRANDJEAN (1905), BORGO (1906), FEART (1906), LITVINNE (1907), LE SENNE (1909), MERENTIE (1913), GOZATEGUY (1921,) CLAESSENS (1921), BALGUERIE (1923), BEAUMONT (1924), POOLMAN-MEISSNER (1926), WILBRUNN (1928), LUBIN (1928), MAHIEU (1928), RETHBERG (1930), PANIS (1931), DAVID (1932), LEIDER (1932), LARSEN-TODSEN (1932), BUNLET (1935), GILLY, (1938), VERON-GRUNWALD (1939), HENDERICHS (1943), FLAGSTAD (1949), BRAUN (1950), MOEDL (1955).

Sieglinde : Mmes BOSMAN (1893), MARTINI (1893), CARRERE (1894), KUTSCHERRA (1896), COURTY (1901), HATTO (1904), PAQUOT d'ASSY (1907), MERENTIE (1907), CARLYLE (1909), HENRIQUEZ (1910), DAUMAS (1911), ISNARDON (1923), FORCADE (1923), CARO (1923), BONAVIA (1924), DE MEO (1927), Lotte LEHMANN (1928), OLZEWSKA (1930), DJANEL (1938), MAC ARDEN (1933), KONETZNI (1943), YOSIF (1948), DOREE (1949), RYSANEK (1955).

Fricka : Mmes R. RICHARD (1893), DOMENECH (1893), HEGLON (1893), DUFRANE (1894), FLAHAUT (1899), MARGYL (1906), DURIF (1907), LAUTE-BRUN (1908), CHARBONNEL (1909), ARBELL (1909), DUBOIS-LAUGER (1910), COURSO (1921), Mad. CARON (1923), FROZIER-MARROT (1926), ANDAY (1928), LANDRAL (1930), RANZOW (1932), KALTER (1933), POPOVA (1933), MANCEAU (1934), BACHILLAT (1934), CAVELTI (1949), KLOZE (1950), POWERS (1951), MALANIUK (1955).

Siegmund : MM. SALEZA (1893), DUPEYRON (1893), ALVAREZ (1893), DUFFAUT (1896), LAFARGE (1896), DUMAUROIS (1899), ROUSSELIERE (1901), DUBOIS (1906), GODARD (1909), SWOLFS (1910), VERDIER (1913), DARMEL (1921), GOFFIN (1922), E. AUDOIN (1923), PERRET (1924), VERDIERE (1927), GRAARUD (1928), MELCHIOR (1930), FANIARD (1930), DE TREVI (1933), SATTLER (1943), LORENZ (1949), SUTHAUS (1955), TREPTOW (1955).

Hounding : MM. CHAMBON (1893), DUBULLE (1893), PATY (1896), NIVETTE (1905), D'ASSY (1907), JOURNET (1909), VALLIER (1910), MARVINI (1912), A. HUBERTY (1921), H. LEGROS (1921), NARCON (1926), MARKHOFF (1928), KIPNIS (1930), ETCHEVERRY (1933), WEBER (1949), GREINDL (1955), ERNSTER (1955), PACTAT (1956).

Wotan : MM. FOURNETS (1893), BARTET (1896), WHITEHILL (1909), A. GRESSE (1921), BALDOUS (1922), ARNAL (1923), CARBELLY (1923), A. HUBERTY (1925), PEYRE (1927), SCHIPPER (1928), SCHORR (1930), J. CLAVERIE (1933), CABANEL (1934), BERNASCONI (1938), KOCH (1943), SCHOEFFLER (1949), FRANTZ (1950), BECKMANS (1951), S. BJOERLING (1955), HOTTER (1955), SAVIGNOL (1956), PEASE (1957).

★

WERTHER

1 représentation (3ᵉ acte)

Drame lyrique en 3 actes et 5 tableaux d'Edouard Blau, Paul Milliet et Georges Hartmann, d'après Goethe.

Musique de Jules MASSENET

Créé à l'Opéra Impérial de Vienne, le 16 Février 1892.

Premières fois, à Paris, au Théâtre National de l'Opéra-Comique, le 16 Janvier 1893 ; à Bruxelles (Théâtre Royal de la Monnaie), le 24 Janvier 1893 ; à New York (Metropolitan-Opéra), le 19 Avril 1894.

	VIENNE 16-2-1892	PARIS 16-1-1893	BRUXELLES 24-1-1893	NEW YORK 19-4-1894
Charlotte	RENARD	M. DELNA	CHRETIEN	E. EAMES
Sophie	FORSTER	LAISNE	ARCHAIMBAUD	ARNOLDSON
Werther	VAN DYCK	IBOS	LEPRESTRE	J. DE RESZKE
Albert	NEIDL	BOUVET	GHASNE	MARTAPOURA
Chef Orch.	X...	J. DANBE	J. DUPONT	MANCINELLI

Première fois au Palais Garnier, (le 3ᵉ acte seulement), le 28 Avril 1912, à l'occasion d'un Gala au bénéfice de l'Aviation Française.

Mmes BROHLY (Charlotte), MATHIEU-LUTZ (Sophie).

MM. MURATORE (Werther), ALLARD (Albert).

Chef d'Orchestre : André MESSAGER

ZAIRE

11 représentations

Opéra en 2 actes de Edouard Blau et Louis Besson

Musique de Paul VERONGE DE LA NUX

Créé à Paris, à l'Académie Nationale de Musique (Palais Garnier), le 28 Mai 1890 — Mise en scène de LAPISSIDA — Décors de Lavastre et Carpezat (1er acte), Amable et Gardy (2ᵉ acte), Costumes de Charles Bianchini.

Mmes EAMES (Zaïre), PACK (Fatime), DUMENIL (une Captive), DENIS (une Esclave).

MM. DELMAS (Orosmane), ESCALAIS (Lusignan), JEROME (Nerestan), RAGNEAU (Hassan), LAMBERT (Chatillon).

11ᵉ et dernière, le 24 Octobre 1890, avec les créateurs, sauf Mme AGUSSOL (Fatime).

Chef d'Orchestre : Augusto VIANESI

Additif

   Ce livre se trouvant sous presse, l'Opéra de Paris inscrit à son répertoire une œuvre de Chérubini :

M E D E E

   Tragédie lyrique en 3 actes en vers de François Hoffmann.

Musique de Maria-Luigi CHERUBINI

    Créée à Paris au Théâtre Feydeau, le 13 mars 1797 (23 Ventôse, an V), par Mmes SCIO (Médée), AUVRAY (Néris), ROSINE (Dircé), MM. GAVAUX (Jason), DESSAULES (Créon) et LEGRAND (le Chef des Gardes).

    Première fois à Londres en 1865 avec Mme TIETJENS (Médée) et reprise au Covent Garden le 30 avril 1870 avec Mmes TIETJIENS (Médée), SCALCCHI (Néris). MM. GUNZ (Jason), BAGAGIOLO (Créon) sous la direction de Augusto VIANESI.

    Première fois en Italie, à la Scala de Milan, en 1910 et reprise, avec Mme Maria CALAS (Médée), en 1959.

   Première fois à l'Académie Nationale de Musique (Palais Garnier) le 1er juin 1962, dans une révision de Vito Frazzi. Textes des récitatifs de Carlo Zangarini, traduits par Mario Facchinetti. — Décors de Maurice Brunet, costumes de A. Phocas — Mise en scène de José BECKMANS.

   Mmes GORR (Médée), KAHN (Néris), ESPOSITO (Dircé), SAUTEREAU et BROUDEUR (2 Suivantes).

   MM. LANCE (Jason), BIANCO (Créon), HURTEAU (Chef des Gardes).

   Danses règlées par Mme Léone MAIL : Mlles EVEN, BERTHAS.

Chef d'orchestre : Georges PRETRE

II

LES ŒUVRES
CHORÉGRAPHIQUES

Dans ce chapitre figurent tous les ouvrages chorégraphiques ayant été représentés au moins une fois à l'Opéra de Paris entre le 8 janvier 1875 et le 31 décembre 1961, soit un total de 186, se répartissant comme suit :

    6 ouvrages du répertoire antérieur à 1875
   47 ouvrages entrés au répertoire depuis 1875
 133 créations mondiales

Y figurent également les extraits de ballets, les divertissements d'opéras et les Pas de deux ou Variations ayant été représentés isolément, ainsi que les ouvrages chorégraphiques donnés au Palais Garnier par des Compagnies étrangères, comme celles par exemple des Ballets russes.

Les recherches de Stéphane Wolff dans les archives de l'Opéra se sont heurtées à des difficultés particulières en ce qui concerne les ballets et leurs interprètes. En effet, le « livre de bord » de la régie de la danse n'est régulièrement tenu que depuis une dizaine d'années. Et la collection des programmes, dans la mesure où elle a pu être reconstituée, présente des lacunes et des inexactitudes.

Mais s'il subsiste dans les pages suivantes, malgré tous nos efforts, une certaine confusion, celle-ci n'est pas due seulement à l'insuffisance des documents. Sa cause essentielle réside dans la nature même de l'art du ballet.

Un opéra est une œuvre écrite. On peut en modifier la présentation, voire l'esprit, en changeant de décors et de costumes, en « repensant » la mise en scène, en coupant çà et là un bout de dialogue ou de musique. Mais sauf exceptions (de moins en moins exceptionnelles, hélas !), chaque nouvelle version respecte à peu près l'essentiel : le livret et la partition qu'on trouve dans le commerce ou dans les bibliothèques. D'autre part, il est universellement admis que le principal auteur d'un ouvrage lyrique est le compositeur. Chacun dit « le Faust de Gounod » sans beaucoup songer aux librettistes Jules Barbier et Michel Carré.

Le cas des ouvrages chorégraphiques est infiniment plus complexe. Rares sont les ballets comme PETROUCHKA dont tous éléments (argument, partition, chorégraphie, décor) forment un tout cohérent, absolument indivisible. Il est banal, en revanche, de rencontrer un ballet fait de pièces et de morceaux d'un ouvrage plus important (LE MARIAGE D'AURORE) ou même de plusieurs (DIVERTISSEMENT de Lifar-Tchaïkovsky) ; un seul acte isolé de son contexte (deuxième acte du LAC DES CYGNES) ou, inversement, un grand ballet amputé d'un acte entier (COPPE-

LIA) ; un ballet sans argument construit sur une partition pré-existante dont l'auteur n'a évidemment pas été consulté (LE PALAIS DE CRISTAL), ou dont l'argument est plus ou moins arbitrairement plaqué sur cette partition (d'innombrables ouvrages de Massine, Lifar, etc...).La plupart des ballets célèbres existent en plusieurs versions chorégraphiques, parfois très voisines, parfois si différentes qu'elles constituent en fait autant d'ouvrages distincts ; (il n'y a rien de commun scéniquement, entre LE SACRE DU PRINTEMPS que conçurent Stravinsky et Nijinsky en 1913, et celui qu'a réglé Maurice Béjart en 1960 ; même l'argument initial a disparu).

Si, parmi les auteurs d'un ballet, on nomme plus souvent le compositeur que le chorégraphe, c'est que la partition, fixée par l'écriture, est pratiquement le seul élément stable de l'œuvre (*). Tout le reste, y compris l'argument quand il y en a un, est plus ou moins interchangeable et susceptible d'interprétations variées.

Or, c'est bel et bien ce reste qu'on présente au public sous le nom de ballet : une œuvre d'art mouvante, fugitive, fabriquée à coups de répétitions et perpétuée tant bien que mal par la mémoire du chorégraphe ou de ses interprètes. Je crois que Serge Lifar a raison quand il revendique pour le chorégraphe – pardon, le choréauteur ! – la responsabilité fondamentale du ballet. Mais lui-même serait bien en peine de reconstituer ceux de ses ouvrages qui n'ont pas été représentés depuis dix ans ou plus. Reste-t-il quelque chose de la chorégraphie originale de Coralli et Perrot dans les versions de GISELLE qui nous sont familières ? Oui, sans doute. Car si ce chef-d'œuvre du ballet romantique, créé à l'Opéra en 1841, n'y a pas été représenté de 1868 à 1910, il l'a été ailleurs – Danemark ou Russie – de façon presque ininterrompue, grâce à quoi la tradition ne s'est jamais complètement perdue.

La tradition, c'est beaucoup et c'est peu. Imaginez que, de LUCIE DE LAMMERMOOR, nous ne possédions que la partition d'orchestre, tandis que les parties de chant et le texte ne nous seraient parvenus qu'à travers les souvenirs des chefs d'orchestre et des chanteurs qui ont interprété l'ouvrage depuis 1835. Cela vous donnera une idée de ce qu'a pu devenir la chorégraphie de GISELLE.

N'existe-t-il donc pas d'écriture de la danse ? Si, et même plusieurs. Mais il n'y a certainement pas un danseur sur cent qui sache s'en servir. Les maîtres de ballet et chorégraphes, eux-mêmes danseurs ou anciens danseurs, se dispensent volontiers d'apprendre une discipline nouvelle, bien plus compliquée que

---

(*) - Et encore... Il y a deux partitions pour **La Sylphide**.

la notation musicale quand elle atteint au même degré de précision. J'aimerais citer en exemple Léonide Massine, qui utilise couramment le système Stepanov ; mais je suppose que cette méthode ne lui suffit pas, puisqu'il filme ses ballets pour les remonter plus facilement.

Peut-être réussira-t-on un jour à imposer une méthode d'écriture chorégraphique — Conté, « labanotation » ou autre —, qui ait assez d'adeptes pour que son étude ne soit pas purement académique. Mais nous n'en sommes pas encore là et, de l'avis de cet éminent spécialiste qu'est Georges Balanchine, ce n'est qu'à moitié regrettable. « A mon avis, me disait-il en novembre 1956, le ballet est un art fugitif qu'il ne faut pas essayer de fixer par l'écriture. C'est comme un festin qu'on prépare pour une seule fois ; quand le repas est fini, on en prépare un autre. Un ballet se transforme et s'use jusqu'au moment où il faut le refaire ou le remplacer... Il subit nécessairement une adaptation au fur et à mesure qu'il vieillit ».

J'ajoute que Georges Balanchine, au cours de la même conversation, a bien voulu approuver ma petite thèse personnelle à savoir que le créateur, en matière de danse, est moins le chorégraphe que le danseur. Si je mentionne ce point de vue, ce n'est pas pour en infliger la démonstration au lecteur du présent ouvrage ; mais il me paraît utile de mettre en lumière un phénomène caractéristique de l'art du ballet, tel qu'il ressort de nos documents. On constatera par exemple qu'ISTAR n'existe qu'en fonction d'Yvette Chauviré.

Il n'est pas impossible, pourtant, de faire une remarque presque inverse. Alors qu'il ne sera jamais possible de confier le rôle de Boris Godounov à un ténor léger, rien ne s'oppose à ce que n'importe quel danseur adulte interprète, bien ou mal, le prince Siegfried du LAC DES CYGNES. La spécialisation existe dans la danse, mais beaucoup moins rigoureuse que dans le chant, et il ne manque pas de danseurs universels pour qui aucun emploi n'est inabordable. Ainsi s'explique le fait que Michel Renault, pour ne citer qu'un artiste de la danse, ait été affiché dans une cinquantaine de rôles en moins de quinze ans.

Enfin, il me paraît indispensable de fournir quelques éclaircissements à propos du répertoire des artistes de la danse, parmi lesquels on pourrait distinguer quatre catégories, et même cinq :

1°) Les anciens élèves de l'école de danse de l'Opéra, soit la majorité du corps de ballet. Tous ont fait leurs premiers pas en scène de façon anonyme, en qualité de « petits rats », bien avant d'être officiellement engagés.

2°) Les artistes engagés à l'extérieur (lauréats du Conservatoire et autres) pour cet échelon inférieur du corps de ballet qu'est le deuxième quadrille. Encore que leur nom figure toujours à l'affiche, Ils débutent dans les ensembles tout aussi discrètement qu'un artiste des chœurs.

3°) Les artistes engagés à l'extérieur avec le titre d'étoile, sur la base d'un contrat annuel. Ils sont purement et simplement assimilés aux étoiles sorties du rang.

4°) Les étoiles « en représentations », engagées spécialement pour tenir un certain nombre de fois un ou plusieurs rôles déterminés.

5°) Les membres de compagnies étrangères invitées à l'Opéra.

On comprendra que nous n'ayons pu tenir compte de tous ces détails dans la liste que nous avons établie. Les artistes qui ne sont jamais sortis du rang (ou qui n'en sont pas encore sortis au moment où nous écrivons) n'y figurent évidemment pas.

Dernier problème relatif au répertoire des artistes de la danse : devions-nous préciser leur position dans la sacro-sainte hiérarchie ? L'administration, le public et les artistes eux-mêmes attachent une grande importance (parfois excessive) aux titres d'étoile, de première danseuse, de grand ou petit sujet. Mais, à la réflexion, il nous est apparu que la mention de ces titres ne ferait qu'introduire un élément de confusion dans la perspective historique où nous nous sommes placés. J'ai récemment compté jusqu'à quinze étoiles des deux sexes dans un DEFILE DU CORPS DE BALLET ; en 1900, il n'y en avait que deux – deux femmes – immédiatement suivies de « sujets », sans qu'il fût question de premiers danseurs ni d'une distinction quelconque entre petits et grands sujets. Et le premier homme paré du titre d'étoile (Serge Peretti) ne l'a été qu'en 1941. On se rendra beaucoup mieux compte de l'importance réelle d'un artiste de la danse en jetant un coup d'œil sur la liste de ses rôles.

Il me reste à souhaiter que se dégage clairement à travers tous ces noms de ballets, de personnages de ballets et d'interprètes, l'extraordinaire développement de l'élément chorégraphique dans le répertoire et le personnel de l'Opéra. Sans méconnaître le glorieux héritage qui nous a été transmis par Léo Staats, Gustave Ricaux, Albert Aveline et Carlotta Zambelli, nous pouvons considérer ce développement comme l'œuvre de Serge Lifar et du grand directeur qui soutint ses efforts contre vents et marées.

                                                   Maurice TASSART

LES ABEILLES

Ballet blanc en un tableau
Argument et musique de Igor STRAVINSKY

Créé à Paris, à l'Académie Nationale de Musique (Palais Garnier) le 10 janvier 1917. — Chorégraphie de Léo STAATS. — Décor de Dethomas.

Mlles C. ZAMBELLI (la Reine), BARBIER, H. et J. LAUGIER (trois Abeilles), J. SCHWARZ (le Bourdon).

Chef d'orchestre : Igor STRAVINSKY

Reprise du 5 avril 1926 (11e représentation).

Mlles SPESSIVTZEVA (la Reine), DE CRAPONNE, ROUSSEAU, LORCIA (trois Abeilles).
M. Serge PERETTI (le Bourdon).

Chef d'orchestre : François RUHLMANN

★

ADELAIDE, ou le Langage des Fleurs

Ballet en un tableau, d'après les « Valses nobles et sentimentales »
Argument et Musique de Maurice RAVEL

Créé à Paris, au Théâtre du Châtelet, le 22 avril 1912, par la Compagnie de Mme TROUHANOVA. — Chorégraphie de Ivan CLUSTINE : Mme TROUHANOVA (Adélaïde), MM. SEKEFI (Lorédan), VAN DE-LEER (le Duc). — Orchestre des Concerts Lamoureux sous la direction de Maurice RAVEL. — Décor et costumes de Drésa.

Première fois au Palais Garnier le 8 avril 1917, dans une chorégraphie de F. AMBROISINY.

Mlles Aïda BONI (Adélaïde), Blanche KERVAL (Paméla).
MM. Albert AVELINE (Lorédan), RAYMOND (le Duc).

Chef d'orchestre : Gabriel GROVLEZ

Reprise du 28 décembre 1938 (8e représentation) dans une chorégraphie de Serge LIFAR. — Décor et costumes de Brianchon.

Mlles Y. CHAUVIRE (Adélaïde), L. DARSONVAL (Paméla), G. KERGRIST (une Danseuse), DYNALIX, DIDION, GRELLIER, IVANOFF (les Invitées).
MM. Serge LIFAR (le Poète), P. GOUBE (le Duc), LEGRAND, R. RITZ, M. BOZZONI, DUPREZ (les Invités).

Chef d'orchestre : Philippe GAUBERT

AENEAS

10 représentations

Ballet en un acte de J. Weterings. — Musique de Albert ROUSSEL

Créé à Paris, à l'Académie Nationale de Musique (Palais Garnier) le 4 avril 1938. — Décor et costumes de Moulaert. — Chorégraphie de Serge LIFAR.

Mlles LORCIA (Didon), KERGRIST, DYNALIX (les Ombres), GREL-LIER, BARBAN, LOPEZ, JHANYNE, SUBRA, BERTELON, IVANOFF (les Joies funestes).

MM. Serge LIFAR (Aeneas), PERETTI et GOUBE (les Joies funestes).

Chef d'orchestre : Philippe GAUBERT

★

ALCESTE - Divertissement

26 représentations

Divertissement de l'Opéra « Alceste » — Musique de GLUCK

Première fois isolément le 1ᵉʳ août 1786.

Reprise du 18 novembre 1936 (4ᵉ représentation isolément). — Chorégraphie de Mme NIJINSKA.

Mlles BINOIS, DYNALIX, A. BOURGAT, SUBRA, JHANYNE, DE-CARLI, BERTELON, BINDER, DALLOZ.

MM. DUPREZ, PONTI, LEGRAND, SAUVAGEOT, DOMANSKY, PEL-LETIER.

Chef d'orchestre : Philippe GAUBERT

Reprise du 17 septembre 1945 (6ᵉ représentation isolément).

Mlles DELEPLANQUE, RIGEL, SYLVA, CLAUDE, N. SCHWARZ, BINDER, GIRO.

MM. DUPREZ, PONTI, SAUVAGEOT, DECARLI, RENAULT.

Chef d'orchestre : François RUHLMANN

★

ALEXANDRE LE GRAND

52 représentations

Epopée chorégraphique en un prologue, trois tableaux et un épilogue de Serge Lifar. — Musique de Philippe GAUBERT.

Créée à Paris, à l'Académie Nationale de Musique (Palais Garnier), le 21 juin 1937. — Décors et costumes de P.R. Larthe. — Chorégraphie de Serge LIFAR.

Mlles LORCIA (la Reine de Babylone), CHAUVIRE (une Juive), BINOIS (l'Oracle), S. SCHWARZ (une Egyptienne), KERGRIST et DYNA-LIX (deux Esclaves).

M. LIFAR (Alexandre).

Chef d'orchestre : Philippe GAUBERT

50ᵉ le 12 juillet 1941 avec les créateurs.

★

ALLEGRO BRILLANTE

2 représentations

Ballet en un acte réalisé sur le « Concerto n° 1 piano et orchestre ».

Musique de Piotr-Illitch TCHAIKOVSKY

Créé à New York, au New York City Ballet, le 1ᵉʳ mars 1956, par Mme Maria TALLCHIEF et M. Nicholas MAGALLANES, sous la direction de Léon BARZIN et dans une chorégraphie de Georges BALANCHINE.

Première fois à Paris, au Palais Garnier, le 19 octobre 1956, par la Compagnie du New York City Ballet. — Eclairages de Jean Rosenthal. — Chorégraphie de Georges BALANCHINE.

Mlle HAYDEN. — M. MAGALLANES

Au piano : KOPEIKINE. — Chef d'orchestre : Léon BARZIN.

★

L'AMOUR SORCIER

27 représentations

Ballet-pantomime en un acte de G. Martinez-Sierra

Musique de Manuel de FALLA

Créé à Paris, au Théâtre du Trianon Lyrique, le 22 mai 1925, dans une chorégraphie de Mme ARGENTINA. — Repris, dans la même chorégraphie, le 12 mars 1928, au Théâtre de l'Opéra-Comique.

Première fois au Palais Garnier le 19 juin 1936. — Décor et costumes de G. Bacarisas. — Chorégraphie de Mme ARGENTINA.

Reprise du 26 janvier 1943. — Décor et costumes de Yves Brayer. — Chorégraphie de Serge LIFAR.

	TRIANON 22-5-1925 (création)	OPERA-COMIQUE 12-3-1928	PALAIS GARNIER 19-7-1936 1ʳᵉ	GARNIER 26-1-1943 5ᵉ
Candela	ARGENTINA	ARGENTINA	ARGENTINA	TERESINA
Lucia	X.	IBANEZ	CARMITA	DARSONVAL
Carmelo	ESCUDERO	MARCO	ESCUDERO	PETIT
Le Spectre	C. WAGUE	C. WAGUE	C. WAGUE	S. LIFAR
Chanteuse	COURSO	N. VALLIN	SCHENNEBERG	BOUVIER
Chef orch.	DE FALLA	L. MASSON	P. PARAY	FOURESTIER

★

L'AMOUR TRAHI

4 représentations

Ballet en un acte de Louis Laloy

Musique de Isaac ALBENIZ adaptée par Manuel Infante

Première fois à Paris, à l'Académie Nationale de Musique (Théâtre des Champs-Elysées), le 20 janvier 1937. — Chorégraphie de Mlle Laura de SANTELMO.

Mlles Laura de SANTELMO (Carmelo), A. OTERO (Rosarillo). M. Antonio ALCARAZ (Rafael).

Chef d'orchestre : Manuel INFANTE

★

AMPHION
2 représentations

Ballet en un acte de Paul Valéry. — Musique de Arthur HONEGGER

Créé à Paris, à l'Académie Nationale de Musique (Palais Garnier), le 23 juin 1931, par la Compagnie de Mme Ida RUBINSTEIN. — Chorégraphie de Léonide MASSINE.

Mme Ida RUBINSTEIN (Amphion).

Mmes Mad. MATHIEU, Nelly MARTYL, Mady ARTY, KIROVA (les voix des Muses). — M. Charles PANZERA (la voix d'Apollon).

Chef d'orchestre : Gustave CLOEZ

★

LES ANIMAUX MODELES
78 représentations

Ballet en un acte d'après les fables de La Fontaine

Livret et Musique de Francis POULENC

Créé à Paris, à l'Académie Nationale de Musique (Palais Garnier), le 8 août 1942. — Décor et costumes de Brianchon. — Chorégraphie de Serge LIFAR.

Mlles LORCIA (la Cigale, la Mort), Sol. SCHWARZ (la Fourmi, la Poule), CHAUVIRE (Elmire).

MM. Serge LIFAR (le Lion amoureux, le Coq noir), PERETTI (le Coq blanc), EFIMOFF (l'Ours, le Bûcheron).

Chef d'orchestre : Roger DESORMIERE

Reprise du 30 janvier 1946 (30e représentation).

Mlles LORCIA (la Cigale, la Mort), VAUSSARD (la Fourmi, la Poule), CHAUVIRE (Elmire), GUILLOT, MAIL (deux Coquettes), HAMERER (la Nourrice).

MM. PERETTI (le Lion amoureux, le Coq noir), RITZ (le Coq blanc), EFIMOFF (l'Ours, le Bûcheron), DUPREZ (Arnolphe), RENAULT, BARI (deux Chasseurs), SAUVAGEOT, DECARLI, PONTI, DUFLOT (Paysans), JAMET (l'Homme entre deux âges), DELANNAY (le Marchand).

Chef d'orchestre : Roger DESORMIERE

50e le 23 juillet 1947, avec les interprètes de la reprise, sauf Mlles Micheline BARDIN (la Cigale, la Mort), DYNALIX (Elmire), MM. BOZZO-NI (le Lion amoureux), GOLOVINE (le Coq noir), BARI (le Coq blanc), DUFLOT (l'Homme entre deux âges), LALLEMENT (le Marchand).

★

ANNABEL LEE
4 représentations

Ballet de George Skibine, d'après un poème d'Edgar Allan Poë

Musique de Byron SCHIFFMANN

Créé par la Compagnie de Ballet du marquis de Cuevas en 1955 avec Mlle TALLCHIEF et George SKIBINE, dans une chorégraphie de George SKIBINE.

Première fois au Théâtre National de l'Opéra-Comique le 14 juin 1957 avec les mêmes interprètes. — Décors et costumes de André Delfau.

Première fois par l'Opéra, au cours d'une représentation officielle à Besançon, le 14 septembre 1957. — Décor et costumes de André Delfau. — Chorégraphie de George SKIBINE.

Mlle TALLCHIEF. — M. George SKIBINE.

Chef d'orchestre : Robert BLOT

Première fois au Palais Garnier, le 12 mars 1958, avec les mêmes interprètes.

★

APOLLON MUSAGETE

10 représentations

Ballet en 2 tableaux — Argument et Musique de Igor STRAVINSKY

Créé à Paris, au Théâtre Sarah-Bernhardt, le 12 juin 1928, par la Compagnie des Ballets russes de Serge de DIAGHILEW, dans une chorégraphie de BALANCHINE, avec Mlles NIKITINA, TCHERNI-CHEVA, DOUBROVSKA et M. Serge LIFAR. sous la direction de Igor STRAVINSKY.

Première fois au Palais Garnier le 24 décembre 1928, par la Compagnie des Ballets russes de Serge de DIAGHILEW. — Décors et costumes de A. Bauchant. — Chorégraphie de BALANCHINE.

Mlles MARKOVA (Terpsichore), TCHERNICHEVA (Calliope), DOU-BROVKA (Polymnie), VADIMOVA et MAIKERSKA (deux Déesses), OR-LOVA (Léto).

M. Serge LIFAR (Apollon).

Chef d'orchestre : Roger DESORMIERE

Reprise, par le Corps de ballet de l'Opéra, le 21 mai 1947 (3e représentation). — Décors et costumes d'André Delfau. — Chorégraphie de BALANCHINE.

Mlles TALLCHIEF (Terpsichore), DYNALIX (Calliope), MOREAU (Polymnie), CARLSEN et BERTAGNOL (deux Déesses), LE ROY (Léto).

M. Michel RENAULT (Apollon).

Chef d'orchestre : Louis FOURESTIER

★

L'APPEL DE LA MONTAGNE

20 représentations

Ballet en 3 tableaux de Favre Le Bret

Musique de Arthur HONEGGER

Créé à Paris, à l'Académie Nationale de Musique (Palais Garnier), le 9 juillet 1945. — Décors et costumes de Roger Wild. — Chorégraphie de Serge PERETTI.

Mlles CHAUVIRE (la Vierge), GUILLOT (Soësli), VAUSSARD, GERO-DEZ, LAUVRAY, KREMPFF.

MM. PERETTI (Mac Guire), BOZZONI (Haccky), SAUVAGEOT, DUPREZ, RENAULT.

Chef d'orchestre : Louis FOURESTIER

ARTÉMIS TROUBLÉE

11 représentations

Ballet en un acte de Léon Bakst — Musique de Paul PARAY

Créé à Paris, à l'Académie Nationale de Musique (Palais Garnier), le 28 avril 1922, par la Compagnie de Mme Ida RUBINSTEIN. — Décor et costumes de Léon Bakst. — Chorégraphie de Nicola GUERRA.

Mme Ida RUBINSTEIN (Artémis), JASMINE (Alkippé).
MM. SEVERIN (Zeus), SVOBODA (Actéon).

Chef d'orchestre : Camille CHEVILLARD

★

ASCANIO

1 représentation

Ballet de l'Opéra « Ascanio » — Musique de Camille SAINT-SAENS

Première fois isolément au Palais Garnier le 28 juin 1922. — Chorégraphie de Léo STAATS.

Mlles ZAMBELLI (l'Amour), JOHNSSON (Psyché), BOS (Vénus), DAUNT (Junon), FRANCK (Pallas).

Chef d'orchestre : Henri BUSSER

★

L'ASTROLOGUE

4 représentations

Ballet en 3 tableaux — Argument et Musique de Henry BARRAUD

Créé à Paris, à l'Académie Nationale de Musique (Palais Garnier), le 25 avril 1951. — Décors et costumes de Mme Suzanne Roland-Manuel. — Chorégraphie de Serge LIFAR.

Mlle Micheline BARDIN. — M. Roger RITZ.

Chef d'orchestre : Robert BLOT

★

AUTOMOBILE-CLUB BALLET

1 représentation

Ballet de J. Hansen. — Musique de Paul VIDAL

Créé à Paris, à l'Académie Nationale de Musique (Palais Garnier), le 17 décembre 1903, à l'occasion d'un Gala de l'Automobile-Club de France. — Chorégraphie de J. HANSEN.

Mlles H. REGNIER (la Belgique), SALLE (la Hollande), VIOLAT (l'Angleterre), VAN GOETHEN (l'Allemagne), LOBSTEIN (l'Autriche), HIRSCH (la Russie), ZAMBELLI (l'Italie), PIODI (l'Espagne), L. MANTE, Léa PIRON, SIREDE (3 Déesses), NICLOUX (la France).

Chef d'orchestre : Paul VIDAL

★

UNE AVEUGLE

1 représentation

Pas de deux. — Musique de PONS-HEIFETZ

Première fois à Paris, au Palais Garnier, le 9 juin 1958 par le Ballet du Bolchoï de Moscou. — Chorégraphie de Léonide YAKOBSON.

Mlle Olga LEPECHINSKAIA. — M. Vladimir PREOBRAJENSKY.

Chef d'orchestre : Gueorgui JEMTCHOUJINE

BACCHANALE   1 représentation
        Ballet de l'opéra « Samson et Dalila »
        Musique de Camille SAINT-SAENS
Première fois isolément au Palais Garnier le 18 novembre 1911. — Chorégraphie de Léo STAATS.
Mlle Léa PIRON. — M. GUILLEMIN.
        Chef d'orchestre : Henri RABAUD

★

BACCHANALE   1 représentation
        Ballet de l'opéra « Tannhauser »
        Musique de Richard WAGNER
Première fois isolément au Théâtre antique d'Orange le 29 juillet 1939. — Chorégraphie de Albert AVELINE.
Mlle Suzanne LORCIA. — M. Serge PERETTI.
Les 3 Grâces : Mlles GRELLIER, BINOIS, BERTELON.
        Chef d'orchestre : Philippe GAUBERT

★

LES BACCHANTES   20 représentations
        Ballet en 2 actes et 3 tableaux, d'après Euripide
        Poème de Félix Naquet et Alfred Bruneau
        Musique d'Alfred BRUNEAU
Créé à Paris, à l'Académie Nationale de Musique (Palais Garnier), le 30 septembre 1912. — Décors de Mouveau, costumes de Pinchon. — Chorégraphie de Yvan CLUSTINE.
Mlles ZAMBELLI (Myrrhine), G. COUAT (Anticlée), JOHNSON (Héliodora), URBAN (Mélitta), BARBIER (Aithis), MEUNIER (Persée), H. LAUGIER (Cochlis), J. SCHWARZ (Démo), Léa PIRON, SIREDE, KERVAL (les Vierges sacerdotales), DELSAUX (une Ménade), BERRODE (une Esclave).
    MM. Yvan CLUSTINE (Penthée), AVELINE (Bacchus), CLERET, RAYMOND (2 Faunes chasseurs), GUILLEMIN (le Prêtre de Cérès).
    Artistes du chant : Mmes A. DAUMAS (Lamia), L. CHARNY (Erinna).
        Chef d'orchestre : Paul VIDAL

★

BACCHUS   13 représentations
        Ballet en 3 actes et 5 tableaux de Georges Hartmann et J. Hansen
        Musique de Alphonse DUVERNOY
Créé à Paris, à l'Académie Nationale de Musique (Palais Garnier), le 26 novembre 1902. — Décors de Amable, Moisson, Jambon, Brandt et Rabuteau. — Costumes de Charles Bianchini. — Chorégraphie de J. HANSEN.
Mlles ZAMBELLI (Erigone), SANDRINI (Yadma), L. MANTE (Bacchus), J. REGNIER et VIOLLAT (2 Faunes), PIODI (Gnossienne), VANGŒTHEN, IXART, DIDIER, SIRENE (Bacchantes).
    MM. LADAM (Darsatha), VANARA (Mouni pénitent), Léo STAATS (un Faune).
        Chef d'orchestre : Paul VIDAL

BACCHUS ET ARIANE   5 représentations

Ballet en 2 actes de Abel Hermant. — Musique de Albert ROUSSEL

Créé à Paris, à l'Académie Nationale de Musique (Palais Garnier), le 22 mai 1931. — Décors de Georges Chirico. — Chorégraphie de Serge LIFAR.

Mlle SPESSIWTZEVA.
MM. Serge LIFAR, Serge PERETTI.

Chef d'orchestre : Philippe GAUBERT

★

LE BAISER DE LA FÉE   24 représentations

Ballet en 4 tableaux. — Argument et Musique de Igor STRAVINSKY

Créé à Paris, à l'Académie Nationale de Musique (Palais Garnier), le 27 novembre 1928, par la Compagnie de Mme Ida RUBINSTEIN. — Chorégraphie de Mme NIJINSKA.

Mme Ida RUBINSTEIN (la Fée). — M. Anatole VILTZAK (Rudy).
Mlles CHOLLAR, NICOLAEWA, LUDMILOWA, BERRY.
MM. DOLINOFF, LAPITZKY, UNGERER.

Artistes du chant : Mme Andrée MARILLIET, M. Louis ARNOULT.

Chef d'orchestre : Igor STRAVINSKY

Reprise, par le Corps de ballet de l'Opéra, le 2 juillet 1947 (3e représentation). — Chorégraphie de BALANCHINE, décors et costumes de Mme Alice Halika.

Mlles Tamara TOUMANOVA (la Fiancée), Maria TALLCHIEF (la Fée).
M. KALIOUJNY (le Fiancé).
Mlles MOREAU, GUILLOT, DELEPLANQUE, JHANYNE. — MM. EFIMOFF, SAUVAGEOT, DUPREZ.

Chef d'orchestre : Robert BLOT

★

UN BAISER POUR RIEN   6 représentations

Ballet en un acte de Nino. — Musique de Manuel ROSENTHAL

Créé à Paris, à l'Académie Nationale de Musique (Palais Garnier), le 15 juin 1936. — Décor de Larthe. — Chorégraphie de Albert AVELINE.

Mlles LORCIA (la Folle du logis), VAUSSARD (le Grillon du foyer).
MM. PERETTI (l'Esprit d'aventure), SAUVAGEOT (le Maître du logis).

Chef d'orchestre : Paul PARAY

★

UN BAL EN 1830

1 représentation

Reconstitution d'un bal à la Closerie des Lilas en 1830

Créée au Palais Garnier le 20 juin 1914, à l'occasion d'un gala au bénéfice d'André ANTOINE.

Intermèdes au cours du Bal : Airs d'époque, Monologues, Poèmes, Variations chorégraphiques par les principales vedettes des différents théâtres de Paris.

Orchestre de danses et variétés sous la direction d'Albert WOLFF au piano conducteur.

LE BAL MASQUÉ   69 représentations
(dont 1 au Palais Garnier)

Ballet de l'opéra « Gustave III » — Musique de Daniel AUBER

Créé à Paris, à l'Académie Royale de Musique (Salle Le Peletier), avec l'opéra « Gustave III », le 27 février 1833 dans une chorégraphie de M. TAGLIONI.

Première fois isolément le 27 avril 1834, avec les créateurs :

Mlles NOBLET (la Folie), MONTESSU (la Mariée), JULIA (le Génie de la Suède).

MM. MAZILLIER (le Marié), SIMON (le Mineur), DESPLACES (le Maître de ballet).

Chef d'orchestre : Pantaléon BATTU.

Première fois au Palais Garnier le 29 janvier 1877 (69e représentation isolément) à l'occasion d'un Gala en l'honneur de Daniel Auber. — Chorégraphie de Louis MERANTE.

Mlles BEAUGRAND (la Folie), FONTA (la Mariée).

MM. L. MERANTE (le Marié), PLUQUE (le Maître de ballet).

Chef d'orchestre : Jules GARCIN

BALLET BLANC   1 représentation

Ballet romantique de Albert Aveline. — Musique de MEYERBEER

Créé à Paris, à l'Académie Nationale de Musique (Palais Garnier), le 8 février 1938. — Chorégraphie de Albert AVELINE.

Mlle Camille BOS. — M. Serge PERETTI.

Chef d'orchestre : Georges BECKER

BALLET BLANC (de Castor et Pollux)   40 représentations
Voir plus loin : « Castor et Pollux ».

BALLET DE COUR   1 représentation

Ballet extrait de l'opéra-ballet « Les Paladins »

Musique de Jean-Philippe RAMEAU

Divertissement présenté par le Corps de ballet de l'Opéra le 7 juillet 1949 sur le Théâtre de la Reine au petit Trianon de Versailles. Arrangement musical de Roger DESORMIERE. — Chorégraphie de Serge LIFAR.

Mlles BARDIN, LAFON, MOREAU, BOURGEOIS, DYNALIX.

MM. LIFAR, RITZ, RENAULT, BOZZONI.

Chef d'orchestre : Roger DESORMIERE

LE BALLET DES NATIONS   2 représentations

Ballet en un acte. — Argument et Musique de Paul VIDAL

Créé par le Corps de ballet de l'Opéra, le 6 juin 1903, dans la salle du Trocadéro, à Paris. — **Première fois au Palais Garnier**, le 24 décembre 1907 au cours d'un gala au profit de l'œuvre « 30 ans de théâtre ». — Chorégraphie de J. HANSEN.

Mlles ZAMBELLI, SANDRINI, LOBSTEIN, BEAUVAIS.

Chef d'orchestre : Paul VIDAL

Ce ballet a été repris, le 9 juin 1914, au Théâtre de l'Opéra-Comique, par Mlles TROUHANOVA, S. PAVLOFF et M. R. QUINAULT, sous la direction de l'Auteur.

★

BALLET ROMANTIQUE DE L'AIGLON   2 représentations

Ballet de l'opéra « L'Aiglon ». — Musique de Jacques IBERT

Première fois isolément au Théâtre municipal de Lausanne le 15 mai 1953, au cours d'une représentation officielle de l'Opéra de Paris. — Chorégraphie de Albert AVELINE.

Mlles LAFON, Claude BESSY, CLAVIER. — M. J.-P. ANDREANI.

Chef d'orchestre : Robert BLOT

★

LA BELLE AU BOIS DORMANT   9 représentations

Ballet en 3 actes et un prologue, d'après un conte de Perrault

Musique de Piotr-Illitch TCHAIKOVSKY

Créé au Théâtre Marie de Saint-Pétersbourg, en présence de S.M. le Tzar, le 14 janvier 1890, dans une chorégraphie de Marius PETIPA.

Première fois à Londres, en novembre 1921, par la Compagnie des Ballets russes de Serge de Diaghilew.

Première fois au Palais Garnier par la Compagnie de Serge de DIAGHILEW, le 18 mai 1922, un extrait de ce ballet, sous le titre de « Le Mariage de la Belle au bois dormant » (voir plus loin).

Première fois des extraits au Théâtre de l'Opéra-Comique le 23 janvier 1947, dans une chorégraphie de Constantin TCHERKAS, inspirée de celle de Petipa, et sous la direction de Gustave CLOEZ, avec Mlles DARSONVAL, BERGGREN, GARNIER, CHARRAT, MM. TCHERKAS, GEVEL et GUELIS.

Première fois intégralement au Palais Garnier le 27 septembre 1954 par la Compagnie du « Sadler's Wells Ballet » de Londres.

Mise en scène de Nicholas SERGEYEV, d'après la chorégraphie de Marius Petipa. — Décors et costumes de Oliver Messel.

Mlles Margot FONTEYN (la Princesse Aurore), Mary DRAGE (la Comtesse), S. BERIOSOVA (la Fée Lilas).

MM. Michael SOMES (le Prince Florimond), F. ASHTON (la Fée Carabosse), F. WHITE (Gallison).

Divertissement

L'Oiseau bleu : Mlle M. EVENS. — M. R. HYND.
Cendrillon : Mlle V. TAYLOR. — M. H. LEGERTON.
La Belle et la Bête : Mlle M. DRAGE. — M. B. ASHBRIDGE.
Florestan : Mlles J. FARRO, P. CLAYDEN. — M. CHATFIELD.
Le Chat botté : Mlle M. DALE. — M. D. STEUART.
Les Oiseaux bleus : Mlle R. JACKSON. — M. D. BLAIR.
Le Chaperon rouge : Mlle A. WALTON. — M. F. WHITE.
Danse russe : MM. A. GRANT, P. GLEGG, R. POWELL.

Chef d'orchestre : Robert IRVING

Reprise du 16 mai 1961 (5ᵉ représentation), par le Ballet du Théâtre
Académique Kirov de Leningrad. — Décors et costumes de Sileka Virsa-
ladje. — Chorégraphie de Constantin SERGUEEV, d'après Marius Petipa.

Mlles I. KOLPAKOVA (Princesse Aurore), I. OUTRETSKAYA (la
Comtesse), I. ZOUBROVSKAYA (la Fée Lilas).

MM. V. SEMENOV (le Prince Florimond), C. CHATILOV (la Fée
Carabosse), K. MOUSTAEV (Gallison).

Divertissement

L'Oiseau bleu : Mlle A. SINOVA — M. Y. SOLOVIEV.
Le Chat botté : Mlle G. KEKICAGVA — M. O. KOUSNETZOV.
Chaperon rouge : Mlle T. ISAKOVA — M. T. BALATCHEEV.

Chef d'orchestre : NIAZI

★

LA BELLE HÉLÈNE   11 représentations

Ballet-bouffe en 4 tableaux tiré de l'œuvre de J. Offenbach. — Argument de Marcel Achard et Robert Manuel, d'après le livret de Meilhac
et Halévy.

Adaptation musicale de Louis AUBERT et Manuel ROSENTHAL.

Créé à Paris, à l'Académie Nationale de Musique (Palais Garnier), le
6 avril 1955. — Décors et costumes de Vertès. — Chorégraphie de John
CRANKO.

Mlles CHAUVIRE (Hélène), DYNALIX (la Nourrice), Claude BESSY
(Vénus), GRIMOIN (Bacchis), AMIEL (Lœna), EVEN (Parthénis).

MM. RENAULT (Pâris), BOZZONI (Agamemnon), BLANC (Calchas),
DUTHOIT et MEYER (les 2 Ajax), TOUROUDE (Ménélas), POMIE
(Achille), HERRAULT (Philocome).

Chef d'orchestre : Robert BLOT

★

LA BIEN-AIMÉE   2 représentations

Ballet en un acte de Alexandre Benois. — Musique de Franz SCHU-
BERT et Franz LISZT, orchestrée par Darius Milhaud.

Créé à Paris, à l'Académie Nationale de Musique (Palais Garnier), le
22 novembre 1928, par la Compagnie de Mme Ida RUBINSTEIN. —

Chorégraphie de Mme NIJINSKA. — Décor et costumes de Alexandre Benois.

Mme Ida RUBINSTEIN (la Bien-Aimée). M. A. VILTZAK (le Poète).

Mlles CHOLLAR, NICOLAEWA, LUDMILOWA, BERRY.

MM. DOLINOFF, LAPITZKY, UNGERER.

Chef d'orchestre : Walther STRARAM

★

BLANCHE-NEIGE   23 représentations

Ballet en 3 actes et 6 tableaux d'après un conte des frères Grimm

Musique de Maurice YVAIN

Créé à Paris, à l'Académie Nationale de Musique (Palais Garnier), le 14 novembre 1951. — Décors et costumes de Bouchène. — Mise en scène et chorégraphie de Serge LIFAR.

Mlles Liane DAYDE (Blanche-Neige), VYROUBOVA (la Reine), Claude BESSY (la Libellule), CLAVIER (la Luciole), RAYET (la Fée).

MM. Serge LIFAR (le Chasseur), BOZZONI (l'Homme de la Forêt), J.-P. ANDREANI (le Prince), EFFIMOFF, FRANCHETTI, BARI, DUFLOT, DESCOMBEY, AUBURTIN, ROMAND (les Nains), X. ANDREANI (le Valet de la Reine), DESCOMBEY (le Fou de la Reine).

Chef d'orchestre : Louis FOURESTIER

★

BOLÉRO   56 représentations

Ballet en un acte. — Argument et Musique de Maurice RAVEL

Créé à Paris, à l'Académie Nationale de Musique (Palais Garnier), le 22 novembre 1928, par la Compagnie de Mme Ida RUBINSTEIN. — Chorégraphie de Mme NIJINSKA. — Décor et costumes de A. Benois.

Mme Ida RUBINSTEIN (la Danseuse).

MM. A. VILTZAK, DOLINOFF, LAPITZKY, UNGERER (les Hommes).

Chef d'orchestre : Walther STRARAM

Reprise, par le corps de ballet de l'Opéra, le 31 décembre 1941 (10e représentation), sur un scénario de Serge Lifar et Leyritz, dans un décor et des costumes dessinés par Leyritz. — Chorégraphie de Serge LIFAR.

Mlle Suzanne LORCIA (Marilèna).

MM. S. LIFAR (Torero), PERETTI (Spontano).

Chef d'orchestre : Louis FOURESTIER

Reprise du 31 décembre 1947 (54e représentation).

Mlle Espanita CORTEZ (Marilèna).

MM. J. ESTRADA (Torero), M. RENAULT (Spontano).

Chef d'orchestre : Robert BLOT

★

BOURRÉE FANTASQUE

1 représentation

Ballet en 3 parties de Balanchine
Musique de Emmanuel CHABRIER

Créé à New York, au New York City Ballet, le 1ᵉʳ décembre 1949, par Mlles Tanaquil LECLERCQ, Maria TALLCHIEF, Janet REED, MM. Jérôme ROBBINS, Nicholas MAGALLANES, Herbert BLISS, sous la direction de Léon BARZIN. Chorégraphie de Georges BALANCHINE.

Première fois à Paris, au Palais Garnier, le 10 mai 1952, par la Compagnie du New York City Ballet. — Costumes de Irène Karinska. — Chorégraphie de Georges BALANCHINE.

Bourrée fantasque : Mlle T. LE CLERCQ. — M. J. ROBBINS.

Prélude Gwendoline : Mlles N. KAYE, E. FONTAINE, Y. MOUNSEY. — M. N. MAGALLANES.

Fête polonaise : Mlle J. REED. — M. H. BLISS.

Chef d'orchestre : Léon BARZIN

★

LA BOUTIQUE FANTASQUE

11 représentations

Ballet en un acte, argument de Léonide Massine. — Musique de Gioacchino ROSSINI, arrangée et orchestrée par Ottorino RESPIGHI.

Créé à l'Alhambra de Londres le 5 juillet 1919 par la Compagnie des Ballets russes de Serge de Diaghilew, dans une chorégraphie de Léonide MASSINE, sous la direction de Henry DEFOSSE.

Première fois à Paris, au Palais Garnier, le 24 décembre 1919, par la Compagnie des Ballets russes de Serge de DIAGHILEW. — Décor, rideau et costumes dessinés par Derain. — Chorégraphie de Léonide MASSINE.

MM. CECCHETTI (le Boutiquier), SLAVINSKY (son Commis), KOVALSKY et PAVLOW (2 Porteurs), ELMUJINSKI (un Voleur). Mmes KLEMENTOVITCH (une vieille Demoiselle anglaise), MIKULINA (son Amie).

M. JAZVINSKY (un Américain), Mme ALLANOVA (sa Femme), M. BURMAN (leur Fils), Mlle EVINA (leur Fille).

M. GRIGORIEFF (un Marchand russe), Mme J. CECCHETTI (sa Femme), M. LUKIN (leur Fils), Mlles NEMTCHINOWA, GRABOVSKA, GREKULOWA, MASCAGNO (leurs 4 Filles).

Les Poupées :
Tarentelle : Mlle L. SOKOLOVA, M. L. WOIZIKOWSKY.
Mazurka : Mlles L. TCHERNICHEVA (Dame de Trèfle), KLEMENTOVITCH (Dame de Cœur), MM. STAKEVICZ (Roi de Pique), NOVAC (Roi de Carreau).
Cosaques : MM. N. ZVEREF (le Chef), KOSTROVSKY, KEGLER, RIBAS, OCHIMOWSKY, MASCAGNO (5 Cosaques), Mlles ISTOMINA (j. Femme).
Caniches : Mme Véra CLARK, M. N. KREMNEFF.
French Cancan : Mme Thamar KARSAVINA, M. Léonide MASSINE.
Le Snob : M. S. IDZIKOWSKY.
Le Marchand : M. KOSTEVSKY.

Chef d'orchestre : Gabriel GROVLEZ

Cet ouvrage a été repris au Théâtre National de l'Opéra-Comique le 21 avril 1950.

BRITANNICUS 1 représentation

Poème dansé de Serge Lifar sur les vers de Racine
(Scène 7 de l'acte 3 de « Britannicus »)

Créé à Paris, à l'Académie Nationale de Musique (Palais Garnier), le 1ᵉʳ février 1944, à l'occasion d'un gala.

Mlle Janine CHARRAT. — M. Roland PETIT.

Le texte de Racine était interprété par Mme Louise CONTE (Julie) et M. Jacques DACQMINE (Britannicus).

★

C'ETAIT UN SOIR 1 représentation

Ballet en un acte de Harald Lander
Musique de H. C. LUMBYE

Créé à l'Opéra de Copenhague le 6 avril 1935, dans une chorégraphie de Harald LANDER, par Mlles T. SCHULTZ (la jeune Fille), E. KOFOD-JENSEN (l'Amour), M. B. RALOV (le jeune Homme), sous la direction de Johan HYE-KNUDSEN.

Première fois à Paris, à l'Académie Nationale de Musique (Palais Garnier), le 14 juin 1937, par le Corps de ballet de l'Opéra de Copenhague. — Chorégraphie de Harald LANDER.

Mlles Margot LANDER (la jeune Fille), Aase PETERSEN (l'Amour).
M. Boerje RALOV (le jeune Homme).

Chef d'orchestre : Johan HYE-KNUDSEN

★

LA CAGE 1 représentation

Ballet de Georges Balanchine sur le « Concerto en ré »
Musique de Igor STRAVINSKY

Créé à New York le 7 juin 1951, au New York City Ballet, par Mlle Nora KAYE et M. Nicholas MAGALLANES, sous la direction de Léon BARZIN. — Chorégraphie de Jérôme ROBBINS.

Première fois à Paris, au Palais Garnier, le 10 mai 1952, par la Compagnie du New York City Ballet. — Chorégraphie de Jérôme ROBBINS. — Costumes de Ruth Soboka. — Effets lumineux de Jean Rosenthal.

Mlles Nora KAYE (la Novice), Yvonne MOUNSEY (la Reine).
MM. Nicholas MAGALLANES et Roy TOBIAS (les Intrus).

Chef d'orchestre : Léon BARZIN

★

LE CANTIQUE DES CANTIQUES   8 représentations

Ballet en un acte de Vincenzo Galeotti
Musique de Arthur HONEGGER

Créé à Paris, à l'Académie Nationale de Musique (Palais Garnier), le 2 février 1938. — Chorégraphie de Serge LIFAR. — Décors et costumes de Paul Colin.

Mlles Carina ARI (la Sulamite), KERGRIST et SIMONI (2 Princes de jeunesse).

MM. Serge LIFAR (le Berger), GOUBE (le Roi Salomon), EFIMOFF et LEGRAND (2 Princes de jeunesse).

Artistes du chant : Mme COUVIDOUX. — MM. CHASTENET et COTTA.

Chef d'orchestre : Philippe GAUBERT

LES CAPRICES DE CUPIDON   70 représentations

Ballet en un acte de Vincenzo Galeotti
Musique de Jens LOLLE

Créé à Copenhague en 1786. — Repris à Copenhague, le 10 décembre 1933, dans une adaptation de Harald LANDER.

Première fois à Paris, au Palais Garnier, le 27 février 1952. — Chorégraphie d'après Vincenzo GALEOTTI, réglée par Harald LANDER. — Décor et costumes de Chapelain-Midy.

Couple Germain : Mlles P. DYNALIX, M. L. LEGRAND.
Couple Français : Mlle D. BOURGEOIS, M. R. BARI.
Couple Danois : Mlle G. GUILLOT, M. X. ANDREANI.
Couple Norvégien : Mlle Cl. BESSY, M. LEMOINE.
Couple Grec : Mlles J. CLAVIER, M. JODEL.
Vieux couple : Mlle L. MAIL, M. DUPREZ.
Couple Quaker : Mlle CARLSEN, M. JAMET.
Couples nègres : Mlles DELEPLANQUE, SIANINA, MONTBAZON, MM. DESCOMBEY, LACOTTE, BLANC.
Cupidon : Mlle Arlette REMY.

Chef d'orchestre : Robert BLOT

50ᵉ représentation le 16 juillet 1954.

Couple Germain : Mlle P. DYNALIX, M. DUFLOT.
Couple Français : Mlles RAYET, M. R. BARI.
Couple Danois : Mlle G. GUILLOT, M. TOUROUDE.
Couple Norvégien : Mlle Cl. BESSY, M. P. LACOTTE.
Couple Grec : Mlle J. CLAVIER, M. JODEL.
Vieux couple : Mlle GERODEZ, M. N. EFIMOFF.
Couple Quaker : Mlle CARLSEN, M. LEFEVRE.
Couples nègres : Mlles DELEPLANQUE, VAUCHELLE, MONTBAZON, MM. DESCOMBEY, DUTHOIT, BLANC.
Cupidon : Mlle Arlette REMY.

Chef d'orchestre : Robert BLOT

CAREME PRENANT 4 représentations

Reconstitution en un acte d'un Concert du 17ᵉ siècle. — Argument de Funck-Brentano. — Musiques de J.-B. LULLI, Louis LULLI, COLASSE, DESMARET et Marc-Antoine CHARPENTIER.

Créé à Paris, à l'Académie Nationale de Musique (Palais Garnier), le 16 avril 1916. — Chorégraphie de F. AMBROISINY.

Mlles Léa PIRON (le Duc), J. SCHWARZ (la Duchesse), LAUGIER, (la Comtesse), DELSAUX (le Comte).

Artistes du chant : Mmes LAUTE-BRUN, COURBIERES, GILLS, LORMONT. — M. COUZINOU.

Chef d'orchestre : Henri BUSSER.

★

C A R N A V A L 16 représentations

Ballet-pantomime en un acte de Léon Bakst et Michel Fokine Musique de Robert SCHUMANN

Créé à Paris, à l'Académie Nationale de Musique (Palais Garnier), le 4 juin 1910, par la Compagnie des ballets russes de Serge de DIAGHILEW. — Décor et costumes de Léon Bakst. — Chorégraphie de Michel FOKINE.

Mlles LOPOUKHOVA (Colombine), V. FOKINA (Chiarina), PILTZ (Estrella), NIJINSKA (Papillon).

MM. Michel FOKINE (Arlequin), ORLOV (Pantalon), SCHERER (Eusébius), VASSILIEW (Floristan), BOULGAKOV (Pierrot).

Chef d'orchestre : Gabriel PIERNE

Reprise du 27 décembre 1919 (9ᵉ représentation) par la Compagnie des Ballets russes de Serge de DIAGHILEW.

Mlles KARSAVINA (Colombine), TCHERNICHEVA (Chiarina), RADINA (Estrella), SOKOLOVA (Papillon).

MM. S. IDZIKOWSKY (Arlequin), E. CECCHETTI (Pantalon), L. MASSINE (Eusébius), L. WOIZIKOWSKY (Florestan), V. SVOBODA (Pierrot).

Chef d'orchestre : Gabriel GROVLEZ

★

CASSE-NOISETTE 4 représentations du « Pas-de-deux »

Ballet en 2 actes et 3 tableaux de Marius Petipa, d'après un conte d'Hoffmann. — Musique de Piotr-Illitch TCHAIKOVSKY.

Créé le 6 décembre 1892 au Théâtre Impérial de Saint-Pétersbourg, dans une chorégraphie de Marius PETIPA et Lev IVANOV.

Première fois à Paris (le deuxième acte seulement) le 26 février 1947 au Théâtre National de l'Opéra-Comique, dans une chorégraphie de J.-J. ETCHEVERRY, avec Mlles DARSONVAL, LAFON, MM. GUELIS, SABLINE, REYNALD et JENOC sous la direction de Gustave CLOEZ.

Première fois au Palais Garnier (le pas-de-deux seulement) le 6 juillet 1952, dans une chorégraphie de IVANOV.

Mlle Tamara TOUMANOVA. — M. Michel RENAULT.

Chef d'orchestre : Robert BLOT

Repris le 19 mars 1958 (3ᵉ représentation) avec Mlle DAYDE et M. RENAULT.

★

CASTOR ET POLLUX (Ballet blanc)   40 représentations

Ballet de l'opéra « Castor et Pollux »

Musique de Jean-Philippe RAMEAU

Première fois isolément, salle du Théâtre Sarah-Bernhardt, le 5 octobre 1936. — Chorégraphie de Nicola GUERRA.

Mlles Camille BOS, Jacqueline SIMONI.

Mles BARBAN, BINOIS, GRELLIER, LOPEZ, KERGRIST, CHAUVIRE, SUBRA, JHANYNE, DECARLI, BERTELON, THUILLANT, BINDER, DARSONVAL.

Artiste du chant : Mme Françoise HOLNAY.

Chef d'orchestre : Philippe GAUBERT

Reprise du 28 février 1945 (5ᵉ représentation).

Mlles Yvette CHAUVIRE, Paulette DYNALIX.

M. Serge PERETTI.

Artiste du chant : Mme MONDA-MILLION.

Chef d'orchestre : Louis FOURESTIER

Reprise du 13 septembre 1952, au Festival de Besançon (38ᵉ représentation).

Mlles Christiane VAUSSARD, Geneviève GUILLOT.

MM. Michel RENAULT, Max BOZZONI.

Chef d'orchestre : Robert BLOT

LE CHANT DU ROSSIGNOL   9 représentations

Poème chorégraphique en un acte adapté de l'opéra « Le Rossignol »

Musique de Igor STRAVINSKY

Créé à Paris, à l'Académie Nationale de Musique (Palais Garnier), le 2 février 1920, par la Compagnie des Ballets russes de Serge de DIAGHILEW. — Rideau, décor et costumes de Henri Matisse. — Chorégraphie de Léonide MASSINE.

Mlles KARSAVINA (le Rossignol), SOKOLOVA (la Mort).

MM. GRIGORIEFF (l'Empereur de Chine), IDZYKOWSKY (le Rossignol mécanique), KEGLER (le Messager japonais).

Chef d'orchestre : Ernest ANSERMET

★

LA CHASSE ROYALE

6 représentations

Ballet de l'opéra « Les Troyens ». — Musique de Hector BERLIOZ

Première fois isolément, au Palais Garnier, le 12 juillet 1922. — Chorégraphie de Mlles PASMANIK et HOWARTH.

Mlles Y. DAUNT, DELSAUX, Y. FRANCK, BRANA et le Corps de ballet.

Chef d'orchestre : Philippe GAUBERT

★

LA CHATTE

4 représentations

Ballet en un acte de Boris Kochno, d'après un mythe d'Esope

Musique de Henri SAUGUET

Créé à l'Opéra de Monte-Carlo le 30 avril 1927 par la Compagnie des Ballets russes de Serge de DIAGHILEW. — Chorégraphie de BALANCHINE, décor de Gabo et Pevsner — Mlle SPESSIVTZEVA (la Chatte), M. S. LIFAR (le jeune homme.) — Chef d'orchestre: Roger DESORMIERE.

Première fois à Paris, au Théâtre Sarah-Bernhardt, le 27 mai 1927, avec Mlle A. NIKITINA et M. Serge LIFAR.

Première fois au Palais Garnier, le 27 décembre 1927, par la Compagnie des Ballets russes de Serge de DIAGHILEW. — Décor de Gabo et Pevsner. — Chorégraphie de BALANCHINE.

Mlles MARKOWA (la Chatte).

MM. Serge LIFAR (le jeune Homme), N. EFIMOFF, C. TCHERKAS, R. DOMANSKY, M. BOROWSKY, M. LADRE, A. GAUBIER (ses Camarades).

Chef d'orchestre : Roger DESORMIERE

★

LE CHEMIN DE LUMIERE

22 représentations

Ballet en un acte de Antoine Goléa. — Musique de Georges AURIC

Créé à Paris, à l'Académie Nationale de Musique (Palais Garnier), le 30 octobre 1957. — Chorégraphie de Serge LIFAR. — Décor et costumes dessinés par Cassandre.

Mlles Claude BESSY (la Femme en rouge), AMIEL (la jeune Fille), MOTTE (la Femme en jaune).

MM. Peter VAN DIJK (le jeune Homme), BARI, Raymond FRANCHETTI, HERRAULT (les Gendarmes), DUTHOIT (la Figure en noir), BLANC (le Baladin).

Chef d'orchestre : Robert BLOT

Reprise du 22 mars 1961 (14e représentation). Distribution de la création, sauf : Mlles RAYET (la Femme en rouge), LAFON (la jeune Fille).

★

LE CHEVALIER ERRANT   35 représentations

Ballet en 2 actes et 4 tableaux de Elisabeth de Gramont

Poème d'Alexandre Arnoux. — Musique de Jacques IBERT

Créé à Paris, à l'Académie Nationale de Musique (Palais Garnier), le 26 avril 1950. — Décors et costumes de Pédro Florès. — Mise en scène et chorégraphie de Serge LIFAR.

Mlles DARSONVAL, VAUSSARD, BARDIN, CORTEZ (les Dulcinées).

M. Serge LIFAR (le Chevalier errant).

MM. J.-P. ANDREANI, LEGRAND, EFIMOFF, DUPREZ (les Chevaliers).

Artistes du chant : MM. CHARLES-PAUL et Camille ROUQUETTY.

Les Récitants : Mlle SEIGNER, M. Jean LEVRAIS.

Chef d'orchestre : Louis FOURESTIER

Reprise du 9 novembre 1955 (28e représentation).

Distribution de la création, sauf M. Peter VAN DJIK (le Chevalier), Mlle J. CHAMBORD et M. Jean BERGER (les Récitants).

★

LE CHEVALIER ET LA DAMOISELLE   93 représentations

Ballet en 2 actes de Serge Lifar. — Musique de Philippe GAUBERT

Créé à Paris, à l'Académie Nationale de Musique (Palais Garnier), le 2 juillet 1941. — Décors et costumes de Cassandre. — Chorégraphie de Serge LIFAR.

	2-7-1941 1re	8-12-1947 46e	27-2-1957 85e
La Damoiselle	S. SCHWARZ	CHAUVIRE	L. DAYDE
Une noble Dame	CHAUVIRE	DYNALIX	J. RAYET
Les Biches	KERGRIST	MOREAU	VAUCHELLE
	DYNALIX	BOURGEOIS	AUDOYNAUD
	DIDION	GUILLOT	SERVAL
	GRELLIER	GERODEZ	EVEN
Un Berger	BARDIN	BARDIN	GRIMOIN
Une Bergère	IVANOFF	LAFON	AMIEL
Le Chevalier	S. LIFAR	RENAULT	RENAULT
Les Damoiseaux	PERETTI	R. RITZ	VAN DIJK
	GOUBE	LEGRAND	BOZZONI
	R. RITZ	BOZZONI	DUFLOT
Chef d'orchestre	FOURESTIER	R. BLOT	R. BLOT

★

CHIMERES   9 représentations

Ballet fantastique de Loïe Fuller

Musique de Mme Armande de POLIGNAC

Première fois au Palais Garnier le 10 juin 1923. — Chorégraphie de Loïe FULLER.

Les élèves de l'école de danse de Mme Loïe FULLER.

Chef d'orchestre : Gabriel GROVLEZ

LE CID

17 représentations

Divertissement de l'opéra « Le Cid ». — Musique de Jules MASSENET

Première fois isolément, au Palais Garnier, le 15 juillet 1900. — Chorégraphie de Louis MERANTE.

Reprise du 28 avril 1917 dans une chorégraphie de F. AMBROISINY.
Reprise du 4 juin 1942 dans une chorégraphie de Albert AVELINE.

	15-7-1900 1re	28-4-1917 9e	4-6-1942 10e	6-12-1944 11e
Mlles	ZAMBELLI	ZAMBELLI	LORCIA	CHAUVIRE
MM.	VASQUEZ	A. AVELINE	PERETTI	PERETTI
Chef :	TAFFANEL	H. BUSSER	FOURESTIER	FOURESTIER

★

CINEMA

15 représentations

Ballet en 3 parties de René Jeanne. — Musique de Louis AUBERT

Créé à Paris, à l'Académie Nationale de Musique (Palais Garnier), le 5 mars 1953, au cours d'un gala organisé par les Hautes Etudes Commerciales. — Décors et costumes de Touchagues. — Mise en scène et chorégraphie de Serge LIFAR

A l'Opéra (la Rotonde). — Mlles CLAVIER (Sylvia), THALIA (la Fée). — MM. J.-P. ANDREANI (le Danseur), JODEL (le Maître de ballet), JAMET (le Régisseur), DECARLI (l'Impresario).

A Hollywood. — Mlles CLAVIER (Sylvia), DYNALIX (la Souris d'hôtel), GUILLOT (la Blonde de New York), DAYDE (la petite Fiancée du monde), BESSY (la Majorette), DARSONVAL (la Vamp), VYROUBOVA (la Divine). — MM. ALGAROFF (Max), LACOTTE (l'Esprit du mal), BOZZONI (le Justicier), EFIMOFF (l'Expressionniste), KALIOUJNY (le Redresseur de torts), RENAULT (le Séducteur), S. LIFAR (Lui).

A l'Opéra. — Les Etoiles et le Corps de ballet.

Chef d'orchestre : Robert BLOT

★

CLAIR DE LUNE

1 représentation

Tableau chorégraphique de Alexandre Lapaouri
sur la musique de Claude DEBUSSY

Première fois à l'Académie Nationale de Musique (Palais Garnier), Le 8 juin 1958, par le Ballet du Bolchoï de Moscou. — Chorégraphie de Alexandre LAPAOURI.

Mlle Raïssa STROUTCHKOVA.

Chef d'orchestre : Guennadi ROJDESTVENSKY

★

CLEOPATRE   8 représentations

Mimodrame en un acte d'après Pouchkine. — Musique de A. ARENSKY et S. TANEIEV (Prélude), RIMSKY-KORSAKOV (Arrivée de Cléopâtre), GLINKA (Danse du voile), GLAZOUNOV (Bacchanale), MOUSSORGSKY (Finale).

Créé à Paris, au Théâtre du Chatelet, le 8 juin 1909, par la Compagnie des Ballets russes de Serge de DIAGHILEW. — Décor et costumes de Léon Bakst. — Mise en scène, groupes et danses de Michel FOKINE.

Première fois au Palais Garnier le 11 juin 1910, par la Compagnie des Ballets russes de Serge de DIAGHILEW.

	CHATELET 8-6-1909 (création)	PALAIS GARNIER 11-6-1910 1re	2-6-1914 6e
Cléopâtre	I. RUBINSTEIN	I. RUBINSTEIN	KARSAVINA
Ta-Hor	PAVLOVA	FEDOROVA	FOKINA
Esclave favorite	KARSAVINA	KARSAVINA	TCHERNICHEVA
Amoun	FOKINE	FOKINE	FOKINE
Grand Prêtre	BOULGAKOV	BOULGAKOV	WLADIMIROV
Esclave favori	NIJINSKY	NIJINSKY	FREHMAN
Chef d'orchestre	TCHEREPNINE	G. PIERNE	P. MONTEUX

★

LE COBZAR   1 représentation

Divertissement de l'opéra « Le Cobzar » — Musique de Mme FERRARI

Première fois isolément au Palais Garnier le 27 juin 1917. — Chorégraphie de F. AMBROISINY.

Mlle Carlotta ZAMBELLI. — M. Albert AVELINE.

Mlles J. SCHWARZ, EVEN, FRANCK, BOS. — MM. RAYMOND, MARIONO, RICAUX, PACAUD.

Chef d'orchestre : Henri BUSSER

★

LE COLIS AUX ARMEES   1 représentation

Ballet-surprise sur des musiques diverses

Conçu et créé par le Théâtre aux Armées. — **Première fois au Palais Garnier** le 16 avril 1940, à l'occasion d'un gala. — Costumes dessinés par Vertès et Mme Ira Bellini.

Mlle Lycette DARSONVAL.

MM. Paul GOUBE, GUYLAINE, PETIT, MILLIAND, CHATEL.

Chef d'orchestre : Louis FOURESTIER

★

COMBATS
3 représentations

Ballet en un acte. — Musique de Raffaelo de BANFIELD

Créé à Paris, au Palais Garnier, le 15 juillet 1957, dans une chorégraphie de Lycette DARSONVAL.

Mlle DARSONVAL (Corinthe).

MM. KALIOUJNY (le Guerrier), LABIS et SARELLI (les Ombres de la Mort).

Chef d'orchestre : Robert BLOT

Ce ballet a été repris le 1er avril 1960 au Théâtre National de l'Opéra-Comique, dans une chorégraphie de William DOLLAR, avec Mlle Claude BESSY (Clorinde), MM. Attilio LABIS (le Chevalier), REYNALD, TOMA, LEONARD (les Chevaliers), sous la direction de Richard BLAREAU.

★

COMPOSITION CHOREGRAPHIQUE
3 représentations

Composition chorégraphique de Léonide Lavrovsky sur une musique de Reinhold GLIERE

Première fois à Paris, à l'Académie Nationale de Musique (Palais Garnier), le 8 juin 1958, par le Ballet du Bolchoï de Moscou. — Décor de Mikhaïl Kourilko. — Mise en scène chorégraphique de Léonide LAVROVSKY.

Mlle Galina OULANOVA. — M. Alexandre LAPAOURI.

Mlles VETROVA, KOLPAKTCHI, MITRIAIEVA, FETISSOVA.

MM. KHOMOUTOV, ZAKHAROV, VLASSOV, TROUCHKINE.

Chef d'orchestre : Iouri FAIER

★

CONCERTO
2 représentations

Ballet de George SKIBINE sur le « Concerto piano et orchestre »
Musique de André JOLIVET

Créé à Paris, au Théâtre National de l'Opéra-Comique, le 23 mars 1958, dans une chorégraphie de George SKIBINE, par Mlle TALL-CHIEF, MM. G. SKIBINE, M. RAYNE, sous la direction de Richard BLAREAU. — Au piano : Mme Lucette DESCAVES.

Première fois au Palais Garnier, le 22 octobre 1958. — Décor et costumes de André Delfau. — Chorégraphie de George SKIBINE.

Mlle Marjorie TALLCHIEF.

MM. George SKIBINE, J.-B. LEMOINE.

Au piano : Lucette DESCAVES. — Chef d'orchestre : André JOLIVET.

★

CONCERTO
9 représentations

Ballet de Henry Prunières. — Musique de SAN MARTINI

Première fois à Paris, à l'Académie Nationale de Musique (Palais Garnier), le 9 mai 1923. — Chorégraphie de M. P. de MONTOLIU.

Mlles Juliette et Alice BOURGAT.

Chef d'orchestre : Philippe GAUBERT

Reprise du 28 avril 1927 (9e représentation) à l'occasion d'un gala à bénéfice.

Mlles Alice BOURGAT et DIDION.

Chef d'orchestre : Gabriel GROVLEZ

✶

Yvonne GALL

Ninon VALLIN

Lyse CHARNY

Madeleine LALANDE

Ketty LAPEYRETTE

André BAUGÉ

Roger
BOURDIN

Louis NOGUERA

Pierre NOUGARO

Charles CAMBON

Martial SINGHER

Michel DENS

René BIANCO

Jean BORTHAYRE

Henry PEYROTTES

Robert MASSARD

Ernest BLANC

J. P. LAFFAGE

Jacques JANSEN

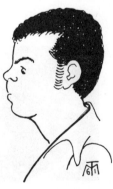

J.-C. BENOIT

Renée GILLY

Simone COUDERC

Suzanne JUYOL

Edmée SABRAN

Les Mezzos

Isabelle ANDREANI

Elise KAHN

Rita GORR

Lucienne DELVAUX

CONCERTO AUX ETOILES

3 représentations

Ballet en un acte et 6 tableaux de Jean-Albert Cartier et Philippe Reichenbach. — Musique de Bela BARTOK.

Première fois à Paris, au Palais Garnier, le 11 juillet 1956. — Chorégraphie et mise en scène de Harald LANDER. — Décors et costumes de Jean Commère.

Mlles CHAUVIRE (la jeune Fille, l'Oiseau protecteur, la Reine des Chimères, l'Etoile), GRIMOIN, AMIEL, COLLEMENT et RAYET (les Oiseaux fantastiques).

MM. Peter VAN DIJK (le jeune Homme), FRANCHETTI et DUFLOT (2 Chimères).

Chef d'orchestre : Louis FOURESTIER

★

CONTE CRUEL

4 représentations

Ballet en 3 actes et 4 tableaux de Philippe Hérat, d'après Villiers de l'Isle-Adam. — Musique de Georges DELERUE.

Créé à Paris, à l'Académie Nationale de Musique (Palais Garnier), le 16 décembre 1959. — Décors et costumes de André Delfau. — Chorégraphie de George SKIBINE.

Mlle TALLCHIEF (Véra). — M. G. SKIBINE (Roger).

Chef d'orchestre : Robert BLOT

★

CONTES RUSSES

10 représentations

Trois miniatures chorégraphiques avec épilogue et interludes dansés

Musique de Anatole LIADOW

Créées à Paris, au Théâtre du Chatelet, le 11 mai 1917, par la Compagnie des Ballets russes de Serge de DIAGHILEW. — Chorégraphie de Léonide MASSINE, sous la direction de Ernest ANSERMET.

NOTA. — La première miniature, « Kikimora », a été créée seule le 25 août 1916, au Théâtre Eugénia-Victoria de San Sébastian par Mlle CHABELSKA, M. IDZIKOWSKY, sous la direction de ANSERMET.

Première fois au Palais Garnier, le 20 janvier 1920, par la Compagnie des Ballets russes de Serge de DIAGHILEW. — Rideau, décors et costumes de Larionow. — Chorégraphie de Léonide MASSINE.

KOLIADA-MALEDA (prélude dansé) : M. WOIZIKOWSKY.
KIKIMORA : Mlle SOKOLOVA (Kikimora). — M. IDZIKOWKY (le Chat).
LES PAYSANS FACETIEUX : le Corps de ballet.
COMPLAINTE DE LA PRINCESSE CYGNE: Mlle L. TCHERNICHEVA.
BOVA KOROLOVITCH : M. Léonide MASSINE.
LES SŒURS DE LA PRINCESSE : Deux Quadrilles de femmes.
LES FUNERAILLLES DU DRAGON : Mlle MEMCHINOVA. — M. WOIZI-KOWSKY.
BABA YAGA et **EPILOGUE :** Mlle A. WASILEWSKA (la petite Fille). — MM. KREMENEFF (Baba Yaga), OCHIMOWSKY, LUKINE (les Chaumières de Baba Yaga), JAZVISKY, STATKEVITCH, PAVLOFF (les Diables).

Chef d'orchestre : Gabriel GROVLEZ

COPPELIA

770 représentations

Ballet en 2 actes et 3 tableaux de Charles Nuitter et Saint-Léon

Musique de Léo DELIBES

Créé à Paris, à l'Académie Nationale de Musique (Salle Le Peletier), le 25 mai 1870. — Chorégraphie de Louis MERANTE.

Mlles BOZACCHI (Swanilda), FIOCRE (Frantz), BOURGOIN (Coppélia).

MM. DAUTY (Coppélius), CORNET (le Bourgmestre), MERANTE (un Seigneur), PETIT, GANFORI, LAVIGNE (les Automates).

Chef d'orchestre : LEUDET

Reprise du 6 juin 1873, sans le 3ᵉ tableau, qui n'a plus jamais été représenté, avec les interprètes de la création, sauf M. BERTHIER (Coppélius).

**
*

Première fois au Palais Garnier le 4 juin 1875 (42ᵉ représentation), dans la chorégraphie de Louis MERANTE.

	4-6-1875 42ᵉ	10-11-1879 67ᵉ	11-12-1882 70ᵉ	19-12-1885 100ᵉ
Swanilda	MILLIE	BEAUGRAND	SUBRA	SUBRA
Frantz	SANLAVILLE	SANLAVILLE	SANLAVILLE	SANLAVILLE
Coppélia	LAURENT	LAURENT	WAL	MERCEDES
Coppelius	CORNET	CORNET	CORNET	CORNET
Bourgmestre	AJAS	AJAS	AJAS	AJAS
Seigneur	REMOND	REMOND	LECERF	LECERF
Automates	PONCOT	PONCOT	MARIUS	STILB
	FRIANT	GANFORIN	SORIA	SORIA
	VASQUEZ	STILB	STILB	PORCHERON
Chef d'orchestre	GARCIN	GARCIN	DE MONTJAU	DE MONTJAU

	3-2-1896 161ᵉ	18-11-1899 200ᵉ	22-4-1911 300ᵉ	12-8-1920 400ᵉ
Swanilda	SUBRA	SANDRINI	ZAMBELLI	A. BONI
Frantz	INVERNIZZI	SALLE	LOZERON	LEQUIEN
Coppélia	VIOLAT	REGNIER	G. COUAT	VALSI
Coppelius	DE SORIA	DE SORIA	RAYMOND	BOURDEL
Bourgmestre	AJAS	AJAS	FEROUELLE	FEROUELLE
Seigneur	MARIUS	STILB	BOURDEL	CLERET
Automates	GIRODIER	GIRODIER	GIRODIER	CUVELIER
	REGNIER	REGNIER	THOMAS	PERROT
	HOQUANTE	JAVON	JAVON	EVEN
Chef d'orchestre	MANGIN	MANGIN	P. VIDAL	GROVLEZ

NOTA. — Pour la reprise de 1896, nouvelle chorégraphie de J. HANSEN; pour celle de 1916, de AMBROISINY. En 1936, l'œuvre fut remontée dans des décors de Larthe et une chorégraphie de Albert AVELINE.

	15-5-1927 500ᵉ	27-3-1936 546ᵉ	1-10-1941 600ᵉ	22-4-1951 700ᵉ
Swanilda	DE CRAPONNE	C. BOS	S. SCHWARZ	BARDIN
Frantz	SOUTZO	SOUTZO	BARDIN	ANDREANI
Coppélia	LORCIA	LASCAR	LASCAR	THALIA
Coppelius	RAYMOND	RAYMOND	EFIMOFF	EFIMOFF
Bourgmestre	FEROUELLE	FEROUELLE	PETIT	JAMET
Seigneur	DUPREZ	R. RITZ	R. RITZ	FRANCHETTI
Automates	DENIZARD	LEGRAND	GUYLAINE	BARI
	BARON	SAUVAGEOT	SAUVAGEOT	X. ANDREANI
	CHATEL	PELLETIER	FENONJOIS	DUFLOT
Chef d'orchestre	H. BUSSER	P. PARAY	DESORMIERE	R. BLOT

NOTA. — La 700ᵉ eut lieu à Genève, au cours d'une représentation officielle de l'Opéra de Paris.

✳

LES COSAQUES ZAPOROGUES   3 représentations

Extrait du ballet « Tarass-Boulba » — Musique de SOLOVIEV-SEDOI

Créé au Théâtre Kirov de Léningrad en 1955 dans la chorégraphie de FENSTER.

Première fois à Paris, à l'Académie Nationale de Musique (Palais Garnier) le 19 mars 1961, par le Corps de ballet de l'Opéra de Léningrad. — Chorégraphie de FENSTER.

MM. Igor BELSKY, Rudolf NOUREEV, Oleg SOKOLOV, Alexandre LIVITCH, Youri KORNEEV, Lev SOKOLOV et les artistes hommes du corps de ballet.

Chef d'orchestre : Vadim KALENTIEV

★

LES CREATURES DE PROMETHEE   62 représentations

Ballet en 2 actes. — Musique de BEETHOVEN

Première fois au Palais Garnier le 30 décembre 1929. — Décors et costumes de Quelvée. — Chorégraphie de Serge LIFAR.

Mlles SPESSIWTZEWA, LORCIA, LAMBALLE, CERES.
MM. Serge LIFAR (débuts), Serge PERETTI.

Chef d'orchestre : J. E. SZYFER

Reprise du 11 mars 1935 (30ᵉ représentation).

Mlles J. SIMONI, LAMBALLE, HUGHETTI, DIDION.
MM. Serge LIFAR, Serge PERETTI.

Chef d'orchestre : J. E. SZYFER

50ᵉ représentation le 22 janvier 1941.

Mlles LORCIA, DIDION, KERGRIST.
MM. Serge LIFAR, Serge PERETTI.

Chef d'orchestre : Louis FOURESTIER

✳

CYDALISE ET LE CHEVRE-PIED

41 représentations

Ballet en 2 actes et 3 tableaux de G. A. de Caillavet et Robert de Flers

Musique de Gabriel PIERNE

Créé à Paris, à l'Académie Nationale de Musique (Palais Garnier), le 15 janvier 1923. — Décors et costumes de Maxime Dethomas. — Chorégraphie de Léo STAATS.

Mlles C. ZAMBELLI (Cydalise), DELSAUX (la Source), Y. FRANCK (la Gouvernante des Nymphes), ROSELLI, LORCIA (Esclaves blanches), DAUWE, CEBRON, SIMONI (Esclaves de couleur).

MM. Albert AVELINE (Styrax), FEROUELLE (le vieux Faune, le Sultan).

Les Voix de la Forêt : Mmes HARAMBOURE, MARILLIET, DUBOIS-LAUGER, COURSO.

Chef d'orchestre : Camille CHEVILLARD

Reprise du 20 mars 1940 (27e représentation).

Mlles S. LORCIA (Cydalise), Sol. SCHWARZ (la Source), BINOIS (la Gouvernante), KERGRIST, SIMONI (Esclaves blanches), DYNALIX, DIDION, LOPEZ (Esclaves de couleur).

MM. Serge PERETTI (Styrax), EFIMOFF (vieux Faune, Sultan).

Chef d'orchestre : Philippe GAUBERT

Reprise du 5 décembre 1945 (31e représentation).

Mlles CHAUVIRE (Cydalise), DYNALIX (la Source), MAIL (la Gouvernante), GERODEZ, KREM?FF (Esclaves blanches), SIANINA, GUILLOT, LELIEVRE (Esclaves de couleur).

MM. FENONJOIS (Styrax), EFIMOFF (Vieux Faune, Sultan).

Chef d'orchestre : Roger DESORMIERE

★

LE CYGNE

24 représentations

Musique de Camille SAINT-SAENS

Créé, dans sa forme chorégraphique, le 10 avril 1913, par Mme Anna PAVLOVA, au Théâtre des Champs-Elysées, à Paris.

Première fois au Palais Garnier le 11 mai 1921, dans une chorégraphie de Michel FOKINE.

	11-5-1921 1re	17-7-1953 2e	8-6-1958 19e	27-1-1960 23e
Le Cygne	V. FOKINA	CHAUVIRE	OULANOVA	CHAUVIRE
Chef d'orchestre	H. BUSSER	R. BLOT	ROJDESTVENSKY	R. BLOT

★

LE CYGNE NOIR

4 représentations

Pas de deux, extrait du 3ᵉ acte du « Lac des Cygnes »
Musique de Piotr-Illitch TCHAIKOVSKY

Première fois à l'Académie Nationale de Musique (Salle du Palais Chaillot) le 1ᵉʳ mars 1951. — Chorégraphie d'après Marius PETIPA et Lev IVANOV.

Mlle Lycette DARSONVAL (la Princesse).

M. Alexandre KALIOUJNY (le Prince).

Chef d'orchestre : Richard BLAREAU

Reprise du 5 mars 1958 (4ᵉ représentation) avec Mlle Liane DAYDE, M. Peter VAN DIJK, sous la direction de Robert BLOT.

★

CYRCA

10 représentations

Action chorégraphique et symphonique en un acte de Albert Boucheron et Paul de Choudens. — Musique de Marc DELMAS

Créé à Paris, à l'Académie Nationale de Musique (Palais Garnier), le 6 décembre 1927. — Décor de Rubé et Chaperon — Chorégraphie de Nicola GUERRA.

Mlles DE CRAPONNE (Cyrca), SOUTZO, FRANCK, ELLANSKAIA, BOURGAT (les Suivantes de Cyrca).

MM. S. PERETTI (le Dieu du feu), P. BARON (le Grand Prêtre).

Artistes du chant : Mmes LLOBERES et TESSANDRA.

Chef d'orchestre : J. E. SZYFER

★

LA DAME A LA LICORNE

5 représentations

Ballet de Jean Cocteau. — Musique de Jacques CHAILLEY

Cette œuvre devait être créée au Théâtre du Château de Versailles pour l'inauguration de la salle reconstituée. La répétition générale eut d'ailleurs lieu le 8 octobre 1957, mais une grève de machinistes fit annuler la représentation.

Créé à Paris, à l'Académie Nationale de Musique (Palais Garnier), le 28 janvier 1959. — Décor et costumes de Jean Cocteau. — Chorégraphie de Heinz ROSEN.

Mlles Liane DAYDE (la Licorne), Claude BESSY (la Dame), RAYET, MOTTE, VAUCHELLE (les Dames).

MM. Michel RENAULT (le Chevalier), BOZZONI, KALIOUJNY, DUTHOIT (les Chevaliers).

Chef d'orchestre : Robert BLOT

★

LA DAME AUX CAMELIAS

7 représentations

Ballet en 2 actes et 5 tableaux de Mme Tatiana Gsovska,
d'après la nouvelle d'Alexandre Dumas fils

Musique de Henri SAUGUET

Créé à l'Opéra de Berlin en juin 1957, dans la chorégraphie de Mme Tatiana GSOVSKA, par Mlle Yvette CHAUVIRE et M. Gert REINHOLM.

Première fois à Paris, à l'Académie Nationale de Musique (Palais Garnier), le 3 février 1960. — Décors et costumes de Jacques Dupont. — Chorégraphie de Mme Tatiana GSOVSKA.

Mlles CHAUVIRE (Marguerite), LAFON (Prudence), AMIEL (l'image de Marguerite), LEROY (le vieil Aristocrate).

MM. George SKIBINE (Armand), BOZZONI (Comte de Varville), BLANC (le Père d'Armand).

Mazurka : Mlles RAYET, MOTTE. — M. LABIS.

Chef d'orchestre : Louis FOURESTIER

★

DANSE RUSSE

3 représentations

Tableau chorégraphique de Nicolaï Simatchev et Ivan Pokrovsky

Musique de Radion CHEDRINE

Première fois à Paris, à l'Académie Nationale de Musique (Palais Garnier), le 8 juin 1958, par le Ballet du Bolchoï de Moscou. — Mise en scène chorégraphique de Nicolaï SIMATCHEV et Ivan POKROVSKY.

Mlles CHEYNE, KOLPAKTCHI, BOUGOUSLAVSKAIA, KASSATKINA, IVANOVA, VETROVA, ZUZINA, DOMOCHEVSKAIA.

MM. MECHKOVSKY, PEREGOUDOV, VASSILEV, LEONOV, NIKIFOROV, GOLOUBINE, N. SIMATCHEV, A. SIMATCHEV.

Chef d'orchestre : Iouri FAIER

★

LES DANSES D'ACROBATES

2 représentations

Extrait du ballet « Fleur Rouge »

Musique de Rheinbold GLIERE

Première fois à Paris, à l'Académie Nationale de Musique (Palais Garnier), le 11 juin 1958 par le Ballet du Bolchoï de Moscou. — Chorégraphie de Vassili TIKHOMIROV.

M. Estandiar KACHANI.

Mlles RASORENKOVA, POZNIAKOVA, CHERBININA, KOVALEVSKAIA.

Chef d'orchestre : Guennadi ROJDESTVENSKY

★

DANSES D'ESPAGNE   2 représentations

Divertissement chorégraphique en un tableau de Laura de Santelmo
sur des musiques de ALBENIZ, TURINA, GIMENEZ,
DE FALLA et INFANTE

Première fois à Paris, à l'Académie Nationale de Musique (Palais-
Garnier), le 7 mars 1936. — Chorégraphie de Laura de SANTELMO
Mme Laura de SANTELMO. — M. FRASQUILLOS.

Chef d'orchestre : Manuel INFANTE

★

DANSES DE JADIS ET DE NAGUERE   8 représentations

Ballet en 4 parties sur des musiques de RAMEAU, BERLIOZ, DELI-
BES, GUIRAUD, CHABRIER, LALO, THOMAS, GOUNOD, REYER, MAS-
SENET, SAINT-SAENS, PALADHILE, DUBOIS, LENEPVEU, HOLMES,
BOURGAULT-DUCOUDRAY, BRUNEAU, DE LA NUX, DUVERNOY,
GASTINEL, JONCIERES, LEFEVRE, MARECHAL, MESSAGER, SAL-
VAYRE, VIDAL, WIDOR et WORMSER.

**Créé à Paris, par le Corps de ballet de l'Opéra, sur la scène du Tro-
cadéro,** le 22 septembre 1900. — Décors de Amable. — Chorégraphie de
J. HANSEN.

Danses barbares. — Argument de Camille Saint-Croix.
Mlle HIRSCH (la Danseuse). — M. LEITNER (le Récitant).
Danses grecques. — Argument de P.B. Gheusi.
Mlle SANDRINI (la Danseuse). — Mme BARTET (la Récitante).
Danses françaises. — Argument de Auguste Dorchain.
Mlles DESIRE et LOBSTEIN (les Danseuses). — M. BOUCHER (Réci-
tant).
Danses modernes. — Argument de Louis de Grammont.
Mlle ZAMBELLI (la Danseuse). — Mme BRANDES (la Récitante).
et le Corps de ballet de l'Opéra de Paris

Chef d'orchestre : Paul VIDAL

Première fois au Palais Garnier, le 11 novembre 1900, avec la même
distribution, sauf M. BAILLET, récitant à la place de M. Boucher.

★

DANSES ESPAGNOLES   6 représentations

Suite de danses sur des musiques de compositeurs espagnols

SCENES GITANES (Manuel Infante), JUNTO A LA REJA (J. Gomis),
JOTA NAVARRA (Sarasate), CHANTS D'ESPAGNE, prélude (Albeniz),
TANGO (X.), LA VIE BREVE (de Falla), ALEGRIAS (X.), LE TRI-
CORNE, danse du Meunier (de Falla).

Première fois au Palais Garnier, le 13 juillet 1931, par la Compagnie
de Mme Laura de SANTELMO. — Chorégraphie de Mme de SANTELMO.

Mme Laura de SANTELMO, Mlles Pépita SANCHA, Léa la SEVIL-
LANITA, Carmen SERRANITA..
MM. José SANTOS, CORTIJO.

Guitariste : M. Amalio CUENCA. — Chef d'orchestre : Manuel INFANTE.

DANSES GRECQUES

3 représentations

Ballet de J. Hansen sur des musiques de MASSENET, DE LA NUX, VIDAL, BOURGAULT-DUCOUDRAY, BERLIOZ, DUVERNOY et GUIRAUD.

Créé à Paris, à l'Académie Nationale de Musique (Palais Garnier), le 5 juin 1901, au cours d'une soirée de gala. — Chorégraphie de J. HANSEN.

Mlles SANDRINI, PIODI, REGNIER, VIOLLAT, BEAUVAIS, CARRE, BARBIER, CARRELET, MEUNIER, L. COUAT, BOUISSAVIN.

Artiste du chant : M. BARTET.

Chef d'orchestre : Edouard MANGIN

★

DANSES KOURDES

2 représentations

Extrait du ballet « Gayané ». — Musique de Aram KHATCHATOURIAN

Première fois à Paris, à l'Académie Nationale de Musique (Palais Garnier), le 8 juin 1958, par le Ballet de Bolchoï de Moscou. — Chorégraphie de Vassili VAINONEN.

Mlle Yadviga SANGOVITCH et les Dames du Corps de ballet.

Chef d'orchestre : Guennadi ROJDESTVENSKY

★

DANSES POLOVTSIENNES

115 représentations

Divertissement de l'Opéra « Le Prince Igor »

Musique de Alexandre BORODINE

Première fois à Paris, au Théâtre du Chatelet, le 19 mai 1909, par la Compagnie des Ballets russes de Serge de DIAGHILEW. — Chorégraphie de Michel FOKINE: Mlles FEDOROVA, SMIRNOVA, M. A. BOLM. — Chef d'orchestre: Emile COOPER.

Première fois au Palais Garnier, le 7 juin 1910, par la Compagnie des Ballets russes de Serge de DIAGHILEW. — Décor et costumes de Roerich. — Chorégraphie de Michel FOKINE.

	7-6-1910 1re	29-12-1915 6e	24-12-1919 7e	29-12-1927 20e
Jeune Fille	FEDOROVA	TCHERNICHEVA	TCHERNICHEVA	TCHERNICHEVA
L'Esclave	.C. GELTZER	KLEMENTOVITCH	V. CARALLI	PETROVA
Le Guerrier	V. NIJINSKY	A. BOLM	L. MASSINE	WOIZIKOWSKY
Chef d'orch	TCHEREPNINE	ANSERMET	G. GROVLEZ	DESORMIERE

Reprise du 22 juin 1949 (27e représentation, mais première fois par le Corps de ballet de l'Opéra). — Décor de Doboujinsky, costumes de la Maison Karinska. — Chorégraphie de Serge LIFAR et Nicolas ZVEREFF, d'après Michel FOKINE.

	22-6-1949 27e	22-4-1951 50e	11-7-1958 100e
La jeune Fille	G. GUILLOT	Mad. LAFON	COLLEMENT
L'Esclave	THALIA	THALIA	VAUCHELLE
Le Guerrier	KALIOUJNY	KALIOUJNY	KALIOUJNY
Chant	O. RICQUIER	O. RICQUIER	DESMOUTIERS
Chef d'orchestre	R. BLOT	R. BLOT	R. BLOT

DANSES RUSSES
1 représentation

Suite de danses réglée sur des musiques de compositeurs russes

Créée à Paris, à l'Académie Nationale de Musique (Palais Garnier), le 26 juin 1909, à l'occasion d'un gala à bénéfice. — Chorégraphie de Michel FOKINE.

Pas de deux : Mlle A. PAVLOVA. — M. MORDKINE.
Mazurka : Mlle WASSILIEVA. — M. ALEXANDROFF.
Pas de deux : Mlle KSCHESINSKA. — M. LEGAT.

Chef d'orchestre : Paul VIDAL

★

DANSES TZIGANES
2 représentations

Tableau chorégraphique de Kassian Goletzovsky
Musique de GELOBINSKY

Première fois à Paris, à l'Académie Nationale de Musique (Palais Garnier), le 11 juin 1958, par le Ballet du Bolchoï de Moscou. — Chorégraphie de Kassian GOLETZOVSKY.

Mlle Idviga SANGOVITCH.
MM. ZAITSEV, PAVLINOV, MATSKEVITCH.

Chef d'orchestre : Guennadi ROJDESTVENSKY

★

DAPHNIS ET CHLOE
108 représentations

Symphonie chorégraphique de Michel Fokine
Musique de Maurice RAVEL

Créée à Paris, au Théâtre du Chatelet, le 8 juillet 1912, par la Compagnie des Ballets russes de Serge de Diaghilew, dans une chorégraphie de Michel FOKINE, avec Mlle KARSAVINA (Chloé) et M. NIJINSKY (Daphnis), sous la direction de Pierre MONTEUX.

Première fois au Palais Garnier le 20 juin 1921. — Décors de Léon Bakst. — Chorégraphie de Michel FOKINE.

	20-6-1921 1er	4-11-1927 14e	17-2-1934 19e	10-11-1937 30e
Chloé	V. FOKINA	ZAMBELLI	LORCIA	LORCIA
Lycénion	C. BOS	DE CRAPONNE	SIMONI	SIMONI
Nymphes	Y. DAUNT	LORCIA	HUGHETTI	KERGRIST
	DELSAUX	DAMAZIO	BARBAN	DYNALIX
	VALSI	SCUTZO	DAMAZIO	BARBAN
Daphnis	M. FOKINE	AVELINE	S. LIFAR	S. LIFAR
Briaxis	RAYMOND	RAYMOND	LEBERCHER	RAYMOND
Dorcon	RICAUX	PERETTI	GOUBE	LEGRAND
Chef d'orchestre	GAUBERT	GAUBERT	GAUBERT	GAUBERT

	8-1-1941 50e	31-12-1947 76e	1-10-1954 79e	8-7-1958 81e
Chloé	DARSONVAL	LAFON	FONTEYN	BESSY
Lycénion	DIDION	BARDIN	FARRON	RAYET
Nymphes	KERGRIST	DYNALIX	JACKSON	VAUCHELLE
	DYNALIX	MOREAU	LINDSAY	EVEN
	BARBAN	BOURGEOIS	LARSEN	DELINI
Daphnis	S. LIFAR	RENAULT	M. SOMES	SKIBINE
Briaxis	MILLIANT	JAMET	A. GRANT	BOZZONI
Dorcon	GOUBE	LEGRAND	FIELD	DESCOMBEY
Chef d'orchestre	FOURESTIER	R. BLOT	R. IRVING	FOURESTIER

N.B. — La reprise de 1954 fut assurée par la Compagnie du «Sadler's Wells Ballet» de Londres. — Décors et costumes de Jules Craxton. — Chorégraphie de Frederick ASTHON.

— La reprise de 1958 eut lieu au cours d'une représentation officielle de l'Opéra à Bruxelles. — Décors et costumes de Marc Chagall. — Chorégraphie de George SKIBINE.

La 100e représentation eut lieu le 18 juin 1960, avec les interprètes de la reprise de 1958, sauf Mlles BASSI (Lycénion), GARAY (première Nymphe) et le Maître Manuel ROSENTHAL au pupitre.

★

DAVID   3 représentations
Ballet en un acte — Scénario de André Dodelet
Musique de Henri SAUGUET

Créé à Paris, à l'Académie Nationale de Musique (Palais Garnier), le 4 décembre 1928, par la Compagnie de Mme Ida RUBINSTEIN. — Chorégraphie de Léonide MASSINE.

Mme Ida RUBINSTEIN (David). — M. DOLINOFF (Saül).
Mlles NICOLAEWA, LUDMILOWA, BERRY. — MM. LAPITZKY, UNGERER (les Coryphées).

Chef d'orchestre : Walther STRARAM

★

DAVID TRIOMPHANT   9 représentations
Ballet en 2 actes et 3 tableaux de Serge Lifar, d'après le « Livre des Rois »
Musique de Vittorio RIETI

Créé à Paris, à l'Académie Nationale de Musique (Palais Garnier), le 26 mai 1937. — Décors et costumes de Fernand Léger. — Chorégraphie de Serge LIFAR.

Mlles CHAUVIRE (Molchola, fille du Roi), DARSONVAL (la Sorcière).
MM. S. LIFAR (David), SAUVAGEOT (le Roi Saül), DUPREZ, PONTI, EFIMOFF, DOMANSKY, BOZZONI, GUYLAINE, DECARLI, LOINARD, TAVAROFF, ROMAND (les Guerriers).

Chef d'orchestre : J.E. SZYFER

★

DEFILE DU CORPS DE BALLET   74 représentations
Présentation de l'école de Danse, du Corps de ballet et des Etoiles au cours d'un Défilé débouchant du foyer de la danse, au fond de la scène du théâtre de l'Opéra.

Présentation réalisée pour la première fois le 1er juin 1926. — Défilé réglé par Léo STAATS sur la « Marche de Tannhauser » de Richard WAGNER.

Chef d'orchestre : Henri BUSSER

Reprise du 8 novembre 1946 (3e représentation). — Défilé réglé par Albert AVELINE sur la « Marche des Troyens » d'Hector BERLIOZ.

Chef d'orchestre : Robert BLOT

50e présentation le 30 juin 1956.

LES DEUX PIGEONS

196 représentations

Ballet et 2 actes et 3 tableaux de Henri Régnier et Louis Mérante, d'après La Fontaine. — Musique de André MESSAGER

Créé à Paris, à l'Académie Nationale de Musique (Palais Garnier), le 18 octobre 1886. — Décors de Rubé et Chaperon (1er acte), Lavastre (2e acte). — Chorégraphie de Louis MERANTE.

Mlles Rosita MAURI (Gourouli), SANLAVILLE (Peppio), HIRSCH (Djali), MONTAUBRY (Mikalia), MONNIER (la Reine des Tziganes), WALL et LAURENT (2 Tziganes).

MM. Louis MERANTE (le Tzigane), DE SORIA (Franca-Trippa), PLUQUE (Zarifi), AJAS (le Capitaine), PONCOT (un Serviteur), HOQUANTE (le Syndic).

Chef d'orchestre : MADIER DE MONTJAU

	30-3-1912 30e	20-3-1935 100e	20-5-1942 130e	27-2-1952 193e
Gourouli	ZAMBELLI	ZAMBELLI	DARSONVAL	VAUSSARD
Djali	A. BONI	LORCIA	CHAUVIRE	BARDIN
Mikalia	SIREDE	DAMAZIO	BARDIN	BESSY
Reine des Tziganes ..	Léa PIRON	Y. FRANCK	THUILLANT	LE ROY
Peppio	MEUNIER	O. SOUTZO	FENONJOIS	M. BOZZONI
Tzigane	A. AVELINE	A. AVELINE	S. PERETTI	M. RENAULT
Franca-Trippa	FEROUELLE	FEROUELLE	EFIMOFF	EFIMOFF
Zarifi	BOURDEL	RAYMOND	R. RITZ	LEGRAND
Chef d'orchestre	P. VIDAL	RUHLMANN	FOURESTIER	R. BLOT

★

LE DIABLE DANS LE BEFFROI

14 représentations

Ballet en un acte d'après Edgard Poë

Argument et Musique de D. E. INGHELBRECHT

Créé à Paris, à l'Académie Nationale de Musique (Palais Garnier), le 3 juin 1927. — Décor et costumes de Per Krogh. — Chorégraphie de Nicola GUERRA

Mlles Camille BOS (Jo, fille de Kaatje et fiancée de Jean), VALSI (Kaatje, aubergiste), LAURET (un petit garçon), LICINI, DEMESSINE, GENCY, GIRO, SALOMON, DIDION, LEGRAND, HUGHETTI, BUGG, BOUSQUAT, BEAUDIER (12 jeunes Filles).

MM. AVELINE (le petit Homme noir), RICAUX (Jean, fils du sculpteur), DENIZART (le Sculpteur sur bois), FEROUELLE (l'Homme du beffroi), BARON (l'Homme de la colline), SAUVAGEOT, EVEN, PONTI, VOLCART (4 Conseillers), LEBERCHER, DUPREZ, THOMAS, PERETTI, THARIAT, KORWSKY, MAELLI, MONDON (8 Garçons).

Chef d'orchestre : D.-E. INGHELBRECHT

★

DIANE DE POITIERS
14 représentations

Ballet en 3 tableaux de Mme Elisabeth de Gramont
Musique de Jacques IBERT,
d'après des airs et danceries du XVIᵉ siècle

Première fois au Palais Garnier le 30 avril 1934, par la Compagnie de Mme Ida RUBINSTEIN. — Chorégraphie de Michel FOKINE.

Mme Ida RUBINSTEIN (Diane). — M. Anatole VILTZAK (le Roi).
Artistes du chant : Mmes MAHE, BACHILLAT (les Musiciennes). — MM. CHASTENET, FROUMENTY (les Musiciens).

Chef d'orchestre : Gustave CLOEZ

Reprise du 24 janvier 1947 (7ᵉ représentation) par le Corps de ballet de l'Opéra. — Chorégraphie de Marcel BERGE.

Mlles Micheline BARDIN (Diane), LAFON (une Demoiselle d'honneur). MM. Roger RITZ (le Roi), LEGRAND (le Marchand d'orviétan), EFIMOFF (premier Moscovite).
Artistes du chant : Mmes LAURENCE, COUVIDOUX (les Musiciennes). — MM. ROUQUETTY, PETITPAS (les Musiciens).

Chef d'orchestre : Roger DESORMIERE

★

LES DIEUX MENDIANTS
3 représentations

Pastorale de Boris Kochno
Musique de HAENDEL, arrangée par Sir Thomas Beecham

Créée à Londres, au His Majesty's Theater, le 16 juillet 1928, par la Compagnie des Ballets russes de Serge de DIAGHILEW. — Chorégraphie de Georges BALANCHINE ; Mlle A. DANILOVA, M. L. WOIZIKOWSKY, sous la direction de Sir Thomas BEECHAM.

Première fois au Palais Garnier le 20 décembre 1928, par la Compagnie des Ballets russes de Serge de DIAGHILEW. — Chorégraphie de Georges BALANCHINE.

Mlle DANILOVA (la Bergère). — M. WOIZIKOWSKY (le Pâtre).
Mlles TCHERNICHEVA, DOUBROVSKA. — M. Constantin TCHERKAS (les Coryphées).

Chef d'orchestre : Roger DESORMIERE

★

DIVERTISSEMENT
170 représentations

Ballet en un acte tiré de « La Belle au bois dormant »
Musique de Piotr-Illitch TCHAIKOVSKY

Première fois au Palais Garnier le 8 juin 1932, dans une chorégraphie de Serge LIFAR, d'après celle de Marius PETIPA.

Grand pas : Mlle Rosita CERES.
Pas de trois : Mlles HUGHETTI, DIDION. — PERETTI.
Chaperon rouge : Mlle J. SIMONI — M. PONTI.
Oiseaux bleus : Mlle LORCIA. — M. S. LIFAR.
Les Chats : Mlle LAMBALLE. — M. DOMANSKY.
Trépak : MM. EFIMOFF, PELLETIER, MOURADEFF.
Pas de deux : Mlle C. BOS (la Princesse). — M. S. LIFAR (le Prince).
Mazurka : Les Artistes de la Danse et le Corps de ballet.

Chef d'orchestre : J.-E. SZYFER

Reprise du 12 mai 1948 (29ᵉ représentation) dans une nouvelle présentation. — Décor et costumes de Bouchène. — Chorégraphie de Serge LIFAR.

Réveil : Mlles CHAUVIRE (lla Princesse Aurore), M. BOZZONI (le Prince charmant).

MM. LALLEMENT et LEFEVRE (les Anges protecteurs).

Polonaise : Mlle Madeleine LAFON (la Fée Dragée).

Pas d'action : Mlle BARDIN (la Princesse), MM. RITZ, RENAULT, KALIOUJNY, BOZZONI (les 4 Prétendants).

Pas de trois : Mlles MOREAU, BOURGEOIS. — M. KALIOUJNY.

Oiseaux bleus : Mlle VAUSSARD. — M. Michel RENAULT.

Les Baladins : Mlle GUILLOT. — MM. GOLOVINE, BARI.

Pas de deux : Mlles CHAUVIRE. — M. BOZZONI.

Mazurka : les Artistes de la Danse et le Corps de ballet.

Chef d'orchestre : Robert BLOT

50ᵉ représentation, le 20 mars 1949 sous la direction de FOURESTIER. — **100ᵉ représentation** le 17 octobre 1951 sous celle de R. BLOT.

★

DIVERTISSEMENT N° 15   2 représentations

Scénario de James Stuart Morcom sur le Divertissement n° 15 en si bémol majeur (K 287) de Wolfgang-Amadéus MOZART.

Première fois au Palais Garnier le 17 octobre 1956 par le New York City Ballet. — Costumes de Karinska. — Chorégraphie de Georges BALANCHINE.

Mlles LECLERCQ, ADAMS, WILDE, HAYDEN.
MM. MAGALLANES, BLISS, TOBIAS.

Chef d'orchestre : Léon BARZIN

★

D O N   J U A N   6 représentations

Divertissement de l'opéra « Don Juan ». — Musique de W.-A. MOZART

Première fois isolément au Palais Garnier le 18 mars 1899. — Chorégraphie de J. HANSEN.

Mlles HIRSCH, DESIRE, LOBSTEIN, SANDRINI, PIODI, GALLAY.
Menuet : Mlles BEAUVAIS, SOUBRIER, MANTE. — MM. STILB, GIRODIER, JAVON.

Chef d'orchestre : Edouard MANGIN

★

DON QUICHOTTE   3 représentations

Pas de deux extrait du ballet « Don Quichotte »
Musique de Ludwig MINKUS

Première fois à Paris, au Théâtre National de l'Opéra-Comique, le 31 janvier 1958, dans la chorégraphie de Marius PETIPA, avec Mlle TALLCHIEF, M. SKIBINE, sous la direction de Richard BLAREAU.

Première fois au Palais Garnier le 8 juin 1958, par le Ballet du Bolchoï de Moscou. — Chorégraphie de Alexandre GORSKY.

Mlle LEPECHINSKAIA. — M. KONDRATOV.

Chef d'orchestre : Guennadi ROJDESTVENSKY

DRAMMA PER MUSICA   6 représentations
Ballet en un acte avec chœurs de Serge Lifar
Musique de Jean-Sébastien BACH

Créé en 1946 à l'Opéra de Monte-Carlo dans une chorégraphie de Serge LIFAR, par Mlle CHAUVIRE (la Dame), MM. ALGAROFF (le Messager), Léo LAUER (le Seigneur), sous la direction de Henri TOMASI.

Première fois par le Corps de ballet de l'Opéra le 28 mai 1950 au Théâtre Communal de Florence, puis au Palais Garnier, le 28 juin 1950. — Décor de Maurice Moulène, d'après Samuel Marolois (œuvres mathématiques 1628). — Chorégraphie de Serge LIFAR.

Mlles VYROUBOVA (la Dame), LAFON, BOURGEOIS, MOREAU, DYNALIX (les Amies), DAYDE, COLLEMENT (les Marquises), THALIA, MAIL, RIGEL, GERODEZ, SIANINA (les Chimères), BESSY, EVEN, CLAVIER, RAYET (les Suivantes).

MM. S. LIFAR (le Messager), BOZZONI (le Seigneur), LEGRAND (un Ami), FRANCHETTI, EFIMOFF (les Marquis), X. ANDREANI, LACOTTE, BARI, LEMOINE (les Amants).

Artistes du chant : Mlles Y. PONS, CROISIER. — MM. GIRAUDEAU, SAVIGNOL.

Chef d'orchestre : Richard BLAREAU

★

D R I G O   2 représentations
Pas de trois extrait du ballet « Cheval bossu »
Musique de Ludwig MINKUS

Première fois à Paris, à l'Académie Nationale de Musique (Palais Garnier), le 11 juin 1958, par le Ballet du Bolchoï de Moscou. — Chorégraphie de Alexandre GORSKY.

Mlles TCHADARIAN, FETISSOVA. — M. KHOKHLOV.

Chef d'orchestre : Guennadi ROJDESTVENSKY

★

D U O   3 représentations
Divertissement sur la « Paraphrase de Rigoletto »
Musique de Franz LISZT

Créé à Genève, au cours d'une représentation officielle de l'Opéra de Paris, la 15 mars 1957. — Chorégraphie de Serge LIFAR.

Mlle Liane DAYDE. — M. Michel RENAULT.

Chef d'orchestre : Robert BLOT

N.B. — Ce ballet ne fut jamais dansé au Palais Garnier.

★

LES EAUX PRINTANIERES   3 représentations
Pas de deux. — Musique de Serge RACHMANINOFF

Première fois à Paris, à l'Académie Nationale de Musique (Palais Garnier), le 8 juin 1958, par le Ballet du Bolchoï de Moscou. — Chorégraphie de Assaf MESSERER.

Mlle LEPECHINSKAIA. — M. PREOBRAJENSKY.

Chef d'orchestre : Guennadi ROJDESTVENSKY

L'ECRAN DES JEUNES FILLES   17 représentations

Ballet en 2 actes de Drésa. — Musique de ROLAND-MANUEL

Créé à Paris, à l'Académie Nationale de Musique (Palais Garnier), le 15 mai 1929. — Décors et costumes de Drésa. — Chorégraphie de Léo STAATS.

Mlles Camille BOS (Yvette), KERVAL (la Maîtresse d'école). M. MAELLI (Henri).

Chef d'orchestre : François RUHLMANN

★

LES ELEMENTS   2 représentations

Frantaisie chorégraphique. — Musique de Jean Féry REBEL

Créée à Paris, au Palais des Tuileries, le 27 septembre 1737, sous la direction de l'Auteur.

Repris par le Corps de ballet de l'Opéra au Théâtre de la Reine du petit Trianon, à Versailles, pour deux représentations, les 27 et 29 juin 1950. — Réalisation musicale de Antoine GEOFFROY-DECHAUME. — Argument, décor et costumes de Lucien Coutaud. — Chorégraphie de Serge LIFAR.

Mlle VYROUBOVA (la Lune). — M. Serge LIFAR (le Soleil).

La Terre : Mlles THALIA, RIGEL, GERODEZ. — MM. X. ANDREANI, DUFLOT, LEMOINE.
L'Eau : Mlles AMIGUES, MAIL, SIANINA, BESSY. — M. BOZZONI.
Le Feu : Mlle LAFON. — MM. FRANCHETTI, BARI.
L'Air : Mlle DYNALIX.
Les Rossignols : Mlles RAYET, CLAVIER.
Les Animaux : Mlles BARDIN. — M. M. RENAULT.

Chef d'orchestre : Roger DESORMIERE

★

E L V I R E   139 représentations

Ballet en un acte de Mme de Brimont

Musique de Domenico SCARLATTI, adaptée et orchestrée par Roland-Manuel

Première fois à Paris, à l'Académie Nationale de Musique (salle du Théâtre des Champs-Elysées), le 8 février 1937. — Décor et costumes de Sigrist. — Chorégraphie de Albert AVELINE.

Mlles DARSONVAL (Elvire), SIMONI (la petite Fille), BINOIS (une Ombre), LASCAR (la Mère), DECARLI (la Mariée), NAUD (le Pantin), MAIL, GERODEZ, MAIREL, RIGEL (les Ombres).
MM. S. PERETTI (le jeune Homme en blanc), SAUVAGEOT (une Ombre), DEMOULIN (le Père), DELANNAY (le Marié), LEGRAND, DUPREZ, PONTI, BOZZONI (les Ombres).

Chef d'orchestre : François RUHLMANN

50ᵉ représentation le 16 novembre 1941.

100ᵉ représentation le 13 février 1946 :

Mlles P. DYNALIX (Elvire), IVANOFF (la petite Fille), MAIL (une Ombre), KREMPFF (La Mère), SIANINA (la Mariée), HAMERER (le Pantin), LAFON, RIGEL, CLAUDE (les Ombres).

MM. S. PERETTI (le jeune Homme en blanc), SAUVAGEOT (une Ombre), LEGRAND (le Père), DUPREZ (le Marié), DECARLI, PONTI, BARI (les Ombres).

Chef d'orchestre : Louis FOURESTIER

★

LES ENCHANTEMENTS DE LA FEE ALCINE   2 représentations

Ballet en un acte de Louis Laloy, d'après l'Arioste
Musique de Georges AURIC

Créé à Paris, à l'Académie Nationale de Musique (Palais Garnier), le 21 mai 1929, par la Compagnie de Mme Ida RUBINSTEIN. — Décor de Alexandre Benois. — Chorégraphie de Léonide MASSINE.

Mme Ida RUBINSTEIN (la Fée Alcine), VARPOTIEC (Angélique).

MM. Anatole VILTZAK (Roger), LAPITZKY (Tancrède).

Chef d'orchestre : Gustave CLOEZ

★

ENDYMION   9 représentations

Ballet en un acte de André Doderet. — Musique de LEGUERNEY

Créé à Paris, à l'Académie Nationale de Musique (Palais Garnier), le 27 juillet 1949. — Décor et costumes de Bouchène. — Chorégraphie de Serge LIFAR.

Mlle Lycette DARSONVAL (Arthémis).

MM. M. RENAULT (Endymion), N. EFIMOFF (le vieux Bûcheron).

Chef d'orchestre : Robert BLOT

★

ENTRE DEUX RONDES   118 représentations

Duo chorégraphique en un acte
Scénario et musique de Marcel SAMUEL-ROUSSEAU

Créé à Paris, à l'Académie Nationale de Musique (Palais Garnier), le 24 avril 1940. — Décor de Nadine Landowsky. — Chorégraphie de Serge LIFAR.

Mlle Solange SCHWARZ (la Danseuse de Degas).

MM. S. LIFAR (la Statue), EFIMOFF (l'indfférent Gardien).

Chef d'orchestre : Louis FOURESTIER

50ᵉ représentation le 19 janvier 1944, avec les créateurs, sauf Mlle IVA-NOFF (la Danseuse de Degas).

Reprise du 27 avril 1949 (57ᵉ représentation) avec les créateurs, sauf Mlle Josette CLAVIER (la Danseuse de Degas).

Chef d'orchestre : Robert BLOT

100ᵉ représentation le 27 avril 1956 : Mlle Liane DAYDE (la Danseuse de Degas). — MM. Michel RENAULT (la Statue), FRANCHETTI (l'indifférent Gardien).

Chef d'orchestre : Robert BLOT

E S C A L E S   2 représentations

Ballet en 3 tableaux de Serge Lifar
Musique de Jacques IBERT

Créé à Paris, à l'Académie Nationale de Musique (Palais Garnier), le 28 juillet 1948. — Décors et costumes de Mlle Denyse de Bravura. — Chorégraphie de Serge LIFAR.

Mlles LAFON, GERODEZ, SIANINA, RIGEL, THALIA.
MM. RITZ, RENAULT, KALIOUJNY, BOZZONI.

Chef d'orchestre : Robert BLOT

★

E S P A N A   6 représentations

Ballet en un acte de Jane Catulle-Mendès
Musique de Emmanuel CHABRIER. — Arrangement de Albert Wolff

Créé à Paris, à l'Académie Nationale de Musique (Palais Garnier), le 3 mai 1911. — Costumes de Pinchon. — Mise en scène et chorégraphie de Mlle Rosita MAURI et M. Léo STAATS.

Mlles ZAMBELLI (Sylvaine), Aïda BONI (Magdeleine), JOHNSSON (une jeune Sorcière), URBAN (Isabella), BARBIER (Juanita), MEUNIER (Charlotte), Léa PIRON (Camille), DE MOREIRA (Marinette), LOZERON (un jeune Vagabond), SAUVAGEAU (une Montreuse de perroquets), DELSAUX (une Montreuse de serpents), BERRODE (une jeune Vagabonde).

MM. AVELINE (Sylvain), RAYMOND (Henry), CLERET (José), MILHET (Jean-Louis), EVEN (Juan).

Chef d'orchestre : Paul VIDAL

★

L ' E T O I L E   78 représentations

Ballet-pantomime en 2 actes de Aderer et de Roddaz
Musique de André WORMSER

Créé à Paris, à l'Académie Nationale de Musique (Palais Garnier), le 31 mai 1897. — Décors de Carpezat, costumes de Bianchini. — Chorégraphie de J. HANSEN.

Mlles Rosita MAURI (Zénaïde), INVERNIZZI (Mme Chamoiseau), TORRI (Mme Bréju), SALLE (un Apprenti), ROBIN (Léocadie), DE MERODE (la Mariée).

MM. HANSEN (Vestris), LADAM (Séverin), DE SORIA (Bobèche), AJAS (le Sergent), REGNIER (le Marié), STILB (le Père du marié).

Chef d'orchestre : Paul VIDAL

Reprise du 23 janvier 1907 (58ᵉ représentation).

Mlles ZAMBELLI (Zénaïde), MANTE (Mme Bréju), LOZERON (un Apprenti), SALLE (Léocadie), MEUNIER (la Mariée).
MM. VANARA (Vestris), CLERET (Séverin), RAYMOND (Bobèche), FEROUELLE (le Sergent), JAVON (le Père).

Chef d'orchestre : Alfred BACHELET

E T U D E   1 représentation

Pas de deux. — Musique de Reinhold GLIERE

Première fois à Paris, à l'Académie Nationale de Musique (Palais Garnier), le 9 juin 1958, par le Ballet du Bolchoï de Moscou. — Chorégraphie de Alexandre LAPAOURI.

Mlle STROUCHKOVA. — M. Alexandre LAPAOURI.

Chef d'orchestre : Guéorguy JEMTCHOUJINE

★

E T U D E S   108 représentations

Ballet en un acte de Harald Lander

Musique de Knudage RIISAGER
(adaptation libre d'après les « Etudes » de Czerny)

Créé au Théâtre Royal de Copenhague le 15 janvier 1948, dans une chorégraphie de Harald LANDER, par Mlle Margot LANDER, MM. BRENAR et JENSEN, sous la direction de HYE-KNUDSEN.

Première fois à Paris, à l'Académie Nationale de Musique (Palais Garnier), le 19 novembre 1952. — Décor de Moulène, costumes de Fost. — Chorégraphie de Harald LANDER.

	19-11-1952 1re	19-5-1955 50e	11-5-1960 100e
La Ballerine	BARDIN	BARDIN	TALLCHIEFF
2 Danseuses	BESSY CLAVIER	CLAVIER GRIMOIN	RAYET MOTTE
Etoiles hommes	RENAULT KALIOUJNY	RENAULT VAN DIJK	VAN DIJK LABIS
Chef d'orchestre	R. BLOT	R. BLOT	R. BLOT

★

L'EVENTAIL DE JEANNE   23 représentations

Ballet en un acte. — Musique de Maurice RAVEL, Pierre-Octave FERROUD, Jacques IBERT, Francis POULENC, Albert ROUSSEL, ROLAND-MANUEL, Marcel DELANNOY, Darius MILHAUD, Georges AURIC, Florent SCHMITT.

Créé à Paris, à l'Académie Nationale de Musique (Palais Garnier), le 4 mars 1929. — Décor de Pierre Legrain et René Moulaert, costumes de Mme Marie Laurencin. — Chorégraphie de Mlles Yvonne FRANCK et Alice BOURGAT.

Mlles TOUMANOWA, M. BOURGAT, O. JOYEUX, C. SCHWARZ, F. GIR, GOULLOUAND. — M. STORMS et les élèves de l'école de Danse.

Chef d'orchestre : J.-E. SZYFER

Reprise du 26 février 1937 (17e représentation).

Mlles VAUSSARD, STEPANOFF, LELIEVRE, STEELE, NAUD.
MM. PETIT, GUELIS et les élèves de l'école de Danse.

Chef d'orchestre : J.-E. SZYFER

☆

FANDANGO   28 représentations

Ballet-pantomime en un acte de Henri Meilhac et Ludovic Halévy

Musique de Gaston SALVAYRE

Créé à Paris, à l'Académie Nationale de Musique (Palais Garnier), le 26 novembre 1877. — Décor de Daram, costumes de Eugène Lacoste. — Chorégraphie de Louis MERANTE.

Mlles BEAUGRAND (la Carmencita), SANLAVILLE (Albert), BIOT (Hélène), ALINE (la Gouvernante), BERNAY (une Demoiselle d'honneur), LARIEUX (l'Hôtelière), LAURENT (la Marquise).

MM. VASQUEZ (Alvar), MAGRI (le Marquis de Luz), CORNET (le Baron de Flamberge), F. MERANTE (le Maître de danse), PLUQUE (le Capitaine des gardes), AJAS (l'Hôtelier), PONÇOT et J. PIERRE (deux Notaires).

Chef d'orchestre : Jules GARCIN

★

FANFARE   2 représentations

Ballet en un acte de Irène Sharaff. — Musique de Benjamin BRITTEN

Créé à New York, le 2 juin 1953, par le New York City Ballet.

Première fois au Palais Garnier, à Paris, le 17 octobre 1956, par le « New York City Ballet ». — Costumes de Irène Sharaff, éclairages de Jean Rosenthal. — Chorégraphie de Jérôme ROBBINS.

Mlles B. FALLIS, E. BROZAK, J. GREEN (Piccolo et Flûtes), Ann CROWELL (Hautbois), B. MILBERG (Clarinette), V. RICH, J. COHEN, W. CURLEY, M. HOROSKO (les Violons), B. WALCZAK (Violoncelle), J. MASON, U. KAI, R. SOBOTKA (Alti), Y. MOUNSEY (Harpe), G. DONALD, C. FIELDS, J. GROMAN, F. RUSSEL (Fanfares).

MM. R. TOBIAS (Clarinette), J. MANDIA, G. GAVIN (Bassons), J. VAN ORDEN (Violon), E. TANNER (Contrebasse), A. MITCHELL, J. WATTS (Trompettes), S. O'BRIEN, W. GEORGOV, W. INGLIS, R. RAPP (Tubas et Cors), T. BOLENDER, R. BARNETT, R. THOMAS (Batterie).

Chef d'orchestre : Léon BARZIN

★

FARANDOLE   1 représentation

Farandole extraite de l' « Arlésienne »

Musique de Georges BIZET

Première fois à Paris, à l'Académie Nationale de Musique (Palais Garnier), le 26 juin 1909, à l'occasion d'un gala à bénéfice. — Chorégraphie de Léo STAATS.

Mlles KSCHEGINSKA, Aïda BONI, LOBSTEIN et le Corps de ballet.

Chef d'orchestre : André MESSAGER

★

LA FARANDOLE

30 représentations

Ballet en 3 actes de Philippe Gille et Arnold Mortier
Musique de Théodore DUBOIS

Créé à Paris, à l'Académie Nationale de Musique (Palais Garnier), le 14 décembre 1883. — Chorégraphie de Louis MERANTE.

Mlles Rosita MAURI (Vivette), SANLAVILLE (Valentin), I. OTTO-LINI (Renaude), ROUMIER (Vincenette), BIOT (Janille), G. OTTOLINI (Magueline), MERCEDES (Martine), PIRON (Cigalia), INVERNIZZI (Sylvine), MONCHANIN (Urgèle), MERANTE, FATOU, SACRE, HIRSCH, BERNAY, C. INVERNIZZI (Ames infidèles).

MM. L. MERANTE (Olivier), PLUQUE (Rémy), CORNET (Maurias).

Chef d'orchestre : MADIER DE MONTJAU

★

FARRUCA FLAMENCA

1 représentation

Danse gitane

Première fois au Palais Garnier le 19 novembre 1948, à l'occasion d'un Gala.

Mme Espanita CORTEZ, accompagnée par MM. Francisco GIL, PERRIN, Ricardo BLASCO et Pépé de ALMERIA.

★

FAUST

8 représentations

Ballet de l'opéra « Faust ». — Musique de Charles GOUNOD

Voir plus loin : « La Nuit de Walpurgis ».

★

LA FAVORITE

1 représentation

Divertissement de l'opéra « La Favorite ». — Musique de DONIZETTI

Première fois isolément au Palais Garnier le 24 mai 1917. — Chorégraphie de Léo STAATS.

Mlle Carlotta ZAMBELLI. — M. Albert AVELINE.

Chef d'orchestre : Henri BUSSER

★

LES FEMMES DE BONNE HUMEUR

8 représentations

Comédie chorégraphique en un acte de Carlo Goldoni

Musique de Domenico SCARLATTI
arrangée et orchestrée par V. Tommasini

Créée à Rome, au Théâtre Constanzi, le 12 avril 1917, par la Compagnie des Ballets russes de Serge de DIAGHILEW, dans une chorégraphie de Léonide MASSINE: Mme TCHERNICHEVA et M. E. CECCHETI, sous la direction d'Ernest ANSERMET.

Première fois à Paris, au Palais Garnier, le 27 décembre 1919, par la Compagnie des Ballets russes de Serge de DIAGHILEW. — Décor et costumes de Léon Bakst. — Chorégraphie de Léonide MASSINE.

Mlles TCHERNICHEVA (Costanza), KARSAVINA (Mariuccia, sa femme de chambre), SOKOLOVA (Félicita), NEMTCHINOVA (Dorotéa), RADINA (Pasquina), CECCHETI (Silvestra, sœur de Luca).

MM. CECCHETTI (Luca, vieux sourd), MASSINE (Léonardo, mari de Félicita), IDZIKOVSKY (Battista), Z. NOVAK (Comte Rinaldo), WOIZIKOWSKY (Niccolo), JAZVINSKY (Faloppa), KOSTROWSKY (le Mendiant), MASCAGNO et KOSTEZEKI (2 Musiciens).

Chef d'orchestre : Gabriel GROVLEZ

Ce ballet a été repris le 23 février 1951 au Théâtre National de l'Opéra-Comique, dans la chorégraphie de Léonide MASSINE, avec Mlles H. D'ARC, VAUSSARD, MM. GEVEL, RAYNE, sous la direction de Richard BLAREAU.

★

LE FESTIN   5 représentations

Suite de Danses sur des musiques de RIMSKY-KORSAKOV (Cortège), GLINKA (Lesghinka, Mazurka), TCHAIKOVSKY (Oiseau bleu, Trépak, Finale), GLAZOUNOW (Grand pas classique hongrois).

Première fois à Paris, au Théâtre du Châtelet, le 19 mai 1909, par la Compagnie des Ballets russes de Serge de DIAGHILEW. — Chorégraphie de Michel FOKINE : Mlles KARSAVINA, FEDOROVA, MM. V. NIJINSKY, BOULGAKOW, sous la direction de Emile COOPER.

Première fois au Palais Garnier le 19 juin 1909, par la Compagnie des Ballets russes de Serge de DIAGHILEW. — Décor de Korovine, costumes de L. Bakst, A. Benois, Biline et Korovine. — Chorégraphie de Michel FOKINE.

Mlles Anna PAVLOVA, KARSAVINA, S. et O. FEDOROVÁ, FOKINA.

MM. NIJINSKY, MORDKINE, MANOKHORW, KOSLOW, KREMENEOW.

Chef d'orchestre : Emile COOPER

★

LE FESTIN DE L'ARAIGNEE   83 représentations

Ballet-pantomime en un acte de Gilbert des Voisins

Musique de Albert ROUSSEL

Créé à Paris, au Théâtre des Arts, le 3 avril 1913, dans une chorégraphie de Léo STAATS, avec Mlles SAHARY-DJALI (l'Araignée), DIMITRIA (l'Ephémère), HUGON (le Papillon), MM. Tommy et George FOOTTIT (2 Mantes religieuses), sous la direction de Gabriel GROVLEZ.

Première fois au Théâtre National de l'Opéra-Comique, le 5 décembre 1922, dans une chorégraphie de Mme STICHEL, avec Mlles Mado MINTY (l'Araignée), Mona PAIVA (l'Ephémère), H. ANDRE (le Papillon), sous la direction de A. CATHERINE.

Première fois au Palais Garnier le 1ᵉʳ mai 1939. — Décor et costumes de Leyritz. — Chorégraphie de Albert AVELINE.

Mlles LORCIA (l'Araignée), Sol. SCHWARZ (l'Ephémère), P. DYNALIX (le Papillon), BINOIS, RIGEL, BERTELON (les Vers de fruit), BARBAN, IVANOFF (les Fourmis).

MM. DUPREZ, EFIMOFF (2 Mantes religieuses), GUYLAINE, RO-MAND (les Bousiers).

Chef d'orchestre : Louis FOURESTIER

50ᵉ représentation le 3 janvier 1945 avec les créateurs sauf Mlles VAUS-SARD (l'Ephémère), CLAUDE (3ᵉ Ver de fruit), GERODEZ, KREMPF (les Fourmis).

★

FETE CHAMPETRE   1 représentation

Divertissement en un tableau . —Musique de Camille SAINT-SAENS

Créé à Paris, à l'Académie Nationale de Musique (Palais Garnier), le 8 février 1938, à l'occasion d'un bal de l'X. — Chorégraphie de Albert AVELINE.

Mlle Suzanne LORCIA. — M. Serge PERETTI.

Chef d'orchestre : Georges BECKER

★

UNE FETE CHEZ LA POUPLINIERE   5 représentations

Reconstitution en un acte d'un concert du XVIIIᵉ siècle. — Argument de Henry Prunières. — Musiques de RAMEAU, GLUCK, DUNI et PERGOLESE, instrumentées par Alfred Bachelet.

Créé à Paris, à l'Académie Nationale de Musique (Palais Garnier), le 25 mai 1916. — Mise en scène de G. WAGUE. — Chorégraphie de F. AMBROISINY.

Danses : Mlles Aïda BONI, URBAN, J. SCHWARZ. — M. A. AVELINE.
Mimes : Mlle A. MEUNIER. — M. Georges WAGUE.
Chant : Mmes LAPEYRETTE, BUGG, COURBIERES, GILLS, MONTJO-VET, Charlotte LORMONT. — MM. A. GRESSE, L. DUFRANNE.

Chef d'orchestre : Alfred BACHELET

Reprise du 17 mai 1917 (2ᵉ représentation) dans une forme uniquement chorégraphique.

Mlles C. ZAMBELLI, J. SCHWARZ, BARBIER, J. LAUGIER. M. Albert AVELINE.

Chef d'orchestre : Alfred BACHELET

★

LA FETE CHEZ THERESE   45 représentations

Ballet en 2 actes de Catulle Mendès
Musique de Reynaldo HAHN

Créé à Paris, à l'Académie Nationale de Musique (Palais Garnier), le 13 février 1910. — Décors de Rochette, costumes de Pinchon. — **Mise** en scène et chorégraphie de Mme STICHEL.

Mlles ZAMBELLI (Mimi), Aïda BONI (la Duchesse), MEUNIER (la Folie), JOHNSSON (Arlequine), Léa PIRON (l'Abbé), DE MOREIRA (l'Amour), URBAN (Carlotta Grisi), SIREDE (Palmyre), H. LAUGIER, G. COUAT, EVEN (3 Bohémiennes).

MM. RAYMOND (Théodore), AVELINE (Gilles), RICAUX (Arlequin), BOURDEL (le Persan), JAVON (Tartaglia).

Chef d'orchestre : Paul VIDAL

Reprise du 9 décembre 1921 (36e représentation) avec les créateurs, sauf :
Mlles J. SCHWARZ (la Duchesse), MORENTE (l'Abbé), KERVAL (Palmyre), S. SCHWARZ (un Négrillon).

MM. RYAUX (Arlequin), DUPRAT (le Persan), FEROUELLE (Tartaglia).

Chef d'orchestre : Reynaldo HAHN

★

FETE RUSSE
11 représentations

Danses caractéristiques sur des thèmes populaires reconstitués par Paul VIDAL, et des musiques de GLINKA (Entr'acte, Final et Divertissement de « La Vie pour le Tzar »), TCHAIKOVSKY (Polonaise), A. RUBINSTEIN (Danse circassienne).

Créées à Paris, à l'Académie Nationale de Musique (Palais Garnier), le 21 octobre 1893. — Chorégraphie de J. HANSEN.

Mlles Rosita MAURI, SUBRA, DESIRE, LOBSTEIN, HIRSCH, SALLE.
MM. VASQUEZ, DE SORIA, AJAS.

Chef d'orchestre : Paul VIDAL

★

LES FEUILLES D'AUTOMNE
1 représentation

Poème chorégraphique de Mme Anna Pavlova
Musique de Frédéric CHOPIN

Première fois au Palais Garnier le 24 novembre 1925, à l'occasion d'un gala organisé par la Légion d'Honneur. — Chorégraphie de Mme Anna PAVLOVA.

Mme Anna PAVLOVA (le Chrysanthème).
MM. VOLININE (le jeune Pâtre), NOVIKOFF (le Vent d'Automne).

Chef d'orchestre : Lucien WURMSER

★

LA FILLE MAL GARDEE
79 représentations
dont une au Palais Garnier

Ballet-pantomime en 2 actes de d'Auberval
Musique arrangée et composée par Ferdinand HEROLD

Créé à Bordeaux, au Grand Théâtre, par Dauberval, en 1789.
Première fois à Paris, à l'Académie Royale de Musique (salle Le Peletier), le 17 novembre 1828. — Chorégraphie de AUMER.

Mlles TAGLIONI (Lisette), NOBLET (Colin), MONTESSU (la Mère).
MM. ALBERT (Michot), PAUL (Nicaise).

Chef d'orchestre : VALENTINO

Première fois au Palais Garnier (79ᵉ représentation) le 23 février 1922 à l'occasion d'un gala à bénéfice.

Mlles A. BALACHOVA (Licette), ARCHANEWSKA, BURGANE, APRIL, ZORIN (les Amies de Licette), KARPOVA, BOLDIREWA, ZAMOUKOW-SKA (les Tziganes).

MM. SMOLZOFF (Colin), MOYSEENKO (la Mère de Licette), ALEXANDROFF (Michot, riche marchand), STROUKNOFF (Nicaise, son fils), WASSILIEFF (un Tzigane).

Chef d'orchestre : Eugène PLOŸNIKOFF

★

LA FLEUR DE PIERRE
4 représentations

Ballet en 3 actes de M. Prokifieva et L. Lavrosky, d'après le recueil de contes de l'Oural, « Le Coffret de Malachite », de P. Bajov.

Musique de Serge PROKOFIEFF

Créé au Théâtre Kirov, à Léningrad, dans une chorégraphie de Youri GRIGOROVITCH.

Première fois à Paris, à l'Académie Nationale de Musique (Palais Garnier) le 23 mai 1961, par le ballet de l'Opéra de Léningrad. — Décors et costumes de Suliko Virsaladze. — Chorégraphie de Youri GRIGO-ROVITCH.

Mlles Alla SIZOVA (Katerina), Alla OSSIPENKO (la Gardienne de la montagne de cuivre), Irina OUTRETSKAYA (la riche Marchande), Irina GUENSLER (la jeune Tzigane), Ludmila NIKITINA (la vieille Tzigane), Gelina KEKICHEVA (la petite Flamme).

MM. Youri SOLOVIEV (Danilo), Anatoli GRIDINE (l'Intendant Sévérian), Alexandre LIVCHITZ, Youri KORNEEV, Alexandre PAVLOSKY (les joyeux Lurons), Anatoli SAPOGOV (le jeune Tzigane).

Chef d'orchestre : M. NIAZI

★

LES FLEURS
12 représentations

Ballet de la 3ᵉ Entrée de l'opéra « Les Indes Galantes »
Musique de Jean-Philippe RAMEAU

Première fois isolément le 11 juin 1878, au cours d'un gala au Ministère de l'Instruction publique à Paris. — Musique reconstituée par Théodore de LAJARTE. — Chorégraphie de Mme Laure FONTA.

Mlles L. FONTA (la Rose), SANLAVILLE (le Liban), A. MERANTE (le Myosotis), PARENT (la Verveine), FATOU (la Marguerite), BERNAY (l'Œillet), ROUMIER (le Muguet), BIOT (le Chèvrefeuille), RIBET (la Pensée), ESSELIN (la Giroflée), MOLINAR (la Fleur des champs), A. PARENT (l'Héliotrope), A. BIOT (la Violette).

MM. VASQUEZ (Zéphir), BAPTISTE (Borée).

Chef d'orchestre : Ernest DELDEVEZ

Reprise isolément le 28 septembre 1954 (2ᵉ représentation) sur la scène du Théâtre de Covent Garden de Londres. — Musique révisée par Henri BUSSER. — Décor et costumes de Fost. — Chorégraphie de Harald LANDER.

Mlles BARDIN (la Rose), DAYDE (le Papillon), DYNALIX, BOURGEOIS, BESSY, RAYET, RIGEL, THALIA (les Fleurs).

MM. RENAULT (Zéphir), RITZ (le Persan), J.-P. ANDREANI (Borée).

Artiste du chant : Janine MICHEAU.

Chef d'orchestre : Louis FOURESTIER

★

FLUORESCENCES   5 représentations

Ballet en lumière noire de Loie Füller. — Musiques de GRIEG (Lumières), RIMSKY-KORSAKOV (Feux follets), DEBUSSY (Voile, Cake-Walk), DELIBES (Fleurs), RAVEL (l'Oiseau fantôme), SCHUBERT (le grand voile).

Première fois au Palais Garnier le 9 février 1938, par les Artistes de la Compagnie des Ballets Loie FULLER.

Chef d'orchestre : François RUHLMANN

★

FOURBERIES   30 représentations

Comédie chorégraphique en 2 actes de Robert Manuel et Serge Lifar, d'après Molière. — Musique de Tony AUBIN, d'après Rossini.

Créé au Palais Garnier le 27 février 1952. — Décors et costumes de Roland Oudot. — Chorégraphie de Serge LIFAR.

Mlles VYROUBOVA (Arzigogola), DAYDE (Coraline), LAFON (Fiorina).

MM. S. LIFAR (Scapin), RENAULT (Lélio), BOZZONI (Mascarille), EFIMOFF (Géronte), DUPREZ (Argante).

Chef d'orchestre : Robert BLOT

★

FRESQUES   8 représentations

Suite chorégraphique : « Invocation », « Berceuse orientale », « Barcarolle », « Scherzo-valse ». — Musique de Philippe GAUBERT.

Créée à Paris, à l'Académie Nationale de Musique (Palais Garnier), le 9 mai 1923. — Chorégraphie de DE MONTOLIU.

Mlles DELSAUX, Y. FRANCK, BRANA, A. BOURGAT, MANTOUᵀ, A. GELOT.

Chef d'orchestre : Philippe GAUBERT

★

FRIVOLANT   13 représentations

Ballet en un acte de Pierre Hortala et Jean Poueigh

Musique de Jean POUEIGH

Créé à Paris, à l'Académie Nationale de Musique (Palais Garnier), le 1ᵉʳ mai 1922. — Costumes de Raoul Dufy. — Chorégraphie de Léo STAATS.

Mlles JOHNSSON (la Nuée), DAUNT (la Source).

MM. Léo STAATS (le Vent), RYAUX (le Soleil).

Chef d'orchestre : Philippe GAUBERT

✳

GISELLE   402 représentations

Ballet fantastique en 2 actes de Théophile Gautier et H. de Saint-Georges

Musique de Adolphe ADAM

Créé à Paris, à l'Académie Royale de Musique (salle Le Pelletier), le 28 juin 1841. — Décors de Cicéri. — Chorégraphie de CORALLI et PERROT.

Mlles Carlotta GRISI (Giselle), A. DUMILATRE (Reine des Willis), FORSTER (Princesse Bathilde), ROLAND (la Mère de Giselle), CARRE (Maya), S. DUMILATRE (Zulma).

MM. Lucien PETIPA (Albert), MABILLE (Hilarion), QUERIAU (le Prince), CORALLI (l'Ecuyer).

Chef d'orchestre : François-Antoine HABENECK

100ᵉ représentation le 27 mai 1863 : Mlles MOURAWIEF (Giselle), L. FONTA (Reine des Willis), MARQUET (Princesse Bathilde). — MM. L. MERANTE (Albert), LENFANT (le Prince), CORALLI (Hilarion), REMOND (l'Ecuyer) ; chef d'orchestre : LEUDET.

✳✳
✳

Première fois au Palais Garnier le 18 juin 1910 (142ᵉ représentation à l'Opéra) par la Compagnie des Ballets russes de Serge de DIAGHILEW. — Décors et costumes d'Alexandre Benois. — Chorégraphie de Michel FOKINE, d'après Coralli.

Mlles KARSAVINA (Giselle), IAKOLEVA (Princesse Bathilde), MATSKEVITCH (la Mère de Giselle), POLIAKOVA (Reine des Willis), LUPOUKOVA (une Paysanne).

MM. V. NIJINSKY (Loys), BOULGAKOW (Hilarion), KICHILEV (le Duc), KOUSSOV (Valet d'armes), SCHERER (un Page), LEONTIEV (le Bouffon).

Chef d'orchestre : Paul VIDAL

Repris le 26 novembre 1924 par le Corps de ballet de l'Opéra (145ᵉ représentation), dans une chorégraphie de Nicolas SERGUEEV, des décors et costumes réalisés d'après les maquettes de Alexandre Benois.

	26-11-1924 (145ᵉ)	20-1-1932 (163ᵉ)	18-12,1935 (169ᵉ)	26-1-1939 (178ᵉ)
Giselle	SPESSIVTZEVA	SPESSIVTZEVA	SEMENOVA	DARSONVAL
Reine Willis	De CRAPONNE	R. CERES	J. SIMONI	CHAUVIRE
Bathilde	O. SOUTZO	O. SOUTZO	O. SOUTZO	CHARRIER
1 Willis	ROUSSEAU	J. SIMONI	HUGHETTI	KERGRIST
Id.	DAMAZIO	HUGHETTI	BARBAN	DYNALIX
La Mère	KERVAL	THUILLANT	LASCAR	THUILLANT
Albert	A. AVELINE	S. LIFAR	S. LIFAR	S. LIFAR
Hilarion	P. RAYMOND	P. RAYMOND	RAYMOND	RAYMOND
Le Prince	RYAUX	VOLCART	SAUVAGEOT	SAUVAGEOT
L'Ecuyer	S. PERETTI	DUPREZ	EFIMOFF	EFIMOFF
Chef d'orchestre	H. BUSSER	H. BUSSER	H. BUSSER	FOURESTIER

Pour la reprise de 1939, de nouveaux décors et costumes ont été conçus par Leyritz.

Pour celle de 1949, Serge LIFAR a réalisé une nouvelle mise en scène dans les décors de Alexandre Benois reconstitués.

	27-7-1941 (200ᵉ)	30-3-1949 (261ᵉ)	28-3-1951 (300ᵉ)	11-6-1954 (326ᵉ)
Giselle	DARSONVAL	CHAUVIRE	DARSONVAL	CHAUVIRE
Reine Willis	CHAUVIRE	BOURGEOIS	BOURGEOIS	J. CLAVIER
Bathilde	CHARRIER	CARLSEN	CARLSEN	GRANELLI
1 Willis	KERGRIST	MOREAU	RIGEL	MILLION
Id.	DYNALIX	DYNALIX	THALIA	DELEPLANQUE
La Mère	THUILLANT	JHANYNE	JHANYNE	CARLSEN
Albert	S. LIFAR	S. LIFAR	S. LIFAR	S. LIFAR
Hilarion	PONTI	BOZZONI	BOZZONI	BOZZONI
Le Prince	SAUVAGEOT	SAUVAGEOT	SAUVAGEOT	JAMET
L'Ecuyer	EFIMOFF	DUPREZ	DUPREZ	TOUROUDE
Chef d'orchestre	DESORMIERE	R. BLOT	R. BLOT	R. BLOT

La reprise de 1954 eut lieu dans des décors et costumes de Carzou.

400ᵉ représentation le 18 octobre 1961 :

Mlles J. AMIEL (Giselle), Cl. MOTTE (la Reine), GARRY et SOUARD (2 Willis).

MM. Flemming FLIDT (Albert), DUFLOT (Hilarion), FRANCHETTI (l'Ecuyer).

Chef d'orchestre : Robert BLOT

★

GRAND PAS   25 représentations

Ballet académique de Serge Lifar

Musique de BRAHMS, orchestrée par Tony Aubin

Créé à Paris, à l'Académie Nationale de Musique (Palais Garnier), le 17 juin 1953. — Chorégraphie de Serge LIFAR.

MM. Michel RENAULT, Alexandre KALIOUJNY, Max BOZZONI, Youli ALGAROFF, Jean-Paul ANDREANI.

Chef d'orchestre : Robert BLOT

★

LA GRANDE JATTE   22 représentations

Ballet en un acte de Pierre Bertin. — Musique de Fred BARLOW

Créé à Paris, à l'Académie Nationale de Musique (Palais Garnier), le 12 juillet 1950. — Décor et costumes de Dignimont. — Chorégraphie de Albert AVELINE.

Mlles DARSONVAL (Mimi), MOREAU (Adrienne).
M. Michel RENAULT (Adhémar).

Chef d'orchestre : Robert BLOT

★

LA GRISI   106 représentations

Ballet en 2 actes de Guy de Téramond. — Musique de Henri TOMASI (variations sur des thèmes de Olivier Métra)

Créé à Paris, à l'Académie Nationale de Musique (Palais Garnier), le 21 juin 1935. — Décors de Dignimont. — Chorégraphie de Albert AVELINE.

Mlles Camille BOS (la Grisi), HUGHETTI (la Femme jalouse), SIMONI, BARBAN, DIDION (les Fleuristes).
M. Serge PERETTI (le Danseur de la Grisi).

Chef d'orchestre : François RUHLMANN

	1-5-1939 (50e)	5-1-1944 (65e)	7-1-1948 (100e)	21-1-1953 (102e)
La Grisi	C. BOS	DARSONVAL	DYNALIX	VAUSSARD
Jalouse	S. BINOIS	GUILLOT	GUILLOT	GUILLOT
Fleuriste	SIMONI	BARDIN	MOREAU	DYNALIX
Id.	BARBAN	IVANOFF	BOURGEOIS	BESSI
Id.	DIDION	DYNALIX	GERODEZ	J. CLAVIER
Danseur	PERETTI	PERETTI	GOLOVINE	ANDREANI
Chef d'orchestre	RUHLMANN	FOURESTIER	R. BLOT	R. BLOT

★

GUIGNOL ET PANDORE   91 représentations

Ballet en un acte de Serge Lifar. — Musique de André JOLIVET

Créé à Paris, à l'Académie Nationale de Musique (Palais Garnier), le 29 avril 1944. — Décor et costumes de Dignimont. — Chorégraphie de Serge LIFAR.

Mlles LORCIA (Guignolette), IVANOFF (la Belle-mère).
MM. Serge LIFAR (Guignol), PERETTI (Pandore), RITZ (le Juge), EFIMOFF (le Bourreau), PETIT, RENAULT (les Gendarmes).

Chef d'orchestre : Louis FOURESTIER

Reprise du 2 juillet 1948 (8e représentation).

Mlles BARDIN (Guignolette), GUILLOT (la Belle-mère).
MM. RENAULT (Guignol), BOZZONI (Pandore), RITZ (le Juge), EFI-MOFF (le Bourreau), GOLOVINE, BARI (les Gendarmes).

Chef d'orchestre : Louis FOURESTIER

50e représentation le 30 décembre 1950 au Casino de Cannes :

Distribution de la reprise, sauf : Mlles MOREAU (Guignolette), LAFON (la Belle-mère), M. LEMOINE (un Gendarme) et Richard BLAREAU au pupitre.

★

H A M L E T   5 représentations

« Fête du Printemps ». — Divertissement de l'opéra « Hamlet »
Musique de Ambroise THOMAS

Première fois isolément salle Le Peletier, le 30 avril 1870, dans la chorégraphie de Marius PETIPA.

Mlles LAMY, PARENT, STOIKOFF, MONTAUBRY, FIOCRE.

Chef d'orchestre : Ernest DELDEVEZ

Première fois isolément au Palais Garnier (2e représentation), le 24 octobre 1893.

Mlles SUBRA, SALLE, MERCEDES.

Chef d'orchestre : MADIER DE MONTJAU

Reprise du 9 avril 1918 (3e représentation).

Mlles J. DUMAS, G. FRANCK, MEUNIER.

Chef d'orchestre : François RUHLMANN

★

HANSLI LE BOSSU   7 représentations

Ballet en 2 actes de Henri Cain et Edouard Adenis
Musique de Noël et Jean GALLON

Créé à Paris, à l'Académie Nationale de Musique (Palais Garnier), le 20 juin 1914. — Décors de Bailly, costumes de Pinchon. — Chorégraphie de Yvan CLUSTINE.

Mlles ZAMBELLI (Suzel), Aïda BONI (Catherine), URBAN (Lisbeth), BARBIER (Marguerite), MEUNIER (Annette), H. LAUGIER (Emmy), J. SCHWARZ (Odile), SIREDE (Mme Schmidt), KERVAL (Mme Sauer).

MM. AVELINE (Hansli), BOUREL (Fritz), GIRODIER (le Père Hauser), JAVON (le Notaire).

Chef d'orchestre : Henri RABAUD

★

H A R N A S I E   ..   5 représentations

Ballet en 2 actes et 3 tableaux de Szymanowsky et Serge Lifar
Musique de Karol SZYMANOWSKI

Créé à Paris, à l'Académie Nationale de Musique (Palais Garnier), le 27 avril 1936. — Décors et costumes de Irène Lorentowicz. — Chorégraphie de Serge LIFAR.

Mlles SIMONI (la Fiancée), LOPEZ, DYNALIX, KERGRIST et CHAUVIRE (4 petites Amies).

MM. S. LIFAR (Chef de Harnasie), EFIMOFF (le Fiancé), FEROUEL-LE (le Père de la Fiancée).

Artiste du chant : M. Edmond RAMBAUD.

Chef d'orchestre : Philippe GAUBERT

★

HENRY VIII   15 représentations

Divertissement de l'opéra « Henry VIII ». — Musique de SAINT-SAENS

Première fois isolément au Palais Garnier le 5 juillet 1919. — Chorégraphie de Nicola GUERRA.

Mlles Aïda BONI, Jeanne DUMAS, DELSAUX.

MM. Albert AVELINE, BOURDEL.

Chef d'orchestre : Alfred BACHELET

★

HOMMAGE A LA REINE   3 représentations

Ballet du couronnement de S.M. Elizabeth II
Musique de Malcolm ARNOLD

Créé à Londres, à l'occasion du couronnement de S.M. Elizabeth II, le 2 juin 1953.

Première fois à Paris, au Palais Garnier, le 1er octobre 1954, par la Compagnie du « Sadler's Wells Ballet » de Londres. — Décor et costumes de Olivier Messel. — Chorégraphie de Frédérick ASHTON.

La Reine et le Roi de la Terre : Mlle Nadia NERINA, M. Alexis RASSINE.

La Reine et le Roi de l'Eau : Mlle Violetta ELVIN, M. John HART.

La Reine et le Roi du Feu : Mlle Rowena JACKSON, M. Alexander GRANT.

La Reine et le Roi de l'Air : Mlle Margot FONTEYN, M. Michael SOMES.

Chef d'orchestre : John HOLLINGSWORTH

★

HOP-FROG   8 représentations

Ballet-pantomime en 2 actes, d'après Edgard Poë
Musique de Raymond LOUCHEUR

Créé à Paris, à l'Académie Nationale de Musique (Palais Garnier), le 17 juin 1953. — Décors et costumes de Untersteller. — Mise en scène et chorégraphie de Harald LANDER.

Mlles DAYDE (Tripetta), CLAVIER (la Valse), BESSY et DYNALIX (la Tarentelle).

MM. Jean BABILEE (Hop-Frog), SAUVAGEOT (le Roi), J.-P. ANDREANI, BARI, LACOTTE, EFIMOFF (la Tarentelle).

Chef d'orchestre : Robert BLOT

★

I C A R E   84 représentations

Légende chorégraphique de Serge Lifar. — Rythmes de Serge Lifar
Orchestration de J.-E. SZYFER

Créé à Paris, à l'Académie Nationale de Musique (Palais Garnier), le
9 juillet 1935. — Décor et costumes de Larthe. — Chorégraphie de Serge
LIFAR.

M. Serge LIFAR (Icare).

Mlles HUGHETTI, BARBAN, DIDION, GRELLIER (les jeunes Filles).

MM. LEBERCHER, EFIMOFF, DOMANSKY, GUYLAINE (les jeunes
Gens).

Chef d'orchestre : J.-E. SZYFER

Reprise du 11 juin 1949 (45e représentation).

Mlles THALIA, RIGEL, GERODEZ, SIANINA (les jeunes Filles).

MM. Serge LIFAR (Icare), BOZZONI (Dédale), R. BARI, FRAN-
CHETTI, LEMOINE, DUFLOT (les jeunes Gens).

Chef d'orchestre : Robert BLOT

50e représentation le 28 septembre 1949 avec les interprètes de la
reprise.

★

I D Y L L E   19 représentations

Ballet en un acte de Alwyne Gamble. — Musique de François SERETTE
**Créé en 1954 au Théâtre de l'Empire, à Paris, par la Compagnie
du Marquis de Cuevas.**

Première fois au Palais Garnier le 5 mars 1958, dans une chorégraphie de George SKIBINE. — Décor et costumes de Alwyne Gamble.

Mlle Marjorie TALLCHIEFF.

MM. George SKIBINE, Max BOZZONI.

Chef d'orchestre : Robert BLOT

★

I L E A N A   3 représentations

Ballet en un acte d'après un conte romain de Chesade
Livret et musique de Marcel BERTRAND

Créé à Paris, à l'Académie Nationale de Musique (Palais Garnier), le
20 mai 1936. — Chorégraphie de Léo STAATS. — Décor de Mouveau.

Mlles BOS (Iléana), KERGRIST (Zolna), BINOIS (la Gitane), SOUT-
ZO (la Reine), BARBAN, DIDION, DAMAZIO, GRELLIER (4 jeunes
Filles).

MM. PERETTI (Lirko), LEGRAND (Prince Stibor), RITZ, SERRY,
SAUVAGEOT, PONTI (4 jeunes Pages).

Chef d'orchestre : Paul PARAY

★

I M A G E S   10 représentations

Divertissement chorégraphique en un acte

Musique de Gabriel PIERNE

Créé à Paris, à l'Académie Nationale de Musique (Palais Garnier), le 21 juin 1935. — Décor de André Hellé. — Chorégraphie de Léo STAATS.

Mlles QUEFFELEC (Colombine), LAFON (Pierrot), VAUSSARD (Mme Polichinelle), KREMPF (M. Polichinelle), VANEL (un Pantin blanc), BUFFERTRILLE (la Négresse), STEELE (Horse Grand), SAINT-PIERRE (une Girl), KRAINIK (un Ecossais).

Chef d'orchestre : Paul PARAY

★

IMPRESSIONS DE MUSIC-HALL   82 représentations

Ballet en un acte. — Musique de Gabriel PIERNE

Créé à Paris, à l'Académie Nationale de Musique (Palais Garnier), le 6 avril 1927. — Costumes de Maxime Dethomas. — Chorégraphie de Mme Bronislava NIJINSKA.

a) « Les Chorus Girls » : Mlles CERES, BINOIS, BADY, DIDION, SARAZOTTI ; MM. MAELLI, KORWSKY.

b) « L'Excentrique » : Mlle ZAMBELLI ; M. AVELINE.

c) « Les Espagnols » : Mlles BOURGAT, LICINI, ROLLA, THUILLANT ; M. BONIFACIO.

2) « Les Clowns musicaux » :

Première famille : Mlles SIMONI, MORENTE ; MM. DUPREZ, THARIAT ; les petits DECARLI, ROMAN.

Deuxième famille : Mlles BARBAN, GELOT ; M. LEBERCHER ; les petits TROUARD, JOYEUX.

Troisième famille : Mlles VALSI, H. DAUWE ; MM. THOMAS, PERETTI ; les petits LAURET, LAINE.

Mlle ZAMBELLI ; MM. AVELINE, CUVELIER.

Chef d'orchestre : Philippe GAUBERT

Reprise du 28 avril 1943 (42ᵉ représentation). — Décor et costumes de Roger Wild.

Mlles S. SCHWARZ, CHAUVIRE, BARDIN, DYNALIX.
M. Nicolas EFIMOFF.

Chef d'orchestre : Louis FOURESTIER

50ᵉ représentation le 10 novembre 1943.

Mlles IVANOFF, BARDIN, DYNALIX, GUILLOT.
M. Nicolas EFIMOFF.

Chef d'orchestre : Louis FOURESTIER

★

L'INCONNUE   11 représentations

Ballet en un acte de Léandre Vaillat. — Musique de André JOLIVET

Créé à Paris, à l'Académie Nationale de Musique (Palais Garnier), le 19 avril 1950. — Décor et costumes de Charles Blanc. — Chorégraphie de Serge LIFAR.

Mles Tamara TOUMANOVA, Liane DAYDE.

MM. Serge LIFAR, Michel RENAULT.

Chef d'orchestre : Louis FOURESTIER

★

ISTAR   107 représentations

Poème dansé en un acte, argument de Léon Bakst
Musique de Vincent d'INDY

Créé à Paris, au Théâtre du Châtelet, le 22 avril 1912, par la Compagnie de Mme TROUHANOVA et dans une chorégraphie de Yvan CLUSTINE : Mme TROUHANOVA (Istar), M. DE CARVA (le Fils de la vie). Orchestre Lamoureux sous la direction de Vincent d'INDY. Décor et costumes de George Desvallières.

Première fois au Palais Garnier le 10 juillet 1924. — Décor et costumes de Léon Bakst. — Chorégraphie de Léo STAATS.

Mme Ida RUBINSTEIN (Istar).

Mlles de MALKAZOUNY, O. JOYEUX, DUGUE (Visions d'enfance) **SALOMON, SARAZOTTI** (Visions paradisiaques), **DELSAUX** (Vision rampante).

MM. RYAUX (le Bonheur terrestre), **FEROUELLE** (Vision sacerdotale), **S. PERETTI** (Vision céleste), **PACAUD, DUROZOY** (Visions guerrières), **P. BARON** (Vision de feu).

Chef d'orchestre : Philippe GAUBERT

Repris le 31 décembre 1941 dans une chorégraphie de Serge LIFAR.

	31-12-1941 (14ᵉ)	28-11-1945 (50ᵉ)	30-11-1951 (90ᵉ)	17-4-1957 (100ᵉ)
Istar	CHAUVIRE	CHAUVIRE	BARDIN	CHAUVIRE
Fils de la vie ...	S. LIFAR	R. RITZ	ANDREANI	DUTHOIT
Chef d'orchestre .	FOURESTIER	FOURESTIER	FOURESTIER	R. BLOT

★

JAVOTTE   44 représentations

Ballet en un acte et 3 tableaux de J.-L. Croze
Musique de Camille SAINT-SAENS

Créé au Grand Théâtre de Lyon, le 3 décembre 1896.
Première fois à Paris, au Théâtre National de l'Opéra-Comique, le 23 octobre 1899, dans une chorégraphie de Mme MARIQUITA: Mlles J. CHASLES (Jean), E. SANTORI (Javotte), MM. PRICE (le Père), GOURDON (le Seigneur), sous la direction de Alexandre LUIGINI.

Première fois au Palais Garnier le 5 février 1909, dans une chorégraphie de Léo STAATS.

Mlles ZAMBELLI (Javotte), SIREDE (Hélène), URBAN (la Femme du Seigneur), DELSAUX, COUAT, JOHNSSON (3 Concurrentes).

MM. Léo STAATS (Jean), GIRODIER (le Père François), JAVON (le Seigneur), BERGE (Briquet), AVELINE, CLERET, RICAUX (3 jeunes Gens), FEROUELLE (l'Appariteur).

Chef d'orchestre : Paul VIDAL

Gala du 19 décembre 1915 en l'honneur de Camille Saint-Saëns (32ᵉ représentation).

Mlles ZAMBELLI (Javotte), SIREDE (Hélène).

MM. AVELINE (Jean), Léo STAATS (le Père François), HUMBERT (le Seigneur).

Chef d'orchestre : Henri BUSSER

Reprise du 14 octobre 1935 (33ᵉ représentation) à l'occasion du centenaire de Camille SAINT-SAENS. — Chorégraphie de Albert AVELINE.

Mlles LORCIA (Javotte), SOUTZO (Hélène), SIMONI, HUGHETTI, BARBAN, DIDION (4 Concurrentes).

MM. PERETTI (Jean), FEROUELLE (le Père François), LEBERCHER (Briquet), N. EFIMOFF (le Chef de musique).

Chef d'orchestre : Henri BUSSER

★

J E U N E S S E   8 représentations

Ballet en 2 actes de André Cœuroy et Serge Lifar

Musique de Pierre-Octave FERROUD

Créé à Paris, à l'Académie Nationale de Musique (Palais Garnier), le 27 avril 1933. — Décors et costumes de Godebski. — Chorégraphie de Serge LIFAR.

Mlles LORCIA, DIDION ; MM. S. LIFAR, PERETTI.

Chef d'orchestre : J.-E. SZYFER

★

JEUX D'ENFANTS   73 représentations

Ballet en un acte. — Musique de Georges BIZET

(orchestration de Georges Bizet et de Victor Servanti)

Créé en 1933 à Monte-Carlo, et première fois à Paris au Théâtre du Châtelet le 19 juin 1933 par la Compagnie des ballets russes de Monte-Carlo, dans une chorégraphie de Léonide MASSINE.

Première fois à l'Académie Nationale de Musique (Palais Garnier), le 16 juillet 1941. — Décor de Drésa, costumes de Mme Marie-Hélène Dasté. — Chorégraphie de Albert AVELINE.

Les Elèves de l'Ecole de Danse de l'Opéra

Chef d'orchestre : Louis FOURESTIER

50ᵉ représentation le 14 octobre 1945.

★

JOAN DE ZARISSA 20 représentations

Ballet en 4 tableaux. — Livret et musique de Werner EGK

Créé à Paris, à l'Académie Nationale de Musique (Palais Garnier), le 10 juillet 1942. — Décors et costumes de Yves Brayer. — Chorégraphie de Serge LIFAR.

Mlles DARSONVAL (Isabeau), IVANOFF (Pérette), BARDIN et DYNA-LIX (les Servantes), S. SCHWARZ (la plus belle), CHAUVIRE (Florence).

MM. S. LIFAR (Joan), PERETTI (un jeune Chevalier), RITZ (le Chevalier géant), GUYLAINE (le Fou), DUPREZ (le Duc de fer), EFIMOFF (le Monstre), SAUVAGEOT et MILLIAND (2 Rois captifs).

Chef d'orchestre : Werner EGK

★

LES JOUETS DE VIATKA 2 représentations

Musique de Vladimir KOUDRIAVTSEV

Première fois à Paris, à l'Académie Nationale de Musique (Palais Garnier) le 11 juin 1952, par le Ballet du Bolchoï de Moscou. — Mise en scène chorégraphique de Vassili VAINONEN.

Mlle A. POPOVA; MM. V. VASSILEV, V. MECHKOWSKY.

Chef d'orchestre : Iouri FAIER

★

L E   J O U R 10 représentations

Poème chorégraphique de Jules Supervielle

Musique de Maurice JAUBERT

Créé à Paris, à l'Académie Nationale de Musique (Palais Garnier), le 23 juin 1943. — Décor et costumes de Jacques Ernotte. — Chorégraphie de Serge LIFAR.

Mlles LORCIA (le Soleil), BARDIN (la Comète), DYNALIX (la Lune).

M. Serge LIFAR (l'Homme).

Artistes du chant : Mmes MICHEAU, SCHENNEBERG, BONNY-PEL-LEIUX, DARBANS et M. CAMBON.

Chef d'orchestre : Louis FOURESTIER

★

LES JUMEAUX DE BERGAME 4 représentations

Ballet-pantomime en un acte de Charles Nuitter et Louis Mérante, d'après Florian. — Musique de Théodore DE LAJARTE

Créé au Casino de Paramé au cours de l'été 1885.

Première fois à Paris, au Palais Garnier, le 26 janvier 1886. — Costumes de M. le comte Lepic. — Chorégraphie de Louis MERANTE.

Mlles SUBRA (Coraline), SANLAVILLE (Arlequin aîné), A. BIOT (Arlequin cadet), INVERNIZZI (Isabelle), OTTOLINI (Nérine).

MM. VASQUEZ (Lélio), F. MERANTE (Pantalon), AJAS l(e Notaire).

Chef d'orchestre : MADIER DE MONTJAU

★

LA KORRIGANE   160 représentations
Ballet fantastique en 2 actes et 3 tableaux de François Coppée
Musique de Charles-Marie WIDOR

Créé à Paris, à l'Académie Nationale de Musique (Palais Garnier), le 1er décembre 1880. — Décors de Lavastre, Rubé et Chaperon, costumes de Eugène Lacoste. — Chorégraphie de Louis MERANTE.

Mlles MAURI (Yvonette), SANLAVILLE (la Reine des Korrigans), I. OTTOLINI (Janik), LAURENT (la Femme du Brigadier), WAL (la Baillive).

MM. L. MERANTE (Lilez), AJAS (le Bossu Peskou), CORNET (Loïc), PLUQUE (le Brigadier de la Maréchaussée), PORCHERON (le Bailli), PONÇOT (le Marchand de chapelets).

Chef d'orchestre : MADIER DE MONTJAU

50e représentation le 8 avril 1885 avec les créateurs, sauf M. VASQUEZ (le Bailli)

	19-1-1894 (67e)	18-5-1896 (100e)	4-11-1916 (144e)	15-12-1933 (148e)
Yvonette	MAURI	MAURI	ZAMBELLI	C. BOS
La Reine	INVERNIZZI	INVERNIZZI	L. PIRON	SOUTZO
Janik	SALLE	SALLE	DE CHARMOY	CEBRON
Femme Brig.	AUGLANS	DESIRE	JOHNSSON	SIMONI
Baillive	WAL	VIOLLAT	BARBIER	HUGHETTI
Lilez	VASQUEZ	VASQUEZ	AVELINE	PERETTI
Pascou	AJAS	AJAS	FEROUELLE	FEROUELLE
Loïc	DESORIA	DE SORIA	RAYMOND	RAYMOND
March. de chapelets	LEROY	HOQUANTE	PERROT	GOUBE
Le Brigadier	PLUQUE	LADAM	DENIZART	DUPREZ
Le Bailli	VASQUEZ p.	VASQUEZ p.	DAVON	SERRY
Chef d'orchestre	MANGIN	MANGIN	WIDOR	SZYFER

★

LE LAC DES AULNES   5 représentations
Ballet féerique en 2 actes et 5 tableaux
Argument et musique de Henri MARECHAL

Créé à Paris, à l'Académie Nationale de Musique (Palais Garnier), le 25 novembre 1907. — Décors de Jambon et Bailly, décors lumineux de Eugène Frey, costumes de Charles Bétout. — Chorégraphie de VANARA.

Mlles ZAMBELLI (Lulla), MEUNIER (Elfen), TROUHANOVA, L. MANTE, L. PIRON (3 Filles du roi des Aulnes).

MM. VANARA (le Magicien), GIRODIER (le Roi des Aulnes).

Artiste du chant : Mme AGUSSOL.

Chef d'orchestre : Paul VIDAL

★

LE LAC DES CYGNES   97 représentations d'extraits
                                       56 représentations intégrales
Ballet de V. Beguitchev et V. Heltzer
Musique de Piotr-Illitch TCHAIKOVSKY

Créé à Moscou en mars 1877, puis à Saint-Pétersbourg, le 17 février 1894, dans une chorégraphie de Marius PETIPA.

Première fois au Covent Garden de Londres en octobre 1911, par la compagnie des Ballets russes de Serge de DIAGHILEW, avec Mlle KCHESSINSKA et M. NIJINSKY, sous la direction de Pierre MONTEUX.

Première fois à Paris, des fragments réunis en un acte, le 30 novembre 1935 au Théâtre National de l'Opéra-Comique dans la chorégraphie de Marius PETIPA, avec Mlle Solange SCHWARZ et M. Constantin TCHERKAS, sous la direction de Elie COHEN.

Première fois au Palais Garnier (des fragments réunis en un acte) le 22 janvier 1936. — Chorégraphie de Serge LIFAR, d'après PETIPA.

Mlle SEMENOVA (Odette, reine des cygnes).

MM. S. LIFAR (prince Wolfgang), EFIMOFF (Benno).

Chef d'orchestre : François RUHLMANN

Reprise du 23 janvier 1946 (28e représentation) — le 2e acte — dans une chorégraphie de GSOVSKY, d'après PETIPA et IVANOFF.

Mlles CHAUVIRE (Odette), DYNALIX, VAUSSARD, KREMPF, LAUVRAY, GUIOT, SIANINA (les Cygnes).

MM. PERETTI (prince Wolfgang), EFIMOFF (Benno), PONTI (Génie du mal), BARI (un Chasseur).

Chef d'orchestre : Roger DESORMIERE

50e représentation le 2 juillet 1947 :

Mlles DARSONVAL (Odette), MOREAU, BOURGEOIS, GERODEZ, GUILLOT, MAIL, SIANINA (les Cygnes).

MM. RITZ (prince Wolfgang), EFIMOFF (Benno), PONTI (Génie du mal), BARI (un Chasseur).

Chef d'orchestre : Robert BLOT

Première fois intégralement au Palais Garnier le 5 octobre 1954, par la Compagnie du « Sadler's Wells Ballet » de Londres. — Décors et costumes de Leslie Hurry. — Mise en scène de Nicholas SERGEYEV. — Chorégraphie de Marius PETIPA et IVANOFF.

Mlles Margot FONTEYN (Odette, Odile), P. MAY (la Mère du Prince), A. WALTON (une Paysanne).

MM. Michael SOMES (prince Siegfried), R. POWEL (Wolfgang), L. EDWARDS (Benno), A. MADER (von Rothbart).

Chef d'orchestre : John HOLLINSWORTH

Reprise de l'œuvre intégrale le 31 mai 1958 par le Ballet du Bolchoï de Moscou. — Décors de Soulio Virsaladzé. — Chorégraphie de Alexandre GORSKI (1er, 2e et 3e actes) et Assaf MESSERER (4e).

Mlles TIMOFEEVA (Odette, Odile), ILIOUTCHENKO (la Mère du Prince), TCHARADAIN ,SMIRNOVA, FETISSOVA (les 3 Cygnes).

MM. FADEITCHEV (prince Siegfried), LAVACHEV (le mauvais Génie), KHOMIAKOV (le Bouffon), RADOUNSKI (le Précepteur).

Chef d'orchestre : Guennadi ROJDESTWENSKI

Reprise de l'œuvre intégrale le 21 décembre 1960 par le corps de ballet de l'Opéra (11e représentation intégrale au Palais Garnier). — Décors et costumes de Dimitri Bouchène. — Chorégraphie et mise en scène de Vladimir BOURMEISTER.

Mlles AMIEL (Odette, Odile), MAIL (la Mère du prince), BASSI, OUDART, BOURILLO (les 3 Cygnes), LAMOU, SEVESTE, FRANCILLON, QUARREZ (les 4 petits Cygnes).

MM. VAN DIJK (prince Siegfried), BOZZONI (le mauvaise Génie), DESCOMBEY (le Bouffon), BLANC (le Majordome).

Chef d'orchestre : Robert BLOT

★

LAURENZA
1 représentation

Ballet en un acte de Gilbert Segura et Pierre Bonnard
Musique de Franz SCHUBERT orchestrée par Paul Vidal et Eugène Bigot

Créé à Paris, à l'Académie Nationale de Musique (Palais Garnier), le 24 janvier 1924. — Chorégraphie de Léo STAATS.

Mlles C. BOS (Laurenza), ROUSSEAU, DAMAZIO, ROSELLY, LORCIA (4 danseuses de l'Opéra de Vienne), LEBRUN, SIMONI, LAMBALLE, J. BOURGAT (4 jeunes Filles du pays).

MM. G. RICAUX (Bronzina), PERETTI, THARIAT, BRIEUX, DURO-ZOY (4 jeunes Gens du pays), RYAUZ (l'Officier), DEBRIS, PARENT, KORWSKY, MAELLY (les amis de l'Officier).

Chef d'orchestre : Henri BUSSER

★

LA LEGENDE DE JOSEPH
6 représentations

Ballet en un acte du comte Harry Graf Kessler
et de Hugo von Hoffmansthal. — Musique de Richard STRAUSS

Première fois à Paris, au Palais Garnier, le 14 mai 1914, par la Compagnie des Ballets russes de Serge de DIAGHILEW. — Décor de José-Marie Sert, costumes de Léon Bakst. — Chorégraphie de Michel FOKINE.

Mmes Maria KOUSNIETZOFF (la Femme de Putiphar), Véra FOKINA (la Sulamite), FOKINA II (l'Esclave favori), TCHERNICHEVA, PFLANZ et DORIS (3 Femmes voilées).

MM. A. BOULGAKOW (Putiphar), L. MASSINE (Joseph, petit pâtre de 15 ans), S. GREGORIEFF (un Cheik), M. FROHMAN (un Archange).

Chef d'orchestre : Richard STRAUSS

★

LA LIME
1. représentation

Ballet en un acte de Henry Ferrare - Musique de André FIJAN

Créé au Grand Cercle d'Aix-les-Bains au cours de l'été 1913.

Première fois au Palais Garnier le 24 janvier 1924. — Chorégraphie de Léo STAATS.

Mlle Olga SOUTZO (Delphine Roselia).

MM. G. WAGUE (Mathias, forçat), REVAL (l'Officier), TREVES (l'Hôtelier), GUILLET (l'Exempt), SOLONCE (le Policier), MONTAGUTELLI (le Garçon d'hôtel).

Chef d'orchestre : Gabriel GROVLEZ

★

LUCIFER
15 représentations

Mystère en un prologue et 3 épisodes de René Dumesnil
Musique de Claude DELVINCOURT

Créé à Paris, à l'Académie Nationale de Musique (Palais Garnier), le 14 décembre 1948. — Décors et costumes de Yves Brayer. — Chorégraphie de Serge LIFAR.

Mlles DARSONVAL (la Princesse infernale), LAFON (Eve), MOREAU (l'Ange déchu), BOURGEOIS (Zillah), DYNALIX (Adah), GERODEZ, SIANINA, RIGEL, THALIA.

MM. RITZ (Lucifer), RENAULT (l'Archange), BOZZONI (Abel), LEGRAND (Adam), EFIMOFF (Caïn).

Artistes du chant : Mmes DESMOUTIERS, MYRTAL, LEROY-THIE-BAUT; MM. RAMBAUD, MEDUS, CHARLES-PAUL.

Chef d'orchestre : Louis FOURESTIER

MADEMOISELLE DE NANTES — 15 représentations

Reconstitution d'une fête donnée à Versailles sous Louis XIV

Musiques de J.-B. LULLI, M.-A. CHARPENTIER et CESKI

Créée à Paris, à l'Académie Nationale de Musique (Palais Garnier), le 9 décembre 1915. — Chorégraphie de Léo STAATS. — Décor de Simas.

Marche du Triomphe   M.-A. Charpentier
L'Orchestre de l'Opéra.

Cadmus et Hermione - Duo   Lulli
Mme Jeanne HATTO (Hermione); M. Armand NARCON (Cadmus).

Acis et Galathée   Lulli
Mlle Suzanne KUBLER (Galathée); M. Jules JAVON (Acis).
MM. PERROT, MONDON, DENIZARD, MARIONNO (les Cyclopes).

Armide - Air de Renaud   Lulli
M. PLAMONDON (Renaud).

Thésée   Lulli
Mlles DAUWE (Cérès), KUBLER (Bacchus), LEQUIEN (le Sylvain), MAUPOIS, GARNIER (Bacchantes). — Artiste du chant : Mme BUGG (Cérès).

Orontéa - Air de Corinda   Ceski
Mme GILLS (Corinda).

Entrée comique   Lulli
Mlles SCHIKEL, BARBAN, LOPEZ, SORELLE, KOCH et CAMERE Artiste du chant : M. André GRESSE (Barbacola).

Alceste et Persée   Lulli
Mlles JOHNSSON (Mlle de Grignan), BARBIER (Duc du Maine), FAIVRE (Comte de Toulouse), D'AMBRE (Mademoiselle de Blois), ROSELLY (Mademoiselle de Nantes).

Chef d'orchestre : Gabriel GROVLEZ

★

MAIMOUNA — 22 représentations

Fantaisie-ballet en un acte de P. André Gérard
Musique de Gabriel GROVLEZ

Créée à Paris, à l'Académie Nationale de Musique (Palais Garnier), le 20 avril 1921. — Mise en scène et chorégraphie de Léo STAATS.

Mlles Aïda BONI (Maïmouna), C. BOS (la Sultane favorite), LEQUIEN (le jeune Emire), KERVAL Zobaïda).

MM. RICAUX (le Musicien), RAYMOND (le Calife Hassan), FEROUELLE (le grand Vizir), BERGE (l'Athlète).

Artiste du chant : M. DUTREIX (le Muezzin).

Chef d'orchestre : Gabriel GROVLEZ

✶

LA MALADETTA

176 représentations

Ballet en 2 actes et 3 tableaux de Pedro Gailhard et J. Hansen
Musique de Paul VIDAL

Créé à Paris, à l'Académie Nationale de Musique (Palais Garnier), le 24 février 1893. — Chorégraphie de J. HANSEN.

	24-2-1893 (1re)	26-10-1900 (100e)	12-7-1922 (166e)	14-1-1927 (171e)
Fée des neiges ....R. MAURI		ZAMBELLI	ZAMBELLI	ZAMBELLI
Lilia ....SUBRA		SANDRINI	J. SCHWARZ	J. SCHWARZ
Mère de Lilia ......AUGLANS		CHABOT	»	DE CRAPONNE
2 Stalagmites ....DESIRE		DESIRE	»	ROUSSEAU
LOBSTEIN		LOBSTEIN	»	LORCIA
Cadual ....LADAM		LADAM	RAYMOND	RAYMOND
Azziturba ....PLUQUE		REGNIER	RICAUX	AVELINE
Chef Gitan ....VASQUEZ		HANSEN	DENIZARD	DENIZARD
Cadual père ......STILB		STILB	FEROUELLE	FEROUELLE
Le Marquis ....DE SORIA		DE SORIA	»	»
Chef d'orchestre . DE*MONTJAU		MANGIN	GAUBERT	BUSSER

N.B. — La reprise de 1922 eut lieu dans une version en 2 tableaux avec une chorégraphie de Léo STAATS.

★

LES MALHEURS DE SOPHIE

9 représentations

Ballet en 3 tableaux de Georges Fells. — Musique de Jean FRANÇAIX
Créé à Paris, à l'Académie Nationale de Musique (Palais Garnier), le 25 février 1948. — Décors et costumes de Mme Valentine Hugo. — Chorégraphie de Robert QUINAULT.

Mlle Josette CLAVIER; M. Raoul BARI.

Artiste du chant : Mme Eliane LAURENCE.

Chef d'orchestre : Robert BLOT

★

MAM'ZELLE ANGOT

2 représentations

Ballet en 3 actes de Léonide Massine
d'après l'opéra-comique « La Fille de Madame Angot »
Musique de Charles LECOQ

Première fois à Paris, au Palais Garnier, le 4 octobre 1954, par la Compagnie du « Sadler's Wells Ballet » de Londres. — Décor et costumes de A. Derain. — Chorégraphie de Léonide MASSINE.

Mlle N. NERINA (Mam'zelle Angot), R. LINDSAY (l'Aristocrate), J. BENESH (la Poissonnière), A. WALTON (la Fleuriste), V. TAYLOR (la Fruitière), D. ZAYMES (la Marchande de légumes).

MM. A. GRANT (le Barbier), D BLAIR (le Caricaturiste), J. HART (un Membre du Gouvernement), F. WHITE (le Chef de la Police), R. POWELL, P. CLEGG (2 Gendarmes), L. EDWARDS (le Boucher), H. LEGERTON (le Tailleur), D. STEUART (le Bottier), P. CHATFIELD (l'Officier).

Chef d'orchestre : John HOLLINGSWORTH

★

LE MARIAGE DE LA BELLE AU BOIS DORMANT 9 représentations

Ballet classique extrait de « La Belle au Bois-ormant »
Musique de Piotr-Illitch TCHAIKOVSKY

Première fois à Paris, au Palais Garnier, le 18 mai 1922, par la Compagnie des Ballets russes de Serge de DIAGHILEW. — Décor et costumes d'Alexandre Benois. — Costumes des contes de fée de Mme Gontcharova. — Chorégraphie de Mme NIJINSKA, d'après celle de Marius PETIPA.

Mlles TREFILOVA (la Princesse), DALBAICON (Shéhérazade); M. VLADIMIROV (le Prince charmant).

Mlles NEMCHINOVA, TCHERNICHOVA, EGOROVA, OGHINSKA, SCHOLLAR et DOBROVSKA.

Chef d'orchestre : Grégor FITELBERG

MELODIE 2 représentations

Pas de deux. — Musique de Christophe-Willibald GLUCK

Première fois à l'Académie Nationale de Musique (Palais Garnier) par le Ballet du Bolchoï de Moscou.

Mlle Marina KONDRATIEVA; M. Boris KHOKHLOV.

Chef d'orchestre : Guéorgui JEMTCHOUJINE

LE MENDIANT DE MARRAKECH 1 représentation

Poème chorégraphique de Louis Poterat et André Tabet
Musique de Lucien-Marie AUBE

Créé à Paris, à l'Académie Nationale de Musique (Palais Garnier), le 18 juin 1946. — Chorégraphie de Constantin TCHERKAS.

Mlle Lydia BYZANTI, M. TCHERKAS et le Corps de ballet du Théâtre National de l'Opéra-Comique.

Chef d'orchestre : François RUHLMANN

MENUET 1 représentation

Menuet extrait de l'acte du Cours-la-Reine de l'opéra-comique « Manon »
Musique de Jules MASSENET

Première fois au Palais Garnier le 10 décembre 1911, à l'occasion d'un Gala Massenet. — Chorégraphie de Mme MARIQUITA.

Le « Menuet » était dansé par des Artistes de la Comédie Française : Mmes LARA, LECOMTE, CERNY et GENIAT.

Chef d'orchestre : Albert WOLFF

★

MA MERE L'OYE   1 représentation

Ballet en 5 tableaux et apothéose

Argument et musique de Maurice RAVEL

Créé à Paris, au Théâtre des Arts, le 28 janvier 1912, dans une chorégraphie de Mme Jane HUGARD, par Mlle Ariane HUGON et M. Robert QUINAULT, sous la direction de Gabriel GROVLEZ.

Première fois à l'Opéra (salle du Trocadéro) le 11 mars 1915. — Chorégraphie de Léo STAATS. — Décors et costumes de Drésa.

Mlles Jeanne SCHWARZ (Florine), BARBIER (la Belle), Léa PIRON (la Fée), DELSAUX (le Serpentin vert), G. FRANCK (le Prince charmant), AVELINE (Laideronnette), FAIVRE (le petit Poucet), ROSELLY (l'Amour), BREVIER et CARRE (Demoiselles d'honneur).

M. RAYMOND (la Bête).

Chef d'orchestre : Gabriel GROVLEZ (débuts)

★

M I D A S   3 représentations

Comédie mythologique en un tableau de Léon Bakst

Musique de Maximilien STEINBERG

Première fois à Paris, au Palais Garnier, le 2 juin 1914, par la Compagnie des Ballets russes de Serge de DIAGHILEW. — Décor et costumes de Doboujinsky. — Chorégraphie de Michel FOKINE.

Mlles Thamar KARSAVINA, SCHOLLAR, TCHERNICHEVA, PFLANZ, FROHMAN.

MM. Adolf BOLM, Max FROHMAN, KREMNEV, GAWRILOV.

Chef d'orchestre : Rhené BATON

★

LES MIRAGES   129 représentations

Féerie chorégraphique en un acte et 2 tableaux de A.-M. Cassandre et Serge Lifar. — Musique de Henri SAUGUET

Créée à Paris, à l'Académie Nationale de Musique (Palais Garnier), — Décors et costumes de A.-M. Cassandre. — Chorégraphie de Serge LIFAR.

La répétition générale de cette œuvre eut lieu fin juillet 1944, mais la Libération de Paris ayant entraîné la fermeture momentanée du théâtre, la première ne fut donnée que le 15 décembre 1947.

	Rép. générale 7-1944	Première 15-12-1947	50e 21-7-1950	100e 28-9-1954
L'Ombre	CHAUVIRE	CHAUVIRE	VYROUBOVA	VYROUBOVA
La Femme	BARDIN	BARDIN	BARDIN	BARDIN
La Chimère	IVANOFF	LAFON	LAFON	LAFON
La Lune	DYNALIX	DYNALIX	DYNALIX	DYNALIX
Courtisane	KREMPF	MOREAU	MOREAU	RIGEL
Id.	VAUSSARD	BOURGEOIS	BOURGEOIS	THALIA
Le jeune Homme	S. LIFAR	RENAULT	RENAULT	RENAULT
1er Marchand	FENONJOIS	BOZZONI	BOZZONI	BOZZONI
2e Marchand	EFIMOFF	EFIMOFF	EFIMOFF	EFIMOFF
3e Marchand	GUYLAINE	DUPREZ	DUPREZ	BLANC
Chef d'orchestre	FOURESTIER	R. BLOT	R. BLOT	R. BLOT

N. B. — La 100e représentation fut donnée au théâtre Covent Garden de Londres.

MIRANDOLINE

3 représentations

Ballet en 3 actes et 6 tableaux
de Piotr Abolinov et Vladimir Varkovitski, d'après Carlo Goldoni
Musique de Serguei VASSILENKO

Première fois à Paris, à l'Académie Nationale de Musique (Palais Garnier), le 1er juin 1958, par le Ballet du Bolchoï de Moscou. — Décors de Nisson Chifrine. — Chorégraphie et mise en scène de Vassili VAINOVEN.

Mlles LEPECHINSKAIA (Mirandoline), KASSATNIKA (la Tzigane), NERSSESSOVA, SOUKHINITCH, TCHOUB, KHLIOUTSOVA (les Servantes).

MM. KONDRATOV (Fabriccio), LEVACHEV (Ripafratta), RADOUNSKI (Albafiorita), TEMIAKOV (Forlippopoli), KHARITONOV, VARLAMOV, GERBER, PEREGOUDOV, SOLODIEV (les Serviteurs).

Chef d'orchestre : Guéorgui JEMTCHOUJINE

LA MORT DU CYGNE

29 représentations

Ballet en un tableau. — Musique de Frédéric CHOPIN
Première fois au Palais Garnier le 10 décembre 1948, dans une chorégraphie de Serge LIFAR.
Mlle Yvette CHAUVIRE; M. Michel RENAULT.

Chef d'orchestre : Robert BLOT

★

LA NAISSANCE DES COULEURS

2 représentations

Scénario et projections de Ernest Klausz
Texte de Morax. — Musique de Arthur HONEGGER
Créé à Paris, à l'Académie Nationale de Musique (Palais Garnier), le 22 juin 1949. — Chorégraphie de Serge LIFAR. — Composition plastique et rythmique de Mme Irène POPARD.

MM. LEGRAND, SAUVAGEOT, DECARLI et les élèves de l'école de Mme Irène POPARD.
Artiste du chant : Mme Denise BOURSIN.

Chef d'orchestre : Robert BLOT

★

NAMOUNA

40 représentations

Ballet en 2 actes et 3 tableaux de Nuitter et Petipa
Musique de Edouard LALO
(instrumentation terminée par Charles Gounod)

Créé à Paris, à l'Académie Nationale de Musique (Palais Garnier), le 6 mars 1882. — Décors de Rubé et Chaperon (1er et 2e tableaux), Lavastre jeune (3e tableau). — Costumes de Eugène Lacoste. — Chorégraphie de Marius PETIPA.

Mlles SANGALLI (Namouna), A. BIOT (Andrikès), SUBRA (Jotis), INVERNIZZI (Héléna), MERCEDES (Khainitza).

MM. L. MERANTE (don Ottavio), PLUQUE (Adriani), M. CORNET (Ali), AJAS (Kitzos).

Chef d'orchestre : Jules GARCIN

Reprise du 30 mars 1908 (16e représentation), dans une chorégraphie de Léo STAATS.

Mlles ZAMBELLI (Namouna), MEUNIER (Andrikès), SIREDE (Jotis), Léa PIRON (Héléna), G. COUAT (Khainitza).

MM. Léo STAATS (don Ottavio), GIRODIER (Adriani), FEROUELLE (Ali).

Chef d'orchestre : Paul VIDAL

Reprise du 13 mai 1935 (37e représentation), dans des décors de Dignimont et une chorégraphie d'Albert AVELINE, inspirée de celle de Léo STAATS.

Mlles Camille BOS (Namouna), SIMONI (Andrikès), LORCIA (Jotis), HUGHETTI (Héléna).

MM. PERETTI (don Ottavio), GOUBE (Adriani), SERRY (Ali).

Chef d'orchestre : François RUHLMANN

★

NAPOLI

1 représentation

Ballet en 3 actes d'Auguste Bournonville
Musiques de N. W. GADE, E. HESTED et H. G. LUMBYE

Créé à l'Opéra de Copenhague, le 20 novembre 1932, par Mlle Margot LANDER et M. Harald LANDER, sous la direction de HYE-KNUDSEN.

Première fois à Paris, à l'Académie Nationale de Musique (Palais Garnier), le 14 juin 1937, par le corps de ballet de l'Opéra de Copenhague. — Chorégraphie de Auguste BOURNONVILLE.

Mlles R. RASMUSSEN (Véronica), U. POULSEN (Teresina). M. Harald LANDER (Genaro).

Chef d'orchestre : Johan HYE-KNUDSEN

★

N A U T E O S 26 représentations
Ballet en 3 actes sur un scénario de René Dumesnil
Musique de Jeanne LELEU

**Créé à l'Opéra de Monte-Carlo le 26 avril 1947, dans une mise
en scène de Serge LIFAR: Mlles CHAUVIRE (Leucothéa), CASSINI
(Eurystée), MM. ALGAROFF (Nautéos), M. KIRBOS (Pisandre), sous
la direction de Henri TOMASI.**

Première fois à Paris, au Palais Garnier (le 1er acte seulement), le
11 juin 1954, puis intégralement le 12 juillet 1954. — Décors et costumes
de Yves Brayer. — Chorégraphie et mise en scène de Serge LIFAR.

Mlles CHAUVIRE (Leucothéa), Mad. LAFON (Eurysthée).
MM. RENAULT (Nautéos), BOZZONI (Pisandre), BARI et FRAN-
CHETTI (2 Tritons), JODEL (le Berger).

Chef d'orchestre : Louis FOURESTIER

LES NOCES DE PSYCHE ET DE L'AMOUR 3 représentations
Ballet en un acte de Alexandre Benois
Musique de Jean-Sébastien BACH (orchestrée par Arthur Honegger)

Créé à Paris, à l'Académie Nationale de Musique (Palais Garnier), le
22 novembre 1928, par la Compagnie de Mme Ida RUBINSTEIN. — Chorégraphie de Mme NIJINSKA.

Mme Ida RUBINSTEIN (Psyché). — M. VILTZAK (l'Amour).
Mlles CHOLLAR, NICOLEAWA, LUDMILOWA, BERRY.
MM. DOLINOFF, LAPITZKY, UNGERER (les Choryphées).

Chef d'orchestre : Walther STRARAM

★

LES NOCES FANTASTIQUES 46 représentations
Ballet en 2 actes et 4 tableaux de Serge Lifar
Musique de Marcel DELANNOY

Créé à Paris, à l'Académie Nationale de Musique (Palais Garnier), le
9 février 1955. — Décors de Roger Chastel, costumes de André Levasseur.
— Réalisation technique de André Boll. — Chorégraphie de Serge LIFAR.

Mlles VYROUBOVA (la Fiancée), BESSY (la Reine), AMIEL, EVEN,
RAYET (les Bohémiennes).
M. Peter VAN DIJK (le Capitaine).

Chef d'orchestre : Robert BLOT

★

N O C T U R N E 3 représentations
Ballet en un acte. — Musique de BORODINE
(orchestrée par Tchérepnine)

Créé à Paris, à l'Académie Nationale de Musique (Palais Garnier), le
29 novembre 1928, par la Compagnie de Mme Ida RUBINSTEIN. — Chorégraphie de Mme NIJINSKA.

Mme Ida RUBINSTEIN (la jeune Fille). — M. VILTZAK (le Fiancé).
Mlles CHOLLAR, NICOLAEWA, LUDMILOWA, BERRY.
MM. LAPITZKY, UNGERER (les Choryphées).

Chef d'orchestre : Walther STRARAM

LE NOCTURNE DES AMOUREUSES   1 représentation

Ballet en un acte de Fournier-Sarlovèze et de Montferrier
Musique de André FIJAN

Créé à Paris, au Cercle privé de l'Epatant, en 1922.

Première fois au Palais Garnier le 20 janvier 1923. — Mise en scène
de TISSERAND. — Chorégraphie de Léo STAATS.

Mlle ZAMBELLI. — M. Albert AVELINE.

Chef d'orchestre : Henri BUSSER

★

LA NUIT DE WALPURGIS   8 représentations

Ballet de l'opéra « Faust ». — Musique de Charles GOUNOD

Première fois isolément au Palais Garnier le 3 juin 1905, dans la chorégraphie de J. HANSEN.

3-6-1905 (1re)	4-4-1911 (2e)	8-8-1927 (3e)	22-6-1935 (4e)	8-6-1958 (6e)
BEAUVAIS	A. BONI	J. SCHWARZ	C. BOS	LEPECHINSKAIA
BARBIER	MEUNIER	DAMAZIO	S. LORCIA	KARELSKAIA
MEUNIER	URBAN	Y. FRANCK	LAMBALLE	TCHADARAIN
SALLE	Léa PIRON	S. LORCIA	BINOIS	PREOBRAJENSKY
L. MANTE	LOZERON	ELLANSKAIA	GRELLIER	KACHANY
Chef : MANGIN	BUSSER	BUSSER	RUHLMANN	I. FAIER

N. B. — La reprise de 1958 eut lieu avec les Artistes du Ballet du
Bolchoï de Moscou, dans une chorégraphie de LAVROSKY.

★

LA NUIT ENSORCELEE   98 représentations

Ballet en 2 actes de Léon Bakst
Adaptation musicale de Emile Vuillermoz
sur des thèmes de Frédéric CHOPIN, orchestrés par Louis Aubert

Créé à Paris, à l'Académie Nationale de Musique (Palais Garnier), le
12 novembre 1923. — Décors et costumes de Léon Bakst. — Chorégraphie
de Léo STAATS.

Mlles C. ZAMBELLI (la Fée), DE CRAPONNE (la Poupée proven-
çale), DAMAZIO (la Poupée russe), ROSELLY (la Poupée anglaise), LOR-
CIA (la Poupée italienne), J. BOURGAT (Bathilde), A. BOURGAT (Mathilde).

MM. Léo STAATS (Paganini), S. PERETTI (Alfred), THARIAT (Corysandre), DENIZARD (le Hussard).

Chef d'orchestre : Philippe GAUBERT

50e représentation le 30 janvier 1927.

Mlles A. JOHNSSON (la Fée), DE CRAPONNE, SIMONI, TERVOORT,
MORENTE (les Poupées), KERVAL (Bathilde), A. BOURGAT (Mathilde).
MM. AVELINE (Paganini), PERETTI (Alfred), RYAUX (Corysandre),
DENIZARD (le Hussard).

Chef d'orchestre : Henri BUSSER

Reprise du 26 mars 1941 (94ᵉ représentation).
Mlles C. BOS (la Fée), DYNALIX, DIDION, BARBAN, JHANYNE
(les Poupées).
MM. PERETTI (Paganini), DUPREZ (Alfred), BOZZONI (Corysandre), SAUVAGEOT (le Hussard).

Chef d'orchestre : Louis FOURESTIER

★

LA NUIT VENITIENNE   9 représentations

Ballet et 1 acte et 3 tableaux de Mme de Brimont
d'après la comédie d'Alfred de Musset. — Musique de Maurice THIRIET

Créé à Paris, à l'Académie Nationale de Musique (Palais Garnier), le
17 mars 1939. — Décors et costumes de Mme Suzanne Roland-Manuel. —
Chorégraphie de Lycette DARSONVAL.

Mlles DARSONVAL (Laurette), SIMONI (Mme Balbi), DIDION,
LOPEZ, BARBAN (Compagnes de Laurette).
MM. PERETTI (le Prince), BOZZONI (Razetta), DUPREZ (le Mar-
quis), FENONJOIS (Grimm), ROMAND (le Fou).

Chef d'orchestre : Louis FOURESTIER

★

L'OISEAU BLEU   10 représentations

Pas de deux tiré de « la Belle au bois dormant »
Musique de Piotr-Illitch TCHAIKOVSKY

Première fois au Palais Garnier le 20 décembre 1940, dans la chorégraphie de Marius PETIPA.

Mlle Suzanne LORCIA (l'Oiseau); M. Serge LIFAR (le Prince).

Chef d'orchestre : Louis FOURESTIER

Reprise du 27 avril 1950 (3ᵉ représentation).
Mlle Madeleine LAFON (l'Oiseau); M. Michel RENAULT (le Prince).

Chef d'orchestre : Richard BLAREAU

Reprise du 5 mars 1953 (8ᵉ représentation).
Mlle Liane DAYDE (l'Oiseau); M. Jean BABILEE (le Prince).

Chef d'orchestre : Robert BLOT

★

L'OISEAU D'OR   1 représentation

Pas de deux extrait de « la Belle au bois dormant »
Musique de Piotr-Illitch TCHAIKOVSKY

Première fois au Palais Garnier le 31 décembre 1911, par la Compagnie des Ballets russes de Serge de DIAGHILEW. — Décor de Korovine,
costumes de Léon Bakst. — Chorégraphie de Marius PETIPA.

Mlle Thamar KARSAVINA. — M. Vaslav NIJINSKY.

Chef d'orchestre : Pierre MONTEUX

★

L'OISEAU DE FEU

65 représentations

Conte dansé en trois tableaux de Michel Fokine
Musique de Igor STRAVINSKY

Créé à Paris, à l'Académie Nationale de Musique (Palais Garnier), le 25 juin 1910, par la Compagnie des Ballets russes de Serge de DIAGHILEW. — Chorégraphie de Michel FOKINE. — Décors et costumes de Golovine.

Mmes KARSAVINA (l'Oiseau de feu), FOKINA (la belle Tsarevna).

MM. Michel FOKINE (Ivan Tsarevitch), BOULGAKOW (Kostchei l'Immortel).

Chef d'orchestre : Gabriel PIERNE

	29-12-1915 (4ᵉ)	27-12-1927 (8ᵉ)	7-4-1954 (11ᵉ)	28-5-1959 (50ᵉ)
Oiseau de feu ..	MACLEZOVA	DALINOVA	VYROUBOVA	TALLCHIEFF
La Tsarevna	TCHERNICHEVA	TCHERNICHEVA	VAUSSARD	AMIEL
Ivan	MASSINE	S. LIFAR	ALGAROFF	G. SKIBINE
Kostchéi	CECCHETTI	BALANCHINE	S. LIFAR	BOZZONI
Chef d'orchestre	STRAVINSKY	DESORMIERE	FOURESTIER	R. BLOT

N.B. — La reprise de 1954 eut lieu dans des décors de Wakhevitch, avec une chorégraphie signée de Serge LIFAR.

★

LES OMBRES

3 représentations

Extrait du ballet « La Bayadère ». — Musique de MINKUS

Créé au Théâtre Marinsky de Saint-Pétersbourg, en 1880, dans une chorégraphie de Marius PETIPA.

Première fois à Paris, au Palais Garnier, le 19 mai 1961, par le corps de ballet de l'Opéra de Leningrad, et dans la chorégraphie de Marius PETIPA.

Mlle Olga MOIESSEVA (la Bayadère). — M. Rudolf NOUREEV (Solor).

Chef d'orchestre : Vadim KALENTIEV

✦

L'ORCHESTRE EN LIBERTE

7 représentations

Farce chorégraphique de Paul Franz et P. Gsell
Musique de Henry SAUVEPLANE

Créé à Paris, à l'Académie Nationale de Musique (Palais Garnier), le 16 février 1931. — Décor et costumes de Paul Collin. — Chorégraphie de Serge LIFAR.

Mlles Suzanne LORCIA, Lucienne LAMBALLE, CERES.
MM. Serge LIFAR, Serge PERETTI.

Chef d'orchestre : J.-E. SZYFER

★

ORIANE ET LE PRINCE D'AMOUR   20 représentations

Drame-ballet en 2 actes de Mme Claude Seran
Musique de Florent SCHMITT

Créé à Paris, à l'Académie Nationale de Musique (Palais Garnier), le 7 janvier 1938. — Décors et costumes de Pedro Pruna. — Chorégraphie de Serge LIFAR.

Mlles DARSONVAL (Oriane), KERGRIST, DYNALIX, SIMONI, GRELLIER (les Suivantes).

MM. S. LIFAR (le Prince d'amour), PERETTI (le Poète), GOUBE (le Marchand), EFIMOFF (le Bouffon), LEGRAND (la Mort).

Artistes du chant : Mmes DONIAU-BLANC, COUVIDOUX ; MM. CHASTENET (le Jongleur), GOURGUES, NOGUERA.

Chef d'orchestre : Philippe GAUBERT

★

LES ORIENTALES   3 représentations

Esquisses chorégraphiques de Serge de Diaghilew
sur des musiques de GLAZOUNOV, SINDING, ARENSKY,
GRIEG et BORODINE

Créées à Paris, à l'Académie Nationale de Musique (Palais Garnier), le 25 juin 1910, par la Compagnie des Ballets russes de Serge de DIAGHILEW. — Chorégraphie de Michel FOKINE. — Décor et costumes de Gorovine.

Mlles C. GELTZER, KARSAVINA, Véra FOKINA.

MM. Vaslav NIJINSKY, VOLININE, ORLOV.

Chef d'orchestre : Nicolas TCHEREPNINE

★

ORPHEE   5 représentations

Mimodrame lyrique en 3 actes, poème et musique de Roger DUCASSE

Créé à Paris, à l'Académie Nationale de Musique (Palais Garnier), le 11 juin 1926. — Décors et costumes d'Oreste Allegri, d'après les esquisses de Golovine. — Chorégraphie de Léo STAATS.

Mme Ida RUBINSTEIN (Orphée).

Mlles DIDION (Eurydice), LORCIA, DAMAZIO (2 Bacchantes).

MM. RYAUX (le Dieu Hymen), DENIZARD (Thanatos).

Rôles chantés : Mmes MARILLIET (une jeune Fille), LALANDE (une jeune Femme) ; MM. CAMBON (un Vieillard), MADLEN (un jeune Homme).

Chef d'orchestre : Philippe GAUBERT

★

LE PALAIS DE CRISTAL   175 représentations

Ballet réalisé sur la « Symphonie en ut » de Georges BIZET

Créé à Paris, à l'Académie Nationale de Musique (Palais Garnier), le 28 juillet 1947. — Décor et costumes d'après les maquettes de Mme Léonore Fini. — Chorégraphie de BALANCHINE.

Mlles DARSONVAL, TOUMANOVA, BARDIN, LAFON.
MM. RITZ, RENAULT, KALIOUJNY, BOZZONI.

Chef d'orchestre : Roger DESORMIERE

50ᵉ représentation le 23 juillet 1951 avec Mlles VAUSSARD, BARDIN, LAFON, BOURGEOIS; MM. RITZ, RENAULT, BOZZONI, sous la direction de Louis FOURESTIER.

100ᵉ représentation le 24 juillet 1955 avec Mlles DARSONVAL, VAUSSARD, BARDIN, BESSY; MM. RENAULT, BOZZONI, ALGAROFF et J.-P. ANDREANI, sous la direction de Robert BLOT.

★

P A N T E A   4 représentations

Poème symphonique en un acte. — Musique de Francisco MALIPIERO

Première fois au Palais Garnier le 28 juin 1935, dans une chorégraphie de Mme Suria MAGITO. — Projections lumineuses de Klausz.

Mme Suria MAGITO (Pantéa).

Chef d'orchestre : François RUHLMANN

★

LES PAPILLONS   5 représentations

Ballet en un acte de Michel Fokine

Musique de Robert SCHUMANN, orchestrée par Nicolas Tchérepnine

Créé à l'Opéra de Monte-Carlo, le 16 avril 1914, par la Compagnie des Ballets russes de Serge de DIAGHILEW, avec la distribution de la création à l'Opéra de Paris.

Première fois à Paris, au Palais Garnier, le 14 mai 1914, par la Compagnie des Ballets russes de Serge de DIAGHILEW. — Décor de Doboujinsky, costumes de Léon Bakst. — Chorégraphie de Michel FOKINE.

Mlles Thamar KARSAVINA (la jeune Fille,) SCHOLLAR, KOPYCINSKA, PFLANZ, WASOLEWSKA, GOULIOUK (les Papillons).

M. Michel FOKINE (Pierrot).

Chef d'orchestre : Pierre MONTEUX

Reprise du 25 janvier 1920 (4ᵉ représentation) par la même Compagnie et une chorégraphie rᵛ visée.

Mlles KARSAVINA et SOKOLOVA (les jeunes Filles), RADINA, WASILEWSKA, ZALESKA, KLEMENTOVITCH, KOSTROWSKY, EVINA, PEPITA, SLAVITZKA, GRANTZEVA, ISTOMINA, NEMTCHINOVA (les Papillons).

M. Léonide MASSINE (Pierrot).

Chef d'orchestre : Gabriel GROVLEZ

★

PAS D'ACIER

1 représentation

Ballet en 2 tableaux de Serge Prokofieff et Georges Iakouloff
Musique de Serge PROKOFIEFF

Créé à Paris, au Théâtre Sarah-Bernhardt, le 7 juin 1927, par la Compagnie des Ballets russes de Serge de DIAGHILEW, avec la distribution de la création à l'Opéra de Paris.

Première fois au Palais Garnier le 27 décembre 1927 par la Compagnie des Ballets russes de Serge de DIAGHILEW. — Constructions et costumes d'après les maquettes de Georges Iakouloff. — Chorégraphie de Léonide MASSINE.

Mlles TCHERNICHEVA, DANILOVA, Véra PETROVA.
MM. Léonide MASSINE, Serge LIFAR, Léon WOIZIKOWSKY.

Chef d'orchestre : Roger DESORMIERE

PAS DE DEUX

3 représentations

Pas de deux classique extrait du ballet « Sylvia »
Musique de Léo DELIBES

Première fois isolément au Festival de Bourgogne, à Dijon, le 16 juin 1956, au cours d'une représentation officielle du Ballet de l'Opéra de Paris.

Mlle Lycette DARSONVAL. — M. Michel RENAULT
Chef d'orchestre : Robert BLOT

PAS DE DEUX

2 représentations

Pas de deux classique extrait du ballet « La Belle au bois dormant »
Musique de Piotr-Illitch TCHAIKOVSKY

Première fois isolément au Palais Garnier le 8 juin 1958, par le Ballet du Bolchoï de Moscou. — Chorégraphie de Assaf MESSERER.

Mlle STROUTCHKOVA. — M. KHOKHLOV.

Chef d'orchestre : Guennadi ROJDESTVENSKY

PAS DE DIEUX

18 représentations

Ballet en 3 mouvements de Gene Kelly
sur le « Concerto en fa » pour piano et orchestre
Musique de George GERSHWIN

Créé à Paris, à l'Académie Nationale de Musique (Palais Garnier), le 6 juillet 1960. — Décors et costumes de André François. — Chorégraphie de Gene KELLY.

Mlles Claude BESSY (Aphrodite), MONS (Mademoiselle Queue de cheval).

MM. A. LABIS (Zeus), DESCOMBEY (Eros), DUTHOIT (le Maître baigneur), FRANCK (un Dur).

Au piano : Michel QUEVAL. — Chef d'orchestre : Richard BLAREAU.

PAS DE DIX
2 représentations

Pas classique hongrois. — Musique de Alexandre GLAZOUNOV

Créé à New York, le 9 novembre 1955, au New York City Ballet, par Mlle TALLCHIEFF et M. EGLEVSKY, sous la direction de Léon BARZIN. Chorégraphie de Georges BALANCHINE.

Première fois à Paris, à l'Académie Nationale de Musique (Palais Garnier), le 17 octobre 1956, par la Compagnie du New York City Ballet. — Costumes de Estéba Francès. — Chorégraphie de Georges BALANCHINE.

Mlles WILDE, FALLIS, KENT, MILBERG, WALCZAK.

MM. EGLEVSKY, O'BRIEN, RAPP, VASQUEZ, WATTS.

Chef d'orchestre : Léon BARZIN

★

PAS DE QUATRE
6 représentations

Musique de Cesare PUGNI

Créé à Londres, en 1845, par Mlles TAGLIONI, CERRITO, Carlotta GRISI et Lucile GRAHN.

Première fois à Paris, à l'Académie Nationale de Musique (Palais Garnier), le 16 décembre 1959. — Costumes de A. E. Chalon. — Chorégraphie de Anton DOLIN.

Mlles VAUSSARD, CHAUVIRE, AMIEL, DARSONVAL.

Chef d'orchestre : Robert BLOT

★

PAS ET LIGNES
6 représentations

Divertissement de Serge Lifar sur la musique de la « Petite Suite » Musique de Claude DEBUSSY (orchestration de Henri Büsser)

Créé à Genève, au cours d'une représentation officielle du Ballet de l'Opéra de Paris, le 15 mars 1957. Chorégraphie de Serge LIFAR.

Mlle Claude BESSY. — M. Max BOZZONI.

Chef d'orchestre : Robert BLOT

Première fois au Palais Garnier le 5 mars 1958 (5ᵉ représentation), avec Mlle Claude BESSY et M. Michel RENAULT. — Chef d'orchestre : Robert BLOT.

★

PASTORALE
1 représentation

Ballet en un acte de George Skibine

Musique de COUPERIN, orchestrée par Jean-Michel Damase

Créé à Paris, à l'Académie Nationale de Musique (Palais Garnier), le 20 décembre 1961. — Décor et costumes de Jacques Dupont. — Chorégraphie de George SKIBINE.

Mlle Marjorie TALLCHIEFF. — M. Jean-Paul ANDREANI.

Chef d'orchestre : Richard BLAREAU

✶

PASSION

23 représentations

Ballet en un acte de Serge LIFAR. — Musique de César FRANCK

Créé à l'Opéra de Monte-Carlo, le 4 mai 1947, dans une chorégraphie de Serge LIFAR, par Mlle J. CHARRAT, MM. SOURATOFF et Léo LAUER, sous la direction d'Albert LOCATELLI.

Première fois par le Corps de ballet de l'Opéra de Paris au Théâtre de Monte-Carlo, le 25 décembre 1949, puis à Paris, au Palais Garnier, le 1er mars 1950. — Costumes de J.-D. Maillart. — Chorégraphie de Serge LIFAR.

Mlle Lyane DAYDE (la Femme).

MM. DUFLOT (le Génie du mal), LEMOINE (le Génie du bien).

Chef d'orchestre : Robert BLOT

Reprise du 26 septembre 1956 (20e représentation), avec les créateurs, sauf Mlle RAYET (la Femme) et M. BLANC (le Génie du mal).

✱

LES PATINEURS

3 représentations

Ballet de l'opéra « Le Prophète ». — Musique de G. MEYERBEER

Première fois isolément au Palais Garnier le 1er octobre 1954, par la Compagnie du « Sadler's Wells Ballet » de Londres. — Décor et costumes de William Chappel. — Chorégraphie de Frédérick ASHTON.

Mlles NAVARRE, JACKSON, B. TAYLOR, V. TAYLOR, LARSEN, FARRON.

MM. HYND, BOULTON, HART.

Chef d'orchestre : John HOLLINGSWORTH

★

PATRIE

16 représentations

Divertissement de l'opéra « Patrie ! ». — Musique de PALHADILE

Première fois isolément au Palais Garnier le 20 octobre 1910, dans une chorégraphie de Léo STAATS.

Mlles ZAMBELLI (l'Abondance), COUAT (la Farce), URBAN (la Paix), JOHNSSON (l'Espagne), MEUNIER (la Justice).

M. Gustave RICAUX (l'Esclave).

Chef d'orchestre : André MESSAGER

★

PAVANE ET VOLTE

1 représentation

Danses de cour du XVIe siècle
Musique restituée par Théodore de LAJARTE

Première fois, par le Corps de ballet de l'Opéra, le 11 juin 1878, au Ministère de l'Instruction publique, à Paris. — Chorégraphie de Mlle Laure FONTA.

Mlles L. FONTA, SANLAVILLE, E. PARENT.

MM. VASQUEZ, BAPTISTE, PERROT.

Chef d'orchestre : Ernest DELDEVEZ

★

PAVANE POUR UNE INFANTE DEFUNTE 11 représentations
Poème chorégraphique. — Musique de Maurice RAVEL

Première fois au Théâtre National de l'Opéra-Comique le 19 janvier 1946, dans une chorégraphie de Constantin TCHERKAS, avec Mlle Lydia BYSANTI, sous la direction de Albert WOLFF.

Première fois au Palais Garnier le 31 décembre 1947. — Argument et chorégraphie de Serge LIFAR. — Costumes de Leyritz.

Mlle CHAUVIRE (une très noble Dame).

MM. BOZZONI (un Grand d'Espagne), JAMET (le Messager).

Chef d'orchestre : Robert BLOT

★

LA PERI 79 représentations
dont 1 au Palais Garnier
Ballet fantastique en 2 actes de Théophile Gautier
Musique de Frédéric BURGMULLER

Créé à Paris, à l'Académie Royale de Musique (salle Le Peletier), le 22 février 1843, dans une chorégraphie de CORALLI.

Mlles C. GRISI (la Péri), MARQUET (Noumadhal), ZELIE (Ayscha).
MM. Marius PETIPA (Achmet), BARREZ (Roucem), QUENIAU (le Geôlier), RAGANE (Pacha), CORALLI (le Marchand d'esclaves), ADICE (le Chef des Chioux).

Chef d'orchestre : Pantaléon BATTU

Première fois au Palais Garnier (79e représentation) le 25 octobre 1931, à l'occasion d'un gala à bénéfice. — Chorégraphie de Léo STAATS.

Mlles C. BOS (la Péri), LORCIA (Noumadhal).
M. Serge PERETTI (Achmet).

Chef d'orchestre : J.-E. SZYFER

☆

LA PERI 136 représentations
Poème dansé en un tableau. — Musique de Paul DUKAS

Créé à Paris, au Théâtre du Châtelet, le 22 avril 1912, dans une chorégraphie de Yvan CLUSTINE, par Mme TROUHANOVA et M. SEKEFI, sous la direction de Paul DUKAS. Décor et costumes de René Piot. Repris à Paris, au Théâtre des Champs-Elysées, le 17 avril 1913, avec Mme TROUHANOVA et M. AVELINE; puis à l'Opéra-Comique, le 29 mai 1914, par Mme TROUHANOVA et M. Robert QUINAULT.

Première fois au Palais Garnier le 20 juin 1921. — Décor de René Piot, costumes de Stowitts. — Chorégraphie de Yvan CLUSTINE.

Mlle Anna PAVLOVA (la Péri). — M. STOWITTS (Iskander).

Chef d'orchestre : Philippe GAUBERT

	4-12-1929 (50e)	10-1-1945 (92e)	19-1-1952 (131e)	17-7-1957 (135e)
La Péri	SPESSIVTZEVA	LORCIA	BARDIN	CHAUVIRE
Iskander	PERETTI	PERETTI	R. RITZ	KALIOUJNY
Chef d'orchestre	RUHLMANN	FOURESTIER	FOURESTIER	FOURESTIER

N.B. — La 100e représentation eut lieu le 25 juillet 1945 avec Mlle LORCIA et M. PERETTI.

✶

PERSEPHONE   3 représentations

Poème d'André Gide. — Musique de Igor STRAVINSKY

Créé à Paris, à l'Académie Nationale de Musique (Palais Garnier), le 30 avril 1934, par la Compagnie de Mme Ida RUBINSTEIN. — Chorégraphie de Kurt JOOSS.

Mmes Ida RUBINSTEIN (Perséphone), KRAKOWSKA (Dometer). M. Anatole VILTZAK (Mercure).

Artistes du chant : M. René MAISON (Eumolphe). — Chœurs et chorale d'enfants de la « Zangluat » d'Amsterdam.

Chef d'orchestre : Igor STRAVINSKY

★

PETITE SUITE   26 représentations

Ballet en 4 images
Musique de Claude DEBUSSY, orchestrée par Henri Busser

Créé à Paris, à l'Académie Nationale de Musique (Palais Garnier), le 24 mars 1922. — Chorégraphie de Mlles PASMANIK et HOWARTH.

Mlles DELSAUX, Y. FRANCK, BRANA, A. BOURGAT, MANTOUT.

Chef d'orchestre : Henri BUSSER

★

PETROUCHKA   53 représentations

Scènes burlesques en 4 tableaux de Igor Stravinsky et Alexandre Benois
Musique de Igor STRAVINSKY

Créé à Paris, au Théâtre du Chatelet, le 13 juin 1911, par la Compagnie des Ballets russes de Serge de DIAGHILEW.

Première fois au Palais Garnier le 24 mai 1914, par la même Compagnie. — Décors et costumes de Alexandre Benois. — Chorégraphie de Michel FOKINE.

	CHATELET	PALAIS GARNIER		
	13-6-1911 (création)	24-5-1914 (1re)	24-12-1919 (4e)	20-5-1922 (12e)
La Ballerine ....KARSAVINA		KARSAVINA	KARSAVINA	NIJINSKA
Pétrouchka ....NIJINSKY		FOKINE	MASSINE	IDZIKOVSKY
Le Maure ....ORLOW		A. BOLM	ZVEREW	ZVEREW
Charlatan ....CECCHETTI		CECCHETTI	CECCHETTI	KARNETZKY
Chef d'orchestre ....P. MONTEUX		P. MONTEUX	G. GROVLEZ	ANSERMET

Reprise du 7 avril 1948 (21e représentation) par le Corps de Ballet de l'Opéra de Paris. — Chorégraphie de Michel FOKINE réglée par Serge LIFAR et Nicolas ZVEREW. — Décors et costumes de Alexandre Benois.

Mlles BARDIN (la Ballerine), MOREAU, BOURGEOIS (les Danseuses de rues), GUILLOT (la Nourrice), GERODEZ, MAIL (les Tziganes), SIANINA, RIGEL, THALIA (les Nourrices).

MM. RENAULT (Pétrouchka), BOZZONI (le Maure), EFIMOFF (le vieux Charlatan), LEGRAND (le Marchand fêtard), SAUVAGEOT (le premier Cocher).

Chef d'orchestre : Robert BLOT

50e représentation le 4 juillet 1953 avec Mlle BARDIN, MM. ALGAROFF, BOZZONI, EFIMOFF, sous la direction de Louis FOURESTIER.

P H E D R E
77 représentations.

Tragédie chorégraphique en un acte de Jean Cocteau
Musique de Georges AURIC

Créée à Paris, à l'Académie Nationale de Musique (Palais Garnier), le 14 juin 1950. — Action dansée de Serge LIFAR. — Rideau, décor et costumes dessinés par Jean Cocteau. Tableaux vivants photographiques de M. Brassai.

Mlles TOUMANOVA (Phèdre), DARSONVAL (Oenone), DAYDE (Aricie).

MM. S. LIFAR (Hippolyte), RITZ (Thésée), LEGRAND (Neptune).

Chef d'orchestre : Louis FOURESTIER

50ᵉ représentation le 16 mai 1954, au Festival de Wiesbaden.
Mlles VYROUBOVA (Phèdre), LAFON (Oenone), DAYDE (Aricie).
MM. S. LIFAR (Hippolyte), RITZ (Thésée), LEGRAND (Neptune).

Chef d'orchestre : Robert BLOT

Reprise du 11 juin 1958 (65ᵉ représentation) au cours des représentations officielles à Moscou.

Mlles BESSY (Phèdre), LAFON (Oenone), AMIEL (Aricie).
MM. ALGAROFF (Hippolyte), BOZZONI (Thésée), PARES (Neptune).

Chef d'orchestre : Robert BLOT

★

PHILOTIS, Danseuse de Corinthe
6 représentations

Ballet en 2 actes de Gabriel Bernard
Musique de Philippe GAUBERT

Créé à Paris, à l'Académie Nationale de Musique (Palais Garnier), le 18 février 1914. — Décors de Mouveau (1ᵉʳ acte), Anglas et Canu (2ᵉ acte). — Costumes de Pinchon. — Chorégraphie de Yvan CLUSTINE.

Mlles ZAMBELLI (Philotis), URBAN (Thétis), BARBIER, MEUNIER, H. LAUGIER (les Amies de Philotis), J. SCHWARZ (un Berger), KERVAL (la Pythie).

MM. AVELINE (Lycas), Ch. JAVON (Phrasilos), GUILLEMIN (un Prêtre d'Apollon), RICAUX, EVEN, MILHET (les Amis de Philotis).

Chef d'orchestre : Henri BUSSER

★

PIED PIPER (le Joueur de flûte)
2 représentations

Divertissement sur le « Concerto pour clarinette et orchestre »
Musique de Aaron COPLAND

Créé à New York, le 4 décembre 1951, au New York City Ballet, par Mlles LECLERCQ, REED, HAYDEN, ADAMS, J. VASQUEZ, MM. ROBBINS, BOLENDER, BLISS, MAGALLANES, TOBIAS, dans une chorégraphie de Jérône ROBBINS. Chef d'orchestre: Léon BARZIN.

Première fois à Paris, au Palais Garnier, le 19 octobre 1956, par la Compagnie du New York City Ballet. — Chorégraphie de Jérôme ROBBINS.

Mlles ADAMS, J. VASQUEZ, LECLERCQ, CURLEY, MASON (les danseuses).

MM. Ed. WALL (le Joueur de flûte), MAGALLANES, R. VASQUEZ, BOLENDER, BARNETT, MANDIA (les Danseurs).

Chef d'orchestre : Léon BARZIN

POEMES CHOREGRAPHIQUES
1 représentation

12 poèmes chorégraphiques extraits des œuvres du répertoire du Ballet Royal de Copenhague

Première fois à Paris, à l'Académie Nationale de Musique (Palais Garnier), le 4 juin 1937, par le Corps de ballet de l'Opéra Royal de Copenhague. — Chorégraphie de Hans BECK, Auguste BOURNONVILLE, Michel FOKINE, Harald LANDER et E. WALBOM.

Poèmes successivement dansés :

CHOPINIANA (Chopin), IMAGES DE REVE (Lymbie), DANSE D'ES-QUIMAUX (X), VALSE de « La Bergère et le Ramoneur » (A. Enna), SERENADE des « Millions d'Arlequin » (Drigo), GAVOTTE de « La Reine dans le miroir » (Christensen), GUIGUE DE MARINS (X), DANSES DE FOLKLORE (W. Schroeder), DANSE DES CHAPEAUX (X), FERRUCA ARGENTINA (Majo), LE PRINTEMPS (Grieg), LA JOIE DE VIVRE (F. Henriquer).

Interprètes :

Mlles POULSEN, ELSAAS, PEDERSEN, HOEJGAARD, THOROLF-PEDERSEN, LANDER, KARSTENS, HEGLUND.

MM. OERBERG, JENSEN, BJOERNSSON, NOEJGAARD, LANDER, PETERSEN, ENRIKSER, BRENNA.

Chef d'orchestre : Johan HYE-KNUDSEN

POLONAISE ET CRACOVIENNE
4 représentations

Ballet de l'opéra « Ivan Soussanine ». — Musique de Mikaïl GLINKA

Première fois à Paris, à l'Académie Nationale de Musique (Palais Garnier), le 8 juin 1958, par le Ballet du Bolchoï de Moscou. — Mise en scène chorégraphique de Rostislav ZAKHAROV.

Mlles SANGOVITCH, KOLPAKTCHI, BOUGOUSLAVSKAIA, SO-KHINITCH.

MM. SMOLTSOV, RADOUNSKY, RIKHTER, LEVACHOV.

Chef d'orchestre : Iouri FAIER

PRELUDE A L'APRES-MIDI D'UN FAUNE
106 représentations

Tableau chorégraphique de Vaslav Nijinsky,

d'après le poème de Stéphane Mallarmé. — Musique de Claude DEBUSSY

Créé à Paris, au Théâtre du Chatelet, le 29 mai 1912, par la Compagnie des Ballets russes de Serge de Diaghilew, avec Mlle NELI-DOVA (une Nymphe) et M. Vaslav NIJINSKY (le Faune), sous la direction de Pierre MONTEUX. Décor de Léon Bakst.

Première fois au Palais Garnier le 23 mai 1922, par la Compagnie des Ballets russes de Serge de DIAGHILEW. — Décor de Léon Bakst. — Chorégraphie de Vaslav NIJINSKY.

	23-5-1922 (1re)	29-12-1927 (5e)	18-3-1935 (6e)	7-1-1946 (50e)	27-5-1954 (100e)
Le Faune	NIJINSKA	S. LIFAR	S. LIFAR	FENONJOIS	S. LIFAR
Ch. orch.	ANSERMET	DESORMIERE	GAUBERT	INGHELBRECHT	R. BLOT

N.B. — La reprise de 1935 eut lieu dans une chorégraphie de Serge LIFAR. — Celle de 1946, dans une chorégraphie de FENONJOIS comportant 3 nymphes (Mlles LAFON, BOURGEOIS, PARENT). — La 100e eut lieu, dans la chorégraphie LIFAR, au Festival de Bordeaux.

★

PRELUDE DOMINICAL et Six pièces à danser pour chaque jour de la Semaine   22 représentations

Divertissement chorégraphique en un acte. — Musique de Guy ROPARTZ

Créé à Paris, à l'Académie Nationale de Musique (Palais Garnier), le 16 février 1931. — Décors et costumes de Paul Collin. — Chorégraphie de Serge LIFAR.

Mlles LORCIA, SIMONI, BARBAN, CERES.
MM. Serge LIFAR, Serge PERETTI.

Chef d'orchestre : François RUHLMANN

★

LA PRETRESSE DE KORYDWEN   6 représentations

Ballet en 2 actes d'après le roman d'Albert Juhellé
Scénario de Albert Juhellé et Georges Cléret
Musique de Paul LADMIRAULT

Créé à Paris, à l'Académie Nationale de Musique (Palais Garnier), le 17 décembre 1926. — Décors de Darlot. — Chorégraphie de Léo STAATS.
Mlles C. BOS (Hudeldéda), SOUTZO (l'Archidruidesse).
MM. PERETTI (Morwarc'h), THARIAT (Gwion, le nain voyant).
Artistes du chant : Mmes LALANDE, TESSANDRA; M. CAMBON.

Chef d'orchestre : François RUHLMANN

★

P R I E R E   5 représentations

Poème chorégraphique de Serge Lifar sur le 2e mouvement de la 7e Symphonie. — Musique de Ludwig van BEETHOVEN

Créé à Paris, à l'Académie Nationale de Musique (Palais Garnier), le 1er juin 1943. — Chorégraphie de Serge LIFAR.
M. Serge LIFAR.

Chef d'orchestre : Roger DESORMIERE

LA PRINCESSE AU JARDIN   16 représentations

Conte chorégraphique en un acte de Emile Vuillermoz
Musique de Gabriel GROVLEZ

Créé à Paris, à l'Académie Nationale de Musique (Palais Garnier), le 2 juillet 1941. — Décor et costumes de Paul Bony. — Chorégraphie de Serge LIFAR.

Mlle Lycette DARSONVAL (la Princesse).
MM. PERETTI (l'Iris), EFIMOFF (le Solitaire).

Chef d'orchestre : Louis FOURESTIER

★

LA PRINCESSE CYGNE   5 représentations

Ballet en un acte d'après l'opéra « Tzar Saltan »
Musique de RIMSKY-KORSAKOV

Créé à Paris, à l'Académie Nationale de Musique (Palais Garnier), le 29 novembre 1928, par la Compagnie de Mme Ida RUBINSTEIN. — Chorégraphie de Mme NIJINSKA.

Mme Ida RUBINSTEIN (Princesse Cygne). — M. VITZAK (Guidon).
Mlles CHOLLAR, NICOLAEWA, LUDMILOWA, BERRY.
MM. DOLINOFF, LAPITZKY, UNGERER.

Chef d'orchestre : Walther STRARAM

★

LA PRINCESSE ENCHANTEE   1 représentation

Pas de deux tiré du ballet « La Belle au Bois dormant »
Musique de Piotr-Illitch TCHAIKOVSKY

Première fois au Palais Garnier le 29 décembre 1915 par la Compagnie des Ballets russes de Serge de DIAGHILEW. — Décor et costumes de Léon Bakst. — Chorégraphie de Léonide MASSINE.

Mlle Xénia MACLEZOVA (la Princesse).
M. Adolf BOLM (le Prince).

Chef d'orchestre : Ernest ANSERMET

★

PRINTEMPS A VIENNE   47 représentations

Ballet en un acte de Harald Lander sur la musique de la « 2ᵉ Symphonie »
Musique de Franz SCHUBERT

Créé à Paris, à l'Académie Nationale de Musique (Palais Garnier), le 28 juillet 1954. — Décor et costumes de Jean-Denis Maclès. — Chorégraphie de Harald LANDER.

Promenade : Mlle BARDIN. — MM. ALGAROFF, BARI, FRANCHETTI.
Les Amoureux : Mlle CLAVIER. — M. LACOTTE.
Polka militaire : Mlle Liane DAYDE.
Bouquet : Tous les Artistes du Corps de ballet.

Chef d'orchestre : Robert BLOT

★

PROMENADES DANS ROME   35 représentations
Divertissement chorégraphique en 1 acte et 4 tableaux
de Jean-Louis Vaudoyer. — Musique de Marcel SAMUEL-ROUSSEAU

Créé à Paris, à l'Académie Nationale de Musique (Salle des Champs-Elysées), le 14 décembre 1936. — Décors de Decarie. — Costumes de Mme J.-P. Zambaux. — Chorégraphie de Serge LIFAR.

Mlles LORCIA, SIMONI, KERGRIST.
MM. S. LIFAR, PERETTI, EFIMOFF.

Artistes du chant : Mme Renée MAHE; M. Georges NORE.

Chef d'orchestre : Philippe GAUBERT

★

PULCINELLA   5 représentations
Ballet avec chant en un tableau
Musique de Igor STRAVINSKY, d'après Pergolèse

Créé à Paris, à l'Académie Nationale de Musique (Palais Garnier), le 15 mai 1920, par la Compagnie des Ballets russes de Serge de DIAGHILEW. — Décor et costumes de Pablo Picasso. — Chorégraphie de Léonide MASSINE.

Mlles KARSAVINA, TCHERNICHEVA, EMTCHINOVA.
MM. L. MASSINE, E. CECCHETTI, N. ZVEREW.

Chef d'orchestre : Ernest ANSERMET

★

QARRTSILUNI   8 représentations
Ballet en un acte de Harald Lander. — Musique de Knudage RIISAGER

Créé à l'Opéra Royal de Copenhague, le 21 février 1942, dans une chorégraphie de Harald LANDER, par M. N.-B. LARSEN, sous la direction de HYE-KNUDSEN.

Première fois à Paris, à l'Académie Nationale de Musique (Palais Garnier), le 3 février 1960. — Décor et costumes de Bernard Daydé. — Chorégraphie de Harald LANDER.

M. Michel DESCOMBEY (le Sorcier).

Chef d'orchestre : Robert BLOT

★

LES QUATRE TEMPERAMENTS   2 représentations
Ballet en un acte. — Musique de Paul HINDEMITH

Créé à New York, pa.· le New York City Ballet, en 1941.

Première fois à Paris, à l'Académie Nationale de Musique (Palais Garnier), le 19 octobre 1956, par la Compagnie du New York City Ballet. — Eclairages de Jean Rosenthal. — Chorégraphie de Georges BALANCHINE.

Mlles SAVOIA, MOUNSEY, KENT, FALLIS, WALCZAK, ADAMS.
MM. TOBIAS, WATTS, MONCION, BLISS, D'AMBOISE, BOLENDER.
Au piano : M. KOPEIKINE. — Chef d'orchestre : Léon BARZIN.

★

RAYON DE LUNE

14 représentations

Ballet en un acte de Mlle Carina Ari
Musique de Gabriel FAURE

Créé à Paris, à l'Académie Nationale de Musique (Palais Garnier), le 7 décembre 1928. — Décor, costumes et chorégraphie de Mlle Carina ARI.

Mlles C. BOS (Rayon de Lune), Carina ARI (la Fille des monts bleus), SIMONI, BARDAN, GELOT, CERES (4 Reflets).

M. Serge PERETTI (le jeune Homme).

Chef d'orchestre : Philippe GAUBERT

Reprise du 31 octobre 1934 (8e représentation).

Mlles HUGHETTI (Rayon de Lune), Carina ARI (la Fille des monts bleus), BARBAN, DIDION, DAMAZIO, BINOIS (4 Reflets).

M. Serge PERETTI (le jeune Homme).

Chef d'orchestre : D. E. INGHELBRECHT

★

LE RENARD

5 représentations

Ballet burlesque en un acte de Igor Stravinsky

Traduction française de C.-F. Ramuz. — Musique de Igor STRAVINSKY

Créé à Paris, à l'Académie Nationale de Musique (Palais Garnier), le 18 mai 1922, par la Compagnie des Ballets russes de Serge de DIAGHILEW. — Décor et costumes de Larionov. — Chorégraphie de Mme NIJINSKA.

Mme NIJINSKA (le Renard).

MM. ISZIKOWSKY (le Coq), JASWINSKY (le Bélier), FEDOROV (le Chat).

Artistes du chant : MM. FABERT, DUBOIS, NARCON, MAHIEUX.

Chef d'orchestre : Ernest ANSERMET

★

LES RENCONTRES

5 représentations

Petite suite en forme de ballet. — Musique de Jacques IBERT

Créé à Paris, à l'Académie Nationale de Musique (Palais Garnier), le 19 novembre 1925. — Costumes dessinés par Maxime Thomas. — Chorégraphie de Mme NIJINSKA.

Mlles SPESSIVTZEVA, ROUSSEAU, LORCIA.

M. Serge PERETTI.

Chef d'orchestre : François RUHLMANN

★

LE REVE

37 représentations

Ballet en 2 actes et 3 tableaux de Edouard Blau
Musique de Léon GASTINEL

Créé à Paris, à l'Académie Nationale de Musique (Palais Garnier), le 9 juin 1890. — Décors de Lavastre et Carpezat, costumes de Ch. Bianchini. — Chorégraphie de HANSEN.

Mlles R. MAURI (Daïta), INVERNIZZI (Amanichi), TORRI (Isanami).

MM. VASQUEZ (Taiko), HANSEN (Sakouna), PLUQUE (le Ketcho), SORIA (Yorikis).

Chef d'orchestre : MADIER DE MONTJAU

LE REVE DE LA MARQUISE   3 représentations

Argument de Michel Fokine sur la partition des « Petits Riens »
Musique de W.-A. MOZART

Première fois au Palais Garnier le 11 mai 1921, dans une chorégraphie de Michel FOKINE.

Mme Véra FOKINA (la Marquise), Mlle Solange SCHWARZ, débuts, 9 ans (le Négrillon).

M. Michel FOKINE (le Marquis, le Faune).

Chef d'orchestre : Henri BUSSER

★

LE ROI NU   10 représentations

Ballet en 1 acte et 4 tableaux de Serge Lifar, d'après un conte d'Andersen
Musique de Jean FRANÇAIX

Créé à Paris, à l'Académie Nationale de Musique (Palais Garnier), le 15 juin 1936. — Décors de Pruna. — Chorégraphie de Serge LIFAR.

Mlles LORCIA (la Reine), BARBAN, DIDION, DYNALIX, KERGRIST (les Dames d'honneur).

MM. Serge LIFAR (le Roi), GOUBE (l'Amant), LEGRAND, RITZ, DUPREZ (les Ministres), EFIMOFF, DOMANSKY, GUYLAINE (les Tailleurs).

Chef d'orchestre : J.-E. SZYFER

★

LE ROMAN D'ESTELLE   5 représentations

Reconstitution d'une fête donnée chez la Dorus-Gras au 19e siècle
Musique de AUBER, BERLIOZ, HEROLD

Créée à Paris, à l'Académie Nationale de Musique (Palais Garnier), le 9 mars 1916. — Mise en scène de G. WAGUE. — Chorégraphie de F. AMBROISINY.

Mlles DELSAUX (Arlequin), LEQUIEN (Colombine).
M. Georges WAGUE (Pierrot).

Artistes du chant : Mme Marguerite CARRE (Dorus-Gras) ; Léon LAFFITE (David), Francisque DELMAS (Rubini).

Chef d'orchestre : Gabriel GROVLEZ

★

ROMEO ET JULIETTE   22 représentations

Divertissement de l'opéra « Roméo et Juliette »
Musique de Charles GOUNOD

Première fois isolément au Palais Garnier le 9 mars 1918, dans la chorégraphie de Ivan CLUSTINE.

Mlle Anna JOHNSSON. — M. Albert AVELINE.

Chef d'orchestre : Henri BUSSER

Reprise du 4 avril 1945 (9ᵉ représentation).
Mlle Suzanne LORCIA. — M. Max BOZZONI.
Chef d'orchestre : Louis FOURESTIER
Reprise du 24 janvier 1951 (12ᵉ représentation) dans la chorégraphie de Albert AVELINE.
Mlle Liane DAYDE. — M. Michel RENAULT.
Chef d'orchestre : Robert BLOT

★

ROMEO ET JULIETTE   39 représentations
Ballet en 2 actes et 10 épisodes de Prokofieff et Lavrosky,
d'après l'œuvre de Shakespeare. — Musique de Serge PROKOFIEFF
Première fois à Paris, à l'Académie Nationale de Musique (Palais Garnier) — une version condensée — le 28 décembre 1955. — Décors et costumes de Georges Wakhévitch. — Mise en scène et chorégraphie de Serge LIFAR.
Mlles DAYDE (Juliette), DYNALIX (la Nourrice), THALIA (la Mère de Juliette).
MM. RENAULT (Roméo), BOZZONI (Thibalt), BARI (Mercutio), LIFAR (Frère Laurent), FRANCHETTI (Benvolio), BLANC (le Père de Juliette), PARRES (le Duc).
Chef d'orchestre : Robert BLOT

Les 30 mai, 4 et 10 juin 1958 (28ᵉ, 29ᵉ et 30ᵉ représentations), l'œuvre fut représentée dans son intégrité par le Ballet du Bolchoï de Moscou. — Décors de Piotr Williams. — Mise en scène chorégraphique de Léonide LAVROSKI.
Mlles OULANOVA (Juliette), KOUZNETSOVA (la Nourrice), ILIOU-CHTCHENKO (la Mère de Juliette), KONDRATIEVA (l'Amie de Juliette).
MM. JDANOV (Roméo), RICHTER (Tybalt), SEKH (Mercutio), SMOLTSOV (Lorenzo), VASSILOV (Benvolio), RADOUNSKY (le Père de Juliette), GOLYCHEV (le Duc), LAPAOURI (Pâris), PAVLINOV (Montaigu), KACHANI (le Bouffon), KHOKHLOV (le Troubadour).
Chef d'orchestre : Iouri FAYER

★

ROMEO ET JULIETTE   60 représentations
Poème dansé sur la musique de Piotr-Illitch TCHAIKOVSKY
Première fois à l'Académie Nationale de Musique (Palais Garnier) de 27 février 1945 — des extraits : « la Rencontre », « le Duel », « le Balcon », « la Chapelle ». — Chorégraphie de Serge LIFAR. — Décors de Maurice Moulène.
Mlle L. DARSONVAL (Juliette). — M. S. PERRAULT (Roméo).
Chef d'orchestre : Louis FOURESTIER

	22-5-1947 (2ᵉ)	28-2-1949 (3ᵉ)	9-10-1954 (50ᵉ)	20-6-1957 (54ᵉ)
Juliette	J. CHARRAT	CHAUVIRE	DAYDE	DAYDE
Roméo	GUELIS	KALIOUJNY	RENAULT	RENAULT
Chef d'orchestre	R. BLOT	R. BLOT	R. BLOT	R. BLOT

N.B. — A partir de la 3ᵉ représentation, l'œuvre fut jouée intégralement. La 50ᵉ eut lieu pendant le séjour du Corps de Ballet de l'Opéra de Paris au Covent Garden de Londres.

LA RONDE DES SAISONS

22 représentations

Ballet en 3 actes et 5 tableaux de Charles Lomon et J. Hansen
Musique de Henri BUSSER

Créé à Paris, à l'Académie Nationale de Musique (Palais Garnier), le 22 décembre 1905. — Décors de Jambon et Bailly, costumes de Betout. — Chorégraphie de J. HANSEN.

Mlles ZAMBELLI (Oriel), J. MANTE (Sire de Barbazan), SALLE (un Page), RICOTTI (le Printemps), L. PIRON (l'Eté), SIREDE (l'Automne), NICLOUX (l'Hiver).

MM. VANARA (la Sorcière), GIRODIER (l'Intendant), RAYMOND (le Chef des Vendangeurs).

Chef d'orchestre : Henri BUSSER (débuts)

★

ROSELINDE

7 représentations

Ballet en 2 tableaux de P. B. Gheusi. — Musique de Henri HIRCHMANN

Créé à Paris, à l'Académie Nationale de Musique (Palais Garnier), le 17 novembre 1933. — Décors et costumes de Charlemagne. — Chorégraphie de Léo STAATS.

Mlles LORCIA (Roselinde), GRELLIER (la Favorite).

MM. PERETTI (le Corsaire), RAYMOND (le Sultan), FEROUELLE (le Calife).

Chef d'orchestre : François RUHLMANN

★

LE ROUET D'ARMOR

10 représentations

Légende chorégraphique et musicale avec soli et chœurs, en 2 actes, d'après un conte de Michel Geistdoerfer
Scénario et musique de Adolphe PIRIOU

Créée à Paris, à l'Académie Nationale de Musique (Palais Garnier), le 3 février 1936. — Décors, costumes et projections de Charles Ventrillo-Horber. — Chorégraphie de Léo STAATS.

Mlles LORCIA (Naline), THUILLANT (la Mère de Naline), LASCAR (la Mère de Saïc), JHANYNE, GUILLOT, DECARLI, DARSONVAL (4 jeunes Filles d'honneur).

MM. PERETTI (Saïc), RAYMOND (le Père de Naline), FEROUELLE (le Père de Saïc), SERRY (le Tailleur), LEBERCHER (le Meunier), N. EFIMOFF (le Bossu), LEGRAND, RITZ, DUPREZ, SAUVAGEOT (4 Garçons d'honneur).

Artistes du chant : Mmes NESPOULOUS (la Fée des Landes), BEAUMELLE (une Paysanne); MM. CHASTENET (un Berger), CAMBON (un Pâtre).

Chef d'orchestre : J.-E. SZYFER

★

Pierre FROUMENTY

Henry-Bertrand ETCHEVERRY

Henri MEDUS

Les Basses

Gérard SERKOYAN

Xavier DEPRAZ

Pierre SAVIGNOL

Julien
GIOVANETTI

Paul CABANEL

Paul FRANZ

Georges NORE

José de TRÉVI

Georges THILL

P. H. VERGNES

Miguel VILLABELLA

José LUCCIONI

Raphaël ROMAGNONI

Raoul JOBIN

Henry LEGAY

es Ténors

Jean GIRAUDEAU

Albert LANCE

Robert
GOUTTEBROZE

Tony PONCET

Claude HECTOR

Michel ROUX

Gérard CHAPUIS

Georges VAILLANT

Encore des Basses

et quelques ténors

de la nouvelle vague

Paul FINEL

Marcel HUYLBROCK

Alain VANZO

Guy CHAUVET

Michel CADIOU

LA ROUSSALKA
19 représentations

Ballet pantomime en 2 actes de Hugues Le Roux et A. de Dubor
Musique de Lucien LAMBERT

Créé à Paris, à l'Académie Nationale de Musique (Palais Garnier), le 8 décembre 1911. — Costumes de Pinchon. — Chorégraphie de Yvan CLUSTINE.

Mlles ZAMBELLI (Aléna, la Roussalka), G. COUAT (une Paysanne), JOHNSSON, URBAN (2 Roussalkas), L. PIRON (la Reine des eaux), SIREDE (la comtesse Madège).

MM. RAYMOND (le Père d'Aléna), CLERET (le Chef des Moissonneurs), BOURDEL (le Chef Piqueur).

Chef d'orchestre : Paul VIDAL

★

LE RUSTRE IMPRUDENT
7 représentations

Ballet en un acte de Mme Jane Catulle-Mendès et Henry Jacques
Musique de Maurice FOURET

Créé à Paris, à l'Académie Nationale de Musique (Palais Garnier), le 7 décembre 1931. — Décor et costumes de Charles Martin. — Chorégraphie de Léo STAATS.

Mlles LORCIA, CERES, BARBAN, GELOT, BINOIS.
M. Serge PERETTI.

Chef d'orchestre : Henri BUSSER

★

LA SABOTIERE
2 représentations

Divertissement extrait du ballet « La Korrigane »
Musique de Charles-Marie WIDOR

Première fois isolément au Palais Garnier le 24 décembre 1907, dans une chorégraphie de Léo STAATS.

Mlles Carlotta ZAMBELLI, VANGOETHEN, BEAUVAIS.

Chef d'orchestre : Alfred BACHELET

★

LE SACRE DU PRINTEMPS
3 représentations

Tableau de la Russie païenne en 2 actes de Roerich et I. Stravinsky
Musique de Igor STRAVINSKY

Créé à Paris, au Théâtre des Champs-Elysées, le 29 mai 1913, par la Compagnie des Ballets russes de Serge de DIAGHILEW, dans une chorégraphie de V. NIJINSKY: M. PILTZ, chef d'orchestre: Pierre MONTEUX.

Première fois au Palais Garnier le 27 mai 1922 par la Compagnie des Ballets russes de Serge de DIAGHILEW. — Décor et costumes de Roerich. — Chorégraphie de Léonide MASSINE.

Mmes NIJINSKA et les Artistes de la Compagnie.

Chef d'orchestre : Ernest ANSERMET

★

SALADE
45 représentations

Ballet chanté de Albert Flament. — Musique de Darius MILHAUD

Créé à Paris, à l'Académie Nationale de Musique (Palais Garnier), le 13 février 1935. — Décor et costumes de André Derain. — Chorégraphie de Serge LIFAR.

Mlles LORCIA (Rosetta), SIMONI (Isabelle).

MM. S. LIFAR (Polichinelle), PERETTI (Cinzio), SERRY (le Capitaine), DOMANSKY (Coviello), LEBERCHER (Tartaglia), GUYLAINE (le Docteur), LEGRAND, RITZ, DUPREZ, SAUVAGEOT, EFIMOFF, PONTI, PELLETIER (les Soldats).

Artistes du chant : Mmes NATHAN (Rosetta), MAHE (Isabelle); MM. RAMBAUD (Polichinelle), GILLES (Cinzio), CLAVERIE (le Capitaine), GOURGUES (Coviello), MOROT (Tartaglia), CAMBON (le Docteur).

Chef d'orchestre : François RUHLMANN

Reprise du 28 juillet 1948 (25ᵉ représentation).
Mlles BARDIN (Rosetta), GUILLOT (Isabelle).

MM. RENAULT (Polichinelle), BOZZONI (Cinzio), RITZ (le Capitaine), EFIMOFF (Coviello), SAUVAGEOT (Tartaglia), LEMOINE (le Docteur), GOLOVINE, J.-P. ANDREANI, BARI, DUFLOT, FRANCHETTI, BLANC, LACOTTE (les Soldats).

Artistes du chant : Mmes CELLIER, débuts (Rosetta), MOIZAN (Isabelle); MM. LE BRETON, débuts (Polichinelle), MICHEL (Cinzio), CLAVERIE (le Capitaine), RIALLAND, débuts (Coviello), PERNET (Tartaglia), CLAVENSY, débuts (le Docteur).

Chef d'orchestre : Robert BLOT

★

LES SANTONS
78 représentations

Ballet en un acte, avec solo et chœurs, de René Dumesnil
Musique de Henri TOMASI

Créé à Paris, à l'Académie Nationale de Musique (Palais Garnier), le 18 novembre 1938. — Décor et costumes de A .Hellé. — Lumière noire réglée par Korda et Auvray. — Chorégraphie de Albert AVELINE.

Mlles LORCIA (Sarah), DYNALIX (la Poissonnière), BARBAN (la Meunière).

MM. PERETTI (l'Aveugle), GOUBE (Satan), DUPREZ (Pistache), EFIMOFF (Pescadou), LEGRAND (le Guerrier), PONTI (le Meunier).

Artiste du chant : Mme Eliette SCHENNEBERG (la Pécheresse).

Chef d'orchestre : Henri TOMASI

50ᵉ représentation le 18 mai 1945 :
Mlles DYNALIX (Sarah), VAUSSARD (la Poissonnière), GERODEZ (la Meunière).

MM. PERETTI (l'Aveugle), RITZ (Satan), DUPREZ (Pistache), EFIMOFF (Pescadou), BOZZONI (le Guerrier), PONTI (le Meunier).

Artiste du chant : Mme Odette RICQUIER (la Pécheresse).

Chef d'orchestre : François RUHLMANN

✱

SEMIRAMIS   3 représentations

Poème dansé de Paul Valéry. — Musique de Arthur HONEGGER

Première fois au Palais Garnier le 11 mai 1934 par la Compagnie de Mme Ida RUBINSTEIN. — Décor et costumes de Alexandre Igakovieff. — Chorégraphie de Michel FOKINE.

Mme Ida RUBINSTEIN (Sémiramis).

M. LEISTER (le beau Captif).

Artistes du chant : MM. LE CLEZIO, CHASTENET, FROUMENTY, MEDUS (les Astrologues).

Chef d'orchestre : Gustave CLOEZ

SEPTUOR   26 représentations

Ballet en un acte de Francis Blanche. — Musique de Jean LUTECE

Créé à Paris, à l'Académie Nationale de Musique (Palais Garnier), le 25 janvier 1950. — Décor et costumes de Yves Bonnat, rideau de Mme Potron. — Chorégraphie de Serge LIFAR.

Mlles BESSY (Elle), BERTAGNOL (le Spectre de l'Aimée), DYNA-LIX (la Princesse).

MM. LACOTTE (l'Assassin), BARI (le Capitaine), DECARLI, TOU-ROUDE, JODEL (la Garde), PONTI (la Justice), EFIMOFF (le Sorcier), BLANC (un Homme), LEMOINE (un Fou), SAUVAGEOT (le Cordier), JAMET (un Gueux), DUFLOT (l'Incrédule), FRANCHETTI (le Bossu), L. LEGRAND (un Seigneur), LEFEVRE (l'Apôtre), ANDREANI (un Homme).

Chef d'orchestre : Robert BLOT

Reprise du 14 novembre 1956 (25e représentation) avec les créateurs, sauf Mlles AMIEL (le Spectre), et M. DUCHENE (l'Assassin).

★

SERENADE   22 représentations

Ballet en un acte. — Musique de Piotr-Illitch TCHAIKOVSKY

Créé à Paris, à l'Académie Nationale de Musique (Palais Garnier), le 30 avril 1947. — Arrangement décoratif et costumes de André Delfau. — Chorégraphie de Georges BALANCHINE.

Mlles VAUSSARD, BOURGEOIS, GERODEZ, GUILLOT, SIANINA, RIGEL.

MM. RENAULT, BOZZONI, DUFLOT, J.-P. ANDREANI, TOUROUDE, LALLEMENT.

Chef d'orchestre : Roger DESORMIERE

★

SHEHERAZADE

33 représentations

Drame chorégraphique en un acte de Michel Fokine et Léon Bakst
Musique de RIMSKY-KORSAKOV

Créé à Paris, à l'Académie Nationale de Musique (Palais Garnier), le 4 juin 1910 par la Compagnie des Ballets russes de Serge de DIAGHILEW. — Décor et costumes de Léon Bakst. — Chorégraphie de Michel FOKINE.

Mme Ida RUBINSTEIN (Zobéide), FEDOROVA, FOKINA, POLIAKOWA (3 Odalisques).

MM. BOULGAKOV (Schariar, roi des Indes), KISSELEV (Schah-Zéman, son frère), NIJINSKY (le Nègre favori), OGHNEV (le grand Eunuque).

Chef d'orchestre : Nicolas TCHEREPNINE

Reprises successives par la Compagnie de Serge de DIAGHILEW :

	14-5-1914 (12e)	4-5-1920 (17e)	31-5-1922 (23e)
Zobéide	KARSAVINA	TCHERNICHEVA	TCHERNICHEVA
Nègre favori	FOKINE	MASSINE	VLADIMIROW
Schariar	FREHMAN	GRIGORIEFF	GRIGORIEFF
Schah-Zéman	CECCHETTI	JAZWINSKY	JAZWINSKY
Grand Eunuque	SEMENOW	CECCHETTI	ZVEREFF
Chef d'orchestre	P. MONTEUX	H. MORIN	ANSERMET

Reprise du 25 avril 1961 (26e représentation) par le Corps de ballet de l'Opéra. — Décor et costumes d'après Léon Bakst. — Chorégraphie de Michel FOKINE réglée par Serge LIFAR et Nicolas ZVEREFF.

Mlles BARDIN (Zobéide), LAFON, BOURGEOIS, DYNALIX (3 Odalisques).

MM. KALIOUJNY (le Nègre favori), LEGRAND (Schariar), JAMET (Schah-Zéman), EFIMOFF (le grand Eunuque).

Chef d'orchestre : Robert BLOT

★

SIANG SIN

105 représentations

Ballet-pantomime en 2 tableaux de Pierre Jobbé-Duval
Musique de Georges HUE

Créé à Paris, à l'Académie Nationale de Musique (Palais Garnier), le 19 mars 1924. — Décors et costumes de René Piot. — Choregraphie de Léo STAATS.

	19-3-1924 (1re)	29-7-1927 (50e)	16-6-1939 (75e)	15-7-1942 (100e)
La Favorite	C. BOS	C. BOS	C. BOS	C. BOS
Princesses	ROUSSEAU	DAMAZIO	KERGRIST	DYNALIX
	ROSELLY	SIMONI	DIDION	IVANOFF
Marionnettes	ROUSSEAU	LORCIA	SIMONI	BARDIN
	LORCIA	TERVOORT	LOPEZ	LOPEZ
	TERVOORT	MORENTE	BINOIS	BARBAN
Pi-Tchung	G. RICAUX	G. RICAUX	S. PERETTI	S. PERETTI
L'Empereur	L. STAATS	RAYMOND	P. GOUBE	MILLIAND
L'Enchanteur	FEROUELLE	FEROUELLE	FEROUELLE	JAMET
Chef d'orchestre	GAUBERT	GAUBERT	RUHLMANN	FOURESTIER

☆

SOIR DE FETE   300 représentations

Ballet en un acte de Léo Staats. — Musique de Léo DELIBES
(extraite de « la Source », arrangée par Henri Busser)

Créé à Paris, à l'Académie Nationale de Musique (Palais Garnier), le
30 juin 1925. — Décor et costumes de Valdo Barbey. — Chorégraphie de
Léo STAATS.

Mlle Olga SPESSIVTZEVA. — M. Gustave RICAUX.

Chef d'orchestre : Henri BUSSER

50e représentation, le 14 juillet 1928, avec les créateurs, sous la direction de Gabriel GROVLEZ.

6-11-1931 (100e)	5-3-1941 (175e)	10-12-1944 (185e)	14-7-1946 (200e)	25-7-1956 (247e)
C. BOS PERETTI	LORCIA PERETTI	LORCIA PERETTI	VAUSSARD R. RITZ	VAUSSARD RENAULT
Chef: SZYFER	FOURESTIER	RUHLMANN	DESORMIERE	R. BLOT

N.B. — La reprise de 1941 eut lieu dans un décor et des costumes de
Touchagues; celle de 1956 dans un décor et des costumes de Jean-Denis
Malclès.

300e représentation le 3 juillet 1961 :
Mlle Madeleine LAFON. — M. Jean-Paul ANDREANI.

Chef d'orchestre : Robert BLOT

SOIREE ROMANTIQUE   7 représentations

Divertissement musical et chorégraphique
sur des musiques de Frédéric CHOPIN et Franz SCHUBERT
(orchestration de Henri Büsser)

Première fois au Palais Garnier le 27 novembre 1934. — Chorégraphie
de Albert AVELINE.

Mlles ZAMBELLI, C. BOS, LORCIA.
MM. AVELINE, S. LIFAR, PERETTI.
Mme RITTER-CIAMPI (une Voix). — M. Lucien DUBOSCQ (le Réci-
tant).

Chef d'orchestre : Henri BUSSER

Reprise du 19 juillet 1952 (7e représentation) au Festival d'Aix-en-
Provence.
Mlles Claude BESSY, Josette CLAVIER.
MM. Raoul BARI, LEMOINE.

Chef d'orchestre : Richard BLAREAU

SOLEIL DE NUIT   7 représentations

Jeux et danses russes de Léonide Massine
Musique de RIMSKY-KORSAKOV
**Créé au Grand Théâtre de Genève, le 20 décembre 1915, par la
Compagnie des Ballets Russes de Serge de DIAGHILEW.**

Première fois à Paris, au Palais Garnier, le 29 décembre 1915, par la même Compagnie et la distribution de la création. — Décor et costume de Larionov. — Chorégraphie de Léonide MASSINE.

Mlle Thamar KARSAVINA (la Vierge des neiges).

MM. Léonide MASSINE (Soleil de nuit), Nicolas ZVEREFF (Bobyl).

Chef d'orchestre : Ernest ANSERMET

★

LA SOURCE   73 représentations
dont 18 au Palais Garnier

Ballet en 3 actes et 4 tableaux de Charles Nuitter et Saint-Léon
Musique de Ludwig MINKUS et Léo DELIBES

Créé à Paris, à l'Académie Nationale de Musique (salle Le Peletier), le 12 novembre 1866. — Chorégraphie de SAINT-LÉON.

Mlles SALVIONI (Naïla), FIOCRE (Nouredda), MARQUET (Morgab), ALINE (Djelma), BARATTE (Dadjé), SANLAVILLE (Zoel).

MM. Louis MERANTE (Djémil), CORALLI (Mazdok), DAUTY (le Khar), CORNET (Sisdjar), PLUQUE (Ismael).

Pas des violes : Mlle BEAUGRAND.

Chef d'orchestre : LEUDET

Première fois au Palais Garnier le 5 janvier 1875 (56ᵉ représentation), soir de l'inauguration du théâtre.

Mlles SANGALLI (Naïla), FIOCRE (Nouredda), MARQUET (Morgab), MERANTE (Dadjé), SANLAVILLE (Zoel).

MM. Louis MERANTE (Djémil), PLUQUE (Mazdok), CORNET (le Khan), F. MERANTE (Sirdjar), MONTFALLET (Ismael).

Chef dorchestre : Jules GARCIN

★

LE SPECTRE DE LA ROSE   195 représentations

Tableau chorégraphique de Michel Fokine
d'après un argument de Jean-Louis Vaudoyer
Musique de Carl-Marie WEBER

Créé au Théâtre de Monte-Carlo, le 19 avril 1911, par la Compagnie des Ballets russes de Serge de DIAGHILEW, puis le 6 juin 1911 à Paris, au Théâtre du Châtelet. Décor et costumes de Léon Bakst Chorégraphie de Michel FOKINE: Mme KARSAVINA (la jeune Fille), M. NIJINSKY (le Spectre). Chef d'orchestre: Nicolas TCHEREPNINE.

Première fois au Palais Garnier le 19 décembre 1911 par la Compagnie des Ballets russes de Serge de DIAGHILEW, avec les créateurs, sous la direction de Pierre MONTEUX.

Reprise du 20 mai 1922 (5ᵉ représentation) par la Compagnie des Ballets russes de Serge de DIAGHILEW.

Mlle TREFILOVA (la jeune Fille); M. IDZIKOVSKY (le Spectre).

Chef d'orchestre : Grégor FITELBERG

Reprise du 31 décembre 1931, par la troupe de l'Opéra, mais dans la chorégraphie de Michel FOKINE (9e représentation).

Mlle SPESSIWTZEVA (la jeune Fille); M. Serge LIFAR (le Spectre).

Chef d'orchestre : J.-E. SZYFER

	7-3-1936 (50e)	30-4-1941 (100e)	8-6-1949 (172e)	4-2-1953 (177e)
La jeune Fille	C. BOS	CHAUVIRE	DARSONVAL	DAYDE
Le Spectre	S. LIFAR	S. LIFAR	S. LIFAR	BABILEE
Chef d'orchestre	SZYFER	FOURESTIER	R. BLOT	R. BLOT

★

SUITE DE DANSES   327 représentations

Scénario de Yvan Clustine sur des musiques de Frédéric CHOPIN orchestrées par André Messager et Paul Vidal

Créé à Paris, à l'Académie Nationale de Musique (Palais Garnier), le 23 juin 1913. — Costumes de Pinchon. — Chorégraphie de Yvan CLUSTINE.

Mlle Carlotta ZAMBELLI. — M. Albert AVELINE.

Chef d'orchestre : Alfred BACHELET

La 50e représentation eut lieu le 20 février 1922 avec les créateurs sous la direction de Philippe GAUBERT.

	6-2-1926 (100e)	25-10-1931 (112e)	8-8-1942 (200e)	15-12-1954 (300e)
Mlles	PIEROZZI	C. BOS	LORCIA	VAUSSARD
MM.	RICAUX	PERETTI	PERETTI	R. BARI
Chef d'orch.	BUSSER	BUSSER	DESORMIERE	R. BLOT

N.B. — La 100e eut lieu salle du Trocadero, à Paris.

★

SUITE EN BLANC   306 représentations

Ballet de Serge Lifar sur la musique d'Edouard LALO extraite du ballet « Namouna »

Créé par le Corps de ballet de l'Opéra le 19 juin 1943 sur la scène du Grand Théâtre de Zurich, puis au Palais Garnier, à Paris, le 23 juillet 1943. — Décor de Maurice Moulène. — Chorégraphie de Serge LIFAR.

	19-6-1943 (1re)	7-6-1946 (21e)	7-1-1948 (50e)	11-1-1950 (100e)
Mlles	DARSONVAL	BARDIN	CHAUVIRE	DARSONVAL
	S. SCHWARZ	VAUSSARD	VAUSSARD	BARDIN
	CHAUVIRE	GUILLOT	BARDIN	VYROUBOVA
	BARDIN	GERODEZ	LAFON	LAFON
	IVANOFF	L. MAIL	GERODEZ	MOREAU
	DYNALIX	LAFON	GUILLOT	BOURGEOIS
MM.	S. LIFAR	R. RITZ	R. RITZ	R. RITZ
	FENONJOIS	BOZZONI	RENAULT	RENAULT
	R. RITZ	LEGRAND	KALIOUJNY	BOZZONI
Chef d'orch.	FOURESTIER	DESORMIERE	P. BLOT	BLAREAU

La 200e eut lieu durant le séjour du Corps de Ballet au Covent Garden de Londres avec Mlles CHAUVIRE, VYROUBOVA, DAYDE, LAFON, DYNALIX; MM. LIFAR, RENAULT, BOZZONI, ALGAROFF, sous la direction de Robert BLOT.

300e représentation le 1er juin 1961 :

Mlles TALLCHIEFF, LAFON, BESSY, MOTTE.
MM. BOZZONI, J.-P. ANDREANI, A. LABIS.

Chef d'orchestre : Robert BLOT

SUITE ROMANTIQUE

3 représentations

« Variation », « Adage » et « Pas de deux » extraits de « Suite de Danses »
Musique de Frédéric CHOPIN

Première fois isolément au Palais Garnier le 12 mars 1958.
Mlles RAYET, BESSY, AMIEL, MOTTE, VAUCHELLE.
MM. BOZZONI, VAN DIJK, KALIOUJNY.

Chef d'orchestre : Robert BLOT

★

SUR LE BORYSTHENE

6 représentations

Poème chorégraphique en 2 tableaux de Serge Lifar et Serge Prokofieff
Musique de Serge PROKOFIEFF

Créé à Paris, à l'Académie Nationale de Musique (Palais Garnier), le
16 décembre 1932. — Décors et costumes de Mme Gontchavora et
M. Larionov. — Chorégraphie de Serge LIFAR.

Mlles C. BOS (Natacha), LORCIA (Olga), LAMBALLE (l'Etoile filante),
BONNET (une jeune paysanne), LEGRAND, PARME, SUBRA, THUIL-
LANT, BINDER, LOPEZ, COLLIARD (les Villageoises).
MM. S. LIFAR (Serge), FEROUELLE (le Père d'Olga), EFIMOFF (le
Fiancé d'Olga), GOUBE, DUPREZ, SERRY, RITZ, LEGRAND, PELLE-
TIER, PONTI, SAUVAGEOT, TCHERKAS, DOMANSKY (les Villageois).

Chef d'orchestre : Philippe GAUBERT

★

LES SYLPHIDES

33 représentations

Rêverie romantique en un acte sur des musiques de Frédéric CHOPIN
(Nocturne op. 32, Mazurkas op. 33 et 67, Valses op. 70, 64 et 18)

Créé le 6 avril 1906 sur le Théâtre Mariinsky de Saint-Pétersbourg.
Première fois à Paris, au Théâtre du Châtelet, le 30 mai 1909,
par la Compagnie des Ballets russes de Serge de DIAGHILEW. Décor
et ocstumes de Alexandre Benois. Chorégraphie de Michel FOKINE.
Nocturne: Mlles A. PAVLOVA, T. KARSAVINA, A. BALDIN, A. FE-
DOROVA,, SMIRNOWA; M. V. NIJINSKY.
Mazurka op. 33: Mlle A. PAVLOVA; Mazurka op. 67: Mlle BALDINA;
Valse op. 70: Mlle T. KARSAVINA; Valse op. 64: Mlle A. PA-
VLOVA, M. V. NIJINSKY; Valse brillante: le Corps de Ballet.
Chef d'orchestre: Nicolas TCHEREPNINE.

Première fois au Palais Garnier le 19 juin 1909 par la Compagnie des
Ballets russes de Serge de DIAGHILEW avec la distribution de la
création au Châtelet, sauf M. KOSLOW (en remplacement de M. Nijinsky)
et Emile COOPER au pupitre.

Reprise du 3 février 1920 (9e représentation) par la Compagnie des
Ballets russes de Serge de DIAGHILEW.

Nocturne : Mlles KARSAVINA, TCHERNICHEVA, NEMTCHINOVA;
M. Léonide MASSINE.

Mazurkas : Mlle KARSAVINA; M. Léonide MASSINE.

Valses : Mlles NEMTCHINOVA, KARSAVINA; M. L. MASSINE.

Chef d'orchestre : Gabriel GROVLEZ

Reprise du 7 juin 1956 — des extraits — (15ᵉ représentation).

Valses : Mlles VYROUBOVA, VAUSSARD; M. VAN DIJK.

Chef d'orchestre : Louis FOURESTIER

Reprise du 16 décembre 1959 (17ᵉ représentation), toujours dans la chorégraphie de Michel FOKINE.

Nocturne : Mlles CHAUVIRE, LAFON, BESSY; M. VAN DIJK.

Valse : Mlle LAFON.

Mazurkas : Mlle BESSY; M. VAN DIJK.

Prélude : Mlle CHAUVIRE; M. VAN DIJK.

Grande Valse : Mlles CHAUVIRE, LAFON; M. VAN DIJK.

Chef d'orchestre : Robert BLOT

★

S Y L V I A   168 représentations

Ballet en 3 actes et 5 tableaux de Jules Barbier et du baron de Reinach

Musique de Léo DELIBES

Créé à Paris, à l'Académie Nationale de Musique (Palais Garnier), le 14 juin 1876. — Décors de Chéret (1ᵉʳ, 2ᵉ et 3ᵉ tableaux), Rubé et Chaperon (4ᵉ et 5ᵉ tableaux). — Costumes de Eugène Lacoste. — Chorégraphie de Louis MERANTE.

	14-6-1876 (1ʳᵉ)	4-6-1884 (50ᵉ)	17-6-1892 (54ᵉ)	16-12-1919 (61ᵉ)
Sylvia	SANGALLI	SANGALLI	R. MAURI	ZAMBELLI
Diane	MARQUET	MONTAUBRY	INVERNIZZI	Y. DAUNT
L'Amour	SANLAVILLE	SANLAVILLE	TORRI	C. BOS
Une Naïade	PALLIER	BERNAY	DESIRE	DELSAUX
Une Esclave	MOLLNAR	ROUMIER	VIOLLAT	DUPRE
Id.	GILLERT	G. OTTOLINI	CHABOT	DAUWE
Petit Berger	RIDEL	Y. OTTOLINI	MEQUIGNON	Y. FRANCK
Aminta	L. MERANTE	L. MERANTE	VASQUEZ	AVELINE
Orion	MACRI	PLUQUE	HANSEN	L. STAATS
Chef d'orchestre	GARCIN	GARCIN	TAFFANEL	CHEVILLARD

N.B. — La reprise de 1919 eut lieu dans une chorégraphie de Léo STAATS et des décors de Maxime Dethomas.

	28-10-1929 (107ᵉ)	5-2-1941 (112ᵉ)	8-11-1946 (150ᵉ)	23-7-1951 (165ᵉ)
Sylvia	ZAMBELLI	LORCIA	DARSONVAL	DARSONVAL
Diane	Y. FRANCK	KERGRIST	RIGEL	RIGEL
L'Amour	BOURGAT	EFIMOFF	EFIMOFF	EFIMOFF
Une Naïade	VALSI	DIDION	BINOIS	THALIA
Une Esclave	SIMONI	LOPEZ	BOURGEOIS	DELEPLANQUE
Id.	CEBRON	BINOIS	MOREAU	CLAVIER
Petit Berger	ELLANSKAIA	IVANOFF	LASCAR	BESSY
Aminta	AVELINE	S. LIFAR	RENAULT	RENAULT
Orion	RAYMOND	GOUBE	BOZZONI	BOZZONI
Chef d'orchestre	SZYFER	FOURESTIER	R. BLOT	FOURESTIER

N.B. — La 100ᵉ eut lieu le 10 juillet 1924 avec les interprètes de la reprise de 1919, sauf Mlle DE CRAPONNE (l'Amour).

— La reprise de 1941 eut lieu dans une chorégraphie de Serge LIFAR, avec décors et costumes de Brianchon.

★

SYMPHONIE   21 représentations
Ballet réglé sur la « Symphonie en ré mineur »
Musique de Charles GOUNOD
Créé à Paris, à l'Académie Nationale de Musique (Palais Garnier), le
4 février 1959. — Décor et costumes de Bouchène. — Chorégraphie de
Georges BALANCHINE.

Mlles AMIEL, VAUCHELLE, BIANCHI, BASSI, SOUARD, GARRY.
MM. J.-P. ANDREANI, BLANC, DUFLOT, TOUROUDE, JODEL.

Chef d'orchestre : Robert BLOT

★

SYMPHONIE CLASSIQUE   2 représentations
Scénario de Serge Lifar
sur les 3 mouvements de la « Symphonie classique »
Musique de Serge PROKOFIEFF
Créé à Paris, à l'Académie Nationale de Musique (Palais Garnier), le
19 mars 1958. — Chorégraphie de Serge LIFAR.
Mlles DAYDE, MOTTE, RAYET.
MM. RENAULT, BOZZONI, KALIOUJNY.

Chef d'orchestre : Robert BLOT

★

SYMPHONIE CONCERTANTE

Ballet de Michel Descombey sur la « Petite suite concertante »
Musique de Franck MARTIN
Créé à Paris, à l'Académie Nationale de Musique (Palais Garnier),
le 14 mars 1962. — Décor et costumes de Bernard Daydé. — Mise en
scène et chorégraphie de Michel DESCOMBEY.
Mlle Claude BESSY. — M. Attilio LABIS.

Chef d'orchestre : Richard BLAREAU

★

SYMPHONIE FANTASTIQUE   20 représentations
Episode de la vie d'un Artiste, adaptation de Léonide Massine,
sur la « Symphonie fantastique ». — Musique de Hector BERLIOZ
Créé à Paris, à l'Académie Nationale de Musique (Palais Garnier), le
17 avril 1957. — Décors et costumes de Christian Bérard. — Chorégraphie
de Léonide MASSINE.

Mlles VAUSSARD (la Bien-aimée), BESSY (la Fille aux fleurs).
MM. ALGAROFF (le Musicien), VAN DIJK (le Pâtre), KALIOUJNY (le
Geôlier).

Chef d'orchestre : Robert BLOT
Reprise du 17 juillet 1959 (7e représentation) avec les créateurs, sauf
Mlles RAYET (la Fille aux fleurs) et M. LABIS (le Pâtre).

★

TAGLIONI CHEZ MUSETTE   55 représentations
Ballet en un acte de Funck-Brentano
Musiques de l'époque 1830 (AUBER, BOIELDIEU, MEYERBEER,
WEEKERLIN) transcrites par Henri Busser

Créé à Paris, à l'Académie Nationale de Musique (Palais Garnier), le
4 mai 1920. — Décor et costumes de Maxime Dethomas. — Chorégraphie
de Léo STAATS.

Mlles ZAMBELLI (la Taglioni), DE CRAPONNE (Musette), LEQUIEN.
MM. A. AVELINE (Mazillier), MARIONNO (Raoul), FEROUELLE (le
Sergent-Major).

Chef d'orchestre : Henri BUSSER

La 50ᵉ représentation eut lieu le 25 juin 1926 avec les créateurs, sauf
M. RYAUX (Raoul), sous la direction de François RUHLMANN.

★

LA TEMPETE   31 représentations
Ballet en 3 actes de Jules Barbier et J. Hansen
Musique de Ambroise THOMAS

Créé à Paris, à l'Académie Nationale de Musique (Palais Garnier), le
26 juin 1889. — Décors de J.-B. Lavastre et Carpezat. — Chorégraphie de
J. HANSEN.

Mlles R. MAURI (Miranda), LAUS, débuts (Ariel), G. OTTOLINI (la
Reine des abeilles), ROUMIER (premier Génie), INVERNIZZI (Morphée),
TORRI (Phobitor), MONNIER (Phantase), LECOUVEY (Iris), ESSELIN
(Eole), DESIRE (première Libellule).

MM. VASQUEZ (Ferdinand), HANSEN (Caliban), PLUQUE (Stéfano),
PORCHERON (Antonio).

Artiste du chant : Mme Nina PACK (une Ame).

Chef d'orchestre : LANCIEN

★

T H A I S   4 représentations
Divertissement de l'opéra « Thaïs ». — Musique de Jules MASSENET

Première fois isolément au Palais Garnier le 1ᵉʳ juillet 1910. — Chorégraphie de J. HANSEN.

Mlles ZAMBELLI, PIRON, RICOTTI, SIREDE, LOZERON.

Chef d'orchestre : Henri RABAUD

★

T H A M A R   2 représentations
Drame chorégraphique en un acte de Léon Bakst
Musique de Alexejewitch BALAKIREW

**Créé à Paris, au Théâtre du Châtelet, le 20 mai 1912, par la
Compagnie des Ballets russes de Serge de Diaghilew, avec Mme KAR-
SAVINA et M. BLOM, sous la direction de Pierre MONTEUX. Cho-
régraphie de Michel FOKINE.**

Première fois au Palais Garnier le 25 janvier 1920, par la Compagnie
des Ballets russes de Serge de DIAGHILEW. — Décor et costumes de
Léon Bakst. — Chorégraphie de Michel FOKINE.

Mme Véra CARALLI (Thamar, Reine de Georgie).

M. Léonide MASSINE (le Prince).

Chef d'orchestre : Gabriel GROVLEZ

✴

TIRESIAS   2 représentations

Ballet en 3 scènes. — Argument et musique de Constant LAMBERT

Première fois à Paris, au Palais Garnier, le 4 octobre 1954, par la Compagnie du « Sadler's Wells Ballet » de Londres. — Décor et costumes d'Isabelle Lambert. — Chorégraphie de Frédérick ASHTON.

Scène 1. — Mlles M. DALE (le Néophyte), P. CLAYDEN (un Serpent); MM. M. SOMES (Tirésias), R. POWELL (un Serpent).

Scène 2. — Mlles V. ELVIN (Tirésias), M. DALE (le Néophyte); M. J. FIELS (l'Amoureux de Tirésias).

Scène 3. — Mlles G. LARSEN (Héra), M. DALE (le Néophyte); MM. L. HEDWARDS (Zeus), M. SOMES (Tirésias).

Chef d'orchestre : Robert IRVING

✗

LA TRAGEDIE DE SALOME   73 représentations

Ballet en un acte d'après un poème de Robert d'Humières
Musique de Florent SCHMITT

Créé à Paris, au Théâtre des Arts, en novembre 1907, avec Mme Loïe FULLER (Salomé).

Repris à Paris au Théâtre du Châtelet le 22 avril 1912, par la Compagnie de Mme TROUHANOVA, dans une chorégraphie de Yvan CLUSTINE: Mmes TROUHANOVA (Salomé), NEITH-BLANC (Hérodiade); MM. JACQUINET (Hérode), DE CARVA (Jean), sous la direction de l'Auteur. Décor et costumes de Maxime Dethomas.

Repris au Théâtre des Champs-Elysées le 12 juin 1913, dans une chorégraphie de Boris ROMANOF, avec Mme KARSAVINA (Salomé), sous la direction de Pierre MONTEUX.

Première fois au Palais Garnier le 1er avril 1919. — Décor et costumes de René Piot. — Chorégraphie de Nicola GUERRA.

Mme Ida RUBINSTEIN (Salomé); Mlles KERF (Hérodiade), EVEN (l'Emeraude). G. FRANCK (le Saphir), C. BOS (la Perle).

MM. WAGUE (Hérode), BARON (Jean), BOURDEL (le Bourreau).

Artistes du chant : Mmes LAUTE-BRUN, COURBIERES, DAGNELLY.

Chef d'orchestre : Camille CHEVILLARD.

	24-3-1922 (11e)	26-5-1928 (18e)	7-7-1944 (48e)	15-12-1954 51e
Salomé	Y. DAUNT	SPESSIVTZEVA	LORCIA	DARSONVAL
Hérodiade	KERF	VALSI	LASCAR	DYNALIX
Emeraude	DE CRAPONNE	DAMAZIO	KREMPFF	DELEPLANQUE
Saphir	DAUWE	SIMONI	VAUSSARD	GRIMOIN
Perle	ROSELLY	LAMBALLE	HAMERER	AMIEL
Hérode	G. WAGUE	G. WAGUE	G. WAGUE	BLANC
Jean	BARON	BARON	JAMET	JAMET
Bourreau	DENIZARD	VOLCART	PERRAULT	PARRES
Chef d'orchestre	CHEVILLARD	SZYFER	FOURESTIER	R. BLOT

Reprise de 1954 : Décor et costumes de Yves Brayer. — Chorégraphie de Albert AVELINE.

Artistes du chant : Mmes DESMOUTIERS, MONMART et FOURRIER.

★

T R E P A K   1 représentation

Pas de trois du ballet « Casse-Noisette »
Musique de Piotr-Illitch TCHAIKOVSKY

Première fois isolément à l'Académie Nationale de Musique (Palais Garnier), le 8 février 1938. — Chorégraphie de Albert AVELINE.

MM. EFIMOFF, GUYLHAINE, ROMAND.

Chef d'orchestre : Georges BECKER

★

TRESOR ET MAGIE   1 représentation

Divertissement en un acte de Serge Lifar, d'après un thème de Lancôme
Musique de Henri SAUGUET

Créé, par le Corps de ballet de l'Opéra, le 19 juillet 1952, au Festival d'Aix-en-Provence. — Composition décorative et costumes de Jacques Dupont. — Chorégraphie de Serge LIFAR.

Mlles Claude BESSY (Trésor), Josette CLAVIER (Magie).
M. J.-B. LEMOINE (Faustus).

Chef d'orchestre : Richard BLAREAU

★

LE TRICORNE   9 représentations

Ballet en un acte de Martinez Sierra, d'après une nouvelle d'Alarcon
Musique de Manuel de FALLA

Créé à l'Alhambra de Londres, le 22 juillet 1919, par la Compagnie des Ballets russes de Serge de DIAGHILEW, sous la direction de Ernest ANSERMET.

Première fois à Paris, au Palais Garnier, le 23 janvier 1920, par la Compagnie des Ballets russes de Serge de DIAGHILEW. — Décor et Costumes de Pablo Picasso. — Chorégraphie de Léonide MASSINE.

Mlles KARSAVINA (la Femme du Meunier), BRABOWSKA (la Femme du Corrégidor).

MM. L. MASSINE (le Meunier), WOIZIKOVSKY (le Corrégidor), IDZIKOVSKY (le Dandy).

Artiste du chant : Mme Zoia ROSOWSKA.

Chef d'orchestre : Gabriel GROVLEZ

★

LE TRIOMPHE DE L'AMOUR   267 représentations
dont 12 au Palais Garnier

Ballet royal en 20 entrées
Paroles de Philippe Quinault et Benserade
Musique de Jean-Baptiste LULLI

Créé le 11 janvier 1681 au Théâtre de la Cour, à Saint-Germain, par les Artistes de l'Académie Royale. Les entrées étaient dansées par les plus grandes Dames et les plus illustres Seigneurs de la Cour, en particulier Monseigneur et Madame la Dauphine, ainsi que Mademoiselle de Nantes.

Première fois à Paris, à l'Académie Royale de Musique (salle du Palais Royal), le 8 mai 1681. — Décors et machines de Rivani. — Chorégraphie de BEAUCHAMP et PECOURT.

Mlles LA FONTAINE, débuts (Orythie), DE NANTES (la Jeunesse).

MM. FAVIER (Endymion), PECOURT (Borée), BEAUCHAMP (Mars).

Artistes du chant : Mmes FERDINAND (Vénus), REBEL (Amphitrite), SAINT-CHRISTOPHE (la Nuit), FERDINAND cadette (Diane).

MM. FERNON (le Mystère), GUILLEGAUT (le Silence, Neptune), ARNOUX (Mercure), GAYE (Jupiter), MOREL (un Indien).

Chef d'orchestre : Pascal COLASSE

N.B. — Mlle LA FONTAINE fut la première danseuse professionnelle à paraître sur la scène de l'Académie Royale.

*
* *

Première fois au Palais Garnier le 6 janvier 1925 (256e représentation), dans une réalisation de André CAPLET. — Décor et costumes de Maxime Dethomas. — Choregraphie de Léo STAATS.

Mlles J. SCHWARZ (Orythie), S. SCHWARZ (la Jeunesse).

MM. RYAUX (Endymion), S. PERETTI (Borée), DENIZART (Mars).

Artistes du chant: Mmes CESBRON-VISEUR (Vénus), LAVAL (la Nuit), CAMPREDON (Diane).

MM. THILL (le Mystère), GUYARD (le Silence), CAMBON (Mercure), MADLEN et MAHIEUX (2 Plaisirs).

Chef d'orchestre : André CAPLET

Reprise du 16 décembre 1932 (263e représentation).
Mlles DIDION (Orythie), SIMONI (la Jeunesse).
MM. PERETTI (Endymion), GOUBE (Borée), DUPREZ (Mars).

Artistes du chant : Mmes CAMPREDON (Vénus), LAVAL (la Nuit), S. RENAUX (Diane), LUMIERE (le Mystère).

MM. ERNST (le Silence), CAMBON (Mercure), CHASTENET et MOROT (les Plaisirs).

Chef d'orchestre : Gabriel GROVLEZ

★

LA TROIKA   3 représentations
Divertissement. — Musique de Igor STRAVINSKY

Première fois au Palais Garnier le 19 mai 1961, par les Artistes du Ballet de l'Opéra de Léningrad. — Chorégraphie de Léonide JAKOBSON.

Mlles GUENSLER, OUTRETSKAYA, POTEMKINA. — M. GRIDINE (le Cocher).

Chef d'orchestre : Vadim KALENTIEV

★

LA TSAREVNA - CYGNE   3 représentations
Pas de deux. — Musique de Piotr-Illitch TCHAIKOVSKY

Première fois à l'Académie Nationale de Musique (Palais Garnier) le 8 juin 1958 par le Ballet du Bolchoï de Moscou. — Mise en scène chorégraphique de Vladimir VARKHOVITSKY et Stanislave VLASSON.

Mlle BOGOMOLOVA. — M. S. VLASSOV.

Chef d'orchestre : Guennadi ROJDESTVENSKY

V A L S E 1 représentation

Musique de Frédéric CHOPIN

Premièrefois à l'Académie Nationale de Musique (Palais Garnier), le 9 juin 1958, par le Ballet du Bolchoï de Moscou. — Chorégraphie de Michel FOKINE.

Mlle TIMOFEEVA. — M. FADEETCHEV.

Chef d'orchestre : Guéorgui JEMTCHOUJINE

✴

V A L S E 2 représentations

Musique de Maurice MACHKOVSKY

Première fois à l'Académie Nationale de Musique (Palais Garnier), le 8 juin 1958, par le Ballet du Bolchoï de Moscou. — Chorégraphie de Vassili VAINONEN.

Mlle STROUTCHKOVA. — M. A. LAPAOURI.

Chef d'orchestre : Guennadi ROJDESTVENSKY

✴

V A L S E 3 représentations

Divertissement sur les « Valses nobles et sentimentales » et « La Valse » Musique de Maurice RAVEL

Créé à New York, le 20 février 1951, par le New York City Ballet, dans une chorégraphie de Georges BALANCHINE: Mlles LECLERCQ, ADAMS, WILDE, MOUNSEY; MM. MAGALLANNES, MONCION, BLISS, HOBI, MAULE. Chef d'orchestre: Léon BARZIN.

Première fois à Paris, au Palais Garnier, par la Compagnie du New York City Ballet, le 10 mai 1952. — Chorégraphie de Georges BALAN-CHINE.

Mlles LECLERCQ, ADAM, WILDE, MOUNSEY.

MM. MAGALLANES, MONCION, BLISS, HOBI, MAULE.

Chef d'orchestre : Léon BARZIN

✴

L A V A L S E 7 représentations

Poème chorégraphique. — Argument et musique de Maurice RAVEL

Créé à Paris, à l'Académie Nationale de Musique (Palais Garnier), le 23 mai 1929, par la Compagnie de Mme Ida RUBINSTEIN. — Décor de Alexandre Benois. — Chorégraphie de Mme NIJINSKA.

Mme Ida RUBINSTEIN. — M. Anatole VILTZAK.

Chef d'orchestre : Gustave CLOEZ

Reprise du 24 janvier 1958 (6e représentation) à l'occasion du vingtième anniversaire de la mort de Maurice Ravel. — Argument et chorégraphie de Harald LANDER. — Décor et costumes de Jean-Denis Maillart.

Mlle Claire MOTTE (la jeune Fille).

M. Alexandre KALIOUJNY (le Prince charmant).

Chef d'orchestre : Robert BLOT

✴

VALSE CHALOUPEE

1 représentation

Valse extraite d'un spectacle du Casino de Paris

Première fois à l'Académie Nationale de Musique (Palais Garnier), le 12 avril 1912, à l'occasion d'un gala de l'Aviation française.

Mlle MISTINGUETT. — M. Max DEARLY

Chef d'orchestre : CELANSKI

★

VALSE DE JEUNESSE

1 représentation

Pas de deux. — Musique de Isaak DOUNAIEVSKY

Première fois à l'Académie Nationale de Musique (Palais Garnier), le 9 juin 1958, par le Ballet du Bolchoï de Moscou. — Chorégraphie de Alexandre LAPAOURI.

Mlle L. BOGOLOMOVA. — M. S. VLASSOV.

Chef d'orchestre : Guéorgui JEMTCHOUJINE

★

LA VALSE ROSE

2 représentations

Extrait du ballet « Casse-Noisette »

Musique de Piotr-Illitch TCHAIKOVSKY

Première fois au Palais Garnier le 19 mai 1961 par les artistes du ballet de l'Opéra de Léningrad. — Chorégraphie de Vassili VAINONEN.

Mlle Zlla SIZOVA. — M. Youri SOLOVIEV.

Chef d'orchestre : Vadim KALENTIEV

★

VALSE TRISTE

1 représentation

Musique de Jean SIBELIUS

Première fois à l'Académie Nationale de Musique (Palais Garnier), le 9 juin 1958, par le Ballet du Bolchoï de Moscou.

Mlle L. BOGOLOMOVA. — M. S. VLASSOV.

Chef d'orchestre : Guéorgui JEMTCHOUJINE

★

VARIATION

1 représentation

Variation extraite du ballet « Laurentia »

Musique de Alexandre KREIN

Première fois à l'Académie Nationale de Musique (Palais Garnier), le 11 juin 1958, par le Ballet du Bolchoï de Moscou. — Chorégraphie de Vartank TCHABOUKIANI.

Mlle Nina TIMOFEEVA.

Chef d'orchestre : Guéorgui JEMTCHOUJINE

★

VARIATIONS
72 représentations

Ballet romantique de Serge Lifar sur des musiques de Franz SCHUBERT
Orchestrées par Tony Aubin

Créé à Paris, à l'Académie Nationale de Musique (Palais Garnier), le 11 mars 1953. — Chorégraphie de Serge LIFAR.

Mlles DARSONVAL, LAFON, BARDIN, VAUSSARD, DAYDE, VYROU-BOVA.

Chef d'orchestre : Robert BLOT

50ᵉ représentation le 8 mai 1957.

Mlles MOTTE, LAFON, BESSY, VAUSSARD, RAYET, AMIEL.

Chef d'orchestre : Robert BLOT

★

LES VARIATIONS D'OSTAP
4 représentations

Variations tirées du ballet « Tarass Boulba »
Musique de Vassili SOLOVIEV-SEDOI

Première fois à l'Académie Nationale de Musique (Palais Garnier), le 8 juin 1958, par le Ballet du Bolchoï de Moscou. — Chorégraphie de Rostislav ZAKHAROV.

M. Guéorgui FARMANIANTZ.

Chef d'orchestre : Guennadi ROJDESTVENSKY

★

LA VIE DE POLICHINELLE
9 représentations

Ballet en 2 actes et 6 tableaux de Mme Claude Seran
Musique de Nicolas NABOKOFF

Créé à Paris, à l'Académie Nationale de Musique (Palais Garnier), le 22 juin 1934. — Décor et costumes dessinés par Pruna. — Chorégraphie de Serge LIFAR.

Mlles SIMONI (Mme Polichinelle), DIDION (la belle Acrobate), LOPEZ (une Vénitienne), H. GRELLIER, DYNALIX (2 Acrobates), THUILLANT (la Femme du Barbier).

MM. S. LIFAR (Polichinelle), PERETTI (Arlequin), LEBERCHER (le Marquis).

Artiste du chant : M. Edmond CHASTENET.

Chef d'orchestre : J.-E. SZYFER

★

VIE ET LUMIERE
1 représentation

Pas de deux. — Musique de HUSSEIN

Créé à Paris, à l'Académie Nationale de Musique (Palais Garnier), le 8 février 1938, à l'occasion d'un Bal de l'X. — Chorégraphie de Albert AVELINE.

Mlle Lycette DARSONVAL. — M. Paul GOUBE.

Chef d'orchestre : Georges BECKER

★

LA VIE POUR LE TZAR (ballet)
1 représentation

Divertissement de l'opéra « la Vie pour le Tzar »
Musique de Michael-Ivanovitch GLINKA

Première fois à l'Académie Nationale de Musique (Palais Garnier), le 19 mai 1892, dans une chorégraphie de J. HANSEN.

Mlles R. MAURI, SUBRA. — MM. J. HANSEN, VASQUEZ.

Pas russes : Melles GALLAY, SALLE, CHABOT, VIOLAT.

Chef d'orchestre : Edouard COLONNE

★

LE VIOLON DU DIABLE
1 représentation

Divertissement de Louis Mérante. — Musique de Cesare PUGNI

Première fois à l'Académie Nationale de Musique (Palais Garnier), le 29 décembre 1875, dans une chorégraphie de Louis MERANTE. — Ce « Divertissement » était intercalé dans le 2e acte de LA FAVORITE à l'occasion des débuts de Mlle Colombier.

Mlle Amélie COLOMBIER (débuts).

Chef d'orchestre : Ernest DELDEVEZ

★

LES VIRTUOSI DE MAZARIN
7 représentations

Reconstitution en un acte d'un concert italien donné devant le jeune roi Louis XIV en 1647. — Argument de Henry Prunières. — Musiques de MONTEVERDI, Luigi ROSSI et Francesco CAVALLI.

Créée à Paris, à l'Académie Nationale de Musique (Palais Garnier), le 6 janvier 1916. — Chorégraphie de Léo STAATS.

Mlle SIREDE. — M. Albert AVELINE.

Artistes du chant : Mmes CROIZA, CAMPREDON, BUGG, MONTAZEL, GILLS. — M. PLAMONDON.

Chef d'orchestre : Gabriel GROVLEZ

★

WESTERN SYMPHONY
2 représentations

Ballet en un acte de John Boyt. — Musique de Hershy KAY

Créé à New York, le 7 septembre 1954, par le New York City Ballet, dans une chorégraphie de Georges BALANCHINE : Mlles ADAMS, REED, WILDE, LECLERCQ; MM. BLISS, MAGHALLANES, EGLEVSKY, D'AMBROISE. Chef d'orchestre: Léon BARZIN.

Première fois à Paris, au Palais Garnier, le 17 octobre 1956, par la Compagnie du New York City Ballet. — Costumes de Karinska. — Chorégraphie de Georges BALANCHINE.

Allegro : Mlle Diana ADAMS; M. Herbert BLISS.
Adagio : Mlle Melissa HAYDEN; M. Nicholas MAGALLANES.
Scherzo : Mlle Ilegra KENT; M. Robert BARNETT.
Rondo : Mlle Tanaquil LECLERCQ ; M. Jacques D'AMBOISE.

Chef d'orchestre : Léon BARZIN

★

Y E D D A   60 représentations

Ballet en 3 actes de Philippe Gille, Arnold Mortier et L. Mérante
Musique de Olivier METRA

Créé à Paris, à l'Académie Nationale de Musique (Palais Garnier), le
17 janvier 1879. — Décors de Daran (1er acte), Lavastre jeune (2e) Lavastre et Carpezat (3e). — Costumes de Eugène Lacoste. — Chorégraphie de
Louis MERANTE.

Mlles SANGALLI (Yedda), MARQUET (la Princesse), RIGHETTI (Sa-
kourada).

MM. L. MERANTE (Nori), REMOND (le Mikado), CORNET (To),
F. MERANTE (Nasaki).

Chef d'orchestre : Jules GARCIN

★

Reprise du 21 février 1885 (57e représentation).

Mlles MAURI (Yedda), MONTAUBRY (la Princesse), FATOU (Sakou-
rida), SANLAVILLE (Nori).

MM. L. MERANTE (le Mikado), CORNET (To), F. MERANTE (Nasaki).

Chef d'orchestre : MADIER DE MONTJAU

★

Z A D I G   4 représentations

Ballet en un acte et 5 tableaux
de Serge Lifar et Pierre Petit, d'après Voltaire
Musique de Pierre PETIT

Créé à Paris, à l'Académie Nationale de Musique (Palais Garnier), le
9 juillet 1948. — Décors et costumes de Félix Labisse. — Chorégraphie
de Serge LIFAR.

Mlles DARSONVAL, LAFON, MOREAU, BOURGEOIS.

MM. RITZ, RENAULT, KALIOUJNY, BOZZONI, LEGRAND, DUPREZ,
EFIMOFF.

Chef d'orchestre : Robert BLOT

III

ŒUVRES DRAMATIQUES

(avec ou sans musique de scènes)

ARIENNE LECOUVREUR   1 représentation

Drame en 5 actes en prose de E. Legouvé et E. Scribe.

Première fois au Palais Garnier, le 5 avril 1883 (le 2ᵉ acte seulement)
Mme SARAH BERNHARDT (Adrienne).

MM. BERTON (Maréchal de Saxe), SAINT-GERMAIN (Michonnet).

★

AGAMEMNON   1 représentation

Tragédie d'Eschyle, adaptée en vers par Henri de Bornier.
Musique grecque reconstituée par Charles de SIVRY

Première fois au Palais Garnier, — des extraits — le 26 janvier 1886.
Décors de Rubé, Chaperon et Jambon.

MM. MARTEL (Agamemnon), Albert LAMBERT (Clytemnestre),
GRAVOLLET (Cassandre), VILLAIN (le Choryphée).

Chef d'orchestre: LANCIEN

★

ANDROMAQUE   3 représentations

Tragédie en 5 actes, de Racine.

Première fois au Palais Garnier, le 11 mars 1900, en matinée.

Il s'agissait d'une représentation officielle de la Comédie Française réfugiée à l'Opéra, à la suite d'un incendie de la salle Richelieu.

Mmes DUDLAY (Hermione), DU MINIL (Andromaque), DELVAIR
(Céphise), GENIAT (Cléone).

MM. MOUNET-SULLY (Oreste), Paul MOUNET (Pylade), SILVAIN
(Pyrrhus), VILLAIN (Phœnix).

Seconde représentation, le 18 mars 1900 avec la même distribution,
sauf MM. Albert LAMBERT (Oreste), HAMEL (Pylade).

Troisième représentation — des scènes seulement — le 1ᵉʳ juin 1943,
avec Mme Clarisse DEUDIN et M. Maurice ESCANDE.

★

ANTIGONE   1 représentation

Tragédie en 2 parties de Sophocle. — Adaptation de André Bonnard.
Musique de scène de MENDELSSOHN, SAINT-SAENS et MESSAGER.

Première fois, dans le cadre des représentations de l'Opéra, le 30
juillet 1938, au Théâtre Antique d'Orange.

Mmes Marie BELL (Antigone), Jeanne DELVAIR (Eurydice), Henriette BARREAU (Ismène).

MM. René ALEXANDRE (Tirésias), Jean HERVE (Créon), Jean
WEBER (Hémon), CHAMBREUIL (le Messager), Robert VIDALIN (le
Soldat), Jean VALCOURT (un Choryphée).

Chef d'orchestre: Philippe GAUBERT

★

L'ARLESIENNE

2 représentations.

Drame en 5 actes d'Alponse Daudet.
Musique de scène de Georges BIZET.

Première fois au Palais Garnier (4e et 5e actes seulement), le 20 juin 1914, à l'occasion d'un Gala en l'honneur d'ANTOINE.

Mmes G. DARTHY (Rose Mamaï), PIERSON (la Renaude), E. FAVART (Vivette), SIMONE (l'Innocent), R. BOYER (la Servante).

MM. Paul MOUNET (Balthazar), ALEXANDRE (Mitifio), A. LAMBERT (Frédéri), VILBERT (Patron Marc), DENIS D'INES (Francet Mamaï), DERVIGNY (le Valet).

Chef d'orchestre : Philippe MOREAU.

Repris intégralement au Palais Garnier le 24 juin 1925, à l'occasion d'un Gala au bénéfice des Comédiens anciens Combattants.

Mmes Madeleine ROCH (Rose Mamaï), Y. GUILBERT (la Renaude), G. MORLAY (Vivette), G. GUESNIER (l'Innocent), T. NAVAR (la Servante).

MM. L. BERNARD (Balthazar), ALEXANDRE (Mitifio), P. FRESNAY (Frédéri), VILBERT (Patron Marc), BERTHIER (Francet Mamaï), A. BERLEY (le Valet), LES FRATELLINI (l'Equipage).

« Farandole » et « Divertissement » dansés par Mlles ZAMBELLI, SOUTZO, MM. A. AVELINE, DENIZART, MOYSENKO et le Corps de ballet de l'Opéra.

Chef d'orchestre   Henri BUSSER.

★

AYMERILLOT

1 représentation

Poème de « La Légende des Siècles » de Victor Hugo
Première fois au Palais Garnier, le 11 novembre 1926.

Mme Jeanne DELVAIR (la Récitante).

MM. Albert LAMBERT fils (l'Empereur), J. FENOUX (Duc de Nayme), G. LEROY (Hugo de Cotentin), DORIVAL (Comte de Gand), DRAIN (Gérard de Roussillon), Jean WEBER (Aymery), A. BACQUE (Eustache de Nancy), DE RIGOULT (Drens de Montdidier).

★

BÉRÉNICE

1 représentation.

Tragédie en 5 actes de Racine

Première fois au Palais Garnier, le 15 juillet 1900 (2e acte seulement)
Mmes BARTET (Bérénice), DELVAIR (Phénice).
MM. Paul MOUNET (Titus), J. FENOUX (Paulin).

★

LE BOURGEOIS GENTILHOMME

12 représentations
dont 6 au Palais Garnier

Comédie-ballet en 5 actes de Molière.

Musique de J.-B. LULLI.

Première fois à l'Académie Royale de Musique, avec le concours des Artistes de la Comédie Française, le 30 décembre 1716.

Repris, au cours de Galas, toujours avec le concours des Artistes de la Comédie Française, les 13 mars 1817, 11 décembre 1826, 30 janvier 1840, 15 janvier 1845 et 9 janvier 1852.

Première fois au Palais Garnier, le 18 mars 1899, à l'occasion d'un Gala, avec les Artistes de la Comédie Française.

	18-3-1899 7e	11-3-1900 8e	15-10-1903 11e	26-12-1905 12e
Lucile	MULLER	MULLER	MULLER	MULLER
Dorimène	MARCY	NANCY-MARTEL	L. SILVAIN	L. SILVAIN
Mme Jourdain .	PIERSON	FAYOLLE	PIERSON	PIERSON
Nicole	KALB	KALB	GRANDJEAN	KALB
M. Jourdain ...	COQUELIN c.	COQUELIN c.	COQUELIN c.	LELOIR
Cléonte	BOUCHER	BOUCHER	DEHELLY	DEHELLY
Dorante	LE BARGY	PRUDHON	BAILLET	BAILLET
Me Philosophie	LELOIR	LELOIR	LELOIR	LAUGIER
Me Musique ..	LAUGIER	LAUGIER	LAUGIER	X.
Me à danser ..	TRUFFIER	TRUFFIER	TRUFFIER	TRUFFIER
Me d'armes ...	VILLAIN	VILLAIN	VILLAIN	RAVET
Me tailleur	JOLIET	JOLIET	FALCONNIER	FALCONNIER
Covielle	DE FERAUDY	DE FERAUDY	DE FERAUDY	G. BERR
Chef Orch.	LEON	TAFFANEL	LEON	LEON

Nota. — Les trois représentations données en mars 1900 (avec la distribution du 11 mars) le furent par les Artistes de la Comédie Française réfugiée au Palais Garnier à la suite d'un incendie de la salle Richelieu.

Le « Divertissement », réglé par J. HANSEN, fut dansé :

En 1899, par Mlles SUBRA, ZAMBELLI, SALLE, MM. GIRODIER et FEROUELLE.

En 1900 par Mlles ROUVIER, EVEN, LAUTIER, MM. GIRODIER et FEROUELLE.

Les Artistes du chant (de l'Opéra) qui y participèrent furent :

En 1899, Mmes GRANDJEAN, FLAHAUT, ACKE, BREVAL, BEAUVAIS MM. AFFRE, DELPOUGET, LAURENT, RENAUD.

En 1900, Mmes GRANDJEAN, FLAHAUT, MM. LAFFITTE, DELPOUGET, CABILLOT.

En 1899, comme en 1900, M. CHAMBON personnifiait le « Grand Muphti ».

Le « Divertissement » ne fut pas donné en 1903 et 1905.

★

LES CAPTIFS   1 représentation.

Tragédie de Plaute. — Arrangement de Truffier.

Première fois au Palais Garnier le 26 janvier 1886, — (extraits). — Décor de Carpézat.

MM. COQUELIN cadet (Ergozile), P. LAUGIER (Hégion), M. DE FERAUDY (un Esclave), L. GAUTIER (l'Avertisseur).

★

CHEZ JEAN DE LA FONTAINE   1 représentation

Scène en un acte de Sacha Guitry.

Créée à Paris, à l'Académie Nationale de Musique (Palais Garnier), le 17 janvier 1922, à l'occasion des fêtes du tricentenaire de la naissance de Molière.

Mme Yvonne PRINTEMPS (le Rossignol), M. Sacha GUITRY (La Fontaine).

★

LE CID   1 représentation.

Tragédie en 5 actes de Corneille.

Première fois au Palais Garnier, le 26 janvier 1886, des scènes données sur le plateau du Théâtre du Marais reconstitué.

MM. MAUBANT (don Diègue), MOUNET-SULLY (Rodrigue), MARTEL (don Gormas), VILLAIN (don Arias).

★

LA COUPE ENCHANTÉE   2 représentations

Comédie en un acte de Jean de La Fontaine et Champmeslé.

Première fois au Palais Garnier, le 29 juillet 1900.

Mmes MULLER (Lucinde), KALB (Perrette), Marie LECONTE (Lilie).

MM. COQUELIN cadet (Thibaut), LELOIR (Josselin), LAUGIER (Bertrand), JOLIET (Tobie), VILLAIN (Griffon), BARRAL (Anselme).

Deuxième fois, dans le cadre des représentations de l'Opéra au Théâtre Antique d'Orange, le 31 juillet 1938.

Mmes Mony DALMES (Lucinde), Denise CLAIR (Perrette), Renée FAURE (Lilie).

MM. Pierre BERTIN (Thibaut), Pierre DUX (Josselin), ECHOURIN (Bertrand), BONIFAS (Tobie), DORIVAL (Griffon), CHAMBREUIL (Anselme).

✱

CYRANO DE BERGERAC   1 représentation

Comédie héroïque en 5 actes, en vers, de Edmond ROSTAND.

Première fois au Palais Garnier, (le 3e acte seulement), le 29 mai 1945. — Mise en scène de Pierre DUX. — Décor et costumes de Christian Bérard.

Mmes Marie BELL (Roxane), Catherine FONTENEY (la Duègne).

MM. Pierre DUX (Cyrano), ESCANDE (Comte de Guiche), Louis SEIGNER (Ragueneau), Jean DESAILLY (Christian), LYCAN (le Capucin).

✱

LA DAME AUX CAMÉLIAS   1 représentation

Drame en 5 actes de Alexandre Dumas Fils.

Première fois au Palais Garnier, (le 4e acte seulement), le 20 décembre 1940.

Mmes Edwige FEUILLERE (Marguerite), DUCOURET, KERJEAN, L. CASADESUS.

MM. Pierre-Richard WILLM (Armand Duval), Jean COQUELIN, M. VALBEL. LEPERS, CHAMBOIS, VERNET, TUNC, RUEST.

✱

LE DÉPIT AMOUREUX   7 représentations

Comédie en 5 actes de Molière

A la suite de l'incendie de la salle Richelieu, la Comédie Française se réfugia quelque temps à l'Opéra. C'est durant cette période (mars 1900) que cette œuvre fut représentée au Palais Garnier.

Première fois au Palais Garnier, le 11 mars 1900.

Mmes DU MINIL (Lucile), Rachel BOYER (Marinette).

MM. BAILLET (Eraste), Georges BERR (Gros-René), JOLIET (Mascarille), DEHELLY (Valère).

Nota : aux six représentations suivantes, furent également affichés : Mmes MULLER (Lucile), LYNNES et Thérèse KOLB (Marinette). MM. BOUCHER (Eraste), TRUFFIER, DE FERAUDY et COQUELIN cadet (Gros-René), HAMEL (Mascarille).

✱

LES DEUX COUVERTS   1 représentation.

Comédie en un acte de Sacha Guitry.

Première fois au Palais Garnier, le 10 juin 1919.

Mme ROBINNE (Elle).

MM. Léon BERNARD (Lui), René ROCHER (le Fils).

✱

DIANE DE LYS   1 représentation

Comédie en 5 actes d'Alexandre Dumas fils

Première fois au Palais Garnier, le 2 mai 1900 par les Artistes de la Comédie Française.

Mmes BARTET (Diane), DU MINIL (Marceline), PERSOONS (Mme de Lussieu), LYNNES (Jenny), MORENO (la Marquise), GENIAT (Aurore), FOUQUIER (Juliette), FAYLIS (une Fille d'hôtel).

MM. BAILLET (Maximilien), LELOIR (Taupin), A. LAMBERT (Paul Aubry), FENOUX (le Duc), DELAUNAY (le Comte), BARRAL (de Boursac), GAUDY (un Domestique).

✱

LA DICTÉE D'INDO-CHINE   1 représentation

Pièce en un acte de Stève Passeur.

Représentée pour la première fois à Paris, au Palais Garnier, le 3 avril 1952. — Mise en scène de André LEJEUNE. — Décor lumineux de Klausz.

Mme Claude NOLLIER (Alice Hauterive).

MM. Jean PIAT (Daniel), André VALMY (le Capitaine), Giani ESPOSITO (Laurent), Erich von STROHEIM (Schoenbreck), J. CHANCEL (Gaillard), BUY-QUANG-TAN (Taï), L. ARBESSIER (Garnier) G. PATRIJ (Sylvain).

Mlle Nyota INYOKA et ses danseuses. — Mme Yana GANI.

Au piano d'accompagnement : Pierre VEVEY.

✱

LE DINER DE PIERROT   1 représentation.

Comédie en un acte en vers, de Bertrand Millanvoye.

Première fois au Palais Garnier, le 27 décembre 1881.

Mme Suzanne PIC (Colombine), M. POREL (Pierrot).

✱

L'ECOLE DU MENSONGE   1 représentation

Comédie en un acte de Sacha Guitry.

Créée au Palais Garnier, le 8 février 1940, à l'occasion d'un Gala au bénéfice des victimes finlandaises.

Mme Hélène PERDRIERE (Elle), Geneviève GUITRY (l'Amie).

M. Sacha GUITRY (Lui).

✱

LES ERINNYES   2 représentations.

Tragédie antique de Leconte de Lisle.

Musique de scène de Jules MASSENET.

Première fois au Palais Garnier le 12 août 1900.

Mmes M. LAURENT (Klytemnestre), SEGOND-WEBER (Elektra), DELVAIR (Ismène), FOUQUIER (Cassandre).

MM. Paul MOUNET (Oreste), A. LAMBERT (Agamemnon), RAVET (un Serviteur).

Chef d'orchestre : Edouard MANGIN

N. B. — Seconde représentation, avec la même distribution, le 6 juin 1901.

✱

L'ETINCELLE   1 représentation.

Comédie en un acte de Edouard Pailleron.

Première fois au Palais Garnier, le 23 décembre 1880.

Mmes CROIZETTE (Mme de Renat), J. SAMARY (Antoinette).

M. DELAUNAY (Raoul).

L'EUROPE AUX TUILERIES 1 représentation

Évocation du Second Empire en 1 acte, en vers, de René Bruyez.

Représentée pour la première fois à Paris, au Palais Garnier, le 12 juin 1952. — Costumes de André Pontet. — Mise en scène de Max de RIEUX.

Mmes Annie DUCAUX (l'Impératrice), Jeanne BOITEL (la Princesse Mathilde), Fanny ROBIANE (la Vivandière), Annie GAILLARD (la Comtesse Walewska), Chantal de RIEUX (Mme Masséna), S. LOGEART (la Comtesse Molitor).

MM. Maurice DONNEAUD (l'Empereur), Roger GAILLARD (le Prince Napoléon), G. CUSIN (Carpeaux), GAUTIER-SYLLA (M. Plichon), R. GIRARD (Mérimée), J. CLAUDIO (Garnier), Roger WEBER (le Comte de Morny), G. DARBEL (Théophile Gautier), P. COURANT (Maréchal Vaillant), A. VARENNES (un interlocuteur de M. Plichon), A. CARNEGE (Lord Cowley), Roland BOURDIN (Chevalier Nigra), G. SAILLARD (Marquis de la Vallette), AYME-JEAN (Duc de Bassano), H. BUTHION (l'Huissier), D. JULIEN (Gambetta), J. NEF (Vicomte Agnado), P. HAMEL (Berlioz), R. VILLAR, R. DESTAIN, J.-P. LORRAIN, R. BECHET (Quatre Invités).

✱

L'EXILÉ 1 représentation.

Pièce en un acte tirée de « La Maison du Railleur » de Carl Gandrup.

Première fois au Palais Garnier, le 14 juin 1937, à l'occasion d'une soirée dansante.

Mmes Madeleine SILVAIN (Johanne), Renée SIMONOT (Thérèse).

MM. Paul REUMERT (P.-A. Heiberg), Paul LEYSSAC (Jean Ludwig).

✱

LA FARCE DE MAITRE PATHELIN 1 représentation.

Farce du Moyen-Age. — Adaptation de Edouard Fournier.

Première fois au Palais Garnier, le 26 janvier 1886.

Mme AMEL (Guillemette).

MM. GOT (Maître Pathelin), P. LAUGIER (le Drapier).

✱

LES FEMMES SAVANTES 2 représentations

Comédie en 5 actes de Molière.

Première fois au Palais Garnier, le 25 mars 1900.

Mmes BARRETTA (Henriette), BARTET (Armande), PIERSON (Philaminte), KALB (Martine), FAYOLLE (Béline).

MM. COQUELIN cadet (Vadius), LE BARGY (Clitandre), DE FERAUDY (Trissotin), LELOIR (Chrysale), ROGER (Julien), VILLAIN (Notaire), FALCONNIER (Lepine), HAMEL (Ariste).

Seconde fois au Palais Garnier, (le 3e acte seulement), le 12 août 1900.

Mmes BARETTA (Henriette), BARTET (Armande), PIERRON (Philaminthe), AMEL (Béline).

MM. COQUELIN Cadet (Trissotin), DE FERAUDY (Vadius).

GRINGOIRE   1 représentation
Comédie en un acte, en vers, de Théodore de Banville.
Première fois au Palais Garnier, le 6 novembre 1928.
Mmes Marie BELL (Loyse), Jane FABER (Nicole Andry).
MM. André BRUNOT (Gringoire), DESJARDINS (Louis XI), DORI-
VAL (Simon Fournier), DRAIN (Olivier le Daim).

✳

LES GUEUX AU PARADIS   1 représentation
Pièce de G. M. Marten. — Version française de André Obey.
Musique de scène de Claude ARRIEU.
Première fois au Palais Garnier, (l'acte du Paradis seulement), le
29 mai 1945.
Mme Josée GREGOIRE (la Vierge).
MM. Patrice RIBAU (Saint-Michel), Jacques DUFILHO (Saint-Pierre),
Olivier HUSSENOT (Boule), J.-P. GRENIER (Rietje).

✳

LA HAINE   1 représentation.
Drame en 5 actes et 8 tableaux de Victorien Sardou.
Première fois au Palais Garnier, (le 2ᵉ tableau seulement), le 24
décembre 1907.
Mmes SEGOND-WEBER (Cordélia), Madeleine ROCH (Uberta).
MM. Paul MOUNET (Orso), DESSONNES (Giurgurta), GARRY
(Marescotti).

✳

HAMLET   2 représentations.
Tragédie en 5actes de Shakespeare.
Première fois au Palais Garnier, (le 2ᵉ acte seulement), le 15 juillet
1900.
Mmes LARA (Ophélie), LEROU (la Reine).
MM. MOUNET-SULLY (Hamlet), DE FERAUDY (Polonius), JOLIET
(Guildersten), HAMEL (Rosoncrantz), DELAUNAY (le Roi), RAVET (le
Comédien).

✳

HORACE   2 représentations
Tragédie en 5 actes de Corneille
A la suite d'un incendie salle Richelieu, la Comédie Française
réfugiée à l'Opéra, représenta deux fois cet ouvrage en 1900.
Première fois au Palais Garnier, le 15 mars 1900 en matinée.
Mmes DUDLAY (Camille), DU MINIL (Sabine), LEROU (Julie).
MM. SILVAIN (vieil Horace), Albert LAMBERT (Curiace), Paul
MOUNET (Horace), VILLAIN (Tulle), FALCONNIER (Flavian), HAMEL
(Valère).
Seconde représentation, le 26 avril 1900 avec la même distribution
sauf Mme MORENO (Julie).

✳

L'ILLUSION COMIQUE   1 représentation.
Comédie en 3 actes, en vers, de Corneille.
Première fois au Palais Garnier, le 26 janvier 1886.
Mmes BIANCA (Lyse), DURAND (Isabelle).
MM. GOT (le Matamore), LE BARGY (Clindore), LELOIR (Géronte).

✱

L'IMPROMPTU DE L'OPÉRA   1 représentation.
A-propos en vers de Jean Bastia. — Musique adaptée de Albert Chantrier.

Créé à Paris, à l'Académie Nationale de Musique, (Palais Garnier),
le 23 février 1922. — Mise en scène de Edmond ROZE.
Mmes DUSSANE (Marinette), VENTURA (la Nuit).
M. André BRUNOT (Gros-René).
Au piano d'accompagnement : Albert CHANTRIER.

✱

LA JALOUSIE DU BARBOUILLÉ   1 représentation.
Comédie en un acte de Molière.
Première fois au Palais Garnier, le 26 janvier 1886.
Mmes FAYOLLE (Angélique), KALB (Cathau).
MM. COQUELIN cadet (le Docteur), PRUDHON (Valère), JOLIET
(Gorgibus), DE FERAUDY (le Barbouillé), HAMEL (Vilbrequin), ROGER
(la Vallée).

✱

LOLOTTE   1 représentation.
Comédie en un acte de Henry Meilhac et Ludovic Halevy
Première fois au Palais Garnier, le 6 octobre 1896, à l'occasion d'un
Gala en l'honneur de S.A.I. l'Empereur de Russie.
Mmes REJANE (Lolotte), AVRIL (la Baronne).
MM. MAGNIER (le Baron Pouff), GILDES (Croisilles).

✱

LOUIS XI   1 représentation.
Drame en 5 actes de Casimir Delavigne.
Première fois au Palais Garnier, (le 4e acte seulement), le 29 juillet
1900.
Mme DU MINIL (Marie).
MM. SILVAIN (Louis XI), PRUDHON (Coictier), LEITNER (Ne-
mours), HAMEL (Tristan), FENOUX (Commine), DELAUNAY (François
de Paule).

✱

MADAME SANS-GÊNE   1 représentation.
Comédie en 4 actes de Victorien Sardou et E. Moreau.
Première fois au Palais Garnier, (le 2e acte seulement), le 20 octobre
1910.
Mme REJANE (la Maréchale Lefèvre).
MM. DUQUESNE (Napoléon), SIGNORET (Fouché).
« Concert chez la Maréchale », par les artistes de l'Opéra, de la
Comédie Française et de l'Opéra-Comique.

✱

LE MALADE IMAGINAIRE   3 représentations
Comédie en 3 actes de Molière.
Musique de Marc-Antoine CHARPENTIER.

Première fois au Palais Garnier, le 11 mars 1900, par les Artistes de la Comédie Française provisoirement réfugiée à l'Opéra, à la suite d'un incendie de la salle Richelieu.

Mmes BARRETTA (Angélique), KALB (Toinette), AMEL (Béline), petite JULIETTE (Louison).

MM. COQUELIN cadet (Argan), TRUFFIER (Thomas Diafoirus), LELOIR (Purgon), JOLIET (Diafoirus), ROGER (Bonnefoy), FALCONNIER (Fleurant), HAMEL (Béralde), DEHELLY (Cléante).

« La Cérémonie » : M. DE FERAUDY (le Prœses).
Chef d'orchestre : LEON

Seconde fois au Palais Garnier, à l'occasion des fêtes du tricentenaire de la naissance de Molière, le 17 janvier 1922, des extraits et la Cérémonie.

Mmes Y. LAFFON (Angélique), A. BEYLAT (Toinette).

MM. POLIN (Argan), A. SIMON-GIRARD (Cléante), LEFAUT (Béralde).

La « Cérémonie » avec le concours des vedettes de la capitale.
Chef d'orchestre : Henri BUSSER.

Troisième fois au Palais Garnier, — le deuxième acte et la Cérémonie — le 31 décembre 1944.

Mmes MONY-DALMES (Angélique), PERREY (Toinette), CONTE (Béline), la petite Thérèse CASIER (Louison).

MM. RAIMU (Argan), CLARIOND (M. Diafoirus), BERTHEAU (Cléante), J. MEYER (Béralde), J. CHARON (Thomas Diafoirus).

Intermède :

MM. J.-L. BARRAULT (Polichinelle), VADEL, RUDEL, DARGOUT et BALLA (les Apothicaires).
Chef d'orchestre : André JOLIVET.

✸

LE MARABOUT EST MORT   1 représentation.
Evocation de la vie de Foucault par Pierre VILLOTEAU.

Créée au Palais Garnier, le 12 décembre 1946. — Décor de Lambert Rucki. — Mise en scène de Francis COVER.

Mmes Annie ROUVRE (Jenny Buffet), Simone TOURNIER.

M. Francis COVER (Charles de Foucault).

✸

LE MARIAGE DE FIGARO   1 représentation.
Comédie en 5 actes de Beaumarchais
Première fois au Palais Garnier, le 4 avril 1875.

Mmes MIOLAN-CARVALHO (Chérubin), BROIZAT (la Comtesse), CROIZETTE (Suzanne), JOUASSAIN (Marceline), REICHEMBERG (Fanchette).

MM. GOT (Figaro), LAROCHE (Almaviva), PARADE (Bartholo), DELANNOY (Bazile), TALBOT (Antonio), SAINT-GERMAIN (Grippe-Soleil).

★

LE MARIAGE DE SACHA   1 représentation.

Sketch de Paul COLLINE.

◆- Créé en 1939 au Théâtre aux Armées.

Première fois au Palais Garnier, le 16 avril 1940.

Mme Paulette MARINIER (la Commère).

MM. Paul COLLINE (Sacha Guitry), Jacques SIMONOT (Geneviève Guitry).

★

LE MARIAGE FORCÉ   2 représentations.

Comédie en un acte de Molière.

Première fois au Palais Garnier, le 28 avril 1917.

Mme Cécile SOREL (Dorimène).

MM. DEHELLY (Alcidas), SIBLOT (Sganarelle), G. BERR (Pancrace), NUMA (Geronomi), LEROY (Lacoste), RAVET (Alcantor), CROUE (Morphurius).

Seconde fois, le 10 novembre 1927.

Mme Jane FABER (Dorimène).

MM. DEHELLY (Alcidas), SIBLOT (Sganarelle), A. BRUNOT (Pancrace), DRAIN (Géronimo), P. BERTIN (Lacoste), LEDOUX (Alcantor), CHAMBREUIL (Morphurius).

★-

MARIUS   1 représentation.

Comédie en 5 actes de Marcel Pagnol.

Première fois au Palais Garnier, (la « Partie de Cartes » seulement), le 19 décembre 1944.

Mme Mireille BARD (Fanny).

MM. RAIMU (César), RELLYS (Escartefigue), MOURRIES (Panisse), RIEUX (Marius), CASA (le Chauffeur), Robert VATTIER (M. Brun).

★

LE MISANTHROPE   1 représentation

Comédie en 5 actes, en vers, de Molière.

Première fois au Palais Garnier, (le premier acte seulement), le 17 janvier 1922, à l'occasion des fêtes du tricentenaire de la naissance de Molière.

MM. Lucien GUITRY (Alceste), Pierre MAGNIER (Philinte), Louis GAUTIER (Oronte).

★

MONSIEUR DE POURCEAUGNAC 2 représentations.

Comédie-ballet en 3 actes de Molière.
Musique de J.-B. LULLI.

Première fois au Palais Garnier, le 19 mai 1892.

Personnages de la Comédie :

Mmes REICHENBERG (Julie), KALB (Nérine), LYNNES (Lucette).

MM. COQUELIN cadet (M. de Pourceaugnac), BOUCHER (Eraste), TRUFFIER (Obrigani), GARRAUD (Oronte), MOUNET-SULLY et Paul MOUNET (2 Suisses), LAUGIER et MARTEL (2 Médecins), CLERH (un Apothicaire), LAROCHE (un Exempt).

Personnages du ballet :

MM. BELHOMME et BARNOLT (2 Médecins grotesques), GRIVOT et BALLARD (2 Avocats chantant).

Divertissement réglé par Mme FONTA, dansé par le Corps de ballet.

Chef dorchestre : Edouard COLONNE.

Reprise du 22 juillet 1900 (2e représentation à l'Opéra), avec les interprètes de la première, sauf :

Mme Marie LECOMTE (Julie).

MM. VILLAIN (deuxième Médecin), DEHELLY et BARRAL (2 Médecins grotesques).

Chef d'orchestre : Edouard MANGIN.

*

LA NUIT DE MAI 2 représentations.

Poème d'Alfred de Musset.

Première fois au Palais Garnier, le 8 mai 1875.

Mme Sarah BERNHARDT (la Muse). — M. MOUNET-SULLY (le Poète).

Seconde fois, le 4 mai 1920.

Mme Ida RUBINSTEIN (la Muse). — Mme Sarah BERNHARDT (le Poète).

*

ŒDIPE-ROI 7 représentations

Tragédie en 5 actes de Sophocle.

A la suite d'un incendie salle Richelieu, la Comédie Française réfugiée à l'Opéra représenta 4 fois cette œuvre en 1900 (les 18, 20, 25 mars et 26 avril), avec une musique de scène d'Edmond MEMBREE et dans une version de Jules LACROIX.

En 1903 et 1912, à l'occasion de deux Galas, seuls les 4e et 5e actes furent représentés.

En 1939, l'ouvrage fut repris intégralement dans une version de Gabriel Boissy, avec une musique de scène de Claude DELVINCOURT.

	18-3-1900 1e	29-10-1903 5e	28-4-1912 6e	30-7-1939 7e
Jocaste	LEROU	DELVAIR	DELVAIR	DELVAIR
Jeune fille	DU MINIL	DU MINIL	DUCOS	
	MOVENS	Mad. ROCH	REMY	
Oedipe	MOUNET-SULLY	MOUNET-SULLY	MOUNET-SULLY	J. HERVE
Créon	A. LAMBERT	A. LAMBERT	ALEXANDRE	VIDALIN
Tirésias ...	P. MOUNET			P. OETTLY
Prêtre	SILVAIN	DELAUNAY	DELAUNAY	GAUTIER-SILLA
Messager ..	VILLAIN	VILLAIN	RAVET	MELCHIOR
Esclave	LAUGIER	LAUGIER	FALCONNIER	L. BREZE
Choryphée	HAMEL	HAMEL	GERBAULT	COURANT
Chef Orch.	LEON	MANGIN	LEON	FOURESTIER

PASSÉ-MINUIT   1 représentation.
Comédie en un acte de Lockroy et A. Bourgeois.
Première fois au Palais Garnier, le 23 décembre 1880.
MM. DELANNOY (Chaboulard), André MICHEL (un Monsieur).

✳

PATRIE   1 représentation.
Drame en 5 actes et 8 tableaux de Victorien Sardou.
Première fois au Palais Garnier, (le 5ᵉ tableau seulement), le 30 octobre 1890.
MM. MOUNET-SULLY (Karloo), BOUCHER (la Trémoille), VILLAIN (Noircarmes), CLERH (Rinçon), J.-P. MOUNET (le Duc d'Albe), COQUELIN (Jonas), GRAVOLLET (Cornelis), HAMEL (Bakkersal), LEITNER (Galena), DUMAINE (Rysoor).

✳

PHÈDRE   4 représentations
Tragédie en 5 actes de Jean Racine.
Première fois au Palais Garnier, le 25 mars 1900.
Mmes DUDLAY (Phèdre), MOVENS (Aricie), LEROU (Œnone), DELVAIR (Ismène).
MM. SILVAIN (Thésée), A. LAMBERT (Hippolyte), VILLAIN (Théramène), FALCONNIER (Panope).
Seconde fois au Palais Garnier, (Scène V du 2ᵉ acte seulement), le 19 mai 1892.
Mmes Sarah BERNHARDT (Phèdre), GRANDET (Oenone).
M. DARMONT (Hippolyte).
Troisième fois au Palais Garnier, (le 4ᵉ acte seulement), le 27 juin 1917.
Mmes Ida RUBINSTEIN (Phèdre), PROZOR (Oenone).
MM. DE MAX (Thésée), ESCANDE (Hippolyte).
Quatrième fois, le 1ᵉʳ juin 1943 (des scènes seulement).
Mme Renée FAURE (Phèdre).
M. J. JANSEN (Hippolyte).

✳

LES PLAIDEURS   2 représentations
Comédie en 3 actes en vers, de Racine
A la suite d'un incendie salle Richelieu, la Comédie Française réfugiée à l'Opéra, représenta deux fois cet ouvrage en 1900.
Première fois au Palais Garnier, le 15 mars 1900 en matinée.
Mmes MULLER (Isabelle), AMEL (la Comtesse).
MM. BOUCHER (Léandre), TRUFFIER (l'Intimé), LELOIR (Dandin), Georges BERR (petit Jean), LAUGTER (Chicaneau), ROGER (le Souffleur).
Seconde représentation, le 26 avril 1900 avec la même distribution, sauf Mme FAYOLLE (la Comtesse), MM. COQUELIN cadet (l'Intimé), TRUFFIER (petit Jean) et JOLIET (le Souffleur).

✳

POIL DE CAROTTE EN PERMISSION   1 représentation.
Comédie en un acte de Rip.
Première fois au Palais Garnier, le 10 juin 1919.
Mme Suzanne DESPRES (Poil de Carotte).
M. LUGNE POE (un Monsieur).

✸

LES PRÉCIEUSES RIDICULES   2 représentations
Comédie en un acte de Molière.
Première fois au Palais Garnier, le 27 décembre 1881.
Mmes J. SAMARY (Madelon), Dinah FELIX (Cathos), FREMAUX (Marotte).

MM. GOT (Jodelet), COQUELIN aîné (Mascarille), THIRON (Gorgibus), PRUDHON (du Croisy), BOUCHER (La Grange), FEBVRE, JOLIET (2 Violons), VILLAIN, LENOIR (2 Porteurs).

Repris le 21 mars 1926 (2e représentation).

Mmes Marie LECOMTE (Madelon), Andrée de CHAUVERON (Cathos), LHERBAY (Marotte).

MM. SIBLOT (Jodelet), CROUE (Mascarille), G. LE ROY (Gorgibus), Denis D'INES (du Croisy), R. MONTEAUX (La Grange), DORIVAL et LEDOUX (2 Porteurs).

✸

PSYCHÉ   1 représentation.
Tragi-Comédie en 5 actes de Corneille, Molière et Quinault.
Première fois au Palais Garnier, (le 3e acte acte seulement), le 29 juillet 1900.

Mmes LARA (l'Amour), BERTINY (Psyché), WANDA DE BONCZA (Zephyr).

✸

RUY BLAS   1 représentation.
Drame en 5 actes, en vers, de Victor Hugo.
Première fois au Palais Garnier, (le 5e acte seulement), le 15 juillet 1900.

Mme Marthe BRANDES (la Reine).
MM. MOUNET-SULLY (Ruy-Blas), Paul MOUNET (don Salluste.

✸

LE SANGLIER   1 représentation.
Comédie en un acte de A. Bisson.
Première fois au Palais Garnier, le 30 octobre 1890.
Mmes DHARCOURT (Berthe), LHERITIER (Suzanne).
MM. LAROCHE (de Langlade), TARRIDE (de Malbois), COQUET (des Tilleuls).

✸

LE SICILIEN ou l'Amour Peintre   1 représentation.

Comédie-ballet en un acte de Molière.

Musique de J.-B. LULLI.

Première fois au Palais Garnier, le 19 mai 1892 (partition adaptée par Camille SAINT-SAENS).

Personnages de la Comédie :
Mmes MULLER (Isidore), DU MINIL (Climène).
MM. GOT (don Pèdre), TRUFFIER (Hali), SAMARY (Adraste), CLERH (un Sénateur).

Personnages du ballet :
MM. ENGEL (un Prêtre), RENAUD (Tircis), DELMAS (Philène), SOULACROIX (un Esclave).

Divertissement réglé par Mme FONTA, dansé par Mlles DESIRE, LOBSTEIN, OTTOLINI, S. MANTE et le Corps de ballet.

Chef d'orchestre : Edouard COLONNE.

★

LE SOLDAT DE MARATHON   1 représentation.

Pièce en un acte, en vers, de José Germain et Christian Froger.

Créée à Paris, au Palais Garnier, le 10 avril 1924.

Mme Madeleine ROCH (la Beauté), Marie BELL (la Fiancée), Mony PRATH (la Mère).
MM. Jean HERVE (le Soldat), Albert REYNAL (le Vieillard).

★

TARTUFFE   2 représentations

Comédie en 5 actes, en vers, de Molière.

Première fois au Palais Garnier, le 18 mars 1900, par les Artistes de la Comédie Française réfugiée à l'Opéra, à la suite d'un incendie de la salle Richelieu.

Mmes MULLER (Marianne), MARSY (Elmire), KALB (Dorine), AMEL (Pernelle).
MM. SILVAIN (Tartuffe), BAILLET (Valère), BOUCHER (Damis), TRUFFIER (Loyal), LELOIR (Orgon), VILLAIN (l'Exempt), HAMEL (Cléante).

Seconde fois au Palais Garnier, (le 3ᵉ acte seulement), le 17 janvier 1922, à l'occasion des fêtes du tricentenaire de la naissance de Molière.

Mmes Jeanne GRANIER (Dorine), Véra SERGINE (Elmire).
MM. Félix HUGUENET (Tartuffe), SIGNORET (Orgon), Paul BERNARD (Damis).

★

TOTO CHEZ TATA   1 représentation.

Comédie en un acte de Meilhac et Halevy.

Première fois au Palais Garnier, le 4 avril 1875.

Mme C. CHAUMONT (Toto).
M. DELTOMBE (Tata).

★

LA TOUR D'AUVERGNE   1 représentation.

Drame en 5 actes de Charles Raymond et Lucien Cressonnois.

Première fois au Palais Garnier, (le 2ᵉ acte seulement), le 11 août 1900.

Mme HARTMANN-SILVAIN (Henriette de Trémodan).

MM. SILVAIN (la Tour d'Auvergne), Henry BURGUET (Jean Cante-Gril), CHARLIER (Camperol), G. DALLEU (Villepreux), GERAIZER fils (Canteloup), GRANDJEAN (Champagne), DESCHAMPS (un Caporal).

★

TRIOMPHE   1 représentation.

Poème dramatique de Fernand Gregh.

Créé à Paris, au Palais Garnier, le 1ᵉʳ avril 1919.

Mmes SARAH-BERNHARDT (la Victoire), Jeanne DELVAIR (Iéna), Madeleine ROCH (Wagram), Marie VENTURA (Marengo).

★

IV

DRAMES, TRAGÉDIES, COMÉDIES
(avec importante musique de scène)

ANTOINE ET CLÉOPATRE   5 représentations.

Tragédie en 6 actes et 14 tableaux de Shakespeare. — Traduction de André Gide. — Musique de scène de Florent SCHMITT.

Première fois au Palais Garnier, le 14 juin 1920. — Décors et costumes de Drésa.

Mmes Ida RUBINSTEIN (Cléopâtre), Rachel BERENDT (Charmion), Renée DEVILLERS (Iras).

MM. ARVEL (Varrius), BERTIN (Dolabella), BLANCHARD (Phornion), A. BOUR (Lapide), A. BRASSEUR (Hardian), CHAMBREUIL (Pompée), CHANOT (Euphonius), COURTOIS (Menecrate), DALTOUR (Alexaé), Max DEARLY (Diomède), DE MAX (Antoine), DERVIGNY (un Serviteur egyptien), DESMOULINS (un Messager de César), H. DUVAL (un Messager d'Antoine), FABRE (Agrippa), GRETILLAT (Enorbarbus), HARDANT (Ménas), LAGRENÉE (Eros), LERAC (Ventiduis), MENDAILLE (Canadive), MILO (le Devin). PERDOUX (Scarus), G. PORTAL (Dercitas) Ph. ROLLA (Philon), ROLLA-NORMAN (Mécène) SIBER (Thircus), J. TISSIER (un Page d'Antoine), M. VARNY (Proculcius), G. WAGUE (Solaucus), YONNEL (Octave), DAROIS, GERVAL, MORINO, G. VIERGE (4 Pages d'Antoine), L. DUFRENNE, R. PICARD (2 Paysans).

Chef d'orchestre : Camille CHEVILLARD.

★

APOTHÉOSE DE BEETHOVEN   2 représentations.

Scène finale du drame en vers de René Fauchois : « Beethoven »
Musique empruntée aux œuvres de BEETHOVEN.

Première fois au Palais Garnier le 23 mai 1909, au cours d'un Gala consacré aux œuvres de Ludwig van Beethoven.

Mmes Sarah BERNHARDT, BARTET, L. BREVAL, R. CARON, G. DHARTY, M. GENIAT, J. HATTO, Mad. ROCH et A. VALLANDRI (les Symphonies).

MM. MOUNET-SULLY (Beethoven), M. RENAUD (Tolstcher).

Chef d'orchestre : Henri RABAUD.

N.B. — Seconde représentation de ce Gala le 25 mai 1909.

★

APOTHÉOSE DE LA CROIX DE GUERRE   3 représentations.

Scène lyrique. — Arrangement musical de Henri BUSSER.

Première fois au Palais Garnier le 11 novembre 1926, à l'occasion d'un Gala organisé par l'Association des décorés de la Croix de Guerre.

Mme Madeleine ROCH (la France).

MM. Paul GERBAULT (le Vainqueur), A. MAZENS (le Poilu).

Chef d'orchestre : Henri BUSSER.

N. B. — Cet ouvrage de circonstance fut redonné au cours de deux autres Galas semblables les 10 novembre 1927 et 6 novembre 1928.

★

CENTENAIRE D'AUBER   1 représentation.
Cantate de Philippe Gille. — Arrangement musical de Léo DELIBES à l'aide de musiques extraites des œuvres de Daniel AUBER.

Unique représentation au Palais Garnier, le 29 janvier 1892, à l'occasion des Fêtes du Centenaire de Daniel AUBER.

Ensembles : Tous les Artistes et les Chœurs de l'Opéra.

Solistes : Mme G. KRAUSS, MM. VILLARET, J. LASSALLE.

Chef d'orchestre : Edouard COLONNE.

★

LES CHANSONS DU BOIS D'AMARANTHE   1 audition.
Musique de Jules MASSENET.

Créées à Paris, à l'Académie Nationale de Musique (Palais Garnier), le 24 décembre 1907, au cours d'un Gala.

Mmes GRANDJEAN, ARBELL, MM. DELMAS, MURATORE.

Chef d'orchestre : Jules MASSENET

★

CHANT DE GUERRE   2 représentations.
A-propos patriotiques de Tonnelier.
Musique de Florent SCHMITT.

Créé à Paris, à l'Académie Nationale de Musique (Palais Garnier), le 18 mai 1916. — Mise en scène de O. LABIS.

Mme Yvonne GALL et les Chœurs de l'Opéra.

Chef d'orchestre : Camille CHEVILLARD.

★

LE CHANT DU XXᵉ SIÈCLE   1 représentation.
Hymne de Henri de Bornier, sur la musique de Etienne-Nicolas MEHUL.

Créé à Paris, à l'Académie Nationale de Musique (Palais Garnier), le 11 novembre 1900, au cours d'un Gala à bénéfice. — Mise en scène de Jules CLARETIE.

Mmes DUDLAY (Paris), PIERSON (une Mère), SEGOND-WEBER (la Fiancée).

MM. MOUNET-SULLY (le Poète), SILVAIN (le Paysan), BAILLET (l'Ouvrier), A. LAMBERT (le Fils).

Chef d'orchestre : Edouard MANGIN.

★

CHANTS ET DANSES DE LA BOURRÉE   1 audition.
Chants et Danses folkloriques du Massif Central.

Première fois au Palais Garnier le 20 juin 1929, en fin d'une représentation du « Mas » de Joseph Canteloube.

Le Groupe folklorique « La Bourrée ».

Maître de danse : Maurice MULLER.

Direction musicale : FONTBERNAT.

★

CHANTS RELIGIEUX RUSSES   1 audition.

Musique ancienne et moderne des compositeurs russes Alexis LVOW,
BORTMANSKI, ARKHANGELSKI, CHEREMETEFF
et GRETCHANINOFF.

Première fois au Palais Garnier le 26 décembre 1915.
Les Chœurs de l'Opéra et de l'Eglise russe de Paris.

Chef des chœurs : Célestin BOURDEAU

★

LES CHARBONNIERS   1 représentation.

Comédie-Vaudeville en un acte de Philippe Gille.
Musique de COSTE.

Crée à Paris, au Théâtre des Variétés, le 4 avril 1877.

Première fois au Palais Garnier le 23 décembre 1880, avec les créateurs du Théâtre des Variétés :

Mme JUDIC (Thérèse).
MM. DUPUIS (Pierre), BARON (Badard), LEONCE (Tardivel).

Chef d'orchestre : BOULLARD.

★

CHORALE TCHEQUE SMETANA   1 audition.

Cette Chorale s'est faite entendre au Palais Garnier le 8 mai 1926
dans des œuvres a capella de SMETANA, MALAT, FORSTER, DE FALLA
et d'INDY.

Direction musicale : CERNY.

★

CONCERT LYRIQUE   1 audition.

Ce Concert constituait la première manifestation artistique donnée
à Paris par le Théâtre de l'Opéra durant la guerre 1914-1918 :

Il eut lieu salle du Trocadéro le 16 février 1915. Son programme était
ainsi composé :

E. LALO. — Ouverture du ROI D'YS, par l'Orchestre de l'Opéra.
A. THOMAS. — HAMLET (Duo), Mme HENRIQUEZ, M. LESTELLY.
G. VERDI. — RIGOLETTO (Quatuor), Mmes B. MENDES, CHARNY.
MM. LAFFITTE, NOTE.
P. DUKAS. — ARIANE ET BARBEBLEUE (air), Mme MERENTIE.
MASSENET. — THAIS (air et duo), Mme BUGG. M. DELMAS.
ROSSINI. — GUILLAUME TELL (Trio), MM. FONTAINE, NOTE,
A. GRESSE.
RAMEAU. — DANSES ANCIENNES, Mlles ZAMBELLI, A. BONI,
L. PIRON, MEUNIER.

D'INDY. — Prélude de FERVAAL, par l'orchestre de l'Opéra.

C. FRANCK. — HULDA (scène), Mmes J. BOURDON, A. DAUMAS.

D'INDY. — L'ETRANGER (mort de Vita), Mme L. BREVAL.

MASSENET. — LE CID (Duo), Mme LE SENNE. M. AFFRE.

SAINT-SAENS. — HENRY VIII (Quatuor), Mmes DEMOUGEOT, LAPEYRETTE. MM. LAFFITTE, DELMAS.

E. REYER. — SALAMMBO (air des Colombes), Mme J. HATTO.

GOUNOD. — FAUST (Trio), Mme GALL. MM. LAFFITTE, CERDAN.

DE L'ISLE. — LA MARSEILLAISE, M. DELMAS et les Chœurs de l'Opéra.

Chefs d'orchestre : Vincent D'INDY, Henri BUSSER, Alfred BACHELET

★

FAUST 53

1 représentation

Lien dramatique en 2 actes et 11 tableaux de Florent Fels, utilisant des musiques extraites des différents « Faust » existant.

Créé à Paris, à l'Académie Nationale de Musique (Palais Garnier), le 19 mars 1953, à l'occasion d'un Gala de l'Ecole Centrale. — Mise en scène de Max DE RIEUX.

OUVERTURE :	WAGNER
1er tableau : Prologue dans le Ciel.	BOITO
2e tableau : Le Cabinet du Docteur Faust	BERLIOZ
3e tableau : La Taverne d'Auerbach	BERLIOZ
4e tableau : Le Jardin	SCHUMANN
INTERLUDE : Méphisto-valse	LISZT
5e tableau : La Chambre de Marguerite	GOUNOD
6e tableau : Méditation de Marguerite	BONDEVILLE
7e tableau : L'Eglise	GOUNOD
8e tableau : Invocation à la nature	BERLIOZ
9e tableau : La Prison	GOUNOD
10e tableau : La mort de Faust	SCHUMANN
11e tableau : Apothéose de Marguerite	GOUNOD

Mmes MOIZAN (Marguerite), MAS (Siébel), RICQUIER (Dame Marthe).

MM. JOBIN (Faust), VAILLANT (Méphistophélès), PHILIPPE (Brander).

Chef d'orchestre : Pierre DERVAUX.

★

LES FAUST   1 représentation.

Réalisation scénique de Paul Stuart utilisant des scènes des différents «°Faust » existant.

Créée à Paris, à l'Académie Nationale de Musique (Palais Garnier), le 8 décembre 1908, à l'occasion d'un Gala à bénéfice. — Mise en scène de Paul STUART.

— Ouverture pour Faust,   WAGNER
— La Taverne d'Auerbach,   BERLIOZ

MM. GAUTHIER (Faust), DANGES (Méphistophélès). CHALMIN (Brander).

— Marche héroïque,   BERLIOZ
— Le Jardin,   GOUNOD

Mmes GALL (Marguerite), COURBIERES (Siébel). GOULANCOURT (Dame Marthe).

MM. MURATORE (Faust), A. GRESSE (Méphistophélès).

— La Chambre de Marguerite,   BERLIOZ

Mme L. BREVAL (Marguerite).
— L'Eglise,   GOUNOD

Mme HATTO (Marguerite).

M. DELMAS (Méphistophélès).
— Invocation à la nature,   BERLIOZ

M. ALVAREZ (Faust).
— La nuit de Walpurgis,   GOUNOD

MM. DUBOIS (Faust), DELMAS (Méphistophélès).

Mlles ZAMBELLI, A. BONI, URBAN, SALLE, L. MANTE.
— La Prison,   BOITO

Mme Zina BROZIA (Marguerite).
— Finale,   GOUNOD

Mme HENRIQUEZ (Marguerite).

MM. ALVAREZ (Faust), MARCOUX (Méphistophélès).

— Apothéose, par les Chœurs de l'Opéra et les Artistes du chant.

Chefs d'orchestre : E. COLONNE, P. VIDAL, A. BACHELET
et H. BUSSER.

★

FÊTE TRIOMPHALE   3 représentation.

Poème dramatique en 3 tableaux de Saint-Georges de Bouhélier.
Musique de Reynaldo HAHN.

Créé à Paris, à l'Académie Nationale de Musique (Palais Garnier), le 14 juillet 1919, à l'occasion des Fêtes de la Victoire. — Mise en scène de MERLE-FOREST.

Mmes CHENAL (la Gloire), BUGG (l'Enfant), ALLIX (l'Ange de l'espérance), LAUTE-BRUN (l'Ange de la concorde), COURBIERES (l'Ange de la liberté), COURSO (l'Ange de la justice).

Personnages du poème : Mmes BOVY (l'Amour), FALCONETTI (l'Enfant), BARLEY (l'Ange de l'expiation), M. MARQUET (la Paix), GARCIN (un petit enfant), P. PAX (Jeanne d'Arc), S. DESPRES (la Victoire).

MM. LEITNER (Bayard), L. BERNARD (le Poilu), P. GERBAULT (Jean-Bart), GRETILLAT (le Messager des Temps futurs), F. GEMIER (le Génie de la guerre).

Personnages de la Danse : Mlles ZAMBELLI, BRANA, DELSAUX.

Chef d'orchestre : Reynaldo HAHN.

★

LA FILLE DU SOLEIL 3 représentation.

Tragédie lyrique en 3 actes de Maurice Magre.
Musique de André GAILHARD.

Créée aux Arênes antiques de Béziers durant l'été 1909, dans une mise en scène de DHERBILLY. — Chorégraphie de BELLONI.

Mmes Mad. ROCH (Hélia), G. DARTHY (Artona).

MM. DORIVAL (Roi Elpénor), R. JOUBE (Euristès), DUPARC (le vieux Berger), VALBEL (Alkinoos)..

Rôles chantés :
Mmes SPENNERT (Lycia), LAUTE-BRUN (Nausithoé).
M. J. NOTE (l'Hiérophante).

Danse :
Mlle POPINET et le Corps de ballet.

Chef d'orchestre : NUSSY-VERDIE.

Première fois, à l'Académie Nationale de Musique (Palais Garnier), le 3 avril 1910. — Chorégraphie de Mme STICHEL.

Mmes Mad. ROCH (Hélia), G. DARTHY (Artona).

MM. ALEXANDRE (Roi Elpénor), GARRIGUE (Euristès), DUPARC (le vieux Berger), VALBEL (Alkinoos).

Rôles chantés : Mmes SPENNERT (Lycia), LAUTE-BRUN (Nausithoé). — M. J. NOTE (l'Hiérophante).

Danses : Mlles A. BONI, LOZERON, BREMONT, LEQUIEM.

Chef d'orchestre : NUSSY-VERDIE.

★

LA FORÊT SACRÉE 1 représentation.

Tableau allégorique de René Fauchois .— Musique de Charles PONS.

Crré à Paris, à l'Académie Nationale de Musique (Palais Garnier), le 5 février 1916. — Mise en scène de MERLE-FOREST.

Mmes SILVAIN (Apollon), E. DUX (la Muse de Virgile), BARTET (la Muse d'Homère), GUINTINI (la Muse de Cervantès), DELVAIR (la Muse de Shakespeare), DUSSANE (la Muse de Molière), DUCOS (la Muse de Chopin), COLONNA-ROMANO (la Muse de Dante), Mad. ROCH (la Muse de Hugo).

M. Albert LAMBERT fils (Mars).

« La Plainte de Diane » dansée et mimée par Mlle Magda DERNY.

Chef d'orchestre : Gabriel GROVLEZ.

✱

GALLIA   1 audition.

Cantate funèbre d'après les paroles des « Lamentations de Jérémie »
Musique de Charles GOUNOD.

Créée à l'occasion de l'ouverture de l'Exposition universelle de 1878.

Première fois au Palais Garnier, le 5 avril 1883, à l'occasion d'un
Gala au bénéfice des inondés d'Alsace-Lorraine.

Mme Fidès DEVRIES et les Chœurs de l'Opéra.

Chef d'orchestre : Charles GOUNOD.

★

LA GLOIRE DE CORNEILLE   1 audition

Cantate de S. Th. Leconte, écrite à l'occasion du tri-centenaire de
la naissance de Corneille. — Musique de Camille SAINT-SAENS.

Créée à Paris, à l'Académie Nationale de Musique (Palais Garnier),
le 6 juin 1906.

Mmes GRANDJEAN (Camille), FEART (Chimène), DEMOUGEOT (un
Coryphée).

MM. AFFRE (Polyeucte), DUBOIS (Rodrigue), NOTE (Néarque),
DELMAS (Auguste).

Chef d'orchestre : Paul VIDAL.

★

HOMMAGE A LA BELGIQUE   1 audition.

Suite d'airs populaires flamands.

Première fois à Paris, à l'Académie Nationale de Musique (Palais
Garnier), le 9 décembre 1915, au début du programme de réouverture
de l'Opéra et de son premier spectacle de guerre, donné au bénéfice de
la Croix-Rouge belge.

Mmes LITVINNE, BREVAL, DELNA, DEMOUGEOT.

MM. NOTE, LESTELLY. — Récitant : DE MAX.

Chef d'orchestre : Henri BUSSER.

★

HYMNES ALLIÉS

Le 11 novembre 1918, jour de l'Armistice, les musiciens de l'Opéra
étaient en grève, et les spectacles interrompus.

Cependant, après l'annonce de l'Armistice à Paris, Mme Germaine
LUBIN a chanté « La Marseillaise » sur les marches du perron du Palais
Garnier, au cours de l'après-midi.

Le soir, sur le péristyle du théâtre, face à la place de l'Opéra, furent
successivement chantés, avec le concours des Chœurs de l'Opéra et l'accompagnement, au piano, de Mme KRIEGER et de M. Félix LEROUX :

La Marseillaise par Mme Marthe CHENAL.

La Brabançonne par M. Jean NOTE.

L'Hymne américain par M. André GRESSE.

Le 12 novembre, les représentations étant reprises, la soirée fut précédée, dans la salle, par les Hymnes alliés, avec le concours des Chœurs et de l'Orchestre de l'Opéra sous la direction de Gabriel GROVLEZ :

La Marseillaise, par Mme Marthe CHENAL.
La Brabançonne, par M. Jean NOTE.
L'Hymne anglais par Mme Germaine LUBIN.
L'Hymne américain, par M. André GRESSE.

A l'issue du spectacle, et sur le péristyle du théâtre, Mme Marthe CHENAL interpréta « la Marseillaise » avec le concours des Chœurs, de l'Orchestre, sous la direction de Gabriel GROVLEZ.

Le 13 novembre, mêmes manifestations patriotiques, mais la Marseillaise fut chantée dans la salle par M. Francisque DELMAS, puis sur le péristyle, par Mme Marcelle DEMOUGEOT.

Chœurs et orchestre, les deux fois, sous la direction du Maître Alfred BACHELET.

★

L'IMPÉRATRICE AUX ROCHERS   7 représentations.

Mystère en 5 actes et 13 tableaux de Saint-Georges de Bouhélier.

Musique de Arthur HONEGGER.

Créé à Paris, à l'Académie Nationale de Musique (Palais Garnier), le 17 février 1927. — Décors et costumes de Alexandre Benois. — Mise en scène de Alexandre SANINE.

Mmes Ida RUBINSTEIN (Impératrice Vittoria), S. DESPRES (la Vierge), CLERVANNE (Lalagé), RUEFF (Francesca), MARILLIET (une Voix).

MM. GRETILLAT (Othon), DESJARDINS (le Pape), J. HERVE (Empereur Aurélien), BENGLIA (Sultan du Maroc), R. WILM (Lorenzo), A. WASLEY (Beaudoin), LESIEUR (le Braconnier), CHARLIER (le vieux Conseiller), DORLEAC (le Chapelain).

Chef d'orchestre : Philippe GAUBERT.

★

L'IMPROMPTU DE NEUILLY   1 représentation.

Evocation en 2 actes et 3 tableaux de Georges Loiseau. — Musique de MEHUL, GLUCK, LULLI, RAMEAU et GRETRY.

Créée à Paris, à l'Académie Nationale de Musique (Palais Garnier), le 29 juin 1929. — Chorégraphie et mise en scène de Léo STAATS.

Mmes T. NAVAR (Pauline Borghèse), Mad. MATHIEU (l'impératrice Eugénie), M. BERTHON (Mme Sans-gêne), DE HIDALGO (Mlle Borelli), C. ZAMBELLI (Mlle Muller).

MM. LAGRENEE (Gardel), A. DE FOUQUIERES (M. de Ségur), COUZINOU (l'Empereur Napoléon 1er), GILLES (M. Garat), BORDON (le Maréchal Lefèvre), A. AVELINE (Despréaux fils).

Chœurs et Corps de ballet de l'Opéra.

Chef d'orchestre : Henri BUSSER

★

INTERMÈDE 1 représentation.

Revue de l'époque 1830-1840 par André VELY. — Airs et musiques du temps.

Créée à Paris, à l'Académie Nationale de Musique (Palais Garnier) le 1er avril 1919, en finale de l'opérette d'Offenbach « Monsieur Choufleuri restera chez lui le... ». — Mise en scène de Léo DEVAUX.

Mme Marthe CHENAL (la Reine de Paris).

Mmes LUCAS (Alexandre Dumas fils), LECONTE (Virginie Déjazet), SILVAIN (Rachel), Mad. ROCH (Georges Sand), G. ROBINNE (Mme de Girardin), J. PROVOST (Mlle Mars), G. DORZIAT (la princesse Belgiojoso).

Mlles ZAMBELLI (Fany Essler, la princesse Pomaré), C. FRANCK, C. BOS, DELSAUX, Y. DAUNT (les Débardeurs).

MM. DELMAS (Pierre Dupont), A. HUBERTY (Alexandre Dumas père), GUILLEMIN (Général Bugeaud).

MM. BOURDEL (Lord Symour), SILVAIN (Honoré de Balzac), A. LAMBERT fils (A. de Musset), LEITNER (V. Hugo), H. MAYER (Comte de Morny), Denis d'INES (Robert Houdin), R. GAILLARD (Brummel), DORIVAL (Ingres), M. ESCANDE (Eugène Delacroix), DESJARDINS (Emile de Girardin).

MM. A. AVELINE (Chicard), CLERET, EVEN (2 Débardeurs).

Chef d'orchestre : François RUHLMANN.

★

INTERMÈDE 1 audition.

Programme vocal composé d'airs tirés des opéras de Jules MASSENET.

Représenté au Théâtre National de l'Opéra (Palais Garnier), le 10 décembre 1911, à l'occasion d'un Gala Massenet.

Mmes LITVINNE (air de « Marie Magdeleine »), GRANDJEAN (air de « Salomé » dans HERODIADE), HEGLON (air de « Varedha » dans LE MAGE).

MM. DELMAS (air de « Athanaël » dans THAIS), NOTE (air du « Roi de Lahore »), FUGERE (air de « Boniface » dans LE JONGLEUR), SALIGNAC (air de « Werther »).

Chef d'orchestre : Jules MASSENET.

★

JEANNE AU BUCHER   93 représentations.

Mystère lyrique en 1 prologue et 10 tableaux de Paul Claudel.
Musique de Arthur HONEGGER.

Créé à Bâle, salle du Kunstmuseum, le 12 mai 1938. Première fois en France, à Orléans, le 6 mai 1939, dans une mise en scène de Hans ZIMMERMANN. Première fois à Paris, salle Pleyel, le 9 mai 1943.

	BALE 12.5.1938	ORLEANS 6.5.1939	PARIS 9.5.1943
Jeanne	I. RUBINSTEIN	I. RUBINSTEIN	Mary MARQUET
La Vierge	VIVANTE	Sol. DELMAS	J. MICHEAU
F. Dominique	Jean PERIER	Jean HERVE	Jean HERVE
Cauchon	X.	DE TREVI	GAZZO
Heurtebise	X.	H. FABERT	LAVIALLE
Chef orch.	P. SACHER	FOURESTIER	HONEGGER

Première fois à la scène au Palais Garnier le 18 décembre 1950. — Décor et costumes de Yves Bonnat. — Mise en scène de Jean DOAT. — Mouvements chorégraphiques de Serge LIFAR.

Mmes Claude NOLLIER (Jeanne), CROISIER (la Vierge), VAN HERCK (Sainte Marguerite), CHABAL (Sainte Catherine), RANCON (Voix du prologue), MORAN (la Mère aux tonneaux).

MM. Jean VILAR (Frère Dominique), ROMAGNONI (Evêque Cauchon), ARNOULT (le Clerc), ROUQUETTY, PETITPAS (2 Hérauts), SAVIGNOL, DESHAYES (2 Voix), MAX-CONTI (un Prêtre), GOURGUES (un Paysan), BRUN (l'Ane greffier), H. DOUBLIER (Heurtebise).

Chef d'orchestre : Louis FOURESTIER.

50ᵉ représentation, le 23 janvier 1953, avec les créateurs, sauf :
Mmes DE PONDEAU (la Vierge), I. CLAIRE (Voix du prologue, la Mère aux tonneaux).

MM. H. DOUBLIER (Frère Dominique), CLAVERE (première voix), CHASTENET (un Paysan), JOCELYN (Heurtebise).

Du 21 au 27 juin, six représentations (60 à 65ᵉ) furent données dans une mise en scène de Roberto ROSSELLINI et des décors projetés de Klausz :

Mmes Ingrid BERGMAN (Jeanne), VAN HERCK (la Vierge), GUIHARD (Sainte Marguerite), CHABAL (Sainte Catherine), I. CLAIRE (Voix du prologue, la Mère aux tonneaux).

MM. R. VIDALIN (Frère Dominique), ROMAGNONI (Evêque Cauchon), ARNOULT (le Clerc), ROUQUETTY, CHARLES-PAUL (2 Hérauts), CLAVERE, DESHAYES (2 Voix), MAX-CONTI (un Prêtre), CHASTENET (un Paysan), BRUN (l'Ane greffier), JOCELYN (Heurtebise).

Chef d'orchestre : Louis FOURESTIER.

Par la suite, l'œuvre continua d'être présentée dans la mise en scène de Jean DOAT. — 93ᵉ et dernière, le 12 juin 1959 avec les interprètes ci-dessus, sauf :

Mmes NOLLIER (Jeanne), SICOT (la Vierge), GUIOT (Sainte Marguerite), FOURRIER (Sainte Catherine).

MM. DOUBLIER (Frère Dominique), FOREL (deuxième Hérault). MARS, GOURGUES (2 Voix), GIBERT (Heurtebise).

LE JUGEMENT DE PARIS
4 auditions.

Symphonie couronnée au Concours de l'Opéra de l'année 1905.
Musique de Edmond MALHERBE.

Première audition à Paris, au Palais Garnier, le 27 octobre 1905, sous la direction de Paul TAFFANEL.

★

LA LIBERTÉ ECLAIRANT LE MONDE
1 audition

Cantate pour chorale. — Musique de Charles GOUNOD.

Première audition à Paris, au Palais Garnier, le 25 avril 1876, à l'occasion d'un Gala Franco-américain.

Chorales diverses, Chœurs et Orchestre de l'Opéra.
Chef d'orchestre : Charles GOUNOD.

★

LA LOCOMOTION A TRAVERS LES AGES
1 représentation.

Sketchs de Jean Rieux et Yoris d'Hansewick. — Poèmes de Guillot de Saix. — Musique nouvelle et arrangée de Jean NOUGUES.

Créé à Paris, à l'Académie Nationale de Musique (Palais Garnier), le 14 octobre 1926, au cours d'un Gala. — Chorégraphie de Christine KERF et GONTCHAROWA.

La Locomotion préhistorique :
Mme J. LEONNEL (la première Femme).
MM. SIGNORET (le premier Homme), H. LAVERNE (le premier Amant).

Apollon précurseur :
MM. DALERANT (Apollon), J. WEBER (Mercure).

Le char des Pharaons :
Mmes T. NAVAR (la Fille des Pharaons), S. CARYTH (la Charmeuse de serpents).

Mlles BRANMANTE et TROYANOFF (les Danseuses égyptiennes).
M. Maurice ESCANDE (le Pharaon).

Le Char de Néron :
M. J. DEHELLY (Néron).

Le Char des Rois fainéants :
Mme FORCY (la Reine), M. GALLY (le Roi).

La Litière :
Mme A. DE CHAUVERON (la Patricienne).

Le Carosse :
Mmes L. DHAMARYS (Célimène), J. MORLET (Arsinoé).
MM. J. PERNOD (Aramis), JULLIEN (Lancelot), PIQUEMAL et CLERY (Pietry et Caracas).

La Chaise à porteurs :
Mmes R. LAUWERS (la Marquise), G. BRU (la Bergère Watteau).
M. M. DEBRY (le Berger).

La Diligence :
Mmes JUDIC (la Servante), H. LEBLOND (l'Hôtesse), BARANCEY (Mme Denis).
MM. R. DELANCHE (le Postillon), DETOURS (l'Hôtelier), LEBAS (M. Denis).

La première Locomotive :
Les FRATELLINI.

La Bicyclette :
MM. BROCCO (le Coureur), BISCOT (le Roi de la pédale).

Les premières Autos :
Mme Mary MARQUET (Pallas).

L'Auto moderne :
Mmes J. RENOUART et M. DEVAL (les Sportwoman).
M. P. DE GUINGAND (le Chauffeur).

Chef d'orchestre : Paul FOSSE.

✦

LE LYS DE LA VIE 1 représentation.

Pièce fantastique en 15 tableaux de S.M. la Reine Marie de Roumanie. — Musique de scène empruntée à DEBUSSY, GRIEG, MENDELSSOHN et RIMSKY-KORSAKOV.

Première fois à Paris, au Palais Garnier, le 1er juillet 1920, dans une mise en scène de Loie FULLER.

Mmes MEAD, HART (les deux Princesses), ZORELLI (la Reine, la vieille Femme), LEMONE (le Berger).

MM. BAYARD (le Diable), PARNY (le Roi, le vieil Homme),, CAILLABET (le Chasseur), STROESCO (le Prince).

Les élèves de l'Ecole de danse de Mme Loie FULLER.

Chef d'orchestre : Henri BUSSER.

✦

MARCHE HEROIQUE 7 auditions.

Poème symphonique. — Musique de Camille SAINT-SAENS.

Première fois au Palais Garnier, le 6 octobre 1896, à l'occasion d'un Gala en l'honneur de S. M. l'Empereur de Russie, sous la direction d'Edouard MANGIN.

Première fois dans une présentation scénique de O. LABIS, à l'occasion d'un Gala en l'honneur du Maître Camille SAINT-SAENS, le 19 décembre 1915.

M. Léon LAFFITTE et les Chœurs de l'Opéra.

Chef d'orchestre : Camille SAINT-SAENS.

Repris le 14 octobre 1935 dans une présentation scénique de Pierre CHEREAU.

Mmes DONIAU-BLANC, RICQUIER, GERVAIS, HAMY et les Chœurs.

Chef d'orchestre : Henri BUSSER.

✦

LE MARTYRE DE SAINT-SEBASTIEN   44 représentations.

Mystère en 5 mansions de Gabriel d'Annunzio.

Musique de Claude DEBUSSY.

Créé à Paris, au Théâtre du Châtelet, le 22 mai 1911 dans une mise en scène d'Armand BOUR, avec Mme Ida RUBINSTEIN (Sébastien), MM. DESJARDINS (l'Empereur), KRAUSS (le Préfet), Mmes FEART, Ninon VALLIN et Y. COURSO (artistes du chant), sous la direction de André CAPLET.

Première fois au Palais Garnier, le 17 juin 1922. — Décors et costumes de Léon Bakst. — Mise en scène d'Armand BOUR. — Chorégraphie de Michel FOKINE.

Mmes Ida RUBINSTEIN (Sébastien), S. DESPRES (la Mère douloureuse), GRAYVAL (la Femme voilée), VINCENT (la Femme muette), ROCHEMAY (la Femme aveugle).

MM. DESJARDINS (l'Empereur), H. KRAUSS (le Préfet), P. BERTIN (Sanaé), FERRAS (Marc), MAURY fils (Marcellien), MENAUD (l'affranchi Gudène), H. VERLAY (Thédote), LAGRANGE (Vital), MAXIME (le Héraut d'armes).

Artistes du chant :

Mmes LAVAL (une Voix), MONTFORT, COURSO (les Gémeaux).

Chef d'orchestre : Henri DEFOSSE.

Reprise du 8 février 1957 (16e représentation) dans une version mimo-drame de Hubert Devillez. — Décors et costumes de Félix Labisse. — Mise en scène de M. JACQUEMONT. — Chorégraphie de Serge LIFAR.

Mme L. TCHERINA (Sébastien). M. P.-E. DEIBER (l'Empereur).

Rôles chantés :

Mmes ANGELICI (la Vierge Erigone), VAN HERCK (Vox Coelestis), CASTELLI (Vox Sola), MONTMART (Anima Sabastiani), GORR et S. MICHEL (les Gémeaux).

Rôles mimés :

Mlles P. DYNALIX (la Mère douloureuse), LEROY (la Fille malade des fièvres).

MM. DUTHOIT (Sanaé), HERAULT (l'Apprenti Guddène), BLANC (le Préfet).

Chef d'orchestre : Louis FOURESTIER.

44e et dernière, le 25 janvier 1958 avec les interprètes de la reprise, sauf :

Mlle THALIA (la Mère douloureuse).

✱

MONSIEUR CHOUFLEURI RESTERA CHEZ LUI LE...   1 représentation

Opérette-bouffe en un acte de Saint Rémy, Crémieux et Ludovic Halévy.

Musique de Jacques OFFENBACH.

Créé à Paris, dans les Salons du Corps législatif, le 31 mai 1861, par Mme Lise TAUPIN (Ernestine), MM. DESIRE (Choufleuri), POTEL (Chrysodule Babylas), MARCHAND (Petermann), BACHE (Balandard) et LEONCE (Mme Balandard), sous la direction de Jacques OFFENBACH.

Première fois au Théâtre des Bouffes-Parisiens, le 14 septembre 1861, avec les créateurs, sauf Mme AUCLAIR (Ernestine).

Première fois au Palais Garnier, le 1er avril 1919, à l'occasion d'un Gala au bénéfice des départements libérés. — Mise en scène de Léo DEVAUX.

Mme R. VECART (Ernestine).

MM. L. FUGERE (Choufleuri), F. FRANCELL (Chrysodule Babylas), M. RENAUD (Petermann), F. HUGUENET (Balandard), L. MAUREL (Mme Balandard).

Chef d'orchestre : François RUHLMANN.

N. B. — L'acte fut terminé par un « Intermède », revue de l'époque 1830-1840 (voir plus haut : « Intermède »).

★

NÉRON   1 audition.

Opéra en 3 actes. — Poème et Musique de Humberto LAMI

Première fois à Paris, à l'Académie Nationale de Musique (Palais Garnier) — en oratorio — le 27 janvier 1921, à l'occasion d'un Gala « France-Argentine ».

Mmes C. GALZI (Poppéa), J. HATTO (une Esclave).

MM. L. LAFFITTE (Néron), L. TEISSIE (Sénèque), A. GRESSE (Térence).

Chef d'orchestre : Robert CASADESUS.

★

PHAEDRE   5 représentations.

Tragédie lyrique en 3 actes de Gabriel d'Annunzio.

Musique de Ildebrando PIZZETTI.

Créé à Milan, au Théâtre de la Scala, le 20 mars 1915 par Mmes KRUCENISKI (Phaedre), CESARI (Astimone), ANITUA (Aethéa), MM. GRANDINI (Thésée), DE GIOVANNI (Hippolyte), CIRINO (Eurythos) sous la direction de MARINUZZI.

Première fois à Paris, au Palais Garnier, le 7 juin 1923, la tragédie de Gabriel d'Annunzio, avec une musique de scène empruntée à l'œuvre lyrique de Pizzetti. — Décors et costumes de Léon Bakst. — Mise en scène d'Armand BOUR.

Mmes Ida RUBINSTEIN (Phaedre), S. DESPRES (Astymone), M. MORENO (Aethéa), M. BERRY (Gorga), SYLVIE (Hipponoé), GREYVAL (Eunone).

MM. DESJARDINS (Thésée), YONNEL (Hippolyte), CAPELLANI (Eurythos), CHAMBREUIL (le Prêtre).

Chef d'orchestre : Philippe GAUBERT.

★

LA PRINCESSE QUI NE SOURIT PLUS   1 représentation.

Ballet-parlé de Louis Delluc. — Adaptation musicale de Claude DEBUSSY et Henri BUSSER.

Créé à Paris, à l'Académie Nationale de Musique (Palais Garnier), le 27 juin 1917. — Mise en scène et Chorégraphie de F. AMBROISINY.

Mmes SECOND-WEBER (la Guerre), MARKEN (la Joie), E. FRANCIS (la Terre), COLONNA-ROMANO (l'Abîme), PERDICA (la Princesse).

MM. DE MAX (le Sage), R. ROCHER (le Montreur de fous), M. ESCANDE (le Ciel).

Le Corps de Ballet de l'Opéra.

Chef d'orchestre : Henri BUSSER.

★

PROMÉTHÉE   4 représentations.

Tragédie lyrique en 3 actes de Jean Lorrain et F.-A. Hérold.

Musique de Gabriel FAURE.

Créée aux Arènes de Béziers le 26 août 1900.

Première fois à Paris, le 12 décembre 1907, à l'Ancien Hippodrome, puis le 15 décembre 1907 au Palais Garnier, avec le concours des musiques de la Garde Républicaine (chef : Parès), du 1er Régiment du Génie (chef : Verbreggue) et du 89e Régiment d'Infanterie (chef : Girona). — Décors de Jambon et Bailly, costumes de Betout. — Mise en scène de DHERBILLY.

	Arènes de Béziers 26-8-1900 Création	Palais Garnier 15-12-1907 1re	17-5-1917 2e
Pandore :	*LAPARCERIE*	B. BADY	COLONNA
Hermès :	*DE FEHL*	NORMA	Y. DUCOS
Prométhée :	*DE MAX*	DE MAX	A. LAMBERT fils
Rôles chantés :			
Bia :	*FIERENS*	R. FEART	DEMOUGEOT
Gaia :	*FELDY*	PAQUOT D'ASSY	LAPEYRETTE
Oenoé :	*X.*	LAUTE-BRUN	Y. GALL
Kratos :	*DUC*	DUBOIS	SULLIVAN
Héphristos :	*VALLIER*	D'ASSY	A. GRESSE
Andros :	*ROUSSELIERE*	NUIBO	LAFFITTE
Chef orch. :	*G. FAURE*	G. FAURE	CHEVILLARD

LE ROI DAVID

7 représentation.

Drame lyrique en deux parties et 31 tableaux de René Morax.

Musique de Arthur HONEGGER.

Créé au Théâtre du Jorat à Mézières (Suisse), le 11 juin 1921.
Première fois au Palais Garnier, dans la version Concert, le 18 mars 1926.

L'œuvre, qui n'avait plus été représentée sur scène depuis sa création en Suisse, fut reprise dans sa version scénique le 31 janvier 1958 par le Théâtre du Capitole de Toulouse, dans une mise en scène de Maurice SARRAZIN, par les Comédiens du « Grenier de Toulouse » et, comme artistes du chant, Mmes Consuelo RUBIO, Clara NEUMANN, M. Jean HAMEL, sous la direction de Louis AURIACOMBE. — Chorégraphie de Géo STONE.

Première fois au Palais Garnier, dans la version scénique, le 21 octobre 1960. — Décor et costumes de Maurice Mélat. — Mise en scène de Maurice SARRAZIN. — Chorégraphie de Janine CHARRAT.

Mmes Simone TURCK (Bethsabée), H. COMTE (Mical), AGOSTINI (Servante de la Pythonisse), H. CLERY (Servante de Bethsabée), C. TACHA (la Pythonisse).

MM. G. BOUSQUET (David jeune), D. ROZAN (David roi), D. SORANO (Saül), J. MAUCLAIR (Nathan), R. BRET (Jonathan), J. DEGOR (Samuel), J. MIGNOT (Abner), G. CHAPUIS (Goliath), A. THORENT (Eliab), J. PLEE, P. CONSTANT (2 Archers), P. PRINCE (l'Amalécite), J.-P. LITUAC (Joab).

Artistes du chant :
Mmes A. GUIOT (l'Ange de l'Eternel, Mical), SCHARLEY (le jeune David, Bethsabée), J. SILVY (la jeune Fille).
M. Guy CHAUVET (David).

Artiste de la Danse : ..
M. Attilio LABIS (David dansant devant l'arche).

Chef d'orchestre : Pierre DERVAUX.

7ᵉ et dernière, le 5 décembre 1960, avec les créateurs, sauf :
Mme J. FERRARE (Bethsabée).
MM. S. EINE (David roi), Cl. RIO (Samuel), P. GARIN (Joab), P. PRINCE (Eliab).
Mmes SAUTEREAU (l'Ange de l'Eternel, Mical), KAHN (le jeune David, Bethsabée), AIGNERELLE (la jeune Fille).
M. RIALLAND (David).

★

SAINTE RUSSIE

1 audition.

Tableau populaire. — Musique empruntée à MOUSSORGSKY, BORODINE, TCHAIKOWSKY, PANTELLIEW et RACHMANINOFF.

Première audition à Paris, au Palais Garnier, le 5 février 1916.
Mme F. LITVINNE. — M. Michel D'ARIAL.
Chœurs de l'Eglise russe de Paris et Chœurs de l'Opéra.
Direction musicale : Célestin BOURDEAU.

LE SOMMEIL D'OSSIAN 1 audition.

Extrait de l'Opéra « Ossian ». — Musique de LE SUEUR

Cet extrait du quatrième acte de l'opéra fut créé isolément à l'Académie Impérial de Musique, au cours d'un concert spirituel, le 24 germinal, an X.

Il fut repris isolément au Palais Garnier le 26 mai 1916, pour une unique audition :

Mme HARAMBOURE, M. COUZINOU et les Chœurs de l'Opéra.

Chef d'orchestre : Gabriel GROVLEZ.

✱

LES SOUHAITS DE NOEL 1 représentation

A-propos en un acte de Jacques Redelsperger

Créé à Paris, à l'Académie Nationale de Musique (Palais Garnier), le 24 décembre 1907.

Mmes BARTET (la Muse), YAHNE (la Fille du Roi Mage), BRESIL (le Berger).

Mmes M. LECOMTE (les souhaits aux joujoux), C. SOREL (les souhaits de Célimène), LENDER (les souhaits de la Parisienne), B. TOUTAIN (les souhaits aux fillettes), G. DARTHY (les souhaits aux mères), A. THIBAUD (les souhaits aux marins), P. DARTY (les souhaits à la chanson).

MM. MOUNET-SULLY (les souhaits aux absents), BREMONT (les souhaits aux chemineaux), COOPER (les souhaits aux fiancés), FURSY (les souhaits de Rabelais), COQUELIN aîné (les souhaits aux artistes).

Chant :

« Noël » de A. Holmès par Mme Jeanne RAUNAY.

« Arioso » de Delibes par Mme de NUOVINA.

Danse :

Deuxième représentation de LA SABOTIERE, musique de Ch.-M. WIDOR.

Mlles ZAMBELLI, VANGOETHEN, BEAUVAIS.

Chef d'orchestre : Alfred BACHELET.

✱

TERRE, ECLAIRE-TOI 1 audition.

Chœur de Jules Barbier. — Musique de Jules COHEN.

Créés à Paris, à l'Académie Nationale de Musique (Palais Garnier), le 15 octobre 1881, au cours d'un Gala donné à l'occasion de l'Exposition de l'Electricité.

Les Chœurs et l'orchestre de l'Opéra.

Chef d'orchestre : MADIER DE MONTJAU.

✱

LA VICTOIRE EN CHANTANT 1 représentation.

Deux tableaux composés par Funck-Brentano. — Paroles et Musiques empruntées aux hymnes et chants de la France héroïque.

Créés à Paris, à l'Académie Nationale de Musique (Palais Garnier), le 10 janvier 1917, à l'occasion d'un Gala. — Mise en scène de MERLE-FOREST.

Mmes D. MAX (la Marchande de fleurs), Y. MONTMARTIN (la Marchande de chansons), TALOUX (la Marchande de merceries), P. VALMOND (Savinienne).

MM. E. FEBVRE (le Nouvelliste), H. CREMIEUX (un Electeur), KIRIL (Justin), J. SARMENT (un Volontaire), J. ROLAND (le Crieur de journaux).

Avec le concours de :
Mmes SORIA, DELVAIR, MARCELLE-FARGUE, Mad. ROCH, REJANE M. LECOMTE, J. MARNAC, BARTET.

Mmes Marg. CARRE, LAPEYRETTE, BERTHON, BUGG, BONNET-BARON.

MM. F. HUGUENET, VILBERT, POLIN, SIGNORET, Ed. ROSTAND, DESJARDINS.

MM. LAFFITTE, LACOME, A. GRESSE, NOTE, FRANZ, SULLIVAN, DELMAS, COUZINOU.

Mlles URBAN, M. A. AVELINE et le Corps de ballet de l'Opéra.

Les Chœurs et l'Orchestre de l'Opéra, la Musique de la Garde.

Chefs d'orchestre : RUHLMANN, BUSSER, BACHELET et G. BALAY.

★

LA VIE DU POÈTE 1 audition.

Drame symphonique. — Poème et Musique de Gustave CHARPENTIER.

Première fois au Palais Garnier, le 17 juin 1892.

Mmes FIERENS, HEGLON. — MM. RENAUD, VAGUET.

Chef d'orchestre : Edouard COLONNE.

★

LA VIERGE 3 auditions.

Légende sacrée en 4 parties (« l'Annonciation », « Les Noces de Cana ». « Le Vendredi Saint », « L'Assomption »), de Charles Grandmougin.

Musique de Jules MASSENET.

Créée à Paris, en oratorio, à l'Académie Nationale de Musique (Palais Garnier), le 22 mai 1880.

Mmes G. KRAUSS (la Vierge), DARAM (l'Archange Gabriel), JAN-VIER (Marie Salomé, un Archange), BARBOT (Jeanne Galiléenne,, Marie-Magdeleine, un Archange).

MM. LAURENT (Jean), CARON (Thomas, Simon, l'Hôte).

Chef d'orchestre : Jules MASSENET.

Reprise du 4 juin 1942 (« l'Annonciation » seulement, en oratorio), à l'occasion d'un Gala Massenet.

Mmes H. BOUVIER (la Vierge), J. MICHEAU (Archange Gabriel).

Chef d'orchestre : Henri RABAUD.

✶

V

LES ARTISTES DU CHANT

Tous les artistes ayant été affichés à l'Opéra de Paris entre 1875 et 1962 figurent dans ce chapitre, avec indication des rôles par eux interprètés, ainsi que l'année au cours de laquelle ils chantèrent ces rôles pour la première fois au Palais Garnier.

S'ils eurent l'occasion d'en enregistrer certains, la référence de l'enregistrement figure à la suite de chaque nomenclature.

ABOTT, Bessie. — Débute le 9 décembre 1901 dans « Juliette » de ROMÉO et crée la « Voix de l'oiseau » dans SIEGFRIED.

« Valse » de ROMÉO, (VICTOR 87007).

ACKTE, Aïno. — Ayant débuté le 8 octobre 1897 dans « Marguerite » de FAUST, a été successivement affichée dans « Juliette » (1897) « Elsa » de LOHENGRIN (1898) « Elisabeth » de TANHAUSER (1899) « Hellé » et « Alceste » (1900) « Thaïs » (1910). — A créé au Palais Garnier, LA CLOCHE DU RHIN (Herwine) JOSEPH (Benjamin) ORSOLA (Tisbé) PAILLASSE (Nedda) et LA STATUE (Maggiane).

« Air des bijoux » (ZONOPHONE 1999, GRAM. 33528 et FONOTIPIA 39088) — « Roi de Thulé » (GRAM. 33167) — « Rêve d'Elsa » (FONOTIPIA 39089) — « air de Nedda » (GRAM. 33166) —

Sur disques EDISON : Paillasse (ballatella) 517, Thaïs (air du Miroir) 879, Lohengrin (rêve) 880, Tannhauser (Dich teur halle 1125, (air d'Elisabeth) 1343 et Faust (air des bijoux) 1149 et (Roi de Thulé) 1383.

ADAMS, Suzanne. — Débute dans « Juliette » de ROMÉO le 9 janvier 1895. Chante « Gilda » de RIGOLETTO (1895) et « Marguerite » de FAUST (1896).

« Air des bijoux » (GRAM 3291 et COLUMBIA 1243) — « Valse de ROMEO » (GRAM. 3292 et COL. 1197).

ADINI Ada. — Débute le 6 mai 1887 dans « Chimène » du CID. Est ensuite affichée en 1887 dans « Aïda », « Valentine » des HUGUENOTS, « Sélika » de L'AFRICAINE, « dona Anna » de DON JUAN ; en 1888 dans « Brunehilde » de SIGURD, « Rachel » de LA JUIVE ; en 1889 dans « Catherine d'Aragon » de HENRY VIII ; et en 1891 dans « Dolorès » de PATRIE. — A créé « la Duchesse d'Etampes » dans ASCANIO.

« Grand air d'AIDA » (FONOTIPIA 39110).

AGOSTINELLI, Adelina. — Avec la troupe de l'Opéra de Monte-Carlo, interprète « Marguerite » de MEFISTOFELE le 9 mai 1912.

AGUSSOL, Charlotte-Marie. — Débute le 19 septembre 1888 dans « Urbain » des HUGUENOTS. Est affichée dans GUILLAUME TELL (Jenny, 1888) FAUST (Siebel, 1888) LA FAVORITE (Inès, 1888) ASCANIO (Colombe, 1890) AIDA (Prêtresse, 1890) ZAIRE (Fatime 1890) SIGURD (Hilda, 1891) LE PROPHÈTE (Néophite, 1892) TANNHAUSER (Pâtre, 1895) THAIS (Crobyle, 1896, Myrtale, 1901, la Charmeuse, 1907) LA WALKYRIE (Ortlinte, 1900) SIEGFRIED (Voix de l'oiseau, 1904) LE FILS DE L'ETOILE (Beltis, 1904) ARMIDE (un Plaisir, 1905).

A créé ROMÉO (Stéfano) LA WALKYRIE (Waltraute) JOSEPH (jeune Fille) LA PRISE DE TROIE (Ascagne) LA CATALANE (une Etoile) LE LAC DES AULNES (une Voix).

« Air d'Urbain » (GRAM. 33141 et ZONOPHONE 2007) — « air de Siébel » (GRAM. 33150 et ZONOPHONE 83085) — « mort de Valentin » (GRAM. 34689 et 34697) — « air de Stéfano » (GRAM. 33152).

AIGNERELLE, Denise. — Débute le 19 novembre 1960, dans «la jeune Fille» du ROI DAVID. Est affichée en 1961 dans RIGOLETTO (le Page).

ALARIE, Pierrette. — Débute le 27 juin 1950 dans « l'Amour » des FETES D'HEBE et chante «Fatime» dans les INDES GALANTES (1953).

ALDA, Francès. — A l'occasion d'un Gala chante « Desdémone » au troisième acte d'OTHELLO le 19 juin 1910.

ALDA, Jeanne. — Débute le 11 août 1924 dans « Schwertleite » de LA WALKYRIE, et chante « Waltraute » dans le même ouvrage (1925).

« Ave Maria » d'OTHELLO (VICTOR 15.1000).

ALEXANDROWICZ, Marie de — Est affichée dans LES HUGUENOTS (la Reine, 1910) FAUST (Marguerite, 1910) « Juliette » (1911) « Ophélie » de HAMLET (1919) et « Thaïs » (1922), ayant débuté le 22 avril 1910 dans « Gilda » de RIGOLETTO.

ALIGNAN, Lise d'. — Débute le 24 août 1929 dans «Marguerite» de FAUST et chante, en 1930, « Gilda » de RIGOLETTO.

ALLARD, Claude. — Débute le 20 juin 1956 dans « Helmwige » de LA WALKYRIE. — Chante KERKEB (Fathima, 1956) LE CHEVALIER A LA ROSE (Dame Marianne, 1957) LA FLUTE ENCHANTEE (une Dame. 1958), DIALOGUES DES CARMÉLITES (S. Mathilde, 1958).

ALLIX, Alice. — Débute le 7 février 1918 dans « Hermione » de MADEMOISELLE DE NANTES. — Est affichée dans « Aïda » (1918) « Marguerite » de FAUST (1919) et LE RETOUR (Blanche, 1919). — A créé FÊTE TRIOMPHALE (l'ange de l'Espérance) et FALSTAFF (Alice Ford).

ALMONA, Marie-Antoinette. — Débute le 6 février 1933 dans « une illusion » de GUERCOEUR.

Chante : PARSIFAL (Fille-fleur, 1933) WALKYRIE (Schwertleite, puis Grimguerde. 1933) LOHENGRIN (Page, 1933) RIGOLETTO (Madeleine, 1933) LE CRÉPUSCULE (Floshilde, 1934) THAIS (Myrtale, 1934, Albine, 1940) HAMLET (la Reine, 1934) « Dalila » (1934) ROLANDE (Guillemette, 1934) L'ETRANGER (une Vieille, 1934) SIGURD (Uta, 1934) SIEGFRIED (Erda, 1934) SALOMÉ (Page, 1934) AIDA (Amnéris, 1935) OTHELLO (Emilia, 1935) « Hérodiade » (1935) FLUTE ENCHANTEE (Dame, 1935. Enfant, 1939) CHEVALIER A LA ROSE (Annina. 1936) OR DU RHIN (Erda. 1938) LES TROYENS (Anna, une Ombre, 1939) LA TRAVIATA (Bohémienne. 1941) GWENDOLINE (Compagne, 1941) FAUST (Dame Marthe, 1941) LA DAMNATION (une Voix, 1942) LES SANTONS (la Pêcheresse, 1942) ANTIGONE (Coryphée, 1943) VAISSEAU FANTOME (Marie. 1943) PEER GYNT (Femme du Bailli, 1943) ROMÉO (Gertrude, 1945).

A participé aux créations de VERCINGÉTORIX (Druidesse) LA PRINCESSE LOINTAINE (Sorismonde) ARIANE ET BARBE-BLEUE (Sélyssette) ŒDIPE (Mirope) LA SAMARITAINE (une Femme) L'ENFANT ET LES SORTILEGES (la Chatte) et PÉNÉLOPE (Alkandre).

Scène finale du 2e acte du « Chevalier à la Rose » avec Albert HUBERTY (PATHE P.D.T. 83) — la scène des « Walkyrise » (GRAM. D.B. 4905).

ALTEN, Bella. — A l'occasion d'un Gala, le 19 juin 1910, chante « Musette » au troisième acte de LA BOHÈME.

ALVAR, Lucie d' — Débute dans « Rachel » de LA JUIVE le 29 novembre 1886 et chante PATRIE (Dolorès) 1887).

ANCELIN, Marthe. — Est affichée dans PÉNÉLOPE (Servante, 1947) LES MAITRES CHANTEURS (Apprenti, 1948) LES NOCES CORINTHIENNES (Fileuse, 1949) LE MARCHAND DE VENISE (un Masque, 1949).

ANDAY, Rosette. — Avec la troupe de l'Opéra de Vienne, en mai 1928, interprète « Brangaine » de TRISTAN, « Annina » du CHEVALIER A LA ROSE. « Fricka » et « Siegrune » de LA WALKYRIE.

En représentation, chante « Dalila » le 7 novembre 1928.

« Deux airs de Dalila » (POLYDOR 66866).

ANDREANI, Isabelle. — Débute dans « Fatime » de OBERON le 20 mars 1954 Est affichée en 1957 dans LE CHEVALIER A LA ROSE (Annina); en 1959 dans LES INDES GALANTES (Zaïre) et «Carmen»; en 1960 dans L'ENFANT ET LES SORTILEGES (la Tasse chinoise).

ANDRIESSEN. — Avec la troupe de l'Opéra de La Haye, crée « la Mère Supérieure » dans BÉATRICE.

ANDURAN, Lucienne. — Débute dans « Dalila » le 21 mars 1938. Est ensuite affichée, en 1939, dans « Amnéris » de AIDA et « Didon » des TROYENS.

ANGELICI, Martha. — Débute le 17 avril 1953 dans « Xénia » de BORIS. Est affichée, en 1954, dans OBERON (Naïade) ; 1955 dans LES INDES GALANTES (Fatime) ; 1956, LA FLUTE ENCHANTÉE (Pamina) ; 1957, LE MARTYRE DE SAINT SEBASTIEN (la Vierge) ; 1958, L'ATLANTIDE (Tanit-Zerga) et 1960, CARMEN (Micaela).

« air de Micaela » (V.S.M. FBLP 25056) et CARMEN complet (COLUMBIA F.C.X. 101/3) — « air de Pamina » (VSM. FALP 567) — « Le Martyre de St Sébastien » intégrale (COLUMBIA F.C.X 338/40).

ANGERLY, Simone. — Est affichée dans PÉNÉLOPE (Servante, 1947) LES NOCES CORINTHIENNES (Fileuse, 1949), LES MAITRES CHANTEURS (Apprenti, 1948), LE MARCHAND DE VENISE (un Masque, 1949).

ANTONOWITCH, A. — En représentation, débute le 23 mars 1926 dans « l'Hôtesse » de BORIS puis crée, en oratorio, « Alconost » dans KITEGE et « Niejata » dans SADKO.

ARALD, Jeanne. — Chante « Siébel » de FAUST, ayant débuté le 20 juin 1902 dans « Crobyle » de THAIS.

ARAUJO, Constantina. — Débute dans « Aïda » le 8 juin 1953, puis crée « Rezzia » dans OBERON.

ARBELL, Lucy (Georgette Wallace, dite) — Débute dans « Dalila » le 23 octobre 1903. Chante successivement « Amnéris » de AIDA, « Madeleine » de RIGOLETTO (1904) «Uta» de SIGURD (1905), « Fricka » de LA WALKYRIE (1909) et « Thérèse » (1911). — A créé quatre œuvres de Massenet : ARIANE (Perséphone), BACCHUS (la Reine), ROMA (Posthumia) et LES CHANSONS DU BOIS D'AMARANTHE.

ARDEN, Joy Mac. — Voir plus loin: « Mac Arden ».

ARMAND, Louise. — Est affichée dans HERODIADE (Cananéenne, 1926) PARSIFAL (Fille-fleur, 1931).

ARMGART, Irmgard. — En représentation, débute le 18 mai 1941 dans « Blondine » de UN ENLÈVEMENT AU SÉRAIL.

ARNAUD, Antoinette. — A débuté salle Le Pelletier le 4 octobre 1868 dans «Anna» de L'AFRICAINE. Y fut affichée dans «Elvire» de LA MUETTE DE PORTICI et «Zerline» de DON JUAN.

Au Palais Garnier a chanté FAUST (Siebel) LA FAVORITE (Inès) FREISCHUTZ (Annette) GUILLAUME TELL (Jenny) LES HUGUENOTS (Urbain), LA JUIVE (Eudoxie) LE PROPHÈTE (Berthe).

ARNAUD, Madeleine. — Fut affichée en 1930 dans CASTOR ET POLLUX (une Spartiate) et LES HUGUENOTS (Dame d'honneur), puis, sous le nom de « Mady Arty », a créé en 1931 « une Voix » dans AMPHYON.

ARNE, Marie-Louise. — Débute dans « Madeleine » de RIGOLETTO le 18 janvier 1917. — Chante HÉLÈNE (Pallas, 1919) « Dalila » (1920) WALKYRIE (Grimguerde, 1921) et LES TROYENS (Anne, 1921). — A créé « Meg Page » dans FALSTAFF.

ARTY, Mady. — Voir plus haut : « Arnaud, Madeleine ».

ASSERSON, Beate. — En représentation, chante en mai 1955, « Flosshilde » de l'OR DU RHIN et du CRÉPUSCULE, « Siegrune » de la WALKYRIE.

ATTY, Jeanne. — Débute dans « Madeleine » de RIGOLETTO le 25 janvier 1946. — Durant la même année, est affichée dans THAIS (Albine) BORIS (la Nourrice) JOSEPH (jeune Fille) LE VAISSEAU FANTOME (Marie) et, en 1947, dans « Dame Marthe » de FAUST.

AUBERT. — Crée « un Page » dans LA FILLE DE ROLAND.

AUDAN. — Est affichée dans GWENDOLINE (une Suivante, 1911) et PARSIFAL (une Fille-fleur, 1914).

AUGROS, Julia. — Est affichée dans LOHENGRIN (Page, 1926) HERODIADE (Esclave, 1926, Cananéenne, 1945) FREISCHUTZ (Suivante, 1926) GWENDOLINE (Suivante, 1926) TANNHAUSER (Page, 1930) PARSIFAL (Fillefleur, 1933) CASTOR ET POLLUX (Suivante, Spartiate, 1935), HUGUENOTS (Dame d'honneur, 1935).

A créé LA FILLE DE ROLAND (Page) LA NAISSANCE DE LA LYRE (Nymphe) PÉNÉLOPE (Servante).

AURORE, Madeleine. — Est affichée dans PÉNÉLOPE (Suivante, 1945), HERODIADE (Esclave, 1947), MAITRES CHANTEURS (Apprenti, 1948), LES NOCES CORINTHIENNES (Fileuse, 1949).

AUVRAY, Jeanne. — Débute le 28 février 1948 dans « un Enfant » de LA FLUTE ENCHANTÉE.

AZIANE, Lucienne. — Est affichée dans HERODIADE (Esclave, 1921) PARSIFAL (Fille-fleur, 1924), FREISCHUTZ (Suivante, 1926), CHEVALIER A LA ROSE (une Fille de chambre, 1927), LES HUGUENOTS (Etudiant, 1936).

BACHILLAT, Jemmy — Débute le 27 juin 1931 dans « une Prêtresse » de IPHIGÉNIE EN TAURIDE. — Chante LOHENGRIN (Page, 1933), WALKYRIE (Rossweiss, 1933, Fricka, 1934) LE CRÉPUSCULE (Flosshilde, 1933, Waltraute, 1934), TRAVIATA (Bohémienne, 1933), RIGOLETTO (Johanna, 1934, Madeleine, 1936), FAUST (Dame Marthe, 1934), ROMÉO (Gertrude, 1934), ROLANDE (Page, 1934) « Hérodiade » (1934) AIDA (Amnéris, 1935), THAIS (Albine, 1935), FLUTE ENCHANTÉE (Enfant, 1936), ŒDIPE (Thébaine, 1936), ALCESTE (Suivante, 1936), ARIANE (une Sirène, 1937).

A créé PERKAIN (Karméla) et DIANE DE POITIERS (une Musicienne).

Scène des « Walkyries » (GRAM. D.B. 4905).

BAILAC, Germaine. — Débute le 19 août 1907 dans «Dalila». Chante «Madeleine » de RIGOLETTO (1911) et crée « un Page » dans SALOMÉ, « Bérangère » dans LE MIRACLE.

BAKKERS. — Avec la troupe de l'Opéra-Comique, chante « Frasquita » de CARMEN le 29 décembre 1907.

BALDI, Bertha. — Débute le 8 décembre 1880 dans « Marguerite » de FAUST.

BALGUERIE, Suzanne. — Débute dans « Brunehilde » de LA WALKYRIE le 20 juin 1923. Chante « Marguerite » de FAUST (1933) et crée LES BURGRAVES (Guanhumara) UN JARDIN SUR L'ORONTE (Orienta) LA PRINCESSE LOINTAINE (Mélissinde).

« Roi de Thulé » (POLYDOR 561091) — « air des ijoux » (POL. 561091 et 524090).

BARBOT, Andréa. — Ayant débuté salle Le Peletier le 19 février 1872 dans « Léonore » du TROUVÈRE, est affichée au Palais Garnier dans LE PROPHÈTE (Fidès, 1877), GUILLAUME TELL (Edwige, 1878), HAMLET (la Reine, 1878), LE COMTE ORY (Dame Ragonde, 1881), AIDA (Amnéris, 1881), MEFISTOFELE (Dame Marthe, 1883).

A créé LA REINE BERTHE (Aliste), FRANÇOISE DE RIMINI (Virgile), LA VIERGE (Jeanne, Marie-Magdeleine, un Archange).

BARDOT. — Débute dans « Albine » de THAIS le 3 novembre 1918. Chante ensuite, en 1918, : RIGOLETTO (Johanna) GUILLAUME TELL (Edwige). ROMÉO (Gertrude), en 1919, FAUST (Dame Marthe), en 1921 : LA WALKYRIE (Schwertelite). Est la créatrice de « la Mère » dans ANTAR.

BARELLI, Nova. — En représentation, crée « Poppée » dans NERON.

BARIENTOS, Maria. — En représentation, interprète la scène de « la Folie » dans HAMLET le 9 décembre 1915.

A signaler un récital reproduisant de nombreux enregistrements datant de 1903-1905 de la Série FONOTIPIA — (Mic ODEON ORX 302).

BARON, Alice. — A créé la « troisième Norne » dans le CREPUSCULE. fut affichée dans « Aïda » (1908), ayant débuté dans « Valentine » des HUGUENOTS le 7 août 1908.

BARRIER, Suzanne. — Est affichée dans HÉRODIADE (une Esclave, 1935), LES HUGUENOTS (Dame d'honneur, 1936), CASTOR ET POLLUX (une Spartiate, 1940).

BARTHE, Louise. — Débute le 4 janvier 1925 dans « Crobyle » de THAIS. Chante, en 1925 : HÉRODIADE (jeune Babylonienne), en 1926 : FAUST (Siébel), GWENDOLINE (une Compagne) ; en 1927 : PADMAVATI (une jeune Fille, puis une Femme du peuple), LE MIRACLE (un Escholier).

A créé BROCELIANDE (une Grenouille), L'ILE DESENCHENTEE (une Sène), FLEUR DE PECHER (Fleur de Pêcher), LE CHEVALIEF A LA ROSE (une Modiste), LES BURGRAVES (Lopus).

BARTON, Jarmilia. — En représentation, débute le 30 mai 1949 dans « Dame Mariane » du CHEVALIER A LA ROSE.

BASTARD. — Est affichée dans « un Enfant de chœur » du PROPHETE en 1876.

BATIC, Polly. — Avec la troupe de l'Opéra de Vienne, interprète la « 2e servante » dans ELEKTRA, en 1953.

BAUER. — Débute dans « une Bourgeoise » des HUGUENOTS le 2 juillet 1906. Est affichée dans LA WALKYRIE (Grimguerde, 1908, Rossweiss, 1909), RIGOLETTO (Page, 1909), LOHENGRIN (Page, 1909).

BAUER, Paula. — Avec la troupe de l'Opéra de Stuttgart, chante « un Ecuyer, une Enchanteresse » dans PARSIFAL en 1954.

BAUGE, Lucienne. — Débute dans « Gilda » de RIGOLETTO le 18 septembre 1936.

BAUX, Marguerite. — Ayant débuté dans « Rachel » de LA JUIVE le 4 février 1876, est affichée, en 1876, dans LE FREISCHUTZ (Agathe), LE PROPHÈTE (Berthe), DON JUAN (Elvire) ; en 1877, dans LE ROI DE LAHORE (Sita) et ROBERT LE DIABLE (Alice).

BEAUDOIN, Henriette. — Est affichée dans LOHENGRIN (Page, 1922), LA FILLE DE ROLAND (Page, 1923), PARSIFAL (Fille-fleur, 1924), LA NAISSANCE DE LA LYRE (Nymphe, 1925), TANNHAUSER (Page, 1925), SALOMÉ (Galiléenne, 1928).

BEAUJON, Maryse. — Débute dans « Mathilde » de GUILLAUME TELL le 12 août 1921. Chante ensuite «Thais» (1921), BORIS (Marina, 1922), SIGURD (Hilda, 1923); FALSTAFF (Alice), FAUST (Marguerite), JARDIN DU PARADIS (la Fée) en 1924; PAILLASSE (Nedda), HERODIADE (Salomé) en 1926.

A créé à l'Opéra LA FLUTE ENCHANTEE (une Dame) et la « Princesse Turandot ».

« Roi de Thulé » — « air des bijoux » (COL. D 15044) — « scène de l'Eglise » (COL. D 15045) — « trio de la prison » (avec THILL et BORDON) (COL. D 15180) — HERODIADE « charme des jours passés » — « il est bon, il est doux » (COL. D 15095) — THAIS « air du Miroir » — « l'amour est une vertu rare » (COL. D 15040).

BEAUMELLE. — Débute en créant «une Paysanne » dans LE ROUET D'ARMOR. Crée également « une Vierge » dans ŒDIPE et chante « un Enfant » dans LA FLUTE ENCHANTÉE (1936).

Jeanne BONAVIA

Germaine HOERNER

Fany HELDY

Marisa FERRER

Germaine LUBIN

Marthe NESPOULOUS

Marcelle
DENYA

Marjorie
LAWRENCE

Jeanne
SEGALA

Jacqueline
LUCAZEAU

Les

So

Geori BOUÉ

Janine MICHEAU

Jacqueline BRUMAIRE

Paulette CHALANDA

Jacqueline
SILVY

Lyne CUMIA

Liliane BERTON

Denise BOURSIN

n o s

Mady MESPLÉ

Mado ROBIN

Andréa GUIOT

Agnès LEGER

Andrée
ESPOSITO

Suzanne
SARROCA

Nadine
SAUTEREAU

Christiane CASTELLI

Régine CRESPIN

Denise DUVAL

Irène
JAUMILLOT

Denise MONTEIL

Michèle
LE BRIS

BEAUMONT, Suzanne. — Débute dans « la Reine » d'HAMLET le 13 mai 1917. En 1924, chante « Brunehilde » de LA WALKYRIE et « Ortrude » de LOHENGRIN.

BEAUVAIS, Laure. — Débute le 16 mars 1894 en créant « Albine » dans THAIS. Crée également HELLE (Myrrha), LA PRISE DE TROIE (Hécube), L'ÉTRANGER (une Vieille), LE FILS DE L'ÉTOILE (la Servante) et LA CATALANE (Térésa).

D'autre part, a été affichée dans LA WALKYRIE (Rossweiss, puis Siegrune, 1894, Grimguerde, 1907), FAUST (Dame Marthe, 1894, Siébel, 1895), ROMÉO (Gertrude, puis Stéfano, 1894); en 1894 également DJELMA (Ourraci), SALAMBO (Taanach), THAIS (Myrtale), OTHELLO (Emilia); en 1895, RIGOLETTO (Johanna, puis Madeleine, puis la Comtesse, en 1897); en 1896, AIDA (Grande Prêtresse), TANNHAUSER (un Pâtre), LA FAVORITE (Inès); en 1898, LES MAITRES CHANTEURS (Magdalaine); en 1899, LE BOURGEOIS GENTILHOMME (Intermède), LA BURGONDE (Ruth), JOSEPH (jeune Fille).

BEETH, Lola. — Débute le 31 octobre 1892 dans « Elsa » de LOHENGRIN, puis chante « Vénus » de TANNHAUSER en 1895.

BEILKE, Irma. — Avec une troupe allemande, chante « Adèle » dans la CHAUVE SOURIS en 1941.

BELIGNE, Jeanne (pseudonyme de Janne Krieger, chef de chant à l'Opéra). Crée « la Voix de l'enfant Jésus » dans LA LEGENDE DE SAINT CHRISTOPHE.

BELL, Lina. — Débute dans « Kaled » du ROI DE LAHORE le 5 novembre 1877, puis, en 1878, chante « Siébel » de FAUST.

BELLINCIONI, Gemma. — En représentation, débute le 27 novembre 1911 dans la « Salomé » de Richard Strauss.

BELMAS, Ksénia. — En représentation, débute dans « Aïda » le 18 janvier 1926.

« Air du 1er acte d'AIDA » (POL. 66857) — duo avec DOMGRAF « ciel mon père !.. » (POL. 66849).

BELVAL, Marie. — A débuté le 22 mai 1874, salle Ventadour dans « la Reine » des HUGUENOTS. Le soir de l'inauguration du Palais Garienr, chantait « Eudoxie » dans LA JUIVE. Fut affichée dans ROBERT LE DIABLE (Isabelle, 1874) et GUILLAUME TELL (Mathilde, 1875).

BENCE, Margareth. — Avec la troupe de l'Opéra de Stuttgart, chante « Storge » dans JEPHTE en 1959.

BERANGER, Violette. — Fut affichée également sous le nom de « Violette Winkelmann». A créé « une Voix » dans LA TENTATION DE SAINT ANTOINE, et interprété LE CHEVALIER A LA ROSE (une Fille de chambre, 1931), CASTOR ET POLLUX (une Spartiate, 1940).

BERBIE, Jeanne. — Débute le 10 novembre 1959 dans « Mercédès » de CARMEN. Chante, en 1960, L'ENFANT ET LES SORTILÈGES (l'Ecureuil, la Bergère), L'HEURE ESPAGNOLE (Conception); en 1962, DON JUAN (Zerline).

L'ENFANT ET LES SORTILEGES (intégrale) (Deutche GRAMOPHON Stereo 138675).

BERGER, Erma. — En représentation, débute le 18 mai 1941 dans «Constance» de UN ENLÈVEMENT AU SÉRAIL.

ENLEVEMENT AU SERAIL « Matern aller arten » (GRAM. DB. 6619) — « Nie werd' ich deine » (POL. 35005) — Extraits (V.d.s.M. FALP 30154).

BERGLUND. — En représentation, débute dans « Magdalaine » des MAITRES CHANTEURS le 5 juin 1934.

BERRY, Norten. — En représentation, débute le 23 mai 1955 dans « Siegrune » de LA WALKYRIE.

BERTHET, Lucy. — Débute le 25 septembre 1892 dans « Ophélie » de HAMLET. Chante, en 1892, ROMÉO (Juliette), RIGOLETTO (Gilda); en 1893, LOHENGRIN (Elsa); en 1894 FAUST (Marguerite), « Thaïs »; en 1896, DON JUAN (Zerline), en 1897, LES HUGUENOTS (la Reine).

Est la créatrice de LA WALKYRIE (Ortlinte), GWENDOLINE (Gwendoline), LA MONTAGNE NOIRE (Héléna), MESSIDOR (Hélène), BRISEIS (Briséis).

BERTHON, Mireille. — Débute dans « Thaïs » le 7 janvier 1917. La même année, chante FAUST (Marguerite), « Juliette », « Gilda » de RIGOLETTO, LES VIRTUOZI DE MAZARIN, ROMA (Junia), puis est affichée dans CASTOR ET POLLUX (Phoebé, 1918), PATRIE (Rafaela, 1919), LA DAMNATION (Marguerite, 1919), LA WALKYRIE (Guerhilde, 1921), ANTAR (Abla, 1921) L'OR DU RHIN (Fréia, 1921), LOHENGRIN (Elsa, 1922), HÉRODIADE (Salomé, 1923), LA FLUTE ENCHANTÉE (Pamina, 1923), LE JARDIN DU PARADIS (Arabella, 1923), PAR-

SIFAL (Fille-fleur, 1924) « Esther » (1925) et PAILLASSE (Nedda, 1927).

LA DAMNATION « air du Roi de Thulé » (GRAM. P 806) — « d'amour l'ardente flamme » (GRAM. P 827) — ouvrage complet (GRAM. L 886/95) — FAUST : « il m'aime... » (GRAM. P 721) — ouvrage complet (GRAM. C 1122/41, L. 806/825, VICTOR 105...) — HÉRODIADE : « il est bon, il est doux » (GRAM. W 992) — THAIS : « air du Miroir » (GRAM. P 509 et P 756) — « l'amour est une vertu rare» (GRAM. P 511) — « qui te fait si sévère » (GRAM. P 738).

BERTIN, Jeanne. — De 1911 à 1928, a été affichée dans GWENDOLINE (Suivante), HÉRODIADE (Esclave), LOHENGRIN (Page), PARSIFAL (Fillefleur), LA NAISSANCE DE LA LYRE (Nymphe), TANNHAUSER (Page), LE JARDIN DU PARADIS (Suivante), LE CHEVALIER A LA ROSE (Femme de chambre), SALOMÉ (une Galiléenne).

BERTON, Liliane. — Débute le 8 septembre 1952 dans « Siébel » de FAUST.

Chante : RIGOLETTO (le Page, 1952) LES INDES GALANTES (l'Amour, 1952, Fatime, 1953), LOHENGRIN (un Page, 1952) L'AIGLON (Thérèse de Lorget, 1952), THAIS (Crobyle, 1953), ROMÉO (Stéfano, 1953), BORIS (Xénia, 1954), LA FLUTE ENCHANTÉE (un Enfant, 1954), LE CHEVALIER A LA ROSE (Sophie, 1957).

A créé « Constance » dans DIALOGUES DES CARMÉLITES.

FAUST complet — « rôle de Siebel » (V.d.s.M. Micros FALP 630/3 et Stéréo ASDF 101/4) — DIALOGUE DES CARMELITES ouvrage complet - rôle de Constance - (V.s.M. FALP 523/5).

BESSIE-ABOTT. — Voir plus haut : « Abott, Bessie ».

BIDU-SAYO. — Débute le 7 novembre 1931 dans « Gilda » de RIGOLETTO.

BILLARD. — Crée « une Suivante » dans LE JARDIN DU PARADIS.

BLANCARD, Nady. — En représentation, crée « Ysabeau » dans JEANNE D'ARC.

BLANCHARD, Marguerite. — Débute le 30 septembre 1927 dans « Helwigue » de LA WALKYRIE. Chante RIGOLETTO (Johanna, 1928), ROMÉO (Gertrude, 1928), LES HUGUENOTS (Dame d'honneur, 1930) et participe aux créations de VIRGINIE (une Grisette), GUERCŒUR (une Illusion), ŒDIPE (une Vierge Thébaine).

BLOCH, Rosine. — A débuté salle Le Peletier le 10 novembre 1865 dans « Azucéna » du TROUVÈRE. Au Palais Garnier fut l'interprète de LA FAVORITE (Léonore), HAMLET (la Reine), LE PROPHETE (Fidès), LA REINE DE CHYPRE (Catarina) et créa « Amnéris » dans AIDA.

BLOT, Louise. — Débute dans « Marguerite » de FAUST le 28 avril 1918.

BLOUM, E. — A créé «une Enchanteresse » dans PARSIFAL et reprit CASTOR ET POLLUX (une Suivante).

BLUM. — Débute dans « Urbain » des HUGUENOTS le 1er juin 1878. Chante FAUST (Siébel) et GUILLAUME TELL (Edwige) en 1878, LE FREISCHUTZ (Anette) et LE ROI DE LAHORE (Kaleb) en 1879, et crée « un Page » dans LA REINE BERTHE.

BOCKOR, Margit. — En représentation, débute le 27 décembre 1938 dans « la Voix de l'oiseau » de SIEGFRIED.

BOESCH, Ruthilde. — Avec la troupe de l'Opéra de Vienne, chante « la Confidente » dans ELEKTRA et « un Enfant » dans LA FLUTE ENCHANTÉE en mai 1953.

BOESE, Ursula. — En représentation, débute le 6 avril 1962 dans la « première Norne » du CRÉPUSCULE DES DIEUX.

BOHE, Marie-Luce. — Débute le 16 décembre 1961 dans « Hécube » des TROYENS. — En 1962, chante LUCIE (Aliza), LE CREPUSCULE (Wallgund).

BOIRET, Jacqueline. — Crée « une Fileuse » dans LES NOCES CORINTHIENNES.

BONAVIA, Jeanne. — Débute dans « Elsa » de LOHENGRIN le 16 janvier 1924. Chante LA WALKYRIE (Sieglinde, puis Ortlinde, 1924), LE CRÉPUSCULE (troisième Norne. puis Gutrune, 1925), FAUST (Marguerite), TANNHAUSER (Elisabeth), LA FILLE DE ROLAND (Berthe) également en 1925 LES MAITRES CHANTEURS (Eva) et « Aïda » en 1926.

A créé « la Fée Ondine » dans BROCELIANDE.

BONI, Henriette. — A débuté le 8 février 1947 dans « Juliette », et fut affichée la même année dans « Dona Elvire » de DON JUAN.

BONNET-BARON, Marie. — Débute le 27 mai 1913 dans « Rossweiss » de LA WALKYRIE. Est affichée dans RIGOLETTO (Madeleine, 1913, Johanna, 1915), AIDA (Amnéris, 1913), LES JOYAUX DE LA MADONE (Serena, 1913, Carmela, 1914), LE MIRACLE (Bérangère, 1913), L'ÉTRANGER (la Mère de Vita, 1915), OFFRANDE A LA LIBERTÉ (la belle Bourbonnaise, 1915) HENRY VIII (Anne, 1915), FAUST

(Dame Marthe, 1916), OTHELLO (Emilia, 1916), IPHIGÉNIE EN TAURIDE (Femme grecque, 1916).

A créé PARSIFAL (Fille-fleur) et SCEMO (Fiordalise).

BONNEVILLE, Emma. — Est affichée dans GWENDOLINE (Suivante, 1911), L'ÉTRANGER (jeune Fille, 1916), CASTOR ET POLLUX (Suivante, 1918), LA FILLE DE ROLAND (Page, 1926), SALOMÉ (Galiléenne, 1928), LE CHEVALIER A LA ROSE (Veuve noble, 1935), LES HUGUENOTS (Dame d'honneur, 1936).

Crée PARSIFAL (Fille-fleur), LE JARDIN DU PARADIS (Suivante) LA NAISSANCE DE LA LYRE (Nymphe).

BONNI-PELLIEUX, Solange — Débute dans « Fréia » de L'OR DU RHIN le 7 mars 1938. A créé PÉNÉLOPE (Lydia), PEER GYNT (Ingrid), LE JOUR (une Voix).

A été affichée en outre dans : FAUST (Marguerite, 1938), LA WALKYRIE (Guerhilde, 1938), RIGOLETTO (Gilda, 1938, la Comtesse, 1943) LE ROUET D'ARMOR (1938), LA TRAVIATA (Clara, 1941, Anette, 1956), GWENDOLINE (Compagne, 1941), FLUTE ENCHANTÉE (Enfant, 1943), L'ÉTRANGER (Ouvrière, 1944, jeune Fille, 1951) « Juliette » (1945) LE ROI D'YS (Rosenn, 1945) « Thaïs » (1946) ARIANE ET BARBE-BLEUE (Mélisande, 1946), JOSEPH (jeune Fille, 1946), OTHELLO (Desdémone, 1947) HÉRODIADE (Salomé, 1947), LE CRÉPUSCULE (Welgunde, 1950), L'AIGLON (Marquise, 1952).

BOREL, Jeanne. — Débute dans «Dalila» le 18 mai 1914. Chante AIDA (Amnéris) et HAMLET (la Reine) en 1917.

BORELLO, Camille. — Débute dans « Gilda » de RIGOLETTO le 11 novembre 1919.

BORGO, Agnès. — Débute dans « Aïda » le 18 mars 1904.

Est affichée dans « Salammbô », LE FILS DE L'ÉTOILE (Séphora) et LES HUGUENOTS (Valentine) en 1904, puis « Brunehilde » de SIGURD et LA WALKYRIE en 1906, TANNHAUSER (Elisabeth, 1908) « Armide » (1909) LE CRÉPUSCULE (Brunehilde, 1912), FAUST (Marguerite, 1917).

BORKH, Inge. — En représentation, débute dans « Salomé » de Richard Strauss le 26 octobre 1951.

Scène finale de « SALOME » (DECCA Mic LXT 5250).

BORN. — Avec la troupe de l'Opéra de Vienne, chante « dona Elvire » de DON JUAN et « la Comtesse » des NOCES DE FIGARO en mai 1928.

BOSMAN, Rosa. — Débute en créant « Hilda » de SIGURD le 12 juin 1885. Crée également LE CID (l'Infante), PATRIE (Rafaela), LA DAME DE MONSOREAU (Diane), ASCANIO, (Scozzone), STRATONICE (Stratonice), LANCELOT (Elaine), LE ROI DE PARIS (Jeanne) et, à l'audition du 6 mai 1893, « Fricka » et « Wellegunde » de L'OR DU RHIN.

D'autre part, a été affichée successivement de 1885 à 1898 dans GUILLAUME TELL (Mathilde), LE CID (Chimène), FAUST (Marguerite), SIGURD (Brunehilde), DON JUAN (Zerline, puis dona Elvire), LE PROPHÈTE (Berthe) L'AFRICAINE (Inès), LA JUIVE (Eudoxie), ROBERT LE DIABLE (Alice), LE MAGE (Anahita), LOHENGRIN (Elsa), « Salammbô », LA WALKYRIE (Sieglinde), OTHELLO (Desdémone), TANNHAUSER (Elisabeth), « Djelma » et LES MAITRES CHANTEURS (Eva).

BOUCHER, Renée. — Est affichée dans PARSIFAL (Fille-fleur, 1926), SALOMÉ (Galiléenne, 1928), LES HUGUENOTS (Dame d'honneur, 1936) CASTOR ET POLLUX (Spartiate, 1940)

BOUE, Geori. — Débute le 25 mai 1942 dans « Marguerite » de FAUST.

Chante « Thaïs » (1942), LE ROI D'YS (Rosenn, 1942), OTHELLO (Desdémone, 1943), « Juliette » (1944) HÉRODIADE (Salomé, 1945), MAROUF (la Princesse, 1949), LES MAITRES CHANTEURS (Eva, 1952), L'AIGLON (Duc de Reichstadt, 1952).

A repris « Zima » dans LES INDES GALANTES et créé « Kerkeb ».

FAUST : « Roi de Thulé », « Bijoux » (ODEON 123872 — OCE 1019) — complet (V.s.M. DB 9422/37) — OTHELLO « Saule », « Ave Maria » (ODEON 123.870 - OCE 1019) — THAIS : complet (URANIA A 227 - URLP 7004), (PRESIDENT UPR 10005 - PCL 5005) — RECITALS : « airs de Salomé, Rosenn, Thaïs, etc » (URANIA URLP 7070) (DECCA 173.636 - 458512 - 173.769 - 215.769) - (ODEON AOE 1025 - ODX 117 - XOC 122).

BOULESTEIX, Solange. — Voir plus loin : « Michel, Solange ».

BOURDON, Jeanne. — Débute dans « Brunehilde » de SIGURD le 6 décembre 1909. Chante TANNHAUSER (Elisabeth, 1910), LA DAMNATION (Marguerite, 1910), LE CRÉPUSCULE (Gutrune, 1910), WALKYRIE (Sieglinde, 1910, Brunehilde, 1925), LOHENGRIN (Elsa, 1911), OFFRANDE A LA LIBERTÉ (la belle Aude, 1915), BRISEIS (Thanato, 1916) « Aïda » (1917), FAUST

(Marguerite, 1918), LE CID (Chimène, 1919), PARSIFAL (Kundry, 1924) «Monna Vanna » (1924). SIEGFRIED (Brunehilde, 1926), LE MIRACLE (Alix, 1927).

A créé MYRIALDE (Maya) et L'ILE DÉSENCHANTÉE (Francelle).

BOURGEOIS, Armande. — Ayant débuté dans « Brunehilde » de LA WALKYRIE, le 19 juillet 1894, fut affichée dans « Ortrude » de LOHENGRIN en 1896.

BOURGEOIS. — Affichée dans LE PROPHÈTE (Néophyte, 1898) et LES HUGUENOTS (Dame d'honneur, 1904), a créé GWENDOLINE (Compagne) et L'ÉTRANGER (une Ouvrière).

BOURGOGNE. — Débute le 21 mars 1918 dans « une Suivante » de CASTOR ET POLLUX, puis chante « l'Ombre heureuse » dans le même ouvrage, en 1919.

BOURSIN, Denise. — Débute dans LA FLUTE ENCHANTÉE (Reine de la nuit), le 28 février 1949. Est affichée dans PÉNÉLOPE (Suivante, 1949), RIGOLETTO (Gilda, 1949), SALADE (Rosette. 1950), BOLIVAR (Manuela, 1950) SIEGFRIED (voix de l'oiseau, 1950), JEANNE AU BUCHER (Sainte Marguerite, 1951, la Vierge, 1955), LES INDES GALANTES (Hébé, 1956).

A cré « une Voix » dans LA NAISSANCE DES COULEURS.

BOUVIER, Hélène. — Créatrice de LE DRAC (Cyanée), LES NOCES CORINTHIENNES (Kallista), BOLIVAR (Précipitation) et KERKEB (Nedjma), a débuté le 12 août 1939 dans « Dalila ». Fut affichée dans WALKYRIE (Frieka, 1939, Rossweis, 1943), AIDA (Amnéris, 1940), LE ROI D'YS (Margared, 1941), OR DU RHIN (Fricka, 1941), LA VIERGE (la Vierge, 1942), L'AMOUR SORCIER (la Chanteuse, 1943) « Antigone » (1943), OTHELLO (Emilia, 1943), FAUST (Dame Marthe 1944), PEER GYNT (Aase, 1944), BORIS (Hôtesse, 1944) « Hérodiade » (1945), ARIANE ET BARBE-BLEUE (Nourrice, 1945), ANTAR (la Mère, 1946), « Padmavati » (1946), LES MAITRES CHANTEURS (Magdeleine, 1948), TRISTAN (Brangaine, 1949), L'ÉTRANGER (Mère de Vita, 1951), LOHENGRIN (Ortrude, 1952), LES INDES GALANTES (Bellone, 1952).

Deux airs de Dalila (PATHE PDT 188) — SAMSON et DALILA - complet (PATHE PDT 116/30 - PCX 5007/9), Extraits (PATHE DTX 30163).

BOVY, Vina. — Débute le 12 octobre 1935 dans « Gilda » de RIGOLETTO. Chante « Juliette » (1935) « Lucie » (1936), « Marguerite » de FAUST (1939),

« Thaïs » (1939) et « la Princesse Chemaka » du COQ D'OR (1947).

LUCIE : « l'autel rayonne » (GRAM. DB 4998) — « air de Gilda » (GRAM. DB 4997 — duo de « RIGOLETTO » avec THILL (COL. LFX 472).

BOYER DE LAFORY, Suzanne. — A débuté dans « Madeleine » de RIGOLETTO le 23 janvier 1909, puis a été affichée dans WALKYRIE (Grimguerde, puis Rossweiss), LE CRÉPUSCULE (Flosshilde, puis Waltraute) la même année.

BRANCA, Marcelle. — Débute le 12 janvier 1935 dans « Marguerite » de FAUST et crée « une Vierge » dans ŒDIPE.

BRANEZE, Maria. — Débute le 30 novembre 1947 dans « Pamina » de LA FLUTE ENCHANTÉE.

BRAUN, Héléna. — En représentation, chante « Brunehilde » dans LA WALKYRIE, SIEGFRIED et LE CRÉPUSCULE en novembre 1950.

BRAUN, Théa. — Avec la troupe de l'Opéra de Vienne, interprète « la Porteuse de traîne » dans ELEKTRA le 13 mai 1953.

BREVAL, Lucienne (SCHILLING, Lisette, dite) — Débute le 20 janvier 1892 dans « Sélika » de L'AFRICAINE. De 1892 à 1919 est affichée successivement dans GUILLAUME TELL (Jemmy), « Salammbô », TANNHAUSER (Vénus), « Aïda », LES HUGUENOTS (Valentine), SIGURD (Brunehilde), LE BOURGEOIS GENTILHOMME, PATRIE (Dolorès), LE CID (Chimène), HENRY VIII (Catherine d'Aragon), « Armide », HIPPOLYTE ET ARICIE (Phèdre), APOTHÉOSE DE BEETHOVEN (troisième symphonie), SIEGFRIED (Brunehilde), LE CRÉPUSCULE (Brunehilde), MADEMOISELLE DE NANTES (Hermione).

D'autre part, est la créatrice de LA WALKYRIE (Brunehilde), LA MONTAGNE NOIRE (Yanina), FRÉDÉGONDE (Brunehilde — à la Générale seulement —), LA DAMNATION (Marguerite), LES MAITRES CHANTEURS (Eva), LA BURGONDE (Ilda), L'ÉTRANGER (Vita), LE FILS DE L'ÉTOILE (Séphora) « Ariane », FERVAAL (Guilhen), PARSIFAL (Kundry), « Salomé » de Mariotte.

BRIAN, Marie. — En représentation, crée « la petite Cuisinière » dans ROSSIGNOL en 1914.

BRIVKALNE, Paula. — En représentation, débute le 5 mai 1958 dans « Gutrune » du CRÉPUSCULE DES DIEUX.

BROHLY, Suzanne. — Au cours d'un Gala, le 28 avril 1912, chante « Charlotte » dans WERTHER.

WERTHER : « les lettres » (GRAM. 361), - « les larmes » (GRAM. 391) - « la Mort » (GRAM. 143) — « Voici trois mois... » avec BRAGE et FRIANT (GRAM. 442) — « Bonjour Grande sœur » avec BAKKERS (GRAM. 473) — « Vous avez dit vrai », « Oui, c'est moi... », « Il faut nous séparer... » avec Léon BEYLE (GRAM. 034038/039 et 0/42).

BRONVILLE, Berthe. — Débute dans « Alice » de ROBERT LE DIABLE le 13 janvier 1888 et chante, au cours de la même année, «Berthe» du PROPHÈ-et « la grande Prêtresse » de AIDA.

BROTHIER, Yvonne. — Débute en créant « Virginie » en 1931. Est ensuite affichée dans LE CHEVALIER A LA ROSE (Sophie, 1933) et LE BARBIER DE SÉVILLE (Rosine, 1936).

« Air de Rosine » (GRAM. P 368 et P 679).

BROUDEUR, Jacqueline. — Débute le 20 avril 1958 dans « la grande Prêtresse » d'AIDA. Est affichée, en 1958, dans LES INDES GALANTES (Zaïre), LA DAMNATION (une Voix), RIGOLETTO (Page), LA TRAVIATA (Anette) ; en 1959, L'ATLANTIDE (Tanit-Zerga), TANNHAUSER (Page), FAUST (Siébel), LE CHEVALIER A LA ROSE (Orpheline noble) ; en 1960, CARMEN (Mercédès), L'ENFANT ET LES SORTILÈGES (la Bergère, l'Ecureuil, puis l'Enfant), LA TOSCA (le Pâtre); en 1961, LES TROYENS (Ascagne) ; en 1962, LE CREPUSCULE (Voglinde). — Créé « une Suivante » dans MÉDÉE.

CARMEN (édition partielle - rôle de Mercédes (PHILIPPS L 02 053 L).

BROUWENSTIJN, Gré. — En représentation, débute le 9 mars 1955 dans « Léonore » de FIDELIO.

BROZIA Zina. — Débute dans « Gilda » de RIGOLETTO le 27 mars 1908. La même année est affichée dans « Juliette », « Marguerite » de FAUST et de MEFISTOFELE, « Thaïs » ; puis, en 1909, dans « Ophélie » d'HAMLET.

BRUDER, Amélie. — Est affichée dans CASTOR ET POLLUX (Suivante, 1930), PARSIFAL (Fille-fleur, 1933), LES HUGUENOTS (Dame d'honneur, 1936), PÉNÉLOPE (Suivante) 1943), HÉRO-DIADE (Esclave, 1945).

BRUMAIRE, Jacqueline. — Débute dans « Juliette » le 2 novembre 1946.

Chante FAUST (Marguerite, 1947), DON JUAN (Elvire, 1948) « Thaïs » (1948), LES INDES GALANTES (Emilie, 1952), LA FLUTE ENCHANTÉE (Pamina, 1952) et LA TRAVIATA (Violetta, 1957).

« Air des bijoux » (PHILIPPS 402060) — « air de Pamina » (VEGA C 30 S. 151) - « air d'Elvire » (VEGA Mic. C 30 S. 151).

BRUNBAUER. — Avec la troupe de l'Opéra de Vienne, interprète « une Orpheline noble» dans LE CHEVALIER A LA ROSE le 15 mai 1928.

BUCK, Marguerite de. — Débute le 28 avril 1908 dans « Madeleine » de RIGOLETTO, puis chante « Flosshilde » dans le CRÉPUSCULE.

BUGG, Madeleine. — Débute dans « Thaïs » le 29 novembre 1913.

Chante FAUST (Marguerite, 1913), OFFRANDE A LA LIBERTÉ (la belle Gabrielle, 1915), LE CID (l'Infante, 1915), PATRIE (Rafaëla, 1916) GUILLAUME TELL (Mathilde, 1916) « Briséis » (1916), OTHELLO (Desdémone, 1919), LA DAMNATION (Marguerite, 1919).

A créé PARSIFAL (Fille-fleur), MADEMOISELLE DE NANTES (Cérès), LES VIRTUOZI DI MAZARIN, L'OURAGAN (Jeannine), UNE FÊTE CHEZ LA POUPLINIÈRE, « Rebecca », HÉLÈNE (Vénus) et FÊTE TRIOMPHALE (l'Enfant).

BUMBRY, Grâce. — Débute le 26 mars 1960 dans « Amnéris » de AIDA. La même année, chante « Carmen ».

BUNLET, Marcelle. — Débute dans « Brunehilde » du CRÉPUSCULE le 18 février 1928. Chante ensuite SIEGFRIED (Brunehilde, 1934), « Salomé », (1934), ARIANE ET BARBE-BLEUE (Ariane, 1935), WALKYRIE (Brunehilde, 1935), « Isolde » (1936) LES HUGUENOTS (Valentine, 1936) et la DAMNATION (Marguerite, 1937).

BURNETT, Muriel. — Avec la troupe du Covent Garden de Londres, crée « une Nièce » dans PETER GRIMES le 11 juin 1948.

CALDERON. — Débute le 23 juillet 1875, dans « une Dame d'honneur » des HUGUENOTS. Est affichée dans LE PROPHÈTE (un Néophyte, 1876), FAUST (Dame Marthe, 1877) et crée « Stratonice » dans POLYEUCTE.

CALLAS, Maria. — Au cours d'un Gala, le 19 décembre 1958, chante « Tosca ».

TOSCA : intégrale (COL. FCX 253/4) — « la prière » (COL. ESBF 177) — « le duo (avec di Stefano) (COL. ESBF 133 et FCX 802).

CALVARY, Suzanne. — Est affichée dans GWENDOLINE (une Ancêtre) en 1942.

CALVE, Emma. — En représentation, débute dans « Ophélie » d'HAMLET le 29 mai 1899.

Signalons un émouvant enregistrement de « la Marseillaise » en 1916 à New-York avec les chœurs et l'orchestre du Metropolitan Opera (VICTOR 88570 et GRAM. DB 162).

CALVET, Mathilde. — Débute dans « Amnéris » de AIDA le 2 décembre 1911.

Chante « Dalila » (1912), « Madeleine » de RIGOLETTO (1912) la « première Norne» du CREPUSCULE (1913) et crée « la troisième Ondine » dans LE SOR-TILÈGE.

CAMART, Georgette. — Débute dans « Aïda » le 31 janvier 1948. En 1949, chante LA WALKYRIE (Ortlinte, puis Helwigue), SALADE (Isabelle), LES MAITRES CHANTEURS (Eva), FAUST (Marguerite), en 1950 LE CRÉPUSCU-LE (troisième Norne), en 1952, LES INDES GALANTES (Zima) et en 1953 LE VAISSEAU FANTOME (Senta).

CAMPREDON, Jeanne. — Débute le 13 mars 1908 dans « la Reine » des HUGUENOTS.

Chante : TANNHAUSER (Vénus, 1908), LE CREPUSCULE (Voglinde, 1908, Gutrune, 1928), ARMIDE (Lucinde 1909, puis Sidonie, 1910) WALKYRIE (Ortlinde, 1909), THAIS (Charmeuse, 1909), HAMLET (Ophélie, 1909), GUIL-LAUME TELL (Mathilde, 1909) « Juliette » (1909), RIGOLETTO (Gilda, 1909), FAUST (Marguerite, 1910) «Gwendoline» (1912), PATRIE (Rafaëla, 1915) ŒDIPE A COLONNE (Antigone, 1916), FLUTE ENCHANTÉE (Reine de la nuit, 1923), LE TRIOMPHE DE L'A-MOUR (Diane, 1925, Vénus, 1932), CASTOR ET POLLUX (Phoébé, 1930).

A participé aux créations de L'OR DU RHIN (Fréia), LA FORÊT (le Tilleul), SIBERIA (la petite Fille), ICARE (une Nymphe), ROMA (Junia), LES JOYAUX DE LA MADONE (Stella), PARSIFAL (Fille-fleur), LES VIRTUOZI DE MAZARIN, LE CHEVALIER A LA ROSE (La Maréchale).

FAUST : complet en 28 disques (Saphir PATHE 1622/49) avec Léon BEYLE, André GRESSE et Jean NOTE, sous la direction de François RUHL-MANN.

CANDE, Sergine. — Est affichée dans CASTOR ET POLLUX (Suivante, 1935) LE MARCHAND DE VENISE (Masque, 1938), GWENDOLINE (Compagne, 1942) HERODIADE (Esclave, 1945).

CANIGLIA, Maria. — En représentation, chante la partie de soprano dans le REQUIEM de Verdi le 12 juin 1935.

REQUIEM de Verdi — avec Ebe STIGNANI, Benjamino GIGLI, Ezio PINZA, Don Tulio SERAFIN (GRAM. DB 3875/84, DB 6210/19) - (VICTOR 734...) - (V.s.M. FJLP 5002/3).

CANTI. — Débute dans « Dame Marthe » de FAUST le 7 mars 1887. Chante GUILLAUME TELL (Edwige), LE PRO-PHÈTE (Néophyte) et les HUGUE-NOTS (Dame d'honneur) la même année. En 1888, est affichée dans RIGOLETTO (Page, puis la Comtesse). Crée « le Page » dans LA DAME DE MONSOREAU et « Gertrude » dans ROMÉO.

CAPSIR, Mercédès. — En représentation, débute dans « Gilda » de RIGO-LETTO le 25 mars 1917.

CARLE. — Débute le 24 novembre 1917 en créant « Raymond » dans JEAN-NE D'ARC.

CARLOTTA. — Avec la troupe de l'Opéra de Monte-Carlo, chante « la Comtesse » de RIGOLETTO en mai 1912.

CARYLE, Odette. — Débute dans « Vénus » de TANHAUSER le 28 septembre 1908.

Chante ARMIDE (Phénice), LA WAL-KYRIE (Sieglinde) et le CRÉPUSCULE (première Norne) en 1909, et crée «le Chêne » dans LA FORÊT.

CARO, Georgette. — A créé PHAE-DRE (une Voix), NERTO (la Gourman-dise), BROCELIANDE (Fée Liliane), L'ILE DESENCHANTEE (Romersla), MAROUF (la Calamiteuse).

D'autre part, a été affichée dans LA WALKYRIE (Sieglinde. 1923. Grimguer-de, 1924, Fricka, 1925) « Hérodiade » (1923), PARSIFAL (premier Ecuyer, Fille-fleur, 1924), BORIS (Marina, 1925), TANNHAUSER (Vénus, 1925), AIDA (Amnéris, 1926), SALOMÉ (Hérodias, 1926), « Dalila » (1927), LES TROYENS (Didon, 1929), OR DU RHIN (Fricka, 1938).

Avait débuté le 10 décembre 1922 dans « Ortrude » de LOHENGRIN.

CARO-LUCAS. — Débute dans «Brangaine» de TRISTAN le 3 février 1905.

Chante successivement LOHENGRIN (Ortrude, 1905), LES MAITRES CHANTEURS (Magdeleine, 1906), WALKYRIE (Guerhilde, 1908), HIPPOLYTE ET ARICIE (Oenone, 1908), TANNHAUSER (Vénus, 1910), ARMIDE (la Haine, 1913) et crée « la deuxième Norne » dans LE CRÉPUSCULE DES DIEUX.

CARON, Madeleine. — Débute dans « Fricka » de LA WALKYRIE le 8 aout 1923. Dans la même année chante encore RIGOLETTO (Madeleine), « Hérodiade », « Dalila », BORIS (Hôtesse, et Nourrice), AIDA (Amnéris). Puis est affichée dans THAIS (Albine, 1924) et LE TRIOMPHE DE L'AMOUR (Mystère, 1925).

CARON, Rose. — Débute en créant « Brunehilde » de SIGURD. Crée également « Elsa » de LOHENGRIN, « Salammbô », « Sieglinde » de LA WALKYRIE, « Djelma », « Hellé » et « Desdémone » de OTHELLO.

Par ailleurs est affichée, en 1885, dans LA JUIVE (Rachel), en 1886 dans LE CID (Chimène), LES HUGUENOTS (Valentine), HENRY VIII (Catherine), FAUST (Marguerite), FREISCHUTZ (Agathe), en 1895 dans TANNHAUSER (Elisabeth), en 1896 dans DON JUAN (Dona Anna) et en 1909 dans L'APOTHÉOSE DE BEETHOVEN (quatrième Symphonie).

HELLE « cantilène » (FONOTIPIA 39114) — SIGURD « des présents de Gunther » (FONOTIPIA 39097 et ZONOPHONE 2094).

CARRE, Marguerite. — En représentation, débute en créant « Zina » dans LE VIEIL AIGLE. Crée également « Dorus-Gras » dans LE ROMAN D'ESTELLE et chante « Thaïs » en 1916.

CARRERE-XANROF, Marguerite. — Débute le 24 juin 1892 dans «Marguerite» de FAUST. Chante LES HUGUENOTS (la Reine, 1892, Urbain, 1897), LA JUIVE (Eudoxie, 1892), ROBERT LE DIABLE (Isabelle, 1892), LE PROPHETE (Berthe, 1892), ROMÉO (Juliette, 1893, Stéfano, 1901), WALKYRIE (Sieglinde, 1894, Helmwige, 1895), TANNHAUSER (Vénus, 1895), DON JUAN (Zerline, 1897), MESSIDOR (Hélène, 1897), « Briséis » (1899), JOSEPH (Benjamin, 1899), « Thaïs » (1901), ASTARTE (Iole, 1901).

A créé « Guerhilde » dans LA WALKYRIE.

CARRIER, Eliane. — Débute dans « Woglinde » de LA WALKYRIE le 23 mars 1938.

Est affichée dans « Jessica » du MARCHAND DE VENISE, « une Suivante » d'ALCESTE (1938), « Marguerite » de FAUST, « Ascagne » DES TROYENS (1939), « La Frégona » de l'ILLUSTRE FREGONA, « Papagéna » de LA FLUTE ENCHANTÉE (1940), « une Compagne » de GWENDOLINE (1941), « Mélantho » de PÉNÉLOPE (1943) « le premier Oiseau noir » de PEER GYNT, « une jeune Fille » de L'ÉTRANGER (1944) et « la jeune Babylonienne » de HERODIADE (1945).

A créé « la Pastourelle » et « la Chauve-souris » dans L'ENFANT ET LES SORTILÈGES.

CARTERI, Rosanna. — En représentation, débute le 30 octobre 1961 dans « Violetta » de LA TRAVIATA, puis chante « Tosca ».

CARVALHO, Caroline Félix-Miolan — Venant de l'Opéra-Comique et du Théâtre lyrique (où elle fut la créatrice de la « Marguerite » de FAUST, de « Juliette » et de « Mireille ») elle débute à l'Opéra, salle Le Peletier, le 23 novembre 1868 dans « la Reine » des HUGUENOTS. Est affichée dans FAUST (Marguerite, 1869), DON JUAN (Zerline, 1869), ROBERT LE DIABLE (Isabelle, 1870), LE FREISCHUTZ (Agathe, 1871).

Au Palais Garnier, est affichée dans ces rôles, mais également dans HAMLET (Ophélie, 1875), GUILLAUME TELL (Mathilde, 1876) et LES HUGUENOTS (Valentine, 1877).

Donne sa représentation d'adieux le 9 juin 1885 dans « Marguerite » de FAUST, mais à l'Opéra-Comique, théâtre de ses premiers débuts le 29 avril 1850 dans « Henriette » de L'AMBASSADRICE.

CASSUTO, Denise. — Débute le 27 juin 1931 dans « Diane » de IPHIGENIE.

CASTEL, Léo. — Est affichée dans PARSIFAL (Fille-fleur, 1933), LE CHEVALIER A LA ROSE (Fille de chambre, 1933), CASTOR ET POLLUX (Suivante, 1935), LES HUGUENOTS (Etudiant, 1936), ARIANE (Vierge, 1937) GWENDOLINE (Compagne, 1941).

CASTELAIN. — Débute le 8 novembre 1927 dans « une Religieuse » du MIRACLE. Chante, la même année, « Rossweiss » de LA WALKYRIE et « Dame Marthe » de FAUST.

CASTELLI, Christiane. — Débute dans « Hébé » des INDES GALANTES le 18 juin 1952. Chante ensuite OTHELLO (Desdémone, 1952), LE ROI D'YS (Rosenn, 1952), LA TRAVIATA (Clara, 1952, Violetta, 1959), L'AIGLON (Marie-Louise, 1952), FLUTE ENCHANTÉE (Dame, 1954), MARTYRE DE SAINT SEBASTIEN (une Voix, 1957), FAUST (Marguerite, 1957) « Tosca » (1960).

A créé « une Naïade » dans OBERON.

CATTANEO, Minghini. — En représentation, débute le 4 juillet 1935 dans « Mrs Quickly » de FALSTAFF.

CAUCHARD, Jacqueline. — Débute le 2 octobre 1948 dans « Fédor » de BORIS

Est affichée dans LOHENGRIN (Page, 1948), FLUTE ENCHANTEE (Enfant, 1948, Papagéna, 1949), FAUST (Siébel, 1949), ROMÉO (Stéfano, 1949), RIGOLETTO (Page, 1949, Comtesse, 1956), LE CHEVALIER A LA ROSE (Modiste, 1949), LE MARCHAND DE VENISE (Jessica, 1949), TRAVIATA (Anette, 1952, Clara, 1955), L'AIGLON (Fany Essler, 1952), TANNHAUSER (Page, 1956).

A créé « un Troll » dans OBERON.

CAUDRON, Suzanne. — Est affichée dans PENELOPE (Servante), HERODIADE (Cananéenne) en 1945, NOCES CORINTHIENNES (Fileuse) en 1949.

CAUSSET. — Crée « un Ephèbe » dans ARIANE.

CAVAILLES, Irène. — Est affichée dans CASTOR ET POLLUX (Suivante, Spartiate,, 1940), HERODIADE (Cananéenne, 1945), PÉNÉLOPE (Servante, 1949), LE CHEVALIER A LA ROSE (Fille de chambre, 1949).

CAVALIERI, Lina. — En représentation, débute dans « Thaïs » le 17 juin 1907. Crée « Fédora » et SIBERIA (Stéphana).

« Air de FEDORA » (VICTOR 64060).

CAVELTI, Elsa. — En représentation, débute le 4 mars 1949 dans « Brangaine » de TRISTAN. Chante également « Fricka » dans LA WALKYRIE (1949), « Waltraute » dans LE CRÉPUSCULE (1950) et « Fricka » dans L'OR DU RHIN (1957).

CELLIER, Jacqueline. — Débute le 28 juillet 1948 dans « Rosetta » de SALADE. Chante LOHENGRIN (Page 1948), LE CHEVALIER A LA ROSE (Orpheline noble, 1949).

CERKAL, Karen-Maria. — En représentation, débute le 11 mai 1955 dans « Ortlinte » de LA WALKYRIE.

CERNAY, Germaine. — Au cours d'un festival Fauré, chante « Euryclée » dans PÉNÉLOPE le 28 mars 1925.

CESBRON-VISEUR, Suzanne. — Débute le 11 mars 1923 dans « Grisélidis ». Chante LA FLUTE ENCHANTÉE (Pamina, 1923), « Marguerite » de FAUST et de LA DAMNATION (1924) et « Vénus » du TRIOMPHE DE L'AMOUR (1925). Crée « Régina » dans LES BURGRAVES.

« Duo de la Prison » avec MARCELLIN (GRAM. U 62).

CHABAL, Inès. — Débute le 4 août 1946 dans « Madeleine » de RIGOLETTO.

En 1946 chante ROMEO (Gertrude), THAIS (Albine), PADMAVATI (Femme du palais); en 1947 AIDA (Amnéris) PÉNÉLOPE (Euryclée), « Hérodiade », BORIS (Nourrice), LUCIE (Aliza), «Dalila» ; en 1948 LA WALKYRIE (Fricka, Grimguerde, puis Rossweiss) ; en 1950 LE CREPUSCULE (première Norne) ; en 1952 ANTIGONE (Coryphée), OTHELLO (Emilia), L'ETRANGER (la Mère), LES INDES GALANTES (Bellone), en 1957 LE MARTYRE DE ST SEBASTIEN (un Gémeau), en 1959 FAUST (Dame Marthe), LE BAL MASQUÉ (Ulrica).

A créé LES NOCES CORINTHIENNES (la Saga), BOLIVAR(Missia) et JEANNE AU BUCHER (Sainte Catherine).

CHALANDA, Paulette. — Débute le 19 octobre 1952 dans « l'Amour » des INDES GALANTES. Chante ensuite L'AIGLON (Comtesse de Camerata, 1952, Duc de Reischstadt, 1953) puis, en 1956, LA FLUTE ENCHANTEE (Dame), « Thaïs », « Juliette » ; en 1957, LE MARTYRE DE SAINT SEBASTIEN (Anina Sébastiani, la vierge Erigone), LE CHEVALIER A LA ROSE (Sophie), LA TRAVIATA (Violetta).

CHAMBET — Est affichée dans CASTOR ET POLLUX (une Suivante) en 1918.

CHARBONNEL, Marie. — Débute dans « Dalila » le 2 juin 1908. La même année, chante HAMLET (la Reine), AIDA (Amnéris), LE CREPUSCULE (Waltraute), RIGOLETTO (Madeleine) et l'année suivante SIEGFRIED (Erda) WALKYRIE (Rossweiss, puis Fricka et Schwertleite), HENRY VIII (Anne), SIGURD (Uta).

A créé la première Norne du CREPUSCULE et « Erda » de l'OR DU RHIN.

HAMLET : « arioso de la Reine » (GRAM. W 151) — « Ma douleur est immense » - duo avec ROUARD (GRAM. W 379) — SAMSON : duos avec DUTREIX — « Samson recherchant ma présence... » (ODEON 111228) — d'Israël... » (ODEON 11594) - « c'est toi mon bien aimé » (GRAM 034195/6) — « Ainsi qu'on voit les blés » (GRAM. 034199/200) — « En ces lieux malgré moi » (ODEON 111704/5) — SIGURD : « Je sais des secrets » (GRAM. GC 33880) — « Je savais tout » (ODEON 111229).

CHARDON, Antoinette. — Est affichée dans PARSIFAL (Fille-fleur, 1926) CASTOR ET POLLUX (Spartiate, 1940) GWENDOLINE (un Ancêtre, 1942).

CHARLES-ROTHIER. — Débute dans « Aïda » le 18 décembre 1899, puis chante « Marguerite » de FAUST en 1900.

CHARNEY, Pauline. — Débute dans « Amnéris » de AIDA le 10 mars 1917.

CHARNY, Lyse. — Débute dans « Dalila » le 11 avril 1910. La même année, chante AIDA (Amnéris), RIGOLETTO (Madeleine), SIGURD (Uta), WALKYRIE (Grimguerde puis Schwartleite) ; en 1911 L'OR DU RHIN (Erda), en 1912 LE CREPUSCULE (première Norne), en 1913 HAMLET (la Reine), LES MAITRES CHANTEURS (Magdeleine), en 1914 OTHELLO (Emilia), en 1917 MESSIDOR (Véronique), puis, en 1921, ASCANIO (Scozzone).

Est la créatrice de DEJANIRE (Phénice), LES BACCHANTES (Erinna), FERVAAL (Kaïta), LES JOYAUX DE LA MADONE (Carmela), « Hérodiade », LA KHOVANTCHINA (Marthe), MIARKA (la Vougne).

CHASLES, Régine. — Débute le 18 décembre 1927 dans «Siébel» de FAUST.

CHAUSSON, Germaine. — Est affichée dans PARSIFAL (Fille-fleur, 1924) LOHENGRIN (Page, 1924), HERODIADE (Esclave, 1924), NAISSANCE DE LA LYRE (Nymphe, 1925), TANNHAUSER (Page, 1926), GWENDOLINE (Suivante, 1926), CASTOR ET POLLUX (Suivante, 1930), CHEVALIER A LA ROSE (Fille de chambre, 1933).

CHAUVELOT, Suzanne. — Débute le 19 octobre 1946 dans « la Comtesse » de RIGOLETTO. En 1947 chante PÉNÉLOPE (Alkandre). BORIS (Marina) ; en 1948 WALKYRIE (Waltraute), LA DAMNATION (Marguerite) ; en 1949 LUCIFER (une Voix) ; en 1951 L'ETRANGER (jeune Femme) ; en 1952 ANTIGONE (Récitante), JEANNE AU BUCHER (Voix du prologue. Mère aux tonneaux), RIGOLETTO (Madeleine), et LES INDES GALANTES (Bellone).

A créé « Fathma » dans KERKEB.

Chante actuellement sous le nom de « Maria Murano ».

CHENAL, Marthe. — Débute dans « Brunehilde » de SIGURD le 13 décembre 1905.

Est affichée dans LE FREISCHUTZ (Anette, 1906), TANNHAUSER (Elisabeth, 1906) « Ariane » (1907), FAUST (Marguerite, 1907), « Armide » (1910), « Iphigénie » (1916), « Thaïs » (1917), LA DAMNATION (Marguerite, 1917), «Monna Vanna » (1918), « Salammbô » (1919).

Est la créatrice de LE MIRACLE (Alix), ICARE (la Nymphe), JEANNE D'ARC (Jeanne), INTERMEDE (la Reine de Paris), « Graziella », FETE TRIOMPHALE (la Gloire), GOYESCAS (Rosario), LA MÉGÈRE APPRIVOISÉE (Catharina), LA FORÊT SACRÉE (Bellone).

Le soir du 11 novembre 1918, a chanté « La Marseillaise » sur les marches du Palais Garnier.

SIGURD: « Salut splendeur du jour » (Saphir PATHE 0050) — La Marseillaise (Saph. PATHE 0052).

CHEVALIER, Esther. — Au cours d'un Gala, le 18 mars 1899, interprète « Julie » dans LES RENDEZ-VOUS BOURGEOIS.

CHOQUET, Marguerite. — Est affichée dans CASTOR ET POLLUX (Suivante, 1918, Spartiate, 1930), HERODIADE (Esclave, 1921), LE CHEVALIER A LA ROSE (Orpheline noble, 1923), LE JARDIN DU PARADIS (Suivante, 1923), PARSIFAL (Fille-fleur, 1924), LOHENGRIN (Page, 1926), FREISCHUTZ (Suivante, 1926), GWENDOLINE (Compagne, 1926), SALOMÉ (Galiléenne, 1928), LES HUGUENOTS (Dame d'honneur, 1936).

CHRETIEN-VAGUET, Alba. — Débute le 31 juillet 1893 dans «Alice » de ROBERT LE DIABLE. Chante LES HUGUENOTS (Valentine, 1893), WALKYRIE (Brunehilde, 1893), LOHENGRIN (Elsa, 1893, Ortrude, 1900) « Djelma » (1894), SIGURD (Brunehilde, 1895). Crée « Déidamie » et BRISEIS (Thanato).

CHRISTIAN. — Est affichée dans « une Dame » du COMTE ORY en 1880.

CHRISTIAN. — Débute le 13 juillet 1914 dans « la Reine » des HUGUENOTS.

CIGNA, Gina. — En représentation, débute dans « Aïda » le 12 juin 1933. A également chanté « Norma » (1935).

NORMA : complet (CETRA CB 20010/27) — (PARLOPHONE P 20...) - (CETRA Album 1204) — AIDA : duo avec CLOE ELMO (CETRA BB 25038) — « E. mentire speri ancora » (POLYDOR 67941).

CIONI, Marie-Louise. — En représentation, débute dans « Gilda » de RIGOLETTO le 30 mai 1947.

CLAESSENS. — Débute le 20 juillet 1921 dans « Valentine » des HUGUENOTS. Paraît la même année dans « Brunehilde » de LA WALKYRIE et de SIEGFRIED.

CLAIRE, Ione. — Débute dans JEANNE AU BUCHER (Voix du prologue, Mère aux tonneaux), le 20 octobre 1952.

CLAIRBERT, Clara. — Débute dans « Gilda » de RIGOLETTTO le 15 décembre 1933.

« Air de Gilda » (POLYDOR 66793).

CLAUS. — Avec la troupe de l'Opéra de Vienne chante LES NOCES DE FIGARO (Barberine) et LA WALKYRIE (Guerhilde) en mai 1928.

CLAVERIE, Ginette. — Débute le 7 septembre 1951 dans « la Vierge » de JEANNE AU BUCHER.

CLERY, Simone. — Est affichée dans CASTOR ET POLLUX (Spartiate, 1935) LOHENGRIN (Ortrude, 1935), PARSIFAL (Fille-fleur, 1935), GWENDOLINE (Compagne, 1941), L'ETRANGER (une Femme, 1944), AIDA (Prêtresse, 1948), LE CHEVALIER A LA ROSE (Fille de chambre, 1949), DIALOGUES DES CARMÉLITES (une vieille Dame, 1957).

A créé LE MARCHAND DE VENISE (un Masque), ŒDIPE (une Vierge), PÉNÉLOPE (une Servante) LES NOCES CORINTHIENNES (une Fileuse).

COATES, Edith. — Avec la troupe du Covent Garden de Londres, crée « Auntie » dans PETER GRIMES.

COHN, Jefferson. — En représentation, chante « Thaïs » le 1 juin 1926.

COLLARD, Jeannine. — Débute dans « un Enfant » de LA FLUTE ENCHANTÉE le 1er janvier 1951. Chante, en 1951, PÉNÉLOPE (Mélantho), THAIS (Myrtale), LUCIFER (une Voix), L'ETRANGER (une Ouvrière) ; en 1952 KERKEB (Daoudja), L'AIGLON (Fany Essler) ; puis LOHENGRIN (Page, 1954) TANNHAUSER (Page, 1956), LE MARTYRE DE SAINT SEBASTIEN (Gémeau, 1957), LE CHEVALIER A LA ROSE (Orpheline noble, 1957), LA FLUTE ENCHANTÉE (Dame, 1958), LA TOSCA (le Pâtre, 1960), LES TROYENS (Hécube, 1961).

LE MARTYRE DE SAINT SEBASTIEN : Version abrégée, « voix des Gémeaux » (DUC. 270 C 028/29) — THAIS intégrale - rôle de Myrtale (VEGA C 30 A. 315/17) — (VAL 22).

COMES, Mathilde. — Ayant débuté le 26 février 1912 dans « Berthe » du PROPHETE, est affichée la même année dans « la troisième Norme » du CREPUSCULE et « Aïda», puis, en 1913, dans « Ortlinte » de LA WALKYRIE.

CONTY, Jeanne-Marie. — Débute dans « Waltraute » de la WALKYRIE le 13 août 1927. L'année suivante chante « une Voix » dans LA TRAGÉDIE DE SALOMÉ.

CORKE, Yvonne. — Débute le 15 décembre 1946 dans « Marina » de BORIS.

CORNILLERE, Lucette. — Est affichée dans PÉNÉLOPE (Servante, 1943), HERODIADE (Esclave, 1945), LES NOCES CORINTHIENNES (Fileuse, 1949).

COROT. — Débute dans « Ortlinte » de LA WALKYRIE le 17 juillet 1895. La même année, est affichée dans « Vénus » de TANNHAUSER.

CORTOT, Andrée. — Débute dans « Thaïs » le 23 juillet 1926.

COSSET, Jeanne. — Est affichée dans LOHENGRIN (Page, 1908), GWENDOLINE (Suivante, 1911), LES HUGUENOTS (Dame d'honneur, 1911), TANNHAUSER (Page, 1911) LE PROPHETE (Néophyte, 1912), RIGOLETTO (la Comtesse, 1913, Page, 1918), LES JOYAUX DE LA MADONE (une Camorriste, 1913), L'ETRANGER (la Mère deuxième ouvrière, deuxième jeune fille, 1916). HENRY VIII (Lady Clarence, 1919), LA WALKYRIE (Rossweiss, 1924) FAUST (Dame Marthe. 1925), SALOMÉ (Galiléenne, 1928), CASTOR ET POLLUX (Spartiate, 1930).

A créé PARSIFAL (Fille-fleur), SCEMO (Chilina), JEANNE D'ARC (une Voix). HERODIADE (une Esclave), LA FILLE DE ROLAND (un Page), LE JARDIN DU PARADIS (une Suivante), LA NAISSANCE DE LA LYRE (une Nymphe).

COSSINI, Germaine. — Débute en créant « Geoffroy » dans LA FILLE DE ROLAND. Crée également LA FLUTE ENCHANTÉE (un Enfant) LES DIEUX SONT MORTS (la Mère de Chryséis), NERTO (la Luxure).

Est d'autre part affichée dans L'OR DU RHIN (Flosshilde, 1923, Erda, 1929), BORIS (Fédor, 1923), FAUST (Dame Marthe. 1923), ANTAR (la Mère, 1924), RIGOLETTO (Madeleine, 1924), WALKYRIE (Rossweiss, 1924) LE CREPUSCULE (deuxième Norme, 1925), SIEGFRIED (Erda, 1929) GUERCŒUR (Souffrance, 1931), ELEKTRA (première Servante, 1932).

COTTRELLE, Jeanne. — Est affichée dans LES HUGUENOTS (Dame d'honneur, 1936), ARIANE (une Vierge, 1937) CASTOR ET POLLUX (Spartiate 1940) PÉNÉLOPE (Servante, 1943), HERODIADE (Cananéenne, 1945).

COUDERC, Simone. — Débute dans « Amnéris » de AIDA le 29 janvier 1949.

Chante LOHENGRIN (Ortrude, 1949) LES INDES GALANTES (Bellone, 1953) « Dalila » (1954), OTHELLO (Emilia, 1955), BORIS (Hôtesse, 1955), RIGOLETTO (Madeleine, 1956).

Crée PÉNÉLOPE (Eurymone), NU-MANCE (la Guerre).

« Trois airs de Dalila » (PLEIADE P 45141) — RECITAL LYRIQUE : (PLEIADE P. 3117).

COULOM, Jeanne. — Débute dans «une Voix» de LA DAMNATION le 18 octobre 1952. En 1953, interprète « la Bohémienne » dans LA TRAVIATA.

COURBIERES, Léonie. — Débute dans « la Comtesse » de RIGOLETTO le 31 janvier 1908.

Est affichée, en 1908, dans LES HU-GUENOTS (Léonard), FAUST (Siébel), HIPPOLITE ET ARICIE (Prêtresse), en 1909, dans ARMIDE (un Plaisir, l'Amante heureuse), ROMÉO (Stéfano), GUILLAUME TELL (Jemmy), AIDA (grande Prêtresse), en 1910 dans « le Pâtre » de TANNHAUSER, en 1912 dans « Helwigue » de LA WALKYRIE, en 1916 dans « Crobyle » de THAIS et en 1919 dans « Taanach » de SALAMM-BO.

A créé LE MIRACLE (un Escholier), ROMA (Galla), LE SORTILEGE (Geneviève), PARSIFAL (Fille-fleur), LE ROI ARTHUS (Suivante) CARÊME PRENANT, UNE FÊTE CHEZ LA POUPLINIÈRE, LA TRAGÉDIE DE SALOMÉ (une Voix), SALOMÉ— de Mariotte — (Page) FETE TRIOMPHA-LE (Ange de la Liberté) LA LEGENDE DE SAINT CHRISTOPHE (un Esprit céleste).

COURCELLE, Nelly. — Crée « une Suivante » dans PÉNÉLOPE.

COURSO, Yvonne. — Débute le 6 janvier 1918 dans « Amnéris » de AIDA.

Est affichée successivement dans, en 1918 : « Dalila », RIGOLETTO (Madeleine) ; en 1919 : THAIS (Albine), SALOMÉ — de Mariotte — (Hérodias), GOYESCAS (Pépa) ; en 1921 : WAL-KYRIE (Grimguerde, puis Fricka) SIEGFRIED (Erda), LES TROYENS (Cassandre), L'OR DU RHIN (Flosshilde, puis Erda) ; en 1922 : BORIS (Fédor) · en 1923 : LES MAITRES CHANTEURS (Magdeleine), « Hérodiade », SIGURD (Uta) ; en 1924 : PARSIFAL (Fille-fleur) ; en 1925 : LE CRE-PUSCULE (Flosshilde) ; en 1926 : ALCESTE (Coryphée), SALOMÉ (Page) et en 1927 : LE MIRACLE (Bérangère).

Est la créatrice de FETE TRIOM-PHALE (Ange de la Justice), ANTAR (Selma), MARTYRE DE SAINT SE-BASTIEN (Gémeau), FLUTE ENCHAN-TÉE (Dame), CYDALISE (Voix de la forêt), ESCLARMONDE (Parséis), NER-TO (la Paresse), ESTHER (Amensé), BROCELIANDE (Fée Marimonde), LES BURGRAVES (Edwige).

COURTIN, Jacqueline. — Débute le 22 mai 1934 en créant « un Page » dans ROLANDE ET LE MAUVAIS GARÇON Crée également ŒDIPE (Antigone), LA SAMARITAINE (jeune Fille), L'AI-GLON (Thérèse de Lorget), LA CHAR-TREUSE DE PARME (Clélia) ENFANT ET LES SORTILEGES (l'Enfant), PALESTRINA (Iglaine), LE DRAC (Francine) et PEER GYNT (troisième Oiseau noir).

A d'autre part été affichée dans LE MARCHAND DE VENISE (Nérissa), PARSIFAL (Ecuyer), FLUTE ENCHAN-TÉE (Enfant), en 1935 ; WALKYRIE (Grimguerde, 1936, Siegrune, 1938), ARIANE (Chromis, 1937), FAUST (Siébel, 1938), BORIS (Fédor, 1938, Marina, 1945), LA PRISE DE TROIE (Andromaque, 1938), LA DAMNATION (Marguerite) MAROUF (la Princesse) en 1939 ; LE CHEVALIER A LA ROSE (Octave, 1941), LA TOUR DE FEU (Naic) et « Pénélope » en 1945 ; « Monna Vanna » et DON JUAN (Elvire) en 1946.

COURTY. — Débute le 20 septembre 1901 dans « Sieglinde » de LA WAL-KYRIE.

COUVIDOUX, Antoinette. — A débuté, sous le nom de « Antoinette Duval », le 11 décembre 1936 dans « l'Intendante » du COQ D'OR.

A été affichée dans LOHENGRIN (Page, 1937), ARIANE (une Sirène, 1937), BORIS (Hôtesse, 1937, Fédor, 1946), FAUST (Dame Marthe, 1937), L'AIGLON (Fanny Essler, 1937), RI-GOLETTO (Johanna, 1937 ; Madeleine, 1938 ; Page 1946), SALOMÉ (Page, 1938) SALAMMBO (Taanach, 1938) WALKY-RIE (Rossweiss 1938 ; Grimguerde, 1948) FLUTE ENCHANTÉE (Enfant, 1939), THAIS (Albine, 1939 ; Myrtale, 1942), ARIANE ET BARBE-BLEUE (Sélysette, 1940 ; Bellangère, 1945), DAMNA-TION (une Voix, 1940), TRAVIATA (Bohémienne, 1941 ; Anette, 1951), GWENDOLINE (Compagne, 1941), PA-LESTRINA (jeune Docteur, 1942), AL-CESTE (Suivante, 1944), PÉNÉLOPE (Eurymone, 1944), L'ETRANGER (jeune Fille, 1944 ; Ouvrière, 1951), HERO-DIADE (Babylonienne, 1945), DIANE DE POITIERS (Musicienne, 1947) LES SANTONS (Pêcheresse, 1948), LE CHE-VALIER A LA ROSE (Orpheline noble, 1949), ROMÉO (Gertrude, 1950).

A créé LA SAMARITAINE (Servante) L'ENFANT ET LES SORTILÈGES (la Libellule), LES NOCES CORINTHIEN-NES (Phrygia), BOLIVAR (Femme du peuple) et « une Voix » dans ORIANE et dans le CANTIQUE DES CANTI-QUES.

CRAPET, Alice. — Est affichée en 1926, dans « une Suivante » du JARDIN DU PARADIS et du FREISCHUTZ, en 1928, dans « une Fille-fleur » de PARSIFAL.

CRESPIN, Régine. — Ayant débuté dans « Elsa » de LOHENGRIN le 10 août 1951, est affichée ensuite dans : WALKYRIE (Helmwique, 1951 ; Sieglinde, 1956), L'ETRANGER (Vita) et OTHELLO (Desdémone) en 1951 ; ANTIGONE (Ismène) et FAUST (Marguerite) en 1952 ; puis OBERON (Rézia, 1956), LE CHEVALIER A LA ROSE (la Maréchale, 1957), TANNHAUSER (Elisabeth, 1957), LE CREPUSCULE DES DIEUX (première Norne, 1958) LE BAL MASQUÉ (Amélia, 1958), BORIS (Marina, 1958), LA DAMNATION (Marguerite, 1959), « Tosca » (1960), LES TROYENS (Didon, 1961).

Est la créatrice de « la nouvelle Prieure » dans DIALOGUES DES CARMÉLITES.

RECITALS LYRIQUES en français (V.s.M. FALP 531) - en allemand (V.s.M. FALP 702 — ASOF 229) — DIALOGUES DES CARMELITES : intégral - rôle de la Prieure (V.s.M. FALP 523/5) — TOSCA : extraits (PATHE ASTX 119 - DTX 30188) — Airs de FAUST et des TROYENS (VEGA 318).

CROISIER, Marcelle. — Débute dans « une Dame » de LA FLUTE ENCHANTÉE le 19 décembre 1948. Chante, en 1949, DON JUAN (Anna), LES MALHEURS DE SOPHIE (une Voix), AIDA (grande Prêtresse), RIGOLETTO (Comtesse) LE ROI D'YS (Rosenn) LOHENGRIN (Page), puis, en 1950, LE CREPUSCULE (Voglinde), LA FLUTE ENCHANTÉE (Pamina) et SALADE (Isabelle).

A créé LES NOCES CORINTHIENNES (Daphné), BOLIVAR (Maria-Térésa), DRAMMA PER MUSICA (une Voix), JEANNE AU BUCHER (la Vierge), KERKEB (Doudja).

CROIZA, Claire. — Débute le 26 août 1908 dans « Dalila ». En 1916, est affichée dans LES VIRTUOZI DE MAZARIN.

CROS, Jane. — Débute dans « Dolorès » de PATRIE le 21 janvier 1917.

Chante Aïda » (1918), « Marguerite » de FAUST (1919), « Valentine » des HUGUENOTS (1921), « Marina » de BORIS, « Salomé » de HERODIADE (1922), « Brunehilde » de LA WALKYRIE et « Léonore » du TROUVÈRE (1923), une « Fille-fleur » de PARSIFAL (1924), « Gutrune » du CREPUSCULE (1925), « Elisabeth » de TANNHAUSER (1926) et « la Vérité » dans GUERCŒUR (1931).

A créé « Suzanne » dans LA KHOVANTCHINA.

« Deux airs de Salomé (PATHE X 7135).

CUISSET, Marguerite. — Débute le 12 août 1923 dans « Rossweiss » de LA WALKYRIE, puis est affichée dans CASTOR ET POLLUX (Spartiate, 1935) GWENDOLINE (une Ancêtre, 1940).

CUMIA, Lyne. — Débute le 16 octobre 1955 dans « Marguerite » de FAUST. Chante LES INDES GALANTES (Emilia, 1955), DON JUAN (Elvire, 1957) et DIALOGUES DES CARMÉLITES (Blanche, 1958).

CURICQUE. — Est affichée dans CASTOR ET POLLUX (une Spartiate) en 1930.

DAGMAR-HEMANN. — En représentation, chante « Annina » dans LE CHEVALIER A LA ROSE le 30 mai 1949.

DAGNELLY. — Débute le 10 décembre 1916 dans « Myrtale » de THAIS. Est affichée, de 1917 à 1923, dans RIGOLETTO (la Comtesse, puis le Page), L'ETRANGER (Madeleine), AIDA (grande Prêtresse), ROMA (grande Vestale), WALKYRIE (Rossweiss), THAIS (Albine).

A créé « une Voix » dans LA TRAGÉDIE DE SALOMÉ, « un Esprit céleste » dans LA LÉGENDE DE SAINT CHRISTOPHE, « Hécube » dans LES TROYENS et « une Femme du peuple » dans PADMAVATI.

DANGES. — A l'occasion d'un gala, le 29 décembre 1907, chante «Mercédès» dans CARMEN.

DANTHON, Monique. — Est affichée dans CASTOR ET POLLUX (Suivante, 1940), GWENDOLINE (Compagne, 1942) PÉNÉLOPE (Servante, 1943).

DARAM. — Débute le 4 décembre 1874 dans « Urbain » des HUGUENOTS. Chante LA JUIVE (Eudoxie, 1875), GUILLAUME TELL (Jemmy, 1875 ; Mathilde, 1876), LES HUGUENOTS (Marguerite, 1875) FAUST (Siébel, 1875 ; Marguerite, 1877), DON JUAN (Zerline, 1876), FREISCHUTZ (Anette, 1876), ROBERT LE DIABLE (Isabelle, 1877), L'AFRICAINE (Inès, 1877), HAMLET (Ophélie, 1878), LA MUETTE DE PORTICI (Elvire, 1879), LE COMTE ORY(la Comtesse, 1880).

A créé JEANNE D'ARC (Agnès Sorel), LA REINE BERTHE (Berthe), LA VIERGE (l'archange Gabriel), LE TRIBUT DE ZAMORA (Xaïma).

DARBANS, Suzanne. — Débute sous le nom de « Suzanne Guibaud » le 10 juillet 1939 dans « un Page » de LOHENGRIN.

Chante RIGOLETTO (Johanna, 1939), WALKYRIE (Schwertleite, 1939 ; Grimguerde, 1943), FLUTE ENCHANTÉE (Enfant 1942), PÉNÉLOPE (Alkandre, 1943 ; Euryclée, 1944), ROMÉO (Gertrude, 1944), LE CHEVALIER A LA ROSE (Annina, 1957), FAUST (Dame Marthe, 1958).

Crée « une Voix » dans LE JOUR et « la Femme du Bailli » dans PEER GYNT.

DARBONNENS, Théoda. — Chante « une Orpheline noble » dans LE CHEVALIER A LA ROSE en 1927.

DARCEY, M. — Débute dans «Hilda» de SIGURD le 6 octobre 1897 et chante en 1898, « dona Elvire » dans DON JUAN et « Ortlinte » dans la WALKYRIE.

DARCLEE, Haricléa. — Débute le 14 décembre 1888 dans « Marguerite » de FAUST et chante « Juliette » en 1889.

DARRY. — Fut affichée dans « une Suivante » de GWENDOLINE en 1911, puis « une Fille-fleur » de PARSIFAL en 1914.

DARTOY, Marcelle. — Est affichée dans FAUST (Siébel, 1888), ROMÉO (Stéfano, 1889), LA FAVORITE (Inès, 1890), WALKYRIE (Siegrune, 1893) et LES HUGUENOTS (Urbain), rôle de ses débuts le 20 novembre 1888.

« Air de Siebel » (BERLINER RECORDS 33172).

DASSAS. — Débute en créant « Ismène » dans ŒDIPE.

DAUMAS, Alice. — Débute dans « Ortrude » de LOHENGRIN le 11 mars 1910.

Chante, en 1910, LE CREPUSCULE (deuxième Norne) ; en 1911, WALKYRIE (Sieglinde), ROMÉO (Stéfano), LES MAITRES CHANTEURS (Magdeleine), TANNHAUSER (Magdeleine), AIDA (Aïda, 1912 ; Amnéris, 1917) ; en 1913, ARMIDE (la Haine), TRISTAN (Brangaine) ; en 1916, LE CID (Chimène) ; en 1917, HAMLET (Reine), FAVORITE (Léonore), ROMA (Grande Vestale) ; en 1919, CASTOR ET POLLUX (Télaïre), PATRIE (Dolorès) LA DAMNATION (Marguerite).

A créé « Lamina » dans LES BACCHANTES et « une Fille-fleur » dans PARSIFAL.

DAURIGNIES. — Affichée dans «un Page» de TANNHAUSER (1905) et de LOHENGRIN (1907), a créé « une Vierge » dans ARIANE.

DAVELLI, Marthe. — Débute en créant « Grisélidis ». Crée également «Papagéna» dans LA FLUTE ENCHANTÉE, et est affichée dans PAILLASSE (Nedda) en 1923.

DAVID, Madeleine. — Chante «Aïda» (1931), « Brunehilde » de LA WALKYRIE (1932) et « Rachel » de LA JUIVE (1933), ayant débuté le 21 juin 1931 dans « Ortrude » de LOHENGRIN.

DEBATISSE, Liliane. — Débute le 4 janvier 1961 dans « la Comtesse » de RIGOLETTO. Chante «Micaela» dans CARMEN (1961), « la Modiste » dans LE CHEVALIER.

DEBIERRE, Marie-Louise. — Débute dans « une Servante » de PÉNÉLOPE le 2 juin 1945. De 1947 à 1949, est affichée dans THAIS (Albine), RIGOLETTO (Johanna), FAUST (Dame Marthe) WALKYRIE (Schwertleite, puis Rossweiss) et ROMÉO (Gertrude).

DECRE. — Est affichée dans « une Dame d'honneur » des HUGUENOTS en 1892.

DELANCAY, Marguerite. — Crée « une Sœur » dans DIALOGUES DES CARMÉLITES.

DELGUSTE, Suzanne. — Est affichée dans CASTOR et POLLUX (une Spartiate) en 1940.

DELHANGE, Madeleine. — A débuté sous le nom de « Madeleine Rivière » A été affichée dans HERODIADE (Esclave, 1935 ; Cananéenne, 1945), ARIANE (Vierge, 1937), CASTOR ET POLLUX (Suivante, Spartiate, 1940), GWENDOLINE (une Ancêtre, 1942), PÉNÉLOPE (Servante, 1949).

DELIA-RIGAL. — En représentation débute dans « Desdémone » de OTHELLO le 17 octobre 1949.

DELISLE. — Débute dans « Marguerite » de FAUST le 2 août 1911. Chante THAIS (Charmeuse, 1911), GUILLAUME TELL (Mathilde, 1912), AIDA Grande Prêtresse, 1913) et crée « une Fille-fleur » dans PARSIFAL.

DELLA-CASA, Lisa. — En représentation, débute le 7 septembre 1949 dans «Sophie» du CHEVALIER A LA ROSE.

DELMAS, Marguerite. — Est affichée dans CASTOR ET POLLUX (Suivante, 1918), HERODIADE(Cacanéenne, 1921), LE JARDIN DU PARADIS (Suivante, 1923), PARSIFAL (Fille-fleur, 1924).

DELMAS, Solange. — Débute le 24 janvier 1934 dans « Gilda » de RIGOLETTO.

Chante, en 1934 : HAMLET (Ophélie) DON JUAN (Zerline), « Juliette », TRAVIATA (Violetta), LE BARBIER (Rosine) ; en 1935 : CASTOR ET POLLUX (Suivante d'Hébé, Ombre heureuse) en 1936 : FLUTE ENCHANTÉE (Reine de la nuit), HUGUENOTS (la Reine), LUCIE DE LAMMERMOOR (Lucie) ; en 1938 : FAUST (Marguerite) ; en 1939 ; ORPHÉE (Ombre heureuse) et en 1951 : UN ENLÈVEMENT AU SÉRAIL (Constance).

A créé « le Feu », « la Princesse » et « le Rossignol » dans L'ENFANT ET LES SORTILÈGES.

« Air de Rosine » (GRAM. K 7176) — « air de Zerline » (GRAM. DA 4849) duo de DON JUAN avec PERNET (GRAM. DA 4850) — « air de Gilda » (ODEON 123698) et « air des bijoux » (ODEON ORX 103).

DELNA, Marie — Débute le 9 mai 1898 dans « Fidès » du PROPHÈTE. Chante « Dalila » (1899), « Léonore » de LA FAVORITE (1899) et « Carmen » (1900). Crée LA PRISE DE TROIE (Cassandre), LANCELOT (Ginèvra) et L'OURAGAN (Marianne).

LA FAVORITE : « ô mon Fernand » (Sap. PATHE 0134) — duo avec ALVAREZ (Sap. PATHE 236 et 190) — SAMSON : « air » (Sap. PATHE 0135) — CARMEN : « air des Cartes » (Sap. PATHE 0213).

DELORN, Marie. — Au cours d'un Gala, le 11 novembre 1900, chante « Mercédès » dans CARMEN.

DELPRAT, Bernadette. — Débute le 9 août 1937 dans « Marguerite » de FAUST. Chante LOHENGRIN (Elsa, 1939), DON JUAN (Elvire, 1942) et HERODIADE (Salomé, 1945).

DELSAUX. — Crée « un Ecuyer » dans PARSIFAL.

DELUZA. — Est affichée dans PARSIFAL (Fille-fleur) en 1914.

DELVAUX, Lucienne. — Débute le 2 octobre 1955 dans « Amnéris » de AIDA. Chante, en 1955, LES INDES GALANTES (Bellone), BORIS (l'Hôtesse) et THAIS (Albine) ; en 1956 : « Dalila », puis « Ortrude » de LOHENGRIN.

DEMMER, Waltraute. — En représentation, en mai 1955, chante « Velgunde » de L'OR DU RHIN et du CREPUSCULE, et « Waltraute » de LA WALKYRIE.

DEMOUGEOT, Marcelle. — Débute le 17 octobre 1902 dans « dona Elvire » de DON JUAN.

Est affichée dans TANNHAUSER (Vénus, 1903 ; Elisabeth, 1909) SIGURD (Hilda), GUILLAUME TELL (Mathilde), « Aïda », FAUST (Marguerite) en 1903 ; LE TROUVÈRE (Léonore), LA WALKYRIE (Brunehilde) en 1904 ; LE PROPHÈTE (Berthe), « Daria », ARMIDE (Lucinde) en 1905 ; LES HUGUENOTS (Valentine, 1906) ; LA CATALANE (Anita, 1907) ; « Salammbô » et LA DAMNATION (Marguerite) en 1910 ; LE CRÉPUSCULE (Brunehilde), LE CID (Chimène) en 1911 ; « Déjanire », « Isolde » et « Brunehilde » de SIEGFRIED en 1912 ; LES BARBARES (Floria), FERVAAL (Guilhen) en 1913 ; PARSIFAL (Kundry), L'ÉTRANGER (Vita) en 1914 ; HENRY VIII (Catherine, 1915) ; BRISEIS (Thanasto, 1916) ; PROMÉTHÉE (Bia, 1917), ASCANIO (Duchesse d'Etampes, 1921).

Est la créatrice de LE FILS DE L'ÉTOILE (Beltis), LA GLOIRE DE CORNEILLE (Coryphée), ARIANE (Cypris), L'OR DU RHIN (Fricka), LES GIRONDINS (Laurence), « Miguela » et « Hélène ».

AIDA : « Air » (GRAM P 354) « Duo du Nil » avec NOTE (GRAM. 34045) - « Air du Nil » (ODEON 60877) — LE CID : « Pleurez mes yeux » (ZONOPHONE 83148) — FAUST : « Scènes de Marguerite » (GRAM. 33397/432 - 34035, 037 et 039) — GUILLAUME TELL : « Sombre forêt » (ZONOPHONE 83118) — (FAVORITE 1-6029) — (ODEON 60876) — HUGUENOTS : duo avec AFFRE (GRAM. 34.036) — SALAMMBO : « là-haut dans le ciel » (GRAM. 33493) — TROUVERE : « Miserere » (GRAM. 34639) — « deux airs » ZONOPHONE 83128 et 129).

DENIS. — Débute dans « Aliza » de LUCIE DE LAMMERMOOR le 9 décembre 1889. Est affichée dans ROBERT LE DIABLE (Dame d'honneur, 1892), LA WALKYRIE (Siegrune, 1893), LES HUGUENOTS (Dame d'honneur, 1897).

A créé ZAIRE (Esclave), GWENDOLINE (Compagne) et HELLÉ (jeune Fille).

DENYA, Marcelle. — Débute dans « Nedda » de PAILLASSE le 6 mai 1923.

Chante, en 1923 : LE TROUVÈRE (Inès), WALKYRIE (Helmwigue), ROMÉO (Stéfano), THAIS (Crobyle), FLUTE ENCHANTÉE (Dame, 1923 ; Papagéna, puis Pamina, 1924) puis FALSTAFF (Meg Page, 1924), PARSIFAL (Ecuyer, 1924), SIGURD (Hilda, 1925), FAUST (Marguerite, 1927), LE FIFRE ENCHANTÉ (Rigobert, 1927).

A créé PADMAVATI (jeune Fille) LE JARDIN DU PARADIS (Poète), NER-TO (la Colère, une Voix), L'ARLE-QUIN (Christine), ESTHER (Sita, Lyda), LA NAISSANCE DE LA LYRE (le petit Hermès), TURANDOT (Liu) et MAROUF (la Princesse).

« Air du Roi de Thulé » (COL. D 15007).

DENYS, Georgette. — Débute en créant « la Femme rousse » dans PEER GYNT.

DEREIMS, Andréa. — Débute dans « la Reine » des HUGUENOTS le 20 mai 1901. Est affichée dans « Margue-rite » de FAUST (1901), « Inès » de L'AFRICAINE (1902) et « Gilda » de RIGOLETTO (1903)

DERJINSKAIA, Xénia. — Crée, en oratorio, « la Vierge Ferronia » dans KITEGE.

DESCAMPS Lucienne — Débute dans « une Orpheline noble » du CHEVA-LIER A LA ROSE le 23 septembre 1927. Crée « le Mousse » dans LA PRIN-CESSE LOINTAINE, et est affichée dans L'ETRANGER (jeune Fille, 1944).

DESCHAMPS-JEHIN, Blanche. — Dé-bute le 14 novembre 1891, au Gala du Centenaire de Meyerbeer, y paraissant dans « Fidès » du PROPHÈTE, puis, au quatrième acte des HUGUENOTS, dans « Catherine de Médicis », rôle exceptionnellement rétabli pour cette représentation.

Est ensuite affichée dans LA FAVO-RITE (Léonore, 1891), AIDA (Amnéris) GUILLAUME TELL (Edwige), HAM-LET (la Reine) 1892 ; LOHENGRIN (Ortrude), SIGURD (Uta), FAUST (Dame Marthe) 1893.

Est la créatrice de « Fricka » dans LA WALKYRIE, « Véronique » de MES-SIDOR et de « Dalila ».

« Deux airs de Dalila » (ODEON 97028 et 97108) — « air de Fidès » (ODEON 97041).

DESCOMBES, Annie. — Débute le 24 février 1941 dans « une Orpheline noble » du CHEVALIER A LA ROSE.

DESMOUTIERS, Gisèle. — Débute dans « une jeune Fille » de JOSEPH le 20 octobre 1946. En 1946, chante : PADMAVATI (jeune Fille) ; en 1947, RIGOLETTO (Comtesse) DAMNATION (Marguerite), HERODIADE (Babylo-nienne), AIDA (Prêtresse) ; en 1948, WALKYRIE (Helmwige, puis Wal-traute, puis Ortlinte) ; en 1949, LO-HENGRIN (Page) ; en 1950, LE CRE-PUSCULE (troisième Norne); en 1951,

FLUTE ENCHANTÉE (Dame), PÉNÉ-LOPE (Philo), TRAVIATA (Clara, puis en 1955 Anette), L'ETRANGER (jeune Fille) ; en 1952, ARIANE ET BARBE-BLEUE (Ygraine), ANTIGONE (Cory-phée) ; en 1954, L'AIGLON (Marie-Louise), TRAGÉDIE DE SALOMÉ (une Voix) ; en 1955, OBERON (Naïade), LES INDES GALANTES (Zaïre, puis Zima), PRINCE IGOR (une Voix), NUMANCE (la Guerre) ; en 1956, TANNHAUSER (Vénus) et en 1958, SALOMÉ (Hérodias).

A créé LUCIFER (une Voix), BOLI-VAR (Bianca), KERKEB (Henna), DIALOGUES DES CARMÉLITES (Sœur Mathilde).

DEVRIES, Fidès. — A débuté salle Le Peletier le 3 novembre 1871 dans « Marguerite » de FAUST. Y chanta « Isabelle » de ROBERT LE DIABLE (1871) «Inès» de L'AFRICAINE, «Ophé-lie» d'HAMLET (1872) et « Agathe » du FREISCHUTZ (1873) rôles qu'elle inter-préta également au Palais Garnier, y ajoutant « Chimène » du CID qu'elle créa.

DIETRICH, Kate. — Débute le 13 mars 1941 dans « Ortlinte » de LA WALKYRIE.

DISNEY, Agnès. — Débute le 9 jan-vier 1948 dans « Schwertleite » de LA WALKYRIE. Chante LA FLUTE EN-CHANTÉE (une Dame, 1948) PÉNÉLO-PE (Euryclée), BORIS (Hôtesse), « Da-lila », LE MARCHAND DE VENISE (Nérissa) en 1949 ; LE CREPUSCULE (Flosshilde), AIDA (Amnéris) RIGO-LETTO (Madeleine) en 1950, puis en 1956, « Waltraute » de LA WALKYRIE.

DJANEL, Lily. — Est affichée dans « Thaïs » (1935), « Salomé » (1936), BO-RIS (Marina, 1937), WALKYRIE (Sie-glinde, 1938), HEURE ESPAGNOLE (Concepcion, 1940), ayant débuté le 25 mai 1935 dans « Salomé » de HERO-DIADE.

DOBROWOLSKA, Aurélia. — Avec la Compagnie de Serge Diaghilew, crée LE COQ D'OR (Reine Chémakha) et ROSSIGNOL (le Rossignol).

DODUN. — A créé « une Compagne » dans GWENDOLINE, un « Ephèbe » dans ARIANE et a été affichée en 1907 dans « un Page » de LOHENGRIN ».

DOMENECH, Consuelo. — Débute le 30 juillet 1890 dans « Léonore » de LA FAVORITE. Chante AIDA (Amnéris), HAMLET (la Reine), SIGURD (Uta), ASCANIO (Scozzone) en 1890 ; HENRY VIII (Anne de Boleyn), LE MAGE (Varedha) en 1891 ; LOHENGRIN (Ortrude, 1882) et LA WALKYRIE (Fricka, 1893).

Est la créatrice de « Thanara ».

DONEDDU, Ida. — Débute le 8 août 1947 dans « la Reine de la nuit » de LA FLUTE ENCHANTÉE. La même année, chante « Gilda » de RIGOLETTO.

DONIAU-BLANC. — Débute le 23 janvier 1933 dans « une Enchanteresse » de PARSIFAL.

Est affichée dans, en 1933 : GUERCŒUR (Bonté, une Illusion), L'OR DU RHIN (Welgunde, puis deuxième Norne), LE CREPUSCULE, (Welgunde, puis deuxième Norne), LOHENGRIN (Page), AIDA (Prêtresse), VERCINGETORIX (Druidesse); en 1934 : L'ETRANGER (Madeleine) ; en 1935 : LA WALKYRIE (Waltraute, puis Ortlinte, puis en 1938, Grimguerde), MARCHE HEROIQUE (la Paix), CASTOR ET POLLUX (Phoebé) ; en 1937 : ARIANE (une Sirène) ; en 1939 : LA CHARTREUSE DE PARME (Gina) LA FLUTE ENCHANTÉE (Pamina), LES TROYENS (Andromaque) ; en 1942 : LA TRAVIATA (Clara).

A créé ARIANE ET BARBE-BLEUE (Mélisande), ORIANE (une Voix).

DOREE, Doris. — Avec la troupe du Covent Garden de Londres, crée « Ellen Orford » dans PETER GRIMES. En représentation, chante LA WALKYRIE (Sieglinde, 1949), LE CREPUSCULE (Gutrune, 1950).

DORIA, Renée. — Débute dans « la Reine de la nuit » de LA FLUTE ENCHANTÉE, le 4 janvier 1947. Chante RIGOLETTO (Gilda, 1955), LES INDES GALANTES (Fatima, puis Hébé, 1955), LA TRAVIATA (Violetta, 1956), LE CHEVALIER A LA ROSE (Sophie, 1957).

    RIGOLETTO : version abrégée (PLEIADE P 3076 et P 45168/7) — LA TRAVIATA : version abrégée (CAECILIA 30 Z 0011) — (ORPHEE ʟDOA 50004).

DORIS, petite. — Joue « l'Enfant » de MADAME BUTTERFLY le 26 juin 1928.

DORLIAC, Xénia. — Débute le 24 avril 1911 dans « Elisabeth » de TANNHAUSER. La même année, chante « Elsa » de LOHENGRIN.

DOSIA, Ellen. — Débute le 29 avril 1939 dans «Gina» de LA CHARTREUSE DE PARME. Chante «Juliette», «Thaïs» en 1940 ; « Rosenn » du ROI D'YS, « Esclarmonde » et « la Princesse » de MAROUF en 1942 ; « Marguerite » de FAUST en 1944 ; « Salomé » de HÉRODIADE et « Desdémone » de OTHELLO en 1945.

    THAIS : « air du Miroir », « l'amour est une vertu rare » (GRAM. DB 11225).

DOULS, Adrienne. — Débute dans LE MAS (une jeune Fille) le 24 avril 1929. Est affichée dans PARSIFAL (Fille-fleur, 1933), TANNHAUSER (Page, 1933), CASTOR ET POLLUX (Spartiate, 1935), HUGUENOTS (Dame d'honneur, 1936), ARIANE (une Vierge, 1937), LA DAMNATION (une Voix, 1939), HÉRODIADE (Esclave, 1945).

A créé PERSÉE ET ANDROMÈDE (une Néréide), LE MARCHAND DE VENISE (un Masque) et PÉNÉLOPE (une Servante).

DOYEN, Henriette. — Débute le 16 juillet 1906 dans « un Page » de TANNHAUSER.

Est affichée dans LOHENGRIN (Page, 1909), GWENDOLINE (Suivante, 1909), HUGUENOTS (Bourgeoise, 1911), FAUST (Dame Marthe, 1915), ROMÉO (Gertrude, 1916), L'ETRANGER (une Vieille, 1916), RIGOLETTO(Johanna, un Page, 1916), CASTOR ET POLLUX (Spartiate, 1918), THAIS (Albine, 1918), WALKYRIE (Schwertleite, 1925).

A créé ARIANE (un Ephèbe), LE SORTILÈGE (deuxième Fée), PARSIFAL (Fille-fleur), HÉRODIADE (Esclave), LA NAISSANCE DE LA LYRE (Nymphe).

DREESEN, Pauly. — En représentation, débute le 8 février 1929 dans « Salomé » de Richard Strauss.

DROUOT, Madeleine. — Débute le 18 mai 1949 dans « une Dame » de LA FLUTE ENCHANTÉE et chante, en 1951, « Crobyle » de THAIS.

DRUETTI, Emma. — Avec la troupe de l'Opéra de Monte-Carlo, crée « Hélène de Troie » dans MEFISTOFELE en 1912.

DUBEL, Yvonne. — Débute le 10 août 1904 dans « Elsa » de LOHENGRIN.

Chante, en 1905, ARMIDE (Phénice), SIGURD (Hilda), LE CID (Infante) ; en 1906, « Marguerite » de FAUST et « Juliette »; en 1907, « la Reine » des HUGUENOTS et « Thaïs »; en 1913, « Elisabeth » de TANNHAUSER.

DUBOIS, Anne-Marie. — Débute le 19 mai 1922 dans « un Page » de LOHENGRIN.

Est affichée dans LA WALKYRIE (Waltraute, 1930), TANNHAUSER (Pâtre, 1930), IPHIGÉNIE (Prêtresse, 1931) PARSIFAL (Page, 1935).

DUBOIS-LAUGER. — Débute le 21 janvier 1910 dans « Vénus » de TANNHAUSER.

Est affichée dans, en 1910 : WAL-KYRIE (Siegrune, puis Fricka), SI-GURD (Hilda), ARMIDE (Phénice, puis l'Echo), LE CREPUSCULE (troisième Norne) ; en 1911 : TRISTAN (Brangaine), THAIS (Myrtale, puis Crobyle, puis, en 1921, Albine) ; en 1913 : SALOMÉ (Hérodias), ROMA (Grande Vestale) ; en 1921 : FAUST (Dame Marthe), LES TROYENS (Anna), ANTAR (la Mère) ; BORIS (Hôtesse, 1922 ; Nourrice, 1929) ; en 1923 : ROMÉO (Gertrude), LA FLUTE EN-CHANTÉE (une Dame) ; en 1924 : RIGO-LETTO (Johanna), NERTO (la Gourmandise) ; en 1926 : GWENDOLINE (Compagne), BROCELIANDE (Fée Ondine) ; en 1927 : LE COQ D'OR (Intendante), LE MIRACLE (une Religieuse).

A créé LE COBZAR (le Berger) LE SORTILÈGE (deuxième Laveuse), LA MÉGÈRE APPRIVOISÉE (Curtis), CY-DALISE (la voix de la Forêt).

DUCREUX. — Est affichée dans « un Page » de TANNHAUSER (1903) et de LOHENGRIN (1907).

DUFRANNE, Eva. — Débute dans « Rachel » de LA JUIVE le 16 août 1880.

En 1881, chante LES HUGUENOTS (Valentine), LE PROPHÈTE (Berthe), LE TRIBUT DE ZAMORA (Xaïma, puis, en 1885, Hermosa), ROBERT LE DIABLE (Alice), DON JUAN (Elvire, puis, en 1887, Anna); en 1883, FREI-SCHUTZ (Agathe), L'AFRICAINE (Sélika) ; en 1884 : « Sapho » ; en 1887 : PATRIE (Dolorès), AIDA (Aïda, puis, en 1895, Amnéris) ; HENRY VIII (Catherine, 1888), LOHENGRIN (Elsa, puis Ortrude, 1892), WALKYRIE (Brunehilde, 1893 ; Fricka, 1894), SIGURD (Hilda, 1894 ; Uta, 1897), LA MONTA-GNE NOIRE (Dara, 1895), LA FAVO-RITE (Léonore, 1896), HAMLET (la Reine, 1896), LA CLOCHE DU RHIN (Liba, 1898).

Est la créatrice de « Francisquine » dans TABARIN.

DUMAN, Suzanne. — Débute le 10 octobre 1942 dans « Dalila », chante « Eurydice » dans ANTIGONE (1943).

DUMAS, Caroline. — Débute le 31 janvier 1960 dans « Frasquita » de CAR-MEN, puis est affichée dans FAUST (Siébel, 1960).

DUMAS, Marie-Thérèse. — Est affichée dans GWENDOLINE (Suivante, 1911), HERODIADE (Esclave, 1921), LA FILLE DE ROLAND (Suivante, 1923), LE JARDIN DU PARADIS (Suivante, 1923), LOHENGRIN (Page, 1923), PAR-SIFAL (Fille-fleur, 1924).

DUMENIL. — Débute le 15 octobre 1883 dans « une Dame d'honneur » des HUGUENOTS. Est affichée dans LE COMTE ORY (Dame, 1883), SAPHO (Oenone), LE PROPHÈTE (Néophyte), FAUST (Dame Marthe), GUILLAUME TELL (Edwige) en 1884 ; RIGOLETTO (Johanna, la Comtesse), L'AFRICAINE (Anna) en 1887 ; ROMÉO (Gertrude, 1888), HENRY VIII (Lady Clarence, 1889).

A créé « Gudule » dans PATRIE et « une Captive » dans ZAIRE.

DUMESNIL, Yvonne. — Est affichée dans « un Page » de LOHENGRIN et « une Suivante » du JARDIN DU PA-RADIS en 1922.

DUMONT. — Crée « une Voix » dans JEANNE D'ARC.

DUPART, Yvette. — Est affichée dans HÉRODIADE (Esclave, 1945), PÉNÉLOPE (Servante, 1947), LES NO-CES CORINTHIENNES (Fileuse, 1949).

DUPIRE. — Voir plus loin : « Lafont-Dupiré ».

DUPUY. — Est affichée dans LA WALKYRIE (Schwertleite, 1893) TANN-HAUER (Page, 1896), L'ETRANGER (jeune Fille, 1904), LES HUGUENOTS (Dame d'honneur, 1905 ; Léonard, 1909), LOHENGRIN (Page, 1907). A créé « une Compagne » dans GWENDOLINE.

DURAND, Madeleine. — Est affichée dans LE JARDIN DU PARADIS (Suivante, 1926), FREISCHUTZ (Suivante, 1926), LOHENGRIN (Page, 1928).

DURAND-SERVIERE. — En 1911, est affichée dans « la Grande Prêtresse » de AIDA.

DURAND-ULBACH, Emilie. — Débute le 11 juillet 1890 dans « Madeleine » de RIGOLETTO, puis chante « Amnéris » de AIDA la même année.

DURIF, Jeanne. — Débute dans « Grimguerde » de LA WALKYRIE le 6 octobre 1906. Chante THAIS (Myrtale, 1907 ; Albine, 1908), ARIANE (Cypris, 1907), WALKYRIE (Fricka, 1907), LO-HENGRIN (Ortrude, 1909), FAUST (Dame Marthe, 1910), RIGOLETTO (Comtesse, 1916).

A créé LE SORTILÈGE (deuxième Ondine), LES JOYAUX DE LA MA-DONE (une Camoriste) et PARSIFAL (une Fille-fleur).

DUVAL, Antoinette. — Voir plus haut : « Couvidoux, Antoinette ».

DUVAL, Denise. — Débute dans « Salomé » de HERODIADE le 20 septembre 1947.

Chante « Thaïs » (1947), MAROUF (la Princesse), LE ROI D'YS (Rosenn), LE MARCHAND DE VENISE (Portia) en 1949 ; LES INDES GALANTES (Zaïre, 1952), LA FLUTE ENCHANTÉE (Papagéna, 1954), L'HEURE ESPAGNO LE (Concepcion, 1958).

A créé OBERON (Fatima), DIALOGUES DES CARMÉLITES (Blanche).

DIALOGUE DES CARMELITES, rôle de Blanche (V.s.M. FALP 523/5).

DUVAL. — Débute dans « la Grande Prêtresse » de AIDA le 19 novembre 1883.

DUVERNOY. — Voir plus loin : « Franck-Duvernoy ».

DUVIVIER. — Débute le 20 juin 1883 dans « Valentine » des HUGUENOTS. La même année, est affichée dans « Sélika » de L'AFRICAINE.

EAMES, Emma. — Débute dans « Juliette » le 13 mars 1883, assure les créations de « Colombe » dans ASCANIO, et de « Zaïre », et chante « Marguerite » de FAUST (1889).

« Air des bijoux » (VICTOR 85053 et 88006) — « Air du Roi de Thulé » (VICTOR 88045) — « Trio Final » (VICTOR 95300) — « valse de ROMÉO » (Victor 85060 et 88011).

EDA-PIERRE, Christiane. — Débute le 3 février 1962 dans « Fatima » des INDES GALANTES.

EDVINA, Louise. — Au cours d'un Gala, le 10 décembre 1911, chante « Manon » puis, en 1916, est affichée dans « Marguerite » de FAUST et « Thaïs ».

EIGHENA, Véra. — Débute le 26 octobre 1910 dans « Gilda » de RIGOLETTO.

ELTY, d' — A chanté FAUST (Siébel, 1905), ARIANE (Chromis, 1906), HUGUENOTS (Léonard, 1909), SALAMMBO (Taanach, 1910), TANNHAUSER (Pâtre, 1911) et AIDA (Grande Prêtresse, 1912) ayant débuté dans « Stéfano » de ROMÉO le 1er avril 1905.

ENGALLY. — Débute le 20 octobre 1882 dans « Amnéris » de AIDA.

ERMOLENKO. — Avec la troupe de l'Opéra Impérial de Moscou, créé « Marina » de BORIS le 19 mai 1908.

ERVILLY, d' — Débute dans « Isabelle » de ROBERT LE DIABLE le 31 décembre 1884. Chante, en 1885, LES HUGUENOTS (Reine Marguerite), L'AFRICAINE (Inès), RIGOLETTO (Gilda), SIGURD (Brunehilde), LE CID (l'Infante) ; en 1886, GUILLAUME TELL (Mathilde), LA JUIVE (Eudoxie) en 1887, DON JUAN (Elvire) et en 1890, ASCANIO (Duchesse d'Etampes).

ESPOSITO, Andrée. — Débute dans « Violetta » de LA TRAVIATA le 5 juillet 1959. Chante ensuite «Gilda» de RIGOLETTO et, en 1961, « Oscar » du BAL MASQUÉ, en 1962, « Xénia » de BORIS. Créé « Dircé » dans MEDÉE.

ESTEVE, Lucienne. — Au cours d'un Gala, le 26 juin 1928, chante « Sousouki » dans MADAME BUTTERFLY.

EYREAMS. — Débute le 23 février 1918 dans « Siébel » de FAUST. La même année chante GUILLAUME TELL (Edwige), THAIS (Crobyle) et ROMÉO (Stéfano).

FAIN, Arlette. — Crée « une Fileuse » dans LES NOCES CORINTHIENNES.

FALISE. — Débute dans « Siébel » de FAUST le 20 juillet 1891, puis chante «Jemmy» de GUILLAUME TELL et « Urbain » des HUGUENOTS.

FARELLI, Tina. — Crée « une Fillefleur » dans PARSIFAL et chante « un Page » de LOHENGRIN (1923).

FARRAR, Géraldine. — Débute dans « Marguerite » de FAUST le 18 mai 1905. Chante « Juliette » puis « Elisabeth » de TANNHAUSER en 1907, « Mimi » de LA BOHÈME en 1910.

BOHÈME : « quatuor » — avec Caruso, Scotti, Viafora — (GRAM. 96002 — DO 101) — (VICTOR 16 — 5001) Duo — avec Scotti — (GRAM. 89016 - DK 111) — FAUST: «Scènes de Marguerite » (GRAM. DM 102, 108, 109 - DB 243 - DK 106, 109 - 44137) - (VICTOR 16-5003) Duo avec Caruso Caruso (V.s.M. FJLP 5010) — ROMÉO, valse (GRAM. 53343, 53364 et 33618) — TANNHAUSER : « ... » Elisabeth » (VICTOR 88053) duo avec Jorn (GRAM. 44145).

FAURE, Véra. — En représentation, débute dans « Xénia » de BORIS le 23 mars 1926.

FAVART, Edmée. — A l'occasion de Galas interprète « Clairette » de LA FILLE DE MADAME ANGOT (1912) et « Yvette » de L'ARLÉSIENNE (1914).

« Airs de la FILLE DE Mme ANGOT». (PATHÉ X 2183 et X 91032), — « Je vous dois tout » (Saph. PATHÉ 2013).

FAYE, Marcelle. — Débute le 2 août 1933 dans « Elsa » de LOHENGRIN.

FAYOLLE, Jenny. — Débute en créant « Rossweiss » de LA WALKYRIE, puis est affichée dans RIGOLETTO (Page, 1893) et FAUST (Dame Marthe, 1894).

FEART, Rose. — Débute le 17 octobre 1902 dans « dona Anna » de DON JUAN.

Chante : HUGUENOTS (Valentine), TANNHAUSER (Elisabeth), PROPHÈTE (Berthe) en 1903 ; TROUVÈRE (Léonore, 1904), ARMIDE (la Haine, 1905), LOHENGRIN (Ortrude, 1906 ; Elsa, 1910), ARIANE (Phèdre), WALKYRIE (Brunehilde) en 1906 ; « Aïda » en 1908.

A créé TRISTAN (Brangaine), LA GLOIRE DE CORNEILLE (Chimène), PROMÉTHÉE (Bia) et le CRÉPUSCULE DES DIEUX (Gutrune).

FEDERZINI, Giana. — Avec la troupe du Théâtre communal de Florence, chante « Adalgisa » dans NORMA le 11 juin 1935.

FELBERMAYER, Anny. — En mai 1953, avec la troupe de l'Opéra de Vienne, chante ELEKTRA (cinquième Servante), LA FLUTE ENCHANTÉE (Enfant), L'AMOUR DE DANAÉ (Xantha).

FER, Victoria. — Débute dans « Thaïs » le 23 novembre 1916. Durant la saison 1916-17, est affichée dans « Mathilde » de GUILLAUME TELL, « Marguerite de FAUST et « Juliette ».

FERRER, Marisa. — Débute en créant « Chrysis » dans LES DIEUX SONT MORTS. Crée également BROCELIANDE (Fée Ormonde), LES MATINES D'AMOUR (Magdelaine), SALAMINE (la Reine), LA TENTATION DE SAINT ANTOINE (la Reine de Saba), GUERCŒUR (Giselle), LA DUCHESSE DE PADOUE (Béatrix), MAXIMILIEN (Princesse Salm-Salm), UN JARDIN SUR L'ORONTE (Isabelle), ROLANDE (Rolande), ŒDIPE (Jocaste). MÉDÉE (Médée) et LE ROI D'YS (Margared).

D'autre part, est affichée dans « Nerto » (1924), WALKYRIE (Sieglinde, 1925), TANNHAUSER (Vénus, 1926), BORIS (Marina, 1926), CHEVALIER (Octave, 1927), TROYENS (Didon, 1929 ; Cassandre, 1932), « Monna Vanna » (1929), LA TOUR DE FEU (Naïc, 1929), MAITRES CHANTEURS (Eva, 1932), DAMNATION (Marguerite, 1933), FAUST (Siébel, 1936), ARIANE (Phèdre, 1937), « Salammbô » (1938), MARCHAND DE VENISE (Portia, 1939), DON JUAN (Anna, 1942), L'ETRANGER (Vita, 1944), « Pénélope » (1947), LOHENGRIN (Elsa, 1947) et LES INDES GALANTES (Phani, 1952).

« La polonaise »de BORIS (COL. D 15048).

FERRUCCI. — A débuté salle Le Peletier le 6 octobre 1873 dans « Valentine » des HUGUENOTS. Au Palais Garnier, en 1875, a chanté ce rôle et « dona Anna » de DON JUAN.

FIEDLER. — Avec la troupe de l'Opéra de Vienne, interprète « une Veuve noble » dans LE CHEVALIER A LA ROSE en mai 1928.

FIERENS, Caroline. — Débute dans « Rachel » de LA JUIVE le 6 juin 1890. Chante LES HUGUENOTS (Valentine), « Aïda » et L'AFRICAINE (Sélika) en 1890 ; « Alice » de ROBERT LEDIABLE en 1892. Crée LE MAGE (Véredha), LOHENGRIN (Ortrude) et LA VIE DU POETE.

FIGUET. — Débute le 19 novembre 1883 dans « Amnéris » de AIDA. En 1884 chante LA FAVORITE (Léonore), HAMLET (la Reine), SAPHO (Glycène), PROPHÈTE (Fidès), FRANÇOISE DE RIMINI (Ascanio) ; en 1885 RIGOLETTO (Madeleine), FAUST (Siébel) et SIGURD (Uta).

FILLION. — En 1924, est affichée dans PARSIFAL (Fille-fleur), HÉRODIADE (Cananéenne), LE JARDIN DU PARADIS (Suivante).

FIORY, Gisèle. — Crée « une Fileuse » dans LES NOCES CORINTHIENNES et chante LES MAITRES CHANTEURS (Apprenti, 1948), LE MARCHAND DE VENISE (un Masque, 1949) LE CHEVALIER A LA ROSE (Fille de chambre, 1949).

FLAGSTAD, Kirsten. — En représentation, débute le 19 octobre 1938 dans « Isolde ». Chante « Brunehilde » de LA WALKYRIE (1949) et du CRÉPUSCULE (1950).

LE CREPUSCULE « qu'un bûcher s'élève » (VICTOR 15841/2) -)GRAM. DB 6008/11, DB 6792/3) — (V.s.M. (Micros) FALP 194) version intégrale (DECCA LXT 5180/4, LXT 5205/10) extraits (DECCA SXL 2074/5.) — TRISTAN ET ISOLDE : duo avec MELCHIOR (VICTOR 671) ; (GRAM. DB 6016/17), Récit d'Isolde acte 1. (GRAM. DB 6016/17) - Récit d'Isolde acte 1 (GRAM. DB 6748/49) - Mort d'Isolde (GRAM. DB 6007, DB 2746) - (VICTOR 15840). Version intégrale (V.s.M. FALP 221/26) — WALKYRIE : grande scène du 2 avec Svanholm (GRAM. DB 6962/63) - (VICTOR 1726) - acte 3 et acte 2, scène 3 (DECCA LXT 5389/90 et Stéréo 2031/32).

FLAHAUT, Marianne. — Débute le 25 juillet 1898 dans « Amnéris » de AIDA. Chante RIGOLETTO (Madeleine, 1898) ; en 1899 WALKYRIE (Fricka), PROPHÈTE (Fidès), GUILLAUME TELL (Edwige), BOURGEOIS GENTILHOMME (Intermède) et « Dalila » ; puis SIEGFRIED (Erda, 1902), TROUVÈRE (Azucéna, 1904), SIGURD (Uta, 1906), ARIANE (Perséphone, 1907) HAMLET (la Reine, 1909).

Crée « Andromaque » dans LA PRISE DE TROIE.

Air de Dalila (ZONOPHONE 2028).

FORCADE. — Débute le 19 juillet 1923 dans « Sieglinde » de LA WALKYRIE.

FOREAU, Lucy. — Débute le 22 avril 1908 dans « Vénus » de TANNHAUSER. Chante ensuite sous le nom de « Lucy Isnardon » (voir plus loin).

FOUQUET, Jeanne. — A débuté salle Ventadour le 17 avril 1874 dans « Mathilde » de GUILLAUME TELL. Fut affichée dans FAUST (Marguerite, 1874) puis, en 1876, dans LES HUGUENOTS (Urbain), DON JUAN (Elvire), LA JUIVE (Eudoxie). A créé « Kaled » dans LE ROI DE LAHORE.

FOURRIER, Jeannine. — Débute le 15 novembre 1954 dans « la Bohémienne » de TRAVIATA.

Est affichée dans LA TRAGÉDIE DE SALOMÉ (une Voix, 1954), FLUTE ENCHANTÉE (Enfant), LOHENGRIN (Page), RIGOLETTO (Johanna), BOLIVAR (Femme du peuple), JEANNE AU BUCHER (Ste Catherine) en 1955 ; FAUST (Dame Marthe, 1956), LA

DAMNATION (une Voix), LE MARTYRE DE SAINT SEBASTIEN (un Gémeau), LE CHEVALIER A LA ROSE (une Orpheline noble) en 1957.

Crée « Mère Jeanne » dans DIALOGUES DES CARMÉLITES.

FRAISSE, Jacqueline. — En 1949 est affichée dans « un Masque » du MARCHAND DE VENISE et « une Fileuse » DES NOCES CORINTHIENNES.

FRANCE, Jacqueline. — Débute dans « Frasquita » de CARMEN le 13 décembre 1959.

FRANCK, Marcelle. — Débute le 4 février 1933 dans « une jeune Babylonienne » de HERODIADE. La même année, chante RIGOLETTO (la Comtesse, un Page) et crée « une Femme » dans VERCINGETORIX.

FRANCK-DUVERNOY. — Débute le 10 avril 1878 dans « la Reine » des HUGUENOTS. Est affichée, en 1878, dans L'AFRICAINE (Inès), GUILLAUME TELL (Mathilde) ; en 1879, dans LA JUIVE (Eudoxie) et ROBERT LE DIABLE (Isabelle) ; en 1880 dans DON JUAN (Elvire) et LE FREISCHUTZ (Agathe).

FREMSTAD, Olive. — En représentation, chante « Isolde » en 1910.

TRISTAN Liebestod (COL. 30707).

FRICHE, Claire. — En représentation débute le 4 mai 1916 dans « Minnie » de LA FILLE DU FAR-WEST.

FROZIER-MARROT. — Débute le 16 novembre 1924 dans « Albine » de THAIS.

Chante FAUST (Dame Marthe, 1924); « Dalila », LOHENGRIN (Ortrude), RIGOLETTO (Madeleine) en 1925 ; WALKYRIE (Rossweiss, 1925 ; Fricka, 1926), AIDA (Amnéris), « Hérodiade », BROCELIANDE (Fée Carabosse) BORIS (Nourrice) en 1926 ; « Padmavati » et LE CHEVALIER (Annina) en 1927.

A créé ESTHER (Hylas) et L'ILE DESENCHANTÉE (Swanilde).

FULDAUER, Léa. — Avec la troupe de l'Opéra de La Haye, chante « Marceline » de FIDELIO en 1926.

FURSCH-MADIER. — Débute salle Ventadour, le 4 décembre 1874, dans « Marguerite » de FAUST. — Chante LES HUGUENOTS (Valentine, 1875), DON JUAN (Elvire, 1876), PROPHÈTE (Berthe, 1876).

GABRIEL, Andrée. — Débute dans « un Enfant » de LA FLUTE ENCHANTÉE le 12 février 1955. Chante, en 1955, FAUST (Siébel), RIGOLETTO (Page). ROMÉO (Stéfano), THAIS (Myrtale) ; en 1956, OBERON (Fatime) TANNHAUSER (Page), KERKEB (Henna) ; en 1959, CARMEN (Mercédès). Crée « Tanit-Zerga » dans L'ATLANTIDE.

GALDEMAS, Jeanne. — Débute le 27 juin 1931 dans « une Prêtresse » de IPHIGÉNIE EN TAURIDE.

GALL, Yvonne. — Débute dans « Mathilde » de GUILLAUME TELL le 29 janvier 1908.

Est affichée dans FAUST (Marguerite, 1908), HIPPOLYTE ET ARICIE (Aricie, 1908), RIGOLETTO (Gilda, 1908), ARMIDE (Naïade, 1909), « Juliette » (1909), LOHENGRIN (Elsa, 1910), MAITRES CHANTEURS (Eva, 1911), ROMA (Fausta, 1912), « Thaïs » (1914), ASCANIO (Duchesse d'Etampes, 1915), OTHELLO (Desdémone, 1916), «Briséis» (1916), MESSIDOR (Hélène, 1917), PROMÉTHÉE (Aenoé, 1917), HERODIADE (Salomé, 1924), DAMNATION (Marguerite, 1924), HUGUENOTS (Valentine, 1930), MAROUF (Princesse, 1931), CASTOR ET POLLUX (Phébé, 1935), SOIRÉE ROMANTIQUE (une Voix, 1935).

Est la créatrice de « Voglinde » dans LE CREPUSCULE et L'OR DU RHIN, DEJANIRE (Iole), ICARE (une Nymphe), SCEMO (Francisca), PARSIFAL (Fille-fleur), ONEGUINE (Tatiana), LES AMANTS DE RIMINI (Francesca), «Graziella», CHANT DE GUERRE, LE JARDIN DU PARADIS (la Fée), « Miarka », « Esther » et GUERCŒUR (la Vérité).

LA DAMNATION « d'amour l'ardente flamme » (COL. LFX 5) - Roi de Thulé (COL. LFX 58) — FAUST Roi de Thulé (COL. D. 15127) « bijoux » (COL. D 15127) — OTHELLO Saule et Ave Maria (COL. LFX 204) — THAIS duo de l'Oasis, avec Endreze (PATHÉ X 90072) — LOHENGRIN Rève (COL LFX 58). A enregistré également de nombreux disques saphir PATHÉ parmi lesquels : « air de Salomé » (0209) - « Bijoux et Roi de Thulé (0212) - Scène de l'Eglise avec NOTÉ (2540) - air de Gilda (0211) — .....S « L'amour est une vertu rare » et scène du Miroir (0208) - duo de l'Oasis avec NOTÉ (2539) — ROMÉO, complet en 27 disques (1501/27).

GALLOIS, Germaine. — Au cours d'un Gala, le 28 avril 1912, interprète « Mlle Lange » dans LA FILLE DE MADAME ANGOT.

GALZY, Charlotte. — En représentation, débute dans « Gilda » de RIGOLETTO le 12 mai 1919.

GANI, Yana. — En représentation, chante LA DICTÉE D'INDO-CHINE le 3 avril 1952.

GANNE Thérèse. — Débute le 30 octobre 1895 dans « Hilda » de SIGURD. Chante LA WALKYRIE (Brunehilde, 1896), HUGUENOTS (Valentine,, 1897), DON JUAN (Elvire, 1897).

GARDEN, Mary. — Débute dans « Thaïs » le 11 mai 1908. La même année, est affichée dans FAUST (Marguerite), « Juliette » et HAMLET (Ophélie). En 1909, chante « Monna Vanna ». Est la créatrice de la « Salomé » de Richard Strauss.

GARDY. — Crée une « Fille-fleur » dans PARSIFAL.

GATTI, Hermine. — Débute dans « Gilda » de RIGOLETTO le 13 juillet 1935 puis chante « Juliette ».

GAUDEL, Christiane. — Débute le 5 octobre 1951 dans « un Enfant » de LA FLUTE ENCHANTÉE, puis chante « Crobyle » dans THAIS (1952).

GAUDINEAU, Ginette. — Débute dans « Crobyle » de THAIS le 13 décembre 1948. Chante LA FLUTE ENCHANTÉE (Enfant, 1948 ; Papagéna, 1950), LOHENGRIN (Page, 1949), puis en 1950, ROMÉO (Stéfano), BOLIVAR (Maria-Thérésa), FAUST (Siébel), BORIS (Xénia) ; en 1951, JEANNE AU BUCHER (la Vierge), RIGOLETTO (la Comtesse).

GAULEY-TEXIER. — Débute dans « un Page » de SALOMÉ le 4 septembre 1911. Chante, en 1911, WALKYRIE (Rossweiss). en 1912, PROPHÈTE (Néophyte), en 1913, LE CRÉPUSCULE (première Norne), en 1916, LA FILLE DU FAR-WEST (Wowkle), IPHIGENIE (Prêtresse), GUILLAUME TELL (Edwige), RIGOLETTO (Johanna) ; en 1917, THAIS (Albine), FAUST (Dame Marthe) et en 1919, ROMÉO (Gertrude).

A créé LE SORTILÈGE (première Laveuse) et PARSIFAL (Fille-fleur).

GAYRAUD, Christiane. — Débute le 7 octobre 1957 dans « Rossweiss » de LA WALKYRIE, puis, en 1960, chante « la Maman », « la Chatte » et « la Libellule » dans L'ENFANT ET LES SORTILÈGES.

GEISMAR. — En 1875, est affichée dans GUILLAUME TELL (Edwige), FAUST (Dame Marthe) et LES HUGUENOTS (Dame d'honneur), ayant débuté salle Le Peletier en 1873.

GELLY-LAFONT, Marie-Louise. — A débuté sous le nom de « Marie-Louise Lafont », en créant « une suivante » dans LA FILLE DE ROLAND. Fut affichée dans PARSIFAL (Fille-fleur, 1924), TANNHAUSER (Page, 1925), LOHENGRIN (Page, 1926), HERODIADE (Galiléenne, 1928), CASTOR ET POLLUX (Suivante, 1930), CHEVALIER A LA ROSE (Fille de Chambre, 1933), ARIANE (une Vierge, 1937).

GEORGUIGVA, Katia. — En représentation, débute dans « Desdémone » de OTHELLO le 1er juin 1959.

GERLOVIC, Vanda. — Avec la troupe de l'Opéra National de Ljubljana, crée « Fata Morgana » dans L'AMOUR DES TROIS ORANGES.

L'AMOUR DES 3 ORANGES, complet (PHILIPP'S A 00331/32).

GERNASI. — Avec la troupe de l'Opéra de Monte-Carlo, joue « le Page » de RIGOLETTO le 12 mai 1912.

GERVAIS, Yvonne. — Débute dans « Siébel » de FAUST le 30 juillet 1927. Chante LE FIFRE ENCHANTÉ (Les pérance, 1927), MADAME BUTTERFLY (Kate), ROMÉO (Stéfano), MAROUF (Princesse) en 1928, PARSIFAL (premier Ecuyer, 1928 ; Fille-fleur, 1935), HERODIADE (Babylonnienne, 1928), TROYENS (Hécube), LOHENGRIN (Page), BORIS (Xénia), WALKYRIE (Guerhilde) en 1929 ; GUILLAUME TELL (Jemmy), HUGUENOTS (Urbain) en 1930 ; « La Frégona » et « Thaïs » en 1931 ; FAUST (Marguerite), OR DU RHIN (Fréia) en 1933 ; TRAVIATA (Clara, 1934), MARCHE HEROIQUE (la Liberté, 1935) ARIANE (Cypris, 1937), FLUTE ENCHANTÉE (Enfant, 1940).

A créé LA TENTATION DE SAINT ANTOINE (la Bayadère), GUERCŒUR (une Illusion), ROLANDE (Pernette), ARIANE ET BARBE-BLEUE (Ygraine) et OEDIPE (une Vierge).

Duo de l'ILLUSTRE FREGONA avec E. RAMBAUD (COL. RF 43).

GEVER. — En 1929, est affichée dans « un Page » de LOHENGRIN.

GIANNINI, Dusolina. — En représentation, débute dans « dona Anna » de DON JUAN le 28 mai 1936.

GIBELIN, Jeannie. — Est affichée dans LOHENGRIN (Page, 1922), FILLE DE ROLAND (Page, 1922), JARDIN DU PARADIS (Suivante, 1923), PARSIFAL (Fille-fleur, 1924), NAISSANCE DE LA LYRE (Nymphe, 1925), FREISCHUTZ (Suivante, 1926), GWENDOLINE (Suivante, 1926), HERODIADE (Galiléenne, 1928).

GILLARD, Marguerite. — Est affichée dans LE JARDIN DU PARADIS (Suivante, 1923), FREISCHUTZ (Suivante, 1926), GWENDOLINE (Suivante, 1926), HUGUENOTS (Dame d'honneur, 1936), CASTOR ET POLLUX (Spartiate, 1940), PÉNÉLOPE (Suivante, 1943), HERODIADE (Esclave, 1945), LE CHEVALIER A LA ROSE (Fille de chambre, 1949).

GILLS, Gabrielle — Débute en créant « Corinda » dans MADEMOISELLE DE NANTES. Crée également LES VIRTUZI DE MAZARIN, CAREME PRENANT et UNE FÊTE CHEZ LA POUPLINIÈRE. Chante « Juliette » (1916).

GILLY, Renée. — Débute dans « Hérodiade » le 13 octobre 1936. Chante LOHENGRIN (Ortrude, 1936), WALKYRIE (Brunehilde, 1938), LA DAMNATION (Marguerite, 1939), ROI D'YS (Margared, 1941), BORIS (Marina, 1948).

GIRARD, Mary. — Avec la troupe de l'Opéra de Monte-Carlo, en mai 1912, chante « Johanna » de RIGOLETTO et « Marceline » du BARBIER.

GIRARD-DUCY, Yvonne. — Débute le 1er février 1947 dans « un Enfant » de LA FLUTE ENCHANTÉE, puis est affichée dans « un Page » de LOHENGRIN.

GLAUSER. — Est affichée dans GWENDOLINE (Compagne, 1893), TANNHAUSER (Page, 1899), HUGUENOTS (Dame d'honneur, 1906), ARIANE (Ephèbe, 1906) et LOHENGRIN (Page, 1907).

GLAVAC, Bojéna. — Avec la troupe de l'Opéra National de Ljubljana, interprète « une Orange » dans L'AMOUR DES TROIS ORANGES (1956).

L'AMOUR DES 3 ORANGES, intégral (PHILIPP'S A OO331/32).

GOLTZ, Christl. — Avec la troupe de l'Opéra de Vienne, débute dans « Elektra » le 13 mai 1953.

GOMES. — Débute dans la « troisième Norne » du CREPUSCULE le 3 juillet 1912.

GONITCH, de — Crée, en oratorio, « Sirine » dans KITEGE.

GORR, Rita (Marguerite Geirnaert, dite). — Débute dans « Magdalaine » des MAITRES CHANTEURS le 31 octobre 1952.

Chante « Dalila » (1952) ; INDES GALANTES (Bellone), AIDA (Amnéris) VAISSEAU FANTOME (Marie), THAIS (Albine), BORIS (Hôtesse), RIGOLETTO (Madeleine) en 1953 ; OTHELLO (Emilia), DANSES POLOVTSIENNES (une Voix), JEANNE AU BUCHER (Sainte Catherine), OBERON (Puck), en 1954; TANNHAUSER (Vénus), WALKYRIE (Fricka) en 1956 ; DAMNATION (Marguerite), MARTYRE DE SAINT SEBASTIEN (Gémeau) en 1957 ; TRISTAN (Brangaine), CREPUSCULE (Waltraute, deuxième Norne), CHEVALIER A LA ROSE (Octave), SALOMÉ (Hérodias) en 1958 ; LOHENGRIN (Ortrude) en 1959.

A créé NUMANCE (la Femme de Théogène), DIALOGUES DES CARMÉLITES (Mère Marie) et « Médée ».

DIALOGUE DES CARMÉLITES (intégrale) (V.s.M. FALP 523/5). — MARTYRE DE St SEBASTIEN (intégrale) (COL. FCX 338/40) — DAMNATION (PATHÉ 30.175 et stéréo ASDF 149).

RÉCITALS LYRIQUES : Lohengrin, Samson, Damnation (V.s.M. FALP 615 et 30219 - ASDF 141).

GOULANCOURT. — Débute le 5 janvier 1901 dans « Ortrude » de LOHENGRIN. Chante WALKYRIE (Waltraute, 1901 ; Siegrune, 1903), THAIS (albine, 1902), FAUST (Dame Marthe, 1902), OTHELLO (Emilia, 1903), TROUVERE (Inès, 1904), GUILLAUME TELL (Edwige, 1904), ROMÉO (Gertrude, 1905), FILS DE L'ÉTOILE (Servante, 1905), MAITRES CHANTEURS (Magdalaine, 1906), RIGOLETTO (Johanna, 1908).

A cré L'ETRANGER (Mère de Vita), LA CATALANE (Pépa), LE MIRACLE (une Religieuse), LE COBZAR (Nedelia) et PARSIFAL (Fille-fleur).

A enregistré sur Saphir PATHÉ : FAUST complet en 28 disques (1622/49) et ROMÉO complet en 27 disques (1501/27).

GOUTS. — Crée « une Orpheline noble » dans LE CHEVALIER A LA ROSE.

GOZATEGUI. — Débute le 13 juin 1917 dans « Aïda ».

Chante LES HUGUENOTS (Valentine, 1920), WALKYRIE (Brunehilde, 1921), LOHENGRIN (Ortrude, 1922), « Hérodiade » (1924). A créé « Didon » dans LES TROYENS.

GRABOW. — Débute dans « la Reine » des HUGUENOTS le 30 juin 1875.

GRANDJEAN, Louise. — Débute le 13 mai 1895 dans « un Page » de TANNHAUSER.

Chante : « Aïda » (1895), SIGURD (Brunehilde, 1896), LOHENGRIN (Elsa, 1896), DON JUAN (Anna, 1897), PROPHÈTE (Berthe, 1899), BOURGEOIS GENTILHOMME (Intermède, 1899), TANNHAUSER (Vénus, 1899), PATRIE (Dolorès, 1900), LE CID (Chimène, 1900), HUGUENOTS (Valentine, 1902), H E N R Y V I I I (Catherine, 1903), OTHELLO (Desdémone, 1903), ETRANGER (Vita, 1904), TROUVÈRE (Léonore, 1904) WALKYRIE (Brunehilde, 1905), FREISCHUTZ (Agathe, 1905), DAMNATION (Marguerite, 1910).

A créé LES MAITRES CHANTEURS (Magdalaine), ASTARTE (Déjanire), SIEFRIED (Brunehilde), « Isolde », LA GLOIRE DE CORNEILLE (Camille), ARIANE (Phèdre), LA CATALANE (Anita), CREPUSCULE (Brunehilde), LA FORÊT (Némorosa), ICARE (le Génie de la Science).

GRANDVAL, Lillie. — Débute dans « Marguerite » de FAUST le 10 février 1946. Est affichée, en 1947, dans « Gilda » de RIGOLETTO, puis, en 1952, dans « Rosenn » du ROI D'YS et « Hébé » des INDES GALANTES.

GRANDVIERES, Paule. — Est affichée dans LE CHEVALIER A LA ROSE (un petit nègre, 1941), PÉNÉLOPE (Servante, 1943), HERODIADE (Cananéenne, 1945), NOCES CORINTHIENNES (Karita, 1949), MARCHAND DE VENISE (un Masque, 1949), DIALOGUES DES CARMÉLITES (une Sœur, 1957).

GRANIER. — A débuté salle Le Peletier en 1862. Au Palais Garnier, jusqu'en 1880, a été affichée dans LE PROPHÈTE (Néophyte), ROBERT LE DIABLE (Dame d'honneur), HUGUENOTS (Dame d'honneur) et LE COMTE ORY (une Dame).

GRIALYS, Germaine. — Débute le 19 septembre 1921 dans « Didon » des TROYENS.

Chante « Hérodiade » (1922), LOHENGRIN (Ortrude, 1922), LE JARDIN DU PARADIS (la Sorcière, 1923) et « Dalila » (1926).

GRISWARD, Paulette. — Est affichée dans HERODIADE (Esclave, 1945).

GRISWOLD. — Débute le 6 juin 1881 dans « Ophélie » de HAMLET, et chante, dans la même année « Marguerite » de FAUST et « Zerline » de DON JUAN.

GROB-PRANDL, Gertrude. — En représentation, débute dans « Isolde » le 13 février 1953. En 1962. chante « Brunehilde » du CREPUSCULE.

GUELORGET — En 1930, est affichée dans « un Page » de TANNHAUSER.

GUENOT, Cécile. — Est affichée dans GWENDOLINE (Compagne, 1942), PÉNÉLOPE (Servante, 1943), HERODIADE (Cananeenne, 1945), DIALOGUES DES CARMÉLITES (une Sœur, 1957).

GUERRINI. — Débute en représentation, dans « Amnéris » de AIDA le 13 juin 1917.

GUEYMARD-LAUTERS, Pauline. — A débuté salle Le Peletier le 8 avril 1861 dans « Valentine » des HUGUENOTS. Est la créatrice de LA REINE DE SABA (Balkis), LA MULE DE PEDRO (Gilda), ROLAND A RONCEVAUX (Alda), DON CARLOS (Eboli) et HAMLET (la Reine). Fut l'interprète du TROUVÈRE (Léonore), HERCULANUM (Olympe) et « Alceste ». Au Palais Garnier, a été affichée dans LES HUGUENOTS (Valentine), LA FAVORITE (Léonore), DON JUAN (Elvire) et LE PROPHÈTE (Fidès).

GUGLIELMETTI, Anna-Maria. — En représentation, débute le 2 juin 1931 dans « Gilda » de RIGOLETTO.

Air de Gilda (COL. GQX 10177).

GUIBAUD, Suzanne. — Voir plus haut : « Darbans, Suzanne ».

GUIBERT, Renée. — Est affichée dans HERODIADE (Cananéenne, 1928), LOHENGRIN (Page, 1929), HUGUENOTS (Dame d'honneur, 1936), GWENDOLINE (Ancêtre, 1942).

GUIBON, Christiane. — En 1949, est affichée dans LES NOCES CORINTHIENNES (Fileuse) et LE MARCHAND DE VENISE (Masque).

GUIHARD, Jeanne. — Débute le 26 octobre 1952 dans « un Enfant » de LA FLUTE ENCHANTÉE. Est affichée dans LES INDES GALANTES (Zaïre, 1952 ; Zima, 1956), LOHENGRIN (Page, 1952), ANTIGONE (Ismène), L'AIGLON (Isabelle), JEANNE AU BUCHER (Sainte Marguerite) en 1953 ; RIGOLETTO (Comtesse), OBERON (Naïade) en 1954; TRAVIATA (Bohémienne, 1954 ; Clara, 1956), LA TRAGÉDIE DE SALOMÉ (une Voix, 1954).

GUILLON. — Crée « une Voix » dans JEANNE D'ARC.

GUIOT, Andréa. — Débute dans « la Vierge Erigone » du MARTYRE DE SAINT SEBASTIEN le 23 juin 1957.

Chante, en 1959, FAUST (Marguerite) JEANNE AU BUCHER (Sainte Marguerite), CARMEN (Micaëla) ; en 1960, L'ENFANT ET LES SORTILÈGES (la Princesse, la Chauve-Souris), FIDELIO (Marceline) ; en 1961, DON JUAN (Elvire) ; en 1962, LE CREPUSCULE (Flosshilde).

Crée « l'Ange de l'Eternel » dans LE ROI DAVID.

CARMEN éditions partielles (PHILIPS P. 77118 et L. 02053 - Stéréo 835057).

GUY, Isabelle. — Est affichée dans HERODIADE (Esclave, 1924), FILLE DE ROLAND (Page), FREISCHUTZ (Demoiselle d'honneur), GWENDOLINE (Suivante) en 1926 ; CHEVALIER A LA ROSE (Orpheline noble, 1927) ; SALOMÉ (Galiléenne), PARSIFAL (Fille-fleur), LOHENGRIN (Page) en 1928; CASTOR ET POLLUX (Suivante, 1930) ETRANGER (jeune Fille, 1934), HUGUENOTS (Etudiant, 1936), ARIANE (un Ephèbe, 1937).

GUYLA, Jeanne. — Au cours d'un Gala, le 10 novembre 1927, chante « Manon ». Plus tard, est affichée dans LA JUIVE (Eudoxie, 1933) et « Thaïs » (1934).

MANON duo du 1 avec VEZZANI (GRAM. DB 4846) - St Sulpice (DB 4816) - final (DB 4847).

HAGEMANN, Emmi. — Avec la troupe du Deutsches Opernhaus de Berlin, interprète « le prince Orlofsky » dans LA CHAUVE-SOURIS en 1941.

HALEVY, Louise. — Est affichée dans CASTOR ET POLLUX (Suivante, 1935), PARSIFAL (Fille-fleur, 1935), LE MARCHAND DE VENISE (Masque, 1938) et HERODIADE (Esclave, 1945).

HAMANN, Marie. — Débute le 11 août 1879 dans « la Reine » des HUGUENOTS. Chante LA JUIVE (Eudoxie, 1879), LA MUETTE DE PORTICI (Elvire, 1879), DON JUAN (Elvire, 1880), GUILLAUME TELL (Mathilde, 1883) et L'AFRICAINE (Inès, 1883).

HAMELIN. — Est affichée dans LES HUGUENOTS (Dame d'honneur, 1905), TANNHAUSER (Page, 1908), GWENDOLINE (Suivante, 1911), ETRANGER (jeune Fille, 1906, Ouvrière, 1916), CASTOR ET POLLUX (Spartiate, 1918) HERODIADE (Cananéenne, 1921).

HAMMER. — En représentation, débute le 27 décembre 1938 dans « Erda » de SIEGFRIED.

HAMY, Germaine. — Débute le 8 février 1927 en créant « Marianne » dans LE CHEVALIER A LA ROSE. Crée également LE MAS (Berger), VIRGINIE (Grisette), ILLUSTRE FREGONA (La Arguello), GUERCŒUR (une Illusion), ELEKTRA (quatrième Servante), PERKAIN (Bergère), ŒDIPE (Vierge), CHARTREUSE DE PARME (Théodolinde), PALESTRINA (un Ange), PÉNÉLOPE (Philo).

Est d'autre part affichée dans LA WALKYRIE (Ortlinde, 1927), OR DU RHIN (Fréia, 1928 ; Woglinde, 1938) ; MAROUF (Fattoumah), COQ D'OR (le Coq), LOHENGRIN (Page) en 1928 ; RIGOLETTO (Comtesse, Page, 1929 ; Johanna, 1938), TRAVIATA (Bohémienne, 1929 ; Annette, 1933), HUGUENOTS (Dame d'honneur), PERSÉE ET ANDROMÈDE (Néréïde), THAIS (Crobyle) en 1930 ; SIEGFRIED (voix de l'Oiseau, 1932), HERODIADE (Babylonienne, 1933) VERCINGETORIX (Epone, une Druidesse, 1933), ETRANGER (Ouvrière, jeune Fille, 1934), MARCHE HEROIQUE (le Travail, 1935) PARSIFAL (Fille-fleur, 1935), MARCHAND DE VENISE (Gouvernante, 1938), GWENDOLINE (Compagne, 1941) FLUTE ENCHANTÉE (Dame, 1943), ROMÉO (Gertrude, 1944), AIDA (Grande Prêtresse, 1946), PADMAVATI (Femme du peuple, 1946).

Scène des Walkyries (GRAM. DB 4905).

HANAUER. — Crée « Astyanax » dans LA PRISE DE TROIE.

HARAMBOURE, Marie-Thérèse. — Débute e 19 décembre 1915 dans « Lady Clarence » de HENRY VIII.

Chante RIGOLETTO (Page, 1916, Gilda, 1923) ; IPHIGÉNIE (Prêtresse), ETRANGER (Madeleine), SOMMEIL D'OSSIAN en 1916; LES HUGUENOTS (Léonard, 1920, Urbain, 1921) ; en 1921: WALKYRIE (Ortlinde), SIEGFRIED (voix de l'Oiseau), TROYENS (Ascagne) GUILLAUME TELL (Jemmy), ANTAR (Leila), FAUST (Siébel); en 1922: « Thaïs », CASTOR ET POLLUX (Suivante), HERODIADE (Babylonienne); en 1923 : OR DU RHIN (Woglinde), FLUTE ENCHANTÉE (une Dame) ; en 1924 : FALSTAFF (Nanette), LE MARTYRE DE SAINT SEBASTIEN (une Voix), PARSIFAL (Fille-fleur), LE JARDIN DU PARADIS (la Fée) ; en 1925 : « Juliette » et, en 1928, LES MATINES D'AMOUR (la Vierge).

A cré LE ROI ARTHUS (Suivante), LEGENDE DE SAINT CHRISTOPHE (Esprit céleste), GRISELIDIS (Fiamina), CYDALISE (Voix de la Forêt), NERTO (l'orgueil).

HARBELL, Christiane. — Débute le 19 mars 1956 dans « l'Amour » des INDES GALANTES. La même année, chante LA FLUTE ENCHANTÉE (Enfant), RIGOLETTO (Page), FAUST Siébel), TANNHAUSER (Pâtre, Page), et, en 1957, LE CHEVALIER A LA ROSE (Orpheline noble), en 1961, CARMEN (Frasquita).

HARSHAW, Margaret. — En représentation, en 1948, débute le 14 juin dans « Amnéris » de AIDA, puis chante « Dalila » et TRISTAN (Brangaine).

HATTO, Jeanne. — Débute dans « Brunehilde » de SIGURD le 22 décembre 1899.

Fut affichée dans « Salammbô » (1900) ; TANNHAUSER (Elisabeth), MAITRES CHANTEURS (Eva) en 1901; DON JUAN (Elvire), PAILLASSE (Nedda) en 1902 ; LA STATUE (Margyane, 1903) ; WALKYRIE (Sieglinde, 1904) ; FREISCHUTZ (Annette, 1905) ; « Thamara », FAUST (Marguerite) en 1907 ; HIPPOLYTE ET ARICIE (Diane), LOHENGRIN (Elsa) en 1908 ; « Monna Vanna », APOTHEOSE DE BEETHOVEN (Septième Symphonie) en 1909 ; SIBERIA (Stéphana, 1912) ; FERVAAL (Guilhen), LE MIRACLE (Alix) en 1913 ; LA DAMNATION (Marguerite, 1919), LEGENDE DE SAINT CHRISTOPHE (Nicéa, 1920) ; CASTOR ET POLLUX (Ténaïre, 1921).

A créé ASTARTE (Iole), LES BARBARES (Floria), LE COBZAR (Iana) MADEMOISELLE DE NANTES (Hermione), LE ROI ARTHUS (Genevièvre), NERON (un Esclave).

HAUBOURG, Jeanne. — En représentation, chante « Emilia » dans OTHELLO le 19 juin 1910.

HAUSAMANN, Andrée. — Débute le 5 novembre 1949 dans « un Enfant » de LA FLUTE ENCHANTÉE. Chante FAUST (Siébel, 1949), ROMÉO (Stéfano, 1950).

Chante actuellement sous le nom de « Maria Lopez ».

HEDOUIN, Suzanne. — Débute dans « Gilda » de RIGOLETTO le 17 août 1927. Chante LA FLUTE ENCHANTÉE (Reine de la nuit, 1927), « Juliette » (1928), UN ENLÈVEMENT AU SÉRAIL (Constance, 1929), LE CHEVALIER A LA ROSE (Sophie, 1929), puis, en 1930: GUILLAUME TELL (Mathilde), LES HUGUENOTS (la Reine) et SIEGFRIED (voix de l'Oiseau).

HEGLON, Meyrianne. — Débute le 5 novembre 1890 dans « Madeleine » de RIGOLETTO. Chante SIGURD (Uta, 1890), GUILLAUME TELL (Edwige, 1891), AIDA (Amnéris, 1891), « Dalila » (1893), WALKYRIE (Fricka, 1893), MONTANGNE NOIRE (Yamina, 1895) ; PRISE DE TROIE (Cassandre), HAMLET (la Reine), CHANT DU DEPART en 1900 ; HENRY VIII (Anne), LE PROPHÈTE (Fidès) en 1903.

A créé LA VIE DU POÈTE (la Muse), WALKYRIE (Schwartleite), THAIS (Myrtale), DJELMA (Ourvaci) OTHELLO (Emilia), MONTANGNE NOIRE (Dara), « Frédégonde », LA CLOCHE DU RHIN (Liba), LA BURGONDE (Pyrrha), ASTARTE (Omphale), LES BAR-

BARES (Livie) SIEGFRIED (Erda), « Orsola », LE FILS DE L'ÉTOILE (Lilith) et « Théodora ».

HEIDERSBACH, Käthe. — En représentation, débute le 16 juin 1931 dans « Gutrune » du CRÉPUSCULE DES DIEUX.

HEILBRON, Marie. — Débute dans « Marguerite » de FAUST le 3 novembre 1879. En 1880, est affichée dans DON JUAN (Zerline) et HAMLET (Ophélie).

HEILBRONNER, Rose. — Au cours d'un Gala, le 20 octobre 1910, chante « la Comtesse Olga » dans FEDORA.

HELDY, Fanny. — Débute dans « Juliette » le 15 décembre 1920. Chante PAILLASSE (Nedda, 1920), FAUST (Marguerite, 1921), LOHENGRIN (Elsa, 1922), HAMLET (Ophélie, 1925), «Thaïs» (1925) «Manon» (1926), MADAME BUTTERFLY)Cio-Cio, San, 1928), LE BARBIER DE SEVILLE (Rosine, 1933).

Est la créatrice de : ANTAR (Alba), L'HEURE ESPAGNOLE (Concepcion), HERODIADE (Salomé), JARDIN DU PARADIS (Arabelle) « Esclarmonde », « Nerto », TRAVIATA (Violetta), TOUR DE FEU (Naïc), PERSÉE ET ANDROMÈDE (Andromède), ILLUSTRE FREGONA (Frégona), MARCHAND DE VENISE (Portia), L'AIGLON (Duc de Reichstadt).

FAUST Roi de Thulé (GRAM. DA 1250) - air des bijoux (GRAM. DA 1051) - Anges purs (GRAM. DB 1609 — HAMLET duo avec JOURNET (GRAM. DB 1609) — BUTTERFLY Sur la mer calmée (GRAM. DB 1513) — MANON Je suis encore toute étourdie (GRAM. DB 1409) - adieu notre petite table (GRAM. DA 1250) - duo St Sulpice avec ANSSEAU (GRAM. DB 1410) — LE MARCHAND 1304) — THAIS, air du Miroir (GRAM. DB 1304) (PATHÉ X 27) - duo de l'Oasis avec JOURNET (GRAM. DA 940) — TRAVIATA, air du 1 (GRAM. DB 1271) - adieu tout ce que j'aime (GRAM. DB 1409) et (PATHÉ X 27).
RECITAL : (V.s.M. FALP 627).

HELFER, Maria. — Avec la troupe du Deutsches Opernhaus de Berlin, en septembre 1941, interprète « Ida » dans LA CHAUVE-SOURIS.

HELLER. — Est affichée dans la « Grande Prêtresse » de AIDA (29.8. 1928).

HELLETSGRUBER, Luise. — Avec la troupe de l'Opéra de Vienne, en mai 1928, chante « Chérubin » dans LES NOCES DE FIGARO et « Helwigue » dans LA WALKYRIE.

NOCES DE FIGARO, rôle de Chérubin (VICTOR 313/15).

HELLWIG, Judith. — Avec la troupe de l'Opéra de Vienne, interprète « une Dame » dans LA FLUTE ENCHANTÉE le 15 mai 1953.

HELM, Anny. — Débute dans « Vénus » de TANNHAUSER le 4 décembre 1931.

HEMMLER, Juliette. — Débute dans « Marguerite » de FAUST le 16 décembre 1911. Chante, en 1912, WALKYRIE (Ortlinde), ROMA (Junia), THAIS (la Charmeuse), « Juliette » et RIGOLETTO (Gilda).

HEMPEL, Friéda. — En représentation, débute le 7 mars 1910 dans « la Reine » des HUGUENOTS. Chante également « Gilda » de RIGOLETTO (1910).

HUGUENOTS, air de Marguerite et duo avec JADLOWKER (ODEON 64968/9) - (ETERNA 458) — RIGOLETTO, duo avec AMATO (VICTOR 89082) - Caro nome (H. M. VOICE DB 272).

HENDERICHS, M.-T. — En représentation, débute dans « Brunehilde » de LA WALKYRIE le 18 mai 1943.

HENRIQUEZ, Jeanne. — Débute dans « Marguerite » de FAUST le 15 avril 1908. Chante TANNHAUSER (Elisabeth, 1908, Vénus, 1911), WALKYRIE (Sieglinde, 1910), LE CRÉPUSCULE (Gutrune, 1913). Crée « une Nymphe » dans ICARE.

HERCK, Rosa van. — Débute dans « Gilda » de RIGOLETTO le 29 décembre 1947. Chante ensuite « Juliette » (1948), TRAVIATA (Violetta, 1951), JEANNE AU BUCHER (la Vierge, 1951), LES INDES GALANTES (Fatima, puis Hébé, 1952), LE MARTYRE DE SAINT SEBASTIEN (Voix céleste, 1957).

Crée « Sainte Marguerite » dans JEANNE AU BUCHER.

HERLEROY, Marguerite. — Débute dans « Marguerite » de FAUST le 28 août 1921.

HERMANN, Dagmar. — En représentation, débute le 30 mai 1949 dans « Annina » du CHEVALIER A LA ROSE.

CHEVALIER, scène finale du 2e acte, avec Ludwig WÉBER (COL. LX 1127).

HERMANOVA. — En représentation, débute le 23 mars 1926 dans « la Nourrice » de BORIS GODOUNOV.

HERVEY. — Débute dans « Urbain » des HUGUENOTS le 22 août 1884, puis chante « Siébel » de FAUST et « Inès » de LA FAVORITE. En 1885, elle chante « Iglésia » du TRIBUT DE ZAMORA et crée TABARIN (Alyson) et RIGO-LETTO (le Page).

HERZE, Henny. — En représentation, débute le 5 mai 1928 dans « Welgunde » du CREPUSCULE DES DIEUX.

HIDALGO, Elvira de. — Débute avec la troupe de l'Opéra de Monte-Carlo le 19 mai 1912 dans « Rosine » du BAR-BIER. En représentation, chante DON PASQUALE (Norina, 1916), RIGOLET-TO (Gilda, 1922), LA FLUTE EN-CHANTÉE (Reine de la nuit, 1923).

Air de Rosine (Columbia Milan 10650/51 et FONO 92301/2).

HOCEVAR, Sonja. — Avec la troupe de l'Opéra national de Ljubljana, in-terprète « une Orange » dans L'AMOUR DES TROIS ORANGES le 27 juin 1956.

L'AMOUR DES 3 ORANGES, com-plet (PHILIPS A 00331/32).

HOERNER, Germaine. — Débute dans « Rossweiss » de LA WALKYRIE le 22 novembre 1929. Est affichée, en 1930, dans WALKYRIE (Sieglinde), TANNHAUSER (Elisabeth) ; en 1931, PARSIFAL (Fille-fleur), LOHENGRIN (Elsa), OTHELLO (Desdémone) ; en 1932, FAUST (Marguerite) ; en 1933, LA JUIVE (Rachel), LE CRÉPUSCULE (Gutrune) et « Aïda » ; en 1934, LA DAMNATION (Marguerite) ; en 1935, CASTOR ET POLLUX (Phoebé, puis Télaïre), SIGURD (Brunehilde) ; en 1936, HUGUENOTS (Valentine), CHE-VALIER A LA ROSE (Maréchale) ; en 1937, « Ariane » ; en 1938, DON JUAN (Elvire) et « Alceste » ; en 1939, OF-FRANDE A LA LIBERTÉ (la Mar-seillaise), ORPHÉE (Eurydice) ; en 1941, FIDELIO (Léonore) et, en 1944, BORIS (Marina).

A créé GUERCŒUR (Bonté), ELEK-TRA (Chrysothémis), LA SAMARITAI-NE (Photine) et LE VAISSEAU FAN-TOME (Senta).

HOFFMANN, Grâce. — En représenta-tion débute le 6 avril 1962 dans « Walt-raute » du CREPUSCULE.

HOLLEY, Marie-Thérèse. — Débute dans « Octave » du CHEVALIER A LA ROSE le 10 août 1931. Chante LA WAL-KYRIE (Guerhilde), TANNHAUSER (Vénus) ; puis, en 1932, BORIS (Mari-na) ; en 1933, LA PRISE DE TROIE (Cassandre), LOHENGRIN (Ortrude), PARSIFAL (Page) CRÉPUSCULE (troi-sième Norne, puis Gutrune).

A créé « une Druidesse » dans VER-CINGÉTORIX.

HOLLWEG, Ilse. — En représen-tation, débute le 13 mai 1955 dans la « Voix de l'Oiseau » de SIEGFRIED.

HOLNAY, Françoise. — Débute en créant « un Masque » dans LE MAR-CHAND DE VENISE. Crée également « une Thébaine » dans ŒDIPE et chan-te, en 1935, CASTOR ET POLLUX (Suivante, Ombre heureuse), HERO-DIADE (Babylonienne), ARIANE ET BARBE-BLEUE (Ygraine), FLUTE ENCHANTÉE (Enfant), ARIANE (Eu-noé).

HOMER, Louise. — En représentation chante « Brangaine » dans TRISTAN le 19 juin 1910.

HONGEN, Elisabeth. — Avec la trou-pe de l'Opéra de Vienne, en mai 1953, chante « Clytemnestre » dans ELEK-TRA et « une Dame » dans LA FLUTE ENCHANTÉE.

HORNEMAN, Hélène. — Avec la troupe de l'Opéra de La Haye, en février 1926, crée « Sœur Béatrice » et chante « Brangaine » dans TRISTAN.

HOWE, Jenny. — Débute le 25 jan-vier 1880 dans « Rachel » de LA JUIVE. Chante « Agathe » dans FREISCHUTZ (1880) et crée la « Grande Prêtresse » dans AIDA.

HUBERT, Marie. — Débute dans « la Comtesse » de RIGOLETTO le 5 mai 1911. Est affichée dans LE PROPHÈTE (Néophyte, 1912), FAUST (Siébel, 1913) et crée LES JOYAUX DE LA MADO-NE (Marchande) et PARSIFAL (Fille-fleur).

HUSTACHE. — Ayant débuté en 1873 salle Le Peletier, fut affichée au Palais Garnier dans LES HUGUENOTS (Da-me d'honneur), L'AFRICAINE (Anna) et LE PROPHÈTE (Néophyte).

HUYSERS, Gwendoline. — Avec la troupe de l'Opéra de La Haye, crée « une Sœur » dans BÉATRICE.

IBANEZ, Consuelo. — En représentation, débute le 19 novembre 1961 dans « Mi-caela » de CARMEN.

IMBERT, Marthe. — Est affichée en 1926, dans LA FILLE DE ROLAND (Page), PARSIFAL (Fille-fleur), FREI-SCHUTZ (Suivante), GWENDOLINE (Suivante), puis TRAVIATA (Bohé-mienne, 1932), ETRANGER (Petit Gar-çon, 1934), HUGUENOTS (Etudiant, 1936), CASTOR ET POLLUX (Spar-tiate, 1940).

ISAAC, Adèle. — Débute au cours d'un Gala, le 5 avril 1883, dans « Marguerite » de MEFISTOFELE et «Gilda» de RIGOLETTO. La même année, est ensuite affichée dans HAMLET (Ophélie), FAUST (Marguerite), LE COMTE ORY (la Comtesse) ; puis, en 1884, dans DON JUAN (Zerline), HUGUENOTS (la Reine), ROBERT LE DIABLE (Isabelle), FRANÇOISE DE RIMINI (Françoise) ; en 1885, GUILLAUME TELL (Mathilde), TRIBUT DE ZAMORA (Xaïna).

ISELIN, Marie-Louise. — Est affichée dans « une Prêtresse » de IPHIGÉNIE le 27 juin 1931.

ISENE, Marit. — En représentation, débute le 18 mai 1955 dans « Gutrune » et « une Norne » du CRÉPUSCULE DES DIEUX.

ISNARDON, Lucy. — Débute, sous le nom de « Lucy Foreau », le 12 avril 1908 dans « Vénus » de TANNHAUSER.

Chante « Monna Vanna » (1919) « Salomé » de Mariotte (1919), PAILLASSE (Nedda, 1920), GOYESCAS (Rosario, 1920), DAMNATION (Marguerite, 1921), HERODIADE (Salomé, 1922), WALKYRIE (Sieglinde, 1923), LES MAITRES (Eva, 1923). Crée « Cassandre » dans LES TROYENS.

ISSAURAT. — Débute le 1er mars 1892 dans « Elsa » de LOHENGRIN.

IVANOVA. — Débute, en représentation, le 23 mars 1926 dans « Fédor » de BORIS GODOUNOV.

JABAUDON, Germaine. — Est affichée dans «une Suivante» du JARDIN DU PARADIS, FREISCHUTZ et GWENDOLINE en 1926 ; LE CHEVALIER A LA ROSE (Orpheline 1928), LOHENGRIN (Page, 1929), TANNHAUSER (Page, 1930), PARSIFAL (Fillefleur, 1931).

JAHNKE, Ruth. — Avec la troupe du Deutsches Opernhaus de Berlin, chante « Ida » dans LA CHAUVE-SOURIS en 1941.

JAKOWLEFF, Sandra. — En représentation, débute dans « Aïda » le 24 avril 1925.

JANIN. — Est affichée dans HERODIADE (Esclave, 1921), LOHENGRIN (Page, 1922), LA FILLE DE ROLAND (Page, 1922), LE JARDIN DU PARADIS (Suivante, 1923), PARSIFAL (Fille-fleur, 1924).

JANSSEN. — Crée « Siegrune » dans LA WALKYRIE.

JANVIER, Elisabeth. — Débute dans «'Urbain'» des HUGUENOTS le 17 novembre 1879. Chante FAUST (Siébel, 1879), FREISCHUTZ, (Annette, 1880), COMTE ORY (Isolier, 1880), GUILLAUMME TELL (Jemmy, 1881), AIDA (Grande Prêtresse, 1882), LA JUIVE (Eudoxie, 1882), PROPHÈTE (Berthe, 1883), FAVORITE (Inès, 1884). A créé LA VIERGE (Marie-Magdeleine, un Archange), LE TRIBUT DE ZAMORA (Iglésia).

JAUMILLOT, Irène. — Débute le 18 avril 1959 dans «Marguerite» de FAUST. Chante, en 1959, LA FLUTE ENCHANTÉE (une Dame), LA DAMNATION (une Voix), LES INDES GALANTES (Zima), LE CHEVALIER (une Modiste) RIGOLETTO (la Comtesse), TRAVIATA (Clara), CARMEN (Micaëla) ; en 1960, L'ENFANT ET LES SORTILÈGES (la Princesse, la Chauve-Souris).

JEANNETEAU, Suzanne. — Est affichée dans ŒDIPE (Thébaine, 1936), L'AIGLON (Marquise, 1937), CASTOR et POLLUX (Spartiate, 1940), GWENDOLINE (Compagne, 1942), PÉNÉLOPE (Suivante, 1943), HERODIADE (Esclave, 1945) MAITRES CHANTEURS (Apprenti, 1948) NOCES CORINTHIENNES (Fileuse, 1949).

JERITZA, Maria. — Avec la troupe de l'Opéra de Vienne, en mai 1928, chante « Tosca » et LE CHEVALIER (Octave).

Air de Tosca (VICTOR 66111) - (FONOTIPIA 74957) - (HIS MAS. VOICE DA 565).

JEZIERSKA. — Avec la compagnie des Ballets russes de Serge de Diaghilew crée « l'Intendante Amalfa » dans LE COQ D'OR.

JOACHIM, Irène. — Débute dans « Mélisande » de ARIANE ET BARBE-BLEUE le 21 novembre 1945 et chante « Rosenn » dans LE ROI D'YS (1946).

JONUSKAITE, Vince. — En représentation, débute dans « Dalila » le 21 juin 1939.

JOSSELIN, Lucette. — Est affichée dans HERODIADE (Esclave, 1947), NOCES CORINTHIENNES (Fileuse, 1949), MARCHAND DE VENISE (Masque, 1949).

JOUGLET, Inès. — Débute dans « Pamina » de LA FLUTE ENCHANTÉE le 18 mars 1939.

JOURFIER, Lucienne — Débute dans « Pamina » de la FLUTE ENCHANTÉE le 10 août 1945. Chante « Juliette » (1947), LES INDES GALANTES (l'Amour, 1952).

Valse de Roméo (PATHÉ PD 73).

JOURNAUX, Violette. — Est affichée dans LES MAITRES CHANTEURS (Apprenti), NOCES CORINTHIENNES (Fileuse), CHEVALIER (Enfant), MARCHAND DE VENISE (Masque), LE CHEVALIER A LA ROSE (Fille de chambre), en 1949 ; DAMNATION (une Voix), RIGOLETTO (Page, 1952), DIALOGUES DES CARMÉLITES (une Sœur, 1957).

JUILLERAC. — Crée « une Vierge thébaine » dans ŒDIPE.

JUYOL, Suzanne. — Débute dans « Margared » du ROI D'YS le 14 mars 1942.

Chante FAUST (Dame Marthe, 1942, Marguerite, 1947), FLUTE ENCHANTÉE (Dame, 1942), « Pénélope » (1943), WALKYRIE (Waltraute, 1943, Brunehilde, 1948), DAMNATION (Marguerite, 1944), ARIANE ET BARBE-BLEUE (Ariane, 1949), SIEGFRIED (Brunehilde, 1951), LOHENGRIN (Ortrude, 1952), INDES GALANTES (Phani, 1953).

A créé ANTIGONE (Coryphée) PEER GYNT (l'Oiseau noir).

Airs de Marguerite de la DAMNATION (V.s.M. DB 11188) - « bijoux » et « Roi de Thulé » (V.s.M. 11178) - Air de Margared (V.s.M. DB 11203).

KAHN, Elise. — Débute le 10 septembre 1956 dans « Grimguerde » de LA WALKYRIE. Chante LA DAMNATION (une Voix, 1956) WALKYRIE (Schwertleite, 1957), SALOMÉ (Page, 1958) ; en 1959 : RIGOLETTO (Madeleine), LOHENGRIN (Page), INDES GALANTES (Bellone), VAISSEAU FANTOME (Marie), « Carmen » ; en 1960 : BORIS (Nourrice), LUCIE DE LAMMERMOOR (Aliza), ENFANT ET LES SORTILÈGES (le Pâtre). ROI DAVID (David jeune, Bethsibée). En 1961, LES TROYENS (Anna). En 1962, LE BAL MASQUÉ (Ulriéa). — Crée « Néris » dans MÉDÉE.

KAISER. — Débute le 8 novembre 1909 dans « Elsa » de LOHENGRIN, chante « Marguerite » de FAUST (1910) et crée « le Bouleau » dans LA FORET.

KALIN, Mira. — Avec la troupe de l'Opéra de Vienne, chante la « troisième Servante » dans ELEKTRA en 1953.

KALTER, Sabine. — Débute dans « Ortrude » de LOHENGRIN le 28 novembre 1932 ; en 1933 chante TRISTAN (Brangaine) et WALKYRIE (Fricka).

KARENINE. — En représentation chante « la Nourrice » de BORIS en 1909.

KAYE, Selma. — Débute dans «Aïda» le 14 juin 1948.

KIRSCH, Jeanne. — Débute le 27 décembre 1912 dans « Elisabeth » de TANNHAUSER. Est affichée dans « Armide », OR DU RHIN (Fricka), DAMNATION (Marguerite) en 1913 ; WALKYRIE (Guerhilde, 1914), HERODIADE (Salomé, 1924). Crée PARSIFAL (Fillefleur), SCEMO (Micheline).

KIROVA. — Avec la compagnie de Mme Ida Rubinstein, crée « la voix de la Muse » dans AMPHYON. Est affichée dans ALCESTE (Suivante, 1936).

KITTEL. — Avec la troupe de l'Opéra de Vienne, chante en mai 1928 « Marceline » des NOCES DE FIGARO et « Schwertleite » de LA WALKYRIE.

KLOZE, Margaret. — En représentation, débute dans « Brangaine » de TRISTAN le 21 juin 1938. Est affichée, en 1950, dans « Erda » de SIEGFRIED « Fricka » de WALKYRIE, « Waltraute » du CREPUSCULE ; en 1951, dans « Hérodias » de SALOMÉ.

WALKYRIE, intégrale (GRAM. DB 3719/28) - (VICTOR 582...) - (V.s.M. 383/7) - TRISTAN, appel de Brangässe (DGG 19018).

KOCHITZ, Nina — En représentation débute dans « Marina » de BORIS le 28 janvier 1925. Chante, en intermède, dans TAGLIONI CHEZ MUSETTE (1925) et crée, en oratorio, « Volkove » dans SADKO.

KOENIG, Jacqueline. — Est affichée dans HERODIADE (Esclave, 1947).

KONETZNI, Hilde. — En représentation, débute dans « Elvire » de DON JUAN le 28 mai 1936. Chante « Sieglinde » de LA WALKYRIE (1943) et « la Maréchale » du CHEVALIER (1949).

Air d'Elvire (ERATO LDE 1002) — DON JUAN, intégral (ERATO 3002/4) LE CHEVALIER, deux airs (COL. LX 1135).

KOUSNIETZOFF, Maria. — Débute dans « Elsa » de LOHENGRIN le 1er février 1908. Chante FAUST (Marguerite), « Juliette », « Thaïs » en 1908 ; « Gwendoline » (1911), « Salomé » (1912), « Aïda » (1913).

Crée « Fausta » dans ROMA et « la femme de Putiphar » dans LA LÉGENDE DE JOSEPH.

Roi de Thulé de FAUST et « valse » de ROMÉO (Saphir PATHÉ 0123).

KRAUSS, Gabrielle. — Débute le soir de l'inauguration du Palais Garnier dans « Rachel » de LA JUIVE. Chante DON JUAN (Anna, 1875). HUGUENOTS (Valentine, 1875), ROBERT LE DIABLE (Alice, 1876), FREISCHUTZ (Agathe, 1877), AFRICAINE (Sélika, 1877), FAUST (Marguerite, 1882) et « Sapho » (1884).

Est la créatrice de « Jeanne d'Arc », « Pauline » de POLYEUCTE, « Aïda », « la Vierge », « Hermosa », du TRIBUT DE ZAMORA, « Catherine d'Aragon », de HENRY VIII, « Gilda » de RIGOLETTO et « Dolorès » de PATRIE.

KRIEGER, Jeanne. — A créé « la voix de l'Enfant Jésus » dans LA LEGENDE DE SAINT CHRISTOPHE.

KROUSCENISKA, Méa. — Débute dans « Elsa » de LOHENGRIN le 19 mai 1902.

KRUYSWYCK, Anny van. — En représentation, chante « Wieglinde » de L'OR DU RHIN et « Helmwige » de LA WALKYRIE en 1955.

KUBELLA. — En 1928, avec la troupe de l'Opéra de Vienne, interprète « une Modiste » dans LE CHEVALIER A LA ROSE.

KUPPER, Anneliese. — En 1953, avec la troupe de l'Opéra de Vienne, crée « Danaé » dans L'AMOUR DE DANAE et chante « une Dame » dans LA FLUTE ENCHANTÉE.

KURTZ, Selma. — En représentation, débute le 5 juin 1909 dans « Gilda » de RIGOLETTO.

« Air de Gilda » (GRAM. 53431 et 53479) et le quatuor de RIGOLETTO (GRAM. 44069).

KURZ, Friédel. — En représentation, débute le 11 mai 1955 dans «Rossweiss» de LA WALKYRIE.

KUTSCHERRA, Elise. — En représentation, débute le 15 juin 1896 dans « Sieglinde » de LA WALKYRIE.

LABIA, Maria. — Débute dans « Salomé » de Strauss le 22 janvier 1913.

LACOMBE-DUPREZ. — Débute dans « la Reine » des HUGUENOTS le 8 juin 1881. Chante COMTE ORY (Comtesse), ROBERT LE DIABLE (Isabelle), GUILLAUME TELL (Mathilde) en 1881 ; MUETTE DE PORTICI (Elvire) TRIBUT DE ZAMORA (Xaïma), LA JUIVE (Eudoxie) en 1882.

LACOMBE-OLIVIER, Marie-Suzanne. Débute le 8 janvier 1896 dans « Madeleine » de RIGOLETTO. En 1910, chante « Dalila », WALKYRIE (Rossweiss) OR DU RHIN (Erda), THAIS (Albine), RIGOLETTO (Johanna) et ROMEO (Gertrude).

Crée « une Religieuse » dans LE MIRACLE.

LAFARGUE, Marie. — Débute dans « Desdémone » de OTHELLO le 19 avril 1895. Chante TANNHAUSER (Elisabeth), « Aïda » en 1895 ; « Hellé », DON JUAN (Anna), en 1896 ; HUGUENOTS (Valentine) en 1899. Crée « Brunehilde » dans FREDEGONDE.

LAFERTILLE, de. — Débute dans « Valentine » des HUGUENOTS le 12 mars 1887 et chante, la même année, « Alice » de ROBERT LE DIABLE.

LAFLECHE. — Est affichée dans RIGOLETTO (Page, 1889), GWENDOLINE (Compagne, 1893), WALKYRIE (Waltraute, 1894), LOHENGRIN (Page, 1907) et LES HUGUENOTS (Dame d'honneur, 1909).

LAFONT, Marie-Louise. — Voir plus haut : « Gelly-Lafont ».

LAFONT, Suzanne. — Est affichée dans L'AIGLON (Marquise, 1937), GWENDOLINE (Ancêtre, 1942), LES MAITRES CHANTEURS (Apprenti, 1948).

LAFONT-DUPIRE. — A été affichée dans L'ETRANGER (jeune Fille, 1903), LES HUGUENOTS (Bourgeoise, 1905, Dame d'honneur, 1910), ARIANE (Vierge, 1906), TANNHAUSER (Page, 1909), LOHENGRIN (Page, 1909), RIGOLETTO (Page, 1909, Comtesse, 1910) GWENDOLINE (Suivante, 1911), PARSIFAL (Fille-fleur, 1914).

LAFORY, de. — Voir plus haut : « Boyer de Lafory ».

LALANDE, Madeleine. — Débute le 6 mai 1921 dans « Waltraute » de LA WALKYRIE. Chante : RIGOLETTO (Page, 1922, Comtesse, 1924, Gilda, 1929, Johanna, 1943), FAUST (Siébel, 1923), THAIS (Myrtale, 1923, Crobyle, 1939), CYDALISE (Voix de la forêt, 1924), CREPUSCULE (troisième Norne, 1925) TANNHAUSER (Pâtre, 1925) PARSIFAL (deuxième Ecuyer, 1926, Fillefleur, 1933), ROMÉO (Stéfano, 1926), GWENDOLINE (Compagne, 1926), FIFRE ENCHANTÉE (Laroze, 1927), TRAVIATA (Clara, 1928), LOHENGRIN (Page, 1929), WALKYRIE (Helmwigue, 1929), HUGUENOTS (Léonard, 1930), JUIVE (Eudoxie, 1933), VERCINGETORIX (Femme, 1933), ETRANGER (Ouvrière, jeune fille, 1935), SALADÉ (Rosetta, 1935), AIDA (Prêtresse, 1935), FLUTE ENCHANTÉE (Reine de la nuit, 1935, Dame, 1939), L'AIGLON (Comtesse de Camerata, puis Fanny Essler, 1938), MARCHAND DE VENISE (Servante, 1938), OR DU RHIN (Woglinde, 1938), SALAMMBO (Taanach, 1938), PALESTRINA (Ange, 1942), CHEVALIER A LA ROSE (Modiste, 1942) PÉNÉLOPE (Cléone, 1943)

Est la créatrice de LA MÉGÈRE APPRIVOISÉE (Mariette), FLUTE ENCHANTÉE (Enfant), PADMAVATI (Femme du Palais), NERTO (l'Avarice), ESTHER (Thamar), BROCELIANDE (une Grenouille), L'ILE DESENCHANTÉE (une Sène), ORPHÉE (jeune Femme), PRETRESSE DE KORYDWEN (une Voix), BURGRAVES (Gorluis), LE MAS (une Bergère), PERSÉE (une Néréide), SALAMINE (un Dignitaire), GUERCOEUR (une Illusion), VISION DE MONA (une Islandaise), ELEKTRA (la Surveillante), ŒDIPE (une Thébaine), CHARTREUSE DE PARME (une Voix), ENFANT ET LES SORTILÈGES (la Bergère, la Chouette).

Scène des « Walkyries » (GRAM. DB 4905).

LAMBRECHT. — Avec la troupe de l'Opéra de La Haye, crée « un Enfant de chœur » dans BEATRICE.

LANDERICH, Nora. — Débute le 13 mars 1941 dans « Siegrune » de LA WALKYRIE.

LANDI. — Débute le 1er octobre 1888 dans « Amnéris » de AIDA.

LANDRAL, Lise. — Débute le 6 août 1930 dans « Fricka » de LA WALKYRIE.

LAPEYRETTE, Ketty. — Débute dans « Dalila » le 15 janvier 1908. Chante, en 1908, RIGOLETTO (Madeleine), AIDA (Amnéris) ; en 1909, SIGURD (Uta), WALKYRIE (Fricka, Schwertleite), HENRY VIII (Anne) ; en 1911, HAMLET (la Reine) ; en 1912, LE PROPHÈTE (Fidès), ROMA (Posthénia) ; en 1915, FAUST (Dame Marthe), OFFRANDE A LA LIBERTÉ (la Marseillaise) ; en 1916, « Théodora » ; en 1917, MESSIDOR (Véronique), PROMETHÉE (Gaïa) ; en 1918, LA FAVORITE (Léonore) ; en 1919, OTHELLO (Emilia), HELENE (Pallas) ; en 1921, SIEGFRIED (Erda), OR DU RHIN (Fricka) ; en 1922, BORIS (Hotesse) ; en 1927, LE FIFRE ENCHANTÉ (Mme Robin) ; en 1933, LE BARBIER (Marceline) et en 1937, ARIANE (Perséphone).

Est la créatrice de LE CREPUSCULE (Flosshilde, Waltraute), OR DU RHIN (Flosshilde), LA FORET (Jeanne) ICARE (une Nymphe), LE COBZAR (la Tzigane), PARSIFAL (Fille-fleur) EUGENE ONEGUINE (la Niania) « Myrialde », UNE FÊTE CHEZ LA POUPLINIÈRE, SALOMÉ de Mariotte (Hérodias), GOYESCAS (Pépa), SEPT CHANSONS (vieille Mère), FALSTAFF (Mrs Quickly), « Padmavati », LE JARDIN DU PARADIS (la Sorcière), L'ARLEQUIN (la vieille Femme), BROCELIANDE (Fée Carabosse) CHEVALIER A LA ROSE (Annina), NAILA (Feridjé) TENTATION DE SAINT ANTOINE (la Mort), ILLUSTRE FREGONA (la Galléga), GUERCOEUR (Souffrance), VISION DE MONA (Mona), ELEKTRA (Clytemnestre), VERCINGETORIX (gde Druidesse), ARIANE ET BARBEBLEUE (Nourrice), MEDÉE (Nourrice).

LA FAVORITE en 21 disques (Saphir PATHÉ 1551/71).

LAPIERRE, Germaine. — Crée LA FILLE DE ROLAND (Page), LE JARDIN DU PARADIS (Suivante), LA NAISANCE DE LA LYRE (Nymphe) et est affichée, en 1926, dans « un Page » de TANNHAUSER et LOHENGRIN, « une Suivante » de FREISCHUTZ et GWENDOLINE, en 1928 dans « une Galiléenne » de SALOMÉ, en 1931, dans « une Esclave » de HERODIADE, en 1936 dans « une Dame d'honneur » des HUGUENOTS et en 1937 dans « un Ephèbe » de ARIANE.

LARSEN-TODSEN, Nanny. — En représentation, débute le 30 novembre 1932 dans « Brunehilde » de LA WALKYRIE.

LAURENCE, Eliane. — Débute le 20 octobre 1946 dans « une jeune Fille » de JOSEPH. Chante, en 1946, BORIS (Xénia), FLUTE ENCHANTÉE (Dame), THAIS (Crobyle) ; en 1947, FAUST (Siébel), DIANE DE POITIERS (une Musicienne), PADMAVATI (Femme du peuple), ROMÉO (Stéfano), « le Coq d'Or », LOHENGRIN (Page) ; en 1948, RIGOLETTO (Page).

LAUTE-BRUN, Antoinette. — Débute le 24 août 1903 dans « un Page » de TANNHAUSER. Est affichée dans LES HUGUENOTS (Bourgeoise, 1904, Urbain, 1906), WALKYRIE (Helmwigue, 1904, Siegrune, 1906, Fricka, 1908), FAUST (Siébel, 1904, Marguerite, 1907), FAVORITE (Inès, 1904), ROMÉO (Stefano, 1905), ARMIDE (Sidonie, puis Lucinde, puis un Plaisir, puis une Naïade, 1905), GUILLAUME TELL (Jemmy, 1905), ARIANE (Eunoé, 1906), THAIS (Crobyle, 1907), HIPPOLYTE (Grande Prêtresse, 1908) ; AIDA (Gde Prêtresse), TANNHAUSER (Pâtre), SIGURD (Hilda), SIEGFRIED (voix de l'Oiseau) en 1916 ; IPHIGENIE (Diane) PATRIE (Rafaela) en 1916 ; SALAMMBO (Taanach), LE CID (Infante) en 1919 ; CASTOR ET POLLUX (Télaïre, 1921), FLUTE ENCHANTÉE (Enfant, 1925).

Est la créatrice de L'ETRANGER (Ouvrière, jeune Fille), ARIANE (Chromis), CATALANE (Antonia) PROMETHEE (Oéné), CREPUSCULE (Volgunde), BACCHUS (Kélégé), OR DU RHIN (Volgunde), FORET (le Hêtre), FILLE DU SOLEIL (Nausithaé), ICARE (Nymphe), SORTILEGE (première Fée), JOYAUX DE LA MADONE (Concetta), PARSIFAL (Ecuyer, Fillefleur), SCEMO (Benedetta), SOLEIL de NUIT (une Voix), CAREME PRENANT, TRAGEDIE DE SALOMÉ (une Voix), FETE TRIOMPHALE (l'Ange de la Concorde), ANTAR (Leïla).

LE CID, Alleluia (GRAM. 34660) — FAUST, Roi de Thulé (GRAM. 33534) - (ZONOPHONE 83105) - air des bijoux (ZONO 83102) - il m'aime (ZONO 83106) - duo jardin (GRAM. 34133/4) - divine pureté (GRAM. 34135) - mon cœur est pénétré... (GRAM. 34136) - le jour va luire (GRAM. 34140) - la Rencontre (GRAM. 34663) - Mort de Valentin (GRAM. 34689) - l'Eglise (GRAM. 34691/92) — Anges purs (GRAM. 34130) — LA FAVORITE Doux Zéphire (GRAM. 34672) — LES HUGUENOTS, Nobles Seigneurs... (ODEON 97789) — SIGURD, au nom du Roi Gunther (GRAM. 34654).

LAVAL, Jeanne. — Débute le 21 mars 1918 dans CASTOR ET POLLUX (Suivante d'Hébé, Ombre heureuse).

Chante THAIS (Myrtale, 1918), MADEMOISELLE DE NANTES (Cérès, 1919) ; « Rébecca », TENTATION DE SAINT ANTOINE (voix de l'Enfant Jésus) en 1920 ; ROMÉO (Stéfano, 1920, Juliette, 1928), HUGUENOTS (Urbain, 1920), WALKYRIE (Guerhilde, 1921), FAUST (Marguerite, 1921, Siébel, 1923) ; TROYENS (Ascagne), OR DU RHIN (Woglinde) en 1921 ; ANTAR (Abla), CASTOR ET POLLUX (Phébé), MÉGÈRE APPRIVOISÉE (Bianca) BORIS (Xénia) en 1922 ; FLUTE ENCHANTÉE (Papagéna), ENLÈVEMENT AU SÉRAIL (Blondine) en 1923 ; LO-

HENGRIN (Elsa, 1924) TRIOMPHE DE L'AMOUR (la Nuit), « Miarka » en 1925 ; FREISCHUTZ (Annette, 1926), MAITRES CHANTEURS (Eva, 1927), CREPUSCULE (Voglinde) et PARSIFAL (Fille-fleur) en 1928 ; GUILLAUME TELL (Jemmy, 1929).

A créé au Palais Garnier ANTAR (Nedda), HERODIADE (Babylonienne), FALSTAFF (Nanette), GRISELIDIS (Bertrade), MARTYRE DE SAINT SEBASTIEN (une Voix), KHOVANTCHINA (Emma), PADAMAVATI (Nakanti), BROCELIANDE (Fée Roselys), CHEVALIER A LA ROSE (Sophie), LE MAS (Marie), GUERCOEUR (Ombre d'une Vierge, une Illusion), VISION DE MONA (Françoise).

LA FLUTE ENCHANTÉE, duo de Papagena - Papageno avec BORDON (COL. LF 52) — CASTOR ET POLLUX, Tristes apprêts (COL. LF 18) — LES HUGUENOTS, air d'Urbain (COL. LFX 4) — PAILLASSE, ballade de Nedda (COL. LFX 33) — LE FREISCHUTZ, ariette, air d'Annette (COL. LFX 34).

LAWRENCE, Marjorie. — Débute dans « Ortrude » de LOHENGRIN le 25 février 1933. La même année chante LA WALKYRIE (Brunehilde), HERODIADE (Salomé), LA JUIVE (Rachel), AIDA (Aïda, puis, en 1946, Amnéris), LE CREPUSCULE (Brunehilde) ; en 1934 DON JUAN (Anna), SIGURD (Brunehilde) et « Salomé » ; en 1936, TRISTAN (Brangaine), LES HUGUENOTS (Valentine).

Est la créatrice de « Keltis » dans VERCINGETORIX.

AIDA, air du Nil (VICTOR 8994) - LE CREPUSCULE, qu'un bûcher... (EXTRAIT. DB 4914/15) — SALOMÉ, extraits en 2 disques (GRAM. DB 4933/34) et (Victor 8682/83) — SIGURD, deux airs (GRAM. DB 4937) — LA WALKYRIE, Ho, io, to ho et scène des Walkyries (GRAM. DB 4905).

LEAVINGTON. — Débute salle Le Peletier le 25 août 1873 dans « Fidès » du PROPHÈTE. Y chante également « Azucéna » du TROUVÈRE. Au palais Garnier, effectue sa rentrée en 1888 dans LE PROPHÈTE et chante également, en 1889, « Madeleine » de RIGOLETTO et « Edwige » de GUILLAUME TELL.

LE BRIS, Michèle. — Débute dans « Marguerite » de FAUST le 10 avril 1961. Chante : TRAVIATA (Clara, 1961), INDES GALANTES (Emilie, 1962).

LE CLERC, Marie-Louise. — Débute le 12 novembre 1951 dans « Stéfano » de ROMÉO. Chante SALADÉ (Isabelle) FAUST (Siébel), en 1951 ; ARIANE ET BARBE-BLEUE (Mélisande), LOHENGRIN (Page) en 1952 ; RIGOLETTO (Page) en 1954.

LECOINTRE, Huguette. — Crée « une Sœur » dans DIALOGUES DES CARMÉLITES.

LECUYER. — Débute dans « Siébel » de FAUST le 18 août 1890.

LECUYER, Jeanne. — Débute dans « Marguerite » de FAUST le 14 décembre 1924. Chante PADMAVATI (jeune Fille), WALKYRIE (Helmwigue) en 1925 ; HERODIADE (Salomé), THAIS (Crobyle) en 1926.

LEFEVE, Jeannette. — Est affichée dans LE MARCHAND DE VENISE (Masque, 1938), HERODIADE (Esclave, 1947), DIALOGUES DES CARMÉLITES (petite vieille, 1957).

LEFORT, Suzanne. — Débute dans « Dalila » le 16 novembre 1941. Chante la même année L'OR DU RHIN (Erda) ; en 1942, RIGOLETTO (Madeleine), PALESTRINA (Silla), THAIS (Albine), AIDA (Amnéris), puis WALKYRIE (Schwerteite, 1943), ROI D'YS (Margared, 1944), BORIS (Nourrice, 1951). A créé PALESTRINA (Spectre de Lucrèce), ANTIGONE (Coryphée), PÉNÉLOPE (Euryclée) et PEER GYNT (Aase).

LEGER, Agnès. — Ayant débuté dans « Crobyle » de THAIS le 31 janvier 1953, chante LES INDES GALANTES (Hébé, 1956), DON JUAN (Zerline, 1957), FLUTE ENCHANTÉE (Papagéna, 1959), CARMEN (Micaela, 1960), FIDELIO (Marceline, 1960).

LEGER, Raymonde. — Est affichée dans « un Apprenti » des MAITRES CHANTEURS (1948) et « une Fileuse » des NOCES CORINTHIENNES (1949).

LEGOUHY, Marguerite. — Débute le 6 février 1950 dans « Fattoumah » de MAROUF.

LEHMANN, Lotte. — Avec la troupe de l'Opéra de Vienne, en mai 1928, chante FIDELIO (Léonore), LE CHEVALIER A LA ROSE (la Maréchale), WALKYRIE (Sieglinde). En représentation, interprète LOHENGRIN (Elsa, 1929), TANNHAUSER (Elisabeth, 1930) et LES MAITRES CHANTEURS (Eva, 1934).

LE CHEVALIER (GRAM. DB 2060/72) - (VICTOR 196...) - H M (VOICE DB 7547-59) — FIDELIO, air de Léonore (PARLOPHONE PX 01013) — LOHENGRIN, Rève d'Elsa et air du 2 (PARLOPHONE PO 152) — TANNHAUSER, airs d'Elisabeth (PARLOPHONE PO 156) — LA WALKYRIE, 1er acte complet (GRAM. DB 2636/43) - (COL. GQX 10889/96) - (VICTOR 298...) - 2e acte complet : (GRAM. DB 3719/28) - (VICTOR 582...) — LES MAITRES CHANTEURS, duo avec M. BOHNEN (GRAM. 044299) - (OPERA DISC. 76357).

LE HOUCQ, Mariette. — Est affichée dans LES MAITRES CHANTEURS (Apprenti, 1948), LE CHEVALIER A LA ROSE (Fille de chambre, 1949), LES NOCES CORINTHIENNES (Fileuse, 1949), MARCHAND DE VENISE (Masque, 1949) DIALOGUES DES CARMÉLITES (une Sœur, 1957).

LEIDER, Frida. — En représentation, débute dans « Isolde » le 20 mai 1930. Chante « Brunehilde » du CREPUSCULE (1931) et de LA WALKYRIE (1932).

LE CREPUSCULE, extraits (COL. DVX 1308) - (HIS MASTER'S VOICE EJ 150 et EH 227) - (ETERNA 480) — (V.s.M. - GI - VOLH - 105) — TRISTAN, duo avec MELCHIOR (GRAM. w. 1148/49 et A. W. 287/88) - (VICTOR 7273/74) — LA WALKYRIE, intégrale (V.s.M. D. 1320/1333). RECITAL (ETERNA 0477).

LEISINGER, Elisabeth. — Débute dans « Marguerite » de FAUST le 7 septembre 1887.

LEJEUNE, Gabrielle. — Débute le 25 février 1911 dans « Magdeleine » des MAITRES CHANTEURS. Chante, la même année, « Crobyle » de THAIS, « Guerhilde » de LA WALKYRIE, et, en 1912, « Gala » de ROMA. Crée « Nikoma » dans SIBERIA.

LEMAIRE, Violette. — Est affichée dans LE JARDIN DU PARADIS (Suivante, 1926), TANNHAUSER (Page, 1930), HUGUENOTS (Dame d'honneur, 1936), ARIANE (Ephèbe, 1937), CHEVALIER A LA ROSE (Orpheline, 1942).

LEMPERS. — Débute le 4 décembre 1927 dans « Salomé » de HERODIADE.

LEPAGE. — Crée « un Ephèbe » dans ARIANE et est affichée dans LOHENGRIN (Page, 1908), GWENDOLINE (Suivante, 1911).

LEQUENNE, Andrée. — Débute le 28 février 1944 dans « Marguerite » de FAUST.

LEROUX. — En 1884, chante « Valentine » des HUGUENOTS, ayant débuté dans « Alice » de ROBERT LE DIABLE le 25 juillet.

LEROY, Odette. — En 1919 chante THAIS (Albine, débuts le 23 juillet), LA DAMNATION (Marguerite) ; en 1921, LA WALKYRIE (Waltraute).

LEROY, Yvonne. — Est affichée, en 1948, dans LES MAITRES CHANTEURS (Apprenti), en 1949, dans LES NOCES CORINTHIENNES (Fileuse), CHEVALIER A LA ROSE (Flutiste), LE MARCHAND DE VENISE (Masque) en 1957, dans DIALOGUES DES CARMÉLITES (une Sœur).

LEROY-THIEBAUT. — Débute en créant « une Voix » dans LUCIFER. Chante THAIS (Albine), WALKYRIE (Schwertleite), PRINCE IGOR (Voix), en 1949 ; RIGOLETTO (Madeleine, 1950), SALOMÉ (Page, 1951), BORIS (Nourrice, 1956).

LE SENNE. — Débute le 17 février 1909 dans « la Haine » d'ARMIDE. Chante en 1909 également WALKYRIE (Siegrune, puis Brunehilde), HUGUENOTS (Valentine) ; en 1910, L'OR DU RHIN (Fricka), TRISTAN (Brangaine); en 1912, LOHENGRIN (Ortrude), LE CID (Chimène), SIGURD (Brunehilde) et « Aïda » ; en 1915, OFFRANDE A LA LIBERTÉ (la Charité) ; en 1916, PATRIE (Dolorès).

A créé « Hérodias » dans SALOMÉ et la « Grande Vestale » dans ROMA.

LESLINO, Marie. — Débute dans « Valentine » des HUGUENOTS le 11 août 1879.

LEYMO, Madeleine. — Débute le 6 janvier 1934 dans « Vénus » de TANN-HAUSER et chante « Salomé » dans HERODIADE (1936).

LEYNEL. — Crée « une Vierge » dans ARIANE.

LHORMONT, Charlotte. — Débute en créant CARÊME PRENANT. Crée également UNE FÊTE CHEZ LA POU-PLINIÈRE.

LIMBERTI, Edméa. — Avec la troupe du Théâtre Communal de Florence, chante « Clotilde » dans NORMA le 11 juin 1935.

LINA-BELL. — Voir plus haut : « Bell, Lina ».

LINDSAY, Jeanne. — Débute en créant « Constance » dans UN ENLÈVEMENT AU SÉRAIL. Chante « Juliette » et « Marguerite » de FAUST en 1904, ARMIDE (Sidonie) et TANNHAUSER (Elisabeth) en 1905, LES MAITRES CHANTEURS (Eva) et LOHENGRIN (Elsa) en 1906.

ARMIDE, ah ! si la liberté... (GRAM. 33072) — FAUST, Roi du Thulé (GRAM. 33071 et P 204) — ROMÉO, valse (GRAM. 33650 et P 204).

LIPCHITZ, Exa. — Est affichée dans HERODIADE (Esclave, 1933), LE CHEVALIER A LA ROSE (Fille de chambre, 1935), HUGUENOTS (Dame d'honneur, 1936).

LIPKOWSKA, Lydia. — Débute dans « Juliette » le 26 juin 1909. En 1913, chante « Gilda » de RIGOLETTO et « Ophélie » d'HAMLET.

LIPP, Wilma. — Avec la troupe de l'Opéra de Vienne, chante « la Reine de la nuit » dans LA FLUTE ENCHANTÉE en 1953.

FLUTE ENCHANTÉE, complet (COL. FCX 150/152) — (DECCA LXT 5085/87) — extraits (DECCA LW 5343).

LIPTON, Martha. — Débute dans « Amnéris » de AIDA le 27 juin 1958.

LITVINNE (Fanny Schutz, dite) Félia. — Débute dans « Valentine » des HUGUENOTS le 29 mars 1889.

Chante, en 1889, L'AFRICAINE (Sélika), LA JUIVE (Rachel) ; en 1907, « Armide », WALKYRIE (Brunehilde) et « Isolde » ; en 1908, « Aïda » ; en 1909, SIEGFRIED (Brunehilde), HENRY VIII (Catherine), « Dalila », LE CREPUSCULE (Brunehilde), TANNHAUSER (Vénus) ; en 1916, « Brunehilde » de SIGURD.

A créé « Déjanire », SCENES RUSSES et JUDITH DE BETHULIE.

AIDA, Grâce, Pitié (FONOTIPIA 39217) — L'AFRICAINE, air du Sommeil (FONOT. 39218) - (ODEON 56223, 56226) - (ETERNA 485) — SAMSON, mon cœur s'ouvre à ta voix (GRAM. 56219 et 33160) — TRISTAN, mort d'Isolde (GRAM. 33162) et (ODEON 56228) — WALKYRIE, Ho. Jo. To. Ho. (GRAM. 33163).

LLACER, Maria. — En représentation, débute dans « Aïda » le 3 mars 1922.

LLOBERES, Marguerite. — Débute dans « Siébel » de FAUST le 18 juillet 1925. Est affichée dans, en 1925, BORIS (Xénia), RIGOLETTO (Comtesse), TANNHAUSER (Pâtre) ; en 1926, WALKYRIE (Guerhilde), GWENDOLINE (Compagne) ; en 1927, PADMAVATI (jeune Fille), TRAVIATA (Anette, puis Bohémienne), CHEVALIER A LA ROSE (Modiste), ARLEQUIN (jeune Femme) THAIS (Myrtale) ROMÉO (Stéfano), FIFRE ENCHANTÉ (Lavaleur), COQ D'OR (le Coq) ; en 1928, LE MIRACLE (un Escholier), TRAGÉDIE DE SALOMÉ (une Voix).

A créé L'ILE DÉSENCHANTÉE (une Sène), LES BURGRAVES (un Burgrave) CYRCA (une Voix) et LE MAS (un Moissonneur).

LOEWEL, Yvonne. — Est affichée dans LA FILLE DE ROLAND (Page, 1922), PARSIFAL (Fille-fleur, 1924), NAISSANCE DE LA LYRE (Nymphe, 1925), HERODIADE (Cananéenne, 1926).

LOLLINI, Nérina. — Avec la troupe de l'Opéra de Monte-Carlo, en 1912, interprète MEFISTOFELE (Dame Martre), LA FILLE DU FAR-WEST (Wawkle) et RIGOLETTO (Madeleine). En représentation crée « Armande » dans MARIA DI ROHAN.

LONATI. — Est affichée dans JEANNE D'ARC (Page), HUGUENOTS (Dame d'honneur), PROPHÈTE (Néophyte) en 1876 : L'AFRICAINE (Anna, 1877), LA FAVORITE (Inès, 1878).

LOOSE, Emmy. — Avec la troupe de l'Opéra de Vienne, débute le 15 mai 1953 dans « Papagéna » de LA FLUTE ENCHANTÉE.

FLUTE ENCHANTE, complet (COL. FCX 150/52) - (DECCA LXT 5085/87).

LORRAINE, Alys. — Débute dans « Elsa » de LOHENGRIN le 22 mars 1912, et chante « Marguerite » de FAUST en 1913.

LORY, H. — Débute salle Ventadour le 9 novembre 1874 dans « Zerline » de DON JUAN, rôle qu'elle chante également au Palais Garnier.

LOS ANGELES, Victoria de. — En représentation, débute le 9 avril 1949 dans « Marguerite » de FAUST.

FAUST : « les Bijoux », « Roi de Thulé » (GRAM. DB 6938) - (V.s.M. ERF 17010) - intégral (V.s.M. FALP 261/64) - (V.s.M. FALP 630/3) - (V.s.M. stéréo ASDF 101/104).

LOUVET. — Débute le 23 juillet 1888 dans « Urbain » des HUGUENOTS.

LOVENTZ. — Débute dans «la Reine» des HUGUENOTS le 9 novembre 1890.

Chante ASCANIO (Colombe, 1890), PATRIE (Raphaela), GUILLAUME TELL (Mathilde), LE MAGE (Anahita) en 1891 : RIGOLETTO (Gilda), AFRICAINE (Inès), « Juliette », LA JUIVE (Eudoxie) en 1892 : WALKYRIE (Helmwigue), ROBERT LE DIABLE (Isabelle) en 1893 : THAIS (Crobyle, 1894), MONTAGNE NOIRE (Héléna, 1895), FAUST (Marguerite, 1896).

LOYNEL. — Est affichée dans TANNHAUSER (Page, 1895), ARIANE (Ephèbe, 1906).

LUBIN, Germaine. — Débute en créant « Léonore » dans LE CHANT DE LA CLOCHE. Crée également LE RETOUR (Blanche), LA LEGENDE DE SAINT CHRISTOPHE (Nicéa), LA FILLE DE ROLAND (Berthe), LE CHEVALIER A LA ROSE (Octave), MAXIMILIEN (l'Impératrice), « Elek-tra », ARIANE ET BARBE-BLEUE (Ariane), LA CHARTREUSE DE PARME (Gina) et « Pénélope ».

Est d'autre part affichée dans FAUST (Marguerite, 1916), PATRIE (Dolorès), ETRANGER (Vita), « Jeanne d'Arc », « Juliette », « Aïda », ROMA (Fausta) en 1917 ; CASTOR ET POLLUX (Télaïre), « Thaïs » en 1918 ; LA DAMNATION (Marguerite), « Salammbô » en 1919 ; WALKYRIE (Sieglinde, 1921, Brunehilde, 1928), «Monna Vanna» (1921), BORIS (Marina), LOHENGRIN (Elsa) 1922; MAITRES CHANTEURS (Eva, 1923), TANNHAUSER (Elisabeth, 1925), « Alceste », FREISCHUTZ (Agathe) en 1926 ; SIEGFRIED (Brunehilde, 1928), TROYENS (Cassandre, 1929), « Isolde » (1930) ; PARSIFAL (Kundry), « Iphigénie » (1931) ; CREPUSCULE (Brunehilde, 1933), DON JUAN (Anna, 1934), FIDELIO (Léonore) et « Ariane » (1937) ; LE CHEVALIER (la Maréchale, 1941).

CREPUSCULE, qu'un bûcher... (ODEON 123634/35) — LOHENGRIN, Rêve d'Elsa (ODEON 123613) - (ODEON ORX 103) — SIEGFRIED, final du 3 (ODEON 123684) — TANNHAUSER, air d'entrée (ODEON 123613) — TRISTAN, Mort dIsolde (ODEON 188696) — WALKYRIE, ô glaive... (ODEON 123683/84).

LUCAS. — Débute dans « la Reine » des HUGUENOTS le 7 juillet 1899. Chante SIGURD (Hilda, 1899) et GUILLAUME TELL (Mathilde, 1900).

LUCAZEAU, Jacqueline. — Débute le 8 mai 1944 dans « un Coryphée » de ANTIGONE. Chante « Aïda », LA FLUTE ENCHANTÉE (Dame), FAUST (Marguerite), en 1945 ; ANTAR (Abla), OTHELLO (Desdémone) en 1946 ; puis, en 1956, TANNHAUSER (Elisabeth), WALKYRIE (Brunehilde) et en 1957, DON JUAN (Anna), DIALOGUES DES CARMÉLITES (nouvelle Prieure), LE CHEVALIER (la Maréchale).

LUCCIONI, Marthe. — Débute dans « Thaïs » le 3 décembre 1945. Chante FAUST (Marguerite, 1947), LES FÊTES D'HÉBÉ (Hébé, 1950), « Juliette » (1950) et « Kerkeb » (1951).

LUMIERE, Suzanne. — Débute dans « une Ombre » des TROYENS le 25 février 1929. Est affichée dans LA WALKYRIE (Siegrune, 1930, Rossweiss, 1932, Schwertleite, 1934, Grimguerde, 1948), TANNHAUSER (Page, 1930), CHEVALIER A LA ROSE (Orpheline, 1930), TRIOMPHE DE L'AMOUR (le Mystère, 1932), PARSIFAL (une Voix, 1933, Fille-fleur, 1935), LA DAMNATION (une Voix, 1933), LOHENGRIN (Page, 1933), CASTOR ET POLLUX (Spartiate, 1935), ARIANE (Ephèbe, 1937), GWENDOLINE (Compagne, 1942) PÉNÉLOPE (Eurymone, 1945).

A créé PERSÉE (Néréide), SALAMI-NE (Dignitaire), MARCHAND DE VE-NISE (Masque), ŒDIPE (Vierge), L'AI-GLON (Isabelle), PÉNÉLOPE (Servante), NOCES CORINTHIENNES (Fileuse), DIALOGUES DES CARMÉLITES (une Sœur).

LUREAU-ESCALAIS, Maria. — A débuté le 27 novembre 1882 dans « la Reine » des HUGUENOTS. Fut affichée dans GUILLAUME TELL (Mathilde, 1883), ROBERT LE DIABLE (Isabelle, 1883, Alice, 1884 — a chanté un même soir les deux rôles, le 19.2. 1886), FAUST (Marguerite, 1883), AFRICAINE (Inès, 1883), LA JUIVE (Eudoxie, 1885), RIGOLETTO (Gilda, 1885) DON JUAN (Elvire, 1887), HAMLET « Ophélie » (1888) et « Juliette » (1889).

A créé « Anahita » dans LE MAGE.

LUZA, de. — Débute dans une «Fillefleur» de PARSIFAL le 25 mars 1914. En 1920, chante « Nedda » de PAIL-LASSE et « Marguerite » de FAUST.

LYS, Edith de. — Crée « Maria » dans MARIA DI ROHAN.

MAC-ARDEN, Joy. — Débute le 22 août 1923 dans « Elsa » de LOHEN-GRIN.
Chante L'OR DU RHIN (Fréia, 1924), SIGURD (Hilda, 1924), WALKYRIE (Sieglinde, 1933), LE CREPUSCULE (Gutrune, 1933).

MAC CORMICK, Mary. — Débute le 3 juillet 1926 dans « Juliette », puis en 1927, paraît dans FAUST (Marguerite) et HERODIADE (Salomé).

MAHE, Renée. — Débute en créant « une Illusion » dans GUERCŒUR. Crée encore MAXIMILIEN (une Voix), UN JARDIN SUR L'ORONTE (Zobéïde), VERCINGETORIX (Epone, une Druidesse), PERKAIN (Magaléna) DIANE DE POITIERS (Musicienne), SA-LADÉ (Isabelle), MARCHAND DE VE-NISE (Nérissa), PROMENADE DANS ROME (une Voix), LA SAMARITAINE (une Femme), PALESTRINA (un Ange), et ANTIGONE (Ismène).
D'autre part est affichée dans IPHI-GÉNIE (Femme grecque), ROMÉO (Stéfano), AIDA (Prêtresse), LOHEN-GRIN (Page), FAUST (Siébel), TANN-HAUSER (Pâtre) en 1931 ; ELEKTRA (Porteuse de traîne), PARSIFAL (Ecuyer) en 1933 ; ROLANDE (Page, 1934, Rosette, 1937); DON JUAN (Zerline), FLUTE ENCHANTÉE (Papagéna) en 1935 ; HUGUENOTS (Urbain), SOI-RÉE ROMANTIQUE (une Voix) en 1936 ; ARIANE (Eunoé) BORIS (Xénia) ALCESTE (Suivante), FIDELIO (Marceline), L'AIGLON (Thérèse de Lor-

get) en 1937 ; WALKYRIE (Guerhilde), PRISE DE TROIE (Ascagne) en 1938 ; ARIANE ET BARBE-BLEUE (Bellangère, 1939, Ygraine, 1945), THAIS (Crobyle, 1940), ROI D'YS (Rosenn, 1941), OR DU RHIN (Woglinde), LE DRAC (Francine) en 1942 ; ANTAR (Selma) PADMAVATI (Nakanti) en 1946.

MARCHAND DE VENISE, quatuor (GRAM. DA 4872) — SALADÉ, duo avec ROUQUETTY (GRAM. DA 4886).

MAHIEU, Marcelle. — En 1926, débute le 23 avril dans « Waltraute » de LA WALKYRIE et chante « Ortrude » de LOHENGRIN, puis est affichée en 1927 dans TANNHAUSER (Vénus), LE MIRACLE (Alix), en 1928 dans LA WALKYRIE (Brunehilde), PARSIFAL (Kundry), en 1931 dans GUERCŒUR (Bonté), LE CREPUSCULE (troisième Norne) ; en 1933 dans VERCINGETO-RIX (Druidesse) et en 1935 dans « Hérodias » de SALOMÉ. A créé « une Illusion » dans GUERCŒUR.

Scène des « Walkyries » (GRAM. DB 4905).

MALANIUK, Ira. — En représentation, débute le 7 mai 1955 dans « Fricka » de L'OR DU RHIN. La même année, chante « Fricka, Grimguerde » dans LA WALKYRIE, « Waltraute, première Norne » dans LE CREPUSCULE et, en 1956, interprète « Brangaine » dans TRISTAN.

3e acte intégral de la WALKYRIE (Micros COL. FCX 111/112).

MALIPONTE, Adriana. — Débute le 5 mars 1962 dans « Micaela » de CARMEN.

MALRAISON, Cécile. — En 1926, est affichée dans « un Page » de LOHEN-GRIN et de LA FILLE DE ROLAND.

MAMSINA, Elisabeth — Avec la Compagnie de Serge de Diaghilew, crée « une Ambassadrice de l'Empereur de Chine » dans ROSSIGNOL.

MANCEAU, Jeanne. — Débute le 1er septembre 1928 dans « Myrtale » de THAIS.
Chante PARSIFAL (une Voix, une Fille-fleur), LE COQ D'OR (l'Intendante) en 1928 ; WALKYRIE (Siegrune, 1929, Fricka, 1934, Rossweiss, 1935), SA-LOMÉ (Page, une Ombre, puis Anna), ALCESTE (Coryphée), LO-HENGRIN (Page), RIGOLETTO (Madeleine), LE MAS (Rouzil), BORIS (Fédor) en 1929 ; HUGUENOTS (Dame d'honneur, 1930), PADMAVATI (Femme du palais), LE CREPUSCULE

(Flosshilde), OTHELLO (Emilia), ES-CLARMONDE (Parséis) en 1931 ; « Dalila » (1932) ; « Hérodiade'» et AIDA (Amnéris) en 1933 ; SIGURD (Uta) en 1935.

A créé LE MAS (jeune Fille, Berger) PERSÉE (Thétis), SALAMINE (un Dignitaire), LA TENTATION DE SAINT ANTOINE (l'Ange), GUERCŒUR (l'Ombre d'une Femme, une Illusion), ELEKTRA (deuxième Servante), VERCINGETORIX (Druidesse).

MANCINI, Louise. — Débute le 6 octobre 1906 dans « Siegrune » de LA WALKYRIE. En 1907, chante ARMIDE (Phénice), ARIANE (Cypris), TANNHAUSER (Vénus) ; en 1908, RIGOLETTO (Comtesse) ; en 1909, LE CREPUSCULE (une Norne), HENRY VIII (Lady Clarence), HUGUENOTS (Urbain), ROMÉO (Stéfano), FAUST (Siébel), GUILLAUME TELL (Jemmy), LOHENGRIN (Ortrude).

Crée « le Cyprès » dans LA FORÊT.

MANDIN. — Est affichée dans L'ETRANGER (jeune Fille, 1903) et LES HUGUENOTS (Dame d'honneur, 1905).

MANDRAL. — Débute dans « Siébel » de FAUST le 11 mars 1928. Chante HERODIADE (Babylonienne) et RIGOLETTO (Comtesse) en 1931. Crée « la Porteuse de traine » dans ELEKTRA.

MANNY, Germaine. — Débute dans « Jemmy » de GUILLAUME TELL le 9 novembre 1916.

MARCHAL, Julienne. — Débute dans « Gilda » de RIGOLETTO le 18 août 1926.

MARCHAL, Paulette. — Est affichée dans LE CHEVALIER A LA ROSE (Orpheline 1941, Fille de chambre, 1949), LES NOCES CORINTHIENNES (Fileuse), LE MARCHAND DE VENISE (Masque), en 1949.

MARCHAND, Berthe. — Crée « une Suivante » dans LE JARDIN DU PARADIS.

MARCIA, Aurore. — Débute le 18 avril 1910 dans « Aïda ».

MARCIGNY. — Débute le 11 décembre 1936 dans « la Reine » du COQ D'OR.

MARCY, Jeanne. — Débute dans « Marguerite » de FAUST le 14 mars 1892.

Chante L'AFRICAINE (Inès, 1892, Sélika, 1902), ROBERT LE DIABLE (Isabelle, 1892) ; en 1893, « Juliette », «l'Infante» du CID, «Eudoxie», de LA JUIVE puis «Gwendoline» (1894), WALKYRIE (Sieglinde, 1898, Brunehilde, 1901), HUGUENOTS (Valentine, 1899).

Crée L'OR DU RHIN (Fréia et Woglinde, audition du 6.5.1893), WALKYRIE (Helmwigue), THAIS (Crobyle).

MARET. — Débute dans « Amnéris » de AIDA le 30 décembre 1887, et crée « Gertrude » dans LA DAME DE MONSOREAU.

MARGYL Jane. — Débute le 22 septembre 1905 dans « Dalila ». En 1906, chante « Amnéris » dans AIDA et « Fricka » dans LA WALKYRIE.

MARIGNAN, Jane. — Débute dans « Aïda » le 28 juillet 1909.

MARILLIET, Andrée. — Débute le 6 octobre 1922 dans « un Esprit céleste » de LA LEGENDE DE SAINT CHRISTOPHE.

Chante LA FILLE DE ROLAND (Théobalt, 1922, Geoffroy, 1925), WALKYRIE (Guerhilde), AIDA (Prêtresse), TROUVÈRE (Inès) en 1923 ; THAIS (Crobyle, 1924), CREPUSCULE (Voglinde, 1925), ALCESTE (Coryphée), PARSIFAL (Fille-fleur), LOHENGRIN (Elsa) en 1926 ; HERODIADE (Salomé), « le Coq d'Or » en 1927 ; TURANDOT (Liu), FAUST (Marguerite), NOCTURNE (Récitante) en 1929 ; CASTOR ET POLLUX (Suivante, 1930), ETRANGER (Ouvrière, jeune Fille, 1934), ARIANE (Cypris, 1937).

A créé LA FLUTE ENCHANTÉE (Dame), CYDALISE (Voix de la forêt), PADMAVATI (Femme du palais), JARDIN DU PARADIS (jeune Fille), LES DIEUX SONT MORTS (Dylila), L'ARLEQUIN (jeune Femme), BROCELIANDE (une Grenouille), ORPHÉE (jeune Fille), IMPERATRICE AUX ROCHERS (une Voix), BAISER DE LA FÉE (une Voix), PERSÉE (une Néréïde), SALAMINE (un Dignitaire), GUERCŒUR (une Illusion), LA VISION DE MONA (une Islandaise), ELEKTRA (cinquième Servante), LE MARCHAND DE VENISE (une Gouvernante), ŒDIPE (une Thébaine).

FAUST, air des bijoux (COL. D 15006) — LOHENGRIN, chant d'amour (COL. D 15006) — Scène des WALKYRIES (GRAM. DB 4905).

MARIN. — Débute le 7 juillet 1930 dans « Rossweiss » de LA WALKYRIE. En 1931 chante « la Comtesse » de RIGOLETTO, « Gertrude » de ROMÉO et « le Page » de LOHENGRIN ; en 1932 la « troisième », puis la « première Servante » dans ELEKTRA. A créé « une Grisette » dans VIRGINIE, « une Illusion » dans GUERCŒUR, et « une Femme du Palais » dans ŒDIPE.

MARKEZ. — Débute le 2 juin 1909 dans « Guerhilde » de LA WALKYRIE.

MART, Maud. — En représentation, chante « le Pâtre » dans TOSCA le 24 novembre 1925.

MARTIN, Marie-Jeanne. — Débute le 8 février 1927 dans « une Orpheline noble » du CHEVALIER A LA ROSE.

MARTINELLI, Germaine. — En représentation chante « Marguerite » de LA DAMNATION en 1936.

DAMNATION, air de Marguerite (POLYDOR 566040).

MARTINI, Dragitza. — Avec la troupe du Théâtre San Carlo de Naples, chante « Amélia » dans LE BAL MASQUÉ le 1er juillet 1951.

MARTINI, Marguerite. — Débute le 25 août 1893 dans « Sieglinde » de LA WALKYRIE et chante « Brunehilde » de SIGURD en 1894.

MARTYL, Nelly. — Débute le 20 mars 1907 dans « une Naïade » de ARMIDE. Chante PATRIE (Rafaela, 1907) FAUST (Siébel, 1908) et crée LA CATALANE (Agnès), AMPHYON (voix de la Muse).

MAS, Margaret. — Débute le 22 avril 1949 en créant « la Muse » dans LES NOCES CORINTHIENNES. Est affichée en 1949 dans LE CHEVALIER (Orpheline), WALKYRIE (Ortlinde) MAITRES CHANTEURS (Eva) ; en 1950 dans LA DAMNATION (Marguerite), en 1951 dans « Kerkeb », en 1952 dans FAUST (Siébel), en 1958 dans LE BAL MASQUÉ (Amélia), en 1959 dans DON JUAN (Anna), LES INDES GALANTES (Phani) ; en 1960 dans « Tosca » et FIDÉLIO (Léonore) ; en 1961, LES TROYENS (Didon).

MASON, Edith. — En 1920 chante « Marguerite » de FAUST, « Gilda » de RIGOLETTO ayant débuté le 8 mars dans « Juliette » de ROMÉO.

MASSON. — Débute le 4 mars 1932 dans « la Surveillante » de ELEKTRA. La même année est affichée dans WALKYRIE (Guerhilde), RIGOLETTO (Johanna), THAIS (Myrtale), ELEKTRA (deuxième Servante), et, en 1933 ROMÉO (Gertrude).

MASTIO, Catherine. — En 1908, débute dans « Elsa » de LOHENGRIN le 16 mars, puis chante « Siébel » de FAUST, « Berthe » du PROPHÈTE et « l'Amour » dans HIPPOLYTE ET ARICIE.

MATHIEU, Madeleine. — Avec la compagnie de Mme Ida Rubinstein, crée « une Voix de la Muse » dans AMPHYON, puis, en représentation, chante « Dame Marthe » dans FAUST le 2 juin 1949.

MATHIEU. — Débute le 10 juillet 1893 dans « une Dame d'honneur » des HUGUENOTS. Chante, en 1893, ROBERT LE DIABLE (Dame d'honneur), WALKYRIE (Guerhilde, puis Ortlinde), RIGOLETTO (Johanna, puis la Comtesse, puis en 1904 le Page), L'AFRICAINE (Anne), puis le PROPHÈTE (Néophyte, 1898), HENRY VIII (Clarence, 1903), HUGUENOTS (Léonard, 1904), ARMIDE (l'Echo, 1905), ARIANE (Chromis, 1907), SALAMMBO (Taanach, 1907), HIPPOLYTE ET ARICIE (une Matelotte, 1908).

A créé GWENDOLINE (Compagne), MONTAGNE NOIRE (Esclave), HELLE (Prêtresse), JOSEPH (jeune Fille), PRISE DE TROIE (Prolyxène), ASTARTE (Suivante), ETRANGER (Madeleine) et LA CATALANE (Francisca).

MATHIEU-LUTZ. — Au cours d'un Gala, le 28 avril 1912, chante « Sophie » dans WERTHER.

MATHOT, Nelly. — Débute dans la « Reine de la nuit » de LA FLUTE ENCHANTÉE le 17 mai 1942. Chante RIGOLETTO (Gilda, 1942), ANTAR (Nedda, 1946), TRAVIATA (Violetta, 1955), INDES GALANTES (Fatime, 1955).

MATI. — Débute dans la « première Norne » du CREPUSCULE le 11 novembre 1910. La même année chante WALKYRIE (Fricka), puis, en 1911, L'OR DU RHIN (Fricka), LOHENGRIN (Ortrude), TANNHAUSER (Vénus). Crée « une Nymphe » dans ICARE.

MATTEI. — Avec la troupe de l'Opéra de Monte-Carlo, chante « Panthélis » dans MEFISTOFELE le 9 mai 1912.

MATTIO, Jeanne. — Débute le 4 octobre 1943 en créant le « deuxième Oiseau noir » dans PEER GYNT et chante « une Vieille » dans L'ETRANGER (1951).

MATZEMAUER, Margarete. — En représentation, en 1924, chante « Amnéris » dans AIDA et « Dalila ».

Grand air d'AIDA (VICTOR 88431).

MAUDUIT. — A débuté salle Le Peletier le 17 novembre 1865 dans « Alice » de ROBERT LE DIABLE. Au Palais Garnier, fut affichée dans LE PROPHÈTE (Berthe), HAMLET (la Reine), FAUST (Siébel, qu'elle a créé à l'Opéra), FREISCHÜTZ (Annette), L'AFRICAINE (Sélika) et DON JUAN (Elvire).

MAXINOVITCH, de. — Débute dans « Helmwigue » de LA WALKYRIE le 29 avril 1932.

MAZARIN, Mariette. — Débute dans « Elisabeth » de TANNHAUSER le 13 septembre 1911.

MAZZOLENI, Esther. — Avec les artistes de la Scala de Milan, chante « Jullia » dans LA VESTALE le 24 janvier 1909.

MELBA, Nellie. — Débute le 8 mai 1889 dans « Ophélie » de HAMLET. Chante, en 1889, « Juliette » et « Lucie » en 1890 « Marguerite » de FAUST et « Gilda » de RIGOLETTO.

Air des bijoux (GRAM. 03048 DB 361) - (CAMDEN 88066) — Air d'Ophelie (GRAM. 03023/24 et DB 364) - (VICTOR 88069/70) — Air de Lucie (GRAM. DB 364 et 03020) (flûte solo : Philippe GAUBERT) - (CAMDEN 88071) — Air de Gilda (GRAM. 03025 DB 346) - (VICTOR 88069/70)— Quatuor de RIGOLETTO (GRAM. DM 118) — Valse de ROMÉO (GRAM. 03035).

MELIN, Charlotte. — Est affichée dans PARSIFAL (Fille-fleur, 1924), LOHENGRIN (Page), FILLE DE ROLAND (Page), FREISCHUTZ (Demoiselle d'honneur) en 1926 ; CHEVALIER (Orpheline, 1927), SALOMÉ (Galiléenne, 1928), PERSÉE et ANDROMÈDE (Néréide, 1930), CASTOR ET POLLUX (Suivante, 1935), LES HUGUENOTS (Dame d'honneur, 1936).

MELIS, Carmen. — Avec la troupe de l'Opéra de Monte-Carlo, crée « Minnie » dans LA FILLE DU FAR WEST. En représentation, chante « Aïda », « Manon » et « Léonore » du TROUVÈRE en 1916.

MELUIS, Luella. — En représentation débute dans « Gilda » de RIGOLETTO le 4 juin 1924.

MELVAT, Aliette. — Débute dans « une Dame » de LA FLUTE ENCHANTÉE le 22 décembre 1954. Chante LES INDES GALANTES (Phani, 1955), OBERON (Rezzia), KERKEB (Doudja), RIGOLETTO (Comtesse) en 1956 ; TRAVIATA (Bohémienne, 1956, Clara, 1957), CHEVALIER (Dame Mariane, 1959).

MENDES, Berthe — Débute en créant « la Charmeuse » dans THAIS. Crée également ASTARTE (Séano), LE ROI DE PARIS (Page), ARIANE (Eunoé).

D'autre part, est affichée dans JOSEPH (jeune Fille, 1899), FAUST (Siébel, 1901, Marguerite, 1910), SIEGFRIED (Voix de l'Oiseau, 1902), ARMIDE (Amante heureuse, 1905, Naïade, 1906), HUGUENOTS (Urbain, 1905, la Reine, 1908), RIGOLETTO (Gilda, 1910) « Juliette » (1910), GUILLAUME TELL (Mathilde, 1910), LE CID (Infante, 1911), HAMLET (Ophélie, 1913), PARSIFAL (Fille-fleur, 1914).

MENDES, Léontine. — Débute dans « Siébel » de FAUST le 16 septembre 1878, puis chante, en 1879, « Urbain » des HUGUENOTS et « Berthe » du PROPHÈTE.

MEO, Lucienne de. — Débute dans « Sieglinde » de LA WALKYRIE le 19 novembre 1927. Chante, en 1928, FAUST (Marguerite), « Alceste », DON JUAN (Anna), LE CHEVALIER (Octave), PARSIFAL (Fille-fleur), en 1929, « Elsa » de LOHENGRIN.

ALCESTE, divinités du Styx (COL. D 14212).

MERENTIE, Marguerite. — Débute le 15 mai 1905 dans « Chimène » du CID. Chante « Armide » (1905) HUGUENOTS (Valentine, 1906), « Ariane » (1907), « Salammbô » (1907), WALKYRIE (Sieglinde, 1907, Brunehilde, 1913), « Carmen » (1907), TANNHAUSER (Elisabeth, 1908), HIPPOLYTE ET ARICIE (Phèdre, 1908), « Aïda » (1908), «Isolde» (1913).

A créé « Angela » dans LE SORTILÈGE.

ARIANE, la fine grâce (GRAM. 33646) — Ah, le cruel (GRAM. 33647) - sur Saphir PATHÉ : CARMEN intégrale en 27 disques (1650/1676).

MESPLE, Mady. — Débute le 15 septembre 1958 dans «Sœur Constance» des DIALOGUES DES CARMÉLITES. Chante, en 1958, LE CHEVALIER (Sophie), BAL MASQUÉ (Oscar), en 1959, INDES GALANTES (Fatime), en 1960 RIGOLETTO (Gilda), ENFANT ET LES SORTILÈGES (Pastourelle) et « Lucie de Lammermoor ».

MEUNIER, Suzanne. — Débute dans « Siébel » de FAUST le 1er septembre 1927.

MEYER, Kerstin. — En représentation, débute le 11 mai 1962 dans « Octave » du CHEVALIER A LA ROSE.

MICHEAU, Jeannine. — Débute en créant « Creuse » dans MÉDÉE. Crée également LE JOUR (une Voix), BOLIVAR (Manuela).

D'autre part, est affichée dans RIGOLETTO (Gilda, 1940), LE CHEVALIER (Sophie, 1941), FLUTE ENCHANTÉE (Pamina, 1942), LA VIERGE (Archange Gabriel, 1942), « Juliette » (1944), ENLÈVEMENT AU SÉRAIL (Constance, 1951), TRAVIATA (Violetta, 1951), INDES GALANTES (Fatima, 1952), DON JUAN (Zerline, 1956).

BOLIVAR, air de Manuela (COL. FCX 556) — LA FLUTE ENCHANTÉE, extraits (PATHÉ DTX 30184) — ROMÉO, complet (DECCA 2890/92) - extraits (DECCA LXT 5021, 2528).
RECITALS LYRIQUES : (DECCA LXT 2528) - (COLUMBIA FCX 904).

MICHEL, Solange. — A débuté, sous le nom de « Boulesteix », le 2 septembre 1942 dans « une Orpheline noble » du CHEVALIER A LA ROSE.

A été affichée dans GWENDOLINE (Suivante, 1942) PÉNÉLOPE (Servante, 1943), WALKYRIE (Schwertleite, 1952), FLUTE ENCHANTÉE (Dame), FAUST (Dame Marthe), THAIS (Albine), RIGOLETTO (Madeleine) en 1955 ; MARTYRE DE SAINT SEBASTIEN (un Gémeau, 1957), DIALOGUES DES CARMÉLITES (première Prieure, 1958).

FAUST, rôle de Marthe (V.s.M. 261/64).

MICUCCI, Linda. — Avec la troupe du Théâtre de la SCALA, le 24 janvier 1909, chante la « Grande Vestale » dans LA VESTALE.

MIGLIETTI, Adrienne. — Débute le 6 septembre 1948 dans « la Reine de la nuit » de LA FLUTE ENCHANTÉE.

MILLINZOVIC, Georgine. — En représentation, débute le 23 mai 1952 dans « Hérodias » de SALOMÉ. En 1953 chante « Brangaine » de TRISTAN, « une Dame » de LA FLUTE ENCHANTÉE, LE REQUIEM de Mozart, et crée « Alcmène » dans L'AMOUR DE DANAÉ.

MIOLAN-CARVALHO. — Voir plus haut : « Carvalho ».

MIRANDA, Lalla. — Débute le 31 janvier 1908 dans « Gilda » de RIGOLETTO. Chante « la Reine » des HUGUENOTS également en 1908.

MIRANE. — Débute le 25 août 1881 dans « Isolier » du COMTE ORY. Chante en 1881, HUGUENOTS (Urbain), FAUST (Siébel) ; en 1883, FAVORITE (Inès), FREISCHUTZ (Annette), PROPHÈTE (Néophyte) et L'AFRICAINE (Anna).

MISTRAL, Lucrèce. — Débute le 14 février 1942 dans « Amnéris » de AIDA. Chante, en 1944, L'ETRANGER (Mère de Vita), ROI D'YS (Margared), BORIS (Nourrice), FAUST (Marthe), en 1945, RIGOLETTO (Madeleine) et « Hérodiade » ; en 1946 ANTAR (Mère d'Antar).

MLEJNIK, Manja. — Avec la troupe de l'Opéra de Ljujljana, crée « Sméraldine » dans L'AMOUR DES TROIS ORANGES en 1956.

L'AMOUR DES 3 ORANGES, complet (PHILIPS A 00331/32).

MOEDL, Martha. — En représentation, débute dans « Kundry » de PARSIFAL le 24 mars 1954. En 1955 chante « Brunehilde » dans LA WALKYRIE, SIEGFRIED et LE CREPUSCULE.

CREPUSCULE, extraits (TELEFUNKEN 320 C 095 et 255 TC 082) — PARSIFAL, intégrale (DECCA LXT 2651/56) — WALKRIE, intégrale (V.s.M. FALP 383/87).

MOISSET, Gabrielle. — Débute dans « la Reine » des HUGUENOTS le 25 juin 1875.

MOIZAN, Geneviève. — Débute dans « Isabelle » de SALADÉ le 28 juillet 1948. Chante FAUST (Marguerite, 1949), INDES GALANTES (Zaïre, 1952).

MOLL, Olga. — En représentation, débute dans une « Fille-fleur » de PARSIFAL le 24 mars 1954.

MONDA-MILLION, Raymonde. — Débute dans « une Dame » de LA FLUTE ENCHANTÉE le 24 octobre 1943. La même année chante RIGOLETTO (Page, puis en 1945, Gilda), FAUST (Siébel), FLUTE ENCHANTÉE (Pamina) ; en 1945, LE CID (Infante), Ballet de CASTOR ET POLLUX (une Voix), BORIS (Xénia), ROMÉO (Stéfano).

MONIGHETTI, de. — Débute le 11 février 1933 dans « Marina » de BORIS.

MONTMART, Berthe. — Débute dans « Guerhilde » de LA WALKYRIE le 10 mars 1951. Est affichée dans, en 1951, FLUTE ENCHANTÉE (Dame, KERKEB (Doudja), BOLIVAR (Maria-Thérésa), ETRANGER (jeune Fille), LOHENGRIN (Page, puis Elsa en 1952) en 1952, THAIS (Crobyle), ARIANE ET BARBE-BLEUE (Bellangère), INDES GALANTES (Zaïre, puis Phani, puis, en 1953, Zima, puis Emilia) ; en 1953, DANSES POLOVTSIENNES (u n e Voix) ; en 1954, « Aïda », LA TRAGEDIE DE SALOMÉ (une Voix) ; en 1955,

OBERON (Rezzia), NUMANCE (Lyra) ; en 1956, VAISSEAU FANTOME (Senta) TANNHAUSER (Elisabeth) ; en 1957, DON JUAN (Anna), MARTYRE DE SAINT SEBASTIEN (Anima Sabastiani) ; en 1958, FAUST (Marguerite), LE CHEVALIER (la Maréchale), LA DAMNATION (Marguerite) ; en 1959, OTHELLO (Desdémone), DIALOGUES DES CARMÉLITES (nouvelle Prieure) ; en 1960, FIDELIO (Léonore).

THAIS complet (URANIA A 227) — OTHELLO, air du Saule (DECCA 500011).

MONSY, Marguerite. — Débute le 19 août 1921 dans « la Reine » des HUGUENOTS. Chante RIGOLETTO (Gilda), ASCANIO (Colombe), WALKYRIE (Helmwige) en 1921 ; OR DU RHIN (Fréia), FAUST (Marguerite), « Esclarmonde » en 1923 ; ANTAR (Abla), « Juliette », PARSIFAL (Fillefleur) en 1924.

Crée LA MÉGÈRE APPRIVOISÉE (Bianca) et LA FLUTE ENCHANTÉE (Reine de la nuit).

MONTALBA. — Débute dans « Valentine » des HUGUENOTS le 30 avril 1880. Chante « Aïda » (1880 », AFRICAINE (Sélika, 1881), TRIBUT DE ZAMORA (Hermosa, 1881), FREISCHUTZ (Agathe, 1882), LA JUIVE (Rachel, 1883).

MONTAZEL, Rose. — Débute le 4 janvier 1914 en créant, dans PARSIFAL une « Fille-fleur » et le « deuxième Ecuyer ». Crée également SCEMO (Antona), LES VIRTUOZI DI MAZARIN et LE ROI ARTHUS (une Suivante).

A été en outre affichée dans LA WALKYRIE (Siegrune, 1914), puis en 1916, dans « Dalila », OTHELLO (Emilia), L'ETRANGER (Mère de Vita), FAUST (Dame Marthe), THAIS (Albine), ROMÉO (Gertrude), GUILLAUME TELL (Edwige) et, en 1917, HAMLET (la Reine).

MONTE, Toti dal. — En représentation, débute dans « Gilda » de RIGOLETTO le 19 janvier 1924.

Air de Gilda (GRAM. DB 830) - (V.s.M. ESF 10) — Duo du 3e acte avec Montesanto (GRAM. DB 2124).

MONTEIL, Denise. — Débute le 13 septembre 1958 dans « Marguerite » de FAUST. Chante, en 1962, LES INDES GALANTES (Zaïre), LE BAL MASQUE (Amélia).

MONTFORT, Jeanne. — Débute dans « Dalila » le 12 juin 1921. Est affichée dans FAUST (Dame Marthe, 1921), OR DU RHIN (Erda, 1921, Fricka, 1923), «Hérodiade», BORIS (Nourrice), FALSTAFF (Mrs Quickly) en 1922, WALKY-

RIE (Grimguerde, 1922, Schwartleite, 1923), THAIS (Albine), TROUVÈRE (Azucéna), AIDA (Amnéris), « Padmavati » en 1923, ANTAR (la Mère, 1924), LE CREPUSCULE (première Norne), SIGURD (Uta), JARDIN DU PARADIS (la Sorcière) en 1925, PARSIFAL (Fille-fleur), SIEGFRIED (Erda), en 1926, GUILLAUME TELL (Edwige), MAITRES CHANTEURS (Magdalaine) en 1930, ELEKTRA (Clytemnestre, 1932) ETRANGER (Mère de Vita, 1934), BARBIER DE SEVILLE (Marceline, 1936), ARIANE (Perséphone, 1937).

Est la créatrice de LE MARTYRE DE SAINT SEBASTIEN (un Gémeau), L'ILLUSTRE FREGONA (Tia Juana), GUERCŒUR (une Illusion), ELEKTRA (première Servante), VERCINGETORIX (Druidesse), ŒDIPE (le Sphinge), L'ENFANT ET LES SORTILÈGES (la Maman).

FAUST, intégrale (GRAM. L 806/ 825) - abrégée (POLYDOR 27382/86) — Deux airs de DALILA (POLYDOR 516620) — Scène des Walkyries : (GRAM. DB 4905).

MONTJOVET, Jeanne. — Est affichée, en 1916-1917, dans UNE FÊTE CHEZ LA POUPLINIÈRE, LES VIRTUOZI DE MAZARIN et MADEMOISELLE DE NANTES.

MOOR, Julia. — En représentation, débute le 30 mai 1949 dans « Sophie » du CHEVALIER A LA ROSE. En 1955, chante « Voglinde » dans LE CREPUSCULE et L'OR DU RHIN, « Helwigue » dans LA WALKYRIE.

MORALES, Maria. — En 1952, est affichée dans « Gilda » de RIGOLETTO(«Fatime» des INDES GALANTES, ayant débuté le 23 mars dans « Violetta » de LA TRAVIATA.

TRAVIATA, extraits (PHILIPS 6092).

MOREL. — Débute dans « Inès » de LA FAVORITE le 29 juillet 1885, et chante « un Page » dans RIGOLETTO (1885).

MORERE, Milly. — Débute le 7 février 1930 dans « Helmwige » de LA WALKYRIE. Est affichée dans FAUST (Marguerite, 1930), PARSIFAL (Fillefleur, 1931), PAILLASSE (Nedda, 1931), OR DU RHIN (Woglinde, 1933), LE CREPUSCULE (Woglinde, 1933), SIGURD (Hilda, 1934), LE CHEVALIER (Sophie, 1935), FLUTE ENCHANTÉE (Dame, 1935), PÉNÉLOPE (Mélantho, 1945), ANTAR (Leïla, 1946), JOSEPH (jeune Fille, 1946).

A créé GUERCŒUR (Beauté, une Illusion), L'AIGLON (Comtesse de Camérata).

MORICE, Denise. — En 1947 est affichée dans HERODIADE (une Esclave), en 1948 dans LES MAITRES CHANTEURS (un Apprenti) en 1949, dans LES NOCES CORINTHIENNES (une Fileuse) et LE CHEVALIER (une Veuve noble).

MORTIMER, Aimée. — Débute le 11 juillet 1928 dans « Crobyle » de THAIS. Chante, en 1929, LOHENGRIN (Page), WALKYRIE (Helmwigue) SIEGFRIED (voix de l'Oiseau) ; en 1931, PADMAVATI (jeune Fille).

A créé PERSÉE ET ANDROMÈDE (une Néréïde), LE MAS (un Berger), VIRGINIE (Rosette), GUERCŒUR (une Illusion).

MORTURIER, Henriette. — A débuté sous le nom de « Mourgues » A été affichée dans CASTOR ET POLLUX (Suivante, 1918), LA PARSIFAL (Fillefleur, 1924), LOHENGRIN (Page. 1924), FILLE DE ROLAND (Page, 1926), FREISCHUTZ (Demoiselle d'honneur, 1926), GWENDOLINE (Suivante, 1926) SALOMÉ (Galiléenne, 1928), HUGUENOTS (Dame d'honneur, 1936), ARIANE (Ephèbe, 1937).

A créé HERODIADE (Esclave) et LE JARDIN DU PARADIS (Siuvante).

MOSER, Antonia. — Avec la troupe de l'Opéra de Vienne, chante « la Surveillante » dans ELEKTRA en 1953.

MOUNIER. — En 1889 débute le 10 septembre dans « Amnéris » de AIDA, puis chante « la Reine » d'HAMLET.

MOURGUES. — Voir plus haut : « Morturier ».

MULLER, Maria. — En représentation, débute le 24 novembre 1933 dans « Elisabeth » de TANNHAUSER. En 1933 chante également « Elsa » de LOHENGRIN puis, en 1936, « Eva » des MAITRES CHANTEURS.

LOHENGRIN, version abrégée : festival de Bayreuth 1936 (TELEFUNKEN 2049/53 et Micros HT 1) — TANNHAUSER, version abrégée : Festival de Bayreuth 1930 (COL. OP 24 LFX 112/129).

MURANO, Maria. — Voir plus haut : « Chauvelot, Suzanne ».

MURIEL — Est affichée dans TANNHAUSER (Page, 1895), GWENDOLINE (Suivante, 1911).

MUZIO, Claudia. — En représentation, débute dans « Aïda » le 5 mai 1920.

Air d'AIDA (PATHÉ 025106) - (CONTREPOINT MC 20008/10) — RECITAL (COL. GI COLC 101).

MYRTAL, Marguerite. — Débute dans « un Enfant » de LA FLUTE ENCHANTÉE, le 11 août 1948. En 1949, est affichée dans « une Dame » du même ouvrage et « un Page » de LOHENGRIN. Crée « une Voix » dans LUCIFER.

NARCON — Est affichée dans TANNHAUSER (Page, 1895), LOHENGRIN (Page, 1909), GWENDOLINE (Suivante, 1911), HUGUENOTS (Bourgeoise, 1911), PARSIFAL (Fille-fleur, 1914), CASTOR ET POLLUX (Spartiate, 1918).

NASTORG. — Débute dans « un Néophyte » du PROPHETE le 2 février 1881. Est affichée dans LE COMTE ORY (Alice, 1881), LA MUETTE DE PORTICI (Demoiselle d'honneur, 1882), HUGUENOTS (Dame d'honneur, 1882), ROBERT LE DIABLE (Dame d'honneur, 1882), SAPHO (Femme du peuple, 1884), AFRICAINE (Anna, 1884), LUCIE DE LAMMERMOOR (Aliza, 1890.

A créé HENRY VIII (Lady Clarence), ROMÉO (Manuella), ASCANIO (une Ursuline).

NATHAN, Paulette. — Débute en créant « Rosette » dans SALADÉ. Crée également LE MARCHAND DE VENISE (un Masque), ŒDIPE (une Vierge). Est affichée dans LES HUGUENOTS (Léonard) en 1936.

NAXARA, Myriam. — Est affichée dans LE JARDIN DU PARADIS (Suivante, 1923), PARSIFAL (Fille-fleur, 1924), HERODIADE (Esclave, 1930), HUGUENOTS (Dame d'honneur, 1936).

NEJDANOVA. — Avec la troupe de l'Opéra de Monte-Carlo, chante « Gilda » de RIGOLETTO le 12 mai 1912.

NEMETH. — Avec la troupe de l'Opéra de Vienne, chante « Constance » de UN ENLÈVEMENT AU SÉRAIL le 13 mai 1928.

NESPAUL. — Débute le 30 août 1926 dans la « Grande Prêtresse » de AIDA.

NESPOULOUS, Marthe. — Débute le 13 octobre 1923 dans la « Babylonienne » de HERODIADE. Chante LA WALKYRIE (Ortlinte, 1924), HERODIADE (Salomé, 1924), AIDA (grande Prêtresse, 1924), THAIS (Myrtale, 1924, Thaïs, 1925) ; PAILLASSE (Nedda), FAUST (Marguerite) et « Gwendoline » en 1926 ; LE CHEVALIER (Sophie, 1927), LOHENGRIN (Elsa, 1927), MAROUF (la Princesse, 1928), TURANDOT (Liu, 1928) et L'ILLUSTRE FREGONA (la Frégona, 1931).

A créé « Naïla », LES MATINES D'AMOUR (la Vierge), VERCINGETORIX (Mélisse), PERKAIN (Gatchucha), LE ROUET D'ARMOR (la Fée des Landes).

FAUST, scène du Jardin avec THILL et BORDON (COL. LFX 182/183) - (COL. FCG 30196) — « Versez vos chagrins » — de la version 1859 — « l'air de Siebel » (COL. RF 61) — GWENDOLINE, Blonde aux yeux de pervenche (COL. RF 36) — MAROUF, Il n'est pas de richesse (COL. RF 23) - Pourquoi ces mots (COL. RFX 21) — THAIS, air du Miroir (COL. D 14207) - duo de l'Oasis (COL. D 14245). — RECITAL, (COL. FHX 5014).

NEVADA, Mignon. — Débute le 22 janvier 1932 dans « Marguerite » de FAUST. Chante également, la même année, « Desdémone » dans OTHELLO.

NEVESO, Maria. — Avec la Compagnie de Mme Conchita Supervia, chante, en 1930, « Zulma » de L'ITALIENNE A ALGER et « Marceline » du BARBIER.

NICOLAEWA, H. — Avec la compagnie des ballets russes de Serge de Diaghilew, crée « la voix du Coq d'or » dans LE COQ D'OR.

NILSSON, Christine. — Débute salle Le Peletier le 9 mars 1868 dans «Ophélie» de HAMLET. Au Palais Garnier, chante « Marguerite » de FAUST qu'elle a créé à l'Opéra.

NIMIDOFF. — Débute le 10 mars 1900 dans « Stéfano » de ROMÉO, puis chante « Siébel » de FAUST, « Waltraute » de LA WALKYRIE et crée « Cléanthis » dans ASTARTE.

NIVET-GRENIER. — A débuté salle Le Peletier dans « Dame Marthe » de FAUST le 1er janvier 1872. Au Palais Garnier a chanté « une Dame d'honneur » dans LES HUGUENOTS, « Dame Ragonde » dans LE COMTE ORY, et créé « Gertrude » dans LA REINE BERTHE.

NIZET. — A créé « une Suivante » dans GWENDOLINE et « une Fillefleur » dans PARSIFAL.

NOCE, Marguerite de. — Débute le 8 août 1898 dans « la Reine » des HUGUENOTS. Chante LA WALKYRIE (Helmwigue, 1898), ROMÉO (Stéfano, 1900), GUILLAUME TELL (Mathilde, 1901), L'AFRICAINE (Inès, 1902).

NONI, Alda. — Avec la troupe du théâtre San Carlo de Naples, chante « Oscar » dans LE BAL MASQUÉ en 1951.

NORDICA, Lillian. — Débute le 21 juillet 1882 dans « Marguerite » de FAUST. Chante HAMLET (Ophélie, 1882), LOHENGRIN (Elsa, 1897) et « Isolde » (1910).

TRISTAN, Liebestod (COL. 30652).

NORENA, Eidé. — Débute dans « Gilda » de RIGOLETTO le 20 mars 1925. Chante LE COQ D'OR (la Reine, 1928), « Juliette » (1928), UN ENLÈVEMENT AU SÉRAIL (Blondine, 1929), FAUST (Marguerite, 1929), GUILLAUME TELL (Mathilde, 1929), HUGUENOTS (la Reine, 1930), OTHELLO (Desdémone, 1931), HAMLET (Ophélie, 1934).

LE COQ D'OR, Hymne au Soleil (ODEON 188796) - (ODEON ORX 103) — ENLEVEMENT AU SÉRAIL, air de Blondine (GRAM. DB 4959) — FAUST « Roi de Thulé « et « Bijoux » (GRAM. DB 4904) — GUILLAUME TELL, Sombre Forêt (ODEON 188794) - (ODÉ. ORX 132) — HAMLET « Sa main depuis hier » (GRAM. DB 4902) « il garde le silence » (ODEON 123697) « la folie » (ODÉ 109) — LES HUGUENOTS, ô beau pays de la Touraine (ODEON 123636). OTHELLO, air du Saule (GRAM. DB 4861 et 5051) - ave Maria (DB 4852 et DB 5051 et DB (en italien) 5046).

RIGOLETTO, air de Gilda (GRAM. DB 4892) - (ODEON 123636) - quatuor avec VILLABELLA, ROUARD et TESSANDRA (ODEON 123010) — ROMÉO , Valse (GRAM. DB 4922) - (VICTOR 14742) - (ODEON 123604) - (ODE. ORX 135) - duo du balcon avec MICHELETTI (ODEON 123605) - Madrigal (ODEON 123604) - duo de la chambre avec MICHELETTI (ODEON 123606) — TURANDOT Tanto Amor (GRAM. DA 4832).

NORIA, Jeanne — En 1903, débute le 20 mai dans « Juliette », puis chante « Elsa » de LOHENGRIN et « Nedda » de PAILLASSE.

NOTICK, Gabrielle. — Est affichée dans L'ETRANGER (Ouvrière, jeune Fille, 1906), TANNHAUSER (Page, 1906) LOHENGRIN (Page, 1907), RIGOLETTO (Page, 1909), GWENDOLINE (Suivante, 1911), HUGUENOTS (Léonard, 1911), LE PROPHÈTE (Néophyte, 1912), CASTOR ET POLLUX (Spartiate, 1918, Suivante, 1930), PARSIFAL (Fille-fleur 1924), CHEVALIER A LA ROSE (Veuve noble, 1927), ALCESTE (la Nourrice, 1932).

A créé ARIANE (Ephèbe), LE MIRACLE (une Femme), MYRIALDE (Gorauck), CHEVALIER A LA ROSE (une Fille de chambre), ŒDIPE (la Nourrice).

NOTTI-PAGES, Raymonde. — Débute le 10 novembre 1952 dans « Dame Marthe » de FAUST.

NOWOTNA, Jardina. — Au cours d'un Gala, le 26 décembre 1935, chante « Giuditta » dans le troisième acte de GIUDITTA.

OGEAS, Françoise. — Débute le 4 mars 1960 dans « l'Enfant » de L'ENFANT ET LES SORTILÈGES.

ENFANT ET LES SOTILÈGES, intégrale (Deutche Gramophon Stéréo 138675).

OLIVIER, Marie. — Voir plus haut : Lacombe-Olivier.

OLSZEWSKA, Koppa. — Débute le 29 mai 1930 dans «Sieglinde» de LA WALKYRIE. En 1931, chante « Brangaine » de TRISTAN et « Waltraute » du CREPUSCULE.

PACARY, Lina. — Débute le 29 mai 1909 dans « Brunehilde » de SIEGFRIED.

PACK, Nina. — Débute en créant « une Ame » dans LA TEMPÊTE. Crée également « Fathma » dans ZAIRE. Est en outre affichée dans RIGOLETTO (Madeleine), AIDA (grande Prêtresse), HUGUENOTS (Valentine), HAMLET (la Reine) en 1889 ; LE PROPHÈTE (Berthe), L'AFRICAINE (Sélika), ASCANIO (Scazzone) et SIGURD (Hilda) en 1890.

PALOMBINI, Vittoria. — En représentation, chante « Meg Page » de FALSTAFF le 4 juillet 1935, puis chante « Madeleine » de RIGOLETTO en 1947.

PANIS, Lucile. — Débute le 14 janvier 1911 dans « Elisabeth » de TANNHAUSER. Chante LE MIRACLE (Alix, 1911), LOHENGRIN (Elsa, 1912), HERODIADE (Salomé, 1922), HUGUENOTS (Valentine, 1930), WALKYRIE (Brunehilde, 1931), SIEGFRIED (Brunehilde, 1931), PARSIFAL (Kundry, 1933).

PAPE, Germaine. — En 1927, débute le 22 août dans « Salomé » de HERODIADE et chante « Aïda ».

PAQUOT D'ASSY, Charlotte. — En 1907, débute dans « Sieglinde » de LA WALKYRIE le 27 mars, puis chante LOHENGRIN (Ortrude) SIGURD (Uta) LE PROPHÈTE (Fidès) ; en 1908, HAMLET (la Reine), AIDA (Amnéris),

TRISTAN (Brangaine). Crée « Gaïa » dans PROMETHÉE et — à la Générale seulement — « Waltraute » dans LE CREPUSCULE.

PARYS, van. — En 1901, débute en créant « Myrtha » dans ASTARTE, puis est affichée dans THAIS (Crobyle) et ASTARTE (Cléanthis).

PASSAMA, Jeanne. — Débute dans « Dalila » le 14 juillet 1893. Chante « Fidès » du PROPHÈTE (1906) et « Amnéris » de AIDA (1908).

PASTOR, Léna. — Débute dans TANNHAUSER (un Pâtre, un Page) le 25 mars 1957. Est affichée dans DON JUAN (Zerline), KERKEB (Henna), LE CHEVALIER (Orpheline), FAUST (Siébel) en 1957 ; LES INDES GALANTES (l'Amour) en 1958 ; LA FLUTE ENCHANTÉE (Enfant), LOHENGRIN (Page) RIGOLETTO (Page) en 1959 ; L'ENFANT ET LES SORTILÈGES (Pastourelle), BORIS (Fédor) en 1960.

PATTI, Adelina. — En représentation, débute salle Ventadour, dans « la Reine » des HUGUENOTS le 10 octobre 1874, puis chante « Marguerite » de FAUST. Au Palais Garnier, crée « Juliette ».

Air des bijoux (GRAM. 03055/56).

PAVLOVA. — En représentation, joue « Xénia » de BORIS le 19 juin 1909.

PEDERZINI, Gianna. — Avec la troupe du Théâtre communal de Florence chante « Adalgisa » dans NORMA le 11 juin 1935.

PENNAFORT, Kletza de. — En 1958, débute le 5 janvier dans « Madeleine » de RIGOLETTO, puis chante « Bellone » dans LES INDES GALANTES.

PERRAS, Margherita. — En représentation, chante, en 1936, « Gilda » de RIGOLETTO et « Rosine » du BARBIER DE SEVILLE.

PERRET, Claire. — Est affichée dans CASTOR ET POLLUX (Suivante, 1918), HERODIADE (Esclave, 1921), PARSIFAL (Fille-fleur, 1924), FILLE DE ROLAND (Page, 1926), FREISCHUTZ (Suivante, 1926).

PETIOT. — Affichée dans «un Page» de LOHENGRIN en 1922, a créé «un Page » dans LA FILLE DE ROLAND.

PETIT-DERVAL, Henriette. — Est affichée en 1949 dans PÉNÉLOPE (Suivante), NOCES CORINTHIENNES (Fileuse), MARCHAND DE VENISE (Masque), puis, en 1952 LES MAITRES CHANTEURS (Apprenti) en 1957, DIALOGUES DES CARMÉLITES (une Sœur).

PETIT-RENAUX. — Voir plus loin : « Renaux, Solange ».

PETRENKO, Elisabeth. — Avec la troupe de l'Opéra Impérial de Moscou crée « la Nourrice » dans BORIS GO-DOUNOV. En représentation, chante RIGOLETTO (Madeleine, 1908), BORIS (Fédor, 1909). Avec la compagnie de Serge de Diaghilew, crée « la Mort » dans ROSSIGNOL et « l'Intendante » dans LE COQ D'OR.

PFAHL, Margret. — Avec une troupe allemande, chante « Roselinde » dans LA CHAUVE-SOURIS le 19 septembre 1941.

PHILIPPE, Edis de. — Débute dans « Thaïs » le 25 juin 1947.

PHILIPPOT, Germaine. — Débute le 28 avril 1917 dans « Véronique » de MESSIDOR.

PICARD, Marguerite. — En 1897, débute le 16 juillet dans « Valentine » des HUGUENOTS et chante « Aïda ». En 1898 paraît dans « Ortrude » de LOHENGRIN et « Brunehilde » de LA WALKYRIE.

PICAT, Jeanne. — Est affichée dans SALOMÉ (Galiléenne), LOHENGRIN (Page), PARSIFAL (Fille-fleur) en 1928 ; CASTOR ET POLLUX (Spartiate, 1930), LES HUGUENOTS (Dame d'honneur, 1936).

PIERRON. — Au cours d'un Gala, le 18 mars 1899, chante « Reine » dans LES RENDEZ-VOUS BOURGEOIS.

PLANCHE, Suzanne. — Est affichée dans LES HUGUENOTS (Dame d'honneur) en 1936.

PLOUX, Edith. — Débute le 21 juin 1880 dans « Jemmy » de GUILLAUME TELL. Est affichée dans LA JUIVE (Eudoxie), LE PROPHÈTE (Berthe), AIDA (grande Prêtresse), LE TRIBUT DE ZAMORA (Iglésia), LA FAVORITE (Inès) en 1881 ; FAUST (Siébel, 1883), HUGUENOTS (Urbain), SIGURD (Hilda) en 1885 et LE CID (l'Infante) en 1886.

PLUMACHER, Hetty. — En représentation chante « un Ecuyer, une Fille-fleur, une Voix » dans PARSIFAL en mars 1954.

POLI-RANDACCIO. — Avec la troupe de l'Opéra de Monte-Carlo, chante « Minnie » dans LA FILLE DU FAR-WEST en mai 1912.

PONDEAU. Monique de. — En 1952, débute le 16 novembre dans «la Vierge» de JEANNE AU BUCHER, et chante « un Page » dans LOHENGRIN. Est affichée en 1953 dans L'AIGLON (Comtesse de Camérata), RIGOLETTO (Page) ; en 1956 dans TANNHAUSER (Page) et THAIS (Crobyle) ; en 1962 dans TRAVIATA (Violetta).

PONS, Lily. — En 1935 et en représentation, chante « Lucie de Lammermoor », puis « Gilda » de RIGOLETTO.

LUCIE, Cavatine du 1er acte (COL. 17313 D) — air de la folie (COL. 71641/42) - (GRAM. DB 1504) - (VICTOR 7869) — RIGOLETTO « Mio Padre» avec de LUCA (GRAM. DB 5815) - (VICTOR 17233) - « Je t'aime... » duo avec DI MAZZEI (PARLOPHONE PXO 1036) - air de Gilda (COL. 17370 D) - (GRAM. DB 1597) - (VICTOR 14203 - (ODEON 123623) - Tutte le festa (GRAM. DB 1597) - (VICTOR 7383) - duo du 2 avec di MAZZEI (ODEON 123597) - (Rééd. : Micros. air de Gilda et autres airs) ODEON OD 1013 et AOE 1022).

PONS, Yvonne. — Débute le 6 février 1949 dans « Amnéris » de AIDA. Chante en 1949, RIGOLETTO (Johanna), WALKYRIE (Grimguerde), FLUTE ENCHANTÉE (Enfant, puis Dame), DAMNATION (une Voix) ; en 1950, TRISTAN (Brangaine) ; en 1951, BORIS (Hôtesse), ETRANGER (une Femme). Crée « une Voix » dans DRAMMA PERMUSICA.

POOLMAN-MEISSNER, Liesbeth. — En 1926, avec la troupe de l'Opéra de LA Haye, chante FIDELIO (Léonore), BEATRICE (Voix céleste) et « Isolde ». La même année, en représentation, chante « Brunehilde » de LA WALKYRIE et « Ortrude » de LOHENGRIN.

POPOVA, Ilka. — Débute dans « Dalila » le 13 juillet 1931. Chante AIDA (Amnéris, 1931), PARSIFAL (Fille-fleur, 1933) WALKYRIE (Fricka, 1933) et crée « la Gitane » dans PERKAIN.

POPOVA, Katia. — En représentation, débute le 10 mai 1959 dans « Marguerite » de FAUST.

POWERS, Marie. — En représentation, débute le 3 novembre 1951 dans « Fricka » de LA WALKYRIE.

POYAU, Thérèse. — Est affichée dans LES MAITRES CHANTEURS (Apprenti, 1952), DIALOGUES DES CARMÉLITES (une Sœur, 1957).

PRADIER. — En 1898 débute dans « Dame Marthe » de FAUST le 7 février, puis chante « Gertrude » de ROMÉO.

PREVOST. — Débute dans une « Dame d'honneur » des HUGUENOTS le 17 août 1889. Est affichée dans RIGOLETTO (Page, 1890), WALKYRIE (Helmwigue, 1895), TANNHAUSER (Page, 1895), HUGUENOTS (Léonard, 1901). A créé GWENDOLINE (une Compagne), L'ETRANGER (une jeune Femme).

RAE, Muriel. — Avec la troupe du Covent Garden de Londres, crée « une Nièce » dans PETER GRIMES en 1948.

RAISA, Rosa. — En représentation, débute le 20 juin 1914 dans « Desdémone » de OTHELLO.

     « Ave Maria » d'OTHELLO (VICTOR 52007).

RANZOW, Maria. — En représentation, débute dans « Fricka » de LA WALKYRIE le 12 mars 1932.

RAUNAY-DUMENY, Jeanne. — En 1888, débute le 1er juin dans « Uta » de SIGURD puis chante AIDA (Amnéris), GUILLAUME TELL (Edwige) ; en 1889, chante « Madeleine » de RIGOLETTO.

RAVEAU, Alice. — Débute dans « Dalila » le 13 juillet 1929.

     Deux airs de DALILA (PATHÉ X 7222 et ODEON 97697).

REINING, Maria. — En représentation, chante « la Maréchale » du CHEVALIER A LA ROSE le 7 septembre 1949.

RENAUDIN, Odette. — Débute le 15 décembre 1934 dans « Siébel » de FAUST. En 1935 chante ROLANDE (Rosette), PARSIFAL (Fille-fleur), LA FLUTE ENCHANTÉE (un Enfant). Crée « Bellangère » dans ARIANE ET BARBE-BLEUE et « Jessica » dans LE MARCHAND DE VENISE.

RENAUX, Nadine. — Débute ans « Papagéna » de LA FLUTE ENCHANTÉE le 5 novembre 1949. Chante «Blondine» dans UN ENLÈVEMENT AU SÉRAIL (1951) et « Zerline» dans DON JUAN (1957).

RENAUX, Solange. — Débute dans « Thaïs » le 31 octobre 1932. Chante LE TRIOMPHE DE L'AMOUR (Diane, 1932), LA TOUR DE FEU (Naïc, 1933), PARSIFAL (Fille-fleur, 1933), WALKYRIE (Guerhilde, 1933), MAROUF (Princesse, 1934), «Juliette» (1935), HERODIADE (Salomé, 1935), HUGUENOTS (Urbain, 1936), CHEVALIER A

LA ROSE (Sophie, 1936), FAUST (Marguerite, 1940), « Gwendoline » (1941).

     Est la créatrice de « Rosette » dans ROLANDE et « Rosenn » dans LE ROI D'YS.

RENINE, Dagmara. — Avec la troupe de l'Opéra Impérial de Moscou, crée « Xénia » dans BORIS GODOUNOV.

RESZKE, Joséphine de — Débute le 21 juin 1875 dans « Ophélie » d'HAMLET. En 1875, chante également GUILLAUME TELL (Mathilde), FAUST (Marguerite) ; en 1876, les HUGUENOTS (Valentine), LA JUIVE (Rachel) et en 1878, AFRICAINE (Sélika), ROBERT LE DIABLE (Alice), POLYEUCTE (Pauline).

     Est la créatrice de « Sita » dans LE ROI DE LAHORE.

RETHBERG, Elisabeth. — En représentation chante, en 1930,« Brunehilde » de LA WALKYRIE, « Elisabeth » de TANNHAUSER et « Aïda ».

     AIDA, air (VICTOR 8994) — Rééd. Micros. (V.s.M. FALP 5004) — duo avec DE LUCA (GRAM. DB 1455) — duo avec VOLPI (GRAM. DB 1341) — trio avec DE LUCA et VOLPI (GRAM. DB 1458) — TANNHAUSER, air d'Elisabeth (VICTOR 15318).

RETHY, Esther. — Avec la troupe de l'Opéra de Vienne, crée « Europa » dans L'AMOUR DE DANAÉ.

REX, Cécile. — Débute le 14 janvier 1921 dans « Siegrune » de WALKYRIE.

     Est affichée dans THAIS (Crobyle), FAUST (Siébel), HUGUENOTS (Léonard) en 1921 ; TROYENS (Hécube), BORIS (Xénia), ROMÉO (Stéfano), HERODIADE (Babylonienne) en 1922; OR DU RHIN (Welgunde, 1923), RIGOLETTO (Comtesse, puis Page), KHOVANTCHINA (Emma) en 1924 ; PADMAVATI (Femme du peuple), CREPUSCULE (Welgunde) en 1925 ; FALSTAFF (Meg, Page), PARSIFAL (Ecuyer), GWENDOLINE (Compagne) en 1926 ; CHEVALIER (Marianne), FIFRE ENCHANTÉ (Latulipe) en 1927 ; **TRAGÉDIE DE SALOMÉ** (une Voix, **1928), LOHENGRIN** (Page, 1932).

     Est la créatrice de LA MÉGÈRE APPRIVOISÉE (Nicole), LA FILLE DE ROLAND (Théobalt), LA FLUTE ENCHANTÉE (un Enfant), LE JARDIN DU PARADIS (l'Elue), NERTO (Marchande), BROCÉLIANDE (Grenouille), L'ILE DÉSENCHANTÉE (une Sène), TRAVIATA (Annette), VIRGINIE (Grisette), GUERCŒUR (Illusion), ELEKTRA (la Confiente).

RHODES, Jeanne. — Débute le 17 janvier 1958 dans « Marguerite » de LA DAMNATION DE FAUST puis chante «'Salomé » (1958) et « Carmen » (1959).

     CARMEN, édition partielle (PHILIPS L. 02053 L — Stéréo 835057).

RICHARD, Alphonsine. — Débute dans « Léonore » de LA FAVORITE le 17 octobre 1877. Chante LA REINE DE CHYPRE (Catarina), LE PROPHÈTE (Fidès) en 1878 ; HAMLET (la Reine, 1879), AIDA (Amnéris, 1880), LE CHANT DU DÉPART (1883), SAPHO (Glycène, 1884), AFRICAINE (Sélika, 1886).

A créé FRANÇOISE DE RIMINI (Ascanio), HENRY VIII (Anne), RIGOLETTO (Madeleine) et SIGURD (Uta).

RICHARD, Renée. — Interprète « Erda » et « Flosshilde » dans L'OR DU RHIN le 6 mai 1893 et chante « Fricka » dans LA WALKYRIE (1893).

RICHARDSON, Abby. — Un soir qu'elle était souffrante, remplace Ketty Lapeyrette dans « Mrs Quickly » de FALSTAFF en juin 1922, puis débute dans « Madeleine » de RIGOLETTO le 2 juin 1931.

RICQUIER, Odette. — Débute à Orange le 30 juillet 1932 dans « Siegrune » de LA WALKYRIE.

Est affichée, en 1932 dans ALCESTE (Suivante), LA PRISE DE TROIE (Hécube), ESCLARMONDE (Parséis), BORIS (Fédor, puis la Nourrice en 1953) ; en 1933 : PARSIFAL (Fillefleur), GUERCŒUR (Illusion), OR DU RHIN (Flosshilde), CRÉPUSCULE (deuxième Norne), LOHENGRIN (Page), MAITRES CHANTEURS (Magdalaine), VERCINGETORIX (gde Druidesse), THAIS (Myrtale, puis Albine en 1955) ; en 1935 : MARCHE HEROIQUE (la Justice), FLUTE ENCHANTÉE (Dame) ; ARIANE (Chromis, 1937) ETRANGER (Madeleine, 1944) ; LES SANTONS (la Pêcheresse) et ARIANE ET BARBE-BLEUE (Sélysette) en 1945; LE VAISSEAU FANTOME (Marie) et FAUST (Dame Marthe) en 1946 ; OTHELLO (Emilia, 1947), DANSES POLOVTSIENNES (1949), ROMÉO (Gertrude), MARCHAND DE VENISE (Nérissa) et RIGOLETTO (Johanna) en 1950 ; BOLIVAR (Précipitacion, 1950, Missia, 1955) ; LA DAMNATION (une Voix), TRAVIATA (Bohémienne) et SALOMÉ (Esclave) en 1951 ; ANTIGONE (Eurydice) et LES INDES GALANTES (Bellone) en 1952 ; KERKEB (Fathma, 1953), NUMANCE (la Femme de Théogène, 1955).

Est la créatrice de VERCINGETORIX (Druidesse), ROLANDE (Guillemette). JARDIN SUR L'ORONTE (Badoura), ŒDIPE (Vierge), SAMARITAINE (Femme), AIGLON (Fany Essler), ENFANT ET LES SORTILÈGES (Tasse chinoise), PÉNÉLOPE (Cléone).

ROMÉO, intégrale (DECCA LXT 2890/92) — THAIS, intégrale (URANIA A 227) - (PRESIDENT UPR 10005) — Scène des Walkyries (GRAM. DB 4905).

RIDDEZ. — Débute le 17 août 1941 dans « une Orpheline » du CHEVALIER A LA ROSE.

RINELLA, Jeanne. — En 1950, débute dans « Aïda » le 13 février, puis chante « Helmwige » de LA WALKYRIE.

RITTER-CIAMPI, Gabrielle. — Débute dans «Gilda » de RIGOLETTO le 21 février 1921. La même année chante FAUST (Marguerite), « Thaïs », GUILLAUME TELL (Mathilde), UN ENLÈVEMENT AU SÉRAIL (Constance), TAGLIONI CHEZ MUSETTE et «Ophélie » de HAMLET ; en 1922 « Télaïre » de CASTOR ET POLLUX ; en 1925 « Juliette » ; en 1927 LE COQ D'OR (la Reine) et LE FIFRE ENCHANTÉ (Caroline) ; puis «Esclarmonde » (1931), DON JUAN (Elvire, 1934), LES HUGUENOTS(la Reine, 1936).

A créé au Palais Garnier « Pamina » de LA FLUTE ENCHANTÉE et SOIRÉE ROMANTIQUE.

FAUST, Roi de Thulé (POL. 516581 et 566062) — Bijoux (POL. 24066, 66684 et 516581) — FLUTE ENCHANTÉE, air de Pamina (POL. 566062).

RIVIERE, Madeleine. — Voir plus haut : « Delhange, Madeleine »

ROBERT, Suzanne. — Débute dans « la Reine de la nuit » de LA FLUTE ENCHANTÉE le 11 août 1948.

ROBIN, Mado. — Débute dans « Gilda » de RIGOLETTO le 8 février 1945. Est affichée dans le « Ballet blanc » de CASTOR ET POLLUX, LA FLUTE ENCHANTÉE (Reine de la nuit) en 1945 ; ANTAR (Nedda) en 1946 et UN ENLEVEMENT AU SÉRAIL (Constance) en 1953.

Airs de la Reine de la Nuit (GRAM. DB 1194) - (PATHÉ DTX 30184) - (Stéréo PATHÉ ASTX 115) - air de Gilda (DECCA LX 3037).

ROEHN. — Est affichée dans TANNHAUSER (Page, 1895), ARIANE (Vierge, 1906).

ROGER. — Est affichée dans ARIANE (Vierge, 1906), CASTOR ET POLLUX (Suivante, 1918) et LE JARDIN DU PARADIS (Suivante, 1926).

ROHS, Martha. — En représentation, débute le 25 décembre 1942 dans « Octave » du CHEVALIER A LA ROSE.

ROLLAND, Jeanne. — Débute le 31 juillet 1939 à Orange dans « l'Amour » d'ORPHÉE et chante « Rosenn » du ROI D'YS en 1943.

ROLLAND, Madeleine. — Crée « une Femme du palais » dans OEDIPE.

ROMANITZA. — Avec la compagnie de Serge de Diaghilew, crée « Ersilia » dans ASTUCE FÉMININE.

En représentation, chante : RIGO-LETTO (Gilda, 1921), UN ENLÈVE-MENT AU SÉRAIL (Blondine, 1921, Constance, 1923), OR DU RHIN (Fréia, 1922), LA FLUTE ENCHANTÉE (Reine de la nuit, 1924).

ROOSEVELT, Hilda. — Débute dans « Thaïs » le 26 août 1922.

ROSAY, Françoise. — Débute en créant « une voix de Jeanne » dans JEANNE D'ARC. Chante CASTOR ET POLLUX (Télaïre, 1919), « Salammbô » (1919), « Thaïs » (1920), puis abandonne l'art lyrique pour la comédie.

ROSELLE, Anna. — Débute dans « Aïda » le 6 juin 1929.

AIDA, o Patria mia (POLYDOR 66745).

ROSOWSKA, Zoïa. — Avec la compagnie de Serge de Diaghilew, chante dans DANSES POLOVTSIENNES (1919) et LE TRICORNE (1920) et crée AS-TUCE FÉMININE (Léonora) et MA-VRA (la Voisine).

ROSSEL-MAJDAN, Hilde. — En 1953, avec la troupe de l'Opéra de Vienne, chante ELEKTRA (première Servante), FLUTE ENCHANTÉE (Enfant), AMOUR DE DANAÉ (Léda).

ROTH, Simone. — Crée «une Fileuse» dans LES NOCES CORINTHIENNES et «une Sœur» dans DIALOGUES DES CARMÉLITES.

ROUARD, Simone. — Débute dans « Siébel » de FAUST le 1er décembre 1929, chante « une Néréide » dans PER-SÉE et ANDROMÈDE (1929) et crée « une Illusion » dans GUERCOEUR.

ROUGIER, Laurence. — Est affichée dans HERODIADE (Esclave, 1921), JARDIN DU PARADIS (Suivante, 1923) PARSIFAL (Fille-fleur, 1924), LOHEN-GRIN (Page, 1925), FREISCHUTZ (Suivante, 1926), CHEVALIER A LA ROSE (Fille de chambre, 1927), CAS-TOR ET POLLUX (Spartiate, 1930).

ROUSSEAU, Angèle. — Est affichée dans CASTOR ET POLLUX (Spartia-te, 1930), PARSIFAL (Fille-fleur, 1933), HUGUENOTS (Dame d'honneur, 1936), ARIANE (Vierge, 1937), HERODIADE (Esclave, 1947).

ROUSSELOT, Julia. — Est affichée dans LOHENGRIN (Page, 1928), CAS-TOR ET POLLUX (Suivante, 1930), PARSIFAL (Fille-fleur, 1931), TANN-HAUSER (Page, 1931).

ROY. — Est affichée dans HERO-DIADE (Esclave, 1921), LOHENGRIN (Page, 1922), FILLE DE ROLAND (Suivante, 1922), PARSIFAL (Fille-fleur, 1924).

ROYER, Jacqueline. — Débute dans « Léonore » de LA FAVORITE le 30 novembre 1904. Chante LOHENGRIN (Ortrude) et SIGURD (Hilda) en 1905; « Dalila » (1916 », AIDA (Amnéris, 1918), HAMLET (la Reine, 1919) HENRY VIII (Anne, 1919), WALKYRIE (Schwertleite 1921), « Hérodiade » (1924).

Crée « Pallas » dans HELENE.

SIGURD, Je sais des Secrets (GRAM. P 504).

RUENGER. — En représentation, débute le 4 décembre 1933 dans « Vé-nus » de TANNHAUSER et chante « Brangaine » de TRISTAN en 1934.

RYSANEK-GROSSMANN, Léonie. — En représentation, débute le 11 mai 1955 dans « Sieglinde » de LA WAL-KYRIE.

WALKYRIE, intégrale (V.s.M. FALP 383/87) — 3e acte (COL FVX 111/12).

SABATIER, Maud. — Débute le 17 février 1947 dans « Pamina » de LA FLUTE ENCHANTÉE. Chante DON JUAN (Zerline, 1947), FIDELIO (Mar-celine, 1948), BORIS (Xénia, 1948), CHEVALIER A LA ROSE (Modiste, 1949), ROMÉO (Stéfano, 1951), FAUST (Siébel, 1951).

SABATTIER, Mireille. — Débute dans « Marguerite » de LA DAMNA-TION le 27 septembre 1952.

SABRAN, Edmée. — Débute le 11 mai 1958 dans « Siébel » de FAUST. Chante L'ENFANT ET LES SORTI-LÈGES (la Chatte, la Tasse chinoise), BORIS (Fédor) et DON JUAN (Zer-line) en 1960.

SADOWEN, Hélène de. — Avec la compagnie de Serge de Diaghilew, crée « la Mère » dans MAVRA. En repré-sentation chante AIDA (Amnéris, 1922), BORIS (Marina, 1923), « Hèrodiade » et « Dalila » (1924).

Crée « le Jouvenceau » dans KITEGE.

SAILER, Friederika. — En représen-tation, chante PARSIFAL (Fille-fleur, 1954), FIDELIO (Marceline, 1955) et crée « Iphis » dans JEPHTE.

SAINT-ARNAUD, Huguette — Débute le 12 juillet 1939 dans « Siébel » de FAUST. Chante LOHENGRIN (Page, 1939), ROMÉO (Stéfano, 1940) CHEVALIER A LA ROSE (Modiste, 1941, Sophie, 1942), RIGOLETTO (Comtesse, Page, 1941), FLUTE ENCHANTÉE (Enfant, 1942, Papagéna, 1947), THAIS (Crobyle, 1942), ROI D'YS (Rosenn, 1943), Ballet du CID (Infante, 1944), ANTAR (Leila, 1946), JOSEPH (Benjamin, 1946), DON JUAN (Zerline, 1947), FIDELIO (Marceline, 1947).

Crée PALESTRINA (jeune Docteur, un Ange), PENELOPE (Mélantho, Pâtre).

FAUST, intégrale (HIS MASTER'S VOICE DB 9422/37).

SALLA, Caroline. — Débute en créant « Francesca » dans FRANÇOISE DE RIMINI.

SALVATINI. — Débute dans « Valentine » des HUGUENOTS le 13 juillet 1914.

SAMARA, Clotilde. — En 1908, débute le 15 juillet dans « Urbain » des HUGUENOTS et chante « Jemmy » dans GUILLAUME TELL.

SANDERSON, Sybil. — Débute en créant « Thaïs », puis chante « Juliette » (1894) et « Gilda » de RIGOLETTO (1895).

SAROLTA. — Débute dans « Urbain » des HUGUENOTS le 2 octobre 1886. Chante, la même année, « Annette » de FREISCHUTZ, puis, en 1887, FAVORITE (Inès), FAUST (Siébel), AIDA (grande Prêtresse), PATRIE (Rafaela), DON JUAN (Zerline). Est la créatrice de « Jeanne » dans LA DAME DE MONSOREAU.

SARROCA, Suzanne. — Débute le 29 novembre 1952 dans « Phani » des INDES GALANTES. Chante BORIS (Marina, 1953), VAISSEAU FANTOME (Senta, 1953), OBERON (Rézia, 1954), « Aïda » (1955), « Kerkeb » (1956), LA DAMNATION (Marguerite, 1956) TANNHAUSER (Elisabeth, 1957), LE CHEVALIER (Octave, 1957), « Tosca » (1960), FAUST (Marguerite, 1961). A créé « Lyra » dans NUMANCE.

TOSCA, extraits (DECCA CEP 50007/8 et FAT 173665) - (ORPHÉE Mono E 51014 - Stéréo E 61014).

SAUNE. — Débute dans « Inès » de LA FAVORITE le 29 décembre 1875, et crée « un Page » dans JEANNE D'ARC.

SAUTEREAU, Nadine. — Débute le 4 mars 1960 dans L'ENFANT ET LES SORTILÈGES (la Princesse, la Chauve-Souris). Chante LE ROI DAVID (l'Ange, Mical, 1960) ; FIDELIO (Marceline), CARMEN (Micaela) en 1961 ; INDES GALANTES (Hébé) en 1962. — Crée « une Suivante » dans MÉDÉE.

ENFANT ET LES SORTILÈGES, intégrale (COL. FCX 189).

SAUVAGET. — Débute dans « Rossweiss » de LA WALKYRIE le 10 septembre 1894. Chante GWENDOLINE (Compagne, 1894), WALKYRIE (Siegrune, 1898, Grimguerde, 1900), FAUST (Siébel, 1899), HUGUENOTS (Dame d'honneur, 1911). Crée LA BURGONDE (Ruth) et JOSEPH (jeune Fille).

SCALAR, Minna. — En 1909, débute le 30 juillet dans « Valentine » des HUGUENOTS et chante « Elsa » de LOHENGRIN.

SCHAERTEL, Elisabeth. — En représentation, chante, en 1957, « Wolgunde » dans l'OR DU RHIN et LE CREPUSCULE.

SCHARLEY, Denise. — Débute le 23 novembre 1951 dans « Madeleine » de RIGOLETTO. En 1952, chante « Dalila », AIDA (Amnéris), FLUTE ENCHANTÉE (Enfant), INDES GALANTES (Bellone) ; en 1953 BORIS (Nourrice), VAISSEAU FANTOME (Marie), THAIS (Albine) ; en 1957 OTHELLO (Emilia) ; en 1958 SIEGFRIED (Erda), CREPUSCULE (troisième Norne), WALKYRIE (Fricka), DANSES POLOVTSIENNES (Voix), BAL MASQUÉ (Ulrica) ; en 1960 « Carmen ».

A créé OBERON (Puck), DIALOGUES DES CARMÉLITES (la Prieure), LE ROI DAVID (David jeune, Bethsabée).

RIGOLETTO version abrégée (PLEIADE P 3076) — CARMEN, édition partielle (ORPHÉE Mic. 51012 et Stéréo STO 61011 E) — DIALOGUE DES CARMÉLITES, intégrale (V.s.M. FALP 523/25).

SCHECH, Mariane. — En représentation, débute dans LE CREPUSCULE (Gutrune et troisième Norne) le 24 mai 1957.

SCHEEPMAKER, Gusta. — Avec la troupe de l'Opéra de La Haye, crée « l'Hôtesse » dans BEATRICE.

SCHEFFELAER, Tiny. — Avec la troupe de l'Opéra de La Haye, crée « Machteld » dans BEATRICE.

SCHEIBENHOFER, Greta. — En représentation, débute dans «Sieglinde» de LA WALKYRIE le 31 mars 1941.

SCHENNEBERG, Eliette. — Débute le 7 décembre 1934 dans « une Vieille » de l'ETRANGER.

En 1935, chante ARIANE ET BARBE-BLEUE (Nourrice), OR DU RHIN (Flosshilde), LUCIE (Aliza), ROMÉO (Gertrude), PARSIFAL (Fille-fleur), FLUTE ENCHANTÉE (Dame), WAL-KYRIE (Fricka, Grimguerde, puis Rossweiss en 1938) ; en 1936, COQ D'OR (Intendante), « Hérodiade », RIGOLETTO (Madeleine), SALOMÉ (Hérodias) ; en 1937, « Dalila », HAMLET (la Reine) ; en 1938, ROLANDE (le Page), S A L A M M B O (Taanach), OTHELLO (Emilia), ALCESTE (Suivante), ORIANE (une Voix), ROUET D'ARMOR (une Voix), LES TROYENS (Hécube, puis Anna en 1939 et Didon en 1940) ; puis AIDA (Amnéris, 1940) ROI D'YS (Margared, 1941), BORIS (Hôtesse, 1945).

A créé L'AMOUR SORCIER (la Chanteuse), VAISSEAU FANTOME (Marie), LES SANTONS (la Pêcheresse), ENFANT ET SORTILÈGES (l'Ecureuil, le Pâtre), PALESTRINA (Silla) « Antigone » et LE JOUR (une Voix).

Deux airs de DALILA (COL. LFX 642).

SCHIMPKE, Lotte. — En représentation, débute le 13 mars 1941 dans « Helmwige » de LA WALKYRIE.

SCHMIDT, Erika. — En représentation, débute le 13 mars 1941 dans « Guerhilde » de LA WALKYRIE.

SCHMUCK, Hélèna. — En représentation, débute le 13 mars 1941 dans « Waltraute » de LA WALKYRIE.

SCHOENE, Lotte. — Débute le 18 mars 1929 dans « Pamina » de LA FLUTE ENCHANTÉE. En 1936, chante DON JUAN (Zerline) et FIDELIO (Marceline).

Air de Pamina (HIS MASTER'S VOICE EJ 262).

S C H O O N W A T E R. — Est affichée en 1926 dans LE JARDIN DU PARADIS (Suivante), FREISCHUTZ (Demoiselle d'honneur), GWENDOLINE (Suivante) ; en 1935 dans CASTOR ET POLLUX (Suivante) ; en 1936 dans LES HUGUENOTS (Dame d'honneur) et en 1937 dans ARIANE (un Ephèbe).

SCHREIBER, Ruth. — En représentation, débute le 13 mars 1941 dans « Grimguerde » de LA WALKYRIE.

SCHUBERT, Elfriede. — En représentation, débute le 13 mars 1941 dans « Rossweiss » de LA WALKYRIE.

SCHUBERT, Erika. — En 1957, chante en représentation L'OR DU RHIN (Flosshilde) et LE CREPUSCULE (Flosshilde et première Norne).

SCHUENEMANN, Hildegard. — En représentation, débute le 18 mai 1955 dans « Guerhilde » de LA WALKYRIE.

SCHUMANN, Elisabeth. — En 1928, avec la troupe de l'Opéra de Vienne, chante FIDELIO (Marceline), DON JUAN (Zerline), NOCES DE FIGARO (Suzanne), SERVANTE MAITRESSE (Zerbine), ENLÈVEMENT AU SÉRAIL (Blondine), CHEVALIER A LA ROSE. (Sophie) et LA WALKYRIE (Ortlinte).

LE CHEVALIER, intégrale (GRAM. DB 2060/72) - (VICTOR 196...)- (HIS VOICE DB 7547/59) — DON JUAN, deux airs (GRAM. DB 946 - DA 845) — ENLÈVEMENT AU SÉRAIL, deux airs (POLYDOR 65580).

SCHWARZKOPF, Elisabeth. — Avec la troupe du Deutsches Opernhaus de Berlin, en 1941, chante « Madame Gaillardin » dans LA CHAUVE-SOURIS. En 1962, est affichée dans « la Maréchale » du CHEVALIER.

CHAUVE-SOURIS, complet (COL. FCX 489/90) — CHEVALIER, complet (COL. FCX 750/3).

SEDEVILLE. — Est affichée dans GWENDOLINE (Suivante, 1911) et PARSIFAL (Fille-fleur, 1914).

SEEFRIED, Irmgard. — Avec la troupe de l'Opéra de Vienne, chante « Pamina » dans LA FLUTE ENCHANTÉE en 1953, et le REQUIEM de Mozart.

LA FLUTE, intégrale (COL. FCX 150/52).

SEGALA, Jeanne. — Débute le 15 septembre 1940 dans « Marguerite » de FAUST. Est affichée dans DON JUAN (Anna, 1942), WALKYRIE (Helmwige, 1943), ANTAR (Abla, 1946), « Aïda » (1948), MAITRES CHANTEURS (Eva, 1948), ROI D'YS (Rosenn, 1951), INDES GALANTES (Emilia, 1952), OTHELLO (Desdémone, 1953), «Thaïs» (1955).

A créé LE DRAC (le Drac) et PEER GYNT (Solweig).

OTHELLO, duos des 1 et 2, avec THILL (COL. LFX 653 - LFX 656) - air du Saule (COL. LFX 658).

SEIDL, Berta. — Avec la troupe de l'Opéra de Vienne, chante la « quatrième Servante » dans ELEKTRA en 1953.

SERRES, Geneviève. — Débute le 16 mai 1951 dans « Nedjma » de KERKEB. Chante RIGOLETTO (Madeleine, 1952, Johanna, 1954), TRAVIATA (Bohémienne, puis Anette, 1952), FLUTE ENCHANTÉE (Enfant), LOHENGRIN (Page), L'AIGLON (Isabelle) en 1952 ; FAUST (Dame Marthe). « Antigone », THAIS (Crobyle) en 1953 ; OBERON (Puck, 1954) ; BORIS (Marina), ROMÉO (Gertrude) en 1955 ; WALKYRIE (Waltraute), OTHELLO (Emilia), MARTYRE DE St. SEBASTIEN (Gémeau), en 1957 ; DIALOGUES DES CARMÉLITES (Sœur Marie), INDES GALANTES (Phani) en 1958 ; SALOMÉ (Hérodias) en 1959 ;« Carmen » et LES TROYENS (Cassandre) en 1961.

SERRES Marthe. — Débute dans une « Orpheline noble » du CHEVALIER A LA ROSE le 24 février 1941.

SHACKLOCK, Constance. — Avec la troupe du Covent Garden de Londres, crée « Miss Sindley » dans PETER GRIMES en 1948.

SICOT, Irène. — Débute le 17 avril 1959 dans « un Page » de LOHENGRIN Est la même année affichée dans LA FLUTE ENCHANTÉE (Enfant), JEANNE AU BUCHER (la Vierge) et CARMEN (Micaela).

SIEBERT, Dorothéa. — Avec la troupe de l'Opéra de Vienne, crée « Samélé » dans L'AMOUR DE DANAÉ en 1953.

SIEGEN. — Débute dans « Waltraute » de LA WALKYRIE le 19 juillet 1893.

SIEWERT, Ruth. — En représentation, en 1955, chante « Erda » de L'OR DU RHIN et de SIEGFRIED «Schwartleite» de WALKYRIE et une « Norne » du CREPUSCULE.

WALKYRIE, 3e acte intégral (COL. FCX 111/12).

SILVA, R. — Est affichée dans une « Suivante » de CASTOR et POLLUX en 1918.

SILVY, Jacqueline. — Débute dans « Gilda » de RIGOLETTO le 16 septembre 1960 et crée « la jeune Fille » dans LE ROI DAVID.

SIMON, Annik. — Débute le 4 mars 1960 dans « le Feu » et « le Rossignol » de L'ENFANT ET LES SORTILÈGES.

SIMON, Marie. — Débute le 24 novembre 1919 dans « Chimène » du CID.

SLEZAK, Margaret. — Avec la troupe du Deutsches Opernhaus de Berlin, en 1941, chante « Rosalinde » dans LA CHAUVE-SOURIS.

SLOBOVSKA, Oda. — Avec la compagnie de Serge de Diaghilew, crée « Paracha » dans MAVRA.

SOLARI. — Crée « une Vierge » dans ARIANE et fut affichée dans « un Page » de LOHENGRIN en 1907.

SOMMERSCHUH, Gerda. — En représentation, chante « Woglinde » dans L'OR DU RHIN et le CREPUSCULE en 1957.

SORGI, Wanda. — Aavec la compagnie de Mme Supervia, chante «Elvire» dans L'ITALIENNE A ALGER en 1930.

SOUBRE. — Débute le 21 septembre 1878 dans « un Néophyte » du PROPHÈTE. Chante LES HUGUENOTS (Dame d'honneur, 1878, Urbain, 1881), POLYEUCTE (Stratonice, 1878) ; en 1879 : L'AFRICAINE (Anna), LA FAVORITE (Inès), LA MUETTE DE PORTICI (Dame d'honneur) ; en 1880 : AIDA (grande Prêtresse), FAUST (Siébel), LE COMTE ORY (Alice).

SOYER, Berthe. — Débute le 18 décembre 1899 dans « Amnéris » de AIDA. Chante LANCELOT (Guinièvre 1900), RIGOLETTO (Madeleine, 1900), « Dalila » (1901), PROPHÈTE (Fidès, 1901), SIEGFRIED (Erda, 1902), SIGURD (Uta, 1903), LE TROUVÈRE (Azucéna, 1904).

SOYER, Emilienne. — Est affichée dans HERODIADE (Cananéenne, 1927, Esclave, 1945), CASTOR ET POLLUX (Suivante, 1930, Spartiate, 1940), PARSIFAL (Fille-fleur, 1931), LE CHEVALIER A LA ROSE (Fille de chambre, 1936).

SOYER, Marguerite. — Débute le 18 mars 1936 dans « Brangaine » de TRISTAN. Est affichée, en 1936, dans TANNHAUSER (Vénus), « Hérodiade », LOHENGRIN (Ortrude) ; en 1937 dans ARIANE (Phèdre).

SPANELLYS, Georgette. — Débute dans « le Page » de RIGOLETTO le 1er juin 1956. Chante FAUST (Siébel, 1956), ROMÉO (Stéfano, 1956), CHEVALIER A LA ROSE (Orpheline, 1957, Modiste, 1959, Dame Marianne 1962), TANNHAUSER (Page, 1957), INDES GALANTES (Zima, 1958), BORIS (Fédor, 1958), CARMEN (Frasquita, 1959), ENFANT ET SORTILEGE (Pastoureau, puis la Chatte, 1960), HEURE ESPAGNOLE (Concepcion, 1960), TRAVIATA (Anette, 1962).

SPENNERT, Jenny. — En représentation, crée « Lycia » dans LA FILLE DU SOLEIL.

STACH, Marcelle. — Débute le 18 mars 1929 dans « la Reine de la nuit » de LA FLUTE ENCHANTÉE.

STEVENS, Rise. — En représentation, débute dans « Octave » du CHEVALIER A LA ROSE le 30 mai 1949.

STICH-RANDALL, Térésa. — En représentation, débute le 23 novembre 1960 dans « dona Anna » de DON JUAN.

STIGNANI, Ebe. — En représentation chante le REQUIEM de Verdi le 12 juin 1935 puis ,en 1951, avec la troupe du Théâtre San Carlo de Naples, chante « Ulrica » dans LE BAL MASQUÉ.

Air de Ulrica (CETRA BB 25066) — REQUIEM de Verdi avec CANIGLIA, GIGLI, PINZA (GRAM. DB 6210/19) - (VICTOR 734...) - (V.s.M. FJLP 5002/3).

STOINIGG. — Avec la troupe de l'Opéra de Vienne, chante « Rossweiss » de LA WALKYRIE en 1928.

STRAUS, Isabel. — En représentation, débute le 6 avril 1962 dans « Gutrune » du CREPUSCULE.

STRITAR Bogdana. — Avec la troupe de l'Opéra National de Ljubljana, crée la « Princesse Clarisse » dans L'AMOUR DES TROIS ORANGES.

L'AMOUR DES 3 ORANGES, intégral (MIC PHILIPS A 00331/32).

STUCKLE, de. — Débute dans « Sélika » de L'AFRICAINE le 22 septembre 1879. La même année, chante « Valentine » des HUGUENOTS.

SUBTIL, Cécile. — Est affichée, en 1924, dans PARSIFAL (Fille-fleur) et HERODIADE (Cananéenne).

SUPERVIA, Conchita. — Avec la Compagnie qui porte son nom, en 1930, chante « Isabelle » de L'ITALIENNE A ALGER et « Rosine » du BARBIER DE SEVILLE.

LE BARBIER, air de Rosine (ODEON 123702) - (PARL. PXO 1015) - (FONOTIPIA 120098 et 110167) — (PARL. PXO 1020) - (FONOTIPIA 120167) — ITALIENNE A ALGER « o che muso » duo avec SCATTOLA (PARLOPHONE R 20278) - (FONOTIPIA 12062) « Quartette » avec EDERIC, SCATTOLA et BETTONI (PARL. PXO 1021) - (FONOTIPIA 120200) - Rééd. Micros (Italienne et Barbier) (ODEON ODX 138 et ORX 128).

SUTHERLAND, Joan. — En représentation, débute le 25 avril 1960 dans « Lucie » de LUCIE DE LAMMERMOOR.

SYLVA, Marguerite. — Débute le 21 avril 1917 dans « Léonore » de LA FAVORITE.

SYNEK, Liane. — En représentation, débute le 2 mai 1959 dans « Elisabeth » de TANNHAUSER.

SZATMARY. — Avec la troupe de l'Opéra de Vienne, chante « Grimguerde » de LA WALKYRIE en 1928.

SZTERENYL. — En 1928, avec la troupe de l'Opéra de Vienne, chante « Marianne » du CHEVALIER A LA ROSE et « Waltraute » de LA WALKYRIE.

TALEMA. — En 1901, débute le 6 février 1901 dans « Edwige » de GUILLAUME TELL puis chante « Albine » de THAIS.

TANESY. — Débute le 24 octobre 1892 dans « Valentine » des HUGUENOTS et chante « Rachel » de LA JUIVE en 1893.

TASSINARI, Pia. — En représentation, débute dans « Alice Ford » de FALSTAFF le 4 juillet 1935.

FALSTAFF, complet (COL. OP 16).

TEBALDI, Renata. — Avec la troupe du théâtre San Carlo de Naples, crée « Jeanne » dans JEANNE D'ARC en 1951. En représentation, chante « Aïda » (1959) et « Tosca » (1960).

AIDA, intégrale (DECCA mono 5539/41 et stéréo SXL 2167/9) - extraits (DECCA LXT 5067, LW 5013. - en 78 t. « Ritorno vincitor (DECCA GAG 326) — TOSCA, intégrale (DECCA LXT 2730/31 LXT 5554/5 - Stéréo SXL 2180/1) - extraits (DECCA LW 5065) - en 78 t. « Vissi d'arte... » (DECCA GAG 324) — RECITAL LYRIQUE : (DECCA LXT 5076).

TECLAR. — Débute en créant la « première Ondine » dans LE SORTILÈGE. Crée également « Séléna » dans LES JOYAUX DE LA MADONE et est affichée, en 1913, dans LOHENGRIN (Elsa), ARMIDE (Lucinde) et LA DAMNATION (Marguerite).

TEDESCHI. — Débute le 10 janvier 1887 dans « le Page » de RIGOLETTO. Est affichée dans LE PROPHÈTE (Néophyte), PATRIE (Gudule), RIGOLETTO (Johanna), en 1887 ; dans LES HUGUENOTS (Dame d'honneur) en 1888. Crée « Pépita » dans ROMÉO.

TELLINI, Alfani. — En représentation, chante « Anette » de FALSTAFF le 4 juillet 1935.

FALTSTAFF complet (COL. OP 16).

TEONI. — Débute dans « Dame Ragonde » du COMTE ORY le 12 novembre 1880.

TESSANDRA, Laure. — Débute dans « Dalila » le 4 août 1926. Est affichée dans WALKYRIE (Grimguerde, 1926, Fricka, 1927), GWENDOLINE (Suivante, 1926), THAIS (Albine, 1927, Myrtale, 1933) : en 1927 : « Hérodiade », RIGOLETTO (Madeleine), LE COQ D'OR (l'Infante), LE MIRACLE (Bérangère) ; en 1928 : OR DU RHIN (Flosshilde), CHEVALIER A LA ROSE (Annina), PARSIFAL (Fille-fleur) ; en 1929 : SALOMÉ (Hérodias), LES TROYENS (Anna), GUILLAUME TELL (Edwige) ; en 1931 : TRISTAN (Brangaine), GUERCOEUR (l'Ombre d'une femme) ; en 1932 : MAITRES CHANTEURS (Magdalaine), ALCESTE (Suivante) et en 1933 : AIDA (Amnéris). A créé LA PRETRESSE DE KORYDWEN (une Voix), TRAVIATA (la Bohémienne), LES BURGRAVES (une Burgrave), CYRCA (une Voix), LE MAS (Rouzil), GUERCOEUR (une Illusion), ELEKTRA (troisième Servante), VERCINGETORIX (Druidesse).

Quatuor de RIGOLETTO, avec NORENA, ROUARD et VILLABELLA (ODEON 123010) - « Mon cœur s'ouvre à ta voix » (ODÉ 188030 - « Ne me refuse pas » (ODÉ ORX 110).

TEXIER. — Débute le 8 février 1927 dans « une Orpheline » du CHEVALIER.

TETRAZZINI, Luisa. — Paraît au Gala organisé le 1 avril 1919 pour y chanter le grand air de SEMIRAMIDE de Rossini.

Grand air de « Semiramide » (GRAM. DB 537).

THIERRY, Marie. — En représentation, chante « Micaela » de CARMEN le 29 décembre 1907.

THURINGER. — Débute dans « Urbain » des HUGUENOTS le 11 mars 1884. La même année, chante GUILLAUME TELL (Jemmy), FAUST (Siébel), LA FAVORITE (Inès) et LE FREISCHUTZ (Anette).

TIKHONOVA, Antonina — En représentation, débute le 23 mars 1926 dans « Marina » de BORIS.

TIPHAINE, Jeanne. — En représentation, chante « Frasquita » de CARMEN le 11 novembre 1900.

TIRARD, Charlotte. — Débute le 9 janvier 1926 dans « Helmwige » de LA WALKYRIE. Chante, en 1926, FALSTAFF (Alice Ford), THAIS (Myrtale) BORIS (Marina), GWENDOLINE (une Compagne) ; en 1927, AIDA (grande Prêtresse, puis Aïda), LE CHEVALIER (la Maréchale), L'OR DU RHIN (Welgunde) ; en 1928, LE CREPUSCULE (Welgunde), FAUST (Marguerite) et PARSIFAL (Fille-fleur). A créé « Clara » dans LA TRAVIATA.

FAUST, Eglise (ODEON 188703/4) - Trio prison (ODÉ 123679). - (V.s.M. FALT 30151).

TODOROVA. — Débute dans « Amnéris » de AIDA le 19 octobre 1921. Chante ensuite « Dalila » (1921) et « Hérodiade » (1922).

TOUGARINOVA. — Avec la troupe du théâtre Impérial de Moscou, crée « Fédor » dans BORIS en 1908.

TOUZET, Paule. — Débute le 7 février 1942 dans « Zerline » de DON JUAN.

TUBIANA, Viviane. — Débute dans « Siébel » de FAUST le 9 avril 1950.

TURBA-RABIER, Odette. — Débute le 2 mars 1945 dans « Gilda » de RIGOLETTO. Chante « Blondine » de UN ENLÈVEMENT AU SÉRAIL en 1951.

ULLMANN. — Avec la troupe de l'Opéra de Vienne, interprète « une Orpheline noble » dans LE CHEVALIER A LA ROSE en 1928.

UMBERTI. — Avec la troupe de l'Opéra Communal de Florence, chante « Clotilde » dans NORMA en 1935.

VACHOT, Marie. — Débute le 19 décembre 1879 dans « la Reine » des HUGUENOTS. Chante « Zerline » de DON JUAN et « Marguerite » de FAUST en 1880.

VAILLY, de. — Débute le 22 décembre 1919 dans « Salomé » de Mariotte.

VALDES. — Crée « une Fileuse » dans LES NOCES CORINTHIENNES

VALETTE, Raymonde. — En 1924 est affichée dans PARSIFAL (Fille-fleur) et HERODIADE (Cananéenne).

VALLANDRI, Aline. — Au cours d'un Gala, le 23 mai 1909, interprète la « Neuvième Symphonie » dans L'APOTHEOSE DE BEETHOVEN, puis le 21 mars 1918, débute dans « Phébé » de CASTOR ET POLLUX.

VALLIN, Ninon. — En 1920, débute le 27 mars dans « Thaïs », puis chante « Marguerite » de LA DAMNATION et de FAUST. En 1935 chante le REQUIEM de Fauré.

LA DAMNATION, extraits (PLEIADE P 3082) — FAUST, air des bijoux (ODEON 171031) - (PATHÉ X 37, X 90084, X 7228) — Roi de Thulé (PATHÉ X 7228) - (ODEON 171031) - anges purs (ODEON 123509) - (PATHÉ X 2619) - L'Eglise (PATHÉ X 2614/15) - Il se fait tard (PATHÉ 2616/17) - Quatuor (PATHÉ X 2618) - Reed. Micros (ODEON ORX 102) — THAIS, scène du Miroir (PATHÉ X 7229).

VALLY, Andrée. — Débute en créant « Maliella » dans LES JOYAUX DE LA MADONE. En 1913, chante «Thaïs» puis, en 1914,. PARSIFAL (Fille-fleur), « Juliette », LE VIEIL AIGLE (Zina) et LE MIRACLE (Alix).

VALLY. — Débute dans « Thaïs » le 7 mai 1923.

VARENNE, Denise. — Débute le 10 mai 1947 dans « dona Anna » de DON JUAN. Chante LA WALKYRIE (Sieglinde, 1948), ARIANE et BARBE-BLEUE (Ariane, 1952), LOHENGRIN (Elsa, 1953).

VAREZ, Andréa. — Débute le 9 décembre 1946 dans « une Femme du palais » de PADMAVATI. En 1947 chante : RIGOLETTO (Madeleine), LA FLUTE ENCHANTÉE (une Dame), BORIS (Fédor), LOHENGRIN (Page), THAIS (Myrtale).

VARNAY, Astrid. — En représentation, débute dans « Isolde » le 11 mai 1956. Chante « Brunehilde » de LA WALKYRIE, SIEGFRIED et LE CREPUSCULE en 1957 ; « Senta » du VAISSEAU FANTOME en 1960.

CREPUSCULE (Deutch. Gram. 19063, 19045) — SIEGFRIED, scène finale (Deutch. Gram. DG 19045) — TRISTAN, extraits (D. G. 19018, 619193 et Stéréo 136030) — WALKYRIE, 3e acte (COL. FCX III/II2) - (D. G. 19063 — VAISSEAU, intégral (DEC. LXT 5150/2).

VARNIER. — Est affichée dans TANNHAUSER (Page) en 1906 et crée une « Fille-fleur » dans PARSIFAL.

VAUTIER. — Débute le 3 septembre 1884 dans « Berthe » du PROPHÈTE, et chante la « Grande Prêtresse » dans AIDA (1884).

VECART, Raymonde. — Débute dans « Gilda » de RIGOLETTO le 30 décembre 1917. En 1918, est affichée dans HAMLET (Ophélie), MARIA DI ROHAN (Maria), FAUST (Marguerite), « Juliette » ; en 1920 dans « Thaïs » ; en 1923 dans « Constance » de UN ENLEVEMENT AU SÉRAIL. A créé à l'Opéra « Ernestine » de MONSIEUR CHOUFLEURI.

VECRAY, Huberte. — Débute dans « Elsa » de LOHENGRIN le 30 mai 1953.

VEFA, Jeanne. — Est affichée dans « un Page » de LOHENGRIN et TANNHAUSER en 1925 et 1926.

VERE, Clémentine de. — Débute dans « la Reine » des HUGUENOTS le 17 septembre 1880. La même année, chante « la Comtesse » du COMTE ORY ; en 1881 L'AFRICAINE (Inès), ROBERT LE DIABLE (Isabelle), DON JUAN (Zerline) et GUILLAUME TELL (Mathilde).

VERGIN. .. Débute dans « Eudoxie » de LA JUIVE le 4 février 1876.

VERLET, Alice. — Débute en créant « Blondine » dans UN ENLÈVEMENT AU SÉRAIL. Chante, en 1904 : HUGUENOTS (la Reine), RIGOLETTO (Gilda), DON JUAN (Zerline) ; en 1905 : ARMIDE (Naïade), LE CID (Infante), « Thaïs » et « Juliette » ; en 1907 : « Marguerite » de FAUST.

LE CID, couplets de l'Infante (GRAM. 33733) — HUGUENOTS, ô beau pays de la Touraine (GRAM. 33678) — RIGOLETTO, air de Gilda (GRAM. 33052).

VERNET, Arvez. — En 1934, débute le 7 novembre dans « Hilda » de SIGURD et chante HERODIADE (Salomé), L'ETRANGER (Vita) ; en 1935, « Aïda ».

VEROLI, Elda, di. — En représentation, débute le 1er février 1926 dans « Gilda » de RIGOLETTO.

VERON-GRUNWALD. — En 1939, chante, en représentation, LOHENGRIN (Ortrude), LA DAMNATION (Marguerite) et LA WALKYRIE (Brunehilde).

VHITA, Madeleine. — En représentation, débute le 26 février 1930 dans « Brangaine » de TRISTAN. Chante « Waltraute » dans LE CREPUSCULE en 1933.

VIAL, E. — Est affichée en 1934 dans L'ETRANGER (une jeune Femme, une jeune Fille) et crée « une Servante » dans LE MARCHAND DE VENISE.

VICTRIX, Claudia. — En représentation, chante « Anita » de LA NAVARRAISE en 1924, « Tosca » en 1925 et « Thaïs » en 1926.

VIDAL, Emilie. — A débuté salle Le Peletier dans « Dona Anna » de DON JUAN le 17 octobre 1873. Au Palais Garnier crée « la Comtesse » dans RIGOLETTO et chante, en 1883, GUILLAUME TELL (Edwige), FAUST (Dame Marthe), COMTE ORY (Dame Ragonde) ; en 1884, FRANÇOISE DE RIMINI (Virgile).

VIDAL, Renée. — Débute dans « Amnéris » de AIDA le 2 octobre 1889. Est affichée dans LE PROPHETE (Fidès, 1889) ; RIGOLETTO (Madeleine) et HAMLET (la Reine) en 1890.

VILMA. — Au cours d'un Gala, le 18 mars 1899, interprète « Louise » dans LES RENDEZ-VOUS BOURGEOIS.

VINCENT. — Débute dans « la Comtesse » de RIGOLETTO le 23 janvier 1892. Chante LES HUGUENOTS (Dame d'honneur), FAUST (Dame Marthe), PROPHÈTE (un Néophyte) en 1892 ; RIGOLETTO (Johanna) en 1893 ; ROMÉO (Gertrude) en 1894 ; THAÏS (Albine) en 1896. A créé SALAMMBO (Taanach), LA WALKYRIE (Grimguerde), HELLE (Hérodiade) LES BARBARES (une Femme).

VINCENT Jeanne — Est affichée en 1945, dans HERODIADE (Esclave), BORIS (Xénia), PÉNÉLOPE (Servante) ; en 1949 dans LE CHEVALIER A LA ROSE (un Enfant), LE MARCHAND DE VENISE (un Masque) ; en 1950, dans LOHENGRIN (un Page).

VINCI, Marguerite. — Débute dans « Taanach » de SALAMMBO le 25 mai 1906. Chante WALKYRIE (Rossweiss, 1906), PROPHÈTE (Néophyte, 1906), RIGOLETTO (Johanna, 1909), FAUST (Dame Marthe, 1909).

VISCONTI, Raymonde. — Débute dans « Juliette » le 20 janvier 1910. Chante « Marguerite » de FAUST en 1910, puis « Thaïs » en 1919.

VIX, Geneviève. — Débute en créant « Daria ». Chante ensuite ARMIDE (Mélisse, 1905), FAUST (Marguerite, 1906), « Thaïs » (1924), LA MÉGÈRE APPRIVOISÉE (Catharina, 1925) et « Salomé » de Strauss (1926).

VOLFER, Anita. — Débute le 11 août 1936 dans « Salomé » de HERODIADE. Chante LOHENGRIN (Elsa, 1937), OEDIPE (Jocaste, 1937), WALKYRIE (Waltraute, 1937, Guerhilde, 1943) ; en 1939, FAUST (Marguerite), FLUTE ENCHANTÉE (Enfant), « Aïda », VAISSEAU FANTOME FANTOME (Senta) ; en 1941, « Gwendoline » et « Fréia » de l'OR DU RHIN ; puis « Thaïs » (1942), OTHELLO (Desdémone, 1944), BORIS (Marina, 1945). A créé OEDIPE (Vierge), SAMARITAINE (jeune Fille), AIGLON (Marie-Louise).

VOLTRI, Mafalda de. — Avec la Compagnie de Serge de Diaghilew, crée « Bellina » dans ASTUCE FEMININE en 1920.

VUILLAUME, Marie. — Débute dans « Juliette » le 17 août 1908. En 1909, chante « Ophélie » d'HAMLET et « Gilda » de RIGOLETTO.

WACHMANN, Franzi. — En représentation, chante « une Fille-fleur » dans PARSIFAL le 24 mars 1954.

WAGNER. — Avec la troupe de l'Opéra de Vienne, en 1928, chante « une Orpheline noble » dans LE CHEVALIER A LA ROSE.

WALACK. — En 1895, est affichée dans TANNHAUSER (un Page).

WALKER, Gertrud. — Avec la troupe du Deutsches Opernhaus de Berlin, en 1941, chante le « Prince Orlofsky » dans LA CHAUVE-SOURIS.

WALSKA, Ganna. — En représentation, débute le 26 juin 1923 dans « Gilda » de RIGOLETTO.

WEISZ, Ingeberg. — En représentation, débute dans « Fréia » de l'OR DU RHIN le 7 mai 1955.

WILDBRUNN, Hélène. — En 1928, avec la troupe de l'Opéra de Vienne, chante « Isolde » et « Brunehilde » de LA WALKYRIE.

WINKELMANN, Violette — Voir plus haut : BERANGER, Violette.

WIRTH. — Est affichée dans GWENDOLINE (Suivante, 1911), HERODIADE (Esclave, 1921).

WISSMANN, Lore. — En représentation, chante une « Fille-fleur » dans PARSIFAL le 24 mars 1954.

WRAY, Joséphine. — En représentation, chante dans « Vénus » de TANN-HAUSER le 24 novembre 1933.

YOSIF, Adine. — Débute dans « Senta » du VAISSEAU FANTOME le 10 janvier 1947. Chante, en 1947, « Aïda », « Elsa » de LOHENGRIN ; en 1948, « Marguerite » de LA DAMNATION et « Sieglinde » de LA WALKYRIE.

ZADEK, Hilde. — En 1953, avec la troupe de l'Opéra de Vienne, chante « Chrysothémis » dans ELEKTRA et

« une Dame » dans LA FLUTE EN-CHANTÉE.

ZEANI, Virginia. — En représentation, débute le 31 mai 1957 dans « Violetta » de LA TRAVIATA.

ZIEGLER, Irène. — En représentation, débute le 13 mars 1941 dans « Fricka » et « Schwertleite » de LA WALKYRIE.

ZIHERL, Vanda. — Avec la troupe de l'Opéra de Ljubljana, interprète « une Orange » en 1956 dans L'AMOUR DES TROIS ORANGES.

L'AMOUR DES 3 ORANGES, complet (PHILIPS A 00331/32).

ZWINGENBERG, Glanka. — En représentation, débute le 13 mars 1941 dans « Brunehilde » de LA WALKY-RIE.

ACHARD, Léon. — A débuté salle Le Peletier le 10 janvier 1873 en créant « Yorik » dans LA COUPE DU ROI DE THULÉ, puis a paru dans « Vasco de Gama » de L'AFRICAINE.

Au Palais Garnier, a chanté « Faust » et « Fernand » de LA FAVORITE en 1875.

ADES, Jehan. — Crée « le Maître de cérémonie » dans JEANNE D'ARC.

AFFRE, Agustarello. — Débute le 22 janvier 1890 dans « Edgard » de LUCIE. La même année. chante LA JUIVE (Léopold), « Ascanio », RIGOLETTO (le Duc), LA FAVORITE (Fernand) ; puis ROMÉO (Roméo, 1890, Tybalt, 1892) ; en 1891, HAMLET (Laerte), HENRY VIII (don Gomez), « Lohengrin » ; en 1892, GUILLAUME TELL (Ruodi, puis Arnold en 1899), LE PROPHETE (Jean), SALAMMBO (Shahabarim), LES HUGUENOTS (Raoul) ; ensuite AIDA (Rhadamès, 1895), « Faust » (1896), « Samson » (1898), ASTARTE (Hercule, 1901), L'AFRICAINE (Vasco, 1902), « Sigurd » (1905), ARMIDE (Renaud, 1905), THAMARA (Nour-Eddin, 1907). A créé LE MAGE (un Prisonnier), LA STATUE (Sélim), UN ENLEVEMENT AU SERAIL (Belmond) et LA GLOIRE DE CORNEILLE (Polyeucte).

L'AFRICAINE : « Pays Merveilleux » (GRAM. 2. 32593) - (ODEON 33271 - 36672 et 36695) — AIDA « air du 1er acte » (ODEON 33273 - 36413) — « duo final avec TALEXIS » (ODEON 60458 - 60662) — « douce aïda » (ODEON 36644) « Sextuor » (ODEON 56193 - 97007) — ARMIDE « plus j'observe ces lieux » (ODEON 60895) — ASTARTE « adieux d'Hercule » (GRAM. 2. 32679) - FAUST « Laisse moi... » (GRAM. 2.32969) — « Cavatine » (GRAM. 2.32595) - (COL. 50386) - (ODEON 60065) - « duo du 1. avec GRESSE » (GRAM. 34006) « avec BILLOT » (ODE. 60328/9) « Salut ô mon dernier matin » (ODE. 60137) « duo avec DEMOUGEOT (GRAM. 34037) « avec LANDOUZY » (ODEON 56122) « Scène de la Rencontre » (ODE. 56123) « Divine pureté » (ODE. 56124) « Il se fait tard » (ODE. 56127) « O nuit d'amour » (ODE. 56156) « Choral des épées » (ODE. 60458) « Trio du duel » avec NOTE et NIVETTE (ODE. 36596 - 36728) « Quatuor » avec DEMOUGEOT, GRESSE, AGUSSOL (GRAM. 34039), avec LANDOUZY, D. LAUGER, ANANIAN (ODE. 56090/91), avec LANDOUZY, D. LAUGER, BILLOT (ODE. 56158/60) « Trio de la Prison » avec DEMOUGEOT et GRESSE (GRAM. 34035) - avec DEMOUGEOT et NIVETTE (ODE. 60895) — LA FAVORITE « Ange si pur... » (GRAM. 3.32190) - (ODEON 36732 - 36726) - ZONOPHONE 82526) « duo » avec LANDOUZY (ODE. 56197) « duo » avec TALEXIS (ODE 60469) « Un ange, une femme... » (ODE 97062) — GUILLAUME TELL « Asile héréditaire » (GRAM. 2.32594) - (ODE. 36412) - (COL. 50385) « duo » avec NOTE (GRAM. 34003) « Trio » avec NOTE et GRESSE (GRAM. 34032/3) « Trio » avec NOTE et NIVETTE (GRAM. 36729/30) « Sextuor » (ODE. 56186) « accours dans ma nacelle » (ODE. 97002) « ô Mathilde » avec RIGAUX (ODE.97002) — LES HUGUENOTS « Plus blanche... » (ZONOPHONE 2026) - (GRAM. 2.32685) - (ODE. 36413) « Duo » avec DEMOUGEOT (GRAM. 34036) « Duo » avec LAUTE BRUN (ODE. 97509 - 97512/13) « En mon bon droit » (ODE. 56199) « Duo » avec LANDOUZY (ODE. 56161) — LOHENGRIN « Récit du Graal » (ODE. 36532) « Adieux au Cygne » (ODE. 97151 - 97681) « Salut héros » (ODE. 97020) « O Dieu du Ciel » (ODE. 56187) — LUCIE DE LAMMERMOOR « Bientôt l'herbe des champs » (GRAM. 2.32973) - (ODE. 60341/2) « Scène du Tombeau » (GRAM. 2.32245) — LE MAGE « Ah Parais... (GRAM. 2.32688) - ODE. 60324) — RIGOLETTO « Comme la plume au vent » (ZONOPHONE 11640) - (GRAM. 2.32607) - (ODE. 97062) « Ballade » (GRAM. 2. 32966) - ZONOPHONE 82459) - (ODE. 60064) « Belle fille... » (ZONOPHONE 82460) « Quatuor » (ODE. 86503) — ROMEO et JULIETTE « Cavatine » (GRAM. 2.32596) - (ZONOPHONE 82461) - ODEON 97020 - 60487) « Duo de la chambre » avec AGUSSOL (GRAM. 34004) « Madrigal » avec AGUSSOL (GRAM. 34005) avec BREJEAN-SILVER (ODE. 56051) avec LANDOUZY (ODE. 56121) « Hélas moi... (ODE.

56125) « Juliette est vivante... » (ODE. 56126) « Dieu de bonté... » (ODE.56159) « Salut tombeau » (ODE. 60478) — SIGURD : « Un souvenir poignant » (ODE. 36641) « Oui, Sigurd est vainqueur » (ODE.36642) «Esprits gardiens» (ODE. 36682) « Duo » avec LAUTE BRUN (ODE. 97509/10) — LA STATUE « Ah ! laisse-moi te contempler » (GRAM. 2.32971) — THAMARA « Rêve de Nour-rédin » (ODE. 60308),

a également enregistré la plupart des airs ci-dessus sur Saphir PATHE : dont FAUST en 28 disques 1622 à 1649 (intégrale) et ROMEO en 27 disques 1501 à 1527 (intégrale).

AGNELOTTI, G. — En représentation, débute le 15 mai 1935 dans « Arthur » de LUCIE DE LAMMERMOOR.

AIRIL. — Débute le 14 octobre 1935 dans le « premier Philistin » de SAMSON. Chante PARSIFAL (un Chevalier, 1935), MAROUF (l'Anier, 1937) et crée « le Choer » dans LA SAMARITAINE.

ALBANI, Carlo. — En représentation, débute le 6 juillet 1910 dans « Rhadamès » de AIDA.

ALBERS, Henri. — Débute dans « Wolfram » de TANNHAUSER le 1er juillet 1908 et chante THAIS (Athanael, 1908), THERESE (André Thorel, 1911).

TANNHAUSER : « Romance de l'Etoile » (ODE. 36662) — THAIS « Duo de l'Oasis » avec J. MARIGNON (Saphir PATHE 2506).

ALBERTI. — Au cours d'un Gala, le 28 avril 1912, interprète « Larivaudière » dans LA FILLE DE MADAME ANGOT.

ALDENHOFF, Bernt. — En représentation, débute dans « Siegfried » de SIEGFRIED le 13 mai 1955.

ALEXANDERS. — Avec la troupe de l'Opéra de La Haye, chante « un Prisonnier » dans FIDELIO en 1926.

ALLARD, André. — Avec la troupe de l'Opéra de Monte-Carlo, crée « Sonora » dans LA FILLE DU FARWEST, puis, au cours d'un Gala, chante « Albert » de WERTHER en 1912.

ALSEN, Herbert. — En représentation débute le 21 juin 1938 dans le « Roi Marke » de TRISTAN.

ALTCHEWSKY, Jean. — Avec la troupe de l'Opéra Impérial de Moscou, crée « Chouisky » dans BORIS GODOUNOV.

Engagé à l'Opéra, y paraît en 1908 dans LES HUGUENOTS (Raoul), « Roméo », « Faust », « Hippolyte », RIGOLETTO (le Duc) ; en 1909 dans « Tannhauser », AIDA (Rhadamès) ; en 1910 dans SALAMMBO (Sharabarim), «Samson», LA DAMNATION (Faust), « Lohengrin », ARMIDE (Renaud) ; en 1911 dans « Siegfried » du CREPUSCULE. Est le créateur de « Scêmo » et du COQ D'OR (l'Astrologue).

ALTERY, Mario. — Débute dans « Roméo » le 9 mars 1940. En 1941, chante « Faust », « Rodolphe » de LA TRAVIATA, « le Duc » de RIGOLETTO ; en 1946, « Nicias » de THAIS. Crée à l'Opéra « Mylio » du ROI D'YS.

ALVAREZ, Albert. — Débute dans « Faust » le 14 mars 1892. Chante « Roméo », « Lohengrin » (1892), « Samson » WALKYRIE (Siegmound, 1893); «Tannhauser», AIDA (Rhadamès, 1895), FAVORITE (Fernand), « Sigurd » (1896) ; HUGUENOTS (Raoul, 1897) ; LE PROPHÈTE (Jean, 1898) ; PATRIE (Kerloo), LE CID (Rodrigue) en 1900 ; « Othello » (1903) ; TROUVERE (Manrique, 1904) ; PAILLASSE (Canio), SALAMMBO (Mathô) en 1906. Est le créateur de THAIS (Nicias), LA MONTAGNE NOIRE (Mirko), FREDEGONDE (Mérowig), HELLE (Jean), MESSIDOR (Guillaume), MAITRES CHANTEURS (Walther), LA BURGONDE (Gautier), ASTARTE (Hercule) LE FILS DE L'ETOILE (Bar-Kokéba) et « Tristan ».

A enregistré sur Saphir PATHE : FAUST « Salut ô mon dernier matin et Cavatine » (Saphir PATHE 0024) — FAVORITE « Duo » avec DELNA (Saphir PATHE 0190) — ROMEO « Cavatine » (Saphir PATHE 0025) — PAILLASSE « Entrée de Paillasse » (Saphir PATHE 0061) « Pauvre Paillasse » (Saphir PATHE 0061 - 0204) — SIGURD « Un souvenir poignant » (Saphir PATHE 0204).

ALVARY, Lorenzo. — En représentation, débute le 15 mai 1957 dans « le Baron Ochs » du CHEVALIER A LA ROSE.

ALVES, Georges. — Débute le 7 octobre 1955 dans « le Héraut » de OTHELLO. Est affiché en 1955 dans TRAVIATA (Marquis), RIGOLETTO (Monterone), FAUST (Wagner), BORIS (Exempt), BOLIVAR (Soldat) ; en 1956 dans SAMSON (Philistin), THAIS (Cénobite), TRISTAN (le Pilote) ROMÉO (Grégorio).

ALZIARDI. — Avec la troupe de l'Opéra de Monte-Carlo, chante « Néréus » de MEFISTOFELE en 1912.

AMADE, Raymond. — Débute le 27 juin 1950 au théâtre du petit Trianon, à Versailles, en reprenant « Momus » dans LES FÊTES D'HÉBÉ. Au Palais Garnier, chante LES INDES GALANTES (Tacmas, 1952, Valère, 1953), LA FLUTE ENCHANTÉE (Orateur, 1956), puis, en 1960, L'ENFANT ET LES SORTILÈGES (la Théière), L'HEURE ESPAGNOLE (Gonzalve), BORIS (l'Innocent).

AMATO, Pasquale. — Au cours d'un Gala, le 19 juin 1910, chante « le Prologue » de PAILLASSE et « Iago » au troisième acte d'OTHELLO.

OTHELLO « Credo » (GRAM. DB 146) « Duo » avec SETTI (GRAM. DK 110) — PAILLASSE « prologue » (GRAM. DB 156 - 052054) - Reed. Micros. (ETERNA 0470) OTHELLO.

ANANIAN, Paolo. — En représentation, chante « Mélot » de TRISTAN le 19 juin 1910.

ANDREJEW, Pavel. — Avec la compagnie des Ballets russes de Serge de Diaghilew, crée « l'empereur de Chine » dans ROSSIGNOL.

ANDRÉOZZI, Robert. — Débute le 26 janvier 1962 dans « l'Aubergiste » du CHEVALIER A LA ROSE.

ANDRES, Arthur. — Est affiché dans THAIS (Cénobite, 1924), LE MARCHAND DE, VENISE (un Masque 1935).

ANDRESEN, Ivar. — En représentation, en 1931, chante le « Roi Marke » de TRISTAN et « Hagen » du CRÉPUSCULE.

CRÉPUSCULE « Hagen » (COL. D WX 1308) - (HIS MASTER'S VOICE EJ 150 - EH 227) — TRISTAN « intégrale » (COL. OP 23 - L. 2187/2206).

ANGELIS, Nazzareno de. — Avec la troupe de la Scala de Milan, chante le «Grand Pontife» dans LA VESTALE le 24 janvier 1909.

ANGLADA, Aurélio. — Débute en créant « Filandro » dans ASTUCE FEMININE. avec la compagnie des Ballets russes de Serge Diaghilew.

ANGLES, Adrien. — Est affiché dans PARSIFAL (Chevalier, 1924), THAIS (Cénobite, 1927), MARCHAND DE VENISE (Masque, 1935) HUGUENOTS (Seigneur, 1936) GWENDOLINE (Saxon, 1942).

ANSALDY. — Débute dans « Sigurd » le 16 septembre 1895. Chante, en 1896, « Fernand » de LA FAVORITE, «Faust», puis, en 1907 « Arnold » de GUILLAUME TELL.

ANSSEAU, Fernand. — Débute dans « Jean » de HERODIADE le 16 octobre 1922. Chante la même année « Roméo »; en 1923, PAILLASSE (Canio), LA DAMNATION (Faust), « Lohengrin », et « Samson »; en 1929, ALCESTE (Admète), MONNA VANNA (Prinzevalle) ; et en 1934, « Tannhauser ». A créé « Alain » dans GRISELIDIS.

DAMNATION « Nature immense » (GRAM. DB 487) — HERODIADE « Ne pouvant réprimer » (GRAM DB 623 - 2.032056) — LOHENGRIN « Ma confiance en toi » (GRAM. DA 614) — MONNA VANNA « C'est étrange » (GRAM. DA 1064) — PAILLASSE « Me grimer... » (GRAM. DB 483 et 2.032035) « Non Paillasse » (GRAM. DB 1097) — ROMEO « Ah lève-toi Soleil » (GRAM. DB 486 - DB 951 - 2.032034) - (VICTROLA 6880) « Salut tombeau » (GRAM. DB 951) — SAMSON « Vois ma misère » (GRAM. DB 623) « Arrêtez ô mes frères » (GRAM. DB 1263) « Air de la Meule » (GRAM. DB 1268).

AQUISTAPACE, Jean. — Débute dans « Boris » le 11 août 1922. Chante RIGOLETTO (Sparafucile, 1 9 2 2), FAUST (Méphisto 1923). Crée GRISELIDIS (le Diable) et LA FLUTE ENCHANTÉE (Papagéno).

BORIS « Mort de Boris » (PATHE X 7189) — FAUST « Veau d'or » (PATHE X 0655).

ARCY, Georges d'. — Est affiché GWENDOLINE (Danois, 1942), THAIS (Cénobite, 1942), COQ D'OR (Boyard, 1947), MAITRES CHANTEURS (Apprenti, 1948), CHEVALIER A LA ROSE (Coiffeur, 1949), MARCHAND DE VENISE (Masque, 1949).

ARIAL, Michel d'. — Débute le 26 mars 1915 en créant SAINTE RUSSIE. Chante BORIS (Chouisky, 1926) et crée le « Montreur d'ours » et « un brave homme » dans KITEGE.

ARIE, Raphaël. — Débute le 22 décembre 1954 dans « Zarastro » de LA FLUTE ENCHANTÉE. Est affiché, en 1955, dans «Méphistophélès» de FAUST et « Boris ».

ARIEL. — En 1910, débute le 21 mai dans le « premier Juif » de SALOMÉ et chante TANNHAUSER (Walther), ROMÉO (Tybalt).

ARJAC, d'. — En représentation, chante « Spoletta » dans TOSCA le 24 novembre 1925.

ARMAND. — Crée « un Chevalier » dans PARSIFAL.

ARNAL, Louis. — Débute le 29 avril 1923 dans « Athanaël » de THAIS, puis chante, dans la même année, HERODIADE (Phanuel), WALKYRIE (Wotan), FAUST (Méphisto), « Boris » et SAMSON (Grand Prêtre).

ARNAULT, Francis. — Est affichée dans LES HUGUENOTS (Moine, 1930, Soldat, 1930), THAIS (Cénobite, 1931), CASTOR ET POLLUX (Spartiate, 1935) L'AIGLON (Vénitien, 1937).

ARNOLT, Bruno. — En représentation, débute dans « Mélot » de TRISTAN le 22 mai 1941.

ARNOULT, Louis. — Avec la compagnie de Mme Ida Rubinstein, crée LE BAISER DE LA FÉE et NOCTURNE. Dans la troupe de l'Opéra, chante L'HEURE ESPAGNOLE (Gonzalve, 1934), TRAVIATA (Rodolphe, 1934), BARBIER DE SEVILLE (Almaviva, 1936), « Orphée » (1939), THAIS (Nicias, 1946), BORIS (Dimitri, 1946, Innocent, 1953), FLUTE ENCHANTÉE (Tamino, 1950), INDES GALANTES (Valère, 1953). Crée « le Clerc » dans JEANNE AU BUCHER.

L'HEURE ESPAGNOLE « intégrale » (COL. OP 14 - D. 15149 à 15155).

ARTERO. — Est affiché dans LA JUIVE (Homme du peuple, 1882) AFRICAINE (Evêque, 1883), LE COMTE ORY (Chevalier ,1883).

ASCANI. — En 1933, débute en créant « Dursac » dans VERCINGETORIX, puis chante MAROUF (Ali), LOHENGRIN (Héraut), ROMÉO (Mercutio), MAITRES CHANTEURS (Veilleur), et « Rigoletto ».

ASSY, Pierre d'. — Débute dans « Hounding » de LA WALKYRIE le 9 août 1907. En 1907, chante SAMSON (Vieillard hébreu), HUGUENOTS (Macel), TANNHAUSER (Landgrave), PATRIE (Noircarmes) ; en 1908, GUILLAUME TELL (Walter), AIDA (Ramfis), ROMÉO (Frère Laurent), HAMLET (le Roi). Crée « Héphaïstos » dans PROMÉTHÉE.

LES HUGUENOTS « Pif Paf » (GRAM. 32857 et P. 75).

ATHES. — Est affiché dans « un Cénobite » de THAIS en 1916.

AUBRY. — Débute le 10 août 1881 dans « un Fossoyeur » de HAMLET. En 1882, est affiché dans LE COMTE ORY (Chevalier), HUGUENOTS (Tavannes), ROBERT LE DIABLE (Chevalier), LA JUIVE (Homme du peuple), PROPHÈTE (Officier).

AUDOIN, Eric. — Débute dans « Faust » le 11 août 1923. En 1923 chante également «Lohengrin», AIDA (Rhadamès), WALKYRIE (Siegmound), LA DAMNATION (Faust) ; en 1924, RIGOLETTO (le Duc) ; en 1925, « Samson », « Tannhauser » ; en 1927, LES MAITRES CHANTEURS (Walther), HERODIADE (Jean).

AUER. — Est affiché dans « un Cénobite » de THAIS en 1918.

AUGE. — Débute le 15 janvier 1927 dans « un Officier » de RIGOLETTO.

AUGROS. — Est affiché dans PARSIFAL (Chevalier, 1914), THAIS (Cénobite, 1921).

AUGUEZ. — Le soir de l'inauguration du Palais Garnier, était affiché dans « Albert » de LA JUIVE, ayant débuté salle Le Peletier, le 7 juillet 1873, dans « Maurevert » des HUGUENOTS. A chanté L'AFRICAINE (Evêque, puis Grand Brahmine, 1873, Nélusko, 1879), ROBERT LE DIABLE (Chevalier, 1874, Alberti, 1877), GUILLAUME TELL (Leuthold, 1875, Melchtal, 1877), HAMLET (Fossoyeur, 1875) DON JUAN (Mazetto, 1875), FAUST (Wagner, 1876, Valentin, 1879), PROPHÈTE (Officier, 1876, Mathisen, puis Oberthal, 1877), JEANNE D'ARC(le Bar du Duc, 1876), HUGUENOTS (Cossé, puis Saint Bris, 1877), MUETTE DE PORTICI (Pietro, 1879). A créé LE ROI DE LAHORE (un Chef) et POLYEUCTE (Néarque).

AUMONIER, Paul. — En 1919, débute le 18 août dans « le Vieillard hébreu » de SAMSON, puis chante « Giscon » de SALAMMBO.

AURIOL. — Est affiché, en 1942, dans GWENDOLINE (Saxon), LE DRAC (un Pêcheur).

AVOLANTI, Gianni. — Avec la troupe du théâtre San Carlo de Naples, crée « un Serviteur » dans LE BAL MASQUÉ en 1951.

BACKLANOFF, Georges. — En représentation, débute dans « Hamlet » le 25 juin 1913, puis chante « Rigoletto » en 1921.

BACQUIER, Gabriel. — Débute dans « d'Orbel » de LA TRAVIATA le 21 septembre 1958. En 1959, chante « Rigoletto », FAUST (Valentin), LES INDES GALANTES (don Alvar), « don Juan », CARMEN (Escamillo) ; en 1960, L'HEURE ESPAGNOLE (Ramiro), LA TOSCA (Scarpia).

CARMEN « Extraits » (PHI 05595) — TOSCA « Intégrale » (VEGA C 30. A. 297/8) - (VAL. 18).

BADA, Angelo. — En représentation, chante « Cassio » dans OTHELLO le 19 juin 1910.

BADINI, Ernesto. — En représentation, chante « Ford » dans FALSTAFF le 4 juillet 1935.

BADIOLI, Carlo. — En représentation, débute le 30 mai 1947 dans « Monterone » et « Sparafucile » de RIGOLETTO.

BAER, Fernand. — Débute le 13 décembre 1901 dans « Scaurus » des BARBARES. En 1902, chante L'AFRICAINE (Don Diégo, puis le Grand Brahmine), SALAMMBO (Narr-Havas), HUGUENOTS (Saint Bris), RIGOLETTO (Sparafucile) ; en 1903, FAUST (Méphisto), HENRY VIII (de Norfolk), AIDA (le Roi). A créé « Ercole » dans ORSOLA.

F A U S T « Airs » (ZONOPHONE 12218 - 12266 - 12269 - 2185) « duo » avec LAFFITE (ZONOPHONE 2186), a également enregistré la Scène de l'Eglise sur Saphir PATHÉ 0077.

BAIDAROFF, Wladimir. — En représentation, a créé « Sadko » en oratorio.

BALAS. — Est affiché dans LA JUIVE (Homme du peuple, 1889), AFRICAINE (Evêque, 1890), DEIDAMIE (Chef grec, 1893), GWENDOLINE (Saxon, 1893), THAIS (Cénobite, 1894).

BALDOUS, Jules. — En 1922, débute le 31 juillet dans « Wotan » de LA WALKYRIE, puis chante « Athanael » de THAIS.

BALLARD, Louis. — Débute le 16 décembre 1887 dans le « Grand Brahmine » de l'AFRICAINE. Chante HAMLET (Spectre, 1888), GUILLAUME TELL (Melchtal puis Gessler, 1888 Guillaume, 1889) HUGUENOTS (Thoré, 1888, de Retz, 1891, Saint Bris, 1892), PROPHETE (Mathisen, 1888), JUIVE (Ruggiero, 1889), LE CID (don Gormas, 1889), RIGOLETTO (Monterone, 1889), LUCIE (Raymond, 1889), SIGURD (Grand Prêtre, 1891), PATRIE (Noircarmes, 1891), LE MAGE (Héraut, 1891), HENRY VIII (de Norfolk, 1891), THAMARA (Grand Prêtre, 1892), LOHENGRIN (Héraut, puis le Roi, 1892), SALAMMBO (Narr-Havas, 1892) SAMSON (Abimélech, 1892), DEIDAMIE (le Roi, 1894). Est le créateur de ROMÉO (le Duc), SALAMMBO (Autharite), MONSIEUR DE POURCEAUGNAC (Avocat chantant), FREDEGONDE (Lenderic).

BALLEROY. — Débute en créant « un Envoyé Maure » dans LE CID. Crée également « un Officier » dans PATRIE et « Chicot » dans LA DAME DE MONSOREAU. Est en outre affiché en 1886, dans LE CID (le Roi), HENRY VIII (l'Archevêque), LA JUIVE (Ruggiero), L'AFRICAINE (Gd Brahmine) ; en 1887, PROPHETE (Mathisen).

BARILLER, Félix — Est affiché dans THAIS (Cénobite, 1923), NAISSANCE DE LA LYRE (Satyre, 1925), CHEVALIER A LA ROSE (Laquais de la Maréchale, 1928), HUGUENOTS (Seigneur, Soldat, 1936), GWENDOLINE (Danois, 1942).

BARNOLT. — Au cours de Galas, interprète « un Médecin grotesque » dans MONSIEUR POURCEAUGNAC le 19 mai 1892, et « Bertrand » dans LES RENDEZ-VOUS BOURGEOIS le 18 mars 1899.

BARRAL. — Débute dans « Autharite » de SALAMMBO le 7 janvier 1910.

BARRAU. — Est affiché dans THAIS (Cénobite, 1898), JOSEPH (Issachar, 1899), LANCELOT (Chevalier, 1900), L'AFRICAINE (Officier, 1902), LA STATUE (Homme de justice, 1903).

BARRE. — Est affiché dans LES HUGUENOTS (Moine, 1900, Boisrosé 1902), ROMÉO (Tybalt, 1902), LA STATUE (Homme de justice, 1903), HENRY VIII (Seigneur, 1903).

BARRES, Jean — Débute le 16 juin 1961 dans « Arthur » de LUCIE DE LAMMERMOOR, puis chante «Valère» dans LES INDES GALANTES (1961), TRAVIATA (Rodolphe, 1962), FIDELIO (Prisonnier, 1962).

BARSAC, Roger. — Débute dans « Rigoletto » le 23 juin 1944. Chante « Iago » dans OTHELLO en 1952.

BARTET, Jean. — Débute le 6 novembre 1893 dans « Nélusko » de L'AFRICAINE. Chante FAUST (Valentin, 1893), THAIS (Athanael), DJELMA (Raïm) en 1894 ; LA MONTAGNE NOIRE (Aslar), TANNHAUSER (Wolfram) en 1895 ; SIGURD (Gunther, 1895, Grand Prêtre, 1896), FAVORITE (Alphonse), DON JUAN (Mazetto), WALKYRIE (Wotan) en 1896 ; AIDA (Amonasro), LOHENGRIN (de Telramund), MESSIDOR (Mathias), SAMSON Gd Prêtre) en 1897 ; PROPHETE (Mathisen, 1898), HUGUENOTS (Nevers 1899), SALAMMBO (Narr-Havas, 1899, Hamilcar, 1902), PATRIE (Jonas), ROMÉO (Capulet) en 1900 ; ASTARTE (Phur,

1901), GUILLAUME TELL (Guillaume), PAILLASSE (Tonio) en 1902 ; LE FILS DE L'ÉTOILE (Akiba, 1904), TRISTAN (Kurwenal, 1905), ARIANE (Pirithoüs) et LA CATALANE (Miguel) en 1907. A créé LES MAITRES CHANTEURS (Kothner), LA CLOCHE DU RHIN (Hatto), LA BURGONDE (Bérik), BRISEIS (le Catéchiste), LANCELOT (Markhoel), ORSOLA (le Duc) LA STATUE (Kaloum-Barouck).

BARUTEL. — Est affiché dans THAIS (Cénobite, 1908), PARSIFAL (Chevalier, 1914), HENRY VIII (Seigneur, 1917).

BASCOUL. — Débute le 6 juin 1923 dans « le Brahmane » de PADMAVATI et chante, en 1924, « Irnfrid » de SIGURD.

BASSI, Amédéo. — En représentation, débute le 7 avril 1913 dans « le Duc » de RIGOLETTO. Chante également « Rhadamès » de AIDA en 1913, puis en 1916, MANON LECAUT (des Grieux) LA FILLE DU FAR-WEST (Johnson), LE TROUVÈRE (Manrique).

BATAILLE, Eugène. — A débuté salle Le Peletier le 20 octobre 1871 dans « Saint Bris » des HUGUENOTS. Au Palais Garnier, a chanté ce rôle et également GUILLAUME TELL (Gessler), HAMLET (le Spectre), DON JUAN (Commandeur), FREISCHUTZ (Kouno), PROPHÈTE (Oberthal), AFRICAINE (don Diégo, Grand Brahmine). Il y a abordé, en 1876, FAUST (Méphisto), en 1877 LE ROI DE LAHORE (Indra), en 1880 AIDA (Ramfis), en 1886, RIGOLETTO (Monterone) LE CID (don Gormas), en 1887 PATRIE (Noircarmes), en 1888, HENRY VIII (le Légat) et, en 1889, ROMÉO (le Duc). A créé JEANNE D'ARC (Sergent de bande), POLYEUCTE (Siméon) LA DAME DE MONSOREAU (Gorenflot) et ASCANIO (Charles-Quint).

BATTISTINI, Mattia. — En représentation, débute en créant « Chevreuse » dans MARIA DI ROHAN en 1917. La même année, chante « Rigoletto », « Athanael » de THAIS, « Hamlet », « Alphonse » de LA FAVORITE, « Henry VIII » et LES VIRTUOZI DE MAZARIN.

LA FAVORITE « A tanto amor » (GRAM. 052144 - 92045 - DB 736) - (VICTOR 15-1010) « duo » avec CAROTINI (GRAM. 54034) « Viens Léonore » (GRAM. DB 148) — HAMLET « Comme une pâle fleur » (GRAM DB 202) « O vin dissipe la tristesse » (GRAM. DB 202 et 052309/052302) — MARIA DI ROHAN « Bella e di sol vestita » (GRAM. DB 147) « Voce fatal di morte» (GRAM. DB 147 et 052315) — RIGO-

LETTO « Si Vendetta » (GRAM. DA 189) « duo » avec MOSCISCA (GRAM. DB 204 et 054392) — THAIS « duo Oasis » avec JANNI (GRAM. 54317) — Rééditions Micros : (ETERNA 0462 - 489 - 709).

BAUDIN. — Débute dans « un Paysan » de GUILLAUME TELL le 6 mars 1899. Est affiché dans LES HUGUENOTS (Léonard, 1899, un Moine, 1900, Boisrosé, 1903), SALAMMBO (Grand Prêtre de Melkarth, 1899, Pontife, 1904), PROPHÈTE (Soldat, 1899, Seigneur, 1903), PATRIE (Miquel, 1900), THAIS (Cénobite, 1901), LOHENGRIN (Vassal, 1901), AFRICAINE (Officier, 1902) HENRY VIII (Officier, 1903), THAMARA (Officier, 1907). A créé JOSEPH (Gad), LANCELOT (Chevalier), LA STATUE (Homme de justice).

BAUGE, André. — En représentation, débute le 24 octobre 1927 dans « Popolinet » du FIFRE ENCHANTÉ. Chante « Marouf » (1929) et « d'Orbel » de TRAVIATA (1930).

MAROUF « Airs » (PATHE X 7142) — TRAVIATA « air de d'Orbel » (PATHE X 90042) « Vous êtes Violetta » (PATHE X 90077).

BAUMANN, Anton. — Avec la troupe de l'Opéra de Vienne, chante « Rocco » dans FIDELIO en 1936.

BECK, Vilmos. — Débute le 1er février 1908 dans « de Telramund » de LOHENGRIN. Chante, en 1908, TRISTAN (Kurwenal), SAMSON (Grand Prêtre) ; en 1911, LE CREPUSCULE (Albérich), FAUST (Valentin).

BECKMANS, Guy. — Débute le 17 septembre 1922 dans « Athanael » de THAIS.

BECKMANS, José. — Débute dans « Rigoletto » le 13 juillet 1935. Chante, en 1935, AIDA (Amonasro) ; en 1936, TANNHAUSER (Wolfram), LUCIE (Asthon), SALOMÉ (Iokanaam), TRAVIATA (d'Orbel), HERODIADE (Hérode) ; en 1937, FIDELIO (Pizzaro), LOHENGRIN (de Telramund), MAITRES CHANTEURS (Beckmesser), « Hamlet », DAMNATION (Méphistofélès), BORIS (Rangoni, puis, en 1945, Boris) ; en 1938, SAMSON (Grand Prêtre), VAISSEAU FANTOME (le Hollandais), SALAMMBO (Hamilcar), ALCESTE (Grand Prêtre), HEURE ESPAGNOLE (Ramiro) ; en 1939, les TROYENS (Chorèbe), OFFRANDE A LA LIBERTÉ (Thomas), MONNA VANNA (Guido), FAUST (Méphisto) ; en 1941, GWENDOLINE (Harald), «Don Juan»; en 1943, OTHELLO (Iago) ; en 1944, ROMÉO (Mercutio) ; en 1945, LA TOUR DE FEU (don Jacinthe) ;

en 1946, ANTAR (Cheyboub) ; en 1949, TRISTAN (Kurwenal), LA WALKYRIE (Wotan) ; en 1951, « l'Etranger ». Est le créateur de LE ROI D'YS (Karnac), PALESTRINA (Cardinal de Borromée), LE DRAC (Bernard), ANTIGONE (Créon) et « Peer Gynt ». Est nommé « directeur de la scène » en 1957.

BORIS « J'ai le pouvoir... » (POLYDOR 516618) — DAMNATION « Voici des Roses » (POL. 561010) « Sérénade » (POL. 561010) — FAUST « Version abrégée » (POL. 27382/6 et 566070/74) — OTHELLO « Version abrégée » (COL. LFX 654/8) — RIGOLETTO « Courtisans... » (POL. 516714 - 566053) — TRAVIATA « air de d'Orbel » (POL. 566135).

BECUSSI, Silvio. — Avec la troupe de l'Opéra de Monte-Carlo, crée «Ashy» dans LA FILLE DU FAR-WEST.

BEIRER, Hans. — En représentation, débute le 25 mai 1955 dans « Siegfried » de SIEGFRIED. Chante ensuite LE CREPUSCULE (Siegfried, 1955), «Tannhauser» (1957), « Othello » (1957), « Tristan » (1958). puis, en 1960, LE VAISSEAU FANTOME (Eric), FIDELIO (Florestan) et « Samson » ; en 1961, « Siegmound » de LA WALKYRIE.

BELBEDER. — Débute le 6 juin 1888 dans « de Méru » des HUGUENOTS. Est affiché en 1888 dans L'AFRICAINE (Evêque, Inquisiteur, Matelot), ROBERT LE DIABLE (Chevalier), LA JUIVE (Homme du peuple, Crieur), HUGUENOTS (Léonard), LE CID (Alonzo), GUILLAUME TELL (Chasseur) ; en 1889, ROMÉO (Frère Jean), PATRIE (Delrio).

BELCASTEL. — Débute le 3 septembre 1877 dans « Cossé » des HUGUENOTS.

BELHOMME, Hippolyte. — Au cours de deux Galas, joue «un Médecin grotesque » dans MONSIEUR DE POURCEAUGNAC en 1892, et « Marcel » dans THERESE en 1911.

BELIANINE, Alexandre. — Avec la compagnie des Ballets russes de Serge de Diaghilew, crée le « Général Polkan » dans LE COQ D'OR et le « premier Chambellan » dans ROSSIGNOL.

BELLINA, Stéphan. — Avec la compagnie des Ballets russes de Serge de Diaghilew, crée « Vasili » dans MAVRA.

BELLO. — En 1889, débute le 19 août dans « Melchtal » de GUILLAUME TELL, et chante « le Duc » dans ROMÉO.

BELVAL .— A débuté salle Le Peletier, le 7 septembre 1855, dans « Marcel » des HUGUENOTS. A chanté ROBERT LE DIABLE (Bertrand), LA FAVORITE (Balthazar), LA JUIVE (Brogni), GUILLAUME TELL (Walter), LE PROPHÈTE (Zaccharie). Est le créateur de L'AFRICAINE (don Pédro), ROLAND A RONCEVAUX (Turpin), LA REINE DE SABA (Salomon) et HAMLET (le Roi). A pris sa retraite en 1876, mais assure la première saison du Palais Garnier et était affiché, le soir de l'inauguration, dans « le Cardinal Brogni » de LA JUIVE.

BENOIT, Jean-Christophe. — Débute le 10 novembre 1959 dans « le Dancaïre » de CARMEN.

CARMEN « intégrale » (Stéréo V.d.s. M. ASDF 145/7).

BERARDI. — Débute le 23 août 1876 dans « Zaccharie » du PROPHÈTE. Chante LA JUIVE (Brogni, 1876), HUGUENOTS (Saint Bris, 1876, Marcel, 1877, Nevers, 1885), ROI DE LAHORE (Timour, 1877) REINE DE CHYPRE (Andréa, 1877), AFRICAINE (don Pédro, 1877, Nélusko, 1885), FAUST (Méphisto, 1878, Valentin, 1886), HAMLET (le Roi, 1878, Hamlet, 1888), DON JUAN (Léoporello, 1879), FREISCHUTZ (Gaspard, 1879), « Guillaume Tell » (1885), FAVORITE (Alphonse, 1885), SIGURD (Hagen, 1885, Gunther, 1887), AIDA (Amonasro, 1887) PATRIE (Rysoor, 1888), « Henry VIII », LUCIE (Asthon, 1889), ASCANIO (Benvenuto, 1890), « Rigoletto » (1890), LOHENGRIN (de Telramund, 1892). A créé POLYEUCTE (Félix), SIGURD (Grand Prêtre), PATRIE (Jonas), DAME DE MONSOREAU (Henry III).

BERGAMASCHI. — En représentation, débute dans « Rhadamès » de AIDA le 28 février 1923.

BERGAMINI, Lamberto. — Avec la troupe du Théâtre Communal de Florence, crée « Flavio » dans NORMA en 1935.

BERGER. — Est affiché en 1880 dans LES HUGUENOTS (un Soldat, de Retz), COMTE ORY (Chevalier), HAMLET (Fossoyeur) ; en 1881 dans LE PROPHÈTE (Paysan), ROBERT LE DIABLE (Chevalier).

BERGERIOUX. — Est affiché dans PARSIFAL (Chevalier, 1924), NAISSANCE DE LA LYRE (Satyre, 1925), THAIS (Cénobite, 1926), CHEVALIER A LA ROSE (Laquais de Lercheneau, 1927), COQ D'OR (Boyard, 1927).

BERNAERT, César. — Au cours d'un Gala, le 18 mars 1899, chante «Jasmin» dans LES RENDEZ-VOUS BOURGEOIS.

BERNARD. — En 1888, débute le 11 juillet dans « Eléazar » de LA JUIVE et chante successivement « Fernand » de LA FAVORITE, « Robert » de ROBERT LE DIABLE et « Arnold » de GUILLAUME TELL.

BERNARD. — Est affiché dans SALOMÉ (Capadocéen, 1910), THAIS (Cénobite, 1911), SIBERIA (un Forçat, 1911), PARSIFAL (Chevalier, 1914).

BERNASCONI, Lucien. — Débute le 12 juillet 1935 dans « le Roi » de LOHENGRIN. Chante, en 1937, « Sparafucile » de RIGOLETTO ; en 1938, HAMLET (le Roi), L'OR DU RHIN (Fafner), SAMSON (Vieillard hébreu), SALAMMBO (Giscon), WALKYRIE (Wotan). Crée « Daland » dans LE VAISSEAU FANTOME.

BERQUIER. — Est affiché dans SALAMMBO (Prêtre, 1900), HUGUENOTS (Boisrosé, 1901).

BERTIN. — Débute dans « Faust » le 29 août 1879. En 1885, chante « Léopold » de LA JUIVE et « le Duc » de RIGOLETTO.

BESOGNET, — Est affiché dans « Cénobite » de THAIS en 1926.

BESSERVE. — Débute le 10 février 1922 dans « Vitellius » de HERODIADE. La même année chante « Athanael » de THAIS et « Valentin » de FAUST ; en 1923 « Sylvio » de PAILLASSE et « Mercutio » de ROMÉO.

BETBEDER, — Est affiché dans THAIS (Cénobite, 1921), PARSIFAL (Chevalier, 1924).

BETTONI, Vincenzo. — Avec la compagnie de Madame Supervia, en 1930, chante « Mustafa » de L'ITALIENNE A ALGER et « Bazile » du BARBIER.

BEYLE, Gaston. — Débute en créant « Spendius » dans SALAMMBO. Crée également « Cratès » dans STRATONICE. Est en outre afffiché, en 1892, dans ROMÉO (Mercutio), HUGUENOTS (Nevers), FAUST (Valentin), SALAMMBO (Hamilcar), « Hamlet », LOHENGRIN (de Telramund) ; en 1893, LE CID (le Roi), LA FAVORITE (Alphonse), SAMSON (Grand Prêtre), DEIDAMIE (Ulysse).

BEYLE, Léon. — Débute dans « Ottavio » de DON JUAN le 25 janvier 1897. En 1898, chante « Laerte » de HAMLET et « David » des MAITRES CHANTEURS.

DON JUAN « Duo » avec LAUTE BRUN (EDEN 8010).

BIANCO, René. — Débute le 3 mai 1948 dans « de Telramund » de LOHENGRIN. Chante, en 1948, SAMSON (Grand Prêtre), AIDA (Amonasro), ROI D'YS (Karnac), « Rigoletto », FAUST (Valentin), THAIS (Athanael) ; en 1949, TRISTAN (Kurwenal) ; en 1951, TRAVIATA (d'Orbel), LUCIE (Asthon), KERKEB (Sid Haffid), « Bolivar »); en 1952, OTHELLO (Iago), INDES GALANTES (Huascar) ; puis BORIS (Varlaam, 1953, Rangoni, 1960), VAISSEAU FANTOME (Hollandais, 1953), SALOMÉ (Iokanaan, 1958), BAL MASQUÉ (René, 1958), FIDELIO (Pizzaro, 1960), TOSCA (Scarpia, 1960). A créé NUMANCE (Scipion), DIALOGUES DES CARMÉLITES (le Geôlier), MÉDÉE (Créon).

OTHELLO « air de Iago » (DECCA 173666 - 500011) — TOSCA « Extraits » (PATHE Stéréo ASTX 119).

BIART. A chanté « la Marseillaise » au cours de la matinée gratuite du 14 juillet 1950.

BIBER, — Est affiché dans THAIS (Cénobite, 1930), PAILLASSE (Musicien, 1931).

BIERBACH, Franz. — En 1953, avec la troupe de l'Opéra de Vienne, chante ELEKTRA (le Précepteur d'Oreste), LA FLUTE ENCHANTÉE (un Prêtre, un Homme armé), L'AMOUR DE DANAÉ (le Roi).

BIETZ, Pierre. — Est affiché, en 1949, dans « un suspect » du CHEVALIER A LA ROSE.

BJOERLING, Sigurd. — En 1955, chante « Wotan » dans la Tétralogie.

3e acte intégral de la WALKYRIE (COL. FCX 111/12).

BLANC, — Est affiché dans THAIS (Cénobite, 1923), PARSIFAL (Chevalier, 1924).

BLANC, Ernest. — Débute dans « Rigoletto » le 9 janvier 1954. La même année, chante FAUST (Valentin) AIDA (Amonasro), INDES GALANTES (Huascar) ; en 1955, TRAVIATA (d'Orbel) ; en 1956, SAMSON (Grand Prêtre), TANNHAUSER (Wolfram) et « don Juan ». En 1951, LE BAL MASQUÉ (Renato). Crée « Théogène » dans NUMANCE.

RIGOLETTO « Extraits » (PLEIADE P 3076) — FAUST « intégrale » V.d.s.M. Mono (FALP 630/3) - Stéréo (ASDF 101/4) — Récital : Mic (PATHE ᵒᵒ DTX 310) Stéréo (ASTX 125).

BLESSIN, Hans. — En 1955, chante « un Prisonnier » dans FIDELIO et « Froh » dans l'OR DU RHIN.

SANDRINI

Elisa PIRON

TROUHANOVA

Rosita MAURI

NIJINSKI

Thamar KARSAVINA

Lycette DARSONVAL

Suzanne LORCIA

Solange SCHWARZ

Quelqu

de le

Serge PERETTI

Yvette CHAUVIRÉ

Roger RITZ

Christiane
VAUSSARD

Paulette
DYNALIX

Etoiles

anse

Michel RENAULT

Attilio LABIS

Max BOZZONI

Liane
DAYDÉ

Jacqueline RAYET

Youli ALGAROFF

Claude BESSY

Claire MOTTE

Peter VAN DIJK et Josette
AMIEL

BLONDEL, Maurice. — Débute dans « Faust » le 30 mars 1959. En 1961, chante « le Duc » de RIGOLETTO.

BLOUSE, Valère. — Débute dans « de Telramund » de LOHENGRIN le 29 juillet 1935.

BOCKELMAN, Rudolf. — En repré sentation, débute le 5 juin 1934 dans « Hans Sachs » des MAITRES CHAN-TEURS.

BOCQUEREL. — Crée « un Chef grec » dans DEIDAMIE.

BOEHME, Kurt. — En représentation, chante « Fafner » de SIEGFRIED et « un Nazaréen » de SALOMÉ en 1951.

BOINEAU. — Débute le 28 juillet 1930 dans « l'Anier » de MAROUF. Est affi-ché dans HUGUENOTS (Boisrosé), THAIS (Serviteur, Cénobite), en 1930 ; PARSIFAL (troisième Ecuyer), PAD-MAVATI (Veilleur), AIDA (Messager), CHEVALIER A LA ROSE (Marchand d'animaux), ESCLARMONDE (Héraut byzantin) en 1931 ; FAUST (Etudiant), MAITRES CHANTEURS (Vogelgesang) en 1932. A créé VIRGINIE (Rapin), DUCHESSE DE PADOUE (Maffia), MAXIMILIEN (une Voix).

BOLCHAROV, N. — Crée, en orato-rio, « Grischka Kouterma » dans KI-TEGE.

BONAFE. — Débute en créant le « troisième Soldat » dans LE ROI AR-THUS. Crée également MARIA DI ROHAN (Visconti), JEANNE D'ARC (La Hire). Est en outre affiché dans RIGOLETTO (Céprano), THAIS (Céno-bite), GUILLAUME TELL (Chasseur), SAMSON (Philistin), PATRIE (Jonas), en 1916 ; LE CID (Saint Jacques), HENRY VIII (Huissier), ROMA (Vieil-lard) en 1917.

BONNEFOY. — Débute le 3 décem-bre 1879 dans « un Fossoyeur » de HAM-LET. Chante L'AFRICAINE (don Diégo 1879), LA JUIVE (Ruggiero, 1879), Homme du peuple, 1881), FREISCHUTZ (Samiel, 1880), COMTE ORY (Cheva-lier, 1880), HAMLET (Polonius, 1880), ROBERT LE DIABLE (Chevalier, 1881). Créé « un Vieillard » dans LE TRIBUT DE ZAMORA.

BONOMO, Victor. — En 1954, débute le 9 janvier dans « l'Officier » de RI-GOLETTO, puis chante SAMSON (Messager), TRAVIATA (Domestique), BORIS (Kroutchov), AIDA (Messager), OBERON (Babékan, un Jannissaire), RIGOLETTO (Borsa).

BORDON, Fred. — Débute dans « Radbert » de LA FILLE DE ROLAND le 27 octobre 1922. Chante, en 1923 : GRISELIDIS (le Diable), LA FLUTE ENCHANTÉE (Papagéno), MAITRES CHANTEURS (Schwarz), BORIS (Pi-men), THAIS (Palémon, puis Atha-nael en 1931), ROMÉO (le Duc, puis Capulet en 1926), HERODIADE (Pha-nuel, puis Vitellius) ; en 1924 : SAM-SON (Vieillard hébreu, puis Abimé-lech en 1925), ANTAR (Malek), PAR-SIFAL (Ecuyer) ; en 1925 : FAUST (Méphisto), AIDA (Ramfis), ESCLAR-MONDE (Roi Cléomer) ; ensuite : CHE-VALIER A LA ROSE (Baron Ochs, 1928), DUCHESSE DE PADOUE (le Duc, 1931), MAROUF (Sultan, 1932), TANNHAUSER (Landgrave, 1934), LO-HENGRIN (le Roi, 1935). A créé L'ARLEQUIN (Lopez), TRAVIATA (le Baron), FLEUR DE PECHER (Tsang-Oey), MATINES D'AMOUR (le Diable) ILLUSTRE FREGONA (don Diégo).

FAUST « duo du 1 » avec THILL (COL. LFX 150) « Chorale des épées » (COL. D 15181) « Il était temps !... » (COL. LFX 182/3) « L'Eglise » avec BEAUJON (COL. D 15045) « Sérénade » (COL. D 12033) « Veau d'or » (COL. D 12033) « Anges purs... » (COL. 9091 - COL. D 15180) — LA FLUTE « duo » avec Jane LAVAL « PaPaPa... » (COL. LF 52) « C'est l'amour d'une belle » (COL. D 14221) — GRISELIDIS « J'avais fait... » (COL. RF 1) — THAIS « L'Oasis » avec NESPOULOS (COL. 14245) — Rééd. Micros. FAUST « extraits » (COL. FCG 30196).

BORGHESE, Viglione. — En 1916, chante, en représentation, MANON LESCAUT (Lescaut), LA FILLE DU FAR-WEST (Jack Rance), LE TROU-VÈRE (de Luna).

BORGIOLI, Dino. — En représenta-tion, débute le 2 juin 1935 dans « le Duc » de RIGOLETTO. Chante ensuite LUCIE (Edgard, 1935) et DON JUAN (Ottavio, 1936).

RIGOLETTO « Questo o quella » (COL. D 4962) « La Donna e mobile » (COL. D 4962) « duo » avec M. GEN-TILE (COL. CQX 10164) « quatuor » (COL. CQX 10154). - Ouvrage complet: (COL. OP 18) - CQX 10028/42).

BORTHAYRE, Jean. — Débute le 25 février 1951 dans « Valentin » de FAUST. En 1951, chante AIDA (Amo-nasro), TRAVIATA (d'Orbel) ; en 1952, SAMSON (Grand Prêtre), ROI D'YS (Karnac), «Rigoletto», INDES GALAN-TES (Huascar) ; en 1956, TANNHAU-SER (Wolfram) ; en 1958, BAL MAS-QUÉ (René) ; en 1960, BORIS (Héraut)

FAUST « intégrale » (V.d.s.M. FALP 261/64) — LE ROI D'YS « intégrale » : (COL. FCX 683/5).

BOSQUIN. — A débuté salle Le Peletier le 18 octobre 1869 dans « Fernand » de LA FAVORITE. Au Palais Garnier, a chanté ce rôle et également : LA JUIVE (Léopold), GUILLAUME TELL (Ruodi), HAMLET (Laerte), « Faust », DON JUAN (Ottavio), LA MUETTE DE PORTICI (Alphonse) et ROBERT LE DIABLE (Rambaut). A créé « Sextus » dans POLYEUCTE.

BOTIAUX, Gustave. — Débute le 22 décembre 1956 dans « le Messager » de SAMSON. Chante LE CHEVALIER A LA ROSE (Marchand d'animaux, puis le Chanteur, 1957) ; en 1960 : « Faust », « Cavaradossi » de TOSCA et « le Duc » de RIGOLETTO.

Récital : « ORPHEE » (LDOB 50006 et B 21006 - Stéréo B 31009) — Récital: « ORPHEE » (150016) — TOSCA « extraits ORPHEE » Mono (E 51014) - Stéréo (E 61014).

BOUDOURESQUE, Auguste. — Débute dans « le Cardinal Brogni » de LA JUIVE le 10 avril 1875. Chante GUILLAUME TELL (Melchtal, puis Walter, 1875), FAVORITE (Balthazar, 1875), HUGUENOTS (Marcel, 1876), ROBERT LE DIABLE (Bertram, 1876), AFRICAINE (don Pédro, 1877) COMTE ORY (Gouverneur, 1880), CHANT DU DEPART (1883). A créé LE ROI DE LAHORE (Timour), POLYEUCTE (Siméon), AIDA (Ramfis), HENRY VIII (le Légat), RIGOLETTO (Sparafucile).

BOUHY, Jacques. — A débuté salle Le Peletier le 2 août 1871 dans « Méphistophélès » de FAUST. Au Palais Garnier a chanté LA FAVORITE (Alphonse) et « Hamlet » en 1878 ; « don Juan » en 1879 et FAUST (Méphistophélès).

BOUISSAVIN. — Fut affiché dans LA JUIVE (Homme du peuple, 1892), AFRICAINE (Evêque, 1892) DEIDAMIE (Chef grec, 1893), THAIS (Cénobite, 1898).

BOULE, Louis. — Est affiché dans THAIS (Cénobite, 1929), PAILLASSE (Musicien, 1931), LA JUIVE (Homme du peuple, 1933), HUGUENOTS (Seigneur, 1936), SAMARITAINE (le Paralytique, 1937), GWENDOLINE (Saxon, 1942), CHEVALIER A LA ROSE (La-quais de Lercheneau, 1942), RIGOLETTO (Marcello, 1945), HERODIADE (Messager, 1945).

BOULOGNE, Raymond. — Débute le 9 mai 1908 dans « le Grand Prêtre » de SAMSON. La même année, chante LOHENGRIN (de Telramund), SALAMMBO (Hamilcar), TRISTAN (Kurwanal) et LES HUGUENOTS (Nevers).

BOURBON, Jean. — Débute le 13 mai 1914 dans « Guido » de MONNA VANNA. Chante « de Telramund » dans LOHENGRIN (1914) et crée «Job» dans LES BURGRAVES.

BOURDIN, Roger. — Débute dans « Marouf » le 28 novembre 1942. Chante THAIS (Athanael, 1947), FAUST (Valentin, 1949), INDES GALANTES (don Alvar, 1952), MAITRES CHANTEURS (Beckmesser, 1952), L'AIGLON (de Metternich, 1952). Crée « Bolivar », « Sid Haffid » dans KERKEB et « Sherasmin » dans OBERON.

FAUST « intégrale » (HIS MASTER'S VOICE DB 9422/37) « trio du duel » (ODEON 132509) — MAROUF « Airs » (ODE. 188540) — THAIS « ouvrage complet » (URANIA A. 227) — LES MAITRES CHANTEURS « Concours » (ODEON ORX 116).

BOURGEOIS. — Fut affiché dans LA JUIVE (Homme du peuple, 1892), THAIS (Cénobite, 1894).

BOUSSAGNOL. — En 1877, fut affiché dans « un Evêque » de L'AFRICAINE.

BOUTENS. — Débute le 5 juin 1882 dans « le Crieur » des HUGUENOTS. Est affiché, en 1882, dans ROBERT LE DIABLE (Chevalier), LA JUIVE (Crieur, puis Ruggiero), PROPHETE (Officier, puis, en 1883, un Bourgeois), HAMLET (Spectre, puis en 1888 Horatio) ; en 1883 : GUILLAUME TELL (Melchtal, puis Leuthold en 1884) COMTE ORY (Chevalier) ; en 1884 : FREISCHUTZ (Kouno), DON JUAN (Commandeur), SAPHO (Héraut), AFRICAINE (Grand Brahmine, puis un Matelot en 1890) ; en 1887 : LE CID (Envoyé Maure, puis don Alphonse en 1889), FAUST (Wagner). A créé HENRY VIII (Huissier), RIGOLETTO (Marcello), PATRIE (un Officier), LA DAME DE MONSOREAU (Schomberg).

BOUVIER, Lucien. — Est affiché dans HERODIADE (Messager, 1945), PENELOPE (Prétendant, 1945), COQ D'OR (Boyard, 1947), MAITRES CHANTEURS (Apprenti, 1948), MARCHAND DE VENISE (un Masque, 1949).

BRAMINOV. — Crée, en oratorio, « le Joueur de tympanon » dans KITE-GE et « Douada » dans SADKO.

BRANNIGAN, Owen. — Avec la troupe du Covent Garden de Londres, crée « Swellow » dans PETER GRIMES

PETER GRIMES (intégrale) Stéréo DECCA SXL 2150/52.

BREGERIE Gaston. — Débute le 8 mai 1943 dans « Rodrigue » de OTHELLO. Chante PEER GYNT (un Marchand) en 1943 ; ALCESTE (Evandre), PÉNÉLOPE (Pisandre) en 1944; BORIS Boyard 1944, Missaïl 1946), ARIANE ET BARBE-BLEUE (Paysan 1945); en 1946, JOSEPH (Nephtali), MONNA VANNA (Borso), VAISSEAU FANTOME (Timonier), ROMÉO (Pâris), RIGOLETTO (Borsa), PADMAVATI (Veilleur) ; en 1947 : DIANE DE POITIERS (un Musicien). A créé « le Bailli » dans PEER GYNT.

BRISSON. — En 1883 est affiché dans LA JUIVE (Homme du peuple) COMTE ORY (Chevalier).

BROUET, Lucien — Débute dans «un Chevalier de PARSIFAL le 19 octobre 1928. La même année chante « Valentin » de FAUST puis, en 1929, SALOMÉ (Cappadocéen), TROYENS (Soldat), BORIS (Innocent), MAROUF (Anier). Crée « un vieux Moissonneur » dans LE MAS.

BROUSSOL. — Est affichée dans « un Moine » des HUGUENOTS en 1904.

BROWNLEE, John. — Débute le 20 février 1927 dans « Athanael » de THAIS. Chante, en 1927, LOHENGRIN (de Telramund), TANNHAUSER (Wolfram), HERODIADE (Hérode) ; en 1928, SALOMÉ (Iokanaan), TRAVIATA (d'Orbel), TOUR DE FEU (don Jacintho) ; en 1929, « Guillaume Tell » ; en 1930, AIDA (Amonasro), «Rigoletto»; en 1931, TRISTAN (Kurwenal), ESCLARMONDE (Evêque de Blois) ; en 1933, JARDIN SUR L'ORONTE (Prince d'Antioche) ; en 1934, PAILLASSE (Tonio), SIGURD (Gunther) ; en 1935, LUCIE (Asthon), SAMSON (Grand Prêtre).

HERODIADE « demande au prisonnier » (GRAM. W 1047) — HAMLET « Comme une pâle fleur » (GRAM. W 1047).

BRULFERT, — Est affiché dans THAIS (Cénobite, 1921, Serviteur 1926), PARSIFAL (Chevalier, 1924), NERTO (l'Abbé, 1924).

BRUN, — Est affiché dans HERODIADE (un Romain) en 1945.

BRUNLET, — Est affiché dans PARSIFAL (Chevalier, 1914), THAIS (Cénobite, 1924).

BRUYAS, A. — Débute le 10 octobre 1920 dans « un Philistin » de SAMSON. Est affiché, en 1920, dans THAIS (Cénobite), RIGOLETTO (Céprano) ; en 1921, HAMLET (Polonius), ANTAR (Berger), MONNA VANNA (Torello) ;

en 1922, BORIS (Lovitsky), LEGENDE DE SAINT CHRISTOPHE (Marchand); en 1923 PAILLASSE (Paysan), GRISELIDIS (Gontebaud) ; en 1924, PARSIFAL (Ecuyer). A créé LES TROYENS (Soldat), MÉGÈRE APPRIVOISÉE (Triano), FILLE DE ROLAND (Garde), KHOVANTCHINA (Varsoniview).

BUGNANI. —Débute le 2 août 1886 dans « Ruodi » de GUILLAUME TELL.

BURDINO. André. — Débute dans « Roméo » le 9 janvier 1922. Chante RIGOLETTO (le Duc, 1936), « Lohengrin » (1937), TRAVIATA (Rodolphe, 1937), AIDA (Rhadamès, 1949).

BURRIAN, Carl. — En représentation, chante « Tristan » le 19 juin 1910.

BUSSONNET, Roger. — Débute dans « le Chef de la nef » de ARIANE le 19 mars 1937. Chante, en 1937, FAUST (Valentin), HAMLET (Fossoyeur), MAROUF (Ali) ; en 1938, SAMSON (Philistin), SALOMÉ (Nazaréen) ; en 1939, FLUTE ENCHANTÉE (Monostatos). Crée « Aziel » dans LA SAMARITAINE.

CABANEL, Paul. — Débute le 4 août 1933 dans « Méphistophélès » de LA DAMNATION. Est affiché, en 1934, dans DON JUAN (Léporello), WALKYRIE (Wotan), THAIS (Athanael), SIGURD (Grand Prêtre d'Odin), FAUST (Méphisto) ; en 1935 OR DU RHIN (Wotan), FLUTE ENCHANTÉE (Papagéno) ; en 1936, HUGUENOTS (Saint Bris) ; en 1944, ROMÉO (Frère Laurent) ; en 1945, HERODIADE (Phanuel) et « Boris ». A créé LE MARCHAND DE VENISE (Antonio), ROI D'YS (le Roi) et PÉNÉLOPE (Eumée).

LA DAMNATION DE FAUST « intégrale » (COL. LFX 614/28) — Rééd. Micros (COL. FHX 5003/5).

CABILLOT. — Débute dans «Irnfrid» de SIGURD le 30 octobre 1895. Chante, en 1895, ROMÉO (Tybalt) ; en 1896, FAVORITE (don Gaspard, puis un Seigneur en 1899), HAMLET (Fossoyeur puis Marcellus en 1900), TANNHAUSER (Walther), HUGUENOTS (Boisrosé, 1897, Tavannes, 1900, Moine, 1904), PROPHÈTE (Jonas, 1898), GUILLAUME TELL (Rodolphe, 1899), ASTARTE (Hylas, 1901), LES BARBARES (le Veilleur, 1901), AFRICAINE (don Alvar, 1902), HENRY VIII (de Surrey, 1903), OTHELLO (Rodrigue, 1903), TROUVÈRE (Ruiz, 1904). ARMIDE (Artémidor, 1905), THAIS (Cénobite, 1907). Est le créateur de HELLE (Jean-Baptiste), MAITRES CHANTEURS (Vogelgesang).

JOSEPH (Nephtali), PRISE DE TROIE (Hélénus), ASTARTE (Chorilas), LA STATUE (Homme de Justice), FILS DE L'ETOILE (Messager), TRISTAN (Mélot), DARIA (Garde). A été nommé régisseur des chœurs en 1908.

CADIOU, Michel. — Débute le 4 avril 1959 dans « le chanteur » du CHEVALIER A LA ROSE. Est affiché dans LES INDES GALANTES (Tacmas, puis Valère, 1959), TRAVIATA (Rodolphe, 1959) ; en 1960, dans LUCIE (Arthur), RIGOLETTO (le Duc), FIDELIO (Jacquinot).

RECITAL : (VER STD 2025).

CALÈS, Claude. — Débute dans « Chorèbe » des TROYENS le 13 avril 1962, puis chante RIGOLETTO (Marcello).

CAMARGO. — Débute en créant le « quatrième soldat » dans LE ROI ARTHUS. Crée également MARIA DI ROHAN (Aubry) et MIGUELA (Frère Juanito). Est en outre affiché dans THAIS (Cénobite), ROMÉO (Tybalt), PATRIE (Miquel) en 1916; AIDA (Messager), HENRY VIII (Garter) en 1917; FAVORITE (Gaspard, 1918) et SALAMMBO (un Prêtre, 1919).

CAMBON, Charles. — Débute le 6 août 1924 dans « Lovitzky » de BORIS GODOUNOV. Est affiché dans LOHENGRIN (Héraut, 1924, de Telramund, 1933), RIGOLETTO (Céprano, 1924, l'Officier, puis Marcello, 1925, Rigoletto, 1932), PARSIFAL (Chevalier), MAITRES CHANTEURS (Foltz) en 1924 ; en 1925, LES HUGUENOTS (de Retz), LE TRIOMPHE DE L'AMOUR (Mercure), LE CREPUSCULE (Guerrier), ESTHER (Héraut), SIGURD (Haward), AIDA (Amonasro), MEGERE APPRIVOISEE (Triano, Filippo), FAUST (Wagner, puis Valentin) SAMSON (Philistin, puis Abimelech en 1929 et le grand Prêtre en 1942), THAIS (Cénobite, puis Palémon en 1939 et un Serviteur en 1941) ; en 1926, FREISCHUTZ (Ottokar), PAILLASSE (Sylvio), ALCESTE (Coryphée, puis Apollon en 1928 et le Grand Prêtre en 1944), HERODIADE (Vitellius, puis Hérode en 1933), ROMÉO (le Duc, puis Capulet) ; en 1927, LE MIRACLE (le Syndic, puis Tirso); ensuite: MAROUF (Pâtissier, 1928, Ali, 1939), TROYENS (Chorèbe, 1929, Soldat, 1938), TANNHAUSER (Biteroff, 1930), ILLUSTRE FREGONA (Alguazil, 1931), TRISTAN (Mélot, 1931), COQ D'OR (Afron, 1932), ELEKTRA (Oreste, 1932), MAXIMILIEN (Mal Bazaine, 1932), BORIS (Exempt, 1932, Héraut, 1946), ESCLARMONDE (Evêque de Blois, 1933), CASTOR et POLLUX (Pollux, 1936), ARIANE (Péréklos, 1937), OTHELLO (Montano, 1937), LE CANTIQUE DES CANTIQUES (une Voix, 1938), LA DAMNATION (Récitant, 1939), FLUTE ENCHANTÉE (Homme armé, 1940, Prêtre, 1942), ROI D'YS (St Corentin, 1942), VAISSEAU FANTOME (le Hollandais, 1942), TOUR DE FEU (don Jacintho, 1945), JOSEPH (Utobal, 1946), PADMAVATI (Goia, 1946), INDES GALANTES (Huascar, 1953). Est le créateur de NERTO (une Voix) L'ARLEQUIN (l'Archevêque), ESTHER (le Scribe), ORPHÉE (un Vieillard), LA PRETRESSE DE KORYDWEN (une Voix), LES BURGRAVES (le Capitaine) TURANDOT (Empereur Altoum), MAROUF (Mameluck), LE MAS (Gabel), LA DUCHESSE DE PADOUE (Vitellezo), PERKAIN (le Chevrier), LA PRINCESSE LOINTAINE (le Patron), SALADE (le Docteur), LE ROUET D'ARMOR (un vieux Pâtre), OEDIPE (Thésée), LA CHARTREUSE DE PARME (une Voix) PALESTRINA (Cardinal Morone, un Spectre), ANTIGONE (Messager) PÉNÉLOPE (Ctésippe), LE JOUR (une Voix).

BORIS « prologue » (COL. 15047) — FAUST « version abrégée » (POLY. 27382/6 et 566070/74) « Chorale des épées » et « Mort de Valentin » (COL. 15181) « Mort de Valentin (POLYDOR 516599) « Invocation » (POLY. 522455) — HERODIADE « Vision... » (GRAM. DB 11238) — ROMEO « intégrale » Mic. (DECCA LXT 2890/92) — SAMSON « intégrale » (PATHE PDT 116/30) - Rééd. Micros. (PATHE PCX 5007/9).

CAMPAGNANO. — En représentation, chante « Rhadamès » de AIDA au Théâtre antique d'Orange le 2 août 1954.

CAMPAGNOLA, Léon — Débute dans « Roméo » le 2 juin 1910. Chante, en 1910, « le Duc » de RIGOLETTO et « Faust » ; en 1911, « David » DES MAITRES CHANTEURS et « Armel » de GWENDOLINE. Crée « Gennaro » dans LES JOYAUX DE LA MADONE.

FAUST « En vain j'interroge... » (GRAM. Y. 7) « Salut ô mon dernier matin » (GRAM. Y. 7) « Divine pureté » (GRAM. Y. 12) « duo du 1 avec CERDAN (GRAM. Y. 31) « Oui c'est toi... » (GRAM. Y. 33) « trio final » avec B. CESAR et CERDAN (GRAM. Y. 33) « Cavaline » (GRAM. Y. 4) — RIGOLETTO « Airs » (GRAM. U. 3 P. 536) — ROMEO « Madrigal » (GRAM. Y. 11) « Salut tombeau » (GRAM. Y. 11) « Ah ne fuis pas encore » (GRAM. Y. 27) « Nuit d'Hymenée » (GRAM. Y. 32) « duo final » avec B. CESAR (GRAM. Y. 34) « Cavaline » (GRAM. Y. 4) — Rééd. Micros : FAUST « duo » avec CERDAN (ETERNA 487).

CANALTA, Louis. — Débute le 9 octobre 1922 dans « Rhadamès » de AIDA.

CANCELIER. — Débute dans « un Pontife » de SALAMMBO le 9 août 1894. Est affiché, en 1894, dans SALAMBO (Grand Prêtre d'Eschoum); en 1895, THAIS (Cénobite), TANNHAUSER (Reinmar); en 1896, HAMLET (Fossoyeur), LOHENGRIN (Vassal), FAUST (Wagner); en 1897, HELLE (Paysan), RIGOLETTO (Marcello), HUGUENOTS (Crieur, puis un Moine en 1904) : en 1898, MAITRES CHANTEURS (Ortel), PROPHÈTE (Paysan); en 1899, GUILLAUME TELL (Pasteur), PRISE DE TROIE (Chef grec); en 1900, PATRIE ! (Officier), ROMÉO (Grégorio); en 1902, SIEGFRIED (Fafner), AFRICAINE (Officier); en 1903, HENRY VIII (Seigneur) et en 1904, TROUVÈRE (Bohémien). A créé OTHELLO (Héraut), LA MONTAGNE NOIRE (Chef), FREDEGONDE (Seigneur), MAITRES CHANTEURS (Veilleur), LANCELOT (Chevalier), ROI DE PARIS (Corban), BARBARES (Homme du peuple), ORSOLA (Soldat) PAILLASSE (Paysan).

CANGALOVIC, Miroslav — En représentation, débute dans « Boris » le 12 décembre 1958.

CAR, Siméon. — Avec la troupe de l'Opéra de Ljubljana, crée « le Hérault » dans L'AMOUR DES TROIS ORANGES.

L'AMOUR DES 3 ORANGES « intégral » (PHILIPS A 00331/32).

CARBELLY, Romain. — Débute dans « Gunther » de SIGURD le 5 décembre 1906. Chante, en 1908, LE PROPHÈTE (Mathisen), ROMÉO (Capulet), « Guillaume Tell »; en 1922, FAUST (Valentin), BORIS (Héraut), SAMSON (Gd Prêtre); en 1923, MAITRES CHANTEURS (Kathner), RIGOLETTO (Monterone), AIDA (Amonasro), WALKYRIE (Wotan); en 1924, SIGURD (Grand Prêtre d'Odin), ANTAR (Amarat); en 1925, LE CREPUSCULE (Gunther), TANNHAUSER (Biteroff) et en 1926, SALOMÉ (un Soldat). A créé HERODIADE (Vitellius) et LES BURGRAVES (Platon-Jassius).

SIGURD « Je suis à toi » duo avec MANCINI (FAVORITE 1-9008).

CARLES. — Est affiché dans LES HUGUENOTS (Boisrosé, 1900), THAIS (Cénobite, 1916).

CARON. — A débuté salle Le Peletier le 22 septembre 1862 dans « le Comte de Luna » du TROUVÈRE. A pris sa retraite en 1886. Fut affiché au Palais Garnier dans LA REINE DE CHYPRE (Mocenigo), L'AFRICAINE (Nélusko), FREISCHUTZ (Kilian), HUGUENOTS (Nevers), DON JUAN (Mazetto), LA FAVORITE (Alphonse) SAPHO (Alcée), FRANÇOISE DE RIMINI (Virgile), LE TRIBUT DE ZAMORA (Hadjar), FAUST (Valentin), SIGURD (Grand Prêtre d'Odin) COMTE ORY (Rambaud), LA JUIVE (Ruggiero), GUILLAUME TELL (Leuthold), LA MUETTE DE PORTICI (Piétro). Est le créateur de LA REINE BERTHE (Enguerrand), LA VIERGE (Thomas), JEANNE D'ARC (Maître Jean).

CARPI, Fernando. — En représentation, chante le 5 février 1916 « Ernesto » dans DON PASQUALE.

CARRERE. — Débute le 24 février 1918 dans « Rhadamès » de AIDA. Chante « Othello », « Samson » (1919), GUILLAUME TELL (Arnold, 1921), HERODIADE (Jean, 1922), LE TROUVÈRE (Manrique, 1923).

CARRIE. — Débute dans «Rigoletto» le 3 décembre 1910. Chante LE MIRACLE (d'Arcourt), FAUST (Valentin) en 1911 ; LOHENGRIN (de Telramund, puis le Héraut). « Guillaume Tell », SIGURD (Gunther) en 1912. Crée SIBERIA (Miskinsky) et ROMA (Caïus).

CARUSO, Enrico. — En représentation, chante « le Duc » de RIGOLETTO le 11 juin 1908. Au cours d'un Gala, le 19 juin 1910, chante « Rodolphe » de LA BOHEME et « Faust ». Avec la troupe de l'Opéra de Monte-Carlo, crée « Johson » dans LA FILLE DU FAR-WEST.

LA BOHEME « air de Rodolphe » (GRAM. DB 113 - 122 - 052122) - (VICTOR 88002) « quatuor » av. SCOTTI, FARRAR et VIAFORA (VICTOR 16-5001 - 96002) - (GRAM. MONARCH 054204) « duo » avec SCOTTI (VICTOR 8000 - 89006) - (GRAM. 78510 - 054127 - DM 105) « duo » avec NELLY MELBA (VICTOR 54129) - (VICTROLA 95200) — FAUST « Cavatine » (GRAM. 032030) - (VICTOR 88003) « Il se fait tard » (GRAM. 2.034011 et DM 108) « O nuti d'amour » (GRAM. 2.034012 et DM 108) « La Prison » (GRAM. 2.034002 - 2.034005/6 - DM 109) « O merveille » (GRAM. 2.034000 et DM 115) « Elle ouvre sa fenêtre » (GRAM. DK 106) « trio du duel » avec JOURNET et SCOTTI (GRAM. 2.34001 et DO 100) — « Scène du jardin » avec JOURNET, FARRAR et GILIBERT (GRAM. 2.34003/4 et DM 102) — RIGOLETTO « La donna e mobile » (ZONOPHONE 1555) - (GRAM. 52062 - 52641) - (VICTOR 81026 - 87017) — « Questo o quella » (GRAM. 2.52642 - 52480 - 52344 - DA 102) - (VICTOR 81025 - 87018) « quatuor » avec SCOTTI, ABOTT, HOMER (GRAM. 054117)

- (VICTOR 96000) avec SEMBRICH, SEVERINA, SCOTTI (GRAM. 54199 - DQ 101) - (VICTOR 96001 - 16.5001 - 10.000) avec AMATO, TETRAZZINI, JACOBY (VICTOR 15-1019), avec de LUCA, GALLI, CURCI, PERINI, (GRAM. 2.054066) (Parmi veder le lagrime (GRAM. 2. 52076). — Rééd. Micros. BOHEME, RIGOLETTO (V. d.s.M. FJLP 5009) — RIGOLETTO (V.d.s.M. FJLP 5004) « Duos célèbres » FAUST, avec G. FARRAR (V.d.s.M. FJLP 5010) — Récitals CARUSO (RCA 630449 - 630450 - 630452 - 630490 - LCT 1007).

CASSET. — Débute dans « Samson » le 15 août 1902. En 1903, chante « Lohengrin », « Tannhauser » et « Sigurd ».

CASTEL. — Débute le 30 octobre 1892 dans « Valentin » de FAUST. Est affiché dans THAIS (Cénobite, 1916), LA NAISSANCE DE LA LYRE (Satyre, 1925), LE CHEVALIER A LA ROSE (Laquais de Lercheneau, 1927), LE COQ D'OR (Boyard, 1927), LES HUGUENOTS (Soldat, 1936).

CATHELAT, André. — Débute dans « un Scythe » de IPHIGENIE EN TAURIDE le 27 juin 1931.

CAYLUS. — Débute le 4 février 1885 dans « Rhadamès » de AIDA, puis chante « Faust ».

CAZENAVE, Georges. — En 1912, débute dans « Rhadamès » de AIDA le 14 juillet, puis chante « Samson ». En 1915 est affiché dans HENRY VIII (Gomez) et « Ascanio » ; en 1922 dans « Jean » de HERODIADE.

CAZENEUVE, Maurice. — En représentation, chante « le Dancaïre » de CARMEN les 11 novembre 1900 et 29 décembre 1907.

CERDAN, Joachim. — Débute le 23 janvier 1907 dans « le Grand Prêtre » de THAMARA. Est affiché dans, en 1907 : SALAMMBO (un Prêtre, puis Nar-Havas en 1910), ARIANE (Péréklos, puis le Chef de la Nef, puis Périthoüs), SAMSON (Abimélech, puis en 1921, le Grand Prêtre), PATRIE ! (un Officier) ; en 1908, RIGOLETTO (Monterone), HUGUENOTS (de Thoré, puis Maurevert en 1909 et Saint Bris en 1913), TANNHAUSER (Bitteroff), THAIS (Cénobite, puis en 1919 Athanael), HIPPOLYTE (un Parque), ROMÉO (le Duc, puis Capulet), HAMLET (Horatio), AIDA (le Roi) ; en 1909, SIGURD (Rudiger), SIEGFRIED (Fafner), HENRY VIII (le Légat), FAUST (Wagner, puis Méphisto en 1910); en 1910, OR DU RHIN (Fafner, puis Fasolt, puis en 1921 Donner), LOHEN-GRIN (le Roi) MONNA VANNA (Marco) ; en 1911, LES MAITRES CHANTEURS (Veilleur, puis en 1913 Kothner), LE MIRACLE (l'Evêque), LE CID (don Gormez) ; en 1912, LE PROPHÈTE (Oberthal) ; en 1913, TRISTAN (Roi Mark, puis Kurwenal) ; en 1914, PARSIFAL (Klingsor), LA DAMNATION (Méphisto) ; en 1920, PAILLASSE (Tonio) ; en 1921, ANTAR (Amarat) ASCANIO (Charles-Quint). Est le créateur de MONNA VANNA (Trivulzio), BACCHUS (Ananda), SALOMÉ (Nazareen), LA DAMNATION (Brander), LE MIRACLE (le Syndic), SIBERIA (Walitzin), FERVAAL (Grympuig), LE SORTILÈGE (le Laboureur), PARSIFAL (un Chevalier), SCEMO (Pasquale), SALOMÉ de Mariotte (Iokanaan), GOYESCAS (Paquiro).

LA DAMNATION « La Puce » (GRAM. P 414) — FAUST « duo du 1 » avec CAMPAGNOLA (GRAM. Y. 31) — Rééd. Micros. (ETERNA 487).

CHAH-MOURIDIAN. — Voir plus loin : « Mouradian ».

CHALIAPINE, Féodor — Débute avec la troupe de l'Opéra Impérial de Moscou le 19 mai 1908 en créant « Boris ». Avec la troupe de l'Opéra de Monte-Carlo, en 1912 chante « Bazile » du BARBIER et « Méfistofélès ». En représentation, crée « le Khan Asvab » dans LE VIEIL AIGLE et chante « Docithée » dans LA KHOVANTCHINA.

LE BARBIER : « La Calomnie » (GRAM. 052354) - (V.d.s.M. DB 107 - DB 932) - (VICTOR 6783) — BORIS « Couronnement » (GRAM. DB 900) - (VICTOR 11485) « J'ai le pouvoir » (GRAM. DB 1532) - (VICTOR 14517) « Carillon » (GRAM. DB 1532) - (VICTOR 14517) « Mort de Boris » (GRAM. DB 100 - 022222/23 et DB 934) - (VICTOR 6724) — a également enregistré la scène de Warlaam (GRAM. DA 100 et DA 891) ainsi que le monologue de Pimenn (GRAM. DB 612) — MEFISTOFELE « Ave Signor » (GRAM DA 101 - DA 962) - (GRAM - MASTER'S VOICE 052355) « Ballata » (GRAM. DB 942) — Rééd. Micros : « BARBIER » (V.d.s.M. FJLP 5004) — Récital : (V.d.s.M. COLH 100), d'autres disques de Chaliapine ont été réédités en Microsillon (VOGUE EXTP 1002).

CHALMIN. — Avec la troupe de l'Opéra de Monte-Carlo, en 1912, interprète « Bartholo » dans le BARBIER. En 1919, Chante « Brander » de LA DAMNATION.

CHAMBON, Marius. — Débute le 20 juillet 1892 dans « Marcel » des HUGUENOTS. En 1892 chante : LA JUIVE (Brogni), L'AFRICAINE (don Pédro), ROBERT LE DIABLE (Bertram), GUILLAUME TELL (Walter, puis Gessier en 1899) ; en 1893, LOHENGRIN (le Roi, puis de Telramund en 1905), WALKYRIE (Hounding); en 1895: ROMÉO (Frère Laurent), MONTAGNE NOIRE (Père Saval), SIGURD (Hagen), TANNHAUSER (Landgrave) ; en 1896, FREDEGONDE (Prétextat), AIDA (Ramfis), HAMLET (Spectre, puis le Roi en 1900), FAVORITE (Balthazar), FAUST (Méphisto), DON JUAN (Commandeur) ; en 1897, LES MAITRES CHANTEURS (Pogner) ; en 1898, LE PROPHÈTE (Zacharie) ; en 1899, LE BOURGEOIS GENTILHOMME (Divertissement) ; en 1900, PATRIE ! (Duc d'Albe) ; en 1904, LE TROUVÈRE (Fernand). A créé « le Vieillard hébreu » de SAMSON et « l'Ombre d'Hector » de LA PRISE DE TROIE.

LA FAVORITE « Ah idole si douce » (Saphir PATHE 2537). — ROBERT LE DIABLE « Ah, l'honnête homme » aevc VAGUET (Saphir PATHE 2537).

CHAMLEE, Mario. — En 1929, débute le 5 avril dans Marouf » et chante « Faust ».

« La Cavatine » de FAUST (BRUNSWICK 50030).

CHAPPELON. — Débute le 7 février 1908 dans « un Moine » des HUGUENOTS. En 1908 fut affiché dans THAIS (Cénobite), SALAMMBO (Pontife), ROMÉO (Grégorio), FAUST (Wagner), HUGUENOTS (Veilleur, puis en 1909 de Thoré, et en 1913 Méru), HAMLET (Fossoyeur) ; en 1909, ARMIDE (Officier), SIGURD (Ramunc), HENRY VIII (Seigneur), GUILLAUME TELL (Chasseur) ; en 1911, MAITRES CHANTEURS (Foltz) ; en 1912, PROPHÈTE (Officier) ; en 1915, RIGOLETTO (Marcello). A créé FERVAAL (Penwald), LES JOYAUX DE LA MADONE (Camorriste). PARSIFAL (Chevalier), SCEMO (troisième Berger).

CHAPUIS, Gérard. — Débute le 21 décembre 1956 dans « le Commandeur » de DON JUAN. En 1958 chante, LA DAMNATION (Brander), SALOMÉ (deuxième Soldat), LE BAL MASQUÉ (Comte Horn) ; en 1959, FLUTE ENCHANTÉE (Zarastro), RIGOLETTO (Sparafucile), AIDA (Ramfis) ; en 1960, TOSCA (le Geôlier), SAMSON (Vieillard hébreu), LUCIE (Raymond). en 1961, LES TROYENS (Ombre d'Hector). Crée « Goliath » dans LE ROI DAVID.

TOSCA « intégrale » mic. (VEGA VAL 18-297/98).

CHARCOT, Arsène. — Est affiché dans THAIS (Cénobite, 1927), PARSIFAL (Chevalier, 1933), HUGUENOTS (Seigneur, 1936), GWENDOLINE (Danois, 1942).

CHARLES-PAUL. — Débute le 21 août 1935 dans «Mercutio» de ROMÉO. Chante, en 1935, FAUST (Valentin), PARSIFAL (Chevalier), MARCHAND DE VENISE (Bassano) ; en 1936 HUGUENOTS (Moine, puis de Retz), ALCESTE (Héraut, puis Choryphée en 1938) ; en 1937 LOHENGRIN (Héraut, puis de Telramund en 1948), BORIS (Héraut, puis Rangoni en 1944 et l'Exempt en 1952), ŒDIPE (Créon) ; en 1938 L'AIGLON (Mal Marmont), PRISE DE TROIE (Panthée), HAMLET (Polonius), SAMSON (Philistin, puis Grand Prêtre en 1945), OR DU RHIN (Donner), FIDELIO (Pizzaro) ; en 1941, ROI D'YS (Karnac) ; en 1943, CHEVALIER A LA ROSE (Faninal) ; en 1944 FLUTE ENCHANTÉE (Monostatos), ANTIGONE (Hémon) ; en 1946 MAROUF (Vizir), ANTAR (Amarat) JOSEPH (Zabulon) ; en 1949, SALADÉ (Tartaglia) ; en 1950 LE CREPUSCULE (Albérich, puis un Guerrier en 1955), SIEGFRIED (Albérich) ; en 1951 TRAVIATA (Baron), SALOMÉ (Soldat) ; en 1952 INDES GALANTES (don Alvar) ; en 1953 JEANNE AU BUCHER (Héraut) ; en 1954 RIGOLETTO (Céprano) ; en 1955 ROMÉO (Capulet) et en 1956 TANNHAUSER (Bitteroff). A créé ŒDIPE (un Thébain), LA SAMARITAINE (Jacques), ENFANT ET LES SORTILÈGES (le Fauteuil), PALESTRINA (Evêque de Severolus, un Spectre), PÉNÉLOPE (Eurymaque), LUCIFER (une Voix), LE CHEVALIER ERRANT (une Voix), BOLIVAR (le Moine), OBERON (Almanzor), NUMANCE (Serve), DIALOGUES DES CARMÉLITES (un Commissaire). A été nommé souffleur en 1958.

CHARONOW, Bazile. — Avec la troupe de l'Opéra Impérial de Moscou, crée « Varlaam » dans BORIS GODOUNOV. Avec la Compagnie de Serge de Diaghilew, crée « un Ambassadeur de l'Empereur de Chine » dans ROSSIGNOL.

CHARVINY, Pierre. — Est affiché dans THAIS (Cénobite, 1921), PARSIFAL (Chevalier, 1924), LA FILLE DE ROLAND (Neuthold, 1925), LE CHEVALIER A LA ROSE (Laquais de Lercheneau, 1927), COQ D'OR (Boyard, 1927), HUGUENOTS (Moine, 1930, Soldat, 1936), GWENDOLINE (Saxon, 1942), HERODIADE (un Romain, 1945).

CHASTENET, Edmond. — Débute le 9 décembre 1932 dans le « premier Choryphée » d'ALCESTE. Est affiché, en 1932 dans LA PRISE DE TROIE (Hélénus), TRIOMPHE DE L'AMOUR (un Plaisir) ; en 1933, PARSIFAL (Chevalier, puis Ecuyer en 1935), OR DU RHIN (Froh), MAITRES CHANTEURS (Zorn, puis Vogelgesang en 1936) ; en 1934, HAMLET (Laerte, puis Marcellus), SIGURD (Irnfrid), ETRANGER (jeune Homme), SALOMÉ (deuxième Juif); en 1935, CHEVALIER A LA ROSE (Chanteur, puis de Faninal en 1957), PÉNÉLOPE (Pâtre, puis Antinous en 1943 et Pisandre en 1951), THAIS (Nicias, puis Cénobite), MARCHAND DE VENISE (Vénitien), ROMÉO (Tybalt, puis Pâris en 1955) ; en 1936, TRISTAN (Matelot, puis Pâtre en 1951), HUGUENOTS (Cossé), LUCIE (Arthur), RIGOLETTO (le Duc puis l'Officier en 1949), PAILLASSE (Peppe); en 1937, « Faust », MAROUF (Fellah, puis un Marchand et un Homme de Police), OTHELLO (Cassio), ROLANDE (l'Etranger) ; en 1938, ALCESTE (Evandre), SALAMMBO (Grand Prêtre de Khammon) ; en 1945, BORIS (Chouisky, puis Dimitri en 1946 et Ktroutchov en 1951) ; en 1950, SAMSON (Philistin) ; en 1952, JEANNE AU BUCHER (Paysan), L'AIGLON (de Sedlinsky) ; en 1954, OBERON (Prince Babekan) ; en 1958, DIALOGUES DES CARMÉLITES (premier Commissaire). Est le créateur de VERCINGETORIX (Tarvillos, un Soldat), DIANE DE POITIERS (Musicien), SEMIRAMIS (Astrologue), ROLANDE (Officier), LA VIE DE POLICHINELLE (une Voix), ARIANE ET BARBE-BLEUE (Paysan), MARCHAND DE VENISE (Lorenzo), ROUET D'ARMOR (un Berger), ŒDIPE (Laïos), L'AIGLON (Attaché militaire), VAISSEAU FANTOME (Pilote), ORIANE (le Jongleur), CANTIQUE DES CANTIQUES (une Voix), PALESTRINA (un Spectre), ANTIGONE (Choryphée), PEER GYNT (Chef Troll) OBERON (Pirate).

FAUST « Salut ô mon dernier matin » et « Cavatine » (GALFADISC GL 116) « Chœur des Soldats » enregistré pour la 2000e (POLYDOR 514113) — RIGOLETTO « Comme la plume au vent » (GALFADISC GL 163) — SALADE (GRAM. DA 4886).

CHATAING, — Est affiché dans « un Cénobite » de THAIS en 1924.

CHAUVET, Guy. — Débute dans « un Homme armé » de LA FLUTE ENCHANTÉE le 12 janvier 1959. La même année, chante AIDA (Messager), INDES GALANTES (Adario, puis Carlos) ,SALOMÉ (Esclave), LA DAMNATION (Faust), RIGOLETTO (Officier, puis Borsa) ; en 1960, BORIS (Kroutchov, puis Dimitri en 1962), LUCIE (Arthur), FIDELIO (Prisonnier, puis Florestan), SAMSON (Messager), TOSCA (Cavaradossi) ; en 1961, TROYENS (Enée). Crée « David » dans LE ROI DAVID.

Récital : (POLARIS TC 1001).

CHENILLET, Maurice. — Est affiché dans « un Boyard » du COQ D'OR en 1947.

CHERRIER. — Crée « un Chevalier » dans PARSIFAL.

CHEYRAT. — Débute dans « Pâris » de ROMÉO le 2 mars 1900. Est affiché dans JOSEPH (Lévi, 1900), HUGUENOTS (Soldat, 1908), THAIS (Cénobite, 1908), SALAMMBO (Pontife, 1908), HENRY VIII (Seigneur, 1917), CASTOR ET POLLUX (Spartiate, 1918). A créé SIBERIA (Cosaque), PARSIFAL (Chevalier).

CHOUMOFF, S. — En représentation, crée « Foma » dans SADKO.

CHOUPRINIKOW. — Avec la troupe de l'Opéra Impérial de Moscou, crée « l'Innocent » dans BORIS GODOUNOV.

CHRISTIN. — Est affiché dans THAIS (Cénobite, 1898, Serviteur, 1901), PARSIFAL (Chevalier, 1914).

CHRISTOFF, Boris. — En représentation, débute dans « Boris » le 17 avril 1953.

BORIS GODOUNOV « intégrale » (V.d.s.M. FALP 184/7), extraits de l'intégrale : « Adieux de Boris » « Monologue du 2 » (V.d.s.M. 7. RF 105/106) « Mort de Boris » (V.d.s.M. 7. RF 166) - en 78 t. : « Monologue de Boris » (GRAM. DB 6948).

CLAUDIN. — Est affiché dans THAIS (Cénobite, 1908), CASTOR ET POLLUX (Spartiate, 1918), HENRY VIII (Officier, 1919). Crée SIBERIA (Cosaque), PARSIFAL (Chevalier).

CLAUZURE, Pierre. — Avec la troupe de l'Opéra de Monte-Carlo, chante « Monterone » dans RIGOLETTO en 1912.

CLAVENSY, Charles. — Débute le 28 juillet 1948 dans « le Docteur » de SALADÉ. Chante BORIS (Varlaam, 1957), L'HEURE ESPAGNOLE (don Inigo, 1958), LE CHEVALIER A LA ROSE (Baron Ochs, 1959).

CLAVERE, Marcel. — Débute le 6 août 1936 dans « Mercutio » de RO-MÉO. Chante FAUST (Valentin, 1936), ARIANE (Chef de la nef, puis Perithoüs), LA SAMARITAINE (Aziel) en 1937 ; SALAMMBO (Spendius, 1938), RIGOLETTO (Rigoletto, 1938, Marcello, 1955), LOHENGRIN (Héraut, 1939), HERODIADE (Vitellius, 1945), BORIS (Rangoni, 1945, Tcherniakowsky, 1955), OTHELLO (Iago), ANTAR (Cheyboub), JOSEPH (Gad), PADMAVATI (Aléouddine) en 1946 ; DON JUAN (Mazetto, 1948), FLUTE ENCHANTÉE (Monostatos, 1950, un Prêtre, 1955), JEANNE AU BUCHER (une Voix, 1951), TRAVIATA (d'Orbel, 1952, Baron, 1957), INDES GALANTES (don Alvar, 1952), ANTIGONE (Créon, 1953), OBERON (Abdalah, 1954, Almanzor, 1955), BOLIVAR (le Peintre, un Officier, 1955), LE CHEVALIER A LA ROSE (de Faninal, 1957). A créé L'AIGLON (Chevalier du Prokosh-Osten), L'ENFANT ET LES SORTILEGES (l'Horloge), PALESTRINA (un Spectre).

CLAVERIE, Jean. — Débute dans « Méphistophélès » de FAUST le 1er janvier 1928. Chante RIGOLETTO (Monterone, 1928), SALOMÉ (Soldat, 1929, Nazaréen ,1950), LES TROYENS (Panthée), BORIS (Varlaam), GUILLAUME TELL (Melchtal) en 1929 ; HUGUENOTS (Moine), SAMSON (Gd Prêtre), TANNHAUSER (Bitteroff), CASTOR ET POLLUX (Jupiter), MAITRES CHANTEURS (Kothner) en 1930 ; IPHIGENIE (Thoas), MAROUF (Ali) en 1931 ; OR DU RHIN (Donner, 1933, Wotan, 1938), JUIVE (Ruggiero), WALKYRIE (Wotan) en 1933 ; SIEGFRIED (Wotan, 1934), ROI D'YS (le Roi, 1941), DON JUAN (Léoporello, 1942), ROMÉO (Capulet, 1944), MONNA VANNA (Trivulzio, 1946), THAIS (Athanael, 1946), LA DAMNATION (Méphistofélès, 1949). Crée LA TOUR DE FEU (Yann), L'ILLUSTRE FREGONA (Barrabas), PERKAIN (le Catalan), SALADE (le Capitaine), ŒDIPE (Phorbas), L'ENFANT ET LES SORTILEGES (l'Arbre), PALESTRINA (l'Evêque de Prague).

La sérénade de la « DAMNATION » (PARLOPHONE 29560).

CLAYES. — En 1889, débute le 3 mars dans «Valentin» de FAUST puis chante « Nevers » dans LES HUGUENOTS et « Hamlet ».

CLIFFORD, Graham. — Avec la troupe du Covent Garden de Londres crée « Ned Keane » dans PETER GRIMES.

COLONNE, Emile. — Débute dans « Papagéno » de LA FLUTE ENCHANTÉE le 18 mars 1929.

COMBES. — En 1892, débute dans « Boisrosé » des HUGUENOTS le 1er août, puis chante L'AFRICAINE (Officier) et ROBERT LE DIABLE (l'Ermite).

COMBES, A. — Débute le 24 septembre 1920 dans « Ruodi » de GUILLAUME TELL. Chante, en 1920, LA LEGENDE DE SAINT CHRISTOPHE (un Important), LES HUGUENOTS (de Thoré) ; en 1921, PAILLASSE (Paysan), LES TROYENS (un Soldat).

COMBES, P. — En 1922 est affiché dans LA MEGERE APPRIVOISÉE (le Cuisinier), RIGOLETTO (l'Officier), LA LEGENDE DE SAINT CHRISTOPHE (un Empereur), LA FILLE DE ROLAND (Hardré) ; en 1923, LES MAITRES CHANTEURS (Foltz), LA KHOVANTCHINA (deuxième Streltsy), SAMSON (Philistin), LE TROUVÈRE (le Messager).

CONSTANTINO. — Avec la troupe de la Scala de Milan, chante « le Consul » dans LA VESTALE le 24 janvier 1909.

CORAZZA, Rémy. — En 1960, débute le 23 avril dans « Gonzalve » de L'HEURE ESPAGNOLE, puis chante L'ENFANT ET LES SORTILÈGES (la Théière), FIDELIO (Prisonnier, puis Jacquinot), LUCIE (Arthur), OTHELLO (Cassio) ; en 1961, DON JUAN (Ottavio), LES TROYENS (Hylas) ; en 1962, INDES GALANTES (Taemas).

CORPAIT, Marius. — Débute dans « un Parque » de HIPPOLYTE le 13 mars 1908. En 1909, chante « Samson ».

CORTIS, Marcello. — En représentation, chante « Rigoletto » le 30 mai 1947.

COSSIRA, Emile. — Débute le 2 juillet 1888 dans « Fernand » de LA FAVORITE. Chante en 1888, AIDA (Rhadamès), L'AFRICAINE (Vasco), LES HUGUENOTS (Raoul) ; en 1889, « Roméo », « Faust », LUCIE DE LAMMERMOOR (Edgard). Est le créateur de « Ascanio ».

COTTA, Charles. — Débute le 18 octobre 1937 dans « Tartaglia » de SALADE. Est affiché, en 1938, dans LA SAMARITAINE (André), FAUST (Valentin), RIGOLETTO (Céprano), SALOMÉ (Cappadocéen) ; en 1939, ORIANE (une Voix), LA DAMNATION (le Récitant) ; en 1941, LE CHEVALIER A LA ROSE (Valzacchi), GWENDOLINE (Saxon). A créé « une Voix » dans LE CANTIQUE DES CANTIQUES.

COTTEL, Fernand. — Est affiché dans THAIS (Cénobite, 1916), PARSIFAL (Chevalier, 1924), LE CHEVALIER (un Laquais de Lercheneau), L'ARLEQUIN (le Grand Magister du royaume), COQ D'OR (Boyard) en 1927 ; LA PRINCESSE LOINTAINE (le Chevalier aux armes vertes, 1934), HUGUENOTS (Soldat, 1936), LA SAMARITAINE (l'Aveugle, 1937), L'AIGLON (un Prélat, 1937), GWENDOLINE (un Danois, 1942).

COURET, Gabriel. — Débute le 4 février 1950 adns « le Prince d'Aragon » du MARCHAND DE VENISE. La même année, chante « le Visitador » dans BOLIVAR. En 1955, est nommé Régisseur de la scène.

COURTOIS. — Débute le 30 août 1895 dans « Walther » de TANNHAUSER. En 1896, chante « Sigurd » et « Samson » ; en 1897, « Rhadamès » d'AIDA ; en 1898, « Walther » des MAITRES CHANTEURS et « Siegmound » de LA WALKYRIE.

COUTURIER. — Débute dans « Guillaume Tell » le 29 octobre 1875. Chante L'AFRICAINE (Nélusko, 1877), FAUST (Valentin, 1878).

COUZINOU, Robert. — Débute le 9 juin 1913 dans « Geywhir » de FERVAAL. Chante, en 1913, LOHENGRIN (Hérault), FAUST (Valentin), HUGUENOTS (Maurevert), LE MIRACLE (d'Arcourt) ; en 1914, ROMÉO (Mercutio) ; en 1915, PATRIE ! (Jonas) ; en 1916, OTHELLO (Iago), LE CID (le Roi), LE SOMMEIL D'OSSIAN (Ossian), BRISEIS (le Catéchiste) ; en 1917, « Hamlet » ; en 1918, THAIS (Athanael) ; en 1920, « Rigoletto », SAMSON (Grand Prêtre) ; en 1921, ASCANIO (le Mendiant) ; en 1923, MAITRES CHANTEURS (Beckmesser), KHOVANTCHINA (Dosithée) ; en 1927, LA TRAVIATA (d'Orbel) et en 1928 MADAME BUTTERFLY (Sharpless). A créé PARSIFAL (Chevalier), CAREME PRENANT, L'HEURE ESPAGNOLE (Ramiro), GRISELIDIS (le Marquis), TURANDOT (Ping).

GRISELIDIS « Oiseau qui pars » (POLYDOR 66967 et 516593 - 516569) — PATRIE « C'est ici le tombeau » (POLY. 516571 et 566013) — ROMEO « Ballade de la Reine Mab » (POLY. 516593, 566023) — THAIS « Voilà donc la terrible cité » (POLY. 516571).

COZETTE, Michel. — Est affiché dans THAIS (Cénobite, 1918), HUGUENOTS (Soldat, 1936), GWENDOLINE (Danois, 1942), CHEVALIER A LA ROSE (un Suspect, 1949).

CRABBE, Armand. — Débute le 27 décembre 1933 dans « Beckmesser » des MAITRES CHANTEURS.

CRAMER, Heinz. — En représentation débute le 24 mars 1954 dans « Klingsor » de PARSIFAL.

CREPEAUX. — Débute dans « Polonius » de HAMLET le 2 février 1885. Est affiché dans HAMLET (Spectre, 1885, Fossoyeur, 1890), HUGUENOTS (Léonard, 1885, Maurevert, 1886, Méru, 1891), AFRICAINE (Evêque, puis Inquisiteur, 1885), LA JUIVE (Homme du peuple, 1885, Majordome, 1886), RIGOLETTO (Céprano, 1885), ROBERT LE DIABLE (Chevalier, 1886), FREISCHUTZ (Samiel, 1886), PROPHETE (Seigneur. 1887), HENRY VIII (Seigneur, 1888). A créé SIGURD (Ramunc), PATRIE! (Delrio), DAME DE MONSOREAU (Rubérac), ROMÉO (Frère Jean), ASCANIO (Pagolo), LOHENGRIN (Vassal), SALAMMBO (Pontife).

CUDEN, Drago — Avec la troupe de l'Opéra de Ljubljana, crée « Truffaldino » dans l'AMOUR DES TROIS ORANGES.

CUNY, Jean. — Est affiché dans THAIS (Cénobite, 1931), HUGUENOTS (Seigneur, 1936), CHEVALIER A LA ROSE (Laquais de la Maréchale, 1942), GWENDOLINE (Danois, 1942), HERODIADE (un Romain, 1945).

DAGUIER, Henri. — Est affiché dans HERODIADE (Messager, 1945), COQ D'OR (Boyard, 1947), CHEVALIER A LA ROSE (Suspect, 1949), MARCHAND DE VENISE (Masque, 1949).

DALAS. — Crée « un Cénobite » dans THAIS.

DALERANT. — Débute le 27 juillet 1921 dans « Leuthold » de GUILLAUME TELL. Chante, en 1921, LES TROYENS (Soldat) ; en 1922, OR DU RHIN (Donner), HERODIADE (Grand Prêtre), LOHENGRIN (Héraut), FILLE DE ROLAND (Hardré) ; en 1923, MAITRES CHANTEURS (Veilleur), FLUTE ENCHANTÉE (Prêtre), ROMÉO (Mercutio, puis Capulet en 1927) ; en 1924, SIGURD (Grand Prêtre d'Odin), SAMSON (Philistin, puis Grand Prêtre en 1925), FAUST (Valentin), THAIS (Athanael) ; en 1926, BORIS (Héraut), ALCESTE (Héraut, Apollon), PARSIFAL (Chevalier) ; en 1927, LE MIRACLE (Tirso) ; en 1931, OTHELLO (Montano). A créé LA KHOVANTCHINA (Koutza), PADMAVATI (Gora), JARDIN DU PARADIS (Vieillard), MIAR-

KA (vieux Romané), ESTHER (Hé-raut), LES BURGRAVES (Ginisson-Kuntz), TURANDOT (Mandarin), VIR-GINIE (Gaspard), DUCHESSE DE PADOUE (Palaimollio), MAXIMILIEN (Palacio).

A enregistré le rôle du Heraut de BORIS avec l'orchestre et les chœurs de l'Opéra. Enregistrement effectué sur la scène de l'Opéra (COL. D 15047).

DALMORES, Charles. — Débute dans « Siegfried » le 13 juin 1911. En 1913, chante « Hérode » de SALOMÉ et « Sigfried » du CREPUSCULE.

DANGES, Henri. — Débute le 27 janvier 1908 dans « Valentin » de FAUST. Chante HUGUENOTS (Ne-vers), TRISTAN (Kurwenal), LOHEN-GRIN (de Telramund), TANNHAUSER (Wolfram), ROMÉO (Mercutio), THAIS (Athanael), LE CREPUSCULE (Gun-ther) en 1908 ; ARMIDE (Hidraot), SIGURD (Gunther), « Rigoletto » en 1909 ; SAMSON (Grand Prêtre), OR DU RHIN (Albéric), DAMNATION (Méphisto) en 1910 ; « Hamlet », SALO-MÉ (Iokanaan) en 1911 ; MONNA VANNA (Guido) en 1912. A créé LE MIRACLE (d'Arcourt), SIBERIA (Glo-by), DEJANIRE (Philoctète).

DAMNATION : « Airs » (GRAM. W 136) « Trio » avec BEYLE et Mme AU-GUEZ (GRAM. P 349) « Chant de la fête de Pâques » (GRAM. W 146) — HAMLET « arioso » (ZONOPHONE 1935) « Duo » avec KORSOFF (GRAM. W 243) « Chanson bacchique » (GRAM. P 106) — SIGURD « Et toi Freïa... » (GRAM. 4-32021 et P 105) — TANN-HAUSER « Romance de l'Etoile » (ZONO 1934) « air de Wolfram » (GRAM. 032103) — THAIS « L'amour est une vertu rare » duo avec Mme LINDSAY (GRAM. P 118) — a enre-gistré également sur Saphir PATHE : DAMNATION « air des Roses » 0136, FAUST « Mort de Valentin » 0137, « Choral des épées » 2528, « Kermesse » 2538, « trio du duel » 2542, FAVORITE « Pour tant d'amour » 0137, HAMLET « Spectre infernal » 0138, RIGOLETTO « Courtisans » 0163, « Chœur de la Vengeance » 2525, SIGURD « Et toi Freïa » 0142, TANNHAUSER « Romance » 0136, « Chœur des Pèlerins » 2527, THAIS « Alexandrie » 0140, « Te sou-viens-t-il ? » 2506.

DANINOS. — Débute le 18 janvier 1947 dans « le Messager » de SAMSON.

DANISE, Giuseppe. — En représen-tation, chante le Docteur Malatesta » dans DON PASQUALE le 5 février 1916.

DARMEL, François. — Débute dans « Parsifal » le 29 juin 1914. La même année, chante « Samson », « Raoul » des HUGUENOTS et « Lohengrin ». En 1916, est affiché dans THEODORA (Andréas) ; en 1918, AIDA (Rhadamès), THAIS (Nicias), MONNA VANNA (Prinzevalle) ; en 1919, « Othello », HE-LENE (Pâris), PATRIE ! (Kerloo) ; en 1920, PAILLASSE (Canio), SALAMM-BO (Mâtho), LA LEGENDE DE SAINT CHRISTOPHE (Auférus) ; en 1921, WALKYRIE (Siegmound), LA DAM-NATION (Faust).

HUGUENOTS « Plus blanche... » (ODE. 11869) — SAMSON « La Meule » (ODE. 11870) « duo » avec Mme BAR-DOT (ODE. 11873) — SIGURD « Es-prits gardiens » (ODE. 11869).

DAUMAS, André. — Débute le 8 fé-vrier 1960 dans « le Vicomte » de LA TRAVIATA. en 1961, chante LES TROYENS (Hélénus), RIGOLETTO (l'Officier).

DAVEY. — Débute le 27 octobre 1905 dans « l'Ermite » du FREISCHUTZ et chante, en 1908, « le Spectre » dans HAMLET.

DAVID, Marc. — Est affiché dans LA NAISSANCE DE LA LYRE (Satyre, 1925), THAIS (Cénobite, 1928), PARSI-FAL (Chevalier, 1928), HUGUENOTS (Seigneur, Moine, 1936), GWENDOLINE (Danois, 1942).

DAVIDOW, Alexandre. — En repré-sentation, débute dans « Chouisky » de BORIS le 19 juin 1909.

Scène de Chouisky de BORIS (GRAM. DB 753).

DAVIES, Rhydderch. — Avec la trou-pe du Covent Garden, crée « Hobson » dans PETER GRIMES.

DECARLI. — Est affiché dans LE MARCHAND DE VENISE (un Eunu-que) en 1939.

DELANNE. — Crée « un prince de Perse » dans TURANDOT.

DELBOS, Robert. — Débute dans « le Messager » de SAMSON le 7 no-vembre 1926. En 1927, chante PADMA-VATI (Badal), SALOMÉ (troisième Juif), PAILLASSE (Paysan), AIDA (Messager), THAIS (Cénobite) ; en 1928 RIGOLETTO (Borsa), PARSIFAL (Che-valier) ; en 1929, LES TROYENS (Hélénus), MONNA VANNA (Borso), BORIS (Innocent). Crée LE CHEVA-LIER A LA ROSE (Chanteur), LES BURGRAVES (Gerhard), NAILA (Prê-tre), MAROUF (Anier), LE MAS (Mois-sonneur).

DELDI, Pierre. — Débute le 27 janvier 1934 dans « d'Orbel » de LA TRAVIATA.

TRAVIATA « air de d'Orbel » (COL. DFX 113).

DELESTAN. — Avec la troupe de l'Opéra de Monte-Carlo chante « Céprano » de RIGOLETTO en 1912.

DELEU, Jean. — Débute dans « un Homme de police » de MAROUF le 17 août 1928. Est affiché dans LE CHEVALIER A LA ROSE (Marchand d'animaux, 1928, Intendant de Faninal, 1930, Aubergiste, 1941), THAIS (Cénobite, 1928, Serviteur, 1930), RIGOLETTO (Borsa, 1929), HUGUENOTS (Cossé, 1930), SALOMÉ (deuxième Juif, 1930, Esclave, 1934, premier Juif, 1936), AIDA (Messager, 1930), TRISTAN (Mélot, 1930), ROMÉO (Pâris, 1930), MAROUF (Chef des marins, 1930, Marchand, 1931, Anier, 1934), TANNHAUSER (Heinrich, 1930), BORIS (Innocent, 1930, Boyard, 1944), SAMSON (Messager, 1930, Philistin, 1946), TRAVIATA (Domestique, 1930), MAITRES CHANTEURS (Moser, 1932, Vogelgesang, 1932, Zorn, 1933), PARSIFAL (Ecuyer, 1933), VERCINGETORIX (Tarcillos, 1933), HAMLET (Fossoyeur, 1933), JARDIN SUR L'ORONTE (Marchand, 1934), PERKAIN (Pierre d'Assance, 1934), ARIANE ET BARBE-BLEUE (Paysan, 1935), SALADE (Cinzio, 1935), HUGUENOTS (Seigneur, 1936) ARIANE (Matelot, 1937), L'AIGLON (Pierrot, 1937), SAMARITAINE (le Choer, 1937), SALAMMBO (Prêtre, 1938, Grand Prêtre de Khammon, 1938, Grand Prêtre de Khammon, une Voix, 1939), ORIANE (une Voix, 1939), GWENDOLINE (Saxon, 1941), PEER GYNT (vieil Homme, 1943) COQ D'OR (Boyard, 1947). A créé VERCINGETORIX (Soldat), PERKAIN (Officier), PRINCESSE LOINTAINE (François, premier Pèlerin), MARCHAND DE VENISE (Sandrino, Page), CHARTREUSE DE PARME (Serviteur), ENFANT ET SORTILEGES (Rainette), PALESTRINA (Dandini).

DELIT. — En 1899 est affiché dans GUILLAUME TELL (Pasteur), SALAMMBO (Grand Prêtre d'Eschoum), SAMSON (Philistin), JOSEPH (Zabulon) ; en 1900 dans MAITRES CHANTEURS (Zorn), ROMÉO (Pâris), HUGUENOTS (Moine, puis Boisrosé). A créé « un Chevalier » dans LANCELOT.

DELLA PERGOLA, Luciano. — Avec la troupe du théâtre San Carlo de Naples, en 1951, chante « Delil » dans JEANNE D'ARC et « un Juge » dans LE BAL MASQUÉ.

DELMAS, Charles. — En 1912, avec la troupe de l'Opéra de Monte-Carlo, chante MEFISTOFELE (Wagner), LA FILLE DU FAR-WEST (Nick), RIGOLETTO (Borsa), BARBIER DE SEVILLE (Pédrille).

DELMAS, Francisque. — Débute dans « Saint Bris » des HUGUENOTS le 28 septembre 1886. Chante FREISCHUTZ (Gaspard, 1886), AIDA (le Roi), FAUST (Méphisto) en 1887 ; DON JUAN (Léporello, 1887, don Juan, 1902), SIGURD (Hagen, 1891), GUILLAUME TELL (Gessler), LE SICILIEN (Philène) en 1892 ; OTHELLO (Iago, 1894), TANNHAUSER (Landgrave, 1895) ; ROMÉO (Frère Laurent), PATRIE ! (de Rysoor), LE CID (don Diègue), ALCESTE (Grand Prêtre) en 1900 ; « Henry VIII » (1903), ARMIDE (Hidraot, 1905), DAMNATION (Méphisto, 1906), SAMSON (Grand Prêtre), HIPPOLYTE (Thésée) en 1908 ; ŒDIPE A COLONNE (Oedipe), BRISEIS (Strakoklès) en 1916. Est le créateur de LA DAME DE MONSOREAU (Monsoreau), ROMÉO (Capulet), ZAIRE (Orosmane), LE MAGE (Amron), LOHENGRIN (le Roi), SALAMMBO (Nar-Havas), WALKYRIE (Wotan), THAIS (Athanael), HELLE (Gautier), MESSIDOR (Mathias), MAITRES CHANTEURS (Hans Sachs), BURGONDE (Attila), JOSEPH (Jacob), ASTARTE (Phur), ROI DE PARIS (Duc de Guise), BARBARES (Scaurus), SIEGFRIED (Wotan), ORSOLA (l'Evêque), PAILLASSE (Tonio), LA STATUE (Arnigiad), « l'Etranger », LE FILS DE L'ETOILE (Akiba), TRISTAN (Kurwenal), DARIA (Yvan), GLOIRE DE CORNEILLE (Auguste), ARIANE (Parithoüs), LA CATALANE (Miquel), LE CREPUSCULE (Hagen), MONNA VANNA (Marco), OR DU RHIN (Wotan), LA FORET (Pierre), ICARE (Dédale), ROMA (Fabius), FERVAAL (Arfagard), PARSIFAL (Gurnemanz), L'OURAGAN (Gervais), ROMAN D'ESTELLE (Rubini), LES GIRONDINS (Fonfrède), JEANNE D'ARC (Jacques d'Arc), INTERMEDE (Pierre Dupont), LA LEGENDE DE SAINT CHRISTOPHE (l'Ermite), ANTAR (Malek), FILLE DE ROLAND (Charlemagne), ESCLARMONDE (empereur Pharcos), LES BURGRAVES (le Mendiant).

DON JUAN « Air » (GRAM. 5078) « Sérénade » (ZONOPHONE X 2025) — FAUST « Veau d'or » (ZONO X 2023) - (FONOTIPIA 39028) - ODEON 39027) « Sérénade » (ODEON 56177) - (FONOTIPIA 39051) « L'Eglise » (GRAM. 3.32624) — LES HUGUENOTS « Conjuration » (ZONO 2021) - (FONOTIPIA 39027) - (ODE 39027) « Gloire au Dieu Vengeur » (ODE 56178) « Dieu le veut » (ODE 56181) — PATRIE « Pauvre martyr... (ZONO 2024) - (FONOTIPIA 39085) - (ODEON 56176 et 39051) « air de Rysoor » (GRAM. 32622) — ROMEO « Allons jeunes gens » (ODE 56180) — LA WALKYRIE « Adieux de Wotan » (GRAM. 2.32625) - (FONOTIPIA 39106) - ODE. 56179) — Rééd. Micros : LES HUGUENOTS « Conjuration » (ETERNA 458) — a également enregistré sur Saphir PATHE.

DEL MONACO, Mario. — En représentation, débute dans « Othello » le 20 février 1954. Chante ensuite, en 1960, « Samson » et « don José » de CARMEN.

OTHELLO « intégrale » Mic. (DECCA LXT 5009/11) « duos » avec R. TEBALDI, Mic. (DECCA 5067) « extraits » avec PROTTI, Mic. (DECCA OLW 5198/9). — RÉCITAL : (V.d.s.M. - FBLP 1050 et 7 RF 269).

DELMONT, — Débute en créant « un Moine » dans BACCHUS. Crée également FERVAAL (Berdret), L'ARLEQUIN (le Médecin), LA NAISSANCE DE LA LYRE (Satyre), LE CHEVALIER A LA ROSE (Laquais de Lercheneau), LE COQ D'OR (Boyard), SIBERIA (Forçat). Est en outre affiché dans THAIS (Cénobite, 1911), HENRY VIII (Seigneur, 1917, Grammer, puis Huissier, 1919), RIGOLETTO (Officier, 1917), HAMLET (Polonius), FAUST (Wagner), GUILLAUME TELL (Leuthold), SAMSON (Philistin) en 1918 ; PARSIFAL (Chevalier), BORIS (Lovitsky) en 1924 ; HUGUENOTS (Moine, 1930, Seigneur, 1936), BARBIER DE SEVILLE (Notaire, 1930), CHEVALIER A LA ROSE (Chasseur, 1932), GWENDOLINE (Saxon, 1942).

DEL MONTE, Carlo. — Débute le 7 mars 1959 dans « le Chanteur » du CHEVALIER A LA ROSE.

DELORME, André. — Débute le 12 août 1939 dans « le Messager » de SAMSON. En 1939, chante VAISSEAU FANTOME (Timonier), MAROUF (Marchand, puis Homme de police et Muezzin), ROMÉO (Pâris), ALCESTE (Choryphée), AIDA (Messager) ; en 1940, FLUTE ENCHANTÉE (Homme armé), ARIANE ET BARBE-BLEUE (Paysan) ; en 1941, THAIS (Cénobite), GWENDOLINE (Saxon, puis Erick), CHEVALIER A LA ROSE (Intendant de la Maréchale) ; en 1942, TRAVIATA (Domestique), FIDELIO (Prisonnier), SALAMMBO (Grand Prêtre de Melkarth), RIGOLETTO (Borsa) ; PÉNÉLOPE (Pâtre, 1943), L'ETRANGER (jeune homme, 1944), HERODIADE (une Voix, 1945), BORIS (Innocent, 1946, Boyard et Kroutchov, 1947), PADMAVATI (Marchand, 1947) ; LUCIE (Gilbert), TRISTAN (Berger), MAITRES CHANTEURS (Zorn), MONNA VANNA (Borso) en 1948 ; MARCHAND DE VENISE (un Juif) en 1949. A créé PALESTRINA (Evêque de Frésole), PEER GYNT (Vieil Homme, Garçon).

DELORT, Emilien. — Est affiché dans THAIS (Cénobite, 1927), PARSIFAL (Chevalier, 1928), JUIVE (Homme du peuple, 1933), HUGUENOTS (Seigneur, 1936), PALESTRINA (Evêque, 1932), GWENDOLINE (Saxon, 1932), LE DRAC (Pêcheur, 1942), CHEVALIER A LA ROSE (Laquais de Lercheneau, 1942).

DELPOUGET. — Débute le 6 janvier 1894 dans « Saint Bris » des HUGUENOTS. Est affiché dans LOHENGRIN (le Roi, 1894), OTHELLO (Ludovic, 1895), ROMÉO (Frère Laurent, 1895, le Duc, 1897), RIGOLETTO (Sparafucile, 1896, Céprano, 1908), TANNHAUSER (Bitteroff, 1896, Reinmar, 1908), AIDA (le Roi, 1896), HELLE (Roger, 1896), SAMSON (Abimélech, 1896, Vieillard hébreu, 1905), GUILLAUME TELL (Melchtal, 1899, Gessler, 1907), LE BOURGEOIS GENTILHOMME (Divertissement, 1899), LE PROPHÈTE (Oberthal, 1899, Bourgeois, 1912), SALAMMBO (Giscon, 1899), HAMLET (Spectre, 1900, Polonius, 1908), LE CID (Envoyé Maure, Ombre de Saint Jacques, 1900), AFRICAINE (Grand Inquisiteur, 1900), FREISCHUTZ (Kouno, 1905), PATRIE ! (Noircarmes, 1907), HUGUENOTS (Moine, 1908, de Retz, 1909), MONNA VANNA (Trivulzio, 1909), SIBERIA (Capitaine, 1912). A créé THAIS (Palémon), MAITRES CHANTEURS (Ortel), JOSEPH (Ruben), PRISE DE TROIE (Priam), CATALANE (Mathéo), SALOMÉ (cinquième Juif), JOYAUX DE LA MADONE (Camorriste), PARSIFAL (Chevalier).

DELRAT. — Débute salle Le Peletier le 22 juillet 1871 dans « Maurevert » des HUGUENOTS. Au Palais Garnier, en 1875-76, est affiché dans ce rôle et également dans GUILLAUME TELL (Melchtal), LA JUIVE (Albert), LE PROPHÈTE (Seigneur).

DELRIEUX, Gédéon. — Débute en créant « un Nazaréen » dans SALOMÉ Crée également FERVAAL (Ferkenmat) PARSIFAL (Chevalier), COQ D'OR (Boyard). Est en outre affiché dans LES MAITRES CHANTEURS (Vogelgesang, 1911), THAIS (Cénobite, 1911), JOYAUX DE LA MADONE (Camorriste, 1913), CASTOR ET POLLUX (Spartiate, 1918), SALOMÉ (Esclave, 1926), HUGUENOTS (Moine, 1930, Boisrosé, 1936), GWENDOLINE (Danois, 1942).

DELSART. — Est affiché dans L'AFRICAINE (Evêque, 1885), LA JUIVE (Homme du peuple, 1888).

DEL VAL. — Débute le 7 décembre 1916 dans « Galéna » de PATRIE !. Est affiché dans SAMSON (Philistin, 1916, Abimélech, 1917), FAUST (Wagner), HENRY VIII (Grammer), RIGOLETTO (Monterone) en 1917 ; GUILLAUME TELL (Leuthold) en 1918. A créé « un Soldat anglais » dans JEANNE D'ARC.

DEMAGNY, Jean. — Est affiché dans LE CHEVALIER A LA ROSE (Chef de cuisine, 1932, Laquais de Lercheneau, 1949), THAIS (Cénobite, 1935), PARSIFAL (Chevalier, 1935), HUGUENOTS (Soldat, 1936), GWENDOLINE (Danois, 1942), AIGLON (Prélat, 1952). A créé LE MARCHAND DE VENISE (un Masque), L'AIGLON (un Matassin), LE DRAC (un Pêcheur).

DEMAUROY. — Débute dans « Siegmound » de LA WALKYRIE le 1er février 1899.

DENANTES, Auguste. — Est affiché dans LA NAISSANCE DE LA LYRE (Satyre, 1925), THAIS (Cénobite, 1930), PARSIFAL (Chevalier, 1935), HUGUENOTS (Soldat, 1936), GWENDOLINE (Danois, 1942).

DENOYE. — Débute le 14 avril 1879 dans « l'Inquisiteur » de L'AFRICAINE. En 1892, est affiché dans ROMÉO (Frère Laurent), LA JUIVE (Homme du peuple), HENRY VIII (le Légat), HAMLET (Polonius), RIGOLETTO (Céprano), HUGUENOTS (Méru, un Moine en 1904), ROBERT LE DIABLE (Chevalier, Ermite en 1893), PROPHÈTE (Paysan, Officier en 1903) ; SIGURD (Ramunc, 1893), GUILLAUME TELL (Tyrolien, 1899, Pasteur, 1905), JOSEPH (Dan, 1899); en 1900, PATRIE! (Delrio), LE CID (Alonzo) ; en 1901, LOHENGRIN (Vassal), BARBARES (Hildibrath) ; en 1902 AFRICAINE (Officier), SALAMMBO (Pontife) ; en 1905 FREISCHUTZ (Samiel). A créé SALAMMBO (Grand Prêtre de Moloch), THAIS (Cénobite). MONTAGNE NOIRE (Chef), FREDEGONDE (Seigneur), MAITRES CHANTEURS (Schwarz), LANCELOT (Chevalier), ORSOLA (Soldat).

DENS, Michel. — Débute dans « Rigoletto » le 1er août 1947. Chante OTHELLO (Iago), HERODIADE (Hérode), FAUST (Valentin), THAIS (Athanael) en 1947 ; LUCIE (Asthon) en 1936).

RIGOLETTO « Courtisans race vile » (PATHE PDT 196) — Récitals (PATHE ED 34 - DT 1020) — Airs d'opéras : (PATHE DTX 217).

DEPIENNE, Gustave. — Est affiché dans THAIS (Cénobite, 1923), PARSIFAL (Chevalier, 1924), NAISSANCE DE LA LYRE (Satyre, 1925), COQ D'OR (Boyard, 1928), CHEVALIER A LA ROSE (Laquais de la Maréchale, 1928), HUGUENOTS (Moine, 1930, Soldat, 1936).

DEPRAZ (Delaruelle, dit Xavier). — Débute le 3 février 1952 dans « Palémon » de THAIS. Chante, en 1952, RIGOLETTO (Sparafucile), MAITRES CHANTEURS (Pogner), L'AIGLON (Maréchal Marmont), INDES GALANTES (Osman) ; BORIS (Pimen, 1953), FAUST (Méphistofélès, 1954), FLUTE ENCHANTÉE (Homme armé, 1954, Prêtre, 1955). A créé NUMANCE (Marquin), DIALOGUES DES CARMÉLITES (le Marquis).

DIALOGUE DES CARMELITES : « intégrale » (V.d.s.M. FALP 523/5).

DEREIMS. — Débute dans « Faust » le 5 décembre 1879, et chante successivement «Fernand » de LA FAVORITE (1879), « Comte Ory » (1880), « Raimbaut» de ROBERT LE DIABLE, «Ottavio » de DON JUAN (1881), « Rhadamès » de AIDA, « Manoël » du TRIBUT DE ZAMORA (1882), « Faust » de MEFISTOFELE, « Vasco » de L'AFRICAINE (1883) et « Phaon » de SAPHO (1884). A créé HENRY VIII (don Gomès), TABARIN (Gauthier) et RIGOLETTO (le Duc).

DERENNE, Paul. — Débute le 5 août 1947 dans « Jacquinot » de FIDELIO.

DERMOTA, Anton. — Avec la troupe de l'Opéra de Vienne, chante « Tamino » dans LA FLUTE ENCHANTÉE en 1953.

LA FLUTE « intégrale » (COL. FCX 150/152) « air de Tamino » mic. TELEFUNKEN 255 TC 023 — Récital : (DECCA LXT 2522).

DESCILLENE. — Est affiché dans LE PROPHÈTE (Seigneur, 1882), L'AFRICAINE (Evêque, 1883).

DESHAYES, René. — Débute le 9 janvier 1939 dans « le Messager » de AIDA. En 1939, chante LA FLUTE ENCHANTÉE (Homme armé), LES TROYENS (Jopas), OFFRANDE A LA LIBERTÉ (le Conscrit), MONNA VANNA (Védio) ; en 1942, ROI D'YS (Jahel), SALAMMBO (Grand Prêtre de Khammon), THAIS (Cénobite, Nicias en 1945), MAROUF (Anier, Chef des marins), CHEVALIER A LA ROSE (Intendant de la Maréchale, Aubergiste en 1943) ; en 1943, PENELOPE (Léodès), SAMSON (Messager, Philistin en 1945), PEER GYNT (Chef Troll) ; en 1944, VAISSEAU FANTOME (Pilote), ALCESTE (Choryphée), ETRANGER (André), ANTIGONE (Choryphée), ROMÉO (Pâris, Tybalt en 1945) ; en 1946, OTHELLO (Cassio), ANTAR (Berger), JOSEPH (Ruben), RIGOLETTO (Officier), BORIS (Lovitzky, Boyard en 1953), PADMAVATI (Badal) ; en 1948, MAITRES CHANTEURS (Moser), TRISTAN (Matelot) ; en 1949, MARCHAND DE VENISE (Vénitien) ; en 1951, SALADE (Coviello), TRAVIATA (Domestique, de Létorière en 1954), CHEVALIER ERRANT (une Voix), SALOMÉ (troisième Juif) ; en 1952, L'AIGLON (un Matassin). A créé LA CHARTREUSE DE PARME (Invité), PALESTRINA (Evêque d'Imola, un Chanteur), PENELOPE (Pisandre), PEER GYNT (Marchand), BOLIVAR (Soldat), JEANNE AU BUCHER (une Voix), OBERON (Jannissaire).

DESIRE. — Au cours d'un Gala, le 28 avril 1912, joue « Trénitz » dans LA FILLE DE MADAME ANGOT.

DESLAURIERS. — Crée « un Chef grec » ans DEIDAMIE.

DESMET. — Débute le 19 septembre 1884 dans « le Spectre » de HAMLET. Chante, la même année, «l'Inquisiteur» de L'AFRICAINE, « Dante » de FRANÇOISE DE RIMINI, et crée « le Comte Céprano » dans RIGOLETTO.

DEVERCORS, Dominique. — Débute le 7 mai 1961 dans « Méphistofélès » de FAUST. Chante RIGOLETTO (Sparafucile, 1961), LES TROYENS (Hector, 1962).

DEVILLIERS. — En 1887, débute le 8 août dans « Raoul » des HUGUENOTS et chante « Rhadamès » de AIDA.

DEVRIES, David. — Débute en créant « un Servant » dans ASTARTE En 1904, chante « Ruodi » de GUILLAUME TELL et « Belmont » de l'ENLEVEMENT AU SERAIL.

DEVRIES, Hermann. — Débute dans « de Méru » des HUGUENOTS le 5 août 1878. En 1878 encore chante POLYEUCTE (Centurion), FAUST (Wagner) ; en 1879, LE ROI DE LAHORE (Officier), AFRICAINE (Huissier), LA JUIVE (Homme du peuple, puis Albert), HUGUENOTS (Maurevert), MUETTE DE PORTICI (Selva), HAMLET (Polonius) ; en 1881, LE PROPHÈTE (un Paysan).

DEVRIES, Marcel. — Débute dans « Marcellus » de HAMLET le 13 mai 1889. Est affiché dans HUGUENOTS (Moine, 1889, Tavannes, 1890, Cossé 1891), LUCIE (Arthur, 1889), JUIVE (Homme du peuple, 1889, Officier, 1890) ROMÉO (Pâris, 1889), AFRICAINE (Huissier, 1890, Officier, 1891), HENRY VIII (Seigneur, 1890), ROBERT LE DIABLE (Chevalier, 1891), LE PROPHÈTE (Seigneur, 1891), LOHENGRIN (Vassal, 1892), SIGURD (Hawart, 1893). A créé SALAMMBO (Grand Prêtre de Melkarth), THAIS (Cénobite), MONTAGNE NOIRE (Chef), FREDEGONDE (Clerc), HELLE (Bourgeois).

DHORNE. — Est affiché dans LA JUIVE (Homme du peuple, 1888), GWENDOLINE (Saxon, 1893), THAIS (Cénobite, 1894), LANCELOT (Chevalier, 1900), HUGUENOTS (Moine, 1904, Soldat, 1905).

DICKIE, Murray. — En 1953, avec la troupe de l'Opéra de Vienne, chante le « premier Roi » dans l'AMOUR DE DANAÉ. En 1960, en représentation, chante « Jacquinot » dans FIDELIO.

DIDERO. — Avec la troupe de l'Opéra de Monte-Carlo, en 1912, interprète « Joé » dans LA FILLE DU FAR-WEST.

DIEU. — Débute salle Ventadour, le 14 octobre 1874, dans « le Veilleur »

des HUGUENOTS. En 1875, chante LA JUIVE (Héraut), HAMLET (Polonius) et GUILLAUME TELL (Chasseur).

DINARD. — Débute en créant « le Pape » dans DARIA. En 1905, chante LES HUGUENOTS (de Retz, un Moine), THAIS (Cénobite), GUILLAUME TELL (Tyrolien), SALAMMBO (Pontife) ; en 1906, ARMIDE (Officier), PROPHÈTE (Officier).

DINH-GILLY. — Voir plus loin : « Gilly, Dinh ».

DISSARD, — Est affiché dans THAIS (Cénobite, 1926), GWENDOLINE (Saxon, 1942).

DOLNICAR, Wladimir. — Avec la troupe de l'Opéra de Ljubljana, crée « Farfarello » dans L'AMOUR DES TROIS ORANGES.

DONVAL. — Débute en créant « un Berger » dans TRISTAN. Crée également « un Piqueur » dans DARIA et est affiché dans LES HUGUENOTS (Boisrosé, 1904, Moine, 1905), TRISTAN (Matelot, 1905), THAMARA (Officier, 1907), THAIS (Cénobite, 1907), MANON (Sacristain, 1911).

DOSSOGNE, — Est affiché dans THAIS (Cénobite, 1921), PARSIFAL (Chevalier, 1924), COQ D'OR (Boyard, 1927), HUGUENOTS (Moine, 1930).

DOUAILLIER. — Débute dans « un Moine » des HUGUENOTS le 20 août 1890. Est affiché dans SIGURD (Rudiger, 1890, Grand Prêtre d'Odin, 1891), PATRIE ! (Jonas, 1891, Rancon, 1900), LE MAGE (le Roi, 1891). GUILLAUME TELL (Melchtal, 1891, Chasseur, puis Leuthold, 1892), FAUST (Valentin, 1891, Wagner, 1892), AFRICAINE (Diégo, 1891, Inquisiteur, puis Grand Brahmine, 1892), LA JUIVE (Albert, 1892), HENRY VIII (Seigneur, 1892, Archevêque, 1903), HUGUENOTS (de Thoré, puis le Veilleur, 1892, de Retz, 1897), SALAMMBO (Spendius, 1892, Autharite, 1893), ROBERT LE DIABLE (Alberti, 1892), PROPHÈTE (Anabaptiste, 1892, Mathisen, 1898), HAMLET (Horatio, 1892), ROMÉO (Grégorio, 1892, le Duc, 1900), RIGOLETTO (Marcello, 1892, Monterone, 1897), LE CID (Envoyé Maure, 1893), TANNHAUSER (Bitterof, 1895), DON JUAN (Mazetto, 1897), THAIS (Palémon, 1898), ALCESTE (Oracle, 1900). A créé LE MAGE (Héraut), LOHENGRIN (Héraut), THAMARA (Khirivan), SALAMMBO (Grand Prêtre d'Eschoum), SAMSON (Philistin), GWENDOLINE (Aella) DJELMA (Tschady), OTHELLO (Montano), MONTAGNE NOIRE (Chef), HELLE (Hérode), MAITRES CHANTEURS (Nachtigall), BURGONDE (Arvesne), JOSEPH (Utobal), PRISE DE TROIE (Panthée), ORSOLA (Andréa), ETRANGER (Pêcheur), ENLEVEMENT AU SERAIL (Sélim).

DOUBROVSKY, Georges. — En représentation, débute le 18 janvier 1926 dans « Amonasro » de AIDA. La même année, chante BORIS (Rangoni) et crée KITEGE (Fédor Pajorok).

DOUCET. — Au cours d'un Gala, le 28 avril 1912, interprète « Louchard » dans LA FILLE DE MADAME ANGOT.

DRUINE. — Débute dans « Wagner » de FAUST le 21 juin 1919 et chante, la même année, SALAMMBO (Narr-Havas), PATRIE ! (Rancon), SAMSON (Abimélech).

DUBOIS, Gaston. — Débute le 3 mars 1902 dans « Vasco de Gama » de L'AFRICAINE. La même année, chante « Faust », puis, en 1903, HENRY VIII (don Gomez), PAILLASSE (Beppe), ROMÉO (Tybalt) ; en 1904, THAIS (Nicias), ETRANGER (André), PROPHÈTE (Jonas), DON JUAN (Ottavio), SALAMMBO (Shahabarim) ; en 1905, DARIA (Boris), ARMIDE (Chevalier danois) ; en 1906, FREISCHUTZ (Max), MAITRES CHANTEURS (Walther, puis David en 1911 et Vogelgesang en 1923), WALKYRIE (Siegmound) ; en 1907, TANNHAUSER (Tannhauser, puis Walther en 1908), PATRIE ! (la Trémouille), ARIANE (Thésée) ; en 1908, HIPPOLYTE (Tisiphone), HAMLET (Laerte) ; en 1909, RIGOLETTO (le Duc), OR DU RHIN (Froh) ; en 1910, LA DAMNATION (Faust) ; en 1911, « Lohengrin » ; en 1919, OTHELLO (Cassio) ; en 1920, LES HUGUENOTS (Tavannes) ; en 1921, LES TROYENS (Hylas), ASCANIO (d'Estourville), MAIMOUNA (Muezzin) ; en 1922, BORIS (Innocent, puis Dimitri en 1923 et Missaïl en 1930), LEGENDE DE SAINT CHRISTOPHE (un Important); en 1923, SIGURD (Irmfrid) ; en 1926, BROCELIANDE (Crapaud), SALOMÉ (premier Juif) ; en 1928, MADAME BUTTERFLY (Goro). Est le créateur de ORSOLA (Silvio), TRISTAN (Matelot), GLOIRE DE CORNEILLE (Rodrigue), PROMETHEE (Kratos), SALOMÉ (Narraboth), SIBERIA (Alexis), FERVAAL (Chennos, un Paysan), JOYAUX DE LA MADONE (Basio), HEURE ESPAGNOLE (Torquemada), MEGERE APPRIVOISEE (Biondello), FALSTAFF (Caïus), LE RENARD (une Voix), KHOVANTCHINA (troisième Strelsky), PADMAVATI (Guerrier), JARDIN DU PARADIS (Héraut d'armes), ESCLARMONDE (Enios).

L'AFRICAINE «duo» avec TALEXIS (ODE. 60493 - 60496) « Septuor » (ODE. 56132 - 56148) — ARIANE « Certes, nous irons » (ODE. 60559) — FAUST « Cavatine » (ODE. 33224) «Laisse-moi » (ODE. 56174) « Trio final » (ODE. 56094) — LES HUGUENOTS « Sous le beau ciel... » (ZONOPHONE 82083) — LOHENGRIN « Récit du Graal » (ODE. 32229) — MAITRES CHANTEURS « O cher foyer » (ODE. 60467) « l'aube vermeille » (ODE. 60564) — OTHELLO « air » (ODE. 60441) — RIGOLETTO « ballade » (ZONOPHONE 82084) — Rééd. Micros : L'AFRICAINE « duo » (ETERNA 485).

DUBUC, Gilbert. — Débute dans « Rigoletto » le 11 avril 1960.

DUBULLE, Auguste. — Débute le 14 novembre 1879 dans « l'Inquisiteur » de L'AFRICAINE. Chante HAMLET (le Roi, 1879), AIDA (le Roi, 1880, Ramfis, 1887), FAVORITE (Balthazar, 1880), HUGUENOTS (Marcel, 1880, Saint Bris, 1882), JUIVE (Brogni, 1880), GUILLAUME TELL (Walther, 1880, Gessler, 1882), COMTE ORY (Gouverneur, 1881), TRIBUT DE ZAMORA (Ramire, 1882), FRANÇOISE DE RIMINI (Dante, 1882, Guido, 1884), HENRY VIII (le Légat), PROPHÈTE (Zaccharie), AFRICAINE (Pédro), en 1883 ; SAPHO (Pythéas), FAUST (Méphisto) en 1884 ; PATRIE ! (Duc d'Albe, 1887), RIGOLETTO (Sparafucile, 1889), ROMÉO (Frère Laurent, 1889), LE MAGE (Amron, 1891), SAMSON (Vieillard hébreu, 1893), WALKYRIE (Hounding, 1893), TANNHAUSER (Reinmar, 1895), HELLE (Roger, 1896). Crée TABARIN (Mondor), DAME DE MONSOREAU (Aurilly), PATRIE! (Noircarmes), THAMARA (Grand Prêtre), SALAMMBO (Giscon), STRATONICE (le Roi), DEIDAMIE (le Roi), DJELMA (Kayran).

DUC, Valentin. — Débute dans « Arnold » de GUILLAUME TELL le 31 août 1885. Chante, en 1885, LA JUIVE (Eléazar) ; en 1886, LES HUGUENOTS (Raoul), LE CID (Rodrigue) ; en 1888, ROBERT LE DIABLE (Robert) ; en 1889, LE PROPHÈTE (Jean) ; en 1890, AIDA (Rhadamès), AFRICAINE (Vasco), « Sigurd » ; en 1891, LE MAGE (Zarastra). A créé « Karloo » dans PATRIE !

DUCLOS, Marcelin. — Débute le 6 septembre 1907 dans « Valentin » de FAUST. Chante, en 1908, « Rigoletto », SAMSON (Grand Prêtre) ; 1909, LOHENGRIN (de Telramund), ARMIDE (Ubalde), SIGURD (Grand Prêtre d'Odin), SIEGFRIED (Albérich), « Hamlet » ; 1910, SALAMMBO (Splendius), AIDA (Amonasro) ; 1911, TRISTAN (Kurwenal), GWENDOLINE (Harald), TANNHAUSER (Wolfram) ; 1912, DEJANIRE (Philoctète), ROMA (le Gaulois) ; 1920, HUGUENOTS (Nevers) ; 1921, ANTAR (Cheyboub), TROYENS (Chorèbe) ; 1922, HEURE ESPAGNOLE (Ramiro), HERODIADE (Hérode) ; 1924, JARDIN DU PARADIS (Eusèbe) ; 1926, ALCESTE (Grand Prêtre) ; 1927, LE MIRACLE (Gaucher d'Arcourt). Crée LE CREPUSCULE DES DIEUX (Albérich), BACCHUS (Silène), OR DU RHIN (Albérich), THEODORA (Justinien), SEPT CHANSONS (Sonneur), FALSTAFF (Ford), KHOVANTCHINA (Chakovitch), MIARKA (Gleude), ESTHER (Aman), BURGRAVES (Hatto), MATINES D'AMOUR (Joffroy).

DUFFAUT. — Débute dans « Siegmound » de LA WALKYRIE le 29 mai 1896. Chante « Faust » en 1897.

DUFOUR. — Au cours d'un Gala, le 18 mars 1899, interprète « César » dans LES RENDEZ-VOUS BOURGEOIS.

DUFOUR, — Est affiché dans « un Cénobite » de THAIS en 1923.

DUFRANNE, Hector. — Débute au cours d'un Gala, le 11 novembre 1900, dans « Escamillo » de CARMEN. En 1909, chante MONNA VANNA (Guido), ROMÉO (Capulet), TRISTAN (Kurwenal), TANNHAUSER (Wolfram) ; en 1911, THAIS (Athanael). Crée « Iokanaan » dans SALOMÉ.

CARMEN « Si tu m'aimes » (GRAM. 34147) « air du Toréador » (GRAM. 34678) - (ZONOPHONE 82522) « celle que vous aimez » (GRAM. 34199 et P 279).

DUFRANNE, Louis. — Débute en créant le « deuxième Soldat » dans LE ROI ARTHUS. Crée encore UNE FETE CHEZ LA POUPLINIERE. Est d'autre part affiché dans, en 1916, L'ETRANGER (André), ROMÉO (Tybal), GUILLAUME TELL (Ruodi), PATRIE ! (La Trémouille) ; 1917, AIDA (Messager), HAMLET (Laerte), FAVORITE (don Gaspard, puis un Seigneur), HENRY VIII (de Surrey), THAIS (Nicias) ; 1918, MONNA VANNA (Védio), MARIA DI ROHAN (Cholais).

DUFRICHE, Eugène. — En 1891, débute le 21 septembre dans « de Telramund » de LOHENGRIN et chante le « Grand Prêtre » de SIGURD ; en 1912, paraît dans LA FAVORITE (Alphonse), AIDA (Amonasro), AFRICAINE (Nélusko) et ROMÉO (Mercutio).

DUHAN. — En 1928, avec la troupe de l'Opéra de Vienne, chante «Don Juan » et « Almaviva » des NOCES DE FIGARO.

DUPEYRON, Hector. — Débute le 5 mai 1892 dans « Mâtho » de SALAMMBO. En 1892, chante ROBERT LE DIABLE (Robert), SALAMMBO (Shahabarim), LA JUIVE (Eléazar) ; en 1893, LES HUGUENOTS (Raoul), « Samson », « Lohengrin » et « Siegmound » de LA WALKYRIE ; en 1894, « Faust », « Sigurd », « Othello », et en 1895, « Tannhauser ».

LA JUIVE : « Airs » (ODE. 36018 et 36008).

DUPIRE. — Est affiché dans LES HUGUENOTS (Léonard, 1908), THAIS (Cénobite, 1921). A créé « Esslinger » dans LES MAITRES CHANTEURS.

DUPONT, — Est affiché dans THAIS (Cénobite) en 1923.

DURAND. — Crée « Gaywhir » dans FERVAAL.

DUTOIT, Gustave. — Débute le 19 octobre 1939 dans « Narbal » des TROYENS. Chante RIGOLETTO (Sparafucile), MAROUF (Sultan), ROMÉO (Frère Laurent) en 1939 ; SAMSON (Abimélech, 1939, Vieillard hébreu, 1940) AIDA (le Roi, 1939, Ramphis, 1941) ; en 1940, ILLUSTRE FREGONA (Barabas), ARIANE ET BARBE-BLEUE (Barbe-Bleue), THAIS (Palémon) ; TRAVIATA (Baron, 1941) ; en 1942, OR DU RHIN (Fasolt), PALESTRINA (Chanteur) ; en 1943, FIDELIO (Fernando), OTHELLO (Ludovico), DAMNATION (Brander), PEER GYNT (le Président) ; en 1944, ALCESTE (Oracle) ; en 1946, BORIS (Pimen), FLUTE ENCHANTÉE (Zarastro), JOSEPH (Judas), DON JUAN (Commandeur). A créé PALESTRINA (Pape Pie IV, un Spectre), ANTIGONE (Choryphée).

DUTREIX, Maurice. — Débute en créant « Lennsmor » dans FERVAAL. Crée également JOYAUX DE LA MADONE (Tolonno), PARSIFAL (Chevalier), SEPT CHANSONS (l'Amoureux), MAIMOUNA (le Devin), MIARKA (le Roi), LE MAS (Moissonneur). D'autre part, chante « Faust », OR DU RHIN (Froh), HAMLET (Laerte), TRISTAN (Mélot), THAIS (Nicias) en 1913 ; ROMÉO (Tybalt) et « Samson » en 1914 ; puis, en 1921 LES TROYENS (Hylas), ENLEVEMENT AU SERAIL (Belmont) ; en 1922, BORIS (Dimitri), RIGOLETTO (le Duc) ; en 1923, HERODIADE (Jean) GRISELIDIS (Alain) PADMAVATI (Ratan-Sen) ; en 1924, « Lohengrin » et en 1925, « Rhadamès » de AIDA.

FAUST « En vain j'interroge » (ODE. 11690) - (GRAM. W 349) — SAMSON « d'Israël renaît... » (ODE 11594) « En ces lieux... » avec CHARBONNEL (ODE. 111704/5) « duo » avec CHARBONNEL (GRAM. W 272) « C'est toi.. » (GRAM. 034195/6) « Ainsi qu'on voit les Ibés » (GRAM 034199/200).

DUVAL, — Est affiché dans PARSIFAL (Chevalier, 1935), THAIS (Cénobite, 1936), AIGLON (Arlequin, 1937), CHARTREUSE DE PARME (un Invité), DAMNATION (Brander), en 1939 ; GWENDOLINE (Danois), LE DRAC (Pêcheur) en 1942 ; HERODIADE (Messager, 1945), COQ D'OR (Boyard, 1947), CHEVALIER A LA ROSE (Cocher, 1949).

DYCK, Ernst van. — Voir plus loin: « Van Dyck, Ernst ».

EDERLE, Nino. — Avec la Compagnie de Mme Supervia, chante, en 1930, « Lindore » de L'ITALIENNE A ALGER et « Almaviva » du BARBIER En représentation, interprète «Fenton» dans FASTAFF le 4 juillet 1935.

EDMAY. — Débute le 23 janvier 1907 dans « un Officier » de THAMARA.

EGUILEOR, de. — En représentation, débute dans « Rhadamès » de AIDA le 3 mars 1922.

ELIA, Giovanni. — En représentation, débute dans « Rhadamès » de AIDA le 13 juin 1917.

ENDREZE (Arthur Cracman, dit) — Débute le 12 septembre 1929 dans « Valentin » de FAUST. Chante, en 1930, SAMSON (Grand Prêtre), HUGUENOTS (Nevers), LOHENGRIN (de Telramund) ; en 1931, TRISTAN (Kurwenal), « Rigoletto », OTHELLO (Iago), AIDA (Amonasro), TRAVIATA (d'Orbel) ; en 1935, THAIS (Athanael), HERODIADE (Hérode), « Hamlet » ; en 1939, LA TOUR DE FEU (don Jacintho), ROMÉO (Capulet, puis Mercutio); en 1940, CASTOR ET POLLUX (Pollux) ; en 1945, LA FLUTE ENCHANTÉE (un Prêtre) ; en 1946, JOSEPH (Jacob). Est le créateur de « Guercœur », MAXIMILIEN (Conseiller Herzfeld), JARDIN SUR L'ORONTE (Prince d'Antioche), L'AIGLON (Prince de Metternich, CHARTREUSE DE PARME (Comte Mosca), MÉDÉE (Créon).

FAUST « Avant de quitter ces lieux » (PATHE X 90054) « Mort de Valentin » (PATHE PDT 51) — GUERCŒUR « Le calme rentre dans mon cœur » (PATHE X 90079) « Où suis-je ? » (PATHE X 90079) — HAMLET « Etre ou ne pas être » (PAT. X 90035 et PDT 51) « ô vin dissipe la tristesse » (PAT. X 90066) « Spectre infernal » « Comme une pâle fleur » (ODEON 123032) — HERODIADE « Vision fugitive » (ODE. 123725) « eDmande au prisonnier » (ODE. 123033) — ce dernier air Rééd. Mic. (ODE. ORX 110) — OTHELLO « Credo » « Rêve de Iago » (ODEON 123777) — RIGOLETTO « Courtisans.. » (ODE. 123725) — ROMEO « Ballade de la Reine Mab » « Que l'hymne nuptial » (ODE. 123720)— SAMSON « Maudite à jamais la race » (PAT. PDT 18 et X 90060) — THAIS « Voilà donc la terrible cité » (ODE. 123033) « duo de l'Oasis » avec Y. GALL (PAT. X 90072) — TRAVIATA « Lorsqu'à de folles amours » (ODE 123021) — Rééd. Micros. Récital : « FAUST et autres airs » (PAT. PCX 5006) — Récital «OTHELLO, TRAVIATA, THAIS, etc.» (ODE. ORX 120 et ODE. ORX 135) « ROMEO ».

ENGEL, Emile. — Etant spectateur le 9 décembre 1889, débute en remplaçant Cossira dans « Edgard » au deuxième acte de LUCIE DE LAMMERMOOR. Est ensuite affiché, en 1891, dans « Lohengrin » ; en 1892, dans « Fernand » de LA FAVORITE, «Faust» « un Pâtre » du SICILIEN et « Rhadamès » de AIDA. A créé « Nour-Eddin » dans THAMARA.

ENIA, Jean. — Débute le 4 juin 1948 dans « le Veilleur » des MAITRES CHANTEURS.

ENOT, Marcel. — Débute le 14 décembre 1959 dans le « Dancaïre » de CARMEN.

ERNST, Fédor. — Avec la Compagnie de Serge de Diaghilew, crée « un Ambassadeur de l'Empereur de Chine » dans ROSSIGNOL.

ERNST, Léon. — Débute le 23 décembre 1915 dans « un Chasseur » de GUILLAUME TELL. Est affiché dans RIGOLETTO (Marcello, 1916, Officier, 1938), PATRIE ! (Delrio, 1916), SAMSON (Philistin, 1916, Vieillard hébreu, 1917, Abimélech, 1918), OTHELLO (Montano, 1916, Héraut, 1931), FILLE DU FAR-WEST (Asbby, 1916), ETRANGER (vieux Pêcheur, 1916, vieux Marin, 1934), FAUST (Wagner, 1916), THAIS (Palémon, 1916, Cénobite, 1941), ROMÉO (Grégorio, 1916) ; en 1917, LE CID (Alonzo), AIDA (le Roi), HENRY VIII (duc de Norfolk), ROMA (Caïus), HAMLET (Horatio, puis Polonius en 1934) ; en 1918, MARIA DI ROHAN (un Familier); SALAMMBO (Autharite, 1919, Grand Prêtre d'Eschoum, 1938), HUGUENOTS (Maurevert, 1920, Moine, 1930), LES TROYENS (une Ombre, 1921, Soldat, 1930, Ombre d'Hector, 1939), BORIS (Tcherniakowsky, 1922, Exempt, 1923, Lovitzky, 1937) ; en 1923, LE TROUVERE (Bohémien), MAITRES CHANTEURS (Nachtigall) ; en 1924, PARSIFAL (Ecuyer), KHOVANTCHINA (Varsonoview) ; en 1925, PADMAVATI (Artisan), CREPUSCULE (Guerrier), SIGURD (Ramunc), HERODIADE (Grand Prêtre), TANNHAUSER (Reinmar) ; en 1926, SALOMÉ (Soldat), MANON (Sacristain), JARDIN DU PARADIS (Vent du Sud), FREISCHUTZ (Ermite), GWENDOLINE (Aella, puis un Saxon en 1941) ; en 1927, LA FLUTE ENCHANTÉE (Homme armé) ; en 1928, MAROUF (Mameluck, puis en 1940 le Kâdi), CHEVALIER A LA ROSE (Notaire), TRAVIATA (Marquis, puis en 1929 le Baron); LE TRIOMPHE DE L'AMOUR (le Silence, 1932), LA JUIVE (Homme du peuple, 1933), PAILLASSE (Paysan, 1933), BARBIER (Notaire, 1936) ; en 1937, ARIANE (Matelot), MONNA VANNA (Torello), OEDIPE (un Thébain), ARIANE ET BARBE-BLEUE (Paysan) ; en 1940, ILLUSTRE FREGONA (l'Alguazil). A créé : LES GI-

RONDINS (Gensonne), ROI ARTHUS (Ecuyer), JEANNE D'ARC (la Trémouille) LEGENDE DE SAINT CHRISTOPHE (Bourgeois), MEGERE APPRIVOISEE (Grémio), FILLE DE ROLAND (Servetur), NERTO (Marchand) L'ARLEQUIN (Ambassadeur de France), LA NAISSANCE DE LA LYRE (un Choreute), CHEVALIER A LA ROSE (Domestique), BURGRAVES (un Burgrave), MATINES D'AMOUR (un Diable), MAROUF (un Marchand), LE MAS (un Moissonneur), SALAMINE (Dignitaire de la Cour), VIRGINIE (un Rapin), VISION DE MONA (un Passant), DUCHESSE DE PADOUE (Borda), MAXIMILIEN (Escobedo), ELEKTRA (vieux Serviteur), JARDIN SUR L'ORONTE (un Garde), VERCINGETORIX (Vieillard. Soldat), PRINCESSE LOINTAINE (Pergofa, un Pèlerin), MARCHAND DE VENISE (l'Audiencier), SAMARITAINE (Judas), CHARTREUSE DE PARME (Geôlier).

ERNSTER, Deszoe. — En représentation, chante en 1955 l'OR DU RHIN (Fafner), SIEGFRIED (Fafner), WALKYRIE (Hounding), CREPUSCULE (Hagen).

ESCALAIS, Léonce. — Débute le 12 octobre 1883 dans « Arnold » de GUILLAUME TELL. Chante, la même année LA JUIVE (Eleazar) ; en 1884, ROBERT LE DIABLE (Robert), HUGUENOTS (Raoul) ; en 1885, L'AFRICAINE (Vasco), « Sigurd » ; en 1891, LE MAGE (Zarastra) ; en 1908, AIDA (Rhadamès). Crée « Lusignan » dans ZAIRE.

Chez FONOTIPIA : L'AFRICAINE « o Paradis » (39426) — AIDA « o céleste Aïda » (39532) — GUILLAUME « Asile héréditaire » (39427) « Trio » (39196) — HUGUENOTS « Septuor » (39370) — JUIVE « Rachel quand le Seigneur » en français (39428) en italien (39573) - « Dieu m'écaire » en italien (39362) en français (39379) — LE MAGE « Ah Parais » (39393) — ROBERT LE DIABLE « Sicilienne » (39414) — SIGURD « Avec ces fleurs » (39525) « oublions les maux » (39526) — Réed. : Micros, Récital (JUIVE, AFRICAINE, ROBERT, GUILLAUME) - Mage etc... Réalisation Louis CUXAC (ODÉ ODX 145) et GUILLAUME « trio » (ETERNA 707).

ETCHEVERRY, Henry. — Débute dans « Céprano » de RIGOLETTO le 4 septembre 1932. Chante, en 1932, LES TROYENS (Ombre d'Hector) ; en 1933, PARSIFAL (Chevalier), TOUR DE FEU (Jacintho), LA JUIVE (Ruggiero), TRAVIATA (Docteur), WALKYRIE (Hounding, puis en 1948, Wotan), MAROUF (Mameluck, puis en 1945, le Sultan) ; en 1934, HAMLET (le Roi), ETRANGER (Contrebandier); en 1935, OR DU RHIN (Fasolt), TRIS-

TAN (Pilote), AIDA (le Roi) ; en 1936, LES HUGUENOTS (Saint Bris) ; en 1937, FIDELIO (Fernando), ARIANE (Périthoüs), « Boris », ROLANDE (Prince Richard), L'AIGLON (Flambeau) ; en 1938, SALAMMBO (Narr-Havas), FAUST (Méphisto), RIGOLETTO (Sparafucile) ; puis MARCHAND DE VENISE (Shylock, 1939), « Don Juan » (1942), PENELOPE (Eurymaque, 1943), ROMÉO (Frère Laurent, 1944), DAMNATION (Méphisto, 1945), ANTAR (Malek, 1946), SAMSON (Abimélech, 1948). A créé UN JARDIN SUR L'ORONTE (Guetteur), VERCINGETORIX (Viridomar), PERKAIN (Dominique), PRINCESSE LOINTAINE (Erasme), ARIANE ET BARBE-BLEUE (Barbe-Bleue), MARCHAND DE VENISE (Prince du Maroc), OEDIPE (Tirésias), PALESTRINA (Evêque de Cadix, un Spectre), PEER GYNT (l'Inconnu).

ETIEVENT, — Est affiché dans « un Cénobite » de THAIS en 1926.

ETTL, Karl. — Avec la troupe de l'Opéra de Vienne, en 1928, chante FIDELIO (Prisonnier), NOCES DE FIGARO (Antonio), TOSCA (Angelotti), TRISTAN (Pilote) et CHEVALIER A LA ROSE (le Commissaire). En représentation, en 1936, chante DON JUAN (Mazetto) et FIDELIO (Fernando).

EUZET. — Débute en créant « un Pontife » dans SALAMMBO. Crée également THAIS (Serviteur), FREDEGONDE (Seigneur), HELLE (Paysan). Est d'autre part affiché dans, en 1892, LOHENGRIN (Vassal), LA JUIVE (Homme du peuple), HUGUENOTS (Maurevert, puis de Retz en 1893), SALAMMBO (Autharite, puis Giscon), PROPHÈTE (Officier), HAMLET (Fossoyeur), FAUST (Wagner) ; en 1893, LE CID (Saint Jacques, puis Envoyé Maure), ROBERT LE DIABLE (Chevalier) ; en 1894, GWENDOLINE (Aella); en 1895, ROMÉO (Grégorio), THAIS (Cénobite).

EYRAUD, Paul. — Est affiché dans THAIS (Cénobite, 1916), HENRY VIII (Seigneur, 1919), NAISSANCE DE LA LYRE (Satyre, 1925), GWENDOLINE (Saxon, 1942).

EZANNO. — Débute en créant « un Moine » dans BACCHUS. Crée également SALOMÉ (Soldat), SIBERIA (l'Inspecteur), FERVAAL (Helwig), JOYAUX DE LA MADONE (Camorriste), PARSIFAL (Chevalier), SCEMO (Berger), SALOMÉ de Mariotte (Soldat), LEGENDE DE SAINT CHRISTOPHE (un Empereur). Est d'autre part affiché, en 1909, dans ROMÉO (Grégorio) ; en 1910, FAUST (Wagner), SALAMMBO (Grand Prêtre d'Eschoum), LOHENGRIN (Vassal), HU-

GUENOTS (Moine, Crieur), RIGOLET-TO (Céprano, puis Monterone, puis en 1920 l'Officier) ; en 1911, MAITRES CHANTEURS (Schwarz), THAIS (Cénobite), GWENDOLINE (Aella), TANN-HAUSER (Bitteroff), LE CID (Alonzo); en 1912, PROPHÈTE (Paysan), SALOMÉ (Soldat) ; en 1913, ARMIDE (Officier), SAMSON (Abimélech, puis en 1919, Philistin) ; en 1919, PATRIE ! (Rincon) ; en 1920, PAILLASSE (Paysan), HAMLET (Horatio) ; en 1921, LEGENDE DE SAINT CHRISTOPHE (Bourgeois), LES TROYENS (Panthée).

FABERT, Henri. — Débute le 21 mai 1909 dans « Mime » de SIEGFRIED. Chante L'OR DU RHIN (Loge, 1909), MAITRES CHANTEURS (David, 1912, Beckmesser, 1924), BORIS (Chouisky, 1922), LE FIFRE ENCHANTÉ (Robin, 1927). Crée L'OR DU RHIN (Mime), SALOMÉ (premier Juif), LE MIRACLE (Pibrac), L'HEURE ESPAGNOLE (Gonzalve), FALSTAFF (Bardolphe), LE RENARD (une Voix), FILLE DE ROLAND (Ragenhardt), FLUTE ENCHANTÉE (Monostatos), KHOVANTCHINA (le Clerc), PADMAVATI (Brahmane), JARDIN DU PARADIS (Mégélius), ARLEQUIN (don Sanche), NAISSANCE DE LA LYRE (Silène), CHEVALIER A LA ROSE (de Faninal), SALAMINE (le Coryphée), TENTATION DE SAINT ANTOINE (un Démon), ILLUSTRE FREGONA (Lope), PERKAIN (le Gaucher), PRINCESSE LOINTAINE (Squarciafico).

FABRE, Maurice. — Débute le 13 janvier 1886 dans « l'envoyé Maure » du CID. Chante ROBERT LE DIABLE (Chevalier, 1886), LA JUIVE (Ruggiero, puis Brogni, 1889), AFRICAINE (l'Inquisiteur, 1890), RIGOLETTO (Sparafucile, 1891), THAIS (Cénobite, 1916).

FAGIANELLI, José. — Débute le 22 décembre 1954 dans « un Prêtre » de LA FLUTE ENCHANTÉE. Chante TANNHAUSER (Bitteroff), ROMÉO (Capulet) en 1956; RIGOLETTO (Monterone), LE CHEVALIER (Commissaire), en 1957; l'ATLANTIDE (Morhange) en 1958 ; FLUTE ENCHANTÉE (Monostatos), INDES GALANTES (Osman), en 1959 ; CARMEN (Zuniga, 1959, Escamillo, 1960) ; ENFANT ET SORTILEGES (Fauteuil, Arbre), FAUST (Valentin), BORIS (Rangoni) en 1960.

FANIARD, Fernand. — Débute le 24 mai 1930 dans « Samson ». Chante LA WALKYRIE (Siegmound, 1930), « Tannhauser » (1934), « Lohengrin » (1937), « Tristan » (1950). A créé le « Cardinal Novagiero » dans PALESTRINA.

FASSEL, Otto. — En représentation, chante « Marcello » dans GIUDITTA en 1935.

FASSNACHT, Georg. — En représentation, débute le 13 mars 1941 dans « Siegmound » de LA WALKYRIE.

FAUDET, Henri. — Est affiché en 1942 dans GWENDOLINE (Saxon), LE DRAC (Pêcheur), THAIS (Cénobite) ; en 1949 dans LE CHEVALIER (un Valet).

FAURE, Jean-Baptiste. — A débuté salle Le Peletier le 14 octobre 1861 dans « Julien » de PIERRE DE MEDICIS. Est le créateur de LA MULE DE PEDRO (Pedro), L'AFRICAINE (Nélusko), DON CARLOS (de Posa), « Hamlet » et JEANNE D'ARC (Charles VIII). Au Palais Garnier, a été affiché dans LA FAVORITE (Alphonse), FAUST (Méphistofélès), LES HUGUENOTS (Nevers), « Guillaume Tell » et « Don Juan ».

FAVREAU, Pierre. — Est affiché dans PARSIFAL (Chevalier, 1924), THAIS (Cénobite, 1925), COQ D'OR (Bovard, 1928), MAROUF (Muezzin, Homme de police, 1931), HUGUENOTS (Seigneur, Soldat, 1936), CASTOR ET POLLUX (Spartiate, 1940), GWENDOLINE (Danois, 1941), CHEVALIER A LA ROSE (Laquais de la Maréchale, 1942). A créé LA NAISSANCE DE LA LYRE (Satyre), LE CHEVALIER (le Fils), LE DRAC (Pêcheur), PENELOPE (un Prétendant).

FEIRSINGER, Sébastian — En représentation, débute dans « Siegfried » le 27 novembre 1959.

FEODOROFF. — Débute le 10 février 1899 dans « Jean » du PROPHÈTE. Chante en 1908 « Lohengrin » et SALAMMBO (Shahabarim) et crée les SCENES RUSSES.

FIATTE, — Est affiché dans « un Romain » de HERODIADE en 1945.

FINEL, Paul. — Débute le 24 octobre 1954 dans «un Jannissaire» d'OBERON. Chante AIDA (Messager, 1954, Rhadamès, 1958), JEANNE AU BUCHER (une Voix, 1954). LE CREPUSCULE (Guerrier, 1955), BORIS (Boyard, 1955, Dimitri, 1960), ROMÉO (Tybalt, 1955). VAISSEAU FANTOME (Erick), INDES GALANTES (don Carlos), « Faust » et DAMNATION (Faust) en 1956 ; DIALOGUES DES CARMELITES (le Chevalier, 1957) ; TRAVIATA (Rodolphe), SALOMÉ (Narraboth) en 1958 ; CARMEN (don José, 1959), TOSCA (Cavaradossi, 1960. A créé NUMANCE (un Soldat), L'ATLANTIDE (Saint Avit).

TOSCA « extraits » (PATHÉ stéréo ASTX 119) — TRAVIATA « extraits » (PATHÉ stéréo ASTX 129) — DIALOGUE DES CARMÉLITES « intégrale » Mic. (V.d.s.M. FALP 523/5).

FIORIN. — Avec la troupe de l'Opéra de Monte-Carlo, interprète « José Castro » dans LA FILLE DU FARWEST en 1912.

FISCHER, Adolf. — En représentation, débute dans « Tristan » le 18 octobre 1938.

FISCHER-SANDT, Siegfried. — Avec la troupe de l'Opéra de Stuttgart, interprète « un Ecuyer » dans PARSIFAL en 1954.

FISTER, Gabriel. — Est affiché dans THAIS (Cénobite, 1945), COQ D'OR (Boyard, 1947), CHEVALIER A LA ROSE (Musicien, 1949).

FLAJOLLET. — Débute le 22 août 1884 dans « Léonard » des HUGUENOTS. Est affiché en 1888 dans L'AFRICAINE (Evêque), HENRY VIII (Officier), LA JUIVE (Homme du peuple).

FLEISCHER, Félix. — En représentation, débute dans « le Pilote » de TRISTAN le 22 mai 1941.

FLETA, Pierre. — Débute dans « Rodolphe » de LA TRAVIATA le 14 janvier 1957.

FLEURY. — Est affiché dans LA JUIVE (Majordome) en 1875.

FLORIAN, Hans. — En représentation, débute le 17 septembre 1941 dans « le Docteur Blind » de LA CHAUVE-SOURIS.

FONTAINE, Charles. — Débute le 7 juillet 1911 dans « Raoul » des HUGUENOTS. Chante, en 1911, AIDA (Rhadamès), « Samson », « Roméo », « Lohengrin », « Faust » et RIGOLETTO (le Duc) ; en 1912, GUILLAUME TELL (Arnold), LE CID (Rodrigue) ; en 1913, LES BARBARES (Marcomir), LA DAMNATION (Faust) ; en 1914, LES JOYAUX DE LA MADONE (Genaro) · puis PAILLASSE (Canio, 1923), SALOMÉ (Hérode, 1926), MONNA VANNA (Prinzevalle, 1930). A créé « Otbert » dans LES BURGRAVES.

PAILLASSE « air » (PATHÉ 0649 et Saphir 0218) — GUILLAUME « asile héréditaire » (Saph. PATHÉ 0217).

FONTANA, Ferrari. — En représentation, débute dans « Othello » le 20 juin 1914.

FONTANES, Hugo. — En représentation, débute dans « Rhadamès » de AIDA, le 14 mars 1918.

FOREL, Michel. — Débute le 7 décembre 1947 dans « un Serviteur » de THAIS. Est affiché dans LE CHEVALIER (Domestique, 1949, Notaire, 1959), DAMNATION (Récitant, 1949), FAUST (Wagner, 1950), BOLIVAR (Laboureur,

Officier, 1950), BORIS (Héraut, 1950, Lovitsky, 1958), ROMÉO (Pâris, 1950, Grégorio, 1951) ; FLUTE ENCHANTÉE (Homme armé), CHEVALIER ERRANT (une Voix), SALOMÉ (cinquième Juif) en 1951 ; LA TRAVIATA (Marquis, 1951, Baron, 1958), RIGOLETTO (Céprano, 1952, Marcello, 1959), L'AIGLON (Vénitien, 1952), THAIS (Cénobite, 1953) ; en 1957, DON JUAN (Mazetto), OTHELLO (Héraut), SAMSON (Philistin) ; BAL MASQUÉ (Soldat, 1958), INDES GALANTES (don Alvar), JEANNE AU BUCHER (Héraut), CARMEN (Zuniga) en 1959 ; TOSCA (Sciarrone, 1960) ; FIDELIO (Prisonnier, 1962). A créé BOLIVAR (le Peintre), DIALOGUES DES CARMÉLITES (Thierry).

FOREST, Jules. — Débute le 3 octobre 1931 dans « Frère Jean » de ROMÉO. Chante THAIS (Cénobite, Serviteur). ESCLARMONDE (Envoyé sarrazin) en 1931 ; RIGOLETTO (Céprano, Officier, 1931, Marcello, 1932, Monterone, puis Rigoletto, 1941), LES TROYENS (une Ombre, 1931, un Soldat, 1932) ; SAMSON (Philistin), MAITRES CHANTEURS (Ortel), GUILLAUME TELL (Chasseur) en 1932 ; MAROUF (Marchand, Mameluck, 1932, le Kadi, 1937), FAUST (Wagner, 1932, Valentin, 1933) ; PARSIFAL (Chevalier), TRIOMPHE DE L'AMOUR (un Plaisir), LA JUIVE (Héraut), BARBIER (Alcade), AIDA (Amonasro), HAMLET (Polonius), JARDIN SUR L'ORONTE (Marchand) en 1933 ; LOHENGRIN (Héraut), SIGURD (Rudiger), ETRANGER (vieux Pêcheur), SALOMÉ (Cappadocéen) en 1934 ; HERODIADE (Phanuel, 1934, Vitellius, 1935), DAMNATION (Récitant), CHEVALIER (Notaire) en 1935 ; HUGUENOTS (Veilleur, Moine, 1936) ; COQ D'OR (Afron), ARIANE (Phéréklos) en 1937 ; BORIS (Tchernakowsky, 1937, Héraut, puis Exempt, 1944) ; SALAMMBO (Grand Prêtre de Moloch, 1938), GWENDOLINE (Danois, 1941), PALESTRINA (Orateur, le Roi d'Espagne, 1942), ALCESTE (Héraut, 1944). A créé LA VISION DE MONA (un Islandais), MAXIMILIEN (une Voix), JARDIN SUR L'ORONTE (un Garde), VERCINGETORIX (Soldat), PRINCESSE LOINTAINE (Bruno, un Pèlerin), ROLANDE (Officier), ARIANE ET BARBE-BLEUE (Paysan), MARCHAND DE VENISE (Serviteur), ŒDIPE (Thébain), SAMARITAINE (Nathanael), AIGLON (Officier), CHARTREUSE DE PARME (Barbone), ROI D'YS (Jahel), PEER GYNT (Forgeron, Marchand).

FORMICHI, Cesare. — En représentation chante « Amonasro » dans AIDA et « Athanael » de THAIS en 1922.

THAIS « final du 3 » Réd. Mic. (ETERNA 494).

FORNARI. — Est affiché dans « un Cénobite » de THAIS en 1916.

FORTI, — Débute dans « Siegmound » de LA WALKYRIE le 10 août 1928. Chante L'OR DU RHIN (Loge, 1929), « Tannhauser », SALOMÉ (Hérode) en 1930 ; « Tristan » en 1931. Crée « Heurtal » dans GUERCOEUR.

FOURCADE. — Est affiché dans THAIS (Serviteur, 1898), HUGUENOTS (Maurevert, 1898, Moine, 1906), RIGOLETTO (Monterone, 1898, Officier, 1916) AFRICAINE (Officier, 1902). A créé « un Officier » dans LANCELOT.

FOURNETS, René. — Débute le 10 octobre 1892 dans « Méphistophélès » de FAUST. Chante, en 1892 ROMÉO (Capulet) ; en 1893, LE CID (don Gormas), HUGUENOTS (Saint Bris), WALKYRIE (Wotan), SIGURD (Grand Prêtre) ; DON JUAN (Léoporello, 1897) PROPHÈTE (Oberthal, 1898) ; TANNHAUSER (Landgrave) et LOHENGRIN (le Roi) en 1899. Est le créateur de SAMSON (Abimélech), OR DU RHIN (Wotan et Donner), FREDEGONDE (Prétextat), HELLE (Roger), DAMNATION (Méphistophélès), BRISEIS (Strakokles), LANCELOT (Alain de Dinan).

La Sérénade de « FAUST » (BERLINER RECORDS 32665).

FRACHER, Julien. — Est affiché dans THAIS (Cénobite, 1923), PARSIFAL (Chevalier, 1928), HUGUENOTS (Seigneur, 1936), AIGLON (Vénitien, 1937), GWENDOLINE (Danois, 1942), MAROUF (Cheik el Islam, 1947).

FRADIN. — A créé « un Chevalier » dans PARSIFAL et fut affiché dans « un Cénobite » de THAIS (1934).

FRANCELL, Fernand. — Au cours d'un Gala, le 1er avril 1919, chante « Chrysodole » dans MONSIEUR CHOUFLEURI RESTERA CHEZ LUI LE...

FRANCI, Benvenuto. — En représentation, débute le 25 juin 1926 dans « Amonasro » de AIDA.

AIDA « final de 3 » (GRAM. DB 1320).

FRANTZ, Ferdinand. — En représentation, chante « Wotan » dans SIEGFRIED et LA WALKYRIE en novembre 1950.

WALKYRIE « intégrale » Mic. (V.d.s.M. FALP 383/87).

FRANZ Paul (Franz Gauthier dit) — Débute dans « Lohengrin » le 1er février 1909. Chante, en 1909, « Samson », « Sigurd », « Roméo », « Faust », « Tannhauser » ; en 1910, LA DAMNATION (Faust), LA WALKYRIE (Siegmound),

AIDA (Rhadamès) ; en 1911, LES MAITRES CHANTEURS (Walther), LE CID (Rodrigue) ; puis, LE PROPHETE (Jean, 1912), « Tristan » (1913), LE VIEIL AIGLE (Toloïk, 1914), PATRIE! (Kerloo, 1916), MESSIDOR (Guillaume, 1917) ; « Othello », MONNA VANNA (Prinzevalle), SALAMMBO (Mathô) en 1919 ; HUGUENOTS (Raoul), CREPUSCULE (Siegfried) en 1925 ; « Siegfried » (1926), LA JUIVE (Eléazar, 1933). Est le créateur, au Palais Garnier, de « Parsifal », JEANNE D'ARC (Dumois), HELENE (Pâris), LEGENDE DE ST CHRISTOPHE (Auférus), « Antar », LS TROYENS (Enée), HERODIADE (Jean), FILLE DE ROLAND (Gérald), PADMAVATI (Ratan-Sen), JARDIN DU PARADIS (le Prince), ESCLARMONDE (Chevalier Roland), ESTHER (Assuérus), ILE DÉSENCHANTÉE (Solnek), SALAMINE (Xerxès), TENTATION DE SAINT ANTOINE (Satan).

LA FILLE DE ROLAND « chanson des épées » (COL. LF 23). — HERODIADE « Air de Jean » (PATHÉ X 90048 et COL. LFX 56) — HUGUENOTS « Plus blanche » (GRAM. 032268) — LOHENGRIN « Récit de Graal » (GRAM. DB 521 - 032212) - (PATHÉ X 0092 - X 0719) « Mon Cygne aimé » (PATHÉ X 720) - (GRAM. DB 521) « Ma confiance en toi » (GRAM. D8 442) — MAITRES CHANTEURS « l'Aube vermeille » (COL. LF 23) — OTHELLO « Tout m'abandonne » (PATHÉ X 90047) — PROPHÈTE « Roi du Ciel » (PATHÉ X 90047) — PARSIFAL « Mes yeux voient le Calice » (GRAM. 032303) - (PATHÉ X 7238) « Une arme seule est sûre » (PATHÉ X 7238) — ROMÉO « salut tombeau » (GRAM. 032227) — SAMSON « arrêtez ô mes frères » (GRAM. DA 442) « La Meule » (PATHÉ X 90043) — SIEGFRIED « chant de la forge » (GRAM. 032353) - (COL. LF 45) « Murmures de la forêt » (PATHÉ X 7235) — SIGURD « Esprits gardiens » (GRAM. 0322245) « le bruit des chants » (COL. LFX 56) - (PATHÉ X 98048) — TANNHAUSER «Retour de Rome » (PATHÉ X 7237) — LA WALKYRIE « chant du Printemps » (GRAM. 032352) a également enregistré sur Saphir PATHÉ Réed. Micros. (ROMÉO «Tombeau » SIGURD « le bruit des chants » (ETERNA 708).

FRANZINI, Marie. — Débute le 2 mai 1948 dans «Méphistophélès» de FAUST.

FRERET. — A débuté salle Le Peletier en 1856, le 14 juillet, dans « un Chasseur » de GUILLAUME TELL. Au Palais Garnier, a encore chanté ce rôle, et également, jusqu'en 1878, HAMLET (Polonius), FREISCHUTZ (Samiel), GUILLAUME TELL (Paysan),

JUIVE (Homme du peuple), PROPHÈ-TE (Officier, Paysan), REINE DE CHYPRE (Cypriote), ROBERT LE DIABLE (Ermite), AFRICAINE (Evêque, l'Inquisiteur), HUGUENOTS (Méru, Maurevert), FAUST (un Soldat). A créé JEANNE D'ARC (de Gaucourt), LE ROI DE LAHORE (un Radjah).

FREVILLE. — Est affiché dans LES HUGUENOTS (un Moine, 1908), PARSIFAL (Chevalier, 1914).

FRICK, Gottlob. — Avec la troupe de l'Opéra de Vienne, chante « Zarastro » dans LA FLUTE ENCHANTÉE en 1953.

FRONVAL, Charles. — Débute dans « Samson » le 3 avril 1940. Chante, LA DAMNATION (Faust, 1940) ; GWENDOLINE (Armel), FIDELIO (Florestan) en 1941 ; ESCLARMONDE (Chevalier Roland), « Palestrina » en 1942 ; PENELOPE (Ulysse, 1943), ETRANGER (André, 1944) ; ROI D'YS (Mylio), HERODIADE (Jean), TOUR DE FEU (Yves) en 1945 ; « Antar », JOSEPH (Siméon), MONNA VANNA (Prinzevale), PADMAVATI (Ratan-Sen) en 1946 ; « Lohengrin » (1947), WALKYRIE (Siegmound, 1948), « Tristan » (1949), INDES GALANTES (Adario, 1956). A créé « le Garde » dans ANTIGONE.

FROUMENTY, Pierre. — Débute le 4 juillet 1930 dans « de Retz » des HUGUENOTS. Est affiché dans, en 1930, HUGUENOTS (Méru, puis le Veilleur), THAIS (Palémon), MAROUF (le Kadi), MAITRES CHANTEURS (Ortel, puis Hans Sachs en 1937), RIGOLETTO (Monterone) SALOMÉ (Cappadocéen). LES TROYENS (Sentinelle, puis Priam en 1931) ; en 1931, PARSIFAL (Chevalier, puis Gurnemanz en 1935), CREPUSCULE (Guerrier, puis Gunther en 1934), SAMSON (Abimelech), OTHELLO (Montano), ROMÉO (Capulet, puis le Duc en 1933 et Frère Laurent en 1952), ESCLARMONDE (Envoyé sarrazin) ; en 1932, HERODIADE (Vitellius, puis Phanuel en 1935), TRISTAN (Pilote, puis Roi Marke en 1936) ; en 1933, LOHENGRIN (le Roi), LA DAMNATION (Récitant), LA JUIVE (Albert), BARBIER DE SEVILLE (Notaire), AIDA (le Roi), CHEVALIER A LA ROSE (Commissaire, puis de Faninal en 1935 et Baron Ochs en 1957) ; en 1934, JARDIN SUR L'ORONTE (Prince d'Antioche) ; en 1935, SALADE (Tartaglia) ; en 1936, TANNHAUSER (Landgrave), FAUST (Méphisto) ; en 1937, FIDELIO (Rocco) BORIS (Pimen) ; en 1939, MARCHAND DE VENISE (Antonio) ; en 1945, TOUR DE FEU (Yann), PENELOPE (Eumée) ; en 1946, ANTAR (Malek), MONNA VANNA (Marco) ; en 1947, COQ D'OR (Roi Dodon) ; en 1948, WALKYRIE (Wotan) ; en 1949, ROI D'YS (le Roi) ; en 1952, BOLIVAR (l'Evê-

que) ; en 1954, INDES GALANTES (Osman), FLUTE ENCHANTÉE (Prêtre) ; en 1958, DIALOGUES DES CARMÉLITES (le Marquis), LE BAL MASQUÉ (Comte Horn). Est le créateur de VIRGINIE (le Maître), ELEKTRA (Précepteur d'Oreste), VERCINGETORIX (Crétognat), PRINCESSE LOINTAINE (Frère Trophime), DIANE DE POITIERS (un Musicien), SEMIRAMIS (un Astrologue), OEDIPE (Créon), PALESTRINA (Spectre), LE DRAC (André), ANTIGONE (Tirésias), NOCES CORINTHIENNES (Théognis) BOLIVAR (Aveugle).

FUCHS, Eugène — En représentation, débute le 5 juin 1934 dans « Beckmesser » des MAITRES CHANTEURS. Chante « Albérich » dans SIEGFRIED en 1938.

FUCHS. — Est affiché dans « un Cénobite » de THAIS en 1927.

FUGERE, Lucien. — Au cours d'un Gala, le 1er avril 1919, interprète « Choufleuri » dans MONSIEUR CHOUFLEURI RESTERA CHEZ LUI LE...

FUSCO. — En représentation, chante « Cassio » dans OTHELLO le 20 juin 1914.

GABY. — Est affiché dans LA JUIVE (Homme du peuple, 1882), AFRICAINE (Evêque, 1883), COMTE ORY (Chevalier, 1883).

GAGNEAU, — Est affiché en 1952 dans LES MAITRES CHANTEURS (Apprenti).

GAILHARD, Pédro. — Débute salle Le Peletier le 3 novembre 1871 dans « Méphistophélès » de FAUST. En 1872 chante L'AFRICAINE (Inquisiteur), HUGUENOTS (Saint Bris), DON JUAN (Léporello) ; en 1873, FREISCHUTZ (Gaspard), puis HAMLET (le Roi, 1875), « Méphistofèle » (1883), SAPHO (Pythéas, 1884). Est le créateur de LA REINE BERTHE (Simon), JEANNE D'ARC (Richard), FRANÇOISE DE RIMINI (Guido). Est nommé Directeur de l'Opéra en 1884.

FAUST « Sérénade » (en français) (FONOTIPIA 39229) (en italien) (FONOTIPIA 39230).

GALLIA, Roger. — Débute dans « Rhadamès » de AIDA le 11 décembre 1950.

GALLOIS. — Débute dans « un Homme du peuple » de LA JUIVE le 11 juillet 1888. Est affiché dans LES HUGUENOTS (de Méru, 1888, Boisrosé, 1891, Cossé, 1892), ROBERT LE DIA-

BLE (Héraut, 1888), GUILLAUME TELL (Rodolphe, 1888, Pasteur, 1892), AFRICAINE (Indien, 1889, Officier, 1892), FAVORITE (Gaspard, 1889, Seigneur, 1904), HENRY VIII (Archevêque 1889, de Surrey, 1891), LUCIE (Gilbert, 1889), ROMÉO (Tybalt, 1890, Benvolio, 1892), SIGURD (Irnfrid, 1890, Haward, 1903), RIGOLETTO (Borsa, 1891), PROPHÈTE (Soldat, 1892, Paysan, 1903, Garçon d'auberge, 1905), LOHENGRIN (Vassal, 1892), HAMLET (Fossoyeur, 1892), LE CID (don Arias, 1893), SALAMMBO (Prêtre, 1893), TANNHAUSER (Heinril, 1895), AIDA (Messager, 1895), PATRIE ! (Vargas, 1900), SAMSON (Philistin, 1900), ASTARTÉ (Choribas, 1901), TROUVÈRE (Messager, 1904), THAMARA (Officier, 1907). A créé ASCANIO (d'Estourville), SALAMMBO (Grand Prêtre de Khanon), SAMSON (Messager), THAIS (Cénobite), MONTAGNE NOIRE (un Chef), FREDEGONDE (un Clerc), HELLE (Paysan), MESSIDOR (Prêtre), MAITRES CHANTEURS (Moser), JOSEPH (Officier), LANCELOT (Chevalier), LES BARBARES (Homme du peuple), PAILLASSE (Paysan), LA STATUE (Ali), L'ETRANGER (le vieux Pierre), DARIA (Bûcheron).

GALLOS. — En 1928, avec la troupe de l'Opéra de Vienne, chante FIDELIO (Jacquinot), NOCES DE FIGARO (Brid' Oison), ENLEVEMENT AU SERAIL (Pédrille), TRISTAN (Pâtre, Matelot), CHEVALIER A LA ROSE (Valsacchi).

GALLY. — Débute en créant « le Bar du Duc » dans JEANNE D'ARC en 1876.

GANDUBERT. — Débute le 28 décembre 1895 dans « Fortunatus » de FREDEGONDE. En 1896 chante LA FAVORITE (Gaspard), HAMLET (Marcellus).

GARAIT. — En 1903, débute le 13 février dans « Tannhauser », et chante « Sigurd ».

GARDES, Roger. — Débute le 12 novembre 1954 dans « Damon » des INDES GALANTES. En 1960, chante « la Théière» de l'ENFANT ET LES SORTILEGES.

GARET. — En 1877, est affiché dans « un Officier de Marine » de L'AFRICAINE.

GARZO. — Avec la troupe de l'Opéra de Monte-Carlo, crée « Happy » dans LA FILLE DU FAR-WEST.

GASPARD. — A débuté salle Le Peletier le 11 mars 1867 en créant « le Comte de Lorme» dans DON CARLOS. A été affiché dans L'AFRICAINE (Grand Brahmine, 1867), GUILLAUME

TELL (Leuthold, 1867, Melchtal, 1875), LA JUIVE (Ruggiero, 1868, Veilleur, 1882), HUGUENOTS (de Retz, 1868, Thoré, 1870), PROPHÈTE (Mathisen, 1869), ROBERT LE DIABLE (Alberti, 1870), MUETTE DE PORTICI (Borella, 1870), DON JUAN (Commandeur, 1871), HAMLET (Horatio, 1872), FREISCHUTZ (Kouno, 1876), REINE DE CHYPRE (Héraut d'armes, 1877), POLYEUCTE (Félix, 1878). Est le créateur de FAUST (Wagner), HAMLET (Fossoyeur), JEANNE D'ARC (Amboise), POLYEUCTE (Centurion), HENRY VIII (Archevêque de Canterbury), RIGOLETTO (Monterone).

GASPARINI, Bindo. — Avec la troupe de l'Opéra de Monte-Carlo, crée « Betto » dans LA FILLE DU FAR-WEST.

GAUDIOSO, Gérardo. — Avec la troupe du Théâtre San Carlo de Naples, crée « Silvano » dans LE BAL MASQUÉ.

GAUTIER, Franz. — Débute dans «Sigurd» le 3 juillet 1896. Chante HAMLET (Laerte, 1896), HUGUENOTS (de Tavannes, 1897, Raoul, 1908); en 1908 « Samson », « Faust », AIDA (Rhadamès), RIGOLETTO (le Duc) SALAMMBO(Shahabarim), « Roméo » ; en 1909, GUILLAUME TELL (Arnold) ; en 1916, LES GIRONDINS (Jean Ducos).

FAUST « Salut ô mon dernier matin (ODÉ. 33736) - (FAVORITE 1. 5339) « Cavatine » (FAVORITE 1. 5199) - (ODÉ. 33737) « duo du 1 avec AUMONIER » (ODÉ. 33847) « Trio du duel (ODÉ. 33858) « Trio final » (ODÉ 33860) « Salut demeure » (Saph. PATHÉ 0145) — GUILLAUME « Trio » (ODÉON 33859) « asile héréditaire » (Saph. PATHÉ 0217) — HUGUENOTS « Plus blanche... » (BEKA-IDEAL 7228) - (Saph. PATHÉ 0147).

GAYARRE, Julien. — Débute le 7 avril 1886 dans « Vasco de Gama » de L'AFRICAINE.

GAZZO, Laurent. — Est affiché dans LE CHEVALIER A LA ROSE (le Fils, 1949), GWENDOLINE (Danois, 1942).

GEAY, Robert. — Débute le 23 novembre 1960 dans « Zuniga » de CARMEN. Chante LES INDES GALANTES (don Alvar, 1962).

GEDDA, Nicolaï. — Débute le 11 janvier 1954 dans « Damon » des INDES GALANTES. Crée « Huon de Bordeaux » dans OBERON et chante LA FLUTE ENCHANTÉE (Tamino, 1954),

TRAVIATA (Rodolphe, 1956), RIGO-LETTO (le Duc, 1956), OTHELLO (Cassio, 1957), « Faust » (1961).

FAUST « intégrale » (V.d.s.M. FALP 261/4) — FAUST (intégrale nouvel enregistrement » Mono (V.d.s.M. FALP 630/3) et Stéréo (ASDF 101/4) — FLUTE ENCHANTEE « extraits » (COL. FCX 686) — Récital (COL. FC 25098).

GENIN, Georges. — Débute le 28 novembre 1925 dans « Sciarrone » de TOSCA. Chante « Faust » (1931), RIGOLETTO (le Duc, 1932), « Roméo » (1933), AIDA (Rhadamès, 1949).

GENTY, Claude. — Débute le 13 janvier dans « Moralès » de CARMEN.

GERMAIN, Pierre. — Débute le 13 juin 1952 dans «Papagéno» de LA FLUT-ENCHANTÉE. Chante LES INDES GALANTES (Ali, 1952), OBERON (Sherasmin, 1954), DON JUAN (Mazetto, 1956), CARMEN (Moralès, 1959), L'ENFANT ET LES SORTILEGES (l'Horloge, le Chat, 1960), TOSCA (Sacristain, 1962).

GESTA. — Crée « un Officier » dans HENRY VIII.

GIANNOTTI, Pierre. — Débute le 19 février 1950 dans « un Juif » du MARCHAND DE VENISE. Chante BORIS (Innocent, 1950), BOLIVAR (Musicien, Homme du peuple, 1950, Ibarra, 1952), CARMEN (Remendalo, 1960).

GIBERT, Etienne. — Débute dans « Vasco de Gama » de L'AFRICAINE le 6 novembre 1893. Chante « Lohengrin » (1893), ROMÉO (Tybalt, 1894), « Tannhauser » (1898).

GIBERT, Frédéric. — Est affiché dans LE CHEVALIER A LA ROSE (Garçon d'auberge, un Lourdeau, 1949), DIALOGUES DES CARMÉLITES (un vieux Monsieur, 1957), JEANNE AU BUCHER (Heurtebise, 1957).

GICQUEL, Jean. — Débute le 25 octobre 1941 dans « Jahel » du ROI D'YS. Est affiché dans RIGOLETTO (Officier, 1941, Céprano, 1942), SAMSON (Philistin, 1942), FAUST (Wagner, 1942, Valentin, 1945), THAIS (Cénobite, 1942, Serviteur, 1943), MAROUF (Mameluck, 1942), OTHELLO (Héraut, 1943), ROMÉO (Pâris, 1944, Grégorio, 1947), ALCESTE (Choryphée, 1944), ETRANGER (vieux Pêcheur, 1944), BORIS (Lovitsky, 1944, Exempt, Tchernakowsky, 1946), PÉNÉLOPE (Ctésyppe, 1945), ARIANE ET BARBE-BLEUE (Paysan, 1945), DAMNATION (Récitant, 1947), COQ D'OR (Prince Afron, 1947), MAITRES CHANTEURS (Nachtigall, 1948), TRISTAN (Berger, 1949), MARCHAND DE VENISE (un Juif, 1949). A créé PALESTRINA (un Chanteur) et BOLIVAR (un Laboureur, un Officier).

GIGLI, Beniamino. — En représentation, chante « le Duc » de RIGOLETTO et « Rodolphe » de LA TRAVIATA en novembre 1934.

RIGOLETTO « Airs » (GRAM. DA 1372) « quatuor » (GRAM. DQ 102) « Scène » avec LUCA et CURCI (GRAM. DA 381) — LA TRAVIATA « air du 2 » (GRAM. DB 1222) « duo » avec CANIGLIA (GRAM. DB 3811) — Rééd. Micros : Récital (V.d.s.M. FJLP 5038/39 - ERF 178).

GILBERT. — Est affiché dans LA JUIVE (Homme du peuple, 1882), LE COMTE ORY (Chevalier, 1882), AFRICAINE (Officier 1883), SAPHO (Héraut, 1884), LE PROPHETE (Officier, 1890).

GILION, Mario. — Débute dans « Arnold » de GUILLAUME TELL le 31 décembre 1910, et chante « Rhadamès » de AIDA en 1911.

GUILLAUME TELL « Airs » (FONOTIPIA 39667).

GILLAND. — Débute le 27 juin 1881 dans « un Chevalier » de ROBERT LE DIABLE. Est affiché dans LES HUGUENOTS (de Tavannes, 1881), FAVORITE (Seigneur, 1882), COMTE ORY (Chevalier, 1882).

GILLES, Raoul — Débute le 4 juillet 1926 dans « Nicias » de THAIS. Chante ROMÉO (Pâris, 1926, Tybalt, 1939), BORIS (Innocent, 1926, Missaïl, 1937) ; en 1927, PADMAVATI (Marchand), PAILLASSE (Beppe), HERODIADE (une Voix) ; en 1928, SALOMÉ (troisième Juif), MADAME BUTTERFLY (Yamadori), COQ D'OR (l'Astrologue), RIGOLETTO (le Duc), PARSIFAL (Ecuyer, puis Chevalier en 1935); en 1929, LES TROYENS (Hylas), ENLEVEMENT AU SERAIL (Pédrille), OR DU RHIN (Mime), MAROUF (Marchand), GUILLAUME TELL (Ruodi), en 1930, HUGUENOTS (de Tavannes), HEURE ESPAGNOLE (Torquemada), TANNHAUSER (Walther), MONNA VANNA (Borso), CHEVALIER A LA ROSE (Intendant de la Maréchale, puis Valsacchi en 1932) ; OTHELLO (Rodrigue, 1931) ; en 1932, MAITRES CHANTEURS (Moser), ELEKTRA (jeune Serviteur) ; en 1933, GUERCOEUR (Ombre d'un poète), LA JUIVE (Léopold) ; puis L'ETRANGER (vieux Pierre, 1934), L'AIGLON (Frédéric de Gentz, 1937), HAMLET (Marcellus, 1938), FLUTE ENCHANTÉE (Monostatos, 1940), ILLUSTRE FREGONA (Lope 1940). A créé LA TRAVIATA (Vicomte) CHEVALIER A LA ROSE (Intendant de Faninal, Marchand d'animaux), LES BURGRAVES (un Burgrave), NAILA (un Prêtre), MATINES D'AMOUR (Frère Allaume), TURANDOT (Pong), MAROUF (le Fellah, un Muezzin, un Homme de police), SALAMINE (Dignitaire de la Cour), VIRGINIE (Amaury), DUCHESSE DE PADOUE (Canalto), MAXIMILIEN (Colonel Lopez), JARDIN SUR L'ORONTE (Marchand), VERCINGETORIX (Vercasilaun), PERKAIN (le Barde), PRINCESSE LOINTAINE (Bristagne, un Pèlerin), ROLANDE (Manné), SALADÉ (Cinzio), MARCHAND DE VENISE (un Masque, un Vénitien), SAMARITAINE (Marchand), ENFANT ET LES SORTILÈGES (Vieillard arithmétique), PALESTRINA (Orateur du Roi d'Espagne). A rempli les fonctions de souffleur à partir de 1945.

L'HEURE ESPAGNOLE « intégrale » (COL. OP 14).

GILLES, Raymond. — En représentation, crée « Désiré » dans FEDORA (1910) et chante « le Geôlier » dans TOSCA (1925).

GILLET. — Crée « un Homme de justice » dans LA STATUE.

GILLY. — Au cours d'un Gala, le 28 avril 1912, interprète « Pomponnet » dans LA FILLE DE MADAME ANGOT.

GILLY, Dinh. — Débute en créant « Sylvio » de PAILLASSE. Crée également « Gunther » dans LE CREPUSCULE DES DIEUX. Chante FAUST (Valentin), ROMÉO (Mercutio) en 1903 ; AIDA (Amonasro), SALAMMBO (Spendius), LE TROUVÈRE (de Luna) en 1904 ; SIGURD (Grand Prêtre d'Odin), LE CID (le Roi), FREISCHUTZ (Kilian) en 1905 ; ARMIDE (Ubalde, 1905, Hidraot, 1907), TANNHAUSER (Wolfram, 1906), THAMARA (Khirvan, 1907), LOHENGRIN (Hérault puis le Roi, 1908), HUGUENOTS (Nevers, 1908).

GIOVANETTI, Julien. — Débute le 26 février 1947 dans « Mazetto » de DON JUAN. En 1957, chante « Léoporello » dans le même ouvrage ; en 1959, interprète L'ATLANTIDE (Cheikben-Cheik), CARMEN (Escamillo).

GIRARD. — Débute le 5 août 1878 dans «Cossé» des HUGUENOTS. Chante HAMLET (Fossoyeur, 1878, Marcellus, 1881), PROPHÈTE (Officier, 1878, Seigneur, 1882), AFRICAINE (Officier, 1879, Indien, 1880), FAVORITE (Seigneur, 1879, Gaspard, 1882), ROI DE LAHORE (Radjah, 1879), LA JUIVE (Homme du peuple, 1879, Crieur, 1890), MUETTE DE PORTICI (Lorenzo, 1879), HUGUENOTS (Maurevert, puis Boisrosé, 1880, Léonard, 1881, de Tavannes, 1883), AIDA (Messager, 1880), COMTE ORY (Chevalier, 1880), TRIBUT DE ZAMORA (Alcade Maïor, 1881), ROBER TLE DIABLE (Chevalier, 1881, Hérault, 1890), SAPHO (Eratès, 1884). Crée HENRY VIII (Seigneur), TABARIN (Jehan), SIGURD (Haward), LE CID (don Arias), DAME DE MONSOREAU (Huissier), PATRIE ! (Miguel).

GIRAUD. — Débute dans « Balthazar » de LA FAVORITE le 16 mars 1881. Est affiché dans LA JUIVE (Homme du peuple, 1882), COMTE ORY (Chevalier, 1883).

GIRAUD, Jean. — Débute dans « Marcello » de RIGOLETTO le 17 avril 1940.

GIRAUDEAU, Jean. — Débute dans « Tamino » de LA FLUTE ENCHANTÉE le 8 août 1947. Chante la même année THAIS (Nicias) ; en 1948, BORIS (Chouisky), MAITRES CHANTEURS (David), FIDELIO (Jaquinot) ; en 1949, NOCES CORINTHIENNES (Hippias) OTHELLO (Cassio), « Marouf », MARCHAND DE VENISE (Gratiano) ; en 1951, ENLEVEMENT AU SERAIL (Pédrille) ; en 1952, TRAVIATA (Rodolphe), LUCIFER (une Voix), INDES GALANTES (Valère, Tacmène), L'AIGLON (Attaché militaire) ; en 1953, ANTIGONE (le Garde) ; en 1956, VAISSEAU FANTOME (Erik), DON JUAN (Ottavio) ; en 1957, RIGOLETTO (le Duc) ; puis L'HEURE ESPAGNOLE (Gonzalve, 1958, Torquemada, 1960), ENFANT ET LES SORTILEGES (Vieillard arithmétique, 1960). Crée BOLIVAR (Nicanor), DRAMMA PER MUSICA (une Voix), DIALOGUES DES CARMÉLITES (le Chevalier), L'ATLANTIDE (Le Mesge).

THAIS « intégrale » Mic. (URANIA A. 227) — FLUTE ENCHANTEE « extraits » Mic. (PATHÉ 30184).

GIRAUDET. — Débute le 10 septembre 1880 dans « Marcel » des HUGUENOTS. La même année, chante LA JUIVE (Brogni), AIDA (Ramphis), AFRICAINE (don Pédro) ; en 1881, LE PROPHÈTE (Zacchariе), HAMLET (le Roi), ROBERT LE DIABLE (Bertram), GUILLAUME TELL (Walther) ; en 1882, LA FAVORITE (Balthazar). A créé LE TRIBUT DE ZAMORA (Ramire II), FRANÇOISE DE RIMINI (Dante).

GIRIAT, Albert. — Débute le 11 octobre 1943 dans « Mylio » du ROI D'YS. Chante en 1943, « Faust » ; en 1944, « Roméo » et « le Duc » de RIGOLETTO.

GIUNTA, Arsenio. — En représentation, chante « Borsa » dans RIGOLETTO le 30 mai 1947.

GLINEUR, Albert. — Est affiché dans PARSIFAL (Chevalier, 1935), THAIS (Cénobite, 1936), GWENDOLINE (Danois, 1942), LE DRAC (Pêcheur, 1942), HERODIADE (Romain, 1945).

GOBBI, Tito. — En représentation, chante « Scarpia » dans TOSCA le 19 décembre 1958.

TOSCA « extraits » (COL. FCX 748).

GODARD, Alfred. — Débute le 2 février 1918 dans « Torello » de MONNA VANNA. La même année, est affiché dans RIGOLETTO (Céprano), THAIS (Cénobite), SAMSON (Philistin), GUILLAUME TELL (Leuthold), HAMLET (Polonius) ; en 1919, OTHELLO (Héraut), HENRY VIII (Huissier), PATRIE ! (Galena) ; en 1920, LEGENDE DE SAINT CHRISTOPHE (un Marchand).

GODART. — Débute dans « Lohengrin » le 6 juin 1908. En 1908 chante « Samson » et « Siegfried » du CREPUSCULE ; en 1909, « Siegmound » de LA WALKYRIE et « Faust ».

WALKYRIE « Chant du Printemps » (ODE. 97131).

GOFFIN, Paul. — En 1919, débute dans « Faust » le 29 septembre, puis chante « Roméo ». En 1920, GOYESCAS (Fernando), PAILLASSE (Canio) ; en 1921, AIDA (Rhadamès), RIGOLETTO (le Duc). « Ascanio » ; en 1922, HENRY VIII (don Gomez), WALKYRIE (Siegmound), « Lohengrin » et « Jean » de HERODIADE. A créé « André Khovansky » dans LA KHOVANTCHINA.

GOGNY. — En 1893, débute dans « don Alvar » de L'AFRICAINE, et chante « Achille » dans DEIDAMIE.

GONGUET. — Débute le 22 novembre 1900 dans « un Philistin » de SAMSON. Fut affiché dans THAIS (Cénobite, 1901, Serviteur, 1916), ROMÉO (Pâris, 1901, Benvolio, 1909), LOHENGRIN (Vassal, 1901), PROPHETE (Dignitaire, 1901, Soldat, 1903, Pavsan, 1912), GUILLAUME TELL (Ruodi, 1901, Pasteur, 1904, Rodolphe, 1908), AFRICAINE (Officier, 1902), SALAMMBO (Pontife, 1902, Grand Prêtre de Khamon, 1919), HENRY VIII (Seigneur, 1903, Gartner, 1919), HUGUENOTS (Léonard, 1904, Boisrosé, 1909, Moine, 1910), MAITRES CHANTEURS (Zorn, 1906), THAMARA (Officier, 1907), TRISTAN (Mélot, Berger, 1908), HIPPOLYTE (un Parque, 1908), HAMLET (Fossoyeur, 1908, Marcellus, 1917), ARMIDE (Artemidor, 1909), SIGURD (Irnfrid, 1909), TANNHAUSER (Heinrich, 1910), RIGOLETTO (Borsa, 1910), GWENDOLINE (Erik, 1911), LE CID (don Arias, 1911), PATRIE ! (Vargas, 1916), SAMSON (Messager, 1916), OTHELLO (Cassio, 1916), OEDIPE A COLONNE (Coryphée, 1916), TROUVERE (Ruiz, 1916, Messager, 1923), FILLE DU FAR-WEST (Jack Wallace, 1916), ETRANGER (Pêcheur, 1916), AIDA (Messager, 1918). PAILLASSE (Paysan, 1920), MEGERE APPRIVOISEE (le Tailleur, Nathanael, 1922), BORIS (Kroutchov, Boyard, 1922), PADMAVATI (Guerrier, 1923), HERODIADE (Gd Prêtre, 1923). A créé LA STATUE (Homme de Police), ETRANGER (jeune Homme), MONNA VANNA (Borso), SALOMÉ (troisième Juif). LE MIRACLE (Marchand d'eau), SIBERIA (Lispranick), FERVAAL (un Barde, un Paysan, un Berger), JOYAUX DE LA MADONE (Ciccilio), PARSIFAL (Chevalier), SCEMO (Berger), THEODORA (Justinien), LES GIRONDINS (Vergnius), LE ROI ARTHUS (Lyonel), LEGENDE DE SAINT CHRISTOPHE (Officier, Archer).

GORLIER, André. — Est affiché dans L'AIGLON (un Gilles, 1937), GWENDOLINE (Danois, 1942), LE DRAC (Pêcheur, 1942), CHEVALIER A LA ROSE (Laquais de Lercheneau, 1943, Garçon d'auberge, 1949) HERODIADE (Messager, 1945) BORIS (Tcherniakowsky,, Lovitzky, 1946), THAIS (Cénobite, 1946), COQ D'OR (Boyard, 1947).

GOSTIC, Josef. — En mai 1953, avec la troupe de l'Opéra de Vienne, chante « un Homme armé » dans LA FLUTE ENCHANTÉE et « Midas » dans L'AMOUR DE DANAÉ.

GOT, Claude. — Débute dans « un Chevalier » de PARSIFAL le 19 octobre 1928. Chante, en 1928, TRAVIATA (le Baron) ; en 1929, FAUST (Méphisto), TROYENS (Priam), « Boris » ; en 1930, MAROUF (Vizir). A créé « un vieux Mendiant » dans LE MAS.

GOULAIEV, Nicolas. — Avec la Compagnie de Serge de Diaghilew, a créé « le Bonze » dans ROSSIGNOL.

GOURDON. — Au cours de Galas, a interprété « Dugravier » dans LES RENDEZ-VOUS BOURGEOIS en 1899, et « Lilas Pastia » dans CARMEN en 1900 et 1907.

GOURGUES, Raoul. — Débute le 21 novembre 1934 dans le « quatrième Juif » de SALOMÉ. Est affiché dans PARSIFAL (Chevalier, 1935) ; en 1936, HUGUENOTS (Thoré), TANNHAUSER (Walther), ROMÉO (Pâris), ALCESTE (Evandre) ; en 1937, FIDELIO (Prisonnier), MAROUF (Anier, puis Homme de police et Muezzin en 1949), OTHELLO (Rodrigue), ROLANDE (Officier) ; en 1938, OR DU RHIN (Froh), SALAMMBO (Grand Prêtre de Khamon), HAMLET (Laerte) ; en 1939, FLUTE ENCHANTÉE (Homme armé), «Faust», PROMENADE DANS ROME (une Voix) ; puis ILLUSTRE FREGONA (Perriquito, 1940), CHEVALIER A LA ROSE (Chanteur, 1941, Intendant de Faninal, 1957), ROI D'YS (Mylio, 1943, Jahel, 1946), SAMSON (Messager, 1946, Philistin, 1947), BORIS (Innocent, 1946, Missaïl, 1948, un Boyard, 1958), PADMAVATI (Marchand, 1946), LUCIE (Gilbert, 1947), MAITRES CHANTEURS (Esslinger, 1948), THAIS (Cénobite, 1951), OBERON (Jannissaire, 1955), JEANNE AU BUCHER (une Voix, 1956), SALOMÉ (Nazaréen, 1958), BAL MASQUÉ (Serviteur, 1958), RIGOLETTO (Borsa, puis l'Officier, 1959). A créé SALADE (Coviello), MARCHAND DE VENISE (Vénitien), OE-

DIPE (Thébain), SAMARITAINE (jeune Homme), AIGLON (Comte Sedlinsky), VAISSEAU FANTOME (Timonier), ORIANE (une Voix), CHARTREUSE DE PARME (Ludovic), PALESTRINA (Patriarche d'Assyrie), PÉNÉLOPE (Léodès), BOLIVAR (Musicien, Homme du peuple), JEANNE AU BUCHER (un Paysan).

GOUTTEBROZE, Robert. — Débute le 4 juillet 1959 dans « le Duc » de RIGOLETTO. La même année, est affiché dans LE CHEVALIER (le Chanteur), « Faust », CARMEN (don José).

GOVONI. — Avec la troupe de l'Opéra de Monte-Carlo, crée « Larkens » dans LA FILLE DU FAR-WEST.

GRAARUD Gunnar. — En représentation, chante « Tristan » et LA WALKYRIE (Siegmound) en mai 1928.

GRANAL Georges. — Débute dans «Sigurd» le 19 août 1910. En 1913, chante LES HUGUENOTS (Raoul), AIDA (Rhadamès), «Samson»; en 1914, «le Duc» de RIGOLETTO; en 1924, «Faust» « Lohengrin » et « Faust » de LA DAMNATION : en 1925, « Dimitri » de BORIS.

AIDA « duo du 4 » avec S. BROHLY (GRAM. 34229/30 — GUILLAUME « Asile héréditaire » (GRAM. 032128 et W 130) — HUGUENOTS « Plus blanche... » (GRAM. 032127 et W 130) — SAMSON « Airs » (GRAM. 032129 - 032082 et 84) « Trio » avec BROHLY et NARÇON (GRAM. 034086) — SIGURD « Airs » (GRAM. 032146 - 032092) «duo» avec Mme LINDSAY (GRAM. 34061 et 34236).

GRANIER. — Débute dans « Ruodi » de GUILLAUME TELL le 24 avril 1903. Chante « Arnold » dans le même ouvrage le 15 novembre 1929.

GRANVILLE, Arthur. — Débute le 19 mars 1924 dans «le Duc» de RIGOLETTO.

GRAUX, D. — Débute dans « un Chef » de DEIDAMIE le 28 novembre 1893.

GRAUX, F. — Crée « un Chef » dans DEIDAMIE.

GRAY, Jean. — Débute le 10 février 1957 dans « Rodolphe » de LA TRAVIATA.

GREINDL, Josef. — En 1955, débute le 7 mai dans « Fasolt » de L'OR DU RHIN, puis chante LA WALKYRIE (Hounding), LE CREPUSCULE (Hagen et SIEGFRIED (Fafner). En 1960, chante « Rocco » dans FIDELIO.

GRENIER. — Est affiché dans PARSIFAL (Chevalier, 1924), THAIS (Cénobite, 1926), COQ D'OR (Boyard, 1927), HUGUENOTS (Moine, 1930).

GRESSE, André. — Débute le 7 janvier 1901 dans « Saint Bris » des HUGUENOTS. Chante, en 1901, FAUST (Méphisto), AIDA (le Roi, puis Ramfis en 1902), LOHENGRIN (le Roi), TANNHAUSER (Landgrave), GUILLAUME TELL (Gessler), ROMÉO (Capulet, puis Frère Laurent en 1908), PROPHÈTE (Oberthal) ; en 1902, AFRICAINE (Grand Brahmine), SIEGFRIED (Wotan), ORSOLA (l'Evêque) ; DON JUAN (Léporello) ; SIGURD (Grand Prêtre d'Odin, 1903, Hagen, 1905), LE CID (don Diègue, 1905, don Gormas, 1919), FREISCHÜTZ (Gaspard 1906) ; en 1908, RIGOLETTO (Sparafucile), HIPPOLYTE (Pluton), HAMLET (le Spectre, puis le Roi en 1915) ; en 1909, LE CREPUSCULE (Hagen), MONNA VANNA (Marco), SAMSON (vieillard hébreu, puis Abimélech en 1916), WALKYRIE (Hounding, puis Wotan en 1921) ; DAMNATION (Méphisto, 1910), DON QUICHOTTE (Sancho, 1911), PATRIE ! (Duc d'Albe, 1915) ; en 1916, FAVORITE (Alphonse), IPHIGENIE (Oreste), BRISEIS (Strakoklès) ; en 1917, PROMETHEE (Héphaïstos), HENRY VIII (le Légat), ROMA (le Souverain pontife) ; CASTOR et POLLUX (Jupiter, 1918), LEGENDE DE SAINT CHRISTOPHE (Ermite, 1920), BORIS (Varlaam, 1922), TROUVÈRE (Fernand, 1923), HERODIADE (Phanuel, 1924), ESCLARMONDE (l'Empereur, 1924), MAITRES CHANTEURS (Pogner, 1926) Est le créateur de UN ENLEVEMENT AU SERAIL (Osmin), TRISTAN (Roi Marke), BACCHUS (le Révérend), OR DU RHIN (Fasolt), MIRACLE (l'Evêque), PARSIFAL (Titurel), SCEMO (Arrigo de Leca), MADEMOISELLE DE NANTES (Barbacala), UNE FÊTE CHEZ LA POUPLINIÈRE, LE RETOUR (le Grand Père), SALOMÉ de Mariotte (Hérode), NERON (Térence), LA FILLE DE ROLAND (Duc de Nayme).

Chez GRAMOPHONE : L'AFRICAINE « Scène du Grand Brahmine » (34668) — DON JUAN « air de Leporello » (2.32693/94) — FAUST « Veau d'or » (2.32630 - 34669) « duo » avec AFFRE (34006 - 34127/8/9) « trio » avec AFFRE et DEMOUGEOT (34035) « trio » avec BEYLE et L. BRUN (34130 et 34140) « quatuor » (34039) « Sérénade » (2. 32472 et ZONOPHONE 82515) « Walpurgis » (34641) « L'Eglise » (34691/92) « Invocation » (ZONOPHONE 82493) a enregistré l'ouvrage complet en 28 disques (Saphir PATHE 1622/1649) — GUILLAUME TELL « trio » avec AFFRE et NOTE (GRAM. 34032/33) — LES HUGUENOTS « Bénédiction des poignards » (GRAM. 2. 32631) — LE PROPHETE « Scène de Zacharie » (GRAM. 34642) — ROMEO « Airs » (GRAM. 2.32696 - 2.32632 - W. 177) — WALKYRIE « Adieux de Wotan » (GRAM. 32250 et W 176).

GRESSE, Léon. — Débute le 20 octobre 1875 dans «un Fossoyeur» de HAMLET. Chante LES HUGUENOTS (Saint Bris, 1875, Marcel, 1885), GUILLAUME TELL (Gessler, 1876, Walther, 1885) ; puis, en 1885, LA FAVORITE (Balthazar), LA JUIVE (Brogni) ; en 1886, RIGOLETTO (Sparafucile), ROBERT LE DIABLE (Bertram), L'AFRICAINE (don Pédro), LE CID (don Diègue) ; en 1887, AIDA (Ramfis), LE PROPHÈTE (Zaccharie) ; puis HAMLET (le Roi, 1888), SAMSON (Vieillard hébreu, 1893), ROMÉO (Frère Laurent, 1894). A créé SIGURD (Hagen), WALKYRIE (Hounding), OTHELLO (Ludovic), MONTAGNE NOIRE (Père Saval), LES MAITRES CHANTEURS (Pogner).

GRIEBEL, August. — En représentation, débute le 25 décembre 1942 dans le « Baron Ochs » du CHEVALIER A LA ROSE.

GRIFFONI, Antoine. — Débute dans « Moralès » de CARMEN le 7 décembre 1959. Est affiché, en 1960, dans FAUST (Valentin), BORIS (Tchernakowsky), L'HEURE ESPAGNOLE (Ramiro).

GRIMAUD. — Débute dans « Valentin » de FAUST le 20 février 1892. Chante, la même année, ROMÉO (Mercutio, puis Grégorio), RIGOLETTO (Marcello), HAMLET (Marcellus) ; en 1893, GUILLAUME TELL (Leuthold).

GRISY. — A débuté salle Le Peletier le 6 janvier 1862 dans « Ruodi » de GUILLAUME TELL. A chanté, en 1862, ALCESTE (Apollon), ROBERT LE DIABLE (Raimbaut, puis un Majordome en 1876) ; en 1863, LA MUETTE DE PORTICI (Alphonse), LES VÊPRES SICILIENNES (Danielli), MOISE (Eleazar) ; puis LA JUIVE (Léopold, 1864, le Crieur, 1879), L'AFRICAINE (Officier, puis don Alvar, 1865), ROLAND A RONCEVEAUX (Pâtre, 1865), LE PROPHÈTE (Jonas, 1866), HUGUENOTS (de Tavannes, 1868, de Thoré, 1870), FREISCHUTZ (Ottokar, 1876), REINE DE CHYPRE (Seigneur, 1877), COMTE ORY (Chevalier, 1880). A créé LA REINE DE SABA (Amrou), LE DOCTEUR MAGNUS (Fritz), HAMLET (Marcellus), LE ROI DE LAHORE (un Radjah).

GRIVOT. — Au cours d'un Gala, le 19 mai 1892, interprète « un Avocat chantant » dans MONSIEUR DE POURCEAUGNAC.

GROMMEN. — Débute le 4 octobre 1926 dans le «Vieillard hébreu» de SAMSON. Chante, en 1926, ROMÉO (Frère Laurent), WALKYRIE (Hounding), THAIS (Palémon) ; en 1927, HERODIADE (Phanuel), TANNHAUSER (Landgrave), COQ D'OR (Général Polkan), AIDA (Ramfis), LOHENGRIN (le Roi), MAITRES CHANTEURS (Pogner), LE MIRACLE (l'Evêque),

OR DU RHIN (Fafner) ; en 1928, MAROUF (Sultan) ; en 1929, FLUTE ENCHANTÉE (Zarastro), GUILLAUME TELL (Walther) ; en 1930, RIGOLETTO (Sparafucile), HUGUENOTS (Marcel) ; en 1931, PARSIFAL (Gurnemanz), OTHELLO (Ludovic), ESCLARMONDE (le Roi). A créé LA TENTATION DE SAINT ANTOINE (un Démon), L'ILLUSTRE FREGONA (le Corrégidor de Tolède).

GUBIANI, Mario. — En 1930, avec la troupe de Mme Supervia, chante « Haly » dans L'ITALIENNE A ALGER.

GUENOT, Louis. — Au cours de Galas, chante « Bustamente » de LA NAVARRAISE (1924), et « le Sacristain » de TOSCA (1925).

GUIAOUROV, Nicolas. — En représentation, débute le 19 novembre 1958 dans « Méphistophélès » de FAUST et chante « Ramfis » dans AIDA.

GUICHANDOT, Carlus. — En représentation, débute le 14 juin 1957 dans « Othello ».

GUILHEM, Jean. — Débute dans « le Duc » de RIGOLETTO le 14 juin 1943.

GUILLAMAT. — En représentation, chante « Zuniga » de CARMEN le 29 décembre 1907.

GUILLEMIN. — Au cours d'un Gala, le 1er avril 1919, interprète le « Général Bugeaud » dans INTERMEDE.

GUYARD, Charles. — Débute le 1er octobre 1923 dans « Hawart » de SIGURD. Est affiché en 1923 dans FAUST (Wagner) ; en 1924, SAMSON (Philistin), PARSIFAL (Ecuyer), RIGOLETTO (Officier, puis Céprano en 1925), THAIS (Cénobite, puis Serviteur en 1926) ; en 1925, LE TRIOMPHE DE L'AMOUR (le Silence), ROMÉO (Frère Jean, puis le Duc en 1926 et Grégorio en 1930), FILLE DE ROLAND (un Garde), BORIS (Tchernakowsky), MEGERE APPRIVOISEE (le Cuisinier) ; en 1926, PAILLASSE (Paysan), SALOMÉ (Nazaréen), GWENDOLINE (Saxon) ; en 1927, COQ D'OR (Prince Afron), LOHENGRIN (Héraut), LE MIRACLE (le Syndic) ; en 1929, LES TROYENS (Soldat), ENLEVEMENT AU SERAIL (Sélim), MAROUF (le Kadi, puis un Marchand en 1930), LE MAS (Moissonneur), GUILLAUME TELL (Chasseur) ; en 1930, LES HUGUENOTS (Veilleur), BARBIER DE SEVILLE (l'Alcade). A créé ESCLARMONDE (Envoyé sarrazin), NERTO (Moine), L'ARLEQUIN (Ministre de la Justice), CHEVALIER A LA ROSE (Notaire), LES BURGRAVES (Gondicarius), MAROUF (Mameluck), SALAMINE (Dignitaire de la Cour), VIRGINIE (un Rapin, l'Huissier).

GYRAUD. — Est affiché dans « un Chevalier » de PARSIFAL en 1928.

HAAS, Julien. — En 1960, débute le 12 mars dans « Rigoletto », puis chante TRAVIATA (d'Orbel), CARMEN (Escamillo), TOSCA (Scarpia). En 1961, chante «Chorèbe» dans LES TROYENS

HACKETT, Charles. — Débute en créant « Ricardo » dans MARIA DI ROHAN en 1917. En 1922, chante « le Duc » de RIGOLETTO et « Roméo ».

RIGOLETTO « duo » avec BARRIENTOS et « quatuor » (COL. D 61397 et 7180 M).

HAGEMANN ,Emmi. — En représentation, débute le 17 septembre 1941 dans « le Prince d'Orlowsky » de LA CHAUVE-SOURIS.

HALLER, Valentin. — En représentation débute le 25 mai 1928 dans « le Domestique » du CHEVALIER A LA ROSE, et chante « Alfred » dans LA CHAUVE-SOURIS en 1941.

HANS. — Débute le 25 juillet 1898 dans « Rhadamès » de AIDA.

HANZ, G. — En représentation, débute le 30 mai 1925 dans « Kurwenal » de TRISTAN.

HARO, Roch. — Est affiché dans THAIS (Cénobite, 1931), CHEVALIER A LA ROSE (Laquais de Lercheneau, 1931), HUGUENOTS (Soldat, 1936), CASTOR ET POLLUX (Spartiate, 1940), LE DRAC (Pêcheur, 1942).

HARTIG, Hans-Georg. — En représentation, débute le 30 mai 1949 dans « Valzacchi » du CHEVALIER A LA ROSE.

HAYET. — A débuté salle Le Peletier le 8 janvier 1861 dans « Guillaume » du PHILTRE. Au Palais Garnier, a été affiché dans LA JUIVE (Homme du peuple), HUGUENOTS (Cossé), FAVORITE (Gaspard), HAMLET (Fossoyeur), ROBERT LE DIABLE (Majordome), FREISCHUTZ (Ottokar), AFRICAINE (Matelot), PROPHETE (Seigneur).

HAZARD, — Est affiché dans THAIS (Cénobite, 1923), PARSIFAL (Chevalier, 1924).

HECTOR, Claude. — Débute dans « Faust » le 26 avril 1954. La même année, chante LES INDES GALANTES (Valère), FLUTE ENCHANTEE (Prêtre) ; en 1955, « Lohengrin », BOLIVAR (le Visitador, Dominguez). A créé « Morandre » dans NUMANCE.

HELIN. — Est affiché dans ROBERT LE DIABLE (Chevalier, 1876), REINE DE CHYPRE (Cypriote, 1877), COMTE ORY (Chevalier, 1880), LA JUIVE (Homme du peuple, 1883), AFRICAINE (Officier, 1883), SAPHO (Héraut, 1884).

HELVOIRT-PEL, Richard von. — En 1928, avec la troupe de l'Opéra de La Haye, chante « Pizzaro » dans FIDELIO et « Kurwenal » dans TRISTAN.

HERENT, René. — Débute le 17 février 1934 dans « Torquemada » de L'HEURE ESPAGNOLE.

HERMANN, Josef. — En représentation, débute le 23 mai 1952 dans « Iokanaan » de SALOME.

HERWIG, Alfons. — En représentation, débute dans « Gunther » du CREPUSCULE le 5 mai 1958.

HEYER, Edwin. — Avec la troupe du Deutsches Opernhaus de Berlin, interprète successivement le « Docteur Falke » et le « Docteur Blind » dans LA CHAUVE-SOURIS en 1941.

HIAUX, — Est affiché en 1942 dans « un Saxon » de GWENDOLINE.

HINCKLEY, Allen. — En représentation, débute dans « Kurwenal » de TRISTAN le 19 juin 1910.

HIRRIGARAY, Jean. — Débute le 14 février 1934 dans « d'Orbel » de LA TRAVIATA.

HOFMANN, Ludwig. — En représentation, débute dans « Pogner » des MAITRES CHANTEURS le 14 mai 1936.

HOLLAND, Charles. — En représentation, débute le 22 décembre 1954 dans « Monostatos » de LA FLUTE ENCHANTEE.

HOLZLIN, Heinrich. — En représentation, débute le 13 mai 1941 dans « Hounding » de LA WALKYRIE.

HONTARREDE, Théophile. — Est affiché dans LE MARCHAND DE VENISE (un Masque, 1935), THAIS (Cénobite, 1935), GWENDOLINE (Danois, 1942), LE DRAC (Pêcheur, 1942), PENELOPE (Prétendant, 1943, Pisandre, 1947), MAITRES CHANTEURS (Apprenti, 1948).

HOTTER, Hans. — En représentation, débute le 27 décembre 1938 dans « Wotan » de SIEGFRIED. En 1955, chante « Wotan » de l'OR DU RHIN et de LA WALKYRIE, en 1960, « le Hollandais » du VAISSEAU FANTOME.

2e acte intergral de la WALKYRIE (GRAM. DB 3719/28).

HOURDIN. — Débute dans « Marcel » des HUGUENOTS le 22 août 1884. Chante, en 1884, L'AFRICAINE (don Pédro, puis le Grand Inquisiteur en 1886), GUILLAUME TELL (Walther), AIDA (Ramfis), FAVORITE (Balthazar), HAMLET (le Roi) ; en 1885, RIGOLETTO (Monterone) ; en 1886, HENRY VIII (le Légat).

HUBERDEAU. — Débute le 30 mars 1925 dans « Ramphis » de AIDA.

HUBERTY, Albert. — Débute le 5 novembre 1916 dans « Capulet » de ROMÉO. Chante, en 1916, GUILLAUME TELL (Walther), SAMSON (Vieillard hébreu), PATRIE (Rincon), FAUST (Méphistophélès) ; en 1917, LE CID (don Gormas), «l'Etranger», AIDA (Ramphis), MESSIDOR (Gaspard), HAMLET (le Roi), FAVORITE (Balthazar) ; en 1918, REBECCA (Eliezar), MONNA VANNA (Guido, puis Marco en 1929), ROMÉO (Frère Laurent), RIGOLETTO (Sparafucile), OTHELLO (Ludovic) ; en 1920, LES HUGUENOTS (Marcel) ; en 1921, LA WALKYRIE (Hounding, puis Wotan en 1925), OR DU RHIN (Fafner) ; en 1922, HERODIADE (Phanuel), BORIS (Pimen, puis Boris en 1925 et Varlaam en 1929), LOHENGRIN (le Roi) ; en 1923, MAITRES CHANTEURS (Pogner, puis Hans Sachs en 1932), LE TROUVÈRE (Fernand) ; en 1924, PARSIFAL (Klingsor) ; en 1925, SIGURD (Hagen) TANNHAUSER (Landgrave) ; en 1926, FREISCHUTZ (Gaspard) ; en 1927, COQ D'OR (Roi Dodon), LE MIRACLE (l'Evêque) ; en 1929, SIEGFRIED (Wotan) ; en 1930, TRISTAN (Roi Marke) ; en 1931, ESCLARMONDE (l'Empereur) ; en 1933, LA JUIVE (Brogni), LE CREPUSCULE (Hagen), BARBIER DE SEVILLE (Bartholo) ; en 1935, LUCIE (Raymond) ; en 1940, LA DAMNATION (Brander), FIDELIO (Rocco). Est le créateur de INTERMEDE (Alexandre Dumas père), LEGENDE DE SAINT CHRISTOPHE (l'Historien), HEURE ESPAGNOLE (don Inigo), MEGERE APPRIVOISEE (Baptista), « Falstaff », FLUTE ENCHANTÉE (Zarastro), KHOVANTCHINA (Ivan), JARDIN DU PARADIS (Vent du nord), ESCLARMONDE (Roi Cléonor), LA NAVARRAISE (Garrido), L'ARLEQUIN (le Roi), CHEVALIER A LA ROSE (Baron Ochs), MAROUF (le Vizir). LE MAS (le grand-Père), VIRGINIE (le Comte), ILLUSTRE FREGONA (El Sevillano), DUCHESSE DE PADOUE (Moranzone), ROLANDE (Pescalou), LA SAMARITAINE (le Prêtre), LA CHARTREUSE DE PARME (le Général Fabio Conti).

BORIS « Carillon » (PAT. X 7161) « Chant de Warlaam » (PAT. X 0677) — CHEVALIER A LA ROSE « Je suis mort » Final du 2 avec ALMONA (PAT. PDT 83) — DAMNATION « Voici les Roses » (POLY. 521894) — FAUST « Veau d'or », « Sérénade » (POLY. 521895) — FLUTE ENCHANTE « air de Zarasto » (Sap. PATHE 200707) — HERODIADE « Astres étincelants » (Sap. PATHE 201120) — HUGUENOTS « Pif. Paf. » (Sap. PATHE 201208) « Choral de Luther » (COL. 54002) — MONNA-VANNA « air de Guido » (COL. 54001) — PATRIE « Pauvre Martyr » (POL. 521894).

HUC - SANTANA. — Débute dans « Sparafucile » de RIGOLETTO le 27 novembre 1943. Chante SAMSON (Vieillard hébreu) en 1944 ; AIDA (Ramfis), ROMÉO (Frère Laurent) en 1945 ; ANTAR (vieux Berger), JOSEPH (Lévi) DON JUAN (Commandeur) en 1946 ; HERODIADE (Phanuel), LUCIE (Raymond), FAUST (Méphisto) en 1947 ; LA WALKYRIE (Hounding), « Boris » en 1948 ; LE MARCHAND DE VENISE (Prince du Maroc) en 1949 ; LA DAMNATION (Méphistophélès) en 1950 ; ARIANE ET BARBE-BLEUE (Barbebleue), INDES GALANTES (Osman), L'AIGLON (Séraphin Flambeau) en 1952.

FAUST « Veau d'or et Sérénade » (PAT. PD 135).

HUGUENET, Félix. — Au cours d'un Gala, le 1er avril 1919, interprète « Balandard » dans MONSIEUR CHOUFLEURI RESTERA CHEZ LUI LE...

HURTEAU, Jean-Pierre. — Débute le 31 mars 1958 dans « un Homme armé » de LA FLUTE ENCHANTÉE. Est affiché la même année dans DIALOGUES DES CARMÉLITES (Commissaire), LA DAMNATION (Brander), FAUST (Wagner, puis Mephistophélès en 1961), TRAVIATA (Baron, puis Docteur Germont), SALOMÉ (Soldat), RIGOLETTO (Marcello, puis Ceprano en 1959 et Sparafucile en 1960), BORIS (l'Exempt), TOSCA (Sciarrone, puis Angelotti en 1962) ; en 1959, BAL MASQUÉ (Comte Ribbing), DON JUAN (Commandeur) ; en 1960, FIDELIO (Prisonnier), SAMSON (Philistin, puis Abimélech) ; en 1962, LE CREPUSCULE (un Guerrier). — A créé « le Chef des Gardes » dans MÉDÉE.

TOSCA « intégrale » Mic. (VEGA 18-297/8).

HUYLBROCK, Marcel. — Débute dans « Carlos » des INDES GALANTES le 27 novembre 1954. Chante « Faust » (1955), CARMEN (don José, 1959), TOSCA (Cavaradossi, 1960), LES TROYENS (Enée, 1962).

FAUST « Cavatine et duo du 1 » avec VAILLANT Mic. (DECCA 173666 et 500010).

IBOS, Guillaume. — Débute le 21 septembre 1885 dans « Fernand » de LA FAVORITE. Chante RIGOLETTO (le Duc, 1885), DON JUAN (Ottavio, 1887), HENRY VIII (don Gomez, 1888), L'AFRICAINE (Vasco, 1892), HUGUENOTS (Raoul, 1892), « Roméo » (1901). A créé « le Duc d'Anjou » dans LA DAME DE MONSOREAU.

A signaler un précieux disque « TRESOR DU CHANT FRANÇAIS » comportant un autographe vocal enregistré en 1948 suivi d'un repiquage des Stances d'Ossian de Werther enregistré en 1908.

IDRAC. — Débute dans « le Veilleur » des HUGUENOTS le 30 juin 1890. La même année est affichée dans LA FAVORITE (Seigneur), SIGURD (Hawart), ROMÉO (Benvolio), AFRICAINE (Officier, puis Huissier en 1891 et Indien en 1893) ; puis PATRIE ! (Miguel), LE CID (don Arias), LA JUIVE (Homme du peuple), ROBERT LE DIABLE (Chevalier), PROPHÈTE (Seigneur) en 1891 et SAMSON (Philistin) en 1894. A créé LOHENGRIN (Vassal), THAMARA (Officier), SALAMMBO (Pontife), THAIS (Cénobite), MONTAGNE NOIRE (Chef), FREDEGONDE (Clerc).

ISEKE, John. — En février 1926, avec la troupe de l'Opéra de La Haye, chante FIDELIO (don Fernando), BEATRICE (Edgard) et TRISTAN (le Pilote).

ISNARDON, Jacques. — Débute le 15 août 1892 dans « Méphistophélès » de FAUST.

IVANTZOFF. — En représentation, débute le 20 avril 1921 dans «Rigoletto».

JANSEN, Jacques. — Débute le 18 juin 1952 dans « Ali » des INDES GALANTES.

JANSSEN, Herbert. — En représentation, débute le 16 juin 1931 dans « Gunther » du CREPUSCULE DES DIEUX. Chante TANNHAUSER (Wolfram, 1931), TRISTAN (Kurwenal, 1932) MAITRES CHANTEURS (Kothner, 1934).

CREPUSCULE « Scène Hagen » (COL. 69047/8 D) — MAITRES CHANTEURS « acte 2 » (COL. 71819/20 D - 72518 D) — TANNHAUSER « intégrale Bayreuth 1930 (COL. OP 24 - LFX 112 à 129) « Romance de l'Etoile » (COL. 71697 D) — TRISTAN « acte 3 » avec L. MELCHIOR (COL. USA 550).

JARRY, — Est affiché dans CASTOR ET POLLUX (Spartiate), CHEVALIER A LA ROSE (Laquais de Lercheneau), PARSIFAL (Chevalier) en 1935 ; THAIS (Cénobite) en 1936 ; LE DRAC (Pêcheur) en 1942.

JAUME. — Débute le 14 juillet 1906 dans « Arnold » de GUILLAUME TELL.

JEANTET, Robert. — Débute le 14 juillet 1949 en chantant « la Marseillaise » au cours de la matinée gratuite. Chante ensuite LE MARCHAND DE VENISE (Bassanio, 1949), ROMÉO (Mercutio, 1952).

JEHANNE, — Est affiché dans LA NAISSANCE DE LA LYRE (Satyre) THAIS (Cénobite) en 1925 ; PARSIFAL (Chevalier, 1935), HUGUENOTS (Seigneur, Soldat, 1936), GWENDOLINE (Danois, 1942), HERODIADE (Messager, 1945).

JERGER, Alfred. — En mai 1928, avec la troupe de l'Opéra de Vienne, chante FIDELIO (don Pizzaro), NOCES DE FIGARO (Figaro), TOSCA (Scarpia) et TRISTAN (Kurwenal).

JEROME, Henri. — Débute dans « Faust » le 15 octobre 1888. En 1889, chante LA JUIVE (Léopold), RIGOLETTO (le Duc), HAMLET (Laerte) ; en 1890, ROBERT LE DIABLE (Raimbaut). Crée « Norestan » dans ZAIRE.

RIGOLETTO « Airs » (FONOTIPIA 39280 - 39281).

JOBIN, Raoul. — Débute dans « Tybalt » de ROMÉO le 3 juillet 1930. En 1930, chante MAROUF (Marchand, puis le Fellah, puis en 1949, Marouf), RIGOLETTO (Borsa, puis le Duc), THAIS (Nicias), SAMSON (Messager, puis, en 1950, Samson), HUGUENOTS (de Tavannes, puis Raoul en 1936), CHEVALIER A LA ROSE (Chanteur), MAITRES CHANTEURS (Moser, puis Walther en 1952), SALOMÉ (premier Juif), TROYENS (Jopas) ; en 1931, PARSIFAL (Ecuyer), TRISTAN (Matelot), PADMAVATI (Badal), NOCTURNE (Récitant), OTHELLO (Cassio) ; en 1935, « Faust », « Roméo » ; en 1937, MONNA VANNA (Prinzevalle), ARIANE (Thésée), « Lohengrin » ; en 1951, AIDA (Rhadamès) ; en 1952, LA DAMNATION (Faust), LES INDES GALANTES (Damon). Crée VIRGINIE (un Rapin), ILLUSTRE FREGONA (Perriquito), GUERCŒUR (Ombre d'un Poète), CHARTREUSE DE PARME (Fabrice).

DAMNATION « Nature immense » (COL. 72138 D) « extraits » Mic. (DECCA LXT 5034) — LOHENGRIN « Récit du Graal » (COL. LFX 844) — ROMEO « Ah ! lève-toi Soleil » (COL. 72140 D) « ouvrage complet » Mic. (DECCA LXT 2890/92) « extraits » Mic. (DECCA LXT 5021).

JOLIVET. — Débute salle Le Peletier le 18 janvier 1867 dans « Moreno » de LA MUETTE DE PORTICI. Est affiché dans GUILLAUME TELL (Paysan, 1867), HUGUENOTS (Moine, 1868, de Retz, 1874, Veilleur, 1877, Cossé, 1879, Soldat, 1884), LA JUIVE (Héraut, 1871), PROPHÈTE (Paysan, 1873), AFRICAINE (Evêque, 1873), ROBERT LE DIABLE (Chevalier, 1876), COMTE ORY (Chevalier, 1880).

JOUATTE, Georges. — Débute le 3 juillet 1935 dans « Faust » de LA DAMNATION. Chante, en 1935, « Faust », FLUTE ENCHANTÉE (Tamino), CASTOR ET POLLUX (Castor) ; en 1936, CHEVALIER A LA ROSE (Chanteur), ALCESTE (Admète) ; en 1937, FIDELIO (Florestan) ; en 1938, DON JUAN (Ottavio). SALAMMBO (Shahabarim), « Lohengrin », PRISE DE TROIE (Enée) ;

en 1941, GWENDOLINE (Arnal). Crée « Erik » du VAISSEAU FANTOME et « Ulysse » de PÉNÉLOPE.

DAMNATION « Nature immense » (ODE. 123783) « ouvrage complet » (COL. LFX 614/628) — Rééd. Micros. (COL. FHX 5003/5) — DON JUAN « air d'Ottavio » (ODE. 123783) — REQUIEM de Berlioz Mic. (COL. FHX 5001/2).

JOUKOVITCH. — En représentation, crée « l'Océan » dans SADKO.

JOURDAIN, M. — Débute dans « Vasco » de l'AFRICAINE le 23 décembre 1880. En 1881 chante « Faust », HAMLET (Laerte), TRIBUT DE ZAMORA (Manoel), ROBERT LE DIABLE (Robert).

JOURNET, Marcel. — Débute le 2 octobre 1908 dans « le Roi » de LOHENGRIN. Chante, en 1909, FAUST (Méphistophélès), WALKYRIE (Hounding, puis Wotan en 1910), HAMLET (le Roi) ROMÉO (Frère Laurent), HENRY VIII (le Légat), HUGUENOTS (Marcel), TANNHAUSER (Landgrave) ; en 1910, RIGOLETTO (Sparafucile), AIDA (Ramfis), SIGURD (Hagen), GUILLAUME TELL (Walther, puis Guillaume en 1929) ; en 1911, MAITRES CHANTEURS (Pogner, puis Hans Sachs en 1927) ; en 1912, LE PROPHÈTE (Zaccharie) ; en 1913, LA DAMNATION (Méphistophélès) ; en 1914, SAMSON (Vieillard hébreu, puis Grand Prêtre en 1919), THAIS (Athanael), PARSIFAL (Gurnemanz) ; en 1919, PATRIE ! (de Rysoor), LE CID (don Diègue) ; en 1920, MONNA VANNA (Guido). PAILLASSE (Tonio) ; en 1921, ASCANIO (Benvenuto) ; en 1922, OR DU RHIN (Wotan) ; en 1926, MANON (le Comte) ; en 1928, SIEGFRIED (Wotan), LE CREPUSCULE (Hagen). A créé OR DU RHIN (Fafner), ROMA (Souverain pontife), PARSIFAL (Klingsor), HERODIADE (Phanuel), KHOVANTCHINA (Docithée), TOUR DE FEU (don Jacintho), MAROUF (Sultan), TENTATION DE SAINT ANTOINE (Antoine).

ASCANIO « Enfants je ne vous en veux pas » (GRAM. DA 481 et MASTER'S VOICE 7.32072) — DAMNATION « Airs » (VICTOR 62052 - 64053 - 64054) - (GRAM. DA 759 - P 349) — FAUST « duo du 1 » avec DALMORES (VICTOR 85115) « duo du 1 » avec CARUSO (GRAM. DK 106) « Veau d'or » (VICTOR 64036) - (GRAM. 32001 - GRAM. DA 167) « Sérénade » (GRAM. DB 308) - (VICTOR 74036) « A votre Santé » avec AMATO (GRAM. DK 101) « Me voici » avec ANSSEAU (GRAM. DB 1364) « Elle ouvre sa fenêtre » avec CARUSO et FARRAR (GRAM DK 106) 34003/4 « quatuor » av. CARUSO, FARRAR et GILIBERT (GRAM. 2.34003/4 - DM 102

et VICTROLA 95205) « Invocation » (GRAM. DA 167) - (VICTOR 64119) « trio du duel » avec HOOSE ET GOGORSA (VICTOR 74004) avec CARUSO et SCOTTI (GRAM. DO 100 et 2.34001) « L'Eglise » av. FARRAR (GRAM. DK 109 et MONARCH 2.034008/9) « Walpurgis » (VICTOR 74003) « trio final » avec CARUSO et FARRAR (GRAM. DK 106) - (VICTOR 16-5003) avec F. HELDY et ANSSEAU (GRAM. DB 1609) ouvrage complet : (GRAM. C 2122/41 et VICTOR 105) — GUILLAUME TELL « duo » avec MARTINELLI (GRAM. 2.054068 et DK 120) — HAMLET « duo » avec Fanny HELDY (GRAM. DB 1609) — LES HUGUENOTS « Pif, Paf. » (GRAM. DB 307 et VICTOR 15-1003) — LOHENGRIN « air du Roi » (VICTOR 64013) - (GRAM. W 119) — MAITRES CHANTEURS « Rêverie de Sachs » (GRAM. DA 951) « quintette » (VICTOR 95201) — MONNA-VANNA « Dis-le vite Vanna » (GRAM. DA 481 et MASTER'S VOICE 7.32074) — ROMEO « Dieu qui fit l'homme... » (GRAM. W 333) — SAMSON « air du Vieillard et Trio » (GRAM. DM 126 et VICTOR 16-5003) - TANNHAUSER « O du mein holder » (VICTOR 42130 et 74006) — THAIS « La Paix soit avec vous » (GRAM. DB 1196) « air d'Alexandrie » (GRAM. DB 1169) « duo de l'Oasis » avec F. HELDY (GRAM. DA 940) Rééd. Mic. Récital F. HELDY (V.d.s.M. (PATHE MARCONI FALP 627) — WALKYRIE « Adieux de Wotan » (GRAM. 032160 - DA 477 - DB 1156/7 et W 145), a également enregistré sur Saphir PATHE. Citons ROMEO « intégrale en 27 disques » (1501/1527).

JUDA, Léon. — Est affiché dans THAIS (Cénobite, 1924), PARSIFAL (Chevalier, 1928), HUGUENOTS (Moine, 1930, Soldat, 1936).

KAIDANOV. — En représentation, crée « Bédiaj » dans KITEGE.

KAISIN, Franz. — Débute au cours d'un Gala, le 10 novembre 1927, dans « des Grieux » de MANON. En 1928, chante RIGOLETTO (le Duc), «Faust», « Roméo » ; en 1929, PAILLASSE (Canio), BORIS (Dimitri) ; en 1930, TOUR DE FEU (Yves), TRAVIATA (Rodolphe), HERODIADE (Jean) ; en 1931, AIDA (Rhadamès).

FAUST « Salut ô mon dernier matin » (POLY. 516589).

KAKTINS, Adolf. — En représentation, débute le 19 avril 1925 dans « Amonasro » de AIDA.

KALMANN, Karl. — En représentatoin, débute dans « de Faninal » du CHEVALIER A LA ROSE le 17 septembre 1949.

KANDL, Edouard. — En représentation, débute le 17 septembre 1941 dans « Frosch » de LA CHAUVE-SOURIS.

KARDEC. — En 1914, débute le 23 février dans « le Vieillard hébreu » de SAMSON, et chante « Sparafucile » dans RIGOLETTO.

KASTORSKY. — Avec la troupe de l'Opéra Impérial de Moscou, crée « Pimen » dans BORIS.

KEDROW. — Avec la troupe de l'Opéra Impérial de Moscou crée « l'Exempt » dans BORIS.

KEN NEATE. — Débute dans « Roméo » le 6 octobre 1956.

KIEPURA, Jean. — En représentation, débute le 12 mai 1928 dans « Cavaradossi » de TOSCA. En 1939, chante « le Duc » de RIGOLETTO.

RIGOLETTO « donna a mobile » (FONO 172.146) - « Questa o quella » (FONO 120.030) — TOSCA « O de beautés égales » « Le ciel luisant d'Etoiles » (COL. 17310 D et FONOTIPIA 120.041).

KIPNIS, Alexander. — En représentation, débute le 20 mai 1930 dans « le Roi Marke » de TRISTAN. Chante FAUST (Méphistophélès, 1930), WALKYRIE (Hounding, 1930), PARSIFAL (Gurnemanz, 1933), MAITRES CHANTEURS (Pogner, 1934).

FAUST « Veau d'or et Sérénade » (COL. 5044) — MAITRES CHANTEURS « Récit de Pogner » (VICTOR 7894) — PARSIFAL « Scène » avec Fritz WOLFF (COL. 67370/71 et L. 2013/14).

KIRSCHOFF, Walter. — En représentation, débute dans « Tannhauser » le 17 mars 1930.

KLEIN, Peter. — En mai 1953, avec la troupe de l'Opéra de Vienne, interprète « un jeune Serviteur » dans ELEKTRA et « Monostatos » dans LA FLUTE ENCHANTÉE.

LA FLUTE « intégrale » Mic. (COL. FCX 150/152).

KOCH, Egmont. — En représentation, débute dans « Hounding » de LA WALKYRIE le 18 mai 1943.

KONDRATIEFF. — En représentation, débute le 23 mars 1926 dans « Pimen » de BORIS. Crée « Bouronday » dans KITEGE.

KONYA, Sandor. — En représentation, débute dans « Lohengrin » le 17 avril 1959.

KOROSEC, Ladko. — Avec la troupe de l'Opéra de Ljubljana, crée « le Roi de Trèfle » dans L'AMOUR DES TROIS ORANGES.

AMOUR DES 3 ORANGES intégrale, (PHILIPS A 00331/32).

KOVAC, Zdravko. — Avec la troupe de l'Opéra de Ljubljana, crée « Tschélio » dans L'AMOUR DES TROIS ORANGES.

AMOUR DES 3 ORANGES « intégral » (PHILIPPS A. 00331/32).

KRAVTCHENKO. — Avec la troupe de l'Opéra Impérial de Moscou, crée « Missaïl » dans BORIS.

KRENN, Fritz. — En représentation, débute le 14 mai 1936 dans « Kothner » des MAITRES CHANTEURS.

KRIFF, Edouard. — Débute dans « Samson » le 9 septembre 1938. Chante AIDA (Rhadamès, 1939), LA DAMNATION (Faust, 1939), ROI D'YS (Mylio, 1949), BORIS (Dimitri, 1956), ROMÉO (Tybalt, 1957), DIALOGUES DES CARMÉLITES (le Chevalier, 1958). Crée « Hippias » dans LES NOCES CORINTHIENNES.

KUBBINGA. — En février 1926, avec la troupe de l'Opéra de La Haye, chante FIDELIO (Rocco), BEATRICE (le Jardinier) et TRISTAN (le Roi Marke).

KUEN, Paul. — En mai 1955, en représentation, chante « Mime » dans L'OR DU RHIN et SIEGFRIED.

KUNZ, Erich. — Avec la troupe de l'Opéra de Vienne, interprète « Papagéno » dans LA FLUTE ENCHANTÉE en mai 1953.

FLUTE ENCHANTEE « intégral » (COL. FCX 150/152).

LABERE. — Débute dans « Moser » des MAITRES CHANTEURS le 10 octobres 1898, et crée « un Chevalier » dans LANCELOT.

LABO, Flaviano. — En représentation, débute le 11 décembre 1959 dans « Rhadamès » de AIDA.

LACAZE. — Est affiché dans THAIS (Cénobite, 1923), PARSIFAL (Chevalier, 1924).

LACOME. — Débute dans « un Paysan » du PROPHÈTE le 6 mars 1892. Est affiché dans LE PROPHÈTE (Garçon d'auberge, 1892, Officier, 1903), HUGUENOTS (Léonard, 1892, Maurevert, 1893, Moine, 1904), LA JUIVE (Homme du peuple, 1893), LE CID (don Alphonso, 1893, Envoyé maure, 1913), SALAMMBO (Pontife, 1893, Grand Prêtre d'Eschoum, puis Autharite, 1894), HAMLET (Fossoyeur, 1893, Polonius, 1915), SAMSON (Philistin), LOHENGRIN (Vassal), ROBERT LE DIABLE (Chevalier), AFRICAINE (Huissier) en 1893 ; SIGURD (Rudiger),

THAIS (Serviteur) ; en 1894, FAUST (Wagner, 1895), MAITRES CHAN-TEURS (Nachtigall, 1897), GUILLAU-ME TELL (Pasteur, 1899, Leuthold, 1901), PATRIE ! (Galena, 1900, Officier, 1915) ; RIGOLETTO (Officier), FILLE DU FAR-WEST (Larkens), ETRANGER (vieux Pêcheur) en 1916. A créé GWENDOLINE (Danois), THAIS (Cénobite), FREDEGONDE (Serviteur), JOSEPH (Aser), LANCE-LOT (Serviteur), ETRANGER (vieux Marin), LES GIRONDINS (Abbé Prochet), LE ROI ARTHUS (premier Soldat), MARIA DI ROHAN (un Familier).

LAFARGE, Emmanuel. — En 1896, débute le 31 juillet dans « Siegmound » de LA WALKYRIE, puis chante « Samson ».

LAFAYE. — Débute le 6 décembre 1895 dans « Hawart » de SIGURD. En 1896, est affiché dans LA FAVORITE (Seigneur), LOHENGRIN (Vassal) ; en 1897 dans LES HUGUENOTS (Léonard) A créé « un Clerc » dans FREDEGON-DE.

LAFFAGE, Jean-Pierre. — Débute le 26 janvier 1958 dans « Valentin » de FAUST. Chante DIALOGUES DES CARMÉLITES (le Geôlier, 1958), IN-DES GALANTES (don Alvar, 1959), CHE-VALIER (de Faninal, 1962).

LAFFITE. — Débute le 1er octobre 1875 dans « le Crieur » de LA JUIVE. Est affiché dans GUILLAUME TELL (Chasseur, 1875, Melchtal, 1888, Paysan, 1891), FREISCHUTZ (l'Ermite, 1876), PROPHÈTE (Paysan, 1876, Officier, 1877, Garçon d'auberge, 1887), ROBERT LE DIABLE (Chevalier, 1876) REINE DE CHYPRE (Officier, 1877), HUGUENOTS (Méru, 1877, de Retz, 1878, Cossé, 1881, Veilleur, 1893), AFRI-CAINE (Officier, 1877, Evêque, 1888), HAMLET (Fossoyeur, 1878), JUIVE (Homme du peuple, 1880), MUETTE DE PORTICI (Moréno, 1880), COMTE ORY (Chevalier, 1880), HENRY VIII (de Surrey, 1899). A créé « Galéna » dans PATRIE !

LAFFITTE, Léon. — Débute le 10 octobre 1898 dans « David » des MAI-TRES CHANTEURS. Chante, en 1899, « Faust », GUILLAUME TELL (Ruodi), DON JUAN (Ottavio), BRISEIS (Hylas), HAMLET (Laerte) ; PATRIE ! (La Trémouille, 1900, Kerloo, 1915), THAIS (Nicias, 1901), AFRICAINE (don Alvar, 1902), SALAMMBO (Shahabarim, 1902, Matho, 1919), ROMÉO (Tybalt, 1902, Roméo, 1916), OTHELLO (Cassio, 1903), HUGUENOTS (Raoul, 1904) ; en 1915, RIGOLETTO (le Duc), AIDA (Rhadamès), LE CID (Rodrigue), « Samson » ; en 1916, LE MIRACLE (Me Loys), LES BARBARES (Marcomir), IPHIGENIE (Pylade) ; en 1917, LA FAVORITE (Fernand), MESSIDOR

(Guillaume), PROMETHEE (Andros), HENRY VIII (don Gomez), ROMA (Lentulus) ; en 1918, CASTOR ET POLLUX (Castor) ; en 1919, LA DAMNATION (Faust) ; en 1920, PAILLASSE (Canio) ; en 1921, L'OR DU RHIN (Loge) ; en 1924, « Lohengrin », « Parsifal », LE JARDIN DU PARADIS (Assur). Est le créateur de LANCELOT (Kiddio), ASTARTE (Hylas), SIEGFRIED (Mime), ORSOLA (Toratti), PAILLASSE (Beppe), LA STATUE (Mouck), ETRANGER (André), ENLEVEMENT AU SERAIL (Pédrille), EUGENE ONEGUINE (Zensky) MARCHE HEROIQUE, CHANT DE LA CLOCHE (Wilhelm), OURAGAN (Landry), LES AMANTS DE RIMINI (Paolo), ROMAN D'ESTELLE (David), LES GIRONDINS (Jean Ducos), GRAZIEL-LA (le Poète), GOYESCAS (Fernando) NERON (Néron).

FAUST « Cavatine » (ZONOPHONE 2175) « duo » avec BAER (ZONOPONE 2186) — FAVORITE « Un ange... » (GRAM. 32100) — HUGUENOTS « Plus blanche... » (ZONO. 2177) — PAILLASSE « Sérénade » (ZONO. 12270) — RIGOLETTO « Plume au vent » (ZONO 12239) — ROMÉO « Cavatine » (ZONO. 12238).

LAFON, André. — Est affiché dans LA NAISSANCE DE LA LYRE (Satyre, 1925), COQ D'OR (Boyard, 1927), PAR-SIFAL (Chevalier, 1928), CASTOR ET POLLUX (Spartiate, 1930), THAIS (Cénobite, 1934), HUGUENOTS (Seigneur, 1936), AIGLON (Pierrot, 1937).

LAFONT, Julien. — En représentation, chante « Scarpia » dans TOSCA le 24 novembre 1925.

LAFUENTE, Pedro de. — En 1925, et en représentation, débute dans « Rhadamès » de AIDA le 29 avril, et chante « Cavaradossi » de TOSCA.

LAGARDE, Fernand. — Débute le 31 mai 1943 dans « Valentin » de FAUST.

LAIGNEZ, Roland. — Débute le 19 août 1951 dans « Knett » de KERKEB.

LAMANDER, Robert. — Débute le 5 novembre 1956 dans « Pâris » de RO-MÉO. En 1958, chante SALOMÉ (Esclave), BORIS (Tchernakowsky) ; en 1959, FLUTE ENCHANTÉE (Monostatos), BAL MASQUÉ (un Juge).

LAMARCHE. — Débute dans « Robert » de ROBERT LE DIABLE le 30 décembre 1881, et chante « Faust » en 1882.

LAMBERT. — Débute le 2 août 1880 dans « Wagner » de FAUST. Est affiché en 1880, dans LA JUIVE (Albert), GUILLAUME TELL (Leuthold), COM-TE ORY (Chevalier), HAMLET (Fossoyeur, puis Horatio en 1888) ; HUGUE-NOTS (Maurevert, 1881, Thoré 1886,

Moine, 1892), AFRICAINE (don Diego, 1881, Evêque, 1883), PROPHETE (Paysan, 1881), ROBERT LE DIABLE (Chevalier, 1881, Alberti, 1886), DON JUAN (Mazetto, 1881), HENRY VIII (de Norfolk, 1883), SAPHO (Cynèque, 1884), PATRIE (Rancon, 1887), RIGOLETTO (Marcello, 1888), LE CID (le Roi, 1889), ASCANIO (Mendiant, 1890), LE MAGE (Chef touranier, 1891). A créé TRIBUT DE ZAMORA (Soldat maure), FRANÇOISE DE RIMINI (Officier), HENRY VIII (Officier), TABARIN (Sergent), SIGURD (Rudiger), LE CID (Saint Jacques), DAME DE MONSOREAU (Livarot, un Prêtre), ROMÉO (Grégorio), ZAIRE (Chatillon), SALAMMBO (Pontife).

LANCE, Albert. — Débute dans « Faust » le 25 novembre 1956. Chante LE BAL MASQUÉ (Gustave III, 1958), TOSCA (Cavaradossi, 1958), INDES GALANTES (Carlos, 1959), CARMEN (don José, 1959). — Crée « Jason » dans MÉDÉE.

CARMEN « édition partielle » (PHILIPPS L 02053 L) Stéréo : (835057) — TOSCA « intégrale » (VEGA VAL 18 - 297/8) — RECITAL : (COL. FCX 678).

LANDRAL, Gaston. — Est affiché dans PARSIFAL (Chevalier), THAIS (Cénobite) en 1924 ; CHEVALIER A LA ROSE (Laquais de la Maréchale), COQ D'OR (Boyard) en 1927 ; MARCHAND DE VENISE (Serviteur), CASTOR ET POLLUX (Spartiate) en 1935; GWENDOLINE (Danois) en 1942 ; HERODIADE (Messager) en 1945.

LANG, Wilhem. — En représentation, débute le 23 mai 1952 dans le « premier Nazaréen » de SALOMÉ.

LANGDON, Michaël. — En représentation, débute le 26 janvier 1962 dans « le Baron Ochs » du CHEVALIER A LA ROSE.

LANTERI, Paul. — Débute dans « Rigoletto » le 25 août 1923. La même année, interprète SAMSON (Grand Prêtre), TROUVERE (de Luna) ; en 1924, HERODIADE (Hérode), FAUST (Valentin), THAIS (Athanael), LOHENGRIN (de Telramund) ; en 1925, AIDA (Amonasro) ; en 1926, PAILLASSE (Tonio), TRAVIATA (d'Orbel) et en 1928, ALCESTE (Grand Prêtre).

HERODIADE « Airs » (PATHE X 7171 et 7138) - PAILLASSE « Prologue » (PATHE X 7122) — SAMSON « Maudite à jamais... » (PATHE X 0709) — TRAVIATA « air de d'Orbel » (PATHE X 7216).

LAPEYRE, Edmond. — Débute le 25 mai 1935 dans « Phanuel » de HERODIADE.

LAPPAS, Ulysse — Débute le 19 avril 1920 dans « Canio » de PAILLASSE.

PAILLASSE « Air » (COL. D 1456).

LAROZE, André. — En 1952, débute dans « Mylio » du ROI D'YS le 8 mars, et chante « le Duc » de RIGOLETTO ; en 1955 paraît dans « Faust ».

LASKIN. — En 1913, débute le 11 juillet dans « le Roi » de LOHENGRIN puis chante HAMLET (le Spectre), LES HUGUENOTS (Saint Bris), SAMSON (Vieillard hébreu) et RIGOLETTO (Sparafucile).

LASSALLE, Jean — Débute salle Le Peletier le 9 juin 1872 dans « Guillaume Tell ». Au Palais Garnier, a été affiché dans ce rôle, ainsi que dans « Hamlet » (1875), JEANNE D'ARC (Charles VII, 1876), « don Juan » (1876), LA MUETTE DE PORTICI (Pietro, 1877), LA REINE DE CHYPRE (Jacques de Lusignan, 1877), AIDA (Amonasro, 1881), mais également dans LES HUGUENOTS (Nevers) et L'AFRICAINE (Nélusko) qu'il avait chanté salle Le Peletier.

LE ROI DE LAHORE « Promesse de mon avenir » R.S. (TRESOR DU CHANT AFG 3 A).

LASSALLE, Robert — Débute dans « le Duc » de RIGOLETTO le 5 mai 1911. Dans la même année, chante « Faust », THAIS (Nicias), SALOMÉ (Narraboth), HAMLET (Laerte) ; en 1912, LA DAMNATION (Faust), «Samson», «Roméo», LE COBZAR (Stan) GWENDOLINE (Armel) ; en 1913, LE SORTILEGE (Gall), « Lohengrin » ; en 1914, LE VIEIL AIGLE (Tolaïk).

LAURENT. — Débute le 8 mars 1875 dans « Ruodi » de GUILLAUME TELL. Est affiché dans LE PROPHETE (Jonas, 1876, Officier, 1898), AFRICAINE (don Alvar, 1877), LA JUIVE (Léopold, 1879 ,Homme du peuple, 1892), MUETTE DE PORTICI (Alphonse, 1879), HAMLET (Laerte, 1879, Marcellus, 1897), FREISCHUTZ (Max, 1880), « Faust » (1880), ROBERT LE DIABLE (Raimbaut, 1881, Prévôt du palais, 1892) LOHENGRIN (Vassal, 1890), ROMÉO (Tybalt, 1892, Pâris, 1894), SALAMMBO (Pontife, 1892), HUGUENOTS (de Tavannes, puis Boisrosé, 1892), RIGOLETTO (Borsa, 1892), SIGURD (Irnfrid, 1893, Haward, 1897), LE BOURGEOIS GENTILHOMME (Intermède, 1899). A créé LA VIERGE (Jean), SAMSON (Philistin), GWENDOLINE (Erik), THAIS (Cénobite), OTHELLO (Rodrigue), MONTAGNE NOIRE (Chef), MAITRES CHANTEURS (Zorn), JOSEPH (Zabulon).

LAVRETZKY, Nicolas. — En représentation, débute le 23 mars 1926 dans « Missaïl » de BORIS et chante « Sopiel » dans SADKO en 1927.

LAZARO, Hipolito — En représentation, en 1929, débute le 6 juin dans

« Rhadamès » de AIDA et chante « le Duc » de RIGOLETTO.

AIDA « Céleste Aïda » (COL. GQX 11066) — RIGOLETTO « Airs » (COL. D 5045).

LAZZARI, Virgilio. — En représentation, débute dans « Pistolet » de FALSTAFF le 4 juillet 1935, et chante « Léporello » de DON JUAN en 1936.

LEBRETON, Marcel. — Débute le 28 juillet 1948 dans « Polichinelle » de SALADE. Chante ensuite « Chouisky » de BORIS, puis, en 1949, THAIS (Nicias), MAROUF (Fellah), TRISTAN (Berger).

LE CLEZIO, Henri. — Débute le 3 octobre 1931 dans « Tybalt » de RO-MÉO. Est affiché dans, en 1931, OTHELLO (Cassio), THAIS (Nicias), ESCLARMONDE (Enéas), TROYENS (Jopas) ; en 1932, MAROUF (Marchand), MAITRES CHANTEURS (Zorn puis Vogelgesang), ILLUSTRE FREGONA (Perriquito), TRISTAN (Matelot), ALCESTE (Evandre), BORIS (Chouisky) ; en 1933, PARSIFAL (Ecuyer), OR DU RHIN (Froh), HAMLET (Laerte) ; en 1934, PERKAIN (Commissaire de la Convention), ETRANGER (André), SALOMÉ (premier Juif). A créé ELEK-TRA (Egisthe), JARDIN SUR L'O-RONTE (Marchand), VERCINGETO-RIX (Régulus), PERKAIN (Pierre d'Assance), PRINCESSE LOINTAINE (Joffroy Rudel), SEMIRAMIS (Astrologue), ROLANDE (l'Etranger), MARCHAND DE VENISE (Gratiano).

LE MARCHAND DE VENISE « quatuor » avec HELDY, MAHE, SINGHER (GRAM. DA 4872).

LECOCQ, Michel. — Débute le 8 décembre 1961 dans « Helenus » des TROYENS.

LECOMTE. — Avec la troue de l'Opéra de Monte-Carlo, crée « Wallace » dans LA FILLE DU FAR-WEST.

LEDNOFF. — Crée « l'Apparition », dans SADKO.

LEFEBVRE, — Est affiché dans THAIS (Cénobite, 1921), PARSI-FAL (Chevalier, 1924), COQ D'OR (Boyard, 1928), HUGUENOTS (Moine, 1930, Soldat, 1936), GWENDOLINE (Danois, 1942).

LEGAY, Henri. — Débute dans « Damon » des INDES GALANTES le 17 septembre 1952. Chante LA TRAVIATA (Rodolphe, 1952), INDES GALANTES (Tacmas, 1953, Valère, 1955), UN ENLEVEMENT AU SERAIL (Belmont, 1953), « Faust » (1961).

RECITAL : (COL. FCX 607).

LEGROS, Hippolyte-Fortuny. — Débute le 23 juillet 1921 dans «Hounding» de LA WALKYRIE. En 1921, chante encore SAMSON (Vieillard hébreu), HUGUENOTS (Marcel), GUILLAUME TELL (Walther), RIGOLETTO (Sparafucile) ; puis, en 1923, LE TROUVÈRE (Fernand), AIDA (Ramphis), LOHENGRIN (le Roi).

LEJEUNE. — Est affiché dans L'AFRICAINE (Officier) en 1877.

LEMENI, Nicolas. — Voir plus loin : « Rossi-Lemeni ».

LEMOAN, Jean. — Débute dans « Samson » le 23 décembre 1950.

LEQUIEN, M. — Débute le 27 janvier 1908 dans « Wagner » de FAUST. Est affiché dans GUILLAUME TELL (Melchtal), LOHENGRIN (le Roi), AIDA (le Roi), LE PROPHÈTE (Oberthal), HIPPOLYTE ET ARICIE (Pluton), RIGOLETTO (Sparafucile, puis Monterone), ROMÉO (Capulet) en 1908 ; SAMSON (Abimélech, puis Vieillard hébreu), MONNA VANNA (Marco), HENRY VIII (de Norfolk), HAMLET (le Spectre) en 1909 ; WALKYRIE (Hounding) en 1910. A créé SALOMÉ (un Soldat), SIBERIA (le Capitaine).

AIDA « Sextuor » (ODE. 56193 - 56196 - 97007) — GUILLAUME TELL « sextuor » (ODE 56186 - 56194) — HUGUENOTS « septuor » (ODE. 56199) — LOHENGRIN « O Dieu du Ciel » (ODE. 56187).

LE RIGUER. — Débute dans « un Moine » des HUGUENOTS le 7 février 1908. La même année, chante AIDA (Messager), TANNHAUSER (Heinril), THAIS (Cénobite), TRISTAN (Mélot), SALAMMBO (Pontife), ROMÉO (Benvolio), GUILLAUME TELL (Rodolphe), SAMSON (Messager), HUGUENOTS (Soldat).

LEROUX, — Est affiché dans THAIS (Cénobite, 1922), PARSIFAL (Chevalier, 1924), LES HUGUENOTS (Moine, 1930).

LEROY, André. — Débute le 22 janvier 1945 dans « l'Innocent » de BORIS. La même année chante «Faust» puis « Pisandre » dans PÉNÉLOPE, en 1946, « Asser » de JOSEPH.

LESTELLY, Louis. — Débute dans «Hamlet» le 14 juillet 1913. Chante, en 1913, SAMSON (Grand Prêtre), HUGUENOTS (Nevers), THAIS (Athanael), TANNHAUSER (Wolfram) ; « Rigoletto » en 1914 ; OFFRANDE A LA LIBERTÉ (Thomas), FAUST (Valentin), « Henry VIII », en 1915 ; AIDA (Amonasro), FILLE DU FAR-WEST

(Jack Rance), BRISEIS (Catéchiste), « Guillaume Tell » en 1916 ; LA FAVORITE (Alphonse, 1917), ROMÉO (Frère Laurent, 1917, Capulet, 1918), CASTOR ET POLLUX (Pollux, 1918), SALAMMBO (Hamilcar, 1919). Est le créateur de PARSIFAL (Amfortas), SCEMO (Giovann'Anto), « Eugène Onéguine », L'OURAGAN (Richard), JUDITH DE BETHULIE, LE ROI ARTHUS (le Roi) MIGUELA (Hernandez), JEANNE D'ARC (Gérard Machet), REBECCA (Eliazar).

Chez GRAMOPHONE : AIDA « Son Père !... » (P. 469) — FAVORITE « Léonore viens... » (Y. 44 - W. 340) — GUILLAUME « Sois immobile » (Y. 44 - W. 340) — HAMLET « Comme une pâle fleur » (W. 327) — HENRI VIII « Qui donc commande » (W. 329) — PARSIFAL « Lamentations d'Amfortas » (W. 341) — TANNHAUSER « Récitatif et Romance » (W. 342) — THAIS « Voilà donc la terrible cité » (032320).

LEWIS, Richard. — Crée « Peter Grimes » avec la troupe du Covent Garden de Londres.

LINDI, Aroldo. — En représentation, débute dans « Rhadamès » de AIDA le 29 mai 1930.

AIDA « intégrale » (COL. OP 3 - D 14497/514).

LINKE, Fritz. — Avec la troupe de l'Opéra de Stuttgart, crée « Zebel » dans JEPHTE.

LINSOLAS, Jacques. — Débute le 2 décembre 1960 dans « Léporello » de DON JUAN.

LIPUSCHEK, Janez — Avec la troupe de l'Opéra de Ljubljana, crée « le Prince » dans L'AMOUR DES TROIS ORANGES.

L'AMOUR DES 3 ORANGES « intégral » (PHILIPPS A 00331/2).

LIST, Emmanuel. — En représentation, débute le 30 mai 1935 dans le « Roi Marke » de TRISTAN. En 1949, chante le « Baron Ochs » dans LE CHEVALIER A LA ROSE.

LOCKNER. — Est affiché en 1949 dans « un Cocher » du CHEVALIER A LA ROSE.

LONATI. — Débute dans « le Crieur » des HUGUENOTS le 22 octobre 1875. En 1876, est affiché dans LE PROPHÈTE (Paysan), ROBERT LE DIABLE (Chevalier), GUILLAUME TELL (Pasteur) ; en 1877, dans LA REINE DE CHYPRE (Officier), HUGUENOTS (de Retz), FAVORITE (Seigneur, puis Gaspard) ; en 1878, dans L'AFRICAINE (Evêque), HAMLET (Marcellus). A créé « un Officier » dans JEANNE D'ARC, « un Radjah » dans LE ROI DE LAHORE.

LONDON, Georges. — En représentation, débute dans « don Juan » le 8 juin 1962.

LONGUECAMP. — Est affiché dans « un Cénobite » de THAIS en 1920.

LORENZ, Max. — En représentation, débute le 5 juin 1934 dans « Walther » des MAITRES CHANTEURS. Chante « Tristan » (1941) ; WALKYRIE (Siegmound) et « Othello » en 1949 ; « Siegfried » dans LE CREPUSCULE et SIEGFRIED en 1950 ; SALOMÉ (Hérode. 1951), ELEKTRA (Egisthe, 1953).

LES MAITRES « Am stillen Herd » (GRAM. DB 4547) — SIEGFRIED « Chant de la Forge » (GRAM. DB 4770) - (TELEFUNKEN SKB 2054) « Murmures de la forêt » (TELEFUNKEN SKB 2055) — WALKYRIE « Was gleisst dort hell » (GRAM. DB 4547) « extraits » avec Anny HELM (MASTER'S VOICE EG 860/61) - TRISTAN « duo » avec C. GOLTZ — CREPUSCULE « Mort de Siegfried » (DEUTSCHE G.G.).

LORRAIN. — Débute dans « Saint Bris » des HUGUENOTS le 10 janvier 1879. Chante FAUST (Méphisto, 1879), FREISCHUTZ (Gaspard, 1880), GUILLAUME TELL (Gessler, 1880), PROPHÈTE (Oberthal, 1881), TRIBUT DE ZAMORA (Hadjar, 1881), FRANÇOISE DE RIMINI (Guido, 1882). A créé « le Duc de Norfolk » dans HENRY VIII.

LUBIN, Robert. — Débute le 22 novembre 1925 dans «Palémon» de THAIS. Chante LES MAITRES CHANTEURS (Ortel, 1925) ; FAUST (Wagner), SALOMÉ (Cappadocéen), FREISCHUTZ (Samiel), GWENDOLINE (Danois) en 1926 ; TRAVIATA (le Baron, 1928).

LUCA, Libéro de. — Débute le 16 avril 1948 dans « le Duc » de RIGOLETTO. Chante LUCIE (Edgard, 1948), « Faust » (1949), TRAVIATA (Rodolphe, 1951), ENLEVEMENT AU SERAIL (Belmont, 1951), INDES GALANTES (Valère, 1952).

LUCAS. — En 1899, débute le 15 juillet dans « Jean » du PROPHÈTE et chante « Sigurd » puis « Mathô » de SALAMMBO ; en 1900 interprète « Kerloo » dans PATRIE ! A créé « Enée » dans LA PRISE DE TROIE.

LUCCIONI, Jacques. — Débute le 11 avril 1958 dans « le Chevalier » des DIALOGUES DES CARMÉLITES. La même année, chante LES INDES GALANTES (Valère, puis Ali en 1962), L'ATLANTIDE (St Avit), BORIS (Dimitri) ; en 1959, SALOMÉ (Narraboth).

LUCCIONI, José. — Débute le 6 janvier 1931 en créant « un Rapin » dans VIRGINIE. Crée également ELEKTRA (jeune Serviteur), JARDIN SUR L'ORONTE (Ecuyer). A d'autre part été affiché dans OTHELLO (Rodrigue, 1932, Othello, 1943), CHEVALIER A LA ROSE (le Chanteur), PAILLASSE (Canio), GUILLAUME TELL (Ruodi), ALCESTE (Choryphée), HERODIADE (Jean), RIGOLETTO (le Duc), LES TROYENS (Hélénus, puis Enée) en 1932 ; ESCLARMONDE (Chevalier Roland), AIDA (Rhadamès) en 1933 ; DAMNATION (Faust), « Sigurd », « Roméo » en 1934 ; « Samson », SALAMMBO (Mathô) en 1938 ; « Antar », « Faust » en 1946 ; INDES GALANTES (Adario, 1952), BORIS (Dimitri, 1953), SALOMÉ (Hérode, 1959), TOSCA (Cavaradossi, 1960).

Chez GRAMOPHONE : AIDA « O céleste Aïda » (DB 11179) — HERODIADE « air de Jean » (DB 5036) — OTHELLO « duo » avec CAMBON (DB 11193 - DB 11204) « Mort d'Othello » (DB 11179) — PAILLASSE « Pauvre Paillasse » (DA 4888) — ROMÉO « Ah ! lève-toi Soleil » (DB 11115) — SAMSON ouvrage complet : (PDT 116/130) Rééd. Micros. (PCX 5007/9) « extraits » Mic. (DTX 30163) — RECITAL Mic. (V.d.s.M. FJLP 502 et 5052).

LUCIA, Fernando de. — En représentation, crée « Loris » dans FEDORA.

FEDORA « air » (GRAM 52077/8 et 52436).

LUCKX. — En 1880, débute le 6 septembre dans « le Roi » de AIDA et chante GUILLAUME TELL (Melchtal), L'AFRICAINE (Grand Inquisiteur), COMTE ORY (Chevalier).

LUDWIG, Walther. — Avec la troupe de l'Opernhaus de Berlin, débute le 17 septembre 1941 dans « Alfred » de LA CHAUVE-SOURIS.

LUNA, Giuseppe Torès de. — Avec la troupe de l'Opéra de Monte-Carlo, débute le 12 mai 1912 dans « Sparafucile » de RIGOLETTO.

LUPSHA, Frédérick — Avec la troupe de l'Opéra de Ljubljana, crée « Kréonte » dans L'AMOUR DES TROIS ORANGES.

AMOUR DES 3 ORANGES « intégral » (PHILIPS A 00331/32).

MACALPINE, William. — En représentation, débute dans « don José » de CARMEN le 14 octobre 1961.

MADIN Viktor. — Avec la troupe de l'Opéra de Vienne, en mai 1928, chante DON JUAN (Mazetto), TOSCA (Sacristain), SERVANTE MAITRESSE (Scapin), TRISTAN (Mélot), CHEVALIER A LA ROSE (de Faninal, l'Intendant de la Maréchale).

MADLEN, — Débute le 24 février 1924 dans « le Messager » de SAMSON. Chante, en 1924, SIGURD (Irnfrid, puis Harwart en 1934), PAILLASSE (Paysan), PARSIFAL (Ecuyer, puis Chevalier en 1935), THAIS (Serviteur, puis Cénobite, puis en 1928, Nicias), BORIS (Kroutchov, Boyard), KHOVANTCHINA (un Streltzy), AIDA (Messager), JARDIN DU PARADIS (Hérault du Paradis), MAITRES CHANTEURS (Esslinger) ; en 1925, LE TRIOMPHE DE L'AMOUR (un Plaisir), PADMAVATI (Guerrier), CREPUSCULE DES DIEUX (Guerrier), TANNHAUSER (Heinril), MÉGÈRE APPRIVOISÉE (Nathanael) ; en 1926, ALCESTE (Evandre), SALOMÉ (Nazaréen), FLUTE ENCHANTÉE (Homme armé), RIGOLETTO (Borsa), HERODIADE (une Voix), GWENDOLINE (Erik) ; en 1927, COQ D'OR (Prince Guedon), LE MIRACLE (Porteur d'eau) ; en 1928, LE CHEVALIER (Aubergiste, puis l'Intendant de Faninal en 1930), MAROUF (le Fellah) ; en 1929, MONNA VANNA (Védio), GUILLAUME TELL (Rodolphe), ROMÉO (Pâris) ; en 1930, LES HUGUENOTS (Moine, puis Boisrosé), TRISTAN (Berger), BARBIER DE SEVILLE (Officier) ; puis FAUST — version 1859 — (Etudiant, 1932), JUIVE (Officier, 1933), HAMLET (Marcellus, 1933, Fossoyeur, 1934), JARDIN SUR L'ORONTE (Ecuyer, 1933), LUCIE (Gilbert, 1935), MARCHAND DE VENISE (Masque, Vénitien, 1935), ARIANE (Matelot, 1937), AIGLON (Comte de Sedlinsky, 1938), VAISSEAU FANTOME (Timonier, 1938), SALAMMBO (Grand Prêtre de Melkarth, 1938). A créé NERTO (Marchand), ARLEQUIN (Ministre des réjouissances), MIARKA (jeune Romané), ESTHER (Chef du Palais), ORPHÉE (jeune Homme), TRAVIATA (Domestique), CHEVALIER A LA ROSE (Intendant de la Maréchale), BURGRAVES (Teudon), NAILA (Prêtre), TURANDOT (une Voix), MAROUF (Chef des marins, Muezzin, Homme de police), LE MAS (Moissonneur), SALAMINE (Dignitaire de la cour), LA VISION DE MONNA (un Islandais), MAXIMILIEN (Thomas Méja), JARDIN SUR L'ORONTE (Guetteur), VERCINGETORIX (Soldat), PERKAIN (Crieur de jeu), PRINCESSE LOINTAINE (Pilote), ROLANDE (Officier), ARIANE ET BARBE-BLEUE (Paysan), MARCHAND DE VENISE (un Juif, un Gondolier), ŒDIPE (un Thébain), SAMARITAINE (Marchand), CHARTREUSE DE PARME (un Gendarme).

MAGNERE. — Débute le 13 novembre 1911 dans « Rhadamès » de AIDA. Chante « Lohengrin » en 1912.

MAGUENAT, Alfred. — Débute le 2 août 1922 dans « Hérode » de HERODIADE. Chante « Rigoletto » (1922), « l'Arlequin » (1927) et L'HEURE ESPAGNOLE (Ramiro, 1927).

HERODIADE « Demande au prisonnier » (ODE. 11233).

MAHIEUX, Charles — Débute le 11 avril 1919 dans « le Récitant » de LA DAMNATION. Est affiché dans, en 1919, SALAMMBO (Grand Prêtre de Moloch), PATRIE ! (Noircarmes), LE CID (Saint Jacques) ; en 1920, RIGOLETTO (Marcello, puis Monterone, puis en 1924, Sparafucile), SAMSON (Abimélech), HUGUENOTS (de Retz) ; en 1921, SIEGFRIED (Fafner) ANTAR (vieux Berger), DAMNATION (Brander), GUILLAUME TELL (Melchtal), TROYENS (Narbal), ENLEVEMENT AU SERAIL (Sélim), ASCANIO (Pagolo) ; FAUST (Wagner, puis Méphisto en 1923), BORIS (Exempt, puis Boris en 1924), THAIS (Palémon), ROMÉO (le Duc, puis Grégorio en 1926) ; en 1923, MAITRES CHANTEURS (Ortel), KHOVANTCHINA (Docithée, puis Kouzka en 1924), LOHENGRIN (le Roi) WALKYRIE (Hounding) SIGURD (Rudiger) ; en 1924, FLUTE ENCHANTÉE (Homme armé), FALSTAFF (Pistolet), PARSIFAL (Chevalier), AIDA (Ramfis), HEURE ESPAGNOLE (don Inigo) ; en 1925, TRIOMPHE DE L'AMOUR (un Plaisir), JARDIN DU PARADIS (un Vieillard). Est le créateur de LA LEGENDE DE SAINT CHRISTOPHE (le Héraut), LES TROYENS (Priam), HERODIADE (Grand Prêtre), GRISELIDIS (Gontebaud), LE RENARD (une Voix), LA KHOVANTCHINA (un Streltsy).

MAILLARD. — Est affiché dans « un Homme du peuple » de LA JUIVE en 1891.

MAISON, René. — Débute dans « Prinzevalle » de MONNA VANNA le 3 juin 1929. Chante en 1929, « Faust » et « Roméo » ; en 1933, LA DAMNATION (Faust) et « Lohengrin » ; puis AIDA (Rhadamès, 1935), WALKYRIE (Siegmound, 1938) et « Samson » (1939). A créé « Eumolpe » dans PERSEPHONE.

Chez ODEON : DAMNATION « Invocation à la Nature » (123502) — FAUST « Cavatine » 123650) « trio final » avec N. VALLIN et LAFONT (123509) « trio du duel » avec BOURDIN et LAFONT (123509) « duo du 1 » (123510) — LOHENGRIN « Récit du Graal » (123502) « Mon cygne aimé » (123501) « Ma confiance en toi » (188457) — ROMEO « Cavatine »

123563 et 171019) « Salut tombeau » (188600) — WALKYRIE « Chant du Printemps » (188600) — Rééd. Micros. FAUST « trio Prison » (ODE. ORX 102) — LOHENGRIN « Graal » (ODE. ORX 103) « duo » (ORX 116) — ROMEO « Tombeau » (ODE. ORX 135).

MAJERSKY. — Débute dans « Samson » le 30 août 1912 et chante « Rhadamès » dans AIDA en 1913.

MAJKUT, Erich. — Avec la troupe de l'Opéra de Vienne, crée « le quatrième Roi » dans L'AMOUR DE DANAÉ.

MALLABRERA, André. — Débute le 14 mai 1962 dans « Hylas » des TROYENS.

MALLABRERA, José. — Débute dans « le Duc » de RIGOLETTO le 27 novembre 1949.

MALVAUT. — Débute le 5 juin 1882 dans « de Cossé » des HUGUENOTS. Est affiché dans L'AFRICAINE (Huissier), HAMLET (Polonius, puis Fossoyeur), ROBERT LE DIABLE (Chevalier), COMTE ORY (Chevalier) en 1883 ; SAPHO (Héraut), PROPHETE (Officier) en 1884 ; LA JUIVE (Officier, puis Homme du peuple) en 1886. Crée HENRY VIII (Gartner), LA DAME DE MONSOREAU (Lahurier).

MANOURY. — Débute salle Ventadour le 11 septembre 1874 dans « Alphonse » de LA FAVORITE. Chante FAUST (Valentin, 1874), HUGUENOTS (Nevers, 1875), REINE DE CHYPRE (Lusignan, 1877). Crée « Charles VII » dans JEANNE D'ARC, à la Générale seulement.

MANOWARDA, Joseph. — En représentation, en mai 1941, chante « Osmin » dans UN ENLEVEMENT AU SERAIL et « le Roi Marke » dans TRISTAN.

MANURITA, Giovanni. — En représentation, en décembre 1936, chante « le Duc » de RIGOLETTO et « Almaviva » du BARBIER DE SEVILLE.

BARBIER « Sérénade du 1 » (COL. D 14622) « duo » avec C SUPERVIA (PARLOPHONE PXO 1020) « Se il mio nome » (PATHE X 15755) - (FONOTIPIA 168067) « Ecco ridente in cielo » (FONOTIPIA 120036).

MARCADE. — Crée « un Chevalier » dans PARSIFAL.

MARCELIN, Emile. — Au cours d'un Gala, le 29 juillet 1924, chante « Araquil» dans LA NAVARRAISE.

MARCHI, Emilio de. — Avec la troupe de la Scala de Milan, chante « Licinius » dans LA VESTALE le 24 janvier 1909.

MARCHISIO. — Crée « un Chevalier » dans PARSIFAL.

MARCOUX, Vanni. — Débute dans « Méphistophélès » de FAUST le 23 septembre 1908. Chante TANNHAUSER (Landgrave, 1908), SAMSON (Vieillard hébreu, 1909), RIGOLETTO (Sparafucile, 1909), « Don Quichotte » (1911), THAIS (Athanael, 1913), OTHELLO (Iago, 1914), « Boris » (1922), DAMNATION (Méphisto, 1924), BARBIER (Bazile, 1936). Crée MONNA VANNA (Guido), JOYAUX DE LA MADONE (Raphael), « l'Arlequin », L'AIGLON (Séraphin Flambeau).

Chez GRAMOPHONE : B O R I S « Couronnement » (DB 4950) « J'ai le pouvoir » (DB 1112) « Carillon » (DB 1112) « Mort de Boris » (DB 1114 - DA 678) — DAMNATION « La Puce, Sérénade, Voici des Roses » (DA 1158) — MONNA VANNA « Ce n'est pas un vieillard... » (DB 809) — Rééd. Micros. Récital (V.d.s.M. 5035).

MARECHAL, Alphonse. — En représentation, chante « don José » dans CARMEN le 11 novembre 1900.

MARIE, Louis. — Débute le 15 janvier 1918 dans « Laerte » de HAMLET. La même année, chante HENRY VIII (de Surrey), THAIS (Nicias), ROMÉO (Tybalt), MONNA VANNA (Védio) ; en 1919, OTHELLO (Rodrigue). Crée SALOMÉ de Mariotte (jeune Syrien), LEGENDE DE SAINT CHRISTOPHE (un Amant). Est devenu Régisseur des Chœurs.

MARKHOFF. — Avec la troupe de l'Opéra de Vienne, en mai 1928, chante FIDELIO (Fernando), DON JUAN (Commandeur), NOCES DE FIGARO (Bartholo), WALKYRIE (Hounding).

MARS, Jacques — Débute le 5 novembre 1956 dans « le Duc » de ROMÉO. En 1957, chante DON JUAN (Commandeur), DAMNATION (Brander) ; en 1958, TRAVIATA (Docteur), OTHELLO (Montano), TRISTAN (Pilote), CHEVALIER A LA ROSE (Commissaire), SALOMÉ (Nazaréen), BAL MASQUÉ (Christian), BORIS (Héraut) ; en 1959, FLUTE ENCHANTÉE (Prêtre), RIGOLETTO (Monterone), JEANNE AU BUCHER (une Voix), CARMEN (Zuniga) ; en 1960, LUCIE (Raymond), SAMSON (Abimélech), TOSCA (Angelotti) ; en 1962, LES TROYENS (Narbal). — Crée « l'Officier » dans DIALOGUES DES CARMÉLITES.

MARTAPOURA, Jean. — Débute le 5 avril 1886 dans le « Grand Prêtre » de SIGURD. Chante LA FAVORITE (Alphonse), FAUST (Valentin) en 1886 ; LE CID (le Roi), PATRIE ! (Jonas) en 1887 ; DAME DE MONSOREAU (Henri III), HUGUENOTS (Nevers), ROMÉo (Mercutio) en 1888. Crée LA DAME DE MONSOREAU (Quélas),

ASCANIO (le Mendiant), LE MAGE (le Roi).

FAUST « Sérénade » (ZONOPHONE 1224).

MARTIN. — Est affiché dans THAIS (Cénobite, 1894), SALAMMBO (Pontife, 1908).

MARTIN, William. — En 1927, débute dans « Faust » le 21 juillet, puis chante RIGOLETTO (le Duc), THAIS (Nicias), COQ D'OR (l'Astrologue), LE MIRACLE (Me Loys) ; en 1928 « Roméo ».

MARTINELLI, Giovanni. — En représentation, débute dans « Othello » le 5 octobre 1937.

Chez VICTOR : OTHELLO « duo » avec Helen JENSON (15801/2) « duo » avec L. TIBBETT (15803/4) « trio du 3 » (15805) « Mort d'Othello » (15806).

MARTY. — Est affiché dans « un Chevalier » de ROBERT LE DIABLE (1876) et du COMTE ORY (1880).

MARVINI. — Débute en créant « un Esclave » dans LE VIEIL AIGLE. Crée également « le Buisson » dans LE SORTILÈGE. Par ailleurs, en 1911, est affiché dans FAUST (Méphisto), ROMÉO (Frère Laurent, puis Capulet), HUGUENOTS (Saint Bris), DAMNATION (Méphisto), LE CID (don Gormas), HAMLET (le Spectre) ; en 1912 dans SAMSON (Vieillard hébreu), RIGOLETTO (Sparafucile), WALKYRIE (Hounding), SALOMÉ (Soldat), SIEGFRIED (Fafner), ROMA (Fabius), et en 1913 dans AIDA (le Roi, puis Ramfis).

HUGUENOTS « Bénédiction des Poignards » (Sap. PATHE 0031).

MASINI-PIERALLI, Angelo. — Avec la Compagnie de Serge de Diahilew, crée « Romualdo » dans ASTUCE FÉMININE.

MASSARD, Robert. — Débute le 8 juin 1952 dans le « Grand Prêtre » de SAMSON. En 1952, chante FAUST (Valentin), THAIS (Cénobite), MAITRES CHANTEURS (Veilleur), L'AIGLON (l'Arlequin) ; en 1953, BORIS (le Héraut), ROMÉO (Mercutio), RIGOLETTO (Officier, puis Rigoletto en 1958) ; en 1954, LOHENGRIN (Héraut), OTHELLO (Héraut), ROI D'YS (Saint Corentin) ; en 1956, TRISTAN (Mélot), DON JUAN (Mazetto) ; en 1957, TRAVIATA (d'Orbel), DIALOGUES DES CARMÉLITES (Geolier) ; en 1958, HEURE ESPAGNOLE (Ramiro) ; en 1959, INDES GALANTES (Huascar), CARMEN (Escamillo); en 1960 LUCIE (Asthon) en 1961, LES TROYENS (Chorèbe). A créé OBERON (Abdallah) NUMANCE (le Harpiste).

CARMEN « édition partielle » (PHILIPPS L 02053 et Stéréo 835057). — TRAVIATA « extraits » (ORPHEE LDO A 50004 et E 51004) — RECITAL (VEGA POLARIS L 80012).

MATHIEU, Louis. — Est affiché en 1949 dans « un Suspect » du CHEVALIER A LA ROSE.

MAUCOURIER, petit Henry. — Crée « Loys » dans GRISELIDIS.

MAURAN, Jean. — Débute dans « Rigoletto » le 13 août 1924. Chante AIDA (Amonasro, 1924) ; FAUST (Valentin), PADMAVATI (Alaouddin) en 1925 ; LOHENGRIN (de Telramund), ROMÉO (Mercutio), THAIS (Athanael), JARDIN DU PARADIS (Eusèbe) en 1926 ; CHEVALIER A LA ROSE (de Faninal), MAITRES CHANTEURS (Berckmesser) en 1927 ; CREPUSCULE DES DIEUX (Gunther, 1928), HUGUENOTS (Nevers, 1930). A créé BROCELIANDE (l'Ambassadeur), MAROUF (Ali).

MAUREL, Louis. — Au cours d'un Gala, le 1er avril 1919, interprète « Mme Balandard » dans MONSIEUR CHOUFLEURI RESTERA CHEZ LUI LE...

MAUREL, Victor. — Débute salle Le Peletier le 4 mars 1868 dans « de Luna » du TROUVÈRE, chante en 1869 « Nevers » des HUGUENOTS, puis, après dix années à l'étranger revient au Palais Garnier dans « Hamlet » le 21 novembre 1879. Est affiché dans « don Juan » (1880), FAUST (Méphisto, 1880) et LA FAVORITE (Alphonse, 1882) A créé « Amonasro » dans AIDA et « Iago » dans OTHELLO.

DON JUAN « Sérénade » (FONOTIPIA 39041) — OTHELLO « Era la Note » (FONOTIPIA 39042) « Rêve de Iago » (GRAM. 2.32814).

MAURIN. — Voir plus loin : « Morini ».

MAURY. — Débute le 19 novembre 1916 dans « Ruodi » de GUILLAUME TELL.

MAUZIN. — Est affiché, en 1892, dans SALAMMBO (Pontife, puis Giscon), LA JUIVE (Homme du peuple), LES HUGUENOTS (de Retz), AFRICAINE (Evêque), ROBERT LE DIABLE (Chevalier).

MAX-CONTI. — Débute dans « un Officier » de JOSEPH le 20 octobre 1946. Chante, en 1946, RIGOLETTO (Marcello), SAMSON (Philistin) ; en 1947, ROMÉO (le Duc), THAIS (Serviteur) ; en 1948, MONNA VANNA (Torello), MAITRES CHANTEURS (Ortel) ; en 1949, MAROUF (le Kadi, un Mameluck), FAUST (Wagner), MARCHAND DE VENISE (l'Audiencier) ; en 1950, LE CREPUSCULE (Guerrier), BORIS (Exempt) ; en 1951, ENLEVEMENT AU SERAIL (Esclave), JEANNE AU BUCHER (Paysan), SALOMÉ (Cappadocéen), ETRANGER (vieux Pêcheur) ; en 1952, OTHELLO (Héraut), L'AIGLON (un Gilles) ; en 1953, TRAVIATA (le Marquis) ; en 1957, LE CHEVALIER (Domestique) ;

en 1960, TOSCA (Geôlier). A créé BOLIVAR (le Maire, un Conjuré), JEANNE AU BUCHER (Prêtre), OBERON (Jannissaire), NUMANCE (Soldat), DIALOGUES DES CARMÉLITES (Médecin).

MAYR, Richard. — En mai 1928, avec la troupe de l'Opéra de Vienne, chante FIDELIO (Rocco), DON JUAN (Léporello), TRISTAN (Roi Marke), CHEVALIER A LA ROSE (Baron Ochs) et LA SERVANTE MAITRESSE (Pandolphe).

LE CHEVALIER A LA ROSE ouvrage complet « en allemand » (GRAM. DB 2060/72) - (VICTOR 196...) - (HIS MASTR'S VOICE DB 7547/59).

MAZENS, André. — En représentation, le 11 novembre 1926, crée L'APOTHÉOSE DE LA CROIX DE GUERRE (le Poilu) et chante « la Marseillaise ».

MECHELAERE. — A débuté salle Le Peletier le 19 mars 1860 dans »Melchtal » de GUILLAUME TELL. A été affiché dans LA JUIVE (Ruggiero, 1860), Homme du peuple, 1863), PROPHÈTE (Mathisen, 1860, Soldat, 1869, Paysan, 1879), LES HUGUENOTS (Crieur, 1868), Maurevert, 1868, Léonard puis de Méru, 1879), VEPRES SICILIENNES (de Vaudemont, 1863), LUCIE (Raymond, 1864), COMTE ORY (Chevalier, 1864), L'AFRICAINE (Evêque, 1865, Grand Inquisiteur, 1883) LE DIEU ET LA BAYADERE (Chef des Gardes, 1866), HAMLET (Fossoyeur, 1868, Horatio, 1880, Spectre, 1881, Polonius, 1883) FREISCHUTZ (Ermite, 1870), ROI DE LAHORE (Radjah, 1879), MUETTE DE PORTICI (Moréno, 1879, Borella, puis Selva, 1880), FAUST (Wagner, 1879), ROBERT LE DIABLE (Chevalier, 1881), TRIBUT DE ZAMORA (Vieillard, 1882) HENRY VIII (Huissier, Seigneur, 1883). RIGOLETTO (Monterone, 1883, Céprano, 1887), PATRIE ! (Delrio, 1887). A créé PIERRE DE MEDICIS (Joueur), ROLAND A RONCEVAUX (Pair), DON CARLOS (Député), TABARIN (Maillefer).

MEDUS, Henri. — Débute dans « Ramfis » de AIDA le 28 novembre 1933. En 1933, chante HAMLET (Horatio) ; en 1934, DON JUAN (Commandeur), SAMSON (Vieillard hébreu), SIGURD (Ramunc), ETRANGER (Pêcheur), SALOMÉ (Soldat), RIGOLETTO (Sparafucile) ; en 1935, LE BARBIER (Ambroise), HERODIADE (Gd Prêtre), THAIS (Palémon), PARSIFAL (Chevalier), ROMÉO (le Duc, puis en 1944, Frère Laurent) ; SALADE (le Capitaine, 1936), TRAVIATA (Baron, 1936, Marquis, 1941), FIDELIO (Prisonnier, 1937, Rocco, 1946), BORIS (Pimen, 1937, Varlaam, 1944), DAMNATION (Brander, 1937), MAITRES CHANTEURS (Schwarz, 1937, Pogner, 1948) ; LE MARCHAND DE VENISE (Tubal),

SALAMMBO (Grand Prêtre d'Eschoum puis Giscon), VAISSEAU FANTOME (Daland), WALKYRIE (Hounding) ALCESTE (Oracle, Tanato), TROYENS (Ombre d'Hector), SIEGFRIED (Fafner), OR DU RHIN (Fafner) en 1938 ; FLUTE ENCHANTÉE (Zarastro, 1939), PALESTRINA (Pape Pie IV, 1942), OTHELLO (Ludovic, 1943), MAROUF (Vizir, 1943), MONNA VANNA (Marco, 1946), FAUST (Méphisto, 1947), COQ D'OR (Général Polkan, 1947), ENLEVEMENT AU SERAIL (Osmin, 1951), ANTIGONE (Tirésias, 1953), NUMANCE (Marquin, 1955), CHEVALIER A LA ROSE (Baron Ochs, 1957). Est le créateur de LA PRINCESSE LOINTAINE (Héraut), SEMIRAMIS (Astrologue), ROLANDE (Officier), ARIANE ET BARBE-BLEUE (vieux Paysan), MARCHAND DE VENISE (un Juif), ŒDIPE (le Veilleur), SAMARITAINE (Marchand), PALESTRINA (Cardinal Madruscht, un Chanteur), PEER GYNT (le Président), LUCIFER (une Voix), BOLIVAR (Bovès), OBERON (le Calife).

LA FLUTE ENCHANTEE « Isis et toi Dieu juste... » « Dans ces murailles hautes » (COL. LF 273) — SAMSON « intégrale » (PATHE PDT 116/30) — Rééd. Micros. (PAT. PCX 5007/9).

MEGRET, Henri. — Débute le 13 mai 1943 dans « Rhadamès » de AIDA. Chante « Othello » en 1947.

MELCHIOR, Lauritz. — En représentation, débute le 20 mai 1930 dans « Tristan ». La même année paraît dans « Siegmound » de LA WALKYRIE et « Siegfried » ; en 1931 dans « Parsifal », « Othello », « Tannhauser » et « Siegfried » du CREPUSCULE ; en 1932 dans « Lohengrin ».

LOHENGRIN « Scène du 3 » avec K. FLAGSTAD (VICTOR 897) « Airs » (VICTOR 17726 - 15513) — OTHELLO « duo du 2 » avec K. FLAGSTAD « Mort d'Othello » (COL. 71389 D) — PARSIFAL « duo du 2 » avec K FLAGSTAD (VICTOR 755) « Airs » (VICTOR 15212 - 15213) — SIEGFRIED « Version abrégée » (VICTOR 83...) — TANNHAUSER « Airs » (VICTOR 17726 - 17727 - 9707) - (POLY. 66439). — TRISTAN « duo du 2 » avec Frida LEIDER (VICTOR 7273/74) - (GRAM. W 1148/9 - AW 287/8) « duo du 2 » K. FLAGSTAD (GRAM. DB 6016/17) - (VICTOR 671...) - (COL. 71388 D) « 3e acte » avec H. JANSSEN (COL. CM 550...) — WALKYRIE « 1er acte intégral » (VICTOR 298...) - (GRAM. DB 2536/43) - (COL. GQX 10889/96) « 2e acte intégral » (VICTOR 582...) - (GRAM. DB 3719/28) « Chant du printemps » (VICTOR 2035) **« duo » avec** L. LEHMANN (VICTOR 14204) — Rééd. Micros. (V.d.s.M. GI COLH 105).

MELCHISSEDEC, Léon. — Débute dans « Nevers » des HUGUENOTS le 7 novembre 1879. En 1880, chante LA FAVORITE (Alphonse), « Guillaume Tell », AIDA (Amonasro), COMTE ORY (Gouverneur) ; en 1881, FAUST (Valentin), TRIBUT DE ZAMORA (Ben Saïd) ; puis FRANÇOISE DE RIMINI (Malatesta, 1882), AFRICAINE (Nélusko, 1883), SAPHO (Alphée, 1884), « Rigoletto », SIGURD (Gunther) 1885, PATRIE ! (de Rysoor, 1887), ROMÉO (Capulet, 1888), LE MAGE (le Roi, 1891). A créé LE TRIBUT DE ZAMORA (Hadjar), « Tabarin », LE CID (le Roi) et ROMÉO (Mercutio).

RIGOLETTO « Miei Signori » (APGA 1627) — GUILLAUME TELL « Sois immobile », avec annonce faite par lui-même et conseil aux élèves. (ZONOPHONE X 11853).

MENJAUD. — Est affiché dans ROBERT LE DIABLE (Chevalier, 1876), FAVORITE (Seigneur, 1878), HUGUENOTS (Méru, 1878), ROI DE LAHORE (Radjah, 1879), COMTE ORY (Chevalier, 1880), PROPHÈTE (Officier, 1883), AFRICAINE (Officier, 1883), JUIVE (Homme du peuple, 1883).

MENTASTI, Virgilio. — Avec la troupe de la Scala de Milan, chante « le Chef des Aruspices » dans LA VESTALE le 24 janvier 1909.

MENU. — A débuté le 17 mars 1873, salle Le Peletier, dans « Nevers » des HUGUENOTS. Fut affiché dans LA FAVORITE (Balthazar, 1873), AFRICAINE (Grand Inquisiteur, 1873), LA JUIVE (Brogni, 1873), GUILLAUME TELL (Walther, 1875, Gessler, 1880), HAMLET (le Roi, 1875), PROPHÈTE (Zaccharie, 1876), REINE DE CHYPRE (Andréa, 1877). A créé JEANNE D'ARC (Jacques), ROI DE LAHORE (Indra). POLYEUCTE (Albin) et AIDA (le Roi).

MERLAK, Danilo. — Crée « Léandre » dans L'AMOUR DES TROIS ORANGES avec la troupe de l'Opéra de Ljubljana.

AMOUR DES 3 ORANGES « intégral » (PHILIPS A 00331/2).

MERLI, Francesco. — Crée «Pollione» dans NORMA avec la troupe du théâtre Communal de Florence.

NORMA « air » (COL. GA 7197).

MERMAND. — A débuté salle Le Peletier dans « Aufide » de MOISE le 13 mars 1864. A été affiché dans ROBERT LE DIABLE (Chevalier, 1864, Ermite, 1872), HUGUENOTS (Léonard, 1864, de Retz, 1879), LA MUETTE DE PORTICI (Lorenzo, 1865), GUILLAUME TELL (Rodolphe, 1865, Leuthold, 1875, Paysan, 1876), FAVORITE (Gaspard, 1865), PROPHÈTE (Officier, 1866), AFRICAINE (Officier, 1866,

Huissier, 1872), LA JUIVE (Homme du peuple, 1868, Albert, 1875), FREISCHUTZ (Samiel, 1879), COMTE ORY (Chevalier, 1880). A créé HAMLET (Fossoyeur), ROLAND A RONCEVAUX (Pair), DON CARLOS (Héraut), ROI DE LAHORE (Radjah), TRIBUT DE ZAMORA (l'Alcade).

MESMAECKER. — Au cours de Galas, les 11 novembre 1900 et 29 décembre 1907, interprète « le Remendado » dans CARMEN.

METTENET, Paul. — Est affiché dans THAIS (Cénobite, 1940), GWENDOLINE (Danois, 1942), LE DRAC (Pêcheur, 1942), HERODIADE (Romain, 1945), CHEVALIER (Cocher, 1949).

METTERNICH, Josef. — En représentation, débute le 27 novembre 1959 dans « Albérich » de SIEGFRIED. En 1962, chante « Albérich » du CREPUSCULE.

MIAUX, — Est affiché dans « un Cénobite » de THAIS en 1931.

MICHEL, Jean. — Débute le 9 mai 1947 dans « l'Astrologue » du COQ D'OR. Est affiché dans, en 1948, THAIS (Niclas), ROMÉO (Tybalt), SALADE (Cinzio), BORIS (Missaïl, puis l'Innocent) ; en 1949, LE CHEVALIER (un Marchand), MARCHAND DE VENISE (Lorenzo) ; en 1950, MAROUF (Homme de police, Muezzin), CHEVALIER ERRANT (une Voix) ; puis dans UN ENLEVEMENT AU SERAIL (Esclave 1951), SALOMÉ (quatrième Juif, 1951, premier Juif, 1958), L'AIGLON (Vénitien, 1952), OBERON (Jannissaire, puis Pirate, 1954), OTHELLO (Cassio, 1958), TRAVIATA (Vicomte, 1959), FIDELIO (Prisonnier, 1960), SAMSON (Philistin, 1962). — A créé « Dominguez » et « Ibarra » dans BOLIVAR.

MIELLET, — Est affiché dans PARSIFAL (Chevalier, 1924), THAIS (Cénobite, 1926), HUGUENOTS (Moine, 1930).

MIERZWINSKI, Ladislas. — Débute le 6 novembre 1874, salle Ventadour, dans « Raoul » des HUGUENOTS. Chante L'AFRICAINE (Vasco, 1879), GUILLAUME TELL (Arnold, 1880).

MISCHA-LEON. — Débute dans « Roméo » le 21 novembre 1918.

MOES, Jules. — Avec la troupe de l'Opéra de La Haye, crée « le Chevalier Valentin » dans BEATRICE.

MONACO, Mario del. — Voir plus haut : « Del Monaco ».

MONTVAILLANT. — Débute dans « de Retz » des HUGUENOTS le 1er septembre 1875. Est affiché dans LA FAVORITE (Seigneur, 1875), PROPHÈTE (Officier), ROBERT LE DIABLE (Chevalier), GUILLAUME TELL (Paysan) en 1876 ; REINE DE CHYPRE (Seigneur), AFRICAINE (Officier) en 1877 ; HUGUENOTS (Cossé, 1879). A créé JEANNE D'ARC (Officier) et ROI DE LAHORE (Radjah).

MORARO, Rodolfo. — En représentation, débute dans « le Duc » de RIGOLETTO le 30 mai 1947.

MORINI, — A également été affiché sous les noms de « Maurin » et de « Mornis ». A débuté dans «le Messager » de AIDA le 20 juillet 1925. A chanté, en 1925, SAMSON (Messager, puis Philistin), MAITRES CHANTEURS (Zorn), MÉGÈRE APPRIVOISÉE (le Tailleur) ; en 1926, PAILLASSE (Paysan), ALCESTE (Coryphée), HERODIADE (Jean), SALOMÉ (quatrième Juif) ; LE CHEVALIER (Intendant de Faninal, 1928, Intendant de la Maréchale, 1930), PARSIFAL (Chevalier, 1928) ; en 1929, AIDA (Rhadamès), MAROUF (Anier, puis Homme de police, Muezzin) ; en 1930, HUGUENOTS (Boisrosé, puis de Thoré), TANNHAUSER (Walther), GUILLAUME TELL (Rodolphe), BORIS (Krouchov) ; en 1931, PADMAVATI (Marchand). A créé « Giannilaro-Karl » dans LES BURGRAVES.

MORLIER, Pierre. — Débute le 19 août 1950 dans « Bovès » de BOLIVAR.

MORNIS. — Voir plus haut : « Morini ».

MOROT, Louis. — Débute le 27 juin 1931 dans «un Ministre» d'IPHIGENIE. Chante, en 1931, FAUST (Méphisto) ; en 1932, RIGOLETTO (Sparafucile), MAITRES CHANTEURS (Schwarz), LES TROYENS (Priam), TRIOMPHE DE L'AMOUR (un Plaisir) ; en 1933, PARSIFAL (Chevalier), BARBIER (Pédrille), ROMÉO (Frère Laurent), DAMNATION (Brander), MAROUF (Sultan) HAMLET (Fossoyeur, puis Spectre) ; en 1934, TRAVIATA (Baron), TANNHAUSER (Landgrave), THAIS (Athanael), DON JUAN (Mazetto), ROLANDE (le Capelan) ; en 1935, LE CHEVALIER (de Faninal), FLUTE ENCHANTÉE (Monostatos) ; en 1937, FIDELIO (Rocco). A créé MAXIMILIEN (le Maire), JARDIN SUR L'ORONTE (Marchand), VERCINGETORIX (Cavaros), SALADE (Tartaglia), MARCHAND DE VENISE (Tubal), SAMARITAINE (André).

MORRET, Michel. — Est affiché dans « un Laquais de la Maréchale » du CHEVALIER A LA ROSE en 1949.

MORTURIER, Louis. — Au cours d'un Gala, le 19 novembre 1925, chante « Angelotti » dans LA TOSCA.

MOURADIAN, Chah. — Débute dans « Faust » le 25 janvier 1911.

MOZJOUKINE. — En représentation, débute dans « Boris » le 6 octobre 1926.

MURATET. — Débute dans « Faust » le 22 mars 1886. La même année chante RIGOLETTO (le Duc), FAVORITE (Fernand), LA JUIVE (Léopold) ; puis AIDA (Rhadamès, 1887), HAMLET (Laerte), « Sigurd », L'AFRICAINE (Vasco) en 1888 ; HENRY VIII (don Gomez, 1889), « Lohengrin » (1892). A créé PATRIE (La Trémoille), DAME DE MONSOREAU (Saint Luc) et RO-MÉO (Tybalt).

MURATORE, Lucien. — Débute le 19 avril 1905 dans « Renaud » de AR-MIDE. Chante « Faust », MAITRES CHANTEURS (Walther) en 1906 ; PA-TRIE (Kerloo, 1907) ; RIGOLETTO (le Duc, 1908) ; « Roméo », AIDA (Rhada-mès) en 1909 ; MANON (des Grieux, 1911), « Werther » (1912), « Samson » (1924). Est le créateur de ARIANE (Thésée), LA CATALANE (André), MONNA VANNA (Prinzlvalle), « Bac-chus », SALOMÉ (Hérode), THEODO-RA (Andréas), LE MIRACLE (Me Loys), SIBERIA (Vassili). DEJANIRE (Hercule), « Icare », LE COBZAR (Stan), ROMA (Lentulus), « Fervaal », LE SORTILEGE (Gall).

ARIANE « Airs » (APGA 1492 - 1493) — FAUST « Airs » (APGA 1498 - 1499) « Trio duel » avec DANGES et BELHOMME (S. PATHE 2542) — RO-MEO « Airs » (EDEN E 5080) - (ZO-NOPHONE 82577 - 82554) « duo » avec DEMOUGEOT, (GRAM. 34155) « Ma-drigal » (GRAM. 43155) « Salut Tom-beau (S. PATHE 0207).

MUREL, Joseph de. — Avec la com-pagnie de Mme Supervia, chante « Pé-drille » du BARBIER en 1930.

MURO, Enzo de. — En représenta-tion, débute dans « le Duc » de RIGO-LETTO le 25 février 1936.

RIGOLETTO « Air » (COL. 5060).

MUSSO. — Crée « Harry » dans LA FILLE DU FAR-WEST,avec la troupe de l'Opéra de Monte-Carlo.

MUSY, Louis. — Débute dans « Rigo-letto » le 17 octobre 1936 et chante « Karnac » du ROI D'YS en 1941.

RIGOLETTO « Tous deux égaux » (GRAM. P 694).

MUZZARELLI. — En mai 1928, avec la troupe de l'Opéra de Vienne, chante TOSCA (Sciarrone, le Geôlier), ENLE-VEMENT AU SERAIL (Sélim), LE CHEVALIER (Notaire).

NADEJINE. — Crée « Luka » dans SADKO.

NANSEN. — Débute le 5 juin 1907 dans « Gaspard » de LA CATALANE. Est affiché dans SALAMMBO (Shaha-barim, 1907), RIGOLETTO (Borsa, 1908) HUGUENOTS (Moine, puis Tavannes, 1908, de Thoré, 1920), TANNHAUSER (Heinril, puis Walther, 1908), HIPPO-LYTE (Mercure, 1908), ROMÉO (Pâris, 1908, Tybalt, 1909), HAMLET (Marcel-lus, 1908) ; puis, en 1909, HENRY VIII (de Surrey), TRISTAN (Mélot), OR DU RHIN (Mime) ; en 1911, LE MIRA-CLE (Pibrac), MAITRES CHANTEURS (Esslinger), SALOMÉ (premier Juif); PROPHETE (Jonas, 1912), JOYAUX DE LA MADONE (Biaso, 1913), PA-TRIE ! (La Trémoille, 1919). A créé MONNA VANNA (Védio), BACCHUS (Pourna), OR DU RHIN (Froh), SA-LOMÉ (deuxième Juif), SIBERIA (le Cosaque), LE COBZAR (le Berger), FERVAAL (Ilbert, Moussah), JOYAUX DE LA MADONE (un Camorriste), PARSIFAL (Ecuyer), LEGENDE DE SAINT CHRISTOPHE (un Important).

NARCON, Armand. — Débute le 15 septembre 1893 en créant « un Chef » dans DEIDAMIE. Crée également BAC-CHUS (Moine), SIBERIA (Soldat), PARSIFAL (Chevalier), SCEMO (To-mato), MADEMOISELLE DE NANTES (Cadmus), ROI ARTHUS (Allan), MI-GUELA (Fray Domingo), MARIA DI ROHAN (de Fiesque), LE RETOUR (le vieux Jacques), SALOMÉ de Mariotte (Soldat), LEGENDE DE ST CHRIS-TOPHE (Souverain Pontife), SEPT CHANSONS (un Moine) ANTAR (vieux Berger), TROYENS (Narbal), FALS-TAFF (Pistolet), LE RENARD (une Voix), GRISELIDIS (le Prieur), FLU-TE ENCHANTÉE (un Prêtre), PADMA-VATI (un Prêtre), JARDIN DU PARA-DIS (Vent du Sud), TRAVIATA (Doc-teur), CHEVALIER A LA ROSE (Com-missaire), MATINES D'AMOUR (le Prieur), TURANDOT (Timour), MA-ROUF (Pâtissier), SALAMINE (Ombre de Darius), TENTATION DE SAINT ANTOINE (le Pontife), ILLUSTRE FREGONA (Don Juan), MAXIMILIEN (Cardinal Labatista), JARDIN SUR L'ORONTE (Evêque), ROLANDE (le Capelan), MARCHAND DE VENISE (le Doge), OEDIPE (le Grand Prêtre), SA-MARITAINE (Pierre), L'AIGLON (Ma-réchal Marmont). A d'autre part été affiché dans L'AFRICAINE (Evêque, 1893), LA DAMNATION (Brander), PARSIFAL (Titurel), TRISTAN (Roi Marke) en 1914 ; ROMÉO (Frère Lau-rent, 1914, le Duc, 1940) ; RIGOLETTO (Monterone, 1915, Sparafucile, 1939), OFFRANDE A LA LIBERTÉ (Thomas, 1915), PATRIE ! (Noircarmes, 1915), HAMLET (le Spectre, 1915, Fossoyeur, 1934), SAMSON (Abimélech, 1916, Vieilllard hébreu, 1918), OTHELLO (Ludovic, 1916, Montano, 1919), FILLE DU FAR-WEST (Sonora, 1916), L'ETRANGER (un Pêcheur, le Contrebandier, 1916), GUILLAUME TELL (Melchtal, 1916), HENRY VIII (de Norfolk, 1917); en 1918, THAIS (Palémon), MONNA VAN-NA (Trivulzio), AIDA (le Roi); en 1919, SALAMMBO (Giscon) ; en 1920, LES HUGUENOTS (Maurevert), LEGENDE DE ST CHRISTOPHE (l'Historien); en 1921, SIEGFRIED (Fafner), ANTAR (Malek), ASCANIO (François 1er) ; en 1922, BORIS (Varlaam) ; en 1926, AL-CESTE (l'Oracle, Thanato), SALOMÉ (cinquième Juif), WALKYRIE (Hounding), TANNHAUSER (Reinmar) ; puis L'OR DU RHIN (Fasolt, 1927), FAUST (Wagner, 1932), ELEKTRA (Précepteur d'Oreste, 1932), MAITRES CHAN-TEURS (Pogner, 1933), ESCLARMON-DE (Roi Cléomar, 1934).

AIDA « Sextuor » (ODE. 56193 et 56196) — SAMSON « Trio » avec GRANAL et BROHLY (GRAM. 034086 et W 322).

NARDINI, Luigi. — En représenta-tion, débute dans « Marcello » de RI-GOLETTO le 30 mai 1947.

NEGRE, Louis. — Débute le 6 janvier 1929 dans « Wagner » de FAUST. Chan-te, en 1929, SALOMÉ (Soldat), TRA-VIATA (Marquis), MONNA VANNA (Trivulzio), MAROUF (Mameluck, puis un Marchand), RIGOLETTO (Sparafu-cile), LE CHEVALIER A LA ROSE (l'Exempt), BORIS (l'Exempt), GUIL-LAUME TELL (Chasseur, puis Gess-ler); en 1930, HUGUENOTS (Maure-vert, TRISTAN (Pilote), TANNHAU-SER (Reinmar), MAITRES CHAN-TEURS (Schwarz), SAMSON (Philis-tin), LES TROYENS (Priam) ; en 1931, OTHELLO (Héraut), A créé LE MAS (Moissonneur), SALAMINE (Dignitaire) et VIRGINIE (le Dieu).

NEGRO, Jean. — Est affiché dans « un Garçon d'auberge » du CHEVA-LIER en 1949.

NEIDLINGER, Gustav. — En repré-sentation, débute le 13 février 1953 dans « Kurwenal » de TRISTAN. En 1954 chante PARSIFAL (Amfortas) puis, en 1955, « Pizzaro » dans FIDELIO et « Albérich » dans L'OR DU RHIN, SIEGFRIED et LE CREPUSCULE.

NEQUEÇAUR, Jean. — Débute le 28 septembre 1940 dans « Rhadamès » de AIDA et chante « le Duc » de RIGO-LETTO en 1941.

NESSI, Giuseppe. — En représenta-tion, chante « Bardolphe » dans FALS-TAFF le 7 juillet 1935.

FALSTAFF « intégrale » (COL. OP 16).

NEUMANN, Karl,August. — En re-présentation, débute dans « Mélot » de TRISTAN le 22 mai 1941.

NEVEU. — En 1881, débute le 21 novembre dans « le Spectre » de HAM-LET, puis chante « Gessler » de GUIL-LAUME TELL et « Selva » de LA MUETTE DE PORTICI.

NIMLACHI. — Avec la troupe de l'Opéra de Monte-Carlo, crée « Billy » dans LA FILLE DU FAR-WEST.

NICOLA, Guglielmo. — En représen-tation, chante « don Pasquale » le 5 février 1916.

NISSEN, Hans Hermann. — En re-présentation, débute le 20 mai 1930 dans « Kurwenal » de TRISTAN.

NIVETTE, Juste. — Débute le 9 avril 1900 dans « un Officier » de PATRIE ! Est affiché dans SALAMMBO (Autha-rite, 1900), LE CID (Saint Jacques, 1900, don Gormas, 1905), HUGUENOTS (Moi-ne, puis Maurevert, 1900, Marcel, 1902), GUILLAUME TELL (Leuthold, puis Mechtal, 1901, Walter, 1903), ROMÉO (Duc, 1901, Frère Laurent, 1902), SAM-SON (Abimélech, 1901, Vieillard hé-breu, 1903), PROPHETE (Officier, 1901, Zaccharie, 1903), TANNHAUSER (Rein-mar, 1902, Landgrave, 1904) ; en 1903, SIEGFRIED (Fafner), HENRY VIII (le Légat), SIGURD (Hagen), OTHELLO (Ludovic), LOHENGRIN (le Roi); puis, TROUVERE (Fernand, 1904), WALKY-RIE (Hounding, 1905), DAMNATION (Brander, 1906). A créé ASTARTE (Eu-phémor), ROI DE PARIS (un Ligueur) et ORSOLA (Soldat).

GUILLAUME « Récit de Melchthal » (GRAM. 34653) « Trio » avec AFFRE et NOTE (ODE. 36729/30) — LES HU-GUENOTS « Pif, Paf » (ODE. 60053/4) « duo » avec TALEXIS (ODE. 60644 -60651) — SAMSON « Chœur des vieil-lards » (GRAM. 34652) — SIGURD « Au nom du Roi Gunther » (GRAM. 34654) — TROUVERE « Récit de Fer-nand » (ODE. 60043).

NOEL, André. — Débute en créant « le Visitador » dans BOLIVAR, puis chante « Torquemada » dans L'HEURE ESPAGNOLE (1958).

NOEL, Yves. — Débute dans « Valentin » de FAUST le 2 mars 1914. Chante SAMSON (Grand Prêtre, 1914), ROMÉO (Mercutio, 1917), SALAMMBO (Spendius), PATRIE ! (Jonas), LE CID (Envoyé Maure) en 1919; PAILLASSE (Sylvio) en 1920. A créé LE RETOUR (Hugues), LEGENDE DE SAINT CHRISTOPHE (Marchand), SEPT CHANSONS (l'Eteigneur de lanternes), ANTAR (Berger).

NOGUERA, Louis. — Débute le 25 octobre 1935 dans « un Chevalier » de PARSIFAL. Chante FAUST (Wagner, 1935, Valentin, 1942) ; en 1936, TRISTAN (Pilote), HUGUENOTS (Maurevert, Moine), MAITRES CHANTEURS (Veilleur, puis Beckmesser en 1949), ALCESTE (Coryphée, puis Apollon) ; en 1937, MONNA VANNA (Torello), FIDELIO (Prisonnier), ARIANE (Matelot), MAROUF (Marchand, Mameluck, puis en 1945, Ali), BORIS (Exempt), OEDIPE (Phorbas), SALADE (le Capitaine); en 1938, OR DU RHIN (Albérich), MARCHAND DE VENISE (un Juif, puis en 1949, Shylock), SALAMMBO (Grand Prêtre de Moloch), « Rigoletto » ; puis, LE CHEVALIER A LA ROSE (de Faninal, 1941), DON JUAN (Mazetto, 1942, Léporello, 1947), ROMÉO (Grégorio, 1944, Mercutio, 1946), FLUTE ENCHANTÉE (Monostatos, puis Papagéno, 1945), JOSEPH (Issachar, 1946), CREPUSCULE (Albérich, 1950), OTHELLO (Iago, 1951), INDES GALANTES (Ali, 1952), TRAVIATA (d'Orbel, 1953), OBERON (Shérasmin, 1954). A créé OEDIPE (un Thébain), SAMARITAINE (Marchand), ORIANE (une Voix), ENFANT ET SORTILEGES (le Chat), ANTIGONE (Hémon), NOCES CORINTHIENNES (Hermas).

LA FLUTE « Airs » - DON JUAN « air » (COL. LFX 900).

NORE, Georges. — Débute dans « Gratiano » DU MARCHAND DE VENISE le 8 novembre 1935. Chante, en 1936, THAIS (Nicias), TANNHAUSER (Heinril), TRAVIATA (Rodolphe), SOIRÉE ROMANTIQUE (une Voix) ; en 1937, FIDELIO (Jacquinot), BORIS (Innocent), SALOMÉ (quatrième, puis premier Juif), HAMLET (Laerte) ; en 1938, SAMSON (Messager), RIGOLETTO (le Duc), SALAMMBO (Grand Prêtre de Melkarth), ALCESTE (Coryphée), « Faust », OTHELLO (Cassio), HEURE ESPAGNOLE (Gonzalve) ; puis ENFANT ET SORTILEGES (Rainette, 1939), CHEVALIER A LA ROSE (Chanteur, 1942), ROI D'YS (Mylio, 1942), « Roméo » (1945), INDES GALANTES (Carlos, 1952), OBERON (Huon de Bordeaux, 1954). A créé OEDIPE (un Thébain), PROMENADE DANS ROME (une Voix), SAMARITAINE (Jean), AIGLON (de Gentz), ENFANT ET SORTILEGES (Théière), PALESTRINA (Spectre).

FAUST « Cavatine » (PATHE PD 65) l'ouvrage complet : (HIS MASTER'S VOICE DB 9422/37) — ROI D'YS « Aubade » (PATHE PDT 176).

NORTH, Derek. — Avec la troupe du Covent Garden de Londres, crée « l'Apprenti » dans PETER GRIMES.

NORVILLE, Hubert. — Avec la troupe du Covent Garden de Londres, crée « Bob Bales » dans PETER GRIMES.

NOTE, Jean. — Débute dans « Rigoletto » le 6 mai 1893. La même année, chante LOHENGRIN (de Telramund), SALAMMBO (Hamilcar), SAMSON (Grand Prêtre); en 1894 GWENDOLINE (Harald), SIGURD (Gunther), DEIDAMIE (Ulysse), ROMÉO (Mercutio), FAUST (Valentin) ; en 1895, AIDA (Amonasro) ; en 1896, FAVORITE (Alphonse), « Hamlet » ; en 1897, HUGUENOTS (Nevers), « Don Juan » ; en 1898, MAITRES CHANTEURS (Beckmesser); en 1899, « Guillaume Tell » ; en 1900, LE CID (le Roi), PATRIE ! (de Rysoor), LE CHANT DU DEPART ; en 1902, AFRICAINE (Nélusko), TANNHAUSER (Wolfram) ; en 1904, LE TROUVERE (de Luna); en 1905, ARMIDE (Hidraot) ; en 1907, CARMEN (Escamillo) ; en 1912, SALOMÉ (Iokanaam) ; en 1915, OFFRANDE A LA LIBERTÉ (le Conscrit), ASCANIO (Benvenuto). Est le créateur de MESSIDOR (Gaspard), CLOCHE DU RHIN (Hermann), BURGONDE (Hagen), JOSEPH (Siméon), ROI DE PARIS (Langnac), SIEGFRIED (Albérich), ORSOLA (Scopas), GLOIRE DE CORNEILLE (Néarque), OR DU RHIN (Donner), FILLE DU SOLEIL (l'Hiérophante), LE COBZAR (Pradéa), ROMA (Vestapor), JEANNE D'ARC (Duc de Bourgogne) et ANTAR (Amarat). Le soir même de sa mort, le 11 mars 1922, était affiché dans « Rigoletto ».

L'AFRICAINE « Ballade d'Adamastor » (APOLLON 289) - (GRAM. 2.32579 - 34648) - (ODE. 33722) « Fille des Rois » (GRAM. 2.32581) — AIDA « duo » avec DEMOUGEOT (GRAM. 34045) — CARMEN « Air du Toréador » (ODE. 36336) — FAUST « Mort de Valentin » (GRAM. 2.32887) - (ZONOPHONE 82467) « Invocation » (GRAM. 2.32889) « Trio du duel » (GRAM. 36596/36728) — FAVORITE « Jardins de l'Alcazar » (GRAM. 2.32902) - (ODE. 33999-36006) - (ZONO. 82475) « Pour tant d'amour » (ZONO. 82474) - (GRAM. 2.32907) « Ange si pur » (ODE. 36726) — GUILLAUME « Sois immobile » (GRAM. 032598) « Quand l'Helvétie » (GRAM. 032613) - (ZONO. 82468) « trio» avec AFFRE et GRESSE (GRAM. 32032 3) « trio » avec AFFRE et NIVETTE (ODE. 36729/30) « duo » avec AFFRE (GRAM. 34003) « Prière » (ODE. 33185) — HAMLET « O Vin dissipe la tristesse » (GRAM. 2.32572) « Comme une pâle fleur » (GRAM. 2.32905) « Brindisi » (ZONO. 82473) — ROMEO « Ballade de la Reine Mab » (GRAM. 2.32573) — SIGURD « Et toi Freïa » (GRAM. 2.32062) — TANNHAUSER « Romance de l'Etoile » (GRAM. 2. 32876) - (ODE. 33132) — LE TROUVERE « Grand air » (ODE. 36334 - 36347) « Son regard... » (GRAM. 3. 32657) - (ZONO. 82472). — Jean NOTE a enregistré un nombre considérable de disques sur toutes marques de l'époque. Citons encore sur Saphir PATHE : FAUST « intégrale en 28 disques » (1622/49) —RIGOLETTO « intégrale en 15 disques » (1536/50) — TROUVERE « intégrale en 19 disques » (1603/21).

NOUGARO, Pierre. — Débute le 10 novembre 1929 dans le « Héraut » de LOHENGRIN. Chante, en 1929, GUILLAUME TELL (Leuthold) ; en 1930, HUGUENOTS (Moine), « Rigoletto » ; en 1931, THAIS (Athanael), AIDA (Amonasro), FAUST (Valentin) ; en 1932, LOHENGRIN (de Telramund), SAMSON (Grand Prêtre), HERODIADE (Hérode) ; en 1942, SALAMMBO (Hamilcar), ROI D'YS (Karnac) ; en 1943, ANTIGONE (Créon), OTHELLO (Iago) « Peer Gynt » ; en 1944, ROMÉO (Mercutio), « l'Étranger ». A créé « un Marchand » dans UN JARDIN SUR L'ORONTE.

RIGOLETTO « Airs » (chez PARLOPHONE).

NOURY. — Débute le 28 juillet 1919 dans « Miguel » de PATRIE !

NUCELLY. — Débute dans « Leuthold » de GUILLAUME TELL le 29 janvier 1908. La même année, est affiché dans RIGOLETTO (Marcello), FAUST (Valentin), HIPPOLYTE (Jupiter), SALAMMBO (Autharite), ROMÉO (Capulet), LOHENGRIN (Héraut), CREPUSCULE (Albérich).

NUGUES, Jean-Marie. — Est affiché dans LE CHEVALIER (un Valet, un Garçon d'auberge) en 1949.

NUIBO, Francisco. — Débute le 30 août 1904 dans « Ruodi » de GUILLAUME TELL. Chante LES MAITRES CHANTEURS (David, 1906) et crée LA CATALANE (Gaspard), PROMETHEE (Andros).

OBEIN. — Débute dans le « Grand Prêtre de Melkarth » de SALAMMBO le 21 mai 1919.

OKOROTCHEKOV. — En représentation, en 1926, débute le 23 mars dans « le Héraut » de BORIS et crée « un Mendiant, un brave Homme » dans KITEGE.

ORDA, Alfred. — Débute le 11 septembre 1949 dans «Valentin» de FAUST.

ORDA, Thaddé. — En représentation, débute dans « Boris » le 6 mai 1922.

OSTER. — Avec la troupe de l'Opéra de Vienne, débute dans « le Marchand d'animaux » du CHEVALIER le 15 mai 1928.

OUZOUNOV, Dimitar. — En représentation, débute le 3 février 1958 dans « Rhadamès » de AIDA, puis chante « Othello » en 1959.

PACELLA, Enrico. — En représentation, débute le 5 février 1926 dans « le Duc » de RIGOLETTO.

PACTAT, André. — Débute le 18 mars 1935 dans « le Docteur » de SALADE. Est affiché dans, en 1935, RIGOLETTO (Monterone), DAMNATION (Brander, puis Récitant en 1937), SAMSON (Abimélech), FLUTE ENCHANTÉE (Homme armé) ; en 1936, MAITRES CHANTEURS (Foltz), COQ D'OR (Général Polkan) ; en 1937, FIDELIO (Fernando), MAROUF (le Kadi), MONNA VANNA (Trivulzio), BORIS (Rangoni, puis en 1956, Varlaam) ; en 1938, OR DU RHIN (Donner), SALOMÉ (Soldat), FAUST (Méphisto, puis en 1958, Wagner) ; en 1939, MARCHAND DE VENISE (Prince du Maroc), AIDA (le Roi), TROYENS (Narbal), LOHENGRIN (le Roi) ; en 1942, DON JUAN (Commandeur), ROI D'YS (le Roi), THAIS (Athanael), SALAMMBO (Narr'Havas); en 1943, ANTIGONE (Tirésias) ; en 1956, WALKYRIE (Hounding). A créé LE MARCHAND DE VENISE (un Juif), SAMARITAINE (un Ancien), CHARTREUSE DE PARME (un Maréchal des logis), ROI D'YS (Saint Corentin), PALESTRINA (Cardinal de Lorraine).

DAMNATION DE FAUST « intégrale) (COL. LFX 614//28) - Réed. Micros. (COL. FHX 5003/5).

PALIANTI. — Débute dans « un Chevalier » du COMTE ORY le 8 mars 1882. Est affiché dans, en 1882, ROBERT LE DIABLE (Chevalier), FREISCHUTZ (Samiel), PROPHETE (Seigneur, puis en 1892, Paysan), FRANÇOISE DE RIMINI (Officier) ; en 1883, LA JUIVE (Crieur, Homme du peuple en 1890), HUGUENOTS (de Thoré, Cossé, puis Maurevert en 1890, Moine en 1904), AFRICAINE (Evêque, Officier en 1890), HAMLET (Fossoyeur, Polonius en 1892) ; SAPHO (Grand Prêtre, 1884), GUILLAUME TELL (Chasseur, 1890, Tyrolien, 1899) ; en 1891, PATRIE !

(Officier), SIGURD (Ramunc), ASCA-NIO (Pagolo), LE CID (don Alphonse) ; en 1892, LOHENGRIN (Vassal), RIGOLETTO (Céprano) ; en 1898, MAITRES CHANTEURS (Foltz). A créé HENRY VIII (Seigneur), SALAMMBO (Pontife), THAIS (Cénobite), MONTAGNE NOIRE (Chef), FREDEGONDE (Seigneur), JOSEPH (Judas), LANCELOT (Chevalier).

PANCOTTI, Gaston. — A été affiché dans THAIS (Cénobite, 1923), PARSIFAL (Chevalier, 1924), CHEVALIER A LA ROSE (Laquais de la Maréchale, 1927), COQ D'OR (Boyard, 1928), GWENDOLINE (Danois, 1942).

PANIGEL. — Débute le 3 décembre 1922 dans « le Duc » de RIGOLETTO.

PANZERA, Charles. — Avec la Compagnie de Mme Rubinstein, crée « la Voix d'Apollon » dans AMPHION. Chante le REQUIEM de Fauré le 28 mai 1935.

PAOLI, Antonio. — Débute le 27 avril 1899 dans « Arnold » de GUILLAUME TELL.

GUILLAUME TELL « che Finger tento » (GRAM. 054160) et « Troncar suei di » avec CIGADA et SILLIC (GRAM. 054161).

PASERO, Tancrède. — Avec la troupe du Théâtre Communal de Florence, crée « Oroveso » dans NORMA.

NORMA « intégrale » (PARLOPHONE P 20/1) - (CETRA CB 20010/27) Rééd. Micros (CETRA album 1204) « Airs » (FONOTIPIA 120027) - (COL. CQX 10736) - (CETRA BB 25109).

PASKUDA, Georg. — En représentation, débute le 6 mai 1960 dans « le Pilote » du VAISSEAU FANTOME.

PASQUIER, Robert. — En représentation, crée « Cyril » dans FEDORA.

PATAKY, Koloman von. — En mai 1928, avec la troupe de l'Opéra de Vienne, chante « Belmont » dans UN ENLEVEMENT AU SERAIL et « le Chanteur » dans LE CHEVALIER A LA ROSE.

CHEVALIER A LA ROSE « di Rigori armato » (POLY. 62603) — ENLÈVEMENT AU SÉRAIL « air de Belmont » (POLY 66810).

PATY, Hubert. — Débute le 3 juin 1896 dans le « Vieillard hébreu » de SAMSON. Chante WALKYRIE (Hounding), HELLE (Roger), TANNHAUSER (Reinmar) en 1896 ; AIDA (Ramfis, 1897. le Roi, 1901) ; MAITRES CHANTEURS (Veilleur), RIGOLETTO (Sparafucile), SAMSON (Abimélech) en 1898 ; GUILLAUME TELL (Gessler, 1899, Walther, 1901) ; SALAMMBO (Giscon, 1899) ; PATRIE ! (Noircarmes, 1900) ; LE CID (don Gormas), HUGUENOTS (Marcel) en 1901 ; AFRICAINE (Grand Inquisiteur, 1902) ; PROPHETE (Zaccharie), TRISTAN (Roi Marke), ROMÉO (Frère Laurent) en 1908 ; HAMLET (Spectre, 1908, le Roi, 1909). Est le créateur de LA DAMNATION (Brander), MAITRES CHANTEURS (Foltz), JOSEPH (Dan), PRISE DE TROIE (Chef grec), SIEGFRIED (Fafner), JEANNE D'ARC (Regnault).

PATZAK, Julius. — Avec la troupe de l'Opéra de Vienne, crée « Mercure » dans L'AMOUR DE DANAÉ.

PAULIN. — Débute le 22 juin 1892 dans « Eléazar » de LA JUIVE.

PAYAN. — En représentation, crée « Grech » dans FEDORA.

PEASE, James. — En représentation, débute le 10 mai 1957 dans « Wotan » de LA WALKYRIE.

PELOGA. — Débute dans « le Héraut » de LOHENGRIN le 30 juin 1899. La même année chante « Mathisen » du PROPHETE, « Autharite » de SALAMMBO et crée « un Soldat » dans LA PRISE DE TROIE, « un Serviteur » dans LANCELOT.

PENNO, Gino. — Avec la troupe du Théâtre San-Carlo de Naples, crée « Charles VII » dans JEANNE D'ARC, puis, en représentation en 1954, chante « Rhadamès » dans AIDA.

PERGOLA, della. — Voir plus haut: « Della Pergola ».

PERNET, André. — Débute le 7 juillet 1928 dans « Méphistophélès » de FAUST. Chante THAIS (Athanael), AIDA (le Roi), WALKYRIE (Wotan) en 1928 ; MAROUF (le Sultan), « Boris », GUILLAUME TELL (Gessler) en 1929 ; HUGUENOTS (Saint Bris, 1930); TRISTAN (Roi Marke), PAILLASSE (Tonio) en 1931 ; PARSIFAL (Gurnemanz), DAMNATION (Méphisto), LE BARBIER (Bazile), en 1933 ; « Don Juan », « l'Etranger » (1934) ; SAMSON (Abimélech, 1935) ; SALAMMBO (Narr' Havas, 1938) ; SALADE (Tartaglia, 1948. Est le créateur de PERSEE ET ANDROMEDE (Persée). SALAMINE (Messager), VISION DE MONA (Jazon), DUCHESSE DE PADOUE (le Duc), « Maximilien », VERCINGETORIX (Gobanit), ROLANDE (Prince Richard), MARCHAND DE VENISE (Shylock), « Oedipe », SAMARITAINE (Jésus).

LE BARBIER « air de la Calomnie » (ODÉ. 123693) - (GRAM. DB 5019) — BORIS « j'ai le pouvoir », « carillon » et « mort » (ODÉ. 188782) — DAMNATION « Airs » (GRAM.) — FAUST « Airs » (ODÉ. 188782) Rééd. Micros. (ODÉ. ORX 102) — HUGUENOTS « Bénédiction des Poignards » (GRAM. DB 5044) — DON JUAN « Sérénade de » « duo » avec SOLANGE DELMAS (GRAM. DA 4850) — PAILLASSE « Prologue » (GRAM. DB 5019) —

MARCHAND DE VENISE « air de Shylock » (GRAM. DA 4871) — THAIS « Voilà donc la terrible cité » (ODÉ. 123711) - (Rééd. Micros. ODÉ ORX 103) — WALKYRIE « adieux de Wotan (ODÉ 123727) « Incantation du feu » (ODÉ 123728) Rééd. Micros. RÉCITAL (ODÉ. ODX 135 et AOE 1045/6) RÉCITAL (V.d.ds.M. FJLP 5062).

PERRET, André. — Débute dans « Samson » le 5 juillet 1923. Chante, en 1923, HERODIADE (Jean) ; en 1924, « Sigurd », RIGOLETTO (le Duc), WALKYRIE (Siegmound), AIDA (Rhadamès) · en 1925, ESTHER (Mardochée), ESCLARMONDE (Roland) ; en 1926, BORIS (Dimitri), PAILLASSE (Canio).

PERRIN. — Débute en créant « un Chef grec » dans DEIDAMIE, puis est affiché dans L'AFRICAINE (Evêque, 1893), GWENDOLINE (Saxon, 1893), THAIS (Cénobite, 1894).

PETER, Albrecht. — En représentation, débute le 7 mai 1955 dans « Donner » de L'OR DU RHIN.

PETIT, Georges. — Débute dans « Raphael » des JOYAUX DE LA MADONE le 15 novembre 1913.

PETITPAS, Jean. — Débute le 3 février 1939 dans « un Homme armé » de LA FLUTE ENCHANTÉE. Est affiché dans LES TROYENS (Soldat, 1939) SAMSON (Philistin, 1940, Abimélech, 1946), RIGOLETTO (Monterone, 1940, Officier, 1944, Ceprano, 1946, Marcello 1953) ; LE CHEVALIER (Commissaire), GWENDOLINE (Aella), ROI D'YS (Jahel, puis le Roi, puis Saint Corentin), FAUST (Wagner), AIDA (le Roi), en 1941 ; FIDELIO (Prisonnier), SALAMMBO (Autharite, Grand Prêtre d'Eschoum) en 1942; MAROUF (Marchand, 1942, Pâtissier, 1945), OTHELLO (Héraut, 1943), BORIS (Exempt, Tcherniakowsky, 1944, Lovitzky, 1953), DAMNATION (Récitant, 1945) ; ANTAR (Berger), ARIANE ET BARBE-BLEUE (Paysan), JOSEPH (Officier, Lévi), PADMAVATI (Artisan) en 1946 ; DIANE DE POITIERS (Musicien, 1947) ; MAITRES CHANTEURS (Schwarz, puis Veilleur), SALADE (le Capitaine), THAIS (Palémon) en 1948 ; TRISTAN (le Pilote), MARCHAND DE VENISE (Grand de Venise) en 1949 ; LE CREPUSCULE (Guerrier, 1950), TRAVIATA (Docteur, 1951), L'AIGLON (Polichinelle, Officier, 1952), ENLEVEMENT AU SERAIL (Esclave, 1953). A créé LA CHARTREUSE DE PARME (Gendarme), PALESTRINA (Evêque de Feltre, un Chanteur), LE DRAC (un Marin), BOLIVAR (Soldat), JEANNE AU BUCHER (Héraut).

PETROFF, Bazile. — Avec la Compagnie de Serge de Diaghilew, crée « le Roi Dodon » dans LE COQ D'OR.

PETROV, Yvan. — En 1954, en représentation, débute le 5 mars dans « Boris » et chante « Méphistophélès » de FAUST.

PEYRE. — Débute dans « Grégorio » de ROMÉO le 3 novembre 1922. Chante LOHENGRIN (Héraut, 1922, Roi, 1923), KHOVANTCHINA (premier Streitsy, 1923), SAMSON (Abimélech, 1923, Gd Prêtre, 1925), SIGURD (Ramunc, 1923); PARSIFAL (Ecuyer), ROMÉO (Frère Jean), RIGOLETTO (Sparafucile), HERODIADE (Phanuel) MAITRES CHANTEURS (Schwarz) en 1924 ; AIDA (le Roi), TANNHAUSER (Landgrave), BORIS (Pimen) en 1925 ; FAUST (Méphisto), FREISCHUTZ (Kilian) en 1926 ; WALKYRIE (Wotan) en 1927. A créé LA FLUTE ENCHANTÉE (Homme armé), PADMAVATI (Artisan), LES DIEUX SONT MORTS (Zeus).

PEYROTTES, Henry. — Débute dans « Valentin » de FAUST le 15 octobre 1956.

PFEIFLE, Alfred. — En représentation, débute le 9 mars 1955 dans « Jaquinot » de FIDELIO.

PHILIPPE, André. — Débute dans « Palémon » de THAIS le 31 octobre 1942. Est affiché dans LE ROI D'YS (le Roi, 1942, Saint Corentin, 1943), MAROUF (Mameluck, 1942, Kadi, 1944, Vizir, 1949), SALAMMBO (Autharite, 1942) ; en 1943, SAMSON (Abimélech), FAUST (Wagner), FLUTE ENCHANTÉE (Prêtre), RIGOLETTO (Monterone, puis en 1954, Marcello) ; ROMÉO (Grégorio, 1944, Duc, 1946, Frère Laurent, 1949), ETRANGER (Contrebandier, 1944) ; HERODIADE (Grand Prêtre), ARIANE ET BARBE-BLEUE (vieux Payson) en 1945 ; OTHELLO (Montano, 1948, Ludovic, 1952), DAMNATION (Récitant, 1946, Brander, 1947) BORIS (Varlaam), JOSEPH (Dan), PADMAVATI (Prêtre) en 1946 ; FIDELIO (Prisonnier, 1947) ; MONNA VANNA (Trivulzio), MAITRES CHANTEURS (Kothner), TRISTAN (Pilote), AIDA (le Roi) en 1948 ; CHEVALIER (Notaire), MARCHAND DE VENISE (Doge) en 1949 ; TRAVIATA (Docteur), ENLEVEMENT AU SERAIL (Osmin), en 1951 : THAIS (Serviteur, 1954). A créé PEER GYNT (le Fermier, un Marchand), NOCES CORINTHIENNES (le Pêcheur), BOLIVAR (le Délégué, un Laboureur, un Officier), OBERON (un Pirate).

PICAT, Jean. — Est affiché dans PARSIFAL (Chevalier, 1924), THAIS (Cénobite, 1926), CHEVALIER (Laquais de Maréchale, 1927), COQ D'OR (Boyard, 1927).

PIERROTET, Henri. — Est affiché dans THAIS (Cénobite, 1922), PARSIFAL (Chevalier, 1924), HUGUENOTS (Moine, 1930, Soldat, 1936), CASTOR E TPOLLUX (Spartiate, 1930), MARCHAND DE VENISE (Serviteur, 1935), AIGLON (Polichinelle, 1937), GWENDOLINE (Danois, 1942), LE DRAC (Pêcheur, 1942).

PINZA, Ezio. — En représentation, chante le REQUIEM de Verdi le 12 juin 1935, puis est affiché dans « don Juan » en 1936.

DON JUAN « Airs « (VICTOR 2154 - 1467) - (COL. 71975 D) — REQUIEM de Verdi (en latin) (VICTOR 734 - GRAM. DB 6210/19) Rééd. Micros. (V.d.s.M. FJLP 5002/3) — RÉCITAL Micros. (R.C.A. 630238).

PIROIA. — Débute dans « Léonard » des HUGUENOTS le 23 juin 1882. La même année, est affiché dans LA JUIVE (Homme du peuple), ROBERT LE DIABLE (Chevalier, Raimbaut en 1884), TRIBUT DE ZAMORA (l'Alcade) PROPHETE (Soldat, puis Garçon d'auberge, 1883, Jonas, 1884), COMTE ORY (Chevalier) ; en 1883, GUILLAUME TELL (Ruodi, puis Rodolphe), AFRICAINE (Officier, puis don Alvar), FAVORITE (Gaspard) ; en 1884, SAPHO (Pâtre), HAMLET (Laerte), FREICHUTZ (Ottokar) ; HUGUENOTS (Boisrosé, 1885, de Tavannes, 1891), SIGURD (Irnfrid, 1890), LE MAGE (Prisonnier, 1891). A créé HENRY VIII (Seigneur) et SALAMMBO (Pontife).

PLAMONDON, Rodolphe. — Débute dans « Faust » de LA DAMNATION le 28 avril 1906. Chante « Hippolyte, 1908 », « Thésée » dans OEDIPE A COLONNE (1916), « le Berger » dans MESSIDOR (1917) et « Castor » (1918). A créé MADEMOISELLE DE NANTES (Renaud) et LES VIRTUOSI DE MAZARIN.

PLANCON, Pol. — Débute dans « Méphistophélès » de FAUST le 25 juin 1883. Chante LES HUGUENOTS (Saint Bris, 1883, Marcel, 1892), AFRICAINE (don Diego, 1883, don Pedro, 1885, Grand Brahmine, 1886), PROPHETE (Oberthal), FREISCHUTZ (Gaspard), HENRY VIII (Duc de Norfolk) en 1883 ; SAPHO (Pithéas, 1884) ; GUILLAUME TELL (Gessler, 1885 Walter, 1888, Melchtal, 1892), RIGOLETTO (Sparafucile), SIGURD (Hagen) en 1885 ; LE CID (don Diègue, 1886), PATRIE! (Duc d'Albe, 1887) ; HAMLET (le Roi), LA JUIVE (Brogni) en 1888 ; ROMÉO (Frère Laurent, 1889) ; LOHENGRIN (le Roi), FAVORITE (Balthazar) en 1891. A créé LE CID (don Gormas) et ASCANIO (François 1er).

FAUST « Sérénade » (GRAM. 2-2663) (ZONOPHONE 2062) - (VICTOR 81040 - 81100) « Veau d'or » (GRAM. 2-2668) - (VICTOR 81038) - (MAS-

TERS VOICE DA 542) « Trio final » (VICTOR 95300) — LES HUGUENOTS « Pif, Paf » (ZONOPHONE 2061) - (GRAM. 2-2661) — ROMÉO « air de Capulet » (GRAM. 2.2660 - DA 542) - (VICTOR 81035) Rééd. Micros. RÉCITAL (ROCOCO RECORDS Série Historique N° 9).

PLAXILI. — Est affiché dans « un Cénobite » de THAIS en 1916.

PLOEG, van den. — En février 1926, avec la troupe de l'Opéra de La Haye, chante « un Prisonnier » dans FIDELIO et « Mélot » dans TRISTAN.

PODESTA, Mario. — Débute le 22 décembre 1922 dans « un Homme armé » de LA FLUTE ENCHANTÉE. Chante THAIS (Nicias, 1923), KHOVANTCHINA (André, 1924) et crée «Strechiniew» dans LA KHOVANTCHINA, « Badal » dans PADMAVATI.

POELL, Alfred. — En mai 1953, avec la troupe de l'Opéra de Vienne, crée « Jupiter » dans L'AMOUR DE DANAÉ et chante « un Prêtre » dans la FLUTE ENCHANTÉE.

PONCET, Tony. — Débute le 5 avril 1957 dans « un Chanteur » du CHEVALIER A LA ROSE.

PONS. — Débute dans « le Crieur » des HUGUENOTS le 7 février 1908.

PONSARD. — A débuté salle Le Peletier le 4 septembre 1867 dans le « Grand Inquisiteur » de l'AFRICAINE. A chanté GUILLAUME TELL (Melchtall, 1867, Walther, 1871), HERCULANUM (Satan, 1868), FAUST (Wagner, 1869), FAVORITE (Balthazar, 1870), FREISCHUTZ (Kouno, 1870), HUGUENOTS (Marcel, 1870, Saint Bris, 1871), TROUVERE (Fernand, 1871), ROBERT LE DIABLE (Bertram, 1871), PROPHETE (Zaccharie, 1871), HAMLET (le Roi, 1872). A créé « Polonius » dans HAMLET.

PONTE, Marcel. — Est affiché dans LE COQ D'OR (Boyard, 1947), LE CHEVALIER (l'Aumônier, un Musicien, 1949).

PONZIO, Léon. — En 1930, débute le 4 avril dans « Figaro » du BARBIER puis chante « d'Orbel » de LA TRAVIATA et « Marouf ».

LE BARBIER « air de Figaro » (SALABERT 3248).

POTTIER, Jacques. — Débute le 15 avril 1962 dans « le Chanteur » du CHEVALIER A LA ROSE, puis chante « Cavaradossi » de TOSCA.

POUSSIER, Georges. — Est affiché dans LES MAITRES CHANTEURS (Apprenti, 1948), MARCHAND DE VENISE (un Masque, 1949).

POUTRAIN, Louis. — Est affiché, en 1942, dans GWENDOLINE (Danois), LE DRAC (Pêcheur), THAIS (Cénobite), puis COQ D'OR (Boyard, 1947), MAITRES CHANTEURS (Apprenti, 1948).

PREVEDI, Bruno. — En représentation, débute le 7 avril 1962 dans « Cavaradossi » de TOSCA.

PRIEM, Paul. — Est affiché dans PARSIFAL (Chevalier, 1924), NAISSANCE DE LA LYRE (Satyre, 1925), CHEVALIER (Laquais de Lercheneau, 1928), COQ D'OR (Boyard, 1928).

PRIMA, Miguel. — Débute dans « le Messager » de SAMSON le 9 décembre 1960. En 1962, est affiché dans BORIS (Kroutchov), RIGOLETTO (Officier).

PROFERISCE. — En mai 1912, avec la troupe de l'Opéra de Monte-Carlo, crée « Trin » dans LA FILLE DU FAR-WEST et joue « l'Officier » dans LE BARBIER DE SEVILLE.

PROGLHOF, Harald. — En mai 1953, avec la troupe de l'Opéra de Vienne, joue « un vieux Serviteur » dans ELEK-TRA et crée « le troisième Roi » dans L'AMOUR DE DANAÉ.

PROHASKA, Jaro. — En représentation, débute le 14 mai 1936 dans «Hans Sachs» des MAITRES CHANTEURS, et chante « Kurwenaal » de TRISTAN en 1941.

PROTTI, Aldo. — En représentation, débute dans « Rigoletto » le 1ᵉʳ septembre 1954.

     RIGOLETTO « intégrale » Micros. (DECCA LXT 5006/8).

PROZOWSKY. — En représentation, débute le 23 mars 1926 dans «l'Exempt» de BORIS.

PUJOL, Victor. — Au cours d'un Gala, le 29 juillet 1924, chante « Ramon » dans LA NAVARRAISE.

QUILICO, Louis. — En représentation, débute dans « Asthon » de LUCIE DE LAMMERMOOR le 19 février 1962.

RAES. — Débute dans « Gartner » de HENRY VIII le 18 mai 1903. Est ensuite affiché dans LE PROPHETE (Soldat, 1903), HUGUENOTS (Moine, 1904).

RAGNEAU. — Débute dans « don Alonzo » du CID le 6 août 1888. Est affiché dans LES HUGUENOTS (Soldat, 1888, de Thoré, puis Cossé, 1890, Moine, 1905), FAUST (Wagner, 1838), LA JUIVE (Ruggiero, 1888, Homme du peuple, 1890), LE CID (Envoyé Maure, 1838), HAMLET (Fossoyeur, 1888), PATRIE ! (Officier, 1888, Galéna, 1907), ROMÉO (Grégorio, 1839, Frère Jean, 1908), GUILLAUME TELL (Leuthold,

1889, Tyrolien, 1905, Chasseur, 1908), HENRY VIII (Seigneur, 1889), PROPHETE (Paysan, 1889, Officier, 1905), AFRICAINE (Grand Brahmine, 1890, Officier, 1891), ROBERT LE DIABLE (Alberti, 1891), SAMSON (Philistin, 1905), ARMIDE (Officier, 1905), THAIS (Serviteur, 1905, Cénobite, 1907), ETRANGER (vieux Marin, 1906). A créé ZAIRE (Hassan), LE MAGE (Chef), LOHENGRIN (Vassal), SALAMMBO (Pontife).

RAIMONDI, Gianni. — En représentation, débute le 19 juin 1953 dans « le Duc » de RIGOLETTO.

RALLIER, Serge. — Débute le 18 novembre 1949 dans « Salarino » du MARCHAND DE VENISE. Est affiché dans LES MAITRES CHANTEURS (Esslinger, 1952) ; BORIS (Boyard), FLUTE ENCHANTÉE (Orateur) en 1956 ; DIALOGUES DES CARMÉLITES (Commissaire), TRAVIATA (Vicomte), SALOMÉ (deuxième Juif), CHEVALIER A LA ROSE (Intendant de la Maréchale) en 1959.

RAMBAUD, Edmond. — Débute dans « Faust » le 9 avril 1917. Chante, RIGOLETTO (le Duc, 1918), SALAMMBO (Shahabarim, 1919), PAILLASSE (Canio, 1920) ; « Roméo », « Mime » dans SIEGFRIED et OR DU RHIN (1921), ENLEVEMENT AU SERAIL (Pédrille, 1921, Belmont, 1922) ; « Castor » (1922), BORIS (Innocent, puis Dimitri, 1922, Chouisky, 1944), MAITRES CHANTEURS (David, 1923), PADMAVATI (Brahmane, 1925) ; SALOMÉ (Narraboth), GWENDOLINE (Armel) en 1926; COQ D'OR (Astrologue, 1927) ; TRAVIATA (Rodolphe), ALCESTE (Admète), « Marouf » en 1928 ; ILLUSTRE FREGONA (Tomas, 1931), GUILLAUME TELL (Ruodi, 1932), LA JUIVE (Léopold, 1933) ; CHEVALIER A LA ROSE (Chanteur), DON JUAN (Ottavio) en 1934 ; THAIS (Nicias), TROYENS (Jopas, Hélénus) en 1939 ; HEURE ESPAGNOLE (Gonzalve), FIDELIO (Jaquinot) en 1940 ; « Joseph » (1946), ETRANGER (le vieux Pierre, 1951). Est le créateur de JEANNE D'ARC (Durand Lazard), LE RETOUR (Jean), LEGENDE DE SAINT CHRISTOPHE (Prince du Mal), ANTAR (Zobéir), MEGERE APPRIVOISEE (Lorenzo), FALSTAFF (Fenton), FLUTE ENCHANTÉE (Tamino), JARDIN DU PARADIS (Vent d'Est), LES DIEUX SONT MORTS (Egoras), L'ARLEQUIN (Beppo). NAISSANCE DE LA LYRE (Apollon), MATINES D'AMOUR (Théophilus), VIRGINIE (Théodore), VISION DE MONA (Jean-Louis), SALADE (Polichinelle), LE MAS (Jean), MARCHAND DE VENISE (Prince d'Aragon), PALESTRINA (Evêque de Budoja, Spectre), LE DRAC (Lasquinade),

PEER GYNT (vieux Roi), LUCIFER (une Voix).

FAUST « Airs » (PATHÉ X 7139) — ILLUSTRE FREGONA « Mélancolique tombe le soir », « duo » avec Yvonne GERVAIS (COL. RF 43) — ROMÉO « Cavatine » (PATHÉ X 7120).

RANCK, Pierre. — Débute le 17 juin 1960 dans « un Philistin » de SAMSON.

RAYBAUD. — Débute le 29 octobre 1926 dans « Kouno » du FREISCHUTZ. En 1927, chante, SAMSON (Vieillard hébreu), THAIS (Palémon), CHEVALIER A LA ROSE (Commissaire). A créé TRAVIATA (le Marquis), LES BURGRAVES (Silvana), MAROUF (le Kadi).

RAYNAL. — En 1897, débute le 19 juillet dans « Samson » et chante « Tybalt » de ROMÉO.

RAYNAL, — Est affiché en 1935 dans « un Spartiate » de CASTOR ET POLLUX, « un Chevalier » de PARSIFAL.

RAYNAUD, Est affiché dans « un Cénobite » de THAIS en 1924.

RE, Vittorio. — En représentation, crée « Cholais » dans MARIA DI ROHAN et chante « le Duc » de RIGOLETTO (1917).

REGIS, Georges. — Débute le 18 juin 1909 dans « Gartner » de HENRY VIII. Est affiché dans, en 1909, ROMÉO (Tybalt, puis en 1924, Pâris), TANNHAUSER (Walther), GUILLAUME TELL (Ruodi) ; en 1923, MAITRES CHANTEURS (Esslinger), HERODIADE (une Voix), BORIS (Innocent), TROUVERE (Ruiz) ; en 1924, SAMSON (Messager), THAIS (Serviteur), PARSIFAL (Ecuyer), RIGOLETTO (Borsa) ; en 1925, FLUTE ENCHANTÉE (Homme armé) ; en 1926, FALSTAFF (Bardolphe), PAILLASSE (Beppe), SALOMÉ (troisième Juif). A créé PADMAVATI (Marchand), JARDIN DU PARADIS (Héraut), NERTO (l'Abbé), ESTHER (un Officier, un Blessé), NAISSANCE DE LA LYRE (un Choreute).

GUILLAUME « Barcarolle » (GRAM. 3-32839).

REHFUS, Heinz. — En représentation, débute le 27 novembre 1950 dans « Gunther » du CREPUSCULE DES DIEUX.

REINHARD, H. — Avec la troupe de l'Opéra de La Haye, chante « une Voix » dans TRISTAN en février 1926.

REISS, Albert. — En représentation, débute dans « un Matelot » de TRISTAN le 19 juin 1910.

RENAUD, Maurice. — Débute le 17 juillet 1891 dans « Nélusko » de l'AFRICAINE. Chante, en 1891, LES HUGUENOTS (Nevers), FAVORITE (Alphonse), SIGURD (Gunther, puis Grand Prêtre en 1896) ; en 1892, FAUST (Valentin), GUILLAUME TELL (Leuthold, puis Guillaume), AIDA (Amonasro), LE SICILIEN (Tircis), OTHELLO (Iago) ; puis SAMSON (Grand Prêtre, 1893), TANNHAUSER (Wolfram 1895) ; « Hamlet », « Don Juan » (1896); « Rigoletto », THAIS (Athanael) en 1908 ; APOTHEOSE DE BEETHOVEN (Teltscher), « Henry VIII » en 1909 ; LA DAMNATION (Méphistophélès, 1910), LE VIEIL AIGLE (le Khan, 1914). MONSIEUR CHOUFLEURI RESTERA CHEZ LUI LE... (Petermann, 1919). Est le créateur de LOHENGRIN (de Telramund), SALAMMBO (Hamilcar), LA VIE DU POETE, OR DU RHIN (Albérich), DEIDAMIE (Ulysse) GWENDOLINE (Harald), DJELMA (Raim). MONTAGNE NOIRE (Aslar), FREDEGONDE (Hilpérik), MESSIDOR (le Berger), MAITRES CHANTEURS (Beckmesser), PRISE DE TROIE (Chorèbe), LANCELOT (Arthus).

AFRICAINE « Fille des Rois » (GRAM. 032040) — DAMNATION « Voici des Roses » (GRAM 32077 et 32094) « Sérénade » (GRAM. 2.713 et 32100) « La Puce » (GRAM. 3-32670) — FAVORITE « andante » (GRAM. 32076) « Pour tant d'amour » (GRAM. 32083 et 32092) « Viens Léonore » (GRAM. 32095) — GUILLAUME TELL « Prière » (GRAM. 32671 et 32679) « Sois immobile » (GRAM. 32099) — HAMLET « comme une pâle fleur » (GRAM. 32084, 32674, 32096) — DON JUAN « Sérénade » (GRAM. 032051, 032097 - W 115) Rééd. Micros. (ETERNA 479) — TANNHAUSER « Jadis quand tu luttas » (GRAM. 32078) - (VICTOR 5036) « Romance de l'Etoile » (GRAM. 2.2702 - 3-32675 - 32093) a également enregistré sur Saphir PATHÉ.

RENAULT, Paul. — Est affiché dans THAIS (Cénobite, 1926), HUGUENOTS (Seigneur, 1936), GWENDOLINE (Saxon 1942).

RENOU, — Débute le 12 octobre 1946 dans « un Serviteur » de THAIS.

RESCHIGLIAN, Vincenzo. — En représentation, débute dans « Montano » de OTHELLO le 19 juin 1910.

RESZKE, Edouard de — Débute le 13 avril 1885 dans « Méphistophélès » de FAUST. Chante « Léporello » de DON JUAN (1887), « Marcel » des HUGUENOTS (1889), « le Roi » de LOHENGRIN (1893) et crée LE CID (don Diègue), PATRIE ! (Duc d'Albe), ROMÉO (Frère Laurent).

RESZKE, Jean de. — Débute en créant « Rodrigue » dans LE CID. Crée également LA DAME DE MONSOREAU (Bussy), « Roméo », « Siegfried » et PAILLASSE (Canio). Est d'autre part affiché dans L'AFRICAINE (Vasco) en 1886 ; « Faust », AIDA (Rhadamès), PROPHETE (Jean), DON JUAN (Ottavio) en 1887 ; « Lohengrin » en 1893.

LE CID « ô Souverain... » (FONOTIPIA 69001) — ROMÉO « Scène du Tombeau » (FONOTIPIA 69000).

REVOL. — Débute dans « Méru » des HUGUENOTS le 7 février 1908. La même année, est affiché dans SALAMMBO (Pontife), AIDA (Messager) ; en 1909, SIGURD (Harwart), HENRY VIII (Seigneur, Huissier), HUGUENOTS (Valet, puis Cossé en 1913) ; en 1910, SALOMÉ (quatrième, puis deuxième Juif), ROMÉO (Pâris), SAMSON (Messager) ; en 1911, LE MIRACLE (Marchand d'eau), MAITRES CHANTEURS (Moser) ; en 1912, PROPHETE (Soldat). A créé SALOMÉ (Esclave), SIBERIA (Ivan, le Sergent) JOYAUX DE LA MADONE (un Camorriste), PARSIFAL (Ecuyer), SCEMO (Veilleur de nuit).

REY. — Débute dans SALAMMBO (Grand Prêtre de Moloch), le 7 janvier 1910. Est affiché dans SAMSON (Philistin), HUGUENOTS (Moine, puis Soldat), ARMIDE (Officier), LOHENGRIN (Vassal), SALOMÉ (Soldat), ROMÉO (Frère Jean) en 1910 ; THAIS (Cénobite), HAMLET (Horatio), LE CID (Envoyé Maure) en 1911 ; SIGURD (Rudinger), PROPHETE (Garçon d'auberge) en 1912 ; MAITRES CHANTEURS (Veilleur, 1913), VIEIL AIGLE (Esclave, 1914). A créé ROMA (Vieillard), FERVAAL (Messager, Paysan), JOYAUX DE LA MADONE (un Camorriste), SCEMO (un Homme).

RIALLAND, Louis. — Débute le 28 juillet 1948 dans « Coviello » de SALADE. Est affiché dans THAIS (Nicias, 1948), TRISTAN (Matelot, 1949), MAROUF (Fellah, 1949), DAMNATION (Faust, 1950), TRAVIATA (Rodolphe, 1951), ENLEVEMENT AU SERAIL Bemont, 1951, Pédrille, 1953), SALOMÉ (Nazaréen, 1951, Narraboth, 1958, premier Juif 1959), OTHELLO (Cassio, 1951), INDES GALANTES (Valère, 1952, Adario, 1960), ROMÉO (Tybalt, 1953), VAISSEAU FANTOME (Pilote, 1953), BORIS (Chouisky, 1955), FLUTE ENCHANTÉE (Monostatos, 1955, Tamino, 1959), TANNHAUSER (Walther, 1956), CHEVALIER A LA ROSE (Valzacchi, 1957), TOSCA (Spoletta, 1958), CARMEN (Dancaïre, 1959), ROI DAVID (David, 1960); en 1961, FIDELIO (Florestan), LES TROYENS (Jopas). Crée

« l'Aumonier » dans DIALOGUES DES CARMELITES.

ROMEO « intégrale » Micros. (DECCA LXT 2890/92).

RIBER, — Est affiché dans « un Cénobite » de THAIS en 1923.

RICHARD, André. — Débute le 27 novembre 1939 dans « le Duc » de ROMÉO. Est affiché dans MAROUF (Kadi, Mameluck), ILLUSTRE FREGONA (don Diego) en 1940, RIGOLETTO (Céprano, 1940, Officier, puis Marcello, 1941, Sparafucile, 1950), THAIS (Serviteur, 1940, Cénobite, 1946, Palémon, 1951) ; GWENDOLINE (Saxon, puis Danois), FAUST (Wagner) en 1941 ; LE CHEVALIER (Domestique), SALAMMBO (Grand Prêtre de Moloch) en 1942 ; ETRANGER (vieux Marin, 1944), ANTAR (Berger, 1946), SAMSON (Philistin, 1946, Vieillard Hébreu, 1949), TRISTAN (Mélot, 1948), ENLEVEMENT AU SERAIL (Esclave, 1951), OBERON (Pirate, 1955).

RICHARD, Louis. — En 1933, débute le 26 avril dans « Hérode » de HERODIADE, chante « Rigoletto », puis, en 1935 paraît dans SIGURD (Gunther), AIDA (Amonasro) et LOHENGRIN (de Telramund).

RICO, Roger. — Débute le 17 novembre 1937 dans « André » de LA SAMARITAINE. Chante SALAMMBO (Autharite), LES TROYENS (Priam) en 1938, FAUST (Méphisto, 1939), DAMNATION (Méphisto, 1947), « Boris » (1947), RIGOLETTO (Sparafucile, 1950) INDES GALANTES (Osman, 1954).

FAUST « intégrale » (HIS MASTER'S VOICE 9422/37).

RIDDEZ, Jean Balbous dit. — Débute dans « Rigoletto » le 26 octobre 1900. Chante FAUST (Valentin, 1900), LOHENGRIN (Héraut, 1901, de Telramund, 1903, le Roi, 1905), ROMÉO (Mercutio), HUGUENOTS (Nevers) en 1901 ; SALAMMBO (Spendius, 1902, Narr-Havas, 1904), SAMSON (Grand Prêtre), AIDA (Amonasro) en 1902 ; PAILLASSE (Sylvio, 1903) ; ARMIDE (Aronte, puis Ubalde), SIGURD (Grand Prêtre d'Odin, puis Gunther), LE CID (le Roi), FREISCHUTZ (Ottokar) en 1905 ; MAITRES CHANTEURS (Beckmesser, 1906). Devenu ténor, chante en 1908, RIGOLETTO (le Duc), « Samson » et « Faust ». A créé « Hildibrath » dans LES BARBARES.

RIESER, Karl. — En représentation, chante « un Ecuyer » dans PARSIFAL en 1954.

RIGAUX, Lucien. — Débute le 16 avril 1902 dans « Beckmesser » des MAITRES CHANTEURS et chante, en 1909, « Valentin » dans FAUST.

FAUST « Airs » (ODÉ. 97064, 97081, 60458) A également enregistré la scène de l'Eglise avec TALEXIS (ODÉ. 60520-60541) Rééd. Micros. (ETERNA 487).

RITCH, Théodore. — En représentation, débute le 23 mars 1926 dans « Dimitri » de BORIS.

RIVA. — Débute le 11 août 1884 dans « Ruodi » de GUILLAUME TELL.

ROBERT. — Est affiché dans « un Cénobite » de THAIS en 1916..

ROBERT, Henry. — Est affiché dans THAIS (Cénobite, 1931), CASTOR ET POLLUX (Spartiate, 1935), GWENDOLINE (Danois, 1942), LE DRAC (Pêcheur, 1942).

ROBILLARD, Gaston. — Est affiché dans « un Cénobite » de THAIS en 1931.

RODIER. — Débute dans «Manrique» du TROUVERE le 16 août 1923.

RODRIGO, Marcello. — En représentation, débute dans « Rigoletto » le 1er février 1926.

ROGATCHEWSKY, Joseph. — En 1931, débute le 15 février dans « Lohengrin », puis chante « Faust ».

LOHENGRIN « Adieux au Cygne » (COL. 12526).

ROGER. — Débute dans « un Philistin » de SAMSON le 12 avril 1898. Est affiché dans LES MAITRES CHANTEURS (Vogelgesang), PROPHETE (Officier, puis Jonas) en 1898 ; GUILLAUME TELL (Paysan, puis Ruodi), HUGUENOTS (Tavannes), SALAMMBO (Pontife) en 1899 ; ROMÉO (Benvolio, 1900). A créé « Lévi » dans JOSEPH et « un Chevalier » dans LANCELOT.

ROHR, Otto von. — En représentation, débute le 24 mars 1954 dans « Gurnemanz » de PARSIFAL. Chante également FIDELIO (Rocco, 1955), TRISTAN (Roi Marke, 1958), LOHENGRIN (le Roi, 1959), TANNHAUSER (Landgrave, 1959).

ROLLAND. — Est affiché en 1908, dans THAIS (Cénobite), SALAMMBO (Grand Prêtre de Moloch), ROMÉO (Frère Jean); en 1909, dans ARMIDE (Officier), HENRY VIII (Officier), HUGUENOTS (Soldat).

ROMAGNONI, Raphaël. — Débute dans « Roméo » le 12 janvier 1947. La même année, chante « Faust », « le Duc » de RIGOLETTO et « Mylio » du ROI D'YS. Ensuite LE CHEVALIER A LA ROSE (le Chanteur, 1949), INDE GALANTES (Carlos, 1952, Valère, 1958), SALOMÉ (quatrième Juif, 1958), L'ATLANTIDE (Le Mesge) en 1958 ; CARMEN (Remendado, 1959) ; ENFANT ET SORTILEGES (la Rainette), BORIS (Missaïl) en 1960. Crée JEANNE AU BUCHER (Evêque Cauchon), « Oberon », DIALOGUES DES CARMÉLITES (un Commissaire).

ROMAN. — En 1875, est affiché dans LA JUIVE (Officier), FAVORITE (Seigneur), HUGUENOTS (Boisrosé).

ROMANI, Augusto. — Avec la troupe du Théâtre San-Carlo de Naples, crée « Tom » dans LE BAL MASQUÉ.

RONSIL, René. — Est affiché en 1942 dans GWENDOLINE (Danois), LE DRAC (Pêcheur) ; en 1943 dans PENELOPE (Prétendant), PEER GYNT (un Homme) ; en 1947 dans LE COQ D'OR (Boyard).

ROOSEN. — Débute dans «Rigoletto» le 22 août 1913, puis chante AIDA (Amonasro), SAMSON (Grand Prêtre), ROMA (le Gaulois), FAUST (Valentin) et, en 1914, LES HUGUENOTS (Nevers).

ROSE. — Débute dans le « Grand Inquisiteur » de l'AFRICAINE le 25 janvier 1892.

ROSELLY. — Débute le 31 octobre 1910 dans « Wolfram » de TANNHAUSER. Chante, en 1910 encore, SAMSON (Grand Prêtre); en 1911, OR DU RHIN (Donner), HUGUENOTS (Nevers), THAIS (Athanael), ROMÉO (Mercutio), LE CID (le Roi) ; en 1912, LOHENGRIN (de Telramund), PROPHETE (Mathisen), CREPUSCULE (Gunther), AIDA (Amonasro), MAITRES CHANTEURS (Kothner) ; en 1913, FAUST (Valentin), TRISTAN (Kurwenaal).

ROSSI-LEMENI, Nicolas. — En représentation, débute dans « Boris » le 4 août 1954.

RÉCITAL Micros. (CETRA LPC 50076).

ROSWAENGE, Helge — En représentation, débute dans « Belmont » de UN ENLEVEMENT AU SERAIL le 18 mai 1941.

ENLEVEMENT AU SÉRAIL « Air de Belmont » (GRAM. DA 4417).

ROTHIER, Léon. — Au cours d'un Gala, le 11 novembre 1900, chante « Escamillo » dans CARMEN.

ROTHMUELLER, Marko. — En représentation, débute le 30 mai 1949 dans « de Faninal » du CHEVALIER A LA ROSE. En 1952, chante « Rigoletto » puis « Amonasro » de AIDA.

RIGOLETTO « Airs » (GRAM. C 3689 - C 3738).

ROUARD, Edouard. — Débute le 18 mai 1912 dans le « Grand Prêtre » de SAMSON. Chante SALOMÉ (Iokanaan, 1912) ; « Rigoletto », SALAMMBO (Hamilcar), FAUST (Valentin), « Hamlet » en 1919 ; AIDA (Amonasro), PAILLASSE (Tonio) en 1920 ; TROYENS (Choribe, 1921) ; CASTOR ET POLLUX (Pollux), « Henry VIII », TAGLIONI CHEZ MUSETTE en 1922 ; TROUVERE (de Luna), THAIS (Athanael), SIGURD (Gunther) en 1923 ; PARSIFAL (Amfortas, 1924) ; HUGUENOTS (Nevers), TANNHAUSER (Wolfram) en 1925; GWENDOLINE (Harald, 1926); ALCESTE (Grand Prêtre), « Guillaume Tell » en 1929. Est le créateur de LA LEGENDE DE SAINT CHRISTOPHE (le Roi de l'or), SEPT CHANSONS (l'Ivrogne), ANTAR (Cheyboub), HERODIADE (Hérode), MEGERE APPRIVOISEE (Petruchio), FILLE DE ROLAND (Amaury-Ganelon), PADMAVATI (Alaouddin), JARDIN DU PARADIS (Eusèbe), ESCLARMONDE (Evêque de Blois), LES DIEUX SONT MORTS (Pan), NERTO (Baron Pons), ESTHER (Assuérus), TRAVIATA (d'Orbel), NAILA (Kadour), VIRGINIE (Senneval).

FAUST « Trio du duel » « Mort de Valentin » (ODÉ. 123680). Ce dernier air Rééd. Micros. (ODÉ ORX 102) — HAMLET « Airs » (GRAM. P. 410 - P 451 - W 379 - W 468) — HERODIADE « Airs » (GRAM. W 383 - 409 - W 383) — PAILLASSE « Prologue » (GRAM. W 372) Rééd. Micros. (ODÉ. ORX 112) — RIGOLETTO « quatuor » (ODÉ. 123010) « air » (Mic. ODÉ. ORX 115) — SAMSON « Maudite à jamais... » (GRAM. P. 409) — TANNHAUSER « Romance de l'Etoile » (GRAM. W 468) - (ODÉ. 123009) Rééd. Micros. (ODÉ. ORX 103) — THAIS « air d'Alexandrie » (ODÉ. 123009) - (GRAM. W 416) — TROUVERE « son regard... » (GRAM. W 713) — PARSIFAL « Lamentation d'Amfortas » (Mic. ODÉ. ORX 116).

ROUET, — Est affiché dans GWENDOLINE (Saxon, 1942), THAIS (Cénobite, 1942), MAITRES CHANTEURS (Apprenti, 1948), MARCHAND DE VENISE (Masque, 1949).

ROUGENET, — Débute le 9 juillet 1923 dans « Hérode » de HERODIADE. Paraît ensuite dans THAIS

(Athanael, 1923), « Rigoletto » (1932), LOHENGRIN (de Telramund, 1933).

ROULEAU, Josef. — En représentation, débute le 25 avril 1960 dans « Raymond » de LUCIE DE LAMMERMOOR.

ROUQUETTY, Camille. — Débute le 14 octobre 1935 dans « le Messager » de SAMSON. Est affiché dans PARSIFAL (Chevalier), FLUTE ENCHANTÉE (Homme armé), « Faust » en 1935; RIGOLETTO (le Duc, 1936, Borsa, 1938) BORIS (Dimitri, 1937, Boyard, Kroutchov, 1946, Missaïl, 1953), SALAMMBO (Shabarim, 1938), VAISSEAU FANTOME (Erik, 1938, Timonier, 1953), DAMNATION (Faust, 1939), CHEVALIER (Chanteur, 1941, Intendant de la Maréchale, 1949), ROI D'YS (Mylio, 1941, Jahel, 1950), ROMÉO (Tybalt, 1944), JOSEPH (Asser, 1946), PADMAVATI (Guerrier, 1946), DIANE DE POITIERS (Musicien, 1947), COQ D'OR (Prince Guidon, 1947) ; LUCIE (Arthur), MAITRES CHANTEURS (Vogelgesang) en 1948 ; MAROUF (Anier), OTHELLO (Rodrigue), MARCHAND DE VENISE (Masque) en 1949 ; LE CREPUSCULE (Guerrier, 1950) ; AIDA (Messager), TRAVIATA (Vicomte), TRISTAN (Matelot, puis Berger) en 1951 ; ARIANE ET BARBE-BLEUE (Paysan), ANTIGONE (Choryphée), INDES GALANTES (Adario), AIGLON (Frédéric de Gentz) en 1952 ; TANNHAUSER (Heinril, 1956) ; DIALOGUES DES CARMÉLITES (Aumônier), SALOMÉ (troisième Juif), BAL MASQUÉ (Juge) en 1958 ; SAMSON (Philistin), TOSCA (Spoletta) en 1960; TROYENS (Hélénus, 1961). A créé PENELOPE (Antinoüs), CHEVALIER ERRANT (une Voix), BOLIVAR (un Laboureur, un Officier), JEANNE AU BUCHER (Héraut), OBERON (Prince Babékan).

La « Cavatine » de FAUST (GRAM. DA 4902).

ROUSSEAU, Emile. — Débute le 20 juillet 1949 dans « Tartaglia » de SALADE.

ROUSSELIERE, Charles. — Débute dans « Samson » le 5 octobre 1900. Chante, en 1901, WALKYRIE (Siegmound), AIDA (Rhadamès), « Faust », LES BARBARES (Marcomir) ; en 1902, SALAMMBO (Mathô) ; en 1903, PAILLASSE (Canio), « Roméo » ; en 1904, « Siegfried », TROUVERE (Manrique); en 1905, FREISCHUTZ (Max) ; en 1912, L'OR DU RHIN (Loge). A créé LES BARBARES (le Veilleur), DARIA (Boris), VIEIL AIGLE (Tolaïk).

LES BARBARES « Divinités libératrices » (GRAM. 2.32856) — PAILLASSE « Airs »(GRAM. 2-32572 - 2-32783) — SAMSON « arrêtez ô mes frères » (GRAM. 2-32788) — SIEGFRIED « Murmures de la forêt » (POLY 566043) — WALKYRIE « Airs » (POLY 566034) - (GRAM. 2-32995 - 2.32996)

ROUSTAN, Henri. — Est affiché dans THAIS (Cénobite, 1931), HUGUE- NOTS (Seigneur, 1936), GWENDOLINE (Saxon, 1942), MARCHAND DE VENI- SE (Masque, 1949).

ROTTELEUR, René. — Est affiché en 1948 dans « un Apprenti » des MAI- TRES CHANTEURS.

ROUX, Michel. — Débute le 4 février 1950 dans « le Prince du Maroc » du MARCHAND DE VENISE. La même année, chante FAUST (Méphistophé- lès), RIGOLETTO (Monterone), CHE- VALIER ERRANT (Récitant), BOLI- VAR (l'Aveugle) ; en 1951, ROMÉO (Capulet), TRAVIATA (Marquis), EN- (Capulet), THAIS (Athanael), TRA- VIATA (Marquis), ENLEVEMENT AU SERAIL (Sélim), SALOME (Soldat) ; en 1962, INDES GALANTES (Osman, puis Huascar), MAITRES CHANTEURS (Nachtigall) ; en 1953, BORIS (Lovitz- ky) ; en 1957, « Don Juan ». A créé BOLIVAR (l'Evêque), L'ATLANTIDE (Morhange).

THAIS « Palemon » intégrale Mi- cros. (URANIA A 227) — LE CHE- VALIER ERRANT Micros. (COL. 435).

RUFFO, Tita. — En représentation, débute dans « Rigoletto » le 18 décem- bre 1911. Chante également « Hamlet » (1911), « Figaro » du BARBIER (1912) et crée « Jack Rance » dans LA FILLE DU FAR-WEST.

BARBIER « air de Figaro » (GRAM. DB 405) « duo » avec Maria GAL- VANY (GRAM. DB 400) — HAMLET « Airs » (GRAM. DB 569) - (VICTOR 18140) - (GRAM. DB 569, 0541180, DA 352) — RIGOLETTO « Airs » (GRAM. DB 402, DB 175, DQ 231) - (COL. 54315/16 et 54181) - (GRAM. DB 175, DQ 718 et DA 165, DB 177 DA 564, DB 176).

SACEPE, — Est affiché en 1923 dans « un Cénobite » de THAIS.

SAINT-COME, Elic. — Débute en créant « un Chanteur » dans PA- LESTRINA. Crée également « Mads » dans PEER GYNT, et chante MAROUF (Muezzin, 1942), RIGOLETTO (le Duc, 1942), CARMEN (Remendado, 1949).

SAINT-CRICQ, Henri. — Débute dans « Lohengrin » le 15 août 1932, puis chante « Samson » (1932), LA DAMNA- TION (Faust, 1933), « Sigurd » (1934), « Othello » (1935) et « Rhadamès » de AIDA (1935).

DAMNATION « Invocation à la Nature » (PATHÉ X 7221) - « Merci doux crépuscule » (PATHÉ X 7236).

SAINT-MAURICE, Jules. — Est affi- ché dans THAIS (Cénobite, 1921), GWENDOLINE (Danois, 1942).

SALEZA, Albert. — Débute en créant « Mathô » dans SALAMMBO. Crée éga- lement « Nouraly » dans DJELMA et « Othello ». D'autre part, est affiché dans LE CID (Rodrigue), WALKYRIE (Siegmound), « Sigurd » en 1893 ; « Roméo » (1894), « Tannhauser » (1895), « Faust » (1898).

SALIGNAC, Thomas. — En représen- tation, le 29 décembre 1907, chante « don José » dans CARMEN.

SALOMON, Marius. — Débute salle Le Peletier le 15 avril 1873 dans « Ar- nold » de GUILLAUME TELL. Au Palais Garnier, chante ce rôle et éga- lement LA JUIVE (Eléazar), FAVORI- TE (Fernand), HUGUENOTS (Raoul), en 1875 ; ROBERT LE DIABLE (Ro- bert) en 1876 ; LA REINE DE CHYPRE (Gérard), L'AFRICAINE (Vasco) en 1877 ; LE PROPHÈTE (Jean, 1879), FREISCHUTZ (Max, 1883). A créé JEANNE D'ARC (Gaston de Metz), ROI DE LAHORE (Alim) et « Polyeuc- te ».

SAPENA, — Est affiché dans THAIS (Cénobite, 1931), HUGUENOTS (Seigneur, 1936).

SAPIN. — A débuté salle Le Peletier le 2 septembre 1856 dans « ie Héraut » de ROBERT LE DIABLE. Au Palais Garnier, fut affiché dans LA JUIVE (Homme du peuple, 1875, Officier, 1879, Héraut, 1883), GUILLAUME TELL (Rodolphe, 1870), PROPHETE (Garçon d'auberge, 1876, Jonas, 1883), REINE DE CHYPRE (Strozzi, 1877), AFRICAI- NE (Indien, 1877), TROUVÈRE (Ruiz, rôle qu'il créa en 1857), FAVORITE (Gaspard, 1872), FREISCHUTZ (Otto- kar, 1870), HAMLET (Fossoyeur, 1875, Polonius, 1884), HUGUENOTS (Bois- rosé, 1870, Méru, 1875), COMTE ORY (Chevalier, 1830), SAPHO (Agathon, 1884). A créé AIDA (Messager), TRI- BUT DE ZAMORA (Kadi), HENRY VIII (de Surrey), RIGOLETTO (Bor- sa), TABARIN (Nicaise), PATRIE ! (Vargas), DAME DE MONSOREAU (Mongiron), ROI DE LAHORE (Rad- jah). Comme premier ténor, au début de sa carrière, avait chanté « Manri- que » du TROUVÈRE, « Edgard » de LUCIE et « Fernand » de LA FAVO- RITE.

SARDET. — Au cours d'un Gala, le 28 avril 1912, interprète « Ange Pi- tou » dans LA FILLE DE MADAME ANGOT.

SARRODE. — En représentation, débute dans « Rigoletto » le 4 juin 1924.

SATTLER, Joachim. — En représentation, débute dans « Tristan » le 21 juin 1938. Chante également « Siegfried » (1938) et LA WALKYRIE (Siegmound, 1943).

TRISTAN « rôle de Melot » dans l'ouvrage complet festival de Bayreuth 1930 (COL. 2187/2206).

SAURIN, — Débute dans « l'Exempt » de BORIS le 2 septembre 1951.

SAVARESE, Ugo. — Avec la troupe du San-Carlo de Naples, crée « Jacques » dans JEANNE D'ARC.

SAVIGNOL, Pierre. — Débute le 16 mai 1948 dans « Méphistophélès » de LA DAMNATION. En 1948, chante LES MAITRES CHANTEURS (Pogner), LOHENGRIN (le Roi), BORIS (Pimen, puis Boris en 1956); en 1949, MAROUF (le Sultan) ; en 1950, AIDA (le Roi, puis Ramfis), ROMÉO (Frère Laurent), ROI D'YS (le Roi), SAMSON (Vieillard Hébreu) ; en 1951, RIGOLETTO (Sparafucile); en 1952, ANTIGONE (Coryphée), FAUST (Méphisto) ; puis THAIS (Athanael, 1953), OTHELLO (Ludovic, 1954), BOLIVAR (Bovès, 1955); en 1956, WALKYRIE (Wotan), TANNHAUSER (Landgrave) ; en 1957, VAISSEAU FANTOME (Daland) ; en 1958, INDES GALANTES (Osman), SALOMÉ (premier Nazaréen), BAL MASQUÉ (de Surrey) ; en 1959, L'ATLANTIDE (Chégir ben Cheik); en 1961, LES TROYENS (Panthée). A créé DRAMMA PER MUSICA (une Voix), JEANNE AU BUCHER (une Voix).

LE ROI D'YS « intégrale » Micros. (COL. FCX 683/85) « extraits » (COL. FCX 30187).

SCAREMBERG, Emile. — En 1903, débute le 23 mai dans « Lohengrin » puis chante « Roméo », « Faust » et « le Duc » de RIGOLETTO ; en 1904, LES HUGUENOTS « Raoul », « Tannhauser », FILS DE L'ETOILE (Bar-Kokéba), SALAMMBO (Shahabarim), DON JUAN (Ottavio) ; en 1905, ARMIDE (Chevalier Danois) ; en 1906, AIDA (Rhadamès).

FAUST « Cavatine » (ODÉ. 56045) - (FONOTIPIA 56045) « Laisse moi contempler... » (ODÉ 86001) — LOHENGRIN « ah ! respirons » (FONOTIPIA 39187) — RIGOLETTO « Ballade » (FONOTIPIA 39181, 56044) - (ODÉ. 56044) « plume au vent » (FONOTIPIA 39177) — ROMÉO (ah ! lève-toi Soleil » (FONOTIPIA 39172) « Salut tombeau » (FONOTIPIA 39188) (ODÉ. 56042).

SCATTOLA, Carlo. — En avril 1930, avec la Compagnie de Mme Supervia, chante « Taddéo » dans L'ITALIENNE A ALGER et « Bartholo » dans LE BARBIER DE SEVILLE.

L'ITALIENNE A ALGER « oh che muso » duo avec Conchita SUPERVIA (PARLOPHONE R. 20278) « quatuor » (PARLOPHONE PXO 1021).

SCHABO, Toni. — En représentation, débute le 24 mars 1954 dans le « premier Chevalier » de PARSIFAL.

SCHEIDL, Théodore. — Avec la troupe de l'Opéra de Vienne, débute dans « Pizzaro » de FIDELIO le 4 juin 1936.

SCHIPPER, Emil. — En représentation, débute dans « Wotan » de LA WALKYRIE le 15 mai 1928.

SCHIRP, Wilhelm. — En représentation, débute dans « don Fernando » de FIDELIO le 9 mars 1955.

SCHMITT-WALTER, Karl. — Avec la troupe de l'Opernhaus de Berlin, interprète le « Docteur Falk » dans LA CHAUVE-SOURIS en septembre 1941.

SCHOEFFLER, Paul. — En représentation, débute le 23 juin 1948 dans « Kurwenaal » de TRISTAN. Chante également LA WALKYRIE (Wotan, 1949), OTHELLO (Iago, 1949), LE CREPUSCULE (Gunther, 1950), ELEKTRA (Oreste, 1953), FLUTE ENCHANTÉE (Prêtre, 1953), OR DU RHIN (Wotan, 1957).

WALKYRIE « adieux de Wotan » (DECCA ED 46 et K 1597/8) — Récital WAGNER « adieux de Wotan, etc. » Micros. (DECCA LXT 2554 et 2644) — Récital (AMADEO AVRS 6022).

SCHORR, Friederich. — En représentation, débute dans « Wotan » de LA WALKYRIE le 27 mai 1930. En 1935, interprète « Kurwenaal » dans TRISTAN.

WALKYRIE « scène de Wotan et Brunhilde » acte 2 avec Frida LEIDER (GRAM. D 1323/4) « Scène de Wotan et Brunhilde » acte 3 (GRAM. D 1330/31) « Scène avec Fricka » E. LEISNER (GRAM. DB 1720/21) « adieux de Wotan » (GRAM. D. 1332/33) - (POLYDOR 62392) et l'ouvrage complet (HIS MASTER'S VOICE D 1320/1333).

SCHOTT, Gerhard. — En représentation, débute le 24 mars 1954 dans « un Ecuyer » de PARSIFAL.

SCHULZE, J.-R. — Avec la troupe de l'Opéra de La Haye, en février 1926 chante « Jacquinot » dans FIDELIO et « le Berger » dans TRISTAN.

SCHWARZ, Joseph. — En représentation, débute dans « Rigoletto » le 26 juin 1923.

RIGOLETTO « Si vendetta » avec Francilla KAUFMANN et Récital Rééd. Micros. (ETERNA 498).

SCHWESKA, Hans. — En représentation, débute dans « Wotan » de LA WALKYRIE le 13 mars 1941.

SCOTTI, Antonio. — Au cours d'un Gala, le 19 juin 1910, chante « Marcel » de LA VIE DE BOHEME.

LA BOHÈME « duo » avec CARUSO (GRAM. DM 105) - (VICTOR 89006) « duo » avec Géraldine FARRAR (VICTOR 054203, 89016) - (GRAM. DK 111) « quatuor » avec CARUSO, FARRAR et VIAFORA (GRAM. DO 101) - (VICTOR 54204, 96003).

SEGUROLA, Andrès de. — Au cours d'un Gala, le 19 juin 1910, chante « Ludovic » dans OTHELLO et « Méphistophélès » dans FAUST.

FAUST « Airs » (GRAM. 2-52567 et 52633, 2-52568, 52643, 54019).

SELLIER, Henri. — Débute dans « Arnold » de GUILLAUME TELL le 11 mars 1878. Chante « Polyeucte » (1878), MUETTE DE PORTICI (Mazaniello, 1879) ; en 1883, LA JUIVE (Eléazar), LE PROPHÈTE (Jean), LES HUGUENOTS (Raoul) ; en 1884, « Faust », LA FAVORITE (Fernand) ; en 1886, HENRY VIII (don Gomez), FREISCHUTZ (Max) ; en 1887, PATRIE ! (Karloo) et en 1892, SALAMMBO (Mathô). A créé AIDA (Rhadamès), TRIBUT DE ZAMORA (Manuel Diaz), FRANÇOISE DE RIMINI (Paolo) et « Sigurd ».

SELLIER. — Débute le 3 juillet 1914 dans « Amfortas » de PARSIFAL et chante « Mercutio » de ROMÉO en 1918.

SENECHAL, Michel. — Débute le 20 janvier dans « Valère » des INDES GALANTES, puis chante « Hylas » dans LES TROYENS.

SENS. — Au cours d'un Gala, le 10 décembre 1911, chante « Armand » dans THERESE.

SENTEIN. — Débute dans « un Chevalier » de ROBERT LE DIABLE le 20 juin 1885. Est affiché dans FAUST (Wagner, 1886), HUGUENOTS (Thoré, 1886, Méru, 1888), FREISCHUTZ (Kilian, 1886), ROBERT LE DIABLE (Alberti, 1887), DON JUAN (Mazetto, 1887), DAME DE MONSOREAU (Quélus, 1888), AFRICAINE (Evêque, 1888). A créé LE CID (don Alphonse) et PATRIE ! (Rincon).

SENTPAUL, Fritjof. — En représentation, débute le 24 mars 1954 dans « Titurel » de PARSIFAL.

SERGES, — Est affiché en 1923 dans « un Cénobite » de THAIS.

SERKOYAN, Gérard. — Débute le 30 mai 1952 dans « Sparafucile » de RIGOLETTO. En 1952, chante LA FLUTE ENCHANTÉE (Zarastro), MAITRES CHANTEURS (Foltz) ; en 1953, BORIS (Tcherniakowsky, puis Pimen en 1955), TRAVIATA (Docteur) ; en 1954, OBERON (le Calife), THAIS (Palémon), OTHELLO (Héraut, puis Ludovic en 1956) ; en 1955, AIDA (Ramfis), FAUST (Wagner, puis Méphisto en 1958) ; en 1956, TANNHAUSER (Reinmar), VAISSEAU FANTOME (Daland), SAMSON (Vieillard Hébreu) ; en 1958, SALOMÉ (cinquième Juif) ; en 1959, SIEGFRIED (Fafner) ; en 1960, ENFANT ET SORTILEGES (le Fauteuil), FIDELIO (don Ferrando), TOSCA (Angelotti), LUCIE (Raymond). en 1961, LES TROYENS (Priam). WALKYRIE (Hounding) ; en 1962, INDES GALANTES (Osman). — A créé « Caïus Marius » dans NUMANCE.

THAIS « intégrale » Micros. (VEGA C 30 A 315/17) - (VAL. 22). — TOSCA « intégrale » Micros. (VEGA C 30 A 297/98).

SEVEILHAC, Paul. — Débute dans « Amonasro » de AIDA le 25 juillet 1924.

SHTRUCKELJ, Slavko. — Avec la troupe de l'Opéra de Ljubljana, crée « le Maître des cérémonies » dans l'AMOUR DES TROIS ORANGES.

L'AMOUR DES 3 ORANGES « intégral » Micros. (PHILIPS A. 00331/32).

SIDERO. — Avec la troupe de l'Opéra de Monte-Carlo, crée « Joe » dans LA FILLE DU FAR-WEST.

SIGNORETTI, Léopoldo. — Avec la troupe de l'Opéra de Monte-Carlo, crée « un Postillon » dans LA FILLE DU FAR-WEST.

SILVERI, Paolo. — Avec la troupe du San Carlo de Naples, crée « Renato » dans LE BAL MASQUÉ.

BAL MASQUÉ « Eri tu che macchiavi » (COL. DX 1367).

SIMONEAU, Léopold. — Débute le 5 novembre 1949 dans « Tamino » de LA FLUTE ENCHANTÉE. En 1953, chante « Damon » des INDES GALANTES et « Rodolphe » de LA TRAVIATA.

LA FLUTE ENCHANTÉE « air de Tamino » (DUCRETET-THOMSON 270 C. 088 et DECCA LW 5343) ouvrage complet Micros. (DECCA LXT 5085/87).

SINGHER, Martial. — Débute dans « Athanaël » de THAIS le 21 décembre 1930. En 1931, chante OTHELLO (Iago), IPHIGÉNIE (Oreste), ROMÉO (Mercutio), « Rigoletto » ; en 1932, FAUST (Valentin), ALCESTE (Grand Prêtre), TROYENS (Chorèbe), ESCLARMONDE (Evêque de Blois) ; en 1933, PARSIFAL (Amfortas), LOHENGRIN (de Telramund), « Guercœur », LE CREPUSCULE (Gunther), AIDA (Amonasro), « Hamlet » ; en 1934, TANNHAUSER (Wolfram), SIGURD (Gunther) ; en 1935, CASTOR ET POLLUX (Pollux), PENELOPE (Eumée); en 1936, HUGUENOTS (Nevers) ; en 1937, SALOMÉ (Iokanaan), ARIANE (Perithoüs) ; en 1938, SAMSON (Grand Prêtre), SALAMMBO (Hamilcar) ; en 1939, DAMNATION (Méphisto). Est le créateur de VISION DE MONA (Jobie), DUCHESSE DE PADOUE (Ascanio), MAXIMILIEN (Maréchal Bazaine), ELEKTRA (Oreste), JARDIN SUR L'ORONTE (l'Emir), VERCINGETORIX (Segovax), « Perkaïn », PRINCESSE LOINTAINE (Bertrand), MARCHAND DE VENISE (Bassanio), VAISSEAU FANTOME (le Hollandais).

DAMNATION « chanson de la Puce » « Sérénade, voici des roses... » (COL. 72086) et complet : Micros. (R.C.A. 630210/12) — HAMLET « ô vin dissipe la tristesse » (COL. 72087 D) « Spectre infernal » « la fatigue alourdit mes bras » (GRAM. DB 4929) — MARCHAND DE VENISE « Portia !... » (GRAM. 4871) - « quatuor » avec F. HELDY, MAHÉ et LE CLEZIO (GRAM. 4872) — PARSIFAL « Lamentations d'Amfortas » (COL. 4841/42) — ROMÉO « ballade de la Reine Mab » (COL. 72086 D) RÉCITAL Micros. (ALLEGRO ROYALE) « SAMSON et autres airs ».

SINNONE, Aldo. — En représentation, débute dans « le Duc » de RIGOLETTO le 21 octobre 1937.

SIZES. Eugène. — Débute dans « Rigoletto » le 3 février 1897. La même année, chante ROMÉO (Mercutio), FAUST (Valentin, en 1898, Wagner) ; puis, en 1899, LA BURGONDE (Hagen) SALAMMBO (Spendius); en 1913, MAITRES CHANTEURS (Beckmesser), JOYAUX DE LA MADONE (Raphaël); en 1918, MONNA VANNA (Guido). A créé « Charles VII » dans JEANNE D'ARC.

SLEZAK, Léo. — En représentation, débute dans « Othello » le 19 juin 1910.

OTHELLO « Airs » (POLY. 95162). Rééd. Micros. (ETERNA 0470).

SMATI, Xavier. — Débute dans « Zuniga » de CARMEN le 15 février 1960.

SMERKOLJ, Samo. — Avec la troupe de l'Opéra de Ljubljana, crée « Pantalon » dans L'AMOUR DES TROIS ORANGES.

SMIRNOW, Dimitri. — Débute avec la troupe de l'Opéra Impérial de Moscou en créant « Dimitri » dans BORIS GODOUNOV. En représentation, en 1909, chante « Roméo » et « le Duc » de RIGOLETTO. Avec la troupe de l'Opéra de Monte-Carlo, en 1912, interprète « Faust » dans MEFISTOFELE et « Almaviva » dans LE BARBIER DE SEVILLE.

BARBIER « Se il mio nome » (GRAM. 052410 et DB 582) — BORIS « ô Tsarewitch ! » (GRAM. DB 753) — MEFISTOFELE « Guinto sul hassa estremo » (GRAM. DB 582) — RIGOLETTO « air du Duc 3e acte » (GRAM. Moscou 22132) « la donna e mobile » (GRAM. DA 461) — ROMÉO « Cavatine » (GRAM. Moscou 22133, GRAM. DB 595).

SOIX, Charles. — Débute le 20 décembre 1953 dans « le Duc » de ROMÉO. En 1954, est affiché dans RIGOLETTO (Monterone), SAMSON (Abimélech), FAUST (Wagner), OBERON (Jannissaire, puis Pirate), TRAVIATA (Marquis), THAIS (Cénobite, puis Serviteur); en 1955, FLUTE ENCHANTÉE (Homme armé), BORIS (Lovitzky), BOLIVAR (un délégué, un Officier). Crée « un Soldat » dans NUMANCE.

SORDES. — Débute dans « Nicias » de THAIS le 5 avril 1946, puis est affiché dans RIGOLETTO (Officier, 1946), PADMAVATI (Guerrier, 1947).

SORIA. — Débute dans « Miguel » de PATRIE ! le 28 juillet 1919. Est affiché dans, en 1919, SALAMMBO (Grand Prêtre de Melkarth) ; en 1920, THAIS (Cénobite, Nicias en 1923), LEGENDE DE SAINT CHRISTOPHE (un Amant), RIGOLETTO (Officier, le Duc en 1925), HUGUENOTS (Cossé) ; en 1921, PAILLASSE (Beppe), MONNA VANNA (Védio), LES TROYENS (Jopas, Helenus), ASCANIO (d'orbec); en 1922, ENLÈVEMENT AU SERAIL (Pédrille) MEGERE APPRIVOISEE (Lorenzo), BORIS (Missaïl, puis l'Innocent, Chouisky en 1925), « Faust »; en 1923, MAITRES CHANTEURS (Moser); en 1924, FALSTAFF (Docteur Caïus), ESCLARMONDE (Enéas), ROMÉO (Tybalt), PARSIFAL (Ecuyer), HEURE ESPAGNOLE (Torquemada) ; en 1925, FLUTE ENCHANTEE (Monostatos), TANNHAUSER (Heinril) ; SALOMÉ (deuxième Juif, 1926), OR DU RHIN (Froh, 1928), AIDA (Messager, 1929). A créé, LEGENDE DE SAINT CHRISTOPHE (un Homme), ANTAR (un Berger), HERODIADE (une Voix), MEGERE APPRIVOISEE (le Tailleur,

Nathanael), FILLE DE ROLAND (une Voix), PADMAVATI (Veilleur), JARDIN DU PARADIS (Vent d'Ouest), ESCLARMONDE (Héraut byzantin), L'ARLEQUIN (Capitaine du bateau), FLEUR DE PECHER (Tsiéou), CHEVALIER A LA ROSE (Aubergiste), BURGRAVES (Haquin), MAROUF (un Marchand).

SOROS, de. — A débuté salle Le Peletier dans « un Homme du peuple » de LA JUIVE le 14 août 1871. Au Palais Garnier, a été affiché dans L'AFRICAINE (Officier, 1873), PROPHETE (Paysan, 1873), ROBERT LE DIABLE (Chevalier, 1876), COMTE ORY (Chevalier, 1880).

SOUBEYRAN. — Débute le 26 mars 1909 dans « le Duc » de RIGOLETTO.

SOUCHAL, Marien. — Est affiché dans THAIS (Cénobite, 1931), PARSIFAL (Chevalier, 1935), HUGUENOTS (Seigneur, Moine, 1936), CASTOR ET POLLUX (Spartiate, 1940), GWENDOLINE (Saxon 1942), PEER GYNT (un Homme, 1943), MAITRES CHANTEURS (Apprenti, 1948), CHEVALIER A LA ROSE (Suspect, 1949).

SOUCHOY, — Est affiché dans LE COQ D'OR (Boyard, 1947), CHEVALIER A LA ROSE (Laquais de la Maréchale, 1949), MARCHAND DE VENISE (Masque, 1949).

SOULACROIX, Gabriel. — Au cours d'un Gala, le 19 mai 1892, interprète « un Esclave » dans LE SICILIEN.

SOULIE. — Est affiché dans L'AFRICAINE (un Evêque) en 1879.

SOYER. — Est affiché dans ROBERT LE DIABLE (Chevalier, 1876), AFRICAINE (Officier, 1877, Evêque, 1888), COMTE ORY (Chevalier, 1880), LA JUIVE (Majordome, 1882).

SPERING, Wilhelm. — Avec la troupe de l'Opernhaus de Berlin, en septembre 1941, interprète « Ivan » dans LA CHAUVE-SOURIS.

STABILE, Mariano. — En représentation, débute le 13 juin 1917 dans « Amonasro » de AIDA. En 1935, chante « Falstaff » et en 1945, paraît dans un concert auprès de Totti dal Monte.

AIDA « Mio Padre » (COL. DQ 697) — FALSTAFF « Trio du 1 » (COL. DQ 696) « Airs » (FONOTIPIA 152026/27) - (TELEFUNKEN SKB 3277, 3278, 3279, 3277).

STAMLER, Henri. — Débute dans « le Héraut » de LOHENGRIN le 26 août 1902. En 1903, est affiché dans HENRY VIII (Huissier). GUILLAUME TELL (Leuthold), PROPHETE (Bourgeois, puis Seigneur), HUGUENOTS (Maurevert, puis Moine) ; en 1904,

SALAMMBO (Pontife) ; en 1905, ARMIDE (Officier), ROMÉO (Capulet) ; en 1906, MAITRES CHANTEURS (Foltz) ; en 1907, THAMARA (Officier) ; en 1908, THAIS (Cénobite), TANNHAUSER (Bitteroff). A créé L'ETRANGER (Contrebandier, vieux Pêcheur), DARIA (un Bûcheron), ARIANE (Phériklos), LA CATALANE (Pérès).

STEPHAN. — Avec la troupe de l'Opéra de Monte-Carlo, crée « Sid » dans LA FILLE DU FAR-WEST.

STEFANO, Giuseppe di. — En représentation, débute dans « Faust » le 8 septembre 1954.

A enregistré le « duo du jardin » de FAUST avec CARTERI Micros. (COL. FCX 779).

STEFFNER, Raymond. — Débute le 19 novembre 1961 dans « Zuniga » de CARMEN. En 1962, est affiché dans TRAVIATA (Baron), RIGOLETTO (Ceprano).

STEWART, Thomas. — En représentation, débute le 6 avril 1962 dans « Gunther » du CREPUSCULE.

STRACCIARI, Riccardo. — Avec la troupe de la Scala de Milan, chante « Cinna » dans LA VESTALE le 24 janvier 1909.

STRACK, Théodore. — En représentation, débute dans « Tannhauser » le 21 mars 1930.

STROESCO. — En représentation, crée « le Prince » dans LE LYS DE LA VIE.

SULLIVAN, John. — Débute le 28 juillet 1914 dans « Raoul » des HUGUENOTS. Chante, en 1915, GUILLAUME TELL (Arnold) ; en 1916, « Sigurd », LA FAVORITE (Fernand), LE TROUVERE (Manrique), « Roméo », RIGOLETTO (le Duc), THAIS (Nicias), « Samson », FILLE DU FAR-WEST (Dick) ; en 1917, PROMETHEE (Kratos), HENRY VIII (don Gomez), AIDA (Rhadamès) ; puis MONNA VANNA (Prinzevalle, 1918), « Faust » (1919), DAMNATION (Faust, 1920), TROYENS (Enée, 1921), HERODIADE (Jean, 1922), BORIS (Dimitri, 1922), « Lohengrin » (1929), « Tannhauser » (1930), LA JUIVE (Eléazar, 1933). A créé « Lancelot » dans LE ROI ARTHUS.

GUILLAUME TELL « asile héréditaire » (PATHÉ XO 707) — HUGUENOTS « duo » avec Dora de GIOVANNI (COL. D. 12458).

SUNTRUPP. — Est affiché dans LA JUIVE (Homme du peuple, 1888), THAIS (Cénobite, 1901).

SUTHAUS, Ludwig. — En représentation, débute dans « Loge » de l'OR DU RHIN le 7 mai 1955. Chante également LA WALKYRIE (Siegmound, 1955) et « Tristan » (1956).

WALKYRIE « intégrale » Micros. (V.d.s.M. FALP 383/87) — TRISTAN « intégrale » Micros.. (V.d.s.M. FALP 221/26).

SWOLFS, Laurent. — Débute dans « Siegmound » de LA WALKYRIE le 14 mai 1910. Chante « Samson » (1910) et « Loge » de L'OR DU RHIN (1913).

SYLVA. — A débuté salle Le Peletier. le 15 mai 1872 dans « Robert » de ROBERT LE DIABLE. Au palais Garnier, a chanté, en 1875, FREISCHUTZ (Max), PROPHETE (Jean) et LA JUIVE (Eléazar).

SZEKELY. — En représentation, débute dans « Boris » le 18 janvier 1957.

SZEMERE, Laszlo. — Avec la troupe de l'Opéra de Vienne, crée « Pollux » dans L'AMOUR DE DANAÉ.

TADEO, Giorgo. — En représentation, débute dans « Ramfis » de AIDA le 5 juin 1959.

TAGLIAVINI, Ferruccio. — Avec la troupe du San Carlo de Naples, crée « Riccardo » dans LE BAL MASQUÉ.

BAL MASQUÉ « intégrale » Micros. (CETRA LPC 1250) « extraits » Micros. (CETRA 1250) RÉCITAL (CETRA LPC 55013).

TAJO, Italo. — Avec la troupe du San Carlo de Naples, crée « Talbot » dans JEANNE D'ARC et « Samuel » dans LE BAL MASQUÉ.

TALEYRAC, Jean. — Débute le 29 mars 1948 dans « Mylio » du ROI D'YS. Chante « Faust » (1948), LES MAITRES CHANTEURS (Walther, 1949).

TALRICK. — Débute le 27 octobre 1923 dans « Manrique » du TROUVERE.

TAMAGNO, Francesco. — En représentation, débute dans « Othello » le 13 avril 1897.

OTHELLO « Esultate » (GRAM., X 052101 et GRAMOPHONO DR 100) - « adieux » (GRAM. 052102, 52675) - (GRAMOFONO DR 105) « Mort d'Othello » (GRAM. 052068, 52674) - (GRAMOFONO DR 100).

TARAGO. — Avec la troupe de l'Opéra de Monte-Carlo, chante « Monterone » dans RIGOLETTO en mai 1912.

TAUBER, Richard. — Avec la troupe de l'Opéra de Vienne, en mai 1928, chante « Florestan » de FIDELIO et « Ottavio » de DON JUAN. Au cours d'un Gala, en 1935, crée « Octave » dans GIUDITTA.

GIUDITTA « extraits » (ODÉ. 4535/37) — DON JUAN « air d'Ottavio » (PARLOPHONE R. 20444).

TAVEAU. — Est affiché dans LA STATUE (Homme de police, 1903), FERVAAL (Boduann, un Paysan, 1912), PARSIFAL (Chevalier, 1914), THAIS (Cénobite, 1916), HENRY VIII (Seigneur, 1917).

TEISSIE, Léonce. — Débute le 14 novembre 1908 dans le « Grand Prêtre » de SAMSON. En 1909, chante LOHENGRIN (Héraut, de Telramund en 1922), SIGURD (Grand Prêtre d'Odin, Gunther en 1924), ROMÉO (Capulet, Mercutio en 1920), FAUST (Valentin), HUGUENOTS (Nevers), AIDA (Amonasro) ; en 1910, « Rigoletto », ARMIDE (Ubalde) ; en 1911, MAITRES CHANTEURS (Kothner), LE CREPUSCULE (Gunther) ; en 1916, « Guillaume Tell » ; en 1918, LA FAVORITE (Alphonse) ; en 1920, SALOMÉ de Mariotte (Iokanaan), REBECCA (Eliazar), PAILLASSE (Sylvio), THAIS (Athanael), CASTOR ET POLLUX (Pollux) ; en 1921, LES TROYENS (Chorèbe), ASCANIO (Charles Quint) ; en 1922, HERODIADE (Hérode), FALSTAFF (Ford) ; en 1923, GRISELIDIS (de Saluces), LE TROUVERE (de Luna). Est le créateur de : LE MIRACLE (Tirso), SEPT CHANSONS (Chanteur de complaintes), NERON (Sénèque).

LA FAVORITE « air d'Alphonse » (JUMBO A 73021 et 73016).

TEQUI. — Débute le 31 décembre 1884 dans « Raimbaut » de ROBERT LE DIABLE. Est affiché dans HAMLET (Laerte), AFRICAINE (don Alvar) GUILLAUME TELL (Ruodi), en 1885 ; LA JUIVE (Léopold, 1886), PROPHETE (Jonas, 1887), ROMÉO (Tybalt), LUCIE (Arthur) en 1889. A créé LA DAME DE MONSOREAU (Antraguet), ROMÉO (Benvolio), ASCANIO (d'Orbec).

TERFOU. — Est affiché, en 1949, dans « un Masque » du MARCHAND DE VENISE.

THILL, Georges. — Débute dans « Nicias » de THAIS le 24 février 1924. En 1924, est affiché dans PARSIFAL (Ecuyer, Parsifal en 1933), MONNA VANNA (Borso), FLUTE ENCHANTÉE (Homme armé), RIGOLETTO (le Duc, puis Borsa), MAITRES CHANTEURS (Zorn, Walther en 1933), AIDA (Messager, Rhadamès en 1925), « Faut » ; en 1925, TRIOMPHE DE L'AMOUR (Mystère), l'ARLEQUIN (don Sanche), PADMAVATI (Badal), HERODIADE (Jean), JARDIN DU PARADIS (Prince Assur) : en 1926, PAILLASSE (Canio), ALCESTE (Admète), « Roméo », MANON (des Grieux), « Lohengrin » ; puis LE MIRACLE (Me Loys, 1927), « Samson » (1928), LES TROYENS (Enée, 1929), GUILLAUME TELL (Arnold, 1929), TANNHAUSER (1930), ESCLARMONDE (Chevalier Roland, 1931),

DAMNATION (Faust, 1933), HUGUE-
NOTS (Raoul, 1936), ARIANE (Thésée,
1937). Est le créateur de NERTO (une
Voix), BROCELIANDE (le Crapaud),
TRAVIATA (Rodolphe), FLEUR DE
PECHER (Tsaï), NAILA (Rhaman),
TOUR DE FEU (Yves), TURANDOT
(Prince inconnu), « Marouf », « Vercin-
gétorix », ROLANDE (Gaspard).

AIDA « ô céleste Aïda » (COL.
LFX 110) — ALCESTE « Bannis la
crainte... » (COL. LFX 39) — FAUST
« Airs » (COL. LFX 143, LFX 150,
LF 17) « ô Nuit d'amour » duo avec
NESPOULUS (COL. LFX 182) « final
du jardin » avec NESPOULOS et
BORDON (COL. LFX 183) « Trio fi-
nal et Apothéose » avec Maryse BEAU-
JON et BORDON (COL. 9091 M)
Rééd. Micros. (PLAISIR MUSICAL -
PATHÉ MARCONI) - (COL. FCG
30196 et D 15180) — GUILLAUME
TELL « asile héréditaire » (COL.
LFX 110) — HERODIADE « air de
Jean » (COL. L 1964) — HUGUENOTS
« plus blanche... » (COL. LFX 111) —
LOHENGRIN « scène de la chambre »
avec Mme MARTINELLI (COL. LFX
455/6) avec M. Beaujon ⟨----⟩. D 15119)
« Récit du Graal » (COL. LFX 39)
« Mon cygne aimé » (COL. LFX
144) — MANON « Airs » (COL.
12509, LFX 478, 12508) — MAROUF
« Airs » (COL. D 15035) — MAITRES
CHANTEURS « duo » avec Mme
MARTINELLI (COL. LFX 373) « l'au-
be vermeille... » (COL. LFX 373) —
PAILLASSE « Airs » (COL. LF 94 -
7016 - LF 94) — PARSIFAL « Une ar-
me seule est sûre » (COL. LF 94 -
RIGOLETTO « Airs » (COL. LF 148 -
LFX 472) — ROMÉO « Cavatine »
(COL. L 1985) « Tombeau » avec
G. FERALDY (COL. LFX 1/2) —
SAMSON « La Meule » (COL. LFX
430) — LES TROYENS « en un der-
nier naufrage » (COL. LFX 358) —
TRAVIATA « Brindisi » (COL. LF
94) « duo » avec Vina BOVY (COL.
LFX 472, LF 149 et L 1964) — TURAN-
DOT « Ne pleure pas: nul ne dort »
(COL. D 13042). A également enregis-
tré la MARSEILLAISE qu'il a chantée
à l'Opéra (COL. DF 760) Rééd. Micros.
(COL. ESDF 108) — Rééd. Micros.
RÉCITAL (Manon, etc...) (COL. FH
503) RÉCITAL « les gravures illus-
trés de Louis CUXAC » HUGUE-
NOTS, TROYENS, ROMÉO, ALCES-
TE, etc... (COL. COLC 115).

THIRACHE, Julien. — En 1960, débute le 5 février dans « le Dancaïre »
de CARMEN et chante « le Sacristain »
dans TOSCA. En 1962, « Tcherniakowsky »
de BORIS.

THOMAS. — Au cours d'un Gala,
le 18 mars 1899, interprète « Charles »

dans LES RENDEZ-VOUS BOUR-
GEOIS.

THOS, Constantino. — Avec la troupe
de la Scala de Milan, en janvier 1909,
chante « le Consul » dans LA VES-
TALE.

THUILLART. — A débuté salle Le
Peletier. Au Palais Garnier, fut affiché
dans LA JUIVE (Homme du peuple,
1875), ROBERT LE DIABLE (Chevalier, 1876), PROPHETE (Paysan, 1877),
HUGUENOTS (Crieur, 1877, Maurevert,
1879), AFRICAINE (Evêque, 1873).

TIBBETT, Lawrence. — En 1937,
débute le 5 octobre dans « Iago » de
OTHELLO, puis chante « Rigoletto ».

OTHELLO « Airs » et « duos »
avec MARTINELLI (VICTOR 15801,
15803, 15803, 15804, 15805).

TOLKATCHEW. — Avec la troupe
de l'Opéra Impérial de Moscou, crée
« l'Exempt » dans BORIS GODOUNOV.

TOMATIS, Humbert. — Débute dans
« Palémon » de THAIS le 20 décembre
1939. La même année, chante « Abi-
mélech » dans SAMSON, puis, en 1940,
ROMÉO (Frère Laurent), ILLUSTRE
FREGONA (le Corrégidor), AIDA
(Ramfis), RIGOLETTO (Sparafucile),
ARIANE ET BARBE-BLEUE (un vieux
Paysan).

TORAGO. — Avec la troupe de l'O-
péra de Monte-Carlo débute le 12 mai
1912 dans « Monterone » de RIGOLET-
TO.

TORRES, Raymondo. — En représentation, débute dans « Rigoletto » le 29
juin 1953.

TRANTOUL, Antonin. — En 1923,
ayant débuté dans « Faust » le 7 octobre, chante « Roméo », « Lohengrin »,
« le Duc » de RIGOLETTO ; en 1925,
« Jean » de HERODIADE. Crée « Rodrigue » dans NERTO.

TRAVERSO, Giuseppe. — En repré-
sentation, débute dans « Edgard » de
LUCIE le 22 mai 1936. Chante « le
Duc » de RIGOLETTO en 1947.

TRAXEL, Josef. — En représentation, débute le 3 mai 1957 dans « Froh »
de L'OR DU RHIN. Crée « Jephté »
en 1959.

TREE, David. — Avec la troupe du
Covent Garden de Londres, crée « le
Pasteur » dans PETER GRIMES.

TREGUY, Noël. — Crée « Neuthold »
dans LA FILLE DE ROLAND.

TREPTOW, Guenther. — En représentation, en mai 1955, chante « Siegfried » du CREPUSCULE, « Froh » de L'OR DU RHIN et « Siegmound » de LA WALKYRIE.

TREVI, José de. — Débute dans « Siegfried » le 20 décembre 1930. La même année, chante « Rodolphe » de LA TRAVIATA ; en 1931, « Lohengrin », « Marouf », PAILLASSE (Canio), HERODIADE (Jean), « Samson », IPHIGENIE (Pylade), « Othello », « Tannhauser » en 1932, LES TROYENS (Enée) ; en 1933, TOUR DE FEU (Yves), « Parsifal », LE CREPUSCULE (Siegfried), WALKYRIE (Siegmound), DAMNATION (Faust) ; en 1934, ROLANDE (Gaspard), SALOME (Hérode); en 1935, OR DU RHIN (Loge), PENELOPE (Ulysse); en 1936, « Tristan »; en 1937, MONNA VANNA (Prinzivalle), BORIS (Chouisky), MAITRES CHANTEURS (Walther); en 1938, SALAMMBO (Mathô). Est le créateur de LA DUCHESSE DE PADOUE (Guido), MAXIMILIEN (Perfirio) JARDIN SUR L'ORONTE (Guillaume), PERKAIN (le Commissaire de la Convention), OEDIPE (le Berger), LA SAMARITAINE (le Centurion), MEDEE (Jason), « Palestrina ».

LA DAMNATION « intégrale » (GRAM. L 886/895) — MAROUF « Airs » (GRAM. P. 777) — TANNHAUSER « Airs » (GRAM. W 1088 P 851).

TRIADOU. — Débute le 13 avril 1903 dans « Valentin » de FAUST. Est affiché dans, en 1905, ARMIDE (Aronte), LE CID (Saint Jacques) ; en 1908, HIPPOLYTE (Arcas), ROMÉO (Mercutio) ; en 1909, RIGOLETTO (Marcello), HUGUENOTS (Moine, puis de Méru et, en 1913, Léonard), GUILLAUME TELL (Leuthold) ; en 1910, SALOMÉ (Esclave) ; en 1911, MAITRES CHANTEURS (Nachtigall), LOHENGRIN (Héraut) ; en 1912, LE PROPHETE (Officier), ROMA (Caius), SIBERIA (Miskinsky, le Banquier) ; en 1913, LE MIRACLE (Tirso). A créé TRISTAN (Pilote), ARIANE (Chef de la nef), LA CATALANE (Blas), MONNA VANNA (Torello), BACCHUS (Mahouda), SIBERIA (l'Invalide), FERVAAL (Gwalkingular, un Paysan), LE SORTILEGE (Mendiant bossu), JOYAUX DE LA MADONE (Rocco), PARSIFAL (Chevalier), SCEMO (Coppola).

TUBIANA, Willy. — En représentation chante « Remiggio » de LA NAVARRAISE (29.7.1924), « Comte des Grieux » de MANON (10.11.1927), « Abimélech » de SAMSON (28.9.1945).

TURP, André. — En représentation, débute dans « Edgard » de LUCIE, le 19 février 1962.

TYGESEN, Tyge. — En représentation, débute dans « Rhadamès » de AIDA le 19 septembre 1947.

TYRAND, — Est affiché dans THAIS (Cénobite, 1926), HUGUENOTS (Seigneur, 1936), G W E N D O L I N E (Saxon, 1942).

UHDE, Hermann. — En représentation, débute dans « Wotan » de SIEGFRIED le 17 mai 1957.

URBANO, Umberto. — En représentation, débute dans « Rigoletto » le 19 janvier 1924.

URLUS, Jacques. — Avec la troupe de l'Opéra de La Haye, chante « Tristan » le 29 mars 1930.

VAGUET, Albert. — Débute dans «Faust» le 20 octobre 1890. En 1891, chante PATRIE (La Trémoille), RIGOLETTO (le Duc) ROBERT LE DIABLE TO (le Duc), ROBERT LE DIABLE (Raimbaut) ; en 1892, LA FAVORITE (Fernand), GUILLAUME TELL (Rodolphe), SALAMMBO (Shahabarim) ; en 1894, THAIS (Nicias), DJELMA (Nouraly) ; en 1895, TANNHAUSER (Walther) ; en 1896, HAMLET (Laerte), « Lohengrin », DON JUAN (Ottavio) ; en 1900, LES MAITRES CHANTEURS (Walther). Est le créateur de LA VIE DU POETE (le Poète), STRATONICE (Anthiocus), OR DU RHIN (Loge Froh et Mime), DEIDAMIE (Achille), GWENDOLINE (Armel), OTHELLO (Cassio), FREDEGONDE (Fortunatus), LA DAMNATION (Faust), MAITRES CHANTEURS (David), CLOCHE DU RHIN (Conrad), BURGONDE (Zerkan) BRISEIS (Hylas), « Joseph », « Lancelot », ROI DE PARIS (Henry III), LES BARBARES (Marcomir).

Sur Saphir PATHÉ : CLOCHE DU RHIN « Ervine, écoute moi » (0096) — DAMNATION « Airs » (0102, 0107) — FAUST « Cavatine » (0101) « Scène du 1 » avec BELHOMME (2541) « Laisse moi contempler... » avec Aline VALLANDRI (2542) — FAVORITE « Airs » (0096, 2537, 0104) — DON JUAN « air d'Ottano » (0101) — LOHENGRIN « Airs » (0115, 0069) — PATRIE « Madrigal » (0045) — RIGOLETTO « Airs » (0046) — ROBERT LE DIABLE « ah ! l'honnête homme ! » avec CHAMBON (2537).

VAILLANT, Georges — Débute le 15 février 1952 dans « Wotan » de LA WALKYRIE. Chante LES MAITRES CHANTEURS (Hans Sachs), FAUST (Méphistophélès) en 1952 ; L'AIGLON (Flambeau), THAIS (Athanael), « Méfistofèle », BORIS (Pimen), INDES GALANTES (Osman) en 1953 ; «Boris»,

LOHENGRIN (le Roi) en 1954 ; SAMSON (Abimélech, 1956), DAMNATION (Méphisto, 1957), AIDA (le Roi, 1958), FIDELIO (Rocco, 1960) ; TROYENS (Narbal, 1961). Crée « Chégir ben Cheik » dans L'ATLANTIDE.

FAUST « extraits » (DECCA 173666).

VALDENGO, Giuseppe. — En représentation, débute dans « Rigoletto » le 15 juin 1953.

RIGOLETTO « intégrale ».

VALLET. — Est affiché dans l'AFRICAINE (Officier, 1877), HUGUENOTS (Boisrosé, 1879), HAMLET (Fossoyeur, 1879), COMTE ORY (Chevalier. 1881), JUIVE (Homme du peuple, 1888).

VALLIER, Jean. — Débute le 12 février 1892 dans le « Grand Prêtre d'Odin » de SIGURD. Chante LOHENGRIN (Héraut, 1892), W A L K Y R I E (Hounding, 1910), RIGOLETTO (Sparafucile, 1910, Monterone, 1911).

VALMORAL. — En 1921, débute le 9 février dans « Tonio » de PAILLASSE et chante « Guillaume Tell ».

VAN DAM, José. — Débute le 17 novembre 1961 dans « la Voix de Mercure » des TROYENS. Chante ensuite en 1961, FAUST (Wagner), TROYENS (Priam).

VAN DYCK, Ernst. — Débute en créant « Lohengrin ». Crée également LA WALKYRIE (Siegmound), LE CREPUSCULE (Siegfried) et L'OR DU RHIN (Loge). Est affiché d'autre part dans « Tannhauser » (1895), « Tristan » (1905) et « Parsifal » (1914).

WALKYRIE « Liebestod » (FONOTIPIA 39098).

VAN MILL, Arnold. — En représentation, débute le 3 mai 1957 dans « Fasolt » de L'OR DU RHIN. Chante SIEGFRIED (Fafner, 1957), VAISSEAU FANTOME (Daland, 1960).

VANZO, Alain. — Débute le 21 novembre 1954 dans « un Pirate » de OBERON. Chante, en 1955, LES INDES GALANTES (Tacmas, puis Damon en 1958), CHEVALIER ERRANT (Récitant), BOLIVAR (Soldat) ; en 1956, RIGOLETTO (le Duc) ; en 1957, DON JUAN (Ottavio), CHEVALIER A LA ROSE (Chanteur), TRAVIATA (Rodolphe), OTHELLO (Cassio) ; en 1959, BAL MASQUÉ (Gustave III) ; en 1960, L'HEURE ESPAGNOLE (Gonzalve), LUCIE (Edgard). Crée « Viriato » dans NUMANCE.

RÉCITAL (POLARIS A L 80009) — TRAVIATA « extraits » (ORPHÉE LDO A 50004 et E 51004) — RIGOLETTO « extraits ».

VARELLI. — Débute dans le « Grand Prêtre de Khammon» de SALAMMBO le 7 janvier 1910. La même année, est

affiché dans ROMÉO (Pâris), SAMSON (Messager), LOHENGRIN (Vassal), HUGUENOTS (Boisrosé, puis Moine, Maurevert en 1911 et Tavannes en 1913), GUILLAUME TELL (Ruodi) ; puis MAITRES CHANTEURS (Vogelgesang. 1911), PROPHETE (Seigneur, 1912). A créé SALOMÉ (quatrième Juif), FERVAAL (Edwig), JOYAUX DE LA MADONE (Camorriste), SCEMO (un Homme).

VAURS. — Au cours d'un Gala, le 20 octobre 1910, crée « de Sirieix » dans FEDORA.

VAUTHRIN, — Est affiché dans PALESTRINA (Evêque), GWENDOLINE (Danois), LE DRAC (Pêcheur) en 1942 ; HERODIADE (Messager, 1945), CHEVALIER (Laquais de la Maréchale, 1949).

VECCHI, Gino de. — Avec la Compagnie de Serge de Diaghilew, crée « Giampaolo » dans ASTUCE FEMININE.

VERCAMMEN. — Débute dans « Tannhauser » le 13 octobre 1956.

VERDIER. — Débute dans « Samson » le 6 juin 1912. Chante « Tristan », « Siegfried » du CREPUSCULE et « Lohengrin » en 1912 ; « Siegmound » de LA WALKYRIE en 1913 ; puis, en 1921, « Siegfried », LES TROYENS (Enée), AIDA (Rhadamès), L'OR DU RHIN (Loge).

VERDIERE, René. — Débute dans « Max » du FREISCHUTZ le 29 octobre 1926. Chante PADMAVATI (Ratan-Sen), WALKYRIE (Siegmound) en 1927 ; « Samson », PARSIFAL (Chevalier) en 1928 ; OR DU RHIN (Froh), GUILLAUME TELL (Ruodi) en 1929 ; HUGUENOTS (Thoré), TRISTAN (Mélot) en 1930 ; AIDA (Rhadamès), VAISSEAU FANTOME (Erik), BORIS (Dimitri), HERODIADE (Jean), « Lohengrin » en 1947 ; MAITRES CHANTEURS (Walther, 1948) ; DAMNATION (Faust), INDES GALANTES (Adario) en 1952 ; « Tannhauser » en 1956.

AIDA « air et duo » (ODÉ. 123027 - Rééd. Micros ODÉ. ORX 103) — FREISCHUTZ « air de Max » (ODÉ. 188062) — HERODIADE « air de Jean » (ODÉ ORX 110) — LOHENGRIN « Récit et Adieux » (ODÉ. 123020) — MAITRES CHANTEURS « air » (ODÉ. ORX 116) — SAMSON « arrêtez... » (ODÉ. 123012) — WALKYRIE « chant du printemps » (ODÉ. 188034) — « duo avec G. LUBIN (ODÉ 123683/84).

VERGNES, Paul-Henry. — Débute dans « un Chevalier » de PARSIFAL le 19 octobre 1928. Est affiché dans « Faust », LES TROYENS (Jonas), MAROUF (Marchand), LE MAS (vieux Moissonneur), RIGOLETTO (le Duc), LE CHEVALIER (Chanteur), GUIL-

LAUME TELL (Ruodi) en 1929 ; PER-SÉE ET ANDROMÈDE (Persée), TRISTAN (Matelot), CASTOR ET POLLUX (Castor) en 1930 ; « Roméo », OTHELLO (Cassio) en 1931 ; TRAVIATA (Rodolphe), BORIS (Dimitri) en 1932. A créé LE MAS (Moissonneur), SALAMINE (Dignitaire de la Cour).

FAUST « Cavatine » (ODÉ. 123722) — RIGOLETTO « Airs » (ODÉ. 188848) — ROMÉO « Cavatine » (ODÉ. 123722) Rééd. Micros. « RIGOLETTO, AIDA... » (ODÉ AOE 1055).

VERGNET, Edmond. — Débute salle Ventadour le 4 septembre 1874 dans «Raimbaut» de ROBERT LE DIABLE. Chante « Faust » (1874) ; LA JUIVE (Léopold), GUILLAUME TELL (Ruodi), HAMLET (Laerte), DON JUAN (Ottavio) en 1875 ; FAVORITE (Fernand, 1876) ; FREISCHUTZ (Max), ROI DE LAHORE (Alim) en 1877 ; PROPHETE (Jean), AFRICAINE (Vasco) en 1878 ; « Lohengrin » (1891) ; « Roméo » (1893). A créé LA REINE BERTHE (Pépin le Bref), LE MAGE (Zarastra), SALAMMBO (Shahabarim) et « Samson ».

VERIN. — Débute dans « Marcel » des HUGUENOTS le 11 novembre 1888, puis chante « l'Inquisiteur » de L'A-FRICAINE.

VERNIGK. — Avec la troupe de l'Opéra de Vienne chante, en mai 1928, FIDELIO (Prisonnier), NOCES DE FIGARO (Bazile), TOSCA (Spoletta), CHEVALIER (Intendant de la Maréchale, l'Aubergiste) ; en 1936, FIDELIO (Jacquinot).

VESELOWSKY, A. — Crée « le Prince Vsevolod » dans KITEGE.

VIANNENC. — Au cours d'un Gala, le 11 novembre 1900, interprète « Moralès » dans CARMEN.

VIEUILLE, Félix. — En représentation, chante « Brander » de LA DAMNATION le 22 décembre 1917.

VIEUILLE, Jean — Débute le 27 janvier 1950 dans « Monostatos » de LA FLUTE ENCHANTÉE. Chante « Capulet » de ROMÉO en 1951.

VIGNEAU, Daniel. — Débute au cours d'un Gala, le 29 décembre 1907 dans « Moralès » de CARMEN. Crée « Magnus » dans LES BURGRAVES et chante HERODIADE (Hérode, 1933), MAROUF (Ali, 1940).

VIGUIE. — Débute le 6 avril 1907 dans « Leuthold » de GUILLAUME TELL.

VILAIN. — Est affiché dans « un Evêque » de L'AFRICAINE en 1902.

VILLA. — Débute le 1er octobre 1892 dans « Laerte » de HAMLET. Chante ROMÉO (Tybalt, 1892), LA JUIVE (Léopold, 1893).

VILLABELLA, Miguel. — Débute dans « Pinkerton » de BUTTERFLY le 26 juin 1928. Chante « Faust » (1928); TRAVIATA (Rodolphe), RIGOLETTO (le Duc) en 1929 ; («eRoméo » (1931), « Marouf » (1932), LE BARBIER (Almaviva, 1933), DON JUAN (Ottavio, 1934), CASTOR ET POLLUX (Castor 1935). A créé « Persée » dans PERSÉE ET ANDROMÈDE, « Marcel » dans VIRGINIE et « Tomas » dans L'ILLUSTRE FREGONA.

LE BARBIER « Des Rayons de l'aurore » (PATHÉ X 90026) - (ODÉ. 188599) « duo » avec A. BAUGÉ (PATHÉ PGT 13, X 7159) « duo » avec ROQUE (ODÉ 123671) — BUTTERFLY « adieu séjour fleuri » (PATHÉ X 0604) - (ODÉ 188613) — FAUST « en vain j'interroge » (ODÉ 123681) « Cavatine » (ODÉ. 123573) - (PATHÉ X 7179, X 90010) « Trio » du duel avec ROUARD et BILLOT (ODÉ 123680) « Trio final » avec TIRARD et BILLOT (ODÉ 123679) « Trio final » avec N. VALLIN et BALBON (PATHÉ X 2619) « quatuor » avec N. VALLIN, BALBON et CALVET (PATHÉ X 2618/19) « Il se fait tard » avec N. VALLIN (PATHÉ X 2616) « Tête folle !... » (PATHÉ X 2617) — L'ILLUSTRE FRÉGONA « Airs » (PATHÉ X 90013) — DON JUAN « Airs » (PATHÉ PGT 2) — RIGOLETTO « airs » (PATHÉ X 90033) - (ODÉ. 188585) « Plume au vent » (PATHÉ 188806) « duo » avec FERALDY (PATHÉ PG 41) « duo » avec NORENA (ODÉ 123010) « quatuor » avec ROUARD, NORENA, TESSANDRA (ODÉ. 123010) « quatuor » avec FERALDY, ROUSSEAU, LANZONE (PATHÉ PGT 1) — ROMÉO « Cavatine » (PATHÉ 0654, X 90041) - (ODÉ. 123639) « Non ce n'est pas le jour » avec FERALDY (PATHÉ PGT 8) «Tombeau » (PATHÉ X 90041) - (ODÉ. 123573) — TRAVIATA « air de Rodolphe » (PATHÉ X 90065) Rééd. Micros. (BARBIER etc...) (ODÉ ODX 136, XOC 134 (ROMÉO, RIGOLETTO...) ODÉ. ORX 143) ROMÉO, etc... (ODÉ. ORX 135) FAUST (ODÉ. ORX 102, 7-AOE 1037).

VILLARET. — Débute salle Le Peletier le 20 mars 1863 dans « Arnold » de GUILLAUME TELL. Fut l'interprète de LA JUIVE (Eléazar, 1863), LA MUETTE DE PORTICI (Mazianello, 1865), HUGUENOTS (Raoul, 1865), AFRICAINE (Vasco, 1867), ROBERT LE DIABLE (Robert, 1867), PROPHETE (Jean, 1871), REINE DE CHYPRE (Gérard, 1877), autant de rôles qu'il chanta au Palais Garnier.

VILLATTE. — Débute dans « Bois-rosé » des HUGUENOTS le 20 juillet 1892. Est affiché dans GUILLAUME TELL (Ruodi, 1892), HUGUENOTS (de Retz, puis Thoré, 1893).

VILMOS-BECK. — Voir plus haut : « Beck, Vilmos ».

VINAY, Ramon. — En représenta-tion, en 1958, débute le 17 octobre dans « Hérode » de SALOMÉ, puis paraît dans « Othello ».

VITOU. — En 1948, débute le 7 novembre dans « Samson » et chante « Rhadamès » de AIDA.

VOLKER, Frantz. — Avec la troupe de l'Opéra de Vienne, débute le 4 juin 1936 dans « Florestan » de FIDE-LIO.

A enregistré l'air de « Florestan » de FIDELIO (POLY. 27311).

VOLPI, Lauri. — En représentation, débute le 26 juin 1929 dans « Rhada-mès » de AIDA. Chante également RIGOLETTO (le Duc), GUILLAUME TELL (Arnold) en 1930 ; « Faust » (1935), LUCIE (Edgard, 1948).

AIDA « duo du Nil » avec E. RETHBERG (GRAM. DB 1341) « Trio avec RETHBERG et de LUCA (GRAM. DB 1458) — FAUST « Cavatine » en français (GRAM. DB 531) — RIGO-LETTO « air du Duc 3ᵉ acte » (GRAM. DA 1384) « la donna e mobile » (GRAM. DA 5413) - (FONOTIPIA 152022) « questo quella » (FONOTI-PIA 152011) — Rééd. Micros. (quella quella) (ETERNA 703).

VOS, Chris de. — Avec la troupe de l'Opéra de La Haye, chante « Flo-restan » dans FIDELIO le 15 février 1926.

VOULET. — Débute en créant « Irnfrid » dans SIGURD. Crée égale-ment LA DAME DE MONSOREAU (Bonhomet), ROMÉO (Angelo), LE MAGE (Chef indien), LOHENGRIN (Vassal), SALAMMBO (Prêtre). Est d'autre part affiché dans L'AFRICAI-NE (don Alvar, 1885, Officier, 1892), LA JUIVE (Homme du peuple, 1885, Crieur, 1890), HUGUENOTS (Léonard, 1886, Moine, 1890); GUILLAUME TELL (Rodolphe), FAVORITE (Gaspard), en 1886 : PROPHETE (Soldat), ROBERT LE DIABLE (Héraut), PATRIE ! (Var-gas) en 1887; HENRY VIII (Seigneur), RIGOLETTO (Borsa) en 1888 ; RO-MÉO (Benvolio, 1889), HAMLET (Fos-soyeur, 1890).

WAECHTER, Eberhardt. — En re-présentation, débute le 2 mai 1959 dans « Wolfram » de TANNHAUSER.

WARFOLOMEEV, Alexandre. — Avec la Compagnie de Serge de Diag-hilew, crée « le Pêcheur » dans ROS-SIGNOL.

WARMBRODT. — Débute dans « Ruodi » de GUILLAUME TELL le 18 avril 1887. Chante ROBERT LE DIABLE (Raimbaut), AFRICAINE (Officier), HAMLET (Laerte), HUGUE-NOTS (Veilleur, puis Tavannes) en 1888 ; LUCIE (Arthur, 1889). A créé LA DAME DE MONSOREAU (d'Eper-non), ROMÉO (Pâris).

WARNERY, Edmond. — Débute dans « Gonzalve » de L'HEURE ESPA-GNOLE le 6 juin 1923. Chante SALO-MÉ (premier Juif, 1928), SIEGFRIED (Mime, 1931), ILLUSTRE FREGONA (Lope, 1931). Crée LE CHEVALIER A LA ROSE (Valzacchi), TURANDOT (Pang) et L'ILLUSTRE FREGONA (l'Aguazil).

WEBER, Ludwig. — En représenta-tion, débute le 23 juin 1948 dans « le Roi Marke » de TRISTAN. Chante LA WALKYRIE (Hounding 1949), LE CRE-PUSCULE (Hagen, 1950), SIEGFRIED (Fafner, 1950), FLUTE ENCHANTÉE (Zarastro, 1953).

LA FLUTE ENCHANTÉE « inté-grale » Micros. (COL. FCX 150/52).

WELITSCH, Alexandre. — En repré-sentation, débute le 26 octobre 1951 dans « Iokanaan » de SALOMÉ.

WESSELOWSKY. — En représenta-tion, débute dans « Edgard » de LUCIE le 28 avril 1938.

WHITEHILL, Clarence. — En repré-sentation, en 1909, débute dans « Wol-fram » de TANNHAUSER le 17 sep-tembre et chante « Wotan » dans LA WALKYRIE.

TANNHAUSER « air de Wolfram » (GRAM. 042196) — WALKYRIE « duo » avec SALTZMANN-STEVANS (GRAM. 04040/41) « adieux de Wotan » Airs (GRAM. DB 439/40, DB 442) - (VIC-TOR 64278).

WIEMANN, Ernest. — En représen-tation, débute le 3 mai 1957 dans « Fafner » de L'OR DU RHIN.

WIERNER, Otto. — En représenta-tion, débute dans « Kurwenaal » de TRISTAN le 18 avril 1958.

WILLIAMS, Tom. — Avec la troupe du Covent Garden de Londres, crée « le Capitaine Balstrode » dans PETER GRIMES.

WINDGASSEN, Wolfgang. — En représentation, débute dans « Parsifal » le 24 mars 1954, et chante « Florestan » de FIDELIO en 1955.
    FIDELIO « intégrale » Micros. (V.d.s.M. FALP 323/5) — PARSIFAL « intégrale » Micros. (DECCA LXT 2651/56).

WITT, Joseph. — Avec la troupe de l'Opéra de Vienne, chante « un Prêtre » dans LA FLUTE ENCHANTÉE le 15 mai 1953.

WITTRISCH, Marcel. — En représentation, débute dans « Narraboth » de SALOMÉ le 26 octobre 1951.

WOCKE, Hans. — Avec la troupe de l'Opernhaus de Berlin, en septembre 1941, interprète « Franck » dans LA CHAUVE-SOURIS.

WOLANSKY, Raymond. — En représentation, crée « Hamer » dans JEPHTE.

WOLHGEMUTH, Alfred — En représentation, débute le 9 mars 1955 dans « un Prisonnier » de FIDELIO.

WORLE, Willy. — Avec la troupe de l'Opernhaus de Berlin, en septembre 1941, interprete « Gabriel d'Eisenstein » dans LA CHAUVE-SOURIS.

WUNDERLICH, Fritz. — En représentation, crée « un Prophète » dans JEPHTE.

YACAZZI, Roger. — Débute le 11 novembre 1946 dans « le Duc » de RIGOLETTO.

YCHE. — Débute le 12 mars 1933 dans « Lohengrin ».
Chante ensuite « Eleazar » de LA JUIVE (1933) et « Samson » (1935).

ZAGONARA. — En représentation, débute dans « le Docteur Caïus » de FALSTAFF le 4 juillet 1935.

ZALESKI. — En représentation, débute dans « Boris » le 28 janvier 1925. Chante également « Rigoletto » en 1926.

ZALSMAN. — Avec la troupe de l'Opéra de La Haye, crée « le Prêtre » dans BEATRICE.

ZAPOROJETZ, Capiton. — En représentation, débute le 19 juin 1909 dans « Pimen » de BORIS. En 1926, chante «Sparafucile» de RIGOLETTO, « Varlaam » de BORIS et crée «Ioury» dans KITEGE.

ZEC. — Avec la troupe de l'Opéra de Vienne, chante « Osmin » dans UN ENLEVEMENT AU SERAIL le 13 mai 1928.

ZESSEWITCH, Platon. — En représentation, débute dans « Boris » le 23 mars 1926.

ZIMMERMANN, Erich. — En représentation, débute le 5 juin 1934 dans « David » des MAITRES CHANTEURS Chante également SIEGFRIED (Mime, 1938), UN ENLEVEMENT AU SERAIL (Pédrille, 1941), TRISTAN (Berger, 1941), SALOMÉ (premier Juif, 1951), OR DU RHIN (Mime, 1955).
    SIEGFRIED « ho ! ho » avec M. LORENZ (TELEFUNKEN SKB 2054).

ZITEK, Wilem. — En représentation, débute dans « le Commandeur » de DON JUAN le 28 mai 1936.

LES CHEFS D'ORCHESTRE

En dehors de certains Maîtres appelés au pupitre du Palais Garnier pour des manifestations lyriques bien définies, l'ensemble des chefs affichés dans la Maison a participé à la bonne exécution de tous les ouvrages du répertoire. Aussi bien n'indiquerons-nous ici que les réalisations particulières effectuées par chacun d'eux (reprises importantes ou créations).

Ont assuré à l'Opéra les fonctions de « Directeur de la Musique » : Ernest DELDEVEZ (1875-1876) Charles LAMOUREUX (1877-1878), Ernest ALTES (1878-1887), Auguste VIANESI (1887-1891), Edouard COLONNE (1892-1893), Paul TAFFANEL (1893-1905), Paul VIDAL (1906-1914), Camille CHEVILLARD (1915-1923), Philippe GAUBERT (1924-1939), François RUHLMANN (1940-1946), Henri BUSSER (1947-1951), de 1952 à 1959 : personne. Emmanuel BONDEVILLE (depuis 1959).

ABRAVANEL, de. — En représentation, dirige DON JUAN en avril 1934.

ALTES, Ernest. — A créé FRANÇOISE DE RIMINI, HENRY VIII, RIGOLETTO et a assuré des reprises de LA REINE DE CHYPRE (1877), LE COMTE ORY, GUILLAUME TELL (1880), ROBERT LE DIABLE (1881).

AMALOU, A. — Au cours d'un Gala, le 10 décembre 1911, dirige le cinquième acte de DON QUICHOTTE.

ANSERMET, Ernest. — Avec la Compagnie de Serge de Diaghilew, crée ROSSIGNOL, LE RENARD et ASTUCE FEMININE.

BACHELET, Alfred. — Débute en dirigeant FAUST le 31 juillet 1907. Assure les reprises de SAMSON et IPHIGENIE de Puccini en 1916, CASTOR ET POLLUX en 1918. A créé LES GIRONDINS, MYRIALDE, UNE FETE CHEZ LA POUPLINIERE. En représentation, dirige son œuvre, UN JARDIN SUR L'ORONTE, le 29 décembre 1933.

BALAY, G. — Chef de la Musique de la Garde, a dirigé cette phalange à l'Opéra au cours de plusieurs Galas.

BALBIS, André. — A l'occasion de Galas, dirige LA NAVARRAISE (1924), et TOSCA (1925).

BASTIDE, Paul. — Débute avec LA FLUTE ENCHANTEE le 12 août 1949. En 1951, assure une reprise de PÉNÉLOPE.

BECKER, Georges. — Débute le 6 janvier 1926 en dirigeant SOIR DE FETE. Assure la direction de certains ballets et, en 1942, la reprise de IMPRESSION DE MUSIC-HALL.

BELLEZA, Vincenzo. — En représentation, en mai 1935, dirige une reprise de LUCIE DE LAMMERMOOR et RIGOLETTO.

BENZI, Roberto. — En représentation, dirige la reprise de CARMEN en novembre 1959.

BIGOT, Eugène. — Débute en assurant une reprise de SALAMMBO en 1942.

BLAREAU, Richard. — Chargé de la direction des œuvres chorégraphiques, débute le 11 novembre 1948 avec COPPELIA. Crée DRAMMA PER MUSICA, PRIERE, TRESOR ET MAGIE, PASTORALE, SYMPHONIE CONCERTANTE.

BLECH, Léo. — En représentation, en juin 1931, conduit TRISTAN et LE CREPUSCULE.

BLOCH, André. — Auteur de BROLIANDE, dirige son œuvre le 15 novembre 1936.

BLOT, Robert. — Débute le 17 septembre 1946 en dirigeant FAUST. Assure les reprises du COQ D'OR (1947), et de THAIS (1951), les créations et reprises de nombreux ballets, en particulier LE LAC DES CYGNES.

BLUMENFELD, Félix. — Avec l'Opéra Impérial de Moscou, dirige la création à Paris de BORIS GODOUNOV.

BOHM, Karl. — Avec l'Opéra de Vienne, en mai 1953, dirige ELEKTRA et LA FLUTE ENCHANTEE.

BOULLARD. — A l'occasion d'un Gala, le 23 décembre 1880, dirige LES CHARBONNIERS.

BOURDEAU, Célestin. — Dirige les auditions de CHANTS RELIGIEUX RUSSES (1915) et de SAINTE RUSSIE (1916).

BUSSER, Henri. — En représentation, débute en créant son œuvre LA RONDE DES SAISONS. Nommé chef d'orchestre, débute avec ARMIDE le 18 avril 1906. Assure des reprises de THAMARA (1907), RIGOLETTO (1915), PATRIE ! (1916), HAMLET, ROMA (1917), HUGUENOTS (1920), TROUVERE (1923), GISELLE (1924), PAILLASSE (1931). A créé LE SORTILEGE, GRAZIELLA, MIGUELA, LA MEGERE APPRIVOISEE, MIARKA, LA TRAVIATA, PERSEE ET ANDROMEDE, LA VISION DE MONA et LES NOCES CORINTHIENNES, ainsi que certains ballets comme PHILOTIS, TAGLIONI CHEZ MUSETTE, PETITE SUITE, SIANG-SING, SOIR DE FETE et LE RUSTRE IMPRUDENT.

CAMPANINI, Cléofonte. — Dirige le REQUIEM de Verdi le 19 juin 1913.

CAPLET, André. — En représentation, dirige la reprise du TRIOMPHE DE L'AMOUR en 1925.

CASADESSUS, Robert. — Dirige la première audition de NERON.

CATHERINE, Alphonse. — Débute le 24 février 1905 avec TANNHAUSER. Assure les reprises de MONNA VANNA et du VIEIL AIGLE en 1914.

CELANSKI. — Au cours d'un Gala, le 12 avril 1912, dirige un Ballet présenté par le Casino de Paris.

CHEVILLARD, Camille. — Débute le jour de la réouverture du Palais Garnier, le 9 décembre 1915, en créant EUGENE ONEGUINE. Crée également L'OURAGAN, REBECCA, LA TRAGEDIE DE SALOMÉ, HELENE, GOYESCA, ANTOINE ET CLÉOPATRE, ANTAR, CYDALISE, LE CHANT DE LA CLOCHE. A effectué les reprises de BRISEIS, GUILLAUME TELL (1916), PROMETHEE (1919), SYLVIA (1919), WALKYRIE, SIEGFRIED, OR DU RHIN (1921), LOHENGRIN (1922), MAITRES CHANTEURS (1923).

CLOEZ, Gustave. — Avec la Compagnie de Mme Ida Rubinstein, crée LES ENCHANTEMENTS D'ALCINE, LA VALSE, AMPHYON, PERSEPHONE, DIANE DE POITIERS et SEMIRAMIS. Comme chef d'orchestre de l'Opéra, débute le 1er juillet 1939 avec FAUST.

CLUYTENS, André. — Débute le 4 juin 1944 en conduisant LE VAISSEAU FANTOME (la représentation fut interrompue cinq fois par des alertes aériennes). Assure les reprises de l'AIGLON (1952), LOHENGRIN, SAMSON (1954), SALOMÉ (1958) et les créations de BOLIVAR et OBERON.

COATES, Albert. — En représentation, dirige BORIS en mai 1925.

COLONNE, Edouard. — Débute le 22 janvier 1892 en dirigeant debout (innovation pour l'époque) LOHENGRIN. Assure une reprise du PROPHETE (1892), la direction de GUILLAUME TELL pour le centenaire de Rossini, la centième de ROMÉO en 1892 et les créations de SALAMMBO, SAMSON et LA WALKYRIE.

COOPER, Emile. — En représentation, dirige BORIS en juin 1909 et crée LE FESTIN, LES SYLPHIDES, KITEGE.

CORDONE, Mario. — En représentation, dirige LE BARBIER et AIDA en mai 1933.

DANON, Oscar. — En représentation, assure une reprise de BORIS en 1960.

DEFOSSE, Henry. — Débute en créant LE MARTYRE DE SAINT SEBASTIEN. Dirige des représentations de BORIS et de LA KHOVANTCHINA.

DELDEVEZ, Ernest. — Dirigeait LA JUIVE le soir de l'inauguration du Palais Garnier. A assuré, en 1875, les reprises de LA FAVORITE, GUILLAUME TELL, HAMLET, HUGUENOTS, FAUST, DON JUAN ; en 1876, du PROPHETE, FREISCHUTZ et ROBERT LE DIABLE. A créé JEANNE D'ARC et LE ROI DE LAHORE.

DERVAUX, Pierre. — Au cours d'un Gala, le 19 mars 1953, dirige FAUST 53. Débute officiellement le 1er juin 1956 avec RIGOLETTO. Crée DIALOGUES DES CARMÉLITES et LE ROI DAVID. Assure les reprises de L'HEURE ESPAGNOLE, LE BAL MASQUÉ (1958), LUCIE DE LAMMERMOOR (1960), LES TROYENS (1961).

DESORMIERE, Roger. — Dirige les spectacles de la Compagnie de Serge de Diaghilew 1927 et 1928. Comme chef de l'Opéra, assure de 1940 à 1950 des représentations chorégraphiques, créant entre autre LES ANIMAUX MODELES, SERENADE et LE PALAIS DE CRISTAL.

EGK, Werner. — Dirige les créations de ses œuvres, JOAN DE ZARISSA et PEER GYNT.

ELMENDORFF, Karl. — En représentation, dirige TRISTAN en mai 1930, LA WALKYRIE en mars 1941.

ERLANGER, Camille. — Au cours d'un Gala, le 19 décembre 1911, crée ICARE.

FAIER, Youri. — Avec les ballets du Bolchoï de Moscou, en juin 1958, dirigea ROMEO ET JULIETTE de Prokofiev, GISELLE et divers ballets.

FAURÉ, Gabriel. — Dirige la création de son ouvrage, PROMETHÉE.

FERRARI, Rodolfo. — En représentation, dirige des Galas italiens en mars 1916.

FITELBERG, Grégor. — En 1922, dirige les spectacles de la Compagnie de Serge de Diaghilew, créant en particulier LE MARIAGE DE LA BELLE AU BOIS DORMANT et MAVRA.

FOSSE, Paul. — A l'occasion d'un Gala, le 14 octobre 1926, dirige LA LOCOMOTIVE A TRAVERS LES AGES.

FOURESTIER, Louis. — Débute le 26 août 1938 avec LA WALKYRIE. Assure les reprises de AIDA (1939), OTHELLO (1943), BORIS (1944), ARIANE ET BARBE-BLEUE (1945), ANTAR (1946), LOHENGRIN, LUCIE DE LAMMERMOOR (1947), MAITRES CHANTEURS (1948), LE CHEVALIER A LA ROSE, MAROUF (1949), LA DAMNATION (1950), TRAVIATA, ENLEVEMENT AU SERAIL, L'ETRANGER (1951), LES INDES GALANTES (1952), VAISSEAU FANTOME, DON JUAN (1956), MARTYRE DE SAINT SEBASTIEN (1957), SAMSON (1960). Celles, également, de certains ballets comme GISELLE (1939), SYLVIA (1941), LES DEUX PIGEONS (1942), LA TRAGÉDIE DE SALOMÉ (1944), LA PERI (1945), OISEAU DE FEU (1952). Est le créateur de LE DRAC, ANTIGONE, JEANNE AU BUCHER, KERKEB, NUMANCE, L'ATLANTIDE, et des ballets LA NUIT VENITIENNE, LE FESTIN DE L'ARAIGNÉE, LE CHEVALIER ERRANT, GUIGNOL ET PANDORE, LUCIFER, LE CHEVALIER ET LA DAMOISELLE, PHEDRE, BLANCHE-NEIGE, LA DAME AUX CAMELIAS, et d'autres.

FOURNET, Jean. — Débute le 3 août 1956 en conduisant THAIS.

FRANCK, Maurice. — Débute avec ROMÉO le 15 septembre 1946, assure les reprises de DON JUAN et PADMAVATI en 1946.

FURTWAENGLER, Wilhelm. — En représentation, dirige TRISTAN (1920), WALKYRIE (1933), MAITRES CHANTEURS (1934), SIEGFRIED (1938).

GARCIN. — A créé LE CID, PATRIE ! SIGURD et les ballets NAMOUNA, FANDANGO, SYLULA, YEDDA. A asuré en 1886 une reprise de HENRY VIII et dirigé la 500e de LA JUIVE (1886).

GAUBERT, Philippe. — Débute le 19 septembre 1920 en dirigeant FAUST. Assure les reprises de PARSIFAL (1924), LE CREPUSCULE, TANNHAUSER (1925), SALOMÉ, SIEGFRIED (1926), LE MIRACLE (1927), TRISTAN CASTOR ET POLLUX, MAITRES CHANTEURS (1930), OTHELLO (1931), LA DAMNATION (1933), SAMSON, L'ETRANGER (1934), FIDELIO, BORIS (1937), ORPHÉE (1939), GWENDOLINE (1941). A dirigé la 2.000e de FAUST à Paris (1934) et la 500e de ROMÉO (1939). A assuré les créations de LES TROYENS, L'HEURE ESPAGNOLE, HERODIADE, LA FILLE DE ROLAND, GRISELIDIS, PHAEDRE, ESCLARMONDE, NERTO, FLEUR DE PECHER, LA NAISSANCE DE LA LYRE, BROCELIANDE, LE CHEVALIER A LA ROSE, L'IMPERATRICE AUX ROCHERS, LES BURGRAVES, NAILA, LES MATINES D'AMOUR, TURANDOT, LE MAS, SALAMINE, VIRGINIE, LA DUCHESSE DE PADOUE, ELEKTRA, UN JARDIN SUR L'ORONTE, VERCINGETORIX, LA PRINCESSE LOINTAINE, ROLANDE, ARIANE ET BARBE-BLEUE, LE MARCHAND DE VENISE, OEDIPE, VAISSEAU FANTOME, LA CHARTREUSE DE PARME, L'ENFANT ET LES SORTILEGES, MEDEE, PENELOPE. A créé également certains ballets, en particulier, DAPHNIS ET CHLOE, LA PERI, SIANG-SIN, ORPHÉE de Ducasse, BACCHUS ET ARIANE, PROMENADE DANS ROME, ALEXANDRE LE GRAND. Directeur de l'Opéra à compter d'octobre 1939, est décédé le 8 juillet 1941, ayant dirigé pour la dernière fois le 30 juin.

GIANNINI. — Au cours d'un Gala, le 18 mars 1899, dirige LES RENDEZ-VOUS BOURGEOIS.

GIORDANO, Umberto. — Au cours d'un Gala, le 20 octobre 1910, dirige FEDORA.

GOUNOD, Charles. — Dirige les créations de LE TRIBUT DE ZAMORA et ROMÉO ET JULIETTE ainsi que la reprise de SAPHO (1884).

GRESSIER, Jules. — Débute le 9 septembre 1950 avec RIGOLETTO.

GROVLEZ, Gabriel. — Débute en créant MA MÈRE L'OYE. Créera également MADEMOISELLE DE NANTES, LES VIRTUOZI DE MAZARIN, LE ROMAN D'ESTELLE, JUDITH DE BÉTHULIE, LES AMANTS DE RIMINI, LES ABEILLES, ADELAIDE, SEPT CHANSONS, NAIMOUNA, LE FIFRE ENCHANTÉ. Assure les reprises de OEDIPE A COLONNE (1916), MONNA VANNA (1918), LE CID (1919) ROMÉO (1933). A conduit les spectacles de la Compagnie de Serge de Diaghilew en 1919 et 1920. En 1943 est revenu conduire son œuvre LA PRINCESSE AU JARDIN.

GRUBER, Arthur. — Avec l'Opern. haus de Berlin, en septembre 1941, dirige LA CHAUVE-SOURIS.

GUI, Vittorio. — Avec la troupe du Théâtre communal de Florence, dirige NORMA en 1935.

GUIRAUD, Ernest. — Au cours d'un Gala, le 7 juin 1879, dirige CARNAVAL, poème symphonique dont il est l'auteur.

HAHN, Reynaldo. — En représentation, dirige ses œuvres LA FÊTE CHEZ THÉRÈSE (1914), LE MARCHAND DE VENISE (1935) ; assure res reprises de UN ENLÈVEMENT AU SERAIL, ASCANIO (1921), JOSEPH (1946) et les créations de FÊTE TRIOMPHALE (1919), LA FLUTE ENCHANTÉE (1922). Nommé directeur de l'Opéra en 1945, est décédé en 1946.

HEGER, Robert. — Avec la troupe de l'Opéra de Vienne, en mai 1928, dirige LES NOCES DE FIGARO, TOSCA, LA SERVANTE MAITRESSE et UN ENLÈVEMENT AU SERAIL.

HOESSLIN, von. — En représentation, dirige TRISTAN en octobre 1938.

HOLLINGSWORTH, John. — En septembre 1954, dirige les représentations chorégraphiques données par le « Sadler's wells Ballets » de Londres.

HONEGGER, Arthur. — En représentation, dirige son œuvre L'IMPÉRATRICE AUX ROCHERS le 28 février 1927.

HYE-KNUDSEN, Johan. — Dirige, en 1937, la représentation donnée par le Corps de ballet de l'Opéra de Copenhague.

INDY, Vincent d'. — En représentation, dirige ses œuvres FERVAAL (1913), L'ÉTRANGER (1916), LA LÉGENDE DE SAINT CHRISTOPHE (1920) et crée LE ROI ARTHUS.

INFANTE, Manuel. — Crée DANSES ESPAGNOLES et L'AMOUR TRAHI.

INGHELBRECHT, D.-E. — Débute le 6 juin 1927 en créant son ballet LE. DIABLE DANS LE BEFFROI. Nommé chef d'orchestre en 1945, dirige BORIS et reprend LE MARCHAND DE VENISE.

IRVING, Robert. — En septembre 1954 dirige des représentations chorégraphiques données par le « Sadler's wells Ballets » de Londres.

JEHIN, Léon. — En représentation, crée LE VIEIL AIGLE et dirige RIGOLETTO (1912).

JEMTCHOUJINE, Guéorgui. — Avec le Ballet du Bolchoï de Moscou, en juin 1958, crée MIRANDOLINE et dirige divers ballets.

JOLIVET, André. — Au cours d'un Gala, le 30 décembre 1944, dirige LE MALADE IMAGINAIRE. En 1958, crée son CONCERTO.

KALENTIEV, Vadim. — Dirige, en mai 1922, des spectacles de ballets donnés par l'Opéra de Leningrad.

KARAJAN, Herbert von. — En représentation, dirige TRISTAN en mai 1941.

KITCHINE, Alexandre. — En représentation, dirige BORIS le 23 mars 1926.

KNAPPERSBUSCH, Hans. — En représentation, dirige des cycles de la TÉTRALOGIE en 1955 et 1957, et des reprises de TRISTAN (1955), LOHENGRIN, TANNHAUSER (1959), VAISSEAU FANTOME, FIDELIO (1960).

KOUSSEVITZKY, Serge. — En représentation, assure la reprise de BORIS en 1922, puis la création de LA KHOVANTCHINA.

KRASSELT, Rudolph. — En représentation, dirige LA WALKYRIE en 1943.

KRAUS, Richard. — En représentation, dirige SIEGFRIED en 1959.

KRAUSS, Clémens. — Avec la troupe de l'Opéra de Vienne, crée L'AMOUR DE DANAÉ.

LAMOUREUX, Charles. — Débute le 17 décembre 1877 en dirigeant une reprise de L'AFRICAINE. Reprend également HAMLET (1878), LA MUETTE DE PORTICI, LA JUIVE (1879), et crée POLYEUCTE, LA REINE BERTHE. Démissionne le 21 décembre 1879 et revient en 1891 pour diriger GUILLAUME TELL et créer LOHENGRIN.

LANCIEN. — Débute le 18 décembre 1887 avec L'AFFRICAINE. Crée LA TEMPETE.

LEHAR, Franz. — Au cours d'un Gala, le 26 décembre 1935, crée GIUDITTA.

LEITNER, Ferdinand. — En représentation, dirige PARSIFAL (1954), FIDELIO (1955) et crée JEPHTE.

LEON. — Dirige, au début du siècle, des représentations du BOURGEOIS GENTILHOMME, MALADE IMAGINAIRE, ŒDIPE-ROI données par la Comédie Française.

LE ROUX, Maurice. — En représentation, dirige DON JUAN en 1960.

LEROUX, Xavier. — Au cours d'un Gala, le 30 octobre 1910, dirige THEODORA.

LESKOVIC, Bogo. — Avec la troupe de l'Opéra de Ljubljuna, crée L'AMOUR DES TROIS ORANGES.

LINDENBERG. — En représentation, dirige AIDA en novembre 1947.

LOHSE, Otto. — En représentation, dirige TRISTAN en 1912.

LUIGINI, Alexandre. — Au cours d'un Gala, le 11 novembre 1900, dirige CARMEN.

MADIER DE MONTJAU. — A dirigé les créations de LES JUMEAUX DE BERGAME, TABARIN, THAMARA et STRATONICE, a assuré les reprises de TRIBUT DE ZAMORA (1885), PROPHETE (1887), FREISCHUTZ, HAMLET (1888), HENRY VIII, PATRIE ! (1891), FAUST (1893).

MANGIN, Edouard. — Débute au pied levé le 18 décembre 1893 au deuxième acte de LA WALKYRIE. Crée DJELMA, GWENDOLINE et LE ROI DE PARIS. Assure des reprises de HAMLET (1886), LA FAVORITE (1889), RIGOLETTO (1900), LE PROPHETE (1903). Meurt subitement le 22 mai 1907 ayant dirigé TANNHAUSER la veille.

MASSENET, Jules. — Dirige les premières auditions de ses œuvres, MARCHE HEROIQUE (1879), et LES CHANSONS DU BOIS D'AMARANTHE (1907), au cours de Galas.

MATATCHICH, Lovro. — En représentation, conduit BORIS le 29 mars 1929.

MESSAGER, André. — Etant directeur de l'Opéra, dirige pour la première fois à l'occasion de la création du CREPUSCULE DES DIEUX. Crée également L'OR DU RHIN, SALOMÉ, DEJANIRE, FERVAAL, PARSIFAL et SCEMO. Assure des reprises de LA WALKYRIE, SIEGFRIED (1909), TRISTAN (1910), MAITRES CHANTEURS, GWENDOLINE (1911), LE MIRACLE (1914), LA DAMNATION (1917). Assure un cycle de LA TETRALOGIE en 1913.

METRA, Olivier. — A dirigé l'orchestre des « Bals de l'Opéra » jusqu'en 1900.

MONTEUX, Pierre. — Dirige les spectacles de la Compagnie de Serge de Diaghilew en 1911, 1912 et 1913, créant avec eux ROSSIGNOL, CLEOPATRE, PETROUCHKA, LE COQ D'OR. En représentation, dirige IPHIGENIE EN TAURIDE le 27 juin 1931.

MORANZONI, Roberto. — En représentation, en 1914, dirige OTHELLO et LES JOYAUX DE LA MADONE.

MOREAU, Philippe. — Dirige L'ARLESIENNE au cours d'un Gala le 20 juin 1914.

MORIN, Henri. — Dirige les spectacles de la Compagnie de Serge de Diaghilew en 1920.

MUNCH, Charles. — Dirige le REQUIEM de Berlioz le 26 novembre 1943.

NIAZI. — Avec le Ballet de l'Opéra de Léningrad, dirige en mai 1961 LA BELLE AU BOIS DORMANT, et crée LA FLEUR DE PIERRE.

NIKISCH, Arthur. — Dirige un cycle de LA TETRALOGIE en 1911.

NUSSY-VERDIE. — En représentation, crée LA FILLE DU SOLEIL.

OLLONNE, Max d'. — En représentation, dirige ses œuvres, LE RETOUR (1919), L'ARLEQUIN (1925) et crée LA SAMARITAINE.

PADOVANI, Alfred. — Avec la Compagnie de Mme Supervia, dirige en avril 1930 L'ITALIENNE A ALGER et LE BARBIER DE SEVILLE.

PARAY, Paul. — En représentation, dirige son ballet ARTEMIS TROUBLÉE en 1923. Chef d'orchestre de l'Opéra, débute avec SIEGFRIED le 24 octobre 1934. Assure des reprises de TRISTAN, COPPELIA, LE COQ D'OR (1936), ARIANE, MAITRES CHANTEURS (1937), THAIS, ARIANE ET BARBE-BLEUE (1939), LA DAMNATION (1940). A créé IMAGES, ILEANA, UN BAISER POUR RIEN, L'AMOUR SORCIER.

PIERNE, Gabriel. — Avec la compagnie de Serge de Diaghilew crée CLEOPATRE, L'OISEAU DE FEU et reprend GISELLE. En représentation, dirige son ballet, CYDALISE, en 1923.

PLOINIKOFF, Eugène. — Au cours d'un Gala, le 23 février 1922, dirige LA FILLE MAL GARDÉE.

PODESTI, Vittorio. — Au cours d'un Gala, le 19 juin 1910, dirige des sélections de PAILLASSE, BOHEME et FAUST.

POME, A. — Avec la troupe de l'Opéra de Monte-Carlo, dirige LE BARBIER en 1912.

PREITE, Carmelo. — En représentation, crée LES JOYAUX DE LA MADONE.

PRETRE, Georges. — Débute le 30 mai 1959 avec FAUST. Reprend TOSCA en 1960 et crée MÉDÉE.

RAATE, Albert van. — Avec la troupe de l'Opéra de La Haye, en février 1926, dirige FIDELIO, TRISTAN et crée BEATRICE.

RABAUD, Henri. — Débute le 1er février 1908 en dirigeant LOHENGRIN. Crée BACCHUS, LA DAMNATION DE FAUST, LE COBZAR et HANSLI LE BOSSU. Reprend DON JUAN en 1941 et assure la direction de ses œuvres LA FILLE DE ROLAND (1923), ROLANDE (1935), MAROUF (1942).

RAMKL, Karl. — Avec la troupe du Covent Garden de Londres, crée PETER GRIMES.

REYER, Ernest. — Au cours d'un Gala, le 7 juin 1879, dirige l'ouverture de SIGURD.

RHENE-BATON. — Dirige les Ballets de la Compagnie Diaghilew en 1914, créant MIDAS.

ROJDESTWENSKI, Guennadi. — Avec le Ballet du Bolchoï de Moscou, en juin 1958, dirige LE LAC DES CYGNES et divers ballets.

ROSENTHAL, Manuel. — En représentation, dirige un spectacle Ravel en 1960.

ROZE, Raymond. — Dirige la création de son œuvre JEANNE D'ARC.

RUHLMANN, François. — En représentation, le 10 décembre 1911, dirige THERESE. Nommé chef d'orchestre, débute le 28 mai 1916 en reprenant THAIS. Reprend également ROMÉO (1916), MESSIDOR, HENRY VIII (1917), LA DAMNATION, SALAMMBO (1919), SIGURD (1923), ALCESTE, FREISCHUTZ, GWENDOLINE (1926), ENLEVEMENT AU SERAIL, GUILLAUME TELL (1929), HUGUENOTS, TANNHAUSER (1930), ESCLARMONDE (1931), LA JUIVE, HAMLET (1933), OTHELLO (1935), LE BARBIER (1936), MONNA VANNA (1937), TRAVIATA (1941), ETRANGER (1944), HERODIADE (1945), VAISSEAU FANTOME (1946). A créé LE RETOUR, SALOMÉ de Mariotte, LA LEGENDE DE ST CHRISTOPHE, LES DIEUX SONT MORTS, L'ARLEQUIN, ESTHER, L'ILE DESENCHANTÉE, LA TOUR DE FEU, MAROUF, LA TENTATION DE SAINT ANTOINE, L'ILLUSTRE FREGONA, GUERCOEUR, MAXIMILIEN, PERKAIN, LE ROI D'YS, L'AIGLON, PENELOPE.

SAINT-SAENS, Camille. — Dirige certaines de ses œuvres, DEJANIRE, LES BARBARES en 1913, LA MARCHE HEROIQUE en 1915.

SAMUEL-ROUSSEAU, Marcel. — Dirige son ballet PROMENADE DANS ROME, en 1937.

SANTINI, Gabriel. — Avec la troupe du San Carlo de Naples, crée JEANNE D'ARC et LE BAL MASQUÉ.

SCHALK, Franz. — En représentation, dirige LA FLUTE ENCHANTÉE (1927), FIDELIO, DON JUAN, TRISTAN, CHEVALIER A LA ROSE, WALKYRIE (1928) avec la troupe de l'Opéra de Vienne.

SCHULLER, Johannes. — En représentation, dirige UN ENLEVEMENT AU SERAIL en 1941.

SEBASTIAN, George. — Débute le 30 mai 1947 en dirigeant RIGOLETTO. Assure des reprises de TRISTAN (1948), LE CREPUSCULE, SIEGFRIED (1950), SALOMÉ (1951), MAITRES CHANTEURS (1952), BORIS, VAISSEAU FANTOME (1953), FLUTE ENCHANTÉE (1954), OTHELLO (1955), TANNHAUSER (1956), TOSCA (1958).

SERAFIN, Tullio. — En représentation, dirige RIGOLETTO (1908), MEFISTOFELE, LA FILLE DU FARWEST (1912), REQUIEM de Verdi, FALSTAFF (1935).

SLAVINSKY D'AGRENEFF, Cyrille. En représentation, crée SADKO.

STRARAM, Walther. — Dirige les représentations de Mme Rubinstein en 1928.

STRAUSS, Johann. — Dirige l'orchestre des « Bals de l'Opéra » en 1877.

STRAUSS, Richard. — En représentation, dirige ses œuvres, LA LEGENDE DE JOSEPH (1914), SALOMÉ et LE CHEVALIER A LA ROSE (1930).

STRAWINSKY, Igor. — Dirige la création de son œuvre, LE BAISER DE LA FÉE.

SZYFER, J.-E. — Débute le 4 mars 1926 en dirigeant la partition du film LA CROISIERE NOIRE dont c'était la création. Au théâtre, débute avec LES MAITRES CHANTEURS le 12 novembre 1927. Assure les reprises de BORIS (1928), TRAGÉDIE DE SALOMÉ (1928), KORRIGANE (1933). A créé plusieurs ballets dont LES CREATURES DE PROMÉTHÉE, ICARE, LE ROUET D'ARMOR, LE ROI NU et DAVID TRIOMPHANT.

TAFFANEL, Paul. — Débute en dirigeant FAUST le 25 janvier 1890. Dirige le 1.000e de FAUST à Paris et assure les reprises de TANNHAUSER (1895), FAVORITE (1896), HUGUENOTS (1897), PROPHETE (1898), SALAMMBO (1899), PATRIE ! (1900), HENRY VIII (1903), TROUVERE (1904), ARMIDE et FREISCHUTZ (1905). A créé THAIS, OTHELLO, LA MONTAGNE NOIRE, FREDEGONDE, HELLE, MESSIDOR, MAITRES CHANTEURS, LA BURGONDE, BRISEIS, LA PRISE DE TROIE, ASTARTE, LES BARBARES, SIEGFRIED, LA STATUE, LE FILS DE L'ÉTOILE, TRISTAN, LA CLOCHE DU RHIN.

TANARA, Fernando. — En représentation, dirige LUCIE DE LAMMERMOOR le 20 avril 1936.

TCHEREPNINE, Nicolas. — Dirige les ballets de la Compagnie de Serge de Diaghilew en 1910. Assure une reprise du COQ D'OR en 1937.

TOMASI, Henri. — En représentation, dirige LA GRISI (1939) et crée LES SANTONS.

TOSCANINI, Arturo. — Au cours d'un Gala, le 19 juin 1910, dirige le deuxième acte de TRISTAN et le quatrième d'OTHELLO.

VERDI, Giuseppe. — Dirige la création à l'Opéra de son AIDA.

VIANESI, Augusto. — Débute avec LES HUGUENOTS le 1er juillet 1887. Assure les reprises de DON JUAN (1887), HENRY VIII, LA JUIVE (1888), LUCIE (1889), SIGURD (1890). Dirige la 500e de FAUST à Paris. A créé LA DAME DE MONSOREAU, ZAIRE, LE MAGE, ASCANIO et dirigé ROMÉO après Charles Gounod qui le créa.

VIARDOT, Paul. — Débute le 5 juillet 1893 avec SAMSON. Crée DEIDAMIE.

VIDAL, Paul. — Débute le 31 janvier 1894 en dirigeant GWENDOLINE. Assure les reprises de DON JUAN (1896), GUILLAUME TELL (1899), FAVORITE (1904), SIGURD (1905), MAITRES CHANTEURS (1906), THAIS, PATRIE ! (1907), HIPPOLYTE HAMLET, RIGOLETTO (1908), HENRY VIII (1909), PROPHETE, LES DEUX PIGEONS (1912), ARMIDE, HUGUENOTS (1913). A dirigé la 1.000e de FAUST en 1905. A créé L'ETOILE, JOSEPH, ORSOLA, PAILLASSE, L'ETRANGER, UN ENLEVEMENT AU SERAIL, DARIA, ARIANE, LA CATALANE, MONNA VANNA, JAVOTTE, LA FORET, LE MIRACLE, SIBERIA, LA ROUSSALKA, ROMA et, en oratorio à l'Opéra, LA DAMNATION DE FAUST.

VIGNA, Arturo. — Débute le 5 février 1916 en dirigeant DON PASQUALE. Reprend LA FAVORITE (1917), OTHELLO (1919), PAILLASSE (1920) et crée MARIA DI ROHAN, FALSTAFF.

VITALE. — Avec la troupe de la Scala de Milan, dirige LA VESTALE le 24 janvier 1909.

WALTER, Bruno. — En représentation, dirige DON JUAN (1934) et FIDELIO (1936).

WEINGARTNER, Félix. — En représentation, dirige LA DAMNATION en oratorio (1906) et assure un cycle de LA TETRALOGIE en 1911.

WETZELSBERGER, Bertil. — En représentation, assure la création de PALESTRINA et dirige LE CHEVALIER A LA ROSE (1942).

WIDOR, Charles-Marie — Dirige une reprise de son ballet, LA KORRIGANE, en 1916.

WOLFF, Albert. — Au cours d'un Gala, le 20 juin 1914, dirige la musique de scène de UN BAL A LA CLOSERIE DES LILAS. Comme chef d'orchestre, débute le 7 août 1949 avec LE ROI D'YS. Assure une reprise de BORIS en 1949.

WURMSER, Lucien. — Au cours d'un Gala, crée LES FEUILLES D'AUTOMNE.

ZWEIG, Fritz. — En représentation, dirige DON JUAN et LA FLUTE ENCHANTÉE en 1938 et 1939.

VI

LES ARTISTES DE LA DANSE

LES CHOREGRAPHES

Les Chorégraphies réalisées au Palais Garnier depuis 1875 ont été signées des artistes suivants :

M. AMBROISINY
Mmes ARGENTINA, Carina ARI
MM. Frédérick ASTHON — Albert AVELINE
MM. Georges BALANCHINE — Marcel BERGE
Mlles Alice BOURGAT, C. BROOKE
MM. Vladimir BOUMEISTER
MM. Yvan CLUSTINE, John CRANKO
Mme Lycette DARSONVAL
MM. Michel DESCOMBEY, Anton DOLIN
Mlle ERB
MM. Roger FENONJOIS, Michel FOKINE
Mmes Laure FONTA, Yvonne FRANCK, Loïe FULLER
M. Paul GOUBE
Mme Tatiana GSOVSKY
MM. Nicola GUERRA, J. HANSEN
Mlle HOWARTH
MM. Kurt JOOSS
M. Gene KELLY
M. JUSTAMANT
M. Serge LIFAR
Mmes Suria MAGITO, Léone MAIL
MM. Juan MARTINEZ, Lonide MASSINE
Mme Rosita MAURI
MM. Louis MERANTE, de MONTOLIU
Mme NIJINSKA — M. NIJINSKI
Mmes PASMIK, Anna PAVLOVA
MM. Serge PERETTI, Marius PETIPA
Mme Irène POPARD
M. Robert QUINAULT
MM. Jérome ROBBINS, Heins ROSEN
Mme SANTELMO
MM. George SKIBINE, Nicolas SERGUEEC, Léo STAATS
MM. Constantin TCHERKAS
Mme Lele de TRIANA
M. VANARA
Mlle ZUCCHI — M. Nicolas ZVEREFF

LES MAITRES DE BALLETS

1875 : Louis MERANTE — 1887 : J. HANSEN — 1896 : LADAM — 1901 : VANARA — 1903 : A. REGNIER — 1907 : Léo STAATS — 1908 : GIRODIER — 1910 : Mme STICHEL — 1911 : Yvan CLUSTINE — 1915 : AMBROISINY — 1919 : Nicolas GUERRA — 1928 : Mme NIJINSKA — 1930 : Albert AVELINE — 1938 : Serge LIFAR.

Depuis 1945 (par ordre alphabétique) :

MM. Harald LANDER, Serge LIFAR, Léonide MASSINE, George SKIBINE.

LES DANSEURS

Il est très difficile d'établir un annuaire des Artistes de la Danse dans le genre de celui des Artistes du chant, et ceci faute d'archives et de documents à la Régie de la Danse pouvant préciser les débuts, les prises de rôle, les créations.

Aussi bien nous sommes-nous contenté d'énumérer ci-desous les danseuses et danseurs de l'Opéra ayant été affichés au Palais Garnier depuis 1875. L'année indiquée en regard de chaque nom précise les débuts de l'Artiste, en principe comme « petit sujet ». Ce qui ne veut pas dire qu'il le soit resté : beaucoup sont devenus « Sujets », « Premiers danseurs », et même « étoiles ».

En feuilletant les pages consacrées aux œuvres chorégraphiques nos lecteurs retrouveront l'essentiel des créations et reprises effectuées par les artistes de la Danse ci-dessous énumérés.

Nous signalons cependant dune façon plus particulière les Danseurs venus se faire applaudir à l'Académie Nationale de Musique et de Danse « en représentation », c'est-à-dire sans appartenir au Corps de Ballet du Palais Garnier.

Ne sont cependant pas cités les danseurs venus avec des compagnies étrangères ; nos lecteurs les retrouveront dans les pages extérieures consacrées aux œuvres chorégraphiques.

Danseuses

Mesdemoiselles ADRIANA (1879) - AFFRE (1917) - ALINE (1875) - AL-
LESCH (1880) - d'AMBRE (1916) - AMIEL, Josette (1953) - AMIGUES,
Nicole (1945) - AMYL (1945) - ANANIE (1916) - ANDRE, Yvonne (1910) -
ANDREAU, Françoise (1959) - ANGERE (1935)

ARGENTINA - En représentation, crée « Candélia » dans L'AMOUR
SORCIER.

ARI, Carina — En représentation, crée « la Fille des monts bleus » dans
RAYON DE LUNE et « la Sulamite » dans LE CANTIQUE DES CAN-
TIQUES.

Mlles ASSEMAT (1948) - AUBAGNA (1917) - AUDOYNAUD, Jacqueline
(1953) - AUGLANS (1894) - AURIOL (1935) - AVELINE, J. (1908) - AVE-
LINE, G. (1917).

Mlles BACKER (1909) -

BADET, Régina — En représentation, danse la « Flamenca » dans CAR-
MEN le 29 décembre 1907.

Mlles BADY (1925) - BAILLY (1938) - BARBAN, Odette (1924) - BAR-
BIER, Jeanne (1898) - BARDIN, Micheline (1936) - BARTOLETTI (1875) -
BASSI, Christiane (1954) - BAUDUIN (1937) - BAY (1875) - BAYDAROUX
(1945) - BEAUDIER (1927) - BEAUGRAND, Léontine (1875) - BEAUVAIS,
Jeanne (1894) - BELLI (1917) - BERGGREN, Lucienne (1937) - BERNAY
(1875) - BERRODE (1911) - BERRY (1957) - BERTAGNOL, Monique
(1945) - BERTELON (1936) - BETHEAS, Geneviève (1945).

BERTHON, Mireille (1909) — Crée entre autre « une Muse » dans BAC-
CHUS, puis devient artiste du chant.

Mlles BESSY, Claude (1945) - BIANCHI, Monique (1953) - BIDARD
(1935) - BILBAUT (1916) - BILLON (1898) - BINDER (1930) - BINOIS,
Simone (1923) - BIOT, Alice (1877) - BIOT, Marie (1881) - BIZET (1948) -
BLANC (1885) - BOCCADORO, Véra (1954) - BONI, Aïda (1907) - BONNE-
FOY (1937) - BONNET (1906) - BONNET (1930) - BOOS (1891) - BORDS
(1890) - BOS, Camille (1911) - BOSSU (1897) - BOUISSAVIN (1900) -
BOURGAT, Alice (1924) - BOURGAT, Juliette (1923) — BOURGAT, Mar-
celle (1929) - BOURGEOIS, Denise (1935) - BOURILLOT (ex JOUACHIM) -
(1958) - BOUSQUAT (1911) - BOUVIER, Claudine (1959) - BRANA (1911) -
BREMONT (1911) - BRENOT, Chantal (1954) - BREVIER (1915) - BRON-
STEIN (1954) - BUFFERTILLE (1935) - BUGG (1928) - BUISSERET (1875) -
BUSSY (1875)

BYZANTI, Lydia — En représentation, crée LE MENDIANT DE MARRA-
KECH.

Mlles CALVI Béatrice, (1960) - CAMERE (1916) - CANTREL, Nicole
(1957) - CAPALTI (1923) - CARDON (1948) - CARLSEN (1935) - CARRE
(1894) - CARRELET (1897) - CASTANIER, Albane (1953) - CEBRON, Mau-
ricette (1917) - CERES, Rosita (1928) - CEREZ, Danièle (1957) - CHABOT
(1880) - CHALAND, Christiane (1961) - CHAMBRAY (1937) - CHARLET
(1890) - CHARMOY, Gisèle de (1916) -

CHARRAT, Janine — En représentation, danse BRITANNICUS en 1944 et « Juliette » dans ROMÉO ET JULIETTE en 1947.

Mlles CHARIER (1894) - CHARRIER (1929) - CHASLES, Jeanne (1888) - CHASTENET (1954) - CHAUMONT (1953) - CHAUVIRE, Yvette (1934) - CHOURET, Nicole (1960) - CLAUDE (1936) - CLAVIER, Josette (1948) - CLAY (1946) - CLERAMBAULT, Ginette (1954) - COCHIN, Fernande (1906) - COLLEMENT, Francine (1948) - COLLIARD (1934) -

COLOMBIER, Amélie — En représentation, débute le 29 décembre 1875 dans le « Violon du Diable », pas de deux intercalé pour elle dans le divertissement de LA FAVORITE. Figure parmi les créatrices du divertissement de JEANNE D'ARC.

Mlles COMBES (1923) - COMMANDRE, Françoise (1954) - CONSTANS (1916) - CONTINSOUZA (1937) - CORNET (1927) - CORNILLA (1917) -

CORTEZ, Espanita — En représentation, est affichée dans BOLERO (Marinela, 1947) FARUCA FLAMENCA (1948) LE CHEVALIER ERRANT (une Dulcinée, 1948).

Mlles COUAT, Georgette (1894) - COUAT, L. (1899) - COUDAIRE (1906) - COUSSOT (1918) - CRAPONNE, Huguette de (1916) - CROS (1935) -

Mlles DALLOZ (1936) - DAMAZIO (1916) - DARLANNE, Michèle (1945) - DARNIS (1948) - DARSONVAL, Lycette (1935) - DASSAS (1935) - DAUDET (1935) - DAUNT, Yvonne (1918) - DAUWE, Henriette (1916) - DAUWE, S. (1916) - DAVID (1947) - DAVILA (1931) - DAVRY (1953) - DAYDE, Liane (1948) - DEBRY, G. (1923) - DECARLI (1934) - DELANOY (1918) - DELAUBIER, Odette (1953) - DELEPLANQUE, Janine (1935) - DELINI, Viviane (1945) - DELL'ERA (1889) - DELORD (1917) - DELSAUX, J. (1911) - DEMAULDE (1906) - DEMESSINE (1916) - DEPALLE (1946) -

DERNY, Magda — En représentation, crée « la Plainte de Diane » dans LA FORET SACREE.

Mlle DESBROSSES (1957) - DESIRE (1883) - DESPLACES (1936) - DEVANEL, Huguette (1945) - DIDIER (1900) - DIDION, Marie-Louise (1926) - DOCKES (1898) - DORNIER, Monique (1954) - DOUCET (1886) - DUBARRY (1954) - DUBERNARD (1937) - DUGUE, Germaine (1924) - DUMAS, Jeanne (1916) - DUPRE (1911) - DYNALIX, Paulette (1934) -

Mlles ELLANSKAIA, Valéria (1924) - EMONET (1917) - ESNEL (1897) - ESSELIN (1878) - EVEN (1910) - EVEN, Colette (1950).

Mlles FAIVRE, Janine (1919) - FATOU (1875) - FIOCRE (1875) - FONTA, Laure (1875) - FORET, Monique (1945) - FRANCHET (1917) - FRANCILLON, Aleth (1960) - FRANCK, G. (1888) - FRANCK, Yvonne (1917) - FUGERE, Danièle (1959).

FULLER, Loïe — Avec son école de Danse, crée LE LYS DE LA VIE.

Mlles GALLAY (1879) - GANEVARD (1916) - GARNIER (1911) - GARRY, Liliane (1953) - GAUCHAS (1950) - GELOT (1898) - GELOT (1930) - GENCY (1917) - GERODEZ, Jeannette (1936) - GILARDI, Monique (1960) - GILLERT (1876) - GILLET (1899) - GIR (1929) - GIRO, H. (1925) - GIRO, Marie-Jeanne (1925) - GOLDEN (1929) - GOLEA (1960) - GOULLOUAND

(1929) - GOUREAU (1937) - GRANELLI (1953) - GRANGE, Caroline (1879) - GRELLIER, Henriette (1930) - GRIMBERG (1934) - GRIMOIN, Micheline (1945) - GRUMBEY (1931) - GRUNGER (1893) - GUDIN (1917) - GUILLEE, Geneviève (1954) - GUILLEMIN (1900) - GUILLOT, Geneviève (1934) - GUYLAINE (1934) - GUYOT (1918).

Mlles HAMERER (1936) - HAYET (1886) - HERBIN, Evelyne (1961) - HESSE (1917) - HIRSCH, Mélanie (1881) - HUGHETTI (1928).

Mlle INVERNIZZI (1880) - INVERNIZZ, C. (1883) - IVANOFF, Marianne (1937) - IXART (1895).

Mlles JAVILLARD, Emilienne (1953) - JEANMAIRE, Zizi (1935) - JHANNYNE (Janine Schwarz, dite) (1934) - JONHSSON, Anna (1906) -

JOSELITO, La — En représentation, crée L'ILLUSTRE FREGONA.

Mlles JOUACHIM, Christine (1954) - JOURDE, Agnès (1960) - JOUSSET (1875) - JOYEUX, Odette (1939).

Mlles KATS, G. (1910) - KATS. J. (1912) -

KCSHESINSKA .. En représentation, danse « Swanilda » dans COPPELIA « La Reine » de LA KORRIGANE en 1908, L'ARLESIENNE en 1909.

Mlles KELLER (1879) - KELLER (1906) - KERF, Christine (1919) - KERGRIST, Geneviève (1934) - KERVAL, Blanche (1906) - KLEIN (1900) - KOCH (1916) - KRAINIK (1935) - KREMPFF, Maryelle (1935) – KUBLER, E (1917) - KUBLER, Suzanne (1910).

Mlles LABATOUX (1906) - LACROIX (1953) - LAFON, Madeleine (1935) - LAMBALLE, Lucienne (1923) - LAMONNE (1954) - LAMOU, Jenny (1960) - LAMY (1875) - LAPY (1875) - LAQUIER (1922) - LARIEUX (1875) - LASCAR, Marie (1931) - LASSIAILLE, Arlette (1960) - LAUGIER, Hortense (1906) - LAUGIER, Jeanne (1910) - LAURENT (1876) - LAURET (1926) - LAUS (1889) - LAUVRAY (1935) - LEBERTRE, Ninon (1953) - LEBLANC (1945) - LECERF (1880) LECOUVEY (1894) - LEFEVRE (1909) - LEFEVRE, Brigitte (1959) - LEGAT (1909) - LEGRAND (1930) - LEGRAS (1917) - LELLEVRE (1935) - LEMOINE (1917) - LEONCE (1916) - LEPINE (1954) - LEPLAT (1930) - LEPPICH (1883) - LEQUIEN, B. (1910) - LEQUIEN, M. (1910) - LERICHE (1936) - LEROI, M. (1919) - LEROY, Janine (1945) - LERVILLE (1923) - LETEUR, Françoise (1961) - LEWIS, H. (1917) - LEWIS, M. (1911) - LICINI (1917) - LOBSTEIN (1884) - LOISEAU (1957) - LOPEZ, Carmen (1889) - LOPEZ, Maria (1921) - LORCIA, Suzanne (1917) - LOUPPE (1903) - LOZERON (1906) - LUCAS (1920) - LUX (1917).

MAGITO, Suria — En représentation danse « Salomé » dans SALOME en 1935 et crée « Pantéa » dans PANTEA.

Mlles MAIL, Léone (1935) - MAIREL (1937) - MALKAZOUNY, de (1924) - MALLARTE, Pierrette (1956) - MALLET (1911) - MANAL, Monique (1950) - MANTE, Blanche (1910) - MANTE, Louise (1890) - MANTE, Suzanne (1890) - MANTOUT (1917) - MARCELLE (1910) - MARCHAND (1945) - MARIONNO (1923) - MARIE, B. (1910) - MARQUET, Louise (1875) - MARTELLUCCI (1911) - MAULLER (1917) - MAUPOIX (1916) - MAURI, Rosita (1879) - MAXIMY, Hélène (1949) - MEIGNE (1935) - MEN-

DES (1898) - MENETRES (1879) - MEQUIGNON (1887) - MEQUIGNON, P. (1893) - MERANTE, Anna (1875) - MERENTE, Zina (1875) — MERCEDES (1875) - MERODE, Cléo de (1894) - MESTAIS (1890) - MEUNIER, Antonine (1898) - MICHELE (1953) - MIKHMEVITCH, Franciska de (1961) - MILHET (1912) - MILHOD (1918) - MILLIE (1875) - MILLION, Jacqueline (1945) — MINAZZOLI, Jacqueline (1957) - MOINEAU, Francine (1960) - MOISE (1881).

MOLINA, Amélia — En représentation, crée le « Fandango » dans SEPT CHANSONS.

Mlles MOLINI (1879) - MOLLNAR (1875) - MONCEY, J.-J. (1916) - MONNIER (1889) - MONS, Paulette (1954) - MONTAUBRY (1875) - MONTBAZON (1945) - MONTCHANIN (1875) - MONTJARET (1919) - MOORMANS (1960) - MORALES, Nati (1934) - MORARDET (1917) - MOREAU, Jacqueline (1937) - MOREIRA, de (1906) - MORENTE (1920) - MORIN (1950) - MORLET (1894) - MOTTE, Claire (1953) - MOURET (1894)

Mlles NAUD, Claude (1937) - NEFATY (1937) - NEGRE, Mireille (1960) - NELLY (1931) - NICLOUX (1904) - NOINVILLE (1918).

OTERO, Adrina — En présentation, crée L'AMOUR TRAHI (Roserillo).

Mlles OTTOLINI, Gina (1883) - OTTOLINI, Isabelle (1880) - OUDART, Liliane (1954).

Mlles PALKINA, Lola (1954) - PALLIER (1875) - PARENT, Adèle (1888) - PARENT, Elise (1875) - PARENT (1945) - PARMAIN, Martine (1960) - PARME (1930) - PASSO (1919).

PAVLOVA, Anna — En représentation, crée LA PERI et FEUILES D'AUTOME.

Mlles PERNEL, Claudine, (1953) - PERRONI (1903) - PERROT (1887) - PERROT, Michèle (1945) - PEZOU, Maud (1960) - PIAZZA (1916) - PICHARD (1911).

PIEROZZI, Mady — En représentation, débute le 4 juillet 1923 dans le Divertissement du TROUVERE et danse COPPELIA (Swanilda), le ballet de FAUST et SUITE DE DANSES.

Mlles PIODI (1894) - PIOLLET, Wilfrid (1960) - PIRON, Elisa (1875) - PONCET (1910) - PONCET (1953) - PONTOIS, Noella (1961) - PORTIER (1917) - PREGRE (1948) - PRINCE (1886).

PRIOLAJINSKA — En représentation, danse « JAVOTTE » en 1909.

Melles QUARREZ, Chantal (1960) - QUEFFELEC, Jacqueline (1935) - QUENOLLE, Violette (1945) - QUINAULT (1912).

Melles RAMILLON (1935) - RAT (1890) - RAYET, Jacqueline (1948) - REDET (1917) - REGNIER, H. (1888) - REGNIER, J. (1891) - REGNIER, P. (1892) - REIGE (1888) - REMY, Arlette (1953) - RENIER (1950) - RIBET (1875) - RICHAUME (1898) - RICHIERI (1877) - RICOTTI (1886) - RIDEL (1875) - RIGEL, Georgette (1935) - RIGHETTI (1879) - RIVIERE (1935) - ROBERT (1875) - ROBIN, Henriette (1894) - ROLLA (1917) - ROLLOT (1950) - ROSELLY (1923) - ROSSI (1887) - ROUMIER (1875) - ROUSSEAU (1923) - ROUSSEL (1917) - ROUSSO (1917) - ROUVIER, Marceline (1902) - ROZES (1931) - ROYEZ, E. (1911).

RUBINSTEIN, Ida — En représentation, a créé LA TRAGEDIE DE SALO ME « Salomé », ANTOINE ET CLEOPATRE « Cléopâtre », ARTEMIS TROUBLEE « Artémis », LE MARTYRE DE SAINT SEBASTIEN « Sébastien », PHAEDRE « Phaedre », ISTAR « Istar », ORPHEE « Orphée », L'IMPERATRICE AUX ROCHERS «l'Impératrice Vittoria», PERSEPHONE « Perséphone », DIANE DE POITIERS « Diane », et SEMIRAMIS « Sémiramis ».

Melles SACRE (1880) - SAINT GERMAIN (1937) - SAINT PIERRE (1935) - SALLE, Mathilde (1880) - SALOMON, Colette (1926) - SAMPSON (1920) - SANDRINI (1888) - SANDRINI (1960) - SANGALLI, Rita (1875) - SANLAVILLE, Marie (1875.

SANTELMO, Laura de — En représentation, crée « la Carmencita » dans L'ILLUSTRE FREGONA, « Carmélo » dans L'AMOUR TRAHI et DANSES ESPAGNOLES.

Melles SARABELLE (1929) - SARAZOTTI (1926) - SARCY, Eva (1885) - SAUVAGEAU (1911) - SCHIKEL (1916) - SCHWARZ, C. (1929) - SCHWARZ, Jeanne (1910) - SCHWARZ, N. (1929) - SCHWARZ, Solange (1930).

SEMENOVA, Marina — En représentation, reprend « Giselle » le 18 décembre 1935 et danse dans LE LAC DES CYGNES « la Reine » et DIVERTISSEMENT, en 1936.

Mlles SERVAL, Josette (1947) - SEVESTRE, Annie (1960) - SIANNINA, Odette (1937) - SIMONI, Jacqueline (1923) - SIOZA, Paula (1937) - SIREDE (1907) - SOHEGE (1910) - SOUARD, Francine (1953) - SOUBRIER (1897) - SOUCHE (1935) - SOULE (1925) - SOUTZO, Olga (1910) - SPESSIWTZEWA, Olga (1930) - STEELE (1935) - STEPANOFF, Tania (1937) - STICHEL (1881) - STILB (1880) - STOIKOFF (1875) - SUBRA, Julia (1879) - SUBRA (1934) - SYLVIA (1936).

Mlle TABEY (1960).

TALLCHIEFF, Maria. — En représentatioon, est affichée en 1947 dans LE BAISER DE LA FEE (la Fée) et APOLLON MUSAGETE (Terpsichore).

Mlles TALLCHIEFF, Marjorie (1947) - TAHERE (1932).

TCHERINA, Ludmila — En représentation, reprend « Sébastien » dans LE MARTYRE DE SAINT SEBASTIEN en 1957.

Melle TENIRA (1932).

TERESINA, La — En représentation, reprend « Candela » dans L'AMOUR SORCIER en 1943.

Melles TERSEN (1917) - TERWOORT (1911) - THALIA, Rita (1937) - THIBON, Antoinette (1959) - THIERRY (1911) - THIRACHE (1952) - THOMAS (1950) - THUILLANT (1923) - TOURNEUR, Claude (1960) - TORRI (1886) - TOUMANOVA, Tamara (1929) - TRELUYER (1886) - TREMBLAY (1888).

TROUHANOVA — En représentation, débute dans la « Bacchanale » de SAMSON le 12 juin 1907 et crée « une Fille de Roi » dans LE LAC DES AULNES.

Melle URBAN, Marthe (1903).

Melles VAHINETUA (1932) - VALSI (1915) - VANCO, Jacqueline (1950) - VANDONI (1889) - VANEL (1935) - VANGOETHEN (1888) - VASSEL (1960) - VAUCHELLE, Josette (1950) - VAURY (1886) - VAUSSARD, Christiane (1936) - VIALAR, Véronique (1960) - VIALAS (1883) - VINCHE-LIN (1906) - VIOLLAT (1885) - VLASSI (ex BASSI), Christiane (1962) - VYROUBOVA, Nina (1950).

Melles WALKER (1896) - WALL (1879) - WEISS (1948) - WIEDERHOLD (1917).

Melles ZAMBELLI, Carlotta (1894) - ZUCCHI (1895).

Les Danseurs

M. AJAS (1879).

ALCARAZ, Antonio — En représentation, crée L'AMOUR TRAHI.

MM. ALGAROFF, Youli (1953) - ANDREANI, Jean-Paul (1945) - AN-DREANI, Xavier (1945) - ANGERE (1935) - ANTONY (1920) - ARIEL, Claude (1957) - ATANASSOF, Cyrille (1957) - AUBURTIN (1950) - AVAROFF (1937) - AVELINE, Albert (1907).

BABILEE, Jean — En représentation, danse LE SPECTRE DE LA ROSE en 1949, L'OISEAU DE FEU « le Prince, 1953 » et crée « HOP-FROG »

MM. BAPTISTE (1878) - BARAULT (1910) BARI, Raoul (1945) - BARON, Paul (1910) - BARRERA, Manuel (1960) - BART, Patrice (1960) - BECHA-DE (1957) - BELL (1923) - BERGE, C. (1910) - BERGE, M. (1910) - BER-NARD, Jacques (1962) - BESTONSO, Robert (1961) - BLANC, Robert (1945).

BONIFACIO — En représentation, crée IMPRESSIONS DE MUSIC-HALL.

MM. BONNEFOUS, Jean-Pierre (1959) - BOURDEL (1910) - BOZZONI, Max (1936) - BREMONT (1910) - BRIEUX (1923).

MM. CAZENAVE, Jean (1959) - CESBRON, Jacques (1959) - CHATEL (1923) - CLERET (1898) - CLUSTINE, Yvan (1911) - CONTI (1929) - COR-NET (1875).

CORTIJO — En représentation, crée L'ILLUSTRE FREGONA et DANSES ESPAGNOLES.

M. CUVELIER (1910).

MM. DARQUET, Alain (1961) - DAVESNE, Alain (1960) - DAVOROFF (1936) - DEBRY (1926) - DECARLI (1936) - DELANNE (1927) - DELANNAY (1935) - DELRIEUX, Robert (1954) - DEMOULIN (1936) - DENIZARD (1916) - DESCOMBEY, Michel (1948) - DOMANSKY (1933) - DOMBRONSKY (1960) - DOMINGIE (1898) - DOTTI (1950) - DUCHENE (1953) - DUFLOT, Roland (1945) - DUPRAT (1910) - DUPREZ, Pierre (1923) - DUROZOY (1923) - DUTHOIT, Lucien (1949) - DUSSAIGNE, Michel (1953) - DUVILLARD, Pierre (1961).

MM. EFIMOFF, Nicolas (1934) - ERNOUX (1950).

ESTRADA, José — En représentation, reprend « Carmelo » dans L'AMOUR SORCIER en 1947.

M. EVEN (1910).

MM. FENONJOIS, Roger (1936) - FEROUELLE (1894) - FLINDT, Flemming (1960) - FRANCHETTI, Jean-Pierre (1959) - FRANCHETTI, Raymond (1948) - FRANCK, Daniel (1954) - FRANTZ, Patrice (1960) - FRIANT (1875) - FRIANT (1911) - FUGER, Pierre (1959).

MM. GALAN, Jean-Louis (1957) - GALLY (1954) - GENET (1950) - GIRODIER (1886) - GOLOVINE, Serge (1945) - GOUBE, Paul (1930) - GUELIS, Jean (1937) - GUILLEMIN (1912) - GUSTIN (1935) - GUYLAINE (1935).

MM. HAEMMERER (1945) - HANSEN, J. (1875) - HERRAULT, Michel (1953) - HOQUANTE (1896) - HUMBERT (1915).

MM. JAMET (1936) - JAVON, Charles (1910) - JAVON, Jules (1893) - JODEL, Jacques (1948) - JOUSSET (1875) - JULES (1879).

MM. KALIOUJNY, Alexandre (1947) - KOCHANOVSKY, Alexandre (1960) - KORWSKY (1927).

MM. LABIS, Attilio (1954) - LACOTTE, Pierre (1948) - LADAM (1889) - LALLEMENT (1945) - LAVIGNE (1916) - LEBERCHER, Louis (1928) - LEBERTRE, Patrick (1959) - LEBLANC (1910) - LECERF (1879) - LEFEVRE, Pierre (1945) - LEGRAND, Lucien (1945) - LEMOINE, J.B. (1948) - LEROY (1885) - LE ROY (1925) - LIFAR, Serge (1930) - LOINARD (1936) - LOISEL, Pierre (1960).

MM. MAELLI (1927) - MAGRI (1875) - MARCHISIO (1929) - MARIONNO (1916) - MARIUS (1880).

MARTINEZ, Juan — En représentation, crée L'ILLUSTRE FREGONA.

MM. MAURIAL (1910) - MAYER, Gilbert (1953) - MERANTE, Francis (1875) - MERANTE, Louis (1875) - MILHET (1887) - MILLIAND (1936) - MONDON (1926) - MONTFALLET (1875) - MOREL, Claude (1960) - MOURADEFF (1931).

MM. PACALET (1910) - PACAUD (1926) - PARRES, Manuel (1945) - PELLETIER, Charles (1930) - PERETTI, Serge (1923) - PERICAT, Paul (1929) - PERRAULT, Serge (1946) - PERROT (1910) - PETIT, Roland (1935) - PIERRE, Jules (1879) - PILETTA, Georges (1961) - PLESSY, Roger (1953) - PLUQUE (1875) - POMIE (1951) - PONÇOT (1877) - PONTI (1927) - PORCHERON (1880) - PRECHEUR (1910).

MM. RANCHET, Maurice (1955) - RAYMOND, P. (1907) - RAYNE, Michel (1952) - REFIG, Philippe (1957) - REGNIER (1888) - REMOND (1875) - RENAULT, Michel (1945) - RESCHAL, Jacques (1948) - RICAUX, Gustave (1907) - RICAUX, J. (1918) - RIGAUX, E. (1911) - RITZ, Roger (1930) - ROMAND (1936) - ROUSSELLE, Bernard, (1959) - ROSSI (1960) - RYAUX (1924).

MM. SARELLI, Jean (1951) - SAUVAGEOT, Martial (1927) - SCHMUKI, Norbert (1957) - SEILLIER (1946) - SERRY (1930).

SKIBINE, George — En représentation, danse dans DIVERTISSEMENT en 1957.

MM. SORIA, de (1880) - STAATS, Léo (1898) - STADORINI (1882) - STILB (1879) - STORMS (1929).

STOWITTS — En représentation, crée « Iskander » dans LA PERI.

MM. TAVAROFF (1937) - TCHERKAS, Constantin (1931) - THARIAT (1923) - THOMAS (1910) - TISSERAND (1925).

TORRES, José — En représentation, danse L'ILLUSTRE FREGONA en 1940.

MM. TORRINI (1926) - TOUROUDE, Jacques (1945).

MM. VAIRDEL (1948) - VALDI, Jacques (1960) - VANARA (1900) - VAN DIJK, Peter (1955) - VASQUEZ, père et fils (1875) - VERDOJEL (1948) - VINCI (1950) - VOLCART (1927).

M. WAGUE, Georges (1915).

VII

L'ADMINISTRATION DE L'OPERA

L'ADMINISTRATION DE L'OPERA

Les Directeurs :

MM.	HALANZIER-DUFRESNOY	1875 — 1879
	VAUCORBEIL	1879 — 1884
	RITT et Pedro GAILHARD	1885 — 1892
	BERTRAND	1892 — 1893
	BERTRAND et Pedro GAILHARD	1894 — 1898
	Pedro GAILHARD	1899 — 1906
	Pedro GAILHARD et P. B. GHEUSI	1907
	BROUSSAN et André MESSAGER	1908 — 1914
	Jacques ROUCHE	1915 — 1940
	Philippe GAUBERT	1940 — 1941
	Marcel SAMUEL-ROUSSEAU	1942 — 1944
	Reynaldo HAHN	1945 — 1946
	Henri BUSSER	1946 — 1951
	Emmanuel BONDEVILLE	1952 — 1959

poste supprimé en 1959.

Les Secrétaires de Direction :

1880 : Henri DARCEL — 1882 : MOBISSON — 1891 : BARON — 1892 : MAILLARD — 1907 : BILANGE — 1908 : SURIEAU — 1912 : Maurice LE-FEVRE — 1915 : Melle THOMAS — 1955 : Mme WILLEMETZ — 1959 : Mme PELLETIER.

Les Directeurs des Services Administratifs :

1875 : BOURBON — 1887 : JUSSEAUME — 1889 : CLEMENT — 1893 : SIMONNOT — 1907 : Marius GABION,

depuis 1915, et successivement : BLONDEAU, ROGE, René GADAVE, A. CHABAUD.

Les Secrétaires Généraux :

1875 : DELAHAYE — 1879 : CHEROUVRIER — 1884 : E. BLANC — 1891 : Georges BOYER — 1907 : Pierre SOULAINE,

depuis 1915 (par ordre alphabétique) : Paul ACHARD — Alphonse CAMBARROT — Maurice DECERF — Robert FAVRE-LEBRET — Louis LALOY — Georges LINOR — de la ROMIGUIERE.

Les Secrétaires des Bals :

1882/83 : E. MENDEL — 1884/1901 : Victor ROGER.

Les Archivistes :

Jusqu'en 1915 : Charles NUITTER, MALHERBE, REYER, DE LAJARTE, BANES.

Les Rédacteurs en chef de la revue « Opéra » :

Depuis 1950, et successivement : Maurice DECERF, Maurice DIRAN, DESGRANGES, Maurice DIRAN.

LES CADRES DE L'OPERA

Les Chefs de Chant :

1875 : MM. CROHARE, Hector SALOMON, Jules COHEN — 1878 : Léon DELAHAYE — 1879 : HUSTACHE — 1884 : LOTTIN — 1887 : Edouard MANGIN — 1891 : KOENIG — 1892 : Paul VIDAL — 1893 : Georges MARTY — 1894 : Alfred BACHELET — 1901 : CHADEIGNE — 1904 : Alphonse CATHERINE, Charles LEVADE — 1905 : ESTYLE,

depuis 1915 (par ordre alphabétique) :

Mmes Simone BLANC, Odette DUFOUR, Jeanne KRIEGER, Germaine MORDANT, Simone PETIT, Henriette ROGET ;

MM. Maurice BECHE, Georges BECKER, Henry DEFOSSE, DELACROIX, Maurice FAURE, Maurice FRANCK, Jean LAFORGE, LAUTEMANN, Henri LAUTH, Félix LEROUX, Roger PENAU, Maurice PICARD, Michel QUEVAL, Victor SERVENTI, Georges TRUC, Georges VISEUR.

Les Chefs de Chœurs :

1875 : MM. HUSTACHE, Victor MASSE — 1878 : Jules COHEN — 1879 : MARMONTEL — 1889 : Paul VIDAL — 1891 : Léon DELAHAYE, ROY, SAVARD — 1894 : Claudius BLANC — 1896 : MESTRES — 1900 : PUGET — 1908 : Jean GALLON, Félix LEROUX — 1909 : CHADEIGNE, depuis 1915 (par ordre alphabétique) : MM. CARPENTIER, René DUCLOS, Jean LAFORGE, LEPITRE, Omer LETOREY, Eugène PICHE-RAN, Robert SIOHAN.

Souffleurs :

1875 : Auguste COEDES — 1876 : CLAMENTZ — 1895 : MESTRES — 1896 : IDRAC,

depuis 1915 (par ordre alphabétique) : MM. BERNARD, CHARLES-PAUL, DAVID, Raoul GILLES, Georges TRUC,

de 1920 à 1945, le service du souffleur a été assuré en alternance par les Chefs de chant.

Les Chefs de Fanfare :

MM. Adolphe SAX, SAX fils, COURTADE, FAYEULLE.

Les Directeurs de la scène :

1875 : Léon CARVALHO — 1877 : Adolphe MAYER — 1880 : REGNIER — 1885 : Pedro GAILHARD — 1892 : CAMPOCASSO — 1894 : LAPISSIDA — 1901 : Victor CAPOUL — 1907 : P. B. GHEUSI — 1908 : P. LAGARDE — 1910 : Paul STUART — 1915 : O. LABIS — 1919 : MERLE-FOREST — 1920 : Léo DEVAUX — 1921 : MERLE-FOREST — 1922 : Pierre CHEREAU — 1949 : Max DE RIEUX — 1950 : Jean MERCIER — 1952 : André LEJEUNE — 1956 : José BECKMANS — 1960 : poste supprimé.

Les Régisseurs Généraux :

1905/1906 : Jules SPERK — 1907/1910 : Paul STUART — 1915/1938 : Joseph REFFET — 1938/1951 : André LEJEUNE — depuis 1957 : Gabriel COURET.

Les Régisseurs de scène :

1875/1901 : G. COLLEUILLE — 1901/1914 : Maurice COLLEUILLE — depuis 1915 (par ordre alphabètique) : Pierre GAYAN, Robert GILLES, Roland LAIGNEZ, André LEJEUNE, Félix LEROUX, Jules OUDART, Charles PELLETIER, Maurice PICHERY, Marc ROLLAND, Philippe RO-MIEU, Guy SAINT CLAIR.

Les Régisseurs des Chœurs :

Ce poste a été créé en 1908 par André MESSAGER. L'ont successive-ment tenu : CABILLOT, Louis MARIE, SAINT MAURICE, DEMAGNY, Henry ROBERT, Roland LAIGNEZ.

Les Régisseurs de la Danse :

1875 : PLUQUE — 1898 : BUSSY — 1907 : DEMENGIE
depuis 1915 (par ordre alphabétique) : DELANNAY, HAMERER, André HUSSON, Jacques JOHANNIN, Jules OUDART, Charles PELLETIER, Paul PERICAT, Robert QUINAULT, Roger RITZ.

Les Chefs de Figuration :

Aimé CARRERE — Robert SAURIN — Robert DUMANY.

Les Décorateurs :

Si les décors ne furent pas réalisés par ceux qui les avaient conçus ou en avaient établi la maquette, ils le furent par l'un ou l'autre des Artistes suivants :

Oreste ALLEGRI — AVISON — Nicolas BENOIS — Emile BERTIN — Maurice BRUNET — CHAPERON — CHAZOT — CHEVALLIER — CILLARD — DARLOT — Raymond DESHAYS — DURAND — GARDENS — GERVAL — Léonce HENRY — LAILHACA — LAVERDET — LAVIGNAC — MATAGNE — Maurice MOULENE — Georges MOUVEAU — MULLER — M. NUMA — OUDOT — PAQUEREAU — PELLEGRY — K. POPOFF — ROGER — RONSIN — STREIFF.

Les Costumes furent en général réalisés par :

ANTOINETTE — Charles BIANCHINI — Germaine BONAFOUS — CALVIN — DESVIGNES — FALK — FRENIET — GROMSTEFF — KARINSKA — Eugène LACOSTE — LEBRUN — MATHIEU — MADELLE — MUELLE — A. PHOCAS — PINCHON — André PONTET — Mme RASIMI — RAYMOND et CATHERINE — Alyette SAMAZEUILH — SOLATGES — Mme Raymonde THIEBAULT — Mme TROSSEAU — TURPIN — Mme VATRIQUANT.

Les Perruques furent en général fournies par les Maisons BERTRAND ou PONTET.

★

LES ADMINISTRATEURS GENERAUX
de la « Réunion des Théâtres Lyriques Nationaux »
(Opéra et Opéra-Comique)

1939 - 1944 :	Jacques ROUCHE	1955 - 1956 :	Jacques IBERT
1945 - 1946 :	Maurice LEHMANN	1956 - 1959 :	Georges HIRSCH
1947 - 1951 :	Georges HIRSCH	1959 - 1962 :	A. M. JULIEN
1951 - 1955 :	Maurice LEHMANN	1962 :	Georges AURIC

VIII

LES COMPOSITEURS
AFFICHÉS AU PALAIS GARNIER

de 1875 à 1962

LES PRINCIPAUX COMPOSITEURS

affichés au Palais Garnier de 1875 à 1962

(le chiffre entre paranthèse indique le nombre de représentations ou d'auditions de l'œuvre à l'Opéra, au 31 décembre 1961)

ADAM, Adolphe — GISELLE (402).
ALBENIZ, Isaac — L'Amant trahi (4), Danses d'Espagne (2), Danses Espagnoles (6).
ARENSKY, Antoine — Cléopatre (8), Les Orientales (3).
ARKHANGELSKY — Chants religieux russes (1).
ARNOLD, Malcolm — Hommage à la Reine (3).
ARRIEU, Claude — Les Gueux du Paradis (1).
AUBE, Lucien-Marie — Le Mendiant de Marakech (1).
AUBER, Daniel-Esprit — Le Bal masqué (1), La Muette de Portici (489), Le Roman
   d'Estelle (5), Taglioni chez Musette (55).
AUBERT, Louis — Cinéma (15).
AUBIN, Tony — Fourberies (30).
AURIC, Georges — Les Enchantements de la Fée Alcine (2), L'Eventail de Jeanne (23),
   Phèdre (77), Le Chemin de Lumière (18).

BACH, Jean-Sébastien — Dramma per Musica (6), Les Noces de l'Amour et de Psyche (3).
BACHELET, Alfred — Un Jardin sur l'Oronte (12), Scemo (6).
BALAKIREW, Mily-Alexeiewitch — Thamar (2).
BANFIELO, Raffaello de — Combats (3).
BARLOW, Fred — La Grande Jatte (22).
BARRAUD, Henry — L'Astrologue (4), Numance (9).
BARTOK, Bela — Concerto aux Etoiles (3).
BANFIELD, Raffaelo — Combats (3).
BEETHOVEN, Ludwig von — Les Créatures de Prométhée (62), Fidelio (90), Prière (5).
BELLINI, Vincenzo — Norma (2).
BERLIOZ, Hector — La Damnation de Faust (353), Requiem (2), Symphonie Fantasti-
   que (20), Les Troyens (intégralement, 39), Les Troyens à Carthage (11), La Prise
   de Troie (26), Le Roman d'Estelle (5).
BERTRAND, Marcel — Ileana (3).
BIZET, Georges — L'Arlésienne (2), Carmen (99), Jeux d'Enfants (73), Le Palais de
   Cristal (175).
BLOCH, André — Broceliande (11).
BOIELDIEU, François-Adrien — Taglioni chez Musette (55).
BOITO, Arrigo — Mefistofele (2).
BONDÉVILLE, Emmanuel — FAUST : Méditation de Marguerite (1).
BORODINE, Alexandre — Danses Polovtsiennes (115), Nocturne (3), Les Orientales (3),
   Scènes Russes (1).
BORTMANSKY, Dimitri — Chants Religieux Russes (1).
BOURGAULT-DUCOUDRAY, Louis — Danses de jadis (8), Danses grecques (3).
   Thamara (11).

BRAHMS, Johannès — Grand Pas (25).
BRITTEN, Benjamin — Fanfare (2), Peter Grimes (2).
BRUNEL, Raoul — La Tentation de Saint Antoine (7).
BRUNEAU, Alfred — Les Bacchantes (20), Le Jardin du Paradis (27), Messidor (16), L'Ouragan, 3e acte (3), Virginie (7).
BURGMULLER, Frédéric — La Péri (79).
BUSSER, Henri — Les Noces Corinthiennes (6), La Ronde des Saisons (22).

CANTELOUBE DE MALARET, Jean — Le Mas (8), Vercingétorix (9).
CAVALLI, Francesco — Les Virtuozi de Mazarin (7).
CESKI, Marc-Antoine — Mademoiselle de Nantes (15).
CHABRIER, Emmanuel — Bourrée Fantasque (1), Briseis (11), Espana (6), Gwendoline (38).
CHAILLEY, Jacques — La Dame à la Licorne (5).
CHARPENTIER, Marc-Antoine — Carême Prenant (4), Mademoiselle de Nantes (15), Le Malade Imaginaire (2).
CHARPENTIER, Gustave — La Vie du Poète (1).
CHAUSSON, Ernest — Le Roi Arthus, 2e acte (2).
CHEDRINE, Radion — Danse Russe (3).
CHERUBINI, Luigi — Médée.
CHOPIN, Frédéric — Feuilles d'Automne (1), La Mort du Cygne (29), La Nuit Ensorcelée (98), Soirée Romantique (7), Suite de Danses (327), Suite Romantique (3), Les Sylphides (33), Valse (1).
CIMAROSA, Doménico — Astuce Féminine (5).
COHEN, Jules — Terre, Eclaire-toi, cantate (1).
COLASSE, Pascal — Carême Prenant (4).
COPLAND, Aaron — Pied-Pipper (2).
COSTÉ — Les Charbonniers (1).
COUPERIN — Pastorale (1).

DEBUSSY, Claude — Clair de Lune (1), Fluorescences (5), Le Lys de la Vie (1), Le Martyre de Saint Sébastien (44), Pas et Lignes (6), Petite Suite (26), Prélude à l'Après-midi d'un Faune (106).
DELANNOY, Marcel — L'Eventail de Jeanne (23), Les Noces Fantastiques (46).
DELERUE, Georges — Conte cruel (4).
DELIBES, Léo — Centenaire d'Auber, cantate (1), Coppelia (770), Fluorescences (5), Soir de Fête (300), La Source (73), Sylvia (168).
DELMAS, Marc — Cyrca (10).
DELVINCOURT, Claude — Lucifer (15), Oedipe Roi (1).
DESMARETS, Henri — Carême Prenant (4).
DEUTSCH DE LA MEURTHE, Henry — Icare (3).
DONIZETTI, Gaetano — Don Pasquale, 1er acte (1), La Favorite (692), Lucie de Lamermoor (315), Maria di Rohan (1 + 2 fois 2e acte).
DOUNAIEVSKY, Isaak — Valse de Jeunesse (1).
DUBOIS, Théodore — Danse de Poète (8), La Farandole (30), Miguela, 3e acte (1).
DUCASSE, Roger — Orphée (5).
DUKAS, Paul — Ariane et Barbe-Bleue (48), La Péri (136).
DUMAS, Louis — La Vision de Mona (4).
DUNI, Egidio — Une Fête chez la Pouplinière (5).
DUPONT, Gabriel — Antar (40).
DUVERNOY, Alphonse — Bacchus (13), Danses de Jadis (8), Danses Grecques (3), Helle (24).

EGK, Werner — Joan de Zarissa (20) Peer Gynt (12).
EMMANUEL, Maurice — Salamine (8).
ENESCO, Georges — Oedipe (11).
ERLANGER, Camille — Le Fils de l'Etoile (26).

FALLA, Manuel de — L'Amour Sorcier (27), Danses d'Espagne (2), Danses Espagnoles (6), Le Tricorne (9).
FAURE, Gabriel — Pénélope (27), Prométhée (4), Rayon de Lune (14), Requiem (1).
FERRARI, Gabrielle — Le Cobzar (6).
FERROUD, Pierre-Octave — L'Eventail de Jeanne (23), Jeunesse (8).
FEVRIER, Henry — L'Ile Désenchantée (7), Monna Vanna (80).
FIJAN, André — La Lime (1), Nocturne des Amoureuses (1).
FOURET, Maurice — Le Rustre Imprudent (7).
FOURNIER-ALLIX — Stratonice (14).
FRANCAIX, Jean — Les Malheurs de Sophie (9), Le Roi Nu (10).
FRANCK, César — Passion (23), Rebecca (21).

LALO, Edouard — Danses de Jadis (80), Namouna (40), Le Roi d'Ys (125), Suite en Blanc (306).
LAMBERT, Constant — Tiresias (2).
LAMBERT, Lucien — La Roussalka (19).
LAMI, Humberto — Neron (1).
LANDRE, Guillaume — Béatrice (1).
LAPARRA, Raoul — L'Illustre Fregona (24).
LAZZARI, Sylvio — La Tour de Feu (36).
LE BORNE, Fernand — La Catalane (9), Les Girondins, 4e acte (3).
LE BOUCHER, Maurice — La Duchesse de Padoue (4).
LECOCQ, Charles — La Fille de Madame Angot, 2e acte (1), Mam'zelle Angot (2).
LEFEBVRE, Charles — Danses de Jadis (8), Djelma (8).
LEGUERNEY — Endymion (9).
LEHAR, Franz — Giuditta, 3e tableau (1).
LELEU, Jeanne — Nauteos (26).
LENEPVEU, Charles — Danses de jadis et de naguère (8).
LEONCAVALLO, Ruggiero — Paillasse (131).
LEROUX, Xavier — Astarte (23), Théodora, 2e acte (5).
LESUEUR, Jean-François — Le Sommeil d'Ossian (1).
LIADOW, Anatole — Contes Russes (10).
LISZT, Franz — La Bien Aimée (2), Duo (3), Faust (53), Méphisto Valse (1).
LOLLE, Jens, — Les Caprices de Cupidon (70).
LOUCHEUR, Raymond — Hop-Frog (8).
LULLI, Jean-Baptiste — Le Bourgeois Gentilhomme (3), Carême Prenant (4), l'Impromptu de Neuilly (1), Mademoiselle de Nantes (15), Monsieur de Pourceaugnac (2), Le Sicilien (1), Le Triomphe de l'Amour (267).
LULLI, Louis — Carême Prenant (4).
LUMBYE, H. C. — C'était un soir (1), Napoli (1).
LUTECE, Jean — Septuor (26).
LVOW, Alexis — Chants Religieux Russes (1).

MACHKOVSKY, Maurice — Valse (2).
MAGNARD, Albérich — Guercœur (12).
MALHERBE, Edmond — Le Jugement de Paris (4).
MALPIERO, Francesco — Pantea (4), Sept Chansons (1).
MARECHAL, Henri — Danses de Jadis (8), Deidamie (12), Le Lac des Aulnes (5).
MARIOTTE, Antoine — Esther (9), Salomé (9).
MARTIN, Franck — Symphonie Concertante.
MARTY, Georges — Daria (8).
MASSENET, Jules — Ariane (71), Bacchus (6), Les Chansons du Bois d'Amaranthe (1), Le Cid (152), Danses de Jadis (8), Don Quichotte, 5e acte (1), Les Erinnyes (2), Esclarmonde (27), Griselidis (8), Herodiade (192), Le Mage (31), Manon , St-Sulpice (4), La Navarraise (1), Le Roi de Lahore (57), Roma (20), Thais (683), Thérèse, 2e acte (1), La Vierge (3), Werther, 3e acte (1).
MAZELLIER, Jules — Graziella, 2e acte (2), Les Matines d'Amour (6).
MEHUL, Etienne-Nicolas — Le Chant du Départ (120), Le Chant du XXe Siècle (1), l'Impromptu de Neuilly (1), Joseph (21).
MEMBREE, Edmond — Oedipe Roi (2).
MENDELSSOHN, Félix — Le Lys de la Vie (1).
MERMET, A. — Jeanne d'Arc (15).
MESSAGER, André — Danses de Jadis (8), Les Deux Pigeons (196).
METRA, Olivier — Yedda (60).
MEYERBEER, Giacomo — L'Africaine (484), Ballet blanc (1), Les Huguenots (1120), Les Patineurs (3), Le Prophète (573), Robert le Diable (751), Taglioni chez Musette (55).
MILHAUD, Darius — Bolivar (22), l'Eventail de Jeanne (23), Maximilien (7), Medée (3), Salade (45).
MINKUS, Ludwig — Pas de 2 de « Don Quichotte » (3), Drigo (2), La Source (68).
MONTEVERDI, Claudio — Les Virtuozi de Mazarin (7).
MOREAU, Léon — Myrialde, 1er acte (2).
MOUSSORGSKY, Modeste — Boris Godounov (240), Cléopatre (8), La Khovantchina (8), Scènes Russes (1).
MOZART, Wolfang-Amadeus — Divertimento N° 15 (2), Don Juan (452), Un Enlèvement au Sérail (47), La Flute Enchantée (382), Les Noces de Figaro (6), Le Rêve de la Marquise (3).

NABOKOFF, Nicholas — La Vie de Polichinelle (9).
NICOLO-ISSOUARD — Les Rendez-vous Bourgeois (1).

NOUGUES, Jean — La Locomotion à travers les âges (1).
NUX, Paul Véronge de la — Danses de Jadis (8), Danses Grecques (3), Zaïre (11).

OFFENBACH, Jacques — La Belle Hélène (11), Le Fifre Enchanté (1), Monsieur Choufleuri restera chez lui le... (1).
OLLONE, Max d' — Les Amants de Rimini, 3° acte (3), l'Arlequin (14) Le Retour (3), La Samaritaine (7).

PALADILHE, Emile — Danses de Jadis (8), Patrie ! (93).
PARAY, Paul — Artemis Troublée (11).
PERGOLESE, Jean Baptiste — Une Fête chez la Pouplinière (5). La Servante Maîtresse (43).
PESSARD, Emile — Tabarin (6).
PETIT, Pierre — Zadig (4).
PFITZNER, Hans — Palestrina (13).
PICCINI, Nicolas — Iphigénie en Tauride (36).
PIERNE, Gabriel — Cydalise et le Chèvre Pied (41), Images (10), Impresions de Music-Hall (82).
PIRIOU, Adolphe — Le Rouet d'Armor (10).
PIZZETTI, Ildebrando — Phaedre (5).
POLIGNAC, Armande de — Chimères (9), Judith de Béthulie (2).
PONS, Charles — La Forêt Sacrée (1).
PONS-HEIFETZ — Une Aveugle (1).
POUEIGH, Jean — Frivolant (13), Perkain (6).
POULENC, Françis — Les Animaux Modèles (78), Dialogues des Carmélites (27), l'Eventail de Jeanne (23).
PROKOFIEFF, Serge — L'Amour des Trois Oranges (2), La Fleur de Pierre (4), Pas d'Acier (2), Roméo et Juliette (39), Sur le Borysthène (6), Symphonie Classique (2).
PUCCINI, Giacomo — La Fille du Far-West (6), Madame Butterfly, 2e et 3e actes (1), Manon Lescaut, 4e acte (1), La Tosca (32), Turandot (14), La vie de Bohène, 3e acte (1).
PUGNI, Césare — Pas de Quatre (6), Le Violon du Diable (1).

RABAUD, Henri — La Fille de Roland (12), Marouf (124), Rolande et le Mauvais Garçon (16).
RACHMANINOFF, Serge — Les Eaux Printanières (3).
RAMEAU Jean-Philippe — Ballet de Cour (1), Castor et Pollux (376), Danses de Jadis (8), Une Fête chez la Pouplinière (5), Les Fêtes d'Hebe (228), Hippolyte et Arcie (140), Les Indes Galantes (421), l'Impromptu de Neuilly (1).
RAVEL, Maurice — Adelaïde (16), Boléro (56), Daphnis et Chloé (105), l'Enfant et les Sortilèges (14), l'Eventail de Jeanne (23), Fluorescences (5), l'Heure Espagnole (83), Ma Mère l'Oye (1), Pavane pour une Infante Défunte (11), Valse (2), La Valse (7).
REBEL, Jean-Féry — Les Eléments (2).
REYER, Ernest — Salammbo (196), Sigurd (252), La Statue (10).
RIETI, Vittorio — David Triomphant (9).
RIISAGER, Knudage — Etudes (108), Quarrsiluni (8).
RIMSKY-KORSAKOV, Nicolas — Cléopatre (8), Le Coq d'Or (61), Le Festin (5), Fluorescences (5), Kitege (2), Le Lys de la Vie (1), La Princesse Cygne (5), Sadko (1), Sheherazade (33), Soleil de Nuit (7).
ROLAND-MANUEL — L'Ecran des Jeunes Filles (17), l'Eventail de Jeanne (23).
ROPARTZ, Guy — Prélude Dominical (22).
ROSENTHAL, Manuel — Un Baiser pour Rien (6).
ROSSI, Luigi — Les Virtuozi de Mazarin (7).
ROSSINI, Gioacchino — Le Barbier de Séville (32), La Boutique Fantasque (11), Le Comte Ory (433), Guillaume Tell (911), l'Italienne à Alger (2).
ROUSSEAU, Samuel — La Cloche du Rhin (9).
ROUSSEL, Albert — Aeneas (10), Bacchus et Ariane (5), l'Eventail de Jeanne (23), Le Festin de l'Araignée (83), La Naissance de la Lyre (9), Padmavati (39).
ROZE, Raymond — Jeanne d'Arc (4).
RUBINSTEIN, Anton — Fête Russes (11).

SACCHINI, Antonio — Oedipe à Colonne (581).
SACHS, Léon — Les Burgraves (2).
SAINT-SAENS, Camille — Ascanio (41), Les Barbares (32), Le Cygne (24), Danses de Jadis (8), Fête champêtre (1), Dejanire (17), La Gloire de Corneille (1), Hélène (7), Henry VIII (87), Javotte (44), Marche Héroïque (7), Samson et Dalila (945).

SALVAYRE, Gaston — La Dame de Monsoreau (8), Danses de Jadis (8), Fandango (28).
SAMUEL-ROUSSEAU, Marcel — Entre Deux Rondes (118), Kerkeb (26), Promenades dans Rome (35).
SAN MARTINI, Giuseppe — Concerto (9).
SARASATE, Pablo de — Danses Espagnoles (6).
SAUGUET, Henry — La Chartreuse de Parme (8), La Chatte (4), La Dame aux Camélias (7), David (3), Les Mirages (129), Trésor et Magie (1).
SAUVEPLANE, Henry — L'Orchestre en Liberté (7).
SAVART, Augustin — La Forêt (7).
SCARLATI, Domenico — Elvire (139), Les Femmes de Bonne Humeur (8).
SCHIFFMANN, Byron — Annabel Lee (4).
SCHMITT, Florent — Antoine et Cléopatre (5), Chant de Guerre (2), l'Eventail de Jeanne (23), Oriane et le Prince d'Amour (20), La Tragédie de Salomé (73).
SCHUBERT, Franz — La Bien-Aimée (2), Fluorescences (5), Laurenza (1), Printemps à Vienne (47), Soirée Romantique (7), Variations (72).
SCHUMANN, Robert — Carnaval (16), Faust : le Jardin, la Mort de Faust (1), Les Papillons (5).
SERETTE, François — Idylle (19).
SIBELIUS, Jean — Valse triste (1).
SILVER, Charles — La Mégère Apprivoisée (13).
SIMON, C. P. Mme — Fleur de Pêcher (1).
SINDING, Christian — Les Orientales (3).
SOLOVIEV-SEDOI Vassili — Les Variations d'Ostap (4).
SPONTINI, Gaspari — La Vestale (216).
STEINBERG, Maximilien — Midas (3).
STRAUSS, Johann — La Chauve-Souris (7).
STRAUSS, Richard — L'Amour de Danae (1), Le Chevalier à la Rose (186), Elektra (18), La Légende de Joseph (6), Salomé (117).
STRAVINSKY, Igor — Les Abeilles (18), Apollon Musagete (10), Le Baiser de la Fée (24), La Cage (1), Le Chant du Rossignol (9), Mavra (7), l'Oiseau de Feu (65), Persephone (3), Petrouchka (53), Pulcinella (5), Le Renard (5), Rossignol (2), Le Sacre du Printemps (3), Sérénade (22).
SZYMANOWSKY, Karol — Harnasie (5).

TANEIEV, Serge — Cléopatre (8).
TCHAIKOVSKY Piotr. Ilitsch — Allegro Brillante (2), La Belle au Bois Dormant (9), Le Chant du Rossignol (9), Le Cygne noir (4), Divertissement (170), Eugène Oneguine, 1er acte (3), Le Festin (5), Fête Russe (11), Le Lac des Cygnes (148), Le Mariage de la Belle au Bois Dormant (9), Pas de deux de Casse-Noisette (2), La Princesse Enchantée (1), Roméo et Juliette (60), Scènes Russes (1), Sérénade (22), Trepak (1), La Tsarevna-Cygne (3).
THIRIET, Maurice — La Nuit Venitienne (9).
THOMAS, Ambroise — Danses de Jadis (8), Françoise de Rimini (41), Hamlet (384), La Tempête (31).
TOMASI, Henri — L'Atlantide (20), La Grisi (106), Les Santons (78).
TOURNEMIRE, Charles — Les Dieux sont Morts (5).
TURINA, Joachim — Danses d'Espagne (2).

VASSILENKO, Serguei — Mirandoline (3).
VERDI, Giuseppe — Aïda (656), Le Bal Masqué (18), Falstaff (18), Jeanne d'Arc (2), Othello (169), Requiem (2), Rigoletto (975), La Traviata (224), Le Trouvère (244).
VIDAL, Paul — Auomobile-Club-Ballet (1), Ballet des Nations (2), La Burgonde (11), Danses de Jadis (8), La Maladetta (176).

WAGNER, Richard — L'Anneau du Nibelung (8), Le Crepuscule des Dieux (78), Lohengrin (621), Les Maîtres Chanteurs (191) l'Or du Rhin (83), Ouverture pour Faust (1), Parsifal (89), Siegfried (103), Tannhauser (342), Tristan et Isolde (146), Le Vaisseau Fantôme (18), La Walkyrie (527).
WEBER, Charles-Marie — Le Freischutz (234), Oberon (67), Le Spectre de la Rose (195).
WECKERLIN, Jean-Baptiste — Taglioni chez Musette (55).
WIDOR, Charles-Marie — Danses de Jadis (8), La Korrigane (160), Nerto (7), La Sabotière (2).
WITKOWSKY, Georges-Martin — La Princesse Lointaine (6).
WOLF-FERRARI, Ernano — Les Joyaux de la Madone (17).
WORMSER, André — L'Etoile (78).

YVAIN, Maurice — Blanche-Neige (23).

COMPOSITEURS AYANT EFFECTUÉ DES ARRANGEMENTS, ORCHESTRATIONS, REVISIONS D'ŒUVRES DE LEURS CONFRERES REPRÉSENTÉS AU PALAIS GARNIER.

AUBERT, Louis — La Belle Hélène (Offenbach), La Nuit Ensorcellée (Chopin).
AUBIN, Tony — Grand Pas (Brahms), Variations (Schubert).

BACHELET, Alfred — Une Fête chez la Pouplinière (Gluck, Lulli, Pergolèse, Rameau).
BEECHAM, Thomas — Les Dieux Mendiants (Haendel).
BERLIOZ, Hector — Le Spectre de la Rose (Wéber).
BIGOT, Eugène — Laurenza (Schumann).
BOURGAULT-DUCOUDRAY — Joseph (Méhul).
BUSSER, Henri — Apothéose de la Croix de Guerre, Les Indes Galantes (Rameau), Obéron (Wéber), Petite Suite (Debussy), La Princesse qui ne sourit plus — Soir de Fête (Delibes), Soirée Romantique (Chopin et Schumann), Taglioni chez Musette (Auber, Boieldieu, Meyerbeer, Weckerlin).

CHANTRIER, Albert — Impromptu de l'Opéra.

DEBUSSY, Claude — La Princesse qui ne sourit plus.
DESORMIERE, Roger — Ballet de Cour (Rameau).

ERLANGER, Camille — Icare (Deutsch de la Meurthe).

HONEGGER, Arthur — Les Noces de l'Amour et de Psyché (Bach).

INFANTE, Manuel — L'Amour Trahi (Albeniz).

JEHIN, Léon — Le Vieil Aigle (Gunsbourg).

LAJARTE, Théodore de — Ballet des Fleurs (Rameau), Pavane et Volte (XVIe Siècle)

MESSAGER, André — Suite de Danses (Chopin).
MILHAUD, Darius — La Bien-Aimée (Liszt et Schubert).

RESPIGHI, Ottorino — La Boutique Fantasque (Rossini), Astuce Féminine (Cimarosa)
RIMSKY-KORSAKOV — Boris Godounov (Moussorgsky), La Khovantchina (Moussorgsky).
ROLAND-MANUEL — Elvire (Scarlatti).
ROSENTHAL, Manuel — La Belle Hélène (Offenbach).

SAINT-SENS, Camille — Fredegonde (Guiraud).
SERVENTI, Victor — Jeux d'Enfants (Bizet).
SIVRY, Charles de — Reconstitution de musique grecque pour Agamennon d'Eschyle.
SZYFER, J. E. — Icare (Lifar).

TOMMASINI, Vincenzo — Les Femmes de bonne humeur (Scarlatti).
TCHEREPNINE, Nicolas — Nocturne (Borodine), Les Papillons (Schumann).

VIDAL, Paul — Fête Russe (Glinka, Tchaïkowsky, Rubinstein), Laurenza (Schubert), Suite de Danses (Chopin).
VUILLERMOZ, Emile — La Nuit ensorcellée (Chopin).

WOLFF, Albert — Espana (Chabrier).

IX

LE CALENDRIER
DU PALAIS GARNIER

LE CALENDRIER DU PALAIS GARNIER

Direction Halanzier

1875 —	5 janvier	: Inauguration avec LA JUIVE, LA SOURCE
	25 janvier	: Reprise de LA FAVORITE
	26 février	: Reprise de GUILLAUME TELL
	31 mars	: Reprise de HAMLET
	26 avril	: Reprise des HUGUENOTS
	5 juin	: Reprise de COPPELIA
	6 septembre	: Reprise de FAUST
	29 novembre	: Reprise de DON JUAN
1876 —	5 avril	: Création de JEANNE D'ARC de Mermet
	14 juin	: Création de SYLVIA
	3 juillet	: Reprise du FREISCHUTZ
	16 août	: Reprise du PROPHETE
	4 décembre	: Reprise de ROBERT LE DIABLE
1877 —	27 avril	: Création du ROI DE LAHORE
	6 août	: Reprise de LA REINE DE CHYPRE
	26 novembre	: Création de LA FANDANGO
	17 décembre	: Reprise de L'AFRICAINE
1878 —	7 octobre	: Création de POLYEUCTE
	27 décembre	: Création de LA REINE BERTHE
1879 —	17 janvier	: Création de YEDDA

Direction Vaucorbeil

1879 —	21 juillet	: 500e de LA FAVORITE
	8 septembre	: Reprise de LA MUETTE DE PORTICI
1880 —	22 mars	: Création de AIDA
	22 mai	: Inauguration de concerts lyriques avec la création, en oratorio, de LA VIERGE
	29 octobre	: Reprise du COMTE ORY
	1er décembre	: Création de LA KORRIGANE
1881 —	1er avril	: Création du TRIBUT DE ZAMORA
	15 octobre	: Congrès de l'électricité, la salle est pour la première fois éclairée électriquement. On joue le 4e acte d'AIDA, SYLVIA et une cantate
	18 mai	: Expérience de retransmission du spectacle par téléphone entre la salle et le magasin des décors, rue Richer. On joue LE TRIBUT DE ZAMORA
1882 —	6 mars	: Création de NAMOUNA
	14 avril	: Création de FRANÇOISE DE RIMINI
1883 —	5 mars	: Création de HENRY VIII
	5 avril	: Au cours d'un Gala, 1re fois le 2e acte de MEFISTOFELE et le 3e acte de RIGOLETTO — 1re audition de « GALLIA », cantate de Gounod
	14 décembre	: Création de LA FARANDOLE
1884 —	2 avril	: Reprise de SAPHO
	18 octobre	: 100e de AIDA

Direction Ritt et Pedro Gailhard

1885 —	12 février	: Création de TABARIN
	27 février	: Création de RIGOLETTO
	12 juin	: Création de SIGURD
	30 novembre	: Création de LE CID
	19 décembre	: 100e de COPPELIA

1886 — 26 janvier   : Création des « JUMEAUX DE BERGAME »
        18 octobre   : Création de LES DEUX PIGEONS
        1er décembre : 500e de LA JUIVE
        16 décembre   : Création de PATRIE !

1887 — 22 février   : 1re matinée à l'Opéra : FAUST
        23 novembre   : 500° de FAUST à l'Opéra

1888 — 30 janvier   : Création de LA DAME DE MONSOREAU
        29 mars   : 1re fois le REQUIEM de Verdi
        28 novembre   : Création de ROMEO ET JULIETTE

1889 — 26 juin   : Création de LA TEMPETE
        9 décembre   : Reprise de LUCIE DE LAMMERMOOR

1890 — 21 mars   : Création d'ASCANIO
        28 mai   : Création de ZAIRE
        9 juin   : Création de LE REVE

1891 — 16 mars   : Création de LE MAGE
        16 septembre : Création de LOHENRGIN
        14 novembre   : Centenaire de Meyerbeer : L'AFRICAINE (acte 1), LE PRO-
                        PHETE (acte 4), ROBERT LE DIABLE (acte 3), LES HU-
                        GUENOTS (acte 4)
        28 décembre   : Création de THAMARA
        30 décembre   : 100e de SIGURD

Direction Bertrand

        29 février   : Centenaire de Rossini : GUILLAUME TELL
1892 — 16 mai   : Création de SALAMMBO
        19 mai   : Au cours d'un Gala, 1° fois LE SICILIEN et MONSIEUR
                        DE POURCEAUGNAC (Molière-Lulli)
        17 juin   : 1re audition de « LA VIE DU POETE »
        29 octobre   : 100e de ROMEO ET JULIETTE
        23 novembre   : Création de SAMSON ET DALILA
        9 décembre   : Création de STRATONICE
        23 décembre   : 100e de RIGOLETTO

1893 — 24 février   : Création de LA MALADETTA

Direction Bertrand et Pedro Gailhard

1893 — 6 mai   : 1re audition au piano de L'OR DU RHIN
        12 mai   : Création de LA WALKYRIE
        15 septembre : Création de DEIDAMIE
        24 octobre   : Création de FETE RUSSE
        4 décembre   : Nouvelle présentation de FAUST
        27 décembre   : Création de GWENDOLINE

1894 — 6 janvier   : Incendie du magasin de décors de la rue Richer
        16 mars   : Création de THAIS
        28 avril   : 100e de LOHENGRIN
        25 mai   : Création de DJELMA
        1er juin   : Nouvelle présentation de ROMEO ET JULIETTE
        12 octobre   : Création de OTHELLO
        14 décembre   : 1000e de FAUST à Paris (680e à l'Opéra)

1895 — 8 février   : Création de LA MONTAGNE NOIRE
        13 mai   : Reprise de TANNHAUSER
        14 décembre   : Création de FREDEGONDE

1896 — 24 avril   : Création de HELLE
        18 mai   : 100e de LA KORRIGANE
        6 octobre   : 1re audition de la « MARCHE HEROIQUE »
        26 octobre   : Nouvelle présentation de DON JUAN

1897 — 19 février   : Création de MESSIDOR
        21 février   : 1re audition, en oratorio, de la DAMNATION DE FAUST

31 mai	:	Création de l'ETOILE
10 novembre	:	Création des MAITRES CHANTEURS

1898 —	7 janvier	:	500e à Paris de ROMEO ET JULIETTE (150e à l'Opéra)
	13 avril	:	Nouvelle présentation de THAIS
	8 juin	:	Création de LA CLOCHE DU RHIN
	5 octobre	:	100e de SAMSON ET DALILA
	20 décembre	:	Création de LA BURGONDE

Direction Pèdro Gailhard

1899 —	10 février	:	500e du PROPHETE
	13 mars	:	100e de LA WALKYRIE
	18 mars	:	Gala : 1re fois LES RENDEZVOUS BOURGEOIS et LE BOURGEOIS GENTILHOMME
	8 mai	:	Création de BRISEIS
	26 mai	:	Création de JOSEPH
	15 novembre	:	Création de LA PRISE DE TROIE

1900 —	7 février	:	Création de LANCELOT
	12 août	:	100e de SALAMMBO — 1re fois « LES ERYNNIES »
	1er octobre	:	100e du CID
	26 octobre	:	100e de LA MALADETTA
	11 novembre	:	Reprise d'ALCESTE (2e tableau seulement), création de DANSES DE JADIS ET DE NAGUERE, 1re fois le 2e acte de CARMEN

1901 —	11 janvier	:	100e de TANNHAUSER
	15 février	:	Création de ASTARTE
	23 avril	:	Création du ROI DE PARIS
	6 juin	:	Création de DANSES GRECQUES
	23 octobre	:	Création des BARBARES
	31 décembre	:	Création de SIEGFRIED

1902 —	28 février	:	Nouvelle présentation de L'AFRICAINE
	21 mai	:	Création de ORSOLA
	26 novembre	:	Création de BACCHUS
	14 décembre	:	Création de PAILLASSE
	6 mars	:	Création de LA STATUE

1903 —	21 mars	:	1000e des HUGUENOTS
	6 juin	:	Création (au Trocadéro) du BALLET DES NATIONS
	1er décembre	:	Créations L'ETRANGER et UN ENLEVEMENT AU SERAIL
	17 décembre	:	Gala de l'Automobile-club

1904 —	20 avril	:	Création du FILS DE L'ETOILE
	31 mai	:	Reprise du TROUVERE
	11 décembre	:	Création de TRISTAN ET ISOLDE

1905 —	27 janvier	:	Création de DARIA
	9 avril	:	Reprise de l'ARMIDE de Gluck
	28 juillet	:	1000e de FAUST à l'Opéra
	27 octobre	:	Première audition du « JUGEMENT DE PARIS »
	22 décembre	:	Création de LA RONDE DES SAISONS

1906 —	28 octobre	:	Création d'ARIANE

Direction Pèdro Gailhard et P. B. Gheusi

1907 —	24 mai	:	Création de LA CATALANE
	25 novembre	:	Création du LAC DES AULNES
	15 décembre	:	Création de PROMETHEE
	24 décembre	:	Première du BALLET DES NATIONS à l'Opéra
	29 décembre	:	Gala : CARMEN

Direction Broussan et Messager

1908 —	25 janvier	:	Nouvelle présentation de FAUST
	13 mai	:	Reprise de HIPPOLYTE ET ARICIE
	19 mai	:	Création de BORIS GODOUNOV

11 juin	:	Mme Melba et M. Caruso chantent RIGOLETTO
23 octobre	:	Création du CREPUSCULE DES DIEUX
8 décembre	:	Gala : les « FAUST »

1909 — 13 janvier : Création de MONNA VANNA
24 janvier : Scala de Milan : LA VESTALE
5 février : Création de JAVOTTE
23 mai : Gala Ludwig van Beethoven
26 juin : Créations du VIEIL AIGLE et de DANSES RUSSES
14 novembre : Création de l'OR DU RHIN

1910 — 16 février : Créations de LA FORET et LA FETE CHEZ THERESE
3 avril : Création de LA FILLE DU SOLEIL
3 mai : Création de SALOME de Strauss
28 mai : 100e de THAIS
4 juin : Première représentation des « BALLETS RUSSES » de Serge Diaghilew
5 juin : Création de LA DAMNATION DE FAUST en opéra
18 juin : Reprise de GISELLE par les Ballets russes
20 octobre : Gala Victorien Sardou (THEODORA - FEDORA - Mme SANS GENE et Ballet de PATRIE !)
30 décembre : Création du MIRACLE

1911 — 3 mai : Reprise de GWENDOLINE et création de ESPANA
9 juin : Création de SIBERIA
10/29 juin : Deux cycles de l'ANNEAU DU NIBELUNG
25 novembre : Création de DEJANIRE
8 décembre : Création de LA ROUSSALKA
10 décembre : Gala Massenet (MANON - DON QUICHOTTE - THERESE)

1912 — 30 mars : Création de LE COBZAR
24 avril : Création de ROMA
28 avril : Gala : LA FILLE DE Mme ANGOT - OEDIPE ROI - WERTHER
9/26 mai : Opéra de Monte Carlo : MEFISTOFELE - RIGOLETTO - LA FILLE DU FAR WEST - LE BARBIER DE SEVILLE
15/20 juin : Un cycle de l'ANNEAN DU NIBELUNG
30 octobre : Création des BACCHANTES
28 décembre : 100° des MAITRES CHANTEURS
31 décembre : Création de FERVAAL

1913 — 29 janvier : Création de LE SORTILEGE
23 mai/1er juin: Un cycle de l'ANNEAU DE NIBELUNG
23 juin : Création de SUITE DE DANSES
12 septembre : Création des JOYAUX DE LA MADONE

1914 — 4 janvier : Création de PARSIFAL
18 février : Création de PHILOTIS
6 mai : Création de SCEMO
24 mai : Création du COQ D'OR par les Ballets Russes
20 juin : Reconstitution d'un bal en 1830 — L'ARLESIENNE
22 juin : Création de HANSLI LE BOSSU
29 juillet : Dernière représentation de l'Opéra : HUGUENOTS
31 juillet : Représentation de FAUST annulée : Clôture
2 août : Mobilisation générale

Direction Jacques Rouché

1915 — 16 février : Reprise des spectacles au Trocadéro : Concert lyrique
11 mars : Au Trocadéro : reprise de L'OFFRANDE A LA LIBERTE et Création de MA MERE L'OYE
29 avril : Au Trocadéro . reprise de FAUST
9 décembre : Réouverture du Palais Garnier : spectacle coupé et création de MADEMOISELLE DE NANTES

1916 — 6 janvier : Création des VIRTUOSI DE MAZARIN
9 avril : Reprise des spectacles normaux avec SAMSON
16 avril : Création du ROMAN D'ESTELLE
25 mai : Création de UNE FETE CHEZ LA POUPLINIERE.

	juin/octobre	:	C L O T U R E
	4 novembre	:	Réouverture et reprise de BRISEIS
1917 —	10 janvier	:	Création de LES ABEILLES
	22 mars	:	Création de MARIA DI ROHAN
	27 juin	:	Création de LA PRINCESSE QUI NE SOURIT PLUS
	juillet/octobre	:	C L O T U R E
	24 novembre	:	Réouverture et création de JEANNE D'ARC de Roze
1918 —	21 mars	:	Reprise de CASTOR ET POLLUX
	25 mai	:	Création de REBECCA
	juin/octobre	:	C L O T U R E
	3 novembre	:	Réouverture avec THAIS
	7/12 novembre	:	Grève des musiciens
	11 novembre	:	Armistice : « LA MARSEILLAISE » sur le pérystile
1919 —	1er avril	:	Création de LA TRAGEDIE DE SALOME
	6 juin	:	Création de LE RETOUR
	20 juin	:	Création de HELENE
	2 juillet	:	Création de SALOME de Mariotte
	5 juillet	:	Aux Arênes de Nîmes : LES TROYENS
	14 juillet	:	Création de FETE TRIOMPHALE
	25 sept./7 oct.	:	Grève du personnel technique
	17 décembre	:	Création de GOYESCAS
	24 décembre	:	Retour des « BALLETS RUSSES » de Serge Diaghilew
1920 —	4 mai	:	Création de TAGLIONI CHEZ MUSETTE
	6 juin	:	Création de LA LEGENDE DE ST CHRISTOPHE
	14 juin	:	Création de ANTOINE ET CLEOPATRE
	1er juillet	:	Gala roumain : LE LYS DE LA VIE
	10 juillet	:	Création de SEPT CHANSONS
	12 oct./2 déc.	:	Relâche pour cause de Grèves
1921 —	27 janvier	:	Création en oratorio de NERON
	14 mars	:	Création de ANTAR
	20 avril	:	Création de MAIMOUNA
	11 mai	:	Créations de LE REVE DE LA MARQUISE et DANSES TZIGANES
	7 juin	:	Création à l'Opéra de LES TROYENS
	20 juin	:	Créations de LA PERI et DAPHNIS ET CHLOE
	5 décembre	:	Création de L'HEURE ESPAGNOLE
	22 décembre	:	Création de HERODIADE
1922 —	17 janvier	:	Gala du tri-Centenaire de Molière
	26 janvier	:	Création de LA MEGERE APPRIVOISEE
	23 février	:	Gala : LA FILLE MAL GARDEE — l'IMPROMPTU DE L'OPERA
	25 février	:	500e de SAMSON ET DALILA
	8 mars	:	Reprise de BORIS GODOUNOV
	24 mars	:	Création de PETITE SUITE et 1re soirée de ballets au Palais Garnier
	3 avril	:	Création de FALSTAFF
	28 avril	:	Création de ARTEMIS TROUBLEE
	1er mai	:	Création de FRIVOLANT
	17 mai	:	Reprise de LOHENRIN
	17 juin	:	Création du MARTYRE DE SAINT SEBASTIEN
	28 juin	:	Gala de la 500e de SAMSON (c'était la 505e)
	10/28 juillet	:	Première fois « SAISON DES BALLETS »
	27 octobre	:	Création de LA FILLE DE ROLAND
	29 novembre	:	Création de GRISELIDIS
	22 décembre	:	Création de LA FLUTE ENCHANTEE
1923 —	15 janvier	:	Création de CYDALISE ET LE CHEVRE-PIED — reprise de PAILLASSE
	13 avril	:	Création de LA KHOVANTCHINA
	9 mai	:	Créations de CONCERTO et FRESQUES
	1er juin	:	Création de PADMAVATI
	7 juin	:	Création de PHAEDRE
	10 juin	:	Création de CHIMERES
	4 juillet	:	Reprise du TROUVERE
	29 octobre	:	Création du JARDIN DU PARADIS
	12 novembre	:	Création de LA NUIT ENSORCELEE

1er décembre	:	Reprise de SIGURD
24 décembre	:	Création d'ESCLARMONDE

1924 —
24 janvier	:	Gala : créations de LAURENZA et LA LIME
19 mars	:	Créations : LES DIEUX SONT MORTS et SIANG SIN
21 mars	:	100e de LA DAMNATION DE FAUST
12 avril	:	Reprise de PARSIFAL
10 juillet	:	Création de ISTAR et 100e de SYLVIA
23 octobre	:	Création de NERTO
26 novembre	:	Reprise de GISELLE
22 décembre	:	Création de L'ARLEQUIN

1925 —
6 janvier	:	Reprise du TRIOMPHE DE L'AMOUR
16 janvier	:	Création de MIARKA
20 mars	:	100e des DEUX PIGEONS
29 mars	:	1500e de FAUST à l'Opéra
28 avril	:	Création de ESTHER
30 juin	:	Créations de LA NAISSANCE DE LA LYRE et SOIR DE FETE
19 novembre	:	Créations de BROCELIANDE, L'ILE DESENCHANTEE et LES RENCONTRES
24 novembre	:	Gala : 1re fois LA TOSCA et création LES FEUILLES D'AUTOMNE

1926 —
8 février	:	Reprise d'ALCESTE
15 février	:	Opéra de La Haye : FIDELIO
19 février	:	Opéra de La Haye : création de BEATRICE
22 février	:	100e de HERODIADE
14 mars	:	Opéra de La Haye : TRISTAN ET ISOLDE
17 mai	:	Première fois LE ROI DAVID en oratorio
18 mai	:	Reprise et 50e de SALOME de Strauss
1er juin	:	Gala : 1o fois « Défilé du Corps de ballet »
11 juin	:	Création de ORPHEE, de Ducasse
6 juillet	:	Création de KITEGE en oratorio
11 octobre	:	Reprise de SIEGFRIED
29 octobre	:	Reprise du FREISCHUTZ
17 décembre	:	Création de LA PRETRESSE DE KORYDWEN
24 décembre	:	Création de LA TRAVIATA

1927 —
8 février	:	Création du CHEVALIER A LA ROSE
17 février	:	Création de L'IMPERATRICE AUX ROCHERS
24 février	:	Création des BURGRAVES
9 mars	:	100e de PAILLASSE
6 avril	:	Créations de NAILA et IMPRESSIONS DE MUSIC-HALL
26 avril	:	Création de SADKO en oratorio
12 mai	:	Reprise du COQ D'OR
15 mai	:	500e de COPPELIA
3 juin	:	Création de LE DIABLE DANS LE BEFFROI
6 décembre	:	Créations de LES MATINES D'AMOUR et CYRCA

1928 —
12 janvier	:	Création de LA TOUR DE FEU
29 mars	:	Création de TURANDOT
6 au 13 mai	:	Opéra de Vienne : FIDELIO — DON JUAN — LES NOCES DE FIGARO — LA SERVANTE MAITRESSE — UN ENLEVEMENT AU SERAIL — TRISTAN ET ISOLDE
21 juin	:	Création de MAROUF
22 novembre	:	1o fois les Ballets de Mme Ida Rubinstein
7 décembre	:	Création de RAYON DE LUNE

1929 —
4 mars	:	Création de L'EVENTAIL DE JEANNE
20 mars	:	500e de RIGOLETTO
27 mars	.	Création de LE MAS
15 mai	:	Créations de PERSEE ET ANDROMEDE et L'ECRAN DES JEUNES FILLES
17 juin	:	Création de SALAMINE
21 octobre	:	Reprise de GUILLAUME TELL
30 décembre	:	Création des CREATURES DE PROMETHEE

1930 —
2 avril	:	Création de l'ITALIENNE A ALGER
8 mai	:	Création de LA TENTATION DE ST ANTOINE
3 octobre	:	100e de BORIS GODOUNOV

1931 — 5 janvier : Création de VIRGINIE
16 février : Créations de l'ILLUSTRE FREGONA, PRELUDE DOMINICAL et l'ORCHESTRE EN LIBERTE.
21 avril : Création de GUERCŒUR
6 mai : Reprise d'OTHELLO
22 mai : Création de BACCHUS ET ARIANE
27 juin : Gala : IPHIGENIE EN TAURIDE
15 octobre : Créations : LA VISION DE MONA — LA DUCHESSE DE PADOUE
6 novembre : 100e de SOIR DE FETE
7 novembre : 500e de THAIS
7 décembre : Création du RUSTRE IMPRUDENT

1932 — 5 janvier : Création de MAXIMILIEN
22 janvier : FAUST dans la version de 1859 (3 fois)
25 février : Création de ELEKTRA
8 juin : Création de DIVERTISSEMENT
3 novembre : Création de UN JARDIN SUR L'ORONTE
16 décembre : Création de SUR LE BORYSTHENE

1933 — 3 avril : Reprise de LA JUIVE
28 avril : Création de JEUNESSE
22 juin : Création de VERCINGETORIX
17 novembre : Création de ROSELINE

1934 — 25 janvier : Création de PERKAIN
14 mars : Reprise de DON JUAN
22 mars : Création de LA PRINCESSE LOINTAINE
22 mai : Création de ROLANDE ET LE MAUVAIS GARÇON
22 juin : Création de LA VIE DE POLICHINELLE
27 juillet : 100e du CHEVALIER A LA ROSE
20 août : 500e de LOHENGRIN
27 novembre : Création de SOIREE ROMANTIQUE
31 décembre : 2000e de FAUST à Paris (1809e à l'Opéra)

1935 — 25 janvier : Création de ARIANE ET BARBE-BLEUE
13 février : Création de SALADE
21 mars : Création du MARCHAND DE VENISE
15 mai : Création de LUCIE DE LAMMERMOOR
11 juin : Th. Communal de Florence : NORMA
21 juin : Créations de IMAGES et LA GRISI
28 juin : Création de PANTEA
9 juillet : Création de ICARE

1936 — 22 janvier : Création du LAC DES CYGNES (2e acte)
3 février : Création du ROUET D'ARMOR
10 mars : Création de OEDIPE
11 mars : 100e de TRISTAN ET ISOLDE
29 mars : Reprise des HUGUENOTS
27 avril : Création de HARNASIE
20 mai : Création de ILEANA
4 juin : Reprise de FIDELIO
15 juin : Créations de LE ROI NU et UN BAISER POUR RIEN
19 juin : Reprise du COQ D'OR et Création de l'AMOUR SORCIER
29 juin : Fermeture du Parlais Garnier pour réparations après la représentation du COQ D'OR et LA GRISI
juillet : C L O T U R E
1er août : Réouverture salle Sarah-Bernhardt : THAIS
20 novembre : Fin des spectacles à Sarah-Bernhardt: PAILLASSE, COPPELIA
30 novembre : Salle des Champs Elysées : LOHENGRIN
14 décembre : Champs Elysées : Création de PROMENADES DANS ROME

1937 — 20 janvier : Création de L'AMOUR TRAHI
8 février : Création de ELVIRE
17 février : Dernière représentation aux Champs Elysées : spectacles de ballets
21 février : Réouverture du Palais Garnier, inauguration du cyclorama et reprise d'ARIANE
26 mai : Création de DAVID TRIOMPHANT
14 juin : Ballets danois
21 juin : Création d'ALEXANDRE LE GRAND

23 juin	:	Création de LA SAMARITAINE
31 août	:	Création de L'AIGLON
27 décembre	:	Création du VAISSEAU FANTOME

1938 —

7 janvier	:	Création d'ORIANE ET LE PRINCE D'AMOUR
2 février	:	Création de LE CANTIQUE DES CANTIQUES
9 février	:	Création de FLUORESCENCES
21 mars	:	Inauguration du monument St Saens : SAMSON ET DALILA
4 avril	:	Création de AENEAS
3 juin	:	Reprise de SALAMMBO
12 juillet	:	Représentation de retraite du ténor Franz
20 juillet	:	Gala en l'honneur des Souverains britanniques
18 novembre	:	Création de LES SANTONS

1939 —

16 mars	:	Création de LA CHARTREUSE DE PARME
17 mars	:	Création de LA NUIT VENITIENNE
1er mai	:	Création du FESTIN DE L'ARAIGNEE
17 mai	:	Création de L'ENFANT ET LES SORTILEGES
5 juin	:	Reprise des TROYENS
31 juillet	:	A Orange : reprise d'ORPHEE de Gluck
28 août	:	Dernière représentation au Palais Garnier : MONNA VANNA
1 septembre	:	Mobilisation Générale — Fermeture du théâtre
21 septembre	:	Reprise des représentations pour la radiodiffusion seulement : LA DAMNATION DE FAUST.
14 octobre	:	Reprise des représentations à l'Opéra-Comique : THAIS
9 novembre	:	à l'Opéra-Comique : 500e de ROMÉO ET JULIETTE
16 novembre	:	Réouverture du Palais Garnier : LE FESTIN DE L'ARAIGNEE 2e acte d'ALCESTE — DAPHNIS ET CHLOE

Dans le cadre de la « Réunion des Théâtres Lyriques Nationaux »

Administrateur : Jacques Rouché — Directeur : Philippe Gaubert

1940 —

17 janvier	:	500e de AIDA
21 février	:	Reprise de L'ILLUSTRE FREGONA
24 avril	:	Création de ENTRE DEUX RONDES
8 mai	:	Création de MEDEE de Darius Milhaud
9 juin	:	Dernière représentation du Palais Garnier : LA FLUTE ENCHANTEE
10 juin	:	Les troupes allemandes entrent à Paris - Fermeture de l'Opéra
24 août	:	Réouverture du Palais Garnier : LA DAMNATION DE FAUST
7 octobre	:	Reprise de CASTOR ET POLLUX

1941 —

6 janvier	:	Création du ROI D'YS
10 mai	:	Reprise de GWENDOLINE
2 juillet	:	Créations : LE CHEVALIER ET LA DEMOISELLE — LA PRINCESSE AU JARDIN
16 juillet	:	Création de JEUX D'ENFANTS
17 août	:	Deutsches Opernhaus de Berlin : LA CHAUVE SOURIS

Administrateur : Jacques Rouché — Directeur : Marcel Samuel-Rousseau

1942 —

30 mars	:	Création de PALESTRINA
4 juin	:	Gala Massenet
19 juin	:	Création de LE DRAC
10 juillet	:	Création de JOAN DE ZARISSA
15 juillet	:	100e de SIANG SIN
8 août	:	Création des ANIMAUX MODELES
31 octobre	:	Nouvelle présentation de THAIS

1943 —

26 janvier	:	Création de ANTIGONE
27 février	:	100e de MAROUF
14 mars	:	Création de PENELOPE
23 juin	:	Création de LE JOUR
23 juillet	:	Création de SUITE EN BLANC
4 octobre	:	Création de PEER GYNT

8 novembre	:	100e de OTHELLO
14 novembre	:	100e de LA FLUTE ENCHANTEE

1944 —
11 février	:	2000e de FAUST à l'Opéra
29 avril	:	Reprise de l'ETRANGER et création de GUIGNOL ET PANDORE
22 juillet	:	Coupure de l'électricité : arrêt des représentations
13 août	:	A la Sorbonne : ALCESTE
septembre	:	Libération de Paris
23 octobre	:	Réouverture du Palais Garnier : ROMEO ET JULIETTE
27 novembre	:	Reprise de BORIS GODOUNOV

Administrateur : Maurice Lehmann — Directeur : Reynaldo Hahn

1945 —
27 février	:	Création de ROMEO ET JULIETTE de Tchaïkovsky
9 mars	:	Reprise de HERODIADE
9 juillet	:	Création de l'APPEL DE LA MONTAGNE
25 juillet	:	100e de La Péri
21 août	:	Reprise de LA TOUR DE FEU
21 novembre	:	Reprise de ARIANE ET BARBE-BLEUE
5 décembre	:	Reprise de CYDALISE ET LE CHEVRE-PIED

1946 —
13 février	:	100e d'ELVIRE
25 février	:	Reprise de ANTAR
7 juin	:	Reprise de JOSEPH

Administrateur : Georges Hirsch — Directeur : Henri Busser

1946 —
9 août	:	Reprise de MONNA VANNA
25 octobre	:	Reprise de DON JUAN
9 décembre	:	Reprise de PADMAVATI

1947 —
24 janvier	:	Reprise de DIANE DE POITIERS
28 avril	:	Reprise du COQ D'OR
30 avril	:	Création de SERENADE
16 mai	:	Reprise de LOHENGRIN
28 juillet	:	Création du PALAIS DE CRISTAL
30 octobre	:	Reprise de LUCIE DE LAMMERMOOR
15 décembre	:	Création de LES MIRAGES

1948 —
7 janvier	:	100e de LA GRISI
25 février	:	Création de LES MALHEURS DE SOPHIE
7 avril	:	Reprise de PETROUCHKA
4 juin	:	Reprise des MAITRES CHANTEURS
11 juin	:	Th. Covent Garden : création de PETER GRIMES
9 juillet	:	Création de ZADIG
28 juillet	:	Création de ESCALES
10 sept/10 oct.	:	Le Ballet de l'Opéra est aux Etats-Unis
14 décembre	:	Création de LUCIFER

1949 —
11 février	:	Reprise de MAROUF
22 avril	:	Création des NOCES CORINTHIENNES
22 juin	:	Création de LA NAISSANCE DES COULEURS, et reprise des DANSES POLOVTSIENNES DU PRINCE IGOR
18 novembre	:	Reprise du MARCHAND DE VENISE
à partir du 24 novembre	:	Grève des musiciens

1950 —
11 janvier	:	Fin de la grève, reprise des spectacles
16 janvier	:	Reprise du CREPUSCULE DES DIEUX
25 janvier	:	Création de SEPTUOR
10 février	:	100e du ROI D'YS
2 mars/5 avril	:	Grève des machinistes
19 avril	:	Création de l'INCONNUE
26 avril	:	Création du CHEVALIER ERRANT
12 mai	:	Création de BOLIVAR
14 juin	:	Création de PHEDRE
26 juin	:	Création de DRAMMA PER MUSICA

27 juin	:	A Versailles : reprise des FETES D'HERBE
13 septembre	:	500e de LA WALKYRIE
août/septembre	:	Le Ballet de l'Opéra est en Argentine et au Brésil
18 décembre	:	Création de JEANNE AU BUCHER

1951 —
26 février	:	Reprise de LA TRAVIATA
6 avril	:	Création de KERKEB et reprise de UN ENLEVEMENT AU SERAIL
25 avril	:	Création de L'ASTROLOGUE
30 juin	:	Th. San Carlo de Naples : LE BAL MASQUE
1er juillet	:	Th. San Carlo de Naples : JEANNE D'ARC de Verdi
25 juillet	:	100e de DIVERTISSEMENT

Administrateur : Maurice Lehmann — Directeur : Emmanuel Bondeville

1951 — 14 novembre   :   Création de BLANCHE-NEIGE

1952 —
27 février	:	Créations : LES CAPRICES DE CUPIDON - FOURBERIES
10 mai	:	New York city ballet
18 juin	:	Reprise de LES INDES GALANTES
31 octobre	:	Reprise des MAITRES CHANTEURS
19 décembre	:	Création de ETUDES
19 novembre	:	Reprise de L'AIGLON

1953 —
11 mars	:	Créations de VARIATIONS et CINEMA
13/16 mai	:	Opéra de Vienne : ELEKTRA — L'AMOUR DE DANAE
17 juin	:	Créations de GRANDS PAS et HOP FROG
15 oct./10 nov.	:	Grève des machinistes, fermeture du théâtre

1954 —
12 février	:	Création de OBERON
24 mars	:	Reprise de PARSIFAL
7 avril	:	Reprise de L'OISEAU DE FEU
11 juin	:	Création de NAUTÉOS
28 juillet	:	Création de PRINTEMPS A VIENNE
27 sept./8 oct.	:	Le Sadler's wells ballet : LA BELLE AU BOIS DORMANT — LES PATINEURS — DAPHNIS ET CHLOÉ — HOMMAGE A LA REINE — MAM'SELLE ANGOT — TIRÉSIAS
28 sept./11 oct.	:	Le Ballet de l'Opéra au Covent Garden de Londres
22 décembre	:	Présentation nouvelle de LA FLUTE ENCHANTEE

1955 —
9 février	:	Création des NOCES FANTASTIQUES
9 mars	:	Reprise de FIDELIO
6 avril	:	Création de LA BELLE HÉLÈNE
15 avril	:	Création de NUMANCE
11/27 mai	:	Deux cycles de l'ANNEAU DU NIBELUNG
24 juillet	:	100e du PALAIS DE CRISTAL

Administrateur : Jacques Ibert — Directeur : Emmanuel Bondeville

1955 —
9 novembre	:	Reprise du CHEVALIER ERRANT
28 décembre	:	Création de ROMÉO ET JULIETTE de Prokofieff

1956 — 13 avril   :   Nouvelle présentation de FAUST

Administrateur : Georges Hirsch — Directeur : Emmanuel Bondeville

1956 —
27 avril	:	100e de ENTRE DEUX RONDES
11 mai	:	Reprise de TRISTAN ET ISOLDE
4 juin	:	Reprise de TANNHAUSER
9 juin	:	Reprise du VAISSEAU FANTOME
27 juin	:	Opéra de Ljubljana : L'AMOUR DES TROIS ORANGES
11 juillet	:	Création de CONCERTO AUX ÉTOILES
17/21 octobre	:	New York City Ballet
5 décembre	:	Nouvelle présentation de GISELLE
10 décembre	:	Reprise de LA DAMNATION DE FAUST
21 décembre	:	Reprise de DON JUAN

1957 —	8 février	:	Reprise du MARTYRE DE ST SEBASTIEN
	15 mars	:	Reprise du CHEVALIER A LA ROSE
	17 avril	:	Création de LA SYMPHONIE FANTASTIQUE — 100ᵉ ISTAR
	3/27 mai	:	Deux cycles de l'ANNEAU DU NIBELUNG
	21 juin	:	Création de DIALOGUES DES CARMELITES
	17 juillet	:	Création de COMBATS
	14 septembre	:	Création de ANNABEL LEE
	30 octobre	:	Création du CHEMIN DE LUMIÈRE

1958 —	24 janvier	:	Reprises de L'HEURE ESPAGNOLE et de LA VALSE
	18 fév./4 mars	:	Arrêt des représentations par suite des grèves
	19 mars	:	Création de SYMPHONIE CLASSIQUE
	25 avril	:	100ᵉ de SIEGFRIED
	30 mai/15 juin	:	Ballet du Bolchoï de Moscou : ROMEO ET JULIETTE de Prokofieff — LE LAC DES CYGNES — MIRANDOLINE — GISELLE
	1/19 juin	:	Le Ballet de l'Opéra est à Moscou
	10 octobre	:	Création de L'ATLANTIDE
	17 octobre	:	Reprise de SALOME de Strauss
	17 novembre	:	Reprise du BAL MASQUE
	19 décembre	:	Récital de Madame Maria Callas

| 1959 — | 28 janvier | : | Création de SYMPHONIE |
| | 4 février | : | Création de LA DAME A LA LICORNE |

Administrateur : A. M. Julien

1959 —	10 octobre	:	Opéra de Stuttgart : JEPHTÉ
	10 novembre	:	Reprise de CARMEN
	16 décembre	:	Créations de PAS DE QUATRE et CONTE CRUEL — reprise de LES SYLPHIDES

1960 —	3 février	:	Créations : LA DAME AUX CAMÉLIAS — QARRTSILUNI
	4 mars	:	Reprise de L'ENFANT ET LES SORTILEGES
	8 avril	:	Reprise de BORIS GODOUNOV
	25 avril	:	Reprise de LUCIE DE LAMMERMOOR
	11 mai	:	100ᵉ de ETUDES
	20 mai	:	Reprises de FIDELIO
	10 juin	:	Présentation nouvelle : SAMSON ET DALILA
	17 juin	:	Reprise de LA TOSCA
	6 juillet	:	Création de PAS DE DEUX
	21 octobre	:	Création du ROI DAVID (Version théâtre)
	30 novembre	:	Gala Gustave Charpentier
	21 décembre	:	Reprise du LAC DES CYGNES

1961 —	1 fév./15 mars	:	Grève des choristes
	16 mai/1er juin	:	Ballets de l'Opéra de Leningrad
	17 novembre	:	Reprise des TROYENS
	20 décembre	:	Création de PASTORALE

| 1962 — | 14 mars | : | Création de SYMPHONIE CONCERTANTE |
| | 6 avril | : | Reprise de CREPUSCULE DES DIEUX. |

Administrateur : Georges Auric

| 1962 — | 1er juin | : | Création de MÉDÉE de Cherubini |
| | 8 juin | : | Reprise de DON JUAN |

ERRATA

Sans prétendre corriger toutes les erreurs d'ortho-
graphe, de date ou d'impression, le présent errata
recense un nombre important de corrections tant sur
la forme que sur le fond. Certaines corrections qui
se seraient répétées systématiquement n'ont pas
été relevées. Il s'agit essentiellement de problèmes
d'accents (absents la plupart du temps sur les majus-
cules) ou de trémas (pour les noms allemands).

Par ailleurs, certains noms sont presque toujours
mal orthographiés (Rhadamès pour Radamès, Bazile
pour Basile, Jacquinot pour Jacquino), certains
titres erronés (*Le Bal masqué* pour *Un Bal masqué*).
La transcription des noms étrangers est souvent
phonétique, ce qui conduit à des orthographes sur-
prenantes pour les noms russes et bulgares — surtout
à une époque où aucun effort d'uniformisation
n'avait été fait — mais aussi pour certains noms allemands (Siegmound !).

Enfin, lorsque Stéphane Wolff parle de "version
originale", il faut comprendre "en langue originale".
A l'époque où ce livre a été conçu, les soucis musico-
logiques n'étaient pas aussi omniprésents qu'aujourd'hui.

La réalisation de cet erratum général a été possible
grâce aux informations fournies par Martine Kahane
et Roland Mancini.

A.P.

P. 27 : AIDA. Argument de Mariette Bey mis en prose par Camille du Locle dont Antonio Ghislanzoni a tiré le livret italien en vers. La version française donnée pour la première fois à la Monnaie n'est pas une version originale, mais la traduction par du Locle et Nuitter du livret original italien.

16e ligne : Anastasi-Pozzoni (et non Pozzoni-Anastasi).

17e ligne : Waldmann (et non Waldemann).

18e ligne : Fancelli (et non Fanielli).

25e ligne : M. Brandt (et non L. Homer).

P. 31 : ALCESTE. Livret de Raniero de Calzabigi traduit en français par le Bailli du Roullet.

P. 34 : L'AMOUR DES TROIS ORANGES.

8e ligne : Giorgio Strehler (et non Giogo).

12e ligne : dans la distribution de Chicago, la Princesse était Jeanne Dusseau, le roi de Trèfle E. Cotreuil, Léandre W. Beck, Tchélio Dufranne.

P. 35 : 7e ligne : Lilli Lehmann au lieu de Marie Haupt (la voix de l'oiseau).

P. 39 : ARIANE ET BARBE-BLEUE. Maeterlinck (et non Maeterlink).

P. 40 : L'ARLEQUIN. Max d'Ollone (et non d'Ollonne).

P. 41 : ARMIDE. Christoph-Willibald Gluck (et non Willebald).

8e ligne : Saint-Huberty (et non Saint-Huberti).

P. 43 : LE ASTUZIE FEMMINILE et non *Astuce Féminine*. Opéra bouffe en 4 actes de Palomba. Créé à Naples le 17 août 1794.

P. 44 : L'ATLANTIDE. Les rôles du Mesge et de Ben Cheik sont inversés pour les distributions de Mulhouse, Enghien et Gelsenkirchen.

P. 45 : UN BAL MASQUÉ et non *Le Bal masqué*.

27e et 28e lignes : Scotti et Sbriscia sont inversés.

28e ligne : Sbriscia (et non Sbrescia).

29e et 38e lignes : Riccardo (et non Gustave III).

29e ligne : Fraschini (et non Frascini).

30e ligne : Delle Sedie (et non Sedie).

34e ligne : la première à New York a été donnée en langue allemande.

35e ligne : Lilli Lehmann (et non Lillie).

36e et 37e lignes : Grani et Buades sont inversés.

P. 46 : 1ᵉ et 9ᵉ lignes : Riccardo et non Gustave III.

5ᵉ ligne : en italien (et non dans la version originale).

P. 47 : LE BARBIER DE SEVILLE. Opéra-bouffe en 2 actes créé le 20 février 1816. L'ouvrage est intégralement de la main de Rossini, y compris les numéros attribués à Garcia et les récitatifs (attribués à Zamboni).

9ᵉ ligne : 1819 (et non 1811).

13ᵉ ligne : Covent Garden, le 10 mars 1818.

New York, Opéra du Palmo, le 19 mai 1819.

14ᵉ ligne : Giorgi-Righetti (et non Georgï).

17ᵉ ligne : Botticelli (et non Bottelelli).

Ambrosetti (et non Albrosetti).

P. 48 : 50ᵉ ligne : Rubini (et non Rubin).

51ᵉ ligne : Manuritta (et non Manurita).

P. 50 : BORIS GODOUNOV

11ᵉ ligne : Karamzine (et non Karamsine).

Arrangement de Rimsky-Korsakov (et non instrumentation).

13ᵉ ligne : Théâtre Marie (et non Grand Théâtre). Ajouter : dans la version originale de Moussorgsky.

16ᵉ ligne : en russe (et non dans la version originale) : il s'agissait de la version Rimsky-Korsakov).

P. 51 : 12ᵉ ligne : Koussevitzky (et non Koussevitsky).

P. 55 : 40ᵉ et 43ᵉ lignes : Fagianelli (et non Faggianelli).

P. 59 : LA CHAUVE-SOURIS

22ᵉ ligne : Paris, 22 avril 1904 (et non 2 avril), Théâtre des Variétés.

24ᵉ ligne et suivantes : la distribution ne donne que le nom des personnages dans la version française. Voici la correspondance : Arlette = Adèle, Mme Gaillardin = Rosalinde, Le Prince = Le Prince Orlofsky, Gaillardin = Gabriel von Eisenstein, Tourillon = Frank, Alfred = Alfred, le Geôlier = Frosch, Ivan = Dr. Blind, Duparquet = Dr. Falke.

Les représentations de 1941 comportaient une double distribution : Margaret Pfahl et Margaret Slezak (Rosalinde), Irma Beilke et Elisabeth Schwarzkopf (Adèle), Emmy Hagemann et Gertrud Walker (Orlofsky), Willi Wörle (Gabriel), Wocke (Frank), Walther Ludwig et Valenta Haller (Alfred).

32e ligne : N. Franko (et non Franco).

P. 61 : 30e ligne : Maria Reining (et non Reininig).

P. 60 : 8e ligne : Nast (et non Rast).

14e ligne : Milan, le 1er mars 1911.

19e ligne : Tullio Serafin dirigeait la première à la Scala de Milan.

P. 64 : LE COMTE ORY. Cet ouvrage n'a pas été écrit pour le sacre de Charles X. Il s'agit du *Voyage à Reims* dont Rossini a repris une partie du matériau pour en faire *Le Comte Ory*.

26e ligne : Représenté à Paris en 1936 sur la Petite Scène.

P. 66 : 15e ligne : sans les scènes de Waltraute ni la scène des nornes.

P. 67 : 23e ligne : José Beckmans (et non Backmans).

31e ligne : Georges Sébastian (et non Georg).

Dernière ligne : Ernster (1955 et non 1958).

P. 71 : 30e ligne : Leyla Gencer (et non Genzher).

32e ligne : Scipio Colombo (le Marquis) (et non Dino Mantovani).

Dernière ligne : André Cluytens (et non Pierre Dervaux).

P. 73 : DON GIOVANNI. Créé le 29 octobre 1787 (et non le 4 novembre).

20e ligne : Luigi Bassi (et non Bassi Luigi).

Tacchinardi (et non Tachinardi).

P. 75 : DON PASQUALE, d'après *Ser Marcantonio* de Anelli (et non *Sir Marcantonio* de Pavesi). Le livret est signé Accursi mais il semblerait que l'auteur en soit Giacomo Ruffini (et non Donizetti).

P. 77 : 25e ligne : Branzell (et non Brazell).

P. 78 : 19e ligne : Jean-Jacques Etchevery (et non Etcheverry).

P. 79 : UN ENLEVEMENT AU SERAIL. Singspiel (et non opéra-bouffe). Créé le 16 juillet 1782 (et non le 12).

P. 83 : FALSTAFF. Créé le 9 février 1893 (et non le 5).

P. 87 : avant-dernière ligne : Fagianelli (et non Faggianelli).

Van Dam (et non Van Damm).

P. 90 : FEDORA. Drame lyrique de Colautti (et non Calautti).

P. 91 : 1e ligne : Comte Loris Ipanov (et non Opanov).

P. 92 : FIDELIO. Sonnleithner est l'auteur du livret de la 1e version, Treitschke celui de la version définitive (1814). A la création à Vienne en 1805, le titre était déjà celui de

Fidelio. Anna Milder-Hauptmann (Léonore), Sébastien Meyer (Pizarro), Caché (Jacquino), Rothe (Rocco).

Pas de représentation à Prague en 1805.

A Vienne, en 1806, il s'agit d'une nouvelle version en 2 actes révisée sur les conseils de Stefan von Breuning. L'ouverture est celle de *Léonore III*.

Création de la version définitive (2 actes profondément remaniés, avec l'ouverture de *Fidelio*) le 23 mai 1814 au Kärthnerthor Theater de Vienne, avec Anna Milder-Hauptmann (Léonore), Radichi (Florestan), Weinmüller (Rocco), Vogl (Pizarro), Saal (Fernando).

P. 93 : La version de Castil-Blaze fut répétée en 1825 mais jamais représentée. Salle Favart, première en France le 30 mai 1829, version définitive en allemand. Théâtre des Italiens, 31 janvier 1852 et non 29. Théâtre Lyrique en 1860, version Barbier et Carré et non Antheunis. La version Antheunis (pour laquelle Gevaert a composé des récitatifs chantés) n'est créée qu'en 1898 à l'Opéra-Comique.

15e ligne : Surini (et non Susini).

16e ligne : Battaille (et non Bataille).

17e ligne : Ferdinand Hiller (et non Vianesi).

38e ligne : reprise en français du 9 juillet 1960 avec B. Monmart (Léonore), A. Guiot (Marceline), G. Chauvet (Florestan), M. Cadiou (Jacquino), R. Bianco (Pizarro), G. Serkoyan (Fernando), P. Froumenty (Rocco), R. Corazza et J.P. Hurteau (les prisonniers), dir. L. Fourestier.

54e ligne : ajouter : S. Sarroca (1960)).

P. 95 : LA FILLE DU FAR WEST. Création le 10 décembre 1910 (et non le 12). M. Mattfeld et E. Destinn sont inversées dans la distribution de New York.

41e ligne : T. Poli-Randaccio (et non P. Randaccio).

Carmen Melis (et non Mellis).

44e ligne : D. Viglione-Borghese (et non Borghese).

P. 97 : 7e ligne : Gerl (et non Gerls).

28e ligne : Alexandre Bisson (et non Brisson).

P. 100 : LE FREISCHÜTZ. Création à Berlin en 1821 (et non à Dresde en 1819).

Avant-dernière ligne : Eunicke (et non Eunick), Stümer (et non Stumer).

P. 103 : 18ᵉ ligne : F. Périquet et non P. Périquet.

23ᵉ ligne : Giuseppe De Luca (Paquito) (et non Jim Cerdan).

P. 104 : 25ᵉ ligne : Tiphaine (et non Thiphaine).

P. 117 : 12ᵉ ligne : 20.11.1936 (et non 22.11.1936).

P. 122 : 8ᵉ ligne : Larrivée (et non L'Arrivée).

43ᵉ ligne : supprimer Nourrit père et fils (1811).

P. 123 : 5ᵉ ligne : Nicola Piccinni (et non Nicolas Piccini).

9ᵉ ligne : Larrivée (et non L'Arrivée).

20ᵉ ligne : Dramma giocoso (et non mélodrame).

22ᵉ ligne : 22 mai 1813 (et non 22 juin).

24ᵉ ligne : Morandi (et non Morandoni).

Lindor (et non Lindore).

P. 126 : 35ᵉ ligne : Nicolini (et non Niccolini).

P. 128 : 24ᵉ ligne : Ermanno Wolf-Ferrari (et non Ermano).

P. 132 : LA KHOVANTCHINA. Arrangée (et non terminée) et orchestrée par Rimsky-Korsakov.

8ᵉ ligne : Chaklowity (et non Chaklowitz).

11ᵉ ligne : La version Stravinsky-Ravel n'a jamais été terminée (ni représentée). C'est la version Rimsky-Korsakov qui a été donnée en 1913.

24ᵉ ligne : Varsonoview (et non Varsoniview).

P. 134 : 26ᵉ ligne : Von Milde (et non Wilde).

32ᵉ ligne : Fursch-Madi (et non Madier).

35ᵉ ligne : Novara (et non Nouara).

P. 137 : 15ᵉ ligne : ajouter Alisa à la 2ᵉ ligne des rôles.

32ᵉ ligne : Lauri-Volpi (et non Lauri Volpi).

MADAME BUTTERFLY. Ajouter : création de la version définitive (profondément remaniée) le 28 mai 1904 à Brescia.

P. 139 : 20ᵉ ligne : M. Brandt (et non H. Brandt).

P. 141 : 17ᵉ ligne : Marco Praga (et non Fraga).

23ᵉ ligne : 1ᵉ en France le 4 mars 1906 à Bordeaux.

30ᵉ ligne : L. Bori (et non Borgi).

38ᵉ ligne : Domenico Viglione-Borghese (et non Viglione Borghese).

41ᵉ ligne : 1956 (et non 1955).

42ᵉ ligne : Dalamangas (et non Dellamangas).

Argeo Quadri et non Argeo.

P. 143 : 3ᵉ ligne : Opéra (et non Mélodrame).

5ᵉ ligne : Kärthnertheater (et non Théâtre de la Porte Carinzia).

7ᵉ ligne : Brambilla (et non Branbilla).

P. 147 : MEFISTOFELE. D'après les deux *Faust* de Goethe.

6ᵉ ligne : Marcel Junca (et non Marcello).

8ᵉ ligne : Il ne s'agit pas d'une reprise mais d'une nouvelle version. — Nannetti (et non Nanetti).

P. 152 : 7ᵉ ligne : Fenella (et non Fénéla).

9ᵉ ligne : Masaniello (et non Mazaniello).

P. 156 : 7ᵉ ligne : 1ᵉʳ mai 1786 (et non 28 avril).

29ᵉ et 42ᵉ lignes : 29 juin 1939 (et non 11 septembre 1940).

P. 157 : NORMA. Opéra en 2 actes (et non 4), d'après le drame d'Alexandre Soumet (et non Saumet).

P. 158 : 19ᵉ ligne : Schröder-Devrient (et non Devrient).

20ᵉ ligne : Vestris chantait Fatima (et non Puck).

22ᵉ ligne : Althouse (et non Altouse).

P. 160 : OEDIPE À COLONE (et non Colonne).

P. 161 : 23ᵉ et 27ᵉ lignes : 4 janvier 1889 (et non 11).

P. 163 : ORPHEE ET EURYDICE. Opéra en 3 actes.

Création à Vienne le 5 octobre 1762. Joué pour la première fois à Paris le 2 août 1774 dans une nouvelle version sur un texte de Moline.

P. 164 : 4ᵉ ligne : Saint-Huberty (et non St-Huberti).

P. 165 : 7ᵉ ligne : Lodovico (et non Ludovico).

P. 167 : PAILLASSE. Créé le 21 mai 1892 (et non le 17).

Les rôles de Tonino et de Canio sont inversés.

P. 168 : avant-dernière ligne : Paul Bender (et non Pender).

P. 169 : 36ᵉ ligne : Winkelmann a créé le rôle de Parsifal (et non Gudehus).

P. 171 : 6ᵉ ligne : ajouter : costumes de Charles Bianchini.

P. 174 : 29ᵉ ligne : Reginald Goodall (et non Goddall).

42ᵉ ligne : Wagner n'a dirigé que le 3ᵉ acte.

44ᵉ ligne : Karl Rankl (et non Ramkl).

P. 175 : 32ᵉ ligne : Petrenko et non Petrenchko (Kontchakhovna et non Kontchakouvna). Ajouter : Smirnov (Vladimir), Zaporojetz (Kontchak).

47ᵉ ligne : N. Cvejic (et non Z. Cvejic).

P. 190 : 16e ligne : Première fois au Palais Garnier dans une version profondément remaniée.

P. 192 : 1e ligne : Dobrowolska (et non Dobrowlska).

P. 193 : 26e ligne : reprise le 23 mai 1938 (et non le 3 juin).

P. 200 : LA SERVANTE MAITRESSE. Intermezzo en 2 actes de Gennaro-Antonio Federico.

P. 201 : 4e ligne : 19 décembre 1903 (et non novembre). 5e ligne : Vassili (et non Wassili). 38e ligne : création à New York le 9 novembre 1887 (et non le 3). 41e ligne : L. Lehmann a créé le rôle de l'Oiseau (et non M. Haupt).

P. 205 : 31e ligne : *Tannhäuser*, première fois à Paris le 13 mars 1861 (et non mai) dans une version remaniée. 32e ligne : Sass (et non Sasse).

P. 210 : TOSCA et non LA TOSCA. Dernière ligne : Théâtre Costanzi (et non Constanzi).

P. 211 : 3e ligne : 14 janvier 1900 (et non 14 février). Première à la Scala le 17 mars 1900.

P. 212 : LA TRAVIATA. Opéra en 3 actes (et non 4) de Francesco-Maria Piave (et non Francesca). La distribution comporte le nom des personnages dans la version française : Rodolphe = Alfredo, d'Orbel = Germont.

P. 216 : LE TROUVÈRE. Créé le 19 janvier 1853 (et non le 17).

P. 219 : TURANDOT. Drame lyrique de Giuseppe Adami et Renato Simoni (et non Simani).

P. 221 : VERCINGÉTORIX. Epopée lyrique d'Etienne Clémentel (et non Clémental) et J. Louwyck.

P. 222 : LA VESTALE. Tragédie lyrique et non opéra. Musique de Gaspare Spontini (et non Gasparo). LA BOHÈME (et non LA VIE DE BOHÈME), opéra (et non opéra-comique) créé au Théâtre Regio (et non Reggia). 38e ligne : Cesira-Ferrani (et non Ferani). 42e et 43e lignes : Pini-Corsi et Mazzara sont inversés.

P. 223 : UNE VIE POUR LE TSAR (et non LA VIE POUR LE TZAR), texte de G.F. Rosen (et non Rozen). Créé le 9 décembre 1836 (et non le 27 novembre). 15e ligne : Chevalier (Sobinine et non Borodine).

P. 227 : WERTHER. Le chef d'orchestre à la création, à Vienne, était O. Jahn.

P. 228 : 7ᵉ ligne : Gaveaux (et non Gavaux).

13ᵉ ligne : première à la Scala le 30 décembre 1909 (et non 1910).

11ᵉ ligne : Scalchi (et non Scalcchi).

14ᵉ ligne : avant de reprendre *Médée* à la Scala en 1959, Maria Callas (et non Calas) l'avait repris à Florence en 1953.

P. 266 : 38ᵉ ligne : Reprise le 18 décembre 1945 (et non le 8 novembre 1946) depuis le fond du Foyer de la Danse sur la *Marche des Troyens* d'Hector Berlioz.

P. 270 : DRAMMA PER MUSICA. Ajouter : décors de Cassandre.

P. 276 : LES FEMMES DE BONNE HUMEUR. Création au Théâtre Costanzi (et non Constanzi).

P. 283 : 38ᵉ ligne : Flemming Flindt (et non Flidt).

P. 287 : ICARE. Ajouter : reprise le 5 décembre 1962 avec Attilio Labis.

IDYLLE. Musique de François Serrette (et non Serette).

P. 317 : RENARD (et non LE RENARD).

P. 330 : SYMPHONIE CONCERTANTE, musique de Frank Martin (et non Franck).

P. 338 : UNE VIE POUR LE TSAR (et non LA VIE POUR LE TZAR).

P. 357 : LE SOLDAT DE MARATHON, création le 10 juillet 1924 (et non 10 avril).

P. 370 : JEANNE AU BUCHER. Ajouter dans la distribution de la création à Bâle : Ernst Bauer (Cauchon), Charles Vaucher (Heurtebise).

P. 382 : Araujo crée Rézia (et non Rezzia).

P. 384 : Barrientos (et non Barientos).

P. 385 : Belmas, Zénia (et non Ksénia). Duo avec Domgraf-Fassbänder.

P. 386 : Bidu Sayao (et non Sayo) devrait être classée à la lettre S.

Bokor, Margit (et non Bockor).

Bohe, Marie-Luce (plus connue sous le nom de Bellary).

P. 390 : Carlyle, Odette (et non Caryle).

P. 392 : Minghini-Cattaneo, Irène (et non Cattaneo, Minghini).

P. 396 : Hermann, Dagmar (et non Dagmar-Hemann).

P. 397 : Debatisse, Eliane (et non Liliane).

Rigal, Delia (et non Delia-Rigal).

P. 400 : Pauly-Dreesen, Rosa (et non Dreesen, Pauly).

P. 403 : Pederzini, Gianna (et non Federzini).

P. 407 : Goulancourt, ajouter Jeanne.

P. 408 : Guerrini, ajouter Virginia.

P. 413 : Kittel, ajouter Hermina.

Klose, Margarete (et non Kloze).

P. 414 : Krusselniska, Salomea (et non Krousceniska, Méa).

Kupter, Anneliese (et non Kupper).

Kurz, Selam (et non Kurtz).

P. 418 : Lipkowskaia, Lydia (et non Lipkowska).

P. 422 : Matzenauer, Margarete (et non Matzemauer).

P. 423 : Micheau, Jeanine (et non Jeannine).

P. 424 : von Milinkovic, Georgine (et non Millinzovic).

Mödl, Martha (préférable à Moedl).

Monmart, Berthe (et non Montmart).

P. 425 : Monsy-Franz, Marguerite (et non Monsy).

Dal Monte, Toti (devrait être classée à D).

P. 426 : Nejdanova, ajouter Antonida.

P. 428 : Nowotna, Jarmila (et non Jardina).

Olszewska, Maria (et non Koppa).

P. 430 : Rhodes, Jane (et non Jeanne).

P. 434 : Schwarzkopf, Elisabeth chante Adèle (et non Madame Gaillardin) dans *La Chauve-souris*.

P. 436 : Stevens, Risë (et non Rise).

Supervia : Quartette avec Ederle (et non Ederic).

Alfani-Tellini, Iñes (et non Tellini, Alfani).

P. 439 : Wagner, ajouter Sieglinde.

P. 442 : Aldenhoff, Bernd (et non Bernt).

P. 447 : Bergamaschi, ajouter Ettore.

P. 449 : Viglione-Borghese, Domenico (et non Borghese, Viglione).

P. 452 : Campagnano, ajouter Vasco.

P. 457 : Constantino, ajouter Florencio.

Corazza : 6e ligne : Jacquino (et non Jacquinot).

9e ligne : Tacmas (et non Taemas).

P. 465 : Duhan, ajouter Hans.

P. 469 : Ferrari-Fontana, Edoardo (et non Fontana, Ferrari).

P. 471 : Fronval n'a pas chanté dans *Esclarmonde*.

P. 473 : Gillion, Mario (et non Gilion).

P. 476 : Govoni, ajouter Marcello.

P. 477 : Guichandut, Carlus (et non Guichandot).

P. 479 : Huc-Santana, ajouter André.

P. 480 : Jaume, ajouter Valentin.

P. 482 : Kastorsky, ajouter Vladimir.

Neate, Ken (et non Ken-Neate).

Kiepura, Jan (et non Jean).

P. 487 : Mac Alpine, William (et non Macalpine).

P. 488 : Manowarda, Joseph, ajouter von.

Manuritta, Giovanni (et non Manurita).

P. 493 : De Muro-Lomanto, Enzo (devrait être classé à D).

P. 497 : Pasera, Tancredi (et non Tancrède).

P. 499 : Plançon, Pol (et non Plancon).

P. 501 : Rehfuss, Heinz (et non Rehfus).

P. 504 : Rouleau, Joseph (et non Josef).

P. 507 : Schwarz, Josef (et non Joseph).

P. 509 : Stabile, 5e ligne : Toti Dal Monte (et non Totti dal Monte).

P. 510 : Szekely, ajouter Mihaly.

P. 511 : Torres, Raimundo (et non Raymondo).

P. 515 : Lauri-Volpi, Giacomo (et non Volpi, Lauri).

P. 516 : Windgassen, Wolfgang (et non Wolfgard).

Zagonara, ajouter Adelio.

P. 518 : Casadesus, Robert (et non Casadessus).

P. 520 : Knappertsbusch, Hans (et non Knappersbusch).

P. 521 : Matacic, Lovro von (et non Matatchich, Lovro).

d'Ollone, Max (et non d'Ollonne).

P. 522 : Rankl, Karl (et non Ramkl).

P. 546 : Canteloube de Malaret, Joseph (et non Jean).

P. 547 : Gershwin, George (et non Georges).

P. 548 : Magnard, Albéric (et non Albérich).

P. 549 : Piccini, Nicola (et non Nicolas).

P. 550 : Scarlatti, Domenico (et non Scarlati).

Serrette, François (et non Serette).

Weber, Carl-Maria von (et non Charles-Marie).

P. 552 : Saint-Saëns, Camille (et non Saint-Sens).

P. 555 : 1885, 12 janvier : création de *Tabarin* (et non 12 février).

P. 557 : 1903, 6 mars : création de *La Statue* (et non 1902).

P. 560 : 1928, 6 au 17 mai : Opéra de Vienne (et non 6 au 13 mai).

P. 561 : 1933, 27 avril : création de *Jeunesse* (et non le 28 avril).

1933, 17 novembre : création de *Roselinde* (et non *Roseline*).

P. 564 : 1950, 27 juin : reprise des *Fêtes d'Hébé* (et non des *Fêtes d'herbe*).

* * *

TABLE DES MATIERES

VOLUMES DISPONIBLES DANS LA COLLECTION RESSOURCES

* * *